马克·吐温手稿

AUTOBIOGRAPHY OF MARK TWAIN

马克·吐温自传

第1卷

马克·吐温项目是班克罗夫特图书馆的一个编辑和出版项目，此项目成立于1967年，负责马克·吐温所有遗稿的整理和编辑。

马克·吐温手稿

AUTOBIOGRAPHY OF MARK TWAIN

VOLUME 1

哈里特 · 埃利诺 · 史密斯　编辑

助理编辑
本杰明 · 格雷芬
维科特 · 费舍尔
迈克尔 · B · 弗兰克
萨伦 · K · 格茨
莱斯利 · 黛安 · 麦瑞克

Autobiography of Mark Twain: The Complete and Authoritative Edition, Volume 1
by Mark Twain;Edited by Harriet Elinor Smith and Other Editors of The Mark Twain Project

Published by arrangement with University of California Press

著作权合同登记号
图字：01-2011-0827

AUTOBIOGRAPHY OF MARK TWAIN

马克·吐温自传

第1卷

[美] 马克·吐温 著

孟洁冰 申 生 译
施 铁 校

法律出版社

目　　录

“节选”(克莱门斯用括号标示)次目录下那些克莱门斯没有标题的文章被编辑加上括号以示区别

马克·吐温自传

致　谢

《马克·吐温自传》的编辑工作始于六年前，预计还将持续数年。过去四十年来，这批手稿给《马克·吐温自传》的编辑工作带来了繁复庞杂的问题，然而，我们可以运用集体技能和专业知识来解决这些问题。我们在此向美国国家人文基金会表示感谢，一方面是因为这家独立的联邦机构在过去六年间捐赠了三笔数额不菲的资金，另一方面是因为该基金会从1966年以来向马克·吐温项目给予耐心关怀和慷慨资助；同时，我们要怀着同样的热情感谢柯罗特基金会近来对本书编辑和出版工作的大力支持，这些支持与国家人文基金会的资助对本项目而言具有同样重要的意义。

我们要感谢马克·吐温档案馆长期以来对本书的支持，为我们提供了重要的原始文献，此外还要对本书列出的其他机构和个人表示诚挚的谢意。马克·吐温项目成立数年来，得到了许多人士在各方面的帮助，我们对此表示衷心的感谢，遗憾的是，不能在此列举他们的姓名，只能一并致以谢意。他们捐款数目从5美元到500万美元不等，这些资金维持了我们的工作，我们谨此感谢所有慷慨忠实的支持者。没有他们的资助，马克·吐温项目也许早已不复存在，这本自传的编撰工作也许无法完成。

近来，各界人士设立了一项捐赠基金，用于支持马克·吐温项目现在及以后的工作，我们想借此机会向各方的努力表示由衷的感谢。首先，我们要感谢加利福尼亚大学伯克利分校1958级的同学，以罗杰·萨缪尔森、珍妮·萨缪尔森、爱德华·H. 彼得森、唐·科索瓦茨和比蒂·科索瓦茨为首的校友为马克·吐温项目设立了价值100万美元的捐赠基金。我们要感谢1958级各位校友的远见卓识和慷慨资助。此外，我们还要感谢菲利斯·R. 伯格和彼得·K. 奥本海姆对这项捐赠基金的贡献。

马克·吐温午餐俱乐部为本项目近来的资金筹集活动提供了很大的帮助，十年前，迈克尔·海曼、沃森·迈克·拉埃茨奇和罗伯特·米德尔考夫成立了这家俱乐部。我们要感谢上述各位卓越超群的领导才能以及他们提供的各种帮助。我们还要感谢该俱乐部近百名会员对本项目的经济资助和精神支持，我们在此代表俱乐部会员向过去几年来对他们发表演讲的各界人士表示衷心的感谢。我们要特别感谢伯克利分校图书馆开发部主任戴夫·杜尔，多谢他提出明智的建议，为该项目的资金筹集作出了前所未有的贡献。最后，我们要感谢伯克利分校为马克·吐温项目减免了基金会的捐赠成本。我们对本校提供的各种帮助表示由衷的谢意。

我们要感谢加利福尼亚大学图书馆和伯克利分校班克罗夫特图书馆的员工，尤其要感谢加利福尼亚大学图书馆馆长托马斯·C. 伦纳德、班克罗夫特图书馆馆长查尔斯·福尔哈伯和詹姆斯·D. 哈特，班克罗夫特图书馆副馆长彼得·E. 汉夫，他们都是马克·吐温项目理事会的成员。我们从上述各位和理事会其他成员那里——乔安博·伊兹顿、劳拉·切鲁蒂、唐·L. 库克、弗雷德里克·克鲁斯、迈克尔·米尔盖特、乔治·A. 斯塔尔、G. 托马斯·坦瑟雷和琳恩·威西——得到了精神上的支持和专业知识的帮助。

其他机构的学者和档案管理员为本书的编辑工作作出了重要的贡献。独立学者芭芭拉·施密特主办的网站（www. twainquotes. com）对马克·吐温研究弥足珍贵，是我们免费获取大量资料和文献的首选。为编写本书，她向我们提供了重要原始文献的影印本，这些文献此前并不为我们所知。长期以来，经营收藏马克·吐温文献的专家凯文·麦克唐纳慷慨地和我们分享了他的丰富藏品。我们也要感谢下列诸位提供了珍贵的照片和其他文献资料：雷诺内华达历史协会的李·布鲁姆伯格；哥伦比亚密苏里州国家历史协会的克里斯廷·蒙哥马利；哈特福德马克·吐温故居博物馆的帕蒂·菲利蓬；汉尼拔马克·吐温童年故居博物馆的亨利·斯威茨。我们要感谢加利福尼亚大学数码影像实验室的丹·约翰斯通，他为珍贵照片的底片制作了优质的数码文件。我们还要感谢下列各位档案管理员为研究工作提供了无私的帮助：明尼苏达大学安德森图书馆的路易斯·梅里亚姆，耶鲁大学拜内克古籍善本图书馆的爱娃·居热莫和桑德拉·马卡姆，纽约美国艺术与文学学院的凯瑟琳·金霍尔茨。我们还要感谢帕特里夏·塞耶·米诺和詹姆斯·R. 汤克雷提供了他们家族的重要史料。

我们要感谢加利福尼亚大学出版社文字编辑、项目经理凯瑟琳·麦克杜格尔的不懈努力，她为本书的编辑工作贡献了聪明才智，指导了出版流程的各个阶段。我们要感谢桑迪·德鲁克以精湛的技艺为本书设计了封面。我们要再次感谢负责监督印刷装帧过程的萨姆·罗森塔尔以及策划编辑劳拉·切鲁蒂，她的工作热情和大力支持为本书的出版作出了重要的贡献。

马克·吐温项目出版的所有图书是各方人士长期合作的重要成果。本书致谢的各位特约编辑负责转录、校对和整理大部分确立本书校勘本的原始文献。助理编辑本杰明·格里芬、维克托·费舍尔和迈克尔·B. 弗兰克为图书编辑工作作出了突出的贡献，他们完成了原创性研究，撰写了大部分注解，协助了繁重的筹备工作，核查了编辑要求，编撰了准确的文本、注释和索引。助理编辑莎伦·K.戈茨和莱斯利·戴安娜·迈里克拥有卓越的专业技能和富有创新的计划，承担了同时出版自传和在马克·吐温项目网站（www.marktwainproject.org）推出数字版本的艰巨任务，并且在最后关头得到了丹·法布里奇的帮助。如果没有该项目行政助理内达·塞伦的大力协助，我们将无法完成本书的编辑工作，在此要感谢他的辛勤工作以及他对各位学者和公众向项目提出查看资料文献复印件请求的耐心解答。

我们要特别感谢琳·萨拉莫，她在本书成稿前离开了项目组。二十多年来，她以热忱的编辑工作为本书作出了卓越的贡献，可以说，这本自传是她毕生重要的职业成就——她整理和分析的数百页打字稿成了这本自传口述的基础。她的学术研究是我们理解马克·吐温自传计划必不可少的关键环节。

H. E. S.

前　言

1870 年至 1905 年间，马克·吐温（Mark Twain）（塞缪尔·L. 克莱门斯 1
（Samucl L. Clemens））曾间或多次尝试撰写（或口述）其自传，但总是虎头蛇尾，手稿未成便已束之高阁。至 1905 年之时，他已积累了三四十件半成稿，包括原本试写的手稿及章节草稿。其中许多仍保存于马克·吐温档案馆及另外两座图书馆内。有些手稿已经安排章节序号，准备或早或晚编入传记之中，但马克·吐温始终未能开始编写，更别说完成了，而这仅是他生平故事的一些小片段。

这一循环终在 1906 年 1 月被打破，他开始几乎每日不辍地向记录人口述。很快他决定将这些自述整理成册，汇编成《马克·吐温自传》（*Autobiography of Mark Twain*）。在几个月的时间里，马克·吐温重新翻阅了之前积累的半成稿以确定哪些内容编入新的口述集，剩下的则不予出版。最终他完成了超过 250 份口述，总计五十余万字（最后一章写于 1909 年 12 月，内容是纪念其新近去世的女儿——简）。马克·吐温宣布自传已成，但坚持其完整版本在他死后 100 年方可出版，4 个月之后，也就是 1910 年 4 月 21 日，马克·吐温与世长辞。

这部迟到了 35 年的自传之所以能成书要归因于两大新条件的产生。首先，他最终找到了一位经验丰富的记录人，同时也是积极听众的约瑟夫·S. 霍比（Josephine S. Hobby）。霍比鼓励他尝试口述的写作方式，这也是马克·吐温最早在 1885 年尝试做的。其次，另一同样重要的原因是，口述的内容更容易贴合其二十余年来渐变的写作风格。正如马克·吐温在 1906 年 6 月指出的那样，他最终所找到的“写作自传的正确方法”就是“不要从生活中的某个特殊日子开始叙述，而只是随意回想，只述说当下自己感兴趣的记忆，当其变淡后就放下，转而讨论脑海跳出来的新的、更加有趣的记忆。”①

口述与漫无边际的闲话相结合的结果使自传出乎意料的不受拘束，很大程度上这一写作方式并不像传统叙事体那样冷酷地从出生通向死亡，而是由一系列自发的回忆和一些对现在以及过去的评论组成，仅按回忆所及先后排列，写作结构
的难题就此解决。坚持死后出版也使写作自由很多，但马克·吐温起初便已有该 2

① “最近的尝试”（The Latest Attempt），是介绍自传最终体式的序言之一。

想法，这与他想要将事实毫无保留地和盘托出的抱负紧密相连。他曾在1899年向一位采访者解释道："一个世纪后出版的书籍能够给予作者其他方法所不能保证的写作自由。这样，你才能毫无偏颇地准确刻画你所认识的人，而无需担心伤害到他或是其后代。"死后出版可使克莱门斯易于坦诚自己生活中的丑陋一面，但这一设想并未实现。在1899年的那次采访中，马克·吐温也承认"一个人即使确信没有人会看到自己的写作内容，也不可能将所有经历和盘托出。"①

虽然推迟出版无法让马克·吐温成为一位自我忏悔的自传作者，但的确帮助他自由表达其有关信仰、政治及丑陋人类的非传统思考，也无需担心因此为社会所驱逐。1908年1月，他回忆说，长期以来，"我的习惯之一是，与朋友的私人交谈中会谈及自己对信仰、政治及人类的个人看法。"之后他补充说，"未曾想过要将这些想法出版公之于世。"②需要延后出版这些颠覆性观点的想法对他来说是显而易见的，"因为无法承受其出版后的苦涩代价，我们才会扼杀那些不受欢迎的观点。"他在1905年时写道，"没有人喜欢被人憎恨，也没有人愿意为人鄙夷。"③因此，想获得表达自己观点的自由（即使并非为承认自己的罪孽）为自传推迟至其死后出版提供了充足的理由。

然而，1906年当克莱门斯开始自传口述7个月之后，他确实许可（确切地说是积极寻求）已写自传的部分发表。在其监督之下，从自传手稿及口述中整理出大约25篇短文，在《北美评论》（*North American Review*）刊登，每一篇章都特意模糊了时间与地点，并被逐一加注了"自传的任何部分均不得在作者生前以书籍形式出版。"④但克莱门斯死后不久，其死后百年出版的遗言便开始被人忽略——第一次是1924年马克·吐温的官方传记作者，第一遗稿管理人阿尔伯特·比奇洛·潘恩（Albert Bigelow Paine），之后是1940年潘恩的继任伯纳德·德沃托（Bernard DeVoto）以及最近的一次，由查尔斯·内德（Charles Neider）在1959年违反。

以上每个编辑都承诺仅出版自传中的部分文章，3人都未敢按克莱门斯的真实意愿将其出版。潘恩的两卷本的马克·吐温自传仅涉及1906年之前所做的部分手稿及口述，还包括可能并非早期试作中的几篇文章。潘恩"按照作者的意愿，

---

① "马克·吐温的遗产"（Mark Twain's Bequest），参见沙恩霍斯特（Scharnhorst）2006年，334，1899年5月23日伦敦泰晤士报第四版。脚注中涉及的所有缩写都在附录中有完整定义。

② 自传口述（AD），1908年1月13日。

③ "逝者的特权"（The Privilege of the Grave），写于1905年，在SLC2009年第56页中出版。

④ 这些话出现在评论上25篇文章中每篇文章最后的编者按。

以写作顺序而非事情发生先后”①重新排列了文章顺序。现在看来，潘恩实际上误解了“作者的意愿”：克莱门斯未曾想过将所有这些半成稿囊括在内，更不用说 3
将文章如此安排先后。克莱门斯只是想把1906年之后开始的口述按事情发生前后为序出版。然而，由于选择了这一次序安排，潘恩只有少数口述可供出版。尤其恶劣的是，他自感有权删除甚或变更某些章节而无需告知读者。他最终声明其出版的自传仅是他所认为自传全部的1/3。②

德沃托对潘恩保留“马克·吐温的原始叙事次序”并不满意，他这种安排“让自传充满了琐碎、不相关的内容、简报以及无足轻重的信件——缺乏联系与计划性。”反之，他选择出版那些潘恩并未公开的文段，这些段落都取自“马克·吐温想囊括入自己回忆录的打印稿件中”（即1906年开始的自传体口述）。随后，德沃托按照标题排列选文，“删琐碎，并类稿”。他以获得不无满足地说道：“自己删除数以千计的逗号与破折号，终于使文章的句读符合现代的标准。或许他应该删去更多。”他自信其文章比“马克·吐温的叙事更为连贯”，同时对“略去”自己“并不感兴趣”的文章毫无歉意。③

内德也对潘恩墨守马克·吐温自传的叙事次序有所不满。“按口述写作先后而非事情发生先后来叙事，这想法该有多反常！仿佛令人捉摸不透的写作次序能够比平铺直叙更清晰。”④获得马克·吐温办公室授权后，内德得以将潘恩和德沃托已经出版过的材料，外加合计三万余字的尚未公开的口述整理成集，另行出版。和德沃托一样，内德对自己不喜欢的部分任意删除，但应马克·吐温当时已年过八旬的女儿克拉拉·克莱门斯·萨莫苏德（Clara Clemens Samossoud）的要求，删除部分拒绝公开的内容。随后，他（象征性地）将其选出的自传内容分割重组，使自传能够近似传统意义上的时间性叙事，而这正是马克·吐温想避免的自传风格。

经历这几版编辑策划的结果是，自传内容至今尚未有过完整出版，作者想表达的原意更是残缺不全。这也是出版现在这一版本的用意所在，以最贴近马克·

---

① MTA，1：1下述由潘恩出版的截至1906年的自传中的作品并不符合收入此版本的标准：“简·兰普顿·克莱门斯（Jane Lampton Clemens）”（1890年，出版于Inds，第82～92页），“麦克法兰大衣（Macfarlane）”（1894～1895年，出版于W1M，第76～78页）以及“亨利·H.罗杰斯（Henry H. Rogers）（续）”（1909年的MTA，1.115－25，pp.143－47，pp.256－65）。

② 1933年潘恩告诉一位采访者“全部自传……有6卷，包括已经出版的2卷而且可能在‘很多，很多年’以内不会问世”（“传记作家马克·吐温的谬世诅咒（Canard Blasted by Biographer of Mark Twain）”《纽约先驱论坛报》（New York Herald Tribune）1933年7月8日，摘自CU－MARK）。

③ “前言”马克·吐温大爆发（Mark Twain in Eruption），伯纳德·德沃托编辑（哈珀兄弟出版社（Harper and Brothers），1940年），vi－iv，自MTE后。

④ “前言”马克·吐温传（The Autobiography of Mark Twain）含首次出版的章节，由查尔斯·内德整理编辑，作序并注释（哈珀兄弟出版社，1959年，ix，xvi，xx－xxiii；自AMT后。

吐温死后出版构想的方式完整披露所有内容。这一构想直到最近才得以实现,原因很简单,之前没人知道马克·吐温到底想收录海量自传手稿及打字稿中的哪些
4 部分。事实上,坊间长久以来都认为马克·吐温最终并没有决定该如何取舍,只留下了庞杂残破,未曾完工的手稿。

这一猜测并不正确。尽管马克·吐温并未留下明确说明(甚至连潘恩声称奉行的指引文档也并不存在),但十数篇自传手稿页脚处的文字明确显示马克·吐温实际上早已决定自传的最终形式,与如何取舍自传准备阶段所录的人生经历。这一意图新近的意外曝光本身就值得大写特写,本书序言也首次将其公之于众。

本印刷版分为三册,而马克·吐温在线计划(*Mark Twain Project Online*, *MTPO*)也将公开发布全文。① 有关原文斟酌的详细史料只会在网上公开。第一册包括现存的手稿及口述,这是克莱门斯于 1906 年 6 月,重新审阅删除(但未销毁),撰写自传的准备材料。由于克莱门斯自己未曾提及任何排序方法,这些材料完全将按照写作时间排列。部分文字被马克·吐温明确注以"自传"标记,而另一些被认为是其他早期自传实验的半成品,这类文章的开头通常附有简短的介绍文字。我们只收集有充分证据证明是准备资料的文字部分,但并不确定是否存在漏网之鱼。

《马克·吐温自传》的正文部分始于第 5 页,开头是数篇 1906 年 6 月克莱门斯所作的序言,内容源于先前的几篇手稿及口述。随后是其自 1906 年 1 月 9 日至 3 月末几乎每天口述的传记,这些都将被收录于这一卷中。口述以写作先后排序,这是克莱门斯对编辑提出的出版要求。另外两卷包括马克·吐温 1906 年 4 月至 1909 年 10 月间的所有口述内容,同样也是以创作先后排序,文章以悼念其夭折幺女简的手稿"我的自传结语"结尾。

预备的手稿与口述

自传体小说与小说体自传

自传这一文学形式对于马克·吐温有着特殊的吸引力。远在正式考虑撰写自传前,马克·吐温就曾以自传体的直白口吻发表报刊文章与小说。从最初在他兄弟在密苏里州汉尼拔市发行的少年读物版(1851 ~ 1853 年),到内华达及加利
5 福尼亚创办的个人品牌报章杂志(1862 ~ 1866 年),他都是自己笔下的主角。二十年后的 1889 年 10 月,马克·吐温已写了 9 本著作,他(轻描淡写地)坦承道:"是的,事实是,我所出版的仅仅是自己的传记。我并不记得其中存在纯属虚构的

① MTPO (http://www.marktwainproject.org)是一个由马克·吐温计划维护的公开网站,旨在在线提供全部现有版本。"马克·吐温自传"是第一部与印刷版同步出版也是首次仅以电子方式出版其注释的作品。

个人经历。若将这些情节标上日期，用适当的顺序加以整合，便是一本自传。”[1]马克·吐温所指的是自己的游记与个人故事——《傻子出国记》、《苦行记》、《国外漫游》以及《密西西比河上的生活》——这些著作记叙的都是他的“亲身经历”。当然，马克·吐温也曾对自己的经历有所发挥，用于创作小说。作品《镀金年代》、《汤姆·索亚历险记》、《哈克贝利·费恩历险记》中的真实人物与场景原型都随处可见，短篇作品中的自传体内容亦俯拾皆是，”失败运动隐秘史”和”如何从我的第一个谎言中脱身”中皆是，虽然他们并非完全真实。[2]

与克莱门斯出版自传想法更为密切的是其对小说体自传的兴趣，即综合小说风格与自传体例的作品。1870 年年底，马克·吐温撰写了《马克·吐温的自传（戏说）》，并在 1871 年 3 月以小册的形式出版。马克·吐温书中形容其父母“并不坏，但也非诚实过人”，几乎所有祖辈都注定要上绞刑架——归宿也大多的确如此。另一份更为简略的“自嘲文”甚至直接以”自传”为题刊登在 1871 年 4 月的《阿尔丁》杂志（*Aldine*）上：“我出生于 1835 年 11 月 30 日，数十年如一日，浑噩至今。”[3]这篇短文合计不到 200 字，且有意闪烁其词，使读者仍对真实情况不甚了解。

戏说传记中影射了某些真人真事，尽管克莱门斯曾在 1877 年告诉威廉·迪恩·豪威尔斯（William Dean Howells），“我对此一无所知，但老富兰克林和本韦努托·切利尼（Benvenuto Cellini）的自传里应该有。”本杰明·富兰克林（Benjamin Franklin）好为人师的性格使他成为马克·吐温终身的挖苦对象。然而，他认为切利尼的自传“最为有趣”，马克·吐温也对让 - 雅克·卢梭《忏悔录》、乔万尼·贾科莫·卡萨诺瓦（Giovanni Giacomo Casanova）《我的一生》以及塞缪尔·佩皮斯（Samuel Pepys）的《日记》中的坦诚欣赏有加。潘恩称克莱门斯“翻阅标记最多的”是佩皮斯的《日记》。[4]

1871 年，马克·吐温曾打算写“153 岁的老帕尔自传”。但显然他并未付诸行动。1876 年夏，马克·吐温完成了 400 余页的《哈克·费恩自传》。1877 年 3 月，马克·吐温向豪威尔斯透露自己正在写一本关于他长兄的书，“昨天开始，我已着
手开始写奥利安的自传了，并为此废寝忘食。故事开头，18 岁的他是个印刷工学 6
徒，温和且精力充沛，充满善意却信仰飘忽，还认不清自己有多混账。”在书中，马克·吐温加入了许多奥利安的真实事迹，并将学徒主角取名玻利瓦尔，到他放弃

① 1886 年 10 月 8 日致凯特·史泰博（Kate Staples），NN - BGC。

② SLC 1869a，1872，1880a，1883，1873 - 74，1876，1885a，1885b，1899e.

③ SLC 1871a，1871c.

④ 豪威尔斯曾就一系列“选择简历”（Choice Biographies）寻求建议。1877 年 7 月 6 日致豪威尔斯，1876 ~ 1880 年信件；“晚期的本杰明·富兰克林”（The Late Benjamin Franklin）SLC1870c；格里本（Gribben）1980 年，1：134，241 - 43，2：539 - 40；MTB，3：1538。

时，马克·吐温已写了超过100页。①

1880年，当奥利安想写本正经自传时，克莱门斯建议他改换思路，“写两本长久以来都想写，却恐怕此生都心有余而力不足的书。这两本书题材新颖，其一是“懦夫自传”，其二是”失败人生的告白”，两本书并非调侃人生，而是以自传口吻坦承一切的奇思妙想——并依靠构思严谨的小说遮盖这一目的。

> 我的设想很简单——取材生活中的真实经历，完全尊重事实原貌，不加修饰的平铺直叙。通过这一改变，每件看似英勇的举动（如果我曾展现过的话）都会变得懦弱不堪，而所谓的成功也仅是一场空。若要做到这一点，只有一条路可以走，即不要考虑读者的想法——因为没人极少有人能够将自己的丑事一五一十地告诉别人——你必须当作是在讲故事给自己而非他人听；你也不能使用自己的真名，那样做会让你无法说出一些丢脸的事情。

克莱门斯建议的另一版本则更富挑战，即记叙“懦弱却感觉良好者”与“失败却浑然不知者”的故事。

> 这种情况下，最好不要使用我所提及的标题。但在对于后者却正应如此。我必须以自己的真实亲身经历为限（有发挥即告失败），写作时使用真实的人名、地名，直言不讳地描述对方的性格与举动，完成后再用假名替换。在写作时就用化名容易思路不清，相互混淆。

这两种灵感显然是克莱门斯赞赏的自传体类型。

卡萨诺瓦的回忆录（非英文版）的最大魅力在于他用明白流畅、恰如其分的行文坦承了自己最肮脏、最卑鄙、最可耻的往事，从不将其与读者所赞赏的轶事区别对待。卢梭在自传中坦承了手淫、偷窃、撒谎、可耻的背信弃义以及他人对他的鸡奸未遂。他勇敢地说出这些可耻的事情，而不像一些懦夫，~~为自己的卑鄙行为~~感到高兴、甜蜜乃至一无所知。②

7 克莱门斯似乎没有尝试他曾怂恿奥利安所做的事。然而，显然他也曾考虑在写作过程中挑战他所敬佩的那些作者完全坦诚的态度。在写作自传时，能在多大

---

① 1876年8月9日、1877年3月23日致豪威尔斯，1876～1880年信件。手稿尚未完成没有标题；潘恩将其命名为“一个该死的蠢货的自传（Autobiography of a Damned Fool）“（SLC 1877b）。

② 1880年2月26日致OC，1876～1880年信件。克莱门斯在1906年2月23日自传口述中记起并复述了他给奥利安的建议，对奥利安自传更完整的评述（已失轶）。

程度上直言不讳，尤其是坦承那些自己的卑鄙行径的疑问在写作过程中一直萦绕在他心头。

初次尝试(1876年及1877年)

克莱门斯的自传写作计划并没有像创作自传体小说那么明显。40岁时的一次谈话是打算写自传有据可循的最早记录。当时，詹姆斯·T.菲尔茨(James T. Fields)夫妇前往哈特福德拜访克莱门斯一家。菲尔茨女士在她1876年4月28日的日记中写道，吃午饭的时候，克莱门斯

> 谈到准备为世人留下一本尽量坦白真诚的自传——其妻笑着说，自传应经由她审阅，并删去那些不真实的片段。——不，你不能修改它，他认真地回答道，几乎以斩钉截铁的语气——写作时应尽量保持故事全貌的真实——我或许应该写到哪儿就出版到哪儿，即使是在大西洋上或是其他地方，但我并不应被空间和回忆的年龄所局限，即使我在写自己婴儿时代，也应该将40岁时的相关想法写入其中。每个人都认为自己的经历是独一无二的，因此克莱门斯准备把它们都写下来——克莱门斯又发现所有人在某种程度上存有与他完全相同的想法与感受，因此他觉得应该要把这些记录下来。①

这一值得注意的声明显示克莱门斯当时已打定主意，这也是他之后35年写作自传的指导思想。为实现"尽量保持故事全貌的真实"，避免他人或自我审查，当时已考虑在死后才出版。马克·吐温也计划在生前发表自传选段，但其余仍只能"待他死后"出版。他并不会"按部就班"地写作，而是信马由缰，信手拈来零星回忆，只要他认为合适，无需考虑时间顺序。这些主要观点间有着明显的相互联系：若死后才出版，则完全坦诚将变得相对容易些。而信手拈来的回忆(且不说作者的个人偏好)能够避免自我审查内容的冲动。然而，这些想法要等到30年后才被真正付诸实践。

一年之后，1877年的某一天与好友约翰·米尔顿·海的交谈(据马克·吐温1904年的回忆)促使克莱门斯真正开始投身自传写作。约翰·米尔顿·海"问我开始写自传了没，我回答说还没有。他说我应该马上开工。"(克莱门斯40岁就开始筹划自传了，但谈话当时他已经42岁了)

---

① 安妮·亚当斯·菲尔茨文集(Annie Adams Fields Papers)1876年4月28日，MHi，1922年发表于豪(Howe)，250–51。

> 我浪费了两年的光阴，但还来得及亡羊补牢。我下定决心立刻开始
> 8 写作自己的自传。我也确实开始写了，但这决心不到一周便消耗殆尽，刚写了个开头便又放弃了。自此以后，大约每隔三四年我都会重新来过，却都半途而废。曾有一次，我尝试记日记，打算积累充足材料将其扩充为自传，但我最终仅坚持了一礼拜；那些天，我都要花费半个晚上的时间来整理当天所发生的一切，到周末时，我却对这结果并不满意。①

在1877年11月下旬，克莱门斯将“我的自传”列入记事本，提醒自己“要时不时发表自传片段”。他当时也的确写了长达11页的手稿作为自传的第一章——这极有可能就是他在1904年所提到的“半途而废的开头”。克莱门斯仅将这段文字标记为“第一章”，但大众较为熟知的题目是潘恩所起的“早年在佛罗里达、密苏里的日子”。② 开头文字“我出生于1835年11月30日”与克莱门斯1871年发表在《阿尔丁》上的自嘲文如出一辙。——下文则简要回忆了自己童年生活，称自己的家乡“密苏里州门罗郡佛罗里达乡下的村庄几乎与世隔绝”与“田纳西土地”（现存唯一的早期自传残稿，写于1870年）类似，文章戛然而止，好像作者的兴致“瞬间消散殆尽”了一般。

若真像克莱门斯所说的那样，1877年之后“每隔三四年”他都会再次尝试写作自传，那么其中只有少部分被保存至今。③ 我们今天所能看见的东西更接近1880年时他给奥利安自传的建议，“记住我所说的话——当你回忆起往事时，不要回头修改前章，只要加入所写章节里就可以了。东拉西扯不会对自传有丝毫影响。”④

几乎所有克莱门斯的主要作品都是用三年到七年时间完成的。之所以需要这么长的时间主要是因为当他无法继续的时候总会遇到困难，使写作陷于完全停滞状态。至少从1871年开始，他认为当“才思枯竭”，“归档”手稿是有必要的。他学会当“无意识的丰富想法的灵感”⑤再次充满时恢复写作。然而，相比于前后

---

① 这段谈话可能的时间见“约翰·海”注释223.27－28。据目前所知没有类似“日记”得以留存，但1898年在维也纳写的一些文字看上去有日记的样子，见“维也纳随笔四篇”（Four Sketches about Vienna）。

② N&J2,50－51;MM 1:7.

③ 1940年德沃托出版了一份关于约瑟夫·H. 特维切遇到一位渎神马夫的手稿，这份手稿被描述成“马克·吐温连续撰写自传前随即片段中的一段”，并暗示它“可能写于19世纪80年代并一度成为一篇长手稿的部分——我不能说是哪一篇”（MTE,366－72）。但这一轶事并不属于任何自传手稿。它是为《密西西比河上的生活》（1883年）而写并在出版前从手稿中删除。

④ 1880年5月6日致OC,1876～1880年信件。

⑤ AD,1906年8月30日。克莱门斯称他在撰写《汤姆·索亚历险记》的时候发现这一点，但有充分的理由表明他在1871年撰写粗加工（Roughing It）的时候已经经历了同样的困难，尽管当时他并不知道在“灵感”重新充满前“封存”手稿。见RI1993,823.

持续40年的自传来说，他早期的著作都算不得耗时。当然，自传的写作过程也不时被长时间的干扰打断，但理由却不尽相同。1906年1月，灵感似乎“枯竭”，他 9
短暂地停笔（或停止口述）了一段时间，因为，他渐渐地对写作的方法或结构或是两者渐生不满。

格兰特将军与詹姆斯 · W. 佩奇(1885年到1890年)

1885年春天，克莱门斯第一次尝试撰写自传但仅有几页得以留存。此前他曾有过向秘书口述信件和回忆录的经验但是他从来没有尝试过口述文学作品①。现在他觉得口述是个写自传的好办法。3月底，他在笔记上写道：

在纽约找个速记员马上开始写自传，直到夏天结束。

> 13岁的苏西(1885年)提醒了我，她已经开始写自传——完全出于自愿——这件事让我既骄傲又高兴。早饭时间我宣布(好像说话的音调相当高)这是个值得记住的日子，我的传记作者终于出现了。然后苏西打断这个独一无二的想法，让我坐好并有目的地谈论传记!②

与此同时，他意识到口述可能会帮到他的朋友尤利塞斯 · S. 格兰特(Ulysses S. Grant)。格兰特在内战期间曾为《世纪杂志》(*Century Magazine*)写了不少文章。1885年春，他因为咽喉癌濒临死亡，当时格兰特已经快要完成他两部回忆录中的第一部手稿。克莱门斯最近已经为自己的出版社，查尔斯 · L. 韦伯斯特有限公司(Charles L. Webster and Co. ,)弄到这些手稿，并确信这将会让格兰特家族以及自己大赚一笔。经常拜访格兰特位于纽约的家，克莱门斯很清楚格兰特害怕生前无法完成自己的书。他建议格兰特找一个速记员以减轻工作。格兰特最初提出异议，但后来雇佣了一个前秘书诺贝尔 · E. 道森(Noble E. Dawson)。4月29

---

① 1873年，他曾经雇佣塞缪尔 · C. 汤普森(Samuel C. Thompson)作为秘书陪他到英国，汤普森是个速记新手，当克莱门斯开始不满这一“初次口述经验”的时候，他几乎立刻就开除了汤普森。后来他解释说，“我记得口述慢而且痛苦，形成的文字表达臃肿，毫无生机可言——当然更谈不上幽默。”而且汤普森是一个缺乏幽默感并且不好相处的同伴，对他毫无助益可言(N&J1,517－18，汤普森的笔记在526－71；“致S. C. 汤普森牧师”，SLC 1909a,12)。另一次口述的尝试发生在1882年春，当时克莱门斯聘用罗斯韦尔 · 菲尔普斯(Roswell Phelps)，一位受过训练的速记员，陪他和詹姆斯 · 奥斯古德(James Osgood)沿密西西比河向下而行。菲尔普斯记录了克莱门斯(以及其他人)当时的评论，但是克莱门斯在撰写《密西西比河上的生活》(Life on the Mississippi)时并没有口述(N&J2,516－18，菲尔普斯的笔记转录于521－74)。

② N&J3,112。在其传记的最终版中克莱门斯从1906年2月7日开始重写了大部分苏西的传记。

日克莱门斯在格兰特进行口述的第一天登门拜访，然后知道这个方案“大获成功”。①

毫无疑问，受格兰特的经历的鼓舞，5月初，克莱门斯邀请他的朋友及前客座经理詹姆斯·雷德帕斯（James Redpath）作为他的速记员。他喜欢并且尊敬雷德帕斯，当时他已经成为一名记者并且懂速记。1885年5月4日雷德帕斯回复克莱门斯说：“关于传记一事，如果按周工作，那么每周的收费为100美元，我将努力做到最好。最近我一直不走运但我发现这件事让我回到平均水平。这将比你想象中花的时间还要少。我将一字不漏地记下你的话而你自己写出来将会花很长时间。”克莱门斯接受了这些条件并催促雷德帕斯马上赶到哈特福德。“我认为我们能将这该死的事情变成一种享受。”显然，他开始直觉地需要一位负责任的听众——这在6年后给豪威尔斯②的信中表露无遗。

两个人在5月中的某一天开始工作，并持续了数个星期。在留存的6份口述记录中，克莱门斯回顾了他与格兰特友谊的历史，接着谈到他自己的门生——年轻的雕刻家卡尔·杰哈特（Karl Gerhardt），当时他受托为格兰特塑一尊半身塑像。这些口述中最长的一篇详细记述了他如何得到出版格兰特回忆录的权利，并为他不太光彩的手段以及报纸含沙射影地抨击作了辩护。

克莱门斯很可能在格兰特1885年7月23日逝世前不久停止了口述。③ 七八月间（可能更早些）克莱门斯阅读了雷德帕斯根据速记笔记打印出来的文本，在这里或那里作出自己的修改但是很少在语句方面作出变动。他发现这些东西远远不能让他满足，正如在给亨利·沃德·比奇（Henry Ward Beecher）信中所表达的那样：

> 我将会把一些内容加入我的传记——关于格兰特将军的部分——它们可能会有那么一点点用处，或许没有——但至少通过这些可以知道他的性格特征。我的传记被相当随意地口述下来，但是我的想法是在我死之前将它粗刨一下：我的意思是粗糙的组织和差劲的语法。这是我唯

---

① 格兰特1885a，1885b，1885c及1886，“格兰特的最后一战（Grant's Last Stand）”，“费城调查报”（philadelphia inquirer）1894年2月6日，页码不明，1906年2月26日。

② 雷德帕斯致SLC，1885年5月4日，CU－MARK；1885年5月5日致雷德帕斯，Miu－H。参见1891年4月4日致豪威尔斯，NN－BGC，MTHL，2：641，在题为“佛罗伦萨口述”（Florentine Dictations）的部分引用。克莱门斯之前提出的，后来豪威尔斯接受的建议的那封信一直未能找到。

③ 根据庞德（Pond）为1885年6月17日，NN－BGC；根据雷德帕斯为1885年9月12日，CU－MARK。

一的一次口述，而且是最令人讨厌和棘手的工作。①

雷德帕斯作为文书的工作是不熟练的。他的口述记录一点也没能留存下来，但是他的打印稿很糟糕——满是错别字、删除的字符以及后面添加的记号——而且数不清的铅笔修改的标点符号显然不是克莱门斯的习惯。

1885 年到 1890 年间写的传记手稿一点也没能留存下来，但是这个计划显然
没有被遗忘。1886 年年底，当他撰写《误闯亚瑟王宫》这部作品时，克莱门斯写信
给玛丽 · 梅森 · 费尔班克斯(Mary Mason Fairbanks)："我完全希望能够在这本书
之外再写一本；事实上两本，如果一个人的传记可以被称为一本书——实际上我
的传记将会接近一座图书馆。"1876 年他的工作计划不限于"空格"显然表明这个
项目依然活跃而且正在进行。1887 年 8 月，在格兰特口述停滞 2 年之后，克莱门 11
斯给他的外甥写信道，"我想要一份弗雷德 · 格兰特(Fred Grant)信件的完美副
本，为了我的传记。我曾经以为我已经快能完成格兰特回忆录的秘闻细节，但是
毫无疑问，如果弗雷德 · 格兰特活着，那必须再增加一个富有攻击性的章节。"几
个月之前，他告诉另一位记者，"不，当我死的时候我将会在我的传记里留下这些
细节，但是它们不是用来演讲的。"②

然后，1887 年 12 月，奥利安写信希望得到兄弟的允许在即将到来的本地记者的采访中披露"一些孩提时代的事情"。他列了一些想提供的"要点"：

> 我在考虑提一下爷爷和奶奶凯西(Casey)；妈妈年轻和年老时候的特征(非常喜欢和关心动物)；爸爸在塞勒 · 斯沃克(Cyrus Walker)的指导下学习法律；他们结婚然后搬到田纳西；爸爸如何奇怪地用恐吓来对付布道者；用目光击败地头蛇；用一个木槌像法官一样处理眼前的纠纷；你曾经对自己没有尾巴而不满；梦游然后进到阿门特小姐的房间；你在学校的日子；11 岁辍学；在我的办公室工作；你第一次为报纸写文章(吉姆 · 沃尔夫(Jim Wolf)，洗脸盆和扫帚)；你 17 岁前往费城……你游过河然后回来；妈妈抱怨在责骂你的时候还逗她笑；爸爸的逝世；他如何词

---

① 1885 年 9 月 11 日致比奇，图样见 CU - MARK；比奇当时正在为格兰特准备颂词，用来在 1885 年 10 月 22 日波士顿宣读，他已经帮克莱门斯写了传记信息；特别地，他希望能知道格兰特是否曾经"一度是个酒鬼"(比奇致 SLC，1885 年 9 月 8 日，CU - MARK)。

② 1886 年 11 月 16 日致费尔班克斯，CSmH，MTMF，258；1887 年 8 月致韦伯斯特，NN - BGC；1887 年 2 月 3、4 日致史密斯，ODaU(此处提及的"细节"尚未确认)。克莱门斯在 1906 年 2 月 6 日，5 月 28 日，6 月 1 日，6 月 2 日的"自传口述"(Autobiographical Dictations)回到格兰特回忆录这个话题。这些当中包括对弗雷德 · 格兰特的评价，但 1887 年 7 月 22 日的信中(TS，CU - MARK)怀疑韦伯斯特公司会计财务状况的准确性。

锋尖锐地为报纸写稿；她当前的年龄和精力状况；爱好戏剧。①

克莱门斯已经在公开的作品中使用了不少这些“要点”。他戏谑吉姆·沃尔夫在隔壁着火的时候毫无意义地拯救洗脸盆和扫帚的文章，事实上是他为奥利安的《汉尼拔报》（Hannibal newspaper）写的第一篇“作品”，“勇敢的消防员（A Gallant Fireman）（1851 年）”。② 而在《汤姆·索亚》的第一章中波莉阿姨（Aunt Polly）（以简·克莱门斯（Jane Clemens）为原型）就温和地抱怨说，汤姆知道如果他可以“逗我笑”，她的怒气就会无影无踪。即便如此，克莱门斯拒绝了奥利安的请求：

> 我从来没有允许过让一个记者或是生平记录者得到任何有关我个人经历的东西，这些东西可能某一天值得放到我的自传里……
>
> 他们曾经尝试了 500 次从我身上得到一些有关生平的事迹，但是至今从来没有得到过一点值得发表的东西。③

克莱门斯后来在自传里面只用了一部分这些“要点”，但是他在让其他人披
12 露有关他个人历史的原始素材方面小气的表现当然是可以理解的，这也可能表明在 1887 年，他仍然希望写一部包括这些陈年旧事的自传。

到 1890 年秋，克莱门斯已经投资由詹姆斯·W. 佩奇（James W. Paige）发明的排字机近 10 年（从 1881 年开始）。然而，当时这个机器还未完善。这个项目与他的自传关系是无法避免的，在项目“结束日”在的那年，他开始撰写“机器之章”（The Machine Episode），在里面毫不留情地指责佩奇让他着迷并欺骗他投入大量资金却未能作出一个可以用于出售的产品。到克莱门斯将第二部分加入这一自我揭露的评论，也就是 1893 年到 1894 年冬，佩奇仍然没能完善机器但却准备签一个新的、条款对他更为有利的合同。最终决定在终稿中省略这部分内容之前，克莱门斯 1906 年检查的手稿中就包含了这一尚未完结的部分。他确实在 1906 年 6 月 2 日的自述中回到这个话题。

维也纳（1897 年和 1898 年）

克莱门斯对佩奇的排字机的幻想终于在 1894 年 12 月破灭了，那年年初韦伯

---

① OC 致 SLC，1887 年 12 月 5 日，根据潘恩（Paine）写的或是为他写的信的打印副本，2004 年由安妮·E. 库什曼（Anne E. Cushman）提供给马克·吐温作品集（Mark Twain Papers）。打印文件上写着“你的马克，在我的办公室（your mark in my office）”显然是抄写错误。

② SLC 1851 年。

③ 1887 年 12 月 8 日致 OC，NPV。

斯特公司的破产使所有的债务都落到他的肩上。为了还债，1895 年夏天，他、奥利维亚（Olivia）以及克拉拉进行了一次世界性的巡回讲座（苏西和简待在家里），这次巡回讲座在 1896 年 7 月 31 日他们抵达英国后结束。一家人在南安普顿上岸接着访问吉尔福德，在那里他们得知苏西在哈特福德病了。“两个星期后克莱门斯夫人和克拉拉坐船回家照顾苏西”，克莱门斯在 1906 年回忆道，“发现她已经被安葬在她祖母的墓地里。”这事发生后的几个星期里，克莱门斯写信给他的朋友亨利 · H. 罗杰斯（Henry H. Rogers）道，他真想“让自己和麻烦都沉浸于工作之中。”1896 年 9 月的最后一个星期，他提醒自己“全力撰写自己的传记，忠于事实和真名实姓。”①但他还是得完成关于全球巡讲的书。② 他们一家在伦敦度过了冬天和 1897 年的春天，在那段时间里克莱门斯撰写了《赤道环游记》，而这将在 11 月份发表。

1897 年夏，他们回到瑞士，接着在 9 月底搬到维也纳。有两个传记手稿在那年秋天开始，“旅行杂记 I”以及一部篇幅要长得多的称为“我的自传［根据自传的‘节选’］”的手稿。“旅行杂记 I”看起来尚未完结，或者至少还不能打出来，因为克莱门斯用铅笔尝试性地修改了它的标题（“旅行杂记，∧自传∧”）而且手稿本身还有两套页码（第 1～20 页以及第 1～28 页）。这些手稿很可能在克莱门斯抵达维也纳后不久就写好了，因为在里面大部分都是抱怨伦敦的地铁司机以及邮政服务，这些事情很可能从春天开始就萦绕在他的脑子里。

根据使用的纸张和墨水，“我的自传［根据自传的‘节选’］”在同一时间开始，
但可能直到 1898 年才完成。克莱门斯将这部分内容归入“自第二章”③（书稿的 13
第一页在誊写时被标为数字 1.）这部分从克莱门斯以及兰普顿亲戚及其祖先的历史讲起，或者更简单地说，田纳西这片土地值得唾弃的来历。但是随着散漫的行文，没有丝毫歉意地转入 1891 年发生在柏林的一桩轶事，最后以克莱门斯对其伯父在密苏里，佛罗里达的农场田园诗般，极富感染力地描写作结。这一早年记忆与后来经验的典型结合清楚地解释了为什么克莱门斯会放弃完全按照时间顺序描述的方法：他对并列描述不同时间发生的事件的偏好给他组织故事带来很大的难度。与此同时，“自第二章”这一标题暗示其内容将主要属于自传的靠前部分，因为这样才会与回顾祖先的内容契合。章节序数表明尽管他并非按照事情发生的顺序进行叙述，他仍然试图根据时间顺序来标记章节序号。

---

① 1906 年 6 月 4 日；1896 年 9 月 20 日致罗杰斯，沙门，HHR，237；笔记 39，TS p. 4，CU－MARK。

② 11 月 1 日他再次致信罗杰斯：“完成目前的订购的书后，我将全力以赴，倾囊而出。目前手头有好几本书，我的意思是将它们挖掘出来，一本接着一本……其中之一——我的传记——将采用订阅的方式。我断定”（1896 年 11 月 1 日致罗杰斯，沙门，HHR，243－44）。

③ 潘恩出版的时候将其作为“早期的日子”（Early Days）（MTA，I：81－115）。

1898 年克莱门斯完成“节选”之前，他在当年 2 月到 6 月之间撰写了更多自传的初稿，根据提供的标题依次归为“维也纳随笔四篇”：“德语的美丽之处”，“论同语式及其语法”，“一群佣人”（潘恩的版本中唯一没有收录的部分）以及“维也纳游记”。这些不像是回忆反倒更像是日记，每一篇文章开头都有一个日期。所有这些初稿后来都没有收录他的最终传记中，但是他确实将当时撰写另一手稿“决斗”，放在 1906 年 1 月 19 日的口述自传中。

1898 年秋还有两个手稿写成并且后来被插入最终的口述自传中。第一个手稿是“打爱丽丝”，一则被认为不宜在杂志上刊出的基于一个真实事件的故事。它连接了一系列不断增加的克莱门斯后来最终勾画出来的，被他称为“臃肿”——“我或者编辑们不愿意发表的被束之高阁的陈年旧文”——被他用来增加自传的篇幅。① 在他 1906 年开始口述其自传一年多以后，他在 1907 年 4 月 9 日的口述自传中插入“打爱丽丝”。

第二个手稿是“作为文人的处女作”，上面标注的日期为“1898 年 10 月 1 日”并记为“第十四章”。对这一手稿的修改反映了对这部自传没有信心的一段日子，这种情绪在 1898 年冬至 1899 年间在标题下他第一次插入的脚注：“这是我尚未完成的自传的第十四章，它走的路注定它将无法完结”中隐约显现出来。后来他把“未完结”改成“未发表”并删除了“自传”之后的文字。当这一手稿出现在 1899 年 11 月的《世纪杂志》的时候，文中忽略了任何有关他自传的内容，而且这是他一直想完成的计划中被选择性发表的第一个“章节”。②

克莱门斯对“未完结”自传的不安情绪是显而易见的但并不那么容易解释。1898 年 10 月 10 日，即使他正在准备供杂志出版的“我的处女作”，他告诉《女士家庭杂志》的编辑爱德华 · 伯克（Edward Bok）：

> 我的自传已经写了很多，但是除非忽然一下子回忆到一些事情我才会去写；因此考虑出版的事情为时尚早——除了时不时得可以写个一章出来。我有一天会这么做，但是它不是为了满足您杂志的需要。事实上，其中的很多内容太多独立以至于无法刊登在杂志上。一个人可以不管他的家族是否允许或是同意来出版一本书或是印刷品，但是一本杂志是为大众来编辑的，因此一本杂志自由发挥的余地是相当有限的。比如，几天前我写了第十四章——“作为文人的处女作”——我的妻子编辑并认可了这篇文章（情绪高涨——这很不寻常），而且说把它寄给你，

---

① 1906 年 6 月 17 日致豪威尔斯，NN – BGC，MTHL，2：811。

② 显然克莱门斯在交《世纪杂志》打印版（现已失轶）中修改了标题。参见关于此手稿的编辑批注。

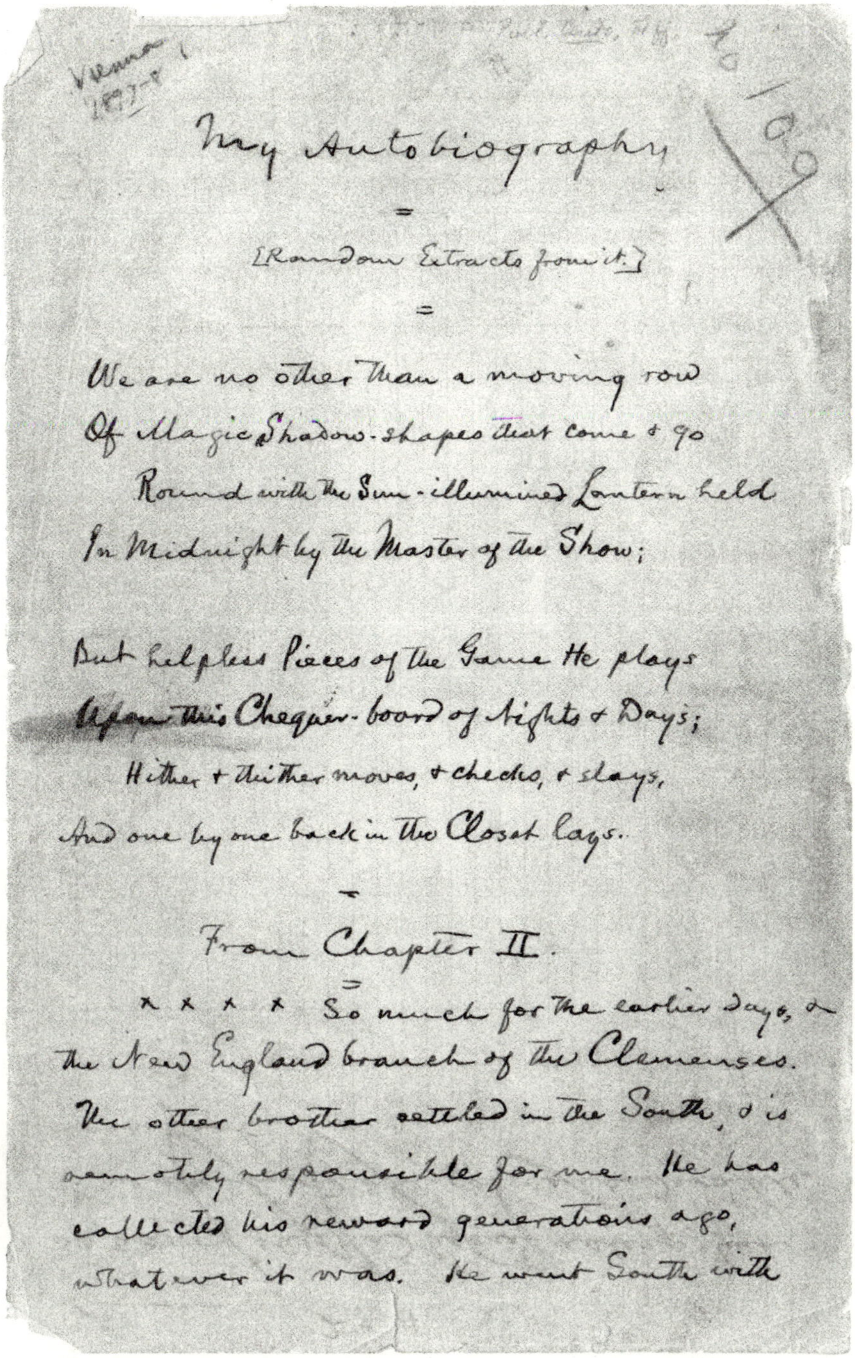

Vienna
1897-8

Publ. Auto, 81ff

No 109

My Autobiography

=

[Random Extracts from it.]

=

We are no other than a moving row
Of Magic Shadow-shapes that come & go
Round with the Sun-illumined Lantern held
In Midnight by the Master of the Show;

But helpless Pieces of the Game He plays
Upon this Chequer-board of Nights & Days;
Hither & thither moves, & checks, & slays,
And one by one back in the Closet lays.

—

From Chapter II.

=

x x x x So much for the earlier days, & the New England branch of the Clemenses. The other brother settled in the South, & is remotely responsible for me. He has collected his reward generations ago, whatever it was. He went South with

图 1.“我的自传[根据自传的‘节选’]”手稿的第 1 页。克莱门斯修订这份长达 44 页(现失轶)的打印稿时删除了引言中的——来自《奥马·海亚姆鲁拜集》(The Rubáiyát of Omar Khayyám)的两节——“自第二章”;因此在当前的文本中忽略了这些内容。最上面的两段说明由潘恩撰写:“维也纳/1897 – 8”以及“109 号”(一个文件编号)。罗萨蒙德·查普曼,德沃托的助手,写道“Publ. *Auto*, 81ff”——这也是潘恩出版的文字处。

> 标题改为“梦中情人”。这是个不错的提议，我说我会的。但在去邮局的路上我记起这里面有一个由9个词组成的句子，你将会在那句子上用蓝色铅笔画条线——这将会破坏整个格局。①

一个月以后，怀着更大的雄心，他致信罗杰斯说他现在计划“重拾我尚未完成的自传并且将其写完，并让比利斯(Bliss)和查托(Chatto)每个人在下个秋天替我赚15,000美元(正如他们在赤道这本书里面所做的那样)。”但他几乎马上改变了对金钱的需要，并总结性地说他将“除非经济窘困我才会完成它。我在想，有时候处于窘困可能才是最好的。”接着，几天后，他再度给罗杰斯写信：“我已经重新开始写自传，估计我能在春天完成第一卷，~~希望如此~~我想会的。”最后，1899年2月，他仍然试图找到一家可以出版“我的处女作”的杂志，他告诉《世纪杂志》的编辑理查德・沃森・吉尔德：“我已经放弃了我的自传并且不再完成它；但是我~~在之~~前写了一些回忆的章节，并~~取得了其版权~~将其打印出来，我想他将会成为一篇可以一读的杂志文章。”②这样再几个月的时间里，他宣称自传已经写了“很多”；除非面临“窘境”否则他将会再写完它；他想会在“春天”完成第一卷；他已经彻底“放弃”了。显然，他一直在挣扎着如何甚至是否进行前前后后写了又停，停了又写长达二十多年的一项工作。

数不清的传记(1898年到1899年)

虽然很难完全确认，但是克莱门斯似乎有点灰心丧气，至少对自己无法像卢梭和卡萨诺瓦那样做到彻底的坦然和自我揭露而沮丧。他的解决之道，至少暂时
16 性地，就是重新塑造多年以来他所遇到的人的传记。一些在维也纳写的自传——“霍勒斯・格里利”，“讲座时间”，以及“拉尔夫・基勒”——这些初稿都体现了这些理念，在某种程度上他依靠这些直到1904年。维也纳的描写让他回忆起在19世纪70年代早期在学园认识的男男女女。新的计划可能与他当时撰写的称为“回忆我曾经遇到的一些具有不同寻常个性的人”的演讲上的观点有关。这门他称为涵盖了他“所有认识的人——国王、幽默作家、狂人、傻瓜以及所有的”，仅讲了两次。目前没有关于这两次演讲的文字资料，但是在维也纳的时候，他显然重

---

① 1898年10月10日致伯克，ViU。“太过独立”本来应该是“有些人肠子的功能已经没有了”(143.35－36)。克莱门斯在9月2日就已经把“我的梦中情人”寄给伯克，但伯克拒绝发表，很快克莱门斯自己也决定反对发表这篇文章(笔记40，TS p.32，CU－MARK；HHR，365n.1，373n.3)。

② 1898年间11月6、7日，1898年11月12日致罗杰斯(两封中的第二封)，沙门，HHR，374，376；1899年2月25日致吉尔德，Cty－BR。

新启用了这一主张。① 马克·吐温在1899年5月接受伦敦《泰晤士报》的采访中，记者解释道：

> 克莱门斯先生友好地允许我们用电报的形式向《泰晤士报》回传一些他的详细计划，他已经为此倾注了大量时间，这个计划将来会占据他余下来的大部分时间。从某种角度上说，它在文学史上无人能及。它将是一份给后世子孙的宝贵遗产，现在活着的以及他们的子孙后辈也很少可以有机会得以一见。作为他个人接触过的当代人物画廊，这部作品将会在他逝世100年之后出版。这部作品仅仅是出于他个人的兴趣而成，唯一的目的就是说出真相，除了真相之外别无他物，没有恶意，没有怨恨，但与此同时，没有对个人或是习俗，机构或是任何假道学的尊敬。

克莱门斯甚至清楚地说明了他放弃最初撰写自传的计划："你不能只是露出自己的灵魂然后看着她。你为自己感到羞愧，这太让人讨厌。因为这个原因我让自己只描写其他人。"在他回到伦敦之后的一次采访中，他再次说道，这个新的想法事实上取代了最初写自传的想法：

> 我将不写自传。人们已经厌倦于那些只会叙述关于自己的真相的人。自传总是有趣的，但不管这些叙述多么真实，对这些叙述的理解一定会存在很大的偏差。这些数不清的传记中我要写的很多人今天默默无闻，但是有朝一日他们可能会成为名人。②

如果向传记描写的转变标志着他已经对如何述说令人羞愧的事实这一难题感到绝望，那么他对传记描写的兴趣依然相对简短。没有迹象表明他后来有过进一步的描写直到1904年，并且到1906年，他已经完全对人物描写失去兴趣。整整一年克莱门斯似乎没有为自传增加任何东西。1899年秋，他把家搬到伦敦，并且一整年似乎已经完全扔下自传。

随笔和章节(1900年至1903年)

1897~1898年克莱门斯对"随笔"和"摘录"(以及"随机")这些词的使用表 17

---

① L4:1871年6月27日致OC(第二部分),414;1871年10月15日致OLC,472 n.1;1871年10月17日致OLC,475 n.1;1871年10月24日致雷德帕斯,478。

② "马克·吐温的遗产",日期"维也纳,5月22日,"《泰晤士报》1899年5月23日。沙恩霍斯特(Scharnhorst)2006年,332-34;柯蒂斯·布朗(Curtis Brown)1899年。

明他在寻找一种可以用来标记“章节”的方法,这些作品并非严格地按照时间顺序,但仍然与叙述的顺序相关。1900 年秋,他在另外三个自传的初稿的标题中使用“随笔”一词:“旅行随笔 II”,“自传随笔,一个让人悲伤的手稿的私人历史”,“自传随笔,自第九章”。三个初稿中只有一个进入终稿:“旅行随笔 II”继续了 1897 年对伦敦电话及邮政系统的不满并最终被加入 1907 年 2 月 27 日的口述自传中。“自传随笔 · 一个让人悲伤的手稿的私人历史”篇幅更长些,其中主要描写了最近与一位业余历史学家,T. 道格拉斯 · 默里(T. Douglas Murray)的一段交往经历,后者邀请克莱门斯为圣女贞德(Joan of Arc)的审判记录英译本撰写引言。克莱门斯交了初稿,写信给默里说:“当我寄出引言之时,我必须让你为我做两件事——将其中的谎言部分挑出来并且完善其语法(我认为有一处地方糟透了)。”①默里确实按照这一请求执行并且继续对文本进行了广泛的修改,让语言更为正式,甚至有点做作。被这种篡改激怒的克莱门斯写了一封言辞尖刻回应默里的信,当然他从来没把这封信寄出去反而准备将其作为自传的一部分。② 第三个手稿,同样没能进入终稿,却展现了不同的活力,也就是说,一直以来不愿意或者说无法彻底地摆脱传统自传的时间结构。书稿的标题(修改后)“选编∧随笔∧自传 · 段落∧自第九章”潘恩以为这个书稿成于“约 1898 年”但事实上它是在 1900 年完成,其中的一段文字已经清楚表明了这一点。章节序号的安排在某种程度上与很多其他手稿相同,总结如下:

第一章　写于 1877 年。描述克莱门斯的家一直到他 4 岁时,全家搬到汉尼拔。

第二章　写于 1897 ~ 1898 年。“我的自传[根据自传的‘节选’]”。克莱门斯 7 岁到 12 岁。

第四章　写于 1903 年。“自传随笔,自第四章。”1906 年 12 月 1、2 日抄录。克莱门斯 14 岁。

第九章　写于 1900 年。“自传随笔,自第九章。”克莱门斯 14 岁、38 岁及 61 岁。

第十二章　未找到,但写于 1898 年之后因为其中提到维也纳。克莱门斯 62 岁。第十七章有所涉及。

第十六章　写于 1898 年。“作为文人的处女作。”克莱门斯 30 岁。

18 第十七章　写于 1903 年。“自第十七章”。1906 年 12 月 3 日抄录,克莱门斯 62 岁。

---

① 1899 年 9 月 3 日致默里,CU - MARK。

② 这些文字并没有被录入终稿之中,而且与 1900 年写的第三个手稿一样,却作为本书的“初稿与口述”(Preliminary Manuscripts and Dictations)部分出版。

尽管可能会有一些其他章节序号的手稿在写出来后失轶或是被销毁，但在1903年克莱门斯标记“第十七章”时，他极有可能已经写了十七章。但是留存下来的章节序号很大程度上与他们标题的时间序列相关，尽管它们并没有精确地反映出时间的流逝：在第四章和第九章，克莱门斯都是14岁，但是在第九章和第十四章，他的年龄从14岁到30岁，然后到第十七章变成62岁。这种粗略的估计不由地让人联想章节序号仅仅是估计的，目的是将各个章节大致按照时间顺序排列。这再一次表明尽管他并非按照事情发生的时间顺序来描写他的人生，但即便在1903年的时候他依然试图保持一种总体上的时间顺序。

属于“第九章”的文字（“自传随笔，自第九章”，写于1900年）就让人产生这样的联想。章节的序号表明其内容记述的是相对早期的生活。里面详细叙述了克莱门斯年轻时候的两个故事，当时他14岁（1849～1950年），但每个故事的结尾却是很后来的事情——第一个是1896年当他61岁在加尔各答的事情，第二件是1873年在伦敦的故事，当时他38岁。从这两个例子看起来似乎克莱门斯为了自然的收尾，觉得跨越他生命的几个十年似乎是必要的。因此不管其他章节如何，“第九章”写于1900年，但它并非纯粹按照时间顺序进行叙述——尽管章节序号表明它属于开头。

相似的张弛程度发生这两个手稿之中，这些手稿的章节序号写于1903年，但在1906年也就是克莱门斯已经将漫谈作为整个自传的基调之后做了修改：两个手稿都被归入1906年12月1日、2日和3日的口述中。1903年他将第一个手稿命名为“自传随笔，自第四章”，而且从一个微不足道的日期开始（1849～1851年）。这部分内容关注他年轻时在汉尼拔遇到催眠术的事。第二个手稿，页码分开但可能在同一时期写成（它们使用了相同的墨水和纸张），并将这个故事做了总结。这是另一个关于催眠术的故事，故事中一位目中无人贵族因为不讲信用，中了催眠术并且被命令脱光了衣服。克莱门斯最初的标题为“来自第十七章”，但当他在12月的口述中用这部分手稿的时候，他去掉所有与章节序号有关的注释。因此第一个催眠术故事最初被安排在第四章，而其结尾却被安排在第十七章，中间隔了十二章。这些修改表明1903年，克莱门斯依然与表面叙述保持生活的时间顺序做抗争，而在1906年，当他将手稿合并成一个连续的叙述之时，他已经抛开了这种限制。

1900年10月15日，克莱门斯一家抵达纽约城，他们很快租下位于第十大街14号的房子。“简正在学习打字”，克莱门斯给一位朋友写信说，“目前我将会口述以此节省一些时间。”①简的新技能可能促使克莱门斯再次考虑口述而非自己 19

① 1900年12月31日致马卡里斯特（MacAlister），ViU。

写。当然还有别的诱惑,哈珀兄弟公司总裁乔治·哈维(George Harvey)显然对得到自传出版权随后而至的荣耀非常感兴趣,尽管这实际上在两人死后很长时间才出现。1900 年 10 月 17 日,哈维向罗杰斯(罗杰斯一直扮演克莱门斯经理人的身份)建议"在 2000 年出版回忆录"并暗示克莱门斯"在遗嘱中增加一项条款,即回忆录出售的时候不能被经手人翻阅并且由一家信托公司保管"。

> 当然,协议将规定以任何流行的方式出版,即目前的印刷,或是使用留声机唱片,或是电子的方式,或是将来可能使用的方式,任何毫无疑问他所能想到的方式,并将在协议中形成一个很有趣的条款。①

哈维事实上迫切地想让哈珀兄弟公司成为克莱门斯在美国的独家出版商,11 月 14 日,经过多次讨论,他提出了每字 20 美分的价格可获得他在下一年任何作品,包括同期著作的独家出版权。一个星期后,克莱门斯致信哈维:"让我们再度将这本 100 年的书加入协议并加以明确;因为我将把这本书口述给我的女儿,抱着这份确定性,我应该将章节分拆,这样对今天的杂志和书商都有好处,并且也不用等一个世纪。"目前没有发现任何口述给简的任何内容,但是克莱门斯很快同意哈维"100 年后出版我的回忆录的建议",尽管当时没有签署任何关于自传的正式合同。②

1902 年 8 月,奥利维亚的身体情况开始变得岌岌可危。尽管暂时有所好转,但其身体每况愈下,1903 年根据医生的建议,克莱门斯决定举家迁到意大利。11 月初,他们在佛罗伦萨附近的科沃多别墅安顿下来。除了克莱门斯自己,同行的还有奥利维亚、克拉拉以及简。3 个雇员也与他们同行:长期的家庭佣人凯特·利里、奥利维亚的护士以及伊萨贝拉·V. 里昂,她曾经在 1902 年作为奥利维亚的秘书被雇佣,但是从那开始就承担更多一般性的工作。

佛罗伦萨口述(1904 年)

在佛罗伦萨的 8 个月时间里,克莱门斯在自传方面取得了不同寻常的进展,
20 这大部分源自对口述重新燃起的热情以及将之作为写作的方法。自从 1885 年口述给雷德帕斯后他开始尝试将口述转成文字的机械方法。1888 年他尝试(但失

---

① 哈维代表哈珀兄弟致罗杰斯,1990 年 10 月 17 日,CU－MARK。哈维的生平见 1906 年 1 月 12 日,267.35 的注释。

② 哈维代表哈珀兄弟致 SLC,1900 年 11 月 14 日,CU－MARK(11 月 14 日信中协定的调控"介于这个日期和 1902 年 1 月 1 日之间");1900 年 11 月 20 日致哈维,MH－H;SLC 经哈维致哈维,1900 年 11 月 26 日,哈珀和罗(Harper and Row)文库,照片附件,CU－MARK。

败了)使用托马斯·爱迪生(Thomas Edison)的留声机。[1] 1891年他的右臂犯了风湿病,因为手头还有工作,必须要完成《美国的债权人》(*The American Claimant*),他暂时地试用了下留声机。“我确信可以将书口述录入留声机只要我不会痛得叫出来。我一天写2000个字;我想口述的字数可以是写的两倍”,2月28日他在给豪威尔斯的信中说,但是到4月4日,他又得出结论,这个机器“用来写信是足够用了”但是

> 你无法进行文学写作,因为这个机器没有思想并且它没有展开的能力,不管是改变语言风格,选择恰当的动词还是选择巧妙的表达方式,只是原原本本地平铺直叙、平淡无奇,就像恶魔一样面无表情、暗淡无光。我坐着录了4打唱片,然后发现在同样的时间里我可以用笔叙述同样的内容而且说得更好。于是我就放弃了。我相信这样可以叫一个人将口述到留声机的内容具有文学性——有时间的话我也会试试。[2]

当他再一次尝试口述给一个人而非一台机器,1900年12月靠简打印口述自传的愿望终于在1904年1月成为现实。根据伊萨贝拉·V.里昂,

> 克莱门斯先生大概从1月14日起向我口述。他要撰写一部自传的想法从来没成功过,因为在他心目中,自传应该像说话一样娓娓道来。在克莱门斯夫人的建议下,我们做了尝试,而克莱门斯发现他完全可以乐在其中。事实上他喜欢这个工作。但是他不得不停下来,因为他生病了,克莱门斯夫人的病已经非常重,并且我也累得不行必须上床休息。[3]

里昂不懂速记,因此她完整地记录下克莱门斯的话,然后把记下来的东西给简让她打出来。在开始口述后不久,克莱门斯在1月16日给豪威尔斯写信:

---

① 1888年5月,对着托马斯·爱迪生最近推销的录音留声机“1个半小时”后“非常满意”,他试图提升与爱迪生的友谊以保证马上得到两台机器“而非排队等候。这样整个夏天我就可以在埃尔迈拉使用其中一台,然后把唱片给在哈特福德的帮手,用在那里的留声机放出来用打字机打出来。”然而到7月底,当机器无法抵达的时候,他取消了订单(1888年5月25日致爱迪生,NiWoE;SLC经惠特莫尔(Whitmore)致北美留声机公司(North American Phonograph Company),1888年7月30日,CU-MARK)。

② SLC1892;SLC和OLC致豪威尔斯,1891年2月28日,NN-BGC,MTHL,2:637;1891年4月4日致豪威尔斯,NN-BGC,MTHL,2:641。

③ 里昂1903-6,记录日期为1904年2月28日。克莱门斯实际上在1月14日之前就开始口述;参见“科沃多别墅”;“1904年1月8日我口述了这些信息”(233.12-13)。

> 我震惊了！而我会把这个告诉你。如果不试下，你将永远也无法知道口述自传带来的享受；然后你会痛苦地意识到，如果你有幸使用，你的一生将会一直这么做。你会吃惊（欣喜）地看到你是多么喜欢讲述，它是那么真实，它自身的组织是那么完美，简洁而有序，它是那么晶莹、活泼，充满了森林的清新，在没有淀粉、熨斗、劳累、忙乱以及其他矫揉造作
> 21 之后它是那样一个爱宠！克莱门斯夫人是一个苛刻的评论家，但到现在为止还没有提出有一个句子需要修改的。虽然小小笔误或是不够精确的地方随处都是，很多时候思路也会叉开，但是这并非瑕疵，反而是价值所在，去掉它们就好比让一些东西白白流走——这个东西不可名状——但却将真正地与不自然的述说区别开来，使其脱颖而出——这些细微之处让好的述说胜过用笔能够作出的最好的模仿。

看上去他把里昂缺乏的速写能力看成一种优势，因为他继续敦促豪威尔斯尝试这个方法，但是"要找一个普通的抄写员，而不是速记员。至少一开始不要这么做，我应该说，直到你可以找到一个合意的代笔。当然，这样要等一段时间，但这不是问题，你很快就不会在意这个"。比轻松的节奏更重要的是要将抄写员当成听众："里昂小姐确实在抄写而且还能激发灵感，因为她对故事本身也有很大的兴趣。我从10点半开始一直口述到中午。结果是大约1500字。然后我就成为一个自由人，可以在剩下的时间里阅读或是抽烟，因为没有需要修改的地方。"

口述是如此合他的胃口，事实上，他对过去已经写好的草稿和试验作品的看法开始发生变化。他给豪威尔斯写信说：

> 我有很多章自传——有时用笔写好然后放到信封里面——但是我想当我去检查它们的时候我应该把它们全扔掉然后用我的嘴巴再说一遍，因为我确信之前满意的感觉已经消失，它们看起来乏味、做作、缺乏色彩……
>
> 有些人可能期望口述的人像即兴演讲一样——抑扬顿挫，富有感染力，翻来覆去，缺乏一致和流畅性，在演讲结束前高潮才会来临——但事实并非如此。①

2月14日豪威尔斯回了信，巧妙地提出了一个熟悉的话题（显然不是第一次）——将所有真相和盘托出有多难：

---

① 1904年1月16日致豪威尔斯，MH－H，MTHL，2；778－79。

我希望马上读下您的自传。你的真诚总是让我不知所措，我想你可能会说出真实的自己。但会是所有的吗？我们都知道存在自己心中的、黑暗的真相（black truth），或者只是内心灰色的真相，抑或是正面的，好的一面？即便是你也不愿意提到心底的黑暗面。能够做到这一点的人，他的传说将会永远流传。①

克莱门斯当然也有相同的疑问，他回复豪威尔斯说：

是的，我在第一天口述时就设好了底线——我的立场是：自传是所有书籍中最为真实的；它不可避免地会消灭、逃避、部分地揭露真相，而几乎没有清楚直接的事实，残酷的真相就在这些线之间，作者像猫一样 22
仔细寻找这些隐藏在那些观众不关心的或是闻不到（尽管我不利用这些角色）的尘埃里——结果就是读者只知道作者而不知这背后的努力。②

那些“底线”仍未可知，没有任何“第一天口述”的副本得以留存下来。最多人们可以说克莱门斯似乎已经从无法说出“心中的黑暗事实”的绝望中走了出来，不管怎么掩饰，真相总会大白。在 1904 年 1 月底的一次口述中，他提出了述说的本质：

在过去的 8 年或是 10 年里，我曾多次试图用一支笔，采用这样或那样的方式写传记，但结果总是不尽如人意，而且太文学……

当笔在手里的时候，思绪就好比运河，缓慢，平稳，庄重，没有生气，没有瑕疵，如果这些都不属于缺点。它太文学，太循规蹈矩，太美好，其行文和风格都与叙述不大相符。

两年后，1906 年 6 月，他回顾 1904 年自己发现不受限制的那个瞬间，指出述说是“一种写传记的正确方法。”③

目前已知只有六个佛罗伦萨口述留存在世。其中三个是对朋友或是熟人的描写——“约翰·海”，“罗伯特·路易斯·史蒂文森与托马斯·贝利奥尔·德里奇”，以及“亨利·H. 罗杰斯”——据推测是“素描画廊”这一概念的产品。两个是回忆录：“‘傻子出国’札记”以及一个短篇（无标题）其中回忆了他第一次使用

---

① 豪威尔斯致 SLC，1904 年 2 月 14 日，CU－MARK，MTHL，2：781。

② 1904 年 3 月 14 日致豪威尔斯，NN－BGC，MTHL，2：782。

③ “约翰·海”（John Hay）224. 26－39；“最新尝试”（The Latest Attempt），220. 17.

打字机的经历。第六篇口述中抱怨了当时他们家在佛罗伦萨附近的住所——科沃多别墅。① 它的篇幅最长而且润色最少，文章满是对租来的别墅的讽刺，尤其是讨人厌的主人——马西格里亚伯爵夫人。克莱门斯将其插入1892年关于维维安妮别墅的手稿中，克莱门斯早期在佛罗伦萨比较享受的日子就是在那里度过的。尽管有增加了不少平淡内容，1904年仍然重复着对伯爵夫人的谩骂——这部分内容太多以至于1906年5月和6月当克莱门斯考虑在麦克卢尔出版社（S. S. McClure）出版自传选集的时候，他在简的打印稿上用蓝色铅笔将一些冒犯之词标出来，写道（在第二页的反面），“在第一版中删掉那些蓝色铅笔注明的∧段落∧（以及所有用蓝色铅笔划过的段落）”，他还补充说，“在后面的版本出版这些内容”。②

显然佛罗伦萨口述中有未能留存下来的，至少最初口述的内容是这样的。1906年8月，克莱门斯称他已经创作了超过一打“小传记”，但我们几乎没有。

23 根据我的计算，估计从两年前在意大利开始口述起，我已经进入良好的创作状态并且尽可能地充实我的一直以来的计划，对于只有13个值得写的人来说——1个女人和12个男人。这样很适合阅读。不论什么时候回头重新阅读这些小传记以及特征，都会让我高兴起来。每一次检查都会让我的赞美之情增加一分。我相信我已经把这些人批得面目全非，体无完肤。③

类似的佛罗伦萨口述，已知的只有一篇得以留存：克莱门斯显然在“科沃德别墅”中“鞭笞”了马西格里亚伯爵夫人。我们只能猜测哪些男人在其他地方“值得”批判。例如，在1904年1月29日的信中，克莱门斯把他的怒火转向美国细胞基质公司总经理亨利·A.巴特斯，而他应该为克莱门斯的投资损失负责：“一旦我回来我要把巴特斯告上法庭，我猜我可以让他坐牢……~~他在我自传中占据的篇幅是以偿还他和那些皮条客从我身上抢走的东西~~。”④但1904年后或是更早，类似的文字一个也没能留下来，巴特斯只是在后面的口述自传中被一笔带过（例如，

---

① 里昂的记录笔记据估计已失轶，由简·克莱门斯的打印稿仅有两篇得以留存，其中一篇就是“科沃多别墅”口述的第一部分。除了这一例外，所有佛罗伦萨口述都只是根据1906年简的（现在已失轶）打印稿制作的打印副本。关于打印机的口述内容发表在1905年3月18日《哈珀周报》（Harper's Weekly）中的“来自我未发表的自传（From My Unpublished Autobiography）”标题下，后来克莱门斯将其插入1907年2月27日（SLC 1905c）。

② 见原文对“科沃多别墅”的评论，MTPO。

③ AD，1906年8月6日。

④ 1904年1月29日致斯坦奇，CU－MARK。

1908年10月31日,克莱门斯把他描述成“可能是最刻薄的白人,我所知道的灵魂最低等,行为最卑劣的人”)。还有其他人可能会在1904年以后现在已经失轶的口述中遭到严厉对待,这些人的描写后来在1906年1月到8月间做了“重新安排”。克莱门斯在1906年年初的口述中散布了一些讽刺查尔斯·L.韦伯斯特的评论,接着又在1906年5月29日的文章中进行了长篇累牍的痛斥。其他候选人包括丹尼尔·惠特福德,克莱门斯的律师;詹姆斯·W.佩奇,失败的排字机发明家;当然还有布雷·哈特。①

延长版权的策略(1904年到1909年)

当1904年6月5日奥利维亚突然去世,克莱门斯对他自传的兴趣很自然的一下子去得无影无踪,在接下来的一年半时间里,他只是写了一个短篇——“简的趣闻”。但在奥利维亚逝世之前,他对口述传记的热情已经上升到可以为整个家庭提供收入,并足以养活他(当时68岁)。在1月写给豪威尔斯热情赞扬口述的同一封信中他描述了这一新想法:“如果我再活2年,那么这部自传将会有很多卷,但是他们并不会独立出版,而只是作为我现有书籍的注释(可以申请版权)。这样做就可以将现有书籍的版权延长28年。我想这些注释可以给每本书增加50%的内容,并且有些会比书本身更耐读。”②

在1年之后也就是1906年1月,克莱门斯已经开始向约瑟夫·霍比口述之 24
时仍然抱着这一看法。当年12月,他把这个想法告诉了一位记者,后者接着将其在《纽约时报》上做了总结:

> 一旦书的版权到期,马克·吐温或是他的经纪人就会将自传的一部分作为这本书的脚注并申请新的版权。举例来说,当《汤姆·索亚》的版权过期,那么就会出一个新版本……新版《汤姆·索亚》中大约有1/3将会是自传,并且只会将老文字按章或是行分割开来。以此类推,每本书在版权过期的时候也可以进行同样的操作。
>
> 目前来看,自传的部分将与书密切相关……
>
> 他是从沃尔特·斯考特爵士(Sir Walter Scott)的经验得到灵感并产生了这个想法。斯考特通过出版附评论的新版本来延长版权寿命……他相信他的策略将会确保一本书的版权长达42年而非28年,正如他在几天前说的:“我所关心的只有孩子;至于孙子,那就让他们自己照顾自

---

① 参见AD 5月26日(惠特福德),6月2日(潘恩)以及1906年6月14日(布雷·哈特)。

② 1904年1月16日致豪威尔斯,MH - H,MTHL,2:779。

己吧。”①

很难了解克莱门斯对这个计划的重视程度，因为他从来没有将其付诸实践。1909年12月24日在“自传的结语”（Closing Words of My Autobiography）中他解释道，

> 促使我这么做的原因是希望能够避免自己的版权过期，这样简和克拉拉即便在我死后也可以依靠我的书过上不错的生活……
>
> 这些单调而又长久的工作却白费了。去年3月国会在原来42年的基础上增加了14年，这样我最早的书的版权还有15年。这样增加的年限对我来说就没有用（我现在74岁），可怜的简现在也不需要这些，克拉拉已经高兴而又幸运的结了婚，这些对她来说也毫无用处。

由于法律的变化，他显然把相同的想法也告诉了克拉拉。她表示反对，于是他在1909年2月23日回复道：

> 可能我应该说“一半是浪费的”。祝福你的心，为了给现有的书增加28年的版权，我花了2～3年时间在自传上。国会现在已经在28年上增加了14年，而且现行的法律已经非常健全，目前可以毫无难度地说服国会再增加14年……
>
> 我的孩子，我撰写自传不是为了全世界的利益，而仅仅是为了你和简。②

而且，很显然延长他的版权从来不是撰写自传的主要动机。

25 **马克·吐温自传**

开始口述自传（1906年1月）

1904年7月，克莱门斯，他的两个女儿，凯特·莱利和伊萨贝拉·里昂护送奥利维亚的遗体回到美国。他们把她安葬在科沃利农场（Quarry Farm），随后克拉

---

① “吐温的计划将打败版权法案”（Twain's Plan to beat the Copyright Law），《纽约时报》1906年12月12日。当时的版权法案规定保护期限为28年，可以延长14年，最长42年。克莱门斯认为如果自传注释添加到相应的书籍，那么就可以创造一个新的拥有42年版权的出版物，合计84年。

② 1910年2月21日、22日和23日致CC，影印件见CU－MARK。国会和众议院在1909年3月4日通过了“1909年版权法案”。

拉回到纽约的家休息而克莱门斯、简以及里昂则在马萨诸塞州的李,度过那个月剩下的时间。8 月 10 日,克莱门斯抵达纽约,很快他租下了第五大道 21 号的一栋联排别墅(town house),租期 3 年,重新修缮,装修之后,他和简在 1904 年 12 月搬了进去。

1 年之后,也就是 1906 年 1 月,自传的工作已经停了 8 个月。对克莱门斯来说为了重新恢复 1904 年的创作热情需要一个契机,那就是 1 月 3 日晚与阿尔伯特·比奇洛·潘恩的会面。潘恩是一位经验丰富的作家兼编辑,他在 1904 年出版了一本关于托马斯·纳斯特(Thomas Nast)的传记让克莱门斯钦佩不已。那天晚上,潘恩参加了一个由表演者俱乐部(The Players club)为克莱门斯举办的庆功宴,并且凑巧几乎与他"相视而坐"。3 天之后,他登门拜访并请求能够撰写马克·吐温的传记。简单介绍之后,克莱门斯对着他说:"你希望什么时候开始?"潘恩接着提出雇佣一位速记员记下克莱门斯对自传问题的回答。克莱门斯说他认为他应该会愿意"向一位可以鼓动我,并且可以作为一个听众的速记员口述",他将会给潘恩提供办公室并且允许他接触"满满一箱或是两箱"的手稿、笔记以及信件。"你所需要的都会给你。我们可以早上口述,剩下的时间由你自由安排。我可以给你钥匙这样你想来就来想走就走。"①

双方一致同意 1 月 9 日开始工作:周六一早潘恩就到了,和他一起来的还有一个速记员,约瑟夫·S. 霍比。关于传记的工作流程很快就定了下来,但是克莱门斯

> 提议通过延续早期自传文章的形式,从 1885 年雷德帕斯开始,还有后来在维也纳科沃多别墅的口述,以此增加我们雇员的价值和利益。他说他不认为自己可以按照一个确定的时间顺序来口述;也就是说,他喜欢像散步一样,跟着记忆与想象力,选择这个话题或是那个话题,而非按照某种特定的传记顺序。他宣称,这样做的目的是他的口述在他死后 100 年或更长时间之后才能出版——他似乎特别满意这样的安排。②

约瑟夫·霍比是一位经验丰富的速记员和优秀的打字员,潘恩认识她已经 8 年了。她曾经为查尔斯·达德利·华纳、玛丽·梅普斯·道奇工作,目前受雇于世纪公司,而后者从 1899 年开始就已经雇佣潘恩作为一份面向年轻人的杂 26
志——《圣·尼古拉斯》(*St. Nicholas*)的编辑。霍比每小时口述收 1 美元,每打

---

① MTB,3:1260 – 64。关于口述自传的这段历史,我们需要感谢马克·吐温计划编辑,林·萨拉姆(Lin Salamo)2009 年在背景研究方面的突破。

② MTB,3:1266.

100个字5美分。她很快就开始转录早上的谈话。“我们会试一下”，克莱门斯告诉潘恩，“看是有趣还是无聊，看口述会让我们无聊到想自杀。我讨厌开始，但我想如果你可以不时提出建议，我们就可以让口述继续而非停滞不前。”他提出了一个工作日程，每周工作4天到5天，每天早上大约2个小时。[1] 克莱门斯说着，霍比不停地速记下来而潘恩不断表示赞同。在最初阶段，潘恩回忆道，克莱门斯经常躺在床上口述，“穿着一件合身的极富波斯风情的丝绸睡袍，倚在一个雪白的大枕头上”。[2]

在1909年克莱门斯完成口述之前，他和霍比与其他三个打字员一起，产出了超过5000页打印稿。这一庞大的资料在克莱门斯死后构成了被称为“自传”的手稿。但可能从德沃托担任马克 · 吐温档案馆的编辑开始，那些查阅过这些文件的人都会遇到两个谜：第一，大部分1906年1月到8月的口述自传都以文件夹的方式装订起来——每一个口述——包含2份到4份、独立的、文字相同但打印效果截然不同的副本。没有人能够搞清楚这些副本的作用。第二，这些不同“副本”的区别（如果有的话）并不明显或者说容易理解：页码不一致，看起来没有固定式样；有一些副本上面有作者手工修改的痕迹，而其他则没有；很多上面密密麻麻有很多除了作者以外不同笔迹（大部分无法识别）做的标记。这些文档是任何着手出版《马克 · 吐温自传》的人都需要面对的中心问题。

第一打印稿（TS1）

解决这些谜题的第一步就是找到一种可靠的方法将这些文件夹里面几乎相同的打印副本区分开来。使用的纸张、打印机特有的字体以及打字习惯，当然还有一些难以解释的不同页码被证明是最基本的依据。霍比根据其速记笔记整理出来的最初打印稿，最后就是根据这种办法分离并确认的，这一版本后来被称为TS1（第一打印稿）。其他打印副本（包括那些带有铅笔标记）也同样被分出来，在此处根据数字命名（TS2、TS3以及TS4）。一旦这些手稿根据其物理性状区别开来，就可以查看这些日常口述归档的方式，从而解答为什么会有这些不同的打印副本这个长期以来的疑问，[3]并可以根据每一个版本的细微之处了解它们之间的差别。

27 到1月18日，霍比已经形成了一套标准的模板：她在第一页的左上角写下记

---

① AD，1906年1月9日；里昂1906年5月25日登记；MTB，3：1266。

② MTB，3：1267.

③ 如果TS1到TS4是以这种方式保存，那毫无疑问应该归咎于潘恩——四个版本的页码都是连续的——显然它们很久以前有着各自的顺序。但是每一份打印稿都根据其口述的日期被放到一个文件袋里面，反而阻碍了人们的认识。

录口述的时间和字数，页码居中，口述日期居右，随后通常跟着一份关于内容的概述。霍比用铅笔标出在打印的时候未能修正的错误。这样的打印稿随后交到克莱门斯手里供他修改和检查。TS1 总共有大约 2600 页连续的页码，从 1906 年 1 月 9 日的第 1 页开始一直到 1908 年 7 月 14 日的口述，霍比在离开克莱门斯之前很快就将其完成。2 个后来的速记—打字员制作了另外几百页打印稿，但并没有接着 TS1 的页码顺序。[①]

霍比很快同意放弃在世纪公司的工作转而专心为克莱门斯服务尽可能长的时间。3 月 13 日，里昂在其日记上评论说，"克莱门斯先生发现她完全符合他的喜好，他多次说'这是一种既有的能力'——因为她是个好听众，有同情心而且有鉴赏力。"[②]到 4 月 8 日，霍比已经将其到 1906 年 3 月 28 日的口述稿转录完毕。

尽管 TS1，这一独一无二的副本（在这点上当时没有抄送一说）有丢失的危险，克莱门斯允许克拉拉拿走并读了大约 500 页，也就是到 3 月 16 日口述。他还把 3 天的口述稿借给特维切，这 3 天很可能是 3 月 23 日、26 日和 27 日。4 月 8 日，里昂记录说"特维切先生在这里，他夫人也一样，特维切先生认为自传非常有趣"。大概他当时就将口述稿交还。同一天，克莱门斯和豪威尔斯在丽晶酒店吃午饭的时候带上了所有 3 月 28 日口述的内容（奥利安在梅瑞狄斯医生的"老处女姐妹"那里碰了一鼻子灰）。豪威尔斯将这些书稿在第二天的信中寄还：

> 我想看 578 页之前的每一个字，这是有史以来最幽默、内容最丰富的文字。你如果你已经穿过这扇门那么已经比之前任何自传作家都要走得远。你比亚当和夏娃合在一起还要毫无遮掩，还要真实。但是—但是—但是你一定不要让奥利安钻进被窝，我知道他已经这么做了，但——

里昂注意到克拉拉的回信"也充满着对自传的狂热"，但是她的信件一直未能找到。估计在她寄回书稿的两天之前，克莱门斯在亚特兰大回信道：

> 我很高兴，亲爱的小灰猫！我很高兴你对自传感兴趣，我之前真的很担心。我仍不住地猜想它可能读起来会如何，因为我已经故意不去读它，这样我就不会感到失望并且放弃这项工作。我希望能在它完成多年 28

① 之后的两名速记打字员为玛丽·路易斯·豪顿（Mary Louise Howden）（1908 年 10 月开始工作）和威廉·埃德加·格鲁曼（William Edgar Grumman）（1909 年 2 月开始）。他们工作的那段时间人们已经开始越来越被留声机所吸引，他们一起只打了一百多页。

② 里昂，1906 年 3 月 13 日。

之后才读它，这样它才不会读起来那么熟悉——然后我就可以作出理性的判断。然而，因为特维切先生想要试读一下，我花了最近的3天时间对其进行修改，装订——在这过程中我发现作为没有学过向速记员口述的初学者来说已经做得够好了。特维切先生的评语是，兴致不减。这正是我想要的。我唯一想要的就是吸引读者，他大可以到别处寻求好处和指导。①

4月11日，克莱门斯暂时停止口述，直到5月21日才重新开始，中间这段时间他、简和里昂搬到新汉普郡，都柏林村附近与外界隔绝的厄普顿度了个假。克莱门斯5月15日到了那边，潘恩和霍比几天后抵达，在附近住了下来。潘恩报告说，"我们跟以前一样在他的卧室记录，但在那里的感觉却令人沮丧。"他描述从厄普顿的阳台能看到"这个星球上最漂亮的风景"，克莱门斯很快就抓住这个机会："我认为我们以后可以在这里口述，这应该是个能激发灵感的地方。"里昂不时记下克莱门斯（包括她自己）对"老处女的怪念头"以及"霍比"缓慢的速度感到不耐烦，但是总体来说清晨这段时光非常平静。② 里昂在日记里记录了其中一个：

> 今天早上口述了3个小时，克莱门斯先生过去的信件成了一个话题……听到从走廊里传来的笑声是一件美妙的事情，国王爽朗的笑声，传记作者快乐的嗓音以及速记员欢快的咯咯声、~~构成了一支轻快的歌曲~~。我偷偷地出来，站在大厅的藤椅上看着，听着。国王的衣服是白色的，传记作者的是浅灰而速记员的是深蓝色，腿上躺着只猫咪。③

5月底克莱门斯也开始认真地阅读和修改4个月以来的TS1，当时已经有700页内容（口述到4月11日）。他用黑色钢笔修改打印稿，很少用铅笔，对语句的修改相对也很少——至少对于最初的10份口述是如此——他一直以来故作内行地对拼写、标点符号以及段落作出修改。大体上看，霍比似乎已经间接或是直接地从克莱门斯那里学会了他使用拼写和标点的习惯。错误是不可避免的，尤其是正确的拼写名字（"Katy"被写成"Katie"，"Susy"被错记成"Susie"，"Twichell"被写成"Twitchell"）。而且因为他是在已经打印了数百页之后才开始检查，克莱

① 里昂，1906年4月8、9日；豪威尔斯致SLC，1906年4月8日，CU－MARK，MTHL，2：803－4（被误认为借给豪威尔斯的打印稿）；1906年4月8日致CC，MoPIS和CU－MARK。

② 里昂1906年5月15日、20日、25日以及6月21日；MTB，3：1307－8。

③ 里昂1906年8月29日。"国王"是里昂还有潘恩给克莱门斯起的绰号。

门斯不可避免地发现一些重复性的错误。里昂在日记中写道：

> 一天又一天，检查口述稿过程中不断发现霍比的失误，克莱门斯先生为此伤透脑筋，饱受折磨，其中最糟糕、最让人生气的是霍比总是篡改克莱门斯的话，把他说的“a thousand”或是“a hundred”写成“one thousand”或是“one hundred”。并在今天突破他容忍的极限。他咬牙切 29
> 齿地骂着“真该死”一直到累了为止；接着他又开始骂“那个白痴！”——“那个恶魔般的女人！真想找个人把她拖出去剥皮抽筋！”①

他发现了（并修改）二十几处这样细微但是让人头大的错误。人们只能希望他在向霍比提出这些错误的态度能够不那么差。

S. S. 麦克卢尔和报业辛迪加

麦克卢尔的辛迪加以及《麦克卢尔杂志》的创始人 S. S. 麦克卢尔极大地推动了克莱门斯修订 TS1 的过程，他允诺向克莱门斯以 1 美元每字的价格购买发表 50,000 字来自自传的文章权利。克莱门斯在检查霍比的打印稿以及 1906 年前的文章的同时也开始注意可以供麦克卢尔发表的文字。例如，用蓝色铅笔做的“MC”记号就出现在 1904 年“科沃多别墅”打印稿第一页的最上角，1906 年 1 月到 3 月准备的 TS1 的其他页面上，也可以看到同样或是类似的记号；同样，其他口述内容则写着“Not for MC”。

然而，克莱门斯并不能自由接受麦克卢尔的邀请。他在 1903 年就已经与哈珀兄弟公司签订了一份独家版权合同，合同规定禁止他与其他公司出版任何“现有的或将来写出来的书籍，文字或是作品。”并规定所有“在杂志或期刊上发表的各种文章的价格为 30 美分每字。”即便如此，5 月 27 日，克莱门斯让里昂做了 2 个小时的笔记，他概述了“今后的行动方针是规避哈珀的合同，用 50,000 美元的价格向麦克卢尔卖 50,000 字。”然而他对其作品由麦克卢尔出版的兴趣远大于经济上的考虑，他曾经表示希望看到这些节选“出现在报纸上——甚至出现在赫斯特的报纸上——从而触及他的‘潜在客户’。”②他进一步给罗杰斯解释说，

> 我希望在死之前看到许多这样的内容得到出版——但并非大批量的，噢，不！我并不想现在就被钉死在十字架上。豪威尔斯认为这本自

---

① 里昂 1906 年 6 月 20 日。霍比的速记记录显然没有将“a”与“one”区分开来。

② 里昂 1906 年 5 月 27 日；HHR，697。克莱门斯关于“潜在的声望”评论见“罗伯特·路易斯·史蒂文森（Robert Louis Stevenson）和托马斯·贝利·奥尔德利希（Thomas Bailey Aldrich）”。

传将会比“傻子出国记”还要多流传1000年，我知道它确实能做到。我希望让整个文学界看到（正如豪威尔斯所说的）这本书的形式将是有史以来最值得纪念的文学创新之一。它将会与蒸汽机、印刷术还有电报齐名。我将是找到正确撰写传记的方法第一人。

然而，罗杰斯并不同意接受麦克卢尔的要约。他相信哈珀的合同“是如此珍贵，他们将会抓住任何可能的机会来打破原先的安排”，他敦促克莱门斯不要“动脑筋破坏”它。①

30 **“最终（及正确的）方案”（1906年6月）**

6月10日，克莱门斯给一位朋友写信，“我已经停止口述——我已经厌倦了。我已经停止阅读和欣赏它——被它累死！”②然而，克莱门斯肯定只是一时缺乏热情，因为事实上他既没有停止口述也没有停止“阅读自传”。从6月11日到14日，他每天口述（在那个月底前又口述了6天），与此同时，他继续阅读和修订TS1，到6月21日已经按照他的方式看了超过900页。也在这个时候，他决定回到上个冬天开始但在5月份中断的工作：修订他早期的手稿，包括他最初尝试的自传。6月8日，他让潘恩到第五大道21号的房子去取他已经汇总起来准备用在自传上延长版权的手稿。③ 多年以后，里昂在潘恩那版传记上“田纳西土地”开始的地方注释，解释说“1905～1906年的冬天”克莱门斯继续执行他的想法，“在版权过期的时候增加自传笔记，这样就可以得到一本新书并将其版权延长14年……他问我要他在1870年以及之后写的笔记——也就是开始的地方。”很有可能就在那段时间她听到克莱门斯朗读手稿，潘恩为这些手稿用的标题为“早年在密苏里，佛罗里达的日子。”她在潘恩的版本中注释道“克莱门斯先生需要这些手稿，他大声读给我听；经常被记忆深深的感动，有时因为过于动情而失声”。④

潘恩于13日回到都柏林，带着“一小箱”手稿。6月22日，里昂在日记里写道：

……午饭过后，我们坐在门廊里，克莱门斯开始朗读自传的最开始，

---

① 1906年6月17日致罗杰斯，萨姆，HHR，611；罗杰斯致SLC，1906年6月4日，CU－MARK，HHR，608。

② 1906年6月10日致特勒，NN－BGC。

③ 里昂1906年6月8日和21日。

④ 里昂拥有的潘恩的传记的第3、7页，凯文·麦克·唐内尔（Kevin MacDonnell）引用，其所有者，里昂是在1947年或1948年做的注释。

~~一些~~很多年前写的，∧大约 1897 年∧——44 页打印稿，还说起孩提时候的故事，农场，~~生活在那里的乐趣~~非常漂亮的~~描写——充满了美丽的画面，那个下午真的非常非常美妙~~∧他动情地读啊，读啊。∧①

克莱门斯可能一直在考虑将他非常喜欢的早期回忆录增加到自传中，如果只是为了增加其篇幅。几天前（6 月 17 日）他写了一封信给豪威尔斯，在信中他谈到另一种增加内容的办法，就是利用作者死后出版的好处：

> 我有相当多的“内容”。我已经口述（从 1 月 9 日开始）了 210,000 字，这些“内容”将会增加 50,000 字。
>
> 这些“内容”是些多年以来我或者编辑不愿意出版，被束之高阁的作品。例如，30 年前我在哈特福德读给你听的一些旧书，当时你说“出 31
> 版——让迪安·史丹利（Dean Stanley）写一篇序；他会做的”。“斯多姆菲尔德船长漫游天国记”这读起来非常适合我，既然直到我死后它们才会被出版，那么就不需要修改一个字。

他在附言中补充道：“我已经写了一个简短的引言，我喜欢这个标题：‘来自坟墓的话’（Spoken from the Grave）这将会将读者带入一片庄严之中。”②

这一引言的手稿（其次标题为“来自坟墓”）以及含有标题那页的草稿在马克·吐温档案馆中被保存下来，在一张印有标题的页面上，克莱门斯写了一系列注释，说明各种出版自传的规定和条件。接着他决定通过扩展这些注释来增加这一简短的“引言”。给他的“编辑、继承人以及指定人”，用不正常的篇幅，详细地说明后续的版本可以涵盖越来越多他的（估计会令人震惊）“合理以及疯狂的观点”。

现在可以清楚地看到在 6 月 22 日，克莱门斯高声朗读“44 页打印稿……述说孩提时光和农场”的时候，他已经决定使用那些草稿来开始他的《自传》。他写了一页引言，称其是“早期的尝试”（An Early Attempt）来介绍自传，接下来是一页说明：“此处插入 44 页老的打印稿。”这个“老”的打印稿已经失轶，但是我们现在

---

① 潘恩致里昂，1906 年 6 月 11 日，CU－MARK；里昂 1906 年 6 月 13、22 日。里昂关于打印稿的日期（1879 年）是错的；她原本想写“1897 年”，这可能才是正确的。

② 1906 年 6 月 17 日致豪威尔斯，NN－BGC，MTHL，2:811；里昂 1906 年 6 月 14 日。克莱门斯在此处提到的手稿是“斯多姆菲尔德船长漫游天国记”，一部 1868 年写成并多次修改的手稿。这些“内容”肯定是其他一些没有完成或是没有出版的，后来被他插入自传中的手稿，这么做至少有一部分是受更新版权计划的驱使；“沿着罗纳河而下”（Down the Rhone）也就是人们所知的“无辜的漂泊者”（The Innocent Adrift），写于 1898 年。见 Ads 1906 年 6 月 6 日及 4 月 9 日。很多其他类似“非自传体”手稿最终被插入口述自传中。

知道这其实是他在 1897 ~ 1998 年在维也纳写的称为“我的自传［根据自传的‘节选’］”的打印副本。这些打印稿(目前已失轶)是什么时候准备的目前不为人知，但很可能不晚于 1900 年。①

在同一时间,他也决定通过加入 1904 年在佛罗伦萨口述的一些内容来展现他对自传的创新。为此,他写了一个对应的引言称为“最新的尝试”,将它们描述成撰写自传的“正确的方式”的例子。他还增加了一处变化,增加“最终(及正确的)方案”以及一句格言(“人生多么短暂的一部分”)。② 其结果就是三部分引言,并以“来自坟墓的引言”作结(分成三个部分),后面跟着介绍说明“佛罗伦萨的口述从这里开始”。

32 这个版本第一次根据克莱门斯原本的顺序,完整地出版这些广泛的前沿材料。潘恩知道所有这些材料(手稿上有他用铅笔标记的页码)。但是显然他认识到这与他的自传顺序不符:手稿是根据早期的随笔,根据写作日期排列的佛罗伦萨口述以及 1906 年 1 月到 4 月口述自传的选集排列。潘恩的计划中将引语以及“来自坟墓”的第一部分作为第一部的开头,把“最新的尝试”放在佛罗伦萨口述之前,但是称其为“引言,来自坟墓。”③马克·吐温手稿的第 1 页被复制并标记为数字 2 – 13。

诚然“44 页老版打印稿”已经丢失,那我们如何确认这些打印稿事实上是“我的自传［根据自传的‘节选’”的副本呢?怎么知道 6 个留存的佛罗伦萨口述本来是跟在“来自坟墓”后面呢?]

上面两个问题的答案就在 1906 年 1 月到 8 月的多个口述打印稿版本里面。

另外两个打印稿:TS2 及 TS4

克莱门斯曾在 6 月 17 日写给豪威尔斯信的附言中说:“我想里昂小姐已经告诉你我们不能把自传寄给你的原因——目前只有一份打出来的复本,我们必须留着它以供参考以免被复制。制作第二份的工作现在已经开始了,因此我们现在可以开始分批寄给你。”④TS1 开始的时候还没有对复本的需要。但是豪威尔斯和特维切希望在 4 月看到这些文字而麦克卢尔则希望在 5 月底看到,显然亟须复

① 霍比已经开始重新打这 44 页,但是她的打印稿(TS2)现在也已失轶。通过将 1906 年打印稿(TS4)与“老的”残缺的打印稿比对表明克莱门斯已经做了修改(见下一部分:“另外两个打印稿:TS2 和 TS4”)。TS4 曾经“［1900 年］”将其放在最上面,这表明失轶的打印稿包含这一日期。

② 这一格言的第一稿被克莱门斯记在一个小日历笔记本上(1901 年 11 月)并且在封面上可以看到“自传”(CU – MARK)。克莱门斯的其他注释表明他早在 1902 年就使用它。1906 年版本,目前仅以打印稿存在,表明当时他在一份文档上做了修改,但目前已经失轶。

③ 具体见附件“之前的出版物(Previous Publication)”(pp. 663 – 67)。

④ 1906 年 6 月 17 日致豪威尔斯,NN – BGC,MTHL,2:811。

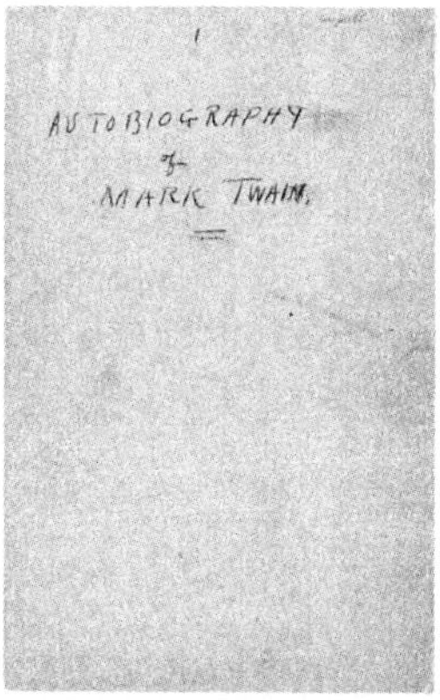

1

AUTOBIOGRAPHY of MARK TWAIN.

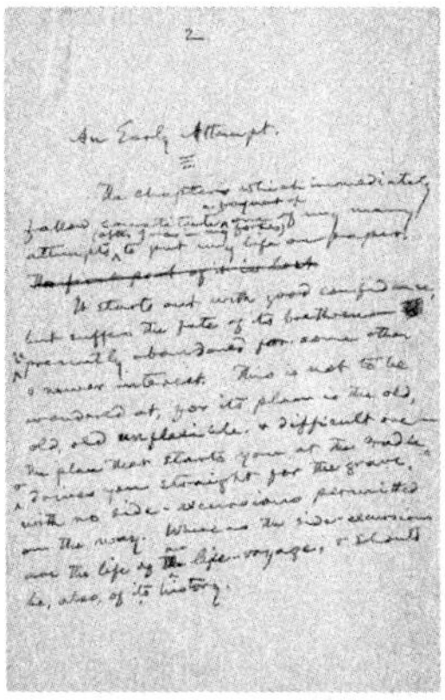

2

An Early Attempt.

The chapters which immediately follow constitute a fragment of one of my many attempts (after I was in my forties) to put my life on paper.

It starts out with good confidence, but suffers the fate of its brethren — is presently abandoned for some other & newer interest. This is not to be wondered at, for its plan is the old, old, old unflexible & difficult one — the plan that starts you at the cradle & drives you straight for the grave, with no side-excursions permitted on the way. Whereas the side-excursions are the life of our life-voyage, & should be, also, of its history.

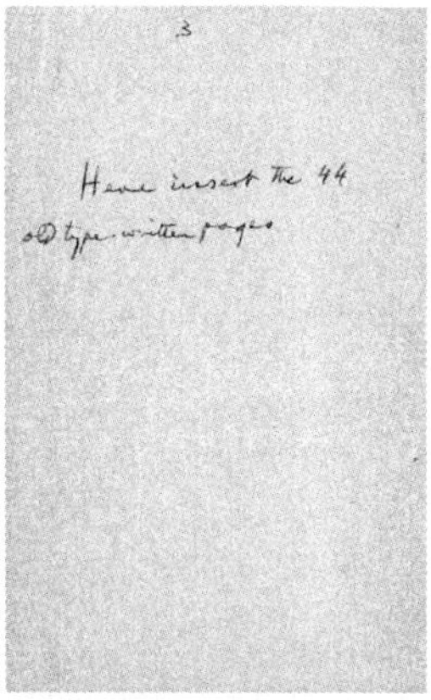

3

Here insert the 44 old type-written pages.

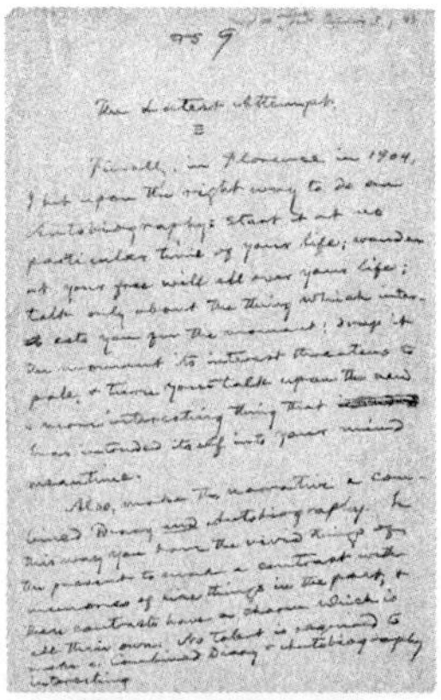

9

The Latest Attempt.

Finally, in Florence in 1904, I hit upon the right way to do an Autobiography: Start it at no particular time of your life; wander at your free will all over your life; talk only about the thing which interests you for the moment; drop it the moment its interest threatens to pale, & turn your talk upon the new & more interesting thing that has intruded itself into your mind meantime.

Also, make the narrative a combined Diary and Autobiography. In this way you have the vivid things of the present to make a contrast with memories of like things in the past, & these contrasts have a charm which is all their own. No talent is required to make a Combined Diary & Autobiography interesting.

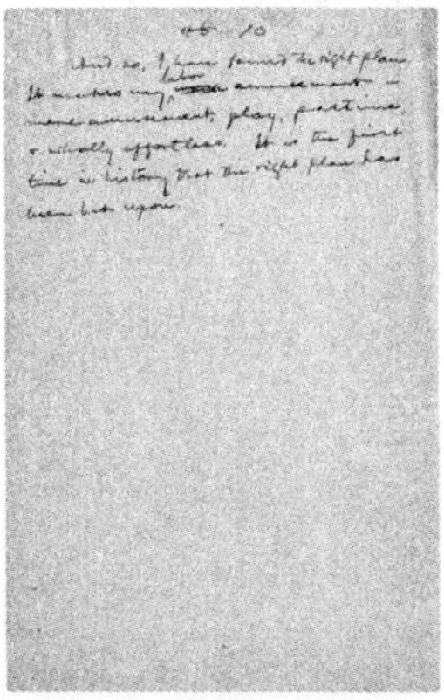

10

And so, I have found the right plan. It makes my labor amusement — mere amusement, play, pastime, & wholly effortless. It is the first time in history that the right plan has been hit upon.

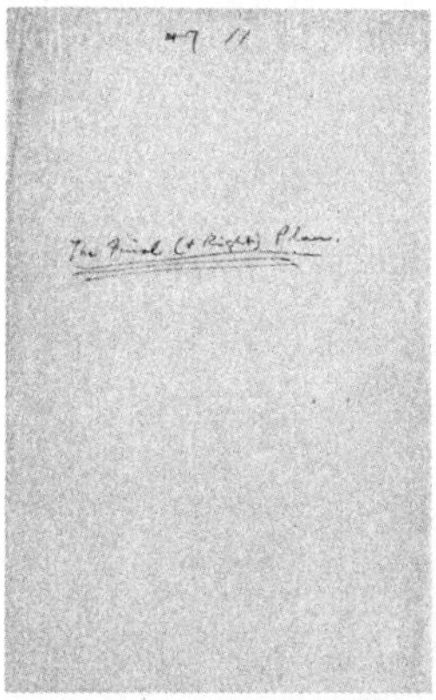

11

The Final (& Right) Plan.

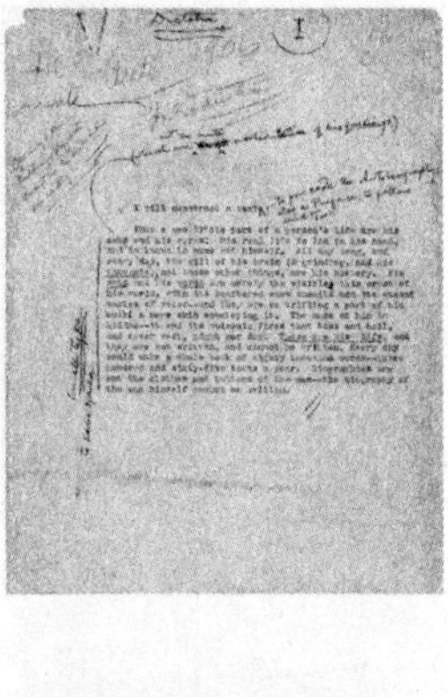

I

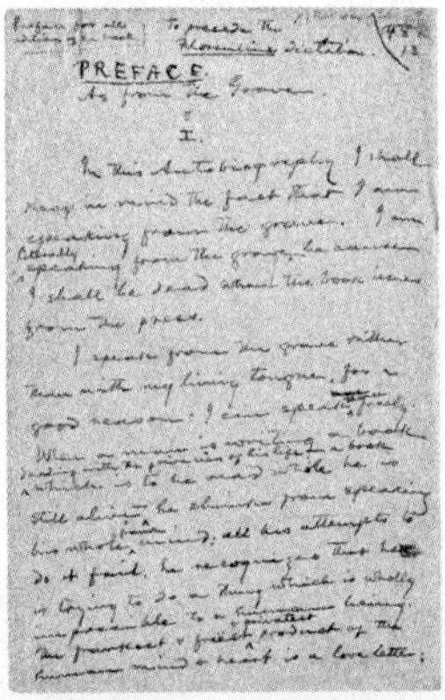

To precede the Florentine dictation.

13

PREFACE.

As from the Grave.

I.

In this Autobiography I shall keep in mind the fact that I am speaking from the grave. I am literally speaking from the grave, because I shall be dead when the book issues from the press.

I speak from the grave rather than with my living tongue, for a good reason: I can speak thence freely. When a man is writing a book dealing with the privacies of his life — a book which is to be read while he is still alive — he shrinks from speaking his whole frank mind; all his attempts to do it fail, he recognizes that he is trying to do a thing which is wholly impossible to a human being. The frankest & freest & privatest product of the human mind & heart is a love letter;

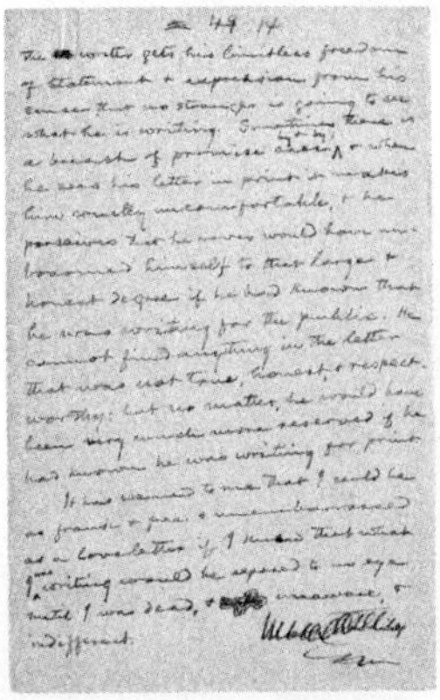

14

The writer gets his limitless freedom of statement & expression from his sense that no stranger is going to see what he is writing. Sometimes there is a breach of promise case by & by; & when he sees his letter in print it makes him cruelly uncomfortable, & he perceives that he never would have unbosomed himself to that large & honest degree if he had known that he was writing for the public. He cannot find anything in the letter that was not true, honest, & respect-worthy; but no matter, he would have been very much more reserved if he had known he was writing for print.

It has seemed to me that I could be as frank & free & unembarrassed as in a love letter if I knew that what I was writing would be exposed to no eye until I was dead, & unaware, & indifferent.

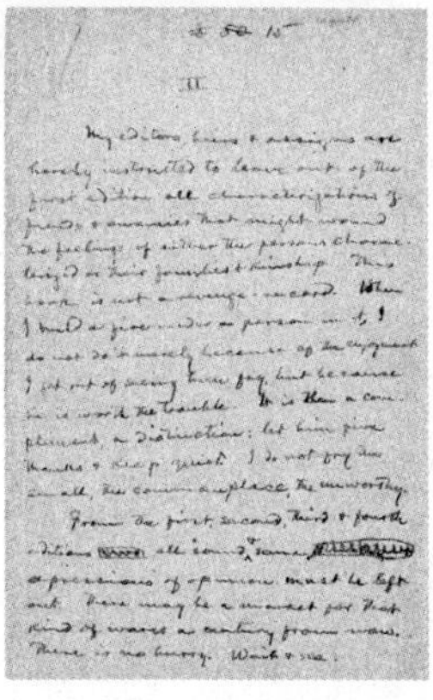

15

II.

My editors, heirs & assigns are hereby instructed to leave out of the first edition all characterizations of friends & enemies that might wound the feelings of either the persons characterized or their families & kinship. This book is not a revenge-record. When I find a fine word or person in it, I do not do it merely because of the enjoyment I get out of seeing him fry, but because he is worth the trouble. It is then a compliment, a distinction; let him give thanks & keep quiet. I do not fry the small, the commonplace, the unworthy.

From the first, second, third & fourth editions all sound & sane expressions of opinion must be left out. There may be a market for that kind of wares a century from now. There is no hurry. Wait & see.

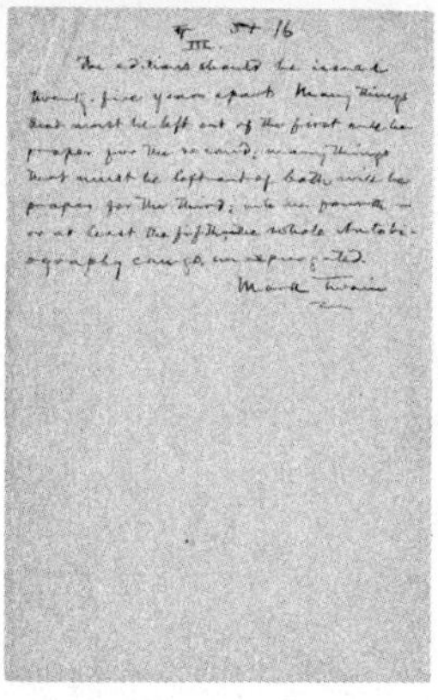

16

III.

The editions should be issued twenty-five years apart. Many things that must be left out of the first will be proper for the second; many things that must be left out of both will be proper for the third; into the fourth — or at least the fifth — the whole Autobiography can go, unexpurgated.

Mark Twain

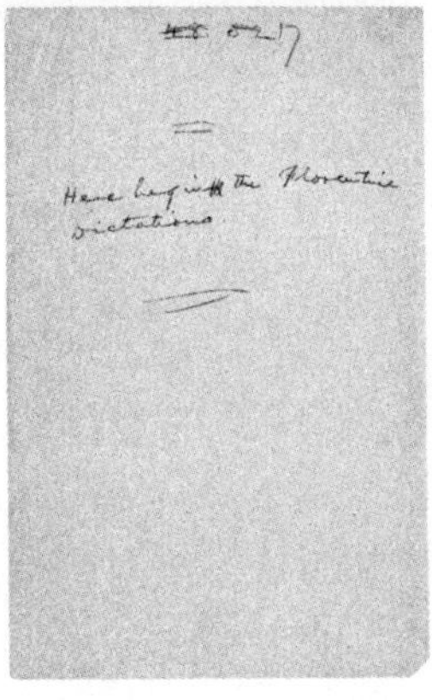

17

Here begins the Florentine Dictations.

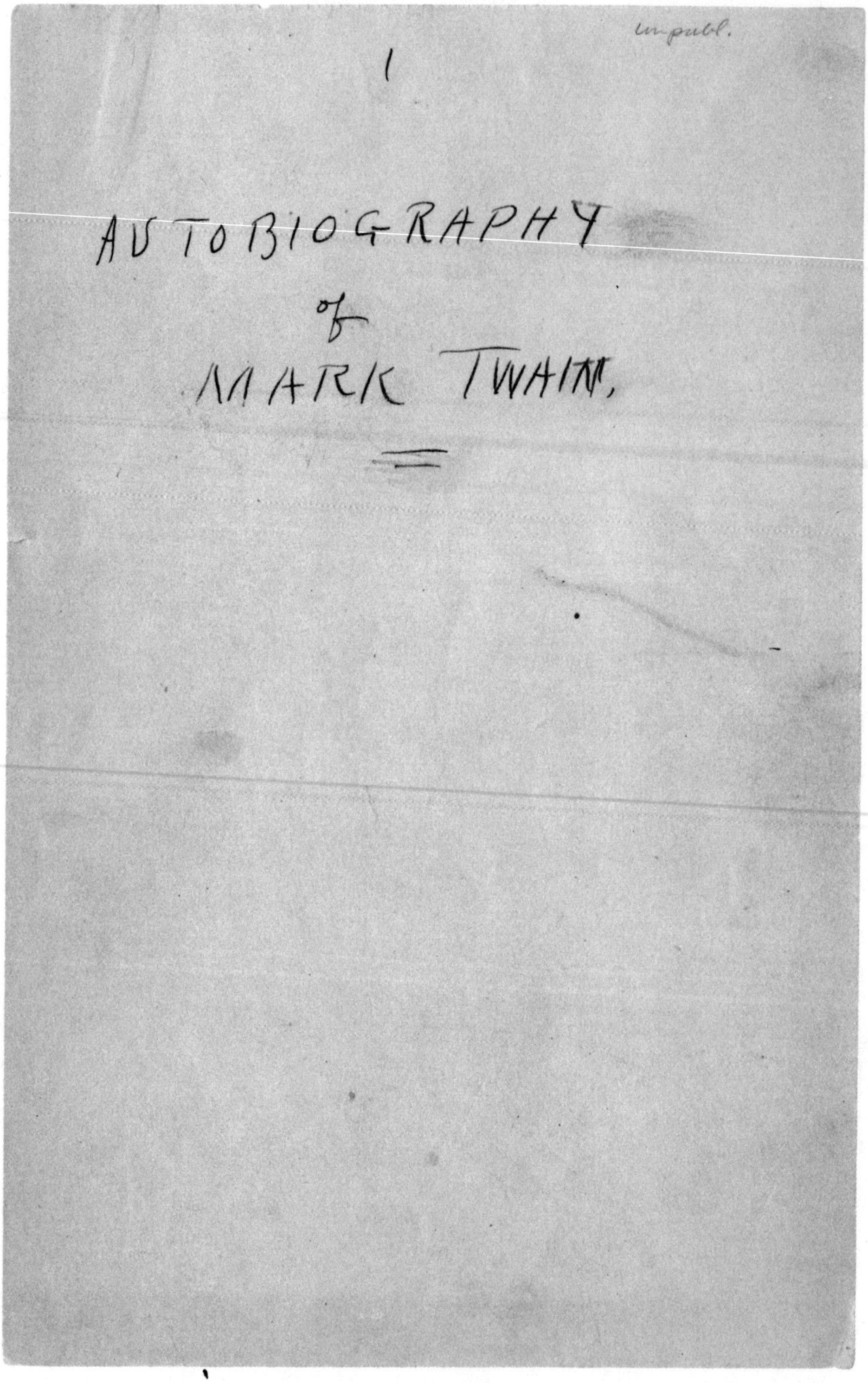

图 2. 手稿第 1 页，克莱门斯的标题页。

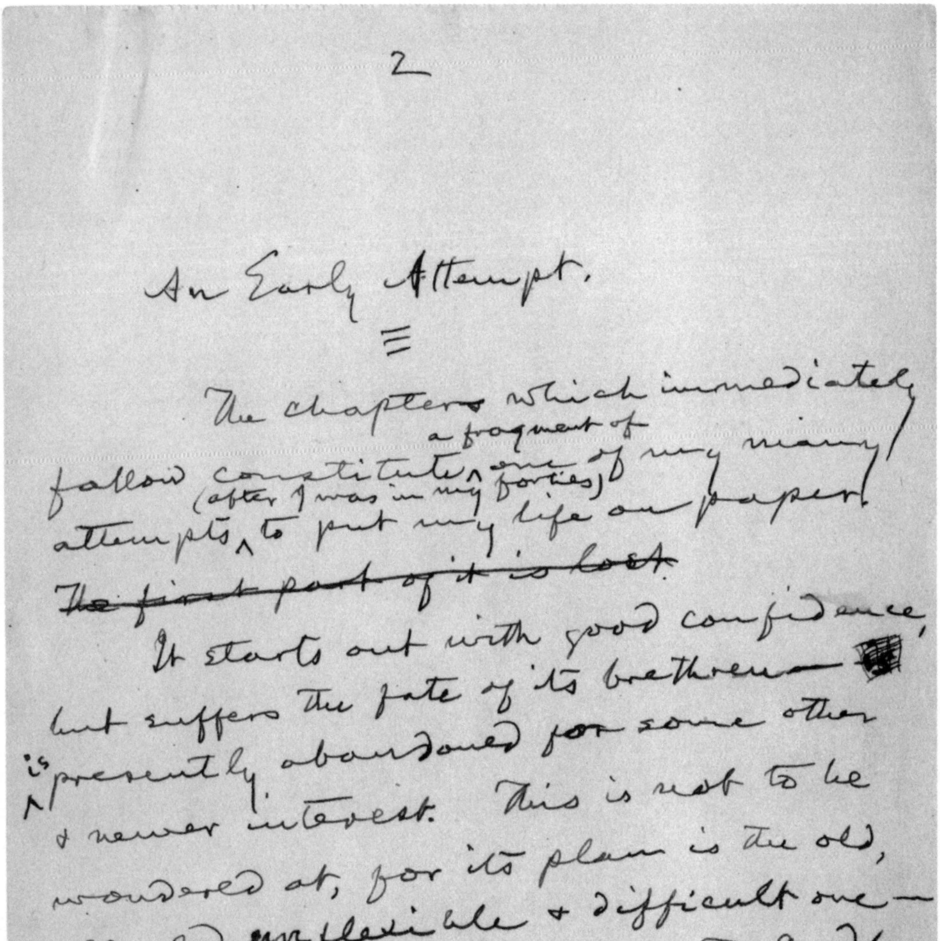
2

An Early Attempt.

The chapters which immediately follow constitute a fragment of ~~one~~ of my many attempts (after I was in my forties) to put my life on paper.

~~The first part of it is lost.~~

It starts out with good confidence, but suffers the fate of its brethren — is presently abandoned for some other & newer interest. This is not to be wondered at, for its plan is the old, old, old inflexible & difficult one — the plan that starts you at the cradle & drives you straight for the grave, with no side-excursions permitted on the way. Whereas the side-excursions are the life of our life-voyage, & should be, also, of its history.

图 3. 手稿第 2 页，“早期尝试”中介绍“44 页老打印稿”的引言。

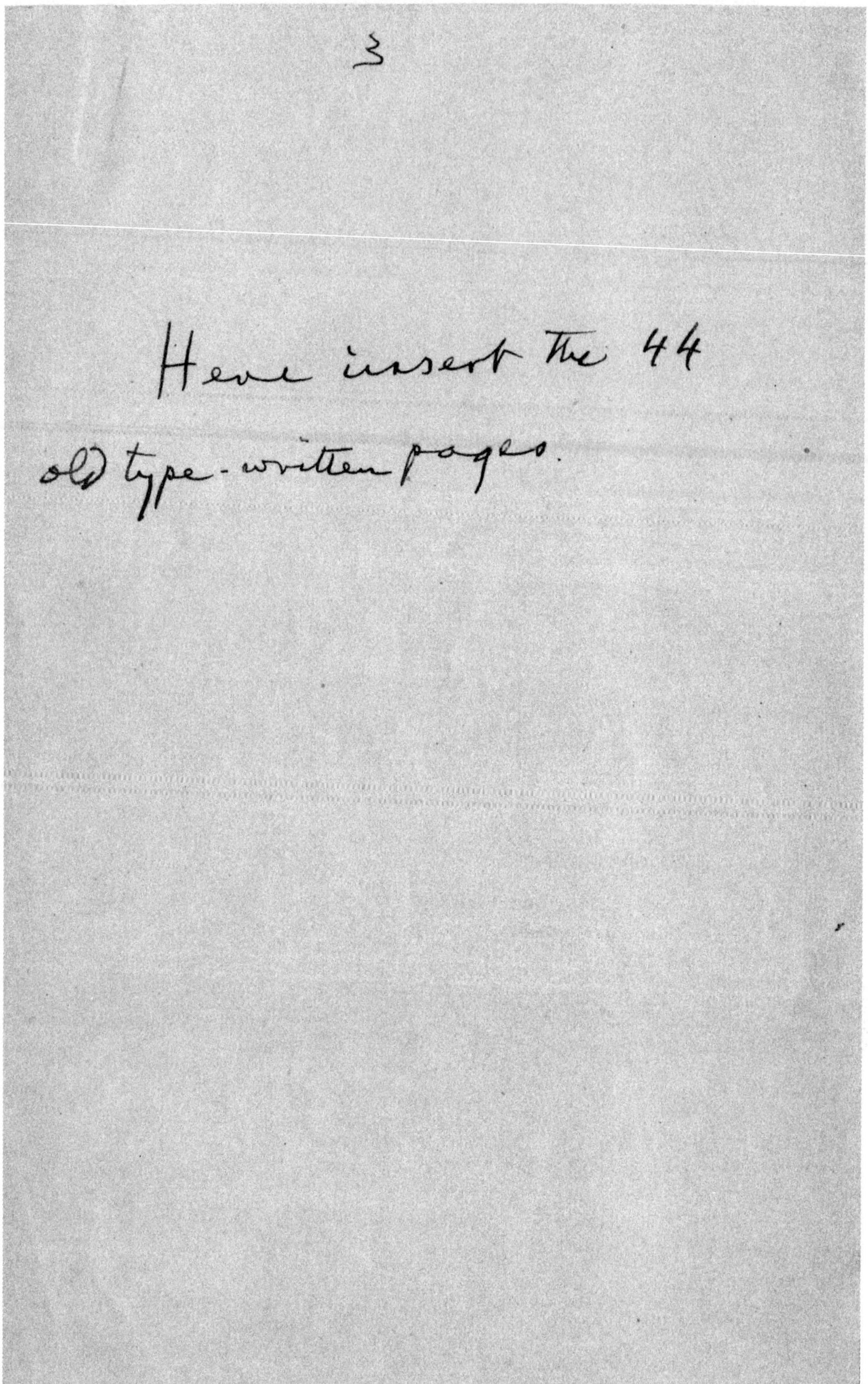

图 4. 手稿第 3 页,关于插入目前被确认为“我的自传[节选]”的说明。

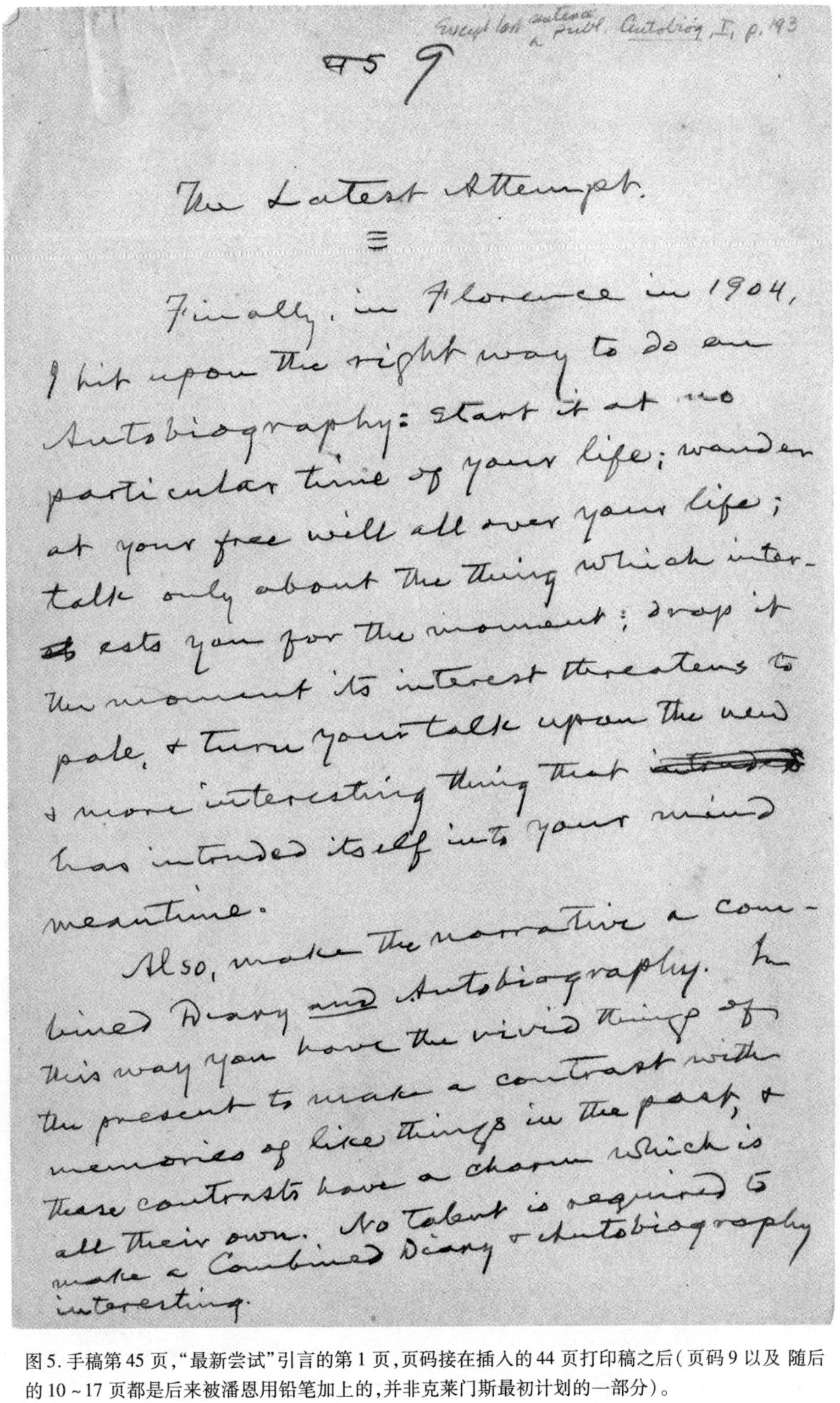

Except last sentence
publ. Autobiog. I, p. 193

~~45~~ 9

The Latest Attempt.

≡

Finally, in Florence in 1904,
I hit upon the right way to do an
Autobiography: Start it at no
particular time of your life; wander
at your free will all over your life;
talk only about the thing which inter-
ests you for the moment; drop it
the moment its interest threatens to
pale, & turn your talk upon the new
& more interesting thing that ~~intrudes~~
has intruded itself into your mind
meantime.

Also, make the narrative a com-
bined Diary and Autobiography. In
this way you have the vivid things of
the present to make a contrast with
memories of like things in the past, &
these contrasts have a charm which is
all their own. No talent is required to
make a Combined Diary & Autobiography
interesting.

图 5. 手稿第 45 页,“最新尝试”引言的第 1 页,页码接在插入的 44 页打印稿之后(页码 9 以及 随后的 10 ~ 17 页都是后来被潘恩用铅笔加上的,并非克莱门斯最初计划的一部分)。

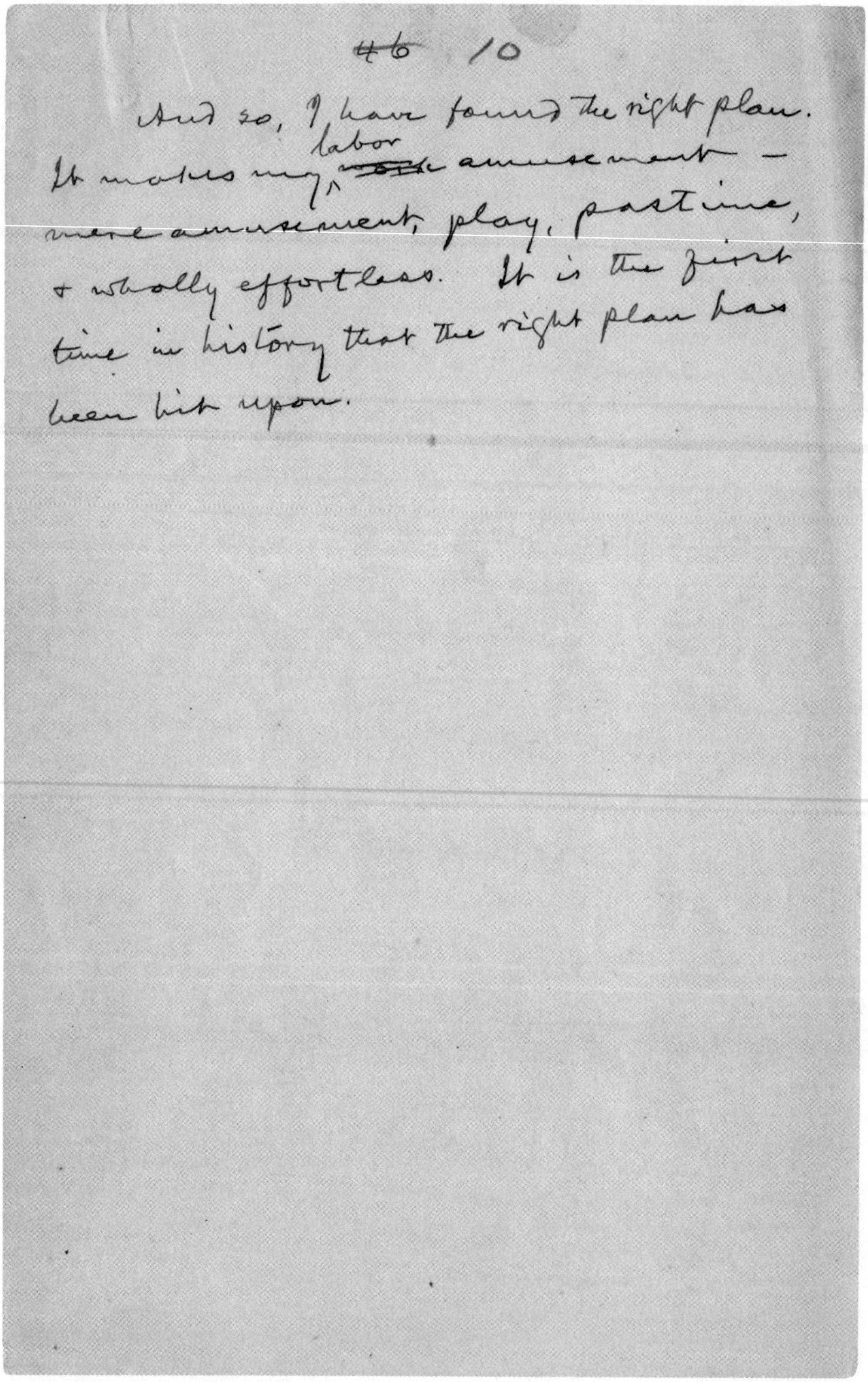
~~46~~ 10

And so, I have found the right plan. It makes my labor ~~work~~ amusement — mere amusement, play, pastime, & wholly effortless. It is the first time in history that the right plan has been hit upon.

图 6. 手稿第 46 页,“最新尝试”引言的第 2 页。

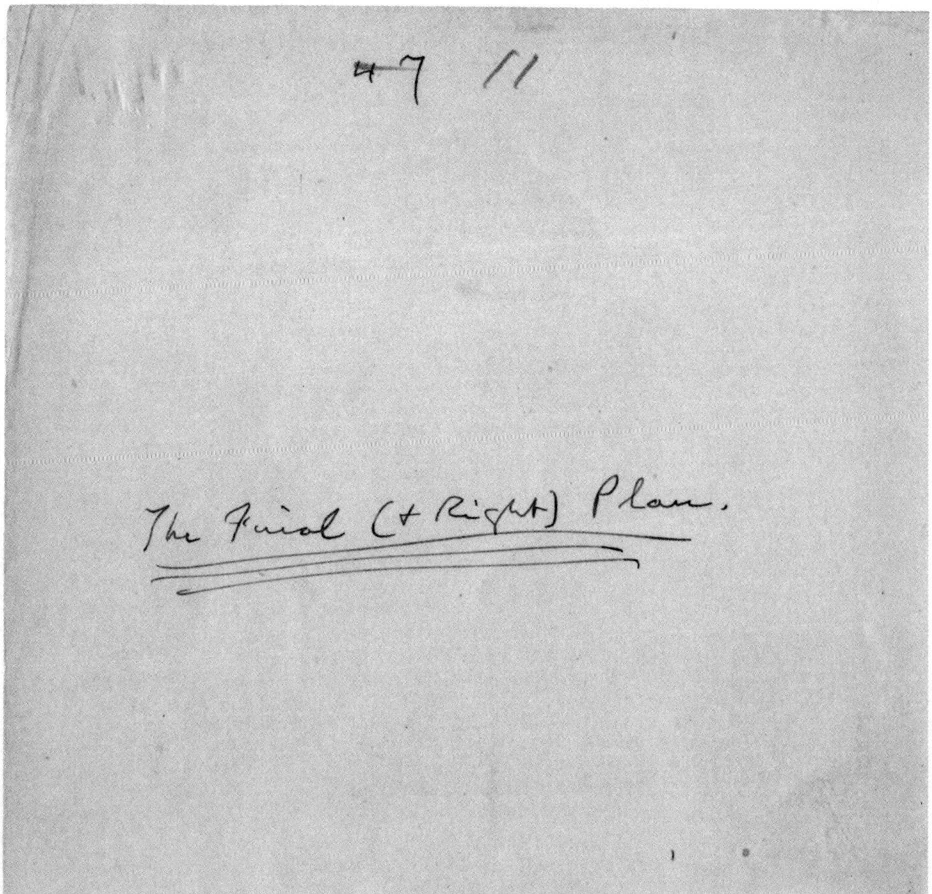

图 7. 手稿第 47 页，“最终（及正确的）方案”最初放在“佛罗伦萨的口述从这里开始”（如图 13 所示）。

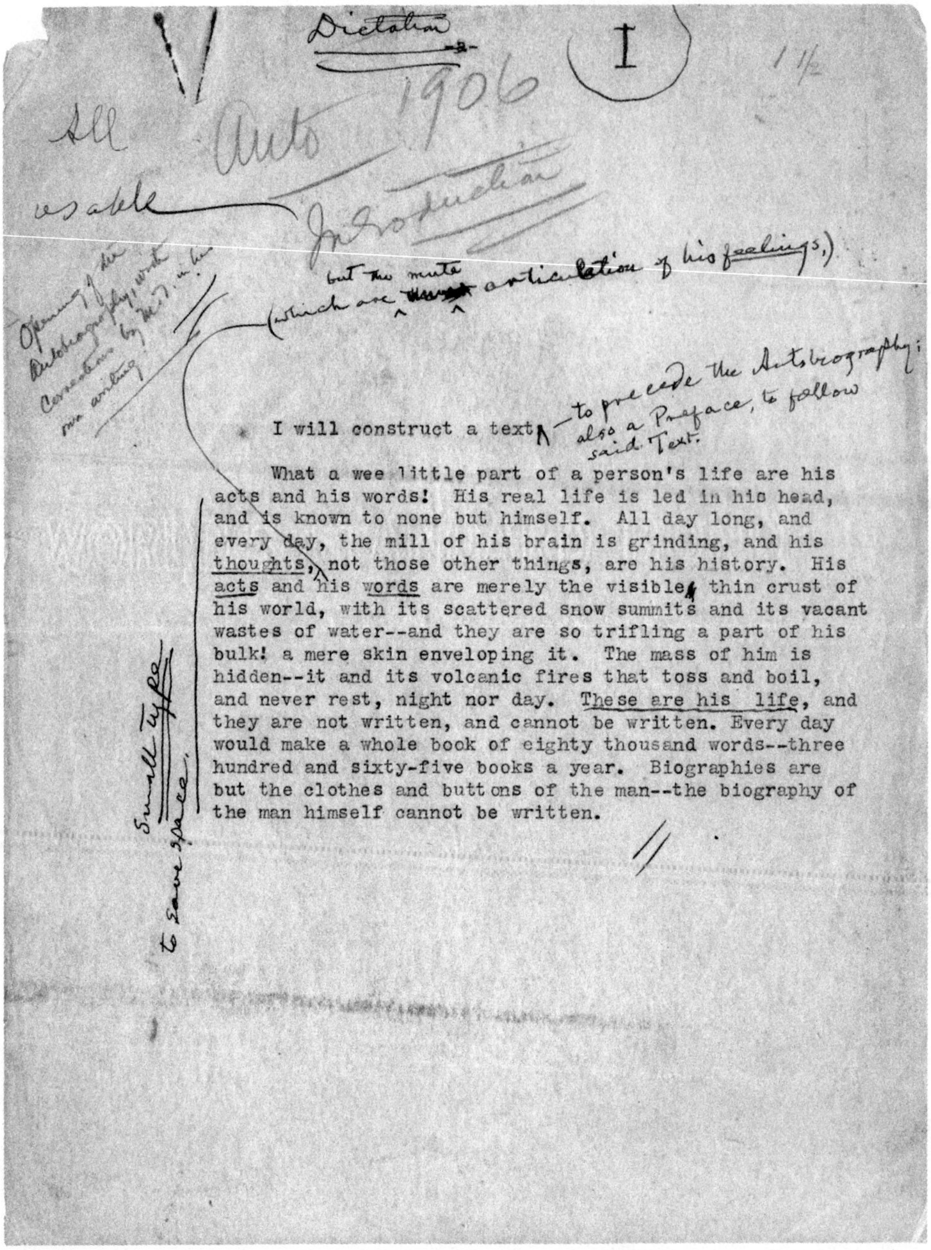

Dictation

I

1906

1 1/2

All usable

Auto

Introduction

(which are but the mute articulation of his feelings,)

Opening of the Autobiography, with corrections by M.T. in his own writing

I will construct a text — to precede the Autobiography; also a Preface, to follow said Text.

What a wee little part of a person's life are his acts and his words! His real life is led in his head, and is known to none but himself. All day long, and every day, the mill of his brain is grinding, and his thoughts, not those other things, are his history. His acts and his words are merely the visible, thin crust of his world, with its scattered snow summits and its vacant wastes of water--and they are so trifling a part of his bulk! a mere skin enveloping it. The mass of him is hidden--it and its volcanic fires that toss and boil, and never rest, night nor day. These are his life, and they are not written, and cannot be written. Every day would make a whole book of eighty thousand words--three hundred and sixty-five books a year. Biographies are but the clothes and buttons of the man--the biography of the man himself cannot be written.

Small type to save space,

图 8. 打印的引文。在一份早期的版本中，克莱门斯曾删除了“为所有传记写的话”这一标题，然而增加，“我将会写一段话”；他在这里插入“在自传之前；也是接在之前所说的文字”以及“（这仅仅是略微表达了自己的感觉）”。他将这页放在“最终（及正确的）方案”之后，并最终被抄录在 TS4 中。克莱门斯写道“所有都有用”并且在空白处写道“采用小号字体打印以节约空间”。页面上部空白处圈起来的“我”可能是克莱门斯也可能是潘恩写的。页面上的其他内容都是潘恩写的。

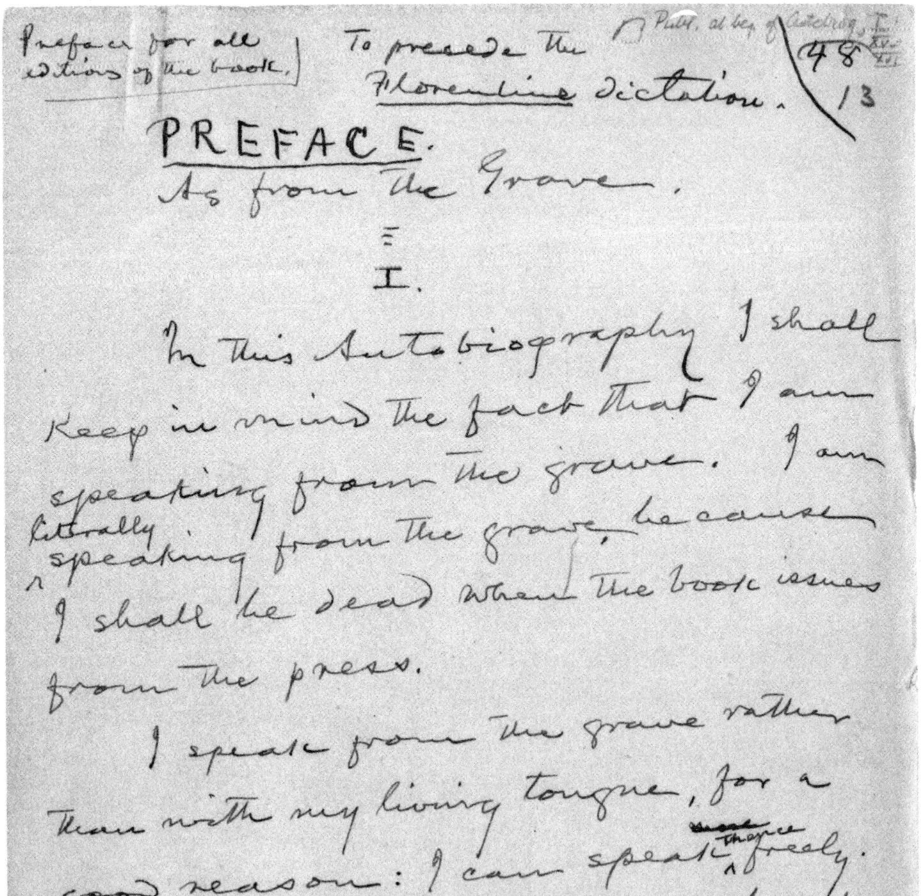
Preface for all editions of the book. To precede the Florentine dictation. Publ. at beg of Autobiog.

48

13

PREFACE.

As from the Grave.

I.

In this Autobiography I shall keep in mind the fact that I am speaking from the grave. I am literally speaking from the grave, because I shall be dead when the book issues from the press.

I speak from the grave rather than with my living tongue, for a good reason: I can speak thence freely. When a man is writing a book dealing with the privacies of his life — a book which is to be read while he is still alive — he shrinks from speaking his whole frank mind; all his attempts to do it fail, he recognizes that he is trying to do a thing which is wholly impossible to a human being. The frankest & freest & privatest product of the human mind & heart is a love letter;

图9. 手稿第48页，“引言，来自坟墓”这1页已经随后的3页最初被记为1～4。克莱门斯将这些插到第47页之后，把页码改为第48～51页。他把最初记为第48页，包含“佛罗伦萨的口述从这里开始”内容的那页放到最后然后记为第52页（图13）。

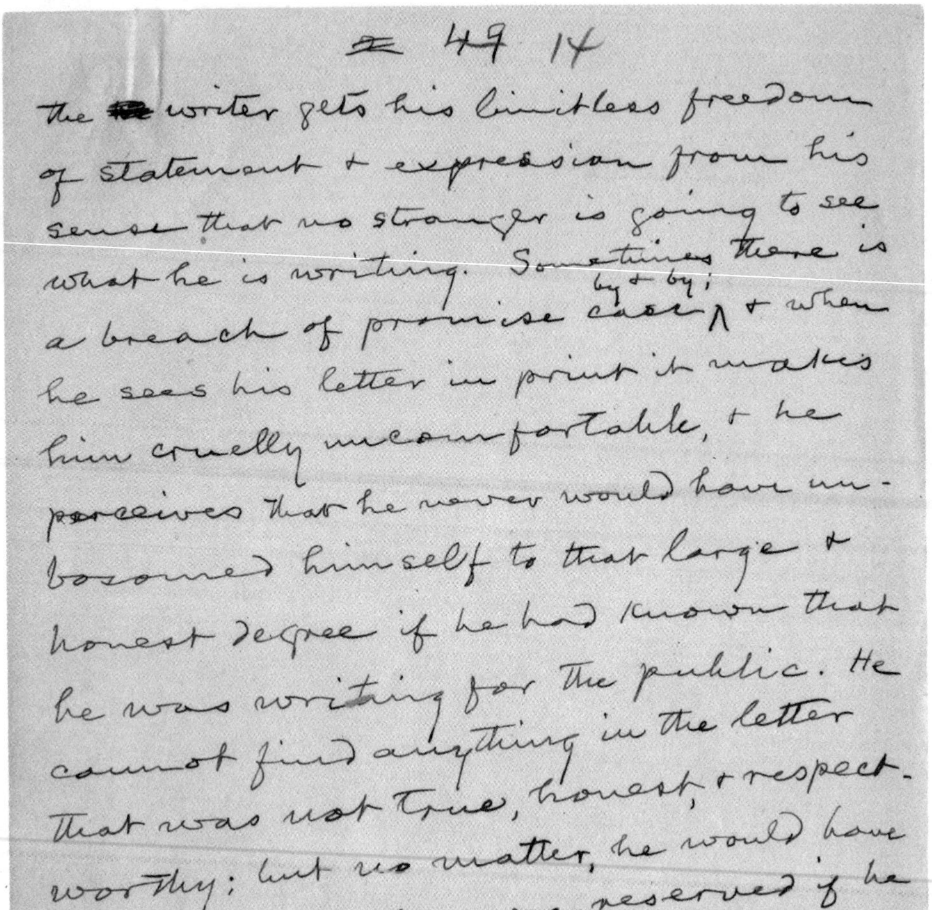

~~2~~ 49 14

the writer gets his limitless freedom of statement & expression from his sense that no stranger is going to see what he is writing. Sometimes there is a breach of promise case by & by; & when he sees his letter in print it makes him cruelly uncomfortable, & he perceives that he never would have unbosomed himself to that large & honest degree if he had known that he was writing for the public. He cannot find anything in the letter that was not true, honest, & respect-worthy; but no matter, he would have been very much more reserved if he had known he was writing for print.

It has seemed to me that I could be as frank & free & unembarrassed as a loveletter if I knew that what I was writing would be exposed to no eye until I was dead, & unaware, & indifferent.

图 10. 手稿第 49 页，“来自坟墓”的第 2 页，最初被记为第 2 页后来改为第 49 页。克莱门斯最初在这页最后结束这一引言，后来删掉了自己的签字并增加了另外 2 个部分。

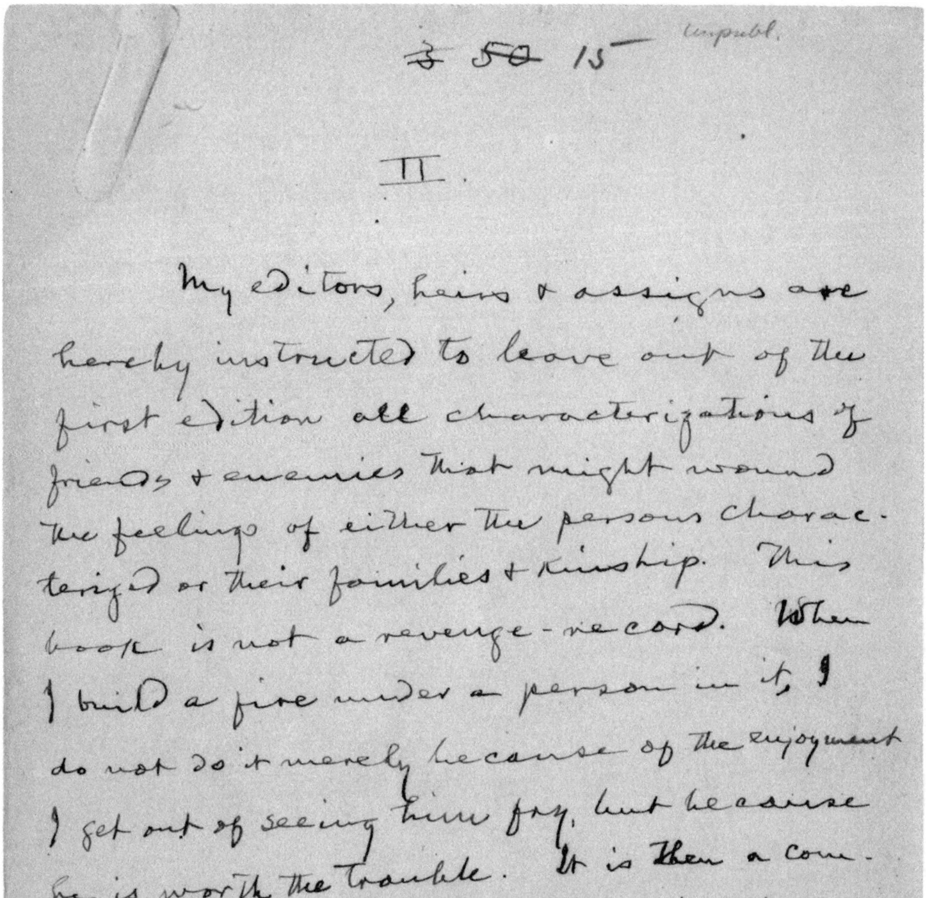
~~3~~ ~~50~~ 15
unpubl.

II.

My editors, heirs & assigns are hereby instructed to leave out of the first edition all characterizations of friends & enemies that might wound the feelings of either the persons characterized or their families & kinship. This book is not a revenge-record. When I build a fire under a person in it, I do not do it merely because of the enjoyment I get out of seeing him fry, but because he is worth the trouble. It is then a compliment, a distinction; let him give thanks & keep quiet. I do not fry the small, the commonplace, the unworthy.

From the first, second, third & fourth editions ~~[illegible]~~ all sound, same ~~[illegible]~~ expressions of opinion must be left out. There may be a market for that kind of wares a century from now. There is no hurry. Wait & see.

图11. 手稿第50页,“来自坟墓”的第二部分,克莱门斯最初将其记为第3页,后来改为第50页。

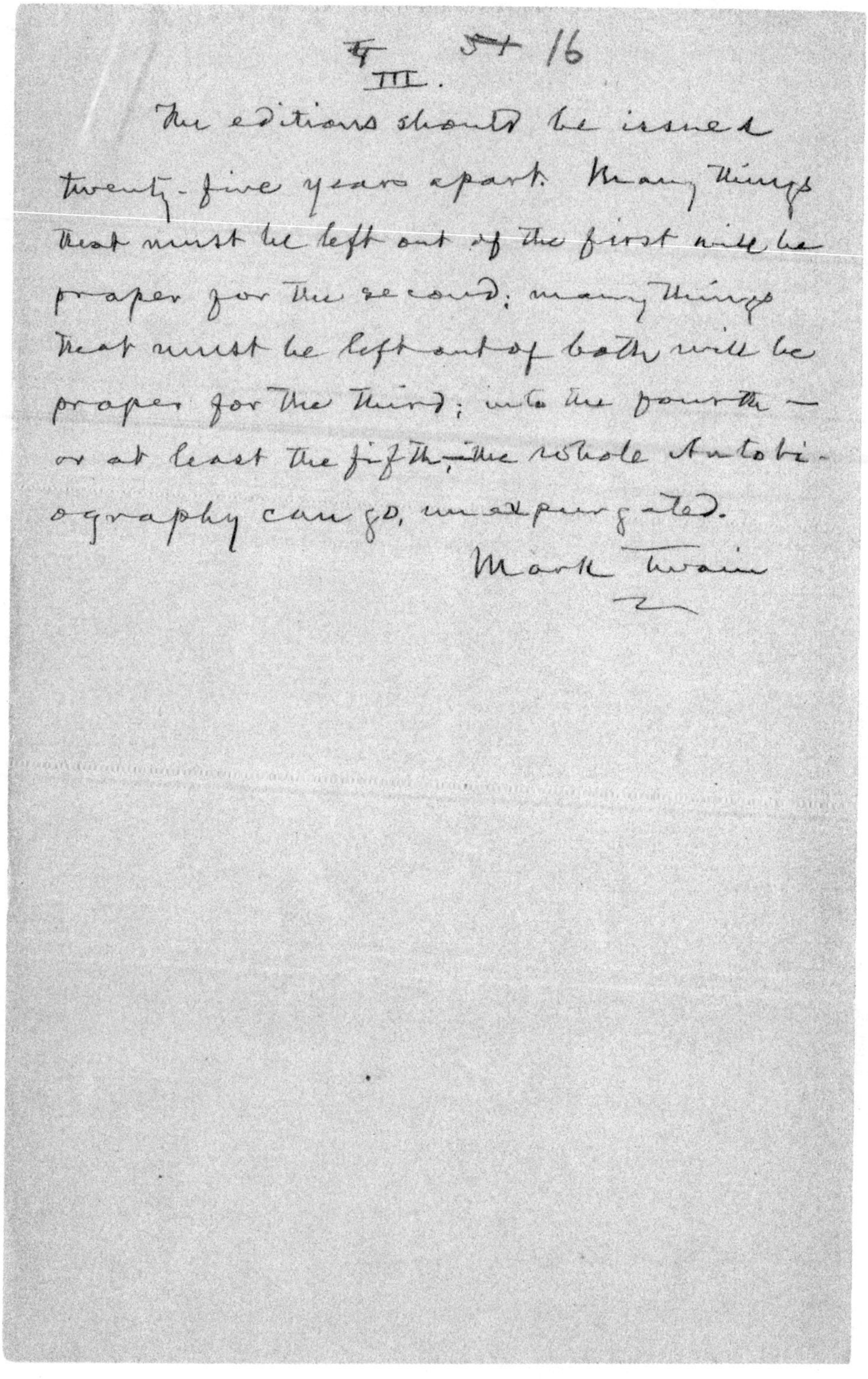

III.

The editions should be issued twenty-five years apart. Many things that must be left out of the first will be proper for the second; many things that must be left out of both will be proper for the third; into the fourth — or at least the fifth, — the whole Autobiography can go, unexpurgated.

Mark Twain

图 12. 手稿第 51 页,“来自坟墓”的第三部分,克莱门斯最初将其记为第 3 页,后来改为第 51 页。

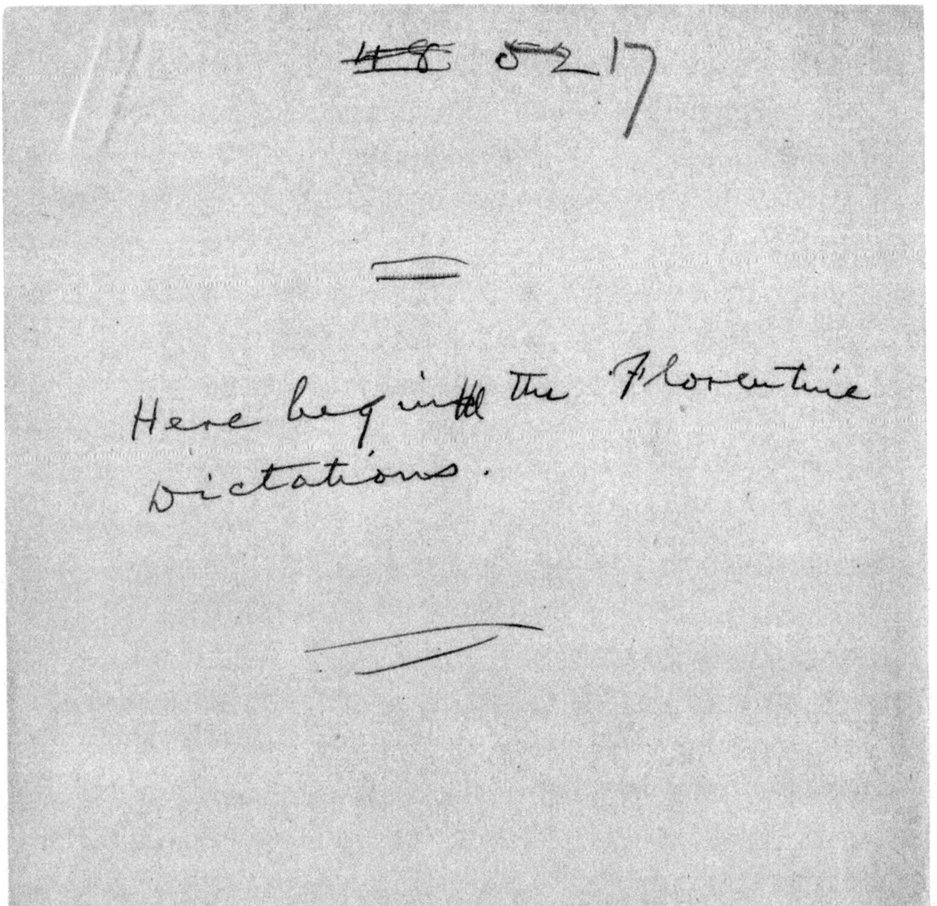

图 13. 手稿第 52 页,“佛罗伦萨的口述从这里开始”克莱门斯最初将其记为第 48 页,后来他插入了 4 页“引言,来自坟墓”并将其改为第 52 页。

本——因此从这点来看开始制作 TS1 的复本决定自然不迟于 6 月 11 日。[①] 尽管如此，仍然有超过 800 页口述稿只有一份复本，而且其中的大部分都经过修改。

克莱门斯信中的附言表明在 6 月 17 日就已经委托制作"第二个复本"。事实上，在不同的引言被写出来后不久，在 6 月中下旬就有两份而非一份 TS1 的复本已经开始制作：第一份由霍比（TS2）打印而第二份由不知名的打字员（TS4）打印。上述两个复本因为打字员在分页以及细微上的风格差别而有所区别。校勘的结果表明 TS2 和 TS4 根据最近修改过的 TS1 各自打印，而非其中一个根据另一个打印。TS2 和 TS4 原本都从"节选"开始，但都忽略了为它而撰写的"早期的尝试"。TS4 包含其他三部分引言以及佛罗伦萨口述中的四部分内容（"约翰·海"、"'傻子出国'札记"、"罗伯特·路易斯·史蒂文森与托马斯·贝利奥尔·德里奇"以及"科沃多别墅"），TS2 最初也是如此。但是这些早期文字只有在 TS2 中被保存了下来：其中缺少的部分（根据缺失的页码）不能总是重新组织，但所有留存下来的证
46 据表明缺失页码的内容与 TS4 中内容相同，这也是克莱门斯计划中的最初内容唯一完整的记录。这一推测解释了为什 TS2 和 TS4 中 1906 年 1 月到 8 月口述的页码各不相同而且经常要比 TS1 中相应口述的页码要大。TS1 的页码从 1 月 9 日自传口述，在克莱门斯决定把其他早期材料纳入自传之前就已经开始了。[②]

我们现在已经明白为什么 1906 年 1 月到 8 月自传口述通常有 2 份、3 份乃至 4 份几乎相同的打印稿。解决了第一部分文字之谜后，我们就可以知道 TS1 是这些口述的主要来源，TS1 中失轶的内容可以在 TS2 或是 TS4 中找到，因为这两个版本都在 TS1 中的内容丢失之前复制得到的。我们对打印稿的理解也有助于解释在页面上众多的注释：它们是那些在 1906～1909 年与克莱门斯合作的编辑、打字员以及在他死后出版部分自传内容的编辑，从潘恩到德沃托留下的痕迹。图 14～17 为复印的 4 页打印稿，上面有很多笔迹需要确认，但不管怎样，这些笔迹与克莱门斯的不同。

《北美评论》（1906 年 8 月到 9 月）

概括来说，到 6 月 21 日，克莱门斯已经将霍比已打印的所有 TS1 内容全部通读并修订了一遍（超过 900 页，可能到 1906 年 6 月 20 日口述）。[③] 他已经检查了早期的手稿并至少选择了那些他要开始的内容（后来他又挑选了一些，并将其插

---

① 留存的第一份 TS1 复本是 1906 年 6 月 11 日口述的。

② TS2 和 TS4 唯一的大区别在于"约翰·海"的安排。在 TS4 中它在"最新尝试"以及其他引言之前，但是 TS2 显然被放在之后。本版采用了 TS2 中的顺序是基于 TS4 有错误的假定。参见"最新尝试"引言中的文字解说，MTPO。

③ 里昂，1906 年 6 月 21 日。

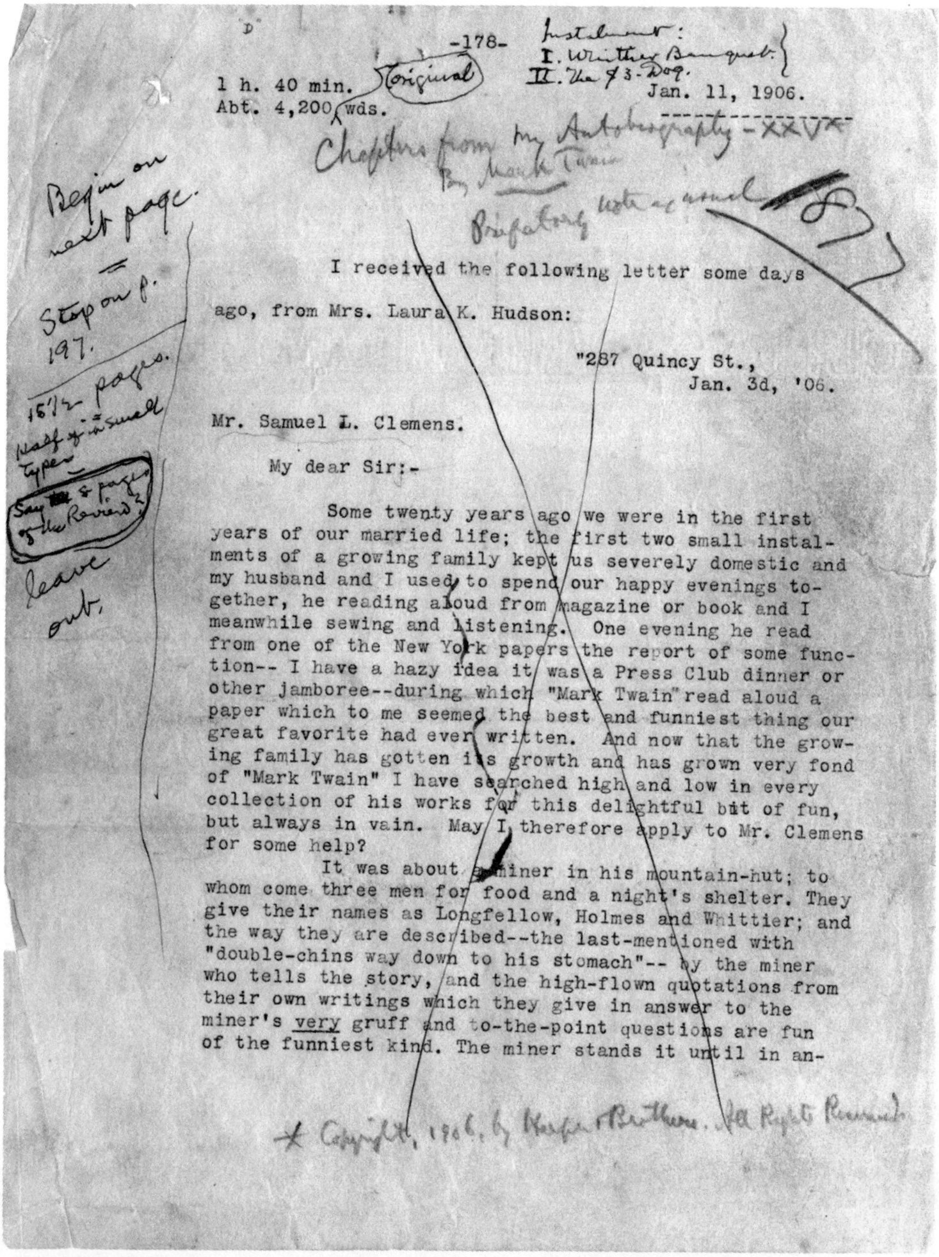

-178-

1 h. 40 min.
Abt. 4,200 wds.

Jan. 11, 1906.

I received the following letter some days ago, from Mrs. Laura K. Hudson:

"287 Quincy St.,
Jan. 3d, '06.

Mr. Samuel L. Clemens.

My dear Sir:-

Some twenty years ago we were in the first years of our married life; the first two small instalments of a growing family kept us severely domestic and my husband and I used to spend our happy evenings together, he reading aloud from magazine or book and I meanwhile sewing and listening. One evening he read from one of the New York papers the report of some function-- I have a hazy idea it was a Press Club dinner or other jamboree--during which "Mark Twain" read aloud a paper which to me seemed the best and funniest thing our great favorite had ever written. And now that the growing family has gotten its growth and has grown very fond of "Mark Twain" I have searched high and low in every collection of his works for this delightful bit of fun, but always in vain. May I therefore apply to Mr. Clemens for some help?

It was about a miner in his mountain-hut; to whom come three men for food and a night's shelter. They give their names as Longfellow, Holmes and Whittier; and the way they are described--the last-mentioned with "double-chins way down to his stomach"-- by the miner who tells the story, and the high-flown quotations from their own writings which they give in answer to the miner's very gruff and to-the-point questions are fun of the funniest kind. The miner stands it until in an-

图14. 1906年1月11日自传口述第1页(TS2,178)。克莱门斯用墨水在最上面以及左边的空白处写字并叉掉了正页内容。“$3－狗($3－Dog)”(它建议将其作为评论的第二部分)来自AD,1907年10月3日。戴维·芒罗(David Munro),一位评论编辑,写下了标题,作者的姓名已经指示将“平常的前言注释”加进去,“1877年”是一位不知名人士的笔迹。这一摘要在1907年12月出版(NAR 25)。直接根据此页排字。

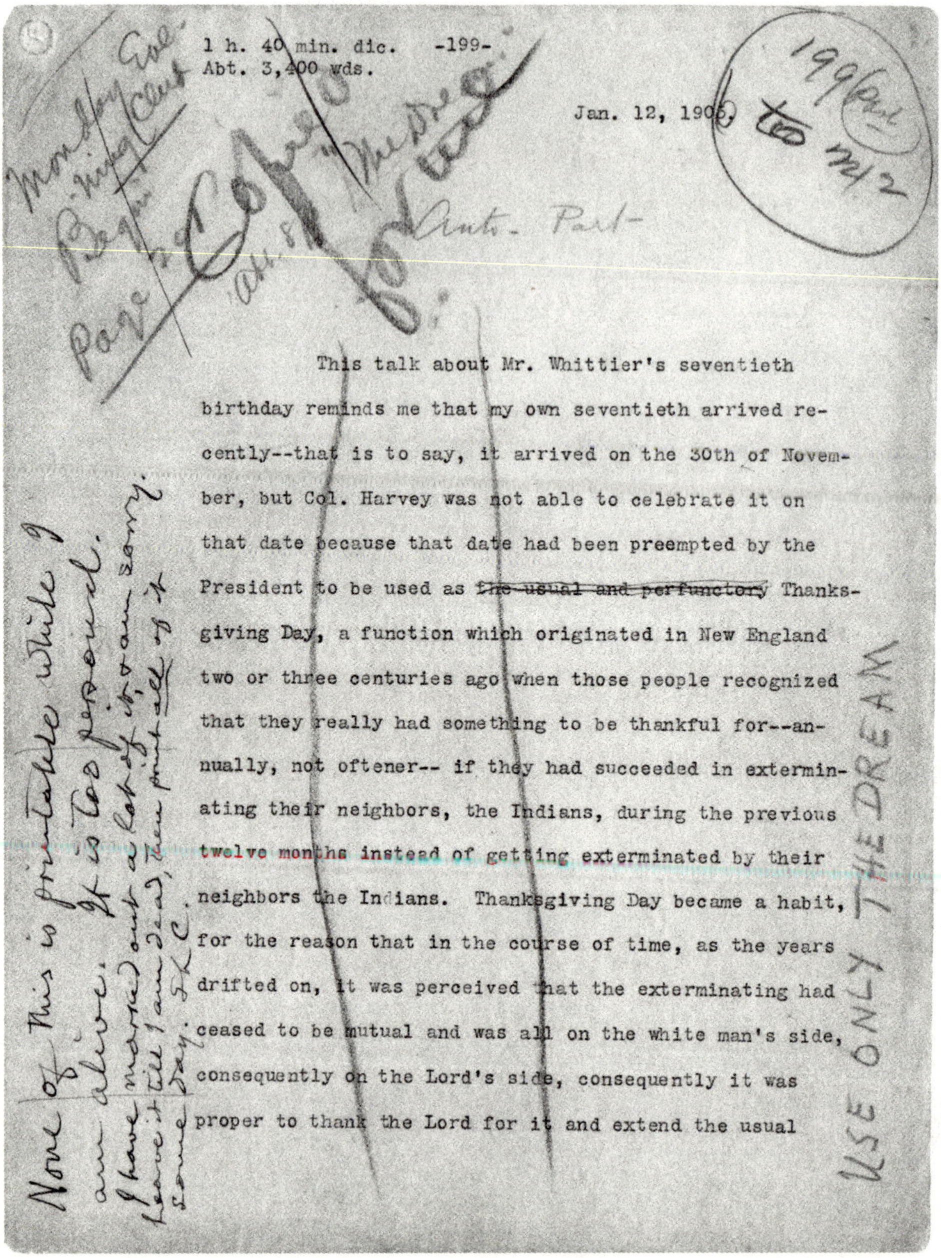

1 h. 40 min. dic. -199-
Abt. 3,400 wds.

Jan. 12, 1906.

This talk about Mr. Whittier's seventieth birthday reminds me that my own seventieth arrived recently--that is to say, it arrived on the 30th of November, but Col. Harvey was not able to celebrate it on that date because that date had been preempted by the President to be used as ~~the usual and perfunctory~~ Thanksgiving Day, a function which originated in New England two or three centuries ago when those people recognized that they really had something to be thankful for--annually, not oftener-- if they had succeeded in exterminating their neighbors, the Indians, during the previous twelve months instead of getting exterminated by their neighbors the Indians. Thanksgiving Day became a habit, for the reason that in the course of time, as the years drifted on, it was perceived that the exterminating had ceased to be mutual and was all on the white man's side, consequently on the Lord's side, consequently it was proper to thank the Lord for it and extend the usual

图15. 1906年1月12日自传口述第1页(TS2,199)。克莱门斯在左边的空白处注释道:“所有这些在我生前都不能出版,这些内容太私密了……等我死后某一天再把所有这些出版。SLC。”他在右边用铅笔写道,“只在做梦的时候用”。速记员约瑟夫·霍比在正中间写道“自传部分”而北美评论的编辑哈维在右上角写下了包括的页码“199到242”。潘恩在1907年年初帮助克莱门斯准备一部分在北美评论上出版的文章,她写在左上角,后来还加了句(用蓝色铅笔)“复印待用”——这里指的是另一份打印稿,TS3,这份是用来做摘要的印刷复本,后来在1907年4月19日出版(NAR 16)。

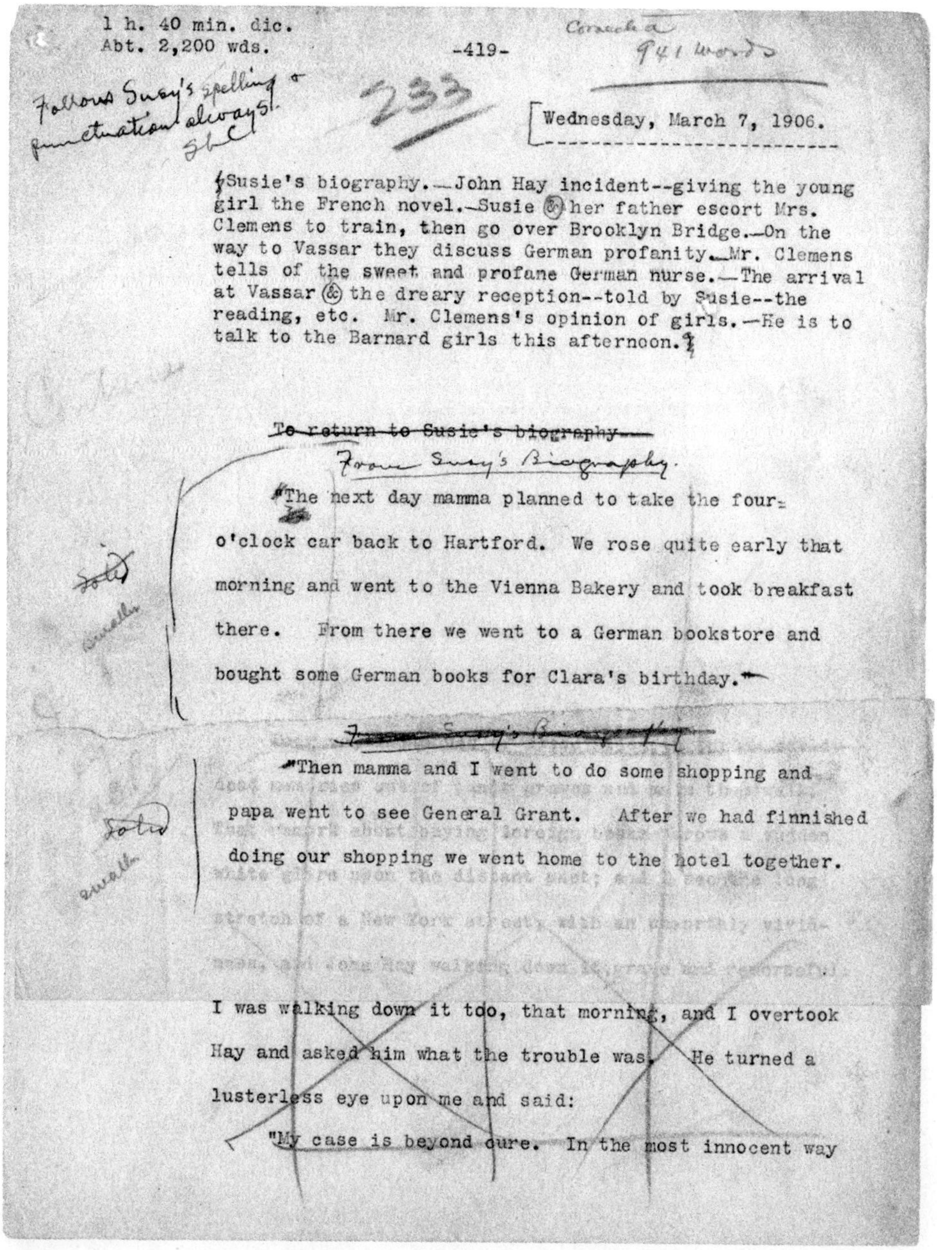
1 h. 40 min. dic.
Abt. 2,200 wds.

-419-

Corrected 941 words

233

Follows Susy's spelling & punctuation always. SLC

Wednesday, March 7, 1906.

Susie's biography.—John Hay incident--giving the young girl the French novel.—Susie & her father escort Mrs. Clemens to train, then go over Brooklyn Bridge.—On the way to Vassar they discuss German profanity.—Mr. Clemens tells of the sweet and profane German nurse.—The arrival at Vassar & the dreary reception--told by Susie--the reading, etc. Mr. Clemens's opinion of girls.—He is to talk to the Barnard girls this afternoon.

~~To return to Susie's biography.--~~

From Susy's Biography.

solid small

"The next day mamma planned to take the four o'clock car back to Hartford. We rose quite early that morning and went to the Vienna Bakery and took breakfast there. From there we went to a German bookstore and bought some German books for Clara's birthday."

~~From Susy's Biography~~

solid small

"Then mamma and I went to do some shopping and papa went to see General Grant. After we had finnished doing our shopping we went home to the hotel together.

I was walking down it too, that morning, and I overtook Hay and asked him what the trouble was. He turned a lusterless eye upon me and said:

"My case is beyond cure. In the most innocent way

图16. 1906年3月7日自传口述的第1页(TS1,419)。克莱门斯在左上写道“总是按照苏西的拼写和标点,SLC”;在标题插入“来自苏西的传记”(两次);注释说这些摘录应该“密排”(例如,减少行距)。另一个打印稿,TS3,根据这篇口述制作并作为摘要的印刷复本并在1906年12月16日出版(NAR 5)。其他部分是潘恩写的,他将这部分材料用在1924年的版本中(MTA,2:166-172),其中他忽略了整个第420页以及第421页的大部分内容。他从421切了一条并将其粘到这一页(遮住了部分文字),又掉了第二个苏西的传记,并将克莱门斯的“密排”改成“更小字体”。

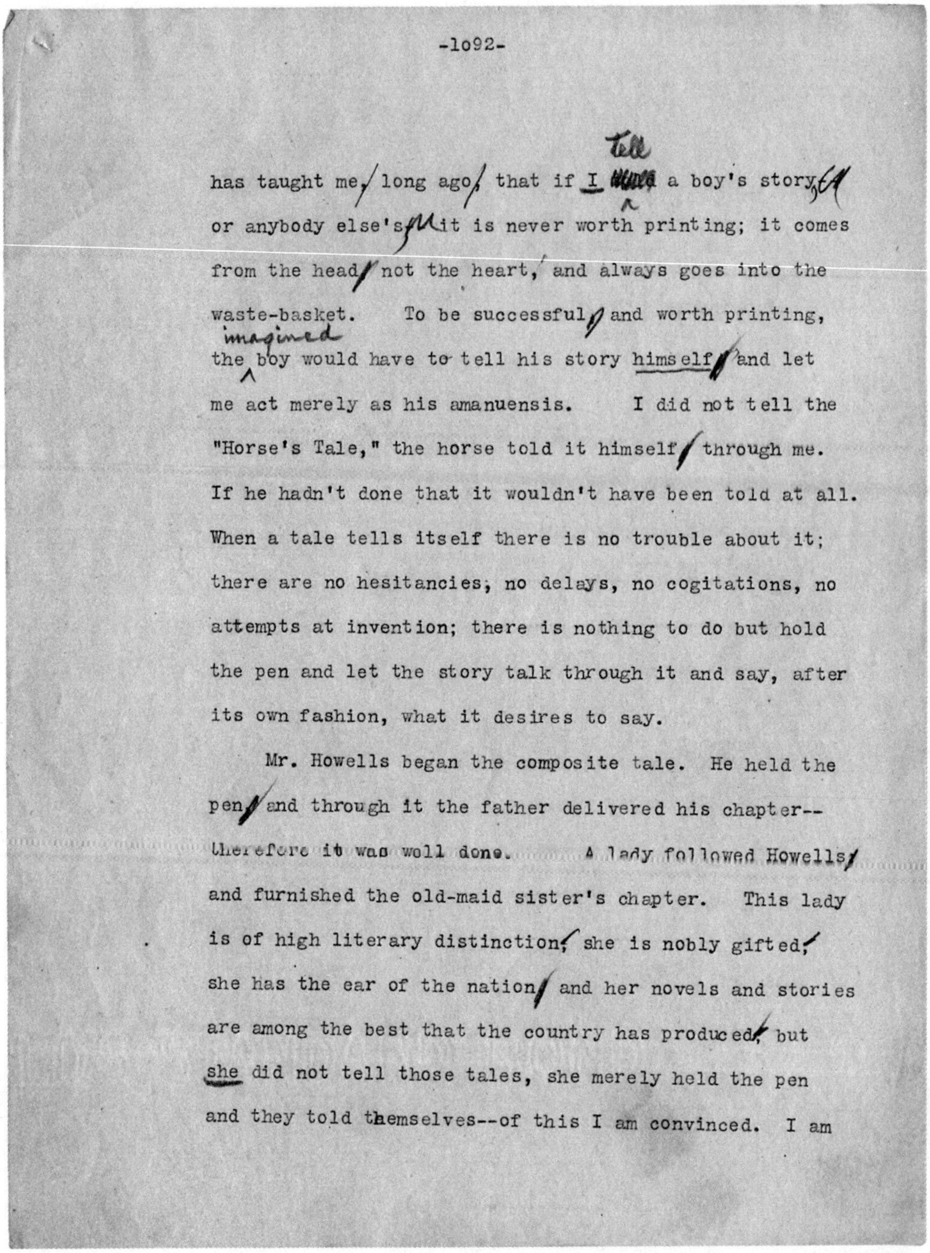
-1092-

has taught me, long ago, that if I tell a boy's story, or anybody else's, it is never worth printing; it comes from the head, not the heart, and always goes into the waste-basket. To be successful and worth printing, the imagined boy would have to tell his story himself and let me act merely as his amanuensis. I did not tell the "Horse's Tale," the horse told it himself through me. If he hadn't done that it wouldn't have been told at all. When a tale tells itself there is no trouble about it; there are no hesitancies, no delays, no cogitations, no attempts at invention; there is nothing to do but hold the pen and let the story talk through it and say, after its own fashion, what it desires to say.

Mr. Howells began the composite tale. He held the pen and through it the father delivered his chapter--therefore it was well done. A lady followed Howells and furnished the old-maid sister's chapter. This lady is of high literary distinction, she is nobly gifted, she has the ear of the nation and her novels and stories are among the best that the country has produced, but she did not tell those tales, she merely held the pen and they told themselves--of this I am convinced. I am

图17.1906年8月29日自传口述的第4页(TS1,1092)。所有的修改都是用铅笔,但其中只有一部分是克莱门斯做的:德沃托在出版关于《马克·吐温在欧洲》(243)的口述内容之前增加了自己的修改。其内容可以通过检查TS4的文字正确的分辨出来,因为那上面只有克莱门斯的记号,而德沃托的书完全遵照这些内容。克莱门斯没有对标点符号作出任何修改;他写了“tell”和“imagined”然后在“I”、“himself”以及“she”下面画了横线,表示需要斜体印刷。

入后来的口述中）。他已经写好了标题已经几个引言将那些早期作品纳入框架并介绍1906年的口述。很可能在霍比将修改后的TS1准备完毕后她就开始制作TS2，另一位不知名的打字员开始制作TS4。

随着这些事情都进入轨道，克莱门斯于6月26日离开都柏林在外面待了一个多月，他住在波士顿和纽约城，偶尔拜访亨利·罗杰斯位于马萨诸萨州费尔黑文的家，和他一起坐游艇——卡诺瓦号。他听从了罗杰斯的建议，与哈珀公司的管理层及律师碰了几次面并就最近出版的《马克·吐温的幽默图书馆》达成共同协议。在纽约期间，他也与S. S. 麦克卢尔会面并留下几页关于苏西的口述——可能是2月2~7日那些。麦克卢尔7月2日给克莱门斯写信时提到了这些：

> 这不是一封公务信函而是一封情书。我读到了您的自传中绝妙的章节，它们都很精彩，但是关于您亲爱孩子的那部分是我读过的文学作品中最好的。
>
> 我流泪，深爱，痛苦并享受着。
>
> 这些应该马上在一本小书里面发表。它将会成为一部流传千古的 51
> 经典之作，以后还可以在一本更大的著作中出版。我明天将离开芝加哥并将在9日回来。我希望能在麦克卢尔杂志上出版这些精彩的内容。它将会教育一个民族，提振星期日出版社。

当哈维在7月中从英国回来以后，《马克·吐温的幽默图书馆》的棘手问题终于得以解决，克莱门斯得以在7月25日回到都柏林。①

克莱门斯已经在哈维的《北美评论》上发表了好几篇文章："写给黑暗中的人（To the Person Sitting in Darkness）"、"致我的传教士评论家（To My Missionary Critic）"（1901年）及其对基督教科学（Christian Science）的讽刺文章（1902~1903）。他最初的动机是向哈维兜售自传选集并将其发表在《哈珀周刊》（哈维也负责编辑），一份比《北美评论》拥有更多读者群的期刊。但当哈维两次推迟拜访都柏林的计划，7月31日才姗姗到访之时，克莱门斯已经与评论有了更大的合作计划。②"我喜欢这个协议"，克莱门斯向他的朋友玛丽·罗杰斯吐露了心声，即

---

① 麦克卢尔致SLC，1906年7月2日，CU－MARK；1906年6月4日致杜内卡（Duneka），MFai；1906年6月17日致罗杰斯，MFai，HHR，611－13；里昂1906年7月25日；哈维致SLC，1906年6月4日，CU－MARK；麦克卢尔致SLC，1906年7月2日，CU－MARK；1906年8月3日至CC，影印本见CU－MARK。

② 莫特1938年，219－20，256－57；约翰森1935年，73，205，268；SLC 1902d，1903b－d；里昂，1906年7月31日。

便哈维已经离开了，“我想罗杰斯先生也会喜欢；但是他并不是很喜欢麦克鲁斯的报业辛迪加，于是我也不再喜欢它并且在离开纽约前就停止了磋商。”①正如克莱门斯8月3日给克拉拉的信中所述，他对哈维的伟大计划印象深刻：“在9月1日将北美评论变成一个半月刊，开辟纯粹的、格调更高的文学板块，并在某种方式上开创其伟大和有价值的阶段。”显然，他因为哈维对其文字的反应而飘飘然起来：

> 之前他对自传总是漠不关心，但我想他现在可能会愿意看，于是我让他过来。3天后他来了，现在仔细地读了其中数十万字(总共有25万字)。他说这是“当代最伟大的书”其中有着“最佳的文学性”。
>
> 他已经做了一些精彩的编辑；他已经挑了5节，每节5000字；尽管是从这里，那里或是更远的地方精选出来，但经过他的手，每一节看起来就好像是独立写出来的一样——而且没动过一个字。如果按照10,000个字每月计算，那我们在12个月后出版的时候将会选出11万字到12万字……
>
> 明天哈维会带着整套MSS给豪威尔斯并让他帮忙选择内容。我无法自己挑选。这些节选最终将会由我做最终确认，但我猜我会在检查过一遍之后把它交给你由你做最终的判断。②

52 哈维不仅“仔细读了25万自传中的近10万字”而且8月4日他离开都柏林的时候他已经阅读了剩下的15万字，包括1906年之前的资料以及到6月底的口述内容。③

复合打印稿：TS3

哈维“精彩的编辑”正如克莱门斯的描述：他攫取了一些精要内容并将其合并成5个小节，根本没有“修改一个字”。国内趣闻是基本的基调。他选择了克莱门斯对奥利维亚和她的去世以及苏西让人动容的描述，这部分内容几乎全部节选自2月到3月口述中引用的苏西传记中关于他父亲的内容。其他话题包括克莱门斯令人忍俊不禁的行为，例如他为丢失的衬衫纽扣发誓；苏西古怪的拼写方式的魅力；克莱门斯对“调羹形驾驶”的困惑；在哈特福德家遭遇夜贼警报的故事。哈维还加入了关于哈尼拔的回忆，例如“自传随笔，第十章”(克莱门斯在自己的

---

① 1906年8月4、5日致罗杰斯，NNC，莱利1961年，39。

② 1906年8月3日致CC，照片复本，CU－MARK。如果豪威尔斯确实帮助节选，那没有相应的记录留存下来。

③ 1906年8月7日致泰勒，NN－BGC。

《自传》方案中略过了这部分内容）中“打熊”的故事，可怕的抗霍乱“痛苦终结者”以奥利安及奥利维亚凌晨 3 点拜访一位年轻女士的故事。哈维并没有像豪威尔斯一样拘泥于奥利安如何爬上（错误地）“中年老处女”（他们在《北美评论》文章中的称呼）的床：他选择那部分内容显然不是因为这个原因。他拒绝了那些不那么受广泛欢迎的材料，例如帕特里克·麦克里尔（Patrick McAleer）（克莱门斯深爱的车夫）的逝世，并且略过了克莱门斯对政治的评论——菲律宾对“反叛的”摩洛族人的大屠杀以及曾被赶出白宫的莫里斯夫人受到的待遇。哈维在打印稿中上用铅笔做的记号，例如“开始”、“结束”以及“继续”表明克莱门斯在选择内容方面发挥的作用可能比之前估计得要少。①

由于每篇评论都是哈维从不同日期的口述中提取内容而成，霍比现在负责打印另一份用来作为印刷者复本的打印稿，为按时完成这一系列中的第一章（预定在 9 月 1 日那期刊出）在“巨大的压力”下工作着。这一被称为 TS3 的复合打印稿，一开始打印的时候就有一个复写本，而且其页码与其他三个版本不同。② 霍比及时地完成了两批 TS3，每一批有 24 页，克莱门斯做了轻微的修改之后在哈维 8 月 4 日离开都柏林的时候交到他手里；接着霍比马上着手打印第三批 TS3（63 页），克莱门斯答应“一旦完成”就马上寄出。这三批 TS3 本来是作为北美评论上的第 1 节到第 5 节。因为当时 TS2 仅打印到 2 月 12 日，哈维同时也要求将“2 月 53
13 日之后完成的口述复本”寄给他。③

克莱门斯很快修改并将确认后的第一节内容首先给克拉拉，得到其许可后接着将其交给评论的编辑。但在他做完这些后不久他又做了一个新的决定：精选“我的自传[节选]”的上半部分作为这一系列的开始，而他已经选择这部分文字作为《自传》的开始。目前尚无法知晓谁做了这些改动以及这么做的原因，但是到 8 月底，克莱门斯已经阅读了他在给玛丽·罗杰斯的一封信中所说的“弗吉尼亚—克莱门斯”节选的校样。④

“来自我的自传”的第一期于 9 月 7 日面世，一同发表的还有后来每一节前都

---

① 参见米歇尔·J. 基思吉斯（Michael J. Kiskis）在《北美评论》中的“编后语”摹本（SLC 1996），10 - 20。其他关于自传的重要研究作品包括考克斯（Cox）1996 年，克劳斯（Krauth）1999 年，罗宾逊（Robinson）2007 年以及基思吉斯关于 SLC 的“绪论”1990 年。

② 1906 年 8 月 3 日致 CC，摹本，CU - MARK。由于 TS3 包含节选自不同口述自传中的内容，因此他们存档的方式在它们的作用被了解之前带来不少困扰。

③ 哈维致 SLC，1906 年 8 月 3、4 日，CU - MARK。哈维已经带走了打算作为第 1、5 节的 TS3 打印稿选集，进行中的第三批用来作为第 2、3、4 节。

④ 1906 年 8 月 25 ~ 28 日致罗杰斯，NNC，莱利，1961 年，53。到早期节选出版的时候，它们已经过重新安排。1906 年 8 月 3、4 日哈维在给克莱门斯的笔记中列出了 TS3 中他与克莱门斯（CU - MARK）讨论过的内容，并将其称为“第一”（No. 1）和“第五”（No. 5）节，这两节最终成为第 3 节和第 2 节；他的“第 2，3 和 4（No. 2，3 和 4）”成为第 4，5 和 6 节。

会重复的声明：

> 序言——克莱门斯先生多年前就开始撰写其自传，并且仍在不断地增加内容。他最初不准备在世的时候出版任何回忆录；但是，在离开“70号码头”(Pier No. 70)后，他认为现在就可以出版其中相当一部分内容。这部分内容，从已有的文字中取得的25万字内容将会在接下来的一年时间里陆续出现在本评论上。在作者有生之年，其自传的任何部分都不会以书籍的形式出版。——《北美评论》编辑

在同一期的“编辑日志”(Editor’s Diary)部分，哈维在为即将到来的系列作品的公告中“道出了所有”克莱门斯可能会说的话：

> 世界上最伟大的幽默家的人生却是由一系列个人悲剧组成的，命运的嘲讽莫过于此……但在他的心中一直有着一种可以战胜任何消极情绪的精神，即便在半个世纪之后，这个精神依然存在，给世界上成百上千万人们带来欢乐。试图分析这独一无二的天才的性格，即使是让一位有造诣的艺术家来也是毫无用处，因为可以用来形容的词实在是五花八门，千差万别。它有着卓越的幽默，出色的智慧，罕见的哲理，如果可以的话；对任何形式的错误都深恶痛绝；直觉而且始终如一地反对上帝或是人类压抑人性的行为，尽管有时反对的时机不对；再加上通情达理的同志，亲切的朋友，忠诚的爱人以及讨人喜爱的孩子……他正在写的是一部伟大的自传——它的伟大在于其中描写的各种各样的经历，它的真实，它的纯粹，它的率直，它毫不迟疑和限制的人类情感……我们已经看过最终可能写出来长达100万字的1/4，我们深信还从来没有过这样一个异常有趣的关于一生的故事。①

54 读了上面的校样之后，克莱门斯开玩笑地说自己“麻烦了”，然后建议玛丽·罗杰斯向哈维写一封抗议信，甚至给她写了一些话。她准备说哈维“有点慷慨，甚至夸张的”表扬“听起来很冷淡”。“他几乎病态地喜欢赞扬的话，他意识到这些都是好作品但是认为过于谨慎和单薄。我们家里人帮他抹黄油的时候不是用小刀而是用抹泥刀(意指竭力恭维)。”②

---

① 哈维1906年，442–43。克莱门斯在他70岁生日晚会的演讲中使用了“70号码头”这个词(见附件，pp. 657–61)。

② 1906年8月致罗杰斯，NNC，莱利，1961年，45–46。

哈维第一轮精选和第二轮精选的六个小节发表在 9 月 21 日到 11 月 16 日的评论上。根据克莱门斯的说法在 8 月拜访期间他实际上总共指定了 24 个选集——“一年的分量”——划定 1906 年 1 月、3 月以及 4 月的口述,“约翰 · 海”、“节选”的第二部分随笔作为第 7 ~ 8 节以及第 10 ~ 13 节,以一直出版到 1907 年 3 月 1 日。[①] 后来来自 1906 年 10 月到 1907 年 2 月的材料开始出现在第 14 ~ 15 节,于 1907 年 3 月 15 日和 4 月 5 日出版。霍比只额外制作了一批 TS3,被用在 16 节上于 1907 年 4 月 19 日出版。除了 1906 年 5 月 21 日的口述(“作为一名作者的经历……”)已经被用在第 2 节以外,1906 年 5 月到 8 月口述的材料都没有在评论上发表。[②] 在那些月里,克莱门斯口述一些对宗教、商业以及其合作伙伴措辞严厉的评论——他不准备在有生之年出版这些评论。除此之外,堆积起来的摘要如此之多以至于进一步的挑选毫无例外地推迟了。

这些基础工作一直在接下来的 16 个月一直有条不紊地进行着。克莱门斯继续修改其打印稿,对其进行必要的审查和“软化”。例如,他删除了“他在社交圈有个‘种马’威廉姆斯(Williams)的名字”;将“细胞基质公司的小偷们”改为“细胞基质公司的海盗们”;将其对“梅雷迪斯医生两个成熟的老处女姐妹”的描述改为“G 医生两个中年处女姐妹”;把“一个奄奄一息的教民”改为“一个假装生病的教民”;删除了“愿上帝宽恕我”。[③] 修改后的打印稿被送到评论,由大卫 · A. 蒙罗(David A. Munro)编辑规范格式(house style);排版完毕后,打印稿和样张被交还给克莱门斯供其修改。编辑非常好相处:蒙罗和哈维几乎没有做什么实质上的修改,克莱门斯则一笑了之。他经常在样张的空白处写点评语给罗蒙;紧迫的问题可能会通过邮件或是电报以及可以相见的电话来解决。[④]

关键的招待会及“星期天杂志”(1906 年到 1908 年) 55

1906 年 9 月和 12 月期间,早期《北美评论》上的“来自自传的章节”的摘要出现在多份报纸上并且受到了广泛的赞扬。例如,《纽约时报》再版了部分第 1 节(节选自“我的自传[节选]”)的内容,其中克莱门斯认为詹姆斯 · 兰普顿(James

---

① 1906 年 8 月 4、5 日致罗杰斯,NNC,莱利,1961 年,39。1907 年 1 月 4 日出版的第 9 节根据 1906 年 12 月的 AD,其中大部分由手稿材料组成。

② 总共有 25 节评论,精选文章清单及其内容简介见附件“之前的出版物”(pp. 666 – 67)。

③ 见 1906 年 1 月 9 日,2 月 8 日,3 月 28 日,1 月 12 日以及 2 月 9 日的 ADs。

④ 例如,在 NAR6 的样张上,克莱门斯注释道,“我认为日期是必要的并且可以放在留白处,大卫|M. T. ”在为 NAR2 准备“自传随笔,自第九章”的时候就已经开始在留白处添加日期来引导读者阅读其不按时间顺序的讲述,但被蒙罗忽视了;在本版中采纳了这一做法。在 NAR7 的样张中,克莱门斯写道,“大卫,如果你不把这些东西与邮票和写好地址的信封一起寄回来,我会剥下你的头皮! 爱你的,马克”(ViU,见 1906 年 2 月 26 日以及 3 月 5 日 ADs 的文字解说,MTPO)蒙罗的生平见 1906 年 1 月 16 日,AD,注释在 284,7。

Lampton)是真正的上校军衔卖家(Colonel Sellers),时报评论认为这段文字"值得注意",堪称"诚实的自我揭露"的典范。两个星期后,《泰晤士报》评论第2节,即"G. W. 卡尔顿(G. W. Carleton)如何拒绝克莱门斯先生的第一本书,而在20年后称当时自己做了'十九世纪的最傻的事情'"是"一个好故事。"[1]其他再版的段落包括佛罗伦萨口述中关于罗伯特·路易斯·史蒂文森的部分;对奥利维亚和苏西充满感情的描写;在哈特福德房子发生的偷窃警报的趣事以及关于决斗的文章。[2] 肯塔基州,路易斯维尔的《信使报》(Courier – Journal)上的一篇评论(作者可能是其编辑,克莱门斯一生的朋友以及远方亲戚,亨利·瓦特森(Henry Watterson))称这是一部"使人愉快"传记,并认为尽管克莱门斯并不是"严格意义上的历史学家",但却还在纠正其对耶利米(Jeremiah)以及施罗德·克莱门斯(Sherrard Clemens)评论中不正确的部分。[3] 华盛顿邮报认为这些文章"充满了他文雅的幽默,《皮尔逊杂志》(Pearson's Magazine)的一位编辑注意到:

> 这是老马克·吐温而非庄严的改革家和评论家的再度发言,后者沉重的文章曾很长一段时间影响了心地善良和亲爱的公众……我们看到他与想象中的生物嬉闹,扬起它们闹剧般冒险的尘埃,晃着他尊贵的脑袋叙说离奇的故事。然后我们看到他跪在他妻子和孩子的墓前,追忆他们的音容笑貌,然后我们忘记了这个世界上伟大的幽默家,只看到一个父亲、一个丈夫以及一位真正的美国绅士。[4]

然而在当时的报纸和期刊里面并没有发现任何批评的评论或是分析,而且在1907年最初几个月之后,这些文章几乎没有得到什么关注。

尽管克莱门斯坚持在他离开人世很长一段时间之后才出版这一《自传》,但《北美评论》上的选集异乎寻常的重要。当他认识到实际看到这些杂志的读者是如此至少其重要程度才变得清晰起来。1907年7月30日,在这些节选开始出版9个月后,里昂在她的日记里记下了下面这些话:

---

① 纽约时报:"本周话题",1906年9月15日,BR568以及1906年9月29日,BR602;见1906奶牛5月21日的ADs。

② 参见1906年2月1日、2日、5日、8日,1月19日的ADs。

③ "马克·吐温的记忆",路易斯维尔(肯塔基州)《信使报》1906年11月20日,6;见"节选"随笔的注释说明。

④ "马克·吐温宣称她的妻子让他戒掉脏话",《华盛顿邮报》1906年12月16日,B8;"它的两面(The Two Sides of It)",《皮尔逊杂志》1907年1月,117;这一期刊是英国一份同名期刊的分支机构,主要致力于文学、政治以及艺术。

> 显然《北美评论》的财务状况非常不稳定,因为上校让克莱门斯等那笔本应给他的自传的稿费;一直要等一年,因为资金很紧张而且如果要付钱就必须借债。这让国王非常恼火——正如他所说的,“凭感情做生意”——他根本不喜欢这样。而且这样对国王也不公平。① 56

这一问题的一大后果就是在1907年10月27日到1908年9月27日之间《北美评论》的文章,在更新了注释之后,在每周一次的“星期日杂志”再版,这个杂志是一份副刊在很多有广泛读者的报纸同时发表。哈维本人反对联合出版,但他表示唯一关心的是更大的读者群,而非赚多少钱。里昂在1907年9月6日注意到,哈维

> 得到国王的允许——欣然允诺——在全国范围内的报纸上联合出版自传,这样国王就可以触及“潜在客户”。虽然这样不会给他带回一分钱。如果说有人得到什么的话,那么就是哈珀公司,它们不会得到很多,因为报纸不会付太多钱给已经出版的作品——不管它是多么伟大。尽管这将是国王书籍的好广告。②

克莱门斯希望联合出版能够让处于不同阶层的读者都能看到他的作品。毫无疑问F.路易斯·莫拉(F. Luis Mora)在“星期日杂志”上与再版的第1节一起发表的对克莱门斯描写让他非常满意甚至让他感到骄傲。③ 多年之后,1941年10月28日在联合出版之时任联合星期日杂志艺术编辑的艺术家约翰·汤姆逊·威灵(John Thomson Willing),给一位不知名的记者写了一封信回应其“马克·吐温事迹的请求”:

> 我曾在星期日杂志负责出版他自传的一系列文章,一份很多重要报纸的副刊,每周的发行量近200万。这一自传最初由乔治·哈维编辑,在《北美评论》上发表——由哈珀兄弟公司出版,克莱门斯先生对评论有限的读者非常不满,于是安排到更大的报纸出版。当我向他展示我们杂志的标题为《马克·吐温自传》的最初副本的时候,他对着我说“巴奇斯(Barkis),你漏掉了一些东西。还应该加上‘流传至今的秘密’”——

---

① 里昂,1907年7月30日。

② 里昂,1907年9月9日。

③ 联合出版的文字与在北美评论的具体差别见施密特2009b,几乎所有曾附有《星期日杂志》的报纸的记录以及所有的插图都可以查到。

表明它曾经在评论上出版过。”①

作为文学的自传(1909年)

1907~1908年克莱门斯增添自传内容的强烈兴趣毫不奇怪地减少了。每一
57 个连续的年份里口述的数量减少了一半,它们变得越来越简短,插入片段和其他档案的比例越变越大。到1908年他为自传写的内容实际上不过是把原先的手稿标为口述。1909年12月24日,他写道:由于简的去世“这一自传到此结束”,事实上,他在之前的8个月里写了不到12页打印稿。

1910年,在克莱门斯去世后,豪威尔斯在《我的马克·吐温》上报告说某一天,克莱门斯“忽然”告诉他,他再也不会写自传了,尽管豪威尔斯不是很清楚克莱门斯“是已经写完了还是放弃了;我从来没问过”。他还回忆道在刚开始写自传的时候,克莱门斯曾希望这本自传成为“一部他的生活与各个阶段完美而又真实的记录”,但他现在承认“在真实性方面已经失败了;他已经开始说谎,如果从来没有人说出自己的真相那是因为没有人能够做到”。② 当然,1904年的时候克莱门斯已经通过实验确认,一部“主要由失去的真相组成的”自传,即便“冷酷的真相就在那里,在底线之间”。1906年4月他曾在其中一个口述中说道:

> 我已经每天口述自传3个月了;我曾经想起一生中让我感到羞愧的1500件到2000件事,但是我还没有把其中任何一件事写出来。我认为完成这些文集的时候这些内容仍然会原封不动地在那边,如果我能完成的话。我相信如果我应该把所有或者任何这些事情写出来,那么当我修改这本书的时候肯定会把这些内容勾掉。③

我们已经看到1898年的时候,克莱门斯因为内心这些想法如此沮丧以至于他(暂时地)决定改变自传的性质。但我们也有很好的理由假定在他逝世的时候他已经对他的或是其他任何人的自传应该如何有了更深的认识。1909年,当被问及他在《北美评论》中对田纳西州土地的评论是不是真的时候,他回答说“是的,文学上看是真的,也就是说它们是我的印象——记忆的一种产物。如果作为

---

① 威灵致不知名人士,1941年10月28日,CU-MARK的摹本;克莱门斯对威灵说的“巴奇斯愿意”话语带双关来自大卫·科波菲儿(David Copperfield)(第五章)。

② 豪威尔斯1910年,93-94。

③ AD,1906年4月6日。

誓言的话它们毫无价值可言;它们只不过是文学。"①

克莱门斯逝世一百年已经过去了。是时候根据他留下的众多文章,恢复他的完
整出版《马克·吐温自传》的计划,并确定其自传的文学观点和价值。本版由他的编
辑(如果不是他的"继承和指定人")准备,依靠有说服力的历史档案从而了解并完
成他对其最后的主要文学作品的愿望。他长久以来"从坟墓"中尽可能说真话不再
只是个计划。正如哈维上校在一百多年前所预见到的,这本自传同时通过印刷和 58
"电子方式",这一事实毫无疑问是马克·吐温"丰富的想象力"所感兴趣的。②

哈里特·埃莉诺·史密斯

马克·吐温计划,伯克利

---

① 克莱门斯在一桩与土地有关的官司中作为原告宣誓("对萨缪尔·L.克莱门斯的质询(Interrogatories for Saml. L. Clemens)",1909年4月3日归档,以及"S. L. 克莱门斯的证词(Deposition S. L. Clemens)",1909年6月11日归档,美国国家档案和记录管理局(U. S. National Archives and Records Administration),1907~1909年;感谢芭芭拉·施密特(Barbara Schmidt)提供这些文档的复印件)。

② 哈维1900年10月17日写的克莱门斯的"2000年的回忆录"出版条款草案,具体见 p. 19。关于本版使用的具体文字原则,见"关于文字的说明"(Note on the Text),pp. 669–79。

初稿与口述

1870～1905 年

1870 年某天克莱门斯写了这些手稿，现在这些手稿收录于马克·吐温档案馆，既未完结也没有 61
标题（但在第一页为标题留白）。这可能是现存最早的可以被称为他的自传初稿，尽管他未曾明确的标示这一点。显然他计划以某种方式来出版这些东西，因为他将附录中他父亲的克星从“艾拉·司陶特”（Ira Stout）改成“艾拉”（Ira）……

这些文字之前从来没有精确的出版过。阿尔伯特·比奇洛·潘恩确实在《马克·吐温自传》中将其收录于他编的“田纳西土地”标题下，但他在第三段结尾处悄无声息地省略了（从“一位尊贵的女士……”开始的）轶事并且将克莱门斯对其父亲“肯定能中选的县法官候选人”的描述改成“曾当选为代理法官的书记”（MTA，1：3 －6；上述两种描述都不准确：见附录“家谱”（Family Biographies）p. 654）。查尔斯·内德重印了来自手稿的文字，保留了潘恩省略的内容但却继承了潘恩对约翰·马歇尔·克莱门斯的描述；他自己对书稿也做了数十处删改，并增加了两段来自 1897 ~ 1898 年在维也纳写就的“我的自传[节选]”（AMT，22 －24）内容。克莱门斯在那部分手稿以及 1906 年 4 月 5 日的口述自传中回到关于田纳西土地的话题。

约翰·马歇尔·卡莱门斯购买的土地以及家族随后出售的土地只有一部分有来源独立的记录。现存的授予、契约以及出售的票据并不完整，但很多争执和诉讼正是因为这些自相矛盾与不精确之处所引起。奥利安·克莱门斯曾在 1869 年 7 月 7 日给他兄弟的信中提到了产生这些冲突的一个原因，称“田纳西政府把同一块土地一次又一次地授予不同的人”（OC 致 SLC，1869 年 7 月 7 日，CU－MARK，1869 年 7 月 3 日致 OC 中引用，L3，279n. 1[末尾]；从 1853 年到 1870 年间他们一家关于这个问题的交流参见 L1，L2 以及 L4）。

【田纳西土地】

我家在田纳西的大片田地是我父亲四十多年前买的。他一口气买下了 75，000 英亩的广袤土地。总价在 400 美元左右。这在当时可算得上是笔大买卖——至少对于东田纳西芬特雷斯县坎伯兰山区的“纳兹人”以及松林地区来说，这还是值得再三斟酌的。我父亲付完巨款之后，转身背向詹姆斯敦的县府大楼，眺望自己的广袤土地，说道：“即使我遭遇不幸，孩子们也不会受饥挨饿了；或许我看不到这些田地变成金山银山的那一天，但我的孩子们可以。”至此，怀揣着这世界上对我们最慈爱的意图，他将发财的重任加到了我们的肩头。他死前仍坚信这笔买卖能够惠泽后代，但这只是个可悲的误会，幸运的是，他从未知晓这一事实。

他之后还说：“这片土地下富含铁矿石和其他矿物。这里有数千亩美国最好的黄松木，可以从奥贝兹河顺流运到坎伯兰，之后再顺流运至俄亥俄，由俄亥俄运至密西西比，然后再从密西西比运往各地销售。这里成片的松林还能生产取之不
竭的沥青、松脂及松节油。这里也适宜制作葡萄酒；这里的野生葡萄胜过美国其 62
他地方的任何葡萄藤。这里还能放牧，玉米、小麦、土豆样样能种，还有各种木材——这大片土地上的所有一切终会使其升值。美国有 1400 万居民，40 年内还

将增加 1100 万,之后的增速还会变得更快;我的孩子们一定能够等到移民们蜂拥进入田纳西芬特雷斯城的那一天,那时,坐拥 75,000 英亩富饶土地的他们将会变得十分富有。”

有关这片土地的潜能,我父亲的话分毫不假——甚至还能添加更多佐证,地下还蕴藏着丰富的煤矿,但他可能并不知道这也可以卖钱。没见过世面的田纳西农民并不习惯从地底下挖取燃料。我父亲的田地还在修建铁道的候选名单中,他的田地距离诺克斯维尔仅百来英里,那里正是以后辛辛那提几条通往南方铁路的必经之地;然而,他并未亲眼见过铁路,甚至他还很有可能从未听到过这种东西。尽管这听起来有些不可思议,但迟至 8 年前,生活在詹姆斯敦附近的人们仍从未听说过火车,也不相信汽船。在芬特雷斯县他们只投票给华盛顿,连杰克逊都不认识。一位受人尊敬的夫人仍坚持着这一观点,提及儿子时曾说:“吉姆是从肯塔克回来的,并从那里带回个目中无人的女孩。上帝保佑,他们有许多时髦观点,给我们带来好大的改变。普通的小木屋已经不能满足他们了——一点都不能!——他们挤在拥挤肮脏的火车里,还说在肯塔克这很常见,叫作 plarsterin。”

那时我大哥才四五岁,大姐还是襁褓中的婴儿。我们剩余的家庭大部分成员都是那之后 10 年间陆续出生的。4 年后的 1834 年金融危机,我父亲破产了。他曾是芬特雷斯全县人尊敬与羡慕的对象——除去田庄,他还至少拥有 3500 美元——而突然有一天,他醒来时发现自己的财富缩水仅剩 1/4。他是个高傲的人,沉默寡言,生性节俭,却熬不过自己宏伟形象的轰然坠地,成为公众同情的对象。

他召集一家老小收拾了全部家当,在荒野中长途跋涉数日,前往当时的“远西区”,最终把帐篷安在了密苏里州门罗县渺无人烟的小镇佛罗里达。他在那里“开了几年小店”,但那段时间运气不佳,当然我的出生是个例外。不久后,他搬到了汉尼拔城,在那里取得了成功,并因和蔼公正受人尊敬,且通过竞选当选成为郡长,他发出的传票可是没人敢忽视的。相对那个年代的情况,他干得已算相当不错。这都发生在他去汉尼拔的第一年,但厄运之后又再次缠上了他。他帮一个姓艾拉的人“做友情担保”,但那人却卷款而逃,并蓄意利用新破产法里的有利条
63 款。那条款使他能在生前轻松享乐,但却毁了我父亲的一生,使他晚年穷困潦倒。这也注定了他的继承人必须面对世事的艰辛。但我父亲即使在临死前想到田纳西的田庄时却仍显乐观且信心满满。他说很快那里便会使我们富裕和高兴起来,他至死都相信这一点。

我们迅速将期望转移到田纳西的田庄。30 年的辗转迁徙与人生沉浮,我们的目光一直未曾移开,纵使相隔千山万水,直到今天目光仍投向那固定的地方,愿望已成习惯,信念随时起伏却一直不灭。

父亲死后，我们分了家，但只是暂时性，打算等到那片田庄售出后才做永久划分。我兄弟借来500美元盘下一家不值钱的新闻周报，正如我们都相信的那样，认为努力工作并不值得，我们可以在田庄出手后再从事真正的事业。我们起初租住在一栋大屋子里，但期望中的土地交易却大失所望（买家只要田庄的一部分，我们讨论再三决定只能整块出售），最终我们只能搬去一栋稍微便宜点的地方。

64 潘恩出版过该手稿，但有明显的错误与遗漏，并自作主张地添加了标题“密苏里州佛罗里达的早年生活”（MTA，1:7－10）。文档本身显示此文由克莱门斯于1877年所写，标题简单“第一章”（为潘恩所略）。内德沿袭了潘恩的版本（连带所有错误与省略），但他还删去了最后一小段，并加入了我的自传[节选]中的三段内容。在第一句后面加了两段，最后也加了一段（AMT，1－3）。这篇手稿可能是半成品之一，或是克莱门斯好友约翰·海敦促他写的自传中的内容。这篇文章潘恩从马克·吐温的自传及其他作品手稿中挑拣出来的无疑是马克·吐温档案馆的一部分，在1920年，潘恩将这篇手稿转交给了美国艺术和文学学会，并保留至今。

【密苏里州佛罗里达的早年生活】

第一章

我于1835年11月30日出生在佛罗里达，密苏里州门罗县下的一个渺无人烟的村庄。据我估计，佛罗里达的村民还不足300人。村上有两条数百码长的街道，剩下的都仅是些乡间阡陌，交错在栅栏与玉米地间。所有的道路都由同一材料铺成的，雨时又黑又泞，晴时尘土飞扬。

多数房屋都是木屋——除了少数的三四家，其他几乎家家如此。而这少数的三四家也是木结构的房子。这里并没有砖石。有一木头搭的教堂，铺着木地板，摆放着长板凳。所谓的木地板就是用锛子将木头的一面刨平，木板间还留有缝隙；也没有铺地毯，因此桃子般大小的东西会落进缝隙里。教堂的底部搭建在短木桩之上，高于地面2英尺到3英尺。教堂的柱子下养着猪，在做礼拜时，村民的狗就会和他们闹得不可开交，牧师不得不停下来等待喧闹结束。冬天时，地板缝间的寒风吹得人瑟瑟发抖，而在夏天时，却又满是跳蚤。

长板凳的做法是用木锯把木头从外侧锯开，树皮一面朝下。在四角钻孔并插入木棍作为支架；板凳并没有靠背，也没有坐垫。教堂靠墙上挂着的罐装牛油蜡烛照亮全屋。在平时，教堂则成为教室。

村上有两家杂货铺，我叔叔约翰·A. 夸尔斯（John A. Quarles）就是其中一名店主。店面很小，半打货架上放着几“小”匹花布，柜台后面还有几罐咸青鱼，咖啡和新奥尔良砂糖。扫帚、铁铲、板斧、锄头、耙子杂乱地堆在各处。墙上还用线串挂着各种廉价的硬帽软帽和锡制品。屋子的另一端还有一个柜台，上面有几袋子弹、一两块乳酪以及一小桶火药；柜台前是一排小钉桶和一些生铅。柜台后面则是一两桶新奥尔良糖蜜以及零售的本地玉米威士忌。要是哪个小孩买了5美分或10美分的东西，他就可以从桶里再拿半把糖；而买了几码花布的村妇除了一
65 般附赠的“边角料”外，还能再拿几轴线镳。若是买了松糕，则可以免费任意享用威士忌。

所有东西都很便宜：苹果、桃子、甘薯、马铃薯、玉米都是每蒲式耳10美分；鸡10美分一只，一磅黄油6美分，一打鸡蛋3美分，咖啡和糖都是5美分一磅，威士忌10美分一加仑。我不清楚现在（1877年）密苏里内陆的价格水平，但可以用哈特福德这里的物价对比：苹果每蒲式耳3美元；桃子5美元；马铃薯（百慕大上等品）5美元，鸡肉按重量1～1.5美元不等。黄油每磅45美分到60美分，一打鸡蛋50～60美分；咖啡每磅40～50美分；糖也差不多价格；我估计，本地威士忌要每加仑4～5美元，但我所确定的只有我自己喝的那种苏格兰威士忌，一次买两加仑的话单价要10美元——要是你买得少的话更贵。

三四十年前，在密苏里更偏远处，每百根普通雪茄只要30美分，但多数人都不愿去抽它，在栽种烟叶的乡间，抽烟斗几乎不花钱。现如今，康涅狄格州不再禁止种植烟草了，但康州的雪茄每百根要10美元，进口货则要15～25美元。

起初，我父亲拥有几个黑奴，但不久之后他便把他们卖了，换成雇佣农民做长工。一个15岁的女孩每年的工钱是12美元外加两件林赛—伍尔西牌罩衫，一双“厚”靴子——这基本花不了多少钱。还雇了一个25岁的黑人妇女收拾家中杂务，每年要花25美元外加鞋子和上述林赛—伍尔西牌罩衫；另外一个40岁黑人壮妇帮忙烧菜洗碗，每年工钱40美元以及按惯例的两套衣服；每个熟练农务工的工钱是每年75～100美元，两套牛仔裤和两双“厚”靴子——大约每双3美元。但现在的情况就不一样了。德国女佣每年要155美元，爱尔兰女仆150美元；爱尔兰洗衣女150美元；黑人厨师240美元；年轻的黑人门卫和应召360美元；爱尔兰马车夫600美元，还需要自付燃气，冷热水以及一处一厅一厨两卧连着马厩的房子。

格兰特口述

下列六段口述文稿,在1924年由潘恩以"格兰特口述"为题(次序紊乱)首次出版,现已收入马克·吐温档案馆。这些文字都创作于1885年3月和5月;克莱门斯口述,同僚好友詹姆斯·雷德帕思①记录,并用一台全大写打字机重新打印成速记笔录。雷德帕思之后重新审阅了一遍打字稿,并为其加上句读,但仍留下许多错误。交给克莱门斯后,这些笔误才得以修正。他们所完成的是克莱门斯准备用于自传中的最早文章。文章涉及的都是较近年份的回忆,且都与尤利西斯·S.格兰特之间有着千丝万缕的关系。格兰特当时刚因咽喉癌去世。以下排序是这六段口述内容第一次以正确次序出版。

·"芝加哥内战联邦退伍军人协会节"介绍了克莱门斯体验的节日,包括在1879年格兰特受邀出席国民军②大会时,向"婴儿们"祝酒。这也是六篇打字稿中唯一被内德选中重新出版的文章,文章未改潘恩一字(AM1241-45)。

·"与W.D.豪威尔斯一同拜访格兰特将军"讲述了三个似乎并无关联的主题:格兰特对威廉·迪恩·豪威尔斯父亲的帮助;格兰特对乔治·霍雷肖·德比(约翰·菲尼克斯)的赞赏;克莱门斯尝试说服格兰特撰写自己的回忆录。文章标题为潘恩所加。

·"格兰特与中国人"说的是格兰特努力为在美国的中国学生保留学习项目的事。

·"格哈特"(之前未出版)讲述的是"克莱门斯门生,雕塑家卡尔·格哈特在与内森·黑尔竞争雕塑时"的一次挫败。格哈特雕刻的一个格兰特半身像曾获得商业上的成功,详见第五篇口述,"格兰特将军回忆录二三事"。

·"格兰特将军回忆录二三事"以长篇形式详细记述了克莱门斯如何获得格兰特个人回忆录的写作权。该文在一定程度上回应了报纸上暗讽他利用非道德手段达到目的的事情。潘恩出版了其中的第1节以及第3节内容的一部分,并抽取第2节作为独立口述章节,命名为"格哈特与格兰特半身像",他还删除了文末新闻报纸的剪报选段。

·"牧师纽曼医生"写的是格兰特人生末段的精神导师。潘恩在出版时隐去牧师约翰·菲利普·纽曼(Reverend John Philip Newman)的真实身份,用"N先生"取而代之,文章标题也是潘恩所起。

---

① 关于雷德帕斯的介绍见"演讲时间",备注148.8。

② 美国南北战争时期成立。

克莱门斯对雷德帕思记录的文稿并不满意。暂停口述之后，他曾对亨利·沃德·比奇解释说这部分自传“口述时十分随意，但我准备在自己死前再略微做些修改，主要是修改糟糕的文法和句子结构。”“这是我做过的唯一口述，也是最糟糕麻烦的作品。”（1885 年 9 月 11 日，CU – MARK）但克莱门斯从未再做修改，也未准备将此出版。事实上，他去世多年之后，原秘书伊莎贝尔·里昂在评价潘恩的版本时曾说，“克莱门斯不会允许”有关格兰特的口述“在未经严格修改前就加入他的自传的……雷德帕思记下的仅仅是备忘录，还需要做大量的修改。”①克莱 67
门斯也在 1906 年的自传体口述中重新叙述了有关格兰特回忆录的记忆（见“格兰特将军回忆录二三事”。

芝加哥内战联邦退伍军人协会节

1866 年

我第一次见到格兰特将军是在 1866 年的秋冬之交，在一次华盛顿的欢迎会上，当时他还是陆军元帅。我作为人群中的一员和他相见并握了手，但并未交谈，当时也是我第一次遇见谢里登将军。

我再次见到格兰特将军是在他出任总统的第一个任期期间。

内华达参议员比尔·斯图尔特邀我同行去拜会总统。见面时，格兰特身着工作服，老旧的亚麻短袍上还沾有墨渍。由于我在《纽约论坛报》上发表过费城游记，因此当时已小有名气。相互握手问候后，我们陷入了短暂的沉寂中。我找不到任何可以谈论的话题。因此，在默默注视他严肃刻板的面容一段时间之后，我说道：“总统先生，我感觉很尴尬，您呢？”他莞尔一笑，很难想象铁铸般的面容竟也能如此，话说完我便告辞了。

之后 10 年我都再也没见过他。与此同时，我也变得更为“臭名昭著”。

再之后是 1879 年，将军刚访问完欧亚各国归国。从旧金山开始一路向东，他都受到了民众们的热烈欢迎，在抵达芝加哥后，他所指挥的第一支部队，田纳西军团的老兵为他举办了洗尘宴会。宴会筹备之精细与其重要性相得益彰。祝酒委员会给我拍了封电报，邀请我出席酒会，并在盛宴上向各位女士祝酒。我回电报说对于祝酒词我已江郎才尽，宴会上任何对女士的得体祝酒词都已经说滥了，但这种场合下通常会忽略另一类群体，如果他们允许的话，我将向“婴儿们”送出我的祝酒词。他们很高兴地答应了，我便准备了祝酒词稿，起身奔赴芝加哥。

计划中还有一长列游行队伍。帕默屋（Palmer House）二楼的窗台是为此特

---

① page 13, quoted courtesy of Kevin Mac Donnell. 第 13 页，谨由凯文·麦克·唐内尔引用。

意修建的观景台，上面铺着地毯，旌旗飘扬，格兰特将军将在上面检阅游行队伍。

观看游行的绝佳地点无疑就在观景台之上。因此趁还没人来，我逛了圈观景台，多么希望自己能在那里有个座位。那地方相当显眼，台下人山人海，投来关注的目光。不一会儿，有两位绅士从酒店的窗户口走上平台。台下的众人一阵山呼海啸，我也认出来人之一便是格兰特将军。

68 另一位是芝加哥市长卡特·哈里森（Carter Harrison），我和他比较熟。当他看到我之后便上前问道，是否愿意认识将军本人？我回答说十分荣幸。于是他带我来到将军身边，说道："将军，请允许我引荐克莱门斯先生。"我们相互握手问候。短暂沉默之后，将军说道："我并不尴尬，你呢？"

显然，将军无论对正事还是闲事，都有着过人的记忆力。

那无疑是我出席过的最盛大的宴会。有六百多人出席，多数是田纳西兵团的老兵，光凭这点配得上这一称号，但其实远不止于此。事实上，谢尔曼将军以及几乎所有还在世的内战将领都围绕在格兰特将军身边坐着。

所有发言嘉宾都颇有声望，极具才干。

那晚我第一次听说某句俚语，尽管当时那词已十分流行，但之前我还未曾听说过。

10点演讲开始，我离席走到宴会大堂的前端，整个大堂一览无余。其他演讲人包括负责祝酒的维拉斯上校，还有雄辩的无神论者英格索尔上校，他已在伊利诺伊生活多年，广受大众欢迎。维拉斯上校来自威斯康星，是位有名的演说家。他那次的演说非常精彩。

维拉斯是15名祝酒发言人中第一个发言的，而鲍勃·英格索尔（Bob Ingersoll）排第九。

我站在台阶上，后面是铜管乐队，这使我能够环顾四周。稍后我注意到，在我附近靠墙的位置，站着一个佩戴田纳西军团徽章，身着列兵制服的淳朴青年。他似乎有些紧张，浑身不自在。之后，当第二个演讲者发言时，那青年问我道："你认识维拉斯上校吗？"我回答说曾有一面之缘，他沉默地坐了一会儿说道："人们说当他一开始演讲就完全是另一副样子了。"

我问道："能说得具体点吗？""是他的演讲，人们说他演讲时就像在电闪雷鸣！""是的"我说，"听说他的演讲很精彩。"

年轻人坐立不安地待了会儿，继续说道："你认为他能超过鲍勃·英格索尔吗？"我回答说："不知道"。

之后又是一阵沉默。每当演讲者的发言接近尾声时，我和他也会时不时加入鼓掌的人群中，只是那青年似乎有些心不在焉。

不久，他说道："在伊利诺伊这儿，我们认为没人能超越鲍勃·英格索尔。"我答道:“是这样吗?”

他说道:“没错,我们相信任何人都不能超越鲍勃·英格索尔”,之后他还遗憾地补充道,“但是,人们说维拉斯的水平相当牛。”

最终,维拉斯起身开讲,年轻人为之一振,并开始聚精会神听讲。维拉斯开始 69
暖场,人们也随之鼓掌。他的演讲十分精彩,还有一如既往地慷慨陈词:“站到桌子上来!站到桌子上来!站到桌子上来!我看不见你们!”许多人应声站立,将维拉斯抬到桌上,使他能看到所有的听众,他就在那里继续着自己的演讲。年轻人也随着其他人一起鼓掌,尽管青年听不清楚维拉斯的演讲词,但我仍能听到他随着节奏喃喃自语。之后当维拉斯演讲高潮时,整个屋子都爆发出喝彩声,那个年轻人有点失望地说道:

“这并非没用,鲍勃没法达到这高度!”

在接下来的一个小时里,他依旧靠墙站着,神情恍惚、心神不宁,对于周围的场景及一切都有些茫然不知,最终当英格索尔准备发言时,他的那位青年拥趸才直起身来全神贯注却显然不抱希望地听他演讲。

英格索尔面色白皙清爽,身材挺拔,举止高雅,的确令人赏心悦目。

他的祝酒词是献给“志愿者”的,而他刚开口的几句话就显示出不凡的文采。之后的语句更是令全场沸腾,那位列兵看上去很开心,第一次充满希望,但仍不敢随着众人一起鼓掌。不久后,当英格索尔提到志愿者们冒着流血和牺牲的危险以保住一位母亲的小孩的事迹,虽然我已不记得那句话到底是怎么说的了,但词藻优美,情感真挚,众人都深受感染,同时起身站立起来,大声咆哮,跺脚,随处都有舞动着的餐巾,像暴风雪一般。这一异常热烈的反应大约持续了有一两分钟,英格索尔站在那里静待听众平静下来。我也趁机观察列兵的反应。他在那里跺脚,鼓掌,高声叫喊,手舞足蹈得像个疯子一般。当最终再一次平静下来之后,泪水已湿润他的双眼,抬头向我说道:

“真棒,他不比任何人逊色。”

我自己的演说注定与赞誉无缘。我的演讲压轴进行,但几乎没有人会在意这份荣誉。直到凌晨两点,才轮到我演讲。当站起身时,我知道无论如何至少还有一点我还占有优势:我的发言稿必将得到在场十之八九的男士和所有女士,无论单身还是已婚以及拥挤在门口所有人的认同。

我期望自己的演讲能够顺利,事实也的确如此。

在演讲中我借用了谢里登将军刚出生的双胞胎婴儿以及其他预想中的题材作为铺垫。其中我只担心一件事,如果不成功这将是灾难性的。

这是演讲中的最后一句话。

当时我描绘了50年后的美国,届时她将拥有两亿的人口。未来的总统、海军 70

上将以及如此等等未来的伟人现在都还躺在摇篮里，分布在全国各地。之后我又说道“现在国旗下的摇篮中，美国未来声名显赫的部队元帅仍还是个小不点儿，让他无愧于荣耀与责任的战略头脑当下仍在思考如何将自己脚趾塞进嘴巴——我无意冒犯各位今晚在场的贵宾，但这也是你们五六十年前曾专心思考过的问题。”

而这时，正如我所预期的那样，笑声戛然而止，取而代之的是一阵恐怖的沉默——显然我的玩笑有点开大了。

我停顿了片刻，等待鸦雀无声的结束。

之后，我转向将军并补充道：“如果那孩子有这人做父亲的话，就很少有人会怀疑他是否会成功。”

这句话使屋里的气氛轻松了下来：当看见将军拼命鼓掌时，他们也相当热情地照做了。

【与 W. D. 豪威尔斯共同拜访格兰特将军】

豪 威 尔 斯

1881 年

豪威尔斯来信说他年逾古稀的老父亲十分担心他在魁北克领事馆的那份差事。仁慈体贴的上帝为他派来了一个不甘贫穷的对手。因此豪威尔斯希望我能够和格兰特将军见一面，请他向亚瑟总统打声招呼，或许这样老豪威尔斯就不必卷铺盖走人了。豪威尔斯接受了我的建议，先与我会合，之后前往纽约拜访将军本人。地点在华尔街 2 号，格兰特与沃德经纪公司(Grant and Ward, brokers)总部。

见面后，我陈述了事情原委，并询问将军是否能够写封信让豪威尔斯带去华盛顿交给总统。

但与往常一样的是，格兰特将军依旧坚持了自己的一贯风格——他总会超额满足你的非分愿望。显然，相见时他从不会让别人和他在半路相见，而是自愿走完其中的十分之九路程。“好”，他回答——他能做得比这更多，他很高兴地说道：“几天后，我将去华盛顿与总统共进晚餐，这将会作为我的私人请求向他提出。”格兰特将军从不会失约，甚至连玩笑的承诺都会遵守。他履行了承诺，一星期后国务卿弗里林海森来信说老豪威尔斯的职位不会受到任何影响(他也的确没有受到影响。数年之后，他才退休离职)。

格兰特与德比[①]

1881 年

继续说与格兰特将军的访谈,他说话幽默——事实上,只要没有陌生人在场,他都能很幽默——并且一直极力地挽留我们。

他盛情地邀请我们留下到包间共进午餐,席间仍是交谈不断(吃的是熏肉和黄豆。尽管如此,豪威尔斯引用但丁的话形容将军"端坐如塔")。他对西点军校的"Squibob"德比印象深刻。他说德比总会给教官们画漫画像,对所有人开各种玩笑。他也提及了一件我之前曾听说过的轶事,这事从未在刊物中出现过。在西点军校,教官上课提问时会涉及战争时可能遇到的特定细节。他的原话我已经记不太清楚了,因此不能完全引用当时的原话:

题目是:有支 1000 人的部队正围攻要塞,装备和辎重……军事理论认为要塞被围 45 天后就得投降。现在,学员们,如果你是要塞的指挥,你将如何应对?

德比举手示意自己已经有了这问题的答案。他说道:"我会突围出去,让敌人进入要塞,那么 45 天后我就是那胜利的一方。"

格兰特回忆录

1881 年

我一直努力说服格兰特将军撰写并出版自己的个人回忆录,但他并未接受这一提议。天性内向的他更愿意避开公众的视线,他不想作为一名作者被人评头论足。他对自己的写作能力没有信心,然而我以及世上除他以外的所有人都知道他那别具一格的写作天赋。他还担心他出的书会卖不出去,这无疑是一种妄自菲薄。他举例说巴多将军的《格兰特作战史》销售寥寥,约翰·拉塞尔·杨的《格兰特环球游记》更是乏人问津。但我认为这些例子并不确切,别人的旁述或许不值一文,但若是格兰特将军亲自动笔回忆的话就完全不同了。我对他说回忆录将大卖,可以分成上下两册零售,每本定价 3.5 美元,销售量肯定能超过 50 万套。我还说可以借助自己在这方面的老道经验,帮助他避免与发行商间的不利条款,谈到最好的出版计划——预售出版——并可以为他找来这行业里最信得过的发行商。

当时在我的脑海中,哈特福德的全美出版公司就是最好的选择。尽管我怀疑十年来他们从未停止过占我便宜,但我相信自己仍可以将条款一一列明,帮助格兰特免受欺诈。但将军说他对增加自己的收入根本无欲无求。我也知道他对儿

---

① 加利福尼亚早期幽默作家,毕业于西点军校。

72 子们办的合伙企业的投资回报已能满足他的一切物质所需。因此,我也无法再说服他开始写书。他说总有一天他会留下详尽的笔记,留待他死后由子孙们来决定是否整理成书出版。

格兰特和中国人

1884 年

1884 年年初或 1883 年年末,如果我没记错的话,我带着已故清政府驻美副公使容闳(Yung Wing)拜访了格兰特将军,介绍他俩认识,容闳当时有项提议要告诉格兰特将军。恭亲王死后李鸿章成为中国最伟人的改良主义者,他当时正试图说服清帝国在国内修筑军事铁路系统,他已成功说服多数政府官员将这件事纳入考虑范围——如果能够从国外筹集到所需资金的话——通过抵押国家关税权及出售铁路债券等其他途径筹集资金。容闳相信如果格兰特将军能够过问此事,那么财团的资金就会蜂拥而至了。容闳也知道格兰特将军比其他外国人更熟悉和喜欢中国,如果他的名字与这些公司或财团联系在一起的话,能带给清政府和人民最大可能的安全感。我们进屋时发现将军行动不便,几个月前一次意外滑倒使他落下了严重的风湿病。他无法保证会有财团参加这一项目,当时经济萧条,没人愿意投资如此遥远的地方。当然,容闳承诺会为将军的奔走提供相当丰厚的酬金,但在当时将军并不在意这些事情。将军说不久以后经济会好转的,那时就能筹集到资金了。毫无疑问,那时他会很高兴热情地参与其中,尽己所能完成这一项目,他坚持说这些并不需要报酬。他绝不同意为这事索要任何的酬劳。在这件事上,他再次显示出对中国的强烈兴趣,这在之前的一些事中我也曾看到过。他说在中国时,他曾催促李鸿章建设铁道网络,他确信这一网络能够使中国获益良多,使国家免受鞑靼的侵袭与掳掠,他十分愿意在有利的时间尽己所能来开展这一项目,对中国有所帮助所能带来的快乐是最好的酬劳。

这又让我记起了另一件事。

大约是 1879 年或 1880 年的时候,哈特福德和其他新英格兰市镇的中国留学生被清政府召回国内。清政府内分为两派:一派由李鸿章为首,主张改革,努力想把西方的技术与教育引入中国;而另一派则反对这些改革措施。以李鸿章为首的
73 改革派曾一度占据上风,那时政府选派了一百多位国内青年才俊出国留学。但现在反对派处于主导地位,命令那些青年即刻回国。当时的王姓驻美公使是个保守派,容闳是他的副手。遣返在读学生的命令对容闳打击巨大,他为这群留美幼童项目付出了多年心血。晴空霹雳般的意外命令让他一时无所适从。

一开始,他写了一封由美国各高校校长签名的请愿书,说明中国留美幼童已

经取得非凡的进步,并请求允许留美幼童能够留下完成学业。此文件由美国驻京公使转交清政府。但容闳感到还需要更有说服力的声音,他想到的便是格兰特将军。他认为如果格兰特也能签名请愿书,那其分量甚至可以超过千百所高校校长的签名。因此,我与特威切尔牧师一起到纽约拜访将军。我向他介绍了特威切尔,牧师原本想向将军大体介绍一下留美幼童及中国问题。但他从未得到开口的机会。将军接过了他的话头并直入主题,让特威切尔认识到将军是这方面的专家,不需要任何人的讲解解释,同时将军也对此事也十分热心。正如往常一样,将军的反应总要超过你所要求的百倍。他同意说如果需要的话他会签名,但他会做得更多:他表示会立即向李鸿章写一封私人信件。于是我和特威切尔下楼在第五大道酒店的大厅里等待;在休息室内还坐着一群焦急等待的游人,半小时后他再次派人来叫我们,并把信交到我们手中,让我们不要通过美国公使馆或是别的途径而是直接交给李鸿章。信中对留美幼童之事的声明重点明晰,行文紧凑,文辞极佳,议论简明扼要,明白无误地指出让留美幼童放弃学业会是一个错误。信件由轮船托运,需要几个月的时间才能知道结果。

但我们并未等待太久。将军的信达到中国后不久,清政府就拍发了一份几乎与格兰特将军去信内容完全一致的越洋电报,并在其末尾处严令王公使让留美幼童继续学习。

这一事例展现了一国公民个人所提建议对地球另一端帝国的非凡影响力。没有第二个外国人能对清政府拥有如此重要的影响力了——事实上,是一个住在纽约第五大道酒店45室的美国普通公民改变了清政府的政策。

格　哈　特 74

1884年(9月,埃尔米拉农场)

格哈特将妻子和幼子留在巴黎,自己只身返国。巴黎的生活花销要高于纽约。因此原本5年3000美元左右的生活支出已显得太过拮据。在巴黎的三年半中,格哈特就花掉了6000美元。他无事可做——因此他为我雕了塑半身像,希望能重拾工作。当时境况艰难,接不到任何活。

(10月)

大约在此时,格哈特听说内森·黑尔(Nathan Hale)的塑像正准备招标,黑尔是独立战争时期的爱国侦察兵,后被英国人逮捕并处以绞刑。塑像由康涅狄格州议会投票选定,胜出者能得到5000美元丰厚酬劳。而前州长哈伯德有关演讲更使酬劳增为原来的4倍。

州议会为此委任的委员会人员包括新伦敦铁路大亨柯伊特(Mr. Coit),他是一位睿智可敬的谦谦君子，却连自己也承认并不懂艺术，但仍十分愿意为此效劳。还有个叫伯纳德的笨蛋委员，他对艺术一窍不通，事实上对其他事情他也一样一无所知，如果说他还有脑子的话，也解决不了任何问题。至于责任感，他心中更是未存丝毫——他对此毫无概念。最后第三位委员是现任州长沃勒，巧舌如簧的骗子和道德懦夫。

格哈特设计并制作了一尊内森·黑尔的泥塑提交应征。

石匠巴特森（Mr. Batterson）是名业余艺术家，他也作出设计参选，柯伊特夫人私人教堂的老司事伍兹（Mr. Woods）也是候选人之一。

伍兹在艺术方面有一定造诣，却未接受过正规训练，天赋也一般。那个石匠倒是从重复雕刻墓碑中积累相当的经验与练习，那些丑陋、千人一面的墓碑主要是做给庸俗职业拳击赞助人的。

要不是竞标中的裙带关系或者换一个更透明更明智的委员会的话，格哈特的雕塑与底座肯定要比州议会所给的吝啬价格更值钱。

在威廉·C. 普莱姆（William C. Prime）和查尔斯·D. 华纳（Charles D. Warner）看来，格哈特的作品堪称艺术佳作，那份合同应该毫不犹豫和他签。州长看了三尊模型后也说，就他的观感而言，格哈特的作品是其中最好的，柯伊特也说了同样的话。但老伯纳德却总是避免来看格哈特的模型，他找了各式各样的借口，说不愿意将这个雕塑交给一个还未成名的人去做。当被问及有哪个已经成名的艺术家愿意做价值5000美元的雕塑时，他又默不作声了。一开始我们还不知道这个老头拖延的真正原因，最后才发现柯伊特夫人的暗中贿赂与影响力从中起
75 到了作用。柯伊特夫人迫切地想尽一切可能让她的教堂司事赢得这尊雕塑。她给州长写信为她的教堂司事竭力争取，显而易见的是，当时州长处境尴尬，他认为教堂司事的作品丑陋粗糙不堪，明确声称三个候选模型中他最喜欢格哈特的作品，也准备将票投给他。

这个无耻小人竟然将格哈特的设计告诉了教堂司事，建议他重新设计作品参赛——司事也这么做了，抄袭了格哈特的设计！州长还没笨到向格哈特坦白他暗地里的手脚。这整件事是这个国家有史以来最滑稽的雕像投标了，荒唐可笑——无论从哪方面讲都是可鄙的——我尝试说服格哈特接受我的立场退出竞标，让雕塑委员会采用鼠辈做的泥塑当爱国者雕像好了。我说我会将雕塑的前因后果写信告知内森·黑尔委员会，相信格哈特能为他们做一个陶塑并获得一些酬劳。但格哈特却并不愿意因为自己的私愤而抹黑艺术，所以他拒绝这么做。

我相信，委员会需要说明设计的最新进展和评判结果的公布时间都是所有地方应该遵守的惯例，但这个委员会并未作出任何硬性标准，至少在书面上是这样。他们最终决定是给柯伊特夫人的教堂司事充分时间作出一个满意的雕塑——不

管时间有多长——然后再和他签约。

沃勒未能连任州长,但被任命为驻伦敦总领事。当5月10日出发时,仍未敲定内森·黑尔的雕塑,他在快要出发时还曾私下请求一位格哈特的好友说“看在我的分上,让内森·黑尔这件事能在我出发前敲定吧!”

格哈特的泥塑保存了有三四个月之久,但由于前景依旧遥遥无期,最后就任由它干燥龟裂了。

格兰特将军回忆录二三事

1885年春

我希望能记下格兰特将军回忆录的书成始末。

我会通过撰写序言来间接表达对此书的看法。

在加菲尔德(Garfield)竞选时,格兰特将军靠着自己的影响力,倾尽全力帮助共和党取得了最终胜利。他去许多州为选举拉票造势,且主要集中在摇摆州。宣传受到了所在州民众日以继夜的热烈欢迎。他每到一处都会聚集大批热情的民众,夸张一点说,人们几乎可以通过火炬队列与烟花映红的天空位置来判断将军现在正身在何处。

他有次从波士顿前往哈特福德,而我是去波士顿迎接他的委员之一。我也负责在检阅哈特福德民众与士兵时,向大家介绍格兰特将军。在前往波士顿的豪华专列车厢中,我有幸同格兰特的长子弗雷德·格兰特上校相互交谈。我和他很 76
熟,在谈话中渐渐发现,尽管众人普遍以为格兰特将军十分富有,但事实上他的收入还不足以维持一个三流内科医生的体面生活。

格兰特上校告诉我说将军在他第二任总统任期届满离开白宫时已经一穷二白了,我想上校的意思是当时将军已有负债在身,但我对此并不肯定(他说的是在其中一次离任时负债45,000美元)。朋友们曾资助过将军几所住宅,但最终还是丧失殆尽,他自己也没住在那里。这无疑是国会之耻,因此我提议把将军的困窘现状写入向哈特福德民众介绍的发言稿中去。

我知道国家的蒸蒸日上使公民领袖获得了无上的荣耀。国家的力量来源于投票的公共选择,公众的力量可以使将军瞬间脱离贫穷且变得异常富有。因此,我指责的并非民众,而是他们在国会的民意代表,我的演讲也无意侮辱民众。

我按计划说了,在介绍将军时,我谈到了英格兰给予威灵顿公爵(Duke of Wellington)的崇高地位与丰厚报酬,与之相对的是我们对国父更为崇高珍贵的景仰,即使他能够一直活在我们心中,而不为他增加任何生活负担。

当然,将军回答说国家对他的补偿已远超自己的预期。

他已经无欲无求。

几个月后，我的这篇讲稿便不再适用了，当时一批富有的公民私下为将军募集了25万美元的捐款，并且规定了这笔款项的投资方向，无论是将军本人还是打这笔钱财主意的小人都没法挪用这笔本金。

之后，格兰特 & 沃德经纪和股票交易公司在纽约华尔街2号挂牌开张。

公司的创建人包括格兰特将军的几个儿子和一个叫斐迪南·沃德的滑头小伙。格兰特在某种程度上也是合伙人之一，但并不处理公司的实际业务。

很短的时间内，公司业务迅速扩张，显然照理来说利润也应相当可观。

但实际情况是，触手所及之处，沃德都会不遗余力地榨取格兰特兄弟或是别的任何人，使公司赚不到一分钱。

将军对此并未起任何疑心，还认为自己赚了一大笔钱，但其实他只是将自己的钱送给了沃德。

我记得大约是1884年5月5日时，一次偶然的机会使格兰特家的几位成员发现自己已身无分文。

沃德甚至曾觊觎过格兰特25万美元的基金，但一两天就打消了这个主意。

格兰特将军告诉我说，那个月是他生命中第一次用支票付家务账单。支票被
77 很耻辱地退回到他的手中。他告诉我说沃德没放过他家中的任何一个远亲，他盗走了将军所有的财产，包括以他妻子纽约房产作抵押借来的45,000美元，还有格兰特夫人最近卖掉的一所赠给将军的房产所得的65,000美元以及将军在西部穷困潦倒的侄子刚继承7000美元遗产，这也是他们世上全部的财产了——总而言之，沃德席卷了格兰特家族所有人的一切。

为了糊口必须立即有所作为。

国会对恢复格兰特将军头衔以及支付退役军队元帅的全部薪酬的议案已经被搁置了很长一段时间——可鄙的吝啬是国会的一贯风格。靠此纾解将军的财政危机看来是不可能了，当时国会正想借此报格兰特将军否决亚瑟总统的菲茨-约翰·波特法案的一箭之仇。

在此之前的几个月，世纪杂志的编辑们想到了一个绝妙构思，采访南北双方尚在的内战英雄，将他们的个人战争回忆作传刊登在杂志上；然而这出喜剧却最终不欢而散。部分英雄愿意写下他们的战斗回忆，但他们坚持必须满足一个前提条件，即要是战争主角写的话，他们才会跟着一起写。① 但格兰特将军对所有的劝说与议论都无动于衷，他拒绝写作回忆录；因此这一计划泡汤了。

然而现在，情况发生了转变，格兰特将军已经家无余粮了（并非言过其实，事

---

① 1885年8月记，他们现在都不承认了，但我保证这些都是吉尔德亲口所述。

实即是如此）。

当世纪杂志社的员工再次来找他时，他非常热情地答应了下来。杂志社迅速打出了系列战争回忆录的广告。

尽管当时我经常去将军家做客，抽烟聊天，但对这事却一无所知。

然而1884年11月初某天晚上，我在奇克林会堂朗诵，离开时我们夫妇两人偶遇了世纪杂志社的编辑吉尔德，并受邀到他家共享迟来的晚餐。我们在那里待了一两个小时，在谈话中吉尔德提到格兰特将军已为杂志社写了三篇战争回忆文章，并正准备写第四篇。这引起了我的注意。吉尔德继续描述说格兰特将军热情地接受了写作提议，乐于赚些支持生活花销的小钱，付给第一篇文章的500美元支票显然使他十分高兴，生活负担得以稍有喘息。

这件事深深地震撼了我，吉尔德肯定是个好人，为人正直，但他从未意识到为杂志文章付给格兰特将军500美元不仅是19世纪的耻辱，更是整个人类历史上的耻辱。他应该清楚即使给格兰特10,000美元的支票，将军也会不屑一顾的；为他每篇文章支付20,000美元也仍显寒酸；而为他杂志上刊登的战争回忆文章支 78
付30,000美元也根本不能称其为“稿酬”；如果他为文章支付40,000美元，那他仍欠将军不少。吉尔德又说几个月前让将军哪怕写一行字也仍是天方夜谭，但现在一旦开头，却再不可能让他停笔了。事实上，格兰特将军正开始写作他的完整回忆录，并准备以书籍方式出版。

隔天早上，我径直来到格兰特将军家，并转述我所听到的话。他证实这都是事实。

在1881年劝他写作时，我就预测说过这本回忆录必定价值连城。现在仍是如此。我问他会让谁出版回忆录，他确定地回答说是世纪出版公司。

我又问他是否已签订合同？

他回答说已草拟了合同，但尚未签字。

我告诉他说对于写书和出版自己有着丰富而又惨痛的教训，如果可以的话他是否能让我看一下草拟的写作合同，或许我能帮上忙。

他说没有理由可以拒绝我的要求，那合同只不过是一纸有关细节的讨论，双方对此并未有过保证或承诺。他补充说自己认为世纪杂志社出价公道，他也准备接受，不愿再讨价还价或者另立新约。

他大声地念出草拟的条款，听得我哭笑不得。

如果出版商认为一个不知名作家的作品存在出版销售的可能，那么他们愿意冒险为其支付10%的版税，这也正是格兰特得到的待遇。即使版税方面能够作出让步，那么在其他地方他也不应该一退再退了。如果这书能像一般书籍售出三四千的话，那么双方都有赚头；但如果销售量达到10,000本以上的话，那出版商就能赚到大头，销售越好出版商分得的比例也就越大。

书籍在能售出 35,000 本以上时，作者就该拿 15% 的版税，外加净利润的一半。当销售量能到 80,000 本以上时，作者的版税就该在 20%，外加净利润的 2/3。

现在，对于这本预计出版第一年就能卖出数十万本的巨著，世纪杂志社却厚颜无耻地只给格兰特将军 10% 的版税，和一个名不见经传的印第安卡曼其族的，或许能卖出三五千本的作家一个档次。

如果我和世纪杂志社的人不熟的话，我一定会说这是有意利用了别人的无知与信赖，是种抢劫。但我了解这群人，所以我也知道这本非他们的本意，而只是由于他们太过无知与愚蠢才会提出这样的条件。他们在图书与杂志出版业急于求
79 成，之前也曾试着出过一本书，但由于没有经验最终以失败告终。因此我猜测他们变得有些急功近利，才给了将军这个自称合理及适当的提议，这体现了他们令人悲哀的无知，也显示出他们完全没有出版这类销售量图书的能力。几个月后，这家出版社社长对我的评论更使这一点暴露无遗：在适当的地方我将引用这段评论。

我告诉格兰特将军说世纪杂志社的要约十分荒谬，应该再做打算。

我忘了介绍这份草案中的两项选择性提议——其一是 10% 的版税，其二是扣除各类出版费用后利润平分，费用包括办公租金、员工薪资、广告以及其他所有杂项。这是非常苛刻的条款，任何有商业头脑的作者都不会在 10% 的版税的前提下接受这些条款。他们显然认为 10% 的版税与净利润的一半是同一回事——这说明那帮蠢货预计这书只能售出 12,000 本到 15,000 本。

我对将军说自己可以明确告诉他所能得到的条件：如果他接受版税的话，那至少是书本零售价的 20%，如果他喜欢合伙风险共担的方式，那就需要要求 70% 的利润归属权，且计算利润时收入仅能去除印刷书籍的直接成本。我说如果他提出这些条件，他们世纪杂志社是会同意的。真要是他们拒绝接受这些条款，他只需转向国内的其他大的出版社，他们都不会拒绝的。如果所有人都拒绝的话，那就由我来出版这书好了。我当时自己出版图书，公司叫查尔斯 · L. 韦伯斯特公司，我拥有该公司（韦伯斯特负责经营，领取月薪且有 1/10 的股份），我相信自己的公司拥有全国最好的订阅渠道。

我非常希望得到格兰特将军回忆录的出版权，但我知道自己希望渺茫。我原以为将军会把新的条款告诉世纪杂志社，然后会被立即接受，事情就此告一段落。但显然将军仍对世纪杂志社在他身处困境时支付 1500 美元给他那三篇本应价值 10 万美元的杂志文章而心怀感激，他似乎完全无法使自己从这种感激中解放出来，然而在我看来，他应该觉得反而是世纪杂志社欠了他，这些文章不仅让他们直接赚了 10 万美元，也使他们能够从其他战斗英雄处获得大量理想的回忆战争的

系列文章，如果将军之前拒绝的话他们是绝不会写的。（吉尔德所说）

我当时乘火车去西部长途旅行了。然而韦伯斯特则仍经常拜访将军家，打探事情的进展情况。

弗雷德·格兰特上校极力反对由世纪杂志社出版图书，他非常倾向能够让我来操办此事。

将军的首篇文章就使杂志增加了5万名订阅者，这意味着世纪杂志社如果为文章支付5万美元，他们仍有赚头——因为其中的绝大多数人在接下来的几年里都会继续订阅，这最终至少可以使他们获利10万美元。

除了发行量的增加以外，世纪杂志的广告页数也立即翻倍——这本身就能为 80
杂志社增加大笔现金流（我曾在上面打过1/5版面，时长6个月的广告（1800美元），据此估计这笔增加额可达每月2.5万美元）。

当世纪杂志社发现从那最初的三篇文章中大发其财后，除原来1500美元外最终又另加了一张1000美元的支票。

这在格兰特将军看来，已是十分慷慨，他是世人中最天真的那类人。但在我看来，这仅仅是无比愚蠢的又一例证，额外另加的支票应该是30,000美元而非仅仅1000美元。弗雷德·格兰特上校和我的观点类似，决心如果可能的话绝不让世纪杂志社染指回忆录的出版。这一行为只是再次明确和加深他的决心。

当我在西部时，每天都会有出版商到格兰特将军家约稿，内容通常如下"只要告诉我们你现在手上最好的提议，我们再加个价"。

世纪杂志社愿意接受我给将军的建议条款，但不愿再进一步。哈特福德美国出版公司提出分给将军70%的利润，而且还有还价余地。

这些事对将军起了作用。从各种提议中，他开始意识到自己差点贱卖了回忆录，开始接受我的观点，当然，我只是碰巧阻止了这次不合理的买卖。

将军去费城拜访乔治·W.柴尔兹（George W. Childs）时，详述了整件事情经过并询问他的意见。柴尔兹后来对我说由于和将军间的友谊，他明显倾向于让我来接手出版，这也是让他最满意的结果。

柴尔兹建议将军派个有能力的人来检验我和其他竞争对手是否有能力顺利出版此书（这也是我自己的建议——弗雷德·格兰特当时也在场）。如果我的出版社和其他人的一样出色，他会将出版权给我。

几家大律师所帮将军选派了一队检验人士[克拉伦斯·苏厄德（Clarence Seward）是其中之一]，弗雷德·格兰特上校自己私下也做了类似的检查。

几次检查下来的结果是，我的出版社与其他竞争对手一样都能满足成功出版的条件。

这样我便签署了出版合同，出版权给了我。

在与格兰特将军的再一次商业会谈中,他问我是否确定他的书能够售出2.5万本,他这样问让我怀疑世纪杂志社的人曾暗示过他们能够卖掉那么多。(参见下文罗斯威尔·史密斯的评价)

我回答说这种事情上要表达自己观点的话,最好的方式就是用钱来说话——
因此,我提议:如果让我来出版的话,每册手稿一交到我手里,我就会预先支付
81 2.5万美元,如果之后的版权税金赚不回5万美元的话,我也永远不会再要回我
那部分。

这个提议似乎让他有些不安。他说自己没想过要或多或少地提前预收这部分版税,毕竟发行商也不能确保自己是否能够回本。之后在签订合同时,对于20%的版税还是70%的利润两个提议,将军想知道到底哪个好。我派韦伯斯特告诉他20%的版税对他最合适,这样确定性最高也最简单,容易查看记录,更好的是,无疑这比其他方案能让他收到更多的钱。

他考虑过后说这方案能使他确保获得20%的版税,但对出版商来说却可能赔钱:因此,他拒绝版税方案,而是选择利润三七开。这样如果赚钱的话,他不会独占全部,而出版商也肯定能得到其中的30%。

这就是格兰特将军的一贯作风,任何以牺牲他人为代价使自己独肥的提议都不会使他感到哪怕一刻的高兴。

合同签订后,我记起自己曾说要先预支给将军部分酬劳,他说过回忆录面世前他可能需要1万美元的现金。具体情况我已记不太清,也没被写入合同条款,但幸运的是离开城前我又记起了这件事,于是回城找到弗雷德·格兰特上校,让他需要时去找韦伯斯特支取那1万美元。

这是唯一件忘记写在合同里的事情,但也及时得到了纠正,每件事都很顺利。

之后发生的情况我从未向任何人提起过,之后几年里也不会有人知道。只有当所有当事人都去世后,才能刊出这段会触怒他们的私事。

签合同时,由亚历山大&格林大律师事务所代表我,而林肯政府国务卿的儿子克拉伦斯·苏厄德代表格兰特将军。

合同还附带签署了将回忆录版权转交给格兰特夫人的协议,之后夫人又以1000美元现金的代价将版权转交给了我的公司。

这是为了防止将军的债主强分这本书的收益。

韦伯斯特签合同时答应了那条1000美元的条款,当签好合同离开律所时,他不经意地提到说那1000美元当然仅仅是这纸合同里的形式而已,并不代表什么。但苏厄德把他拉到一边私下说道:“不,合同里条款是货真价实的,格兰特家中已无任何存款,他们现在正焦急等着这笔零钱呢。”

韦伯斯特听后十分震惊。他立即开出支票,苏厄得将他交给递信员,告诉他

立即抄捷径到格兰特将军家，不要耽搁片刻。

让一个拯救国家与政府免于水火的英雄，竟视如此渺小微不足道的1000美元为琼浆玉露，这无疑是件耻辱。所有人都知道将军处境艰难，但如果人们要是知道他的境况竟已如此窘迫的话，还不知道会引发民众们多大的震动呢。 82

各地报纸都赞扬世纪杂志社对格兰特将军的慷慨照顾，能为3篇杂志文章支付1500美元的巨款，然而如果他们真付给了将军应得的报酬，那他还应用得起马车，也无需担心那1000美元。报业和公众大概都不知道，55年前一家伦敦的年刊出版社曾为小汤姆·摩尔（Tom Moore）的两篇文章支付了3000美元，且告诉他长短不论，内容随意。至于汤姆·摩尔巅峰时文章的经济价值与格兰特将军所写的战争回忆文章相比那差不多该是1∶50。

打一小岔。在西部待了一两个月后，大约是1884年与1885年之交的冬季，我返回了东部，于2月20日到达纽约。

当时合同还未达成一致。登门拜访格兰特将军只是想简单地询问下他的健康状况，我看到报纸上的新闻说他当时病了，已经有段时间未曾出门活动。

我上一次来他家时，他告诉我说因为咽喉有疾，他已经戒烟了。医生说这是最快的治愈方法。当我在西部时，报纸报导说将军的咽喉感染实际上是咽喉癌。我抵达纽约的当天早晨，报纸又报导说医生称将军已比过去恢复不少，身体也感觉舒适不少。因此，当我到他家时，就径直走到将军的卧室，握手表达了自己很高兴他身体已康复不少，不久就又能完全恢复健康。

他笑着回答道："承你吉言"。

当然，我有些惊讶和困扰，向他的医生道格拉斯先生求证将军的实际情况是否如我认为的那么尽如人意。他暗示说新闻报道太过乐观，这病绝对是癌症。

作为一个老烟枪，我对将军说我们剩下的人会吸取他的教训。但道格拉斯医生却说这并不能完全归咎于抽烟。他说吸烟过量的确可能诱发这病，但将军的咽喉癌显然并非肇始于此：更可能的真实原因是将军由于格兰特＆沃德公司倒闭而心情苦闷，累年情绪压抑。

这话立刻让将军开始说个不停。当提及其事后，我都发现他对其他话题都没什么兴趣，他只愿意谈论这一话题。

他所讲的内容我上文已有提及，将军待沃德推心置腹，他却把将军及其亲戚的财产洗劫一空。在提及沃德时将军就像是一个愤怒的长辈提到他那处处惹是生非的小辈。他以深受欺骗，受到侮辱与背叛的口吻叙述这一切，却未夹带任何粗言秽语，也没有恶言相向。

对我而言，这使我时刻都怒火中烧：我真想生剥了沃德的皮，用车轮碾轧，剁 83
成肉酱，用我熟悉的母语中所有的亵渎词汇，外加两门我略懂的外语中用于抱怨的零星秽语来诅咒他。

将军饱含真情地讲完了自己的故事,他心中所想都反映在了他的脸上。在平时,无论情况有多紧急,他的表情都能坦然自若,绝不会出卖他的真实想法。

1885 年 7 月 1 日还是 2 日(在麦格雷戈山),将军去世前三周,巴克 · 格兰特和我在将军身边相互交谈了一个多小时——为了陪将军,他只听不说。有新消息说那个美国海丰银行的员工(沃德的搭档——那个恶棍的名字叫什么来着?)已被判处 10 年有期徒刑。巴克用他所能想到最恶毒的话批评了这人,我也随声附和。将军听了一会儿后,拿出他的便签纸和铅笔写道:“他并不像另一个那样坏”(指的是沃德)。这是他的唯一评价,即使是字也写得很柔和。

将军写字时,格兰特上校插嘴道:

“克莱门斯,我父亲是想让你知道格兰特家都是一群卓包!”

将军并不认同这句话。他说事实上只要沃德愿意,他能把任何人都骗得晕头转向——就像格兰特一家一样:如果被沃德欺骗就是傻瓜的有力证明,那世上的所有人就都是傻瓜了。他还举出了具体例子。他说,(事实上)没人能说伊利铁路的公司主席是个笨蛋,但沃德还是从他身上骗取了差不多 80 万美元:骗得他一无所有。将军还提到了另一个人,那人也不傻,但沃德却空手套白狼般骗了他五十多万美元。他还提到了个大概叫费舍尔的人,确切名字已记不太清,没人能说他傻:正相反,由于聪明过人且精打细算,他成功发家致富,他经常夸耀自己的聪明才智,认为没人能骗得了他;可沃德又对他做了什么?他被骗买下前参议员查菲名下矿产的部分所有权——其实这块矿产并未挂牌,也没有出售授权——但沃德还是骗到手了 30 万美元现金,没有留下任何证明财产转手的合同或字据。那人有段时间一直会来格兰特 & 沃德公司办公室,和沃德商讨有关富矿的光明前景,这种场景经常发生,有时两人会和查菲擦身而过,就在隔壁房间商量这事。你或许会想这个以精明而闻名的家伙总会有那么一两次向查菲本人求证吧;但事实上这事并没发生,沃德告诉他查菲不想让别人知道自己参与了这笔交易,他只能装作来这里讨论其他事情的样子。如果他冒冒失失地和查菲交谈的话,这笔交易就结束了。

就是这个自称聪明绝顶的商人,也还是被沃德骗走了 30 万美元,而自己连张
84 能够证明交易发生过的碎纸都没拿到。如今,这人也不准备起诉沃德,或许是因为他宁愿损失那么多钱,也不愿意面对自己被如此幼稚方法欺骗的事实。

格兰特将军还提到了另一个很富有的受害者,无论是经商还是别的什么事,都不能说他是个傻子。但有一天他来到办公室说道:“沃德,这是 5 万美元的支票,我准备飞到欧洲旅行一阵,所以暂时用不着;帮我保管下吧,看看你能做些什么。”过后一段时间,那人旅行结束又出现在了办公室,当时我也在那儿。他问沃

德是否拿那笔钱投资了些什么？沃德回答说：“稍等片刻”，便转身去拿他的支票簿，翻出一页喃喃自语了一会儿，然后开出了一张25万美元的支票交给那人，且表现得似乎这根本不值一提！那人盯着看了一会儿，便把支票交还给沃德，并说：“这非常好，我把它当作本金再交给你。”然后转身离开。这也是他最后一次看见这笔钱。

在将军讲述这些的时候我感到笨蛋无处不在，但突然又幡然醒悟。我开始换位思考，我也承认如果当事人换成是我的话，自己也很有可能和他们一样被骗。我也完全清楚，无论如何，世上所有人都会这么做：人们总在寻找非法暴利的投资机会，但没人或极少有人会停下来对商业的本质一探究竟。

当我预备离开时，弗雷德・格兰特上校与我一同走下台阶，悄悄地告诉了个令我十分震惊的消息，他说医生尝试向他掩盖将军的真实身体情况，事实上他们认为将军已经病入膏肓，没有十天半个月可活了。

这大概是1885年2月21日的事。

2月21日之后，格兰特将军每天都尽己所能地在忙碌修改他回忆录的手稿。格兰特上校逐字逐句地念给他听，并让将军作出修改。这是在浪费他的宝贵时间，第二和第三册书还有一半到2/3尚未完工。但他更看重完成部分的绝对准确性，而不是一本完整却存有自己无法改正纰漏的图书。格兰特将军记忆力超群，若是换了别人必会充分相信这些记忆，但将军却并非如此。无论他对事件与日期是如何确定，在查清官方记录前他绝不会下笔。这一耗时耗力的记录搜索工作占用了相当多的时间，但并不徒劳无功，格兰特将军书中所写的每件事都是有信心值得完全相信的。

谈到他的记忆力，真是令人惊叹！他告诉我说一次在维尔德内斯战斗，①直到全部结束回到华盛顿后他才补写了报告。他坐下来凭借记忆撰写出了完整的报告；完成后，他又和副官们所写的报告两相核对，发现自己几乎没写错一个地方。确切地说，他说他的原话有两处小错误。

以上是我所记得的原话，但我的记忆并非十分可靠，可能会有言过其实的地 85
方。

（这段和其他一些话都可以去弗雷德・格兰特上校处求证）

另一件事也耗费了将军的部分时间。给世纪杂志社的那三篇文章都已经交稿结清了，但在去年夏天他还答应了接着写第四篇。他写了粗略的草稿，但尚未

---

① 美国弗吉尼亚州东北部斯波特瑟尔维尼亚附近的森林地区，南北战争中在此曾发生了多场战斗。

完工。

世纪杂志社的人已为这些文章打了广告，担心将军已经无法再写完这些。当时，将军的身体状况已经众所周知，报纸里充斥着他危在旦夕的报道。世纪杂志社的人为了这第四篇文章到格兰特家多次拜访，这激怒并且伤了弗雷德·格兰特上校的心，他认为杂志社的人也和其他人一样，知道他父亲已经生命垂危了。上校认为杂志社应该表示出最起码的关心，表现得更人性一点。只要身体允许，将军总会拖着病躯时断时续地写着稿子，他会尽可能完成这篇约稿，这是他的承诺，只要还有一丝希望，他就绝不会放弃。我询问是否存在合同或非正式的协议规定世纪杂志社要出多少酬劳。他回答说没有。我接着说道："那向他们要 2 万美元，值这个价——全部价值该是这数的两倍。因为还未最终完成所以才只要他们一半的钱就给他们了，和他们说万一将军最终完稿的话，他们还是赚到的。这样可以压退些他们的热情，也好让自己清闲会儿。"他并不愿意开出那么高的价码，但认为如果交稿的话他会索要 5000 美元。显然，没人能改变这家人对金钱的克制态度。

手稿差不多完成的某天，我正和巴多将军聊天，突然发现桌上有一堆打印的手稿，我打开第一页并看了起来。我看见的是一篇有关围攻维克斯堡①的文章。每页上有三百多字，合计 1.8 万字到 2 万字。

巴多将军说这是格兰特将军写给世纪杂志社三篇文章中的一篇。

我说："那么他们没权再要求将军写第四篇文章了，这篇已经比得上两篇到三篇正常杂志文章了。"这篇和其余两篇文章的副本现在都在世纪杂志社的保险柜里，因此，对于第四篇文章的约定不用再多写一篇就已经充分兑现了。但世纪出版社的人认为没有第四篇，就是还没满足合同要求，并坚持要求再写。如果我为世纪杂志社写一篇关于维克斯堡的普通文章的话，那标价大约在 700 美元。世纪杂志社的人付给格兰特将军的并不比给我的高，而且还把给将军 1000 美元的额外奖金计算在内。

这种欺骗说得再严重也不为过。如果他们有点常识，如果他们并非如此无可救药般的愚不可及，那他们应该知道格兰特将军的手稿价值可要胜我的百倍。但
86 他们却如此愚不可及。他们都自认为是诚实、受人尊敬、热心肠的人，如果有任何人能够让他们明白这是在占一个垂死战士的便宜，他们也会纠正自己的错误。但他们始终认为他们对将军已十分慷慨，而且也没有换位思考看待这件事。

之后，在麦格雷戈山时，他们同意放弃维克斯堡文章的一半，他们也这么做

① 南北战争时为南军战略要地，围攻维克斯堡是美国南北战争中最血腥的战役之一。

了;放弃的文章比一半还多——他们把22份长条校样缩减到了9份刊登见报。除了原先支付的2500美元外,他们也另加了2500美元。如果他们接受正确教育的话,也许也能像其他人那样公正公平了。

我这里要插一段话,稍后再回归正题。

我和G. W. 凯博(G. W. Cable)一路舟车劳顿,在全国各地的剧院、讲堂、溜冰场、监狱和教堂演讲,因此我不再向家中的妻儿写信。免于回信之苦的天堂体验让我很高兴,但最终这也使我对当时本该了解的信息一无所知。

其中应该提一下青年艺术家卡尔·格哈特的事。

我是在总统选举后一天开始巡回阅读会的;也就是说,是从11月5日开始的,到3月2日结束为止,期间我就回过一次家。

在这4个月里,格哈特等待着“拖延”委员会的最终裁决,除此之外再无他事可做;也就是说,他呆坐在那里,没去赚钱养家糊口。为找到一份艺术工作,他使劲浑身解数,并尝试了各种可能的途径:他为每个打听到的可能需要墓碑的人写信,也给朋友熟人写信求助,他也抓住了某一战士纪念碑的竞聘机会——诸如此类——但均未成功;这很正常,没人知道他,在外地并没有口碑。

2月的最后一天,我结束了在华盛顿的巡回阅读会,回到家才发现了上述情况。格哈特等了那个委员会整整4个月,或许他们还需要400年才能讨论出个所以然来,我被彻底激怒了。我告诉他不应该在这段时间内无所事事,干等着让我资助他和他的家人。他回答说他曾想去工作,也和其他人一样对这种状态感到耻辱,但他担心如果让人知道做塑像和墓碑的自己在别人工坊做工而不是在工作室,他的声誉会受到影响。我说他的观点站不住脚,他首先该找到活运转起来:即使这意味着他必须在4个月里从事铲雪、锯木头等工作,这样大家就都会看到他对工作的热忱,众人的尊敬才是一切。和他如此开诚布公的交谈很困难,但很显 87
然他听不懂含蓄的暗示:我之前也曾做过这些事。他说他会马上去找工作。

隔天他回来跟我说自己在普拉特&惠特尼商店找到了份工作,他还可以一边打工一边接洽自己雕塑生意。

对我来说,格哈特完全符合詹姆斯·雷德帕思对艺术家的定义:“有美感,却无责任感。”

有一次,J. Q. A. 沃德谈到了自己早年刚起步做雕刻家时争取雕塑生意的事情,他告诉我说起初为了生存,他每天在成名雕刻家的工作室前游荡,接一些古怪的零活。我把这建议转达告诉格哈特,但他从巴黎回信愤怒地嘲笑了这个主意,说没有一个真正的艺术家会让自己做这种事情;从这件事上我明白了格哈特是个真正的艺术家,他显然拒绝考虑这条出路了。

这里我也该点到为止地提一下,我和格哈特的来往之间并未参杂太多的个人情感,从我的角度来看也未报任何幻想。起先过问他这事仅仅是因为我相信他有能力成为一个成功的雕刻家。我并不是在教导自己的孩子,也没把他当作家人看待,起先我只是想尽自己对一个陌生人的责任——帮助一个没法照顾好自己的年轻人。我从未期望他能对我有所感激,也不需要他的道谢——生活早让我明白避免敌人的最可靠办法就是善待陌生人且不苛求回报以免刺激他人。因此我对格哈特一事从未参入个人感情,也没有报任何幻想。一开始我就告诉他如果哪天他手头宽裕了,有能力还我借给他的钱时,我希望他能还给我,付完我们就两清了——言尽于此:钱还不还就随他了。事情起初很顺利,一切都按部就班地发展着。如果事情一开始就含糊不清的话,之后当他无法借艺为生又不高兴从事其他生计时就会造成双方的不愉快了;而这成功避免了我的怒气,平时我都认为任何独自忍饥挨饿而不是寄人篱下接受接济的人都该被枪毙。

某天傍晚格哈特来到图书馆,我本期望他是来告诉我说自己与机器商店的同事相处甚佳,自己也很满意;而当听说他是来给我看他自己参照照片塑的一尊格兰特将军泥塑半身像时,我失望极了。更令我气愤的是,我从未看到过一幅令我完全满意的格兰特将军肖像——无论是油画,水彩画,蜡笔画,还是用铁、木、塑料、大理石或其他材料雕刻的,抑或者是照片。因此,我从不奢望一个从未见到过将军真人的人能够作出逼真的作品。

然而,当他揭开半身像时,所有偏见都瞬间消失殆尽。塑像的细节并不完美,
88 但这比我之前所见过的任何一件作品都要逼真,贴近格兰特将军本人。在揭开盖布之前,格哈特说他带来这个是希望我能把它带给将军的家人,让他们指出塑像的不足以便修改;当时我回答说自己并不能冒险做这事,他们周围已经缠着很多人了,我可不希望凑数添乱。但在我看到半身像的瞬间我便改变了主意。我说自己明天一早就会出发去纽约,请将军家人观赏这一半身像,格哈特也必须随行待命,他们可能会有兴趣当场指出雕塑的不足之处。

隔天下午 1 点时,我们来到将军家。格哈特和半身像留下等在底楼,我则上楼去拜访他们家人。

而当时我才第一次意识到自己可能正在做一件蠢事。他们家人肯定被类似的事情骚扰过很多次了,再听到有人提起这种事情,他们肯定都不耐烦了;但既然已经开了头,我就该有始有终。因此我告诉说楼下有一个年轻艺术家,他按着一张照片为将军塑了一小尊半身像,他们能否赏脸去看一下。

杰西·格兰特的妻子充满期待地问道:"是那位在'哈克贝利·费恩'里为你雕刻半身像的艺术家吗?"我回答说,是的。她便十分兴奋地答道:"克莱门斯,你能想到做这事真是太好了!"她对我的各种深情赞美让我开始感激这个出色艺术家想出的这个好点子,为将军做了这尊半身像。他们认为作品的创意和做工都是

凭着我的努力与聪明才智，问心有愧地说，我并没有尽全力纠正他们的这种看法。

杰西·格兰特夫人又补充说："这事多怪啊，前两天晚上我还梦到你在'哈克贝利·费恩'里的半身像呢，赞叹那雕塑是多么地接近完美，然后我就想过去找你，请你帮忙找来那雕刻家为父亲再塑一个半身像。"

事情出奇的顺利！

在场的人有弗雷德·格兰特上校、杰西·格兰特夫人以及道格拉斯医生。

我下楼叫格哈特带上来揭开那尊半身像。在场的所有格兰特家人都称赞说雕塑惟妙惟肖，杰西·格兰特夫人又言过其实地夸了我一顿。

格兰特家人开始讨论雕塑的细节，又反复再检查了一遍，并请求格哈特原谅他们的挑刺行为。格哈特当然回答说这些批评正是他所期望得到的，请求他们能够继续挑刺。将军夫人说如果这样的话，他们很乐于指出那些他们看来还不精确的地方，但请他不要把这些话当作是对他艺术水平的指摘。他们发现了两处错误：鼻子以及前额的线条形状。所有人都认为前额有些走样，但对于鼻子是否走样则争论激烈。部分家人认为鼻子已接近真人——而另一部分家人则主张其中有明显的错误。将军夫人为此跪在软凳上以便能够更仔细地观察那尊半身像，其他人都站在她的身边——七嘴八舌地谈论着。将军夫人一副拥有特权却又担心滥用的神情，最终犹犹豫豫说道——"如果格哈特能亲眼看一下将军的鼻子和前 89
额，那就能立刻消散所有的争论。"最后又说道："将军在隔壁屋里——格哈特先生介意自己进去观察修正吗？"

这事真是出奇的顺利！

理所当然的，格哈特迫不及待地同意了。

当大家在争论鼻子和前额时，弗雷德·格兰特夫人也加入了进来，之后3位女士先后离开了几分钟，各自拿回来一叠将军的照片和手绘像。

这些图片拍自世界各地。其中一张是在日本画的，然而，尽管画得很好，但仍不足以作为辩论的证据，他们自身在细节处就相互矛盾。

照相机也和画家的手一样精确明晰地撒了谎。没有两张照片里的鼻子和前额是一模一样的。

除了巴多将军和道格拉斯医生外，我们都进了将军的房间。

将军靠坐在躺椅上，双脚下还搁着个一般的椅子。他裹得严严实实，穿着长袍，披着毛毯，头上还戴着他的黑色羊毛无檐便帽。

女士们把他的无檐便帽摘下，开始讨论他的鼻子和前额，把他的脸侧来侧去一顿折腾，想从多角度侧面看清他的特征。他始终很耐心，没有一点抱怨，随便别人如何摆弄，他都不嘀咕一句。漂亮的弗雷德·格兰特夫人性格温和富有爱心，这时也积极地参与其中，用她优雅的双手轻巧地切换着将军头的方向，让人仔细审视将军英俊的面庞——这让我记起在楼下时，格哈特拿起一顶将军的帽子，赞叹内圈完美的椭圆形，这帽子是如此的规整，戴在头上时只靠感觉你根本无法分清是否戴反了，大多数人的头型是一边大一边小的。

将军夫人让他转换各种坐姿，但没一种姿势能够使她满意，最终她走过去告诉他道："尤利斯！尤利斯！你就不能把脚放下来吗?"他立刻照做并挺身坐直。

在这期间，将军的面容显得愉快满足，我想，充满着和蔼之情，但他从未开口说过一句话。由于平时也经常如此，所以他现在的沉默给了我们充分的想象空间，猜测他到底在想些什么——并大声说出自己的猜测。我该附带提下，将军的手非常瘦，这比他的脸更能体现出他长期饱受幽居，疾病与营养不良的多重折磨。这时喉咙根的癌症正让他承受着严重的病痛折磨且日甚一日。但只要他还清醒，脸上的表情绝不会出卖他，让人发现实情。只有在睡觉时，他的脸庞才会不由自主地显现这种痛苦。

15 分钟后，格哈特说他相信自己可以纠正塑像上的不足了。因此，我们退出来到了别的房间。

90 格哈特开始修饰他的泥塑，所有人都站在一边，饶有兴致地边看边讨论。

过了一会儿，让我惊讶的是，将军披着外套，以奇怪的方式撑着拐杖突然出现在我们面前。他坐到沙发上，说希望坐在这里能帮到雕塑家。

但他的夫人却不允许他这么做。她说他这样会感冒的。夫人催促将军立刻回到他的轮椅上去。将军接受了她的意见，开始往回走，不过到门口时他又转身说道：

"那格哈特能带着泥塑过来雕吗?"

这可远远超出了格哈特的期望。他立刻将作品搬到了将军的卧室。将军躺在椅子里，说如果这个姿势不合适的话，他可以坐起来。格哈特说躺着就已经十分好了，特别是这样能让坐着的人比其他姿势更感惬意。

将军的脸上显露出明显的兴趣，看着格哈特灵巧的双手悄无声息地修饰着。这种新奇体验对一连几周都单调重复没有变化活动的人来说无疑是弥足珍贵的。不一会儿，他的眼睛会时不时地阖上，这时除了我和格哈特以外所有人都退出了房间，而我转到了将军背后，以免自己遮挡住视线，妨碍到格哈特。

将军的老黑人随身侍从哈里斯不久来到房间，看着格哈特做了一会儿，最终打破沉默，惊喜且坚定地说道：

"这和将军一模一样！真的！一模一样！天哪！我跟你说！这真和将军一模一样！"

之后他转身离开，房间又完全寂静了。

几分钟后将军睡着了，他就这样连续安睡了两个多小时。阵阵疼痛时不时会破坏他平静的面容。这是他几个星期里未靠镇定剂睡的第一个安稳觉。

在我看来,这尊在这里完成的半身像比格兰特将军成名后所有能找到的同类作品都要逼真。我认为这可以称为现存的格兰特将军最好的肖像作品。这作品还有一个特点,他能够始终提醒国人将军在那个春天苦捱的日子。在这尊泥塑中,蕴含着将军所承受但清醒时未表现在脸上的痛苦。因此,这尊半身像是忍耐与勇敢的化身,其表现出的痛苦感人至深。

两个小时后,巴多将军贸贸然闯了进来和将军说话,把将军吵醒了;要不是这次莽撞的打扰,将军可能还能睡好久。

格哈特一直工作到天黑,然后告辞离开。他原本准备第二天再来,但在告别时,弗雷德·格兰特上校没答应让他再来。他说那肖像已接近完美,他不想再对塑像有所雕饰,那样或许会弄丢某些出彩的地方,而非锦上添花。他指了指楼下 91
墙上的一幅油画问我们是否认得出画中人。我们答不上来——之前从没见过这人。"好吧。"格兰特上校说道,"这曾一度是家父最好的肖像画:家里所有人都认为是最像将军的一张。我们都十分满意,但那个画家却不太开心,还不满足:他想再添一两笔让画变得完美,坚持要带着拿回去。当他画完那最后几笔之后,这画就不像家父或者别的任何人了。我们接受了这个作品,并把它保存了起来。但有了这个教训,我们绝不能让这尊半身像重蹈覆辙。"

但他仍允许格哈特修饰了下发梢:上校说格哈特可以在那里尽情发挥自己的天赋,但仅限此处。

格哈特将头发修饰到自己满意,再也没碰过半身像的面孔。上校要求格哈特保证尽量保存好泥塑,一旦铸好模架就把泥塑交还给他。格哈特遵守了这一承诺。

格哈特将泥塑和可以永久保存的半身像都交给了格兰特上校。

至今为止(1885 年 5 月 22 日),在格兰特将军生前所雕各类塑像中没一个比这个更像的了。这也可能是将军生前为他雕刻的最后一尊塑像了,后代们应该对这个世界闻名的伟人有这么一个接近完美的半身像而心存感激。

格兰特回忆录

1885 年(春)

签完格兰特将军回忆录后一段时间,我获悉将军和世纪杂志社间只有一份口头谅解,允许将军可以在书中使用发表在世纪杂志社上的文章。这一惯例赋予了作者对刊发在杂志上文章的任意处置权,这条法律被广泛应用,作者因出书而需要杂志文章版权时,从来不需担心其间会存在任何困难。但在这件事情上,我担心世纪杂志社会借口法律权利而无视这一惯例，拒绝将军在书中使用发给世纪杂志社的文章——这很尴尬，将军病入膏肓，已无力再重新写这些了。因此必须有所行动，而且需要马上开始。

没有纸质协议让将军的律师苏厄德感到有些棘手。但我却并不这么想。我相信世纪杂志社会遵守他们之前承诺的约定。我唯一担心的事情是他们对口头协定的理解或许会和将军的理解有所不同。所以我来到格兰特家，让弗雷德·格兰特上校写下他所理解的口头协定内容，再读给将军听。将军听完也认同了其中的内容，并加注了亲笔签名，字迹潦草飘忽，但还能认出是将军的笔迹。

92 之后我叫来了韦伯斯特和我们的律师，三人一同前往世纪杂志社，在那里我们碰到了罗斯韦尔·史密斯(公司负责人)和几个编辑。我简单说明了来意，发现他们与格兰特将军的理念是完全相同的：障碍就此清除，我们签订了一份有关于此的书面协议。

当这事完结后，或者或许是在做这事时，我还发现了另一个有趣的事情。

我早已知道世纪杂志社最终会将他们所有的战争文章收集成册出版。格兰特将军的文章自然也在其中，但我知道将军写这几篇文章的报酬极少，按常理不假思索地以为这本书在使用这些文章时会额外付费，这也是个不成文的惯例，作者一般都可以收到酬金。但当我提及此事时，让我惊讶的是，他们告诉我说在买这些战争文章时，他们已经明确告知那第一次付费也是最后一次付费了。为证实这一惊人情况，他们拿出一张由格兰特将军签名的收据，上面明确地写明了每稿支付500美元后，不仅可以刊登在杂志上，还能继续用于之后出版的图书！

这事对我来说已经很清楚了：如果考虑到这些文章在那本书里的价值，我们必须承认将军几乎是倒贴了一大笔钱才把文章发在杂志上的。

这是我听说过最苛刻的交易条款，包括马匹交易。

世纪杂志社的人并未为此羞愧，很明显他们认为这是公平合法的交易；我相信他们也全然不知他们这么做很不公平。显然他们这么做就像是用25美分每块的价钱买下格兰特将军10美元一条的黄金。我想他们也显然不清楚这么做有什么不妥的地方。

罗斯韦尔尽管脚上插过钉，但仍是个开朗的人，在交谈中他告诉我说，“克莱门斯，我很高兴你能获得将军回忆录的出版权，也很高兴有人在这种情况下还有足够勇气揽下这件事。你说将军对我还会有什么要求吗?”“你在说什么?”“将军想让我保证他的书能卖出2.5万套，我发行的任何一本图书都不敢打下这个包票。”这事我已多次提及过了，这就是史密斯的原话(我把他记在了记事本里)；这证明他们认为10%的版税就相当于格兰特将军回忆录的一半利润！你能想象得出吗！

我并未答话，心中却五味杂陈。这只是说明世纪杂志社对这本书的价值看得和许多小孩期望得到的零花钱一样多的另一个证据。当该书出版的时候(1885年5月25日)我们并没有为格兰特将军的这本书打任何广告:广告上没花一分钱;甚至都没为我们将接受图书预定而发过传单或别的通知。但至今为止，我们已经确认了10万套订单——也就是说20万册图书，这些订单的支付与领取都附有抵押条款，这让我们确信他们到时候肯定会有足够的经济实力执行合约。这些 93
人来自仅占北方各州1/4的区域，我们还有5万套正在审核中的申请，之所以还未审核通过是因为我们对他们的经济实力并不十分满意[9月10日记，至今已销售25万套(50万册单行本)，仅占全部需求量的一半]。

当获悉将军的图书交由我出版时，纽约世界报和一家波士顿报纸(我记得是先驱报)立即报导了该消息;两则报道中都批评我利用某种上不得台面的狡猾手段占了那家单纯老实的世纪杂志社的便宜，从他们的手中抢到了这本书——这本书本是他们的囊中之物，当时格兰特将军都快要签订相关合同了，因为我从中作梗才没能达成。

这两张报纸上的内容都不是真的，但那家波士顿报纸的说辞却被认为是绝对可靠的，因为那是世纪杂志社编辑吉尔德姐姐爆的料。因此又有许多报纸跟风报道我的丑陋行径，可是好像并没有一个明眼人发觉这样一个事实，即使我真的使用欺骗手段才得到了将军回忆录的出版权，那也有证据证明这仅仅是为了防止将军掉入另一个陷阱中去，在波士顿报纸的报道里清楚地提到了世纪杂志社所给的10%版税条款。没有任何人注意到了这一点，也没有人对此发表评论。所有人都理所当然地认为，将军签下10%的版税合同并不会吃大亏。

我的一贯原则是只要他们高兴，报纸们可以尽情报导我和与我有关的谣言;因此我无意对任何一家报纸作出反驳，或通过各种方法为自己辩护;但有家哈特福德的报纸编辑派了一名记者到我家，向我核实该事，想依此写一篇美联社的新闻稿。我讲了几句话，其中提到世界报上所谓的“将军与世纪杂志社关系紧张，因此杂志社尽管已大张旗鼓的打出了广告，也未能再出版格兰特将军文章”的内容并不是实情。我说他们并未陷入僵局，也没有理由这么做;出版图书的合同是对所有投标者开放的;我只是开出了自己的条件，并向将军询问别人的投标条件以便能让将军尽可能获得最好的合同条款;我最终获得了图书的出版权，但并未“暗箱操作”或不公平竞争。我的声明简单明了，也没有任何恶意。纽约美联社总部通过电报获得了这份声明，但并未刊登发表。声明没有出现在印刷刊物上，我问他们原因，得到的回答是尽管这则新闻能够引起公众的普遍兴趣，但或多或少会有成为格兰特将军回忆录广告的嫌疑——这是我之前从未想到过的。我还被告知，如果我在美联社有朋友的话，我可以适当地塞点钱使这则新闻传遍全国。我想知道这是否是真的。我也还想知道这么伟大、举足轻重的一家报社是否真的做过这样的事情。

94 不久之后,我便得到了来自纽约方面的确认。几天后由于世界报对此事的报道,我们的律所亚历山大 & 格林事务所和韦伯斯特都深受其扰,我想应该通过全国的新闻媒介澄清此事。大家都认为美联社一直以报道有价值的新闻为己任,肯定会对这件事情的真相声明感兴趣的。他们找到那家报社的一名员工,交给他一份对此事的简要声明。那员工读了遍声明,有些犹豫,回答说这则消息肯定能引起公众的兴趣,但这也存在给格兰特将军回忆录与我的出版公司打广告的嫌疑,他没法在刊登这则声明的同时避嫌。但他说如果我们愿意支付他 500 美元的话,他就能通过电报把这则声明发给全国所有与他们报社有联系的机构。

我拒绝了这一诱人的选择。但这提议也解释了我一个长久以来的疑问。美联社经常会报道一些吹得神乎其神的投机方案。尤其是一家波士顿的电灯公司,一连数周美联社哈特福德分社几乎每天都有对这家公司繁荣发展前景的夸张报道。这家公司是否欣欣向荣对多数读报人来说一点影响都没有,之前我总也弄不明白为什么美联社会对它们保有如此长久的兴趣。现在似乎终于找到合理的解释了。不知什么原因,美联社通过电报向全国各地免费转载了世界报的假消息。无疑,这则报道是诋毁了格兰特将军的,撒谎说他的儿子给了世纪杂志社沉重打击,并蓄意严重伤害了我的名声和财产。显然美联社还会毫无缘由先让人名誉扫地,然后以恢复名誉为借口勒索金钱——这就是流着道德血液的美联社——它可是报业中的楷模。一般而言,很容易在美联社的报纸上发表一篇中伤他人的文章,但却几乎不可能发表文章或做任何事来挽救这个名誉受损的公民。我们立有诽谤法,但却仅仅是种摆设,不起任何作用。这主要有以下几个原因:首先,这类案件必须在法院规定日期开庭,这使法院开审时事情都过去几个月了。因此这时诽谤可能造成的伤害已成既定事实。其次,陪审团害怕新闻报业,总是让他们轻而易举,几无代价地逃脱惩罚。其结果是,诽谤诉讼世所罕见,谁尝试的话也只是为后来人提个醒——最好的方法就是放弃诽谤诉讼,坦然接受新闻报纸对你的胡乱报道。

格兰特将军、马克 · 吐温和世纪杂志社——根据波士顿先驱报驻纽约通信记者的报导,格兰特将军生前最后一年还有一件不愉快的插曲。人们都知道世纪杂志上格兰特写的战争回忆文章是他准备中的自传里的章节选段,前后还会有其他章节内容;大家也都认为这本书会理所当然地由世纪杂志社出版发行。这位通讯记者说双方当时已经达成非正式的协定,开始印刷书册、制作插画,版税条款也快
95 谈妥了。而这时马克 · 吐温却插足进来,破坏了这一切。这位记者称克莱门斯是查尔斯 · L. 韦伯斯特公司的主要股东,而该公司主要出版发行克莱门斯自己的图

书,该公司提议格兰特将军让他儿子杰西入职该公司的格兰特回忆录的发行部门,这样将军就可以拿到3倍于世纪公司提供的版税的收入。其结果是将军的作品将不再出现在世纪杂志上,而马克·吐温也被告知自己的作品《哈克贝利·费恩历险记》也无法继续在他们的杂志上连载了。当然,杂志的读者们倒会希望后面那个消息是真的。作者是波士顿星期六公报驻纽约通讯员"布伦维克",其真实身份是世纪杂志社编辑的妹妹珍妮特·L.吉尔德。需要提及的是,她还写了一篇不太一样的报道,称——

> 我相信韦伯斯特给格兰特将军提的条款内容是和世纪公司相同的——零售价10%的版税。但韦伯斯特的合同中加入了有关格兰特的一位儿子的条款,增强了对将军的吸引力。要不是这个"儿子条款",格兰特自传本可以由世纪出版公司出版发行;这事就此发生了天翻地覆的变化,当然格兰特将军想要自己儿子参与其中也是很自然的事情。但被迫接受这样的讨价还价对世纪公司却并不公平。格兰特将军和世纪公司的关系依旧十分友好,毕竟他们曾一度有机会出版该书。
>
> 斯普林菲尔德共和报
>
> 1885年3月9日

格兰特和他的回忆录

为何世纪杂志社预告的文章最终未能刊出

马克·吐温通过巧妙的商业运作,将杰西·格兰特吸收为合伙人,使自己成为即将出版的著作的出版商

《世纪杂志》三月刊并没有登出格兰特将军写的内战大战役回忆文章,尽管这是他们之前承诺并大力宣传的。这件事引起了文坛的广泛议论,有些人甚至认为文章之所以没发表是因为将军的病情已十分严重。但消息灵通人士已大体了解内情(如果不是全部的话),这一系列文章在刊出第一篇时就都已准备好了。

之前曾有消息传出说格兰特将军和《世纪杂志》间曾爆发过一次"争吵",将军的文章不太可能再出现在《世纪杂志》上了。格兰特将军正在准备他的自传,并几乎肯定交由世纪出版社。二月刊上将军写的"夏伊洛"一文获得了1000美元的稿酬。杂志经理希望自传中的章节能够首先在杂志上连载，然后再合辑印刷出版。关于插图和合辑出版的谈判有条不紊地进行着，格兰特将军和杂志社基本达
96 成了以版税为主的报酬条款。然而，当还未签订正式合约时，马克·吐温突然出现，提出了比《世纪杂志》更优厚的条件。马克·吐温不仅是个诙谐幽默的作家，也是个精明的商人，据说近年来他从没和他人分享过自己诙谐小说的利润。他熟知如何利用提前预售来销售图书，而且他自己就是查尔斯·L.韦伯斯特公司的大股东；韦伯斯特是他的一个亲戚，主要负责协调好全国各地的主要代理商，让他们向顾客推销公司出版的任何文学著作小说。

有消息说韦伯斯特代表马克·吐温向格兰特将军建议，可以让与他一起环游世界的儿子杰西进入公司做合伙人。这一建议获得了青睐，之后就由他们公司出版发行将军的自传了。韦伯斯特告诉将军说2美元一卷的图书的印制成本不会超过30美分，如果销售量大的话（这几乎是肯定的），那么其利润将是《世纪杂志》社提供版税的3倍。格兰特将军接受了这一条款，不仅因为他能得到更多利润，而且还能让他的儿子再次从商，格兰特 & 沃德公司的经营失败已使他几乎“破产”。

一位《世纪杂志》社的代表在被问及此事时说，尽管格兰特将军回忆录尚未签订合约，但他们以为由其公司出版已经是板上钉钉的事情了。将军只要能走动，几乎每天都会来次办公室，征求回忆录写作材料和修饰意见，并且通常会接受他们提出的建议。

“我们并未心怀不满。”《世纪杂志》社的发言人继续说道，“格兰特将军有权决定自己要做什么，他的主要目标是为他的儿子找一份活。我们没法满足这一点。”

但报道还称《世纪杂志》社对此仍感到十分“痛心”，也不确定格兰特将军的作品是否还会出现在杂志上。至于将要出版的回忆录上的内容也不可能再预先在杂志上连载了。

纽约《世界报》

将军的文学作品

《世纪杂志》的四篇文章——回忆录成了两册订阅图书

无数双好奇且焦急的眼睛都在《世纪杂志》三月刊上搜寻着，期望能在其中找到格兰特将军的文章。印象中之前曾公布说二月刊上有关夏伊洛的文章是该系列的第一篇，以后每月都会更新。而当三月刊没有出现预期中的文章时，对原

因的各种猜测顿时蜂起。有些人认为是因为将军身体欠佳无法执笔，也有人说将军更在意首先完成重要的回忆录全集。但《世界报》记者发现事实上是因为《世纪杂志》社和格兰特将军间发生了“争吵”，该杂志不会再发表将军的任何文章了。争吵的缘由据说是将军剥夺了《世纪杂志》对他回忆录的出版权，而是和查尔斯·L. 韦伯斯特公司签订出版合同，原因是《世纪杂志》社没法将杰西·格兰特安插进他们公司。

事实上，格兰特之前同意为《世纪杂志》撰写四篇有关南北战争的文章，并选 97
择了以下战役作为主题：夏伊洛、维克斯堡、查塔努加以及荒原战役。条款一达成，将军就全情投入，开始写作，每天经常工作 8 小时到 10 小时。尽管他当时已患病在身，但还不像现在这样侵蚀着他的活力，当他完成夏伊洛、维克斯堡、查塔努加战役写作并把它们交稿给《世纪杂志》时，只需要相对短暂的休息间隔。杂志社依约支付了薪酬，现在其版权属于《世纪杂志》社。”荒原战役”的手稿也已完成，现在将军正在自己身体条件允许时抽空做一些修改。

将军和《世纪杂志》社之间并没有过争吵，他们的关系从任何角度说都是坦诚愉快的。《世纪杂志》社也参加了格兰特将军回忆录的出版竞标，而他们没获得合约的失败仅仅是次商业意外，将军更满意韦伯斯特公司的条件。在书籍出版的谈判中，为他儿子安插一个职位并不在《世纪杂志》社的考虑范围之内。

格兰特将军和韦伯斯特公司的合约是在 2 月 28 日签署的，并否认了《世界报》上的相关消息，称让杰西·格兰特入股出版公司与获得合同并不存在任何关系，从来没有过这方面的交易安排。塞缪尔·L. 克莱门斯(马克·吐温)是韦伯斯特公司的幕后老板，他把公司的管理权交给了自己的外甥查尔斯·L. 韦伯斯特，也正是由韦伯斯特和格兰特将军谈妥了一切合同的细节。回忆录将分上下两册。上册的手稿已经完成，并将送交给韦伯斯特，而下册将于本周交稿。将军正在尽力赶写下册回忆录的内容，也已接近完稿，现在最重要的是校订工作。回忆录将以预定方式出售，每册的价格大约在 3.5 美元。预期这两册回忆录会在 10 月或 11 月间准备就绪邮递给订户。

纽约《论坛报》

格兰特将军和他的书

出版商已收到超过 10 万套订单

格兰特将军在康复期为完成他的回忆录做了许多工作，希望在今后几天内能够写完。上册已经完稿并校对完毕。下册也只留下一百多页尚需完成，但只有一小部分完成了校对。有关李将军投降的故事已在星期一交稿,昨天也校对完毕。将军也记叙了自己在林肯暗杀事件时的情况。他准备今天开始写作记录下战争结束时华盛顿联邦军队的概况。他很少亲自动笔,主要靠向速记员口述。他思路清晰,口述的故事也很清晰明了,只需要稍作校正就可以了。他每天能写大约三十页,工作强度有限,最多只有一点累人而已。

回忆录的书名是《U. S. 格兰特个人回忆录》,故事包括童年时代以后的全部
98 经历。里面有许多林肯和其他伟人的有趣故事与轶事,这些人都是格兰特将军平时和战时认识的。每一册都厚达五百多页,包括很多插画和地图。城内的查尔斯·L. 韦伯斯特公司是他的出版商。他们将在美、英、法、德、加同时发售该自传。韦伯斯特将在7月出国,安排图书在国外的翻译出版事务。上册将在12月1日发行,而下册则要等到1886年3月1日。在没有任何宣传广告攻势的情况下,《U. S. 格兰特个人回忆录》已收到超过10万套的订单量,至少还有另外的5万份尚未被接受的订单。预计这次的销售额会打破历史记录。如果不出意外的话,出版商预计一个月后就能收全所有手稿。下册完稿还需要几天,而且还需要充裕的时间用于校对。下册内容刚写没多少时,将军就因为患病足不出户了。

格兰特将军昨天给他的出版商寄了以下这封信:

纽约,1885年5月2日

致查尔斯·L. 韦伯斯特公司

亲爱的先生们:纽约《世界报》4月29日星期三刊发的一封信件引起了我的注意,以下是它的部分内容:

"他新书中的内容已被翻来覆去讲过许多次了,其实是亚当·巴多将军代笔的。我确信格兰特将军在写书时提供了所有的材料和有关回忆录的构思,但由巴多将这些串联成文。格兰特将军对这本书最大的贡献在于为各章提供了简略的注释和备忘录。"

我将分四段内容分别回答。

首先——"他新书中的内容已被翻来覆去讲过许多次了,其实是亚当·巴多将军代笔的。"这是假的,我完全是自己写作创作的。

其二——"我确信格兰特将军在写书时提供了所有的材料和有关回忆录的构思。"这是真的。

其三——"但是巴多将这些串联成文的。"文章完全是我自己撰写的。

其四——"格兰特将军对这本书最大的贡献在于为各章提供了简略

的注释和备忘录。"这是假的。我不仅自己记下所需的简略注释,而且正如前文已述,全书都是我自己写作注释的,除我以外没有任何人用这些注释写过其他东西。

你可以用自己认为合适的方法要求这份报道作出更正,这份报道诋毁我占有了一本不是自己写的书的著作权,这也是对你们将这本书作为我的作品出版和宣传的中伤。

你可信赖的朋友,

U. S. 格兰特

纽约《世界报》

99 牧师纽曼医生

1885 年

摘自我的笔记本：

1885 年 4 月 4 日。早上格兰特将军仍一息尚存。昨天夜里，全国有许多人晚睡了数个小时，国内的火警钟同时敲响，悼念这一不幸。钟声每隔 30 秒敲响一次，共计 63 下——将军的年龄。美国每座城镇的火警钟将被同时敲响——世界史上首次齐声敲响一国的所有大钟，同时开始并同时结束。

最近两周内已不止一次发生了全国上下屏气凝神等待格兰特将军死讯的情况了。

悲痛中的家属需要精神上的慰藉，而牧师纽曼医生正是为此而来。纽曼最近曾去加利福尼亚做了一次价值 1 万美元的丧葬布道，对象是前州长百万富翁斯坦福德的儿子。布道非常成功，当然也物有所值。如果纽曼了解真相的话，那么无论是他还是其他任何人——任何普通人——都不值得为这个年轻人的丧葬布道，只有十二使徒才会为此特意来次加利福尼亚。纽曼之后立即从加利福尼亚赶回，开始服侍在将军床边；如果他的每日报告是可信的话，其间将军对精神世界产生了崭新浓厚的兴趣。但坦白说，纽曼每日报告的多数内容只是他自己的捕风捉影。

弗雷德上校告诉我说，在这件事情上他父亲仍像对往常一切事情一样——也就是说，无意阻拦家人们继续祷告，或是能够使别人感到满意或者安慰的任何事情；但他同时也表示，尽管他父亲是个好人，与基督徒或是别人一样善良，但他自己可不是个会求助祷告的人。

认识将军的人绝不会相信那些假托出自格兰特将军之口的奇异观点，对于一个说话朴实无华、直来直去的人来说，这些误传太过华丽和庸俗了。

大约是 4 月 14 日或是 15 日时，牧师纽曼医生报告写道，将军来到他的病室，握住他的手，交给他一段令人惊艳的文字：

"我曾三次差点跌入死亡的深渊，但三次我都成功逃脱。"

格兰特将军的演讲从不用华丽的词藻，无论什么情况下，他都不会说以上那样的话，也不会引用或是用别的方式说出这些话。

大约在同时，我在一列火车上偶遇了一个绅士，他在过去 16 年都在我国驻华

大使馆内工作，当时正好被获准请假回家。他告诉了我一些纽曼的情况。那人说
在格兰特将军还是总统时，有一次纽曼想到世界各地走走，就获得了领事馆巡察 100
的职务。这是个付薪职位，由巡察专款支付；当巡察的任职到期后，所剩未用的拨款需要全部上缴国库。

这位使馆秘书告诉我说纽曼的花销中存在一些猫腻，但我已无法具体回忆出这些猫腻到底是什么，所以我也就不具体说了。那秘书的主要意思并不是要告诉我纽曼有多么无赖，只是想说明他就是个小人。秘书说纽曼渡海来到中国，开始调查使馆员工，并大加责难，他一直乐此不疲，直到美国驻华大使告诉他使馆员工并非领事人员，并不在他的权力管辖范围之内。

那里有家社交俱乐部，里面成员都是美国的绅士淑女，时不时会聚在一起相互聊天讨论，纽曼很想获得邀请过去致辞，发表以前有关他们讨论议题的文章。他的这一暗示并未得到热情回应。于是他与俱乐部达成了简明的一致：事实上他自己邀请了自己。在介绍他时，俱乐部主席差点向与会的其他人道歉，大略提到纽曼牧师之前曾要求到俱乐部致辞。

这一冷淡的介绍完全没有使这位散文家感到任何不安。他开始了自己的长篇大论，边上是强迫而来的优雅介绍人，由于无法婉拒，他不得不过来忍受纽曼的致辞。

使馆秘书对这事的描述可能有些夸张，但通过他的话我能大概了解纽曼医生是个什么样的人。

101 克莱门斯曾写文章大方承认自己受骗花钱支持詹姆斯·W. 佩奇开发自动排字机的故事，文章带有明显的自传性质，虽然克莱门斯并未明确指出，但该文仍被认为是用于自传的章节草稿。该手稿现收于马克·吐温档案馆，由两份不同时间写成的文章组成。第一部分(有20页手稿)写于1890年12月，差不多是克莱门斯开始投资自动排字机10年之后，当时他的累计投资额已超过17万美元，但佩奇仍未成功开发出原型。以"1885年年末"开头的第二部分(共有9页手稿)写于1893年年末或是1894年年初，当时克莱门斯与正在欧洲的家人告别，到纽约参加有关排字机的谈判。这篇文章必定是1894年2月1日之前写下的，那天他和佩奇达成了一项新的协定，相信这会让他十分富有。

潘恩引用了他自传中的手稿内容，在他的自传版本中，刊出了第一部分的多数内容(也和其他地方一样，默不作声地省略了部分内容)和第二部分的4段内容。内德在他的版本中并未收纳这部分任何的文字。克莱门斯在1906年6月2日的自传体口述中也曾严厉批评过佩奇。

机器轶事

写于1890年年末

这个插曲目前已陪伴了我度过生命里超过1/5的时间了——我现在已55岁，这件事已延续相当长的一段时间了。

10年或11年前，珠宝商德怀特·布埃尔来到我家，并参观了桌球房——也是我的书房；桌球可比其他科学更值得研究。他劝我入股买下一架排字机器的部分所有权。他对我说那架排字机在柯尔特武器工厂，并且即将完工，于是我买了2000美元的股份。我经常会在这类事情上碰碰运气，结果却常常一无所获——我对此并不十分在意，我通常会注意只冒险投资小额资金，即使失败我也能承受得起。不久之后，我受邀到工厂去看那架机器。我答应前去，但并未报任何希望。实际经验告诉我要成功作出一架排字机是不可能的，因为机器不可能自己思考，要是安排活字的工人不会自己思考的话，他就只能退休了。因此，当我看到机器演示时深深地被震动了。那机器真的是在排字，运转也相当迅速准确；更重要的是，任务被分成多段同时进行。分配是全自动的：机器能够自己吃进一大块待拆活字版，无需人工帮助或者提示；当打字通道需要填充时他就会自行开始工作，而当填满后他就会自动停止。这机器几乎就等于一个排字工人；但唯独缺少一项功能——他不会"调整"版面，这需要操作人员从旁协助。

我看见操作人员设置的速度是每小时3000全方，也就比4个排字员的速度总和慢一点而已。

威廉·哈默斯利也在那里(William Hamersley)。他是我的老相识，所以我想我很了解他。我对他充满敬意，也很相信他。他说自己已经买了这机器很多的股
102 份，而现在准备花光所有积蓄尽可能多地继续购进股份。因此我也签名追加了

3000美元的投资额，骗局就此拉开帷幕。

注：现在哈默斯利说我们之间并未签署过任何协议，不久前他改变了自己的口风。

很快哈默斯利来到我家，说制造自动排字机需要50万美元，询问若是让我来筹资需要抽取多少佣金。我回答说要让我承销的话需要抽取10万美元作为酬劳。他说如果我能筹集到60万美元的话，就给我10万美元作酬劳。我同意了，派人去通知合伙人韦伯斯特；他从纽约赶过来，带着这个项目回去了。其间有写通信交流，下文将展示一封哈默斯利写给韦伯斯特的信。

在这里我不得不指出的是，机器发明人詹姆斯·W.佩奇有着一双闪亮的小眼睛，衣着讲究，神情警觉，他是一个不同寻常复杂的综合体，商业上时而精明时而疯狂；时而冷静算计时而多愁善感十分幼稚；时而坦诚时而诡辩；时而忠诚时而叛逆；时而高尚时而卑劣；时而勇敢时而懦弱；时而非常慷慨时而十分吝啬；时而脚踏实地时而又异想天开；时而是个不世出的天才时而又只是个能力平平的野心家；时而悲天悯人时而又麻木不仁；时而虚荣自负——在这点上倒没有相反的时刻。他总是十分自负，像块埃及纪念碑般尖锐地直耸入云。这是他唯一一个没有相反性格调和、软化、弥补，同时让人感到不快的特点。还有其他一两处值得指出：他能说动任何人，却又说服不了任何人。他思路清晰，对混乱不清的法律用语也能够理清头绪，抓住要点；他也能从最简单的半打事实中总结出连救济院里的弱智都感到惊讶的结论；他是个喜欢幻想的人，一个空想家；他的想象天马行空。他是个诗人，一个最伟大最具天赋的诗人，他是在用钢铁创造巅峰之作；他是机械发明中的莎士比亚，前无古人，后无来者。说实话，甚至都没有人能够接近他的水平。任何完全理解他那奇迹般机械的人都会承认这是人类发明中的巅峰，看到这发明都会有“会当凌绝顶，一览众山小”的感觉。

但我必须解释下上述奇怪的矛盾组合，以免大家冤枉或误解他。佩奇十分善于理财，也是个砍价能手。为发明昂贵的自动排字机他花费了超过20年的时间，但总能找到人为他埋单。他花了别人成百上千的资金，却总能保证机器和将来可能的专利仍掌握在自己手中，从不受制于任何尴尬的抵押形式——除了一次例外，我将在下文中提及这事。他从不会被骗向自己的项目投资分毫。一次他想出个绝妙的主意，是一件漂亮且有赚头的电器。他说测试只需要25美元。我当时正支付他将近600美元的月薪，还投资了1200美元在自动排字机上；但他仍要我承担这25美元以获得成果的一半所有权。我拒绝后他也就不再继续试验了。还有一次，他确信自己快要完成一项电气领域的伟大发明了，而剩下仅需一小笔钱——大约是200美元——最后做一些试验就能完工了；他想让我提供这笔资金，而他让出一半的所有权。我支付了这笔钱，之后又逐渐累加到大约1000美

元,他终于称一切就绪可以展出成品了。接通电路后,那东西却一动不动。两年
103 之后,一个一模一样的电气运作成功,发明者也获得了纽约州颁发的专利,之后这人立即转卖了该发明,获得了一大笔钱外加专利抽成。电气杂志上的一张图纸展示了发明人是如何实现自己的构思,一步一步完成自己发明的。这张图几乎是佩奇2年前所画图纸的翻版,仿佛像是出自同一人之手。佩奇说我们差点就能捷足先登,我们本该想到在直流电失败时应该再换交流电试试;他确信当时如果再花100美元做交流电试验的话,就能获得成功了。之后他又以充满自我牺牲而鲜有责备的语调补充说:

"但当时在这事上你已花费甚多,我不忍心再让你多花钱了。"

如果我问他为什么不自掏腰包,他是不会明白我意思的。他无法想象还会有如此古怪的想法,会认为是我的脑子出问题了。我只是实话实说,尽管即使是傻子也能理解最后这句话的意思,但他就是不能。

在签合同时,他绝不会让自己吃亏,每时每刻他都在想如何利用合同损人利己,但这些在之前的口头协议中都只字未提。在一份合同中,佩奇让我支付了价值数千美元的地产作为交易对价——他说会交换给我另一块等价地产,结果发现那地产并不属于他,而是我的另一块地产,此内容详见1890年8月12日所写回忆录。我很明白这等于承认自己是个白痴,但没关系,毕竟只要继续读下去,读者总会在其他事情上认识到这一点。哈默斯利是我们的合伙律师,我完全相信他是个智慧和聪明的人。

一次当我借钱给佩奇几个月后,我才发现他还给哈默斯利的是白条而非钞票!我这代理可不是那类可以趁佩奇不备,骗他签下欠条的人。

在这里我必须插一句,否则对哈默斯利并不公平。我不想在描写他时加进自己的爱憎好恶,我将尝试无视它们的存在。我对哈默斯利没有情感上的偏向,也并不想刻意批评他。他人很好,纯良忠厚,有些胖,但工作拼命,只是有些胆小;比流浪汉还自卑,胆小如鼠,是非不分,却不贪女色。他由衷地认为自己很诚实,是个体面人。我每天都会向上天祈祷他真能如自己所幻想的那样为人做事。我应佩奇的请求给了他我自己在美国股权的1/20;并应他自己的恳求额外分给了他我自己的海外股权的1/20。我5年内预先支付了将近4万美元,以保证能够有足够丰厚的利息支付给他。作为回报,在那段时间里,他负责为我起草所有我与佩奇的合同——直到1890年9月——只有当他说合同是公平划算后,我才会签名。这些稀罕的合同都已添加到该书的附录里了,但愿他们能够对学习有困难的法学学生有所助益。

是的,正如我之前所说:佩奇是精打细算和疯狂策划的复杂综合体。也还有数不胜数的挥霍例子。下文将列举几个例子。当我在1886年2月6日得到排字

机时,故障已经排除,仅靠一名排字工和一名整版工就能每小时出字 3500 全方或 104
许可以到 4000 全方。这机器可谓举世无双。商业上的理智告诉他,应将机器投入所属市场,抢占市场份额,之后再做改进。而佩奇疯狂的商业想法却告诉他,应首先进行改进,而不要管是否会丢掉市场,而这也正是他所准备做的。为这个机器加上一个排版器需要耗时几个月,他估计还需追加 9000 美元的投资,而普拉特 · 惠特尼公司方面的预计更是达到 1.2 万美元。我也同意为机器添加上述的排版器,但重新做一个新机器就毫无道理了。但佩奇还是完全违反了我们之间的协定,立即投入到建造新机器的工作中去了。尽管凭之前的经验,他知道这笔花销不可能低于 15 万美元,而花费的时间也会以年计算而不是几个月的事情了。而 4 年之后,新机器也终于可以展现他的惊人产能了。我们邀请了内华达参议员琼斯在 1 月 12 日光临参观。之前我们并未向他保证能够看到一台完美的机器,只说那机器可能是完美的。他同意向该机器投资一二十万美元,还说如果展示顺利的话,他会完全买下这个庞然大物。最后时刻,佩奇又决定在机器上加上鼓风机(事后被证明是多此一举)。因此,琼斯不得不暂别纽约,继续等待数月之久,而这耗光了他对这机器的兴趣。1 年前,佩奇曾作出了个自认为宽宏的巨大让步:哈默斯利和我能够以 1000 万美元的价格出售该机器在英的专利权!之前不久,有人说自己可以拉来一些可能对这个专利有兴趣的英国人,佩奇就让他把那些英国人找来。那人走后便杳无音讯,佩奇开始逐渐失去信心,要价也随之一跌再跌。最终他报出了这个专利的最低价也是最终报价:5 万美元!这是我 5 年间看见他唯一一次神智正常的表现。我还能举出佩奇商业上疯癫行为的其他例子——或许这些内容足够让我再写 6 册到 8 册书,但我并不想揭他老底,只是想大概形容下他的为人。

世上最大的错误并非将三位一体的上帝说成是由四位构成,而是即使真的这样,佩奇还要在其中当老大。

1885 年年末

佩奇事先没打招呼就来到我家[我是法纳姆公司(Farnham Co.)的小股东,但之前已经有一两年没碰到佩奇了]。他问我道:“你能为制造机器出资多少?”

“还要花多少钱?”

“2 万美元——肯定不超过 3 万美元。”“你的报价呢?”“我将给你一半的所有权。”

“成交——但花费必须限制在 3 万美元以下。”

“哈默斯利是个好帮手,是我们的无价之宝——他不当我们的律师的话,工作就没法展开。可以让他也分杯羹吗?”“好,给多少?”“能给他 1/10 吗?”“好吧,就这么定了。”

105 哈默斯利起草了合约(1886 年 2 月 6 日签约生效)。这是一纸非常荒唐的合同。合约中给我附加了之前未曾提到过的义务,但看上去并不苛刻,我也就同意了。但几个月后,当我想卖掉部分股份为这机器筹集资金时,却发现自己没有任何的所有权。我那 9/20 的股权变成有前提条件的受限股份了,条件无法满足的话,除了 3 万美元的本金和 6% 的利息,我就一无所得了。

哈默斯利是我信任的老朋友,我也当他是我的律师,也是我那 3 万美元的出资才让他获得了机器 1/10 的股权。但他却起草了那份合同让我签名,他竟然还能对此问心无愧。

II

我该指出的是,那 3 万美元花了一整年。我履行了合同上的约定,但佩奇却离完成机器还很远——尽管他说还只需 4000 美元就能完工;到时就能把成品放到纽约的大展销会上展览了,还可以收费 1 万美元。过了一小段时间(期间我并没有再见过他)他想让我再借他 4000 美元,并承诺以后双倍奉还。

我告诉他说自己可以再给他 4000 美元,也只要 6% 的利息(见证人:F. G. 惠特莫尔)。

他花完那 4000 美元后,说还需要 4000 美元。我就这样一而再、再而三为他垫补资金,拿着一张又一张年息 6% 的票据。最终机器完成了,虽然并不完美。这事都可以参选考验耐心评比大会了。那些票据合计大约在 5.3 万到 5.5 万美元之间(包括利息)。我总共花费了超过 8 万美元,但除了最初那张愚蠢的合同,一无所得。

我之后提议说用提成还款,我要求每卖出一台提成 500 美元。佩奇说:

"你说多少就是多少。我每台给你 1000 美元好了。"我拒绝了他的提议,说只会接受 500 美元。

提成合同也确实起草签署了。我们也相安无事,佩奇要求我把那些票据还给他,尽管惠特莫尔极力反对,但我还是让他照做了。

为完成这机器,我继续月复一月地支付着 4000 美元。我也未曾担心怀疑过(但我后来发现这提成合同根本无法转让,因此也不再寻求出售了)。

哈默斯利正在为让佩奇签署一份新合同而焦急忙碌着,有了合同才能让公司以通常方式组织机器生产。不久之后,佩奇最终同意了下来——结果就是公司的第二号合同。合同中也承认了我的股份,尽管我那部分比较粗略,但总比过去那份老合同要好——那就是个错误。

几个月后公司又签署了第三号合同(5 月合同?),里面也承认了我的股份。

这些可不是掌控公司的人喜欢看到的合同类型。

之后是"6 月"合同——这份合同就比较优良和清楚了。这段时间内的所有合约都鲜有提及我在美国的权利。而我国外 9/20 股权也需要先为他们支付申请专利的开销(我也这么做了)和国外启动工作的最终费用(这条件到现在还没有机会满足)后才能获得。之前的合同未承认我的实际所有权,但 6 月的这份合同 106
承认了我对那机器和其他包括包裹袋子等所有一切的部分所有权。

但约翰·P. 琼斯认为国外权利部分也该写进合同,于是我写信给佩奇让他在合同中加入这一部分。他派人来拿我的那份 6 月合同副本,惠特莫尔带去交给了他并留在了那里——这又是个错误。

我们再也没能从他那里拿回那份合同。他说那不是一份正式合同,内容上有空缺(没把他的工资写进去)。

我从翁提欧腊(Onteora)赶回来处理这件麻烦事,惠特莫尔则劝我找准时机要回那份被拿走的合约;但佩奇坚持要重写一份新的,并说他写的新合同条件更优。我在合同上签了名,也签名同意将我的国外权利转给佩奇。如果新合同无法落实的话,他便能获得国外权利的全部所有权(包括哈默斯利的部分)。事实也确实如此,不过那是 6 个月后的事情了。

签名后,我谈到十分怀疑自己到底能否获益。佩奇和往常一样掉了几滴眼泪,说我的怀疑让他很受伤;并质问我他是否一直对我照顾有加以及他是否对我食言过? 他是否总是说无论发生何事(指的是相互间的争吵——是我提醒他的)我都会分得那部机器所赚利润的 9/20,包括国内国外部分。如果他去世的话(也是我提示他的),他家人也会留意分给我 9/20 的利润所得。之后他又说——

"过来,查理·戴维斯,用笔记下我所说的话。"

之后,戴维斯笔录下了他的口述内容。

口述完后佩奇说:"现在,你满意了吧?"

之后,我继续为试验埋单,最后机器终于真正制造成功,其间总共花费了 15 万美元,而不是最初估计的 3 万美元。

沃德告诉我说在与康涅狄格公司签合同时,佩奇曾想尽办法要骗取我的版税。

他也曾尝试骗取诺斯(排版机械的发明人)的所有股份,但诺斯用诉讼威胁和要求总计 200 万美元的专利使用费吓退了他。

佩奇和我时常会遇到对方,并十分热情地相互打招呼;但他非常清楚,如果他被捕兽夹困住的话,我绝对会喝退所有的救援人员,并守在旁边直到他死去。

107 这份手稿之前从未公开过，有部分内容还没来得及修改完成，这点从克莱门斯用铅笔草草修改的题目“自传·旅行札记”中就能看出来了。文章现收于马克·吐温档案馆，这也部分证明了文章是其自传某一章节的草稿，另外在1900年当克莱门斯再次旅居伦敦时，曾续写了有关伦敦生活的“旅行札记·二”，后来在1907年2月27日的自传口述中复述了这篇文章中的内容。“旅行札记”的副标题“1896年夏，于伦敦”也指的是事情发生的时间，而非动笔时间，有充分证据表明这篇文章的写作时间是1897年9月末，当时他和家人刚刚抵达维也纳。文章中克莱门斯所提到的“村庄”指的是泰德沃斯广场附近区域，从1896年10月开始他们家就住在那里，直到1897年7月搬去瑞士魏吉斯。

旅行札记·一

1896年夏，于伦敦

全国人民貌似都对出租马车车夫怀有成见。这种说法或许太过绝对，可以稍作修改。我想可以更正为美国有些城市存在这种偏见，但不包括华盛顿、巴尔的摩、费城和波士顿。同样，在欧洲也存在这种成见，但慕尼黑和柏林却是例外；在印度加尔各答有，孟买却没有。我想自己可以说在伦敦这种成见十分风行，但巴黎更甚，而最盛的地方当属纽约。在巴黎还是有些礼貌讲理的车夫，虽说数量已经很少了。我估计每六位伦敦出租马车车夫中还是有四位是亲切懂礼的，也对25%的法定小费感到满意；而另外两位却随时准备着和你争吵，而且声音洪亮暴躁。* 乘客每次需要支付2英镑到3英镑的小费，这还是事先问过价的，如果没有的话他还会要更多。事先报价时车夫每次都索价甚高，没要到天价就不会满足。他们清楚小费的法定比例定得太低，没法养活他们这样的雇佣行业人士。高昂的收费标准倒是减轻了交通压力，甚至使其可以忽略不计。如果伦敦能像纽约那般车水马龙的话，法定的小费标准说不定还不算低，但如果出租马车车夫依旧我行我素，要小费时信口开河的话，情况就不会好转。现如今既然蒸汽和电力公司收编了私人车夫的全部生意，我估计纽约之前尝试建立的廉价出租马车网络也会再次出现。在美国许多城市，不认识公交线路的异乡来客还是需要出租汽车的；而市民也该对高昂的车费心怀感激，是这些钱资助了公交的运营花销，使他们能够用这世界上最便宜快速的方法在城市内穿行。伦敦人通常乘坐舒适但如欧式“起
108 重机”般十分缓慢的公共马车，或者是乘坐撒旦发明的地铁。这地铁从不走直路，

---

* 如果你叫来警察解决争端的话，只有一件事情是肯定的——那警察的决定会处处与你作对。纽约的警察也是如此。但在伦敦，如果你把这事告上法院，那谁有理谁就能胜诉。在纽约的话，没人会将出租马车上的事情告上法庭。凭我的记忆所及，到现在为止法院已有三十多年没接到过这类案件了。出租马车车夫对外国人最为心狠手辣，旅店老板常会劝说旅客付钱吃哑巴亏，他会保证说如果告上法庭，胜诉的一定是车夫。

始终在绕圈。当地铁到站时，你必须跳着、跑着甚至飞着和一大群人蜂拥挤进最近的一节车厢，否则你就得留在外面了。你还没时间见缝插针地找椅子坐下，它就再次启动了。一路上隆隆作响，还有人为了自己舒服打开了车窗，烟尘和煤渣因此从窗外飘了进来，使整节车厢都乌烟瘴气的，让每个人都很不舒服。黑色烟雾遮住了车灯，车厢内灯光灰暗。两排乘客拥挤地坐在车厢内，相互间口角不断，不管有无道理，都按着自己的习惯念念有词。地铁每隔几分钟就会停一次，随后又会是新一轮的加速和震动。每15分钟还需换乘另一列车，你必须狂奔30码上楼梯，穿过50码长的走廊，然后再下楼梯，在列车启动前猛冲进去，当然如果你真的这么做的话，那就换错车了，下一站你必须下车并乘相反列车返回。但这不是个大问题。如果你停下脚步向值班的站务人员询问的话，你或许可以找对列车，但当你停下询问后再去找火车时，他就已经开走了。因此除了傻瓜没人会停下脚步去询问。等到下一次需要换乘时，你还是不知道要乘哪一辆，一切还会重演。你就这样一站接着一站乘下去，想着要去的圣约翰伍德到底是个站名，还是一片如假包换的“真树林”。后来当你最终鼓足勇气，向边上的乘客问已经到了哪里时，他回答说：“我们刚到斯隆广场。”你向他道谢，脸上洋溢着满足的神情，似乎自己可以不做任何准备就立即下车，并说“我到站了”。事实也正是如此。其实这是你的起点站。大概一个或一个半小时前你从这里出发，而现在都快是睡觉时间了。你始终穿行在隧道之中，整个伦敦地下都绕了个遍。拿着三等车厢的票却轮番坐过一等、二等和三等车厢，同行的乘客也是三教九流，从公爵主教到衣衫褴褛的流浪汉应有尽有，还有妓女坐在自己喝醉酒的同伴腿上，肆无忌惮地相互爱抚接吻。你错过了原准备去参加的晚宴，但幸好你还活着，这真是太好了；你也明白了最好不要再乘地铁了，这也是一项收获。你没法打电话通知你朋友不要再等你吃晚饭，自己先回去休息了。你周围一英里范围内都找不到一台电话，他的身边也是。几年前英格兰曾有过一个电话网络，但乡间的网络现已几乎瘫痪，而伦敦所剩部分也成了累赘。因此你只能给你的朋友打电报，告诉他你碰上了一些状况，请他不要再等你一起吃晚饭了。你还明白临近他街区的电报站在晚上8点就已关门打烊，而现在已经10点了。今天还是星期六晚上，英格兰的所有店铺邮局星期天都不营业。因此电报会在星期一早上送到朋友家，当他5点下班回家后才能看到，那时他才能知道你周六晚上爽约的原因是什么。

全世界的中心、心脏，推动全球运转的机器就坐落在伦敦的几排房屋，很小的一片区域内。这就是伦敦金融城，外加周边的一些区域便是伦敦市区的全部，之外的伦敦各处就不算市区了。伦敦的郊区是由50个紧密联系在一起的乡镇组成的广大区域。各村都有自己的村名和村政府。这些地方都沿用着乡村式的生活方式，多数居民也是土著村民，民风淳朴闭塞，与世无争。商店也是普通的乡村小 109

卖铺,空间狭小却能买到大至铁砧,小到一只别针的所有东西。但他们的存货不多,你不可能一下子买到2块铁砧,5只别针,7条白围巾,或是2顶同一款式的帽子。店员也不会帮你递取货物,只会告诉你在哪里可能找得到自己想要的东西。这里的店员也不会像市区的人那样冒失、挑剔和令人不悦,但对同村的八卦有着简单善意的好奇,如果你高兴地话他就会念叨个不停。他们并没有城市居民的恶习,也没有证据显示他们曾在城市里生活过。

在我所住的村庄开着许多小邮局,还有一家大的在斯隆广场。某个周六傍晚,我先后来到三家小邮局,向他们打听周日是否有去巴黎的邮递业务。如果有的话,我最迟该在什么时候寄出才能赶得及。没有人知道问题的确切答案,但他们相信是有这项业务的。他们手边也没有邮递时刻表可以用来参考。那他们可以打电话为我向邮政总局询问吗?答案还是否定的,他们连电话也没有。或许斯隆广场上的那家大邮局能够回答我的问题。因此我便出发前往那家大邮局。在那里有两三个小女孩和一两个大妈正在值班。他们回答说确实有到巴黎的邮递业务,但她们也不清楚邮递何时发出,但相信应该已经走了。难道她们很少被问到这类问题吗?她们的确记不起之前还有人问过类似的问题。这些职工面色和善,天真无邪,心满意足,却一问三不知。

我在那个村庄住了9个月,每天都会收到自己和之前住户的邮件。他已经把新地址告诉邮局了,但这几乎毫无作用。他的邮件还是会寄到我家。我时不时地会提醒一下邮递员,然后在之后的一周内,会只送我的信过来;但过不了多久,我又会像过去那样收到两人份的信件了。

不过生活在这里很愉快,到处都洋溢着随和的气氛,就像在德国一样,这在全球的其他许多地方都是难得一见的。有一天我跑到最近的一家邮局去发电报,邮局设在一家杂货铺内,里面卖的各式商品总价还不超过30美元,一个年轻妇女看着店。当时我匆忙地写完电报,那位年轻妇女检查了一遍后说这封电报恐怕寄不到目的地了,地址上有一处错误——情况大概如此,我已经记不清错在哪儿了。她打算叫她丈夫过来参考一下。我解释说自己是按照对方要求填写的,如果对方收不到电报的话只能怪他自己。但她并不满意这样的答复。她提醒我说这样的话就是平白无故地浪费钱,我最终屈服了。她希望把她丈夫叫来解决这事,这是她的做事方法。我没法坚持自己原有的意见,她的善意软化了我,我没法大声向她吼道:"哦,拜托就这样帮我寄出去,放我走吧。"她把丈夫带了进来,他们俩讨论了好久才得出自己满意的结果,我最终按照他们的意思把电报寄了出去;但我却还不能走,又出现了一个新问题。很显然电报中有些多余的词,如果我能再减去几个字,那资费就能降到6便士了。我差点想说自己宁愿多花4便士,而不是在这里多浪费价值3先令的时间,但他们只是想尽量帮我,如果我真这么说出口

的话，那将是多么羞耻的一件事啊！于是我忍住没说，克制住自己任由他们浪费
时间。一段时间过后，我们终于找出了电报中最关键的词句。我的事情终于办好 111
了，我自由了，付了6便士后就能回家继续写作了。如果能够重来一遍，我更愿意
花双倍的价钱省去一半的时间。这是我在伦敦的一段经历，我尝试着想象如果这
事发生在纽约的电报局又会如何，但这似乎和我今天想讲的内容并无关系。

伦敦的公交车夫看上去不像是城里人，而像是从乡间来的祝福天使。车夫一般穿着整齐、仪容整洁，也有刚好相反的，但他们都是出类拔萃的职工，包你满意。他不会像城市里其他人那样经常板着脸，也不像城里人那样顽固讨厌，身上没有一项可以被称为是"城市化的"特质——这是形容那些丢失精神世界，沉溺于琐碎物质世界的人的词，等同于不切实际、虚荣心以及可笑的愤世嫉俗。车夫多是亲切随和、礼貌周到的人，既友善又健谈。恰如其分的举止显示出他的庄严沉着。在拥挤混乱的伦敦城内，他依旧能够不受干扰地稳健驾驶，对纷杂的环境毫不在意，似乎他并没有感觉到周围发生的一切。公车上最好的位置在车头，而车头上最好的位置是车夫身后的两个座位。坐在这两个位置上时就能一路和车夫交谈。谈话中可以看出车夫都礼貌风趣，他们内心其实和村夫无异，单纯真诚，由于城里少有亲戚，他们也多有同事间的互帮互助。公交车夫不仅喜欢和乘客聊天，也喜欢对聊天的乘客挑挑拣拣。这个观点是基于今年2月末我一朋友和车夫的交谈中总结出来的。当时汽车正行驶在国王大道，我朋友首先打开了话匣：

"我猜冬天即将结束对你来说是件高兴事吧？"

"不，我并不介意寒冷的天气，我讨厌的是公车路线。"

"路线怎么了？"

"呃，我不太喜欢周边的社区。你知道，这里都是村民，我不喜欢他们的个性。为人善良却庸庸碌碌，也不健谈。你知道这条路线途径都是切尔西—沃尔汉—格林—巴特西之类的地方。这里的人都没什么见识。无聊、老实、无比虔诚，诸如此类，只关心最微不足道普通琐事。我知道自己正在堕落，开车的人可不能只靠这些精神粮食维持。"

"你过去在哪里开车？那里的情况好点吗？"

"呃，让我想一下！哈姆斯密—伯爵阁—骑士桥。那里有社区也有智者，是的，先生，那里还有时尚潮流。公交车就像是女皇的画室。呃，那里的交流境界很高，都超过了雪线的高度。非常之高，可以说，在那里要145摄氏度你的智慧之水才会沸腾。这才是入门级的水平，我经常处于212度才会沸腾的氛围里。"

公交车夫在伦敦混乱的交通中能够依然保持镇静，部分原因无疑是他们明白他和他的公车并不惧怕碰撞，还有部分原因是他们有信心可以驯服自己的马匹，保证它们情绪稳定，还有就是因为他们懂得驾驭操纵车辆。出租马车和四轮马车

				North St. Pancras 北圣潘克勒斯	North Islington 北灵顿	East Islington 东灵顿	NorthHackney 北哈克尼			
			Hampstead 汉普斯特德	Weast St.Pancras. 西圣潘克勒斯	East St. Pancras 东圣潘克勒斯	West Islington 西灵顿	Central Hackney 中哈克尼	South Hackney 南哈克尼		
	North Kensington 北肯辛顿	North Paddington 北帕丁顿	East Marylebone 东马里波恩	South St.Pancras 南圣潘克勒斯	Central Finsbury 中东芬斯伯里	South Islington 南灵顿	Haggerston 哈格斯顿	North -East Bethnal -Green 东北贝索那格林		
Hamm'r-smith 汉姆斯密斯	South Kensington 南肯辛顿	South Paddington 南帕丁顿	West Marylebone 西马里波恩	Holborn 霍尔	East Finsbury 东芬斯伯里	Hoxton	South -Weat Bethnal -gn 西南贝索那格林	Stepney 斯蒂芬	Mile -end	Bromley 布罗姆利
Fulham 富勒姆	Chelsea 切尔西	Bow 伯	Westminster 威斯敏斯特	Strand 东街	City 内城		Whitechapel 白教堂	St.George -in -the -East 圣乔治东	Limehouse 莱姆豪斯	Poplar 白杨
		Wandsworth 旺兹沃思	Battersea 巴特西	NorthLambeth 北兰贝斯	West Southwark	Bermondsey	Rotherhithe	Greenwich 格林威治		
			Clapham 克拉彭	Kennington 肯辛顿	West Newington	Walworth 沃尔沃思	Deptford 德普特福特			
				Brixton 布里克斯顿	North Camb'rwell	Peckham 佩卡姆	Woolwich 伍尔维奇			

车夫都明白和公车相撞可不是一件好事,因此也极力避免此类情况的发生。公车是英式风格的,这就说明了一切。通常,英式的东西要比必须的条件坚固 19 倍、沉 23 倍,公车也满足这些条件。它像一部木质的大方舟,没人知道它到底有多 112
沉,它撞别的车辆就像行星撞上来了一样。很可惜它们没能保留第一部英式自行车,那家伙重达 3 吨。如果它和直达列车相撞的话,列车被撞后的所剩部分肯定也是一奇景。

看公车车夫驾驭他的方舟是件激动人心的事情。他在车辆的汪洋大海中穿进穿出,每次都刚刚擦过它们的边缘——有时只差一片瓦的厚度,有时只差一块砖的厚度——而当你还在喘气颤抖时,他却仍和背后的人谈笑风生,他似乎总能空出双手来,而他只对聊天感兴趣。他驾驶技术高超,似乎马车是自动驾驶的,车夫看上去一点都不费力。

两匹马拉着这方舟,虽然只有两匹,但已足够胜任。这些马匹毛色光泽,俊美强壮,受着良好的饲养与照顾。路线长一点的话,他们每天只需拉一个来回。他们是从美国带来的,每匹大概价值 250 美元。3 年后他们会被转卖——通常卖价还会比买来时有所提高——再由新马取代他们的位置。

在维也纳,出租马车车夫的地位也和欧洲其他城市中一样——是城里最聪明的那批人,精于讨价还价,脑筋转得最快、交谈最机智的一批人。无论走到哪里,我们都相信这一点。我们必须相信这一点,因为我们从没有机会亲身验证真伪。在伦敦,出租马车夫以他们的机智谈话而闻名,但我从未有幸听到过。许多年前,有次在利物浦听到过——但那不算机智,只能说是幽默。我当时和已故的詹姆斯 · R. 奥斯古德在一起,我们有几个小时可用,主要就是相互聊天。边乘车边聊天是个不错的主意,这样还能呼吸到新鲜空气。车夫问我们想到哪里。奥斯古德回答道:

"哦,随便绕个 1 小时就可以了,随便去哪里,我们没有特定的目的地。"

车夫听后仍坐在边上等待着。奥斯古德问他还在等什么,他回答道:

"我想知道自己要朝哪里走。"

"为什么呢? 我告诉过你可以驾去任何你想去的地方。"

看上去车夫有些困扰疑惑和担心。但他仍坐着不动。奥斯古德又说道:"你怎么还不出发?"

"天哪,我倒是想出发,我也和其他人一样急于出发,但如果你不告诉我你想去哪里,你又叫我怎么开? 我做这行已经有 14 年时间了,从没碰上过这种情况。"

"哦,快开车吧。我不介意你去哪里,那就去巴尔莫勒尔吧。"

尽管有这些波折,我们俩仍相谈甚欢。当时我们可能正式上路了。过了很长一段时间后我们才再次中断交谈,奥斯古德看了一下自己的手表说快到上火车的

时间了。可是利物浦却连影都没有。这下麻烦了,奥斯古德问道:

“车夫,这是哪里?你正朝哪里去?”

“巴尔莫勒尔,先生。”

“巴尔莫勒尔?你干吗去巴尔莫勒尔?”“是您告诉我去那里的,先生。”

“是我告诉你的!你认为我是认真的吗?现在走了多远了?”“400 英里了,先生。”

“好吧,我刚才是和你开玩笑的。现在折回,尽快赶回去。”

“遵命,先生。”

113 车夫语调和悦,举止得当,面色恭敬;真的非常恭敬,但异常冷淡。虽然不至阴郁,但仍显冷淡。冷淡而耐心。他一生中或许都未曾开口笑过。他并不呆板,就是不活跃、不兴奋。他看上去总在思考许多事情,但很少出声。从口音里可以听出他是个苏格兰人。

在我们回程的路上,这件事让奥斯古德自得其乐了很久。他并不介意错过了火车,世上没有一件事能够让这个豁达的人感到不快,他真是个罕见完美的人啊。在回利物浦的路上,他总是用他那愉快、满足甚至几乎幼稚的口吻拿这事开涮,说我们今晚可以一起去伦敦的小金斯曼俱乐部把这事添油加醋,修饰一番后当故事讲,肯定无比欢乐。当我还沮丧于错过了最后一班火车时,奥斯古德却乐此不疲地添加着故事情节,故事越编越玄乎,他完全沉浸在自己的想象中了,看到他这副样子我的心情好多了。我们最后达到了旅馆,终于可以下车活动下坐得麻木的腿脚了,奥斯古德掏出钱包,问车夫道:

“多少钱?”

“12 英镑,先生。”

“12 英镑?”

“是的,先生。”

“伙计,你是认真的吗?你说的不是英镑吧,应该是先令才对。”“不,先生,我说的是英镑。”

“看神情你是认真的,但你是怎么算出这价钱的?”

“你明白的,先生。能决定目的地的人是你而不是我。我是为你服务的,绝不会提出任何反对意见,这是你自己的决定,先生。这本是我 8 天的工钱;或者说是 80 个小时的工钱。但出城的话每小时我可以收费 3 先令。3 先令的 8 倍是……”

“哦……你是说我们要为去巴尔莫勒尔付费?是这个意思吗?”

“你记得这是你给我的命令吧,先生。法律上说……”

“好了,你不要再说了。我明白了,对有些人来说,这真是个大笑话啊。我一早就看出来,却没等到所有猫腻曝光,所以在说地点时犯下了错误。我们没时间耗在这里，把这事告上法庭辨明是非——我们占用了你 5 个小时的时间，让我们看下是否能折中下。”

那人愿意接受这一提议，提出需要 5 英镑的车费。奥斯古德给了他 6 英镑。双方都对此感到满意，分手时均无怨怼。当晚我们并没有一起去伦敦的金斯曼俱乐部。奥斯古德说不值得说一个没法自己添加任何想象创造的故事，这个故事已经足够丰富精彩，没法再添加丝毫了。

如果那车夫是个德国人的话，那还可以相信当时他的确听不懂那是在开玩笑。但他是个苏格兰人，苏格兰人总想装作一副缺乏幽默感的样子，但并不怎么成功。他们是逃不过聪明人的眼睛的。

我相信伦敦郊区是世界上最舒适，最令人满意的村庄了。陌生人能够很快喜欢上这里，无论是对当地的生灵万物还是砖瓦房屋都会充满崇拜爱慕。这是个奇特有趣的地方，50 个村庄阡陌相连，村民朴素而不失迷人，这真是个无与伦比的奇迹，他们还十分欢迎来此闲游的旅客。例如，当看到活跃青年三三两两地一起 114
走来——显然是群蠢货——脸上画着色彩鲜艳的花纹，穿着奇异亮丽的马戏团服装，村民就会疑惑为何他们穿成这样出门却不感到羞耻，也不被其他人嘲笑戏弄，被迫逃跑或自杀。但青年人自己却毫不感到羞耻，他们放荡而自豪，一路上昂着头，嬉闹傻笑，扮着鬼脸，十分满足和高兴，没有人嘲笑他们，反而投来赞赏的眼光。他们在村中的街心停下，开始了自己的表演——这些不幸的人们其实是滑稽演员。村民们都来到窗前观看欣赏他们的表演，女仆们聚集在舞台旁边，他们工整的白帽子和随风飘动的白饰带在人行道上列成一排。各类小人物聚在一起，坐在两边的路边石高兴期待地看着表演。一个滑稽演员刚声嘶力竭唱完歌，另一个就紧接伴着小鼓的节奏跳起了可悲幼稚的舞步，再接着是一人出来倒立行走，前后翻筋斗，做一些青年体操运动员都会的小把戏。而这场大戏的压轴节目——身着奇装异服的小丑表演——继续笨拙地重复表演着这些把戏，动作不稳，随时都可能伤到自己，跛着脚，抚着自己肚子，可怜地摇着自己的脑袋，无法形容地、不自觉地、刻意夸张地表现出一副滑稽样，村民被逗得开怀大笑，而不是把他们套起来吊死。

之后滑稽演员们又表演了一出非常简略、前后矛盾、相互无关、幼稚的话剧——有时差不多有 10 分钟长——然后整个表演结束。所有观众都心满意足，精神焕然一新。整个表演差不多有 20 分钟到 30 分钟，有几个演员会同时在一边向观众讨赏钱。不是向周围路边石上的人要，他们大多没钱给赏，而是向窗边讨赏。募捐者捧着自己的帽子，将乞求的目光投向窗边，在各处来回穿来穿去，当扔下一便士时，他便会跳着接住，回报一个价值 2000 美元的鞠躬。如果有 4 个表演者，服装又崭新讨巧时，他们就能拿到很多赏钱。有时他们一场表演就能合计拿到25便士到30便士;但我也看到过一行两人的表演队伍,衣装邋遢陈旧,表演了17分钟才收到4便士。

但这点就足够了,这仍然还有赚头。换算下每小时也能挣到20便士,也就是每天2美元的工资。这些年轻人可能很难在找到一份能赚这么多钱的普通工作了。

之后,旅客还能碰到三四个"黑人模仿秀",他们带着五弦筒、兽骨和小手鼓。他们比滑稽戏表演更加拙劣。他们一点都不像黑人——甚至连皮肤都不像黑人,他们涂的颜色太深,不像黑人的真实肤色。无论如何,这种化妆一点都不像美国南方州看到的黑人模样,我们那里的才是真正的黑人。他们的演出服也令人难以置信。他们仿造了这个星球上没人会穿的服装,或许全太阳系也找不出穿这服装的人。这些可怜的家伙表演的是戏剧,内容低俗,幼稚可怜,素材稀少,滑稽愚蠢,看后都让人羞于做人。啊! 还有他们羞怯的舞蹈——羞怯的古怪动作——羞怯
115 的滑稽鬼脸表演——以及伦敦腔的黑人歌曲和笑话——这些表演能感动你,诱你伤心,让你惋惜,使你大哭。我猜除了伦敦郊区以外的任何乡村,这些模仿秀和滑稽戏都会被仁慈地赶走消灭;但在伦敦却不会;伦敦人喜欢这些,伦敦人拥有宽大温暖的心胸,对任何错误评价的垃圾艺术创造都能敞开怀抱,提供一片舞台。

大伦敦周边的乡村村民都喜欢听音乐。这里是除了天堂以外,对音乐口味拥有最大包容度和选择余地的地方了。天使们对礼拜天从人间传来大家称颂的歌声从来不会挑三拣四。对他们来说,任何噪音都可被认作是音乐。他们享受着这样的歌声,并非敷衍而是全身心入迷地投入,尤其当歌声有些悲伤时则更是如此。全世界也没有其他地方的人会像他们这样对音乐如此慷慨,就算曲调不够忧伤也是一样。在伦敦的礼拜天下午,贫苦老弱、衣衫褴褛的人们在空荡的大街上来回穿梭,唱着最为令人动容的悲凉赞歌和哀伤小调,曲调微弱却刺耳,夹杂着喘气声——这声音甚至不足以传遍整条街口——村民们愉悦地听着歌声,从窗口抛下硬币,安息日极其寂静的下午,你在一条街区以外就能听到硬币击打路面的声音。歌声单调,并不好听,就像夏日间偏僻小镇上教堂里晨间礼拜中的呼噜声一样嗡嗡作响。我猜没有比这更沉闷哀伤的曲调了。但人们还是会投钱给他们——是钱而不是砖头。记下这些情况时我充满着惊讶与失望,或许并非是真的失望,而是更像是失望与悔恨参半的感觉。

但你仍然被迫尊重这些举动:部分是因为天主教徒的音乐喜好足够广泛能够包纳这些歌声,还因为给他们扔硬币人心中的仁爱精神。这里面的确有仁爱精神,这是毫无疑问的。这是英格兰人慈善捐助的快速通道,对陌生人没有比这更伟大的事情了。很显然,大约1/2甚至2/3的情况下,这么做并不值得,但没关系,醉翁之意不在酒。许多情况下,是作为回馈的精神升华了这种举动;但并非所

有情况都是这样，可能大部分情况下都并非如此。但当你撇除犹豫和不情愿捐赠的情况，还有其他种类的情况让你遐想赞赏，让你脱帽致敬。

临近的女王周年纪念使所有英格兰人群情激动，都愿意掏钱捐助以示纪念。有人很愉快地捐出了全部资产。这些自愿捐赠数额惊人，金额之巨足以记入史书。但或许人们也有理由相信这绝不会造成他人随后同样数额巨大的被迫捐款。在那有趣的几个月里，我正巧住在伦敦。杂志上为我们这些局外人提供了十分有意思的阅读材料。日复一日、周复一周，他们的专栏里密密麻麻排满了劝捐呼吁书，让人产生一种感觉，似乎所有英格兰人都列队经过你面前，手里都拿着他们的帽子（劝捐）——是帽子和斧头，一手拿帽，一手持斧；行进队伍的一边是延伸至两端地平线的帽子，另一边的斧子也是如此。每个人都看似另有企图，认为这正是自己的机会，反正他自己是没法不捐款了，反正平时那些能使自己免于捐款的
搪塞这次反而可能伤害他，让人觉得他不爱国，会使他在邻居面前难堪。自己的 116
机会反而是创造史无前例的最高捐款额，想尽一切方法，让这个冷酷有害无益的事业持续下去。默默无闻的人想得到关注，于是发起纪念活动，放在报纸上公之于众，递出自己的劝捐帽。这类活动数不胜数，各式各样，无奇不有。他们似乎囊括了所有可能的策划方案，其中有奇思妙想，也有馊主意，用各种托词和借口附会执政纪念日——这也是为提议者做广告。优秀聪明的人群也加入到这些项目中来。项目包括雕塑，饮水喷泉，公共花园，艺术画廊，图书馆，精神病院，戒酒所，盲人院，哑巴院，残疾病院，济贫院，老人院，孤儿院，流浪儿童收容所。提升各种文化传播的免费机构，建立职业护理指导组织。还有任何可以想到的数不胜数的医疗机构。在周年纪念日当天，认捐医院和医院附属设施的人名已经非常多了，仅仅他们的名字列表就占满了几张精打的八开页面！涉及金额多到令人炫目。在最上方，单独列出了威尔士王子的大名以及医院基金为伦敦现有医院筹集到大量捐款的消息。

可以肯定的是英格兰人在这么重要的捐款事情几乎毫不犹豫，可能就像他们回应帮助印度饥荒那样自然，那时英国人民迅速地募捐了250万美元。但这次无论是双目所及还是用望远镜能眺望到的地方，你所能看到的各处景象都是清一色为纪念募捐所递出的劝捐帽。

从当时报纸上出现的牧师呼吁来看，全英国只有不到100所教堂但是都破败二三十年了，都需要募集纪念捐款用于重修；没有一座教堂是不需要纪念捐款小修小补的。用于教堂的纪念捐款似乎把其他捐款项目都远远地抛在了身后。教堂给英格兰带来了前所未有的烦心事，除了下一次的执政纪念日，没有事情可以与之相比。他为公众给所有可以想到的重要或者表面重要的事情明码标价，当资源有限时他又转身向幽默感寻求帮助。隐约呼应的是，当时一个92岁的国宝级

牧师溘然长逝，而人们正积极筹集资金建立一座纪念碑——是为纪念他吗？不——这是用来纪念女王执政周年的。

毫无争议的事实是，在慈善方面英格兰是全世界上最慷慨的国家且遥遥领先。谈及这方面，我们间或会听到有人附带提及乔治·穆勒和他孤儿院的故事。而这些话不久后就从我们的脑海记忆中逐渐淡出，随之我们也认为穆勒和他的孤儿院已经不存在于这个世界上了。但事实并非如此。他们仍在那里维持着。现在乔治·穆勒已经年逾90岁，但他仍坚守着自己的岗位。在他领养第一个孤儿时，自己并不富裕，只有能够维持半打流浪儿的口粮。自此以后，他为这项慈善事
117 业筹集花费了六七百万美元。他每年都要花费差不多10万美元为2000名孩子
提供吃穿和教育，而这些钱都是英格兰人捐赠负担的——没有劝导，没有广告，也没任何形式的敦促鼓舞，仅仅是完全自愿的捐赠。当钱快用完时，穆勒就开始祈祷——以私下而非公开的形式——之后他的钱箱就会再次装满。在6年间他抚养的孤儿没有一天是饿着肚子睡觉的，很多时候还未饿上15分钟就能再次吃到东西。捐赠者的姓名并没有公开，也没有公开的捐赠名单，捐赠并不能带来荣耀的名声，但年复一年，日复一日，每天三四百美元的日常必要开销都会准时寄来。这些了不起的事迹就像是个传说，但它确实存在。

马克·吐温

118

维也纳随笔四篇

这四篇手稿现收于马克·吐温档案馆，均为1898年上半年于维也纳时所写。这之后是克莱门斯1885年之后最为专心写作自传的一段时间。所有手稿都明确标有日期（分别写于2月3日，5月6日，6月4日以及6月26日）。这些文章就像是摘自日记中的内容。除了一篇文章（“一群佣人”）之外都没有标题，下文标题都为潘恩所加。

·“美妙的德语”讲的是克莱门斯在2月1日“公众慈善”演讲上拒绝朗读的事情。他拒绝朗读在他开始演讲时递上来的一块裁减过的小纸片上的文章，他把文章附在了手稿末尾，作为德国人遣词造句的一个例子。该文实际上是一篇传统的或者至少是典型的汉克·摩根式的德国绕口令，此内容详见第23章，“误闯亚瑟王宫”。

·“评重复表达和语法”简要展现了克莱门斯一个众所周知的“毛病”：对“言简意赅”的苛求。

·“一群佣人”可能并未全部写完，描写的是克莱门斯看到夫人奥莉维亚热衷于控制他们在卡尔滕洛伊盖本的住处（就在维也纳市外）吩咐佣人做事时的私下感受，他们从1898年5月到10月中旬都住在那里。其中有位被叫作“艾德林·黑茨”（非真名）的佣人，成了马克·吐温书中讲个不停的西蒙·维勒的原型。

·“维也纳游行”主要描写的是克莱门斯对群体仪式和艳丽服装的由衷喜爱，记叙了奥地利皇帝弗朗茨·约瑟夫一世（1830～1916年）在位50周年的纪念游行。这同时也是个“工业，商业，农业和科学”的盛大展览（霍罗威茨于1898年）。

潘恩发表了这段内容中的三篇文章，而删去了“一群佣人”，后者直到2009年才首次公开发行。内德在他的版本中并未收集这里面的任何一篇文章。

【美妙的德语】

2月3日于维也纳。昨天晚上在贝森朵夫萨尔（Bosendorfersaal）做了一场慈善演讲。正当我要走上演讲台时，有人递给我一封注明以我为收信人的信，上面还写了这么一段话：“请在今晚选择朗读。”打开信封，里面放的是几篇剪报——两篇不同版本的有趣文章，一篇是德文，另一篇是英文。我本想尝试在听众面前朗读那份德文的剪报，想看看效果如何，但当注意到饶舌的结尾语时我的信心动摇了，最终放弃了这个念头。这有点遗憾，我本应该可以在讲台上顺溜地念出这些内容，获得观众要求再来一遍的喝彩声。但你从来无法预知一群陌生的听众会对你报以掌声还是嘘声。他们的品味诡异莫测，这篇文章的有趣之处在于一个德文长单词，但没有人们想的那么夸张。那个德文长单词并没有遵循合规的造词法，而是一个粗劣的硬造生词。字典也未收录，你根本查不到这词。这是将许多 119
字混合在一起的生造词，完全没有必要，这是种粗俗的偷懒方式，是对语言的不敬。这么做一点好处都没有，都没省下宝贵的写字空间，就像在名片上把下列词语都混合在了一起:“原公安部总警长的未亡人史密斯夫人”,但在德语中,那个寡妇可以轻而易举将自己的卡片写成“身为女士的原公安部的总警长的寡妇史密斯”以下是这篇短文的英语版本:

> 德累斯顿的《魏德曼报》认为南非有袋鼠(Beutelratte),他们报道说,霍屯督人(Hottentoten)把袋鼠关在有盖(lattengitter)可以避雨的笼子里(kotter),因此这个笼子被称作“有盖的密闭笼子”(lattengitterwetterkotter),而关在里面的袋鼠叫“有盖密闭笼子里的袋鼠”(Lattengitterwetterkotterbeutelratte)。某天一只袋鼠杀害霍屯督的一位妇女(Hottentotenmutter),而凶手(德文 attentater)则被抓了起来,那母亲家里还有两个口吃的弱智小孩。这个妇女在德语里可以被称为“Hottentotenstrottertrottelmutter”,袋鼠凶手则叫作“Hottentotenstrottermutter-attentater”,凶手被关在装袋鼠的笼子里(Beutelrattenlattengitter wetterkotter),几天后它逃了出来,所幸有个霍屯督人又把它抓了回来,兴高采烈地把它带到了镇长办公室。“我抓住了这只袋鼠”,那人说道。“哪一只?”镇长问道;“我们这里已经有好几只了。”“那只袋鼠凶手(Attentater-lattengitterwetterkotterbeutelratte)。”“你指的是杀了谁的凶手?”“就是霍屯督的那位妇女(Hottentotenstrottertrottelmutterattentater)。”“那你干吗不直接说 Hottentotens trottelmutterattentaterlattengitterwetterkotterbeutelratte?”

【评重复表达和语法】

5 月 6 日——如果是为保证文章表达的清晰明确,我并不会觉得重要词汇在整段中重复出现多次(譬如三四次)会困扰到自己的耳朵;但没有明确目的地反复使用同一单词只能显示出作者词汇量的匮乏,又太懒不想去辞典中寻找新的表达方式做补充——这是另一个问题了。这让我想去责备那位作者,让我想去提醒他对待自己和职业的态度并不端正,另外,他也没有表现出对读者的适当尊敬。在今天吃早餐时,家里有人大声朗读了一篇有关格莱斯顿新书的有趣书评,在里面书评人前后 13 次使用了情感浓烈的形容词“令人愉悦的”。短短的书评中就前后使用了 13 次,这可不是一篇长文啊。其中有 5 处可谓用词确切,用这词最为贴切,也是我们语言词汇里能找到的最好形容词了,因此用在这些地方并无不妥。但其他地方还用这词就显得有些不着调了,要么偏重要么偏轻,每次总存在这样或那样的问题,就像是音乐里的走调一样令人不悦而又刺耳。我查了一下辞典,在其中一页上就找到可以替换其中 4 个“令人愉悦”的正确用词,当然如果我花 1

小时在相关的页码上做一个彻底的调查的话,无疑就能找到其他所有不贴切用词的恰当替换词了。

我们都有自己的缺点。我喜欢言简意赅,充满着传神优美的措辞;但那个书 120
评人注意到的都是些细枝末节的地方。他措辞可笑,不够精确。从头至尾都在读者面前自夸自擂,炫耀卖弄,无处不使人感到厌恶恶心。说真的,很庆幸自己文章虽然写的很漂亮,却从未像他这样骄傲过;换句话说,自己的语法尽管未必最佳,但尚属严密。没人能做到尽善尽美。完美的措辞——连贯、一致、持久——存在于一般世界之外,也可以说:尽管众人都曾上下求索过,但没人真正做到过。即使这个书评人也是如此,这位目空一切的纯理论家还是犯下了2处到3处的疏忽。至少我是这么认为的。虽然还不完全确信,但听到与见到的事实让我已几乎确信自己只需通过耳朵来辨别语法措辞,而不用依靠解释或是语法规则:20年前,我还记得这些规则——一字不差地牢记在心,尽管并不理解他们的含义——我现在还记得其中一条规则:怎么说来着的?到底是怎么说来着的?不过不要紧,等会儿我就能记起来的。那书评人好像甚至懂得这些(还是"是甚至好像懂得",还是"好像懂得甚至")"甚至"还有"只有"等词在句中的正确位置在哪里?我不喜欢他们这类人,这类人中我从没遇见过一个好人。像他们这样自以为是的人肯定会做其他勾当。这点我清楚,自己已经碰到过很多次了。如果逮住机会,我绝不会错过伤害这类人的机会的。当一个人的语法水平达到这种高度时,这就是个信号。这能够显示出如果他有机会的话会做什么,这也能揭示出一个人的性情如何,我常常注意到这一点。我知道当如果一个人想一口气把这么多事做好,那么他只会一事无成。

但无论如何,正如我上文所讲的那样,这些文法界纨绔子弟写出的书评读着还是很有趣的。其中有句话令人赞不绝口,而最后5个词更是完美地形容出了人们长时间坐着阅读完一本引人入胜的书后的感觉。这段话指的是格莱斯顿英国传记式的谈话录以及他对这个主题的巧妙掌握。

> 作者机智健谈,时不时就能惊艳到我们读者,直到我们丧失兴趣为止。
>
> 这话说的很清楚。我们能够体会这种感觉。在晨报上我找到了类似的语句表达。
>
> 如果不签署特殊规定的话,科尼利厄斯·林一案就不会被提审判处死刑。
>
> 结合上下文我能看明白他所要表达的意思,但如果未加提示,你所理解的意思肯定并非作者想要表达的。

【一群佣人】

6月4日,卡尔滕洛伊盖本。在这个家中有4位成员,当家人习惯了老佣人长久以来的服侍后(他们分别服务了10年、12年、13年、17年、19年和22年),就很
121 难再马上习惯新佣人的做事方法了。这是在自己家里时的情况。而出门在外时,只会加剧这种状况,现在我们操持新家已经有两个礼拜了——我们虽然还不会拼写,但已经掌握了仆人名字的正确发音。我们根本就没打算学会如何拼写他们的名字,这些都是匈牙利或波兰语的名字,字母歪歪扭扭就像是醉汉写的字。一共有4名佣人:俩女佣,一位厨娘还有一位中年妇女,她每天都会过来一两次帮把手。他们性格善良,能力出色,工作主动。他们伺候的方式与我们在美国老家时已经习惯了的服务有所不同,但同样让人身心愉悦,除了一两处细节外,他们几乎从不犯错。厨娘很讨人喜欢,但她喋喋不休说个不停,对所有事都充满好奇,不知疲倦地时刻谈论着,让人难得耳根清静。她容易激动,无论大事小事都能使她同样兴奋,她根本分不清事情的大小轻重。手上要处理的是烤全牛还是手炸牛排对她来说已无关紧要,她已经丧失了理智;只要她开始讲话,你就别想在她说完前插进话,叙述自己在奥地利国会度过了多么快乐的一天。但如果她会做菜的话,这又算得了什么呢?她也的确烧得一手好菜。她拥有举世稀少的神秘技艺——凭借一双巧手,任何食材都能成为佳肴。她是那种第一餐就能征服你的厨娘。你将会被完全征服,绝不会再在意里面的具体食材或是它们的名字:她本身就已经是佳肴的最好保证了。

较年轻的女佣名叫夏洛特,大约二十来岁,身强体壮,漂亮有才干,人也聪明,却安静少言——事实上相当的沉默寡言。她个性鲜明,值得尊敬。

另一女佣艾德林·黑茨(这并非她的本名)40岁上下,外貌仍相当年轻。她十分聪明干练,做事主动充满活力,为人活泼友善,嗓门又高又大,喋喋不休,讲个没完,连睡觉都在讲话,或许死后她也会一直讲个不停。她似乎能够分身同时出现在各个不同的地方,对正在发生的每件鬼怪事件都怀有浓厚兴趣,尤其当这事和她无关时。她并非仅仅被动地表示关注,而是会参与其中,并且完全不满足于跑龙套,而是想成为故事的主角。事实上,如果你想不到方法调整她的方向话,她将成为故事的主角,自己一个人战斗到最后。但她这么做完全是出于保护整个家庭,而非她自己,因此我也很难找到她这么做有什么不对的地方。但我的家人并不这么想,女佣的举动使他们感到困扰。我喜欢这种状态,并没有恶意,只是觉得当看到家人乱作一团时,实在是给这平淡无奇的生活添加了一些佐料。有时当他们已经对这位女佣忍无可忍时,他们也会奋起反击。这时我会站在两群人之间进

行调解，因为我很欣赏艾德林·黑茨女士。她并未对我造成困扰，相反她的出现给我的生活注入了新的活力，她始终都能引起我的兴趣。她新鲜多变，总是充满惊喜，常会出人意料地出现在某处新地方。尽管家人一直会对她进行教导训斥，但这从未使我不安，因为我知道即使他们弥补了一处漏洞，她还是会捅出新麻烦来的。她在讲话时我就像是在看马戏、动物园或烟火表演，使我精神为之一振。我宁愿听她说代替去看烟火表演。她话虽多，但很少是对我说的，因为我只能明白她话里大约一半的意思，而我的智慧也使自己能够装出一副对她的话完全不知所云的样子。但当她在房子的另一端和经理/executive 交谈时，我都会开着门，这让我能听到全部谈话，这才是纯粹的享受，就像免费看一场演出。当然我对经理被她纠缠得头都大了一事感到抱歉，但这也是无可奈何的事情。为这乐趣，我们不得不作出牺牲。

经理曾尝试用智慧、耐心、温和并且具有说服力的说教改造艾德林·黑茨，他 122
们的努力终会成功，但多少有些可惜。今晨 8 点半时我仍躺在床上装睡，经理也正躺在她床上教训艾德林·黑茨，她提着一桶热水到处走动，在稍远处为洗浴做着准备，风风火火地将一切所需摆放就绪，期间还自顾自地嘟囔着，声音压得很低，生怕把我吵醒。

“我之前跟你讲过多少次了，你的话太多了，艾德林·黑茨。这是你的第二大缺点，你必须努力让自己的嘴巴闲下来。我……”

“啊，的确是这样的，夫人，你说的完全是事实，没人比我更清楚自己的了，也没人比我自己为此感到更抱歉的了。上帝啊！可这是个恼人的缺点，正如您曾说您已经不下 50 遍……”

“别说了！我从来没用过那些词——我也不想再听到它们。这太可怕了。我知道这些词或许对你毫无意义，这就是个从你吃奶时就养成的普通习惯。但在我听来却十分不雅，而且你还总是想让我说这些词……”

“噢，我的天呢，夫人，过阵子你就丝毫不会再介意了；现在这说法对你来说还太新奇古怪了，所以才会心生厌恶；但过不了多久就不会再有这感觉了。噢，到那时候，这就变成不值一提的小事了。你懂的……尽管我们，包括牧师在内的任何人都会骂脏话，但这毫无关系，真的一点关系都没有；但我会戒掉爆粗口的习惯，我真会这么做，就从现在开始。在我有生之年，我去过许多地方，经历过许多事情，也从中增长了见识，我比任何人都清楚，立即执行是开始做事唯一正确的时点。恩，上帝作证，这正是您在昨天说的话。”

“住口！别人的生活只要有一丁点可说的地方，你就会滔滔不绝地说个没完。你这么喋喋不休，随时都可能把我丈夫吵醒的”——这里稍微顿了下，鼓足勇气说出了精心编造的谎言——“这是他没法忍受的！”

“我会像坟墓般保持安静的！我肯定能够做到，疲惫的人需要睡眠，睡觉是治愈身心疲惫的良药。圣母啊！当我……”

“住口！”

“遵命，夫人。如果……”

“住口！”

片刻安静过后，经理开始了老练的低声说教，必须全神贯注才能听得清她所讲的内容。我很熟悉她这种随意即兴的演讲风格，知道她会如何遣词造句，因为我自己也曾受过她的教训。我还忘了提及另一件事情，艾德林・黑茨并非总是身处下风；她在维也纳一富人家里当了10年的女管家；因此不言而喻的是，教训他人仍是她根深蒂固的习惯。

“厨娘和夏洛特抱怨说你干预了她们的私事。这是不对的。身居你的位置是不该这么做的。”

“噢，约瑟夫和玛丽亚，申命记里的诸位神明啊！想想看吧！当女主人不在家时，当然有必要有人站出来……”

123 “不，完全没必要。厨娘说之所以昨天早上咖啡是凉的是因为你把它从炉灶边移开了，而且当她放回去后，你又再一次把它移开了。”

“是的，夫人，但我又该怎么做呢？当时咖啡已经煮沸了啊。”

“那也没事，这事不归你管。昨天早晨你还没让布莱克夫人进屋，说家里没人。可我丈夫当时明明在家，这实在是太糟糕了……她可是从维也纳专程赶来的。你为什么要这么做？”

“让她进屋？……我问过你要让她进屋吗？马克・吐温先生正在专心写作，并不希望被人打扰。他正埋头于创作，天知道他正在写些什么，这已经超出了我的能力所及。尽管如此，我仍能充分体会他的感受，在他思如泉涌时没人比我感触更深……这么说吧，你觉得我是否会放任她悠闲地打断他的工作，让在这世上从不做正经事的她和他纠缠不清？你觉得我可以这么做吗？”

“你怎么知道她要办什么事情？”

这一下击中了要害，艾德林・黑茨沉默了数秒，她并未想到过这一点，没法立即找到回答为自己开脱。后来她缓过神来，回答道：

“唔，嗯，事情是这样的。唔，她当然会有些正确合理的事情要办，但我知道如果是这样的话，她会寄信过来，而不是专程从维也纳跑过来一趟……”

“你当时就知道她是从维也纳赶过来的？”

通过沉默我知道她再次被猝不及防地击中了要害。之后……“唔，我……其实……唔，她看上去的那副样子就像是在……在……”“在哪里？”

“她……唔，她的那副打扮就像是……唔……”

“你怎么知道我丈夫不想被人干扰？”

“怎么知道？噢，说实话，我可清楚着呢；他当时忙得汗水都渗下了地板，而且我对厨娘说，我说……”

“他那整天都没写一个字，只是坐在阳台抽烟看书而已。”（又低声补了一句，语气里掺杂着一丝惭愧：“看的还是他自己的书，他常干这事。”）“你本应通知他；他肯定很乐于同布莱克夫人见面的，而当他发现所发生的一切时，他感到十分失望。这是他亲口说的。”

“噢，这是当然，亲爱的夫人，他肯定会这么说，但这么说其实只是在安慰你，他经常说这类套话……这也正是为什么在前天我会对那个小贩老婆说那话的原因。”

“安静！听我讲下去。你讲的已经是我能讲的两倍了，现在都没时间了。如果……”

“夫人，请你理解，这就是我们维也纳人的习惯。就是这样，我们都这样，维也纳人都这样。”

“但我可不是维也纳人。我也不想对此妥协。你总是打断我说的话……算了，这不重要：如果我正和厨娘讨论食谱，或者在吩咐门卫办事，或者向邮递员询问火车出发列表时，你不准再自说自话地插进来，自己接手，并且……”

“天啊！正如我之前所说，这可是千真万确的话啊。这里是维也纳……周围 124
都是维也纳人。这就是我们的习俗，你懂的……所有这些都是习俗使然。索雷尔·比柯斯索克维斯——她是茨茨博维克公主的女佣——她就说自己经常这么做，公主也喜欢她这么做。”

“可我并不是那位公主，我喜欢按我的习惯办事；你就不能理解这么简单的道理吗？还有另一件事情，昨天我们三人早晨到维也纳，晚上 10 点才回来，这段时间里似乎你管了太多的事情。当厨娘的老祖父来看望她时，你为什么要横加干涉？”

【维也纳游行】

6 月 26 日，星期天，卡尔滕洛伊盖本。我搭乘 8 点的火车前往维也纳，去观看游行，很幸运我去了，毕竟在快出发前我感到有些困乏，都打算不去了，但当我抵达车站时，虽然迟到了 5 分钟，但列车还停着，几位朋友也等在那里，于是我还是出发了。将近半个小时过后，我们在莱辛换乘了一辆极长的列车，但去维也纳的方向仍坐满了人。起初根本没人觉得那天会有多盛大的场面，人们对演出并不挑剔，他们会接受任何形式的演出。又过了半个小时，列车开进了市中心；各处也不是特别拥挤喧哗——说实话,比奥地利一般的星期天要安静;彩旗随风飘扬,到处都点缀的装饰物——这在周年纪念日算是家常便饭的东西。但当我经过美国大使馆时,我看到里面挂着几面旗帜,大使和他的助手正在升另外一面。这使我恍然大悟——这似乎预示着将真要发生某些不同寻常的事情了。

当我们靠近连接第一街区和第三街区的大桥时,一群显眼及并且不断变得兴奋的人群开始清晰可见,当我们到达施瓦森堡宫门前广阔的广场时,前面变得拥挤不堪。视线所及,环型公园两侧宽阔的大道上挤满了穿着节日盛装的民众。我们的出租马车穿过广场,拐进空荡荡的街道,一路驰向利本伯格胡同 7 号——我们预定的地点。那房子坐落在利本伯格街角,与环型公园相对,而上面的阳台沿着环型公园边的街道蜿蜒向远方。9 点稍过片刻,我们同许多其他客人一同站在二楼阳台的遮阳篷荫下,准备观赏游行队伍。万事俱备,可还要等上 1 小时游行才开始,而开始后还要等 1 个小时队伍才会到达我们这里。游行队伍堪称庞大;报道说将会有超过 2.5 万人参与其中。但游行人数并非其看点所在,我曾见过人数虽然众多,观众却并不买账的游行,这就像由衣服组成的游行;好比你有用不完的布料搭配出你想要的恰当图案。两三个月前,我曾看到皇帝与主教曾如此穿戴过;主教坐着遮阳篷车,戴着无沿帽,而皇帝在后徒步跟随,并未戴帽。即使游行队伍就只此两人的话,观众仍会买账的。我现在已经不再年轻,至少在这个世界上没可能成为皇帝了;许多次,我都对自己每年越来越没有信心以及认命而感到失望,但如果我真能成为皇帝,游行将使人们对主教的看法耳目一新,因为我会让他徒步跟随在后面。

125 等在阳台上时并不无聊。宽阔的大道一直蜿蜒向远方,环顾左右,街上挤成了厚厚的人墙,大家都翘首以盼,十分激动,同时忍受着太阳的炙烤,阴凉处的我们看到此情此景,多少有些安慰。但只有站在我们这边街旁的人们才晒得到太阳,街道的另一边却不然,那里是公园——有着密集的树荫。观众虽都天性善良,但还是给警察们带来了许多麻烦,人们总是向街道上挤,然后又被强行推搡回去。他们的精神状态都不错,但据说他们中多数都已经在拥挤的人群中等待了 3 个到 4 个小时了——他们中的 2/3 都是妇人与女孩。

终于,一名骑警独自一人策马驰过街道——这是游行马上就要开始的最初信号;5 分钟后,又骑来一辆装饰过的自行车;之后,一名典礼官助手骑着一匹油光闪亮的黑马飞驰而过;隔了 5 分钟——远处传来的音乐声;又等了 5 分钟,远处街道上的游行队伍的前端终于映入眼帘。

这就是游行队伍! 我可不愿错过他们的分毫表演。据我所知,来自奥地利帝国五湖四海的大众组成了这支游行队伍,其中还有一两队来自法德的嘉宾队列。我所想象的是 2.5 万人穿着正式的套装,背挂步枪,步调一致地向前单调行军——纽约踩点短途旅行的增强版。在想象中我以为自己可以看到黑人兄弟边提着冰桶和标牌,边擦着汗的情景。

但事实和我的想象完全不同。世上最引人入胜的场景之一便是演奏瓦格纳歌剧的一组团队走上舞台,音乐响起,旗帜飘扬。当时的情景要胜过此千倍百倍,太阳光芒万丈,无数群众激动地见证了这一切,挥动着手帕,大声喝彩。这是如此的恢弘,漂亮与华丽;又毫不流俗,虚假;没有锡制的盔甲,棉绒,假丝绸以及伯明翰仿冒的东方地毯;每件事都井井有条;队伍的衣饰使游行变得出彩;任何时代的服装都有涉及,甚至还包括在恺撒·鲁道夫二世时代也算是远古时代的服装。

有些方队的穿着像是一千年前头戴铁盔的长矛兵;还有方队戴的是八九百年前更富装饰性的头盔,还穿着护胸甲;还有几个方队像是在介绍历史的演变——有的拿着十字弓,有的推着最早期的火绳机;还有的穿着 16 世纪中期那极其漂亮的铠甲和插着翎毛的大头盔。之后出场的是身穿漂亮天鹅绒制服的中世纪重骑兵,同时他们也是马背上的绅士——紧身上衣搭配肥大的衣袖,饰有羽毛的宽大盗贼帽;丰富绚丽的色彩搭配——有古金色黑绯红三色;深黄黑绯红三色;棕黑绯红三色。一个身材魁梧的人穿着这样的衣服,手持像把台球杆般的双手剑,披着精致的骑马装,骑着高头大马,阳光在他身上折射出各种色彩——就是这样的形象,后面还跟着 50 个一模一样的复制品,光这么一个方队就能称得上是游行了。

但这只是游行的一小部分。穿着各个年代的方阵依次走过,穿着光鲜亮丽,
多数稀奇古怪,但新奇漂亮,这世上除了在剧院和图画以外都没法再见到的各式
服装。时不时,在这一群光辉亮丽的方队之间也会插入一队反差极大的方阵队 126
伍——身着晚礼服的骑马方阵——身着燕尾服,手带白手套,头顶闪亮的新礼帽;
紧随其后的可能是一百多个小丑,他们穿着鲜艳的服饰,蹦跳着向前走着,或者是
一队像古代丝绸段的队伍,他们带着插着翎毛的帽子,身佩短剑,如彩虹般优雅,
穿着肉色紧身衣煞有介事地向前走着;他们也模仿地惟妙惟肖,似乎他们就是生
于、长于那个年代的。

方队之间还有一辆大型的平板车,上面放有王座,支着恢弘的遮阳扇,内饰用的是丝绸,铺着来自东方的地毯,车上还载着穿着节日盛装的女孩。还有几个穿着过去时代制服的贴身士兵——特别值得一提的是,有个穿着一个半世纪前服装,而另一打扮的像是安德里亚斯·霍弗(Andreas Hofer)所处时代地区的人;后面跟随的是一大群男女和女孩,他们穿的是督政府时代到 1840 年间社会上流行的时尚服饰——十分赏心悦目。在盛会中最漂亮、最活泼、最活灵活现的服饰当属穿着当地衣服的各地农民方阵,他们来自于蒂罗尔、波希米亚以及其他地方,他们穿着的服装历史悠久,但仍使用至今。

我从未见过像这般激起大众热情的游行。任何国家都会心悦臣服,这是所能

见到最令人激动人心的游行了。今年年底我就将年满 63 岁了——如果那时还活着——即便死了的话也差不了多少。60 年间我曾见识过各类游行;神奇的是,我所见过最精彩的游行都发生在最近三年:一次是 1896 年在印度的杰伊布尔游行;还有次是去年伦敦的女王纪念游行;还有就是这次游行。至于对想象的吸引力而言——若简要的以声势、威望和帝国所支配的世界范围的客观标准而言——女王的纪念游行排名第一;如果以视觉享受而言,这次的游行又优胜于前者;就这点而言,这次的游行并不比印度的杰伊布尔游行差多少——那次就像做梦一样。

1898 年 8 月,在投入大量精力撰写自传数个月后,克莱门斯决定详细描述他第一篇杂志文章的诞 127
生经过,那篇文章报导的是大黄蜂号帆船海上起火的事情。8 月末时他曾问亨利 · 哈珀:“我打算写一篇回忆性质的杂志文章。哈珀月刊在 31 年前发表了我的第一篇杂志文章,(因为印刷错误)上面的署名是麦克斯万(MacSwain)。你能再给我一本吗?(1898 年 8 月 30 日,InU – Li)哈普给了他一“扁舟上的43 天(Forty – Three Days in an Open Boat)”的杂志样张。这篇文章发表在1866 年12 月的哈珀月刊上,比马克 · 吐温出版的第一本书《卡拉维拉斯郡著名的跳蛙》和其他作品都要早数个月时间。其实“扁舟上的 43 天”并不是马克 · 吐温的“第一篇杂志文章”,他之前已经在加利福尼亚人和几份东海岸杂志上发表过十数篇文章了。但这是他第一篇发表在如哈珀月刊这般显赫杂志上的非虚构作品。1865 年 10 月,马克 · 吐温决定正式投身文学界,尽管该篇报道的文笔并不幽默,但显然仍受到上一年这个决定的影响(1865 年 10 月 19 日、20 日致 OC 和 MEC,L1,322 – 25)。

马克 · 吐温 1898 年 10 月写的冗长手稿现收藏于耶鲁的拜内克珍藏书籍及手稿图书馆内。两位来自维也纳的打字员马里恩和肯德勒曾为其制作过打字版(现已丢失),经过克莱门斯的修订后最终刊登在了 1899 年 11 月版的世纪杂志上。世纪出版社出版的并非自传题材,但原手稿上的内容显示克莱门斯原本打算将其作为自传的一部分:“这是我未完成自传中的第十四章,从进度上看,我肯定没法再完成全部自传了。”在手稿交付打字之前,他将“未完成”修改为“未发表”,并删除了后半句话。1899 年 2 月,他将打字完成的版本交给了《世纪杂志》社的编辑理查德 · 沃森 · 吉尔德,当时他称自己“已经放弃自传的写作,也不打算再将自传补完;但我把其中的一篇回忆章节单独拿了出来,并交付打字,希望使它变成一篇值得一读的杂志文章。”(1899 年 2 月 25 日,CtV – BR)克莱门斯之后又按照某位大黄蜂号上的乘客的要求对这篇文章做了部分修改,后收录在 1900 年出版的《败坏哈德莱堡的人》外附多篇故事散文合集以及 1903 年的初登文坛及其他故事散文集。接下来的文字是根据克莱门斯出版在《世纪杂志》上的手稿以及修改后的内容进行评述而非 1900 年以及 1903 年再版的文章。

1906 年克莱门斯考虑将这篇文章收录其 2 月 20 日的自传体口述中。打字版中并没有具体内容,只记下了“在此插入 1898 年左右《世纪杂志》刊登的,原打算作为我自传中一章的‘大黄蜂号’事故文章。”但由于某些原因,这一指示并没有付诸实施。但这足以显示这篇文章在克莱门斯看来应该最终囊括进自己的自传内,因此这里收录了这篇文章的初稿。潘恩及内德的版本中均未收录这篇文章。

初登文坛*

作者马克 · 吐温(“迈克 · 斯万”)

1898 年 10 月 1 日。其实我曾经在东部小报上发表过一篇短文(卡拉维拉斯
郡著名的跳蛙),但我觉得那并不算数。在我看来,仅在报纸上发表过文章称不得 128
什么“文人”。作为文人应该有更大的成就,只有在杂志上发表过文章才够资格。而他也会因此在顷刻间声名鹊起。这便是我的两大夙愿。1866 年时,我准备好了稿件,四下寻找能让自己一鸣惊人的最佳杂志。最终我选择了哈珀月刊并有幸

* 这是我未完成自传中的第十四章。

获得采用。文章的署名是“马克·吐温”，这名字在西海岸已小有名气，我盼望能借此机会使其一跃而闻名于世。文章发表于十二月号刊，而我却为等待一月号刊足足辗转反侧了一个月——因为该期会刊有上年一整年供稿人的姓名，我的名字将被罗列其中，我将变得闻名遐迩，就可以举办筹划已久的庆功宴了。

最终我还是没能办成宴会。我所写的“马克·吐温”太过潦草，哈珀的印刷工也没见过这名字，最终他们将其印成了迈克·斯万或是马期温，我已记不清具体是哪个了。反正我半点名都没出，也没有举办宴会。我成了文人，但仅此而已——扬名在外却无人认识。

我的文章讲述了1866年5月3日大黄蜂号快帆船在航行途中着火的事故。当时船上共有31人，其中15人历经43天的漂流，仅依靠10天的口粮和烧破的一叶扁舟穿越了炎炎热带，最终抵达我所在的火奴鲁鲁①，他们上岸时已骨瘦如柴，不成人形。这是一次非凡的旅程，若不是因为一位非凡的船长，他们很可能无人能够生活。他就是传承了旧航海时代最出色技能的新英格兰人——约书亚·米切尔船长。

我当时在岛上为萨克拉门托《联合报》的周刊撰稿，此日报对工会其实毫无用处，但其资金充裕且拥有一定的知名度，而且舍得每周为毫无意义的稿件支付20美元。业主们和蔼可亲，受人尊敬，当然都已离世多年。但就我而言，至少还有我一人对他们仍心存感激：当时我急切地想一睹夏威夷芳容，他们给我机会实现了愿望，尽管这几乎不太可能带来利润。

幸存者抵达时，我已在群岛上生活数月。那天我卧病在床，无法四处走动。这正是写稿的好机会，但我却只能白白浪费。我的处境显然糟糕透了。不过幸运的是，安森·柏林盖姆阁下在前往中国赴任途中（他后来在那里为美国完成了出色任务）正好路过这里。他用担架把我送到大黄蜂号的幸存者所在的医院。我甚至不必亲自采访，柏林盖姆询问了所有问题，仿佛采访是他的任务，而我只需要做记录。他是个好人，了不起的美国人；他从不摆官架子，一有闲暇便会发自真心地去帮助别人。

我们在傍晚6点时完成了采访工作。我连晚饭都没吃，因为若想赶在其他通讯记者前发稿便已无任何时间可以浪费。我花了4小时梳理笔记，之后又通宵赶稿，结果颇有成效：在早上9点时，我已就大黄蜂号事件撰写了一长篇详细的报告，而旧金山日报的报道只有大致经过——他们显然没有加班加点。岛上有时会
129 有艘开往旧金山的纵帆船在九点离港，那天当我来到码头时，船已解开尾缆，向前自由滑行了。我凭借粗壮的臂膀把厚实的信封稳稳地扔上了甲板，我的成功已毫

① 夏威夷州最大城市及首府。

无悬念。那艘船按时抵达了旧金山，我的完整报道引起了轰动，并由时任纽约前驱报太平洋办事处主管的凯絮电传至纽约各大报纸。

不久之后，我回到加州并前往萨克拉门托兑现通讯工作每周 20 美元的日常工资，兑现之后我又向其索要一笔“特殊”稿费：我为大黄蜂号事件写的报道抵得上三篇内容翔实而独到的杂志专栏，这种专栏的稿费起码上百。出纳差点晕倒在地，让人请来了业主们。业主们没有提出任何异议，只是发出特有的爽朗笑声，并戏称这是在抢劫，不过没有关系，这确实“独一无二”（我并不清楚他们指的是我的稿费还是大黄蜂号的报告）。“没关系，付给他吧！”他们真是报纸业最好的老板。

大黄蜂号的幸存者于 6 月 15 日抵达桑维奇群岛。他们当时骨瘦如柴，衣服软塌塌地架在身上，就像没风时挂在旗杆上的旗帜。在医院里他们都得到了悉心照料，火奴鲁鲁上的居民为他们提供了一切所需的可口食物。他们康复迅速，不久便业已恢复如初。如果我没记错，大部分幸存者两周内便登船返回了旧金山，我与他们搭乘的是同一艘帆船。大黄蜂号的船长米切尔也在，还有一些原大黄蜂号上的旅客。其中有来自康涅狄格州斯坦福德市的兄弟俩：28 岁哈特福德、三一学院毕业的萨缪尔·弗格森以及 18 岁仍在该校就读的亨利·弗格森。现在（1898 年）亨利已是天命之年，他在三一学院已执教多年。萨缪尔那时已被肺痨折磨多年，长途的航海旅行是他康复的最后一线希望。大黄蜂号是艘顶级且快速的纵帆船。两位青年的房间宽敞且舒适，不仅藏书丰富，而且还有各种肉类和水果罐头，这些都使票价物有所值。当船驶离纽约港时，所有人都相信前方一万四五千英里的旅途必然会是轻松愉快的。而当她驶离寒温温度带开进夏日阳光后，船上顿时有如节日野炊般欢快。客船扬帆顺风南下，无需操心，数日间都不用调整或改变航向，年轻的兄弟俩在船上读书，或宽阔的甲板上散步，或船帆的阴影里休息瞌睡，或是与船长共进晚餐；太阳落山后他们又与船长打惠斯特牌直至睡觉。在经历合恩角的冰雪与暴风雨后，船又折回北向，重回夏日的气候，旅程又再次如野炊一般欢快。

时间来到 5 月 3 日凌晨，船的位置正在西经 112° 10′，纬度高于赤道 2 度。无风无浪，死一般的宁静。大气的温度酷热难当，没被炙烤过的人简直难以体会。突然，有人惊呼失火了！有个离谱的水手违规带着明火进入了船舱，还从桶中舀出了油漆。结果可想而知，这艘船在劫难逃。

情况很紧急，但船长仍充分地利用了大部分时间。放下了 3 条救生船——一 130
条长艇和两条船尾挂船。由于时间很紧，在放救生船下水时，某条船的一侧因为碰撞而破了洞，另一条船上的划桨由此穿入，足见当时的慌乱匆忙。船长当时最在意的是救出 4 名生病的船员，并用安全的方式安置在甲板上——其中就有“葡萄牙人”。这人在出海途中未曾干过一天活，因为溃疡4个月内都躺在吊床上休养。这是我们在火奴鲁鲁医院采访时，有位船员告诉伯林盖姆的。船上的三副，当时就躺在旁边，用力抬起头，用微弱的声音纠正道，情绪激动地郑重说道：

“他身上的确有许多溃疡。但他那么做是为了避开照顾他的人。”

船员和两位乘客将所有触手可及处的口粮收集到了一起，堆放到“葡萄牙人”所躺甲板的周围，然后再跑去寻找更多的储备。把这件事告诉柏林盖姆的船员还补充道：

“我们就这样存储满了足够31个人吃32天的口粮。”

这时三副抬起头，再次作出了更正……略带挖苦：

“那个葡萄牙人身边还有其他22个人，却没有人发觉他躺在那里是在装病，多么可鄙的一个人啊。”

火势蔓延得非常快。火焰和烟尘迫使人们向后退却，他们不得不停止尚未完成的搬运口粮工作，带着仅够支持10天的口粮跳上了救生船。

每艘救生船上都有罗盘，四分仪，鲍迪奇版导航图和一本航海天文历，船长和大副的船上还有一台航海计时钟。三艘船上一共有31个人。由船长负责看管食物，具体食物如下：4块火腿，将近30磅咸肉，半瓶葡萄干，100磅面包，12罐2磅重的牡蛎、蛤和什锦肉，1小桶4磅重的黄油，能装40加仑的“水桶”里只有12加仑的淡水，4瓶装满1加仑淡水的细颈大肚瓶，3瓶白兰地（乘客的私人食物），还有些酒桶，火柴以及100磅的烟草。没有药品。显然所有人一开始就分不到充足口粮了。

船长和两位旅客都坚持每天写日记，在我们回旧金山的船上，因为无风在太平洋面上停留了14天未动，这也给了我抄写日记的机会。萨缪尔·弗格森的日记写的最全，我下文将借用他日记中的部分内容。在记下这些内容时，他们的船已经离港120天了，但岛上的所有人都如往日般休闲度日，没人想到过船只会遇难：

5月2日，北纬1°28′，西经111°38′。又是炎热慵懒的一天；然而，随云吹来一阵风，轻拂而过——使我们能够继续前行。唯一值得一提的事情是我们今天抓到鱼的数量：上午的时候钓到了9尾小鱼，还看到几条大长鳍金枪鱼。饭后大副钓上1条没法收杆的大家伙，于是他把鱼竿递给了坐在船头船长。在船长收紧鱼竿时，那条鱼猛然一跃，咬下鱼线、鱼钩等所有东西后扬长而去。我们还看到1条9英尺到10英尺长的大
131 鲨鱼慢悠悠跟随在我们的船尾。我们用各种鱼线以及一块猪肉引诱他，但他却从不上钩。我想他大概是已经被我们扔下船的鱼头和其他杂碎

喂饱了吧。

日记的隔天开头记录的是场灾难。3 艘小船脱离后划了一段距离就停了下来。其中 2 艘受损的小船出现了严重的漏水情况；有几个船员一刻不停地向外舀水，其他人则尽己所能地堵住漏水口。长艇上坐的是船长、2 名乘客以及 11 名船员。船上剩余的地方都放满了口粮及淡水，再也没法挤出空地了。那长艇只有 21 英尺长，6 英尺宽，3 英尺深。一艘小船上坐着大副和 8 名船员，而另一艘小船上坐的是二副和另外 7 名船员。2 名乘客除了身上穿的和外套外，没再多带一件衣物。大火吞噬了航船，滚滚黑烟直上云霄，在了无人迹的海面上绘出了一幅壮丽的图景，时间流逝，唯有无所依靠的船员默默地注视着这一切。与此同时，船长正计算着他们与可以到达的最近岛屿间的遥远距离，并规定了紧急情况下的口粮标准：早餐半块饼干；中饭 1 块饼干和一些罐头肉；下午茶半块饼干；每餐另加几小口水。航船还未燃烧殆尽时，人们就已经饥饿难耐了。

5 月 4 日。航船烧了一夜，天空被照得透亮；我们希望能够有船只看到光亮，前来援救我们。但到上午为止，仍没见到一艘船只经过；因此我们不得不决定一同驶往北面偏西的一处小岛，大概在北纬 18 度到 19 度、西经 114 度到 115 度之间，希望在路上能够碰到航船。我们的航船在早上 5 点时突然沉没了。太阳很大，十分灼人；所有人都尝试着尽可能多地避开阳光。

他们当时这么做很自然，可能会有船只在看到火焰的亮光后驶过几乎静止的水面赶过来，因此先原地等待了数个小时。之后他们放弃了这一打算，开始沿着他们的计划路线航行。如果看过地图的话，你会觉得他们这条路线是很容易决定的。阿尔比马尔岛（加拉帕戈斯群岛）就位于正东面 1000 英里的地方；日记中指的小岛其实是“某些小岛”（雷维拉吉哥多群岛），在他们预想中，大概位于向北 1000 英里，然后再向西 100 英里或 150 英里的地方；墨西哥海岸上的亚加布尔科在东北方向 1000 英里不到点的地方。你或许会说，在洋面上随机出现的岩石小岛并不符合他们的要求；他们应该尽力前往亚加布尔科，那里才是脚踏实地的大洲陆地。那路线看似合理，但事后从日记记录的情况看，却是完全不合理的选择——简直就是自杀。如果小船前往亚加布尔科的话，一路都会处于“赤道低压带”——这意味着海洋地狱，那里的风飘忽不定，会突然从任何方向或笔直上下吹来。如果小船想到达亚加布尔科，就必须在半路驶离“赤道低压带”——如果他们能坚持到半路的话——然后他们的境地就会变得悲哀，能够碰到东北贸易线上的往来船只简直就是睁眼说瞎话；而小船的帆具也决定了他们在低于8点方向的风中没法正常航行。因此他们明智地选择了向北稍偏西的路线。他们仅有10天限制供给量的口粮，长艇拖着另外两艘小船，他们在赤道低压带缓慢前行，还时不
132 时会停滞一段时间，然而还有400英里或500英里的赤道低气压带航程在前面等待着他们。这就是赤道的真面目，环绕地球，约有1000英里还是2000英里宽的一块区域，其中涛声咆哮，颠簸多雨。

第一天晚上下了很大的雨，所有人都浑身湿透，但水桶也因此存满了淡水。2位乘客兄弟与掌舵的船长一起待在船尾。小船上相当拥挤；没人得到了充足的睡眠。“在暴风雨把我们吹下海去之前保持住我们的航线。”

第二天一早便是疾风骤雨。洋面分割成一块块汹涌危险的“鹅卵石”。小船能在这样的环境下幸存下来真是值得称叹的一件事。曾有个人带着他的狗乘着一条长艇般大小的船只横渡了大西洋，事后被称作是绝境中的勇敢壮举，他也的确配得上这个称号；但眼前这艘长艇上的船员以及物品已经超载，而且仅有3英尺深。“我们在家也常想起这事，记得那恰好是圣礼礼拜日，人们会帮我们的朋友一起为我们祈祷，尽管他们并不知道我们已身处险境。”

在起初的三天三夜里，船长甚至连瞌睡都没打过片刻，第四晚他终于打了一小会儿盹。“至今最糟糕的海面”大约在晚上10点时，船长改变了航线，朝东北方向驶去，希望能够到达“克利珀顿岩岛”。即使失败了也没关系，到时前往其他岛屿的路线也会变得容易些。这里我得提一下的是，他并未找到岩岛。

5月8日全天无风——阳光异常灼热。他们开始划桨前行。周围有许多海豚，他们却抓不住任何一条。“我想我们都开始意识到我们的处境正变得越来越糟。”“船只通常需要1周的时间才能驶离赤道低压带——像我们这样的小船又要多花多久？”“我们挤成一团，没法舒展身体睡个好觉，但也要尽我们所能向前进。”

当然这些情况会变得越来越难受，但人们会本能地停下来适应，前面还有5个星期的煎熬等待着他们——我们必须替写日记者记住这段日子，提醒自己依然身在福中。

5月9日，阳光提醒了他：“用双眼直视，海平面与阳光形成了X型。”“亨利身体不错，但他对困境的焦虑超出了我的期望。”他们抓到了两条海豚——味道鲜美。“船长相信罗盘已经坏了，但好久未见的北极星适时出现了——一个好征兆——证明罗盘并未出错。”

5月10日，北纬7° 0′3″，西经111° 32′。这是航行的第六天，在没风的条件下，他们已经驶离船只沉没的地方大概300英里远了。“整日在无风的洋面上漂着。”当然，烈日依旧炙烤着他们；我也曾到过那里，因此对日记中的细节记忆犹新

“正如船长所说的那样，所有传奇都已经消失许久了，我想我们中的大部分人都已经开始完全正视糟糕的事实处境了。”“我们仍按着既定的线路前进，但进展缓慢。”拖在最后的小船传来了坏消息，他们太过浪费，“吃掉了从船上带来的所有罐头肉，现在却越发不满足了。”大副的船上并未发生这种情况——显然他们受到了来自大副的严格监管。

在5月11日下面记着：“情况依然如此！甚至更糟，我们晚上后退的比昨天白天前进的距离还要多。”事实上，在无风条件下，他们辛辛苦苦地向北划行前进了300英里，一晚上却又后退了其中的3英里。“那只当船着火时被救到船上的公鸡还活着，破晓时分的啼叫让我们的心情高兴了许多。”它是如何活过这一个星期的？难道饥饿的人们从他们极端匮乏的口粮中分还给了他部分食物？“二副船上又断水了，显然他们的饮水量超出了定额。船长对他们的回答十分强硬。”这是 133
事实，这点在我的老笔记本上曾有记载，是我在火奴鲁鲁医院从三副处听来的。但没法在这里披露全文，也罢，毕竟那段文字参杂了太多个人情感；另外，三副也很欣赏船长的做法，而他所欣赏的东西都会得到加强。

他们仍渴望着其他船只的出现。船长对下属相当体贴，可能并未揭穿他们的想法其实与浪费时间无异。“在当前的纬度上，天边都是垂直的云朵，像极了船只。”在逃离航船时，弗格森从私人储藏柜里带出了3瓶白兰地，酒水在那几天里可是件好东西。“船长分给船员2勺白兰地，和等量的水兑着喝。”他指的是值班的船员；他们有着固定的轮岗时间——值班4小时再休息4小时。大副是个出色的指挥——沉着，果敢，全能性的一个人物。作者曾记下了以下这段内容——足以显示他的个性：“我送给大副一瓶白兰地，但他拒绝了，说虽然他能让整船人不至喧闹，但却没法让所有人都喝到酒。”

> 亨利·弗格森至此为止的日记完整讲来包括——5月4日，5日，6日，赤道低压带，7日，8日，9日，赤道低压带，10日，11日，12日，赤道低压带——一切无需赘述。在我之前的生活中，从未看过、听过、感觉体验过这般的炎热，这般的黑暗，这般的电闪雷鸣、暴风骤雨。

那男孩的日记写的很简短，在当时的情况下，这是可以理解的——也应当得到体谅。他的哥哥虽然受尽肺痨、饥渴、炙热、暴雨、缺乏睡眠，活动的折磨，但自始至终都据实详细地记着日记——显示了他非同寻常的决心。尽管小船颠簸晃动，但他的字迹依旧紧密端正，读起来就像打印的一般。

他们好像未能到达北纬7度，第二天他们依旧待在原地：

> 5月12日。昨晚下了一阵及时雨,我们接到了许多淡水,尽管还不足以灌满所有的罐头水桶。我们的目标是驶离赤道低气压带,但似乎总也做不到这一点。今天的风向多变,尽管我们才刚越过北纬7度,但期望这就是赤道带的边缘了。今天早晨我们都以为自己遇上航船了,但事实证明不过是几片云彩制造的假象。今天又下了好大的雨,所有人浑身都湿漉漉的,很不舒服,但也差不多灌满了所有的盛水容器。我希望今晚能够好过些,船长十分需要休息,一旦发生暴风雨或是别的危险状况,他就必须亲自掌舵。我始终不敢相信这些无篷小船,在载有这么多东西的情况下,能够这样安然穿行过这些海域。

12日与13日相交的那天晚上,“有人喊看到船了!让我们都站起来眺望。”看上去像是船只信号灯越过海面后的微光。船员们屏气凝神地站着向远方眺望了好一会儿,双手搭在眼睛前,心都跳到嗓子眼了——结果还是一场空,光亮来自于天边的一颗星星。虽然已经过去许久——32年——事情本身已无关轻重,但当读到这里时,人们还是会为他们的失望感到惋惜。“现在在家我还是会经常回
134 想起这事,为听不到后来周日时我们从旧金山发来的电报的他们而感到失望。”需要经过几周时间电报才能到达,人们才能见证奇迹,体验心花怒放的感觉,之前人们都以为他们已经死了,为他们哀悼,现在却起死回生般出现了。“今天我们的口粮减少为每顿1/4块饼干,外加大概半品脱的淡水。”这是5月13日的记载,前面还有超过1个月的航程正等待着他们!当然,他们当时并不知道这些,“我们都挺兴高采烈的。”

14日下午下了一阵雷雨“到晚上时,雷雨仍从四面八方包围着我们,漆黑一片,狂风不止。”“我们的处境越来越危急”,他们每天都划不了多远,“而我们仅剩的一点食物却日渐空竭。”他们意识到三艘小船必须尽快分道扬镳,各自寻找出路,拉小船很拖后腿。

那天晚上以及接下来的一天,电闪雷鸣,狂风劲吹,但却并未前进多少,难以忍受——情况依旧,食物日渐消耗。“所有东西都被浸透了;大家都紧挨着,也没有替换的衣服。”很快太阳升了起来,开始炙烤他们。“今天乔又捕到一条海豚,在海豚嗉囊里还发现了一条飞鱼和两条鲣鱼。”当时发生了一件事,激起了他们希望的热情:飞来了一只陆地鸟。它在帆桁上休息了一会儿,任由船员们看她,嫉妒她并感激她所带来的信息。作为谈资,她就是无价之宝——这是个崭新的话题,之前他们谈论的话题永远只有一个:我们何时才能再次看到陆地?那这鸟是从克利珀顿岩岛飞来的吗?他们希望如此,他们也为此鼓足勇气,相信事实也是如此;但事实上那飞鸟并非信使,他们几乎被骗了。

5 月 16 日,“公鸡还活着,每天还骄傲地鸣叫着。”那天晚上下着雨,“但我并不介意,只要我们能灌满所有水桶就可以了。”

17 日,他们碰上了海洋深处的巨大幽灵,海龙卷风,几乎丧命。年轻的亨利惜字如金地在他日记上绝妙地评述:“或许在航船上,这会是幅不错的风景。”

船长米切尔在当天的日志中记录道:“仅剩半蒲式耳的面包屑了。”(但在海上还需坚持 1 个月之久)

雨整日整夜地下着;大家都不舒服。一条剑旗鱼追着一条松鱼,那可怜的家伙寻求着朋友的帮助,躲到了船舵的下面。大剑旗鱼在旁边游来游去,把所有人都吓坏了。大家都在商量如何捉住它,这可是顿大餐;但却没人敢去碰它,显然如果它被激怒的话,会很轻松地把船弄反。可怜的松鱼得到了上帝的庇护,得以逃过凶残的剑旗鱼,这很公平。之后上帝又帮助了遭受沉船的水手们:他们抓到了那条松鱼,这也很公平。但在上帝的仁慈却未照顾到剑旗鱼本身,它走了,或许是思考其中的奥秘去了。“船上所有人的气色看上去都不错,原先病得最虚弱的人(在大船上时就没法长时间站立的那位)恢复的相当好了。”这就是三副所痛恨的带着一身溃疡的“葡萄牙人”。

> 度过了最糟糕的一晚。几乎每时每刻都下着暴雨,到处狂风大作,外加恐怖的电闪雷鸣——摘自亨利的日志。

> 我所经历过最糟糕的一晚——摘自船长的日志。

5 月 18 日,北纬 11° 11′。他们在过去的两周内,在没风的情况下平均每天走 135
40 英里。对船只分开行进有了更深入的讨论。“这太糟糕了,但为了整体的安全必须这么做。”“起初我从不做梦,但现在只要一打瞌睡,就会梦到各种东西——我猜,这或许是身体虚弱造成的。”当刚遭遇沉船时,他们以为这时都该抵达旧金山了。“我本该打封电报给 B × × ……祝她生日快乐的。”此处的 B × × 是指他妹妹。

19 日时,船长通知了后面两艘小船,说必须要有艘船拿掉挂钩,长艇没法再同时拖着他们两艘船了。二副拒绝这么做,但大副却准备好了;事实上,在需要有人站出来时,他总是做好了准备挺身而出。他上了二副的船;六位船员选择留下,而有两位选择跟随他(这时船上包括他在内共有 9 人),他就这么出发了,到日落时分就消失在视线之外了。日记作者对他的离开很伤心,这很正常,大家本可以更容易宽恕葡萄牙人的。32 年之后,我发现这又激起了自己对葡萄牙人的偏见之心。我在很久前就已经忘记了他的相貌;但这没关系,我依旧能像过去那样痛恨他。“现在,淡水对我们来说是项稀缺资源;离开赤道低气压带后,在信风带里只能偶尔再淋场雨了。这样的处境严重地削弱了我的体质。而亨利仍保持最佳状态”——亨利一开始身体并不好,但在艰苦的条件下逐步得到增强。

5 月 20 日,星期日,北纬 12° 0′9″。这时,他们离赤道低气压带该有点距离了,但事实并非如此。还是没风——期待许久的信风带依旧不知在哪。他们仍然在迫切寻找着经过船只的踪影,但只看到“淘气的船状云影——空无一物的投影”。二副下午抓到了只海鹅,这鸟身上都是毛(没有肉);“但既然没有别的肉吃,相比而言这也算不错了。”

5 月 21 日,他们终于进入了信风带！二副又抓到了三只海鹅,并把其中一只给了长艇。晚饭时“将半罐肉末发给众人分食,让大家都变得强壮了些。”始终还要保持一人持续往外舀水;那个在驶离燃烧航船时撞出来的洞始终都未得到有效的修补。“现在,我们大概在朝西北方向前进。”他们认为已经向东足够远,应该能够碰上那些并不知道确切位置的小岛了。由于这点没有成功,他们认为自己现在的位置已更容易被救。这个概率无比微小,但船长并未将这一点说破。

接下来的一天将发生很多事情。

5 月 22 日。昨晚逆风,因此那段时间里我们不得不时而向东南偏东前进,时而又向西北偏西前进,如此循环。今天一早,我们都被一句“看,船!”高喊惊醒,的确,我们可以看到它！我们暂时切断了和二副船间的缆绳,向它驶去以吸引注意。当时大概是凌晨 5 点。兴奋中我们航行了大概 20 分钟,最后发现那是大副的船。当然看到他们且发现他们全体无恙时,我们很高兴;但对我们所有人来说,
136 到底还是有些苦涩失望。既然我们已经来到了信风带,碰上小岛就基本无望了。我们下定决心尽可能走在能碰到航船的线路上,完成决心就需要我们甩下其他两艘船,经过一长段不愉快的讨论,我们终于做到了这一点,我们再次平分了淡水和口粮,让考克斯上了我们的船,这时我们船上变成了 15 人。二副船上的船员都想跟着我们的船,而让另一艘船自生自灭,这是一次十分痛苦的分别。

就这样,他们满怀希望,曾经为之奋斗许久的小岛的希望最终落空了。那只说谎的小鸟只是过来欺骗他们的,小岛只不是黄粱一梦,或者是“淘气的船形云朵”。当时他们的失望至极,十分可怜。奇怪的是,曾经消失的船只在茫茫大海中孤独漂流 3 天后又重新进入眼帘。但他带来了考克斯——我们无法确信这究竟是为什么,但若不是如此的话,写日记的人也许就再也看不到陆地了。

5 月 23 日。向西走过一段路增加了我们途中碰上船只的可能性,但每天我们所剩不多的口粮都会减少许多。没有鱼、乌龟和飞鸟送给我们当盘中餐,我都不知道我们该如何坚持下去。前几天我向船长建议早晚各做一次祷告,昨晚就正式实行了。尽管船员们来在世界各地,信仰各异,但祷告时都全神贯注,没人会戴

着帽子，但愿主能够使我们的微薄努力不至徒劳！

5月24日，北纬14° 18′。晚餐每人吃了五只牡蛎，还有三调羹果汁，一口淡水和一块银元般大小的饼干。“显然我都变得越来越虚弱——愿主保佑我们！”那天晚上，汹涌的波涛迎风而来，打湿了所有人，大家都感觉很不舒服，还需要持续不断地向外舀水。

第二天“平淡无奇”，或许部分人会有不同的观点。“看到一条船柱，但相隔太远没有看得太清。”他们看见几条鲸鱼浮上水面换气；飞鱼掠过海面，但没一条飞进船里；雾蒙蒙的天，下着细雨，却足以湿透衣服。

5月26日，北纬15° 50′。他们抓到了一条飞鱼和一只海鹅，但必须生食。“大家变得更加虚弱，我想，都有些心灰意懒，尽管他们很少说话。”因此，除了所有想象到的和想象不到的恐惧之外，寂静无声又加了进来！伴随而来就将是绝望。“这似乎是我们进入船只航线的绝佳机会，期盼着有船能够开得足够近，看到我们这一点。”他希望仍然飘在西边的另外两艘船会被人救起（世界上再也不会有他们的消息了）。

5月27日，星期日，北纬16° 0′5″；按航海计时钟计算，西经117° 22′。这是我
们的第四个星期日了！当我们逃离航船时，我们总共只带了10天的口粮，而现在 137
如果有可能的话，我们希望通过严格节省的分配，再坚持一周的时间。* 昨晚海面相对平静，但逆风把我们吹向了西北偏西方，今天一整天就都在往回赶。昨晚有一条飞鱼送自己上了船，而今天又有一条——都是小鱼。没有飞鸟，抓到一只海鹅就算收获颇丰，如果海鹅很大的话就够得上我们15个人的一顿晚饭了——当然，只够得上大黄蜂号长艇上的晚饭标准。今天早上尝试自己单独做完晨间祷告，结果发现这些内容对我来说太多了；我非常的虚弱，一直想打瞌睡，没法全神贯注；因此我把剩余的一半内容放到了午后。我相信今天主会听见家乡人对我们的祈祷，并仁慈地派来救援作为回应，帮助我们脱离苦海。

第二天是“眺望来船的好日子”。但还是没看到任何一艘。日记作者尽管已非常虚弱，但“感觉依旧良好”；他弟弟亨利“比船上任何人都有力气，更精神”。“我毫无沮丧之感，我完全相信万能的主会听到来自家乡和我们的祈祷，连死掉一只麻雀都会不忍的他肯定会关心照顾他所创造出来的我们的。”

考虑到当时的情况处境，第二天——5月29日——的记录对那些认为只有药片和医生才能治愈病者的无趣人来说将会有些不可思议。少量的忍饥挨饿对一般病人而言会有比最好的药物及医生更好的疗效。我说的并非少量进食，而是一两天内完全禁食。我有经验作为佐证，15年来，禁食都是治愈我感冒发烧的良

* 当时距离他们被救还剩19天的时间。——马克·吐温

方，并且每次都见效。三副在火奴鲁鲁告诉我说“葡萄牙人”在吊床上躺了几个月，身上长着溃疡，像野人般需要别人喂食。尽管气候糟糕，缺乏睡眠，时而炎热难耐，时而浑身湿透，还有数不尽的各种苦难，13 天的挨饿却使他“完全恢复了健康”。在大船起火时，船上有 4 名病人，紧随而后的是 25 天残酷的忍饥挨饿，我们得到的神奇结果是：“所有人都足够强健壮实，即使原先病了的人也痊愈了；除了可怜的彼得。”几个月前我曾撰文呼吁用暂时禁食来治疗胃口不佳以及其他疾病，被人指责说是在开玩笑，但我是认真的。“相对而言，我们都非常的健康强壮。”这一天，“饥饿政权”再次将腰带收紧了几个扣孔：面包定量从一块银元的大小又减少了一半，每日三餐也减少为两餐。这会削弱船员们的体质，但如果他们体内存在任何普通的疾病的话，也会随之消失。

> 还剩 2 夸脱①面包屑，1/3 块火腿，3 小罐牡蛎，20 加仑淡水——船长日志。

日记中依旧充满着希望。这很重要，看地图查下小船所处的位置：北纬 16° 44′，西经 119° 20′。位于雷维拉吉哥多群岛西侧 200 英里开外——因此依靠他们船上的帆具已不可能借信风到达那里了。这艘船能到达的最近岛屿是“美利坚群岛”，向西大约要走 650 英里——日记中仍然没有丝毫放弃的意思，就连丧气话都没出现！但，在 5 月 30 日，“现在我们仅剩：1 罐牡蛎；3 磅葡萄干；1 罐汤汁；1/3 块火腿；3 品脱面包屑。”而靠着这些，15 个饥肠辘辘的船员还需划行 650 英里之远。“不知怎的，今天改变路线后（北偏西），我感觉受鼓舞多了。”靠着一个
138 帽子就能装下的口粮行进 650 英里。尽管这已经过去 32 年了，但让我们仍对此心存感激，幸好他们当时并不知道实际上靠这些口粮要走的路并非 650 英里，而是 2200 英里！

事情这般发展够传奇了的吧？但还不只这些，上帝还为他们添加了段惊奇的插曲：在船上划桨，领着普通海员工资的人却是被放逐的丹麦公爵。关于他的事迹我们所知不多，只是附带提一下，这就是关于他的全部内容，外加一句：“他是我们中最好的一个人”——无论对于公爵还是普通人来说，在这种考验人性的环境下，这句话都算是种崇高的赞美了。除了瞥见他手拿船桨以及这句赞美以外，其他就不得而知，永远的消失了。永远永远，除非偶然间他还能看到这本日记，然后将自己的身份公之于世。

时间来到了 5 月的最后一天。现在要记述一场灾难：当你和家人坐在一起，

---

① 1 夸脱 = 0.95 升（美国标准）。

看着桌上早餐时，请考虑一下，试着理解这早餐的意义所在。昨天还有3品脱的面包屑，可早上却发现小包装袋被撕开，丢失了部分面包屑。“我们不想因这件卑鄙的事情怀疑任何人，但这严重的犯罪毕竟还是真实发生了。剩下的几小口面包屑仅够再吃两天。主赐予我们抵达美利坚群岛的力量吧！”三副在火奴鲁鲁时告诉我说，在救生船上时人们对“葡萄牙人”在船起火时等待别人帮他转移，浪费了22天的口粮而怀恨在心，大家都诅咒他，并发誓如果真到了人相食的地步，就会第一个牺牲他。

> 船长弄丢了眼镜，没法再像我以为的那般经常阅读袖珍版祈祷书了，尽管他对这些内容也不熟。

继续记录船长：“他是个好人，对我们无微不至——几乎就像父亲那般。他说如果再早点通知他当船长的话，他还会带上自己的两个女儿。”说话间战栗一下，庆幸躲过了一劫。

> 每天两顿饭(口粮)吃的是：下午时，14粒葡萄干和一分钱大小的饼干1块；早餐时，1块火腿，1片面包，都像一分钱那么大——船长日志。

他指的是像一分钱一样厚薄和大小。萨缪尔·弗格森的日记中说火腿被切得“没法再薄了”。

> 6月1日。昨晚和今天的海浪都很高，像堵墙一样倒下来，弄的我们浑身湿透，直打哆嗦。狂风大作，无疑只有一件事情能够保佑我们——主的看护——让我们得以度过这个夜晚与白天；这是多么神奇的一件事，我们的每一句祈祷都得到了保佑。这让我每天都想到面包和鱼的典故。亨利的身体很棒，让我安慰许多。不知怎的，我信心十足，希望苦难尽快终结。我们曾短暂穿过了出航与返航轮船途径的路线，但现在又拉开了很大一段距离；我们把希望都寄托在捕鲸船、军舰和澳大利亚的船只上。鲍迪奇航海手册上能看到我们要去的小岛，但在我的地图里，却说可能不存在这一小岛。主啊，保佑小岛就在那里吧！

至今最困难的一天——船长日志。 139

我表示怀疑，或许事实要更糟。一周后，他们直接穿过了群岛。

6月2日，北纬18° 9′。大风，多云，海浪汹涌。我忍不住回忆起了在大黄蜂号上时的快乐舒适时光。

还剩两天的拮据口粮——供每人支持10天的淡水和一小块面包，阳光普照，还有慈悲的上帝——船长日志。

星期日，6月3日，北纬17° 54′。从凌晨4时起，波浪翻腾了一夜。身上很湿，海水时不时地倾泻到我们身上，特别是把船尾放的所有东西都给泡烂了。海浪整天都很高，没翻船简直就是个奇迹。今晚我们就该抵达天堂小岛了！情况越来越糟，我们也越发焦虑。今天早上我试着慢慢地从船头走到了船尾，多走了几步，惊讶地发现自己竟是如此虚弱，尤其是腿和膝盖。太阳又出来了，晒干了部分东西，希望今天晚上会好些。

6月4日，北纬17° 6′，西经131° 30′。昨晚几乎没有前进多少，不知为何，今天的波浪小了些，但还没低到舒服的程度，时不时我们还会再次被海水浇透。晒了一整天的太阳，得到了充分晾晒。10天到12天以来，我一直想穿上一条晒干的内裤，今天终于得偿所愿，这只是想展示下我们当时的生存状态。如果我们航海计时钟是基本准确的话，我们应该在明后天就能看见美利坚群岛了。如果那里没有小岛的话，那我们只能期望于在几天内能够碰上艘偏离路线的航船，我们的口粮最多还能再坚持5天到6天，我们也正迅速衰弱。今天我很惊奇地注意到，我膝盖下的小腿已非常不中用了；他们甚至比我以前的上臂还要细。我依旧坚信无限仁慈的上帝，相信他会尽己所能地帮助我们。为了生存，我们已经在无蓬小船上生存了32天，起初只有仅够31人吃10天的口粮，之后又一分为二。在孤立无助的情形下，我们已经超越了人类技巧与体力所能达成与忍受的极限了。

面包和葡萄干都没了——船长日志。

船上的人变得十分不满，开始出现愤恨的怨言以及不愉快的对话。主让我们从争吵中冷静了下来，如果我们现在必须死，让他亲自来把我们带走吧，请不要再让我们在死前承受更多折磨了——亨利的日志。

6月5日。平静的夜晚，舒适的一天，虽然我们帆布和滑轮组都快坏掉了，急需拆除——拆除后者可是件费力的事情，需要爬上桅杆才行。船头也传来了坏消息，众人有些不满，威胁抱怨着食物分配并不公平之类的事情，都是些无理取闹、愚蠢的说法，但依旧需要防范。我变得十分虚弱，尽己所能地坚持着。如果没法找到群岛的话，我们只有掉头向西北前行，朝桑维奇群岛前行，同时坚持越久越好。今天，我们换成每日中午一餐，外加上午八九点时每人一小口淡水，之后在12点与下午五六点时再喝一点。

除了1小片火腿和1小口淡水外，就没有任何食物了——船长日志。

140 现在，他们减到每日一餐——即使如此——他们还要航行1500英里！恐惧与日俱增。大家谈到相互残杀。还不只这些，还有更糟糕的——吃人肉。现在我们似乎能够明白好久之前，那奇妙的相遇是如何会发生的：我指的是，考克斯能从被抛开数天之久，如此之远的大副船上回来的事。如果他没回来的话，船长和两位年轻的乘客或许已经被杀死了，在经历了如此多的折磨之后，船员们都变得丧心病狂了。

亨利悄悄传给哥哥的便条：

“昨晚考克斯告诉我说，有许多关于船尾的我们和船长的丑陋交谈。尤其是哈利、杰克和弗雷德。他们说船长是发生这一切的原因——他根本没打算扑灭船上的失火，也没打算多拿口粮，甚至都不许船员放下他们所拿出来的食物，在船尾分配定额时也事事偏袒。有一天，杰克问考克斯他是愿意忍饥挨饿还是生吃人肉。考克斯回答说自己会选择挨饿。杰克回答说，这只会让他首先被杀。如果发现不了岛屿，我们会对任何事情做好准备。哈利是其中叫的最响的一人。”

回复——“我想，查理还靠得住，还有托马斯，考克斯，不是吗？”

第二个便条——“我想是的，彼得也行——但不要说出去。查理和考克斯绝对可以相信。现在还没有明确的口头或暗示确认，但我了解考克斯，与那些饿鬼和疯子无异。看管好你的手枪，保证手枪和弹药安全，不要被他们偷走。”

亨利的日志，6月5日。“可怕的预感。主保佑我们免于所有的恐惧！某些船员说了很多。没法用笔记录，内心极其失望。”

亨利的日志，6月6日。“穿过海藻，还有些像老树的躯干，但没有飞鸟；开始担心小岛并不存在。今天，船上所有人都听到有人对船长说，有些人死后，身体并不会萎缩，肉还可以吃，这不算杀人。太恐怖了！主让我们学会了思考，不该发生这些事情！上帝啊，从瘟疫、鼠疫、饥荒、战争杀戮、猝死中拯救我们！”

6月6日，北纬16° 30′，西经134°。晚上干燥，风力稳定，无需调整帆布；但今天早晨，想把滑轮取下的尝试都失败了。起初，三副尝试爬到滑轮处，将穿过的吊索暂时系在别处，但还未完成就不得不下来了，身体虚弱，几乎晕倒；之后乔也尝试了下，爬了两次，终于将吊索固定住，取下了滑轮；这是项十分费力的工作，之后整天他就完全没力气了。我们用来替代损坏滑轮的三角环似乎没什么用处，恐怕还会把绳索割断。在我们还没虚弱到没法动弹之前，将帆布摆好位置都连在一起，方便操控是非常必要的。

还剩3顿饭的口粮——船长日志。

6月7日，北纬16° 35′，西经136°30′。晚上下了雨，很不舒服。今天我们已经明确地知道美利坚群岛并不在这儿，尽管我们看到一些他们近在眼前的假象。中午时，我们决定不再寻找这些岛屿了，今晚时，船向北再开进了些，想挡在前往桑维奇群岛轮船的线路上，幸运的是，这一路
141 走的相当顺利——得益于北纬19度到20度间的信风。当然我们所有向西的路程也没白走，希望出错的航海计时钟会让我们因祸得福，我从没见过在海上长期颠簸撞击之后，还能有哪件精密仪器能够正常运转的。如果在这之前我们还未被人中途救起的话，希望借助猛烈的信风，到下个星期日的半周内我们能够看到桑维奇群岛。

当时离桑维奇群岛还有1200英里，口粮实际上已经完全告竭，但日记作者的顽强勇气依旧尚存。

6月8日。昨晚咳个不停，根本都没怎么睡着过。但还能很轻松写字记录，所以没什么可抱怨的。三副在昨天修好了滑轮组，今天下午又花了点力气把帆布降了下来，哈利爬到桅杆的最高处辛辛苦苦把吊索穿了过去，因此现在操控起来十分的灵活方便。在我们行进的洋面上，任何时候想要爬上桅杆都是十分不易的，而在现在这种情况下，更是件令人精疲力竭的事情。我们只能再多给哈利一口淡水作为回报。今天大家心情不错，船也正沿着线路前行。然而，乘风破浪也让海浪打进了船中，让我们浑身都湿漉漉的，而这并没有影响到我们的心情。写作在当下的环境中已经变得十分危险。今天我们15人总共吃了半罐“布耶汤”——还有半罐留到明天吃。亨利依旧身体良好，这是我最高兴的一件事，主保佑他能够获救！

大家的心情有所好转——船长日志。

6月9日，北纬17° 53′。我该说，今天所有的口粮都消耗殆尽了*，带骨火腿的下端还有一点点，剩下一些外皮。至于淡水，我想如果按现在的定额算我们倒还能坚持10天。靠着这些外加皮靴及其他可以咀嚼的东西，希望我们挺过风吹雨打，最终达到桑维奇群岛，或是被前往对岸港口的航船在途中救起来。我寄希望于后者——因为我已无坚持到桑维奇群岛的可能。我们依旧受到奇迹般的庇护，但愿主会用他自己的方

---

* 这时还剩6天的航程——马克·吐温。

法在方便的时候把我们都救起来,大家变得越来越虚弱,但仍安静有序。

星期日,6 月 10 日,北纬 18° 40′,西经 142° 34′。昨晚过得相当好,有些湿润。星期日也相当舒适。我禁不住想如果在家该有多享受,而这里却又是如何的煎熬!他们的打算开始变得非常可怕!主保佑我能在不久之后把这些内容大白于天下,我确信在做每件事时,他都就在我们身边,因此这艘船才得以如此奇迹般地存活至今;自从离开沉船点后,我们已经前行了 3000 英里之遥,若考虑到我们匮乏的口粮,这简直就是史无前例的事情。我更耐不住口渴而非饥饿,即使天生爱喝水的亨利也还能时不时从他的定量里省下一点,而我却不行,我患病的喉咙可能也是原因之一。

无论如何添油加醋,他们当时吃的东西都不能被称作是食物了。但他们必须靠这些东西再撑 5 天,在中午时他们还剩 800 英里需要走。现在,这是在和生命赛跑。

这里我没时间再中断或插入任何评论——每一时刻都非常关键。这里我将 142
直接引用弟弟的日志。

亨利·弗格森的日志

星期日,6 月 10 日。火腿骨头让我们今天尝到了一点肉味,明天只剩下丁点肉和骨头残渣了。从没吃过这么香甜可口或是被如此大加称赞的腕骨了。除了食物定额减少以外,我并不认为自己比上个周日感觉更糟,我相信我们所有人都能挺过下一周的折磨与苦难。我们预计桑维奇群岛离我们已经不到 700 英里了,这意味着每天平均要走一百多英里,因此我们的愿望还算实际。上帝保佑我们还能活着见到陆地!

6 月 11 日。吃掉了火腿肉和骨头的外皮,明天还能吃剩下的骨头和油腻的包装纸。主送来飞鸟和鱼吧,希望我们不会被饥饿击倒或是走投无路选择生食人肉吧!就现在而言,任何想法都没法说服我这么做;但你没法保证处于极度饥饿时却越吃越少,自己会如何想,如何做。我期望同时也祷告在走投无路前,我们能够抵达群岛;在船上已经有一两个人近乎绝望,他们已经是那种状态了。我坚信我们还是能够获救的。

吃完了所有食物——船长日志。*

---

* 就在这天发狂了的船员谣传说船长在船尾偷藏了价值百万的黄金,他们阴谋杀了船长和两个游客以取得那笔钱——马克·吐温。

> 6月12日。强风。我们向群岛方向直线飞速前进。不错的兆头,但大家已经饿得不行了。今天吃掉了火腿的骨头。今天是船长54岁的生日。
>
> 6月13日。还剩一些火腿包装纸和靴子,我们发现在上面洒点盐后味道还不错。我认为稍微烟熏之后,味道会变好了一点,这一点我并不确定。
>
> 6月14日。我们并未受太多饥饿的折磨,但大家都异常虚弱,淡水也所剩无多。主保佑我们尽快看到陆地吧!没东西吃——但感觉自己要比昨天舒服些。黄昏时分看见一道宏伟的彩虹——前所未见。船长说道,“伙计们,振作点,这是预言!——是彩虹的承诺!”
>
> 6月15日。主的无限慈悲万岁!我们看到陆地了!迅速靠近后,我们确信这真是陆地。两位善良的夏威夷土著游过来,把船牵到了岸边。我们受到了两位白人——琼斯和他的管家查理——和一干土著男女老少的热烈欢迎。他们很好地招待了我们——把我们扶上了岸,并带来淡水、芋泥饼、香蕉和绿椰子给我们吃;两个白人很好地照顾着我们,防止我们饮食过量。所有人对看到我们都喜出望外,言行表情间都带着同情。之后他们搀扶我们走进了屋子,帮助我们各取所需。琼斯和查理是这里唯一的两个白人,待我们非常好。先递给我们掺了一调羹烈酒的白开水,之后又给每人送来一杯热茶和一片面包,对我们的照顾极尽周到。后来又给每个人递来一杯茶以及相同大小的面包,让我们休息。这是我生命中最快乐的一天。仁慈的主听见了我们的祈祷。所有人都非常友善,我简直无法用言语表达……
>
> 143 6月16日。琼斯为我们安排了一张舒适的大床,我们晚上都得到了很好的休息——但并未睡着——我们都太高兴了,完全无法入睡;希望眼前的都是事实,不要到最后被证明是黄粱一梦——担心我们醒来时发现自己还在船上。

这是一次让人惊叹的冒险。史上没有一件事情能像他们那样这样化腐朽为神奇。外加一个瞠目结舌的细节——船上没有死一个人——这或许是史上此类逃生中做到这点的唯一一次吧。通常船上只会有部分船员活着获救——主要是船上的主管或是其他人是受过教育、温和善良、没法负担重体力活的一群人——而未受过教育、性格暴躁的粗人一般都活不下来。但在这次逃生中,即使是最粗鲁、暴躁的船员也都挺过了航程中的苦难折磨,和受过大学教育的年轻兄弟俩与船长一起最终获救。我指的是至少是他们的躯壳。航程中的第四周使多数船员的心灵受到了严重创伤，暂时崩溃了，但他们身体展示的忍耐力依旧相当惊人。当然，这些人并不是依靠自身优点而获救的，而是凭借着船长过人的品格及智慧——他们的生命掌控于船长之手。如果没有他，他们就像是失去照看的小孩，他们一个礼拜就能吃完所有的口粮，而他们的勇气甚至还坚持不到口粮吃完。

最后，船都快沉了。快到岸边时我们解下帆布，刷的一声就掉了下来；接着，船长发现船就径直向一块丑陋的暗礁撞了过去，想花力气在把帆布升上去，却发现做不到了，大家都已经耗尽了体力；他们甚至都没力气划桨了。孤独无援，死亡正向他们逼近。恰在这时，后来救起他们的两个夏威夷土著发现了他们。两人游过来操控船只，引导船与暗礁擦身而过——这是延绵35英里暗礁的唯一缺口处！而到岸的地点也是这海岸线上能够登陆的唯一一处地方——其他所有地方都是悬崖峭壁，直插入40英寻深的海水中，同时，这也是所有海岸线上唯一有人居住的一处地方。

到达陆地10天后，除了一人以外，所有人都可以站起身缓步行走了。应该说，他们因为最后几天吃的“食物”而差点害了自己——至少是他们中的部分人——他们的胃里装满了老旧靴子的皮革以及酥油桶的木屑，这些东西都没法正常消化。船长和两位乘客并没像其他船员那样吃皮革与木屑，而是把他们削成碎片，用水浸湿，做成浆吞下去。三副告诉我说那些靴子很旧，上面都是小洞，然后又细心地补充道，“但小洞周围的最好消化。”提到消化，还有件不同寻常的事情值得注意：在这次前途未卜的航行中以及上岸后的一段时间内，部分人的肠胃功能实际上停止了工作；在部分人身上达到了20天到30天之久，甚至还有一个人长达44天！睡眠也变得稀少。但大家并未为此而身体不佳。在很多天里，船长都未曾休息片刻——我想，大概是连着21天吧。

当到达陆地时，除了“葡萄牙人”外所有人都没有暴饮暴食。他避开别人的
注意，吃了大量的香蕉；三副说有152只，但这无疑是种夸张了的说法；我猜大概 144
有151只。他当时胃里已经填满了皮革——他对此置若罔闻（这并非三副告诉我的，我亲眼看到过他，这是我自己的描述）。葡萄牙人本该肯定已经死了，即使现在看来，我们都为事实并非如此而感到遗憾。他恢复了健康，和大家恢复的一样快；他当时胃里填满了皮革，酥油桶屑，手帕以及香蕉。在获救前的最后几天，有几个人吞下了手帕和袜子，他就是其中一个。

他们没有杀掉清晨啼叫不辍的公鸡，它活了18天，然后站起来引颈做了最后次勇敢微弱的啼叫，没叫完就死了。这个场面很生动，那彩虹出现时也一样——这是43天来看到的唯一一次——在空中为坚强的勇士升起象征胜利与获救的凯旋门。

依靠10天量的口粮，船长约书亚·米切尔用一条敞篷船完成了43天零8个小时的难忘旅程，实际航行4000英里，直线距离3360英里，最终全员安全登陆。他为人纯朴谦逊，胆大心细，是朋友的最佳选择。我和他在甲板上共处了28天——抄录日记空闲时——我十分崇敬他，如果他还活着，现在该86岁了。

如果我没记错的话，萨缪尔·弗格森在到达旧金山不久就去世了。我并不认为他能坚持到再次回到故乡，在出发前，他的病就注定了这一切。

他们上岸后的一段时间内还希望能在稍后听到两艘小船的消息，但这最终以失望而告终。显然，船上的所有人都失踪了，即使是侠肝义胆的大副也未能幸免。

日记的作者们曾想要在我抄录日记前再稍作整理一番，但这完全没有必要，我说服他们打消了这个念头。这些日记内容忠实公正，运用下意识浑然天成的手法把读者逐步引入高潮，继续着故事的深度力度，然后突然高潮爆发，最终高喊出，“看，陆地！”这时，你的心已经吊到了嗓子眼，相信获救的其实是自己。最后两段内容无论从何种角度看都无可挑剔，这是文学界的瑰宝，而其中某些破碎不完整的句子也是任何文辞都无法媲美的雄辩语句。

这个故事毫无疑问是有趣的，这是段不朽的经历。我32年都没再看过这些日志，但我认为他们在这段时间里面没有失去什么东西，失去？——他们事实上大有收获，吃一堑，长一智，这是人们生活中的不变法则。在那不勒斯时，我们联想到了庞贝城的母亲，尽管1800年前被湮没在火山灰的历史洪流下，却将自己的孩子紧紧拥在自己身下，尽力保护他，虽然她死了，但她的绝望与悲痛却也通过包裹覆盖在她的躯壳和形象之上的炙热火山灰得到了永久的保存。她使我们感动，久久无法释怀，她的形象在我们心中萦绕数日，我们不知道这是为什么，她和我们毫不相关，她也和1800年来的任何事都毫不相关，要是这事发生在现在，我们只会说：“可怜的人儿，多么可惜啊。”然后一小时后就忘了这事。

维也纳，1898年10月，马克·吐温

下面三份手稿[“贺拉斯·格里利(Horace Greeley)”、“演讲时代”(Lecture Time)以及“拉尔夫·基勒”(Ralph Keeler)]都收于马克·吐温档案馆。所有这三篇均为克莱门斯于维也纳时创作的,大约是1898年末年或1899年年初(可能性更大)。当时他显然已(至少是暂时)放弃了他的起初构思,而转为“同时代人肖像陈列馆”的自传体形式,正如他在1899年5月一次采访所说:“即使确信写后无人会看到,但还是没有人能够说出关于自己的所有真相。因此,我只让自己描写他人”(“马克·吐温遗产”,标记“维也纳,5月22日”伦敦77mes,1899年5月23日,沙恩霍斯特2006年,333-34)。 145

尽管克莱门斯之后在1871年曾和格里利见过一面,但文章中记载的肯定是稍早时候的事情,大约是1870年12月12日到17日之间,当时克莱门斯在纽约待了一周的时间(Rl 1993,825 n.78)。他所讲的故事与1905年写的几乎相同(1905年10月3日致哈珀周刊编辑,RPB-JH,在SLC1905e出版)。潘恩并未在自己版本的传记中收录该故事,只有一段打字稿简短内容说明他曾考虑过放进这段内容。他还在1912年版的传记中引用了该故事的另一版本(MTB,1:472)。内德也一样删去了这段内容,但伯纳德·德沃托在”马克·吐温在欧洲”的“杂集”部中选录了该故事,他说这是“篇支离破碎的文章,我都没兴趣把他拼接完整”(*MTE*,*xii*-*xiii*,347-48)。

贺拉斯·格里利

我只见过格里利一次,还是一次意外。当时是1871年,是在(老)先驱报的办公室里,当时我多爬了一两层楼梯,走错了房间。我原准备找的人是约翰·海上校,我知道房间的具体位置,只是太过粗心才进错了门。我轻敲房门后推门而入,发现格里利正背对着我奋笔疾书。我以为他脱了外套,但还是我认得的那个人。当时的情况并不妙,因为传言说格里利对打断自己思绪的陌生人向来十分直接。隔了一小会儿,我还没来得及回过神来退出时,他转过身,透过他的大眼镜盯着我说:

“好吧,你到底要干什么?”

“我在找……”

“别吞吞吐吐的,滚出去!”

我本该巧妙反驳他的,但当时我已六神无主,下楼后才缓过神来。

该手稿开始创作于1898年年末或1899年年初维也纳时,但并未完成,还未结尾就中途停笔。和贺拉斯·格里利与拉尔夫·吉勒类似,这都属于他描写朋友熟人的肖像自传系列中的一部分,作为克莱门斯放弃最初自传构想后的替代品。纳斯比、德·科多瓦和海耶斯等题外名字就相当于其在非时序自传体口述中的题外日期。 146

克莱门斯很久以前就想写下巡回演讲中的相关经历。最早在1869年7月时,他就在东部各州完成其首次巡回演讲,他用旧金山之于加州来形容他朋友及合作演讲人戴维·罗斯·洛克(书中化名派彻列姆·V.纳斯比)和自己的关系:"嗯,纳斯比是个好伙伴,我们相处得很好,在一起时我们可以一整天只读布雷特·哈特的浓缩小说,谈论西方演讲中的各种趣闻。但演讲中的经历,尽管有趣丰富,却只能关起门来悄悄交流。不然人们能写成多么生动的杂志文章啊"(SLC 1869b)。尽管存在这些警告,但他想把这些经历记录下来的兴致却从未消失。在1872年1月写给奥莉维亚的一封信中,他提到随信寄回家的手稿中如他所愿包括了"演讲经历"的相关内容(1872年1月10日、12日致OLC,L5,18,20 n.6;SLC 1874d)(之后以"友善的吉米(Sociable Jimmy)"为题发表。)但"演讲时代"和其后的片段文字"拉尔夫·吉勒"是最接近于实现他这个目标的文字了。

潘恩收录了"演讲时代"的部分内容,还重起了标题,"在波士顿演讲的过去时光,关于纳斯比以及其他雷德帕斯演讲局的同事",文章省略了最后四段有关伊萨克·I.海耶斯的内容。内德的内容完全承袭了潘恩的改动——同时也照抄了他的错误之处——对文章结构做了调整,混入了从"拉尔夫·吉勒"和1906年10月11日与12日自传体口述中的部分材料。因此以下这段内容是该手稿首次以写作时的完整形式公开。

演讲时代

我还清晰地记得派彻列姆·维苏威·纳斯比(Petroleum Vesuvius Nasby)(洛克)。当南北战争开战时,他还是托利多市《刀锋报》(Toledo Blade)的一名职员,那是一家有着悠久历史、受欢迎的周报。他自己开设的"纳斯比来信专栏"取得了非常好的反响,让他一夜成名。他之后再接再厉,每周撰文绝妙地抨击同情南方的北方人以及民主党人,他们的文章被贴的大江南北到处都是,他的文章在各处传阅,传出阵阵笑声——至少是除了特别无趣以及怀抱偏见的民主党人和同情南方的北方人以外的所有人。突然间,纳斯比声名鹊起,他的名字就像空气般到处都是。很快,他被任命为连队队长;他也欣然接受,准备直接前往前线参加战事;但那里的州长却比科纳和裴多菲等政界大师还要聪明;他拒绝签署纳斯比的任命状,命令他待在家里,说如果在战场上,纳斯比只不过是个拿着剑的普通战士,但如果在后方,他的笔就是一整支部队——还是炮兵部队!纳斯比服从了州长的命令,继续写出活力非凡的文章。

有次去哈特福德访问时,我才第一次见到他;我想这大概是战争结束后的3年到4年间吧。歌剧院里挤满了听他"恶人在迦南"(Cussed be Canaan)演讲的大众。在2年到3年间，他在同一个舞台上一直做着同一内容的演讲，没有变过内容，这些东西从他口中重复了上百遍，但一旦脱稿，他还是会说不出一句话来——除了开头的那一段。他一出现，台下就爆发出异常热烈的掌声，但他从不会停下来鞠躬致意或者做其他表示问候的动作，只是大步走向演讲台，翻开上面的演讲稿，姿势固定，在之后直到演讲结束离开前的一个半小时内都不会再做更改：他的身体倾向桌面，用他如柱子般的左臂僵硬地做着支撑，右手反背在身后。大约每隔2分钟会甩向前来，稍作调整，然后再靠向背后完全相同的地方——就像是机器的动作一样，让人浮想联翩，规律，循环，迅速，精确——你似乎能够听到其中发出的呼呼响声。他相当得率直敢言，衣着粗俗富有乡土味，看上去就像个纯朴的老农民。

我对他的开场白十分期待，他也并未让我等太久。他左手撑着身体，右手反背在后，身体前倾看着稿子，之后略微抬起头，扫了一眼观众，用雷鸣般洪亮的声音大声宣讲道：

"我们都是人类祖先的后代！"

他就这样从头至尾咆哮着，掌声和笑声会时不时打断他的无情咆哮，他对此毫不介意。他的演讲中充斥着连珠带炮似的发问且处处切中要害，主要攻击的是农奴主势力及其为北方辩护，是他的内容而非技巧成就了他的演讲；除了异常感人的诚挚之情及所谓的活力外，其演讲毫无艺术感可言。演讲一结束，他就会背过身，径直朝台下走去，似乎自己对身后的如雷掌声毫不在意。

他体壮如牛，还拥有职业拳击手般的力量与忍耐力。那时候直达列车还不多，有次他错过了一班列车，为了赶上哈特福德的演讲，他坐着牛车走了2/3个晚上及整个白天——当时正值寒冬——从牛车上下来后没吃饭就上了演讲台；但在台上时，他的声音依旧洪亮，没有一点疲劳瞌睡的迹象。他还和我边吃边聊直到后半夜，最后还是我先撑不住了，而不是他。他告诉我说在他第一次巡回演讲的9个月，每个月中都有25个晚上在做"恶人在迦南"的演讲。我猜，没有其他演说家能追上这个纪录了吧！

他说连续225个晚上重复演讲的一个结果是，他已经不用看手稿就能背出开头那段句子了，有时如果胆子大些的话，甚至能背的更多。还有另外一个结果：当时他做完漫长的巡回演讲，晚上回到家在炉火边发呆，而时钟敲响8点时会搅醒了他的冥想。习惯已根深蒂固，他还没意识过来自己就已经开口大声讲道，"我们都是人类祖先的后代！"

我在1866年成为一名讲师，当时在加利福尼亚及内华达州演讲；1867年，我在纽约做了场演讲，随后在密西西比河流域也做了几场；1868年，我环绕整个西部做了一次巡回演讲；在后来的2次到3次巡回演讲中，我还加入了东部部分。

每次巡回演讲我们都得重新构思，现在（我和纳斯比）的演讲题目是“繁星讲座
148（Star Course）”，波士顿是我们的第一站，届时老音乐厅里会有2500名听众前来，在那里，全国所有的演讲组织方会对这场演讲的商业价值作出判断。这次巡回演讲其实并非始于波士顿，而是周边的小镇；在那些小镇里我们彩排了大约有一个月的时间，做好所有必要的修正删改后才来到了波士顿。

要到10月初组织方才能汇集所有听众到波士顿，因此我们还有几周可以用来交际的慵懒时光。我们住在杨氏旅店；白天就去雷德帕思的办公室抽烟聊天吹牛；傍晚时各自前往周边小镇，演讲新内容，任人品头论足。镇上的听众相当苛刻：在这里能得到略微赞同的句子，在城里就会引起轰动。如果在镇上获得相当成功，那演讲在城里那就会大受欢迎。因此，当我们最终来到音乐厅的大舞台上时，获得肯定已是手到擒来的事情了。

但有时新入行的演讲者并不了解“对牛弹琴”的价值，情愿怀抱着未经检验的新作直接前往音乐厅。有一次，当我们看到广告后，就对他非常担心了。德·科多瓦是位幽默作家，我们就很担心他的做法，我想他应该另有其名，但我已经记不得了。他曾在杂志上写过一些晦涩的幽默作品，那些作品大受欢迎，让他名声远播；现在他突然要来抢我们的饭碗了，这不由使我们大吃一惊。我们中的几个人感觉相当不好，甚至都不高兴再做演讲了。我们推迟了外地的演讲预约，留在了镇上。我们预定了最佳地点的前排座位，等着看他的演讲（包括我、纳斯比和比林斯）。演讲厅里坐满了人。在我们看来，德·科多瓦入场时所受到欢迎的热烈程度显得有些过火，甚至并不体面。我想我们当时并不嫉妒，甚至说不上羡慕，但还是感到有些恶心。当发现他准备（照着手稿）宣读幽默故事后，我感觉好了一些，并且满怀希望，但还是有些担心。讲台就像是狄更斯笔下装饰过的高大绞刑架，他站在后面，头上是上方座位里射出的隐藏灯光，整体看上去独具风格，会给人留下相当深的印象。观众们对他的幽默能力满怀信心，他还没说几句话观众们就开始发自肺腑地大笑起来；真真切切地发自肺腑，简直让人难以忍受，我们非常失望。但我依旧相信他还是会失败的，我看得出他朗读时连如何断句都不会。不久之后，笑声开始变缓；然后逐渐减少，接着开始变得有些不自然；慢慢的笑声间出现了间断，并且越变越长；笑声变得越来越稀疏。最终几乎所有时间都变得沉静下来，间或只有拙劣沉闷的几声声响。之后演讲厅里一片沉寂，将近10分钟内都鸦雀无声。我们深深地叹了口气；这理应是对这位失败艺人的一声叹息，但事实并非如此——像其他人一样，我们尖刻又自私，这其实是对看到这位无辜兄弟失败后心满意足的表示。

他当时显得很挣扎痛苦，他一直用手帕擦着自己的脸，他的声音举止开始变得卑下，希望得到怜悯、帮助和施舍，看上去很可怜。但整屋子的人都依旧冷酷，

不为所动，好奇惊讶地注视着他。

在墙上高高挂着一面大钟，后来，观众不再注视演讲者，而是一直盯着钟面 149
看。经历过失败挫折的我们知道这意味着什么，我们知道将会发生些什么，但很明显演讲者并没有经验，他对此仍一无所知。现在快到9点了——半屋子的人都在看着钟，而演讲者依旧在费劲做着挣扎。8点55分时1200人同时起身，像海浪般从走道涌向大门！演讲者像是得了瘫痪的病人一样，直愣愣地站在那里，喘着粗气，极其恐惧地看着自己所遭到的待遇，黯然转身，像梦游般跌跌撞撞地走下了讲台。

这是组织者的错，他们应该一早告诉他最后一班市郊客车9点发车，那时候不管台上是谁在演讲，都会有半屋子的人起身离开。我猜德·科多瓦之后就再也没在公共场合做过演讲了。

还有一个演讲者没事先"对牛弹琴"就去音乐厅演讲的事例。当海耶斯医生刚从北极圈回来时，所有人都急于和他见面，当时正是他声名鼎盛的时候。他的演讲稿写得十分用心，除了开场白以外，他原本打算全文都照本宣科念稿子。这篇稿子文辞优美雄辩，稿子也已烂熟于胸，但他却突然打算想脱稿演讲。他并非第一个犯这错的人，初学者常会犯这错误，当然仅会有一次，不会再犯。

当他走上大舞台时，大量的观众对他报以了热烈的欢迎，他看上去感到很高兴。他把手稿放上讲台，微笑鞠躬致意，这姿势保持有几分钟之久。最终，嘈杂声慢慢平息，之后是意料中的沉寂。他离开讲台，站着环顾了下台下的芸芸众生，缓缓地伸出手，开始有板有眼，（最令人深刻的是）有模有样地做起了演讲：

"当迷途的流浪者站起身来，发现自己身处茫茫海洋之中，寒冰刺骨，白茫茫得十分可怕，远处是茫茫无际、遥远昏暗的地平线，就像是寂静的沙漠，海面此起彼伏地波动着，更远处的巨大冰山古怪地模仿着人类建筑师的杰作——就像是阴沉的要塞、堂皇的城堡、宏伟的教堂，在神秘的昏暗中忽隐忽现，（北极圈中的）午夜阳光照亮了这些或尖或方的巨塔，散发出柔和光亮的玫瑰色。"

有个人快速地穿过舞台，用手碰了下演讲者的肩膀，向观众鞠躬示意，双手做喇叭状地喊……

150 像前面两章一样，这份手稿也属于1898年至1899年间克莱门斯所写自传系列，这几篇原本是用来替换之前传统形式自传体文章的。这篇文章与克莱门斯回忆文集“演讲时代”还有其他很明显的联系之处，但写作时间稍早，当时他还是旧金山一家报纸的记者，并继1871年至1872年巡回演讲之后，再次开始巡演。拉尔夫·吉勒是其“巡回演讲”的同伴，一同在波士顿市郊进行演讲表演。潘恩在刊出这篇文章时犯了在其他地方相同的错误与省略（MTA，1：154－64）。而内德只重新刊印了其中的部分内容，并把“演讲时代”和1906年10月11日与12日的自传体口述中的部分内容加了进来（*AMT*，161－66）。

拉尔夫·吉勒

他来自加利福尼亚。我早年大概和他在旧金山见过一面——大约1865年前后——当时我还是个报社记者，与布雷特·哈特、安布罗斯·比尔斯、查尔斯·沃伦·斯托达德和普兰提斯·马尔福德一起为乔·劳伦斯的《黄金时代》周刊撰写青年文学作品。几年后在波士顿我又和他碰面了，当时他与豪威尔斯、奥德里奇、波伊尔·奥莱利以及詹姆斯·T.菲尔德共事，大家都非常喜欢他。他与这些人共事的说法很妥当，尽管他自己并不会用如此亲密的词语形容他们之间的关系，他是他们那儿有史以来最谦虚的年轻小伙，在低处谦卑地仰视着这些身边的同事，对他们友善的照顾也怀揣着幼稚的感激之情，并把这些感激明白无误地表达了出来；爱默生、惠蒂尔、霍姆斯、洛厄尔和朗费罗一旦对他点头微笑，他就会发出这世界上最可爱的笑容。当时他还不到24岁，瞻前顾后与失望还未玷污他纯朴欢快的本性，他心情愉快，满怀希望，单纯，内心充满着迷人肆意的文学小野心，碰到他的所有人都愿意做他的朋友——因为一些自然、无法解释的冲动——都愿意保护他。

他或许从未拥有过家庭或是童年。他还很小时就从不知何处流浪来到加利福尼亚，无数次卑贱地上门乞讨才让他吃上了面包，但他依旧十分开朗。边走边学习，度过了一段美好满足的时光。在他许多的营生中，有一样是在“黑鬼”表演里跳木鞋舞。当他大概20岁时，总共攒下了85美元——美钞，大概值一半金额的黄金——依靠着这笔财富，他环游了欧洲，并在大西洋月刊上发表了以此为内容的游记。大概在他22岁时，他又写了一本名为《格罗夫森和他安静的同伴》的小说，更厉害的是，还找到了愿意为其出版的公司。但以他的情况而言，这也并非是件令人惊讶的事情，任何出版商也不会心狠到拒绝某些人——其中就包括拉尔夫。对他人帮助的感激之情让他变得简单、真诚、感人以及富有说服力，即使出版商知道到这本书无钱可赚，但也会赚到高于金钱价值、金钱买不到的利润。那本书并未赚钱，一分钱也没赚到，但拉尔夫·吉勒就像他人谈论神灵般一直提到他
151 的出版商。当然，出版商为此书损失了200美元到300美元，这在他在作出这个

冒险决定前就已经猜到了的，但作者对他的赞赏倾佩已经使这买卖变得十分划算。

拉尔夫要做的事情很少，经常同我一起去波士顿临近的村镇做小型的演讲会。路程都在1个小时以内，我们通常晚上6点左右出发，隔天早晨再回城里。在波士顿附近小镇大约演讲了有1个月的时间，这是四五个月长的“演讲季”中最开心的一段时间。那段时间“演讲团体系”大行其道，詹姆斯·雷德帕斯的办公室在波士顿的学院街，其经营范围涵盖北部各州以及加拿大。雷德帕斯将演讲者分为6人到8人一组，分到全国各处的演讲团，每晚一个演讲者平均能赚到100美元，他提走10%的佣金，每一季每位演讲者要举办大约110场演说。他手下有许多响当当的人物：亨利·沃德·比奇；安娜·迪金森；约翰·B.高夫；贺拉斯·格里利；温德尔·菲利普斯；派彻列姆·V.纳斯比；乔什·比林斯；北极探险家海耶斯；文森特；英国天文学家；爱尔兰演说家帕森斯；阿加西。他的名单里还有20位或30位名声稍小、较轻量级的演说男女，他们每场能得到25美元到50美元就已经激动万分了。他们的名字很久以前就已淹没在时间长河里了，只有文学才使他们有机会走上讲台，而雷德帕斯提供了这一文学内容。所有的演讲团都需要大腕撑场面，观众对此如饥似渴，满怀期待，不遗余力。雷德帕斯实现了他们的愿望——条件是：一位受欢迎演讲者身边必须再带上几名演讲时门可罗雀的讲师。这种安排保证了演讲团体系数年的繁荣，但最终也抹杀了一切，使演讲业毁于一旦。

比奇、高夫、纳斯比和安娜·迪金森是唯一知道自己确切价值的演说家。他们在城镇上演讲的演讲费用是200美元到250美元，城市里是400美元。演讲团在这四人身上经常能挣许多钱（如果天气好的话），但也会因为不受欢迎的演讲者而赔上许多钱。

其中有两位女士可算是不受欢迎的演讲者——奥利弗·洛根（Olive Logan）以及凯特·菲尔德——但也有一两个演讲季表现得不错。他们每场拿100美元，整整两年都被认为是受欢迎的演讲者；之后她们就成了真正的不受欢迎者，不久后就被晾在了一边。凯特·菲尔德曾在波士顿为《先驱论坛报》撰写了几篇有关狄更斯在美盛大巡游开始阶段读书会的电讯而名噪一时。文章间尽是赞美之词——近于谄媚——而这正中要害，当时全国人民本已陷入对狄更斯的狂热激情中了；而当时报纸上的电讯内容还十分新鲜，每个人都对此十分羡慕。凯特·菲尔德立即就成了名人，后来她就登上讲台开始演讲；但两三年之后，她所讲的主题——狄更斯——已经不再新鲜有趣。人们曾一度还因为仰慕她的大名而去看她的演讲；但她的演讲乏善可陈，表情又矫揉造作，令人厌恶；因此当全国没人再愿意看她表演时，演讲台也就抛弃了她。

她人很好,获得转瞬即逝的虚名是她生命中的一大灾难;但这对她自己而言,却无比珍贵,25 年间她尝试了各种方法试图保住这一浮名,最终也只算勉强有些
152 收获。她死于桑维奇群岛,除了朋友,世上再无他人为她哀悼。

或许只有最初的经历者才知道奥利弗·洛根是怎样成名的。很明显,她的名声是吹出来的而非实至名归。她的确在报纸和小期刊上发表过几篇短文,但那些文字毫无风采可言,连边都沾不上。一个世纪以后,就没人还会记得她的名字。她的名声完全是建立在其领微薄薪水的小报记者丈夫写出的报纸短评上的。一两年内他毫不间断地写着这类短评;人们拿起报纸时,都很少会注意到这些内容。

“据称奥利弗·洛根在纳汉特租了间别墅,可能整个夏天都会待在那儿。”

“奥利弗·洛根下午穿着短裙,还立即换了相应妆。”

“报道称奥利弗·洛根要去巴黎过冬的消息仍显尚早。她至今还未决定。”

“奥利弗·洛根在周六晚来到沃勒克剧院,正式发布其新作。”

“奥利弗·洛根已从微恙中恢复过来了,如果身体再好点的话,明天就不用再去看医生了。”

每日广告的效果很好。对普罗大众而言,奥利弗·洛根就像当时的其他名人一样著名了,人们饶有兴致地谈论着她的八卦与动向,郑重地讨论着她所说的观点。偶尔会有来自偏远地区的无知村民在旁倾听,问出让全店人都惊讶无比的问题:

“奥利弗·洛根是谁?”

其他人惊奇地发现他们并不能够准确地回答这个问题。他们从未想过还要问这事。

“她是做什么的?”

其他人再次哑然。他们也不知道答案。他们从未问过。

“那她又是怎么成名的?”

“哦,这事说来话长,但我并不清楚。我从未问过这问题,但我想其他人都知道。”

有时为了好玩,我自己也经常向那些滔滔不绝谈论着那位名人言行的大众问这些问题。被问的人惊奇地发现自己对她名气的信任毫无证据可言,完全不知道奥利弗·洛根是谁,是做什么的。

凭借这古怪积累起来的名声,奥利弗·洛根走上了演讲台,至少在前两个演讲季里,全美国的大众都蜂拥进演讲厅听她演讲。她穿着昂贵,徒有其名,无论衣服还是名声都无法经受住时间的考验,尽管她暂时还能用这来换取每晚 100 美元的出场费,但 25 年前她就被人们遗忘了。

153 拉尔夫·吉勒是我在波士顿“巡回演讲”的愉快伙伴,当组织委员会把我们

送回旅馆后，我们俩就在屋里抽烟交谈甚欢，度过愉快的夜晚。组织会委员经常戴着办事处的丝质肩章，到火车站迎接我们，然后送我们去演讲厅；他们在我的讲台后面坐成一排，就像是游吟诗人，以前最早的时候，他们的头头还会向观众介绍我；夸张的介绍让我都无地自容，使我还未开始演讲就背上了沉重的包袱，这是个陋习，根本就不需要介绍；通常介绍者就是个白痴，他所准备的介绍词只是一通毫无逻辑可言的庸俗赞美，还白费力气地想装出一副好笑的样子；因此，第一季以后就换作了自我介绍——当然是那种老式诙谐的自我介绍。组织委员会主席并不欢迎这一改变。在自己小镇成群的观众面前威风凛凛地站着，做一场简短糟糕的演讲是他们生命里的一大乐趣，绝对无法忍受被人剥夺他的这一乐趣。

将自我介绍作为“开头”效果一度非常好，但后来就没用了。坦白地说，为了让在场的所有陌生人都相信我只是介绍人而非演讲者，用词必须非常斟酌谨慎；同时，要是做得太过分又会引起听众的反感。因此，在结尾处需要很自然地说出自己就是演讲人，刚才其实都是在说自己，这样的效果才能让人满意。但正如我说的那样，这招没用多久就不行了；报纸把这事刊登了出来，我就玩不转这套把戏了，全演讲厅里的人都知道接下来会发生什么，这就提不起他们的兴趣了。

后来，我尝试用从加州的一次经历里学来的讲话做自我介绍。原话出自红狗村一名懒散丑陋的大矿主的严肃介绍。当时演讲厅里的人出人意料地将他赶上演讲台来介绍我。他站着想了片刻，之后说道：

“我对这个人几乎一无所知。但有两件事我还是知道的：第一，他没进过监狱；第二，（其间少有停顿，并表现得有些失望）我不知道他是怎么做到的。”

在一段时间里这招效果出众，然后报纸又把它印了出来，让它不再新颖了，在那之后我就再也不自我介绍了。

偶尔，我和吉勒也会做些小小的冒险，但有些刻骨铭心的经历也并非完全毫不费力。有一次，我们到达镇上时误点了，没有组织委员会的人在那里等我们，站台边也没有车。在皎洁的月光下，我们被困街头，路边有一大群人经过，看上去像是在去演讲厅的路上——后来也验证了我们的猜测——便跟着他们一起走了。在演讲厅门口，我打算挤进去，却被检票的人拦了下来。

“请拿出票来。”

我弯腰低声道：

“好吧——我就是演讲人。”

他令人记忆深刻地闭上了一只眼睛，然后用所有人都听得到的声音嚷道：“不可能是你。今晚到现在为止已经有三个演讲人进去了，下一个进来的演讲人就得自掏腰包了。”

当然,我们最终付了钱,这是解决这一麻烦最体面的方式。第二天早上,吉勒又做了次尝试。大约11点时,我正坐在自己屋里看着报纸,他浑身颤抖地冲了进来,激动地说道——“跟我来,快!”“什么事？发生了什么事?”“不要问了,跟我来。”

我们大步流星地在主街上奔过了三个到四个街区,两人都很兴奋,谁都没有讲话,我心中混杂着对真相大白的紧张与好奇,我们进入一幢建筑,跑向远端的尽头。吉勒停下了脚步,伸出手说道:

“看。”

“我看了眼,发现那里只有一排图书。”

“吉勒,这是什么?”

他用一种得意忘形的口吻说道:

“再往右边看一点;再远点——右边再远点。就是哪儿——看见了吗?”《格罗夫森和他安静的同伴》!

现在可以肯定了,这就是他想要我看见的东西。

“这是家图书馆！知道吗？公共图书馆。他们收藏了这本书!”

他的双眼,他的神情,他的动作,他整个人都在表达着自己的喜悦、自豪与高兴。我从未看他笑过,也从未看到他如此高兴过,看到他是如此的高兴时,我都差点哭了出来。

他对这本书的一切都了如指掌,他曾盘问过这里的图书管理员。这本书放在这里已经有两年了,记录显示过去曾被借出过三次。

“也被读过了!”吉勒说,“看见了吗？翻书页都被剪开了。”

而且,“根据记录,这本书是买来的,而非赠送获得。”我记得《格罗夫森和他安静的同伙》这书是在旧金山出版的。当然还卖出过其他几本,但这是吉勒确信卖出的唯一一本。很难相信卖出一本书能让作者感到如此满足与安慰,但我当时就在那里亲眼看到了这一幕。

之后吉勒曾去过俄亥俄州,在农场碰到了奥萨瓦托米·布朗(Ossawatomie Brown)兄弟中的一人,用朴实的叙述手法记录下他们在1859年那场悲剧后逃离弗吉尼亚的冒险旅程——报告文学中登峰造极之作,我对此深信不疑,尤其对速记也一无所知的作者来说。这篇文章发表于大西洋月刊,我曾三次尝试着读完它,但每次完成前都因为里面的恐怖描述而半途而废。故事非常的生动真实,给人以身临其境的感觉,像是同主人公在一起经历那些无法忍受的危险,百般折磨,我都没法坚持读完整个故事。

后来先驱论坛报委托吉勒前往古巴,报道西班牙当局因丑陋恶习与风俗而对我们作出某些令人发指与受辱的坏事。他搭乘汽船从纽约出发,在抵达哈瓦那的前天晚上还有人在船上看到他，之后便杳无音讯。有人说他并未对自己的任务保密，而是以他直爽天真的性格到处大谈特谈。当时船上还有些西班牙军人，或许这帮人并未把他扔到海里，直到现在大家都相信事实就是如此。

155 克莱门斯在 1900 年伦敦时撰写了"自传节选 · 第九章"的手稿(现收于马克 · 吐温档案馆)。后来大概在 1902 年时,他让自己的女儿简把这些手稿都打印出来,然后自己对打印稿稍作了修改。1906 年 8 月初,乔治 · 哈维受邀翻阅了打印版的自传,并立即建议从中精选数段刊登到《北美评论》上去,当时克莱门斯已然决定从筹备中的自传里删去这一长段的童年回忆。哈维读了简的打印版,并选择将其中的第一部分刊在《北美评论》上,约瑟夫 · 霍比将其重新打印,作为 1906 年 9 月 21 日刊的印刷用原稿,克莱门斯对其又重新审阅了一番(NAR 2)。克莱门斯后来决定把第二部分也发上杂志,在 1907 年 5 月 3 日刊出前又做了相应的文字修改(NAR 17)。尽管在系列出版物中已经出现手稿的多部修改版以及绝大多数内容,但从未以自传的形式合并公开过。

潘恩标错了 1898 年手稿的写作日期,并以"扮'熊'孩——青鱼——吉姆 · 沃尔夫和猫(Playing 'Bear'—Herrings—Jim Wolf and the Cats)"为题,并以其一贯风格对文章进行了删改(MTA,1:125 – 43)。举例来说,克莱门斯称自己的伙伴为"小黑奴",而他改为"黑人小孩";将生动的"熊吃掉了他们的肠子和所有肉!"(文中出现过两次)改为"熊吃掉了他们的内脏和所有肉!"——削弱了原有的语言色彩,克莱门斯自己在为《北美评论》做修改时都没有做这些改动。内德尽管也有原稿,但他沿袭了潘恩的文字,并加入了 1906 年 2 月 13 日的一段自传体口述(AMT,37 – 43,44 – 47)。

我的自传节选

源于第九章中内容

那是 1849 年 1 月,当时我 14 岁。我们还住在密苏里州的汉尼拔,就在密西西比河边,"新房"是我父亲 5 年前亲手搭建的。我们中部分人住在新建的房子里,而另一部分住在后面原有的屋子——房子成"L"型。秋天时,我姐姐办了一场派对,邀请了村里所有适婚年龄的青年。对于这类社交场合而言,我年纪还太小了一点,况且我也羞于和年轻女士们混在一起。因此,我并未获得邀请——至少并未获得邀请待上整晚。我只能在里面待上 10 分钟的时间。我要在童话短剧中扮演一只熊。为此我还要穿上像熊一样带有褐毛的贴身衣服作为装扮。大约在 10 点半时,他们把我叫进房间,让我穿上了那套衣服,出场前还要在里面等上半小时。我开始静坐在那里,但中途改变了主意,我想先彩排下,但那个屋子里伸不开手脚。我穿过街道,来到主街与希尔街角处一间没人的大房子里。* 完全不知道还有十几个青年在里面穿衣化妆。当时小黑奴桑迪和我在一起,我们选了间在二楼的较大较空的房间。我们走进门时还在聊天,几位在里面还未打扮好的少女因此得以有时间躲到幕后的暗处。她们的长袍和东西都挂在门后的挂钩上,但我并未注意到这些,门是桑迪关的,但他脑子里想的只有等会的短剧表演,和我一样,他也没注意到这些。

---

* 那间屋子至今犹在。

那块幕布已有些晃晃悠悠，上面也有许多小洞，但我还是不知道后面躲着许多姑娘，我并未分心注意到那个细节。如果我知道的话，就绝不会在未拉窗帘、无情照进月光的地板上脱去衣服了，我该为此羞愧至极。没有丝毫恐惧，我光着身子开始了彩排。我满怀野心，决心博得大家的好评，我渴望自己表演的熊能获得大家的认可，从而获得更多邀约。因此我全身心投入到彩排中，将自尊抛诸脑后。我四肢着地从房间的一头跳到另一头，桑迪兴奋地为我鼓掌；我又直起身来咆哮怒吼，到处乱抓；我倒立，翻跟头，双手弯曲跳着笨拙的舞步，用想象中的大鼻子到处用力吸气；我做了熊所能做的所有动作，还有许多熊根本不会做或者稍有自尊的熊都不屑做的动作；当然，我从未怀疑过桑迪就是我的唯一观众。最后，我倒立着休息了1分钟，在沉默片刻后，桑迪突然饶有兴致地说道： 156

“山姆主人，你见过的青鱼干片？”

“没有，那是什么？”

“那是一种鱼。”

“哦，那鱼怎么了？它有什么特殊的地方吗？”

“嗯，是的，既然你演的是熊的话，熊会吃掉他们的肠子和所有肉！”

这时从屏幕后方传来一阵被刻意压低了的女子的窃笑声！我顿时力气全无，像座没了地基的塔般向前瘫倒了下来，幕布也因为我的体重而被拉了下来，把年轻的女子都盖在了下面。惊吓中她们爆发出两声刺耳的惊叫声——或者不止这数，但我当时已无暇顾及这些了。我抓起自己的衣服，和桑迪一起逃到了楼下漆黑的大厅中。我花了半分钟把衣服穿好，然后走出那间房子。我让桑迪发誓保密，然后躲在一边直到派对结束。这时我早已没有任何野心，这次冒险之后我都不敢再面对那些轻浮的伙伴了，因为其中有两个表演者当时也在那里，知道我的秘密，在没人的时候他们总会嘲笑我。他们曾找过我，但没有找到，因此只能由一个青年穿着平常的衣服来扮演那头熊。房子里所有人都睡着安静后我才敢回到屋内。我心情沉重，满心都是苦涩的羞耻感。在枕头上我发现贴了一张纸条，就一行字，里面的内容并未缓解我沉重的心情，而是更让我羞愧难当。作者极力掩饰着自己的笔迹，写下了以下这段嘲讽的语句：

“你或许没扮过熊，但赤身裸体却演的很棒——非常非常棒。”

我们一般都认为男孩都精神大条，为人麻木，但这未免有些以偏概全了。每个男孩都有一两处敏感点，如果你能知道这些敏感点的具体位置，只要一碰，就可能深深伤害到他，那次意外就是我的伤口。我原以为明天一早全村人都会知道这事，但事实并非如此。这个秘密只有我、桑迪和两个小女孩知道。这多少给了我一点安慰，但这远远还不够——最主要的麻烦依旧存在：当时或许看到我的只是4双嘲讽的眼睛，但也有可能有成千上万双，所有女孩的眼神都成了我担心的对

157 象。在几周的时间内，我都无法直视任何一个少女；每当有人向我微笑打招呼时，我都会慌乱地低下头；然后告诉我自己，“他就是其中之一”，然后迅速逃开。当然，我处处都能碰到这样的女孩，但如果要说他们把这事传出去的话，我却未能发现任何蛛丝马迹。当我4年后离开汉尼拔时，这一秘密还未被公开；我从来没有猜出这些女孩到底是谁，也不再期望或是想要把这事搞清楚了。

当时村上有个漂亮可爱的女孩，我叫她玛丽·威尔逊，但这并非她的真名，当时她20岁，温婉可人，面似桃花，精致优雅，性格也招人喜欢。站在她面前时我总是心怀敬畏，对我而言她就像天女下凡，像我这样平凡普通的小男孩根本不该接近她。我从来都没怀疑过她，但……

斗转星移，那是在加尔各答——那件事发生47年后，那是在1896年，我因巡回演讲来到那里。当我踏进旅馆时与一个神圣的人影擦身而过，身上的衣服在印度的阳光下被照得熠熠生辉——是我逝去已久童年记忆里的玛丽·威尔逊！这真让人惊讶。我还未从震惊的慌乱中缓过神来同她打招呼时，她就已经走远了。我还以为是自己的幻觉，但事实并非如此，她就是个如假包换的活人，她是原来那个玛丽的孙女。而原来的那个玛丽现在已是个寡妇，正从楼上向我迎来。她头发灰白，身体苍老，但看上去仍很漂亮。我们坐下来相互攀谈，将自己饥渴的灵魂埋头沉浸在过去记忆的佳酿中，酸甜苦辣，悲欢离合，不一而足；我们又叫起了尘封了50年未再叫过的名字，那声音就像是音乐一般；用虔诚的双手挖开已离我们远去的童年伙伴的记忆，用交谈告慰他们；在满布灰尘的记忆角落，我们搜寻发掘过去的一个个故事、插曲、荒唐事，并为此放声大笑，眼泪也随之而出；最后玛丽毫无先兆的突然问道：

“告诉我！青鱼干片在哪儿？”

在如此神圣的时刻，这一问题显得很奇怪，也显得非常突兀。我略感震惊，发现这话刺激到了自己的某一记忆深处。我开始遐想，思考，搜索。青鱼干片？青鱼干片？特别的……我抬头向她看去，她神色凝重，但眨眼时却略带神秘朦胧……突然之间我就想起来了！还听到一个来自遥远过去的声音在我耳畔嘀咕，“熊会吃掉他们的肠子和所有肉！”

“终于……我还是找到了你们中的一个！其他几个女孩是谁？”

然而她却坚决不肯说，还是没有告诉我。

但男孩的人生并非都如此戏剧，其中也会有许多悲剧发生。其中就有一次醉汉事件——我曾在”汤姆·索亚”和”哈克贝利·费恩”中提到过这件事——那人被活活烧死在村子的拘留所里（1849年），这使我良心不安，在之后的100个夜晚里都做着噩梦，一次又一次梦到他那张在悲惨世界的哀求面庞，紧紧地贴在窗框上，红色的火焰在背后熊熊燃烧——那张脸庞貌似在对我说，“如果你没有给我那根火柴的话，这一切就不会发生；你要对我的死负责。”这并不是我的错，我没有想去伤害他，我给他火柴时只是想帮他；但无论如何，作为一个长老会教徒，我知道 158
自己的任务只有一个——在任何情况下，都要不惜一切代价去感召那些上帝的奴仆，尤其是那些毫无理智理由可以说清的情况下。应怪的人应该是那个流浪汉，他只煎熬了10分钟，而无辜的我却整整被折磨了3个月。

正午时在大街上用枪击射倒了可怜的老斯马则给我带来了更多噩梦，[*]其中我经常梦到各种奇装异服——有些自以为聪明的蠢蛋将大开本的家用圣经摊开放在这个不信教的老人胸前，他喘气有些吃力，衰老沉重的身躯更增加了他的折磨。我们生来就都有好奇心。但富有同情心的观望人群中却没有一个正常人意识到在这种情况下，就算一块铁砧板也要强于圣经书，它更不容易受到讽刺挖苦的影响，对结束这凶残的工作也更加迅速。在噩梦中，我会因为那本巨著而每夜好几次挣扎喘不过气来。

两年间，我们还碰到过其他两三件悲剧，每次我都很幸运出现在现场附近。因为一起小冲突，有个黑奴被人用大块炉渣打倒在地，我亲眼看着他死去；还有个来自加利福尼亚的年轻侨民被一醉酒的伙伴用把弹簧刀给刺死了，我目睹了红刀子从他的胸口抽出的整个过程；还有年轻无赖的海德兄弟俩和他们无辜年老的叔叔间的那件事，兄弟俩中的一人用膝盖顶住那个老人的胸口，而另外那个则尝试用艾伦牌的左轮手枪向他开枪，结果一连打了好几次都没响，当然，发生这一切时我恰巧就在旁边。

后面的事件还有：在一个电闪雷鸣，月黑风高的晚上，喝醉了酒的加利福尼亚年轻侨民提议去袭击“威尔士人的房子”。[**] 这间房子建在霍利迪山（“加迪夫山”）的半山腰上，里面只住着一个可怜但受人尊敬的寡妇以及她无辜的女儿。恶棍在硬闯时下流地大声叫喊、咒骂挑衅，把全村人都给吵醒了。我和同伴——记得是约翰 · 布里格斯——跑过去看热闹。那人影模糊不清，女人们站在走廊上，被屋顶的阴影遮蔽着，但我们能听到母亲的声音。她给一把老步枪上了膛，警告那人如果还站在那里的话，数到10她就会要了他的命。她开始慢慢地数数，那人却放声大笑。在数到“6”时他突然不再大笑，站在那儿一动不动，不慌不忙地接着数道：“7……8……9”……然后停顿了很长时间，我们都摒住了呼吸，最终说道——“10！”一团红色的火焰划破夜空，那人应声倒下，胸口被打成了筛子。之后电闪雷鸣，下起了淅淅沥沥的小雨，观望中的全村百姓借着闪电的亮光像蚂蚁般朝山上涌来。这些人都只看到了后来发生的部分，我对自己看到的前半部分很满意，我一点都不失望，心满意足地回家做梦去了。

---

* 参见《哈克贝利 · 费恩历险记》。

** 我记得在《哈克贝利 · 费恩历险记》能找到这个故事。

我受到的教育让我能比无知的普通人更加深刻地看清这些悲剧的本质。我
159 知道为什么会发生这些事，尽管我尝试着让自己忘记这一切，但却一直保存在我不安内心的秘密深处——而且我也知道自己知道这些，这些都是上帝劝导我们走向幸福生活的反例。现在，这样的想法看上去有些幼稚荒诞，但对我而言这样的想法却丝毫都不奇怪，这很像是我理解中明智贤明的上帝会用的方法。这并不会让我吃惊，即使上帝把全村人都杀光了，只为拯救像我这样的奇才，我也不会为此受宠若惊；像我这般受过教育的人，就会觉得事实就该如此，这样的代价是值得的。至于上帝为何要对奇才如此着迷心急——这个问题我却从未想过，而在如此纯朴的小村庄中也不可能有任何人会想着把这个问题灌输给我，根本就没有人想到过这个问题。

这样的说法十分贴切：所有的悲剧都埋藏在我自己的心里；发生新的事再把旧的淡忘，每次都叹口气，对自己说："又走了一个——这是我的责任；是时候悔悟了，上帝不会一直这么有耐心的。"但私下里我却相信他还是会的，也就是说，至少在白天我依旧相信，而晚上就不是如此了。随着夕阳西下，我的信念也随之消失，心中开始积聚各种病态的担心，到那时我才会开始忏悔。那些晚上过得很糟糕，充满了绝望以及对死亡的苦涩担心。每次经历悲剧后，我都会意识到上帝的警告，并开始忏悔；不仅忏悔，还会乞求，像懦夫般、像条狗般的乞求；而这些并不是为那些因我而死的可怜人，而只是为我自己。现在回头看来，感觉我当时十分自私。

我的忏悔是实打实、真心诚意的，每次悲剧发生后，很长一段时间里我都会每晚忏悔。但雷打不动的是这些忏悔并不会出现在白天。在光明的阳光下，他们就消失躲藏了起来；他们同黑暗与恐惧同生，没有了黑暗与恐惧，他们就无法存在；白天时我心情高兴平和，而到晚上就又开始忏悔了。在整个童年中，我都不确定自己是否曾尝试或想要把白天过得再快乐些。对我当时的年纪而言，应该不会有如此希望或渴求吧。但童年时夜晚却带给我许多许多烙印伤疤，从躺在摇篮时起我就意识到了这一点，并且一直相伴到童年结束——从来就没在晚上安心过。即使是"印第安人乔"去世时[*]……但这并没有关系：在前文中我就已经描写过我所经历的忏悔折磨有如何之深之痛了。我相信自己在忏悔过后的几个月中就像积雪般洁白无瑕，而之后又会原形毕露。

时间再次回到遥远的1848年或1849年——吉姆·沃尔夫来到我家。他来自谢尔比维尔，一个30英里到40英里远的乡村。他身上带着当地所有的优良品质，乖巧、温和且单纯。他17岁不到，是位严肃修长的少年，诚实，值得信赖，受人

---

* 《汤姆·索亚历险记》中有载。

尊重，是一个值得爱和依靠的人。他非常害羞，在和我们相处一段时间后，还是没法克服这一特质；只要有妇女在场，他就会紧张，连我和善温柔的母亲在场也不行；而要是让他面对姑娘们就更加不可能了。如果屋里有女士讲话，期间即使有胡蜂残忍地叮咬他十数遍，他也会一动不动地坐在那里；每次叮咬时只会略微地抽搐下，不堪折磨的眼泪会在眼眶里打滚；但他就是太过害羞，都不敢稍作移动。

因此发生了件麻烦事。一个冬天的晚上，我姐姐办了场“糖果宴会”。我年 160
龄太小没法参加，而吉姆对此也毫不关心。他们很早就让我去睡觉了，吉姆也开始了自由行动。他的隔间在屋子的新造部分，从窗口能够看到“L”型老屋的屋顶，当时的屋顶上6英尺深的积雪，积雪上面盖着一层冰，光滑如镜子一般。屋顶上树着只小烟囱，有月光的夜晚，上面一般都是多愁善感小猫的栖身之处——那天就是个月色皎洁的夜晚。沿着屋檐而下，在烟囱的下方，藤蔓的枯枝占据着一席之地，就像是个凉棚，一两个小时以后，年轻男女就群聚到下面的阴凉处开始欢闹，手里托着饮料，把滚烫的糖果扔到结冰的地上降温。到处充斥着欢快的嬉笑，玩笑与笑声不绝于耳——吵闹之声无以复加。

恰在这时，几只声名狼藉的雄猫爬上了烟囱，不知为何事开始争吵起来；我也在这时放弃了睡觉的念头，来到了吉姆的房间。他也还醒着，因猫及其无法忍受的嚎叫声而怒气冲冲。我略带挖苦问他为什么不爬上去把他们赶走，他被惹火了，冒失地回答说如果给他2美分的话，他就会去做了。

这个回答相当草率，或许说出口后他就后悔了。但这已经太晚了——他已然犯下了大错，我了解他；我知道在我的小心煽动下，他情愿折了自己的脖子也不会退缩。

“哦，我知道你会的！谁会怀疑这一点呢？”

这话激怒了他，他十分恼怒地咆哮道：

“难道你还怀疑！”

“我？哦，不会的。我绝不会这么想的。你总能作出一些了不起的事情，至少会这么说。”

他当时完全火了。他抓起自己的纱织短袜，跑去打开窗，用愤怒颤抖的声音喊道：

“你以为我不敢——你就是这么认为的！想想你说的是谁吧——我可不在乎你是怎么想的。我会做给你看！”

窗前的他显得无比愤怒，那可不是久留之地。我说道。

“没关系，我记得的。”

当时我真该做些什么的，但我只是个小孩，心中已充满期待。他小心地爬了出去，双手牢牢地抓着窗台，直到踩稳后才松开，然后开始用四肢爬行在如玻璃般光滑危险的屋顶上,一次只移动一面的单手单脚。我相信至今我还能像过去般享受这段场景,这已经是50年前的事情了。寒风穿过他的短袖衫,吹拂着他瘦弱的胳膊;在皎洁的月光下,水晶般的屋顶就像是磨光了的大理石般闪闪发亮;那些猫还浑然不知地站在烟囱上,相互敌视,急速地摇摆着尾巴,相互吼出空洞的牢骚;吉姆小心翼翼、缓慢地向前爬行,但还是有些摇摇晃晃。下面还在嬉闹放纵的年轻人也因为藤蔓的遮蔽而对此茫然不知,用不合时宜的笑声冒犯着屋顶上的这份庄严。每次吉姆摔倒时我都会心怀侥幸,但他总会令我失望地再次爬起来。最终,他就能伸手够着猫了。他停了下来,小心翼翼地站起身,谨慎地估测了下距
161 离,然后向最近的一只猫猛扑过去——却没抓到。他也因此失去了平衡,他的脚跟飞了起来,背部着地,像只火箭般先沿着屋檐冲了下来,冲破那些藤蔓的枯枝,以坐姿摔在了14碟滚烫的糖果上,就在聚会的正中央——而他只穿着睡衣:这个小伙子可是穿着外套时都不敢直视小姑娘的。现场一阵慌乱尖叫,吉姆乘乱逃上了楼,破碎的瓦片撒了一地。

这事到此就结束了,但对我而言这事却还没完,尽管我自己并未意识到这点。18年到20年后,我从加利福尼亚来到纽约,当时我事业失败,无意间磕磕绊绊投身文学。当时是1867年年初,星期日信使报开出大价钱让我写文章,于是我就发给他们一篇名为"吉姆·沃尔夫和猫"的文章,为此我赚到了25美元,价格有些虚高,但我并未出声,那时我可不像现在这么一丝不苟。

一两年后,"吉姆·沃尔夫和猫"又换汤不换药地发表在了一份田纳西的报纸上,按南部方言讲,这是篇伪冒作品。他抄袭了这篇在西部享有盛名的故事,受到大众的热烈追捧,这也理应如此。他的确写了些我读到过的最有趣活泼的故事,而且文笔相当流畅优美,我已经不记得作者的名字了。

又过了几年,我的原版故事在经过修饰后又再次以我的名义出版了。很快各家报社开始不遗余力地指责我"窃取"了田纳西那人写的"吉姆·沃尔夫和猫"的故事。我并不介意得到如此粗暴的指责,毕竟人生如戏。另外,很早以前我就已经懂得,除非你对消除诽谤拥有十足把握,否则攻击他将是愚蠢的行为,很少有诽谤能够经得起沉默的消耗。

但我和"吉姆·沃尔夫和猫"的事情还没完。1873年,当时我正在伦敦汉诺威广场边的女王音乐厅演讲,住在波特兰地街的兰厄姆酒店内。我住在靠河的一边,并未带家眷,工作上的伙伴有演讲中介乔治·杜比、加利福尼亚诗人查尔斯·沃伦·斯托达德,他现在(1900年)是华盛顿天主教大学英国文学系的教授。表面上,斯托达德是我的私人秘书,但事实我雇佣他只是为了让他和我作伴。他除了每天收集轰动一时的蒂奇伯恩·克雷门特伪证案的剪报外,基本无事可做;但他对自己仅有的工作尽心尽责,每天的剪下来的报道都能占满6个版面,而他还

经常拖到礼拜天才开始一周的剪报工作。因此,他就需要剪下粘贴 42 个版面——或许赫拉克勒斯才能胜任。他很出色地完成了任务,但如果再老些,虚弱些的话,每周这活都会要了他的命。毫无疑问的是,他的文学讲座也很不错,而更确定无疑的是他在上台前 15 分钟才开始准备内容,这也为他的演讲带来了新鲜与闪光点,而不是像过度准备后的"炒冷饭"。

在清醒时他是个不错的伙伴,优雅,敏感,迷人,温和,大方,诚实,对他人也毫不怀疑,我想他该是我碰见过最纯粹的男子了,无论思想还是讲话都是如此。乔治·杜比则正好和他相反,但他们两人都相当友好健谈。杜比身材魁梧,面色红润,充满活力,力大如牛,总是不知疲倦地讲着话,温厚有余,常常爽朗大笑。这是 162
个不错的组合,就像旁边有个令人满意的动物展览,"沉吟的诗人外加兴奋的大猩猩"。听到粗俗的故事会让斯托达德十分不安,而杜比每天也给他讲上 25 个。杜比经常在演讲后与我们一同回来,然后在斯托达德的屋子里待到半夜。我也是,当杜比离开后,我会进屋和他聊天,斯托达德就睡在沙发上,我雇佣他就是想有个伴。

杜比做中介已经有些年头了,业务涉及音乐厅、剧院,查尔斯·狄更斯和所有其他表演和"诱人的事";他了解人性的各个方面,连自己都不相信,但我们的诗人相信他。这个迷失自我的流浪汉在斯托达德身上拾回了友谊,杜比总想说服他在这方面投入爱心并不值得,但从未成功过。有天晚上,有位美国青年在音乐厅告诉了斯托达德一个感人的故事,那人说自己住在萨里一带,由于某些奇怪的原因,他没有收到家里寄来的汇款;他身无分文,又没工作和朋友;他青梅竹马的妻子和新降生的婴儿现在都无米下炊;看在上帝的分上,询问是否能在汇款恢复前借些钱给他。斯托达德为之深深动容,以我的名义给了他一笔钱。尽管杜比百般嘲笑,但斯托达德仍然坚持自己的立场。晚上,他们各自对我说了遍这个故事,而我支持斯托达德的决定;杜比说我们妇人之仁,神志不清。

一周后那个年轻人又来了,他妻子得了胸膜炎,而小孩也得了皮肤病还是别的什么,我并不清楚那病的名字;看医生和吃药花掉了所有的钱,这可怜的一家人又在挨饿了。说了一堆如果斯托达德"能够心地善良地再借给他一笔钱"之类的话,斯托达德再次感动,以我的名义借出了另一笔钱。杜比这次怒不可遏,对他说道:

"年轻人,你现在要和我们一起回宾馆,把这个故事告诉给另一个人听。如果你没法说动那个人的话,我就不会兑现那个诗人开给你的汇票,我自己可不愿再相信你了。"

那个青年很爽快地答应了,我没在他身上发现任何破绽,相反,我立刻就相信了他,并急切地想为杜比的怀疑和直接所造成的伤害作出补救。因此我想尽一切办法,让他高兴开心,让他感觉如在家般舒适自如。我讲了许多故事,其中就包括“吉姆·沃尔夫和猫”。他说自己在文学上也小有尝试,顺着他的意思我说自己可以为他寻找买家。他的面孔闪耀着幸福的光芒,说如果我能将他的小册子卖给汤姆·胡德年刊(Tom Hood's Annual)的话,这将成为他不幸人生中最快乐的一刻,会对我一直心怀感激的。这是我们三个人度过的最愉快的晚上,但杜比却受尽挖苦排挤。

过了一周,小孩死了。我把这事告诉了汤姆·胡德,并得到了他的同情。年轻人将手稿交给了他,并在小孩病逝当天获得了稿费——三几尼。年轻人过来向我道谢,臂上带着小破黑纱布,并说没有比这笔钱更及时的了,对我的帮助他妻子也是感激之情溢于言表。他说着就落泪了,事实上,我和斯托达德也跟着落泪了,这很自然。(不正常的是)杜比也落泪了。至少他也绞着手绢,在眼眶边擦了擦,呜咽并有其他夸张的动作表达着自己的伤感。我和斯托达德为他感到羞耻,想让
163 年轻人知道他这么做并无恶意,只是表达的方式有所不同而已。年轻人忧伤地说自己并不介意,极度悲伤的他已经无暇顾及其他伤害了,他唯一所想的事情就是葬礼以及所需的大笔花销……我们打断了他的话,告诉他说无需担心,把这事交给我们就行,并让杜比开了支票……

“好的,”杜比略带嘲讽地说道,“把这事交给我吧,我会支付的。你到底要干什么?你的经济状况已经快没法维持了,斯托达德和我都愿意和你一起走。过来,斯托达德。我们一起去安慰正处于丧子之痛的母亲吧,把他孩子的一小撮头发给锁起来吧。”

这话让我们很震惊。我们为他感到羞耻,也这么指责了他。但他毫无受到影响,接着说道:

“哦,这种事情我见多了,到处都是。这是我的提议,如果他带我们去他家的话,我就给他 20 英镑,怎么样?”

年轻人说他不愿再待在这里接受侮辱,他道了晚安,抓起帽子准备离开。但杜比却说他不会就这样饶了他,会跟着他一直到家为止。斯托达德跑去为青年和杜比打圆场,他们乘车过河并穿过整个索斯沃克,但还是没找到青年的家,最后年轻人也承认这都是他编造的谎言。

那份他三几尼卖给汤姆·胡德年刊的东西就是“吉姆·沃尔夫和猫”,只是删掉了我的名字。

就这样那个小故事前后卖了三次,我现在又把它拿了出来,这是我经历过最有趣的故事之一。

“我的自传节选:遭遇不幸的手稿野史”包括一篇 36 页的手稿,一篇大约 40 页经过克莱门斯详细 164
注释的打印稿。现保存于马克·吐温档案馆,早年只出版过部分内容。在讽刺信中,克莱门斯发泄了自己对相识 T. 道格拉斯·莫里的强烈不满(从未真正寄出)。1899 年 10 月,莫里邀请他写一本有关贞德审判笔录的英译本序言。当克莱门斯写好寄给他后,莫里对其“擅自做了修改”,程度远超克莱门斯能够容忍的范围之外。潘恩只收录了开头和结尾部分(MTA,1:175 – 89),而省去当中的一段,即克莱门斯对“修改后序言”的调侃,克莱门斯摘抄了莫里修改好后的打印版,详细记录了莫里所提意见。本书首次公开了该部分。

我的自传节选:遭遇不幸的手稿野史

这事发生在伦敦,并非最近,也非数年之前。有位熟人决心做一件充满爱心的工作,当他告诉我后,我也表示有兴趣帮忙。他是想好好翻译一本有关圣女贞德审判笔录证据及沉冤昭雪的书,以飨英语世界的读者。很久以前,曾经有过一本英译本,但并不流行,事实上书都没有名字,就像是一补鞋匠的作品。而我们现在要翻成有模有样的正式译本,我的这位熟人是贞德的狂热粉丝,他也有多得没处花的足够资金,按他的原话,他已经雇佣了全英国最为称职的翻译人才为他挖掘这个曾经被长期忽视的宝藏,会使里面的丰富内容展现在大众面前。当他邀请我为这本书写序时,我十分高兴,虚荣心也得到了满足。

碰巧的是,在当时我恰巧收到了一本有关我的传记文章,内容公正,充满赞美——尤其是细微之处——该文在精神上给予我极大的满足,我也并不否认,这使我内心有些膨胀。其中包含了我最喜欢听到的褒奖——赞赏我的英文水平;更重要的是,这些都出自于 4 位在英美文学界享有盛名的专家。

我和普通人一样喜欢恭维,也同样难于满足,但这些却完全满足了我,如果换作是你的话也肯定会满意的。

那几位权威的极高评价给了我写作序言的灵感;我告诉自己说要写出最高质量的英文,为他们的公正评价再树佐证;我对自己说会在序言中押上自己的尊严;使用平实简单的英语单词,排除一切华而不实、矫揉造作的词汇。

我以此为标准完成了序言,结束后我私下对自己说……

不提也罢,我把原稿交给了这位仁兄,回家静待佳音。在路上,我还碰到了一 165
个朋友,我激动难耐地说出了这个秘密:我想和人分享,因此我告诉了他。他站着上下打量了我好一会儿,没说一句话,然后突然开始粗俗地大笑起来,让我很受伤。之后他又说道:

“他说要在译书完成后自己再修改一遍?”

“他自己?”

“他是这么说的。”

“为什么呢,他知道如何编辑吗?”

“这个我就不清楚了,但他就是这么说的。你认为他没有这个能力?”

“能力?他幼稚,虚荣,无知,热心,头脑发热,所有这些——没有比他更丰富多彩的人了;但他对文学却一窍不通,没有任何经验或训练,他根本没法编辑任何东西。”

“好吧,我只知道他会试着做做看的。”

“他肯定会这么做的。他完全不清楚自己有几斤几两;如果有人邀请,他甚至会去修改莎士比亚的作品——这倒会让他的水平有所提高;他的盲目自大举世无敌,我向你保证,他绝对不知轻重。”

他的判断能力毋庸置疑,因此回家后,我决定请求这位仁兄不要亲自去修改译本,而是交给会让文章增色的专家去处理。

3 天后,这位仁兄将序言送了回来,打印得非常漂亮。他当时情绪很高,说道:

“实话实说,我觉得你写得真棒。”

对这廉价的赞美,我不由得头脑发热,以恩人自居般飘飘在上,沾沾自喜,还适度检查了自己膨胀的内心。

我不卑不亢地回答说很高兴自己的作品得到了他的认可。

“哦,那是当然,我可以向你保证。”他爽朗地回答道,“我向你保证,昨天一整天和今天早上我仔仔细细地反复翻阅了好几遍,这文章绝对值得大加称赞。我做了些许的修改……只是自己的一点意见,而且……”

“你的意思是说你已经修改过了?”

“噢,都是些无关紧要的地方,我向你保证,”他说道,拍了下我的肩膀,和蔼地笑着,“只有一些需要稍微再雕琢的小地方——无关宏旨,我向你保证。你看后就尽快还给我吧,我就能交给印刷厂,这样在我修改译文时他们就能先开始工作了。”

我独自一人呆坐着,心中满怀悲伤,手上还放着未打开的序言修改版。我暂时都没敢翻阅他——完全没心情,这已经严重地挫伤了我的尊严。这是 32 年来我首次被人修改文章,豪威尔斯是个例外,但他也没有大加修改,只是应我的要求稍加粉饰而已。“现在有个半生不熟的家伙,不知所谓,缺乏文学经验和训练,还缺乏……”

166 我当时做了自我检讨,以抑制自己的怒火。我尝试着平静下来,为了自尊,我绝不能自暴自弃。我必须时刻提醒自己,那个人对自己的恶意一无所知,只是想热心地帮助我。粗暴地对待他,粗暴地和他讲话——并不符合正常的基督徒精神。这些公正的想法让我安静了下来,让我恢复了理智,我翻开了序言。

我并不否认，坐在阴影下的我依旧愤怒得全身发烫。

“什么意见！这个长耳朵的家伙……文学袋鼠……神养的杂种……这个文盲车夫，脑子里装满了机油……这个……”

这并不符合正常基督徒的精神，于是我克制住了自己。

我强迫自己冥想了一个小时，让自己安静下来，然后带着被篡改的序言来到我上文提到的朋友家，让他过目。他翻阅了一遍，然后又爆发出他那粗鲁的笑声，这可以说是他人格中的一处污点。

“我就知道他会这样！”他说道，一副志得意满的样子。“我不是告诉过你即使是莎士比亚他也会修改吗？”

“是的，我知道。但我没想到他连我的文章也会改。”

“噢，你没想到。现在你知道他会这么做了吧，我告诉过你那人对无礼的限度毫无所知。”

“现在我明白了，”我回答道。

“恩，那你准备怎么做？让他把哪篇文章放进书里——修改过还是没修改过的？”

“当然是没修改过的。”

“好吧。终于恢复理智了。但你准备怎么做？你不会就这么算了吧？你总该给他写封信，好好教训他一顿吧？”

“不，我不会给他写信的，至少也要等我心情好转之后。”

“为什么不呢？”

“因为他本是对我好意，我可不希望恩将仇报。”

朋友幽幽地打量了我一番后说道：

“马克，我为你感到羞愧。你就像个中学小女生那样多愁善感。你应该把他骂个狗血淋头——这才是真实的你。”

我回答说自己并没有这种感觉，也不会把它加到信中去。

“我会彬彬有礼地指出他的错误，说服但不伤害他。许多初涉文坛的人都遭受过口无遮拦的无情批评，变得心灰意懒，而我绝不会这么做。相比于恶语相向，好言相劝更像是基督徒的作风；你应该鼓励我的这种态度，而不是嘲笑它。这个人并非我的敌人，我要让他心怀感激，我们间的友谊地久天长。”

我相信自己的看法，回家后我开始写信，并在过程中体验到了愉快与满足，我的良心支持和鼓舞了我。

这封信会在我自传的适当位置予以展示。

The "Edited" Introduction*

~~JOAN OF~~ ‸Jeanne d'‸ ARC.

167 **I.**

1. The evidence furnished ~~at the~~ ‸in her‸ Trial~~s~~ and Rehabilitation has given us ~~Joan of~~ ‸Jeanne d'‸ Arc's history in clear and minute detail. Among‸st‸ ~~all~~ the multitude of biographies that freight the shelves of the world's libraries, this is the only one ~~whose~~ ‸the‸ validity ‸of which‸ is confirmed to us by oath. It gives ~~us~~ a vivid picture of a career and ‸of‸ a personality of so extraordinary a character that we are helped to accept them ‸both‸ as actualities by the very fact that ~~both~~ ‸they‸ are ‸quite‸ beyond the inventive reach of fiction. ~~The public part of the~~ ‸Her public‸ career occupied ~~only~~ a mere breath of time~~—it covered but~~ ‸only‸ two years; but what a career it was! The personality which made it possible is one to be reverently studied, loved, and marvelled at, but not to be wholly understood and accounted for by even the most searching analysis.

2. ~~In Joan of~~ ‸Jeanne d'‸Arc at the age of sixteen ~~there was~~ ‸gave‸ no promise of a romance. She lived in a dull little village on the frontiers of civilization; she had been nowhere and had seen nothing; she knew none but simple shepherd folk; she had never seen a person of note; she hardly knew what a soldier looked like; she had never ridden a horse, nor had a warlike weapon in her hand; she could neither read nor write‸~~; s~~‸She could spin and sew, she knew her catechism‸ ~~and~~ her prayers and ~~the~~ ‸some‸ fabulous histories of the Saints, ~~and~~ this was all her learning~~. That was Joan~~ at sixteen. What did she know of law? of evidence? of courts? of the Attorney's trade? of legal procedure? Nothing. Less than nothing. Thus exhaustively equipped with ignorance she went before the court at Toul to contest a false charge of breach of promise of marriage; she conducted her cause herself, without any one's help or advice or ‸without‸ any ~~one's~~ friendly sympathy, and won it. She called no witnesses of her own, but vanquished the prosecution by using with deadly effectiveness its own testimony. The astonished judge threw the case out of court, and spoke of her as "this marvellous child."

She went now to the veteran Commandant of Vaucouleurs and demanded an escort of soldiers, saying she must march to the help of the King of France, since she was commissioned of God to win back his lost Kingdom for him and ‸to‸ set the crown upon his head. The Commandant said~~,~~‸: "What, you?—you are only a child." ~~And he~~ ‸He‸ advised that she ‸should‸ be taken back to her village‸ and have her ears boxed. ~~But she said s~~‸She must obey God, ‸she said,‸ and would come again~~,~~ and again~~,~~ and yet again, and finally she would get the soldiers. She said truly. In time he yielded, after months of delay and refusal, and gave her ~~the soldiers; and~~ ‸an escort; he‸ took off his ‸own‸ sword and gave ‸it to‸ her ~~that,~~ and said "Go—and let come what may." She made her long journey, ~~and~~ spoke with the King and convinced him. ~~Then s~~‸She was ‸then‸ summoned before the University of Poitiers to prove that she *was* commissioned of God and not Satan, and daily during three weeks she sat before that learned congress unafraid, ~~and~~ capably ~~answered~~ ‸answering‸ their deep questions out of her ignorant but ~~able~~ ‸clear‸ head‸ ~~and~~ her simple and honest heart‸~~, and a~~‸Again she ~~won~~ ‸gained‸ her case, ~~and~~ ‸together‸ with ~~it~~ the wondering admiration of all that august company.

---

* 本节文字使用原文，因为马克·吐温改动较多，后有关于修改的备注。

3. And now, aged seventeen, she was made Commander-in-Chief, with a royal prince and the veteran generals of France ~~for~~ ‸as‸ subordinates‸~~; and a~~‸At the head of the first army she had ever seen, she marched ~~to~~ ‸against‸ Orleans, carried the commanding fortresses of the enemy by storm in three desperate assaults, and in ten days raised a siege which had defied the might of France for seven months.

4. After a tedious and insane delay caused by the King's instability of character and the treacherous counsels of his ministers, she got permission to take the field again. She took Jargeau by storm; then Meung; she forced Beaugency to surrender; then—in the open field—she won the memorable victory of Patay against Talbot the English lion, ~~and broke~~ ‸so breaking‸ the back of the Hundred Years' War. It was a campaign ~~which~~ ‸that‸ cost but seven weeks of ~~time~~ ‸effort‸; yet the political results would have been cheap if the time expended had been fifty years. Patay, that unsung and long-forgotten battle, ~~was the Moscow~~ ‸led directly to the downfall‸ of the English power in France; from the blow struck that day it was destined never to recover. It was the beginning of the end of an alien ~~dominion~~ ‸domination‸ which had ridden France intermittently for three hundred years.

Rather unkind to French feelings—referring to Moscow.

5. Then followed the great campaign of the Loire, the capture of Troyes by assault, ‸the surrendering of towns and fortresses‸ and the triumphal march/ past‸ ~~surrendering towns and fortresses,~~ to Rheims, where‸ ~~Joan~~ ‸in the Cathedral, Jeanne‸ put the crown upon ~~her King's head in the Cathedral,~~ ‸the head of her King‸ amid wild public rejoicings, and with her old peasant father ‸and brother‸ there to see these things and believe ~~his~~ ‸their‸ eyes if ~~he~~ ‸they‸ could. She had restored the crown and the lost sovereignty: the King was grateful for once in his shabby ~~poor~~ life, and asked her to name her ‸own‸ reward and ~~have~~ ‸take‸ it. She asked ~~for~~ nothing for herself, but begged that the taxes of her native village might be remitted forever;~~.~~ ~~T~~‸the prayer was granted, and the promise kept for three hundred and sixty years. ~~Then it~~ ‸It‸ was ‸then‸ broken, and ‸it‸ remains broken to-day. France was very poor ~~then~~ ‸at that time‸, she is very rich now; but she has been collecting those taxes for more than a hundred years.

6. ~~Joan~~ ‸Jeanne‸ asked one other favour: ~~that now that~~ ‸Now‸ her mission ~~was~~ ‸being‸ fulfilled she ~~might~~ ‸begged to‸ be allowed to ~~go back~~ ‸return‸ to her village and take up her humble life again with her mother and the friends of her childhood; for she had no pleasure in the cruelties of war, ~~and~~ ‸whereas‸ the sight of blood and suffering wrung her heart. Sometimes in battle she did not draw her sword, lest in the splendid madness of the onset she might forget herself and take an enemy's life‸ ~~with it.~~ In the Rouen Trials, one of her quaintest speeches‸ / coming from the gentle and girlish source it did‸ / was her naive remark that she had "never killed any one." Her prayer for leave to ~~go back~~ ‸return‸ to the rest and peace of her village home was‸, however,‸ not granted.

7. Then she ~~wanted~~ ‸wished‸ to march at once upon Paris, ‸to‸ take it, and ‸to‸ drive the English out of France. She was hampered in ~~all the~~ ‸every‸ way~~s~~ that treachery and the King's vacillation could devise, but she forced her way to Paris at last, and ‸there‸ fell badly wounded in a successful assault upon one of the gates. Of course her men lost heart at once—she was the only heart they had;~~. T~~‸they fell back. She begged ~~to be allowed~~ ‸permission‸ to remain at the front, saying victory was sure: "I will take Paris now or die!" she ~~said~~ ‸cried‸. But she was removed from the field by force, the King ordered a retreat, and actually disbanded his

army. In accordance with a beautiful old military custom ~~Joan~~ ‸Jeanne‸ devoted her silver armour and hung it up in the Cathedral of St. Denis. ~~Its~~ ‸Her‸ great days were over.

8. Then, by command, she followed the King and his frivolous Court,‸ ~~and endured~~ ‸enduring‸ a gilded captivity for a time, as well as her free spirit could; and whenever inaction became unbearable she gathered some men together and rode away ~~and~~ ‸to‸ assault~~ed~~ ‸and capture‸ a stronghold.‸ ~~and captured it.~~ At last in a sortie against the enemy, from Compiègne on the 24th of May, (when she was ~~turned~~ ‸now‸ eighteen), she ~~was herself~~ ‸herself was‸ captured/ after a gallant ~~fight.~~ ‸struggle.‸ It was her last ~~battle~~ ‸fight‸. She was to follow the drums no more.

9. Thus ended the briefest epoch-making military career ‸known‸ in history. It lasted only a year and a month, but it ~~found~~ ‸restored to‸ France an English province, and furnishes the reason that France is France to-day and ~~not an English~~ ‸no longer a‸ province ~~yet.~~ ‸of her rival.‸ Thirteen months! It was indeed a short career; but in the ‸ensuing‸ centuries ~~that have since elapsed~~ five hundred millions of Frenchmen have lived and died ~~blest by~~ ‸under‸ the benefactions it conferred.‸ ~~; and so~~ ‸So‸ long as France shall endure, the mighty debt must grow. And France is ~~grateful; we often hear her say it. Also~~ ‸not ungrateful. She, however, is‸ thrifty: she ‸still continues to‸ collects/ the Domremy taxes.

II.

IN CAPTIVITY.

1. ~~Joan~~ ‸Jeanne‸ was fated to spend the ~~rest~~ ‸remainder‸ of her life behind bolts and bars. She was a prisoner of war, not a criminal, therefore hers was recognized as an honourable captivity. By the rules of war she ~~must be~~ ‸should have been‸ held to ransom, and a fair price could not ~~be refused, if~~ ‸have been refused, had it been‸ offered. ~~John~~ ‸Jean‸ of Luxemburg paid her the just compliment of ~~requiring~~ ‸demanding‸ a prince's ransom for her;‸ ~~. I~~‸in ~~that~~ ‸those‸ days‸ that phrase represented a definite sum—61,125 francs. It was of course supposable that either the King or grateful France or both would fly with the money ~~and~~ ‸to‸ set their fair young ~~benefactor~~ ‸benefactress‸ free. But this did not happen. ~~In~~ ‸During‸ five ~~and a half~~ months ‸and more‸ neither King nor country stirred a hand nor offered a ~~penny~~ ‸sou‸. Twice ~~Joan~~ ‸Jeanne‸ tried to escape. Once by a trick she succeeded for a moment, and locked her jailor in behind her; but she was discovered and caught.‸ ~~; in~~ ‸In‸ the other case she let herself down from a tower sixty feet high;‸/ but her rope was too short and she ~~got~~ ‸sustained‸ a fall that ‸wholly‸ disabled her,‸ and ~~she could not get away.~~ ‸so prevented her escape.‸

2. Finally Cauchon, Bishop of Beauvais, paid the ‸blood-‸money and bought Joan,‸ ~~—~~ ostensibly for the Church,‸ ~~—~~ to be tried for wearing male attire and for other impieties, but ~~really~~ ‸in reality‸ for the English, the enemy into whose hands the poor girl was so piteously anxious ~~not~~ ‸never‸ to fall. She was now shut up in the dungeons of the Castle of Rouen and kept in an iron cage, with her hands,‸ ~~and~~ feet and neck ‸both‸ chained to a ‸wooden block and‸ pillar.‸ ~~; and f~~‸From that time forth during all the months of her imprisonment ~~till~~ ‸until‸ the end, several rough English soldiers stood guard over her night and day,‸ ~~—and~~ not outside her room but in it. It was a dreary and hideous captivity, but it did not conquer her: nothing

could break that invincible spirit. ~~From first to last s~~‸She was a prisoner ~~a~~ ‸for the whole‸ year; ~~and she spent~~ the last three months of ~~it~~ ‸which she passed‸ on trial for her life,‸ before a formidable array of ecclesiastical judges, ~~and~~ disputing the ground with them foot by foot and inch by inch with brilliant ~~generalship~~ ‸fence‸ and dauntless pluck. The spectacle of that solitary girl~~, forlorn~~ ‸stands alone in its pathos and ‸in‸ its sublimity. Forlorn‸ and friendless, without advocate or adviser, ~~and~~ without ‸even‸ the help and guidance of ~~any~~ a‸ copy of the charges brought against her or rescript of the complex and voluminous ~~daily~~ proceedings of the court ~~to modify~~ ‸by which to relieve‸ the crushing strain upon her ~~astonishing~~ ‸astounding‸ memory, fighting ~~that~~ a‸ long battle ~~serene and~~ undismayed against ~~these~~ colossal odds.‸~~, stands alone in its pathos and its sublimity; it~~ ‸It‸ has nowhere its ~~mate,~~ ‸match,‸ ‸neither in the annals of fact ‸nor in the ~~creations of fable.~~ ‸realms of fiction.‸

3. ~~And how~~ ‸How‸ fine and great were the ~~things she daily said, how fresh and crisp—and she so worn in body,~~ ‸words she spoke day by day, her ready answers, her bright demeanour, and crisp criticisms, and she so worn in body,‸ so starved, ~~and~~ ‸so‸ tired, ~~and~~ ‸so‸ harried!‸/ ~~They~~ ‸Her utterances‸ run through the whole gamut of feeling and expression,‸ ⁄— from scorn and defiance, ~~uttered~~ ‸spoken‸ with soldierly fire and frankness, ~~all down the scale~~ to wounded dignity clothed in words of noble pathos.‸~~; as, w~~‸When her patience was exhausted by the pestering attempts of her persecutors to ~~find out~~ ‸discover‸ what ~~kind of~~ devil's-witchcraft she had employed to rouse the war-spirit in her soldiers she ~~burst~~ ‸cried‸ out:‸ ~~with~~ "What I said was, 'Ride these English down'—and I did it myself!" ~~and as, w~~‸When insultingly asked why it was that *her* standard had place at the crowning of the King in the Cathedral of Rheims rather than ~~the standards~~ ‸those‸ of ~~the~~ other captains, she uttered that touching speech, "It had borne the burden, it had earned the honour,‸" ⁄— a phrase which fell from her lips without ~~preparation, but whose~~ ‸premeditation, the‸ moving beauty and simple grace ~~it~~ ‸of which‸ would bankrupt the art~~s~~ of language to surpass.

4. Although ~~she was~~ on trial for her life, she was the only witness called on either side; the only witness summoned to testify before a packed jury commissioned with a definite task—to find her guilty, whether she ~~was~~ ‸were‸ guilty or not. She must be convicted out of her own mouth, there being no other way to accomplish it. Every advantage that learning has over ignorance, age over youth, experience over inexperience, chicane over artlessness;‸/ every trick and trap ~~and gin~~ devisable by malice and the cunning of sharp intellects practised in ‸the‸ setting ‸of‸ snares for the unwary,‸ ⁄— all these were employed against her without shame; and when these arts were one by one defeated by the marvellous intuitions of her alert and penetrating mind, Bishop Cauchon stooped to a final baseness which it degrades human speech to describe.‸~~: a~~‸A priest who pretended to come from the region of her own home and to be a pitying friend,‸ ~~and~~ anxious to help her in her sore need, was smuggled into her cell; he misused his sacred office to steal her confidence~~; and~~ ‸so that‸ she confided to him ~~the things~~ ‸facts‸ sealed from revealment by her Voices which her prosecutors had tried so long in vain to trick her into betraying. A concealed confederate set it all down and delivered it to Cauchon, who used ~~Joan's~~ ‸Jeanne's‸ secrets, thus obtained, for her ruin.

Throughout the Trial~~s~~, ~~whatever the~~ ‸the testimony of the‸ foredoomed witness ~~said~~ was twisted from its true meaning, when possible, and made to tell against her; ~~and~~ whenever an answer of hers was beyond the reach of ~~twisting~~ ‸garbling,‸ it was not allowed to go upon the record. ~~It was upon~~ ‸On‸ one of these latter occasions ~~that~~ she uttered that pathetic reproach ~~/~~ to Cauchon: ~~"Ah,~~ ‸"you set down everything that is against me, but ~~you will not set down what is for me."~~ ‸nothing that is in my favour."‸ *(easier translation)*

5. That ~~this~~ ‸her‸ untrained ~~young creature's~~ genius for war was ~~wonderful~~ ‸marvelous‸, ~~and~~ that her generalship ~~suggested an old and educated~~ ‸was that of a tried and trained‸ military experience, we have the sworn testimony of two of her veteran subordinates,‸ ~~/~~ one the Duc d'Alençon, ‸brother to the King of France;‸ the other the greatest of the French generals of the time, Dunois, Bastard of Orleans.‸ ~~; t~~That her ~~genius was as great—possibly even greater—~~ ‸power was equally great ~~if not greater~~‸ in the subtle ~~warfare~~ ‸strife‸ of the forum, we have for witness the records of the Rouen Trial~~s~~, that protracted exhibition of intellectual fence maintained with credit against the masterminds of France.‸ ~~; t~~That her moral greatness was peer to her intellect we call the Rouen Trial~~s~~ again to witness, with ~~their~~ ‸its‸ testimony to a fortitude which patiently and steadfastly endured during twelve weeks the wasting forces of captivity, chains, loneliness, sickness, darkness, hunger, thirst, cold, shame, insult, abuse, broken sleep, treachery, ingratitude, exhausting sieges of cross-examination, ‸and‸ the threat of torture~~,~~ with the rack ~~before~~ ‸facing‸ her and the executioner standing ready: yet never surrendering, never asking quarter, the frail wreck of her as unconquerable the last day as was her invincible spirit the first.

6. Great as she was in so many ways, she was perhaps ~~even~~ greatest of all in the lofty things just named,‸ ~~/~~ her patient endurance, her steadfastness, her granite fortitude. We may ~~not~~ ‸never‸ hope ~~to~~ easily ‸to‸ find her ~~mate and twin~~ ‸equal‸ in these majestic qualities.‸ ~~; w~~Where we lift our eyes highest we find only a strange and curious contrast—there in the captive eagle beating his broken wings ~~on~~ ‸upon‸ the Rock of St. Helena.

7. The Trial~~s~~ ended with her condemnation. ~~But as~~ ‸As‸ she had conceded nothing, confessed nothing, this was victory for her, defeat for Cauchon. But his evil resources were not yet exhausted. She was persuaded to ~~agree to~~ sign a paper of slight import, then by treachery ~~a paper~~ ‸another‸ was substituted which contained a recantation ~~and~~ ‸together with‸ a detailed confession of everything ~~which~~ ‸that‸ had been charged against her during the Trial~~s~~ and denied and repudiated by her persistently ~~during the three months; and this~~ ‸throughout. This‸ false paper she ignorantly signed;‸ ~~. This~~ ‸it‸ was victory for Cauchon. He followed it eagerly and pitilessly up by at once setting a trap for her ~~which~~ ‸that‸ she could not escape. When she realised this she gave up the ~~long~~ ‸fruitless‸ struggle, denounced the treason ~~which~~ ‸that‸ had been practised against her, repudiated the false confession, reasserted the truth of the testimony ~~which~~ she had given ~~in~~ ‸at‸ the Trial~~s~~, and went to her martyrdom with the peace of God in her tired heart, and on her lips endearing words and loving prayers for the cur she had crowned and the nation of ingrates she had saved.

8. When the ~~fires rose about her and~~ ‸flames leapt up and enveloped her frail form‸ and she begged for a cross for her ~~dying~~ ‸parched‸ lips to kiss, it was not a friend but an enemy, not a Frenchman but an alien, not a comrade in arms but an English soldier that answered ~~that~~ ‸her‸ pathetic prayer. He broke a stick across his knee, bound the pieces together in the form of the symbol she so loved, and gave it ‸to‸ her.‸ ~~; and his~~ ‸This‸ gentle deed is not forgotten, nor ‸ever‸ will be.

III.

THE REHABILITATION.

Twenty-five years ~~afterwards~~ ‸later‸ the Process of Rehabilitation was instituted, ~~there being~~ ‸in consequence of‸ a growing doubt as to the validity of a sovereignty that had been rescued and set upon its feet by ~~a person~~ ‸one‸ who had been ~~proven~~ ‸declared‸ by the Church ~~to be~~ a witch and a familiar of evil spirits. ~~Joan's~~ ‸Jeanne's‸ old generals,‸/ her secretary,‸/ several aged relations and other villagers of Domremy,‸/ surviving judges and secretaries of the Rouen and Poitiers Processes—a cloud of witnesses, some of whom had been her enemies and persecutors,‸ ~~/~~ came and made oath and testified.‸ ~~; and what they said was written down.~~ ‸Their statements were taken down as evidence.‸ In that sworn testimony the moving and beautiful history of ~~Joan of~~ ‸Jeanne d'‸Arc is laid bare/ from her childhood to her martyrdom. From the verdict she rises stainlessly pure, in mind and heart, in speech,‸ ~~and~~ deed and spirit;‸/ and will so endure to the end of time.

IV.

~~*THE RIDDLE OF ALL TIME.*~~ ‸An Eternal Enigma.‸

1. She is the Wonder of the Ages. ~~And w~~‸When we consider her origin, her early ~~circumstances,~~ ‸environment,‸ her sex, and that she did all ~~the things~~ upon which her renown rests while ~~she was~~ still a young girl, we recognize that,‸ ~~while~~ ‸so long as‸ our race ~~continues she will be also the Riddle of the Ages. When we set about~~ ‸endures, the circumstances of her career will remain an insoluble problem. When we try to‸ accounting for a Napoleon,‸ ~~or~~ a Shakspeare or a Raphael,‸ ~~or~~ a Wagner or an Edison or ‸for‸ other extraordinary persons‸, we understand that the measure of ~~his~~ ‸individual‸ talent will not explain the whole result, nor even the ~~largest~~ ‸greater‸ part of it.‸ ~~; no, it is~~ ‸The explanation must be sought in‸ the atmosphere ~~in~~ ‸amid‸ which the talent was cradled.‸ ~~that explains; it is~~ ‸When we know‸ the training ~~which~~ it received while ~~it grew,~~ ‸young,‸ the nurture it ~~got~~ ‸derived‸ from reading, study/ ‸and‸ example, the encouragement it gathered from self-recognition and ~~recognition from the outside~~ ‸approval from its environment‸ at each stage of ~~its~~ development: when we know all these ~~details, then we know why the man was ready when his opportunity came.~~ ‸details, we can understand how the genius was ‸created and‸ evolved ~~and thus was ready to seize his~~ by steady and congenial growth.‸ We should expect Edison's ~~surroundings~~ ‸environment‸ and atmosphere to have the largest share in discovering him to himself and to the world; ~~and~~ we should expect him to live and die undiscovered in a land where an inventor could find no comradeship, no sympathy, no ~~ambition-rousing atmosphere of~~ recognition ~~and~~ ‸or‸ applause.‸ ~~—Dahomey, for instance.~~ Dahomey,‸ for instance,‸ could not ~~find~~ ‸produce‸ an Edison.‸ ~~out; in Dahomey an Edison could not find himself out. Broadly speaking, g~~Genius is ~~not~~ born with‸out‸ sight.‸ ~~; but blind; and it is not itself that opens its eyes, but the subtle~~ ‸Its eyes are opened by the subtle‸ influences of a myriad of stimulating exterior circumstances.

"Riddle"— Anglice?

2. We all know this to be ~~not a guess, but~~ a mere commonplace fact, a truism. Lorraine was ~~Joan of~~ ‸Jeanne d'‸Arc's Dahomey. ~~And there~~ ‸Here‸ the ~~Riddle~~ ‸problem‸ confronts us. We

can understand ~~how she could~~ ‸that she might‸ be born with ‸intuitive‸ military genius,~~;~~ with leonine courage,~~;~~ with incomparable fortitude,~~;~~ with a mind ~~which~~ ‸that‸ was in several particulars a prodigy,~~—~~a mind which included among its special~~ities~~ ‸manifestations‸ the lawyer's gift of detecting traps laid by the adversary in cunning and treacherous arrangements of seemingly innocent words,~~;~~ the orator's gift of eloquence,~~;~~ the advocate's gift of presenting a case in clear and ~~compact~~ ‸concise‸ form,~~;~~ the judge's gift of sorting and weighing evidence,~~;~~ and, finally, something recognisable as more than a mere trace of the statesman's gift of ~~understanding~~ ‸grasping‸ a political situation and how to make profitable use of such opportunities as it offers.~~; w~~We can comprehend ~~how she could be born with~~ ‸that‸ these great qualities~~,~~ ~~but we cannot comprehend~~ ‸might exist in Jeanne d'Arc at her birth, but‸ how they became ~~immediately usable~~ ‸instantly available‸ and effective without the developing forces of a sympathetic ~~atmosphere~~ ‸environment‸ and the training which comes of teaching, study, practice—years of practice~~—and~~ ‸no less than by‸ the crowning help of a thousand mistakes ‸is beyond our understanding.‸ We ~~can understand how~~ ‸know‸ the possibilities of the future perfect peach ~~are~~ ‸to be‸ all lying ~~hid~~ ‸dormant‸ in the humble bitter-almond;~~, but~~ we cannot conceive of the peach springing direct~~ly~~ from the almond without the intervening long seasons of patient cultivation and development. Out of a cattle-pasturing peasant village lost in the remotenesses of an unvisited wilderness and atrophied with ages of stupefaction and ignorance we ~~cannot~~ ‸fail to‸ see a ~~Joan of~~ ‸Jeanne d'‸Arc ~~issue~~ ‸issuing‸ equipped to the last detail for her amazing career, ~~and hope to be able~~ ‸nor can we hope‸ to explain the riddle of it, labour at it as we may.

2 "comprehends."

3. It is beyond us. All ~~the~~ ‸our‸ rules fail in this girl's case. In the world's history she stands alone~~—quite~~ ‸absolutely‸ alone. Others have ~~been great~~ ‸shone‸ in their first ‸great‸ public exhibitions of generalship, valour, legal talent, diplomacy, fortitude, but ~~always~~ their previous years and associations had ‸invariably‸ been in a ~~larger or smaller~~ ‸greater or less‸ degree a preparation for ~~these~~ ‸such‸ things. There have been no exceptions to the rule;~~. But Joan~~ ‸Yet Jeanne‸ was competent in a law case at sixteen without ever having seen a law book~~,~~ or a court house before; she ~~had~~ had no training in soldiership and no associations with it, yet she was a competent general ~~in~~ ‸on‸ her first campaign; she was brave in her first battle, yet her courage had ~~had~~ ‸received‸ no education—not even the education which a boy's courage ~~gets from~~ ‸obtains through‸ never-ceasing reminders that it is not permissible in a boy to be a coward.~~; but only in a girl; friendless, a~~Alone, ~~ignorant~~ ‸unaided‸, in the ~~blossom~~ ‸bloom‸ of her youth she sat week after week, a prisoner in chains, before ~~her~~ ‸an‸ assemblage of judges~~,~~—enemies hunting her to her death, the ablest minds in France~~,—and answered~~ ‸answering‸ them out of an untaught wisdom ~~which~~ ‸that‸ overmatched their learning, baffled their tricks and treacheries with a native sagacity ~~which~~ ‸that‸ compelled their wonder, and scored ~~every~~ ‸each‸ day a victory against ~~these~~ incredible odds. ~~and camped unchallenged on the field.~~ In the history of the human intellect, untrained, inexperienced, and using only its birthright equipment of untried capacities, there is nothing which approaches this. ~~Joan of~~ ‸Jeanne d'‸Arc stands alone, and must continue to stand alone, by reason of the ~~unfellowed~~ ‸unique‸ fact that in the things wherein she was great she was so without shade or suggestion of help from preparatory teaching, practice, environment, or experience. There is no one ‸with whom‸ to compare her,

~~with,~~ none ‸by whom‸ to measure her; ~~by;~~ for all others among the illustrious *grew* toward their high place in an atmosphere and surroundings ~~which~~ ‸that‸ discovered their gift to them, ~~and~~ ‸that‸ nourished ~~it~~ and promoted it, intentionally or unconsciously. There have been other ~~young~~ ‸born‸ generals, but they were not girls; young generals, but they had been soldiers before they ~~were generals~~ ‸earned the baton‸; ~~she~~ ‸Jeanne‸ *began* as a general; she commanded the first army she ever saw, she led it from victory to victory, and never lost a battle. ~~with it;~~ ~~t~~There have been young commanders-in-chief, but none so young as she: she is the only soldier in history who has held the supreme command of a nation's armies at the age of seventeen.

V.

AS PROPHET.

Her history has still another feature which sets her apart and leaves her without fellow or competitor: there have been many uninspired prophets, but she was the only one who ever ventured the daring detail of naming, ~~along~~ ‸in connection‸ with a foretold event, the ~~event's~~ precise nature/ ‸of that event,‸ the special time-limit ‸and place‸ within which it would occur, ~~and the place—*and scored*~~ ‸and in every case realized the complete‸ *fulfilment*. At Vaucouleurs she said she must ~~go to~~ ‸see‸ the King and be made ~~his~~ general~~, and~~ ‸of his forces in order to‸ break the English power, and crown her sovereign—"at Rheims." ~~It all happened.~~ It was all to happen "next year"—and it did. She foretold her first wound, ~~and~~ its character and date a month ~~in advance, and the~~ ‸beforehand; this‸ prophecy was recorded in a public record-book three weeks in advance. She repeated it the morning of the ~~named~~ date/ ‸named,‸ and it was fulfilled before night. At Tours she foretold the limit of her military career, ~~+~~ saying it would end in one year from the time of ~~this~~ ‸her‸ utterance, ~~+~~ and she was right. She foretold her martyrdom, ~~+~~ using *that word*/— and naming a time three months ~~away~~ ‸distant‸—and again she was right. At a ~~time~~ ‸period‸ when France seemed hopelessly and permanently in the hands of the English she twice asserted in her prison before her judges that within seven years‸' time‸ the English would meet with a mightier disaster than had been the fall of Orleans: it happened within five, ~~—the fall of Paris.~~ ‸when Paris fell.‸ Other prophecies of hers came true, both as to the event named and the time-limit prescribed.

VI.

HER CHARACTER.

She was deeply religious, and believed that she had daily speech with angels; that she saw them face to face, ~~and~~ that they counselled her, ~~advised~~ ‸comforted‸ her, and brought commands to her direct from God. She had a childlike faith in the heavenly origin of her apparitions and her Voices, and no~~t any~~ threat ~~of any form~~ of death ~~was able to~~ ‸in any form could‸ frighten it out of her loyal heart. She ~~was~~ ‸had‸ a beautiful, ~~and~~ simple and lovable character. In the records of the Trials/ this comes out in clear and shining detail. She was gentle, ~~and~~ winning and affectionate; she loved her home, her friends and her village life; she was miserable in the presence of pain and suffering; she was full of compassion: on the field of her most splendid victory she forgot her triumphs to hold in her lap the head of a dying enemy and ‸to‸ comfort his passing spirit with pitying words; in an age when it was common to slaughter prisoners, she stood dauntless between hers and harm, and saved them alive; she was forgiving, generous, unselfish, magnanimous, she was pure from all spot or stain of baseness. And always she was a *girl,* ~~and~~ dear and worshipful, as is meet ~~for~~ ‸in‸ that estate‸. ~~: w~~‸When she fell wounded, the first time, she was frightened/ and cried when she saw ~~her~~ ‸the‸ blood gushing from her breast; but she‸ ~~was Joan of~~ ‸Jeanne d'‸Arc, ~~and~~ when presently she found that her generals were sounding the retreat, ~~she~~ staggered to her feet and led the assault again and took that place by storm. There ~~is~~ ‸was‸ no blemish in ~~that~~ ‸the‸ rounded and beautiful character/ ‸of Jeanne, the Maid.‸ ~~There was no self-conceit in it, no vanity. Only once in her life did she forget whom she was, and use the language of brag and boast. In those exhausting Trials she sat in her chains five and six dreary hours every day in her dungeon, answering her judges; and many times the questions were wearisomely silly and she lost interest, and no doubt her mind went dreaming back to the free days in the field and the fierce joys of battle. One day, at such a time, a tormentor broke the monotony with a fresh new theme, asking, "Did you learn any trade at home?" Then her head went up and her eyes kindled; and the stormer of bastiles, tamer of Talbot the English lion, thunder-breathing deliverer of a cowed nation and a hunted king, answered "Yes! to sew and to spin; and when it comes to that, I am not afraid to be matched against any woman in Rouen!" It was the only time she ever bragged: let us be charitable and forget it.~~

VII.

HER FACE AND FORM.

How strange it is!—that almost invariably the artist remembers only one detail—one minor and meaningless detail of the personality of ~~Joan of~~ ‸Jeanne d'‸Arc‸,/ that she was a peasant girl/—and forgets all the rest!‸~~; and s~~‸So he paints her as a strapping middle-aged fish‸wife,‸~~erwoman,~~ with costume and face to match. He is ‸a slave to his one ‸prevailing‸ idea, and ~~forgets~~ ‸omits‸ to observe that ~~the~~ supremely great souls are never lodged in ~~big~~ ‸gross‸ bodies. No ~~brawn,~~ ‸tissue,‸ no muscle, could endure the ~~work that their bodies must do~~ ‸strain of their physical efforts‸; they ~~do~~ ‸perform‸ their miracles ~~by~~ ‸through‸ the spirit, which has fifty times the strength and staying-power of brawn and muscle. The Napoleons are little, not big; ~~and~~ they work twenty hours ~~in~~ ‸out of‸ the twenty-four, and come up fresh while ‸the‸ big soldiers with little hearts faint around them with fatigue. We know what ~~Joan of Arc~~ ‸Jeanne‸ was like, without ~~asking—~~ ‸inquiring,‸ merely by what she did. The artist should paint her *spirit*—then he could not fail to paint her body right. She would rise before us, ~~then,~~ ‸in such wise,‸ a vision to win us, not ‸to‸ repel: a lithe‸,‸ slender‸ young ~~slender~~ figure, instinct with "the unbought grace of youth," ~~dear and bonny and~~ ‸wholly‸ lovable, the face beautiful, ~~and~~ transfigured with the light of ~~that lustrous~~ ‸her luminous‸ intellect and the fires of ~~that~~ ‸her‸ unquenchable spirit. ‸"It was a miraculous thing," said Guy de Laval, writing from Selles, "to see her and hear her."‸ *Insert this remark.*

2. Taking into account, as I have suggested before, all the circumstances‸,/—her origin,

youth, sex, illiteracy, early environment, ~~and~~ ‸together with‸ the obstructing conditions under which she ~~exploited~~ ‸demonstrated‸ her high gifts and made her conquests in the field ~~and~~ ‸no less than‸ before the courts that tried her for her life,/ she is by far the most extraordinary person the human race has ~~ever~~ ‸yet‸ produced/‸, nor does there exist in any language so remarkable a history as the official record of Jeanne d'Arc's trial and rehabilitation.

3. I have studied the career of Jeanne d'Arc for years past; I have, moreover, written and published a story of her life: but I am ever ready, as now, to break another lance in honour of the Maid.‸

信 176

亲爱的××先生：

我发现自己的书桌放着××女士译本的前两页，上面标有你的校对文字。感谢你把它寄给我。

我也仔细翻阅了自己序言修正版的第 1 页，下文将记下些对于你修改的备注。如果我认为有些修改无益于润色文章，我将提出自己的理由。希望这么做能帮到你，就像你想让我获益般让你获益。

备　　注

第一部分：第一段

"Jeanne d'Arc（圣女贞德的法语拼写）"，这写法只是在卖弄学问且格调低下。我族的普通同胞和语言并不是如此称呼贞德的。我发现在你推荐给我的简短分段判词中，也曾多次出现上帝的称谓，为保持全文的一致性，我认为有必要把所有的"God"替换成"Dieu"（将上帝的拼写改成法语），请不要忽略了这一点。

第一行，用"at the"有什么不妥吗？"审判"又为何要用单数？是哪个无知的人欺骗你说只有一场审判，而不是 6 场？

Amongst。用"among"有什么不好吗？

随后的几处更正。你难道没发现省略掉恰当的"both"会让句子显得很傻吗？你不觉得自以为是地插进"of which"会让文章变得像是记者写出来的吗？至于"Quite"，你为什么要画蛇添足般地强插进自己那过时陈旧的用词喜好呢？你就不能让你糟糕的文学感消停会儿吗？

下一句。没有任何改进；你仅仅是为改而改的吗？

第二段。你又开始找我标点的茬了。你可知道就凭你的水平是没法在这么精妙的方面提出自己意见的吗？你真以为自己能用对句子结尾处的标点吗？

第二段。你怎么知道是他"自己的"剑？那可能是他借来的。我对历史事件 177
很审慎，你不能让我说一些没有根据的话。其余的修改都不值一提。

第三段,同上所述。

第四段。你用“直接”有误导之嫌,可能会让人误解成“马上”的意思。简单明了要好于模糊的华丽辞藻。你旁边写的敏感评论:“对法国人不友好——指的是莫斯科。”事实上,我并不在乎法国人的感受——有一处我称他们为“忘恩负义的民族”——但你都忙于看句号和逗号了,根本就没看到会让你担心的这一点。后面一段的结尾处还讽刺了法国人,我想你总不会把他当作是种赞美吧?理解你真是件费劲的事情,你必须把自己的观点摆出来,这样才能维护其前后的一致性。你时不时还需要动动脑子,这会对你有所帮助的,如果你一直坚持做下去的话,它就不会像现在这样不好使了。

第五段。到此为止,我认为这真是篇杰作!你已经完美掌握了如何将简单精炼的文字改写成啰嗦复杂的一般作品了。

第六段。你对质朴平民化的英语总有种贵族式的傲慢。我用“go back”的地方都被你修改成了“return”。在客厅那段才适合用“return”,那是公爵面带微笑说的话。

第七段。“Permission”是公爵情绪激动时才会说的词,“她的”辉煌还没“结束”,只进行到一半。你难道不知道吗?你到底有没有读过有关圣女贞德的事迹?事实上,你根本没有留意到这一点,第1页上我就告诉过你她公开活动了两年之久,而你现在却已经把这事给忘了。你真的需要取出自己的脑袋修理一番了,简直就是一团糨糊。

第八段。她“骑马向一个据点发起了突击”。这不错,但你却没有告诉她后来是否获胜。你不该用这些模糊的语句困扰读者。我必须再次提醒你,清晰明了才是好文章。初学者最好把这条有用的规则深深记在脑子里,最后一句中的修改根本就是胡来。

第九段。“已经知道的”历史,对我来说这词太过书本气,根本不合适,上周看到这词时我大大地吃了一惊。

第二句。我花了一个小时才理解了这话的意思。我现在终于明白他和未修改之前想表达的是同一个意思。这个目的也的确达到了,尽管非常诘屈聱牙。你修改句子结构的初衷是什么?只是想尽量多地加进自己的语句,然后向别人夸耀说这篇序言是你写的?恐怕这才是你不可告人的真正目的吧。当然我们都清楚这个世界就是如此龌龊。

结尾句。你又平白无故地用了“然而”,我不明白你怎么会如此空虚。

第二章囚禁“Remainder”很奇怪你会喜欢用这个琐碎造作的词,这并不好。

178 第三句。被抓后她被勒索赎金,这里并不应该用“理应如此”的语气;而且勒索并非“如果”,而是已经提出了条件,这个条件也被接受了,第二段里提到过这点。你该等到清醒时再修改这些文章。

第四句。你为什么要修改？“demand”的语气太弱，该用“require”，你难道一点语感都没有吗？

第五句。将原文改成“benefactress”(恩人)就显得没有尊严可言了。如果我称她为“braggart”(骗子)的话，我想你会将这词改成“braggartess”的吧，你对英语真是一窍不通。

结尾句。“Sustained”一词很适合你的病态要求。“Wholly”一词则加的有些不知所谓，改后这句话表达的还是原来的意思。为加进华美的辞藻，你牺牲了句子原有的精炼简洁。

第二段。这并非沾血的钱财，你这无可救药的笨蛋，这和购买住宅或马匹差不多；在当时算是普通买卖，也没有什么不名誉的地方。至于“她双手双脚和脖子上都(both)绑着绳子”等处，“both”只能用来形容两个名词间的关系，不能连接三个名词。你把“篱笆”一词单独提到了句首，这么做有什么意义吗？接下来一句经过你的改造后就没有任何意义了；再接下来一句也是如此，白白占着位置，却毫无存在的意义，比上面那些有趣古怪的修改还要更甚一步。

结尾句。把“either”改成“neither”，你的荒谬语法现在纠正过来了吗？

第三段。你把通畅的英语改得腐朽不堪。把它卖给博物馆陈列吧。

第四段。我看到你标在结尾句旁自夸的批注：“更简单的翻译。”但这有两个缺点：首先你翻译的意思并不正确；其次论优雅程度而言，它只翻出了贞德原话的一半内容。

第五段。你为何要对事实如此心存偏见，总喜欢那些虚构的东西？她并不是个“久经沙场的老将”，事实上她根本没有任何战斗经验，也没有人曾经说过她有。我澄清过这些事实后，你就不该在沉静在那些虚构的想象中了。注：要让人读懂的话一段话就只需要一句话，如果把它拆成几句话的话，你就传达不出自己想要表达的意思了。

第八段。“熊熊烈火吞噬了她虚弱的身体。”这句写得很好，非常好，甚至堪称优雅，可惜这不是你写的；这句是从售价3便士的“小贩新娘”或是“火魔的敌人”里抄来的。盗取别人的东西是不对的，上帝会惩罚你。“干燥的”(parched)嘴唇？你怎么知道当时的情况？只是认为这词时髦就能未加确认地乱用？

第三章康复“写下这些话作为证据。”非常好！要不是你特意提一句，许多人还以为你纯粹是写着玩的呢。

第四章一直存在的谜语(Riddle)我注意到了你的批注：“Riddle——用Anglice更佳？”去查下字典吧。“我们都知道天才是如何长成的(created)”，即“逐步慢慢成长”。我们完全没法理解，天才并不是像庄稼那样慢慢成长而 179
成——他是生下来(born)。你还以为是番茄啊？注：我写“circumstances”的地方都被你改作了“environment”,还坚持用“which”替换我的“that”,然后再用“that”替换我的“which”,简直愚不可及。

第二段。我看到你的批注“2 处理解”我想是有人曾教过你同义反复吧,然后你就以为所有重复都是同义反复了?算了,凭你的智商,别人是没法教会你区分什么是同义反复的重复、什么不是同义反复的重复。

结尾句。你是喝醉了酒,站着校对时写下这话的吧:我们没有发现她有什么特别,也不理解这是为什么;也就是说,她并不特别,而你对此没法理解。这就是击败你的谜语,你力气都花在这上面了?如果事实如此,这也根本算不上是个谜,当然是对除你之外的人而言,其他人则认为这事会发生在任何人身上,无论当时还是之后,任何思维正常的人都不会对此表示惊奇。里面是有个谜语,但被你误解了。我也说不太清,但仍会尽量解释,让你多多少少理解一点。我们并非没有看到她的特别之处,事实上我们看到了。这完全就是个奇迹,谜一般的神秘。一个无知村妇拥有惊人的天赋并非不可思议——某时某刻这也可能发生在别人身上,当然你是没可能了,但如何未经训练就能立即有效使用这些天赋则是我们没法掌握及解决的谜题。你明白了吗?

第三段。醉酒(Drunk)。

第五章,作为先知“每件事都得到了完美验证。”你怎么知道是她说的?根本没有证据能支持这个不着边际的断言。我特意避免说她的所有预言都实现了,因为这意味着我们已经掌握了她所说的所有预言,但事实上,那些并未实现的预言当时就没被记录下来,人们从来不记载那些没能实现的预言,这不符合习惯。

第六章她的个性“舒适”是个很好的修改,相当明智。但你这么做并不公平,你让一些聪明人帮了你。注:我写“劝告(counsel)她,建议(advise)她”时用的是同义反复,但重复“2 处理解”时则不然。我知道你永远都分不清这两种用法的。注:你多次写下了“圣女贞德不久后发现”之类有趣的语句。但这也并非原创,是从批发价 6 便士、零售价 7 便士的“速成写作宝典”上抄来的。删去的那段:我注意到你批注上的反对意见:“是否能够断言她在吹牛?这么做好吗?这肯定与她的个性不符。”我承认自己的俏皮话并不值一提,我发现自己玩笑又开错地方了。

第七章她的形象你又误解我了。我的意思并不是指艺术家有好几种存在着上下之分的不同构思。我的意思是他只有一种构思。在同一句中,“omit”和“forget”是同一个意思,难道你不明白吗?你为什么要改这两词?难道在你看来,“gross”一定要比“big”好,“perform”一定要比“do”好,“inquire”一定要比“ask”
180 好,“in such wise”一定要比“then”好[1]?还是仅仅因为这几个词字母更多些?你

[1] 以上各组均为同义词。

真有那么敌视简练的文章吗？最后，你看不出自己是在用一些庸俗可笑的文字替代了整段文字的精华吗？你加在最后面可笑的语句更是将文章的高潮都弄没了。我还是看到了你的批注“加入此句”。我也会按照你的要求做忠实修改的。

第二段。“Exploited”这词可以值上1先令，你却用个价值几便士的词替代了它，还是在被人骗了的情况下，虽然你活该如此。如果你对此感到震惊的话，请“正确”理解这话的意思。段落结尾：你又再次浇灭了高潮——给自己的图书厚颜无耻地打起了广告。在我看来虽然你文字优美，但却缺乏其他的美德。

第三段。我必须对自己的感谢有所保留。“Moreover”在这类语境中的作用就和括弧一样，而用括弧则表明笔者根本不会写英语，而且还不思进取；括弧通常会用来强调些错误的单词，这次的情况就是这样；大肆使用括弧的人都是小偷。因此我并不喜欢括弧，如果有人给我的话加了一个括弧的话，那他就有性命之虞了。“折断长矛”这词很有骑士风范，历史悠久，学生使用这词也能让文章增色不少，但我却不想用它，我有自己的青春期，现在则必须表现的成熟稳重些；另外，这也会勾起过去的记忆，我也曾折断过一支，这样的模仿是对圣女的不敬。我没破坏过长矛或是别的家具，我只是写过一本有关她的书而已。

你诚挚的朋友

马克·吐温

我好不容易才抑制住了自己对这无可救药的蠢蛋的怒火，还能保持克制用半开玩笑的语气给他写信。对这种愚不可及的“黄鱼脑袋”保持友好能让我变得更加崇高。如果在这世上我们要绝对公平公正的话，谁又能逃过一劫呢？还是宽宏点为好，这最终也会于你有益，我们会收获感激与爱戴，即使是文学娼妓的爱戴也比他受伤后的非议要好接受的多。因此我很高兴没有对他说那些尖刻的话，而是放过了他，就像是放生一条绦虫一般。在我去世前若能知道自己孩子会为他们的父亲曾做过这类事情而感到骄傲的话，我就心满意足了。或许我在无意中说了许多冒犯这厮的话，但至少我自己完全没有察觉。

181 这份22页长的无题手稿现收于马克·吐温档案馆,这里的标题“关于一本书与一封信的几点思考(Reflections on a Letter and Book)”大概是1903年4月末或5月初加上的。克莱门斯在首页标记上了“自传”记号,里面记载了一封由“克莱格霍恩先生的女儿”的作者希拉里·特伦特(R. M. 曼利的化名)寄给他的来信。曼利邀请克莱门斯阅读他的作品,显然希望他能够有所评价。克莱门斯则借机嘲笑了人们的自私自利,并自己总结道:“我们做事,首先要于己有益。”1903年4月26日,他写信告诉曼利说自己已经看完该书,“十分吸引人,对书中的说教感同身受”,他认为“这本书笔调优雅,充满活力,这也是故事最吸引人的一点”(誊本见CU-MARK:克莱门斯后来同意用这封信的浓缩版本作为该书的广告词)。事实上,总体而言曼利的“说教”其实是对长老会教义的攻击,尤其是对西敏寺信仰告白理论的攻击。在文章结尾处,克莱门斯加入了三条时文剪报,认为这与他的观点相关,但并未真正尝试将这些内容融入文章之中。然而在结尾的四段内容中,其中有一段就是“西敏寺教义问答”中的内容,说的是该报的第一篇内容正在修订中。

所有物证(墨水,纸张,编页)都表明这些文稿属于同一篇文章,但在潘恩看来,前边的17页似与后边4页关系不大,因此他将后面的文字独立成章(并添加了手写标题)。他将前半部分收录在“马克·吐温自传之未公开章节”内,并在1922年8月刊的哈珀月刊上以“年轻作家寄给马克·吐温的书”为题发表(SLC 1922c,312-15),但在他的传记版本中并未收录该部分。他也没有出版该文的后半部分,但他都拟好一个合适的标题“德智双全的人”。内德甚至连该文的前半部分也未曾收录,因此该文是第一次完整公开。

【书信回忆】

又收到封沉闷古怪的来信——形式做作,装成一副幽默的笔调,内容却一点都不让我觉得幽默。

> 亲爱的先生:——我写了本书——当然,我并非你的敌人,因此该书不会让你产生得意的快感,也不会让你哀伤。我给你寄来了一本。如果知道任何能强迫你读该书的方法,那我一定会照做的,但这效果最多也就是开头几页,之后我便无能为力了。请你看下开头的几页内容吧。我曾经花了大量时间阅读你的著作,因此或许你欠我点人情——大概10页吧。如果你看了几页,就把书扔到一边的话,我会感到遗憾的——是为你感到遗憾!

上面这段话恐怕稍显无礼——但归根到底都是他那喋喋不休的灵魂让他的双手擅自写下了这本书,这都是他对自己灵魂的过度放纵。你记得这种感觉吗?你忘记了自己早年灵魂的喋喋不休了吗?

人类的盾形纹章应该包括在磨刀石上边拿着战斧的形象。或者,展现出互相递出帽子的形象。我们都是乞丐,尽管方法不尽相同。自尊会使有人不屑于借几

文小钱，但却会向人恳求一笔自己明知无力偿还的巨款；也有人不会贷款，但会为 182
邮政局长的职位而摇尾乞怜；有人不稀罕职位，但会乞求他人将他介绍进某一“社团”；而富人虽不会要铁路公司的一车货物，却会要求乘车证；而他的邻居可能连货物和乘车证都不要，却会在同律师的交流中会提出自己的愿望，并希望他人无条件接受；而对以上种种都无欲无求的人也会坦白自己对总统职位的渴求。当事人都不会以此为耻，但其他看客的感受就会有所不同了。人们都会欣赏自己的高贵，小心翼翼地维护它，但在自己眼中，别人却都卑鄙下流。

当然，各式乞讨只随个人偏好和性情的不同而不同，但没有人完全不乞讨。我知道自己的，你也知道你自己的；我们把自己的乞讨遮盖起来，而对他人的尽情辱骂。每个人都需要时不时打磨下自己的斧子，无论是你，你的读者，还是任何其他人都是如此。不久之后，你就会熟悉自己斧头的各个方面——如果你拥有磨刀石的话——一旦看到新斧头，你就会以为与从前的是同一把；然后你会忽略自己，伸出自己的芒刺。如果你是州长的话，你会知道这个陌生人需要个位置。前6次来时，你还蒙在鼓里——之后则会感受到羞辱。带信人对你和你的政治记录大加赞赏，你激动地嘴唇发抖，眼眶湿润，喉咙哽塞，你会对自己感受到的快乐而心怀感激；之后陌生人亮出了自己的斧子以及自己拜访和赞美的真正目的，你为自己和他同类而感到羞耻，意识到自己善待的眼前人已粗鲁地侮辱到了自己。如此重复6次之后，你就会安之若素。之后（如果你不想再参加下一任竞选的话），你就会打断他人的奉承，然后说道：

“嗯，好了，这无所谓；来谈正事吧……你想要什么？”

无论在生活中你有多么的伟大或渺小，你总会有自己的磨刀石，而人们都会前来借用，无一例外。

有时，你也会成为交易的一员。私下里，你会对带着斧子到你这来的人十分恼怒，但你也会经常带着自己的斧头到别人处要求打磨。我不会去乞求陌生人，这是我的底线，或许也是你的做事风格。这必然使我们身处道德的制高点，让我们能够冷血地轻视指责那些会把自己斧子带到陌生人处的家伙。

既然我们偶尔都会带出自己的斧子，无法使自己置身世外，为什么聪明人就不能发明一种最佳的规避方法呢？唯一的解释是：起初，虽然我们每个人都以带着斧子求人为耻，愤怒拒绝，却会一直毫无缘由地欺骗自己说可以出淤泥而不染。人们也不会想到去计划帮助自己的族类自食其力，这就是人的本性。

但让我们意识和承认这一点——我们都会想尽一切方法靠近别人的磨刀石，我们都是乞丐，最好的方法，能尽量避免他人厌恶的方法，能让我们最容易接近磨刀石的方法，他的步骤又该如何呢？现举例如下：

不要亲手递出自己的斧头；让另外个陌生人替你拿；或者通过你的朋友；或者 183

通过磨刀石主人的朋友;或者是你们双方的朋友。

当然最后的方案最佳,其余的方法也不赖。你懂的,当你自己递出斧子时(譬如,自己的新书),有样东西就板上钉钉了:磨刀石的主人已然对你心怀偏见与厌恶,即使你们还未曾碰面。这仅仅是因为你束缚住了他的双手,使他不再独立自由,他会感到被逼至了墙角,他会为此烦恼、气愤,像是你鲁莽地对他占据了不正当的优势——事实也确实如此。他知道你准备卑鄙地利用他——你拙劣的伪装并不能够欺骗他。你尊敬他:用尽一切礼仪,他必须投桃报李;他也别无选择:他只能以感谢与赞美作为回报。就像欧洲职业乞丐那般机关算尽:为了避免你假装没有收到来信,他送的还是挂号信——你就完全落入了他的掌心!

我尊重自己递出帽子求助的方式,但对向别人的却不屑一顾,我知道这是人的本能。在我的方式中,并不会把自己的书寄给陌生人。这么做就像是在乞求吹捧——不管承不承认,必然含有这个目的。由于这并非我乞求他人赞美的方法,所以我会轻蔑地看低他。在我看来,这也是很自然的事情。当有陌生人第一次给我寄书时,我高兴地像个小孩,照单全收了所有的赞美之词;我以为写这封信就是为了表达这些赞美之词。我并未读出弦外之音,也没想到其间会藏着弦外之音,然而,年齿日增,随着经验的累加,我成了听弦外之音的行家,能比其他任何人发现更多的隐藏之意;之后,这些书信就不能再带给我任何乐趣,他们词不达意,但却坚持不懈地要求我对赞美给予回报。我对他们感到羞耻,同时也对我自己感到羞耻,在他们眼中,我已经低贱到可以视这些话为赞美的地步了。

尽管我发现这事有诸多不妥之处,但我还没幼稚到以为这些恭维会主动放弃。回礼是意料中事,人们也会得到我的恭维——尽管并非以回信的方式。当观众鼓掌时,他并未意识到自己的恭维是要求有所回报的。但事实就是如此,当鼓掌并未得到对方所表达的感谢——例如鞠躬或是微笑——听众们就会发现其实是要求等价回报的;同时,他会立即取消这笔交易,人们不会无缘无故的付出,至少不会在知道会一无所得时。当漂亮女孩获得了个倾慕的眼神,她会立即回报以泛红羞愧的面色;我们并不清楚自己正期待着回报,但如果她露出一脸受冒犯的神情,而非泛红羞愧的面色,那时我们就会更加明白了,我们就不会再多看她一眼。但实话实说,有时恭维也会主动放弃,而不需要你付出什么。我知道这种事情至少一百年能发生一次,还没活满百岁的我就碰到过一次。那是在29年前,当时我在伦敦演讲,我收到一封美妙的来信,热情洋溢,饱含得体的恭维赞美——上面并未署名,也没有来信地址!

这些赞美都是给我的——完全无偿,完全免费——没附带任何人情,我无需
184 偿还也无法偿还——这才是绝对无偿的礼物!这是我获得过唯一免费的赞美,是我听到过的唯一免费的赞美。当陌生人在恭维下附带了自己的名字与地址,这就

意味着“货到请付款”。他自己可能并非故意,但这只是因为他并不习惯反躬自问自己最深层次的动机何在。人们会避免这么做,这么做是明智的,这所谓当局者迷,我也是通过长期积累及自我深省才明白的。

陌生人直接将自己的书寄给我的做法并不对,这会让他和我都感到尴尬,我不该受到如此待遇,我从未伤害过他。他为什么就不能把书交给中间人,再让中间人对我说,“此书的作者羞怯而敏感,如果不合你口味也不要声张,要是让作者知道了我这么做,他一定会生气的。”

如果当事人不牵涉其中的话,我会心存感激,即使该书一无是处,我也会尽力发掘优点。但事实却并非如此,作者经常会亲自寄书过来。他知道这么做并不公平,他也为此感到羞耻,并努力开玩笑掩饰,但信中内容总会将他出卖。他清楚自己是在乞讨,他并不需要对书的公正点评,只需要赞赏吹捧。他明白你愿意让他如愿,但也明白自尊自爱或许会阻止你付诸实践。在信里他常会涉及两点:(1)他倾慕于你;(2)过去你挣扎乞讨时,曾受到过帮助与鼓励。这实在不够老道……他有求于你,却弄得像是你亏欠他的——有义务满足他似的。或许事实也正是如此,但我们同样憎恶这种要挟,我们并不希望陌生人给我们指派任务。有时,陌生人对无礼的要求还稍加掩饰调笑,有时也会非常直白;但无论何时,他都是认真的,你并不会喜欢任何一种方式。

我也是拥有七情六欲的凡夫俗子,至少我是这么看待我自己的。因此,我视真心的赞美胜于宝石,我会为此而心怀感激,就像你受到我真挚的赞美时一样。但若是有人醉翁之意不在酒,那我感受到的就非愉悦,而是羞耻了。这会让我感到羞耻,并非对他,而是对我自己;如果愿意,他可以如此侮辱自己,这是他的权利,但我可并不想一同受到侮辱。阿谀奉承,无论露不露骨,对任何人来说,从来都是无效,不应得的。万物之灵该受到多么大的煎熬啊!在内心深处,他清楚自己和其他生物一样,贫穷、廉价、低贱,存在就是种讽刺,是造物主最初的失败试制品,比百兽还缺乏是非感,在体格或是其他方面都要比其他动物孱弱,只在一件出乎意料的事情上占有优势——智力。

我不知道自己该如何回信,我希望他可以放过我,这和他无关——我只是在为自己着想,我希望他能放过我。那本书还未送到,但无论如何,对这本书我已心存偏见。

我想读者们——如果你上了年纪,经历丰富的话——这时已经猜到我的做法了吧。我最终屈从于风俗,像许多尝试寻求新的心灵慰藉方法但失败了的人一样,我祭出了那个古老,过分夸张又乏味的把戏、托词、善意的谎言,回信感谢了他的赠书,并保证自己“近期内”就会满心欢喜地读完它。

我终于解放了:现在除非愿意,我已经没有义务一定要读这本书了。自由的 185

感觉消除了我的偏见。偏见消除后,好奇心自然而然地取代了他原来的位置。因为已不是强加的义务,书一来我反而就迫不及待地读了起来。对我而言,这是一次费时费力的冒险旅程,我一口气把整本书都读完了,甚至忘记了自己的正事。当我回信向作者坦诚这一点时稍微有些尴尬,因为这是紧接着前一封礼貌虚伪的信件寄出的,但我确实这么做了。因为如果不这么做的话,我的良心会感到不安。你认为我的做法给作者带来喜悦了吗?答案是肯定的——当然只能排在第二。要记得,我们做事,首先要于己有益。

长老会教义

2/3 的长老会信徒赞同修改信仰告白

费城,4 月 27 日——长老会代表大会执事医生 W. H. 罗伯茨牧师今天称大约 2/3 的长老会信徒投票赞成修改信仰告白以及告白宣言说明中的第三章与第十章。此事最终将交由会员大会在下月加州洛杉矶会议上加以处理。届时,会员大会上可能会通过信徒们的修正提案。

沙俄发生针对犹太人的大屠杀

当地一份犹太报纸刊登了一份关于基什尼奥夫屠杀的快讯
——报道称事件中有 120 人身亡。

犹太日报在今天下午刊登了一则沙俄基什尼奥夫反犹骚乱的电报快讯:

圣彼得堡,4 月 25 日——(为躲避审查,此件先被送出沙俄,而再后发电报)——比萨拉比亚的基什尼奥夫发生了反犹骚乱,其严重程度已超出了审查允许报道发表的界限。俄国东正教复活节后的第二天,爆发了经过周密策划的针对犹太人的大屠杀。牧师率领着暴徒,“杀死犹太佬!”的口号声响彻全城。犹太人事先毫不知情,像绵羊般受到屠杀,共有 120 人身亡,大约 500 人受伤。

当时屠杀情况之惨无以言表。疯狂嗜血的暴徒们将婴儿撕成数块。当地警方也对恐怖行动置之不理。到日落时分,街上堆满了死尸和受伤者,惊魂未定的幸存者匆忙逃离,城中实际上已无犹太人。

就像 1880 年至 1881 年的那场骚乱时一样,沙俄农民普遍相信屠杀犹太人是沙皇颁布的命令!然而,骚乱的直接原因是赫尔松政府循例对杜巴萨犹太人的谋杀指控。群众需要立即的情感发泄。

在经过一年的时间对亚当夏娃故事真实性的思考之后，今天长老教会在伯斯安布伊的春季集会上，授予来自新泽西普莱恩菲尔德的年轻人吉尔伯特·A. 洛沃尔（Gilbert A. Lovell）牧师资格，去年由于他表达了自己并不相信圣经中的创世纪部分，伊丽莎白长老教会拒绝授予他传布福音的资格。 186

普莱恩菲尔德的洛沃尔和哈里森·K. 莱特在去年春天向长老教会申请布道资格，但由于两人认为亚当与夏娃的故事只是传说，因此被多数会员拒绝入会。之后，长老教会召集了一次特殊集会，想给他们一次撤回自己主张的机会。莱特来到现场，并宣称对于这一争议话题自己已经改变了原有的观点，他愿意承认自己的错误，他的解释与其他回答都让人满意。因此，他获得了牧师执照，并获得长老教会的任命。

然而，洛沃尔寄信称自己愿意 1 年之后再次申请，同时他的心态也明显改变，今天长老教会对他的所有神学观点考察都十分满意，他的任命将指日可待。

我们没有有力证据能够证明人类具有廉耻之心，自己才是唯一的证人，而互不相识的人才能评价他的证词。若人们相信他并不虚荣浮夸，那是因为他并不在乎炫耀者的才能。人们被迷惑，相信他并不野蛮或粗鲁，那是因为他运用这些词语不以为然地形容自己那些独一无二的品质。在他的言语证词中，人们对他所没有的习惯都深信不疑，他会（有意）掩饰，并使之得到行动的验证。这是最安全的方法，这也并非人类的发明，而是臭鼬的。一开始时，臭鼬也相当真诚天真地以为自己是动物王国的代表，就像玫瑰代表植物王国一样，这只是因为它们不够自省。

人们不当他是朋友，这是因为他未检查他所发明的西敏寺教义问答。他和臭鼬一样——但把他们分在一起并不公平，至少臭鼬并未发明西敏寺教义问答。

然而，毫无道德感的人们、嗜血残暴的人们有一项伟大闪耀的天赋却超越了其他所有生物——智力。他日复一日地全力显摆着自己天赋的伟大与崇高，也终获成功。长久以来，他都只能算是群平庸的动物，在某些重要的才能方面都不突出。起初，他赤手空拳，只能用手无寸铁的瘦弱双臂保护自己，当狮子、老虎、大象、乳齿象或其他猛兽来到他面前时，他就像兔子般毫无还手之力；他的忍耐力也比其他生物差得多；而就陆地上的灵敏性而言，只有屈指可数的几样生物无法使他汗颜；而水中的灵敏性，更是所有鱼类都能超越他；他的视力就是个笑话；若是看微小的物体，与昆虫相比他就是个瞎子，而在秃鹫能看到一头羊的距离上，他连一座酒店都无法看清。多亏他所具有的精巧智慧，使他能装备上各式人造工具，使他变得无与伦比的高效。他造的火车能在速度和耐力上超越所有的鸟兽；动物世界中没有一双眼睛能够媲美他造的显微镜和望远镜；相比于射程超过一英里的
187 恐怖机枪，老虎与大象的力量都微不足道。他开始“统领”万物——虽然美妙，也只是毫无实际意义的空话。但他却把这些具化，开始声称自己是万物之灵。就身体而言，刚开始演化时他只是个差等生；承蒙智力的帮助，他现在已经成为动物界无以匹敌的尊者。但他仍是精神领域的差等生——在这方面甚至无法和最差的鸟兽相提并论。而神灵只看重道德，他们对智慧嗤之以鼻，不会赞美一句。如果还有地方会欢迎智慧的话，那肯定是地狱，而非天堂。

这份未曾发表过的无题文字写于1903年,现收于马克·吐温档案馆。克莱门斯在其首页的左上 188
角标记了“自传文章”的字样,后面还写有“1842年于汉尼拔”(稍后被删除),这是他第一个故事发生的地点与年份,讲的是他有关蓖麻油的一段经历。克莱门斯经常怀疑医生,很小时就认定他们对病人帮助不大,甚至没有帮助。“得小毛小病时,我并不惧怕医生,但在患重病时,所有人都别想说服我请大夫。”这是他在1900年1月8日写给亨利·H. 罗杰斯信中的内容(Salm, in HHR,425)。然而在现存相对零散的短文中,他依然或多或少关注当时医生收取服务费的问题,他认为那种方式并不公平。若要对克莱门斯对医生及药物治疗的态度做必不可少的整体了解,请参阅“马克·吐温与药品:‘所有哑剧都是良方’”。

潘恩本打算在自己版本的传记中收录这篇文章,并添加了下文的标题,将其放在“我的自传节选:遭遇不幸的手稿野史”一文之后。在打印定稿前,他删去了几位医生的姓名。但由于未知的原因,尽管当时已经打印定稿,但他最终还是删去了这段文字。

【医生二三事】

7岁那年,我差点一命呜呼。我也不知道为什么我能活下来,我对死亡早有准备,这是我的习惯。7岁前,我有相当长的一段时间都在生病,因此自然也对死亡做好了准备。对于当时地狱般的磨难,我只得依靠信仰苦撑,这也让我发现了少有人注意的药物的真实作用。实话实说,我必须指出我自己有时也会忽略掉这一点,但这只发生在我身体健康之时。我都已经忘了当时到底是什么病差点要了我的小命,但我还记得是什么击败了病魔。坦率的讲,那是半调羹蓖麻油,不含任何糖精或其他添加物。许多人在喝蓖麻油时会加勺糖精,但这不是我的作风。或许这是因为我清楚无论如何,这油也不会变得美味,对于这一点我已经有了太多的经验,我一生中喝掉的蓖麻油都可以以加仑计量了,不,不是加仑,而是小桶;让我们暂时放下夸张的描述,换个更恰当的时间和主题时再谈吧。

蓖麻油救了我。我当时生命垂危,家人聚在一起寻找对策,他们和我一样,对这样的场景并不陌生。这种众星捧月的场景我已经体验过太多次,尽管年纪尚轻,但无需彩排我都知道每个阶段自己给该做些什么。而他们对扮演配角也是如此的熟悉,睡着也能完成整套流程。我生命垂危时他们经常想去睡觉。开始时这有些让我伤心,但后来我就不介意了,只是在需要时轻摇他们,然后再开始自己的表演。至今,我还能回忆其当时的场景。

梅雷迪斯医生是当时我们的家庭医师,他来自佛罗里达的一处小村庄,大约与我们同时搬到了汉尼拔村,这或许是因为上天想保持我的习惯。但这并不是真正的原因,我已经说过,远古时期,医生按年支付酬劳且自备药材;因此理智来讲,他并未真正尊重我的习惯。我觉得他总是想杀我,这很自然,他需要养活自己的
家庭,并拥有出色的判断力和正确的动机,但他一次都未成功过。讽刺的是,他自 189

己的儿子查尔斯在我还剩半分钟可活时从比尔溪中把我救了上来,自己却牺牲了。

给医师支付年薪,是考虑到传统习惯的明智和合理性。为了医师的生活和自我尊严,及其家庭的健康,应考虑到保障的内容。医师职业有规律和稳定的收入,那是他的优势,当什么事都没有的时候,家庭会受益于他的干涉,凭良心说,那是对家庭有益的事。

看看我们现在不同的处境吧。碰到缺少经验的医师是多么常见、普遍、习以为常的事情啊?情况是:他来来回回,忙进忙出,在病人都不再需要他时还会磨蹭许久——以次计费,几乎成了一条规矩——或许我该把句中的"几乎"删去——为了让他离开,你不得不毫不客气地将他驱逐出门。而结果是,你担心自己之后还会将他叫回来。因此不到危急时刻,你就会尽量拖延。

我这种说法并不偏颇,我有四个方面的佐证:我的自身经验,朋友的经验,杰出的纽约和伦敦医师(措辞激烈)的声明以及医学杂志上的社论声明。你的医生明白你害怕解雇他,不然你早就会这么做了,他很卑鄙地利用了这一点。

好的医师只有在必要时才会出现,只要一有机会,他就会说:"除非你派人来叫,我不会再来了。"

在哈特福德时,我们的老家庭医师塔大就经常对我们说这句话,但他玩忽职守的接任者却从未说过。8年前(1895年)我从欧洲回国,直接前往纽约埃尔米拉。晚上(5月26日)在浴缸里洗澡时,我在自己大腿外侧发现了一粒粉色的扁平圆状颗粒,有一角硬币那般大小。第二天早晨,我来到东山,并在山下拜会了一位医生(希伦·威尔士),他告诉我说这是早期痈块。然后开始着手治疗,边治边聊,他告诉我说,在被仁慈的上帝收降前,痈病一直凌驾于人类之上。之后他吹嘘了自己的累累硕果,都是成功治愈痈病的案例,还提及了每个病人的名字以及痈块的具体部位,还介绍了圆满治愈这些疾病的卓越方法。这个人非常的无趣,无论是个性还是学识都是如此,但他是家中长辈的老友,因此我不得不忍受他的唠叨。如果要让我在他的交谈和痈块间作出选择的话,我无论如何都会选择痈块。他拥有我所碰到的所有缺乏经验医师的通病:单调乏味,愚笨不堪,毫无过人之处,有耐心,喜欢听自己讲话以及无可救药的无聊。

他所自夸的经历没有一项是我家老黑奴厨娘考德大婶所不知道的,考德的处理能做得和他一样好,甚至更棒。他用的是老式药方,就是一片咸猪肉,每天过来为我治疗时都带着它。我猜他就是过来看一下情况的;野猫也能做好这事,当然厨娘也是——而且免费。后来他割开脓疮,又连续来观察了三十多天,为伤口敷
190 了层东西——厨娘也有他这水平——但多数时间无所事事,两个小时的拜访和他索然无味的交谈让我心力交瘁。其中许多拜访都是毫无医护价值的,要不是将此

看作是单纯的社交拜访，我早把他辞退了。

他按此收费，没落下一次可憎的拜访，而且比住院医生的价格高了1/3，这一点在6个月后才发现——简直就是抢劫。

这一窃贼依旧保持着自己的习惯——即使不再需要专业服务后，他连社交拜访也要计次收费，向病人索要，这逐渐引起了大家的怀疑，向他明白暗示后，最终辞退了他。

他并未治愈我的痈块，他就像个守护痈块的天使，温柔无知地观察了45天，然后我就随家人搬去了西部。一连23个晚上都在演讲，每晚都需药敷痈块留下的疤痕，最终那地方自己痊愈了，我独自一人登上了前往温哥华的客船。

接受医贼治疗后，痈块还会繁衍子嗣。我的第一次复发是在海上，到悉尼后才将其挑破；第二次复发时在墨尔本，但我在那里碰上了一位真正的医生——菲茨·杰拉德——他经验丰富，说自己能够在24小时内治愈该病，他确实做到了。同时，他也将自己的手法倾囊相授，以后再有复发时，我自己便能立即轻松治愈，只有一块用了两天才解决。而埃尔米拉的痈病专家对尚未痊愈的痈块就收了我135美元。要不是因巡回演讲我不得不离开的话，或许到现在这病还不能痊愈。

埃尔米拉的“吸血鬼”明知我身背巨债，需要全年环球演讲才能还清债务，但这并未让他心软放过我，一有机会，他还是会上门聊天折磨我，并为此索价不菲。后来我就决定再也不出现在他所掌管的主日学校，并坚持至今，其实，我之前也从未去过那里。

习惯生病并不好，你会发现自己很难再戒掉。我7岁后一直到56岁时身体都比较健康——这整段时间内我几乎不知生病为何物。然后情况又改变了。当时我们住在柏林，一个异常严寒的冬天晚上，应一英国还是美国的教堂慈善组织的邀请做了一场演讲，屋里很热，就像地狱一般。在回家的路上，我着凉了。在床上躺了34天，得了风寒，肺充血，这只是个开头。后来我的肺就没完全恢复好过，只要一感冒，病情就会立刻蔓延至支气管，就需要请医生来为我疏通治疗。我就这样度过了一段时间，后来发现医生根本没有能力缓解、治疗、缩短或是治愈这些症状，于是我就不再请大夫了，任由自己虚弱麻木地继续咳嗽。在这种情况下，症状一般会持续6个星期。在我绝望放弃前，这病已让全球各地的10位医生束手无策过了。

1896年年初时，我在斯里兰卡再次着凉，而当我几天后抵达孟买时，气管的情况变得更加糟糕，只得请大夫过来疏通。大夫的名字很响亮，叫悉尼·史密斯，吃了7天的苦药，情况都未见好转，于是我就解雇了他。他以我并非当地人为借口，向我索要双倍的出诊费，并告诉我说规矩就是这样。我想如果他说因为我是个长老会教徒而多收一倍的费用，或许也讲得过去。最后我只付给他一半的费用。

191 在印度演讲的随后6周内,我还不住地咳嗽,然后情况才逐渐好转。回到伦敦后我又受到了几位医生的骚扰:第一位是帕森斯,他很快就承认自己对此束手无策,退出了这一荣誉之战;还有一位医生是奥格尔维,也很快得出了这并非他能力所及的结论,然后就不再过问此病,但他还是会每天登门拜访,津津有味地花一小时讲些陈词滥调——这都是我亲眼所见。我再次被欺骗了,我把这些惹人厌的折磨当作是普通社交,并尽量克制。但我最终还是发现,在自己虚弱时,这些社交负担对我非常危险,因此我鼓起剩余的勇气,将他开除。虽然他非常清楚即使半价也是赤裸裸的欺诈,但他还是全额收取了每次的出诊费。

这篇无题文章现收于马克·吐温档案馆，由约瑟夫·霍比于1906年打字整理而成。霍比所参照 192
的前一打字版现已丢失，那是由简·克莱门斯参考1904年4月伊莎贝尔·莱昂根据克莱门斯原始口述所记而整理编成的文章。克莱门斯后对霍比所打的版本做了简单的修改与更正。这是佛罗伦萨时期六篇口述中唯一一篇未被克莱门斯收入自传最终稿的文章。（详情请看前言，注释55。）

标准石油公司副主席，百万富翁亨利·赫德尔斯通·罗杰斯（Henry Huttleston Rogers）（1840～1909年）与克莱门斯相识于1893年秋，当时克莱门斯的出版公司，查尔斯·L.韦伯斯特公司因财务问题而接近倒闭。而后罗杰斯成了克莱门斯的财务顾问，并暂时为其提供维持公司经营的必要运转资金。但公司还是在1894年4月宣告破产，但在此之前，罗杰斯以公司欠款6万美元的理由，将克莱门斯的所有财产（包括其著作版权）转移到了妻子奥莉维亚·克莱门斯的名下。

克莱门斯口述这份材料时奥莉维亚已重病在身，而罗杰斯也刚受到麻州瓦斯公司要求赔偿数百万美元的公开起诉。在罗杰斯去世时，克莱门斯曾写道，“我十分感激他对我的种种帮助与善意，但最让我铭记在心的是他保住了我的著作版权；这拯救我和我的家人，保证了我们日后生活的舒适与富足。”

潘恩在发表该口述时添加了标题”亨利·H.罗杰斯”，但并非根据克莱门斯要求在最后抄录波士顿星期日邮报上的文章，同时他也加入了另一篇有关罗杰斯的文章（SLC 1909b；MTA，1：250－56）。而内德并未收录这篇文章中的任何内容。

【亨利·H.罗杰斯】

1893～1904年

1904年春(4月)于佛罗伦萨

罗杰斯每隔一段时间就要到波士顿法院出席作证，到现在已有1年之久，他是我11年来最亲密和珍视的朋友，是他的智慧与意志才使我在查尔斯·L.韦伯斯特公司破产倒闭时，保住了自己的著作版权。自那以后，只要神志清醒时，我就会听从他的劝告，照他的建议行事，正是他的商业智慧才让我保住了自己的财产——尽管在另外的一半时间内，我依旧糊涂。

他比我小四岁，无论是心态、外貌、肤色还是身体，他都显得相当年轻。他举止从容优雅，为人热心，富有魅力，是天生的胜利者和绅士。他是我在大洋两岸，从皇帝到贫民各式人物中所见过教养最好的绅士。他温柔亲切，也有极佳的幽默感，和他的密友在一起时，他也非常迷人。我是他的至交，这就是我对他的了解。他在处理诸如标准石油信托，美国钢铁以及我们时代其他金融业巨头之间庞杂的商业交易时，则展示了自己的过人才智——他的所有财富都在这些公司之中。而 193
在过去的11年中，很多次我都被自己的那些麻烦小事搞得焦头烂额，不得不花数天或数周的时间在纽约焦急地等待着，而我所等的地方就是他在标准石油大厦内的私人办公室内，就躺在他身后的沙发上，看着他工作、抽烟、阅读材料，听他与业界的大佬辩论,并不请自来向他人提出一些不受欢迎也未曾实施过的建议,至少我记忆的事情都是如此,我也可以说他为人很有耐心。

他的私人办公室位于标准石油大厦11层一间宽敞高顶房间内,从巨大的窗户放眼望去,可以看到潺潺流动的河水以及远处举着火炬的自由女神像。当我不在时,那里非常安静,因为那时除了罗杰斯和他聪明的私人秘书凯瑟琳·I.哈里森以外就再也没有其他人了。13年还是14年前,罗杰斯因一次紧急事件,从标准石油大厦内工作的750名员工中选择了她作为助手。当时她20岁上下,负责速记和打字,每周能拿到15美元到20美元。罗杰斯对能力非常挑剔,试用哈里森一周后,他决定提她作自己的首席私人秘书,并提高了她的薪资。自此以后,她就一直干着这份工作,她看着自己的团队壮大翻番,文职人员扩充到1500人,自己的薪水也涨到了每年1万美元。她也是唯一能够坐进私人办公室的秘书,其他人则待在旁边的隔间,当摇铃时才会进屋。哈里森机敏干练,精通时下的文学佳作,喜欢并精于购买油画。她就像本百科全书,能够记住罗杰斯商业上的诸多细节。她天生能够执行命令且有系统思维,罗杰斯查阅书时,她就能有把握地精确回答出这本书中的要点,好几次,我都听罗杰斯说她自己就能处理好所有事,根本不需他的帮助。

罗杰斯的金钱资助也必然吸引来许多只有想法无钱实施的男男女女——如果这些想法能恰当实施,就能创造价值百万的财富。许许多多的想法都希望他能都投钱入股,如果约谈并接受所有投资邀请的话,或许他每小时就能有上百万的投资回报,但这么做他花在自己企业上的时间也就不到半个小时了。既然不能会见所有人,处于公正的本性,他也就对此一概不见了。为了保护他免于骚扰,他的办公室就像被一片树林围起来的一样,外边围着几间通讯室,而要进去的话还要先通过室外站着的几个年轻黑人门卫,怀揣着企划的请求者都只能失望而归。有三间通讯室是为咨询师准备的,但他们很少待在里面。人们坐在里面等待约见,而约见时间精确到分钟。这些房间的门上都装有磨砂玻璃,因此能很好的保护隐私。在他每天办公的6小时中,罗杰斯都会在这些房间里向许多人咨询各类问题,所讨论的问题或大或小,或复杂或简单,但讨论起来都十分迅速。每一天,这
194 些咨询请示都会带给罗杰斯无尽的烦恼——这点我十分清楚——但不管动作还是神情有多恼怒,只要一回私人办公室,他又会变得高兴活泼,随时准备接受嬉戏逗笑,并作出礼貌的回应,必要时他经常会紧绷神经,这不会带给他任何阴影,他的内心一直阳光普照。

有时他的股票会让他一天损失上百万,也有时一天就能上涨这么多,但他的神情动作表现地像是每天都是牛市。一天中,哈里森需要展现好几次自己的外交技巧。有些人并不值得浪费罗杰斯的时间和他会面,因此对于这些人,就需要哈

里森走出来和颜悦色，富有技巧地进行解释，不至尴尬地送他们离开。罗杰斯每天都需要处理大量交易，但似乎总能在6小时的工作时间内全部完成。

麻省瓦斯公司的诉讼案对罗杰斯来说来的并不是时候，他当时乃至之后的几个月中，都身体欠佳。他有时会住在麻省费尔黑文的乡间别墅中，每次大概待上一两周的时间，将所有事情交给哈里森处理，每天会通过长途电话交流一次到两次。准备出庭作证并非易事，需要准备许多的材料，他从未扔掉过一张自己写的材料，不管多久远的东西，他都能有条不紊地搜寻找到。瓦斯公司向罗杰斯索赔数百万美元，需要的都是多年之前的材料，总数多达数百张；但哈里森从标准石油大厦里的地下档案馆内的包裹纸堆中将它们全部都翻找了出来，并让其他秘书帮着列表注释。这项工作花了整整数周的时间才告完成，但也让罗杰斯的出庭作证变得完美无瑕。

我想在这里暂时偏题一下，讲一段有关罗杰斯系统存档习惯的例证。当他还是个24岁的年轻人时，在宾夕法尼亚的一处产油区，他和另外一个年轻的商业伙伴过着拮据的生活；时光荏苒，两人分道扬镳，未曾再见。20年过去后，有一天那人送来了求见信，罗杰斯将他引入自己的私人办公室。那人饱经风霜，从身上的衣服可以看出他的生活并不富裕，而从言谈举止中可以看出厄运让他对世界和命运都失去了希望。他带来了张口头形式的白条，价值1500美元——这已是30年前的事情了，罗杰斯开了张支票递给他，告诉他说尽管30年足以使这张白条失效，但他还是不会允许自己对此爽约。

当那人走后，罗杰斯说道，“我的记性比他好，我当时就还清了这笔钱，我记得自己还拿了收据，但已经记不清更多细节了。为了证明自己并未粗心大意，我要把那张收据给找出来。”

一两天时间后，他终于找到了那张收据，我也看到了，然后又将它放回了档案夹。

以下是一段波士顿新闻摘抄。

标准石油公司百万富翁 H. H. 罗杰斯出现在瓦斯案审讯当庭的铅笔画

波士顿报记者独家旁听了国内最聪明富豪的出庭作证经过，他是国 195
内最赚钱的金融巨头圈中的核心人物。国内顶尖律师对他进行了4天的不间断盘问，他今天终于走下了证人席，神色平静安详，光彩照人，就像比他进来时年轻了两岁，或是刚刚结束了一段美妙的游艇旅行一般。但对多数人而言，这样的经历都算的是场异常折磨人的考验。

至于言语辩护方面，亨利·H. 罗杰斯的回答急如闪电，且滴水不漏，可以说是数日来麻省出庭作证人员中的翘楚。

当他结束作证后，法院并未获得太多的新证据，都与之前温莎的证词相符，罗杰斯的证词中只有与劳森的那次著名通话内容和之前的证词有所出入；重要的是，事实上劳森和罗杰斯对于这段对话有着各自不同的理解，而退一步讲，这一不同显然也与两位当事人现在的立场相关。

有报道称一直追求真理的精明律师惠普尔声称罗杰斯是他职业生涯中遇见过的最佳辩护人，看到他俩交手的众人都认为，罗杰斯和惠普尔旗鼓相当，有时还略占上风。

到波士顿不久后罗杰斯就生病了。或许是因为我们这里吹的东风，或者是未盖住窨井盖处溢出的味道，或者是别的什么原因让他很不习惯。他寄居在波士顿的沃尔多夫－阿斯托里亚或是周边靠近波士顿的某处地方。有人认为他这是在耍诡计，要学著名歌剧明星有时演的那样，显得自己病重不堪上庭作证，可怜兮兮地离开波士顿。但了解他的人会说："不，罗杰斯是不会耍花样的，他是重量级的冠军斗士，他会坚持到最后的。"而事实也正是如此。

温莎在忍受了10天证人席的煎熬之后，终于在一天下午回答完自己的所有问题，最后次向法庭和观众们微笑后离开。

第二天，几个"代理"和些案件的次要人物分别上庭作证。然后是一位高个气宇轩昂的绅士，他是之前那些人的头头，站上了法庭舞台的中央——证人席。这是人们第一次真真切切看到百万富翁罗杰斯当庭接受律师的质问。

法官考虑到证人最近的身体状况，允许他坐着作证。

罗杰斯和照片中的肖像相差无几，甚至更气宇轩昂。人们大多会首先注意到他的那颗头颅，如"思想球体"般，大而精致，额头饱满，头发浓密，一看便知聪慧过人，能够策划并充分执行自己的计划，绝对是颗大实业家的脑瓜。

196 尽管脸庞并不如头颅那么惹人注目，但也明显过于常人，线条分明，有几道如苦行僧般的皱纹，下巴挺拔，嘴角坚毅，目光如炬。

灰白色的胡须经过精心修饰，身形挺拔，仪态端庄，穿戴整洁，郑重而不失活力，散发着军人般的飒爽英姿，和他的有力形象完美契合。

惠普尔已准备好问题预备向罗杰斯狂轰滥炸，而罗杰斯泰然自若地跷腿坐着，双臂搭在证人席前的栏杆上，颌首点头，目光深不可测，气定神闲地在被告席等待着。显然，他并未装腔作势，许多人也曾摆出过类似的架势，表现的像是意识到受人关注后，故意装出来的神情。但罗杰斯和他们并不相同，他神态自若，和身上的衣服也相得益彰，简直完美。

惠普尔首先询问了诸如姓名、住址等常规问题，然后问及的是职业和罗杰斯成为证人的曲折经历。罗杰斯承认自己已在石油行业工作了40余年，并说道："我也曾想过如果自己进入瓦斯行业又会如何。"所有人都为之大笑，很明显，证人罗杰斯的回答有时非常幽默，即使幽默如惠普尔也会对打趣自己的玩笑露出微笑。

罗杰斯的微笑令人赏心悦目。微笑中并没有一丝一毫的吝啬、冷血、自私或算计，而是发自肺腑、真心实意的微笑。这会让了解他的人觉得他是个十分令人愉快的伙伴。莎翁曾说，满脸堆笑的也可能是恶棍，但若如罗杰斯这般微笑，或许就没有这种可能了；但是，他也并非时刻笑容满面，或许下一刻就会突然消失，目光再次如炬，换作警觉期待的眼神。

作证第一天时，罗杰斯经常笑容满面，巧妙地化解了对方的凌厉攻势，但临近晚上时，笑声越响意味着攻击越狠的惠普尔祭出了绝招，罗杰斯不得不为此收起笑容，瞬间变得相当气恼。惠普尔要求罗杰斯提供相当私人的通讯簿，而罗杰斯拒绝了这一要求。事态逐渐升级，法官却火上浇油般地宣告了休庭。

第二天一早，罗杰斯愉快有礼地写出了这份通讯簿。那天是星期五，法官宣告休庭至星期一再审，好让惠普尔仔细研读其中的内容，能够充分利用这一证据。

星期一早晨惠普尔翻新了瓦斯案中罗杰斯证词的盘问，在盘问和回答中度过了一整天。虽然并不确定法官和陪审团是否从当天的进展中受到了多少启发，但有一点是肯定的，外面的公众并未感觉有任何进展。罗杰斯如何化解那些自己并不想回答问题的说辞很值得一听。下面就有一例。

提问：1901年时你是和阿迪克斯是否相处得并不愉快？回答：这个问题我没法回答。

提问：那1902年时呢？回答：噢，那时我们之间出现了些分歧。

至少以话题的有趣性而言，星期二出奇得硕果累累。惠普尔对罗杰斯稍显模糊的回忆反复提问攻击，而证人则建议法庭参考他的纸上的记录以及备忘录，并说如果在其中发现了与手头相斥的证据，他愿意甚至非常乐于将其修改。

那天，证人、旁听观众甚至陪审团都曾笑过几次。有一次，温莎的个人笔记使他记起来温莎在他游艇上做客时的一段记忆，不禁莞尔一笑。197
这似乎触怒了惠普尔。他走到证人身边，近距离地刁难道："你在笑什么,罗杰斯?”“我就是不由自主地笑了而已,”罗杰斯十分愉快友善地答道。用温和的回答瞬间消解了对方的怒气,罗杰斯可是利用这些小技巧的大师。

星期二罗杰斯也交代了自己与劳森电话交谈的内容,与劳森上星期五时相同对话的证词相比,罗杰斯的回答更值得一听:

“我打电话给劳森,问他如何看待新英格兰瓦斯公司和可口可乐公司合并重组一事。他回复说自己并不乐于看到这件事。我问他为什么,他就私下里抱怨了几句。”

惠普尔——请说出具体内容。

罗杰斯——他说,“你知道我对惠特尼和其他那些人的态度,我和他们曾因纽约游艇俱乐部的事有过过节。如果可以的话,我宁愿损失100万美元也不愿意和他们做任何妥协。”我回答说如果他这么想,把这些东西看得比生意还重要就另当别论了,他反问我的感觉,我告诉他说我自己认为比较明智的选择是加入他们的重组。

他回答说:“好吧,虽然我那么想,但我愿意受到你影响,在这事上听从你的意见。”我说,“我只是提出建议,决定权还在你的手里。”

然后他还说了一些,但我已经记不清了,最后他说道,“恩,那我能从中获益多少呢?”我回答说:“这我就不清楚了,你想要什么?”他答道:“我想我会要求得到该企业15%到20%的利润。”我说:“相比你的付出,这已经相当丰厚了。”

他说:“恩,你就尽力去做吧。我就放手交给你了。”

我回去后向温莎报告说自己认为劳森有兴趣入股参加。

温莎问道:“他想要多少分红?”我说他大概会要15%到20%。温莎说:“我觉得没做多少事却要这些有点太多了”。“恩,”我答道,“或许是多了那么一点点。”最后决定劳森分红10%的公司利润以及自身持有股票的所有增值所得。温莎答应了这个要求,我从书桌里拿出一张纸,由他写了备忘录,鉴于上段和劳森的谈话内容,我也在备忘录后面代签了自己的名字。

第二天早晨我通过电话把这事告诉了劳森,他也首肯了这个结果。

罗杰斯还有一次笑出了声,而且也引起了周围人的笑声。那天是星期四,也是他作证的最后一天,快结束作证时他“斥责”了阿迪克斯。

“或许我的话有些重,”罗杰斯充满自信地向惠普尔坦诚道。

提问:让我们看下你在斥责J.爱德华·阿迪克斯时的严厉态度?回答:哦,还挺礼貌的,还有些含蓄,我不觉得自己还有更过分的表示。

提问:你介意在这里重复一下你对阿迪克斯所说的话吗?回答:我现在必须声明下,当时我的态度是善意的。(笑声)事实上我说的是他的信或者他朋友(参议员艾丽)的信写得相当无礼,我想要知道他让“朋 198
友”寄信过来是什么意思。他说自己对此一无所知,然后我就以为这事就这么结束了。

提问:你有没有威胁过阿迪克斯?回答:没有,我从不威胁别人(笑声)。

提问:但你斥责了他?回答:我们只是简短地聊了几句。我有时觉得自己都没表现出自己想象中的一半愤怒。(笑声)

然后罗杰斯再次微笑,并非嘲笑,而是一种高兴、怀旧的微笑,就像一个10岁男孩记起自己还剩一块肉饼没吃时的那种微笑。

之后,罗杰斯就永远地走下了证人席,向场边的记者礼貌地鞠了一躬,和往常般在经过时聊了几句,然后就离开了法庭。

他无疑是波士顿多年来最有趣的一位证人。罗杰斯,希望下次再出现时,你还会是如此的能力非凡。

希思

下面的无题文章现收于马克·吐温档案馆。克莱门斯在首页上将其标注为“自传文章”,但最终并未将其写入自传。潘恩在首页上为文章加注了标题“简的故事:她对动物的热爱”。简图画书中的灾难发生于1755年11月1日,一系列强震及之后的火灾和海啸破坏了里斯本的大部分地区,估计有6万人和不计其数的动物因此丧生。此后这事成为是否存在天意的争论焦点,经常出现在文学作品和图画中。

潘恩在自传中略去了该段文章,但在他写的克莱门斯传记中则复述了这篇文章,才有了这份手稿中的部分语句(MTB,3:1530)。这是该文的首次完整发表该文。

【简的故事】

1905年2月20日

简仍一如既往地深爱着动物,而且以后也不会改变,这已成为她性情中的一部分了。性情是与生俱来的,而不是后天培养的,因此无论通过时间还是训练,还是其他外力都无法让其改变。凯特记起了与此相关的一件趣事。当简还是个小孩时,凯特有次拿了本图画书逗她玩。其中有一张上画的是里斯本大地震,大地撕开一道口子,吞噬了周围的人群。简对此毫无兴趣。凯特翻到下一页:同样是那次地震,但这次吞噬的是动物。泪水立刻充满了简的双眼,她说道:“可怜的东西们!”凯特问她:

“为什么,你连人死了都不在乎。”

简回答道:

“哦,他们可以说话。”

AUTOBIOGRAPHY OF MARK TWAIN

马克·吐温自传

简·兰普顿·克莱门斯,基奥卡克,爱荷华州,1888 年。乔治·哈塞尔摄。

帕梅拉·克莱门斯·莫菲特,18 世纪六十年代初。感谢凯特·吉尔莫女士以及马克·吐温少年时代故居博物馆,汉尼拔。

奥利安·克莱门斯,18 世纪六十年代初。内华达历史协会。

亨利·克莱门斯,1858 年,马克·吐温少年时代故居博物馆,汉尼拔。

赛缪尔·L.克莱门斯和奥莉薇亚·兰登。他们在1869年订婚时互相交换了上述内饰天鹅绒的照片盒。克莱门斯的照片由埃德温·P.凯洛格·哈特福德拍摄。

克拉拉·斯波尔丁,苏西·克莱门斯坐在她的大腿上,奥莉薇亚·克莱门斯,塞缪尔·克莱门斯以及约翰·布朗,爱丁堡。873年8月。约翰·莫法特摄。马克·吐温故居博物馆,哈特福德。

卡尔·格哈特做的格兰特像,1885 年。马克·吐温故居博物馆,哈特福德。

卡尔·格哈特,18 世纪八十年代。感谢凯文·麦克·唐内尔。

佩奇的排版机。艾伯特·比奇洛·潘恩摄。

克拉拉，简，苏西·克莱门斯和她们的狗，哈希，哈特福德，1884 年。霍勒斯·L. 邦迪摄。

“王子与乞丐”剧中，玛格丽特（黛西）·华纳扮演乞丐和苏西·克莱门斯扮演王子，哈特福德，1886 年 3 月。马克·吐温故居博物馆，哈特福德。

“爱的追求”的演员，克拉拉·克莱门斯扮演艺术家，黛西·华纳扮演文学家，简·克莱门斯扮演丘比特，苏西·克莱门斯扮演音乐家，范尼·福瑞斯扮演牧羊童，哈特福德，1889 年。马克·吐温故居博物馆，哈特福德。

在克莱门斯一家离开维多利亚，进行全球巡回演讲前，奥莉薇亚，塞缪尔，克拉拉·克莱门斯与詹姆斯·B. 庞德（克莱门斯的演讲经纪人）及其妻子，玛莎，在瓦里莫号游轮上，1895 年 8 月 23 日。感谢凯文·麦克·唐内尔。

克莱门斯站在位于密西西比的汉拔尼的儿提时代的故居前,正在为正式拍照做准备,1902 年 5 月 31 日。马克·吐温少年时代故居博物馆,汉尼拔。

正式的照片,汉拔尼,1902 年 5 月 31 日,郝伯特·汤林森摄。

接受密西西比大学荣誉学位,1902 年 6 月 4 日:克莱门斯;内务部部长伊桑·艾伦·希区柯克;布鲁金斯基金会创始人,百万富翁罗伯特·S. 布鲁金斯;农业部部长,詹姆斯·威尔逊;植物学家贝弗利·T. 加洛韦。经密西西比国家历史学会授权使用。

克莱门斯坐在位于纽约埃尔米拉夸里农场的书房里(两个角度),1903 年。马克·吐温故居博物馆,哈特福德。

科沃多别墅，意大利佛罗伦萨，1903～1904 年。

克莱门斯在科沃多别墅的花园里，1904 年。伊莎贝尔·里昂摄。

科沃多别墅的工作人员，1904 年：厨师，卡罗·柯西；负责楼上的佣人，阿德拉西亚·科拉迪；负责厨房的佣人，吉亚·布鲁诺利；凯蒂·利里；脚夫，克里斯提诺·布鲁斯基；特里萨·比尼；男管家裴默替尼（很可能是马斯里亚伯爵夫人英俊的男仆）以及车夫埃米利·塔罗里斯（?）。简·克莱门斯摄。

克拉拉·克莱门斯站在科沃多别墅的花园里,1904 年。简·克莱门斯摄。

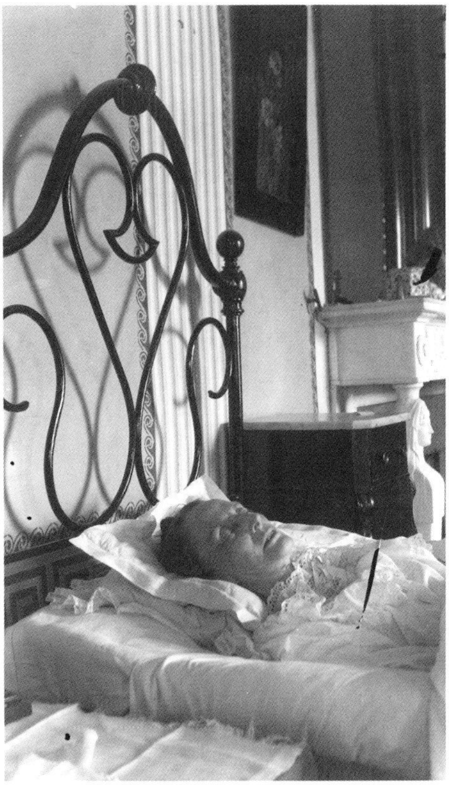

临终时的奥莉薇亚·克莱门斯,科沃多别墅,1904 年 6 月。简·克莱门斯摄。

在科沃多别墅外骑马的简·克莱门斯,1904 年,伊莎贝尔·里昂摄。

奥莉薇亚逝世后,克拉拉和塞缪尔·克莱门斯带着行李在船上,"1904 年 7 月,我们带着克莱门斯夫人的遗体在从那不勒斯回家的路上。"由伊莎贝尔·里昂拍摄并注释。

塞缪尔和简·克莱门斯在位于科普里·格林的房子("长树山"),都柏林,新罕布什尔,1905年。伊莎贝尔·里昂摄。

帕特里克·麦卡利尔抱着一只兔子,都柏林,新罕布什尔,1905 年。伊莎贝尔·里昂摄。

伊莎贝尔·里昂坐在蒙纳德诺克山上,都柏林,新罕布什尔,1906 年。艾伯特·比奇洛·潘恩摄。

厄普顿的房子,都柏林,新罕布什尔,1906 年,伊莎贝尔·里昂摄。

艾伯特·比奇洛·潘恩，都柏林，新罕布什尔，1906年夏。

艾伯特·比奇洛·潘恩和他的妻子，多拉以及他们最小的女儿，乔伊，都柏林，新罕布什尔，1906年夏。

克莱门斯和欧内斯特·基勒在亨利·H. 罗杰斯的车上，罗杰斯做司机，1906年。艾伯特·比奇洛·潘恩摄。

克莱门斯在德尔莫尼克庆祝70岁生日的宴会,1905年12月5日,当时一起的有凯特·道格拉斯·瑞格斯,约瑟夫·H. 特威切尔,比利斯·卡曼,鲁斯·麦纳·斯图尔特,玛丽·E. 威尔金斯·弗里曼,亨利·米尔·奥尔登以及亨利·H. 罗杰斯。约瑟夫·拜仁摄,纽约。

布克·T. 华盛顿代表塔斯基吉基金会在其“二十五周年纪念(银禧)”会上致辞,当时克莱门斯坐在他后面,卡内基音乐厅,1906年1月22日。安德伍德&安德伍德摄。

海伦·凯勒与克莱门斯，1895 年，照片上的字是克莱门斯的笔迹。

克莱门斯和亨利·H. 罗杰斯在公主酒店外，百慕大，1908 年。伊莎贝尔·里昂摄。

约瑟夫·H. 特威切尔与克莱门斯，1905 年 2 月。简·克莱门斯摄。

威廉·迪恩·豪威尔斯与克莱门斯,莱克伍德,新泽西,1907 年 12 月 28 日。

多萝西,乔治·哈维与克莱门斯,1903 年。上面的字迹经鉴定系克莱门斯手笔。

理查德·沃森·吉尔德,1904 年 10 月。简·克莱门斯摄。

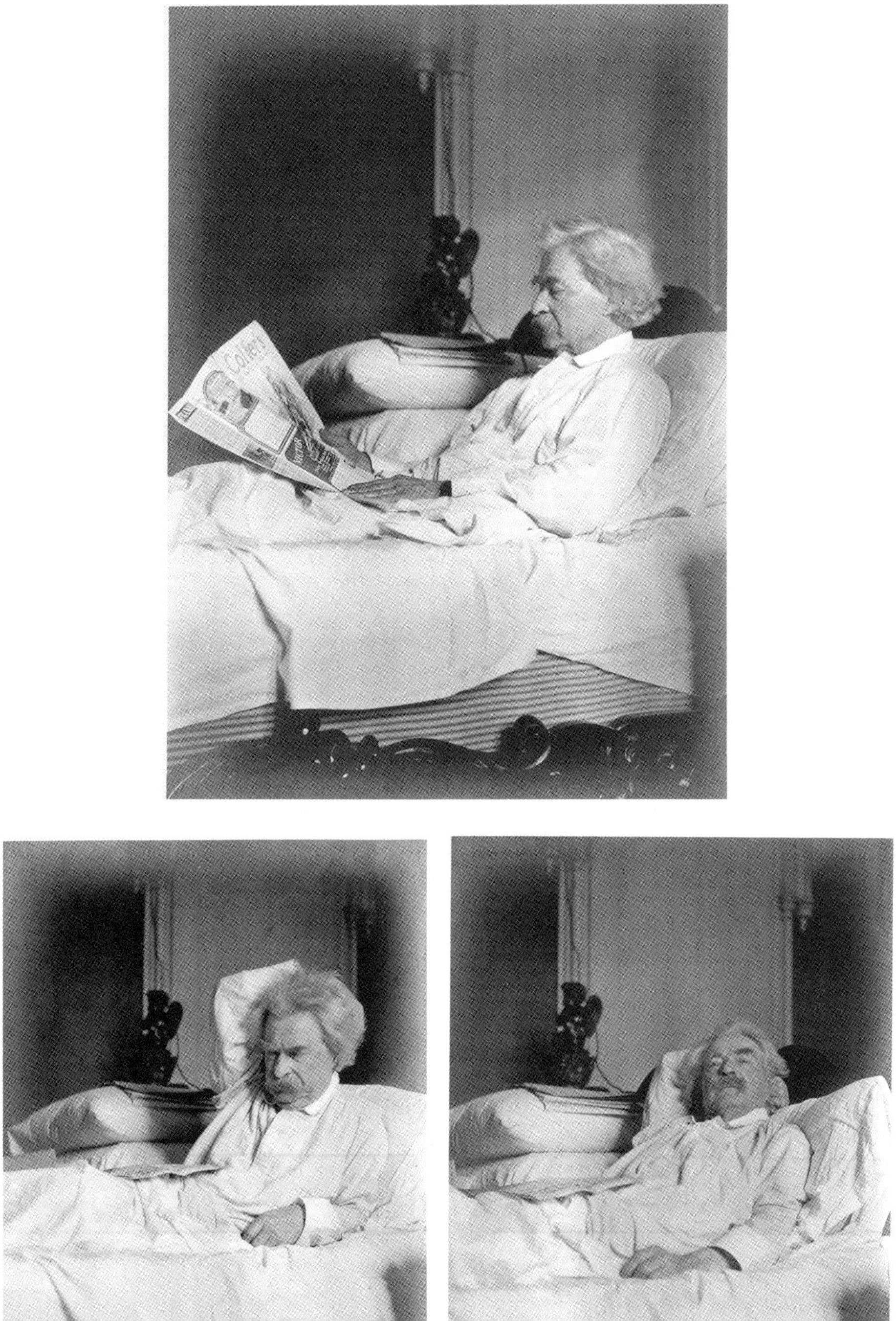

克莱门斯躺在位于第五大街21号家中的床上(三个角度),选自一系列由艾伯特·比奇洛·潘恩于1906年2月底或3月初拍摄的照片。最上面的照片中,克莱门斯正在看1906年2月24日版的“科利尔周刊”,早报在他枕头旁边堆着。

塞缪尔·克莱门斯,波士顿,马萨诸塞州,1869 年,由詹姆斯·华莱士·布莱克拍摄,感谢凯文·麦克·唐内尔。

早期尝试

接下来的几章文字包括了（我40岁之后）陆陆续续撰写的关于自己生活的文章。

每次开始时我都满怀信心，但他们最终都落得了相同的命运——写后不久，我就会有新的主意和兴趣，然后将手头的搁置在一边。这些文章的构思没有什么新奇之处，非常非常老式，艰深且一成不变——从摇篮一直写到坟墓，中间也不存在插叙。但节外生枝才是我人生旅途的行进方式，因此自传中也应该不断出现插叙。

我的自传【节选】

我的童年及在新英格兰的克莱门斯家族的介绍就到这些。还有一个住在南方的兄弟，但已经相当生疏。他和我的上一代还有些联系。他是和密友菲尔福克斯一起去的南方，并一同定居在马里兰，但之后他又向南深入，住到了弗吉尼亚。菲尔福克斯家族后代的身份有些特殊——他是美国土生土长的英国伯爵。始祖是克伦威尔时代议会军的菲尔福克斯伯爵将军。而袭得伯爵头衔则是近期的事情，由于英国继承人中断，爵位就给传到了菲尔福克斯家在美国的分支。旧金山的老居民都会记得“查理”，根据柏克氏贵族系谱，他就是60年代时的美国伯爵——菲尔福克斯伯爵十世，他在内华达州的弗吉尼亚新矿城里有间不大的公共办公室。他从未离开过美国，我认识他，但并不熟悉。他有着金子般的品格，这也是他所有的财富。他一直把自己的头衔放在一边，想让自己的经济条件与身份相符时再使用这一称呼。但据我所知，这一刻从未到来。他富有男子气概，性格豪爽慷慨。有个叫弗格森的坏家伙，经常和比自己优秀的人打嘴仗。有次他就和菲尔福克斯吵了起来，然后被击倒在地。弗格森支起身子，继续嘟囔谩骂着。菲尔福克斯并未开枪打死他，他从不带枪，他朋友警告他说弗格森是无赖，迟早会用卑鄙手段复仇的。接下来的几天风平浪静，后来弗格森出其不意地堵住了伯爵，用左轮手枪顶住他的胸膛。菲尔福克斯一把抢下手枪，准备朝他射击，但弗格森双膝跪地，乞求道：“不要杀我——我还有老婆和孩子。”尽管菲尔福克斯十分愤怒，但还是被乞求所感动，他回答道，“他们并没有伤害我。”就放走了那个恶棍。

回头再说弗吉尼亚的克莱门斯一家，他们的祖先可以模糊地追溯到诺亚时代。据传说，他们祖上有人在伊丽莎白时代做过海盗和奴隶贩。但对他们而言这并不可耻，德雷克、霍金斯和其他人的祖上也干过这勾当。当时这是种受人尊敬的买卖,君王们也参与其中。我也曾梦想过当一名海盗。你们读者——如果能探究一下自己的内心深处,也会发现——其实我无所谓你们会在那里发现什么:我
204 并不是在写他的传记,而是我自己的。后来,又传说其中一支在詹姆斯一世还是查理一世时出了个西班牙大使,并在那里娶妻生子定居下来,为西班牙注入了一股新鲜的血液。传说还有,有个叫杰弗里·克莱门斯的人是判处查理国王死刑中的一人。我之所以并未亲自验证过这些传说的真伪,部分是因为自己的懒惰,还有部分是因为我急于为祖上添光,好拿出来炫耀一番;克莱门斯家中有人说自己都验证过了这些传说,这些都是真的。因此我经常理所当然认为自己通过祖上的代理人,将查理救出了苦海。我也本能地如此说服我自己,只要当我们拥有了根深蒂固,持续深刻的直觉后,我们或许就确信这些并非自己的特点,而是从祖辈那里继承而来的——从远古继承而来,并伴随漫长的时间逐渐加强完美。现在我对查理的痛恨依旧未变,我相当确信这种感觉是从那位法官祖先身上一直流淌延续到我心中的,而并非是以我的个人好恶而憎恶某人。我对杰弗里却讨厌不起来,我应该恨他,但事实却并非如此。这意味着我詹姆斯一世时的祖先对他并不在意,我并不知道这是为什么,我也从来没有想明白过,但他代表的就是这个意思。我对撒旦也一直怀有好感。这当然也是祖传的感觉,他就流淌在我们家族的血液中,不可能是由我起始的。

……因此,这些通过了直觉的验证,而克莱门斯家族中有人曾断言自己检查过这些传说都是真的,那么我就不得不相信弑君者杰弗里·克莱门斯就是我的祖先,这使我感到虚荣,这是我的一个缺点。使我觉得自己要优于那些祖先默默无闻的人,让我一有机会想打击他们,在人面前说些伤人的话。

几年前在柏林就发生了这样的一件事。威廉·沃尔特·菲尔普斯是我们当时的驻德大使,有天晚餐时他将我介绍给了这位德国大臣,他是个伯爵,家世悠久显赫。当然,我也想说出自己祖先的光辉事迹,但却不想因为意气之争就干扰他们在坟墓中的清净,我也从未找到能够非常自然插进这段话的机会。我猜菲尔普斯也存在相同的困扰。事实上有时他看上去心乱如麻——就像是想不经意间提及自己祖先,但却总找不到合适机会时的模样。最终在吃完晚餐后,他做了一次尝试,他把我们带到客厅,让我们观赏画作,最后来到一幅陈旧粗劣的雕刻面前。上面画着审判查理一世的法庭,一群戴着清教徒宽边软帽的法官成三角形排开,下面的桌子上还坐着三个光头的书记员。菲尔普斯指着其中一个书记员,强压着兴奋,装作轻描淡写地说道:

“这是我的远祖。”

我也指向一位法官,懒洋洋地挖苦反击道:

“这是我的远祖。不过在我们家只算得上是个小人物。我还有其他显赫的始祖。”

这样的做法并不得体。我后来也一直对此懊悔不已,但当时这使他颜面尽失。我很想知道他当时的感受,但这并未影响我们之间的友谊,不同于他卑微的 205
祖先,他这样的表现显得很高尚得体。我自己也值得表扬,很快淡忘了此事。我的举止并未因此改变,还是像同辈样对待他。

但那晚我过得多少有些煎熬。菲尔普斯开始将我和伯爵视为主客,但事实并非如此,至少请帖上并没有这么写。那只是一张写在卡纸上朋友间的随手便条。在晚餐时,菲尔普斯自己也察觉到了这点。询问之下,没费多少口舌便真相大白了。他邀请我和他走在一起,但被我拒绝了;然后他又转向伯爵,但仍遭到了拒绝;当时还有另外一个客人,却没有受到他的邀请。最后我们排成一排走了出去。我们彬彬有礼地选定了自己的座位,我坐在菲尔普斯的左边,而伯爵坐在他对面的位置上,而另外那位客人则顺理成章地坐上了主客的座位。之后我们又不分尊卑先后地回到了休息室。我穿了双新鞋,有点紧,到11点时,我都快忍不住要低声哭泣了,那鞋穿着实在是太疼了。之后我们还聊了1个小时的时间,伯爵从9点半时起就已正式进入了梦乡。最终我们都冒失地站起身,不辞而别地向临街的大门走去——还是排成一排,不分先后的顺序,然后就此告别。

这个晚上有些美中不足,但至少我提到了自己的祖先,对此我很满意。

在弗吉尼亚的克莱门斯家族中有一叫杰雷和谢拉德的分支。杰雷·克莱门斯是个有名的手枪能手,有一次他因此和一群鼓手交上朋友,这帮人总是恶言相向,吵吵嚷嚷的。他当时正在外面演讲,那群鼓手站在前排,竞争对手付钱让他们在他演讲时大声喝倒彩。在开始演讲前,杰雷拿出自己的左轮手枪放在台前,轻声温和地说道:

"我不希望伤害任何人,也无意这么做;但我的子弹足够你们六个人每人吃一发的,如果你们真想看他们笑话的话,可别站在他们的身后。"

谢拉德·克莱门斯是内战期间西弗吉尼亚州的共和党国会议员,后来他去了圣路易斯,詹姆斯·克莱门斯一支就此在那里开枝散叶,繁衍至今。在那里,谢拉德变成了一位温和的反对派,当时战争已经结束。当他还属于共和派时,我是个反对派;但当他成为反对派时,我却(暂时)成为了一名共和派。克莱门斯家族一直尽力保持着家庭内的政见平衡,虽然这也给我们的生活带来许多不便之处。我并不清楚谢拉德·克莱门斯现在的政治态度,但有一次在新英格兰的共和党人大型集会上引荐参议员霍利后,我便收到了谢拉德从圣路易斯寄来的严厉批评。他在信中说北方的共和党人——原话是"北方的贱民"——用火与剑清除了南方历史悠久的贵族阶层,而具有贵族血统的我却和这些卑鄙小人狼狈为奸,实在有伤门风。难道我已经忘了自己是兰伯顿家族的一员了吗?

这里提及的是我母亲一方的家族。正如我之前已经写到过的那样,她来自兰伯顿家族(Lambton),本应是兰普顿(Lampton),但美国的一些早年祖先拼错了自己的名字,因此就被改成了兰伯顿(Lambton)。我母亲是位土生土长的肯塔基人,1823 年时在莱克星顿与我父亲结婚,当时她 20 岁,父亲 24 岁。他们都不富
206 裕,母亲的嫁妆只有两三个黑奴。之后他们搬到了位于田纳西东部崇山峻岭中偏远僻静的詹姆斯敦小镇。在那里,他们迎来了自己的第一个孩子,由于我并非长男,所以对这一阶段的事情一无所知。搬去密苏里后我才姗姗来迟,当时密苏里是一片不为人知的新开疆土,少有人瞩目。

我大哥奥利安、姐姐潘美拉和玛格丽特以及二哥本杰明都出生在詹姆斯敦,或许还包括其他人,但我并不确定。对我父母所住的这个小镇来说,这已经算得上是一大家子人了。他们希望我们家能一直待在那里,这样小镇便能壮大成为城市。我想我父母也想留下。因此当时小镇上一片欣欣向荣,但不久之后他们却搬走了,物价应声下跌,詹姆斯敦为此花了好几年才走出低谷重新开始。我在自己所写的“镀金时代”中曾提到过詹姆斯敦,但里面的内容多是道听途说,并非自己的亲身经历。我父亲生前在詹姆斯敦附近买下了一大块宝地——7.5 万*英亩的田地。当他在 1847 年去世时,他已经拥有这块田地大约 20 年了。税收微乎其微(加在一起每年才 5 美元),他也都按时缴纳,完整地保有着这片田地的所有权。他总是说虽然在他生前这片田地不会有太大价值,但有朝一日他的孩子们会因此而获益良多。这片田地里埋藏有煤、铜、铁矿,还有大量木材,他还说以后铁路会穿过这片地方,这些资源便不再徒有其名,而是变成货真价实的财富。那里也出产品质上佳的野生葡萄。我父亲曾将样品送到辛辛那提的尼古拉斯·朗沃斯处,让他作出评价,朗沃斯说这些葡萄能够酿出与他自己的卡托巴葡萄一样好的酒来。这片土地物产丰美,还出产石油,但我父亲并不知道这个,当然在那个时代他即使知道,也不会太过在意。这里的石油直到 1895 年才被发现。我现在是多么希望自己也能在这片土地上分得一杯羹啊。有了这些地,我就不用出版自传来维持生计了。我父亲死前的遗愿是,“在这片土地上坚守等待,不要接受任何诱惑,将他拱手让人。”我母亲最喜欢的侄子詹姆斯·兰普顿也总是提到这片田地,在“镀金时代”中塞勒斯上校就是以他为原型的。在提到这片田地时他总是充满热情——“这得价值上百万——上百万啊!”诚然,他会像这样形容各种事情,每次都这样夸大其词;但这次他却并未说错,这也证明了即使每天带着预言书招摇撞骗的人也不应该被噤声:如果他一以贯之,对所见的每件事都作出预测,那他总有瞎猫撞到死老鼠的那一天。

许多人都以为塞勒斯上校是个虚构的人物,是创造出来的夸张超现实的人

* 修正(1906 年)——田地大小应为 10 万英亩。

物，让我可以很荣幸地称为“虚构角色”，但他们错了。我仅仅是忠实记录下了他的所作所为，他绝不是一个能够夸张描写的人物。无论是在书中还是舞台上，其中最夸张的事件都并非我的想象，而是他的真人真事，我只是在这些事情发生时刚好在旁边而已。观众常会因约翰·T. 雷蒙德表演的吃萝卜场景而被逗笑地上气不接下气，尽管场景略显夸张，但却完全忠于事实，任何荒唐的细节都是如此。这事发生在兰普顿自己的家中，当时我也在场。事实上，我就是吃萝卜的那个客人。若是由伟大的演员演绎这个可怜场景，那肯定会使绝大部分观众潸然泪下，
但与此同时也会不由地发出撕心裂肺的笑声。但雷蒙德仅仅是个幽默大师。在 207
幽默方面他技术高超，相当出彩——总而言之，是位大师；然而在其他方面却也是侏儒一个。真正的塞勒斯上校，即我所认识的詹姆斯·兰普顿多愁善感却不失完美，具有男子气概，是个正直值得尊敬的人，愚蠢大条却慷慨无私，受人喜爱。所有的朋友都爱他，家人也都敬重他，这话毫不夸张。对他们而言，他是仅次于神的存在。真正的塞勒斯上校从未上过舞台。舞台上只表演了他的一个侧面而已。雷蒙德没法把他的另一面也表现出来；这已超出了他的能力范围。而这另外一面也正是雷蒙德所完全缺少的品质。雷蒙德缺乏男子气概，既不值得尊敬也并不诚实，他空虚自私，死板愚蠢，无知缺心眼。只有一个人才能完美出演塞勒斯上校，这人就是弗兰克·梅奥。[*]

这世界总是充满了惊奇，而且它们也总会发生在最意想不到的地方。当我将塞勒斯写进书时，我的合写人查尔斯·达德利·华纳建议我修改下塞勒斯的教名。10 年前，在西部的某个偏远之处，他曾碰见过一个叫埃索·塞勒斯的人，他认为埃索的叫法非常合适我们笔下的这个塞勒斯，这名字足够离奇古怪。我也喜欢这个主意，但我认为当事人会站出来反对这事。但华纳说这并不可能，他确信那人现在已经故去，取这种名字的人肯定活不长；无论他是生是死我们都该用这个名字，这名字最合适，我们不该放弃他。因此我就为他改了名。华纳一家本是卑微低下的农民。书出版一个星期后，哈特福德来了位一个上过大学的绅士，穿的像个公爵，举止文雅。他来时看上去有些恼火，随身带着一份诽谤诉讼，他的名字就叫埃索·塞勒斯！他从没听过还有其他同名同姓的存在，在他周围 1000 英里内都没有。这个落魄贵族的目的十分明确且商业化：要求美国发行公司必须停止该书所有的在印版本，替换印刷版上的相应名字，或是准备接受 1 万美元的诉讼索偿。他在获得了公司的保证与道歉后离开，我们将印刷版名字改回为马布里·塞勒斯上校。很明显，事事皆有可能，即使两个毫不相关的人都叫埃索·塞勒斯这么冷门的名字都有可能在现实中发生。

---

* 雷蒙德自 1876 年起就一直扮演塞勒斯上校一角。大约 20 年后，梅奥在改编后的“傻瓜威尔森”中充当主演，并大获成功。

詹姆斯·兰普顿一生都沉浸在自己黄粱美梦的幻想中，至死都未看到它们的实现。我最后一次见他是在1884年，这时距离我在他家用桶水洗净、生吃那盘萝卜已经过去26年之久了。他上了年纪，头发全白，但他在见到我时仍像过去年轻时那样轻松愉快，他一点都未改变——一丝一毫都未改变，双眼中依然饱含着喜悦的目光，内心怀抱希望，口齿伶俐，充满天马行空般的想象力——这些都在，他在我面前擦拭着自己的阿拉丁神灯，为我展示着这世界上丰富神秘的一切，都没给我转身喘息的时间。我告诉自己说，"我从未夸张地描述过他，我只是如实地记
208 录下了他的为人；他至今还是如此，坎伯肯定还能认出他。"我请他稍等片刻，自己跑到隔壁，这正是坎伯的房间，当时我和坎伯正在一起做巡回演讲。我告诉他说：

"我想把这扇门开着，让你听得见隔壁的谈话。我房间里有个很有趣的人。"

之后我反身回屋，问兰普顿如今在做些什么营生。他就开始告诉我说他和自己儿子在新墨西哥州的"小冒险"；"只是一件小事——微不足道的小事——一半为打发时间、一半为保持自己的资金不至空置，但主要还是为了培养我的孩子——培养我的儿子。财富的车轮永不止步，他终会独立，靠己为生——就像这世界上发生的其他怪事一样，但这只是件小事——正如我说的那样，是件微不足道的小事。"

而当他开始叙述后，事实也正是如此。他长袖善舞，故事最终超出了想象。半个小时后，他终于讲完了，最后他还懒洋洋但不失可爱地说道：

"是的，这事微不足道，就像当下发生的其他事情一样——琐碎却有趣，这能消磨时光。我儿子认为这件事意义非凡，但他还小，你知道，充满着不切实际的想象；对处理要事缺乏经验，只有经历过大事，他才能修正自己的看法，控制自己的想象力。我想这事大概值几百万吧，或许能有300万，但不会更多。你知道，对一个男孩来说，生活才刚刚开始，这个开头并不坏。我并不希望他能够一夜暴富——让这些都来得晚些吧。这会使他自己在生活中得意忘形，会在很多方面让他沉沦。"

后来他说自己将袖珍笔记簿落在了自己家主客厅的桌上了，还说现在已经过了银行的营业时间了……

我打住了他的话头，邀请他前去旁听我和坎伯的演讲——许多朋友都会欣然答应这事。他接受了邀请，并像王子般优雅地向我们作出了答谢。当他提到票价时，我又止住了他的话头，因为我已经可以预见到他会请求先由我垫付，第二天再还给我的情况；我知道他会还这笔钱，但或许需要当掉他自己裤子。之后又小聊了一会儿，他就热心真挚地和我握了握手，就此告别。坎伯头倚门框说道：

"这就是塞勒斯上校啊。"

章　节

我曾说过，田纳西州的那片广袤田地*在我父亲名下存在了20年之久——直到1847年仍完好无缺。当他在1847年去世时，我们开始亲自接手管理这片田地。40年后，我们处理了其中的大部分，仅剩最后的1万英亩田地，出售所得则不值一提。大约在1887年时——或许更早些时候——那1万英亩的田地也被卖掉了。当时我兄弟用这块田地换来了宾夕法尼亚产油区科里的一块地皮和房产。1894年时，他又出售了那里的房产，获得了250美元。

这就是田纳西田地的结局，除此以外，我就不记得父亲的这笔聪明投资还带 209
给过我们分毫收益。根本没有，我把所有细节都回忆过了。这片田地给我的仅是塞勒斯话剧和小说写作的素材，那半本书给我带来了1.5万美元到2万美元的收益，而从话剧中我得到了7.5万美元到8万美元的收入——折合下来也就每英尺1美元的收入。这有些都不可思议：父亲购置田产时我还并未出生，因此他并没有对我偏爱有加；但我却还是家中唯一因此受益的成员。无论身处何方，有机会的话，我偶尔总会提到这片田产，这片田地或多或少地影响到了我们一代人的生活。当生活不顺时，记忆中总会闪现出塞勒斯的双手，为我们加油鼓劲，“不要怕——相信我——坚持等待。”40年间，是这片田地让我们一直保有希望，最终却还是离我们而去。是它让我们丧失了奋斗的动力，一直幻想——成了懒惰的空想家。我们总认为明年就将变得富有——因此无需努力工作。生来贫穷是件好事，生来富裕也是件好事——这些都有益身体健康。但如果生来就期盼有朝一日变得富裕就不同了！没有亲身经历的人是无法体味其中的痛苦的。

我父母30岁出头时就搬去了密苏里州，我并不清楚确切的时间，因为当时我还没有出生，对这些事情也毫不关心。这在当时来讲算得上是次长途跋涉了，旅途必是十分的辛苦累人。我们的家就安在门罗郡的一个叫佛罗里达的小村庄内，1835年时我就出生在那里。村上有100来号人，因此我的出生使村上的人数增加了1%，这是历史上一个人对一个村镇作出的最伟大贡献了。或许我这么说有些自夸，但事实便是如此。没有人能超越这个记录——即使是莎士比亚也不行。但这就是我对佛罗里达村的贡献，这意味着我对其他城市也能有如此大的贡献——我想，即使是伦敦也当是如此。

最近，密苏里有人为我寄来了一张摄有我出身地的照片，从前，我一直说那屋子犹如宫殿般壮丽，但或许现在我该稍微谦虚一点了。

我只记得与之相关的一个场景，记得很清楚，尽管当时我才2岁半。全家人

---

* 约10万英亩。

将所有东西打包,乘车前往30英里外密西西比州的汉尼拔。到晚上时,父母搭好帐篷开始清点小孩的人数,却少了一个,那人就是我。我被落在了佛罗里达,父母们本该在出发前就清点一遍人数的。我一开始还自娱自乐玩得不亦乐乎,但后来发现房门紧锁,整个屋子寂静地让人害怕。那时我才发现家人们全都离开了,而他们把我忘在了这里。我非常的害怕,歇斯底里地发出各种噪声,但还是没有被任何人听到,一点作用都没有。整个下午我就这么被囚禁在屋子里,直到黄昏时分还没有人来,屋子里像是到处飘着幽灵。

我弟弟亨利当时才6个月大,我记得他刚出生一礼拜就能走到室外的消防栓了。在我自己还那么小时就记住这类事情真有些不可思议。但更不可思议的是40年来我对这错觉都坚信不疑,这事还在我的记忆中——当然现实中这事并不可能,他不可能在这么小的年纪就已经学会了走路。如果不是不停地回想,我不可能在这么长的时间里都记得住这个超现实的无聊想法。许多人相信小孩两岁前记忆的保存时间不会超过5年,但这种说法并不正确。本韦努托·切利尼和蝾
210 螈的故事就肯定是可靠真实的,还有海伦·凯勒的经历也是真实无可辩驳的——但这些还是留待我以后再说吧。许多年来,我都相信自己记得在6个星期大时就能帮着祖父喝他的威士忌托迪,但现在我已经无法回忆更多的细节了;我变得越来越老,记忆也不像过去那么活灵活现了。当我还年轻时,无论其是否真实,我都能印在脑海中。但现在这一才能已慢慢退化,或许不久之后我就只能记住那些未曾发生过的事情了。对此我感到十分失望,但这正是我们所有人都要经历的事情。

我的叔父约翰·A.夸尔斯是个农民,他住在距离佛罗里达4英里外的乡下。他有8个孩子,15个到20个农奴,生活的其他方面也很幸福。尤其就他的性格而言,在我遇见过的人中,没有人比他更好的了。我每年要到他家做客2个月到3个月,一直从4岁搬到汉尼拔到十一二岁时都是如此。我从未有意将他夫妇俩的形象写入自己的书中,但他的农庄却在我的作品中出现过一到两次。在"哈克贝利·费恩历险记"和"汤姆·索亚历险记"中,我将这个田庄移接到了阿肯色州。那里距离原址足足有600英里之远,但这并不碍事,那个田庄并不太大;或许有500英尺,但也有可能我把他夸大了一倍。以我的价值观而言,这些都无伤大雅,如果创作需要的话,我甚至可以变化一个州的位置。

约翰叔父的农场简直就是男孩的天堂。有两间小木屋,铺有宽敞的地板,还有间屋顶相连的厨房。夏天时,餐桌就放在房间通风阴凉处的正中央,桌上食物丰盛——好吧,我回忆得都要哭了,有炸鸡;烧猪;野生和家养的火鸡、鸭子和鹅;新鲜的鹿肉;松鼠、兔子、野鸡、鹧鸪、松鸡;家庭自制的培根和火腿;新鲜出炉的软饼、煎饼、荞麦蛋糕、"小麦面包"、圆面包、玉米面包;水煮玉米、豆煮玉米、利马

豆、四季豆、番茄、豌豆、爱尔兰土豆、白薯；白脱牛奶、甜牛奶、“酸奶”、西瓜、甜瓜、蜜瓜——都是园子里新鲜摘下的——苹果派、梨派、南瓜派、苹果馅、桃子馅饼——其他的东西我都记不过来了。更精彩的要数烹饪它们的方法了——尤其是其中的几样美味，举例来说，玉米面包、软饼、小麦面包和炸鸡都是如此。这些东西北方人就从未真正做对过——事实上，就我所见而言，根本就没一个北方人能够领悟参透这门艺术。北方人认为自己知道如何制作玉米面包，但这只是荒唐的自我迷信罢了。或许世界上的所有面包都比不上南方的玉米面包，而世界上可能也没有比北方人学样做的玉米面包更难吃的东西了。北方人很少做炸鸡，这事干得不错，这门烹饪手艺是梅森－迪克森线以北以及欧洲各地的人都学不来的。这并非道听途说，我是有了切身经历才敢这么说的。在欧洲时，人们将拿出各种烫手的面包招呼客人的习俗视作为“美国做派的”，但这种说法有些太宽泛了：这是南方人的习俗，北方人在这方面就不明显得多。在北方和欧洲，烫面包被认为是不健康的，这或许是另一个挑剔的迷信，就像欧洲人还迷信冰水也有害健康那样。欧洲并不需要冰水，也不会有人去喝冰水；但尽管如此，他们这方面的词汇要比我们的更丰富，他们会描绘冰水，而我们却不会这么做。在欧洲，冰水被称作“结冻”的水。而我们的词汇则将淡水称为融冰——淡然无味，甚少调料的一种饮料。

世人仅仅因为健康问题而抛弃这么多可口美味实在是件可惜的事情。我怀 211
疑如果不节制的话，除了酵母以外，上帝还给过我们什么健康的小吃点心。但还是有人会严格限制自己吃、闻、喝任何声名不佳的东西。这是他们为健康付出的代价，而他们所能得到的也仅仅是身体的健康而已。这事该有多么古怪啊，就像是自己用所有的财产换来了一头已经不产奶的母牛一样。

农舍建在大片庭院的中央，庭院的三面都架有篱笆，而后侧则是高栅栏；与这些栅栏相对的是烟熏屋；栅栏后面是果园，果园的后面是农奴宿舍以及烟田；庭院前面有个旋转栅门，是由锯成逐级抬高的木桩做成的，我并不记得还有任何其他的大门；在庭院前段的一角处有一打高耸的山胡桃和黑胡桃树，结果时，果实会掉满一地。

在房子并排与旁边篱笆相对的一块地上建有一间小木屋，而小丘上的树林则笔直穿过谷仓、玉米地、马棚和烟叶加工房，直达清澈的小溪前面。溪水冲击着石块，淙淙作响，在田地间穿来穿去，最终隐没在远方矗立着的植被藤蔓之中——那里是跋山涉水的圣地，期间还有泳池，由于禁止，我们还常常偷跑去那里玩。我们是基督徒的小孩，很小的时候就知道禁果的魅力了。

在小木屋里住着一个卧床不起的白发农奴，我们每天都会充满敬畏地去看她，我们觉得她已经活了有上千岁了，和摩西都曾交谈过。最初相信这些的是些年轻的农奴,然后他们善意地将这些事情都告诉给了我们。所有的细节都与我们的认识相符,因此我们也就相信了是走出埃及沙漠的长途旅行摧毁了她的健康,从此以后便一病不起了。她的头顶上秃了一圈,我们曾蹑手蹑脚地走进她,静悄悄地虔诚地盯着那里看了好一会儿,认为那是由于她看到法老溺死后的惊骇所造成的结果。按照南方人的习惯,我们叫她汉娜"大婶"。她也像其他黑奴那么迷信,同时也和他们一样虔诚。和他们一样,她十分相信祈祷的力量,在所有的危急时刻她都会虔诚祈祷,但当确信自己来日无多时,她也就放弃了祈祷。每当死神靠近时,她都会紧紧裹住自己仅存的一点点毛衣,用白线拉紧穿过,如此迅速地应对让死神也对她无能为力。

所有的黑奴都是我们的朋友,而那些同龄人则是我们事实上的同志。我用"事实上"这词,是想削弱点这词的意义。我们是似是而非的同志,我们双方都意识地到肤色和身份所带给我们的微妙差异,这使我们相互间没法做到推心置腹。我们还有一个亲切可靠的好朋友、同伴和顾问,他就是"代尔大叔",一个中年黑奴,他比其他黑奴都要聪明,心地善良,诚实简单毫不狡猾。很多年来,他都尽心尽力地服侍着我。我已经有差不多半个世纪没有和他再相见了,但许多时候我都能在精神上感受到他的温暖陪伴,在我的书中,他也以本名"吉姆"多次登台亮相——在去汉尼拔时,乘筏顺密西西比而下时,甚至是乘坐气球穿越撒哈拉沙漠

212 时——与生俱来的耐心、友善与忠诚使他对这些文字都毫不在意。正是在农场时让我强烈地喜欢上了他们的族群,并开始肯定他们的优良品质。这种情感与判断经历了超过60年的考验,至今仍未有所动摇。无论过去还是现在,我都对黑人来者不拒。

在学生时代,我并不讨厌奴隶制。我并觉得这有任何不妥之处。我也从未听到过对奴隶制的责难,地方上的公文也从来没有反对过奴隶制,地方讲坛教育我们说连上帝也赞成这一制度,这是件神圣的事情,怀疑者只需翻看圣经就能让自己确信此事——然后他们就向我们大声朗读文章让我们相信此事;如果奴隶自己足够聪明的话,即使他们反对奴隶制,但对此也仍会三缄其口。在汉尼拔时,我们几乎看不到人们虐待奴隶;在农场时,则一次也没有发生过。

然而在我童年时,曾发生过涉及此类的一件小事,至今我还记得此事,足可见他对我的非凡意义,在漫漫的时间长河中,记忆始终是那么得清晰生动、明白尖锐。在汉尼拔时,我们从别人那儿雇来了一个小黑奴。他来自于马里兰的东岸,被迫和自己的家人与朋友分开,横贯半个美洲被卖到了这里。他天性乐观,天真而温和,但也算得上是最吵闹的家伙了:他成天地唱歌吹哨,大呼小叫或是开怀大笑——难以忍受,令人发狂。终于有一天,我忍无可忍,暴躁地奔到我母亲身边,告诉她说桑迪已一刻不停地唱了一个小时,自己已经忍无可忍,问她能否让他闭

嘴。我母亲留下了眼泪，双唇颤抖着，说出了下面的这段话：

“可怜的娃儿，唱歌说明他并不记得自己的遭遇，这让我感到安慰，若是他待着发愣，恐怕他就是在回忆了，这反而让我无法忍受。他再也不会见到自己的母亲了，如果他继续唱下去的话，我也没法阻止他，但我为此感到欣慰。你再长大些，就会理解我了，到那时，你也会为他的友善闹声而感到高兴。”

寥寥数语虽简单，却很好地起到了作用，自此以后，我再也不厌烦桑迪的吵闹声了。她的语言从不艰深，但她有与生俱来的天赋能够深入浅出说明道理。她直到90岁时仍能够出门走动，死前依然言语清晰——尤其是当卑劣不公平的行径触动到她时。她也在我的书中以汤姆·索亚“波莉姑姑”的身份出现过几次，我为她量身定作了方言口音，还尝试想在其他地方也作出改进，但最终并未找到突破口。桑迪在我书中也出现过一次，是在“汤姆·索亚历险记”中，在里面，我想让他粉刷栅栏，但他却拒绝了。我已经忘记自己在书中给他起的名字了。

我现在仍可以清晰地回忆出农场的模样，能回忆出所有的附属建筑，所有的细节，屋子里的家庭活动室，角落处的“滚轮”床和另外一角处的纺车——轮子在上下转动时还会发出声响，站在远处时，这是听过最凄凉的声音了，这会引起我思乡之感，让我情绪低落，让我徘徊在死寂般的情感中；还有大壁炉，在冬天时，里面堆着高高的木头，山胡桃木熊熊地在里面燃烧着，两端还会冒出甜汁，那时我们会把它们刮下来吃掉，绝不浪费；慵懒的家猫舒展地躺在炉底石上，而昏昏欲睡的家犬则靠在壁炉侧墙边眨着眼睛；阿姨坐在炉角边织毛衣，而叔父则在另一边抽着 213
自己玉米芯的烟斗；未铺地毯的光滑橡木地板上，模糊地闪烁着火苗的倒影，掉出壁炉的木炭在慢慢熄灭时也在木板上留下了斑斑点点的痕迹；6个小孩借着微光在旁边追逐嬉戏；到处都放着底部有裂缝的椅子，还有几张摇椅；还有一架坏了的摇篮，但依旧信心十足地等待着；在寒冷的清晨，穿着衬衫和衬裙相互依偎着的一群小孩会围在炉底石旁边——他们没法离开这个舒适之地，去主屋与厨房间的挡风隔间处梳洗，锡盆一般都放那里。

在前门栅栏的前面是乡间公路，到夏天时满是尘土，也是蛇们的栖身佳所——它们喜欢挡在上面晒太阳，当出现的是响尾蛇或者是鼓腹毒蛇时，我们就会扑杀它们；如果是黑蛇或是有名的“环型”种类时，我们则毫不羞愧地避而远之；而如果是“家蛇”或者“花纹蛇”时，我们就会把它们带进来，放到帕斯蒂阿姨的工作篮中吓她。她对蛇怀有偏见，当她拿起篮子时，蛇就会爬出来，每次都能吓到她。她似乎从来都无法习惯这种事，都没一点长进。她也一直不喜欢蝙蝠，从来都没法忍受它们的存在，而我则认为蝙蝠与鸟儿一样友善。帕斯蒂阿姨是我母亲的姐妹，也同样的迷信。蝙蝠很漂亮，柔软光滑，我不知道还有比这种生物手感更好的东西了，如果姿势正确的话，也没有一样生物比它更愿意接受爱抚。我了解所有这些飞禽和昆虫，在汉尼拔外 3 英里处的巨大洞穴里，生活着其中的许多品种。我也常常会带回来一些让母亲高兴。如果是上课时间的话，这点很容易把我揭穿，因为我本该待在没有蝙蝠出没的学校里。她并不多疑，充分信赖他人；当我说“我外套的口袋里有样给你的东西”时，她就会把手伸进去。每次她也总会再把手伸回来；我不必告诉她里面的东西是什么。显然，她始终还是没法爱上这些神秘的蝙蝠，经历的越多，她的观点也就更加根深蒂固。

我想她一生中从未进过洞窟，其他所有人则都进去过。许多跋涉团队都会沿着溪流走上很长的一段路，就为去洞穴中一探究竟。里面得有好几英里长，复杂纠缠，高处还有狭窄的裂缝和斜坡。在里面很容易迷路，所有人都可能迷路——包括蝙蝠。有一次我自己就和一个女士在里面迷路了，在我们的最后一根蜡烛快烧完时终于看到了远处搜救组的灯光。

混血儿“印第安人乔”也在里面迷路过，如果洞里的蝙蝠不多的话，他或许就饿死在里面了，但洞里的蝙蝠根本吃不完，里面有数以万计的蝙蝠。他把全部经过都告诉了我。在“汤姆 · 索亚历险记”中，我却让他活活地饿死在了洞中，但这是处于艺术加工的需要，事实并非如此。在书中，镇上的酒鬼盖恩斯“将军”先于杰米 · 费恩进洞，在里面被困了一个星期之久，后来他把自己的手绢挂上了靠近塞弗顿一座小山顶的洞口处，那里距离洞口处的小溪足有几英里远，最终还是被人发现，将他从洞里挖了上来。这件事情的亮点在于那块手绢。我认识他很多年了，从未看见过他随身带过手绢，倒可能是他的鼻子，那绝对引人注目。

214 那个洞穴是个可怕的地方，里面还有死尸——一个 14 岁年轻女孩的尸体。尸体被封存在一个玻璃的圆形器皿内，外面还裹着黄铜，挂在一条狭窄通道的栏杆上。尸体浸在酒精中，据说曾有游手好闲的家伙抓着头发把她捞起来看过她的脸。女孩是圣路易斯一个医术高超声名远扬的医生的女儿。他生性古怪，也做过许多奇怪的事情，是他亲手把这个可怜儿放在这个凄凉之地的。

他精通内外各科，在药物失效时，他还会采用些别的手段。有次因为和雇主家发生了争执，他被扫地出门，但后来又被重新招来看病。那家的女主人当时已病入膏肓，医生们都已放弃了治疗。他走进屋，一动不动地站在那里，环视下屋内情况；他带着自己的大宽边软帽，腋下还夹着一大块姜饼，一边默默地环顾四周，一边撕下大块姜饼大口咀嚼，任由碎屑掉下来撒了一地。女主人僵硬地躺在床上，面色苍白，双目紧闭；床边一片肃静，家人聚在一起轻声啜泣，有人站着，也有人跪着。后来医生拿起药瓶，轻蔑地嗅了一遍，便把它们都扔到了窗户外面。全部扔完后，他便靠到床边，把姜饼仍在奄奄一息的妇女胸前，粗鲁地讲道：

“你们这些蠢蛋干嘛哭哭啼啼的……这骗子没事。把你的舌头伸出来！”

众人停止了啜泣，转而变得有些愤愤不平，开始责怪医生对临死之人还如此残忍，但他打断了他们的指责，一副亵渎神灵的样子说道：

“一群哭哭啼啼的酒囊饭袋，你们以为自己还能教我怎么做吗？我可以告诉你们，这个女人没事……完全没事，只是有些懒而已。她想要的只是一块牛排和一个洗脚盆。还有混账的社交礼仪，她……”

说话间原本奄奄一息的女人就从床上立起身来，双眼燃烧着愤怒的目光，将自己的羞辱全部倾泄在医生身上——就和火山爆发一样，电闪雷鸣，狂风大作，地动山摇，石子与火山灰喷了一地。这正是他所期望的反应，之后她便康复了。这便是受人悼念的麦克道尔医生，在内战前的10年前，他的名声在密西西比河谷地区无人不知、无人不晓。

章　节

在蛇晒太阳的路边有一片密集的年轻丛林，当中还有一条长达1/4英里的昏暗小道，走到昏暗的尽头时，一片宽阔的大草原便会突然展现在人们的面前，上面满是野草莓，其间还间插着生机盎然的草原石竹，像是在树林前筑起了一道围墙。草莓精致而又芬芳，在时令时，我们通常会趁一大早草莓还很新鲜时就来到这里，那时草尖还闪耀着露珠，丛林间的鸟儿也才刚开始歌唱。

树林斜坡的左侧有几架秋千，是用山胡桃幼苗剥下来的树皮做成的。它们风
干后会变得很危险。经常会在小孩荡在40英尺高的半空时突然断裂，这也是为 215
什么每年都会有这么多骨折病人的原因，我自己倒是没碰上过，但我的兄弟姐妹们却无一幸免。他们一共有8人，前前后后手臂加起来骨折过14次，但这基本没用多少钱，医生是按年收费的——一家人每年25美元。我还记得两位佛罗里达村上的医生名字：卓林和梅雷迪思。每年只需25美元他们就会为全家提供医疗服务，但需自备药物，这也是个好方法。只有最强壮的人才能吞下整支剂量。药剂以蓖麻油为主。一次服用半调羹，外加半调羹的新奥尔良糖蜜，这主要是为了帮助下咽，让味道好一些，但总是毫无效果。接下来的备用药是甘汞，然后是大黄；再然后是泻药。如果还不行他们就为病人放血，将芥子膏涂在病人身上。流程很可怕，但死亡率并不高。甘汞几乎每次都会让病人口水外流，或是坏掉几颗牙齿，那里并没有牙医。当发生龋齿或是其他牙病时，医生只知道做一件事情：拿出钳子把牙齿拔掉。要是你还有下巴的话，这绝对不是他的错。

小毛病时，人们并不叫医生，而是让家中的祖母来照料此事。每个老妇人都能行医，并会去树林中摘取她们自己的药方，她们混合的药剂都能使铁狗活动起来。当时还有位“印第安医生”，是个神情严肃的野蛮人，是自己部落的幸存者，对神秘的大自然有着深刻的理解，会用许多神秘的草药；生活在穷乡僻壤，却对自己的能力充满信心，他会告诉你自己曾经神奇治愈过的案例。在毛里求斯，这个

还要偏远的印度洋孤岛上，还有一个与我们这个老派印第安医生相呼应的人物，他是个黑奴，从未受过专业训练，但他却是治愈一种连医生都束手无策疾病的大师。碰到这种病时，他们就会把他叫来，这是种小孩得的疾病，奇怪而又致命，黑奴会用一种自己制作的草药治好这病，这一处方是从他祖父那里代代相传下来的。制药时他禁止任何人在旁观看，配方只有他自己知道，人们担心他至死也不会泄露这个配方了。这引发了人们对毛里求斯人的担心，这事是我在1896年时从别人处听来的。

我们还有个“信仰医生”，在那个年代都是由妇女担当这事的。她专门医治牙疼，她是个老农夫的妻子，住在离汉尼拔5英里的地方。她会将手放在病人的下巴处，说句“相信我！”，然后便药到病除。我记得很清楚，她叫厄特巴克夫人，我曾两次跟在母亲身后，在马背上看到她治愈我母亲的牙疼。

我们去汉尼拔后不久梅雷迪思医生也搬了过来，成为我们的家庭医生，还救过我好几次命。不过他是个好人，这么做都是善意的，这事不提也罢。

人们总说我是个体弱多病、令人厌烦的小孩。在我7岁前，一直靠着药罐子过活。当我母亲年老时，我曾向她询问过——她当时已经88岁了。

“在那段时间，你肯定很担心我吧？”

“是的，一刻不停地担心着。”

“担心我死吗？”

我母亲停下来沉思了一会儿……很明显在回忆当时的情况……

216 “不，是担心你活下来。”

这就像是别人说的话一样，但却是真的。

乡间学堂离我叔父家的农场有3英里远。校址在树林中的一片空地上，全校共有25个学生。去学校多少有些规律，每周都会去一两天，在夏天时，一早就会穿过阴凉的林间小道去上学，直到黄昏时分才回家。所有学生都会用篮子自带中饭——玉米饼、白脱牛奶和其他好吃的——中午时坐在树荫下大快朵颐。这是我回忆中最为美好的一段校园时光。我7岁入学，当时有个15岁的大个女孩，衣着普通，戴着阔边这样女帽，穿着一袭印花连衣裙，问我“用不用烟草”——意思是问我嚼不嚼烟草。我回答说不。这让她很不屑。她将我引荐向众人道：

“这里有个不嚼烟草的7岁男孩。”

从大家的神情和话语来看，我意识到自己被鄙视了，我为此感到十分得羞愧，下定决心有所改变。但这只带给我了不适，我还是没法学会如何去嚼烟草。抽烟我很在行，但这并不能够缓和大家的态度，我依旧是个没有个性的可怜虫。我渴望得到认同，但却从未成功过，小孩对别人的缺点从不留情。

正如我所说的那样，我十二三岁之前每年都会在农庄里住上一段时间。我和兄弟姐妹在那里的生活非常愉快，即使现在回忆起来也还是如此。我还能回记起肃穆的黄昏和神秘的树林深处、乡土气息、野花的淡淡香味、雨后树叶所反射的光泽、风掠过树林所发出的窸窣作响声、远处啄木鸟的啄木声以及树林深处野鸡的隐约咕叫声、看到受惊野兽白驹过隙般穿过草地——我能把所有一切回忆都还原得栩栩如生，那样的美好。我还能记起寂静平和的牧场，巨鹰伸展双翅，盘旋在天际，身后是蓝色的天穹；我也能记起深秋时的树林，橡树换上了紫装，山胡桃则一身金色，枫木与漆树如烈焰般闪耀，在其间穿过时，我好像都能听到落叶的沙沙声。蓝色的野生葡萄交错地悬挂在树苗的树叶间，我甚至还能回忆起他们的味道与香味。我还记得野黑莓的样子和味道，还有木瓜、榛子和柿子，我还能记起如注的暴雨敲打在我头上时的感觉以及寒冷的清晨我们和猪一起爬山胡桃和胡桃树时，一阵强风吹来，果子砸在头上时的情景。我还记得黑莓那漂亮的污点颜色；还有核桃壳的污点以及只需一点肥皂和清水就能把他洗干净；还有与此有关的种种怨念。我也记得槭树液汁的味道，包括何时收集以及如何安置沟槽和导管，熬汁加糖调味的方法；任随偏执的人说出自己喜欢的美味，他们都必须承认加糖后树汁的味道是最棒的。我还清楚圆滚滚的一流西瓜在南瓜藤和其他“近亲”中是多么得显眼；我都不用“堵眼”就能分清它们的生熟；我还记得将西瓜冷藏在床下注满水的木桶中待人享用前它又是多么地令人动心；我也还记得它躺在主屋与厨房 217
间的大棚桌子上的样子，小孩们都聚集起来流着口水，准备用它打牙祭；我也还记得菜刀切开西瓜时发出的喀拉声响，记得切口先于刀锋就蔓延到另一边的样子；我还记得切开分为两半后，丰盛的红色果肉和黑西瓜籽，中间突出，恰似画龙点睛之处；我还记得小孩手中拿着一大块西瓜时的表情，还有他的感受；我也曾是其中一员。我真切地体味过这些西瓜的味道，也知道文学作品中描写的西瓜味道，两者都不赖，全部试过之后才能分出高下。我知道青苹果、桃子和梨子在树上时的样子，也知道吃下去后是多么地令人愉悦。我知道呈金字塔型堆放在树下时它们是多么得成熟诱人，色泽鲜艳漂亮。我也知道冻苹果的样子，它们在冬天时藏在地窖的桶中。咬起来很硬，霜冻会让人牙齿生疼，但依旧美味。我还知道大人们会将有瘢痕的苹果分给小孩，我也知道如何避免此事。我知道冬日的晚上时，在灶台上烘烤得嘶嘶作响的苹果模样，也记得烤热的苹果加上糖和蘸上奶油后吃起来是多么得惬意。我还懂得用小锤子完全敲开胡桃核的精妙招数与技巧，也知道核桃该如何和冬天的苹果混着吃，再配上苹果酒和炸甜圈，旁边老人们讲的老掉牙故事与笑话听起来也变得新鲜有趣，令人着魔，一眨眼，整个晚上就过去了。当我还是小孩时，我也知道特殊夜晚里代尔大叔厨房里的样子，看到白人和黑人小孩成群地待在灶台边，火光映照在他们的脸上，在背后如深渊般的墙上则清晰地映出了他们的背影，我还能听到代尔大叔说在不久以后要把瑞摩斯·哈里斯为世界施加咒语的不朽传说写进他的书中；我还能再次感受到当讲到“黄金手臂”的鬼故事时让我毛骨悚然颤抖的愉快享受——我还会有些许遗憾，因为这通常是晚上的最后一个故事，讲完后就要不情愿地直接去睡觉了。

我还记得叔叔家底部偏左朝向的光木楼梯还有我床上方的椽子和斜顶，方型的月光投映在地板上，窗口没有窗帘，可以看到外面寒冷的冰雪世界。我还记得暴风雨的晚上，风在咆哮，房屋都随之颤抖，自己在里面却感到十分舒适温暖，裹着毯子，静静倾听；空中洒下片片雪花，落在窗框边，在墙边也隆起了一堆，早上看到时不免让人感到丝丝凉意，打消了起床的念头——如果原本还有点念头的话。我还记得在没有月光时，房间里得有多黑暗，半夜意外醒来时，屋子里寂静得就像挤满了幽灵，这时就会忘却记忆深处涌出的罪孽感，希望听到人声，这些事情都来得非常得不是时候，还有夜风捎来的阴沉狼嚎和猫头鹰的咕咕声。

218 我记得夏天时暴雨击打屋顶的情形，躺着听这声音是种享受，还有壮观的白色闪电和隆隆的雷声。屋子令我非常满意；窗外有一支避雷针，夏天时可以作为爬上爬下的玩具，它既可爱又容易上手，手里有东西把玩时，生活就变得美好多了。

我记得晚上时浣熊和负鼠猎人和黑奴待在一起，穿过长长的漆黑树林，当经验丰富的猎狗在远处吠叫，说明猎物已经被赶上树时，所有人都开始兴奋；然后争先恐后地越过荆棘灌木，来到被围地点；开枪后，猎物从树上应声掉落，黑奴和猎狗们高兴得手舞足蹈，红光下显得十分怪异——我还清清楚楚地记得，除了浣熊以外，所有人都为此感到非常高兴。

我还记得鸽子迁徙的季节，那时被压弯的枝头上站满着上百万只鸟儿。人们会用棍棒打死它们，都不需要也从未用过火枪。我知道如何捉松鼠、松鸡、野生火鸡和与之相关的一切，我们在清晨天还未亮时，就已穿戴整齐，开始征途，路上十分的阴沉寒冷，很多时候我对自己足够健康能够参加这项活动而感到后悔。吹响锡制的号角可以招来比实际所需多一倍的猎犬，它们在一起欢快的追逐嬉戏，撞倒小孩，发出无休止的多余噪声。一声令下，它们便消失在树林中，而我们躲在寂静幽暗中悄悄地尾随在后面。过不了多久，灰色的黎明将取代黑暗，鸟儿尖着嗓子开始鸣叫，太阳升起，洒下阳光，四周都变得舒适起来，所有植物都带着露珠，散发着花香，光鲜照人，一片生机盎然。经过3小时的徒步跋涉，回家时我们彻底累坏了，载满着猎物，人却很饿，正好赶得及吃早饭。

章　节

我叔叔和他的大儿子们用来福枪打猎，我和他的小儿子则拿猎枪——适合我们身高和力气的小单管猎枪，那枪比扫帚重不了多少。我们俩轮流拿着枪，每半小时交替下。我用他击中不了东西,但还是喜欢尝试一下。我和弗雷德抓的是些长羽毛的小猎物,其他人则抓的是猎鹿、松鼠、野生火鸡之类的东西。吉姆和他父亲的射术最好。他们猎杀飞鹰、野鹅等有翅膀的猎物;他们不杀或是伤害松鼠,只是击晕它们。当猎狗把松鼠赶上树后,它们会逃向高处,来回穿梭,匍匐在树枝上,希望这样能让自己不被发现——但并不十分成功。你还是能够看见它们竖着小耳朵的一部分。你看不到它们的鼻子,但清楚它们的位置所在。接着猎手会在枪里放上空包弹,站起来对准树枝,迅速向松鼠的鼻子下方射击。动物会摔下树来,没有受伤但却失去了意识;猎狗会推它一把,有时松鼠已经死了:这是因为距离过大,风向也正好不对,这时子弹就会击中松鼠的脑袋;猎狗就能对这只松鼠为所欲为了——这损害了猎手的自尊,他是不会把它放进狩猎袋里的。

天刚蒙蒙亮的时候,野生火鸡就会成群结队地堂皇出现,准备相互闲聊,接受 219
其他同类的邀请攀谈。猎人会把自己藏起来,用火鸡的腿骨吹气,模仿出火鸡的叫声,这腿骨来自于以前被这声音招来的火鸡,都没来得及后悔就被杀了,没有比这骨头吹出来的更像火鸡叫的声音了。你知道,这就是大自然的又一次背叛,她总是会做这类事情,在一半的时间里,她都不知道自己到底偏好什么——是保护还是背叛。在火鸡这事上,她是个矛盾的复杂体:她给火鸡装上的双腿能给它们带来麻烦,又会帮它们摆脱麻烦。当一只母火鸡回应了哨声,发现自己的回应是个错误后,它就会和母鹧鸪做一样的事情——记起之前还有别的约会,一瘸一拐地离开,假装有很严重的残疾;与此同时,它会向远处看不见的小火鸡叫道,"低头躺下,待着别动,不要暴露自己,把这些卑鄙的骗子骗出田野后我就会回来的。"

当人们过度无知自信时,这个不道德策略的结局会很糟糕。有一天早上,我跟着一只假装残疾的火鸡走过了很远的一段距离,我以为它并不会欺骗年幼无知的小孩,我信赖它,以为它是诚实的。我手里拿着单管猎枪,但却想活捉它。我经常走到跑步所及的地方,然后开始追它;但每次当我扑向它原来所在的地方时,它就突然不在那里了,最后一击仍是如此;它就在前面2英尺到3英尺的地方,我肚子着地前还抓住了几根羽毛——已经靠得非常近了,但却依旧不够;距离虽没近到足以成功,但却足够说服自己下次就能成功。它老是在不远处等着我,筋疲力尽地休息着;但这是个骗局,而我却深信不疑,我依旧相信它是诚实的,并没有怀疑她,但我已不得不开始奇怪会有如此聪明,懂得表演的鸟类了。我一直跟着它,时不时地冲刺一下,然后再站起来,掸下身上的尘土,继续耐心信心十足地踏上征程。我可以从途中的天气和植被变化中察觉我们正越爬越高,每次冲刺后火鸡就显得更加疲惫和没有信心,这些都增长了我的信心,让我相信自己最终必胜无疑,双方比拼的是耐久力,而自己在这点上一开始便有优势,因为它身有残疾。

到下午时,我自己也感到筋疲力尽了。开始追逐后,我们俩都未曾休息过,现在已经持续了10个小时之久，现在，在冲刺之后我会休息一会儿，让自己有时间思考些别的事情，也让它有时间思考些别的事情；但我们俩都非真心实意，双方都等待着对方重起游戏，但实际上都并不着急，我们俩都十分感激这些转瞬即逝的休息时间，这是件自然的事，毕竟我们从清晨就开始了相互间的斗智斗勇，而且滴水未进；至少对我而言就是这样，它有时累的话也会坐在地上，扇着翅膀，希望能恢复体力，而这时正好会有螳螂出现成为它的美餐，这对它来说是件幸运的好事，但我却整天没吃一点东西。

220 有好几次，我都非常累了，不想再活捉，而是准备开枪打死它，但最后还是没有这么做，虽然我有这么做的权利，我也相信自己并不能够击中它，而且当我举起枪时，它总会停下来，摆起姿势，这让我怀疑它知道我的枪法水平，因此我不想暴露证实这一点。

最终我还是没有捉到它，当它最后对这场追逐厌倦后，它就活生生地在我的面前飞走了：一阵快跑，发出贝壳般的呼呼声，飞上了一棵大树的最高枝，停下来交叉着双腿坐在那里，朝我微笑，看着我惊讶的样子显得很满意。

我很羞愧，而且还迷路了；我在树林里乱晃，找到了一间荒芜的小木屋，吃了一生中最美味的一顿饭。野草丛生的花园里长满了熟番茄，虽然我过去从不喜欢吃它们，但当时却狼吞虎咽地吃了起来。能比这些番茄还美味的东西，我至今也就碰到过两三次而已。胃里塞满了番茄，直到中年之前都没再吃过。我现在可以吃，但并不喜欢它们的样子。我想我们都曾或早或晚地体验过这种暴饮暴食的感觉，有次在压力之下，我吞下了半桶沙丁鱼，当时身边没有其他食物，但自此以后，我总是避免再碰沙丁鱼了。

最新的尝试

1904年在佛罗伦萨时，我终于偶然间发现了自传的正确写法：随意摘取一段日子开始写起；自如穿梭在自己生活中；只记下此时此刻你感兴趣的那些事；兴趣消散后就当即停笔，转而叙述那些刚刚进入思绪的有趣新事。

同时，以日记与自传的混合方式进行叙述。如此，当下的生动情节就能和过去的记忆联系在一起，而这种联系本身就已引人入胜。即使没有天赋，也能让日记与自传的综合体充满趣味。

就这样，我找到了自传正途。这使我的工作变成了消遣一般——纯粹的消遣、玩耍、娱乐，完全不费力气，这是历史上第一次有人偶然发现这一正确的方法。

最终(及正确)的方案

在自传开始之前,我要写一篇文章;也算是自传的序言,下文将用“该文”代指。

一个人的言语和行为只占生活的多小一部分啊!大脑控制着自己的真正生活,除了自己以外没人会知道。每天,大脑都在一刻不停地运转着,各种想法(自己感受的无言衔接)而不是其他事情才是他生活的写照。一个人的言语和行为只是冰山浮出水面的一角,能看到得只有散落的雪峰以及无用的流水——这些都是 221
人们丰富阅历中微不足道的那一部分!就像外面的一层表皮而已,自己的大部分都隐藏着——如火山喷发般酝酿沸腾,不分昼夜,一刻不停。这才是人们的生活,但他们不会写也没法记录这些。每天的内容都足够写一本8万字的自传了——每年365本书。传记只是一个人身上的衣服纽扣——一个真正的传记是没法写出来的。

序言　来自坟墓的告白

I

在自传中,我将时刻提醒自己这些话是我从坟墓里讲出来的。这话并非夸张,这本书要在我死后才会印刷出版;确切的说,至少本书的19/20会在我死后出版。

我有充分的理由死后才说,而非生前公开:这样,我才能畅所欲言。当书的内容涉及生前秘事时——在作者活着时就能读到其中的内容——他就不会坦白自己的所有想法;所有这样的尝试都失败后,才会意识到自己所做的是全人类都可望而不可即的事情。情书是人类想法中最坦诚、最私密、最无拘无束的表露,作者拥有充分的自由表达自己的感受,不会有第三者看到这些内容。但时不时,这一点还是会被人打破,打印出来的信件会让作者感到非常不舒服,如果事先得知这是写给公众的话,他就不会如此毫无保留地袒露心声。在信中肯定不会有一丁点的虚假、违心或是不值得尊敬的东西;但无论如何,如果他知道写的东西会被公开的话,他必会有所保留。

如果知道自己所写的东西在生前不会被他人看见,我或许就能像写情书那样坦诚、自由、不感到尴尬了。

II

若伤害到了当事人或是其家庭、家族的感情,我的编辑、继承人及受让人可以据此删除最初版本中所有人物的性格描述,该书并非恩仇清算录。当攻击某人时,我享受的并不仅仅是看到他受到折磨的样子,而是因为感觉他配得起这样的麻烦。这其实是种赞美,说明我对他青睐有加,他应该对此感谢并保持沉默。我不会去攻击小人物或是不值得的平凡角色。

在前四版中,需要省略所有理智可靠的观点。或许一个世纪之后,这些观点才会得到读者的注意。不用急,让我们走着瞧吧。

222 III

应该每隔25年发行一个版本。许多在第一版中省略的内容可以出现在第二版中;第三版中可以出现更多之前被省略的内容;接着是第四版——或者是最后的第五版——就可以无需删改,公开自传中的全部内容了。

马克・吐温

佛罗伦萨口述

【约翰・海】

意大利佛罗伦萨,1904年1月31日

25年前我曾在怀特洛・里德的纽约家中见过现在的国务卿约翰・海,当时里德正在欧洲度假,约翰・海在这几个月中在他家暂住。当时,约翰・海也是里德所办纽约论坛报的临时主编,对于那次星期天的拜访,有两件事情我记得尤为清楚,我准备用它们来阐明我想表达的一些观点。其中之一是件微不足道的小事,我也不清楚为什么自己能将这件事记得那么久,之前我必须介绍一两句背景。当时我已经认识约翰・海很多年了,当他还是贺拉斯・格里利时代论坛报默默无闻的年轻编辑时我就认识他了,当时他的稿酬是他工资的两倍到三倍,他所写东西的质量非常高。早年间,他美得就像是个画中人,五官端正,身材完美,动静举止都很优雅。对我这样未经世事的西部人来说,他身上散发着一股非常不同寻常的魅力——非常自然的举止、未加修饰雄辩的语调还有如此种种的魅力动作——发自内心的自然、随性,处处闪耀,这些都是他在维也纳法庭担任代理公使时养成的习惯。他为人乐观热忱,是个令人愉快的朋友。

现在我想说的是，约翰·海并不怕贺拉斯·格里利。

我想让这句话自成一段，这么做并不突兀。约翰·海是在论坛报帮贺拉斯·格里利打下手中唯一一个能说出这话的人。过去几年中，约翰·海已经成为国务卿，成功处理了许多外交纷争，或许比之前的各任国务卿都毫不逊色，如果我们考虑到这些事情的难度的话，我们就能发现他依然像少年般初生牛犊不怕虎，他对国君帝王以及海陆军队留下的创伤也和他对贺拉斯·格里利留下的创伤差不了多少。

现在切入正题。25年前那个星期天的早晨，我和约翰·海正在回忆1867年 223
间我们的青涩时光，不时发出大笑，这时候海夫人开门走了进来，穿着正式，戴着软帽，戴着手套，刚从教堂回来，散发着长老教会神圣的气息，就站在门口。当然，我们立即就起身站了起来——温度也迅速地降了下来——开始时还像夏天般温和，当我们站直后气氛就完全变了，就像对着冰霜般不自在——我们也没有机会说一些礼貌的奉承话向海夫人致意，这位标致的年轻妇人抢先开口了。她板着脸向我们走来，脸上充满着不悦，冷若冰霜地说道，“克莱门斯，早上好。”然后就擦肩而过。

尴尬的沉寂——非常尴尬的沉寂。如果当时约翰·海是在等我开口，那就大错特错了，那时我说不出一个字来。我也很快意识到他当时也词穷了：当我能够走动时，我就出门离开了，而约翰·海可以说是一夜白头，颤悠悠地走在我旁边，没说一句话，也没呻吟半句；也就是说，他本打算邀请我再来拜访，但在那时，他内心的诚实最终压倒了这一幻想。后来，他还想说些什么，这次他终于说了出来。他很可怜，满怀愧疚地说道：

“她在星期日的时候特别凶。”

这几年里，我曾不止一次听到人们赞叹道，包括我自己也曾这么说过……

“他愿意尽职为这个拥有8000万人口的国家做一件不得人心的事。”

现在这件事已经过去25年了，经历也告诉我没有人拥有绝对完美的勇气，总会有某些人可以制住它。

这次拜访中的另一件事情是：在我们谈到自己年龄时，我说自己42岁，而约翰·海说自己40岁。然后他就问我是否已经开始写自传了，我回答说没有。他认为我应该可以开始写起来了，我已经浪费了两年。后来，他大体上又说了这么一句：

“40岁时，人们就来到了生命的顶峰，开始走下坡路了。对普通平常人，这时成功或是失败都已成定局，当然并不包括一些特殊的人物；无论成功与否，这段生活都值得记录；无论成功与否，人们这时也可以安于现状了，都会有兴趣讲述自己过去的一些真人真事。他能讲出除己以外的一些事实，现实和想象会交织在一

224 起，忠实地保护着读者，每个事实或想象就像是画中的一笔，都会点在恰当的位置上，所有这些就会组成他自己的肖像；并不是他自己想象中所画的肖像，而是他真正的自画像，包括他的内心，他的灵魂和他的性格。虽然不想，但却依然免不了撒谎；并不直率或是有意为之，也非模糊而下意识的写作，而是参杂各半——朦胧中有些意识；这种朦胧的意识轻柔温和仁慈，让作者拥有漂亮的一般形象，突出他的善良，使自己更容易辨认，隐藏住自己丑恶的一面。要能够分辨出来他所说的事实，经过修饰的事实并没有意义，读者能够通过电影了解作者的真实一面。潜意识里总有一些恶魔或是别的东西阻止作者用他自己的方法勾勒出自己的肖像。”

约翰·海的意思是我和他都是普通人，我对这一论断并不反感，只是默默地在心中为自己疗伤。他认为我们已经实现了生命的意义，越过了巅峰，已经开始日暮西山，而我更比他早两年，我们两人都无法再对人类有所贡献或建树了，这些都是无稽之谈。自那以后，我大概又写了 4 本到 5 本书，我为一册又一册地为世界带来了文学的智慧果实；那天太阳下山后，他就成了研究林肯的历史学家，他所写的著作也一样永垂不朽；他当过大使，高超的演说家，受人称赞的称职国务卿，如果我们的国民足够诚实，懂得感激的话，明年他还会当选总统；但这个国家宁愿选三流的候选人当总统，也不愿意投票给第一流的候选人。

我浪费了两年的时间，但我决心弥补回来。我打算立即开始写作自传，自传也确实开始写了，但一周之后，决心就消失不见了，我也就将自己写的开头扔到了一边。自那以后，大概每隔三四年我就会重新写遍开头，然后又中途放弃。有一次，我尝试撰写日记，打算积累满足够多的素材后再将它扩充成自传，但这次尝试也只坚持了一周的时间；每天都需要半个晚上的时间来记录这一天的生活，一周过后，我对自己写出的东西并不满意。

在过去的 8 年到 10 年间，我尝试过多种自传的写作手法，但对结果不甚满意，写出来的东西都太文艺了。对某些人而言，平铺直叙是项艰难的技术；叙述就像是小溪穿越山谷和枝繁叶茂的林地，每当碰到石头就会变道，在多石的草地上冲出一条道来；岩石与滩地的砾石可以划破水面，但却不能阻止它们前行；小溪从不会笔直向前，它会轻快地奔涌而出，有时甚至不合常理，有时则环绕成有 0.75 英里长的马蹄形河道，末尾处就距离他 1 小时前流过的地方 1 码的距离；但它从不停息，并且至少遵从一项规则，对此它从不违反，即是叙述的规则，这就是没有规则。除了顺流而下外毫无规则，无论过程怎样，都不再重要了。

握笔在手，叙述的溪流就成了运河；缓慢，平稳，四平八稳，令人瞌睡，平庸的一无是处。这样的写法太过文艺、呆板、正派，笔调风格并不适合记叙文。运河总能体现出这一点来，这是它无法抑制的本性。无论流经河岸、牛群、树林、鲜花还是其他一切地方时，水面都千人一面般光滑耀眼。因此这样的映照也就多此一举了。

有关《傻子出国记》的注释

1904年4月于意大利佛罗伦萨口述

最开始我想写一篇献辞的注释。1868年三四月间在旧金山时，我写过一本书，此书于1869年8月发行出版。3年之后，内华达州弗吉尼亚镇的古德曼来到了东部，我曾在10年为他的报馆工作过，有天我们沿着百老汇散步时，他说道：

“你怎么可以剽窃奥利弗·温德尔·福尔摩斯的献辞，把他加进自己的书里呢？”

我以为他只是在开玩笑，因此很随意草率地回答了他，但他却告诉我说他是认真的，说道：

“我并不是想讨论你是否剽窃的问题——这个只要走进一家书店就能得到答案了——我只是想问你是怎么想到要剽窃的，这才是我的兴趣所在。”

我没法给他满意的答复，因为这根本就没发生过。我可以发誓说自己从未剽窃过任何东西，这么说不会伤害到我的自尊或使我良心不安。实际上，我以为他将我的一本书给搞混了，他的观点并不站得住脚，我都开始为他感到抱歉，为自己胜利欢呼了。进入书店后，他要了本《傻子出国记》以及奥利弗·温德尔·福尔摩斯蓝色精装黄金版诗集。他打开这两本书，翻到献辞部分说道：

“读读看。很明显，后者抄袭了前者，不是吗？”

我十分的羞愧，同时感到难以置信。我们继续散步，但我没法对他最初的那个问题解释些什么了。我不记得自己是否看过福尔摩斯的献辞，我知道这本诗集，但是第一次看见这个献辞。

直到一个月后，我才找到了这个秘密的答案，出现的方式很有趣，但也很自然：这就是自然的天性，大脑的构造决定了发现一件已经忘记的事情必须先回忆起另一件已经忘记的事情。

我收到了一封莱辛牧师的来信，他是我在弗吉尼亚镇时圣公会的教区牧师，在信中莱辛医生提到了我们6年前在桑维奇群岛上发生的一些事情，其中他不经意间提到了火奴鲁鲁宾馆缺乏文学气息。起初，我并未发现这句话的深意所在，我也没有回忆起任何事情。但后来霎那间我就记了起来！柯尔霍夫的宾馆里只有一本书，就是福尔摩斯蓝金色系列的第一册。我花了两个星期的时间熟读了里面的内容，当时我正骑着马在岛上（夏威夷）晃悠，这些经历激发了我的许多灵感，要是需要为此付费的话，估计我就得破产了。他们把我留在屋里，剥光衣服，持续折磨了我两个礼拜，没有同伴，只有雪茄和一小册诗集。当然，我几乎一口气把它们读完了；我从头至尾读了一遍，然后又倒着读了一遍，从中间开始向两侧又

226 各读了一遍，再然后又翻来覆去胡乱从中开始读了一遍。从而言之，这本书都被我翻烂了，对作者充满着无限的感激。

这事说明了只要每天每时坚持相当长的一段时间，且只是出于兴趣地阅读，并不试图将这些读过的东西记在脑子里时，重复能够起到的作用。这就像是历久经年般压榨出圣经里熟悉经文中的汁水，最后仅仅留下一副索然无味的外壳。在这种情况下，你至少还知道外壳的本来面目，但在当下的这件事情中，我只保存了下这副躯壳，但在不久之后就忘记了它的来源。一两年后，它消失在我记忆中的某个昏暗角落，当我需要致辞时却又记了起来，并被迅速地误认成是我小时候或是自己想象出来的内容。

我阅历未丰，年少无知，当时我对人类的大脑仍旧一无所知，我愚蠢地将自己视为一个恶棍、一个无法饶恕的罪人。我写信给福尔摩斯，原原本本地告诉了他这件不光彩的事情，言辞激动地恳求他相信我并非有意要这么做的，直到铁证在前，才意识到自己的过错。我把他的回复丢了，要是让我选择的话，我更愿意丢掉一个叔叔。我有许多个叔叔，对我都没有实际价值，但那封信却是无价的，是叔侄关系无法给予我的，无可比拟的东西。在信中，福尔摩斯对整件事都报以最宽容、最令人安慰的笑声，用了相当长的篇幅和欢快语句向我保证无意识地剽窃并非犯罪；这事我每天都在做，他也每天都在做，而且并非一两次，而是一开口就都在无意识地剽窃；我们的所有语言都是我们阅读的大量精神投影；没有一个精彩的措辞是我们绝对的原创，除了我们脾气、性格、环境、教育和伙伴的微弱影响外，其他东西都不是我们自创的；而这一点小小的改变就让我们同别人的动作和话语作出了区分，贴上了我们特有的风格，成就了眼下的自我；其余剩下的一切都是古老的、腐朽的、陈旧的东西，散发着远古时代的气息，只是口口相传至今！

在之后风风雨雨30余年里，我欢喜地发现福尔摩斯所说都是真的。

我想给序言中的“傻子”做一下注释。那篇简短序言的最后一段中，我提到了《上加州日报》(Daily Alta California)的经营者明言“放弃了”在我请假时为报馆所写的贵格城游记的版权。我当时还年轻，现在则已白发苍苍，但这句冒犯的后果依然存在，现在是我多年来第一次重读这段文章，或许是我写完之后的第一次重读。这些版权是真实存在的——无论是生病还是请假时期，都能拥有这段时间内文章的版权。1866年年初，乔治 · 巴尼斯要求我辞去自己在旧金山早报中的职务，之后的几个月，我丢了工作，身无分文，后来好运眷顾了我。萨克拉门托联合报的所有者把我派去了桑维奇群岛，每月写4封通讯文章，每篇20美元，这是家很大且有影响力的日报。我在那里待了4个月到5个月，回来后发现自己碰到的是太平洋岸最诚实闻名的人物。托马斯 · 麦奎尔是几家剧院的业主，告诉我
227 说现在是我发财的机会了——打铁趁热——突进演讲行业！我照做了。我在桑

维奇群岛办了场演讲，在广告结尾处写道“票价一元，七点半入场，八点开场（原文用 trouble，意味麻烦）”。这个预告很准确，麻烦的确在 8 点时如期而至，我发现自己跟前面对只有一个听众，从头至脚的吃惊之情，让我几乎瘫倒在地。这样维持了两分钟，就像死亡一般痛苦，这是一段无法磨灭的记忆，但也算是塞翁失马，自此以后，我就不会再在观众面前胆怯了。我在加州和内华达州内的所有主要市镇里都做了演讲，然后又在旧金山多讲了一两次，然后赚得盆满钵满后离开了这个行当——至少对我而言是这样——准备从旧金山西处航海，环游世界。《上加州日报》的经营者想让我写一篇游记——50 篇通讯的专栏，每次半篇，这意味着每篇通讯要写 2000 字，稿酬为每篇 20 美元。

我先向东来到圣路易斯和母亲告别，然后就受到了邓肯队长的费城游计划的蛊惑，最终报团参加了。在途中，我撰写发表了 5 篇文章，还有 6 篇并未寄达的文章，为满足合同上的要求，我又新写了 6 篇文章。之后我把旅途中的文章合并成一篇演讲词，寄去了旧金山，并获得了令人满意的大额金钱报酬，然后我就跑进乡村中游玩，其后果让我大惊失色：我已经全然忘记，自己的房子里从来都凑不满整个陪审团来验证我那受损的名誉！我仔细研究那些奇妙的情况，发现非常富裕的《上加州日报》的吝啬业主支付每篇 20 美元稿酬后，就拥有了这些文章的所有权，还以诉讼相要挟那些打算转载这些文章的杂志！

这就是我当时的情况！我已和哈特福德美国出版公司签约，要出一本包括这次远足经历在内的巨著，我想这其中就要包括所有这段时间发出的文章。如果暗地里拿到文章版权的所有者拒绝让我使用这些文章的话，我的处境就会变得很尴尬，而他们也真正这么做了，麦克××（我已经忘记了他的全名*）说他的公司为收回此次支付的上千稿酬，也要将这几篇文章编辑成册出版。我回答说如果他们足够公平正直的话，就该允许国家出版社使用这些文章或是其中的一部分，而且《上加州日报》还应该偿还未支付给我的西海岸小型巡回演讲的 1 万美元酬劳。然后他作出了妥协：为他所出版的书籍支付我 10% 的版税。我回答说对这个妥协方案并不感兴趣。我当时除了旧金山就没什么名气了，因此该书的销售范围只会局限在城内，所收到的版税还不够我 3 个月的伙食费；但如果执行我东部的合同的话，我就可以获益良多，因为通过发表在《纽约论坛报》上的 6 篇文章以及《先驱报》上的一两篇文章，我在大西洋沿岸还算小有名气。

最后，麦克克雷奇同意有条件地终止发行他的图书：在序言内，我必须为《上加州日报》放弃他们的“权利”，允许我出书的行为表示感谢。我并不喜欢这样的 228
感谢。我倒是要发自肺腑地感谢《上加州日报》让我的巡回演讲计划泡汤。争论

* 1906 年 5 月 20 日，我现在记起来了——麦克克雷奇. M. T.。

了许久,我最终放弃了自己的观点,在序言中留下了感谢词。

诺亚·布鲁克斯是当时上加州报馆的主编,品格正直纯正,同时对琐碎的小事拥有这出色的记忆力。在多年之后(1902 年)我所写的自传体短文中,有一段他发表的,对上加州报社慷慨地无偿赠予我该书的出版权的雄辩赞赏词,事后证明,该书算的上是一大笔财富。这有些小题大做,那本书里我并未太依赖发给上加州报社的那几篇文章。我意识到那几篇文章属于新闻风格而非书籍风格,他们的写作地点各不相同,在兴奋的欧洲之旅和费城蒸笼般炎热的客厅里我抽空写出这几篇文章,因此它们的结构松散,需要挤出处理掉点文章中的多余部分。我摘录其中的几篇文章——大概有 10 篇到 12 篇。我另外花了 60 天时间写完了《傻子出国记》的剩余部分,如果再给我两个礼拜进行写作的话,我就可以完全无需借用那些文章了。当时我还非常年轻,非常幼稚,未经世事,比我现在幼稚得多,也比我将来要幼稚上几百岁。我每晚十一二点开始写作,一直要写到早上天大亮的时候,就这样在 60 天内写完了 20 万字的内容,平均每天要写超过 3000 字——对沃尔特·司各特①爵士、路易斯·斯蒂文森②和其他很多人来说,这或许算不得什么,但对我而言就已经非常可观了。1897 年时,我住在伦敦的泰德沃斯广场,当时我正在写《赤道漫游记》,平均每天能写 1800 字;现在在佛罗伦萨(1904 年),我每天能坐上 4 个到 5 个小时,能写 1400 字左右。*

从上面这些数据可以推断出在这 66 年里,我的写作速度稳步下降,但我也知道这样的统计数据存在一个缺陷:1868 年春天坐上 7 个到 9 个小时,写下 3000 字的速度与现在坐着写作的效率相比并不占优势,现在只是花了以前一半的时间,写出了过去一半的文字。数字经常会欺骗我,尤其是在我自己计算时,正如迪斯累里③那句至理名言所说的那样:

“这世上有三种谎言:谎言,该死的谎言和统计数据。”

【罗伯特·路易斯·斯蒂文森和托马斯·贝利·奥尔德利奇】

我和路易斯·斯蒂文森见面最久的一次是在华盛顿广场的一条长凳上,那次出游足有一个多小时,聊得很愉快,见了许多人。我之前正在他家拜访,然后跟他一起来到了那里。他在广场上晒太阳,他身材消瘦,衣服都像是空心的,仿佛里面

---

① 苏格兰作家,常被推崇为历史小说的创始者与最杰出的作者。

② 苏格兰散文家、小说家和诗人。

* 我的意思是用笔,本自传是口述而非手写。

③ 英国政治家和作家,两度任首相,意大利犹太人后裔。

不存在东西一样，但这对雕塑家而言，却是个好的塑像。他的脸很长，头发细长，肤色黝黑，正好和他忧愁沉思的表情相当地契合，所有的一切放在一起后就特别能够吸引你的注意力，聚焦在斯蒂文森特别显眼突出的善良双眼上。压抑在睫毛下的双眼暗中燃烧着熊熊的烈焰，看上去非常得漂亮。

* * * * * * * * * * * *

我告诉他说尽管他看人很准，但他却误解了布雷特·哈特，实际上，我认为哈特是个很好的伙伴，虽不健谈但令人愉悦；他总是非常聪明，但又并非聪明绝顶；在这方面，他并不能和托马斯·贝利·奥德里奇相提并论，也不能和过去或当代的其他人相提并论；对懂得从正确角度理解他的话语的人来说，奥德里奇总是非常的机智聪明；奥德里奇敏捷而有坚定，就像是铁匠铁砧上的被烧的火热的铁块一样可靠——只需恰当击打，就会迸发出火花来。我继续说道：

"奥德里奇的话敏捷简练，机智幽默，无人可比。没有人能够与他平起平坐，当然也没有人能超过他，这些愉悦的词句都是他想象的产物。奥德里奇从来就聪明绝顶，这一点是情不自禁的，他就像是玫瑰型钻石便放着的火石蛋；当他不说话时，你也知道奇思妙想仍还是在他身边若隐若现；当他说话时，就像钻石般耀眼。是的，他总是那么得聪明绝顶，他也会一直如此聪明下去；直到进了地狱，他还是这般的聪明——我们等着瞧。"

斯蒂文斯莞尔一笑，"我可不希望如此。"

"好吧，烈火在他面前也只能黯然失色，像一个变了形的阿多尼斯站在粉色的夕阳之下。"

* * * * * * * * * * * *

在那条长凳上，我们想出了一个新词——我已经记不清到底是谁想出来的了——"水下名声"我们还讨论其他的变种："水下名望"、"水下声誉"，诸如此类，最终作出了决定，我记得，选中的就是"水下名声"这词。这词起源于斯蒂文森在奥尔巴尼的一次经历。在一家小书铺或书摊上，他看到了一长列摆放整齐的廉价小书，起着诸如"戴维斯精选演讲稿"、"戴维斯精选诗集"、"戴维斯精选××"之类的名字；每本著作里都有由同一个戴维斯撰写的紧凑简短，聪明有用的介绍章节，戴维斯的姓我现在已经记不得了。斯蒂文森就此提出了自己的疑问：

"你说得出美国最受欢迎的作家是谁吗？"

我想自己可以回答这个问题，但我认为在那样的情况下，我的回答会显得不太谦虚。因此我羞怯地没说一句话。斯蒂文森注意到了这点，说道：

"把你的矜持放到其他时候用吧——它对你并不合适。我用1先令和你打赌，你说不出美国最受欢迎的作者名字，而我却说得出。"

然后他就接着讲在奥尔巴尼的那次经历。我向店主询问道——

"戴维斯是谁?"

得到的答案是——

230 "他的著作多到必须用火车才能装完,一个篮子根本不够。很明显,你还没听说过他?"

斯蒂文森第一次回答说没有,那人又接着说:

"没人听说过戴维斯,你问问旁边的所有人就会知道了。你在出版物中不会看到他的名字,甚至在广告中也不会出现;这些东西对戴维斯来说一文不值,就像是风和海一样不值一提。在美国的大街上你看不到戴维斯出版的任何一本书,但如果你放下身段,一直探低到底下密集的地区,没有光照,一直干着苦差事,仅能拿到饥饿工资的地方——你就能发现他的上百万本著作。这就是他的市场所在,他也赚得盆满钵满。他捧着铁饭碗,他的读者绝不会背叛他。其他作者可能在表面上享有盛誉,但名声仍会消失,变成他人的怜悯,接着是轻视,在然后被人遗忘,直到完全遗忘——这就是徒有其表的声誉通常的发展过程。但表面上的声誉仍是伟大的,也常会永垂不朽,如果你处置得当的话也是能够销毁的——用针线非常缓慢毒害名声,而不是用木棍和战斧。但是对水下名声来说,这就是另一回事情了——因为他沉在深渊之中,一旦受到青睐,就会一直被人青睐下去;人们一旦爱上他,就再也不会讨厌他;一旦享有声誉,就一直会被人尊重、尊敬以及相信下去。因为任何一个评论家没法潜到平静的水底,新闻评论家也不行,在上面的诽谤,流言蜚语都没法破坏他。在水下面,没有人听得到这些内容。或许他们的偶像对上面的世界来说只是个彩绘泥塑,不久后就会消失,破坏被人遗弃,在上面的气氛就是如此;但对下面的世界而言,这个泥塑依旧像金子般,坚硬无比,无法破坏。"

【科沃多别墅】

1904 年 1 月

这个别墅坐落在离佛罗伦萨 3 英里到 4 英里远的地方,它还有好几个别名,有人叫它科沃多皇家别墅,也有人叫它公主别墅,另一些人叫它大公夫人别墅;纷杂的名字让我在一开始的一两个礼拜里感到有些不便;因为我只听过它的一个名字,但佣人拿来的信中写的是其他名字时,我就以为是上面写错了,然后重新将信寄出去。有人曾向我解释过这个别墅为什么有这么多个名字。科沃多是它所在的地区名,是距离佛罗伦萨市中心 4 英里远的一块地方,而称它为皇家别墅,那是因为符腾堡国王曾在此住过一段时间;而叫公主或大公夫人别墅则是因为这里还住过某位俄国沙皇的女宗室成员。这房子的某处记录着历史,在某个时刻,我会与它不期而遇,看看能否将这些细节添加进这篇文章中。我应该会喜欢这样的内容的,作为一个进化论者,我很想知道这处住宅的诞生经过以及它变迁的过程。旅行指南上说这处别墅是由一名建筑师在科西莫一世时代建造的。这是我前3分钟才知道的,它也打消了我继续发掘下去的计划。我原来推测这所房子一开始很小也很简陋,是贫农心中舒适的家;而他家的一两代后的后人地位更高,也有资源添加了一些附属建筑;就这样随着时间的流逝,一代又一代人为这幢别墅添砖 231
加瓦,每一代人都有所修饰,留下区别于他人的油漆或是墙纸;最后在上个世纪来了我之前的那三位主人,为房子加上了他们的特征。符腾堡国王在屋子中间开出了一片很大的空间——每边宽100英尺左右——为的是放下一座大楼梯,一样廉价又浮华的东西,几乎是整座大厦内唯一一件木制品,与屋内其他舒适、合理、令人满意的氛围毫不相符。而俄国公主则对寒冷的天气有着与生俱来的迷信,在地下室加装了热气暖炉,并在安着国王楼梯的大厅里摆放了一个巨型的绿色意大利陶器炉——那个陶器炉大的都让我以为是座教堂了——教堂幼儿园,体型巨大,十分壮观,装饰丰富,刻满了浅浅的、内容极为虔诚的浮雕。背后有间隐藏着的隔间,用来添柴加热。最后撒旦也来了,马斯里亚伯爵夫人成了屋子的主人,她是个美国人,除了性别以外都和男性一模一样。她加装了廉价的电铃,一个并不完整的乙炔装置,一间陈旧的盥洗室,或许还有12件机器制作的像放在寄宿宿舍里的家具,还有一些消防拍卖来的地毯,你可以花一天的时间数落这些东西的质量,只有到天黑后,心情才能平复下来。

然而,如果这房子是建筑师设计为400年前科西莫一世专门建造的话,我想我就该放弃这房子是逐步改建而来的想法了。科西莫需要所大房子,他也需要自己建造,以确保这房子的设计能符合他的期望。我猜他实现了这个愿望。这所像兵营一样的房子之后就未曾再改动过了,一开始他就没有什么建筑设计,后来除了符腾堡国王的楼梯,公主的教会炉以及伯爵夫人的陈旧盥洗室,就没再添加过一样设计了。我说的是有艺术感的建筑设计,完全没有。

在这座正屋有三层楼高、冗长、丑陋、毫无修饰的建筑物里,里面有艺术感的建筑物还没有一条羊肠小道或是保龄球道上的东西多。屋子的形状和大小就能说明这一点了,它有200英尺长、60英尺宽,屋内完全没有艺术感的设施,屋外也没有。

在我们面前的是一座实用建筑——有用,缺一不可,屋内的布局是否合理巧妙,决定了房子能否是一座方便舒适、令人满意的住所。屋内的设计证明了科西莫建筑师的观点并不正确。对我而言,在旅行指南中始终写出它的名字和失败之作实在有失公平与善意,我比旅行指南要高尚得多,也更人性化,我并不会说出它的名字来。无论如何,我也记不清它的名字叫什么了。

我应该再详细地描写下这座房子，这并不是因为我认为它和欧洲大陆上其他老式或是新式的宫殿有何区别，而是因为每个令人疯狂的细节都吸引着我，因此我也认为其他人也会对此感兴趣，尤其对女人而言。当他们在读小说时，通常会跳过天气，但我也注意到他们会非常沉迷于那些有关家具、装饰、便利设施和屋子整体感觉的描述。

232 这处军营的内部非常杂乱，毫无系统可言，当人们尝试把这堆乱麻用准确的数据列举出来时，就会觉得无从下手。

在地下室或是酒窖中有如下东西：

有够好几匹马住的隔间——在主卧的正下方。马匹整晚都躁动不安，驱逐身边的大批苍蝇。

饲料间。

马车房。

乙炔设备。

已经弃用多年的大厨房。

另外一间厨房。

储煤室。

焦炭室。

泥煤室。

木料室。

三间火炉房。

储酒间。

存放各种家庭所需的储藏间。

空置和没有详细归类的房间。

里面是回廊和走道组成的迷宫，陌生人绝对会在里面迷路。

一个大化粪池！每30年才清理一次。

几条通往一楼的昏暗楼梯。

我能区分计数的就有20条之多。

地下室大概和房子的地基一样大——即有200英尺×60英尺大小。

而底楼就是我进行口述的地方——里面分割出了23间房厅和走道之类，而2楼上包括18间隔间，其中有一间是撞球室，另外还有一间大客厅。

顶层包括20间卧室和1间火炉房。每间房都非常得大，每边各有10间房，几乎占满了200英尺×60英尺的空间，除此以外，它们之间还有一条自由通道和走廊。上面有很好的壁炉，如果放进漂亮舒适的家具和饰品，也算得上是些令人着迷的卧室了，但里面还需要一架电梯——并非欧式的那种仅能站人，无法移动的电梯,而是美式宽敞迅速的那种电梯。

现在想走进这些房间的方法和科西莫时代的方法一样——靠腿力。铺砖的地板光秃秃的,并未粉刷过,墙上也没有任何东西,用欧洲人最喜欢的颜色粉刷过一遍,这就是长久以来并会一直继续下去的像呕吐物般的可憎黄色。据说这些房间是单独给佣人使用的,每间房里应该住上 2 个到 3 个佣人。可以确切地看出,这些房间在过去的 50 年或 100 年中,只有佣人住过,否则里面至少应该保存些许的装饰。

但如果这些房间只是提供给佣人们的话,那科西莫一世和他的家人又住在哪 233
里呢?符腾堡国王又把自己最亲近的人安排住在哪里呢?楼下只有不超过 3 间舒适的卧室和 5 间条件糟糕的卧室。整栋房子里住有 80 个群租客,其中我家只占了 4 人。事实很明显:我们没法邀请朋友和我们同住上一段日子,我们自己就把能睡的床位给占满了,没法给他空出一张床来。事实上,对朋友的爱和尊敬使我们不会让他们住进任何一间空隔间里的。

是的——那消失了的贵族又睡在哪里?我指的是真正的贵族,而不是美国的伯爵夫人,她根本不在讨论之列。当我们到达时,她丈夫正在遥远的东方为祖国的外交事业服务,她母亲也回到了美国的家中,伯爵夫人自己则与世隔绝般地独居在这所大厦内,只有她的首席佣人,也是这处房产的管理者、保护人以及社交圈的全部。让我描述得更细致些:1904 年 1 月 8 日,我在里面口述的小屋在这幢住宅的东侧,在房子的底层,旁边有扇 9 英尺到 10 英尺高的大门,可以通向露台花园,那是处由雕花铁栏杆包围着,里面各处都摆满着瓶装鲜花的大块平地。露台很美,里面铺满着绿草,还有挺拔的树木,正中央还有个大喷泉,各种色彩都摇曳在和煦的风中,各处都闪烁着一月的阳光。栏杆的东侧是一处私家花园,两侧植树的小道尽头是通往公用道路的铁门,铁门处并没有可以和大厦沟通的门卫或是门房。但在古代,意大利的别墅都是外边耸立着高墙,与世隔绝的城堡,入口处都紧锁着铁门,人们在傍晚时分就会把大门锁上,直到天亮。在古时候,没有一个意大利人会相信他的农夫邻居,现代的意大利人也是如此。为方便外人拜访别墅,外面都有门卫或者门铃,但我所住的这幢却没有,很显然过去也从来没有过。那些国王和贵族肯定曾被锁在门外过。那他们又是怎么进去的呢?我们可能永远都没法知道了,这是个难以回答的问题。他就会像这里住着贵族时,他们睡在哪里的那个问题一样,成为一个未解之谜。

再回头讲那扇玻璃门,门的外侧是非常沉重粗糙的威尼斯百叶窗,都足以抵挡投石机的攻击了。

它们就像是门上的叶片,按法国式的样子敞开着,我还要顺带提一句,尽管在我的印象中,法式的窗户和英美式的窗户一样合理方便,但事实却刚好相反。在玻璃门的内侧(3 英寸到 4 英寸深的地方)是由木制的坚硬门板,坚实可靠但却很丑。百叶窗、玻璃门和木门都装有坚实沉重的门闩,能够将光线和小偷都拒之于门外,而通过转动把手,门闩可以轻松地开启关闭。房子的墙壁很厚,因此房门和百叶窗之类靠得并不太紧,中间还有足够的空间,有比我们担心的大得多的空间。这扇有百叶窗的玻璃门是通往露台和花园的方便出口,但并非房子这一侧能够方
234 便进入露台的唯一出口。这样的出口有一排,一扇接着一扇,屋子的东侧和从北向南的前后方都有——一共有 11 扇之多,分别位于屋子南端通往客厅的出口处,(我住的)大卧室:12 ×2,我正在里面口述的会客室,另一间 10 ×2 的会客室,事实上就是 40 英尺长、12 英尺宽的走廊的前端部分,里面有三扇玻璃门可以通往露台。走廊的尽头是饭厅,饭厅外还有两间大屋子,其中都有通往露台的出口。当这 7 间屋子和走廊上的大门都打开时,200 英尺长的杂色地毯,即使相互间的色彩格格不入,但也能很好地融合在一起,一起消逝融合在远方。让人感到如果有人能够有可能将这些地毯付之一炬,重新绘制绘制出和谐的颜色的话,那会是多么漂亮的一幅图景。11 扇玻璃门的楼上都还有一个一模一样的复制品:10 英尺高,6 英尺宽,玻璃制。而在最顶层则变成了小窗户——东西各有 33 扇,屋子的四角上还各有 9 扇大窗户。这 84 扇中的 56 扇窗户所用玻璃都足够一幢美国式住宅所需的所用窗户量的两倍了。但这房子还是不够透亮,我不知道这是为什么,或许是因为那面阴沉的高墙的缘故吧。

科沃多别墅是个宫殿。科西莫一世想把它建成宫殿,他的建筑师也是这样设计的,它也一直被当作是个宫殿,一次有个佛罗伦萨的老市民告诉我说这个别墅是意大利高贵宫殿的典范,其他的别墅要么风格诡异野蛮,要么突兀缺乏协调感。我也见过其他一些别墅,因此也认同他的观点。

我以为每间大屋子或者厅堂、走廊、单元和空置间内都会有几件纪念品,述说着过去至少两三位主人的历史。

我们检查了之前描写的长廊前端的客厅,拱形顶棚的形状和装饰都很美,上面还有精心绘制的漂亮壁画,这个穹顶是科西莫一世留下的。门上挂着厚实的淡蓝色丝绸,上面略有花纹装饰,这是符腾堡国王的遗物。略带光泽黄铜带白色宝塔形瓷器是俄国公主留下的东西,里面还有个烧木头的壁炉,这也提示着后来者她对寒冷天气的自然记忆。画着金色鲜花的浅灰色墙纸可能是他们中任何一个人留下来的东西——对于到底是谁的东西我们不必太过在意。而屋子的其他地方则显然占满了马斯里亚伯爵夫人的东西。混杂冲突的风格则明显和她混乱的思维相符。地上铺着火红色的毡状填充物,几乎能看到法老身体在里面扭曲挣扎。还有像红海上小岛状分布着的 4 块小地毯,色彩互不相让,色差强烈,里面还有套用粗劣材料装饰的沙发,颜色是令人暴躁的绿色、蓝色和血红色的混合体,廉

价丑陋的佛罗伦萨刺绣仿制品；还有镶有花纹的淡绿色丝绸装饰的一把沙发和两张椅子，其中的木料来自于三种不同的美国胡桃木品种，是廉价单薄的机器制品；还有一把法国胡桃木沙发，上面装饰有丝绸，花纹是褪了色的，恶魔般的草莓汁的颜色，旁边还有一把扶椅；还有一张用黑胡桃木做成的简单未加修饰的桌子，上面都没有罩着桌布；在桌子下面是一个大圆软凳，上面盖着黯淡的浅绿丝绸，样子像蘑菇，和被红海诅咒的暴躁小毯和草莓汁色的丝绸有的一拼；墙旁边放着的是一高大、正面是玻璃材质的书架，也是机器制作的——用料是美国的白胡桃木。书架和符腾堡国王的厚实的淡蓝色丝绸门帷靠得很近，将它的廉价与丑陋暴露无遗。墙上挂着3幅漂亮的水彩画，还有6幅到8幅丑陋的作品，还有一幅伯爵夫人的肖像，神色虔诚，披着低领婚纱，还有许多张她家人的照片。其中有一张是伯爵的照片，那张脸看上去阳刚睿智，一副绅士派头。或许至今他都无法回答为什么自己会像着了魔般迎娶了伯爵夫人。 235

这一大幢房子里的书籍都是从美国书店的消防拍卖中买来的，一共有4层书。最顶层混杂地排列着一些高质量的书籍；第二层上摆的则是有布封面的基督教科学派和唯心类书籍——共有40簿册；剩下两层书架上摆的是54本布莱克伍德的合订本图书，其中最早的年份可追溯1870年。这个书架和其中的图书或许是伯爵夫人的母亲从美国带来了的，几个月前她就已经筋疲力尽，返回了费城。我们并不能把布莱克伍德合订本看作是伯爵夫人带来的东西，她对这些书籍完全不感兴趣。而放信仰类书籍那一层书架也不可能得到她的垂青，她内心充满的是嫉妒、憎恶、怨恨和背叛，她是我一生中碰到过性格最像恶魔的人。

得益于白胡桃木的书架和上面少得可怜的书籍，刚才描述的那间房还能加上一个隆重的称号——图书室。它现在发挥着自己的作用，克莱门斯夫人一般一直待在卧室内，偶尔获准离开卧室短短的一小时，她就会把那间屋子当作一间私人会客厅。如果这屋子南边有尽头的话，我们就住在这个最南端的房间里，我分不清具体方位，只要不是正南正北，我就没法判断物体的朝向了。这间屋子的朝向有些偏斜，因此就把我给搞混了，而这一小间私人会客厅就在我当作南端的两个角落中的一个里。就像我之前描写过的那样，整个早晨，阳光会从花园和露台侧照射进23扇玻璃门或玻璃窗内；而一天的剩余时候，阳光就从我所谓的屋子南端照射进来；正午时分，阳光则清楚地直射在远处的佛罗伦萨城中——直射在那些建筑上，以它们为对象的画作几个世纪前就已世界文明：大教堂、钟楼、美第奇墓以及韦奇奥宫的漂亮塔楼。阳光就在佛罗伦萨的上空，但也并非高不可攀，在冬季，阳光都到不了苍穹一般高的地方；就在这个位置，阳光会反射出环绕在西部，美妙的蓝山风景，阳光能够照射出令你难以置信的场景，像是白色的暴风雪席卷了这里的别墅和城市，这样的景色神秘地若隐若现，因此下面的可能并非别墅或城市，而是遥远灰暗的伊特鲁里亚时代的鬼城；在傍晚时分，太阳会从山间的某处落下，就我到现在的观察而言，时间和地点每天都会有所不同。

236 这间“图书室”或者闺房，或者克莱门斯夫人卧室边的私人会客厅和卧室一样，都在这幢房子的最南端。卧室在中午前就能照到阳光，一天的剩余时间里也光照充分。其中有扇窗设计尤为精巧，能够充分地接收光照，那扇窗户分为12格，每块都有2英尺见方那么大。卧室长31英尺，宽24英尺，曾经有段时间，卧室和“图书室”之间并无隔墙，完整地占据屋子最南端的所有宽度。这里曾经是一间宴会厅，我这么认为是因为即使科西莫一世或许也不需要这么的卧室，而把这里当成宴会厅则相当合适，因为这里离厨房很近，距离地窖只有不到200码或300码，在以前是个非常合适的宴会厅位置。君主们是没法享受到我们普通大众伸手所及的便利的——即使在今天，他们也都享受不到。如果有人邀请我去温莎城堡住上一个礼拜的话，我会感到十分自豪和高兴；但若是有人暗示我要长期寄住在那里的话，我就会装作没有听见。尽管温莎城堡宫殿十分宏伟，但这种宏伟只是一种展示陈列、庄严伟大，但也仅此而已；但里面的卧室依旧狭小，无法探望，非常不便，从厨房将食物放到桌上的流程非常冗杂，会浪费掉许多的时间，饭菜摆完可能都已经全部凉掉了。这仅仅是种猜测，我并不是在那里吃饭。在温莎城堡里，这事都是由地下深处大厨房里的小型升降送货机传递的，然后通过窄小传输通道送到就餐的地点。4年前我在那里用餐的时候用的还是手推车，但确定无疑的是，温莎城堡里的运送方法已经比维多利亚女皇之前的时代先进多了。令人惊讶的是，现在我们住所里所谓的方便，也是为理所当然的东西之一，其实直到维多利亚女皇时代才将诞生。文明中有价值的那部分——至少在我眼中有价值的那部分——在女皇出生时竟然还未出现。她坐在古老城堡的椅子中，看着这文明的幼芽直到她死前逐渐成长为参天大树。她见证了这个创造的整个过程，她见证了所有这一切，如果没有她在旁注视，也不会产生任何新的东西。即使将所有东西都考虑在内，这也真是个非常值得称赞的发明；人们没借助任何外界的力量，仅凭自己的思考就发明了它。我之所以有这样的结论是因为我认为如果上帝真的想过要帮助人类的话，或许几千万年前就该把它创造出来了，我们已经习惯在所有东西上看到上帝创造的痕迹。存在这种习惯是因为如果我们将它忽略了或者以为我们忽略的时候，我们慎重的判断力不会允许它的发生。我们是个机智的种族，我们总是将这些漂亮绚丽的新文明创造迅速地归功在上帝身上，对他带来的恩惠也从不惜赞美之词。这样辉煌的东西也没法引起我们5分钟以上的注意力，我们的注意力只能停留在那些过去所忽略的或者显著的年代上。当上帝呼唤暴风雨将他的某个子民吹落海中，再让他饥寒交迫地抱着一块木板浮上34天后，再把他抛弃在荒无人烟的孤岛上，只能靠蚱蜢、小虾和其他贝类活上3个月的时间，

最后才由一个满身酒气，不敬神灵，到处流浪的异教徒糟老头解救回来，无偿送回 237
他的朋友身边，这个可怜虫在那时就不会记得是上帝把他刮下了大海，而只会记得是上帝拯救了他。他不会责怪上帝，抱怨上帝的冷酷无情，在救他这件事情上行动缓慢，极尽复杂，他会忘记冗长的等待与低效，但会感激每天所得到的食物，对他而言这就是个奇迹；时间越长，说明援救的低效，但奇迹也因此显得更伟大；同时，他对真正救助了他的老水手也不会有一句感激的话语，在自己咒骂他的同时不忘赞扬他是在“上帝的指引下”才救了他。

转角走过放陈旧的布莱克伍德和现代的唯心类书籍的书架，边来到了我的卧室（未曾描述过）。大小形状都令人满意——30 英尺长，22 英尺宽。他原本有 50 英尺长，直接贯通屋子的两头，这样才是真正意大利式的风格，每个卧室都像是通往下一间屋子的过道——国王的、贵族的、奴隶或别的其他人的；但这幢房子的现任主人，来自美国的伯爵夫人却从房间里分出了 20 英尺，将其中的 10 英尺空间改造成了浴室，剩余的部分则改成了走道。卧室通过其中一扇高达的玻璃门进行采光，这在前文已有记叙，那门安在露台边。屋子中间用像我身子一般大的白色磨光陶立克式柱子一分为二，两边都各装有一个小拱门，中间还有一个大拱门；样子非常宏伟，令人印象深刻。壁炉大小也适中，装饰有白色大理石，上面还雕刻有符合那个时代审美标准的优美雕像，这大概是 400 年的杰作了。壁炉和堂皇的圆柱都尽显贵族气派，可以看出它们之间一脉相承的联系，它们也相互微笑致意。当然，这是在它们没有咒骂屋子里其他家具的空闲时间里。屋子的前半部分贴着一张画满图案的壁纸，颜色丑陋，廉价得超出守财奴的想象；而后半部分从地板到屋顶都涂了一层枯燥无聊，令人反感的黄色。很奇怪为什么欧洲人喜欢用黄色粉刷墙壁，每次看到黄色的墙壁，我都会感到压抑不开心。屋子的地板上铺着一条糟糕破旧的地毯，上面的花纹庞大而嘈杂，上面的红、黑、黄三色日以继夜地争吵个不停，从不能达成和解。有扇通往浴室的门，在屋子的同一端还有一扇通往一间小厅的门，这也很方便。这两扇门的样式严格遵循欧洲住宅的样式，无论王子还是乞丐都用这个样式，即这扇门粗糙、脆薄，用廉价的木板制成，就像是南部黑奴装在鸡窝上的那种门。这两扇门和欧洲大陆的其他门一样，用螺丝型的把手替代了长型的门把手。开门时转动没有弹簧的门闩，如果不用力还不会恢复原状。你没法随手甩上这门，这么做它只会重新弹开。螺丝型的把手能勾住附近走过的任何一件衣服，有时还会将衣服撕坏，如果撕不坏的话，他就会在你毫无准备的情况下用它所有的意志突然强力止住你的步伐，无论你是谁。

卧室前端的两边各有一扇门，无论何时谁从这两扇门边走过都能听到声响，
这也是前往后面有书架的图书室的必经之路。其中的家具有：橙红色丝绸沙发， 238
橙红色丝绸座椅，一对普通的木椅，一张装饰古怪，可怕的沙发椅；屋角还有张普

通的瘦腿餐桌；一面的墙边放着梳妆桌和衣橱；对面是涂着黑漆的白松木低矮抽屉，上面还装有仿铜的把手；铜制的双层床架。必须承认，这些家具并未使房间减色多少。幸好之前已经提到过的两扇隔板门被挡在了几幅不知作者和出处的壁画后面，之前提到过的另外三扇门的门框上挂着垂地长帘，帘子从中分开，以便行路和阳光。门帘高贵华美，但唬不住任何人，质地是混合丝棉的，颜色深黄，比后半间房墙上的黄色还要深。这里还有件有趣的事情：你可以将这两种颜色相互比较不下百遍，每次都会觉得自己正在注视的那个颜色才是最丑陋的。这真是个有趣而又神奇的效果，我以为如果有人想要调色的话，他可以先冷冷地注视着这些帘子，然后发觉把这两种颜色混合在一起才是美术中最丑陋的组合。

我们已经见过两种黄色了，但这还未结束，房间里还有另一种黄色。这就是铜制床架上华丽高耸的遮篷，上面挂的是鲜艳醒目的柠檬色绸缎——货真价实的绸缎，几乎是整间屋子里唯一货真价实的东西了。这是贵族们使用的东西，和宏伟的白色柱子以及优美的老式大理石壁炉同属一类；而屋子里剩下的东西则完全是平民用具，它们在屋中鹤立鸡群，是这幢房子里的可怜弃儿。

在前端的那堵墙上有一个大框，上面挂着伯爵夫人生身父母的照片。如果他们的眼神能更喜悦点的话，那照片就更棒了。在那黄色的半堵墙上挂着几框雕塑，上面画着女天使将死去的人从遥远的城市平原或山地送往天堂的景象。

房间里充满着不协调，无论是颜色间的冲突，还是贫穷低贱与浮华傲慢自命不凡间的冲突，都在这间大房子的每个角落里上演着。

我已经厌倦了这样的详细介绍。人们可以穿过200英尺长的屋子，无论在哪一边，都挤满了无用混杂的小招待室和浮夸的走廊，除了走到最后面的餐厅外，完全都感觉不到家的气息。

在二楼正对布莱克伍德图书室的地方有一间装修精美的卧室，外面还有漂亮的石砌阳台，有着比之前提到过的，还要壮丽、宏伟的景色。而此屋向北则是和一楼一样杂乱的布局安排。在二楼中央，有一间40英尺见方的大客厅，或许差不多也有40英尺高，挂着漂亮高雅的锦缎丝绸，屋顶上的壁画也很美。但这里有一点很丑，散落在客厅里的长椅沙发以及高挂窗帘布料都是与上文提到过的楼下铜制床架上的遮篷一样的刺眼柠檬色缎子。当人们在佛罗伦萨的阳光下突然踏进这间大屋子时，就感觉像是在礼拜天早晨走进了地狱一样，里面燃烧着刺眼鲜黄的地狱火。

239 我记得自己曾介绍过顶楼有20间房，里面并没有家具，十分宽敞，有着清一色的宽阔亮丽的视野。只要放进合适的家具，就能在每个方面都令人满意，具有家的味道。

到3月底为止，我们已经在这幢房子里住了4个半月了，我的偏见也随之一点点消除了,我在这里有了家的感觉。在某些情况下,我宁愿在这里一直住下去。说真话,只要再加两个条件我就很满意了:首先,我希望伯爵夫人的马厩能离房子远一点,把马厩放在克莱门斯夫人的卧室下面实在很不爽;其次,我希望伯爵夫人能搬离意大利,搬离欧洲,甚至搬离地球。我希望她能早进天堂或地狱,并告诉我她的具体去向,以便安排我之后的去处。

当我还在美国时,几位朋友就为我预订了这套房子,他们和喜欢传闲话的佛罗伦萨人一样,都了解伯爵夫人的坏脾气,但他们都相信了伯爵夫人的谎言,以为一旦出手了这套豪宅,她就会搬到巴黎。事实并非如此,她根本没打算离开过,她每时每刻都离不了和自己英俊的首席佣人聊天,而她也没富裕到能带着他一起远走高飞。

在租赁条款中,也没有提及伯爵夫人需要前往巴黎或者其他适宜她风格的地方,我很快发现自己根本没办法摆脱她。因此在忍耐了两个半月后,我终于受不了和她同住以及屋下的马厩,最终放弃,开始寻找新的住处。在任何国家,找房子都是件困难而又苦恼的事情,而在佛罗伦萨周边找房子更是件令人绝望的事情,如果坚持下去,最后只能以自杀了结。威拉德·菲斯克教授曾在14年或15年前买下了沃尔特·萨维兰德别墅(Walter Savage Landor villa),他告诉我说,在找到意中别墅前,他曾看了三百多套别墅;他还是没有小孩或伴侣的鳏夫,只需要找到适合自己独自居住的别墅就可以了。我在12年前曾去过那里,在我看来,他买的并非别墅,而是一种特权——这种特权赋予他可以重建别墅,让屋子变得适宜人类居住。在2月的前三个礼拜中,我到处爬山拜访,平均每周都要看6处别墅,但始终找不到符合自己要求的房子。其中最重要的一个前提是我们是按照医嘱才来意大利的,本希望这里温和的气候能够使克莱门斯夫人重新恢复健康。19个月前她突然染病,受到神经衰弱和几年来心脏不适的折磨,自从患病后,她每次站立几乎就没法超过5分钟了。我曾拜访过两幢和科沃多别墅一样大的房子,但里面的装修布局都非常不理想,没有适合我们一家四口居住的舒适环境。几千年来,这里一般的布局是,卧室同样被当成是走廊——各色闲杂人等都可以在这些所谓的私人房间里来去自如。

在找别墅时,我会列明一些必要的细节,其中有4幢别墅几乎完全符合要求,而这4幢别墅,却在我家庭医生建议的海拔之外;其中两个太高,另外两个又太低。这15幢还是20幢别墅里都配有家具。作为读者你或许可以在字典里查到 240
这些家具的名称和含义,但对查看租房广告,想知道住宅条件的人来说,这些生词就没什么意义了。这些词表示的意思是有一些列廉价低矮的小座椅以及沙发之类,室内装饰破旧,墙壁斑驳,色彩黯淡阴沉,就像是来到了坟墓一样,完全打消入住就寝的愿望。普通的别墅更像是个破败家具的医院。其实在最佳状态时,这里的家具也十分破旧糟糕,既不舒适也不吸引人。已经没有人能够记起这些家具最光彩的时光了。

每次我看房归来,都不得不承认科沃多别墅里的刺眼颜色算得上是养眼的了,其他别墅里的色彩实在令人叹息遗憾,这是至今市场中唯一一套配有符合入住者需求家具的别墅了。

同时,我也得承认这幢别墅并非十分不便;正相反,和其他别墅比起来,这套别墅方便多了。

前几天,有位女士告诉我说自己刚从一处公主的乡间庄园回来,大厦矗立在中央,花园又大又漂亮,还有人精心维护,而这个花园则处在更大、更漂亮的私家庭园中。衣着华美的马车夫将女士引进了宽敞高顶的大厅里,里面摆满着各种美化用的雕塑、油画和装饰,品质上佳,价格昂贵,然后向下穿过一个非常长的走廊,石地板上也有类似的、非常顶级且浮华的装饰;美妙走廊的尽头就是公主的卧室,身体微恙的公主就在那里躺在床上等着她。房间很小,里面也没有古董或者其他可以愉悦身心的摆设,床架是铁制的,还有两条木椅和一张小桌,在角落处还有一个铁制的三角桌,上面摆着一个白色的洗手盆。屋子里费钱的装饰都是用来显摆的,没有一分钱花在了女主人的舒适上。我第一次听到这样的描述时,就有一些怀疑,现在则更是如此。

再对科沃多别墅里的家具多说几句。每间屋子里平均有四幅画,比如有两张照片或雕刻,两张油画或者彩色石印版式的水彩画。这些画的大部分是伯爵夫人购买的,其中有几幅也显示了一定的艺术天赋。其中有一件从照片上临摹下来的伯爵夫人肖像画,上面还有他来自费城的丈夫,就是有了他才使得伯爵夫人的前夫能够摆脱她的圈子。这个离过婚的女人嫁个费城的伯爵后,就以帕克斯顿为名在外招摇了。在美国,她是有夫之妇;但在意大利,她却不是。

她学过艺术,有25幅到30幅画作挂在北面屋子的墙上——这应该是她的画室。上面画着赤身裸体的男女,在艺术学院的课堂教学中,这样的画法可算得上是另类。如果我没会错意的话,伯爵夫人会为这些画作没有挂到客厅里而感到心痛的吧。

在大门廊的顶端,挂着署名德拉 · 罗比亚家族制作的白色闪亮的小天使雕
241 塑。门廊的墙壁上也有额外装饰,至少曾经有过在佛罗伦萨别墅中经常可以看到的,远古贵族的无框椭圆形肖像油画。在这幢别墅里,肖像画是由彩色石印版的艺术家完成的,只有一幅例外。由于并未接受过艺术方面的训练,我没法按照既定的标准判断这些肖像画的优劣。因此只能依靠自己原始判断力,根据我所看到的这些图画,我大概能总结出一副最为高贵、肃穆以及漂亮的脸蛋,在各个细节之处都完美无瑕,还有漂亮无瑕的双手,如果我能拥有这些,我绝不会去上一天的艺

术课程，以免打破这完整和令人满意的完美。

伯爵夫人大概有四十二三岁的样子，在屋中众多的肖像和照片中，其中有一张说明她也曾短暂漂亮标致过。现在她则需要化妆染发，用其他方法尝试保存过去岁月的传统，但对她而言最好的化妆也依旧无济于事，她外表的形状依旧无法令人满意；而内在的东西则是她的精神与性情，她容易激动，恶毒，有仇必报，自私，吝啬，贪婪，粗俗，猥亵，外强中干。她经常说谎欺骗，眨眼间就会要诡计害人。她在佛罗伦萨没有一个朋友，也不受任何家庭的欢迎。我猜她是我见过最被人痛恨、不受待见的人了。她天生强势，喜欢占尽便宜。别墅附近的每个农夫和居民都讨厌她，只有一人例外，这就是她的管家情夫。她告诉我说她买下别墅后所做的第一件事情就是把农家驱逐出去，只剩唯一一家。她这么说并不是在忏悔，完全是种吹嘘的语气，语调中没有一丝一毫的怜悯。她知道农夫们世代都居住在这些小屋里，乡间都约定俗成地认为，只要他们品行端正，就能一直住下去。她也知道把他们赶去外边的世界无疑是种灾难，这几乎就等同于把岛民赶向大海。她还知道这些人一定放不下他们小屋。有个被她扫地出门的农夫在外生活了 6 个礼拜就无缘无故地去世了。医生的药没法治疗他的心病，这种病并不存在于医生的手册中，科学也给不出任何的诊断或是药方。他的同伴对他的病因都确信无疑。他们说和其他人一样，他把心留在了自己家里，当他被驱逐出家后，他的生活就毁了，就没法再健康活下去了。伯爵夫人曾向我吹嘘说，她身上已经完全没有任何美国人的印记了，她现在已经彻底地变成了一个意大利人。很明显，她是想羞辱美国，她也完全相信这么做也是对意大利的崇高褒扬，但美国还是那样。至于意大利是否能挺过伯爵夫人的褒扬，那我就不知道了。

有关这个凄凉的流浪者的梦想与失败还有一些可悲的趣事。她以为仅凭一
个称号就能在欧洲的上流社会畅通无阻，然而她却发现自己甚至连边都沾不上。 242
她忽视了一个重要的细节——钱。如果有了钱，人们就不会在意她性格上的缺陷了。没有钱，她卑贱的名字、糟糕的性格、和男仆与其他畜生同住在建在马厩上的住宅里等都会对她不利。她身边没钱，家里也没有。如果她能从银行里取出 1000 万美元的话，没有人会对她紧闭大门；但如果一穷二白，没人会欢迎她。她曾当街疯狂数落没有回访她家，路过招呼装作没看见她的女士。这种行为并不好。她的处境很微妙，当真正的贵族是件好事，当个真正的美国人也是件好事，但若“四不像”的话就是个灾难，就像个左右逢源的政客无赖。

这个刻薄的失意人连最微小的作恶机会都不会放过！我在这里的代理人是个律师，在我出发离开美国前，他就花了 2500 法郎——第一季度的租金，让我得以在 11 月 1 日便能入住。到了那天，他就想让我的佣人先住进去，但伯爵夫人把他们给赶了出来，我的代理人当时是那么渺小无力！她说在详细清单没有列出和

签字前，任何人都不允许入住。她利用这件小事拖延了 1 个星期，这些时间足以让她把屋子洗劫一空。她把马厩和牛栏上的 12 间屋子里能放能用的家具都给移走了。我们 7 日到达，然后在城里待了两天，好让我虚弱的夫人从热那亚一路坐火车的难受旅途中缓一下，伯爵夫人的领班和我的律师都说屋子已经准备好了，我们就在 9 日长途驱车来到了别墅，却发现没有一架火炉是烧着的，也没有办公室，只有一些冷藏的残羹剩饭。

简和年老的凯特比我们先出发半小时，确保准备工作的完成情况。他们在别墅见到了伯爵夫人，尽管这是我们付钱租下来的屋子，但她还是神气十足地带着他们逛了一圈；连张病榻都没给我夫人准备，伯爵夫人还拒绝交出寝具衣柜的钥匙，说清单没有详细列出签名前，没人能拿出一张床来。她也没告诉我们的行李箱放在偌大别墅的哪个地方；否则，我们就能从中取出自己的寝具了。当我们到达后，很快就找到了行李箱的存放地点，就让佣人去铺床了。我们本想将挂有丝绸织锦的神圣房间分给克莱门斯夫人，但伯爵夫人却不愿那间房间住进病人，她拿着租约向在场的律师抗议，争取能阻碍这事。从她的角度而言，这么做无可厚非。这个卑鄙小人在租约中有明确条款，禁止任何有病的承租人住进这间卧室，无论是否具有传染性，也无论重轻，一旦违反，则将改变租约的效力，以此来保护她的住宅和身体健康不受污染；更严苛的是，为防止我身有传染病，她还添加一条失效条款，那个拿我钱的愚蠢律师竟然都让步答应了下来。

在克莱门斯夫人生病无助的 15 个月内，她一直都能受到来自各界人士友善温柔的照顾；而这个美国伯爵夫人是第一个拒绝伸出援手，转而增加她身体痛苦和伤害的人。

243 鉴于这女人的品性，这纸租约并没有什么值得大惊小怪的地方，这纸租约给她的反复无常和恶意多变留下了足够多的发挥余地，却没有给我们任何抵抗逃脱的机会。她的权利被逐条详细地记录了下来，而某些对我们至关重要的权利却仅仅只得到了她的口头保证，而她一开始就相当直白地无视践踏了这些保证。口头保证中，我们可以随意使用马厩，但在纸面租约里，我们只能使用克莱门斯夫人床下的那个马厩。口头保证中，一旦我们搬进来，她就会搬离别墅——一个最为重要的细节条款，无论如何都应该写下来的，所有认识伯爵夫人的人只要有办法，是绝不会让她住在离自己家 1 英里以内的地方的。在口头保证中，我们还有为别墅供水的水库的控制权——这也是个非常重要的细节条款；但由于这些并未写下来，她仍旧可以自己掌控水库，并能一直掌控下去，时不时还能借此影响我们的用水和健康。在租约中，除了底楼的进出口外，建筑外的一切设施我们都无权使用；我们也不知道大门的开闭时间，她高兴的话会在晚上 6 点就关闭大门，到隔天黎明前，我们就和囚犯一样，而且她并不会事先通知，因此还悲惨地对此一无所知。

之所以说悲惨,是因为有一次我们高薪雇佣的佛罗伦萨专家,吉奥格带着他的助手在傍晚6点时来到距离别墅500码外的“外门口”时,却发现门已经上锁了。由于没有门铃,也没法通知我们。他的助手内斯蒂医生四处搜索后,发现通往农场的大门还开着,他们就这样无可阻挡地走进了别墅。关闭连接主干道和住宅间通道大门的理由是为了防止小偷走进农场,但农场口的大门却经常整夜都不锁。

伯爵夫人还想尽办法给我们制造了各种不便,我原以为她只是生性如此,但后来发现事实并非完全如此。她是想让自己的领班情夫从我们处得到金钱上的好处,她以为我们会从他那里购买一切的生活所需,让他有机会像压榨她一样压榨我们。她还很罕见地对此事毫不隐讳,她告诉我说没从领班那里购买冬天的燃料是个错误;还有没从他那里购买冬天的葡萄酒与油料;还有没有为我们的厨师配备马匹和小推车,以便每天去佛罗伦萨购买易腐败的食物;还有没让领班为我们清洗衣物;看在用水的分上,我们应该对他友善点,只要他高兴,就能随意地切断供水或者任它浪费,这会让我们不得不去外面买水然后自己运回来——这事他每隔一两周就会做一次。

租约还规定在得到她的书面同意之前,我不能为别墅购置新添任何家具设备。我们的家庭医生住在佛罗伦萨离我们三四英里远的地方,有几次克莱门斯夫人都急需他的帮助,但每次我们都要花上一个半小时的珍贵时间派人叫他过来。电话就显得很必要,我请求伯爵夫人能够允许我装一部。她说我可以装电话,但来人安装电话的时候,她必须在场,以便自己决定电话在屋子里的安装位置。我 244
没有记起来要到让她写下书面同意书,那时我还未意识到和自己打交道的并非普通人,而是个反复无常的小人。通过银行经理榭奇的帮助,我很快和电话公司签订了合约;在我之前,还有27个订单,但善意的电话公司考虑到我对电话的迫切需求后,把我插到了序列的第一位;电话很快就装好了,1月末的时候就开始正常工作了。但电话仅正常工作了一小时,之后就又出故障了。榭奇倾尽全力,花了整个月的时间终于找到了故障的原因。电话公司找了各种不合理的借口推脱,但电话依旧不发声。在靠近1月末的时候,我从一个可靠的渠道听说,伯爵夫人曾对她在意大利的唯一朋友讲过,如果我找她的情夫帮忙装电话的话,就不会有这些麻烦了。我来到镇上,让榭奇打电话给电话公司发出最后通牒,问他们何时才能让我的电话开始运作。他们回答说伯爵夫人威胁要起诉他们,为他们在她农场里树立起的电话杆所造成的破坏索赔18法郎,而如果真有损失的话,最多也就5法郎而已。他们还刚刚收到一封来自伯爵夫人的来信,其中附带着她律师的威胁,要求他们在2月4日中午之前将我的电话拆除收回。我让榭奇告诉电话公司,如果到太阳落山前我电话还不通的话,我就为他们违约行为索赔25,000法郎。之后1小时,电话就接通了,之后就从未断过。装这个电话的目的是能够让她的邻居在生命危急时刻能够迅速请来医生,但她禁止这么做的借口却是这个并未得到她的书面同意,在安装时也没通知她到场,决定电话安装的具体位置。当时我还不了解马斯里亚伯爵夫人,这事都让我不再相信世间存在真善美了。

我们之前曾在一幢佛罗伦萨的别墅住过,那是在 12 年前。别墅的名称叫维维安尼,位于塞提涅亚诺市郊的一座小山上,在那里能够俯瞰整个佛罗伦萨和山谷。这是我的好朋友罗斯女士帮忙找到的住处,并将里面布置得井井有条,相隔 12 分钟路程的地方就是她所住的堂皇城堡。她现在仍旧住在那里,自从我们发现科沃多别墅贵族女主人的真实面目后,她也不止一次地为我们提供过帮助。在维维安尼别墅的 1 年和我们在这个公爵兵营里所住的 5 个月简直有天壤之别。在我过去的手稿和零散日记中,我也曾记录过这段快乐时光,我将从中抽出一部分介绍给大家。

当我们 1892 年前往德国时曾途径佛罗伦萨,她就像纷扰世界中的世外桃源,让人想在这里找一处别墅定居,朋友们在我们离开后就实现了我们的愿望。当我们 3 个到 4 个月后故地重游时,一切都已准备妥当,包括佣人和饭菜,只需一纸合同便能大功告成,但对于一个不愿思考计划和工作的懒人来说,这还是件麻烦事。即使为两家人送葬也比为一家人挑选装修屋子来得方便和高兴。

别墅的条件非常好,距离佛罗伦萨只有 3 英里,在一处小山边。露台上种满
245 各色鲜花,下面的斜坡上还种着橄榄树和葡萄园。在右侧,越过几处山冈就是菲耶索莱陡峭的露台;近处是罗斯城堡的壮丽风景,它的砖墙和塔楼上满是几个世纪风吹雨打留下的历史痕迹;在远方平原上的便是佛罗伦萨城,粉棕灰三色错杂,大教堂破败的大穹顶就在市中心,像个被拉住的热气球,右侧是美第奇礼拜堂的小圆顶,左侧是维琪奥宫高耸入云的塔楼;城市周围被高耸的蓝色小山像波浪般围绕着,山顶积着白雪,还有数不清的别墅。尽管看了这幅美景 9 个月之久,我的观点依然与刚开始时一样,这是我们地球上最美丽的风景了,简直令人着魔,是对双眼与灵魂能看到的最怡人景色。看着夕阳西下,周围泛着粉色,紫色和金黄色的光晕,佛罗伦萨就笼罩在各种颜色之下,任何美妙风光此时都已黯淡失色,城市就如海市蜃楼一般,最冷血的人都会为此心起波澜,把人感动得如痴如醉。

1892 年 9 月 26 日,抵达佛罗伦萨。剪了头发。这是个错误。今天下午搬去了别墅。还有几件行李会在傍晚时由一个农夫(原文为意大利文)搬来——如果称呼得没错的话。他住在农场,照顾着他的侯爵主人。这个农夫中等年纪,和其他农民一个模样——肤色棕黑,英俊,脾气好,有礼貌,而且完全不会惹是生非;他对搬运行李的要价很高。别人告诉我说这是当地的习惯。

9月27日。余下的行李今早都已送达。他又敲了我一笔,人们告诉我说这也是当地习俗之一,那就只好这样了。我可不希望坏了规矩。租用了四轮马车,马匹和车夫,代价是每月480法郎,还需要给车夫额外小费,我只打算给车夫和马匹提供住处,其余一切全免。这驾四轮马车曾经风光过,净重30吨。马匹有些瘦弱,也不愿拖着四轮马车;它们会时不时地停下来,惊奇而又怀疑地观察四周。行程就这样被拖慢了,但这给路边的行人带来了乐子。他们手插在袋子里站在旁边,相互讨论着。有人告诉我说他们认为这些马根本拉不动这驾40吨重的四轮马车——需要给马车加上独轮车。

下面我要插叙一段10月间发生在别墅里的事情:

这是幢两层楼的房子。以意大利人的观点而言,这房子并不算旧。毫无疑问的是,公元前10世纪这块地上就已经建有漂亮的住宅了,而现在的这幢屋子据说只有200年的历史。在外边还有一个像盒子般的方型建筑,刷着一层淡黄色的墙漆,还有绿色的百叶窗。别墅控扼着整个人造的宽广露台,外面围有坚硬的石墙。墙外斜向山谷的坡地上有着葡萄园和橄榄园;屋子的花园里种满了鲜花,巨大的陶桶中则栽满了野马鞭草;还有几棵大树——石松——还有几棵无花果和我不熟悉的树木种类;护墙边簇拥着玫瑰,布满苔藓磨损石缸摆在粉红黄色相间的门柱上方,就像是剧院里落下的帷幕一样;月桂树做成的篱笆便有一条沙砾路。露台后方的一角上种着一丛茂密的老冬青树,那里还有张石桌,旁边还有石凳。没有一束光线能够穿透这片茂密的树叶。那里的光线很暗,即 246
使外面都是这里常见的强烈阳光。屋边有一条长800英尺的马车道通往外边公路,穿过葡萄园后人们就能搭乘马车前往佛罗伦萨,比60吨重的四轮马车还要快速方便。房子的东边(或许南边)是维维安尼上着石膏架的手臂塑像,旁边还有个保存得相当好的日晷。

别墅坚固地像个要塞。承重墙——涂有石膏的砖块——有3英尺左右厚,分割各屋的墙壁也是砖块砌成的,也有差不多厚。一层屋子上的天花板有超过20英尺高,二楼的天花板也高得没有必要。我曾几次打算数清别墅里的房间数,但不规整的房型每次都会将我搞混,差不多有28间吧。

天花板上有壁画,墙上也裱着墙纸。两个楼层用的都是红色的砖块,上面还铺着闪亮光滑的水泥,和石头一样硬,看上去也很像;在表层还画着图案，先涂一层单底色，之后星星点点般用各种颜色撒上一遍，仿造花岗岩和其他岩石的样子。有几处模仿灰色花岗岩的地板中央画着巨大的星星或者是其他装饰性图案，屋子里还有一2英尺宽的仿红色花岗岩环带，其外侧还有一6英寸宽的仿天青石条纹；还有几处用的是红色花岗岩主体，灰色花岗岩条纹带。房子里有许多的窗户，充满着阳光；这里的地板光滑而阳光充足，处处都能反射，就像是镜子铺成了地板，轻柔地映照着森林湖畔的各种风景。

主楼层上还有一个微型的家庭教堂，椅子能容下10个到12个人，小圣坛的后面挂着一幅古老油画，在我看来，他就像皮蒂和乌菲齐画廊里18世纪前欧洲大画家（譬如波提切利）的作品一样漂亮和丰富。我希望自己能有时间评价几句波提切利（指别墅中的画作）——他的真名可能就叫史密斯。

客厅是这幢房子里最奇特的部分。在房屋中央有一块崇高宽敞的空间，屋里的其他房间都是围它而建的。这块地方令人印象深刻。你只要一走进去，宽敞的感觉就会震撼到你，让你的眼睛上下左右不停观察。我给它起过许多名字：溜冰场、钟乳洞、撒哈拉大沙漠如此等，但始终找不到最贴切的名字。在墙边分靠着5个沙发，虽然它们加起来得有57英尺长，但依旧很不起眼。曾经里面还摆着一架钢简，我们曾打算减轻这种空荡感，放进一些桌子和其他东西，但它们品相不佳，对房间没有丝毫帮助。把任何东西放进这个高耸画有壁画的拱顶里，都会显得非常渺小。

6扇门背后有巨大的石膏浮雕，下面刻的是英俊的裸体男孩，而浮雕本身则是几尊英俊肃穆的男子肖像，披着过去的官服——佛罗伦萨地区的议员和法官，这里古时候的居民与房东。其中一尊上面的日期是1305年——中世纪的一位法官——当他还很年轻的时候可能就已经认识意大利的艺术大师了，他还可能和但丁说过话；另一尊上面的日期是1343年——他可能认识薄伽丘，和菲耶索莱共同消磨过午后时光，尽管当时佛罗伦萨鼠疫盛行，并听取了他的错误建议；还有一尊1463年的浮雕——他可能见过哥伦布，他当然也知道伟大的洛伦佐，他们都是切雷塔尼家族的——或者我也可以说他们是切雷塔尼-吐温家族的。我把自己也加了进去，以增加历史厚重感，我原本的姓氏实在太年轻，并不符合我现在的身份。

刚才忘记说了，这个“溜冰场”非常滑稽——它只是看上去大，其实却并非如此。这是种古怪的错觉，有些无法理解，但确实会有这种错觉。看上去它有60英尺见方，60英尺高；但如果用卷尺测量的话，它只有40英尺见方，40英尺高。这才是真正的长宽高，有趣奇怪的是，测量之后我还是觉得这间房间和之前一样的宽敞高大。

这是处漂亮的住宅，但并没有大兴土木，是幢很简单的屋子，多数细节之处也都十分原始朴素。底楼的饮用水是靠人力从井中打上来的，楼上用水也需要人力抬上去，也没有排水系统，污水池就在窗户的正下方。这里的每幢别墅都是如此。

房门和多数意大利住宅或旅馆的房门一样——朴素，瘦薄，漆成白色的无镶嵌木板。这是历史上最薄、最乏味的房门，也没有真正的旋钮，取而代之的是一个螺丝般的把手——只能容纳你的拇指和食指。但即使如此，它也比美国的门把手要好些，在美国，门把手时常会松掉，在手中徒劳地转了一圈又一圈却一点用都没有。

窗户都是欧洲大陆的理性样式，像门一般相互独立开关，晚上关紧后也不会咯咯作响，影响屋主的睡眠。

在起居室和卧室内都有精巧的小火炉，最近在“撒哈拉大沙漠”的南端还添置了一台看上去很大的德国造暖炉。

楼梯用的是花岗岩块，二楼门厅里铺的是红色的砖块。这屋子很安全。即使地震也没法将它震塌，除了家具，窗帘和木门外就没有一件可燃物了。家具也不多，几乎都是夏季用的——或是夏季裸露家具，如果你喜欢这样称呼的话。有天晚上，一只蜡烛点燃我上面房间的窗帘，那里睡着我的家人，喊声和惊叫声把我从睡梦中惊醒，开始我非常害怕，但当听到窗外报告说只是挂着的窗帘着火后，我的心就平静了下来。在美国，听到这样的报告或许会让我更加紧张，但在这里就不是这么一回事了。我告诉家人放任火势别管，继续去睡觉好了；他们也照做了，当他们睡着时已经没有任何可以燃烧的纤维了。我们回到美国后经常会吹嘘这场世上最精彩最迅速的火灾，但在欧洲却有比这事更值得称道的事情——让人免受火患的合理房屋布局构造，让消防局成为摆设。我们以此为荣，也需要它而感到羞愧。

别墅看上去宽敞极了，当阳光照射进屋，将地板、隔墙和天花板照亮时，这真是一幅扩大而又亲切的温和景色，但我不清楚自己是否见到过能够美国房屋在细节处一较高下的欧式住宅。美国房屋细节处的精巧就像翻译外语时那种无法言传的俗语——外人无法体会，也无法形容或

248 传达；这个无形的，难以捉摸的细节之处（还是叫其他名字）会让屋子在视觉和感觉上有美式住宅的味道，让屋子变得人类建筑史上最令人满意的避风港——当然还包括妇女，主要是让妇女满意。美式住宅涂有各种柔和色彩的丰富油漆，能让双眼放松满意，屋子外表平滑，摸上去很舒适，构造优美有型，配有数不清地吸引眼球的丰富装饰。在晚上时，屋子比在白天还要有魅力，人造光源能够真正取代阳光而非变成一种失败的尝试；在朦胧的赤红色调之下，更是将屋子温暖惬意，舒适富有魅力的感觉发挥得淋漓尽致。但当欧洲大陆进入晚上后，就没有燃气和电力维持美景了，只有无比丑陋的沉闷电灯，相比而言，它所发出的光亮根本没法和美国的住宅相提并论。

1892年9月29日。除了剪发，我似乎记不得其他事情了。自己想尽办法想忘记这事，却依旧一直在脑中闪现。但还是苍蝇最为恼人，它们最喜欢停在我的头发上，我猜，这或许是为了看得更远。我之前从来都没见过脚长成这样的苍蝇，它们脚上有爪。因此一停下来，就乱抓个不停。它们在我的头顶上走来走去，给我带来了极大的折磨。那里就像是它们的公园，俱乐部或是夏季行宫。在我的头上举办游园会，或是其他各种种类的娱乐大会。它们不怕任何东西，所有的苍蝇都很勇敢，但它们还要胜出其他国籍的苍蝇一筹。任何装置都吓不跑它们，它们也比其他同类更加勤奋：天没亮它们就来了，一直待到天黑才会飞走，但有失必有得。相比之下，蚊子就不再恼人了。它们只占了很小的一部分，也不吵，要求也不高。一句咒骂就能赶走它们，要说英文，因为它们听不懂，但会印象深刻，整个晚上都不会再来了。当它们被咒骂后，我们甚至经常还能看到它们哭泣的样子。我应该取些蚊子卵回家。如果能适应我家的气候的话，它们将优势明显，这里好像没有跳蚤。这是我们15个月来首次摆脱这家伙的骚扰，其他任何地方的跳蚤数量都超出了需要它的范围。

10月1日。看到车夫在厨房吃饭。我修改了合同条款以包括了提供三餐，折合每月30法郎，这价钱要比他在村上吃要便宜。我想自己可以付给他200法郎并扣掉30法郎，省下30法郎总比没有要好。

日记中的文字让我记起了自己在那时候还做过件蠢事，并在后来自食恶果。我每月要给车夫维托里奥一些赏钱，而我也当然想知道这笔钱的数目。因此我向车夫的老板，而不是其他人（任何人都可以），请教了这个问题。他回答说每月30法郎就够了，后来我才知道自己付多了，但这里的习俗就是如此，任何事情都要斩你一刀。然而，在月末时，车夫又想向我索要额外的15法郎赏钱。我问他为什么，他回答说自己的老板将之前的赏钱收走了。老板在维托里奥面前拒绝了他的要求，而维托里奥显得有些退缩。老板说他的确是拿了那些钱，但我必须理解这些钱是他当车夫意大利语翻译应得的酬劳。当老板离开后，车夫又开始索要赏钱了，由于我们喜欢他——也相信他——之后我们每月就支付给他总共45法郎的赏钱。我们也从不怀疑老板会拿走其中的30法郎。在佛罗伦萨有人告诉我们说，按习惯老板都会抽取他手下赏钱的大部分，即使最出色健谈的人，英语说得像大天使一样溜，也基本没法说服别人对此感到不满。尽管如此，我们依旧用了他那70吨重的四轮马车和残废的瘦马长达7个月之久，尽管我们开始时获得的保证是，这是一驾即便最挑剔的人也会满意的，适合走山路的轻便马车。

切雷塔尼是个古老家族，在(柏拉图描绘的)理想国的辉煌时代享有崇高地位，在几个世纪间都是这幢别墅的主人。在10月时，我们开始闻到一种不熟悉的 249
可疑刺鼻气味，这让我们有些担心，我把这事归罪在狗身上，向家人解释说这种狗处于上风口时，经常会散发出这种味道来，但私底下我也清楚这事和狗根本没关系。我认为这是收养我们的切雷塔尼家祖先的气味，我相信它们就被安放在屋子里的某处，将它们找出来并晾晒一下会是个不错的主意。但事实和我想的并不一样，在我秘密地搜寻了一番，不得不承认这和古人无关。事实上这种气味并没有危害，是制造葡萄酒的原料气味，它们被储存在一间我们没法走进去的地窖中。这个发现暂时打消了我们的想象，这种难闻的气味也变得好闻了起来。但由于在狗身上用了大量气味难闻的消毒剂，我们一家人不得不长时间待在花园的帐篷里。花了两个月的时间这些消毒剂的味道才最终消散，这股难闻的才算彻底离开了。当消毒剂的味道消失后，葡萄酒原料的气味又重新回来了，我们真心实意地欢迎这种味道，自此以后也不再介意了。

10月6日。我发现自己在这里有一处劣势。这屋子里有4个人只会说意大利语，1人只会说德语，而其他人则混杂着法语、英语和其他方言。除去一两种语言外，我只能听懂其他谈话中很少一部分的内容。安吉洛说法语——一个可以取得法语专利权的人，他自己创造了发音；没人能听懂他的法语，巴别塔之后就没有和这像类似混淆的言语了，这发音甚至可以让牛奶凝结。相比意大利母语，他还是喜欢讲法语。他喜欢用法语自说自话，对他而言，这就像音乐般悦耳，他绝不会抛弃自己的法语。我的家人想把所知不多的意大利语加进谈话，但他还是拒绝改变。无论对他说哪种语言，他都用法语回答——他那独特的法语，他那粗糙怪诞的法语，听起来就像把煤块铲进放煤槽一样。我知道一些意大利语的单词和词汇，一开始时我便与安吉洛不停操练，讲得清脆悦耳多了；但他却不能完全理解我的意思，也不愿去理解，因此现在我不得不放弃说这些意大利语了。但这只是暂时的，我正在操练准备着，有朝一日我会和他用他的母语交谈，而非他那糟糕的法语。这事很快就会有眉目了。

10月27日。第一个月结束了。我们现在已经习惯了周围的环境。我十分赞同住在佛罗伦萨市郊别墅是种理想生活的观点。天气怡人，外部风景也很迷人，日子过得平静安详，与世界和忧愁隔绝，令人满意得简直像在做梦；不需要做家务，不需要做计划，也不需要指挥监督什么——一切都自动运转着。没人会注意到别人的目光，就像没人会注意到地球翻转旋转，星空变化，日起日落一样，但这就是全部，没人会有引人注目或是类似的感觉。这里没有领袖首脑，每个佣人各自负责一块，不需要也没有任何监督指导。他们每周会上交一次已精心分类好的账目表，然后又像之前那样重新开始默默地工作。没有喧闹、争吵或混乱——至少在楼上如此。我并不清楚楼下的情况，下午晚些时候，朋友会从城里赶来，在露天一起品茶，交谈世界上正发生的新闻；当夕阳落下佛罗伦萨城之后，每日最漂亮的景色就出现了，大家都屏息注视，还没到说这些的时候。

以下是 1906 年 1 月 9 日开始的纽约口述自传

为此自传将来的编辑和出版商所作的备注说明

我会连续不断地记下如新闻剪报般的自传。如果有内容没有被抄写复制下来,则意味着我并不想把这些文章编入自传——至少是最开始的几版自传中。我这样安排的理由是,即使在前几版中它们引不起读者的兴趣,但最终它们还是会获得认可被收入我的自传的。在刚开始时它们或许还不够格,但随着时间的推移,人们会发现它们的亮点所在。

1906 年 1 月 9 日

我想得越多,越会觉得这个项目是无法完成的。困难之处每时每刻都变得更多。譬如,勾勒出各件事情发生的前后次序,或者至少是我印象中的时间次序——我发现自己没法完成这项工作。我所能做到的只是叙述一些当下正好想到的往事——这事可能发生在我中年时,也可能就发生在几个月前。

这是我写自传的唯一方法——而就你的情况而言,如果你想收集大量的轶事,最后只写出一本简短的自传,那你又为什么要把所有都通读一遍,从中作出选择呢?——把你的记录整理一下,直接写出自传就好了。那本自传就会变成无数普通自传中的一本。你会在我生前就出版——这是你的想法吗?(指的是潘恩的自传版本)

潘恩答道:我们可以稍后再商量自传的出版时间。

克莱门斯:嗯,是这样,那你对篇幅有何意见?

潘恩答道:自传总字数不超过 10 万字,怎样?如果顺利而且有趣的话,最多可到 12 万字?

克莱门斯:我一般就写 8 万字,作为特例可以再加 2 万字。我的想法是将这些自传体口述记录扩充到 60 万字,或者更多。但这需要时间,很长很长的时间。

潘恩:我们现在做的口述记录会在写自传时为你带来非常大的助益。

克莱门斯:我的想法是我写自传。当自传完成后——或者尚未完成时,但总归要写完的——然后你可以看遍手稿,和我商量到底如何编辑,到底是 8 万字还是 10 万字,这样我们才能完稿,但这并不像是假期旅行——而是一场长途旅程。 251

因此我的主意是，我写我的自传，我自己付钱买下保存这手稿，然后在恰当的时间，你可以从这些手稿中收集你所要的内容，再出版你自己写的自传。

潘恩：你已经有大量的早年作品可供阅读了。在你写自传时，能不能时不时地将最新的手稿交给我，这样我就可以准备自己的记录和材料，写出另一本书了。

克莱门斯：这个可以安排。如果我们每周 5 天，每天在这里讲一两个小时——或者每周还少几天，这事肯定会发生——我们需要聊上几千年才能凑满 60 万字啊？让我们先照着计划开始，先试几天，看看效果如何。

现在让我们回到费用的问题上吧——这毕竟要好几万字。你是按照字数和时间收费的，对不？（口述记录每小时 1 美元，外加每百字 5 美分）我们可以试试看——看看到底是很有趣的事情呢，还是无聊到想自杀。我讨厌那样的感觉，我讨厌开始，但我想如果你是不是来这里提建议的话，我可以坚持下去，而不是拖拖拉拉的。

1906 年 1 月 9 日

现在让我想想，还有些需要讲的事情——我本以为自己会放在心里，我知道自己要讲的东西——内华达的大富矿带。我在一两天前的纽约时报的商业专栏里读到过，主要介绍的是内华达大富矿带的起源，这些细节在我看来是准确的——1871 年在内华达，约翰·麦凯和菲尔花了 26,000 美元购得了“弗吉尼亚联合矿产”的控制权；2 年后的 1873 年，以每股 45 美元的价格发行了 10.8 万股；正当此时菲尔发现了大富矿带上的著名银矿。同样根据统计数据，1874 年 11 月时，股价已经达到了 115 美元，而在隔月则迅速窜升至了 610 美元，又隔了一个月——1875 年 1 月——股价超过了 700 美元。临近矿场“加利福尼亚”的股价也在 4 个月内从 37 美元涨到了 780 美元——1869 年时该公司的总资产在矿业交易所的股价仅为 4 万美元，而 6 年后则达到了 16,000 万美元。我相信这些数据确切无误，大富矿带之所以在我的记忆中占据重要位置，那是因为我认识一个与之相关的人，譬如，我很对约翰·麦凯很熟悉——那大概是 1862～1864 年时候的事情。1862 年时我在弗吉尼亚，已经不记得他在一个所谓埃斯梅拉达矿山的地方累死累活做的具体工作了，那在当时是个含银的石英矿——含量丰富，无须太费力就能从银矿中分离出来——当时还有件高兴事，我收到邀请，要我去弗吉尼亚镇当弗吉尼亚城市企业报的当地主编，因为威廉·H. 莱特却需要去次东部的爱荷华，和数年未见的家人团聚。我欣然接受了当地主编的职务，这份工作有每周 40 美元的工资，而我自以为最多也就值 39 美元，我总是喜欢这种工作量与工资成反比的职位。我很高兴地接了下来，但却信心不足——这是个艰巨的工作。我
252 每天都要写一篇非常长的专栏，每天凌晨 2 点需要交付印刷，而在此之前我必须写个不停才能完成这个工作量。后来的几个月后，我碰到了约翰·麦凯，当时我

了解他已经有一段时间了。他在C大街上开了间经纪公司，在一座新建的楼房里，在当时当地，那房子已属奢华，部分地板上铺着地毯，还有两张椅子，也没有蜡烛盒。我对麦凯心存嫉妒，他之前住的环境并没有这么好，我提议说我俩互换位置——我接受他的生意，而让他为我当班——他问我的工作能挣多少钱，我说每周40美元。他回答道，“我一生从不骗人，我也不想在你这里开这个先例。我做的生意一周可赚不到40美元。你还是安心做你的工作吧，而我则要想法找到个更好的工作。”

为避免与宗教裁判所中的一条款冲突，我在1864年离开了内华达（此事我会在后面章节详细解释）这就是约翰·麦凯发家成为第一个亿万富翁前的那段日子。显然他是从1871年开始发迹的——1871年发现的银矿。我知道这事的来龙去脉，我记得当时的一些细节，是我在东部的哈特福德听到的消息，那里有条1700英尺长的隧道，中间还被一座山的斜坡拦住去路，并穿过了弗吉尼亚镇地下很深处的部分地区。令人失望的是，那里并没有发现任何矿脉，我以为那里勘探工作也在很久之前就停止了。后来菲尔（之后他成了百万富翁，并当选了参议员）在废弃的隧道中搜寻时，碰巧发现了一个富矿——故事就这样开始了——他把自己所发现的结果告诉了约翰·麦凯。他们又自己复查了遍这个宝藏，发现这是个非常大的矿藏。他们用传统的勘探方法证明了其中的丰富存量，这是个非常非常大的银矿。他们认为这个“烟囱”可能是属于建在山边的“加利福尼亚”公司的财产，他们在这里有一口废弃的竖井，但也有可能属于当时尚未开工的“弗吉尼亚联合矿产公司”的财产，当时根本没人在意“弗吉尼亚”这个空矿。两人最终认为这块矿藏属于“加利福尼亚”公司矿区，而由于某些自然运动，又被移动到了山边。他们找来了旧金山的银矿专家奥布赖恩，为他们提供资金，他们买下了那个废弃矿厂的控制权，价格是真真确确的26,000美元——6年过后，他就值1.6亿美元了。

正如我所说的那样，我当时并不在场。我当时在东部，在那里一直待了6年到8年——但我的朋友们对此事很感兴趣。约翰·P.琼斯就住在旧金山，他当了30年左右的参议员，最近才退出政坛。他与我的两个老朋友都有不错的交情——约瑟夫·T.古德曼和丹尼斯·麦卡锡。他们曾经是我工作过的那家报馆（弗吉尼亚城市企业报）的所有人，他们因此也赚了很多钱；他们年轻时曾经做过熟练印刷工，1858年时曾在旧金山排字为生，当他们听说在内华达的一块不知名地区发现银矿后，他们为淘金就跑去了内华达山脉那里。当他们抵达弗吉尼亚镇简陋的小营地时，他们已经花完了淘金的本钱。他们所剩的只有年龄与体力上的优势以及怀抱着的希望。他们在那里找到了办周报的威廉姆斯（人称“种马”威廉姆斯），他手下只有一个熟练工，由他制作纸张，然后威廉姆斯还有一个华人会帮他一起手写报章内容。他们都睡在一间屋子了——烧饭睡觉工作都在其中，当然屋子里还弥散着他们报纸上个各种奇思妙想。当时威廉姆斯有 14 美元的欠
253 债，他不知道除了自己卖掉报社之外还能有其他还清欠债的办法。因此，他以 200 美元的价格把报社卖给了丹尼斯·麦卡锡和古德曼，他们不仅付了 200 美元，而且也将 14 美元的债务承担了下来。无论在哪里，都没有明确的义务规定需要这样做的。随着弗吉尼亚镇发现了新的矿藏，又涌入了大批的淘金客，逐步建起了基督教边境小城所有必备设施，包括教堂和法洛牌赌场。镇上一片欣欣向荣，古德曼和丹尼斯则抓住了这个机会。他们把生意做得风生水起，还盖了一幢 3 层砖楼。这也成了镇上的一景，他们的生意非常红火，每天他们都要在样张上移出 11 个版面的新广告放在中间夹缝中，就这样把他们晾在一边也能赚钱。当投广告的人翻阅报纸没发现自己的广告提出抗议时，他们会说："我们已经尽力了。"广告会偶尔刊登在正页上，但夹缝中广告才是全天候真正的赚钱机器。过了一段时间，内华达地界就自成一州了，为了弥补办公的人员场地和报纸的支出，那些曾经每年为他们两个年轻小伙带来 2 万美元到 4 万美元收入的业务不再挣钱了。我想他们也很高兴摆脱这事——至少在旧条款的情况下，他们年轻当熟练工时，还愿意承担尽量偿还 14 美元的债务呢。

这两个年轻人后来去了旧金山，再次以排字为生。他们很乐观，对未来充满希望，这也意味着其他所有人都能在他们身上赚到钱。就在富矿带发现前夕，乔·古德曼从他所住的地方过来找到我——我想他是过来做生意，或者过日子的，或者还有其他目的——他过来找到我，想让我借他 300 美元，他想去旧金山。如果我没记错的话，他根本就没打算好去那里干什么，但我想他那里的老朋友会帮他找到出路的，于是他便去了旧金山。他到了那里之后，正好碰到了琼斯（后来的美国参议员），琼斯是个好人，他碰到古德曼后私下对他说，"在内华达有个巨大勘探发现，我是局里人。"丹尼斯当时正在某处办公室排字打工，他已经结了婚，正在搭建一幢花费 1800 美元的木屋，他已经支付了一部分的款项，其余资金则由工资分期偿还。琼斯说，"我打算私下里让你们也入股富矿带。我算局里人，我会盯进这件事，你们只需付定金就可以了。当我说可以卖掉的时候，你们就可以卖掉套现了。"他就为这两个年轻人支付了 20% 的定金——后来发现富矿带后，股价就一飞冲天，乔·古德曼告诉我说，当时发生这事后，琼斯对古德曼和丹尼斯说，"现在可以卖掉了，你们每人可以赚 60 万美元，这些钱够多了，卖掉吧！"

"不"，乔拒绝了，"还会涨得更高的。"

琼斯回答说，"我才是局里人，不是你，卖掉他。"

乔的老婆恳请他卖掉股票，但他还是不同意。丹尼斯的家人也请求他卖掉股票，他也不愿意。这事就僵持了 2 个礼拜。每次股票飙升后，琼斯总想说服他们

把股票卖掉。但他们总是拒绝，他们说，“还会更高的。”当琼斯说，“赚了 90 万美元就卖了吧。”他们就会回答说，“不，会涨到 100 万美元的。”

后来股价开始骤跌。乔不久后就抛售了股票，赚了 60 万美元的现金。丹尼 254
斯还等着赚到 100 万美元的时候，最后却亏得分文不剩。他的股票变成了一张废纸——因此他再次变得一贫如洗，重新开始了排字生涯。

这个故事是我好多年前听到的——可能是乔·古德曼告诉我的，但现在已经记不清了，后来，丹尼斯在穷困潦倒中去世了——从未东山再起过。

很快乔·古德曼转行做起了经纪生意。作为资本金来说，60 万美元刚刚好。他现在还没退休，他向我归还了 300 美元，并说自己在做经纪生意，发了一大笔财。之后，我就很久没有他的消息了；后来，我听说他并不仅仅满足于做经纪生意，而是开始用自己的账户开始投机炒作，最后输得血本无归。这事发生后，约翰·麦凯借了他 4000 美元，在弗雷斯诺郡购置了一块葡萄园，乔就去了那里，麦凯一直是不幸者的好朋友。乔一开始对葡萄种植一无所知，但他和妻子很快就学会了。他掌握得要比其他人都要好一些，1886 年或 1887 年之前，生活都很好，后来他以原价的数倍卖掉这块园地。

他一年前就在这里，我又重新见到了他。他住在加利福尼亚的后花园——阿拉梅达，在来东部拜访之前的 12 年间，他把时间都花在自商博良之后最无趣、最难对付的研究之中，他承诺会找出在中美洲森林里发现雕塑想要表达的含义。他也确实找到了答案，出版了一本凝聚了他 12 年苦心研究的巨著。在书中，他解密了这些象形文字的含义——在伦敦和柏林或是别的地方，科学家都认可他在这个复杂研究领域里是个成功的专家。但他并不比之前闻名——他只在专业领域才为人所知，他的书大约是在 1901 年出版的。

纽约时报的文章中写的是，受到大富矿带发现的影响，股市爆发了一股投机潮，附近矿厂在股市中的总价值飙升至接近 4 亿美元；6 个月之后，股价则又跌去了 3/4；到 5 年后的 1880 年为止，“弗吉尼亚联合矿产”的股价又跌回到 2 美元以下，而“加利福尼亚矿产”的股价则只有 1.75 美元——他们自称大富矿带已经开采枯竭。

1906 年 1 月 10 日

我在未来 2 个月到 3 个月里必须做几场演讲，我在之前的两个月已经被迫讲了好几场了——我突然意识到，那些在各种聚会，尤其是社交宴会上做演讲的人都让自己陷入不必要的麻烦中，尤其就准备工作而言。通常，你在社交宴会上的演讲对整个活动来说无足轻重，一般而言，办宴会仅仅是为了纪念一些一时兴起

的事情，或是对某些贵宾表达敬意——因此，不会有多大的影响——我说没有影
255 响的意思是，没人会专心听讲这类场合中的演说，而或许最重要的原因是经常演讲的人根本没有充足时间来准备演讲稿，他或许没做任何准备就来了（我就习惯如此），将他之前也未做准备的演讲人的说辞拼拼凑凑应付了事。如果你的演讲被排在第三个或是更加后面，那之前的演讲肯定能够为你提供自己所要的所有演讲素材。事实上，要比你所需要的素材还多得多，因此尴尬的事情来了。你能把所有这些内容再重复一遍，当然这么做很危险。你应该选定其中之一，集中讲一个主题——而几乎肯定的是，当你开始讲了 2 分钟后，你就会后悔自己选了这个主题，你就发现另外一个主题更加好，然后便跳出原来所讲的那个主题。

我记得一次自己的亲身经历，那是发生在一天晚上，当时我在玩家俱乐部，我的 22 位老相识和朋友为我办了一桌酒席，以纪念我 3 年之后再次与他们重见。这事是由愚蠢的俱乐部理事会操办的——自从这个俱乐部成立以来，这个理事会就存在了；即使这个理事会和初期的理事会已经不是一拨人了，但也相差无几，它们的成员都是挑选入会的，这事时常发生，都是由起初建立理事会的同一批疯子挑选出来的。

在当时，布兰德·马修斯是理事会主席，他首先上台演讲，讲得很简略，也很巧妙应景。布兰德总是充分准备，口才也非常棒。之后他把吉尔德叫上了台，吉尔德没做准备，或许他以为自己能够重布兰德的演讲中获得足够多的素材，无论如何，他的表现让大家都失望了。他下台落座时并未被击垮，只是走路变得有些跛脚了。接着是弗兰克·米雷（一个画家）上台演讲，他费力地做着演讲，只为说明两件事——其一，他做过准备，但忘掉了所准备演讲稿的细节，而且，他的演讲稿写得很糟糕。在他的演讲词中，最能显示他做过准备的地方是他本打算背诵两段相当长的诗歌——是首好诗——但后来他信心全无，糟糕地诵出了一首劣诗。雕塑家圣高登斯本也答应前来做演讲，但最后时刻却有事不能来了，因此完全没准备的某人就不得不代替圣高登斯起来发言。他的演讲词并无新意或不妥之处，事实上，他发言时非常得犹豫踌躇，和他看上去一样得平淡无奇，但在最后却加进了一些新鲜的内容，他说自己没想到会被叫到台前发言！我本可以替他完成发言，他的演讲词我已经听过许多遍了。

这些人的运气都不好——他们（至少米雷和吉尔德）在马修斯发言时都各自
256 在思考，他们想努力记住自己准备的那些段子，这使他们没法从布兰德的演讲中汲取一些新鲜的演讲词；同样，在吉尔德发言时，米雷还在准备自己的讲稿，从而忽视了吉尔德中可以借用的演讲词。但我请马修斯让自己最后一个发言，这使我在这事上占尽了优势。我来时并未准备讲稿，但前面的伙计给我提供了足够的素材，我并未把时间花在记忆自己准备的讲稿上——因为根本就没有讲稿。在某种

程度上，我抄袭了布兰德的演讲词，他所准备的东西中有直接介绍我和各位来宾的内容——他必须逐一作出介绍，他的动作很优雅，但一开始他的发言还是有些偏颇失误，因为我是各位发言人中的最后一个。我有充足的时间，吉尔德为我写过一篇演讲稿，米雷也为我写过一篇演讲稿。这些文章都是新鲜出炉的，他们对这事都表现出了相同强烈的兴趣，并说他们会在啤酒坊里的桌边写出一篇普通对话写成的文章。

而现在，我终于知道应该怎样准备宴会发言了，我已经认真思考过这事了。以下就是我的计划，什么才是最佳的社交宴会——就像我在27日要去华盛顿参加的宴会那样，参加的人员包括烧烤俱乐部（Gridiron. Club）的会员（里面的成员都必须是新闻通讯记者），美国的总统和副总统也会作为嘉宾出现，还有其他两个人——当然在这种场合下，除了政治和神学，你可以畅聊其他任何问题，即使受邀敬酒祝词，你也无须真的祝酒，只要讲点其他内容就可以了。现在我的观点是——把当天的报纸翻出来，或者是当晚的报纸，扫一眼电报页的标题——那里是丰富素材的完美聚集地，你懂了吧！我想一个人可以把当天的报纸拿出来，然后聊到他同伴去世里面的素材也不会用完。如果是今天的话，你就可以聊莫里斯的事情。这也让我想到过了两三年后（或许只要6个月），人们对莫里斯的这件事就不会再感兴趣了。当对今天而言，这还是一件非常令人气愤的事情，而之前的几天也是如此。这为我们揭示了一个巨大的事实：人生只是微不足道的一件小事——只有在我们在旁边时，才会觉得它们有多么庞大。不久以后，当大家都尘埃落定时，发现相互间都半斤八两，都很普通，在一条低水平线上，无足轻重。如果你每天都能沉静下来，就像我们现在正在做的速记一般，像前几天就开始的那样，每天花上一两个小时（最多4个小时），准备撰写一本自传巨著，那一天下来的自传材料可以有5000～40,000字，这都可以出一册书了。可能有人认为这是无法想象的事情，因为如果你花上星期二一整天来记录礼拜一发生的自传材料，那么你在星期三就无事可做了。但事实并非如此，星期三能写的事情就像星期二记录星期一的事情一样多。生活本就没有发生太多事情，生活主要是由人们头脑中不停翻新的思想所构成的。你能在速记里记下这些思考吗？不行。那你在速记中记录下这其中的大部分吗？也不行。即使有15个速记员在那里奋笔疾书也没法跟上这个节奏。因此从没有哪本自传是完整的，以后也不会出现。如果出现的 257
话，每年的自传就需要出365本，而且需要分上下册——因此，如果我从童年开始撰写自传内容的话，世上就没有一家图书馆能够收藏这书的完整版了。

我想知道50年后人们会如何看待莫里斯这件事。考虑以下的情况：在我们的自家门口，强大的保险变动也还没有安定下来。即使在昨天以及前天，不守信用的保险业百万富翁巨头们并没有因淹没在全国人民的诅咒之中而失去理智。

麦柯迪、麦考尔、迪普、海德和亚历山大家的部分人仍旧占据着托拉斯集团的职务，譬如某些银行的管理职位。而今天，我们全国人民的注意力也集中在标准石油公司身上，他是这个星球上商业实力最强大的公司。整个美国都在屏气凝神，想知道标准石油是否会在这场密苏里战斗中失意而归，如果失败了，程度又是如何；同时，我们的国会威胁将对巴拿马运河委员会做彻底检查，以确认其是否与5900万美元的案件相关以及和最近新查出的1100万是否有关。同样，在今天的会议中还有其他三四个与公民利益相关巨大的问题。而在大西洋的另一侧，我们有政教分离的法国，在摩洛哥问题上，受到法德的战争威胁，而俄国革命正受到镇压。沙王和他的窃贼家人们（大公们）从他们长时间的惊骇中清醒了过来，开始屠杀革命残余，自信还能像过去300年那样通知俄国，中国则依然令人敬畏的严肃神秘。没人知道他们的真实情况，但我们已经迅速从菲律宾派出了3个由芬斯顿带领的军团抵达中国，这人击败阿奎纳多的手段非常下作，在监狱里服刑的最卑微的混蛋都会为此感到羞愧。似乎没人知道中国人到底有多神秘，但所有人似乎都明白那里即将发生一场大动乱了。

这就是今天报纸上的各条标题。这些就是今天吸引全球眼球的新闻，很明显，这些新闻都相当重要，其他小新闻根本占不到报道的空间，但莫里斯事件横空出世，遮蔽了所有这些事情。莫里斯事件在在国会中引起了一阵恐慌，之前的几天中，它激发了所有美国人的丰富想象力，每个人都饶有兴致地谈论着这件事。这本自传直到我死后才会公之于世，因此我并不清楚他出版的具体时间，对知道这事也没多大兴趣。离出版应该还有几年的时间，但我可以肯定的是，如果这本书不在3年内出版的话，到那时全国人民就要努力回想我自传中所写的莫里斯事件到底是怎么一回事情了，而且肯定回忆不出个所以然来。在今天引起轰动的这件事在三四个月后就会变得微不足道，取而代之的是失败的俄国革命和其他国际大事，没人能区分两者之间重要程度的不同。

简述下莫里斯事件。莫里斯夫人是个有教养、有身份的女士，为人高尚。她来到白宫求见罗斯福总统面谈，总统的私人秘书巴尼斯拒绝为她投递求见函，说
258 罗斯福很忙，没空见她。莫里斯夫人说自己可以等。巴尼斯问她此行的目的，她回答说自己的丈夫前不久被公职部门开除了，她想让总统亲自过问此事。之后巴尼斯发现该事与军方有关，就建议她去找战务部长。她说之前她曾找过战争办公室，但未能获准见到战务部长——她已经尝试了自己所能想到的全部方法，但还是失败了，有位内阁夫人建议她可以找总统面谈。

略过诸多细节不表，最后结果是巴尼斯依旧坚称她没法见到总统本人，鉴于当时的情况，他也依旧建议莫里斯夫人打道回府为佳。她并未出声，但仍旧等在那里，想要见到总统本人。之后“莫里斯事件”就发生了，巴尼斯做了个手势，几

个负责警卫的警察就跑过来抓住了那位女士,想要把她拖出白宫。莫里斯害怕了,开始尖叫。巴尼斯事后说莫里斯尖叫个不停,“惊动了整个白宫”——尽管没人跑出来查看具体发生了什么事情。这事没能引起任何人的兴趣,这会给人留下这种事情每天都会发生六七次的印象,但事实并非如此。巴尼斯从事私人秘书工作的时间之长都已经超出了自己的想象,而那天的尖叫或许占了他所听到过所有尖叫的绝大部分——莫里斯也承认自己那天叫了很长的一段时间,莫里斯就这样被拖出了白宫。她说在被拖出白宫的过程中,他的衣服上都沾上了泥渍,她背后的部分衣服还被撕烂了。有个黑人提着她的脚踝,将她抬在半空中。黑人抓着她的两个脚踝,两位警察则抬着另一端,把她送到了某处地方——应该是距离几个街区以外警察局之类的地方——在途中,她的钱包钥匙和其他东西都掉落在地,有个老实人一路跟着把这些东西都捡了起来。巴尼斯控告她精神失常,而显然派出所所长也严肃对待了这一指控,但可能是他第一次经手这类案子,并不清楚应该如何处理,直到莫里斯将 5 美元存进他的抽屉后,他才允许她和朋友们取得联系。毫无疑问,这么做是为了防止她逃离美国——他可能还想在不久之后严肃调查这一案件,查个水落石出。

现在这位女士还躺在华盛顿的一家大酒店里,受惊过度,对自己接受的治疗也本能地感到愤怒——但她之前白宫之行表现出来的镇静温和,心平气和的得当措辞都足以证明她并非疯子,连最基础治疗都不需要的正常人。

后面的事情相信你也知道了。正如我上文所描述过的那样——几天之内,这事几乎吸引了全国人民的目光,俄国革命、神秘的中国和所有其他的一切都被他们抛诸脑后,这正是自传所需要的恰当素材。如果你把这事晾上三四个礼拜,你就会奇怪自己为什么会对这种事情感兴趣——这事既不重要也没有价值。让你沉醉于愉悦或恼怒的香槟酒劲已经过去了,留下的只是疲倦。但这就是人生——各种大事小事,如果你不去关注,它们就会变得差不多重要了。一本将所有小事
都排除在外,只列举大事的自传根本不能准确地描绘人生,人生中包括个人的感 259
觉和兴趣,而这些感觉都是通过各类或大或小的事情体验而来的。

“莫里斯事件”事后会被证明是件无足轻重的小事,但为罗斯福总统作传的人看到(或解释)这事时,却会有如获至宝的感觉,他会足够敏锐地察觉到这事对于刻画总统性格的重要性;可以肯定的是,传记作家的最主要任务就是展现传记对象的人物性格。罗斯福的传记作者会一点一滴地记录总统的政治生涯,用各种插曲和事件慢慢照亮他的一生。其中一盏路灯便是莫里斯事件,这能展现出罗斯福的性格。要是放在别的曾经掌握白宫的总统身上,这事可能就不会发生,华盛顿就不会发生招来警察,将妇女拉出围栏的事情了!我并不是说这事是罗斯福指使的。我的意思是说华盛顿一般不会雇佣像巴尼斯这样的员工,是罗斯福把巴尼

斯招在身边的。这位私人秘书阻止闲人面见总统的事情做得非常对——总统不可能因为私事而与陌生人见面,他的做法很妥帖。推而广之,总统不能因私事而会见任何人——对全国人民应该一视同仁。事实上从开始时到现在,事情也正是这么运作的——因私事要求面见总统的请求都会被拒绝。这事每天都在发生,从华盛顿建国到现在为止都是如此。秘书们总是能够忠实地完成自己的任务,巴尼斯也是在执行自己的任务,但根据在位总统的不同,处置的方法也相应有所区别——各位总统的秘书在具体操作时,方法各不相同——但之前从未出现过秘书将妇女强制拖出围栏的事情。

西奥多·罗斯福是世上最冲动的家伙之一。这也解释了为什么他会雇佣脾气暴躁的秘书,罗斯福总统或许从未考虑过如何做事才算得体,这也正是为什么他的秘书没法正确处理事情的原因。正所谓物以类聚,人以群分。罗斯福是我认识的人当中最可爱的人之一,我认识他,差不多二十年间总会偶尔和他碰面,共进午餐或晚餐。和他在一起很开心,为人诚恳直率,直言不讳,绝对真诚。在他作为一名普通市民时,这些品质让我感到亲切——也让他的所有朋友感到亲切。但当他受朋友鼓动当上总统后,这些品质就让他变成了一个异常奇怪的总统,他的行动飘忽不定,让人没法捉摸——翻个筋斗又直接回到了上个礼拜的原点。然后他还继续翻着筋斗,没人能够预测出几经折腾之后他会到达哪里。他的每个新举动、新观点都有可能和之前的观点或举动相矛盾,相冲突。这就是他在做总统时一直发生的事情,但可以肯定的是,他所说的每个观点都代表了他那个时刻真正的想法,还可以肯定的是,这个想法肯定与他三四周之前的观点想法相矛盾,而且之前的想法就当时来说,也是一样的诚实真诚。你并不能指责他表里不一——这并非问题所在。他的问题是他只关注自己当下的想法和兴趣,全身心地投入其
260 中,此时此刻会将之前的观点感觉和信念都抛诸脑后。他是美国历史上最受欢迎的人物,是他的热情感染了大众——令人愉悦、激动又发自肺腑。这使他融入到了大众之间。人们在他的身上看到了自己的影子,人们也知道他的冲动均无恶意,而基本总是胸怀广大,充满善意,慷慨大方的。他没法长时间的坚持,从而找到如果有机会的话,到底能孵出怎样的小鸡来,但每个人都知道他的慷慨用心,人们欣赏他,爱戴他。

1906 年 1 月 11 日

我在几天前从劳拉·K. 哈德森处收到了以下这封来信。

昆西街 287 号

1906 年 1 月 3 日

亲爱的塞缪尔·L.克莱门斯先生，你好：

我结婚差不多已经有20年了，我们有两个小孩，拮据的生活让我们只能待在家里。我和丈夫经常通过阅读欢度良宵，他大声朗读着杂志或书籍上的文章，而我则一边做着针线活，一边听他讲故事。有天晚上，他读到纽约报纸上的一篇聚会报道——我依稀地记得是关于新闻记者俱乐部或是其他大型集会的报道——在会上，"马克·吐温"大声读出了一篇我至今听到过的最有趣、最喜欢的文章。现在，我的小孩都已经长大成人，他们也非常喜欢"马克·吐温"。我翻阅了各种大大小小的作品集，希望找到这篇有趣的文章，但每次都徒劳无功。克莱门斯先生是否能帮我这个忙？

这是个关于挖矿人在他山中小屋的故事，有三个人过来向他讨要食物和住宿一晚。他们自称朗费罗、霍姆斯和惠蒂尔，讲故事的挖矿人对他们的介绍很有趣，最后提到的是"双下巴直垂到他的肚子上"，而他们对挖矿人中肯而又生硬的问话，回答的夸张引用更是最为有趣。挖矿人开始都能忍住笑，直到他听到了冒充霍姆斯的人对他舒适小屋的自我满意的回答他再也忍不住了：

"再造三件堂皇的大厦，哦，我的灵魂！"还做了大段的精彩演讲，之后他提高了嗓门，把这三个诗人赶走了。

如果你能记起自己这部诙谐作品的名称或可能的下落，我的丈夫、三个儿子以及他们作为"马克·吐温粉丝"的母亲，请允许我这么称呼自己，都会非常感谢你的。

你最热诚的读者

劳拉·K.哈德森

我今天向自己的秘书莱昂小姐口述了下面这封回信。

亲爱的哈德森女士：

对你让我记起那篇有趣文章的恩德，我将终身难忘。那事过去一两年后，我就完全不记得了。我为此感到十分的痛苦和羞愧，觉得自己是 261
一个如此确定无疑、冥顽不灵的榆木脑袋，我已经把这个故事忘得一干二净了——在过去的二十八九年之间，我一直深信自己表演的不过是粗糙、庸俗和缺乏幽默感的演出。但你说你和你的家人在28年前从中找到了欢乐让我改变了自己对过去的看法。因此，我委托波士顿的一名打字员翻出了那份久远的报纸,并寄给了我一份副本。

今天早上副本已被送达,我在里面并非发现有任何粗俗之语,但并不能评判这篇文章到底是单纯好笑还是算荒诞不经。我会寄一份副本给你。

寄给塞缪尔·朗赫恩·克莱门斯("马克·吐温")

1877年12月17日,大西洋月刊出版社为庆祝约翰·格林利夫·惠蒂尔七十岁生日在布伦兹维克酒店举办晚宴的报道

于1877年12月18日刊登在《波士顿晚报》

主席先生——今天的场合尤其适合一起回忆文学界的各类趣事,让我先来抛砖引玉一下。在大西洋岸边这里,注视着如此庞大的文坛巨浪,这让我记起13年前的一段往事,当时我才刚刚在内华达成功发行一份文学小报,开始只在加利福尼亚地区小有名气。我对加利福尼亚南部的矿场做了徒步调查,当时自己年轻自负,想尝试下化名。我很快就得到了一次机会,我在傍晚时分敲开了内华达山脉山脚处的一间挖矿人的木屋。当时外面下着雪,一个五十多岁赤脚男人给我开了门,神色疲倦忧愁。当他听到我的化名时,他的脸就变得更加阴沉了。他把我请进屋(相当犹豫),招待我吃了传统培根和豆类、黑咖啡和一杯热威士忌,我还抽了一管烟。其间,这个忧伤的男人跟我说的话不超过三个字。后来,他终于开口说话了,语气里压抑着痛苦,"你已经是第四个了,我准备搬走了。""第四个什么?"我问道。"24小时之内来的第四个人——我准备搬走了。""你之前没说过啊!"我说道,"其他三个是谁?""朗费罗,爱默生和奥利弗·温德尔·霍姆斯——听上去都是大人物!"

你应该能理解我对此非常感兴趣。我恳请他再多说一点,三杯热威士忌下肚,这个忧愁的挖矿人终于开口了。

"昨天黄昏时分他们来到这里,我自然让他们进来了。他们自称要去约塞米蒂,他们很粗鲁,但这也没什么,徒步旅行的人看上去都挺粗鲁的。红脸的爱默生身上有许多小痘痘,皮肤有些皲裂。霍姆斯则胖得像个气球,他大概有300磅重,他的双下巴都垂到自己的肚子上面了。朗费罗拥有着拳击手般健壮的体格,头上修剪过的短发竖直矗立着,就像戴着一个假发毛刷一样。他的鼻梁挺直,就像尖头弯曲的手指一样。我能看出他们喝了点酒,他们交谈的内容非常古怪!霍姆斯绕着小屋看了一圈，然后拉住我的纽扣孔说道——

“我听到来自自己大脑深处的歌声，让我再建三座堂皇的大厦，噢， 262
我的灵魂啊！”

我回答道，“霍姆斯先生，我可负担不起，而且更重要的是，我也不想这么做。”我很喜欢这间小屋，其他的过路人也是如此。我起身去拿培根和豆类时，爱默生走了过来，他看了一会儿，然后把我拉到一边，拉着我的纽扣孔跟我说道：

“让我将玛瑙作肉，昆虫为食，上天入地，天空海洋，都有我的食物。”

我回答道，“爱默生先生，请您原谅，这里并非酒店。”你应该明白，他的做法已经激怒到我了——我不喜欢这种垃圾般的味道。但我依然汗流浃背地干着自己的活，接着朗费罗又抓住我的纽扣孔打断我，说道：

“向摩甲克维斯致敬！你应该听一曲泡－浦－基韦斯……”

我打断了他，说道，“朗费罗先生，你能再重复一遍吗，如果你在之后的5分钟内还能坚持大喊大叫，让我把事情做完，我会很高兴的。”当他们进屋后，我把水壶拿了出来。霍姆斯盯着那东西看了一会儿，然后就突然大叫起来：

“我将在某天饮下这血红色的葡萄酒。”

“我变得有些兴奋了，无可否认，我越来越兴奋了。我走到霍姆斯的面前，跟他说道，‘嘿，胖子，看这里，我才是这间小屋的主人，如果法院知道这里的事情，她就会颁发禁酒令，把你们的威士忌都拿走。’这就是我对他说的话。其实我并不想和这些糊涂的人顶嘴，但他们却让我忍无可忍。他们简直无可理喻，我不介意来一群客人再三再四地拜访我家，但如果他们想一直住下来的话，情况就不一样了。”如果这事闹上法庭，我会说，“她会颁发禁酒令，把威士忌都拿走。”他们在喝酒的间歇还在屋子里到处走来走去，敲打水管之类的东西。朗费罗说道：

“这是片原始森林。”

爱默生说道：

“这里曾由武装农夫守卫过，朝世界各处开过火。”

我答道：“只要你们愿意，尽情诋毁这间屋子吧——反正我没花一分钱。”然后他们就继续喝酒，不久后，他们来到一张油腻的陈旧桌前，开始玩10美分一局的纸牌——赊账。我发现了一些相当可疑的事情，爱默生发牌，摇着头看着他的手，说道：

“我是个怀疑论者，我怀疑的是……”

双手还平静地洗着牌,继续说道:

263 “他们认为我疯了,把我赶了出去,他们并不知道这里的巧妙方法。我拿着牌,放弃,然后重新发牌!”

“如果他没有这么做的话,他也会停止下来!”他是个冷酷的人!大概在一分钟的时间里,气氛变得十分紧张,但突然间我有看到爱默生的眼神,他在观察其他两个人。他已经对他们两人耍了两次花招,他从坐着的椅子上微微抬起身来,说道:

“我已经厌倦打牌了!我们已经玩得太久了!”

……说着他便走到了右侧的树荫下,朗费罗笑得像个馅饼,说道:

“谢谢,多谢你们了,你们是我的好朋友。谢谢你给我的教训。”

……他也走到了右侧的另一片树荫下!然后霍姆斯跳了起来,像往常一样呼啸道:

“上帝保佑你们能活过暴风雨吧。双手能够接住松果!”

……我应该趁他还没跑到另一片树荫下前就跑到草地上拦住他!爱默生握着自己的猎刀,而朗费罗举着他的左轮手枪,我就躲到床下面去了。要发生麻烦事了,身材魁梧的霍姆斯站了起来,他的双下巴在那里晃荡着,说道“绅士们,规矩点,谁先动手,我就坐在他身上憋死他!”你可以想象,波多马克河都为之静止了!

“他们来时和你一样,然后就开始自吹自擂起来。”爱默生说,“我写过最高贵的文章是‘巴巴拉·弗里彻’”,而朗费罗说道,“这和我的‘比格罗诗稿’没法相提并论。”而霍姆斯接着道,“我的‘对死亡的冥想’要超过前面两本书。”他们之后就不再争论了。他们肯定希望旁边有更多人参与进来——爱默生指着我说道:

“这里的贫苦农民是不是只会种这种苗圃?”

“他正用靴子磨着自己的猎刀——因此我默不作声。先生啊,他们后来又想起来需要些音乐伴奏;于是他们让我站在那里唱起了‘在回家路上的乔尼’,我一直唱到了今天早上4点13分。朋友,这就是我所经历的事情。当我7点醒来时,感谢上帝,他们终于要走了,朗费罗穿走了我唯一的靴子,同时把自己的靴子夹在臂下。我跟他说,‘等一下,伊万杰琳,你拿我的靴子要干吗?’”他回答道,“用他们走路啊,因为……”

“伟人告诉我们,每个人都会有崇高的一生,死前在时间的沙河间留下自己的足迹。”

因此正如我所说的那样,吐温先生,你是24小时之内来的第四个人了——我也准备搬离这里了,我没法适应这里杂乱的环境。

我问挖矿人道，“先生，这又是何必呢？他们并不是我们和其他世人喜欢的高雅诗人，何必要尊敬他们呢？他们都是骗子。”

挖矿人平静地打量了我一会儿；然后说道，“啊！骗子，他们是骗子？那你是吗？” 264

我并未正面回答这个问题，我用化名也没做什么不光彩的事情。主席先生，这就是我想献给大家的往事。由于自己的激情，可能在细节处有些夸张，但相信你很容易就能原谅我的这个瑕疵，我相信这是我第一次在这种事情上有些偏颇，添油加醋。

我对哈德森女士所说的话都是真实的。在那之后的一两年间，我确实感到了深深的羞辱。但最终在1878年时，我和夫人在威尼斯碰到了A. P. 张伯伦夫妇，他们是住在麻省康科德的一家人，我们有着地久天长般的友谊。张伯伦夫妇都非常聪明，时时都表现得友善，富有魅力。我们在威尼斯一起住了1个月，然后又去罗马一起住了几个月。一次交谈中，无意提到了那次令人遗憾的演讲，我一开始还在责怪他们让我重新记起了这些已经淡忘的往事，但我后来高兴地发现张伯伦对我的故事在波士顿的疯传十分愤怒。他们畅所欲言、冷酷地评价着那天演讲者的表现，并把波士顿报纸自己的立场掺杂进了他们的评价中。他们的观点是我的举动超乎想象，令人难以置信得粗鲁无礼。之后的一两年间我都把这个当成是个客观的评价，每当想到这事时都会悲从心来——我还算能够控制，因此这样的情况并不算多。每当想起此事时，我都不明白自己当时到底是受何鼓舞，做了这么件邪恶的事情。而张伯伦夫妇给了我安慰，但他们并未说服我以后能坦然面对这件不愉快的事情。我对此仍有抵制，我曾想把他遗忘，任其自生自灭，我也曾经成功过，直到那天哈德森女士又给我寄来了那封信。我已经整整25年没有想过这件事情了，而当她说这是件趣事时，我并不知道她的判断是否正确。无论如何，这再次唤起了我的好奇心，我给波士顿写了封信，正如上文所述的那样拿到了全部的副本。

我对那次聚会的细节只有一些模糊记忆了——大概有100来个人——或许只有50人左右——一个个模糊的身影在桌前吃着饭，他们对我而言就像鬼魂一样，永远都记不得他们的名字了。我不清楚他们是谁，但我能清楚坐在大圆桌前，正对我们其他人的嘉宾，包括异常严肃、不苟言笑的爱默生；严肃而不失可爱的惠蒂尔，善良的心灵之光闪耀在他脸上，他是教友派教徒，但依然保持着甜美的微笑；慈眉善目，有着一头丝般柔顺白发的朗费罗；奥利弗·温德尔·霍姆斯，他到任何地方都像玫瑰钻石版面带微笑，充满善意，他的脸会随着灯光的变化而相应转动——富有魅力，无论在谈话还是坐着不动时，他总是令人着魔（他所谓的坐着不动，在别人看来或多或少还是在活动的）。尽管经历了这么多年，我依旧清清楚楚地记得他们。

我还记得另外一个人物——威利·温特也在场（过去很长时间内都是纽约论坛报令人印象深刻的主编，直到老年时也一直占据着这个位置）。他的外貌比现
265 在年轻多了，对我来说，在宴会上看见威利·温特总是件令人高兴的事情。在过去的二十年间，我所出席的宴会上基本总能碰到威利·温特，每次他也会朗读一首为宴会准备的动人小诗。他那次也这么做了，发挥了他的正常水平，他的诗从不激情，总是流畅优美，愉快有起伏，用词讲究，就像音乐一样动听——他也超乎寻常地喜欢背诵这些即兴之作。无疑，朗诵对他而言是种乐趣。他对此有着绝对单纯的喜爱，对自己的诗也有着无伤大雅的自我欣赏；他的朗诵技巧非常棒——听着是种享受。有时在较长的演讲词中，他也会从记忆中背诵一段内容，用词精巧，构句无瑕，但听上去还是像未做准备，从胸中喷涌而出的即兴之作。对他的诗歌和散文而言，他是个完美的背诵者，两者听上去都像音乐一样。然而，如果他被列在发言者名单的较后序位的话，他的表现要比他较早上台的时候好上两三倍，因为如果他被列在较为后面序位的话，他就能先喝上些许香槟，这就是威利·温特所需要的全部准备了。我能清楚地回忆起他：他矮小的身躯极度向前倾，面色红润，充满灵感——部分归功于他的诗歌，部分归用于他所喝的些许香槟。他首先会说一两句漂亮的话，然后环顾四周，接受听众的赞扬；与此同时，他嘴上也会有所动作，并非吐口水（这太粗俗了），而是任何喝了香槟的人感觉嘴里像塞满了棉花，需要吐出来所做的相同动作。他背诵过程中总会做这动作，那时候他是世界上最快乐的人。我是说他在这个特别场合下显得非常富有魅力，看上去很美，我真希望他是个醉汉，些许香槟就让他成了这副模样，我不知道要是喝下一桶的话，他又会是副什么模样了。

演讲全部结束后，就是那场著名的、令人愉悦的惠蒂尔 70 岁生日纪念活动了——我在温特先生后面一个演讲，我确信这是整个晚上的压轴大戏——就上文中是被波士顿报纸欢快引用的演讲。我在隔天就把内容写完了，并一字不漏地记了下来，我自信满满、和蔼地站在台上，开始做我的演讲。那些高贵的嘉宾、那排依旧容易爆发的活火山听着我的演讲，台下的其他人也全神贯注地听着。我先用前面的 200 字介绍了下我自己。我对这部分能有什么效果，但其他人似乎并不这么认为。然后我接着讲了下去，就是那段老挖矿人说，“你已经是第四个了，我准备搬走了。”“第四个什么？”我问道。“24 小时之内来的第四个人——我准备搬走了。”“你之前没说过啊！”我说道，“其他三个是谁？”“朗费罗·爱默生和奥利弗·温德尔·霍姆斯——听上去都是大人物！”的对话。

屋子里的人依旧全神贯注地听着，但兴趣似乎变得有些阴云密布。我不明白

哪里出问题了，我真的不知道。我有些困难地继续着自己的演讲——我始终挣扎着，讲到挖矿人对假爱默生、假霍姆斯、假朗费罗的恐怖描述，我始终希望（虽然一点点地破灭了）有人能大声发笑，或者至少有人能莞尔一笑，但没有人这么做。我并没有识趣地终止演讲回到自己的座位上去，我当时还是公众演讲界的新手，我 266
依旧勉励支撑着这个糟糕的演讲，直到将它完全讲完，而坐在我面前听众的幽默感似乎都石化了。他们的表情就像是我在演讲有关神性或是三位一体的内容，我已经没法用更温和的语句描写当时凝固的气氛和人们的惨白表情了。

当我回到座位坐下时，我的心脏像是停止跳动了好久。这肯定是我最接近死亡的一次经历，也是我经历过最悲惨的一次经历。我现在这么说是因为我并不知道天堂或地狱的情况到底如何，但在人世间，我肯定不会再经历像当时那样的悲惨遭遇了。豪威尔斯当时坐在我旁边，本想安慰我几句，但除了喘气却说不出一句话来。这么做也没用——他也知道这事的严重程度，当时的气氛冰冷到能冻住任何东西。如果本韦努托·切利尼的火蜥蜴在这里的话，他也不会被写进切利尼的自传中去了，然后令人恐怖地安静了一段时间。安静得令人害怕、孤寂。名单里下一个演讲者必须起身上台了——这也没有用，下个演讲者是毕晓普——现在已被人遗忘的毕晓普，当时刚刚在大西洋月刊连载了一部广受好评的小说，只要能发上大西洋月刊，任何小说和作者都能蜚声国内。当然这本书就其本身而言（无须外界帮助）都是值得尊敬的一部作品。毕晓普非常受大众的欢迎，人们对他都很感兴趣，因此全国弥漫着一股期待的氛围，我们可以说全美百万国人，从缅因到德克萨斯、阿拉斯加到佛罗里达的所有人都翘首站立，屏住呼吸，嘴巴微张，举着双手准备为毕晓普上台后鼓掌，这是他第一次走上公众演讲台。就在那种万众期待的条件下，他走上讲堂，（通俗地说）成功演讲。我之前做过几次演讲，这也正是我得以从那次演讲中幸存下来的原因。我必须完成——但毕晓普没有这方面的经验，他必须面对那些神色糟糕的神灵——面对着台下相识或不相识的众人——一生中第一次面对这些人开口演讲。他肯定曾充分打过腹稿，在我演讲之前，那些内容还是那么得生动和值得一用。我想经历了我的演讲之后，经过一阵令人窒息的沉寂之后，那些素材慢慢地从他脑中消失殆尽，就像迷雾从边缘渐渐散去一样，直到最后一点迷雾都不剩了。他没能继续讲下去——没坚持多久就下台了，他开口没说几句话，然后便开始迟疑，丧失了信心和把控力，开始支支吾吾，最终蹒跚地走下台，在座位上瘫作一团。

这场致辞可能连全部的1/3都还未完成，但它就这样戛然而止了，没人敢再起身发言了。后面一个演讲者没勇气上台，每个人看上去都很茫然，目瞪口呆，呆若木鸡。没有人能做任何事情，甚至都不敢尝试，没人再能忍受这个奇怪的氛围了。豪威尔斯默不作声，凄凉地把我和毕晓普拉扶出了房间。很感谢他能这么做——非常得大度。他拉着步履蹒跚的我们来到大厦里另外的某间房间，让我们坐在那里，我已经不记得自己当时具体说了些什么，但还记得大概的意思。那是你在知道做任何事情都无法弥补自己过错时会说的话。但豪威尔斯很诚实——
267 他必须说出那个令人心碎的事实，回答说任何话都没法弥补这场海难或洪水般的灾难，这是有史以来发生的最糟糕的事情——然后他补充道，“这是对你说的，看看你对毕晓普都做了些什么。你自己做的事情很糟糕，活该倒霉。你闯下了大祸，再多的报应也是活该。这里还有个无辜受牵连的人。毕晓普从没有伤害过你，但你看看自己都对他做了些什么。他再也抬不起头了。全世界的人都不会再将毕晓普当活人对待了，他就像个僵尸。”

这已经是28年前的事情了，在之后的一两年里每当想起这事，我都羞愧得想自杀。

现在，我再次把那次的演讲词拿起来读了一遍。如我上文所说，我今早从波士顿拿到了副本。我读了两遍，除非我自己是个傻瓜，否则全文从头至尾我都看不出一处瑕疵。这篇文章已经接近完美了，写得很巧妙，风趣幽默，没有任何低俗粗陋之处。当时房间里的听众到底是怎么了？真是惊奇得令人难以置信，他们竟然没有爆发出笑声，那些台前的嘉宾原本应该笑得最为响亮的。这是我的错误吗？是我在那些文坛巨匠面前，用古怪的方式讲笑话时丧失了勇气？如果真是如此，那又真能归咎于此吗，毕竟如果你如果不显得有些害怕的样子，就达不到风趣的效果了。至少我不这么想，如果我能把这些受人爱戴的不朽的文坛前辈再次请到卡耐基音乐厅，我也会准备相同的演说内容，一字不改，在台上再讲一遍。哦，错的肯定是我自己，根本和演讲词无关。

波士顿全城为此骚动了好几天。所有的欢宴和愉快气氛都消失不见了，即使在葬礼上，大家也都失去了生气。波士顿的气氛从没像当时那样糟糕过。即使是大屠杀也不会产生这样的效果，安东尼·伯恩斯事件也没有，还有其他在波士顿历史上的庄严时刻都没有过这样的效果。我很高兴那位女士再次提及这篇演讲稿，我本以为自己再也不会提起这事了。现在，我想做一次测试，以找出到底是我自己还是波士顿报纸造成了毕晓普的不幸没落；明年夏天，我会带着那份旧讲词的打印稿去新罕布什尔山区，来到波士顿知识界（20世纪俱乐部）的众人面前，隐去这篇讲词的来龙去脉，再做一遍相同的演讲，看看在这些没有偏见的听众面前，他们会对这篇文章做何评价。如果他们没有发出笑声和赞叹的话，我就在那里自杀好了，我会像其他地方或其他时间做的那样爽快。

1906年1月12日

有关惠蒂尔70岁生日上的讲话让我记起了自己也刚过了70岁生日——那

是在去年11月30日，但哈维上校没法在那天为我举办生日庆祝，因为总统已经
将那天提前预订为感恩节，这个传统肇始于两三个世纪前的新英格兰，他们当时 268
的确拥有值得感谢的事情——也不多，每年一次——感谢的是在之前的12个月他们消灭了周围的印第安人邻居，而不是反过来被印第安人消灭了。感恩节变成了一种习惯，因为年复一年，随着时间的流逝，人们发现已经不再是双方互有死伤，而是白人逐渐占据了上风，因此对于相信上帝的一方而言，为此而感谢上帝是顺理成章的事情，并逐步演变会每年的致意。纪念感恩节最原始的原因早就不存在了——印第安人已经令人满意地被消灭殆尽了，他们已经不存在于天堂之内了。但久远的习惯让我们将感恩节保存了下来，每年美国总统和几个州的州长们都承担起这项责任，每到11月就宣传一些值得感恩的事情，然后用干净利落和充满虔诚的几句话表达出自己的感激之情，并发文公告，贴满全国所有的讲坛，全国人民的良心就再次清白洗净，用老办法刷去了大家的罪恶。

总统和州长们不得不把我的生日当天(30日)定作感恩节，这给哈维上校带来了极大的不便，他已经做了大量的准备，要在那天为我进行纪念活动，在他看来，我已经躲过绞刑架，多活了70年了。其实他对此十分高兴和满意，因为他是我的出版商，这能让他赚到钱。他前往华盛顿想让总统更改全国感恩节的日期，我把自以为最具说服力的理由告诉了他，这些话甚至足以让总统将感恩节推迟一整年——理由是在过去的12个月中除了几场无邪恶残酷、无可宽恕的战争以及比利时的利奥波德国王在刚果每年一度的大屠杀和劫掠外就没有发生其他大事了。而纽约的保险泄密案也揭露了这样一个事实，如果全美国还有诚实的人的话，那也只有唯一一个，而我们应该一起庆祝他的70岁生日，但上校仍旧失意而归，把我的生日聚会推迟到了12月5日。

我的70岁生日要比28年前惠蒂尔的70岁生日让我开心两倍。从我的演讲词中就能发现许多蛛丝马迹，我希望大家能把我的话打上九五折，这便是实际情况了。我对此并不困扰，我早已习惯别人低估我的话了。7岁时是我母亲就已经这样做了，但我毕生所说的都是100%的事实，因此他们有些小题大做了。任何熟悉我的人都知道如何在我的话里找重点，因此能够去芜存菁，从我的蓝土矿脉中找到真正的珠宝。我母亲就懂得这门艺术。当我还只有七八岁还是十一二岁时(大概这般大小)，有个邻居告诉她说，“你信过一句你儿子所说的话吗?”我母亲回答道，“他就像是口灌满实话的泉水，但你没法用一小桶就把整个井里的实话都倒出来吧。”她还接着补充道，“我知道他的平均水平，因此他永远骗不了我。他的粉饰我都会打上七折，剩下的就是无价的完美事实了，毫无瑕疵。”

现在我们把时间调后40年，这个联系依旧存在:“粉饰”一词有用在了我的身 269
上，在我50岁时的某天晚上，我在弗兰克·古德温牧师位于哈特福德的家中，参

加周一黑夜俱乐部的活动。现在这个周一黑夜俱乐部也仍旧存在，它是在45年前由神学巨擘布什内尔牧师和他的几位同志建立，他们都非常得聪明，多少有些异于常人，在当地或全国小有名气。我在1871年秋天获准入会，直到1891年夏天离开哈特福德时，都是里面的活跃分子。当时会员资格是有限制的，你必须年满18岁（可能是20岁）。每年10月1日开始活动，每隔两周在成员的私宅中举办一次，整个寒冷月份都会有活动，直到来年的5月1日。通常出席的人数会在12人左右——有时可达15人。其中会有散文和讨论，散文家们会按字母顺序依次发言。他们可以自由选择想要发言的主题，每人有20分钟的时间，可以根据自己的喜好选择读稿或脱稿。接下来会进行讨论，在场的每个人都有10分钟的时间发表自己的观点。成员的妻子一般也在场，这是她们的特权。但她们也必须保持沉默，她们不可以对讨论发表任何自己的观点，讨论之后会有晚餐，大家边抽雪茄边聊天。晚饭在10点准时开始，大家在半夜时分分手告别各自回家。至少除了一次特例以外，时间安排都是如此。在我最近的生日发言中，我承认了自己总是购买廉价雪茄，事实也确实如此。我从未买过高价的雪茄，到富人家做客时，我会将自己的廉价雪茄藏起来，这么做有利于保护主人的高价雪茄。我家里有许多昂贵的哈瓦那雪茄，多得足够开一家相当大的雪茄店了，但没有一支是我买来的——我好像也没抽过其中的任何一根。这些都是多年来圣诞节时，无知的富人朋友送来的礼物。某天，我在大量的雪茄中发现了其中的两把雪茄。他们是皮尔庞特·摩根抽的雪茄，是3年前他的已故至交威廉·E.道奇在某顿他家举办的晚宴上送给我的。道奇自己不吸烟，因此他会认为那些是品质绝佳的雪茄，毕竟这是用哈瓦那独有烟草专门为摩根制作的雪茄，每支就要1.66美元。而我现在只要买到一支6美分的雪茄，就会怀疑他也是上面的那种雪茄，当卖4.25美分或5美分时，我就能确定是上面的那种雪茄了。我在道奇家里抽了其中的一根，以表示自己对此从无敌意，然后把剩余的奢侈雪茄都带回了家，他们到现在还躺在那里。这些雪茄对我没有吸引力，我正等待着无知某人来到我家，我就能让他十分享受地抽这些雪茄了。

好，让我们再回到刚才正在说的俱乐部的那天晚上——乔治是我们的黑人管家，在晚餐快要结束的时候过来找我，我注意到他脸色苍白。通常而言，他皮肤黝黑也很英俊，但当时他却变得像块老琥珀，说道：

“克莱门斯先生，我们该怎么办？我们家除了老式的惠灵长九外，就没有别的雪茄了。可除了你没人会抽这种雪茄。他们离这里只有30码的距离了，打电话也来不及——我们没法在镇里买到任何雪茄——我们该怎么办？我们是不是该一声不发，假装我们没有想到这事？”

“不行”，我回答道，“这么做不诚实，把‘长九’雪茄拿出来吧”——他也照做了。

我也是几天或是一个礼拜之前才偶然发现这种“长九”雪茄的。我现在已经 270
好几年没见过“长九”雪茄了。50年代时我曾在密西西比河当过见习领港员，我对这种雪茄情有独钟，它们不但完美（对我而言），而且只要1美分（或是几美分）就能买到许多支，当时那里的人们不用美分交易。因此，当我在哈特福德看到广告时，我就立即派人买了1000支回来。它们送过来时装在压扁了的方型硬纸板盒里，样子又旧又丑。每个盒子里装着200支。乔治把盒子带了过来，每一边都凹陷了进去，看上去没法再丑陋了，开始向大家分发雪茄。之前的讨论非常热烈，但气氛一下子就凝固了；也不是瞬间，当拿到雪茄时，大家就逐个沉默了，把雪茄夹在半空——就在那个时刻，他的话就戛然而止了。整桌人都发生了这种情况，当乔治犯完错事后，整个房间就陷入了沉沉的寂静中，鸦雀无声。

众人开始点起了雪茄。帕克牧师第一个作出了尝试。他英雄般地吸了三四口后就放弃了，他起身托辞自己要去某个垂死的教区居民的床边就离开了，我知道他在撒谎，如果这是真的话，他就早该走了。他就这样准备离开了，接着离开的是伯顿牧师，他就跟着帕克吸了一口。他讲了一段托辞，从他的语气中就能听出他准备得并不充分，他说自己和帕克一样焦急，要去见一位垂死的教徒；接着是特威切尔牧师，他的托辞更加情真意切，但没任何实质内容，他也不想别人从中找到任何实质内容，但特威切尔牧师多少还是诚实的，在那天他无需多说什么，因为他必须赶上去波士顿的夜宵火车。他想到的第一个地方就是波士顿——如果他第一想到的是耶路撒冷的话，他也会这么说的。

当他们纷纷借口离开时，时间才只有10点三刻。到10点50分时，所有人都离开了，在这种情况下，无疑他们都在祈祷别人会忽视他们的托辞。当除了我和乔治外的所有人都走完后，我却感到很高兴——没有受到良心的职责或者感到任何后悔的地方。但乔治却说不出话来了，他把家庭荣誉看得比自己还要重要，他为这次的污点而感到羞愧。我让他上床睡觉，试着睡着后忘掉此事，我自己也去睡觉了。第二天一早吃早饭时，我看到乔治从克莱门斯夫人手上接过咖啡时，他的手依旧在颤抖。通过这个迹象我知道他脑子里还有挥之不去的阴影，他把咖啡递给我，令人难忘地对我说道：

“克莱门斯先生，从前门到上游船闸门要走多少距离？”

我回答说，“要走125步吧。”

他说，“克莱门斯先生，你可以从前门走到上游船闸门，每次抽掉一根雪茄。”

走马观花的插曲过后，让我们再次回到之前提到的弗兰克·古德温牧师的家中，在场和对我说话时，人们还是用我之前提到过的，我母亲40年前形容我的那个相同单词。当天讨论的主题是梦境，我们也像平时一样平静地交换着自己的意

见。已故的查尔斯·达德利·华纳也发表了自己的观点,流畅且滔滔不绝,这是
271 他早年当律师学徒时养成的说话方式。他总是说得很悦耳,也很流畅,选词讲究,从不过分冒失冲动,声音柔和而友善,夹杂着不易察觉的幽默,在谈话中若隐若现,就像是猫眼石中的点点色彩。在我看来,他所说的内容从没有太多主干,调料也很少;没有任何值得深思的实质内容,但听他讲话还是件令人愉悦的事情。他的技巧优美又富有魅力。然后是已故的格林上校的发言,他是个在南北战争中功勋卓著的老兵,当时他还是康涅狄格共同寿险公司里的要人,之后不久他还成了公司主席,在任时便及时死去,使自己的名誉未受玷污,当时纽约保险公司的头头们正在接近自己名誉万劫不复的境地。格林上校用他通常的方式讨论了有关梦境的问题——起头后便一句接一句地说了下去,讲了都有 18 英寸长的句子后才扔下一个逗号,说话时连珠带炮,像是在没有礁石的岸边顺流直下的漂流一样;他讲话时,语调就像镜子的表面一样平坦,构句完美,无需修改就能刊登出版。当提醒他 10 分钟时间用完的锤子敲响时,他就当即停下口中的内容,结束了发言——这地方就和 10 分钟内其他地方停下一样棒。你可以重新回味一边他的发言,会发现无论他加没加逗号的地方,前后的内容鲜有区分,他们都重复着同样一个意思,没有更多的新意了。人们没法对其的背景感到兴趣,事实上也没有任何背景。他的发言千篇一律——非常通畅,结构优美,结束时,没有人能够明确说出他都讲了些什么。这种风格很有趣,令人印象深刻——在两个逗号之间,你总会以为他马上就要切入正题了,但却次次落空。在我所描述的那次聚会中,高尚率直的伯顿牧师坐在位置上,从头至尾两眼都紧紧地盯着格林。他的眼神就像是艘捕鲸船上人的眼神,盯着鲸鱼下潜的地方,并一直等待搜寻着鲸鱼再次出现的地方,无疑在伯顿脑中就是这样想象的,当格林最终完成发言时,伯顿便高举双手喊道:“她终于上来呼气了!”

老哈默斯利开始了他的 10 分钟发言,用词简单舒服,妙语连珠,十分有趣——在老哈默斯利的发言里总会享受到这些。

之后是他的儿子,威尔·哈默斯利开始讨论有关梦境的话题,他当时还是个年轻的律师,而现在已经当上法官好多年了。我想不出比威尔·哈默斯利的发言更令人心烦的东西了——当然是威尔·哈默斯利那时的讲话。你知道他在切入正题前肯定会将一段内容——这些内容会冲昏你的头脑,会让你不住的思考,还没法轻易忘却掉;但同时你也知道,在他讲完之前,你还会承受许多折磨。他会犹豫再犹豫,在一句话的当中停下来,只会寻找出一个恰当的词语,如果找错了词语,他还会重新来过,如果还觉得不合适,还会重新再来——他就会一直这么做下去,所有人都因他而感到痛苦不堪,希望他已经用完了自己的演讲时间,但当发现
272 还有很长时间时,自己会变得越来越绝望。他的发言离题千里,你会确信他肯定

没法在10分钟结束前重回主题上来，而是会悬在半空中；但千真万确的是，在10分钟结束之前，威尔·哈默斯利会得出自己的观点，并且自圆其说，论证完整，漂亮朴素而令人满意，你会不禁从椅子上起身站立，发出赞叹和欣赏。

乔·特威切尔有时也会发言。如果他发话的话，很容易就能看出是因为他有自己的观点要说，而且他也总是能够将自己的观点表达清楚。但一般而言，他不会说一句话，会把自己的10分钟留给后面的人——而每次当他把时间交给查尔斯·E.珀金斯时，他就会有在回家路上被其他成员处以私刑的危险。查尔斯·E.珀金斯是康涅狄格州最无趣的白人了——或许他至今还保有这一称号，我未曾听说过能和他匹敌的竞争对手。珀金斯会喋喋不休地说个不停，用着最平常、最沉闷、最低劣的英语，任何时候都不会偶尔闪现自己的观点，但他从来不会将自己的10分钟时间交给别人。他总是会用尽最后一秒时间，然后会有一小段空隙时间——在下一位开始发言前，大家都需要缓一下神。珀金斯有时会讲到一半忘了头绪，不知道讲到了自己愚蠢哲学思维的何处，这时他就会像溺水者抓住稻草般（如果溺水者会抓稻草的话，我对此表示怀疑）开始抓住叙事的机会。他会讲些自己的经历，以为这和眼前的问题会有些关系，但通常它们之间并没有任何关系——这一次他讲的是一场又长又费力的追逐，炎热夏日的某天，他在缅因州的树林里捕猎，正追逐着某种他想猎杀的野生动物，最后不知如何在热切追逐猎物时穿过一条宽阔的溪流，他摔倒在冰块上，并把脚弄伤了——大家听得云里雾里，都保持沉默。珀金斯意识到有些地方讲错了，后来才想起来夏天在冰上打猎多少有些矛盾，因此他就又转回讲神学了。他总是这么做，他是个激进的基督徒，是乔·特威切尔所在教堂的成员之一。乔·特威切尔在聚集最不可思议的基督徒方面比任何人做得都要好，通常，他也没法系统地运作自己的教堂，因为新来的教堂执事没法理解他的运作手法——最近几位教堂执事都已经步他们在监狱的前辈后尘，去到了维勒斯菲尔德。珀金斯会以一些非常虔诚的语句作为自己的结束词——事实上大家都是这么做的。所有人（经常到场的那拨人）都会说这些话，还有全美国最博学的J.哈蒙德·特朗布尔，他无所不知——任何在世界上发生过的小事他都清楚，还知道许多即将发生的事情，还有许多可能永久都不会发生的事情。他地位崇高，但如果有一项最令人乏味的10分钟发言评比的话，那你很难在他和珀金斯之间作出抉择——他也会用虔诚的话作为结束语；（州长）亨利·C.罗宾逊是个聪明的家伙，一位雄辩有效而闪耀的演讲人，说话平易近人，讲话时能轻而易举地把自己观点讲出来——也总是以虔诚的话作为结束语；A.C.邓纳姆是他自己领域中的伟人（商业领域），他是个伟大的制造商，富有进取心，资本家，能力出众，令人入迷的演说家，一开口便妙语连珠——他也总是以虔诚的话作为结束语。

273 # 1906 年 1 月 13 日

用虔诚语结尾的还有富兰克林和约翰逊,俱乐部里的其他人可能也是如此——应该说非常有可能。但我记得这种结尾方式是富兰克林和约翰逊的习惯。富兰克林是个咋呼的老兵。他毕业于西点军校,我记得他参加过墨西哥战争,还在南北战争麦克莱伦当总司令期间指挥过旗下的一个军团。他是军人中的典范,单纯友善,情感热烈;固执己见,对自己的偏见不让分毫,完全相信别人灌输给他的政治理论,信仰和军事事务;有着完备的军事理论——事实上这些在上文中我就提到了,因为他是西点军校的毕业生。他知道军事领域所需的任何知识,还能讲出这其中的原理,但他在讨论别的事情时,就没法展现自己的辩才了。约翰逊是三一教会的成员,是俱乐部中当之无愧的最聪明的会员;但他的智慧之光从不闪现在众人面前,而只在俱乐部的私下聚会里才会发出光亮,哈特福德的其他人并不知他的真实水准。

我没法忍受这些放错了位置的虔诚语,长久以来都深受折磨,几年前我就准备抗议这一惯例,但之前我还一直能够压制住自己的冲动。但这一次,我实在没法忍受珀金斯的话了,他就是压在骆驼身上的最后一根羽毛。他东拉西扯后的实质观点(如果真有实质观点的话)就是梦里本是空无一物,梦境仅仅是消化不良的产物——其中没有任何有价值的信息——它们完全就是无头无尾的空想,也没有逻辑顺序。在我们这个时代,除了傻瓜或白痴,没人会认为梦境会有重要意义。然后他又继续愉快和蔼地议论说梦境也曾一度有过极高的重要性,有着杰出的荣耀,上帝曾用它作为给他所爱和所厌之人传递希望、警告、命令的渠道——圣经中都记录着这些梦境,任何理智的人都不会怀疑这些梦境的重要性和真实性。

我接在珀金斯后面发言,我很满意自己并未说一句刺耳的话,我讲得有些焦躁,但基本都算温和,这种可恶烦人的祷告会适合换到教堂阁楼举行,这才是他们该去的地方。我已经几百年没做过这事了,这事已经过去了很多很多年——但至今我依旧为此后悔不已,因为从那以后直到我参加的最后场聚会(那是在 1891 年的初春时节)都再未出现过虔诚语结尾了。不,可能我扯得有些远了,或许我太强调自己的后悔心情了。可能我在说自己在后悔时,也陷入了人们经常无意会陷入的误区以及在承认这个或大或小的困难时,试图把自己放在更有利的位置上。不,我非常有可能根本没为此后悔过。

所有人都知道那个虔诚语结尾毫无必要,明显只是循例行事而已。一个伟大的牧师建立了这个俱乐部,这里的牧师也总比好人多。牧师总是三句不离本行,否则便会引起他人的疑心。因此创始会员在他们发言结尾引入这种话语是很自

然的事情，而其余教会成员沿袭这种传统，并将此固定成一种惯例也是很自然的 274
一件事情，而他们却从未注意到这只是种没有实质的表面功夫，对他们自己和别人都毫无意义可言。

我现在已经忘记了当时自己对梦境的看法了。虽然不记得当时对梦境的看法，但我还记得自己当时讲了一个梦，以支持我发言的某些细节观点，我也还记得当我结束发言后，伯顿牧师对我表示怀疑，其中就包含了我母亲曾说过不下十六七次的那个词语，这都是四五十年前的事情了。我可能是想让大家相信，在某些情况下，人们做的梦会有预言能力。我所回忆的那个梦境是1858年5月初做的，那个梦很不平凡，15年来我每年都会把这个故事讲好几遍——现在我又要在俱乐部里再说一遍了。

1858年时，我还是邮轮上的舵手，那艘船走的是迅速而受人欢迎的新奥尔良至圣路易斯路线，邮轮叫宾夕法尼亚号，船长是克兰费尔特。船主贺拉斯·E. 比克斯比也曾将我出借给布朗，他是宾州的一个领航员，我记得自己为布朗掌舵了18个月。后来在1858年5月初，发生了一次悲剧之旅——那艘著名蒸汽船的最后一次旅程。我在自己的“密西西比河上的旧时光”里曾完整讲过这个故事，但那次所讲的梦境可能和书中的有所不同。这事得问莱昂女士——但我现在还会继续口述自己的梦境，如果事后发现这些内容我已经出版过的话，就可以把它扔进垃圾桶了。我想自己基本不可能曾经出版过这些内容，因为我从来都不想让我妈知道那个梦境，而在我出版那本书之后几年她才过世。

我在宾夕法尼亚号上给小自己两岁的弟弟亨利找到了一份工作，那里赚不到什么钱，只是一种承诺而已。他是“泥职员”，“泥职员”没有薪水，但有晋升机会。不久之后，他们可以成为三等或二等职员，然后是主管——事务长。那个梦境出现在亨利做泥职员的3个月之后，我们躺在圣路易斯的港口边，在圣路易斯和新奥尔良港口停靠的3天中，领航员和舵手都是无事可做的，但“泥职员”必须在黎明就开始工作，并借助松木火炬的亮光一直进行到晚上。我和亨利都没钱没工资，因此在港口时就借宿在表哥莫菲特的家中。我们回船上吃饭。不，我的意思是我寄宿在他家，不包括亨利。他只在房子打发掉9点到11点的晚上时间，然后返回船上准备明天一早的工作。在做梦的那天晚上，他在11点是准备离开，和每个家人握手告别，然后按例说了再见。我应该提一下，握手告别并非仅仅他们一家的习惯，这个地区都是如此——可以说，这是密苏里的习俗。到那时为止，我还从未见过克莱门斯家人会相互亲吻的——有一次除外。那次是我父亲在汉尼拔的家中病危时（1847年3月24日），他伸手揽下我姐姐的头颈，亲吻了一下说道，“让我死吧。”我记得这个场面，还记得说出这句话后紧跟着父亲最后发出的临终
喉音。亨利通常在二楼的起居室和大家告别，然后就径直走出房间下楼了。但这 275

一次我母亲却将他送到了楼梯口,然后又再次告别。我记得她按亨利的方式走到了那里,在他离开后还待在楼梯口,亨利开门时有些犹豫,又爬上楼再次握手道别。

早上时我从梦中醒来,梦境很生动,真实得都让我以为是真事了。我梦见了亨利的尸体。他躺在金属制的棺材内,穿着一身我的衣服,在胸前放着一大簇鲜花,除了中间的一朵红玫瑰外几乎都是白玫瑰。棺材前放着几把椅子。我穿好衣服走到门边,想要走进去一探究竟,但我打消了这个念头。我没法面对自己的母亲,我想自己应该稍等一会儿,为这严酷的折磨做好准备。房子坐落在洋槐街13号过去一点,而我则走到14号街区外面的中段。然后我突然闪现意识到这些都不是真的——这只是一个梦而已。我依旧能回忆起当时的感激与喜悦之情,当时我也还有点疑惑,怀疑或许这一切终究都是真的。我几乎跑着回了家,上楼梯时每步都要跳过两三级台阶,飞奔进了起居室——里面没有棺材,这让我再次高兴了起来。

我们照常平淡无奇地驶向了新奥尔良——不,并非平淡无奇,在途中我和布朗吵了一架*,结果他让我在新奥尔良上岸,一般在新奥尔良我有工作要做。每天晚上7点到第二天早晨7点,我都要负责看管船运货堆,每次能赚3美元。这活要干三个晚上,每35天就有一次机会。亨利通常会在晚上9点自己工作结束后过来和我一起看守,我们一般会一起巡逻聊天到半夜。在我们分别前,开船的隔天晚上,我嘱咐了亨利几句。我说道,"万一邮轮发生意外,不要慌乱——把不理智的行为留给乘客吧——他们才有资格那么做——他们也会那么做的。你应该冲向最上层的甲板,到船尾操舵室边挂着的救生艇边,然后遵从同伴的命令——你会发挥作用的。当救生艇放下后,你可以帮助妇女和儿童上艇,但你自己一定不要上艇。现在是夏天,河水只有1英里宽,一般而言,游泳上岸不成问题。"两三天后的清晨,汽船的锅炉就在孟菲斯下游的船岛爆炸了——这事我已经在《密西西比河上的生活》讲过了。与之相关的是,宾夕法尼亚号出发一天后,我乘坐另一艘船也出发了。每到一处港口,我们都会听到有关那场灾难的消息,所以当我们到达孟菲斯时,已经完全了解这件事情了。

我在一座大厦里找到了亨利,地板上铺着床垫,他就躺在那里,周围还有其他三四十个烫伤或受伤的人。有个轻率的人立马告诉我说亨利吸入了蒸汽,他身体严重烧伤,已经活不了多久了,同时我也被告知,医生和护士们正在全力抢救那些
276 还有一线生机的伤员。那里没有足够的医生和护士,像亨利这样被认为是伤重不治的伤员只会偶尔得到照顾,医护人员要救治更紧急的伤员。但佩顿医生却充满

* 参见《密西西比河上的生活》。

善心，积极为亨利做治疗，他是个大慈大悲的老医生，在当地很有声望，在大概一个礼拜的时间里，他都照顾着亨利。佩顿医生只有确定时才会作出判断，有天晚上11点时，他告诉我说亨利已经脱离了危险，会慢慢好起来的。然后他又说道“在午夜时，躺在屋子各处的可怜家伙们会开始呻吟喊叫，喧闹声可能会吵到亨利，对他影响不好；因此请值班的医生给他八分之一剂吗啡，但这必须是亨利显示出自己被吵到后才能这么做。”

之后的事情就无关紧要了。当天的值班医生都是刚出医学院的年轻小伙，他们犯了一个错误——他们分不清1/8剂吗啡的剂量到底是多少，因此他们胡乱用了能够浸满整个手术刀头的剂量，致命效果也很快显现了出来。我记得亨利在黎明时分就去世了，但记得不是很清楚。他被送到了太平间，而我则去了别人家里，睡了一觉，以缓解这几天以来的疲劳——这时发生了一些事情。装死人的棺材用的是没有刷过漆的白色五针松，而在那时孟菲斯的一些女士筹集了60美元的善款，买了一件金属制的棺材，当我回到太平间时，亨利就躺在那个敞开的棺材里，身上穿着我的一套衣服。这是我们最后次在圣路易斯短暂逗留期间自行从我那里拿走的，这让我立即回忆起了这事发生几周之前的那个梦境，细节都一模一样——我想还漏掉了一个细节；但这个细节也马上出现了，就在那时，一位老妇带着一大束鲜花走进了屋子，几乎都是白玫瑰，就中间有朵红玫瑰，她把花束放在了他的胸前。

那天晚上在俱乐部所讲的梦境就和现在所讲的一模一样。

1906年1月15日

伯顿牧师摇动着自己狮子般的脑袋，两眼直直地盯着我说：

“那事发生在什么时候?”

“1858年6月。”

“那是好多年前的事情了，你把这个故事讲过好多次了吧?”

“是的，非常多。”

“具体多少次?”

“我记不清了。”

“那平均一下，每年你大概会讲多少次呢?”

“我平均每年要讲6次左右，可能更多。”

“你已经说清楚了，也就是之后你一共讲过七八十遍了?”

“是的”，我回答道，“这还是保守估计。” 277

“那么注意了马克，许多年之前我碰到过一件非常不同寻常的事情，我也曾经讲过很多遍——非常多遍——每年都会讲，这个故事实在太棒了，总能让听众吃惊，而每次的惊讶表情都会让我十分高兴。我从未怀疑过重复的讲述会为这个故事添加点什么，直到当我把这个故事讲了 10 年到 15 年之后的某一天，我突然发现，或者是我老了，说话速度变慢了，或者是这个故事比开始时变长了。马克，我努力虔诚地想要知道其中的原因：最后我发现这个故事中只有 1/25 是货真价实未经掺水的事实，而其余部分都是粉饰虚构的。之后，我就再也没讲过那个故事——我也再没有那个能力了，我已经对他失去了信心，演讲时的快乐也随之永久消失了。你的故事中又有多少的粉饰部分呢？”

我回答说，“我不清楚。我想里面没有任何粉饰的地方吧。事实就和我说的一模一样，分毫不差。”

“很好”，他说道，“那就好，但我是你就不会再说了，因为如果你继续说下去的话，就肯定会越来越夸张的。最安全的方法是就此打住。”

那是很久以前的事情了。而今天是伯顿医生用严厉怀疑吓唬我之后第一次复述这个梦境。不，我不相信自己能够这么说。我不相信自己曾经真的怀疑过梦境中的主要内容，它们都像图像般那么自然，而只有真正生动的图像才会留下记忆，这比对话和无关紧要的事情好记多了。尽管自己已经很多年没讲过这个故事了，但我仍然非常清楚地回忆起那些图像，仿佛它们就挂在我屋里的墙上。我并没有把整个故事讲完，还有许多没讲的内容。我的意思是说自己并没有将所有的梦境全都讲出来。我要需要提一下发生在太平间之后的一个细节，那就是当我带着棺材抵达圣路易斯时，大概是早上 8 点，然后就跑到表哥上班的地方，希望能在那里找到他，但却没有碰到，当我在前往他办公室的路上时，他正从家中赶去船边。当我返回船边时，棺材不见了。他已经把棺材搬回了家，我赶忙回到家中，当我到达时，他们正把棺材从车上运下，准备搬上楼梯。我叫停了他们的行动，因为我并不想让母亲见到死者的脸庞，有半张脸因为吗啡的效果而变得扭曲狰狞。我走上楼，上面摆着两把椅子——准备架起棺材用的——和我做的梦一模一样，如果我再晚到两三分钟的话，那棺材就会被安放在上面，就和我几周前的梦境丝毫不差了。

后来，特威切尔……算了，不提特威切尔也罢，他女儿伍德夫人给我挂了个电话，告诉说他正在镇上，准备过来吃饭过夜。

我记得这事也发生在那个奇异的梦境中。现实并未像梦境般发生这事……但后来晚上还是发生了。不，根本就没发生过这事。这事发生在詹姆斯·古德温的家中，詹姆斯是弗朗西斯·古德温牧师的父亲，也是伟大的康涅狄格州共同寿险公司的创始人。发生这个故事时，詹姆斯·古德温已经很老了，但在他还年轻时，曾经也在哈特福德和斯普林菲尔德来回奔波，上台推销自己建立共同寿险公司的想法。他通过会费的方式筹集到了一小笔资本——足够开家普通公司了——然后他就把剩余股份分给了能找到的任何愿意接受的人（尽管这类人相当稀少），而现在他亲眼见证了自己的股票已涨到250美元，而且没人愿意以该价格出售套现。他早已忘记自己登台演讲时的情形了——但这无关紧要。他身价高达700万美元，不需要再为生计做任何事情了。他的儿子弗兰克·古德温牧师属于新教圣公会派，也有过许多成就，其中之一，他是个建筑师。他为自己父亲设计建造了一幢花岗岩大厦，那天的奇异事情大概就发生在那幢大厦里。但对于这一点，我并不十分确定。不，并非发生在那里。那事情发生在附近弗朗西斯·古德温自己家里。我并不介意在自传中离题千里——这里有足够的发挥空间。只要能最终回想起当时的真实情况，一切都无所谓，这才是最重要的。故事是这样的，弗兰克·古德温的家里装有防盗警铃，而警报器就在他的耳朵旁边，在左侧床头。在睡觉时，整间屋子都开启了报警装置（每扇窗和每扇门都有），而在清晨5点，厨娘会从她的卧室走出来，打开厨房门，那时警铃就会在古德温的耳边嗡嗡作响。而经过日复一日、周复一周的锻炼，古德温很快就习惯了，警报声已经打扰不到他了。有时还会把他从睡梦中迷迷糊糊地叫醒，有时则根本不会影响到他的睡眠，但长久以来的习惯会使他自动伸出左手把警铃关闭。通过这个动作，他就能把整幢屋子的警铃都关闭了，因此早晨5点过后，就没有一扇窗或一扇门还会报警，直到他晚上睡觉前他再次开启警报。

故事发生在新英格兰11月的一个阴沉夜晚，当时已经接近月底了，新英格兰糟糕的天气覆盖在整个地区的上空，像是要在12月合适时间到来时进行一场实验。在我们半夜时分离开屋子时，狂风呼啸，雪花漫天。当晚的天气很糟糕，就像是在海上遇到了暴风雨一般，下着大雪，各处嗡嗡作响。这种天气小偷根本就没法外出行窃，但他们还是出来了。古德温睡在床上，12点半时开启了家中的警铃，不一会儿，小偷就到了他家。显然，他们知道有关防盗警铃的一切，他们没有从厨房门闯进屋子，而是用锯子锯开了一条通道，即他们在厨房的门上锯开了一大条口子，没惊动警报就闯进了屋子。他们悠闲地在屋子里逛了一圈，把花里胡哨的廉价装饰品洗劫一空，还有所有银器。他们把这些东西带到厨房，放进自己的包里，然后聚在一起吃了一顿丰盛的晚餐，包括香槟和勃艮第葡萄酒，还有许多别的东西，就这样悠闲地吃完了晚餐。当他们起身准备离开时（凌晨3点左右），香槟和勃艮第葡萄酒的酒劲上来了，有那么一刻他们疏忽大意了，而这就足够了。当时有个小偷拔了插销打开了厨房的那扇门，警铃理所当然地响了起来。古德温牧师伸出他的左手关掉警铃，然后又呼呼大睡起来，但窃贼们却扔下赃物，不顾一切地逃走了。如果你知道怎么使用的话，防盗警铃还是很有用的。

当古德温为父亲建好大厦后,有次我正好经过那里。我打算进去看看房子的内部,而当自己踏进第一间房间时,我就碰到了古德温和一个裱糊匠。古德温就告诉了我件趣事,他说道:

“这屋子已经等待了好久了,但莫里斯牌壁纸却没能坚持到最后。你可以看到屋顶到地板的中间有一块空白的区域。我派人到纽约想再多买点这种壁纸——但已经断货了,然后我派人去了费城和波士顿,结果还是一样。据那些人所知,这种花色的壁纸全美国都没有一卷了。我写信给伦敦,得到的回复如出一辙——已经不印刷这种壁纸了——一码都找不到了。于是我准备让裱糊匠揭去所有壁纸,换上另一种样式。我感到非常惋惜,因为我最喜欢这种样式的了。就在那时,一个农夫样的人走到了房前,从你刚刚走过的单木板小道上走了进来,但他看到那里标志——闲人免进——虽然这个标志并未妨碍你进屋参观——但却让他止步了。我对他说“进来吧。”然后他就走了进来,由于这是走进来的第一间屋子,他很自然地参观了起来。他看到墙上的壁纸,很随意地讲道,“这样式我熟悉,在我格拉斯顿伯里农场的家中也放着这么一卷壁纸。”很快我就和他对出售那卷壁纸达成了交易,那卷壁纸就放在他的农庄里,他自己都不知道有多长,这东西对他来说也没有任何用处——现在我们就在补完那段空白。”

这只是个巧合,但我却觉得非常有意思。

莫里斯夫人的病情恶化

阁员敦促总统否认对她使用暴力

众议院进行讨论

谢泼德指责总统并且共和党领袖试图阻止他

《纽约时报》独家报道

1月10日,发自华盛顿——周四被从白宫强行拉走的麦纳·莫里斯女士今晚病危。

周六的时候,她的情况似乎有所好转,她的医生都认为她有希望在周一时出院。本周初,她的状况转为恶化,并变得越来越糟糕。今天她发生了充血性寒战,情况正继续恶化。今晚,她的神经系统已明显到达了崩溃的边缘。

警员对她施加的伤痕还未消退,足以证明他们出手之重。她的手臂、肩膀和脖颈仍是她所受待遇的明证,她的身心都受到了严重的创伤。

280 今天有消息称两位阁员(其中一位是国务卿塔夫)已经劝说了总统两天的时间,想说服他发表一份声明否认自己与巴尼斯助理的行为有关，是巴尼斯命令将莫里斯女士赶出白宫的，并向莫里斯为其遭遇道歉。他们同时也敦促总统采取措施，保证不再发生此类事件。

总统严厉拒绝了两位阁员的建议，他授权巴尼斯发表自己的声明，称莫里斯受到的对待是合理的，现在想要采取其他行动方针并不容易。然而，有高层透露，两位阁员并未停止他们的努力。他们都不认为“这只是小事一桩”，而是件严肃的事情。

今天众议院休会前，德克萨斯的谢泼德提及了莫里斯事件。他被允许发言 15 分钟，原本应该是有关菲律宾关税法案的普通讨论，但他的发言一开始便在讨论在周一呼吁的驱逐调查决议。他声称若没有规则委员会的许可，他是无法得到这一特权而在此时讨论莫里斯事件的决议的。

他之后便继续描述了当时白宫所发生的事件，他才进行了一两分钟，便被格罗夫纳将军打断了，他站起来提出质疑，认为和菲律宾关税案没有密切的演讲并未遵守议会的议事规程。

“我会告诉你他们之间的联系”，谢泼德继续说道，“在美国国境上筑起长城和在白宫外面筑起长城是同样恰当的事情。”

“如果他认为传讯总统和他的家人合适的话”，格罗夫纳将军说道，“那就这样做吧。”

“如果总统在临近的办公室里听到虎啸狼嚎”，谢泼德反驳道，“他就会迅速作出反应，但一个美国妇女的哀嚎他却充耳不闻。”

当格罗夫纳将军打断谢泼德时，场下发出了几声抗议，许多民主党友人都支持他继续演讲。他们为谢泼德对格罗夫纳将军的回击而鼓掌，而那个俄亥俄人也没有坚持他的观点。

“这些无法辩驳，也无需存在的野蛮人”，谢泼德继续道，“需要一次调查。如果国会不采取行动的话，我们将很快看到在一个自由的共和国内，民众无法不带着对来自于专制下属的暴力侵害的恐惧与他们所选举出的总统见面。”

当谢泼德快要结束自己的发言时，共和党的名义议会领袖潘恩重申了格罗夫纳将军有关规则的观点。而宾夕法尼亚的奥姆斯特德认为发言无需与法案内容相关，他是众议院的议长，负责国情咨文中全部众议院名下的全体委员会。

潘恩再次插话，问了一个问题。

“如果那位绅士掌握了攻击的事实的话”，他问道，“他不认为治安法庭是披露的更好去处吗?”

“这个建议是那位绅士自己考虑的结果,尽管他是我的朋友”。谢泼德回答道。

当谢泼德发言结束后,格罗夫纳将军发言说自己已经意识到这是合规的了,所以没有再争辩。

“但我申明”,他继续说道,“我只是想以一种温和慈爱的方式来提醒这位来自德克萨斯州的青年我反对他的观点。我希望他能够不再继
281 续谴责总统。他提出的决议已经由恰当的委员会受理了。这个决议要求得到真相,我相信那位绅士在决议被众议院通过之前,一定会等待下去的。”

“我对总统办公室和家庭的正当行为与国家里最卑微家庭的正当行为理解是一样的。我不相信这位妇女的丈夫在面对这样的情况时处理时会有任何的困难。”

今晚某政府高官称驱逐是次意外,自己就是目击证人之一。但当警员和黑人协警把莫里斯女士拖曳在地时,有几位女佣也看到这个场景,其中有人也大声叫道,“不要脸!”有位警员用手按着莫里斯女士的嘴巴,阻止她大声呼救,当时有位黑人男佣冲出来叫道:

“把你的手从那位白人妇女的脸上拿开! 你不能这样对待白人妇女!”

警员对他并未理睬,继续阻止着莫里斯女士大声呼救。

当时莫里斯事件在全美国甚至可能全世界都激起了轩然大波,而这也正是我把这茬事加入自传的原因。毫无疑问,在未来的某天,这些自传体记录会被公之于众。这些会在我死后发表,可能还要过 5 年,或许 10 年、50 年——但无论何时,即使是一个世纪以后——我都能说,那时的读者也会像现在的世人一样对这种记叙文产生强烈的兴趣,这是因为它很自然地使用了一种我们在讨论新鲜事时才会用的叙事方式。这种叙事方式能够将现在的有趣感觉一直传递下去。但如果 50 年后还是 100 年后,历史学家将此事重新挖掘,再用他自己的语言提供一种历史的观点,读者则会兴意阑珊。你看,在读者眼里这就不是新闻而是历史了,而且仅仅是历史而已,而在吸引力方面,历史绝不是新闻的对手。如果有人亲眼目睹了某事,并用记叙的口吻说出一些不同寻常的事件,这就是新闻——至少是新闻的形式,人们的兴趣也就一发而不可收,时间都无法对他有任何影响。我把这茬事加进来主要就想做个试验,如果这本书有任何一本孤本在 100 年内逃脱了造纸厂的魔掌,被人重新发现阅读的话,我敢打赌,这位多年之后的读者仍会认为这算是则新闻,会和那天早晨或白天读到的任何新闻一样有趣——如果那时还存在报纸

的话——我们还是希望那时报纸都不存在了吧。

我是在1867年秋天时产生这些想法的,当时我在华盛顿,也就是39年之前。那时我已经结束了在费城的短途旅行。我必须到华盛顿去撰写《傻子出国记》,在开始写书之前,我则需要赚点钱(或者借点钱)以支持写书时的生活开销——借钱比较困难,不受约束的借款更是不太可能。因此,我创建了一家新闻通讯辛迪加,或许是这个恼人世界上的第一家。这是我和威廉·斯温顿一同创办的,他是受人钦佩的约翰·斯温顿的兄弟。威廉·斯温顿很聪明,受过良好教育,教养很好。他和我截然不同,我都不知道谁的性格比较值得称赞,因为对这两种极端
我都同样喜欢。最漂亮和最丑陋的妇女都是我喜欢注视的对象,我对此也从不厌 282
倦,她们都做到了极致,我想对许多事情,可以说大部分事情而言,吸引我的都是这种程度。文学巨著会让我着迷,但更让我着迷的是他的相反面——"空洞无物"的劣作。以后我会再对"空洞无物"作出解释,并用放在床上的一本书当作举例——这书是最近从英格兰或爱尔兰寄过来的。

斯温顿有个酒壶,有时里面装满了酒,但几乎从不像他自己那么满——他信心满满的时候就是他写文章时的最好状态。我们每周写一篇文章,并复制送给12家报纸,向每家收取1美元稿费。尽管这并未让我们富有,但能保证壶里有酒喝,也能勉强喂饱我们俩。我们通过撰写杂志文章来赚取其他生活花销。这方面我比他赚得要多,因为我在费城旅行时给纽约论坛报写过6篇文章,回来之后还在纽约前锋报发表过一篇非常轻松的文章,因此我的名声还值不少钱,我能时不时地发表一篇杂志文章,获得25美元的稿酬。我和莱利当时租住在最便宜的出租屋里。我们俩还合租,但这出租屋还是倒闭了。自此以后,我始终相信以赊账的方式经营廉价的出租屋是个错误——但现在暂且不提莱利了,我们以后再说他。

我曾有机会写一篇杂志文章,内容是有关于一个困扰了那届国会的古老而过时的要求。这个要求从1812年战争后就一直困扰着国会,一直在处理,却从未得到圆满的结果。这个要求与玉米有关,主要是1812年战争期间提供给马里兰或其周边美军的粮食问题。我对此写过文章,收在我的一本书里,题名叫"有关大宗牛肉合同"。有必要先查出1812年时玉米的价格,而我发现这事有点困难。最后我找到A. R.斯波福德,他是当时的国会图书管理员——斯波福德有着惊人的记忆力——我把这个难题告诉了他,他知道图书馆里的每一册书,里面的内容和存放的位置。他迅速答道,"我只知道两类能够提供这个信息的来源:'托克价格表'(他把书交给了我)和纽约晚报。那之前报纸并不公布市场报价的,但大约1809年的时候,纽约晚报开始用便条纸大小的一片地方刊登市场报价,放在了日报上。"他给我拿来了一叠1812年的晚报。我先搜了一遍"托克价格表"然后又

搜了一遍晚报——速度非常快。我只有不到一个小时的时间可以搜寻,但在晚报中有篇个人记叙文立即引起了我的注意。这位绅士写的文章中说自己见证了英国人的入侵以及国会大厦的起火。这事触怒了他,而他对此也言辞激烈。那篇文章肯定在3天后引起了全纽约的愤怒与同仇敌忾,但热血沸腾的程度不会超过我59年后的感觉。当我读完那篇文章后,我发现自己已经花掉了所有的时间,或许还超时了。

283 1906年1月16日

继续15日的口述……

这件事给我留下了深刻的印象。我相信自己发现了点什么(上文已经提到过了),发现了"新闻"和"历史"间吸引力上的巨大差距:新闻是历史的最初形式,也是最佳形式,十分生动醉人;而历史只是他苍白平淡的翻版。

这让我记起来在这个每日的自传记录中,我总是将这两者混为一谈。我想通过这种方式兼采两者之美,我确信自己通过多次试验后,最后还是找到了撰写自传的正确方式。数年前,我写的自传章节还都只有一些条条框框的梗概,但事实上这些东西却毫无意义。如果我能在刚发生时就记录下来的话,我还能清晰地记得它们的有趣之处,它们还堪一用,但如果搁置几个礼拜或几个月的话,它们能展现的能量和激情通常就不复存在了。它们变成了明日黄花,已芳香不再,而我相信当下的计划是可行的。当你每天早上11点过来速记时,会看到我平静舒适地躺在床上,抽着烟,对自己必须工作的事实毫不介意,然后就开始口述自己的过去。如果我需要陈年的记录来激发自己灵感的话,那我就有麻烦了,这项工作也会很快变得令人反感。按我现在的方法根本不需要笔记。最先回忆起来的就是最值得叙述和记录下来的事情,能立即吸引你的新鲜事是一个人所能写的最令人舒适的文章了——每次你11点或者其他任何时间过来时,我也总会有新的趣事等着你——绝对新鲜的趣事——因为我或者能把在地狱读到的新闻带来人间,或者我和某人聊过天,两种情况下都会有新鲜趣事——这也是我最希望口述的趣事。你之所以能看到我每天如日记般叙述成果,这是因为这些文章肯定是从我刚读到或者谈论到的东西上发散而来的。当我口述完成文章后——如果真的曾经完成过的话,虽然我好像从未真正完成过任何文章——但这都无关紧要,我没有兴趣完成任何事。我只对任意畅聊和肆意离题感兴趣,不会估计将来读者的感受。其结果就是自传成了日记和历史的结合,因为只要我从当下的文章中岔开去——今天的想法——离题千里的我会记起另一些往事,结果就成了历史书,因此我的自传混合着日记和历史。每天早晨开始时特定的日记形式很珍贵,甚至应该更进一步,譬如说它极其宝贵。因为正是这种形式把一些八竿子打不着的事情相互串联了起来,产生了令人愉悦的惊喜,而这种联系无论何时都看上去那么确定。

我在三四年前口述过约翰·马隆的事情吗?如果我没有,那我一定和别人谈起过约翰·马隆。我现在记起来了,我曾和沃尔尼·斯君莫聊起过,他是玩家俱乐部里的图书管理员。他把自己写的书送到我家,通常这是想和我混个脸熟。我 284
是玩家俱乐部的创办人之一,但在3年前就退出了,俱乐部的管理层在这事上犯了大错,他们总是那么的愚蠢,这个管理层从筹建之初就是从城里的收容所里挑选委员的,而且还不是就近挑选,而是去最愚蠢的那家收容所里挑选人员的(我有时都想把这事都讲出来)。在过去3年中的某些时刻,我俱乐部里的旧相识和老朋友们(大卫·芒罗,迷人的苏格兰人,北美评论编辑;罗伯特·里德,艺术家;圣高登斯,雕塑家;约翰·马隆,息影演员;还有其他一些人都对管理层的行为感到愤怒——指的是把我驱逐出俱乐部的事情——他们也一直想通过一种不损害自尊的方式让我恢复资格)。最终他们找到了办法,他们为我争取到了荣誉会员资格,这项大方的荣誉让我非常得开心,我也乐于接受这种"谄媚"重回俱乐部(我并不喜欢"谄媚"这个词,但也无伤大雅,我暂时想不到更贴切的词语了)。大卫·芒罗和其他人就在一次晚餐中将这个盛誉戴在了我这头迷途羔羊的头上。在晚餐时,我从半开的厨房门中瞥了大家一眼,也看到了那个悲剧人物——约翰·马隆。他站在那里,他现在肯定已经被大家遗忘,已经65岁了;他50年的人生轨迹可以用两个生动的字来加以概括,即"遗忘"。他一直被人遗忘,长达大约两代人的时间之久。他一直希望自己能受到关注,他一直悲哀地盼望这个理想成真;在所有这些年里,他从未放弃过这个愿望,但也从未实现过。这些年里,我有时顺道走进玩家俱乐部,和大家聊天玩台球,而约翰·马隆通常会待到午夜甚至更晚。他在广场边租了一间廉价的屋子(格拉梅西公园附近),但俱乐部才是他真正的家。他有次向我说过自己的经历,以下是他自己的版本:

他年轻时是俄勒冈、威拉米特一份小周报的学徒工,后来有天晚上埃德温·布斯和他的剧团在镇上演出,这勾起了约翰的演员梦,他就加入了剧团,跟着剧团在西海岸巡回演出,也展示了许多有用的戏剧天赋——尽管只是对初学者而言的天赋,有时会跑龙套走上台,说一句"老爷,马车准备好了"。接着再身披闪亮的锡制道具出场,办成一个罗马兵,诸如此类。他逐渐开始扮演一些更重要的角色,慢慢地他已经和约翰·麦卡洛比肩,他们两人排在埃德温·布斯本人的后面,一同出演悲剧。当布斯退休或去世后,由他们俩中的谁来顶替布斯成了一个问题。据马隆自己说,那时候他和麦卡洛的声望不相上下,两者的机会也都有相同的机会。有次来了个绝佳的机会——在费城要演出一场大戏,原本由马隆来演主角,但他错过了自己的排练时间。约翰·麦卡洛就顶替参演了那个伟大的角色,演出非常成功,也让他受益终身。马隆确信如果他没有错过排练的话,那获得成功的就将会是他自己;现在约翰·麦卡洛获得的经久不衰的声誉就是他的囊中之物了;他之后的生活就会变得安逸舒适富有,到处都是赞美掌声和追捧,就像麦卡洛声名鹊起到去世前那样。马隆完全相信当时名声和财富就在自己触手可及的地
285 方,而之所以与之失之交臂只是因为自己没赶上一班火车。他从那天开始就一日不如一日,年复一年,慢慢地开始走下坡路了,最终他都不愿再走上舞台,他能抓住的角色一点点都溜走了,最终全部消失了——不论何种角色的邀约。但他却始终相信,也一直期盼着,自己会时来运转的;他会获得在某部大剧里出场的机会,而他说,这个机会也就是他期望的全部。他相信那时全世界就不会再怀疑自己是埃德温·布斯的最佳接班人了,那天以后,他将名利双收,过着幸福的日子。他从未放弃过这个梦想,三四年前,我记得他曾经为自己能够和一些私人演员演出在纽约某个大剧院里演出“奥赛罗”而欣喜不已。我也记得那些私人演员最后放弃演出,取消了马隆的邀请时,他深深地痛苦和忧伤,这可是他可能得到的最重要演出机会了,就这么被他们剥夺了。

就像我之前说过的那样,那天晚上吃饭时我从半开的门里看到了他。他一直待到了晚餐结束,一直被众人“遗忘”。但当发言结束后,其中一些人开始站起来围在一起聊天,马隆蹑手蹑脚地移到了我旁边的空座上坐了下来。我也立即坐了下来,开始和他交谈,我对他总是很有兴趣——我想人人都是如此。不久之后,纽约市立大学的校长走了过来,伏在约翰身上,问我去年夏天的事情,还问我在都柏林的时候是否怀念新罕布什尔的山丘。接着,为了让约翰也能加入聊天,校长问他是否去过都柏林,对那里是否熟悉。马隆说得很朦胧,像是在回忆过去许久的事情一样,“他在曼彻斯特的哪边?”芬利校长告诉了他答案,约翰就接着说,“我从未去过都柏林,但我有些在曼彻斯特的回忆。我敢肯定我曾去过那里——但也就待了一晚。”

这让我微微有些开心,一种亲切的满足,就在他说“就待了一晚”的时候。这似乎揭示了在半个世纪里,他都白日梦地以为自己就是埃德温·布斯,而从未意识到自己只是约翰·马隆而已——他以为自己是埃德温·布斯,未来还有着成功伟大,经久不衰的事业,而“一晚上”变得微不足道,如果不珍惜这点点滴滴记忆的话,也难以保证他们的真实性。他说话时一副非常冷漠的样子,就像镇定的拿破仑轻描淡写地回忆起一场只死了几个士兵的小冲突一样,觉得根本没有深究的必要。

昨天,我和沃尔尼·斯君莫聊到了约翰·马隆。我是有目的的,但我并未告诉斯君莫,大卫·芒罗没法出席那场晚宴,因此作为补偿,他在 2 月 6 日办了另一场晚宴。大卫把邀请名单告诉了我,并问我是否我有想要邀请的人,要我思考后

将名字寄给他。我想都没想,便在便签纸上写下了我选择的人——约翰·马隆——我希望到那时他不会是孤零零的一个人,也知道除非是大卫的意愿,否则他是不会被遗弃的,但我并不认为大卫会有这种意愿。我在和沃尔尼·斯君莫交谈时曾经试探过一两次,只是问他约翰·马隆和其他玩家俱乐部里的会员关系如何,得到的回答很干脆也很简单,所有人都喜欢约翰·马隆,每个人都同情他。 286

然后他告诉了我约翰·马隆的往事。这和我从马隆那里听来的内容有几处不同,但我必须说在概要方面并无不同。我听到了一个过去不曾了解的情况——约翰并非单身,他有个已经出嫁了的女儿,就住在纽约的某处。斯君莫后面的话让我大吃一惊:约翰·马隆很早之前就加入了埃德温·布斯的公司,而斯君莫当时也在里面工作,在公司西海岸和美国其他各地的巡演中他一直陪伴在约翰身边,长达好几年的时间。你看,有个完全陌生的人用一种最随意的口吻走进了这个故事,我知道有关他的第一件事情是,他是一个我现在记忆中首先浮现出来最老掉牙的人物。这就是你在创作日记和历史结合体时会发生的情况,只有通过这种方法你才能回忆起这些事情。如果你想刻意地记住,想把他们用历史的形式在一两个月后记下来,这又是何必呢? 那时你已经压干了里面丰富的内容——你没法回忆起细节。而更重要的是,他们无论如何都已经不再令人惊奇或愉悦,他们都已经被浪费了。

好吧——昨天乔·特威切尔从哈特福德赶来参加晚宴,待了整个晚上,吹了些牛,下午时他就坐在床边这里,我们聊着天,我和他讲了约翰·马隆的事情。特威切尔今天早饭后过来聊天(16号),他给我带来了下面的这段从早报上剪下来的文字。

老演员离世

约翰·马隆,玩家俱乐部的编史者

约翰·马隆是玩家俱乐部的编史者,也是这个国家里最年长的演员之一,昨天下午在毕晓普·格里尔格拉梅西公园7号的家门口突然中风,那里距离俱乐部只隔了几扇门。毕晓普·格里尔看到了他的倒地,他和他的佣人一起把马隆抬回了自己家。马隆当时已没有意识,毕晓普电话通知了警察总部。

贝尔维尤医院派来了一辆救护车,由霍克斯医生负责将马隆送至医院。之后,玩家俱乐部将他转院至研究生医院,当天晚上他就在那里去世了。

马隆活了65岁,在过去的一代人中他辅助过所有的著名演员。很

> 长一段时间里，他都与布斯和巴雷特一起演出。他时常参演各种剧目，但晚年已较少演出，而是把自己的大部分时间贡献给了杂志的写作事业。他和已出嫁的女儿一同住在西147号大街，几乎每天都会去玩家俱乐部，他就是在前往俱乐部的途中遭遇中风的。

你看，这里又有一个令人惊奇的地方。当我和特威切尔在谈论约翰·马隆时，他却已经过时了。他的失望也随之终结了。最终他并未被人“遗忘”，这是场漫长的等待，但也是他最终最珍贵的财富。

287 刚才我在说，当我在39年前发现“新闻”和“历史”差别后，我冒出了一个想法，要办一本名字叫“过期杂志”的杂志，里面只摘录一些过去的新闻，内容都取自发霉的旧新闻和旧书中的记叙文章，而且都要是事件发生时的亲历者的记叙文章。

1906年1月17日，星期三

前承1月16日的口述，有关席寇斯将军……

自此之后，我经常努力想让出版商试验发行这种杂志，但从未成功过。我从来没有说服过一个出版商，让他相信“过期杂志”会引起公众们的兴趣。他们中没人能够理解理智的我从这件无聊事情上发现的兴趣。我3年前做了最后一次尝试，我还是没有能够说服对方，但他们也没有说服我。我自己依旧确信“过期杂志”会获得成功并受到追捧。我对另一件事情也十分确信——“过期杂志”会比过去发行过的任何杂志都具有优势。也就是说，人们只要读了里面的第一段文章，他就会把这本杂志完全读完，不会跳过任何内容——而之前的任何杂志里面能够吸引读者的文章都不超过三篇。杂志里需要放上十来篇文章以适应6种到8种不同的口味。人们会为了其中的一篇文章而购买杂志，而另一个人会对另一篇文章感兴趣，以此类推；但没有人是因为全部内容而购买杂志的。而我认为人们会为“过期杂志”里的所有内容购买杂志的，所有读者都会通读全部杂志。

“潘恩，我和你开办这个杂志吧，尝试下，你愿意从旧书和旧新闻中选择文章，并做编辑吗？”

潘恩答道，“我十分乐意，如果我们能开始的话”。“很好，那么我们一点点尝试吧。”

那天晚上，我和特威切尔在雨中穿过街道，和席寇斯将军一起待了1个小时。现在席寇斯已经81岁高龄了。我之前只见过他一两次，尽管在一年的时间中，我们之间只隔了一条第九大街。他年事已高，没法登门拜访，而我则是太懒了。我还记得他开枪杀死菲利普·巴顿·基的事情,他是《星条旗》作者的儿子,我记得这件事在全国引起了强烈的反响。我想这都是50年前的事情了。我只模糊地记得这事发生在华盛顿,当时我也在那里。

我认识席寇斯将军已经有四十八九年的时间了,因为我和特威切尔就认识那么久了。内战时期,特威切尔是席寇斯旅团的一名牧师,他总是热衷于谈论将军的事。特威切尔在战争期间都在席寇斯麾下,每次他来到哈特福德时,都会义务般拜访将军,向他致敬。老席寇斯性情温和,一副英俊庄严的军人形象,语速平 288
和,用词恰当——应该说是完美的英语。他的话很有趣,观点鲜明,但由于没有重点散布其中,语调也并不活泼,因此很快会变得沉闷单调,让听众觉得昏昏欲睡。特威切尔不得不偶尔踩下我的脚,已故的比尔·奈有次曾说,“有人告诉我说瓦格纳的音乐要比听起来的还要好听。”这种巧妙的描述概括了许多人们想形容而无法形容的东西,似乎也恰好合适用来形容将军的说法方式。他现在讲话已经比过去好多了。不,我的意思并非如此——总觉得少了点什么。或许这是刚才引语的又一例证。或许奈会说“这比听上去的还要好。”我想就是如此,他的话听起来不是愉悦,而是令人非常愉悦的。

席寇斯在盖茨堡丢了一条腿,我记得特威切尔提到当时的情形。在一次长时间散步中他提到过这事,那是在很多年前的事情了,我已经不记得具体的细节了,但我还能记起特威切尔为我描绘的那个场景。他的腿是被炮弹击中失去的。特威切尔和其他人把将军送出了战场,把他安放在树下一张树枝搭成的床板上。当时没有外科医生在场,特威切尔和天主教神父奥黑根做了条救急止血带以免鲜血直流——我想正确的术语该叫止血。最先出现的是一位新闻通讯记者。席寇斯将军以为自己快要死了(如果特威切尔如他身上这套制服要求他的那样诚实的话),席寇斯将军把未来的事情都放在一边,以求能以适当的方式离开这个世界。他向通讯记者口述了自己的“遗言”。这是特威切尔的主意,这点我记得很清楚,将军无疑受到了之前几人糟糕遗言的影响(无论是出于故意还是无心),这些人活得都比自己的名声还要长(他们在剩下的岁月中享尽荣耀),将军将让自己的遗言能够名垂千古,成为后代瞻仰的不朽之作。特威切尔复述了那些遗言,我现在已经忘掉了里面的内容,但可以说和符合他目标的要求。

现在,我们坐在将军旁边,听着他的单调讲话——是在讲他自己的事情,他总是这样,也总是显得谦逊,克制和没有恶意——对我而言他就是那种宁愿得不到救赎也要用花哨的方式讲出自己“遗言”的人。他就这样喃喃自语着,尽可能的简洁和美妙,并且我想说:他对别人的评价都很高。他会严厉批评某人某事——可能是战场上的某人——但讲法依旧礼貌满怀尊重。他说的话都没有恶意,他最多也是认为自己在评论他们。

我后来注意到相比于完好的那条腿，将军更珍视失去的那条，我四五年前也曾注意到过这一点，我非常确信如果能让他选择断掉哪条腿的话，他一定会选择现在完好的这一条。在其他几位在内战中残疾的将军身上我也注意到了相同的结果。里面就有威斯康星的费尔柴尔德将军，他在一次大战役中丢了一只手。当他在巴黎担任总领事时，我们克莱门斯的家人会时不时在那里逗留一会儿，和他
289 及他的家人也逐渐熟稔，我知道在合适的场合，费尔柴尔德将军将会有机会举起摇晃自己的断臂残肢。这事很容易得到他人的谅解，而我也正是这么做的。

诺伊斯将军是我们当时的驻法大使。他在内战中断了一条腿，他为人非常虚荣，我该这么说他，所有人都能看到——当然我也看到过——只要有募捐聚会，诺伊斯将军就会消失不见。除了他丢失的腿外，他已经一无所有了。

好吧，席寇斯将军坐在沙发上说着话。那是个奇妙的地方，有两间大屋子——折叠门打开着的接待室——包括地板、墙壁、房顶，凌乱地铺着狮子皮、老虎皮和美洲豹皮、象皮；里面还有将军各个时期的照片——便服照；制服照；在墙上挂着围成奖杯状的佩剑；各处也都挂着各种旗帜，还有许多动物和毛皮；到处都是毛皮，我猜多数是野生动物的毛皮——非常漂亮的毛皮。在你穿过走道的时候，根本没法不绊到那些狮子或其他动物的坚硬颅骨。除了天鹅绒般精致的虎皮或豹皮等以外，你没法找到另一个能够搭手的地方。那里有所有的毛皮，这地方就像是动物园里的脱衣展。这里还有一股挥之不去的难闻气味，是消毒剂、防腐剂还有其他你需要洒在毛皮上以免蛀虫的药剂的味道——因此从这个方面讲，这地方并不舒适。他有点像博物馆，但却还未威严到能够成为一个伟大军人的博物馆——他可是个非常有名的军人。这种博物馆只能讨得小男生和小女生的欢心。我想这个博物馆能揭示将军的一部分性格特点，他有些孩子气，很甜很迷人。

有一次在哈特福德，那是在20年或25年前的事情了，星期天早晨，特威切尔刚从自己的门口出来，前往教堂布道，一份电报送到了他的手上。他立即翻阅了其中的内容，然后在某种意义上崩溃了，上面写着“席寇斯将军于昨晚午夜去世。”

好吧，你知道事实并非如此。但无论如何，乔当时就是这样想的。他独自一人走到教堂，但思绪早已飘向远方。对将军的崇敬之情全部都涌上了心头。他的心中充满了这些情感，他都认不清自己是谁了，他站上讲坛，开始布道，但却几乎控制不了自己的声音。教堂会众们从未见他在讲坛上如此情绪波动过。他们坐在台下，盯着他，想要知道到底发生了什么事，他用沙哑的声音布着道，脸颊边不时掉下几滴眼泪，但所读的章节对他们而言似乎并不感人——摩西带来了亚伦，亚伦带来了“申命记”，“申命记”带来了圣彼得，圣彼得带来了该隐，该隐带来了亚伯——他还半带哭腔地讲着——声音依旧沙哑。直到众人上午离开教堂时，他

们依然没有弄明白这件奇特的事情(至少对他们而言)。这人在军队服役了4年,又在讲坛上布道过这么多次,其中还讲了许多动人的主题,嘴唇也从未颤抖过,但 290 今天讲系谱时却声音沙哑,实在让他们难以理解;但也正是这样,任何人都能察觉到的疑惑也将人们的好奇心推到了极致。

特威切尔冒过很多险。他1年内的冒险次数要比其他人5年内的还要多,某个星期六的晚上,他发现妻子的梳妆台上有个瓶子。他以为标签上写的是"生发剂",于是就把瓶子拿到了自己卧室,劈头盖脑地洒满了自己的头发,然后将瓶子放回原处,不再关心这事了。第二天一早,当他起床时发现自己的头发变成了亮绿色!他各处找人,也找不到能够顶替他布道的牧师,因此他不得不自己前往教堂布道——他也确实这么做了。当时他想不出任何轻快的布道内容,因此不得不讲一些非常严肃的内容(非常得严肃),而这让事情变得更加得糟糕。沉重的说教比照头发的轻快颜色显得非常突兀,人们坐在那里,用手绢捂着自己的嘴巴,控制自己不会笑出声。特威切尔后来跟我说,他当时确信以后教众们(全部的教众)都不会来了,他们曾深深被他的布道所吸引,能够从头至尾耐心听完。当然也会有部分内容了然无趣,有时会东拉西扯两句,但这次的情况并不一样。这些人坐在那里,似乎在想,"今天的布道太棒了,我们应该好好的听讲,不能错过一分一毫。"他说当自己走下讲坛时,有比平常更多的人等着和他握手,称赞这场布道。这些人在这种地方(就在教堂边)还如此虚情假意实在令人伤心,很明显他们根本就对布道不感兴趣,他们只对凑近欣赏他头发的新颜色感兴趣。

特威切尔说——不,这不是特威切尔说的,而是我说的。日子一天天过,周末接着周末,人们对特威切尔头发的兴趣也与日俱增,他的头发还不仅仅是一层不变的绿色,而是逐渐变淡变暗;而后转而一变成为微红色,然后再转变成为其他颜色——淡紫、淡黄、淡蓝等——这种颜色从不一成不变,总是色彩斑驳。每个周日都要比上周更加有趣——特威切尔的头发开始变得人尽皆知,纽约、波士顿、南卡罗来纳和日本等地的人们纷纷闻名前来。他的头发令人着迷的变幻着各种颜色,讲堂里已经没有足够的椅子容纳所有人了。从几个方面讲,这都是件好事,生意气氛减少了一些,许多人走进教堂聆听布道,教堂开始兴盛,这几年来都未曾衰退过,乔从未碰到过能和这事相比的好事了。

他说——不,那是几年前,他曾和军中小贩聊天。在席寇斯的旅团中有个小贩,一个北方佬,这人能力出众。其他所有小贩都会在战斗前夜,战斗中或是战斗后离开,但他却不一样。他从不会避开任何东西,因此他也非常受人尊重,享有声望。他有时会喝醉酒,醉酒是有周期性的,但你没法知道什么时候他已经醉了,因 291 此你也没法事先做好准备。对此做好准备很必要,当他喝醉后就不会顾忌任何人的情感和愿望了。他会做任何他想做的事情，没人能劝得动他。而如果这事是他不想做的，也没人能够说服他去做这事。有一次军中小贩喝醉时，席寇斯将军正好在自己的司令帐篷里宴请其他的将军，他的厨师、勤务官还是别的身份相符的人慌张地跑到将军面前，报告道，“小贩醉了，我们没饭可吃了，没有可以烧的食物了，小贩他不想卖任何东西给我们。”

“你有没有告诉他是席寇斯将军想要这些东西？”

“是的，将军，但这对小贩没有用。”

“那你就不能让他……”

“不，我们没法强迫他做任何事情。我们还有一些豆类，但这也是我们所有的食材了。我们曾试图说服他看在您的面子上卖一磅猪肉给我们，但他也不答应。”

席寇斯将军回答道，“那派牧师吧。让特威切尔牧师过去，小贩对他有好感，他对特威切尔牧师非常崇敬尊重。让特威切尔过去看看能不能说服小贩卖一磅咸猪肉给席寇斯将军。”

特威切尔就去办这差事了，他继续说道。

小贩撑在某个东西之上，有些站立不稳，组织着自己的语言，找到合适的后说道：

“卖一磅猪肉给席寇斯将军？噢，回去告诉他即使是上帝我也不会卖的。”

这是特威切尔的故事版本。

让我们回到安放留着血的席寇斯将军的那棵树下，那时他正在构思自己的遗言。三刻钟后终于找到了一个外科医生，这是场大战役，到处都需要外科医生。医生抵达时都已经是傍晚了，那是个7月的晚上，安静而无风，旁边点着一支蜡烛——我记得是有人坐在将军的枕边，手里拿着蜡烛。光线刚够照清将军的脸庞，旁边还围着几个模糊的人影。黑暗中有位副官挤进了人群，从他的马上轻跃而下，靠近脸色苍白的将军，军姿挺直行礼，用军人式就事论事的方式回复将军给他所下的命令，报告说军团已经完成了向指定支援点的移动。

将军礼貌地向他道谢，我感肯定席寇斯一直就这么彬彬有礼，人临死前还能如此有礼是需要经过训练的。或许很多人都尝试过，但只有很少的一部分真正做到了。

292

1906年1月18日，星期四

蒂尔曼议员谈及莫里斯事件——约翰·马隆与奥地利女皇葬礼的反差——延伸到决斗

南卡罗来纳州的蒂尔曼议员在前天发表了一场演说，对总统提出了坦率而不失亲密的批评——他将其称为联邦主席,但据我所知,联邦主席这一职务已经消失40余年了,或许我们需要将克里夫兰排除在外。我记不起其他任何人曾经当过联邦主席——或许之前曾经出现过一两位,或许并非一直是共和党的主席,但在某段极短的时间内当过真正的联邦主席。蒂尔曼的发言中谈到了莫里斯受到白宫驱逐的事件,我认为他对总统的指控也十分适当贴切。至少他的处理方式很合我的胃口,对我来说很美味。我很高兴有人能够将此事公之于众,并能认真对待,无论他的动机是否高尚,这很必要。整个国家、整个出版界都像奴隶般温顺地默不作声,每个人私底下都会希望(我也是其中之一)有良知的某人能够站起来,表达出必要的愤怒,蒂尔曼正中我的下怀。几天前我本想自己对此事发表看法,但我已经已经开始计划另一项公众关注问题的日程且可能存在一两股阻力,而同时开展一项活动就需要我投入全部精力了。他的观点是:总统总是将信件和电报扔给无名小卒,自己不理一事。他似乎从不缺乏处理那些根本不存在任务的时间。因此此时此刻,作为一名绅士,他必须站出来说几句话,告诉莫里斯女士和她的朋友们,自己迫切地表达自己的歉意,他的白痴助理秘书把国家官邸变成了海员宿舍,他也将对巴尼斯和其他接待室警卫提出警告,让他们以后出事更加温和些,避免像白宫这样的崇高房舍内中再次发生这种不光彩的事情……

我不喜欢蒂尔曼,他的二表姐在3年前杀死了一位编辑,那位编辑连自卫的时间都没有。我承认杀死编辑总是个聪明的选择,有时还很必要,但我认为作为一名美国的参议员,他应该尽己所能让自己的二表姐保持克制,然后自己冒点风险用一种体面的方法解决此事。我不清楚蒂尔曼在他政治生涯中做了许多对他声望影响很大的事情,但我喜欢他这次所站的立场。总统坚持拒绝听取他那些理智朋友们的劝告——他们曾想说服他对巴尼斯的行为作出否认,并对发生的事情表达遗憾。而蒂尔曼的立场我在一分钟之前已经说过了,效果也很显著。他提醒 293
参议院说此时此刻总统的自尊不允许他对莫里斯女士和她的朋友们作出善意后悔的道歉,但他却有时间向在遥远西部的拳击冠军送上赞美和欣赏的卡片。如果罗斯福总统不受欢迎的话,人们会更早地抓出这个把柄,结果也会严重得多。但正如我上文所说的那样,全国人民和报界都忠诚屈辱地保持了沉默,祈祷期待着能杀出个冒失鬼把他们藏在心中难以启齿的话给说出来。莫里斯女士打破了这个平衡,增加并延长了8000万人民心中的不满,她一直挣扎在死亡的边缘,却从不康复或者就此去世,以上的任何一种情况都会缓和这种紧张的气氛。而现在,不满仍会继续,蒂尔曼当然没有放过这个机会。

(我的生日演讲就是我想在这里引用的文章。我任何时候都不想离这篇文章太远,总是放在伸手所及的地方。)

今天早上,我们为老好人演员约翰·马隆送了葬。他在玩家俱乐部的老朋友们全部都参加了,这是我有生以来第二次参加天主教葬礼。我坐在教堂里,回忆着过去的往事,自然而然地想到了另外一次经历,其中的反差深深地吸引住了我。第一次是奥地利女皇的天主教葬礼,6 年还是 8 年前她被暗杀身亡。奥地利皇室有许多历史悠久的贵族家庭,奥地利是由许多王国和公国合并而成,19 个州郡内住着 11 个不同的民族,贵族们身着传统服饰,这些都是四五个世纪前他们的祖先在国家庆典中所习惯穿着的服装,各式华美的服装组成漂亮的图画,超过了我一生中所有在歌剧、戏剧、画展和书中看到的华美服装的总和。黄金,白银,珠宝,丝绸,锦缎,天鹅绒,应有尽有;它们光彩夺目,漂亮地错杂着,非常和谐,只有当大自然自己绘制阳光下的鲜花、森林和洪水时,才能掌握这般娴熟的技巧。军队和中世纪的城市女帽贩卖商才懂得这种买卖。服饰的花样数不胜数,没有一件丑陋的衣服,也没有一件衣服破坏了整体的和谐,或者让眼睛感到不悦。当这一大群服饰静止不动时,它们柔和而丰富,感觉上漂亮极了;当这一大群服饰动起来时,稍微一动那些金属和珠宝都会闪闪发亮,让我欢喜而入迷。

但今天早上则有所不同。大家都穿着类似的衣服,都很简单,没什么色彩。俱乐部的会员们就穿着他们平时的衣服,但为配合仪式多戴了一顶高顶硬礼帽。但尽管如此,约翰·马隆的葬礼依旧与女皇的葬礼一样令人印象深刻。除了人为的不平等以外,约翰·马隆和女皇之间并无差别,而这些也仅仅是人们幼稚的虚荣心在作祟。女皇和约翰都有一颗善良的心,一生也都无可指责。去世时都有他人陪伴,躺在棺材里,受人尊敬敬重,两人也都从教堂一路走来,前往同一处安息之地——按照天主教的说法,即是炼狱——之后按照他们朋友的贡献大小(无论是金钱还是祈祷)决定是留在炼狱还是升到更好的地方。神父用一篇精美的文章向我们解释了约翰的最后归宿之地,还说了决定他留在炼狱或者是继续旅程的条件。约翰没有什么钱,他的朋友们也是。女皇很富有,她的朋友也一样,约翰·马隆的前途并不光明,我为此感到惋惜。

或许说自己只参加过两场天主教葬礼是种错误的讲法。我想我在内华达的弗吉尼亚镇上也参加过一次,大概是四十多年以前——也可能是在加利福尼亚边境上的埃斯梅拉达——但即使这事发生过,我也没有多少记忆了,已经模糊不清了。我确实在那里参加过一两次葬礼(或许有十几次),这些都是暴徒们的葬礼,他们试图通过消灭其他暴徒来净化社会——他们也的确做到了,但和他们制订的摧毁政府计划并不相同。

我也参加过几场因决斗而丧生的人的葬礼——我还可能帮那个决斗者开过船,但教堂会为决斗者办葬礼吗?是他自己招来的死亡,这在本质上不算是自杀吗?为什么不把他排除在外?好吧,我现在已经记不清具体事情了,但我想这应该是场决斗。

1906年1月19日，星期五

有关决斗

在早年，决斗曾经突然在内华达的新开拓领地内风行一时，1864年时，所有人都想找机会参加这项新鲜的体育运动，而主要的原因是，如果不把人打死打残或者被人打死打残，就得不到别人的全部尊重。

当时我在古德曼的弗吉尼亚城市企业报供职，已经当了两年的本地新闻编辑。当时我29岁，我在很多方面都很有野心，但对这种古怪的狂热风潮则避之不及。我根本不想和人决斗，也不准备挑起任何决斗。我并不觉得自己受人尊重，但安全的感觉已经让我相当满意。我为自己感到羞愧，其他职员也为我感到羞愧——但我仍旧安之若素。很多事情让我已经习惯了羞愧的感觉，因此这并不会让我感到任何的新奇。我能很好地承受住这种感觉。普伦基特和R. M. 达格特也都是报社里的职员，他们想参加决斗，但当时都失败了，还一直在等待着机会。古德曼是我们中唯一一个维护了报馆声誉的人。弗吉尼亚联合报是我们的竞争对手。汤姆·费奇当过该报一小会儿的主编，人送外号“威斯康星的雄辩演说家”——他是从那里过来的。联合报的社论专栏里有他的演讲稿，而古德曼邀请他出来决斗。我记得费奇接受古德曼的挑战后，全社员工都一片欢腾。那天很晚的时候，我们跑出去为乔·古德曼加油。他当时只有24岁，他还没有29岁的人才有的智慧，他非常得高兴，而我却并非如此。他选了格雷夫斯少校作为自己的副手（这个名字并不准确，但相差不大，我已经忘掉了少校的准确名字了）。格雷夫斯跑过去告诉乔在决斗中需要的注意事项，他在“天命灰眼人”沃克手下当过 295
少校，跟随那位非凡之人南征北战，肆虐中美洲，在这事上就能知道少校的为人了。提到沃克手下的少校，这是沃克的表彰授勋，说明少校不仅勇敢，而且勇敢到言辞都无以表达的程度。沃克的所有手下都是如此。我和吉利斯一家很熟，他家父亲和一个儿子在沃克手下当过兵，他们参加了难忘的广场战斗，和沃克麾下的其他人一样，他们也都坚持到了最后的大会战。儿子被本方的士兵误杀了，而有颗子弹击穿了父亲的眼睛。当时他已经年纪很大了，戴着眼镜，子弹就和镜片一起射进了他的头颅，并一直没有被取出来，后来我去他在旧金山的家中拜访时，看到他情绪激动时经常会流出眼泪和玻璃来，这个场景非常感人。如果合适条件的话，玻璃也会神奇地自我复制。掉下来的眼镜都已经碎成渣了，因此没有市场价值，但他长年流出的玻璃积累起来都可以开一家眼镜店了。家中还有其他几个儿子：斯蒂夫、乔治和吉姆，他们都非常得年轻，只能算是少年，他们也想参加沃克的远征,他们都继承了父亲大无畏的性格。但沃克没有同意,他说这是场严肃的远征,没小孩的事。

少校身材魁梧,他军人式的举止让人肃然起敬,印象深刻,他彬彬有礼,优雅迷人,这种与生俱来的气质在后天的培养下更为明显。他还有一种特质,我只在鲍勃·豪兰身上也曾看到过,那种眼中闪现的神秘目光;如果他用警告的眼神扫向他人或队伍,这就已经足够了。具有这样眼神的人根本不需要带枪,他不用说话,就能降伏持枪暴徒。我有次曾见到鲍勃·豪兰这么做过,他身材瘦小,性格亲切温和,甜美的蓝色双眼只要一笑就能俘获你的心,或是让你心灰意冷,根据当时的情形而定。

少校站在乔的身边,离斯蒂夫·吉利斯15步远的地方,他让乔向右转向斯蒂夫,为他威力十足的海军六发式手枪上好膛,枪口对着脚笔直朝下;少校告诉乔说这是拿枪的正确姿势——说弗吉尼亚镇上的常用姿势(将枪朝天高举,然后再慢慢对准对手)是完全错误的。当听到"一"时,你必须慢慢地抬起枪,稳稳地对准你想射击对方的那块区域。然后稍作停顿,"二、三——开枪——结束!"当听到"结束"时,你就可以射击了,但不要提前行动。听到这个指令后你可以给自己尽可能多的时间。然后当你开枪之后,你可以提前并且在你空闲的时候持续射击,或者在你乐意的时候继续,如果你能从中感受到愉悦的话;而与此同时,如果对手也接受过恰当的指导,并且那时还能活着能比你先开枪的话,那你多多少少会有点麻烦了。

乔很自然地将左轮手枪指向了斯蒂夫的胸口,但少校说道,"不,这不是个明智的选择。尽量冒险被杀,也不要冒险杀人。这样你即使从决斗中幸存下来,你的后半生和睡眠也不会被这段记忆所困扰。瞄准他的小腿;不是膝盖,也不是大
296 腿;那些都是危险的射击点。瞄准小腿,打瘸它,但其他部分还是给他母亲吧。"

受益于这个睿智的杰出指导,乔的子弹射穿了对手的小腿,让他摔倒在地,让他成了永远的跛子。而乔只掉了一小撮头发,当时他的头发可比现在茂密的多。一年前我在纽约碰到他时,平头已经消失不见了,光秃秃的头顶上只有一条发迹线了。

大约一年之后,我的机会也来了,但并不是我主动提出的。古德曼当时去旧金山度假一周,而我成了临时主编。我原以为这活很轻松,只要每天写一篇社论就好了,结果却大失所望。在第一天我就没法找到任何能写的题材。后来我突然想到那天是1864年4月22日,第二天就是莎翁诞辰300周年纪念日——我难道还能找到比这更好的主题?我找来百科全书,翻阅查找了莎翁的生平事迹,我借用了里面所有的内容写成了一篇文章,镇上了解艺术的人都对莎翁非常熟悉。莎翁的事迹没法撑满整篇社论的必要长度,我就编造添加了一些他未曾做过的事

情——某种程度而言,这些事情要比莎翁做过最漂亮、最杰出的贡献还要重要醒目,具有可读性。但第二天我又有麻烦了。没法再找出另一个莎士比亚来凑数了。历史上,甚至在未来,世上都不会发生任何适合这里读者的社论内容,因此就剩下一个可选的主题了。那就是弗吉尼亚联合报的老板莱尔德,他的主编也去了旧金山,所以莱尔德亲自负责编辑。我用当地新闻主编间最流行的礼节问候了莱尔德,但第二天他却回赠给我最刻薄的回击。我评论他的一些言语伤害到了他,一些鸡毛蒜皮的小事,我现在都记不得了,或许是把他叫作盗马贼,或是其他编辑间相互称呼的诨号。这种称法无疑很贴切公平,但莱尔德为人敏感,他不喜欢这个称呼。因此,我们期望接到来自莱尔德的挑战,这是当地的决斗者重新调整改进了的决斗礼节——一旦你出言不逊冒犯到了别人,以同样的恶言回击并不足够:礼节上他需要提出挑战,因此我们就等着他的挑战,等了足足一整天,但挑战并没有来。时间一小时一小时的走过,但还是没有接到挑战,大家都有些失望。他们都心灰意懒,而我却很高兴;时间越久,我就越高兴。他们没法理解这些,但我能。我生来就是在别人垂头丧气时能感到高兴的那种人。所以我们不得不越过礼节,直接向莱尔德提出了挑战。当我们作出这个决定后,他们都高兴了起来,但我却开始有些闷闷不乐了。然而,在这样的公司中,朋友们完全能左右你的行动。达格特为我写了封挑战信,达格特能写出我所没有的富有说服力的恰当语言。达格特用一堆难听的绰号称呼莱尔德,用词恶毒,盛气凌人,想要说服他接受 297
挑战;我的助手斯蒂文·吉利斯送去这封挑战信,并等待着他们的回音。他们还是没有来,大家都被激怒了,但我的心情还很好。斯蒂文又送去了另一封挑战信,言辞更加激烈,等着他们的回信,但还是杳无音信。我觉得相当得舒服,我自己对决斗都开始有点兴趣了。之前,我一点兴趣都没有,对我而言,自己似乎不费吹灰之力就积累了大量珍贵的声誉,随着一次次的拒绝,我也越来越高兴,到半夜时,我都开始觉得世上没有比决斗更令人期待的事情了。于是我让达格特一封接着一封地写着挑战信。好吧,我有点做过头了,莱尔德最终答应了挑战。我应该知道会有这个结果的——莱尔德从来就不是你能指望的那种人。

大家喜出望外。他们帮我达成了心愿,虽然我并不高兴,之前也尝尽过这种苦头了。他们把我带回家,我一点都睡不着,也不想睡觉。我要想很多事情,但只有 4 个小时的时间,那场悲剧被安排在 5 点开始,而我必须利用 4 点后的一个小时来练习左轮手枪,了解怎样才能把枪口对准对方。4 点时我来到离镇 1 英里以外的小峡谷中,借了一块谷仓门作为标记——那门的主人正在加利福尼亚旅行。我竖起谷仓门,在门中间插了根栅栏,用它代表莱尔德。但用栅栏当莱尔德并不合适,他可要比栅栏更瘦更长。只有铅垂线才能和他相提并论,子弹都碰不到他——这已经是决斗中能想象的最厉害武器了。我开始用栅栏练手,但怎么也射不中;我又开始射击谷仓门,但依旧射不中。除了目标旁边的流浪汉,谁都没有被射中的危险。我信心全无,当听到隔壁小山谷中的手枪声时也没恢复丝毫。我知道这声音的来源——那是莱尔德的朋友在教他练习射击。他们也该听得到我的枪声,他们也肯定会爬到山脊上观察我的射击结果——评估下战胜我的机会。好吧,我一枪都没打中,我知道莱尔德如果爬到山脊上看到我的谷仓门上一条弹痕都没有的话,肯定会像我曾经那样急于决斗——或者就像半夜他还没灾难性地答应前的我那么渴望。

就在此刻,有只比麻雀还小的小鸟正好飞过,站在30码外的灌木丛上。斯蒂文手起枪落,射中了那鸟的头部。哦,他就是个神射手——比我技术好多了。我们走过去把鸟捡起来,而非常巧合的是,莱尔德和他的朋友们正好走过山脊,和我们碰头了。当莱尔德的助手看到被射掉头的小鸟时,面色变得煞白,能看出他对此很感兴趣。他说道:

"这是谁射的?"

我还来不及作出回答,斯蒂文就很平静地用一种实事求是的口气回答道:

"克莱门斯。"

助手又问,"好出色的技术。那鸟离得有多远?"斯蒂文回答道,"哦,并不远,大概30码的距离吧。"

助手说,"哦,令人惊讶的枪法。平均多少枪里面会打出这么一枪啊?"斯蒂文笑着答道,"哦,5枪里该有4枪吧?"

298 尽管知道这个淘气鬼在撒谎,但我仍保持沉默。助手说,"这一枪射的太棒了,我还以为他连一大座教堂都打不中呢。"

他的假设很巧妙,但我还是没说一句话。然后他们道了早安,助手就带着莱尔德回家了,脚步有些蹒跚,之后莱尔德亲笔回了一纸便条,无论如何都拒绝再与我决斗。

好吧,我的命就这样意外地保住了。我不清楚那只小鸟对上帝的安排会做何感想,但我却非常、非常的心满意足。后来我们得知莱尔德一共练了6枪,其中4枪都顺利地命中了目标。如果真的决斗的话,我估计会被他射得千疮百孔,面目全非。

到早饭的时候,全镇的人都知道斯蒂文·吉利斯已经帮我递出了挑战信。根据最新的法律,我们俩都会被判入狱两年。诺斯法官并未和我们直接沟通,但他的一位密友给我们捎了消息。他说我们最好搭第一班公共马车离开这里,那班车会在明天早上的4点出发——同时也会有人来搜捕我们,尽管只是做做样子而已;如果我们没有搭乘公共马车离开这里的话,我们就会成为新法的第一批受害者了。诺斯法官正急于为新法树立实判案例,他肯定会让我们在牢里蹲满两年时间的，他不会接受任何人的求情宽恕我们俩。

在我看来，我们这个团体已经不再受内华达州的欢迎了，于是我们就待在自己的屋里，整天提心吊胆地观察着——有次例外，斯蒂文跑到旅馆照料我的另一个“客户”，那人是卡特勒。你可以看出莱尔德并非我在总编位置上唯一想改变的人物。我对周围的人做了一番观察，挑出了好几人，并用善意的批评和否定想要重铸他们的生活——因此当我写完社论之后，我就收到了四份攻击和两场决斗。卡特勒来自于卡森城，在旅馆派人送来了一封挑战信。斯蒂文是过去安抚他的。斯蒂文的体重只有95磅，但在全州都很有名，他的拳头能够击倒任何两条腿的生物，这就是他体重与技巧的力量。斯蒂文是吉利斯家的人，当吉利斯家的人和人谈判时，总像是在做买卖一样。当卡特勒发现吉利斯是我的助手后，他就冷静下来了；他变得冷静而又理智，打算倾听斯蒂文的建议。斯蒂文让他在15分钟内离开旅馆，半小时内离开小镇，否则就让他好看。于是这场决斗就顺利解除了，卡特勒迅速就跑回了卡森城，他真是个知错能改的人。

我之后就再也没和决斗沾边过，我完全反对决斗。我认为这是种不明智的行为也非常得危险，同时还是有罪的。如果现在有人向我提出挑战的话，我会宽容友善地牵着他的手，把他带到一个非常僻静的角落，然后杀死他。但我仍然对别人的决斗十分感兴趣，人们总是对任何自己碰见的英雄行为怀揣着持久的热情。

1878年，也就是我那场未实现决斗的14年后，富尔图和甘必大的一场决斗让 299
他们成了法国人眼里的英雄，但也成了世界其他地方人取笑的对象。那年秋冬，我住在慕尼黑，我对那场滑稽的悲剧非常感兴趣，写了一长篇文章，还收进了我的某本书里——文章内容并不完全真实，但足以展现决斗的精神，因此我认为那文章的内容还是正确值得信赖的。当我住在维也纳时，也就是我那未成行的决斗34年之后，我对这事还保有着强烈的兴趣，我在自己那天的自传手稿里看到了与此有关的一章内容，但并未写完。我本打算一气呵成地写完，但又希望意大利大使M.尼古拉能抽出时间告诉我卡瓦罗蒂冒险的全部经过。但他是个大忙人，每次当他准备开始时总会被其他事情打断。因此，我并未达成自己的愿望，以下是未完成的章节内容。

有关决斗。现在这项娱乐活动在奥地利简直和在法国一样风行，但两者还是有区别的，在奥地利决斗是件危险的事情，但在法国就不是这么回事了。在这里决斗是悲剧，而在法国却是喜剧；在这里，决斗是种庄严的仪式，而在法国则像猴子的杂耍一般；在这里，决斗者是要冒生命风险的，但在法国甚至都不会弄脏衬衫。在这里用的是手枪和军刀，而在法国用的是发针，还是钝口的那种。在这里只有受伤严重才走进医院，而在法国他们会描绘下抓痕,以保证以后还能找到它,用工具刻下抓痕,然后伴随乐队的音乐离开决斗地点。

法国人决斗结束后,会相互拥抱亲吻流泪,称赞对方勇敢;之后医生会检查是否有人蹭破了皮,而没受伤的一方会帮着医生一起把伤者抬上担架,并就此告别;作为回报,伤者会在晚上用香槟和牡蛎招待对方,这样法国人认为“决斗结束了”。全程都很优雅礼貌,令人印象深刻。在奥地利,决斗结束后,还活着的一方会郑重地向对方伸出手,礼貌地表达几句后悔的言辞,然后就告别离开了,决斗也就这样结束了。法国人在决斗时会按照规定小心地避免危险。武器不能直接指向对手的身体,即使不幸被击中,也不会打在手肘上方的部分。但在奥地利,决斗规则并非为了减少危险,通常反而处处增加着这种风险。一般而言,只有一方丧失行动能力后决斗才算结束,没有击中要害的攻击并不会让决斗停止下来。

在3个月里,只要电报专栏有决斗相关的报道,我就会偶尔买一份维也纳日报。通过这些记录,我发现奥地利的记者和老姑娘们并不会像在法国那样被禁止旁观决斗;相反,决斗会吸引来众多的军人,记者,学生,医生,律师,立法委员甚至内阁成员,法官和警察。决斗是非法的,因此看到法律的制定者和执行者也参与其中时感觉会有些怪怪的。几个月前,时任政府首脑的巴德尼伯爵在帝国的首都与众议员沃尔夫进行了一场射击决斗,这两位杰出的基督徒因此都差点被教会驱逐——教会和国家一样,都严禁决斗。

最近在匈牙利,警察在第一回合后介入结束了一场决斗,这是市检察长和警察局长间的一次佩剑决斗。报纸对此事作出了不友好的报道。他们讽刺说当警察局有自己人卷进决斗时,他们倒对自己的职责出奇得
300 明确。但我认为这些部下这么做是为了保住饭碗。如果他们的上司们负伤严重的话,公众又会质问当时他们在哪儿了。这样就会危及他们的职位,但如果普通市民想用刀剑说清问题时,习惯上他们就无需在旁边了。

当时在附近还有另一场3人决斗,而警察们按照习惯并未加以干预。这场决斗并不会威胁到他们的饭碗,在那场决斗中,内科医生以一敌二,将两个外科医生都击伤了——轻伤重伤各一。殡仪业人员并不想旁人掺和进来,这也是人之常情。

随意翻阅我的记录,我又看到一篇驻塔诺波尔军人间的决斗报道。第十骑兵连的一位军官指责第九骑兵连的一位军官在打牌时耍赖,这件

事情上存在着些许疑点或纰漏，所以需要荣誉法庭调查通过。为此这事被送到了伦贝格进行处理。或许大家都想知道纰漏究竟出在何处，但报中并未说明。曾经历过多次决斗，几乎丧命的人分析说疑点可能是所谓的指控是否真实，如果是正式的指控——例如，欺诈——一旦证实，则犯错的军官会被逐出决斗场。法庭不会允许一位绅士和这样的人决斗。你可以看出这是多么严肃和特别的一件事情了吧，在这里，任何细微的差错都会让你错失挨枪子的特权。法庭对此事做了详细彻底的调查，几个月后才得出最后结论。法庭最后核准了这次决斗，而在决斗中被告杀死了原告。

我还找到了王子和少校间的一场决斗，开始用手枪——但双方对结果都不满意，就换作佩剑继续，结果少校重伤。

后面还有记者间的佩剑决斗——一方身体强壮，另一方体弱多病。过程很短，强壮的一方迅速用剑贯穿杀死了对手。

还有一场中尉和医科学生间的决斗。报纸报道了决斗的详情。某天晚上学生走进一家饭店，刚好碰到一群朋友，就停下来一起聊天，旁边坐着十来个军人，那学生相信其中有人正“盯着”他，他要求那个军官站出来作出解释。那个军官就在另一人的陪同下拿着帽子和佩剑和学生一起出去了。根据学生的描述，在外面他向惹是生非的军官作了自我介绍，并说道，“你刚才好像在盯着我。”而军官一拳打向了学生，以此作为回答；学生躲过了袭击，两位军官就抽出佩剑刺向了那位青年，其中一人刺伤了学生的左臂，之后他们便离开了。那是星期六的晚上。而星期一时决斗在军队的骑术学校继续进行——这显然是全奥地利最常见的决斗场所。双方用的是手枪。不知为何，这场决斗的规则要比平时更为严格，概括起来，这场决斗的规则是“untersehrschwerenBedingungen”，即“15 步的距离，每次上前 3 步。”第一轮射击中学生被命中了。“他单手捂胸，身体慢慢开始向前倾，最终倒在地上死去了。”

这是个悲剧。我还收录了其他的决斗报道，但我发现他们每一个都有一个不断重复的相同缺陷——主角都从不现身，出现的只是他们的冒牌代表。每场决斗的真正主角并非决斗人自己，而是他们身后的家人，是他们失去了亲人，需要哀悼，承受痛苦。他们赌上了所有的一切，而当事人赌上的仅仅是自己的性命，而这相比于他死后所抛下的家人的付出而言，简直微不足道。挑战者绝不该指向决斗者本人，他们本就没有冒多大风险，真正的复仇也不会落到他头上。挑战者们应该找到冒犯者白发苍苍的母亲——或者他年轻的夫人和小孩——或者任何他所珍视尊敬的人物——然后对他们说，“我和你秋毫无犯，但我是习俗的忠实奴仆，他让我破坏你心中的快乐，让你跌入痛苦与悲伤的深渊，只有这样，我才能用你的眼泪来洗刷掉别人留在我身上的污点。”

这是种绝妙的逻辑：有人抢了我的钱，而我则必须向10个无辜的人讨回我的损失。可以肯定的是，没有一个人的“荣誉”值得这么做。

既然决斗者的家人才是决斗的真正主角，政府就该强迫他们在场见证。同时还应该修正决斗的习俗适应这种要求，如果不这么做的话，决斗就不能进行。如果那学生的无辜母亲在现场，用含泪的双眼看着军官举起手枪的话，他应该会转而朝天开枪了吧。我们知道他会这么做的，人心都是肉长的，法律必须建立在真实人性的基础上，出台一部能够阻止决斗的决斗法是项很简单的事情。

但如今，母亲并未受邀旁观。她也妥协接受了，并未公开抱怨，她也是习俗的奴仆，传统上，当得知自己的儿子必须前去决斗场的不幸消息时，她也应掩饰自己内心的痛苦。强有力的传统习惯使她能够遵从这个不近人情的要求——对她而言这简直就是个奇迹。去年1月，我们的邻居被她家参军的小儿子在凌晨3点叫醒，她在床上坐起来听他说：

“妈妈，有些事我需要告诉您，这或许会让你有些担心，但你一定要坚强勇敢，接受这一事实。一位同僚公然对我进行了侮辱，今天下午3点我们进行决斗。躺下睡吧，别再考虑任何关于它的事情了。”

母亲亲吻了儿子，和他道了晚安，之后一句话没说，便悲伤痛苦，浑身无力地躺下了。但她根本睡不着，一直低声祷告着，天一亮便奔向最近的教堂，乞求圣母玛利亚的保佑；她从一座教堂跑向另一座教堂，一座接着一座，奔波了整整一天，3点时还泪流满面，充满痛苦地跪在地上；之后才拖着自己疲惫的身躯回到家中坐下，焦急寂寞，度分如年地等待着，尽管外表看上去很平静，她天生就是这副样子——快乐而又无限悲哀。后来她听到了佩剑的击打声——她之前从不知道这声音为何物——她儿子探进头来说道：

“这是某某人的错，他也道歉了。”

这事就此告一段落，在后半生里，她无疑会觉得佩剑的击打声也挺悦耳的吧。

我还记录过一个决斗——但不提也罢，这事除了两位助手间发生了冲突以外就没什么特别惊人的地方了。他们之间也只不过草草了事，并未出人命，这显然是不符合规则的。双方对此都不满意。这是一场编辑和中尉间使用骑兵军刀的决斗。结果是，编辑自己走去了医院，而中尉则是被人抬了进去。在这个国家里，能写出好文章的编辑十分宝贵，但如果他不能潇洒地挥剑的话同样一文不值。

以下这篇电讯的内容也揭示了在法国当决斗达到（法国式）危险临界点时，也会很人道地点到为止。

（路透社电文） 302

巴黎　3月5日

今晨，亨利和皮卡尔上校在巴黎军校的骑术学校进行了一场决斗，门禁森严，以防闲杂闯入。两人在10点时各就各位，准备用剑决一胜负。

在第一次接触中，亨利上校的前臂略有擦伤，而几乎与此同时，他的剑锋已抵在了对手的脖子上了。皮卡尔上校的副手参议员朗克上前准备终止决斗，但发现剑锋并未真正触及皮卡尔，于是决斗继续进行。之后的对剑十分激烈，亨利上校手肘负伤，于是决斗结束。

之后是担架和包扎。与这蜻蜓点水般的把戏形成鲜明对比的是，前天在意大利发生了一场性命相争的决斗，那里也流行奥地利式实打实的决斗。我和卡瓦洛蒂略有交情，这也增加了我对他决斗事件的兴趣。几年前我曾在罗马见过他。他坐在集会场里的一块石头上，在自己的笔记本里写着些什么——可能是首小诗或者挑战信之类的东西——一位友人指着他对我说道，“那就是卡瓦洛蒂——他曾决斗过三十多次，不要去打扰他。”于是，我就没有去打扰他。

1907年5月13日。这是很久以前的事情了。卡瓦洛蒂（诗人、演说家、讽刺作家、政治家、爱国者）是个不折不扣的伟人，全国人民都对他的去世深表遗憾——许多为他而建的纪念碑就能证明这点。在决斗中，他的对手非死即伤，他天性有些暴躁。有一次，博洛尼亚图书馆的工作人员清理了他的书，而这位温和诗人便过去向所有15个工作人员提出了决斗挑战！他的议会工作就已经十分累人了，但他还是提议要在列车间进行决斗，最后所有这些工作人员都丧失了生活的自理能力。尽管他总是选择用剑决斗，但他却从未正式学习过这武器的使用方法。当决斗开始后，他会立即冲向自己的对手，排山倒海般地将剑刺向对方，在对手还没反应过来前就已经毙命或者残废了。但他最后个对手根本不需反应，因此他赢了。当卡瓦洛蒂冲向他时，他将剑像长矛般直指前方——结果卡瓦洛蒂就让自己从剑上穿过。剑锋从他的嘴巴穿进，然后从后颈处穿出，当即毙命。

1906 年 1 月 23 日,星期二

有关于布克·华盛顿管理的杜斯开基学院在卡内基音乐厅举办的会议——这导致特威切尔碰上了一件不愉快的政治事件

昨天晚上卡内基音乐厅里举办的会议简直一塌糊涂,会议是由布克·华盛顿管理的杜斯开基南方学院主办的,纽约市民也相当了解学院举办该会议的目的,
303 事实上,尽管当天天气不佳,还是有三千多人进入了音乐厅,还有二千多人在外等候,他们在 8 点开始表演后仍想找机会进场。会议由乔特担当主席,在他上台时受到了相当热烈的欢迎。他之前为担任大使在英格兰待了很长一段时间,刚刚返国,他的真诚感动了英国人民,出色的外交能力则让皇室和英国政府赞赏有加,而他精巧出彩的演讲更是俘获了全体英国人民的心。35 年来,乔特都是全美国最帅气的男子,昨天晚上,他就像 35 年前我第一次见到他时一样英姿飒爽。五六年前,我也曾在英格兰和他见过一面,我认为他是全国最帅气的男子了。

我是在乔特伦敦家中举办的独立纪念日招待聚餐上第一次碰到布克·华盛顿的。后来,我们又碰见过几次,他也总能给我留下愉快的印象。昨晚我才发现他是个黑白混血儿。当时他正转身和我说话,自己很惊奇的发现他是个拥有蓝色双眸的黑白混血儿。自己该是个多么粗枝大叶的蠢人啊! 之前我一直以为他是纯种的黑人,根本就没注意过他的眼睛。他在 25 年中作出了不俗的成绩,25 年前从汉普顿黑人学校毕业时,他还默默无闻,身无分文,身边也没有任何朋友。但依靠他身体力行的说服力以及诚挚的眼神,他在北方筹集了一大笔钱,而这些钱使他能够在南方组建一所为黑人男女提供教育的坚实学校。在那所学校里,学生并不仅仅学习书本上的知识,同时也传授 37 种有用的买卖行当。布克·华盛顿在 25 年里筹集到了数十万美元,他把这些钱都投入到了南方黑人的教育事业,先后有 6000 名黑人男女因此受惠,而他的学生又为这一名单增加了另外 1500 个名字,学院名下的资产超过 150 万美元,并还在不断壮大。布克·华盛顿是个非常了不起的人。在台上,他也是个热情四射、富有说服力的演说家。

乔特和吐温为塔斯基吉大学宣传

他们和布克·华盛顿得到了观众的喝彩幽默作家指责偷税人

所有参与人,尤其是黑人教育机构的友人发誓要筹集 180 万美元

为了能够让布克·T. 华盛顿在北方筹集到 180 万美元捐款带回塔

斯基吉大学的计划开个好头,昨晚马克·吐温、约瑟夫·H. 乔特、罗伯特·C. 奥格登和神学医生华盛顿本人都在卡内基音乐厅做了演讲。顺带提一句,这是塔斯基吉大学 1881 年建校后的 25 周年纪念日。

音乐大厅被观众挤得水泄不通,外面还有同样多想要挤进来的人 304
群。去年 11 月时也有如此类似的场景出现,当时站在卡内基音乐厅里的是地方检察官杰罗姆以及跟随在后的优秀演说家。

但昨晚绝不仅仅是一场“平民”的集会。穿着华美礼服、身佩耀眼珠宝的贵妇以及身着晚礼服的男宾占满了包厢。尽管这场集会的公开目的是向众人筹集善款,但晚会气氛轻松,充满幽默气息。马克·吐温的“说教”让众人笑成一片,这位老顽童几乎不能在自己的演讲中找到间隔;其中克莱门斯有关逃避征税估值富人的演讲部分受到了特别的赞同。

在包厢中的众人包括:约翰·D. 洛克菲勒夫人,亨利·H. 罗杰斯夫人,克拉伦斯·H. 麦凯夫人,莫里斯·K. 杰瑟普夫人,J. G. 菲尔普斯·斯托克斯,伊萨克·N. 塞利格曼,乔治·福斯特·皮波特,约翰·克洛斯比·布朗,卡尔·舒尔茨,W. H. 席菲林夫人,威廉·杰伊·席菲林夫人,约瑟夫·H. 乔特夫人,弗兰妮·维拉德夫人,尼古拉斯·莫雷·巴特勒,罗伯特·C. 奥格登夫人,克里夫兰·H. 道奇夫人,阿尔弗雷德·肖夫人,菲利克斯·M. 沃伯格夫人,R. 富尔顿·卡廷夫人,柯林斯·P. 亨廷顿夫人,罗伯特·B. 明特恩夫人,雅克布·H. 希弗夫人,保罗·M. 沃伯格夫人以及亚瑟·柯蒂斯·詹姆斯夫人。

在演讲中间还有一队黑人八重唱的演唱表演。曲调老式,却富有活力,他们饱满深沉的歌声在整个屋子里回荡。

威廉·杰伊·席菲林宣告晚会开始,重申了这次晚会的目的,并呼吁大家能够尽己所能地帮助华盛顿医生。他宣称 4 月时在纽约会有一辆开往塔斯基吉的专列火车,往返票价为 50 美元,囊括了所有费用。届时会在当地举办塔斯基吉大学建校 25 周年的纪念活动,陆军部长塔夫、哈佛校长埃利奥特、主教加洛韦以及安德鲁·卡内基会出席并作演讲。

乔特称赞华盛顿

“我们今晚聚集于此”乔特说道,旁边还站着席菲林,“为的是纪念塔斯基吉大学建校 25 周年,四分之一个世纪之后,这所大学已经成为南方黑人教育的核心与重镇,这是布克·T. 华盛顿的胜利与荣誉。尽管我相信他本人并不会将以创始人自居。1881 年建校时,仅有一间小屋和

30 名学生。而我们现在所能看到的场景呢？占地 2300 英亩的大型校园，拥有超过 8 栋建筑，能够很好帮助完成各种教学活动。”

“学校已经为黑人社区培养了 6000 多名模范学生与教师。现在还有 1500 名学生登记在校，账上基金总额超过 100 万美元。和如今其他优秀的教育机构一样，基数越大，他需要筹集花销的资金也越多。”

“在最近的一次演讲中，华盛顿医生宣称对自己的种族感到骄傲。而我也确信，他的种族也一定以他为荣。我也知道自己可以说，绝大多数美国人，无论南北，也都以他为傲，也有少数身居欧洲的美国人也赞同华盛顿医生的做法。我很高兴自己能在伦敦租来的房子里与他结识（笑声），周围的英国男女也都很高兴能够认识他，并能听他发言。”

305

复杂的黑人问题

“当废除奴隶制后，这个黑人问题也应运而生，其存在时间或许比奴隶制还要长。无论是南方白人还是黑人或北方白人都不能再坐视不管了。全国这股不可抵挡的风潮将席卷南方。南方的白人与黑人都很好地完成了自己的那部分责任。我曾读过一本书，也推荐各位能够好好读读，作者是南区教育委员会会长墨菲，里面记录说自南北战争结束之后，南方黑人的文盲人数已经减少超过总数的一半之多。他们作出了崇高的贡献，1870 年至 1900 年间，税收总额中有 1 亿零 9 百万美元被用于黑人教育事业。至于有南方人——就像今天在纽约出席晚会的各位一样——为此捐过善款，我并不清楚，但这无疑是个了不起的成就。”

“没有一个塔斯基吉大学的毕业生会住进庇护所。受过教育的黑人都不会与南方为敌，只有没受过教育的黑人才会与南方为敌。塔斯基吉大学已经没法满足毕业生们的抱负了。”

民族完整

“维持民族完整，同时得到两大族群的认可，是南方社会的根基。这也给了黑人成为律师、医生以及其他任何职业工作专业人员的机会，而黑人也已在绝大多数行业里崭露头角。”然后乔特转向马克·吐温说道：

如果我说接下来发言的会是塞缪尔·L. 克莱门斯，他说道，“有人或许会问，‘这人是谁？’，但如果我称呼他为马克·吐温……”

他没法再接着说下去了，爆发出的掌声整整持续了 3 分钟之久。

“我听过他在自己 70 周岁生日晚宴上的演讲”，乔特继续说道，“那篇演讲的主旨就是他这一生毫无建树。他说自己从不会在不喜欢的工作上浪费时间，而那也根本不是工作。他还说在他找到一份有趣的工作之前，他会成天躺在床上不工作。至于今天，我是这么认为的，他已经在床上躺了一整天了。”

当听到马克·吐温的脚步声后，他说道：

马克·吐温的演讲

“正是那些乔特透露给你们的习惯，才让我能在古稀之年依然年轻。我成天躺在床上，估计明天也还会躺在床上，未来一整年都会如此。没有一项工作能够足够刺激、舒服、合适，足以称得上是件快事。乔特用词谨慎，避免对我抱怨。这并非他不想这么做——只是他想不出合适的词汇而已。”

“我今天来到这里，是来代替警察履行职责的——来看住乔特先生。这是一项严肃而又相当重要的使命，我有必要站在旁边，当他的话语需要删略修正、揭发驳斥时，我作为大家可靠的朋友就能保护好在场的各位。但坦白讲，我很感激这样的情况并未发生。他所说的每一句话以我的标准看来都足够真实。据我所知，没有人能比这做得更好了。”

“我对此并不嫉妒。这只会让我心存感激，感动而又骄傲——为这 306
个国家能够培养出这样的人而感到骄傲——还是两个。还生活在同一年代。我们不可能一直陪伴在你们左右；我们会去世，离开人间；我们很快就会走了，到那时——好吧，我想就讲到这里吧。这种想法令人沮丧。但我的灵魂仍与你们同在。乔特也是——如果他可以的话。”

无可辩驳

“没有什么需要解释，反驳或是辩解的，因此我现在无事可做，只能重拾自己的老本行——说教。在塔斯基吉大学，他们完全按照基督徒的道德标准教育学生；他们灌输的无可争辩的事实是这是所有道德体系中最好的一种；正是这一体系才造就了祖国的强盛伟大以及在其他国家间的声望；这是美国人所有其他性格的基石；美国人所有值得赞美宝贵的性格都是这一种子结出的鲜花与果实。”

“不管学生是否是基督徒，学校都教育学生这就是真理的一切；我们只有基督徒的道德标准，所有人从生到死都会受到自己性格的有力影响与主宰；这隐藏在他的呼吸血液和骨骼中，他是个人精神心理上根深蒂固的基础零件。8000 万在世的美国人都是如此，无论他是否遵守信条，在这一点上都是无可辩驳的基督徒——他拥有基督徒的道德体系。”

两条道德守则

“所有这些都是真理,没有一个塔斯基吉大学的学生会忽视这一点。以此作为前提,那教育还会缺少什么呢?有了这条主旨,还有什么他们不熟悉,或者还未充分强调的东西能让我来教授他们的呢?还有个重要问题是,为什么这世上会存在两条大相径庭的基督徒道德准则,差距是如此之大,就像天使与政客般泾渭分明。他们一个是基督徒道德的私人准则,另一个则是公众准则。”

“造就这个国家的是对基督徒私人道德准则的忠实遵守——过着居家生活是正直善良的居民,经营买卖的是诚实可敬的商人;在这方面,我们比所有友国都要做得好。无论国内国外,都没有一个批评家能够质疑这项真理。一年的363天里,美国市民坚持不懈地遵从着基督徒的私人道德准则,维持着一流的国格;而在剩余的两天时间内,他会把基督徒的私人道德准则留在家中,带上基督徒的公共道德准则来到税务局和投票站,肆无忌惮地破坏了整年积累下的忠实正直的形象。”

政治道德

“只要那人是党内摩西,即使品行不佳,人们也会毫不脸红地投票给他,同样只要对方阵营的人物,即使品行国内第一,人们也会毫不犹豫地
307 投票反对他。每年在许多州县城市,他们将腐败官员选入政府,年甚一年,人们就这样年复一年地慢慢破坏着国家的政治根基,如果人们能舍弃基督徒的公众道德,换成按私人道德投票的话,那么就可以迅速净化公共服务系统,让政府职位变得高尚可敬,成为全国最优秀人才都渴望服务的机构。然而现在——人们注视着这种卖国行径、唉声叹气、相互责备,却不得要领——其实罪魁应是他们自己。”

偷 税 者

“人们会每年一度抛下自己的私人道德准则,租上一艘渡船,将自己成堆的债券移到新泽西的仓库里放上3天,然后换上公共道德准则,跑去税务局,抬手发誓说自己在这世上没有一分钱的积蓄,让人来帮帮他吧!第二天,报纸上就会公布一列名单——上面用小号字体印着一系列的姓名,上面的所有人都是百万富翁,还是几所教堂里的会员。”

“我认识所有这些人,和他们之间都有友好的私人关系,也对违法行为有过交流。他们在你身边时绝不会放过任何布道的机会,而无论就是

否在附近,他们都不会错过忏悔日。天真的人们对这矛盾的气氛一无所知。我曾是个诚实的人,但这一特征正慢慢消失。不——应该说已经完全消失了。两周前,他们对我的评估结果是75,000美元,于是我跑出去想借来这笔钱,但没有成功;后来我发现,他们对住在纽约的一整群百万富翁的税收金额才是我的1/3,这让我很受伤。我很愤怒,说道:‘这是压在我身上的最后根稻草了!我可不准备只用自己一个人的钱维持这个城镇的公共花销。’就在那个难忘的时刻,我也开始变坏了。”

马克·吐温的蜕变

“15分钟之后,蜕变即告完成。15分钟后我就变成纯粹的道德沙堆,我和那些老练世故的骗子一样举起手来,发誓说自己在这个世上所有的个人财产只有软木假腿、玻璃假眼还有剩下的一点假发套。”

“我的话深深地打动了那些税务人员,但他们早已对这样衰老麻木的偷税人习以为常了,因此对此场景还能忍受,但他们对我还有更高的期望,一位专业的特许卫道士,当我让他们失望了。我能明显地感觉到他们的自尊感,我也应该沦落成为如此,但我已经在深渊之底,没法再沦落了。”

绅士会撒谎吗?

“塔斯基吉大学因为不充分的理由得到了一个错误的结论,帕克赫斯特医生和其他教师会误导学生相信绅士是不会信口雌黄的。看看那些百万富豪,他们不就是绅士吗?但,他们却会信口雌黄。或许每年就那么一次,但这已足够抵消他们剩余时间的诚实了。他们为此付出代价了吗?没有!他们3分钟里省下的钱足够家人7年的花销了。他们在发誓时,我们发怒颤抖了吗?没有——除非他们说了脏字。之后我们或许会,但对结果已束手无策。”

“但,我们并不该这么想,因为我们都撒过谎——所有人都是如此, 308
包括各位女士。帕克赫斯特医生,他是个健壮、勇敢、优秀的市民,尽管没受过良好教育。罪过的并非所说的谎言,而是谎言之下的动机。当一位愤怒的女士说‘哦!’时,她的言下之意是想骂人,这会给她留下不光彩的一页。当听到有女士这样说话时,我总是感到很失望。但如果她优雅友善地直接吐出脏字的话,那就根本不算什么了。”

“认为绅士不会撒谎的观点是完全错误的,如果撒谎时足够善意感人的话,他仍能被称为是个绅士。历史学家约翰·菲斯克是我爱戴的熟人，他就是个无可挑剔、高尚正直的基督徒绅士，但他也曾撒过谎。可能事实并非如此，我会把整个故事都告诉给你们听。”

“某天，菲克斯正专心工作时，他妻子情绪激动，十分悲伤地跑进来对他说道，‘约翰，很抱歉不得不过来打扰你，事态严重，需要你立即亲自处理。’然后她恸哭起来，开始严肃地指责他们的小儿子。她说道：‘他说自己的玛丽阿姨是个傻瓜，而玛莎阿姨更是愚不可及。’菲克斯思考了一分钟后说道：‘那好吧，我自己也是这样区分她们俩的。’”

“华盛顿先生，我请求你把这些说教讲给你那欣欣向荣、伟大有益的教育机构的学生听，这是你幸运门徒在奋斗人生时的一笔丰厚精神道德财富。”

乔特之后介绍罗伯特·C.奥格登上台，在开始“劝捐”为主题的正式演讲之前，他说自己想首先想对马克·吐温的不敬言辞说几句。

“我想说，”奥格登说道，“我朋友对伦理学的不敬言论并非完全原创。我几年前就听过类似的论调了，如果他住在哈特福德的话也会对这些了解的一清二楚。我记得在那里曾有位卓越的清教徒有次说过类似的内容，在辩论中还用拳头敲击身前的桌子，如果再谈论这个主题的话，他肯定会开骂的。亨利·克莱·特朗布尔回复说如此崇高的人骂出脏话也是一件可以接受的事情。”

奥格登接着开始讲塔斯基吉大学的捐款需求了，他说黑人已是国家公民的组成部分，无论南方还是北方，国家里最有智慧的那批人都有教育他们的特殊义务。

对华盛顿的掌声

奥格登说自己有三个不同的请求：每年还需要9万美元的额外收入；180万美元的额外捐款；另外还需加装一个价值3.4万的暖气装置。

布克·T.华盛顿走进音乐厅之前，有位信差递来了小托马斯·迪克逊的一张便条，上面说如果华盛顿在台上演讲时声明自己并不期望社会能够一视同仁地对待黑人，而塔斯基吉大学也反对民族融合的话，迪克逊愿意捐赠1万美元给学校。当被问及此事时，华盛顿说道：

“我不会作出任何回答。对此我无话可说。”

华盛顿上台演讲时受到了台下的热情欢迎，在他演讲中段还响起了热烈的掌声：

“有个问题已经有了答案。我们尝试过和猜测过1000万黑人该在哪里生活。现在已经有了确定无疑的答案与决心，我们将继续待在美国，而我们中的大部分人仍会生活在南方诸省。基于此，我毫不犹豫地认为我们中大部分人能在南方获得比其他任何地方更多的机会。”

“我们永远都是这个国家国民中一分子，只有一个问题尚需解答：我们要做优秀的那批国民还是堕落的那批？”

“任何种族的高下都是有其中最优秀而非最堕落的那批人决定的，”华盛顿说道，“在有机会认真观察他们的进步之前，没人可以对一个民族说三道四。”

“当人们接受教育后，他们的道德水平将会突飞猛进，各种犯罪行为将有所减少。如果进行详尽调查的话，我们也不会在监狱里找到弗吉尼亚汉普顿学院或阿拉巴马塔斯基吉大学的任何一个毕业生。”

“如果一方愚昧贫穷，比邻而居的另一方绝对不会不受影响。只有黑人站起来后，白人才能避免道德和精神生活上的伤害，堕落的一方肯定会拖累另一方。”

“我并未忽视眼前困难的严重程度，也不会对自己民族发展设定任何限制。在我看来，这个问题就重要和深远程度而言，是我国之前从未经历过的；如果国内一部分小孩每人只有1.5美元的教育支出，而花在另一部分小孩身上的教化费用则高达每人20美元，那么绝无可能让这两拨人拥有同样优秀的国民素质。”

“黑人已从很多方面证明了自己对国家的价值与忠诚。现在我们所要求是在像汉普顿、菲斯克和塔斯基吉大学等地，能够有机会接受高等教育，以便在未来贡献祖国。我坚信我们能够做到这一点。”

当演讲结束后，人们纷纷爬上讲台，争相上前与他握手，在他而言这已是司空见惯的事情了，这事经常发生。我还曾和我母亲在阿肯色、新泽西、加州或耶利哥的密友握过手——在见到亲人的密友时，我必须表现出一副高兴喜悦的神情。而在这种情况下，人们会常常变成一个礼貌的骗子，我母亲从未到过其中的任何一个地方。

有次一位漂亮的女士说很高兴能再次见到我，说之前曾拜访过我在哈特福德的家——具体时间我已经记不清了，应该是很多年前的事情了。后来她发现自己把我和别人给搞混了。她不该犯这种错误的，但我却很兴奋，她长得相当漂亮。我说道“很早很早之前我就期盼与您相见了，您的名声无人不知、无人不晓，您就是那个‘未出生的婴儿’。从出身的那刻起，您就成为一种象征。当人们想利用自己匮乏的语言，想方设法地加强语气时，他们会说‘他就像未出生的婴儿那样无知或他就像未出生的婴儿那样幼稚。’事实并非像你想的那样，除了你的灵魂，当时你并不在场。你的肉体并没有出席。"她人相当和蔼,我们交谈了很长时间,要不是被人打断,或许还会更久,之后我不得不和别人交谈回忆他人而非自己的经历。

310 还有个年轻的小伙子,活泼但并不聪明,还有他所特有的那种强烈愉快与兴奋。他说自己的母亲曾在纽约的埃尔米拉教过书,他也在那里出生成长,至今一家人还住在那里,说他母亲如果听说自己和我见面握手的话会感到非常高兴,他说道,"他总会提及您,对您有着极高的评价,尽管她也曾承认您是她在学校里遇到过最会惹是生非的学生了。"

"好吧",我回答道,"这是我最后的求学生涯了,尽管捣蛋经验丰富,但直到那时我才真正登峰造极,那时我已经 33 岁多了。"

我的话没有对他造成丝毫影响。我想他根本就没听进我的话,他太想把那段经历告诉给我听了,于是为了使双方解脱,我再次向他重申,自己从未在纽约的埃尔米拉上过学,甚至都没去过那里,他母亲肯定是把我和我亲家兰登家的某位混淆了。但他还是没有听进半句——继续欢快高兴地说着话,然后跑去向那个我并不认识的母亲报告去了。他没从我这里带去任何能对他母亲说的话,他根本就没听进我说的半句话。

这事发生几年之后,依然让我感到气愤。但现在我已经不再生气了,我年纪大了,如果有人说曾在何时见过我,我只会提醒他说这和认识我还是有区别的,然后通常我就会完全愿意和他回忆那些往事,还会加进一些他也完全忘记了的情节。

特威切尔从哈特福德赶来参加这次晚会,我们回家后抽着烟聊了一会儿。其间提及了我在惠蒂尔 70 寿诞上的糟糕演讲,后天,我和哈维上校会去华盛顿的那家俱乐部参加聚会,乔问我是否还准备在那里演讲了,我否定的回答,我已经放弃了,事实也确实如此。我后来又把那篇演讲稿重读了好几遍,也完全改变了自己原来的看法。我发现这是篇荒唐粗俗的演讲稿——好吧,我没必要在此详细分析了。这篇文章从头到尾都一无是处,充满着冒犯讨厌的言辞。我的看法为何会发生这样的转变呢?我也并不清楚,没法作出解释。我是局中人,如果自己能够跳开局外,以旁观者的角度审视这件事的话,那么无疑我就可以分析出个所以然来,对发生的转变作出满意的解释。事实上,这只是我直觉上的转变,之前,我直觉告诉我说这只是个有趣单纯的演讲。但同样是这个直觉,却变得冷酷公正,在最后一刻更改了自己的判决。我希望最后的判决能够一直维持下去。* 我并未将这篇演讲稿从自传中删去,我认为自己看法的改变是件很有趣的事情,无论演讲稿

---

* 5 月 25 日。这种看法后来确实未曾再改变,直到前天我最后一次全神贯注地阅读了一遍,然后又重新拾起了自己最初对这篇文章的欣赏——马克·吐温。

是好是坏,都让他放在那里吧。

特威切尔身边有封信引起了我的兴趣,在我的要求下,他把信留给了我,让我在用完之后再还给他。信是牧师查尔斯·斯托写的,他是哈里特·比奇·斯托的儿子,信写于两个月之前——但由于乔总是拿出来读给他人听,信已破败不堪,他 311
一般只读其中的一部分内容。他也把那段内容读给我听了:

> 我正在阅读牧师伯顿的"遗作",就和老人们过去常说你在他葬礼上的发言一样。我认为该书措辞优美,思想丰富,心理分析严密有力,能够和何人英语大师的文章一较高下。而我最欣赏的是那段"人们将阳光留在了他的心里"开头的文章。我认为整篇文章就是一块瑰宝,而这段文字则是优美气派英语的杰作。让帕克和伯顿这样的人还要为生活而挣扎是种耻辱——不,像你和伯顿的那些人就像是塔拉法尔加海战中西班牙舰队中的130门火炮巨舰,远胜于那些侏儒同伴。

在这里乔停顿下来问道,"马克,你对此有何看法?"

我回答说,"乔,我并不想对此发表意见,你把信交给我,我之后再告诉你答案。"

乔说:"你知道这整件事的魅力就在于这并非是我写的杰作——是帕克写的。"

然而特威切尔已经非常满足了。前段时间,他的女儿们召集了许多年轻的同性与异性朋友,当她们的宴会举行到一半时,乔走进去和他们打招呼,并受到了欢迎;但由于白发,他当时的处境必然相当尴尬,还残留的一些欢快气氛也因为对乔衣着与年龄的相应尊重而消失不见了。这才是阅读那篇印象深刻来信的恰当气氛和环境,乔带着明显的得意之情,甚至有些幼稚虚荣地朗读了一遍那封来信——那些年轻人对这位老人报以同情的目光,没想到他在他们面前表现得如此虚荣幼稚。乔的女儿们脸色绯红,面面相觑,都快为这个丢人的场景哭出声来了。之后,特威切尔结束了自己的表演,当然还说上面的赞扬都是名副其实的,但并非是在赞颂他本人——斯托犯了个小错误。如果斯托再仔细看一遍这篇他赞赏有加的文章的话,他会发现这并非出于特威切尔之手,而是牧师帕克的作品。

在一次牧师的周一晨会上,特威切尔又重复了同样的事情。效果相当出彩,就连帕克自己都在信念到一半时大声打断道,"乔,这些就够了。我们知道你很能干,非常能干,但你做不出像查尔斯·斯托称赞的那样事情。很显然,他并非一个够格的鉴赏家。查尔斯·斯托对你波士顿发言的溢美之词是任何英语文学作品都不配拥有的。"

乔向帕克解释说这么说只是在拆自己的台，因为斯托看到的正是帕克的发言。

帕克依然当着教区牧师，他已经同一个社区工作了46个年头——已经有儿子辈、孙子辈甚至曾孙辈的教民了。乔称赞他依然是英语修辞学的大师，也还像
312 过去一样思想深邃。据我所知，这已是相当高的评价了。帕克是我过去在哈特福德认识的杰出人才，在那个小镇上大概有8个到10个优于常人的同伴。

几周前，特威切尔的教众——这也是他加入教会后唯一服务过的教众——为他登坛布道40周年举办了纪念活动。乔在南北战争早期以随军牧师的身份参军入伍。当时他还是个年轻的小伙子，刚从耶鲁神学院毕业，他一路随军来到波托马克河，当他退伍后，就来到我刚才提到的教区，从此开始为这里的教众提供服务，并总是能够让他们感到满意——只有一次例外。

我在自己的陈年旧稿中发现了一篇写于大概22年前的手稿。上面还有个标题，看上去是篇准备登在杂志上的文章。现如今，我能清楚地理解自己为什么没将这篇文章印刷出版。有充分迹象表明这篇文章是受到当时发生在特威切尔身上一件事情的启发，这事到他临死之前都会铭记在心，死后才有可能忘记。我能看出在这整篇文章中自己一直在尝试暗示特威切尔，其中有个情节是，我在路上碰到了牧师，然后想尽一切恼人的方法作出暗示。现在重读这篇文章，我发觉自己写得还不够巧妙——我并未掩盖好特威切尔，也没将自己的暗语掩藏好——哈特福德的所有人只要读过这篇文章，都能从字里行间读出我想掩饰的内容。

我想在这里插入这篇古老的文章，然后从乔的陈年往事开始谈论下这件事情。

人的本性

就人而言——这个物体太过庞大，没法用一句话作出完整概括，因此我每次只想讨论其中的一两处细节。而我观察的角度需要一个前提，即人生来并非要对世界有所助益，他也从没有服务过这个世界；人类的诞生更有可能是场意外；而对造物主来说，人们奋力能进化到现在的位置，他一定既惊讶又后悔。在所有年代情况，陆地还是海洋中，人类都是他造物历史中创造出的最丑陋的生物。在所有生物中，他是唯一一种性本恶的动物。这是他所有本能、冲动以及最可恨恶行的基石，这使人类比老鼠、蛆虫、毛线虫还要低贱。他也是唯一懂得运用戏谑来施加痛苦的生物，他也很清楚这么做的效果。但也有例外的可能，或许猫在戏虐吓破胆的老鼠时也知道这样会给对方带来痛苦；有一处细节我们必须承认，人们有着与猫相同的道德水平。所有生物都有杀戮——几乎毫无例外，但在所有生物中，只有人类会为取乐而滥杀，他也是唯一怀着恶意或为复仇而杀戮的生物，同时他

也是唯一拥有肮脏思想的生物。

那他是否应该由于自己高尚的品德，绅士般、和蔼可亲的举止以及他的爱心，勇气、奉献、忍耐、坚毅、谨慎和其他优良而富有魅力的精神受到赞扬呢？其他动物也同样拥有这些优良品质，但却没有人类天性中黑暗与堕落的一面。

当然所有政客都心照不宣地共同支撑维持着某些香气扑鼻的糖衣炮弹。其 313
中一个观点便是，世上存在独立的事物：独立的思维，独立的意见，独立的行动；另一个论调则是世界欢迎独立的事物——人们会赞赏他，为他鼓掌。另外，无论宗教、政治还是其他各界，世间都还存在包容这回事，和上面一样，人们也会赞扬包容，并为他鼓掌。除了这些主干之外，还延伸出许多的支线：为充满独立和包容的环境而高兴；乐于看到他们臻于高峰，而在缺失这些品德时感到失望。还有其他分支：人们怀有英雄情结；心中并非只有恶意与背叛；有时人类并非懦夫；还有一些值得保留的品质——无论他死后是去天堂、地狱还是别的地方。还有别的分支：人类的良知，道德心胸并不仅仅是造物主的创造，它也使人们具备了唯一正确可靠的纠正措施——而同样是这颗心胸，里面还存放着任何时代或民族都无法改变的自我认同的纠正行为。另外还有一条分支，即我就是我，你就是你；我们各为一体，相互独立，有着自己的本性，而不是像古老的磁带蠕虫那样首位相接——我们从猴子处继承了所谓的个人特性，先天本能与后天教化使他已腐败不堪，一个原子接着一个原子，一股恶气接着一股恶气，在那条令人遗憾的整条行列中，你都没法找到能够在针尖上平衡，显微镜下观察到的新鲜原始的物质。这是个接近完美的证明，显示了人们心中存在一种私人、独创、负责的本性，除去这一点外，人们就不再独创，可能找到许许多多的同类，旁观者便能说，这是个人，而不是队列的一部分。

注意第一条主干：世上存在独立的事物，他存在于个人之中，也存在于人类的身体之内。如果在整个海洋或大陆上存在能够找到任何证据的话，那就是人类已几乎没有独立的品格了。零星的反例只能加强这个结论，让他发光发亮，变得醒目。近年来，所有新英格兰的居民都忍受着火车的无座位待遇，没有抱怨过一句话，直到最后数百万人终于合成了一个单一的独立整体，开始争取自己的权利，要求铁路公司加装座位。统计数据和概率论证实了新英格兰需要 40 年的时间来完成这一过程的假设，这个附有处罚的条例还规定火车每次穿过救济院门前大道的时间不得超过 5 分钟。那几年，每晚只要有新英格兰的火车独占穿过，人们和马车就要在街头等上 20 分钟。我曾听过有人声色俱厉地批判过这无礼的荒唐事——但还依旧和往常一样在一边等待着。

我们是谨慎的绵羊，先观察等待众人的举动，然后再亦步亦趋地跟上。我们拥有两种态度：其一是害怕当众表达的私人态度；其二是强迫自己取悦循规蹈矩

314 之人的态度，之后习惯成自然，然后开始维护这一习惯，喜欢赞赏它，完全忘记起初时的抵触情绪。看看政治活动吧，今年我们还厌恶着某位候选人，明年却唯恐不把票投给他；今年还被人极其鄙夷的候选人，明年却会站上公众的讲台，接受崇拜——我们会习惯性地闭上双眼，忽略去年的那些事实，又对今年的人物怀抱真正而又愚蠢的信仰。* 看看那些政党专制——所谓政党忠诚——这绝对是设计者为私人目的而设置的陷阱——这一制度让选民沦为了奴隶；而自始至终，他们的主人和他们自己都在呼喊着自由、独立、意见自由、言论自由的垃圾言论，全然不知这些空想的相互矛盾之处；他们忘记和忽视了自己的父辈以及教会 20 年前也曾呼喊过同样亵渎神明的内容，但当时他们依然将捉来的奴隶拒之门外，圣经和棍棒泯灭了他们仅有的人性，他们藏起受到的侮辱，继续舔着他们南方主人的鞋子。

如果我们想明白人到底为何物，实际上只需观察选举就可以。有位哈特福德的牧师在街上碰到我，其间聊到了一位新的候选人——他发自肺腑地对这次提名提出了强烈的指责——这些话充分体现了他的男子气概与独立品格。** 他说道，“或许我该感到骄傲，因为这位候选人是我的一位亲戚；但事实恰恰相反，我为此感到羞耻难当；我非常了解熟悉他的为人，他一直都是个狂妄的无赖。”40 年后你可以看到这位牧师在政界的聚会上滔滔不绝地做着讨论与争辩——你还能听到他对这位候选人的相同评价。你或许会以为他是在形容一个同时具有希德、加拉哈德爵士、贝阿德和天生大心脏的人。那他的话是发自肺腑的吗？是的——至少当时是这样，而语气中充满着悲观与绝望。这显示了人们能够轻而易举地教会自己撒谎，并且学着相信自己的谎言，随着经验的积累，他会意识到这是再普通不过的一件事情了。那他现在还相信自己的谎言吗？或许不会了，他已经不需要了。这事已经过去了，他在适当的时刻利用了谎言，之后就又回到人生正轨上了。

通过这个粗鄙的蹩脚谎言，我们可以看出人们所赞赏尊重的独立性的真实价值。当加入政党后，人们就成了政党的附属品——似乎个人就成了奴仆一般，多数政党成员明显都是如此——已经不受自己控制，不再按自己的意志行事。人们会受到诽谤中伤，被人瞧不起，接受公众的辱骂与厌恶。自己个性会被无情消灭，再卑劣的手段都不会破坏他的属性与事业。

如果牧师照着自己的良心投票的话，他可能会冒着吃不上饭的危险，这是正确的对待方式，因为他正在教导众人变得虚伪——让他们尊重独立的思想与行为。

---

* 1906 年 1 月 11 日。这是很久以前的事情了，但指的明显是布莱恩——马克 · 吐温。

** 1906 年 1 月 11 日。那人的名字我已忘记。我想该是个 K 打头的名字。他是圣经新约的美国修订者之一，是位和哈蒙德 · 特朗布尔同样伟大的学者。

比奇或许会受到刑事控告，而所有跟随他的人会团结起来，一直支持他到最后，但当他被控按良心投票时，谁还会作为朋友支持他呢？如果被告并非主编，而换作任何其他人呢？ 315

任何有关宽容的议论都只不过是个谎言。根本不存在所谓的宽容，也没有人会有宽容之心，但由于长久以来的习惯，人们还会在无意间胡乱谈到这事。狭隘对个人来说很重要，但对他人来说则不值一提，自私才是人们天性的主要部分。

时间有限，我们就不再纠结在谎言之上了。讨论这些东西除了揭露人的本性外，得不到任何结果——人们只关心自己，也只受自己以及家人朋友的欢迎——而在他的敌人看来，他忙碌于一些微不足道的小事——整天庸庸碌碌，按上帝的喜好行事，然后进入深渊，音信全无，不再回来——即使死后也依旧自私。

1906 年 1 月 24 日，星期三

布莱恩竞选总统失败，克莱门斯、特威切尔与古德温将票投给了克里夫兰

我想大家都很清楚这是篇 22 年前写的老文章了，该文写于詹姆斯·G. 布莱恩总统竞选失败的三四个月之后，在选举中布莱恩输给了民主党候选人格罗弗·克里夫兰——总统之位终于短暂脱离了已连续掌权一代人之久的共和党之手；相比于民主党，更多时候我会投票给共和党，但我从未真正加入阵营中的任何一方。在社区里，人们认为我是个共和党人，但我从未如此自居过。早在 1865 年或 1866 年，我就有过一次奇妙的经历，当时我自认是个共和党人，结果却被一个激进的共和党人说服成了无党派人士。那人后来当上了参议员，在我看来他拥有着完美无瑕的品格，但他还是当今闻名的威廉·R. 赫斯特的父亲，也算得上是黄色新闻的祖父了——这真是最为不幸的一件事情了。

赫斯特是密苏里人，和我是老乡，年龄 50 岁上下，身材瘦长，为人实际，拥有出众的判断力，但没受过多少教育。我要比他矮些，受过的教育也相对多些——至少我自己是这么认为的。有一天，在旧金山力克屋酒店中他曾说过：

“我是个共和党人，今后也仍会坚持下去。我决心如此，并不喜欢变来变去。但看下当下的现实情况，共和党一路向前，年年取得胜利，他们都已开始认为美国的政治权力是他们的私人财产了，绝不允许其他任何政党染指丝毫。对国家来说，没有比这更糟糕的情形了。把所有权力始终集中在同一政党肯定会产生糟糕的政府，也肯定会使公众道德逐渐堕落。政党间需要势均力敌，这样两边才会推举他们所能找到的最优秀的候选人。如果可能的话，民主党的先辈们应该将其党一分为二，以此尽力平衡各边实力。我只有一个儿子，他年纪尚小，但我已准备教导他长大后不要投票给我，让我随便选择自己的立场。他已经是个坚定的民主党 316

人了,我也希望他能一直如此——直到我自己也成为民主党人为止,然后如果可能的话,我就说服他转变立场。”

在我看来,这位胸无点墨的家伙至少这次明智了一回。我对这类事情绝对持开放态度,独立性让我能够得到精神上的舒适以及无价的宁静思绪。

当共和党大佬们讨论预定布莱恩作为总统候选人时,哈特福德的共和党人感到非常失望,认为万一果真如此,落败几乎是板上钉钉的事情了。但他们并不十分担心布莱恩真会获得提名,党内大会将在芝加哥召开,期间会举行投票。我在家打着桌球,山姆·邓纳姆也在场,还有F.G.惠特莫尔、亨利·C.罗宾逊、查尔斯·E.珀金斯和爱德华·M.邦斯。我们轮流打着球,同时也聊着政治。黑人管家乔治在厨房里守着电话,一旦有投票消息从政治总部传到镇上,他们就会打电话到我家,然后乔治就会用传音筒通知我们。在场的所有人都不认为布莱恩会真的得到提名。在场的都是共和党人,但都不喜欢布莱恩。两年间,哈特福德新闻报一直嘲笑奚落着布莱恩。每天的报纸上都会提到他,毫不留情地批评他的政治举止,并且有致命的事实作为依据。在那时,新闻报还能对两党的领导人发出自己的独立声音,评判也相当得直率与公正全面。我习惯相信新闻报的立场,接受它公正的评价。

桌球与讨论就这样继续着,到下午时,乔治用传音筒给我们送来了一个令人震惊的消息。布莱恩获得了提名!桌球杆柄撞击地面发出响声,那一刻大家都沉默了。他们的大脑一片空白,后来亨利·罗宾逊打破了沉默。他遗憾地说运气真差,竟要投票给这种人。我回答道:

“但我们不必投票支持他。”

罗宾逊说:“你的意思是说不准备投票给他?”

“是的”,我回答道,“我就是这个意思,我是不会投票给他的。”

其余众人也开始发话了。众人的观点十分一致,他们说当党代表作出选择后,事情就到此结束了。如果他们不幸作出了愚蠢的选择,作为忠诚的党员也无权拒绝投票给这个候选人。党员有着无法推卸的明确义务,他必须投票给本方的提名人。

我说没有任何政党有权命令我该如何投票。如果对党的忠诚就是爱国的话,那我并不爱国,反正我本身也不觉得自己是个爱国者,很多时候一般美国人所认为的爱国行为在我看来经常并非如此;如果美国人和君主主义者还有什么显著不
317 同的话,那就是美国人还能自己决定怎样才算爱国;而国王则可以控制君主主义者的爱国思维——他的话即是圣旨,臣民只有接受的份;我相信自己是国会和政府领导下的600万人中唯一有权决定自己爱国观念的人物。

他们回答说,“如果国家发生战争的话——到时你又会支持谁?你是否还会

按照自己的意志行事，依然这样对待自己的祖国？”

“是的”，我回答道，“这就是我的立场。如果我认为这是场非正义战争的话，我会说出来的。如果要求我为此肩扛步枪，在国旗下行军的话，我也会拒绝。如果我个人判断国家的行为并不正确，我是不会自愿接受国旗或是别的什么东西召唤的。如果国家强迫我扛枪参军，那我也没有办法，但我绝不会自愿参军。自愿参军在我看来就像是叛国行为一般，因此自己也就成了叛国者。我也非常清楚，如果我拒绝自愿参军的话，我也会背上叛国者的名声——但这并不能让我成为真正的叛国者，即是600万人众口一词，我也不会因此成为真正的叛国者。我依然爱国，而在我看来，我才是国内唯一的爱国者。”

我们之后还谈了很久，但我始终没有改变自己的看法，他们都相当坦白地说自己不愿投票给布莱恩，但他们还说即是如此他们还是会这么做。亨利·罗宾逊说道：

“离选举还有很长一段时间。你还有时间转变自己的看法，我相信你也会这么做的。你会受到周围人的强烈影响。在投票当天你会投给布莱恩的。”

而我回答说自己根本不会去投票。

在那天午夜之前，新闻报都是一片繁忙的景象。主编霍利将军（他也是报馆里的总司令）当时正在国会，一直到半夜前和报馆间来回交换着电报。两年来，新闻报一直批评着布莱恩，每天都有新的指责——而现在却要开始对他表扬称赞，要让那些深受报纸影响的读者消除对他的负面印象，反而将他视为国家的未来元首。当时的处境很困难，新闻报和霍利将军花了9个小时才勉强接受了这一困扰。最终霍利将军作出了决定，在半夜时开始了纠正行动。之后的两个礼拜，之前饱受他们责难的话题成了称颂的对象，而一个月后，他们就完全完成了转变——为此至今也仍未完全恢复声誉，尽管据我看，经过主编查尔斯·霍普金斯·克拉克的努力，该报的声誉已恢复到原来的90%。

查尔斯·达德利·华纳是当时一位高产量编辑，他没法接受这种新情况，他发现自己没法掉转笔头向后开倒车，于是干脆退休不写了。他辞去了编辑的职位，拒绝了薪酬，自此以后靠着报馆股东的收入以及撰写杂志文章和讲座过活。他在选举那天也未投票。

就像那篇旧闻里提到过的那样，我曾与圣经新约修订委员会里的美国学者有过交流。他强烈地指责了他的亲戚布莱恩，说自己绝不会投票给他。但他已经习 318
惯于修订圣经新约了，以至于没过几天他就改变了自己的初衷。谁知山外有山，让我还碰到了詹姆士·G.巴特森，这人是大旅游者保险公司的总裁，为人善良坚强，是个受人尊敬的市民。他和牧师一样对布莱恩严加指责——但不到两个星期，他参加了一场共和党人的认证大会；在会上他对完美的布莱恩大加赞赏，不认识他的人会为共和党里有这样一个守护提名人的大天使而感到非常庆幸。

随着时间流逝，选举就近在眼前了。一个寒冷的深夜，我和特威切尔以及弗朗西斯·古德温牧师结束了周一晚上的俱乐部会议，冒着冬日里的大风，在空荡荡的大街上往家赶，在俱乐部会议上，我们在餐桌前争锋相对地讨论了当下的政治局势，而得出的结论却让所有人感到震惊和愤慨，包括在场的女士也是如此——在场竟然有3位叛徒。我、古德温、特威切尔想保留自己投票的权利，而不是听大天使的命令投票。在回家的路上，古德温想到了一个愉快的主意，他说道：

"我们为什么要因为布莱恩而放弃这3张选票呢？更明显的答案应是用这3张选票来击败布莱恩。那就用这3张选票来反对布莱恩吧。常识告诉我们如果我们把这3张选票投给克里夫兰的话，就等于布莱恩失去了6张选票。"

连我和特威切尔都能理解这其中的道理，我们答道，"这是个非常好的计划，我们愿意照做。"

在投票当天，我们来到投票站，完成了这个险恶的计划。当时的投票是完全公开的，任何一个旁观者都能看到你的选票——因此大家都立即知道了我们的罪行，在大家看来，这还是双重的罪行。拒绝投票给布莱恩已经够糟了，而还把选票投给民主党候选人则是罪上加罪，字典里都找不到任何足以形容这种恶行的词汇。

自那天以后的很长时间里，特威切尔都承担着极重的生活负担。通俗地讲，就是他的教民都"鄙视"他，只有待在办公室里时才能稍感慰藉——或许安葬教民的特权也会时不时抚慰下他的伤口。我猜，如果能把他们所有人都埋葬的话那就最好了，对社区来说也是好事一桩。但即使特威切尔内心也是这么想的，但生来仁慈友善的他也不会当众说出这些话来，他也从未对我说过，我想他如果会告诉给别人听的话，我肯定也是对象之一。

特威切尔在教民心中的形象已经大打折扣，家人还年轻，全靠他一人养活。这个家已经够大了，还在不停增加新成员。每年的负担越来越重——但他的薪水却纹丝未动。他的收入已经越来越没法支撑家里的生活开销了，而现在，任何的涨薪可能也不再存在了。他的薪水并不高，只有4000美元，他从未要求涨薪，教
319 会也从未想到过这事。因此投票给克里夫兰对他而言无疑是场灾难。表面上，伟大的美国人民能够独立自由地表达自己的政治观点和行动，结果这么做却被证明是场沉重的灾难。然而，弗朗西斯·古德温牧师依旧和往常那样受人尊敬——至少在公开场合，人们背地里咒骂着他。但在公开场合他没有受到任何攻击。或许这是因为他并不需要得到公众的认同。他父亲拥有700万美元的财产，而且年纪已经很大了，弗朗西斯牧师马上就会获得升职，并继承这笔遗产。

至于我自己，也没有什么可以值得担心的。自己的事业并不在哈特福德，也

能够自给自足。哈特福德人的观点并不会影响到我的生活;另外,我朋友们也早就知道我不会始终投票给同一政党的候选人,对此他们也都习惯了,也知道对我这种行为的反对且也没法对我有所改变——或许我根本就不值得他们如此费神。

几个月后的新年夜,乔的教民们举行了每年一度的集会和教会长凳拍卖活动。

1906年2月1日,星期四

接着1月24日的内容——特威切尔不受欢迎的投票

确切来说,乔当时并不在场。按规矩,他不该参与旁听有关教堂商业事务的洽谈。他等在教堂休息室的隔间里,准备需要时接受询问。教众则全员出席,坐满了所有的位置。当宣布开会后有人站起身来,提议解除特威切尔与教堂间的关系。这一动议立即获得了支持。房间各处都有“谁有异议!谁有异议!”的叫声。哈伯德年近中年,为人聪明镇静,是位职业经理人,也是哈特福德新闻报的股东之一,当时他站起身来,建议在匆忙投票前先再讨论下动议。他的发言如下(我只能用自己的语言作出复述,因为当时我并不在场):

“特威切尔先生是你们教区的第一位牧师。而直到两个月前,你们都未曾有要替换他的想法。作为一名牧师,他的工作无可挑剔,但由于政治上的唐突行为,他就在突然之间不适合继续担任自己的职务了。他有自身的价值,而显然这已经成为过去式了——但也仅仅表面显然如此而已。他依然保有自身的最高价值——如果我对你们这些教民理解正确的话。当他接受这个教区时,这里还荒无人烟、少有居民,这里的房子根本不值钱。而特威切尔本人就像块磁铁一样立即吸引来各处群众来此定居,直到今天为止仍源源不断招徕着新居民。而结果是,你们的房产从开始几乎一文不值上涨到了现在的天价,请在投票作出决定前好好考虑这一点。西哈特福德教堂正焦急等待着这次投票的结果。那里教众的房产价格还很低,除了上帝之外,他们最迫切想得到的就是一个能够抬高房价的人。320
今晚要是解雇了特威切尔,他们明天就会雇佣他。那里的房价会上涨,而这里的房价则会相应下跌。我想讲的就这么多了,我准备好投票了。”

特威切尔没有被解雇。这已经是22年前的事情了。那里是他投身牧师事业后登上的第一个讲坛,而他现在依然占据着那个位置,也从未调任过他处。几周前,社区教众和他们的后代们为他举办了40周年的就职纪念,气氛相当热烈。自那之后,特威切尔也从未再犯过任何政治错误。几年来,我一直为他坚持投票给右派而大为恼火,他也为此收到了我不止一封的言辞恶毒的来信,但所有的愤怒只是一种假象。我也从来不觉得他恶意投票给共和党有什么不妥之处，毕竟要考虑到他的切身情况，他还需要养活一大家子人，他必须将自己的家庭良知放在政治良知之前优先考虑。牺牲是必要的，他需要尽到自己的责任。而他最基本的就是自己的家庭责任，而不是对政治良知负责。他牺牲了自己独立的政治观点，从而保全了自己的家庭。就此而言，这已是最佳的选择，也是最有责任感的表现了。如果换作亨利・沃德・比奇的话，那他就没有理由牺牲自己的政治良知了，因为即使他被开除的话，也会有其他1000个教堂为他敞开大门，他的家庭依旧能够衣食无忧。而对特威切尔而言，这么做就有点危险了——事实上会非常危险。我非常怀疑他或是别的专家是否真的能够抬高西哈特福德的房价，我想那天哈伯德将想象发挥到了极致才引起了听众们的恐惧。我想特威切尔最好还是尽可能留在自己现在的位置上，在我看来，这么做才对得起他的家庭，而这是他的首要责任。

这个国家大概拥有8万名牧师，其中不超过20人能够保持自己独立的政治观点——剩余的其他人都做不到这一点。他们必须按照教区选民的观点投票，他们这么做也情有可原，他们自己才是没有政治独立性的主要原因，他们在讲坛上根本就不宣传政治独立性。这个国家的国民事实上并没有政治独立性可言，而这些牧师就占据了其中的一大部分。

1906年2月1日

明天是我结婚36周年纪念，但1年零8月前，我妻子已在意大利的佛罗伦萨撒手人寰，在那之前的22个月中，她始终饱受病痛的折磨。

那是1867年的夏天，当时费城号蒸汽船停靠在士麦那港，在船上她兄弟的会客厅里，我第一次见到了她的象牙雕像，那年她22岁。而当年12月我在纽约第一次见到了她本人，修长漂亮，也有些女孩子气——她既像少女，又像妇女。直到生命最后一刻，她依然同时保有着少女与妇女的双重特质。在严肃温和的外表之下，掩盖的是无法抑制的同情、活力、奉献、热情和其他绝对无限的各种感情。她身体孱弱，是精神支撑着她，充满着无法磨灭的希望与勇气。为人绝对直爽诚实，这些都是她与生俱来的性格。她看人看事都很准也很自信，她的直觉几乎始终正
321 确。无论对待朋友还是陌生人，她都充满宽容，而这种宽容也从未令她失望过。我曾将她和其他数百人做过比较，至今依然确信她是我见过的人中性格最好的一位，或许我还应该加上一句，她是我遇见过的最有胜者威严的人。她的个性不仅令人崇拜，还能震慑住他人。她会留下所有尽职的佣人，她扫一眼便能挑选好合适的佣人，因此她所选择佣人基本都能符合要求，也都确实能够一直留下来。她兴致一直很高，也一直能将自己的高兴情绪感染他人。我们曾身背债务，过了9年的穷苦日子，而那时她也总能将我拉出绝望，看到前景的光明之处。在那段时间里我也从未听她说过一句抱怨生活变故的话语，她的孩子们也是如此。这是她

教导的结果,他们从她身上学会了坚毅,她给最爱的人以崇拜,而他人也回报以崇拜——她的亲戚、朋友以及家里的佣人都是如此。我们的婚姻可以说是项古怪的结合——我俩的性情性格差异极大。她喜欢用亲吻和抚摸表达自己满满的爱意,大量绵绵情语常会让我感到震惊。我生来对绵绵情语和抚摸有所保留,但她的话语就像是席卷直布罗陀的热浪一般令我无法承受。我成长在一个相当拘束的家庭环境中,就像我之前章节里提到过的那样,在我家,没有人会亲吻对方,只有一次例外,那就是我父亲临死时。我们居住的村庄也不流行相互亲吻,只有情侣之间才会相互亲吻和抚摸——还有就是临死的那一天。

她有着女孩般没心没肺的笑声。这事很少发生,但一旦发生,听起来就像音乐一般振奋人心。我最后一次听到她如此大笑是在她生病卧床 1 年之后,当时我还做了记录——我并不想在此复述其中的内容。

明天将是我们 36 周年的结婚纪念日。我们在她父亲位于纽约埃尔米拉的家中举办的婚礼,第二天我们就乘坐专列抵达了布法罗,一同前往的还有朗顿一家、比奇一家和新婚燕尔的特威切尔一家。我们打算就定居在布法罗,当时我是布法罗快报的一名编辑,也是股东之一。我对布法罗一无所知,一位朋友通过信件交流帮我在这里安了家。在信中,我让他找一间与我编辑身份相称且我的微薄工资又承担得起的宿舍房间。我们在大约 9 点时到达了布法罗火车站,搭上滑橇,(至少在我看来)穿越了整个美国——很显然,我们兜遍了镇上的所有角落,穿过了其中的每一条街道——我在路上肆意谩骂,为那不知在哪儿的宿舍而不停贬损着自己的朋友。然而这是个阴谋,我的新婚妻子早就知道了,但我却仍蒙在鼓里。她的父亲——杰维斯·朗顿已经为我们买下一幢装修好的新房,那房子位于上流社区的特拉华大道,还为我们配备了一名厨师和几位女佣,还有一位充满活力的年轻马车夫,是个爱尔兰人,名字叫作帕特里克·麦卡利尔——我们之所以绕着全镇兜圈是因为要给他们时间先到屋子里点亮所有灯光,并要为众人准备一顿热腾腾的晚餐。我们最后还是抵达了,当我一看到这一仙境时,愤怒便达到了顶点,开 322
始毫无保留地批评朋友竟然如此愚不可及,为自己租下这么一幢自己负担不起的宿舍。这时朗顿把一个精致的小盒子放在我面前,打开拿出放在里面的房屋契约,于是这场喜剧就在非常愉快的气氛下落幕了,我们开始坐下享用晚餐。

同伴在半夜时分告别,让我俩独享新屋。后来厨师埃伦走进屋询问明天早市该买些什么——但我俩连牛排到底是论桶还是按尺寸买的都不知道,我们暴露了自己在这方面的无知,而埃伦则对此充满着爱尔兰式的喜悦。那位充满活力的年轻马车夫帕特里克·麦卡利尔也进来请示明天的安排——这是我们第一次见到他。

这事已经过去 36 年了,而今天早上收到了特威切尔自哈特福德的来信。

哈特福德

1月31日

亲爱的马克：

很遗憾，帕特里克的近况很糟糕。我星期一时见到过他。他面色很好，精神也相当棒。他告诉我说自己上周三动过一次手术，恢复得很迅速，估计很快就能出院了，但当我离开时，在我身旁的护士告诉我说那个可怜的家伙并没有说出实情。手术的结果只是证明了他的病已经无药可救了。

昨天，我向医生确认了事情的真伪(就是住在我家对面的约翰逊)。他给了我肯定的回答，说他得的是肝癌，手术根本救不了他；这事已经相当无望了；他活不了几周了。真是令人遗憾！可怜的帕特里克！他看到我时还强打精神。他告诉我的第一件事情是自己刚收到简的来信。当时他妻子和儿子也在场，我并不清楚他们是否相信他所说的话，但我觉得他妻子看上去有些疑心，但儿子仍一脸严肃，或许他是唯一知道内情的人。

乔

简通过和帕特里克女儿南希保持着通信，关心着帕特里克的病情，因此我们当时已经知道他病入膏肓了。事实上，病故可能比特威切尔预计的要早些。昨天晚上，我给特威切尔捎了一张便条，说自己已经知道帕特里克活不过这两天了，请他务必献上纪念花圈，并在上面加上我和克莱拉以及简的名字，再在上面加行字“悼念帕特里克·麦凯利尔。36年来，你都是我们一家珍视的忠实好友。”

我想说他为我们家服务了整整36年，但或许某些人没法理解这一说法，他为我们提供了26年的不间断服务，然后我们在欧洲住了9年到10年，这事也就告一段落了。但假如帕特里克死后能亲眼看到花圈的话——我该明确地说他为我们服务了整整36年。去年夏天，当我们在新罕布什尔都柏林的山区时，他也和我们住在一起。简在5月1日的时候去过哈特福德，事先安排了去年夏天的事宜；凯特·里瑞也是我们家必不可少的成员之一，她也为我们工作了整整26个年头；有一天，简在无意间听到凯特和帕特里克在争论服务的年长。凯特说自己干活的时间要比帕特里克的长，帕特里克则反驳说根本不是这么一回事，他说自己比凯特早进我们家10年，他至今已经为我们家工作了36年的时间了。

323 他在新罕布什尔山区时仍和36年前一样富有活力。他那时已经64岁了，但依旧修长匀称，漂亮帅气，尽管年轻时代早已过去多时，但他仍然能像过去那样健步如飞。他是我所知道的所有马车夫里最完美的一位，原因如下：他从不会忽视任何一个细节，无论多小的一个问题，他都会照顾到家，你也从不需要费心发出任何指令；不需要任何人的帮助他就能做好自己的工作；马料始终充足，铁掌也总是会提前钉好，马车和滑橇一直维护得很好，所有一切都秩序井然。在自己身边有这样一个人真是种享受。我对任何人都没法明确地发号施令，他是唯一特殊的一个，我根本就不需要跟他说什么。在新罕布什尔山区他也依旧如此。在那里的5个月中我从来对他发号施令过，而他也未曾疏漏过一件由他负责的事情。

我们结婚一两年后，帕特里克也娶了一位妻子，他们住在我们在马厩边搭出来的一间小屋内。他们养了8个小孩。两三年前，有个孩子不幸早逝——一个朝气蓬勃的年轻人，我记得已经当上了哈特福德日报的助理编辑。这些孩子都上过公立学校，并在接受过高中教育，当然，他们现在都已经长大成人了。

我们的第一个小孩，朗顿·克莱门斯出生于1870年11月7日，而22个月后就不幸夭折；苏西出生于1872年3月19日，而在1896年8月18日死于哈特福德的家中。当她去世时，家里还有简、凯特·里瑞、约翰和埃伦（约翰的妻子，也是我们的园丁）。我、克莱拉和她母亲在7月31日就抵达了英格兰，住在吉尔福德。1个月后，按计划苏西、凯特和简也该从美国过来与我们团聚，但我们收到了一封来信。

1906年2月2日，星期五

继续2月1日的内容——苏西·克莱门斯之死——末尾处提到了约翰·布朗医生

信中说苏西有些微恙——无甚大碍，但我们开始焦虑不安，想通过发电报获知最新情况。那天是星期五。一整天都没有收到回信——而第二天中午邮轮就要从南安普敦出港了，克莱拉和她母亲开始收拾行囊，以备收到坏消息时能够马上搭船回去。最后我们收到了越洋电报，上面说"等明早电报通知"。这根本没法让我们满意，更没法安心。我又打了一封电报，要求将明天的电报拍往南安普敦，当时邮局都快关门了。我那天一直等到了邮局半夜打烊，希望能收到好消息，但仍旧音信全无。我们在家默默地等到了凌晨1点，我们也不知道自己在等什么。然后我们搭乘早上的第一班火车，当我们抵达时，消息已经在南安普敦等着我们了。电报中说苏西需要恢复很久，但肯定能够重获健康，这让我大大地松了一口气，但我妻子却没有。她仍然很担心。克莱拉和她母亲立即搭上了前往美国的蒸汽船，准备回去照顾苏西。而我则留在吉尔福德，准备换一间更大的房子。

那天是1896年8月15日。而在克莱拉和她母亲出发3天后，她们当时正在大西洋上，而我则正无所事事地站在餐厅，一封电报送到了我手上，上面写着“苏西今天平静地死去了”。

这或许是我的神奇之处，在毫无准备的情况下收到这样的打击竟然还能活下来。这只有一个合理的解释，那时这个打击使我的大脑一片空白，后来才慢慢理解了上面词汇的意义。很幸运自己当时缺乏完全了解这则消息意义的能力。当时思维已经麻木，忽略了许多信息——这就是当时的情况。大脑或许需要几个月甚至几年的时间才能回忆起所有细节，这时我才会了解到自己到底遭受了多大的损失，就像是自家的屋子被付之一炬，这个数年来充满快乐的地方现在已剩下了一片冒烟的废墟。而不久之后，随着时间的流逝，他忽然会怀念这样那样或是别的什么东西，而当他着手寻找时，却发现那东西已经随屋子一起灰飞烟灭了。总有一样东西，唯一一样没法替代的东西，这就是那幢屋子，这是一样无法挽回的损失。当他拥有时，他并未视它为必需品，而当失去后，他才发现自己大错特错。要到几年之后，他才能完全意识到自己的损失有多严重，但直到那时，他也不一定完全清楚自己到底受到了多么严重的伤害。

我是在8月18日收到这个坏消息的。而她母亲和姐姐仍在大西洋上，对发生的事情一无所知，归心似箭，等待她们的却是这个令人难以置信的不幸。我所能做的全部事情仅仅是避免她们一下子受到亲戚与好友们的全部安慰时承受不住这个打击。她们在晚上时就抵达了港口，但并未立即现身，直到早上才有克莱拉一人出现。当她出现在大厅时，并未说一句话，她也不需要开口，她母亲看着她说道：

“苏西已经死了。”

在晚上10点半时，克莱拉和她母亲完成了她们的全球航行，在埃尔米拉搭上了一年多前我们前往西部的同一班火车。这次苏西依然出现在家门口——虽然没有像13个月前在灯下挥手告别那样挥手欢迎她们，而只是面色苍白地躺在自己出生住所的棺材里。

苏西生前最后的13天是在我们在哈特福德的家中度过的，她在这里度过了自己的童年，也是她最钟爱的地方。这里有她最忠实的老朋友——她的特威切尔牧师，她还躺在摇篮中时他就已经认识她了，他和她相处了很长的一段时间，这里还有她的叔叔和阿姨，西奥多·克莱恩夫妇，马车夫帕特里克，还有她8岁时就在家做女佣的凯特，还有和我们相处了好多年的约翰与埃伦，当然还有简。

当我妻子和克莱拉出发前往美国时，苏西并无大碍。但3个小时之后，情况却急转直下，她得了脑膜炎，很快便在劫难逃了，那是8月15日，星期六。

“那天晚上她吃了最后一顿饭。”（简给我的信中写道）隔天早晨她就高烧不退。在痛苦中，她神志不清地走了一小段路，然后又虚弱地躺回到了床上。在这之前，她看到衣橱里挂着她母亲穿过的一套长袍。她以为这是她母亲的衣服，而她母亲已经去世了，于是哭着亲吻了那套衣服，而在中午时她就看不见东西了（并发症之一），并向她的叔叔哭诉。

在简的来信中还有这么一句话，我已无需多言：“大概在下午 1 点时，苏西说 325
了自己的最后一句话。”

她最有一句话只有了一个词，但足以揭示她的渴望。她用双手摸索着，最终找到了凯特，抚摸着她的脸喊了一声“妈妈”。

在那令人绝望的悲伤时刻，这又是多么感人的一幕，在她垂死的那个夜晚，她理应得到这个漂亮的幻想——她朦胧的意识中最后闪现出的是她母亲的形象，在她生命的最后一刻，她所感受到的则是这幅形象所带来的宁静与安详。

大约 2 点的时候，她像睡着了似的，但从此再也没有醒来。她失去了意识，就这样又躺了 2 天又 5 个小时，在星期二傍晚 7 点 7 分时断了气，年仅 24 岁 5 个月。

23 日，她母亲和姐妹们将她安葬——她成了我们思念崇敬的对象。

我想在这里摘抄在她一本书里找到的几段小诗，对抄来的东西她总会加上引号，而这些小诗上并没有这些符号，因此可以肯定这是她自己创作的。

爱在黎明，天色未亮；
当天际变红，逐渐变亮，歌声也随之而起；
爱在黎明，希望在天空展翅飞翔，
它低声道，“我即是生活。”
爱在黄昏，一日将尽，
身心俱疲，睡意袭人；
爱在黄昏，夕阳西下，
他低声道：“我安息了。”

苏西小时候一到夏天就会去纽约埃尔米拉东部山区的夸里农场，其他季节则住在哈特福德的家里。和别的小孩一样无忧无虑，喜欢玩耍；但她还有一点与众不同，有时候她只喜欢一个人待着，尝试解答人世间的疑惑与悲苦的深层次根源，都是些将会伴随人们一生的复杂问题。而她当时只有 7 岁，人类短暂历史中的主要问题一直困扰着她，就像先哲们经历的困扰痛苦一样。无数人诞生在这个世界上，他们挥汗如雨地工作，只求温饱；他们争吵斗殴，为一点点好处而争得你死我活；年岁徒增，变得越来越虚弱；羞愧与耻辱击碎了他们的骄傲与虚荣；所爱的人一个个离他们而去，生活由喜转悲；病痛日盛一日，变得越来越需要他人的照顾，生活也一年比一年更悲惨；最后抱负不再，骄傲不再，虚荣亦不再，唯一渴望的只是解脱。解脱也最终如期而至——这是这个世界给他们唯一善意的恩赐——他们就这样毫无作为地从这个世界上消失了，他们一无所成，他们就是这世上的一
326 个愚蠢的错误或是废品，他们没有留下任何自己曾经活过的记号——他们或许能得到一天的哀悼，然后就彻底被人遗忘。然后又会有无数人取代他们的位置，重复他们所做过的一切，走上一样的绝路，然后和他们一样从人间消失——为下面的芸芸众生腾出空间，后来者还会重复他们荒漠般的人生旅途。和前人一样，他们也注定将一无所成！

私下在心中思忖良久之后，苏西用自己的语言将上面的内容含混不清地叙述了一遍，然后她问道："妈妈，那又有什么意义呢？"

一年后，她又摸索进了另一黑暗的泥潭，但这次她找到了能够歇脚的地方。她们每天傍晚都会在幼儿间做祷告，有那么一周的时间她母亲都没空出席。她母亲有天谈到这事——感到十分抱歉，说她那晚肯定会去，也希望自己以后能像之前那样能够天天听到苏西的祈祷。她注意到苏西想要作出回应，但显然并不清楚如何组织自己的语言，于是她让苏西说出来自己的想法。苏西回答说福特女士（家庭教师）曾对她讲过印第安人和他们宗教信仰，而他们并非一神教，而是多神教的民族，就是这点让苏西开始思考。而结果就是她停止了祷告。她自己的表达较为婉转，说自己的祷告方法和之前并不"完全相同"了。她母亲说道："亲爱的，继续说下去。"

"好的，妈妈，印第安人相信他们自己，但我们知道他们在这事上是错的。或许在将来，我们会发现自己的信仰也是错误的。于是我现在祷告时，只说可能有上帝和天堂——或是比这更美好的东西。"

我当时将这位悲观祷告者的话一字不差地写在了我们专门记录童言的本子上，而随着时间的流逝，我对这话的内容越来越崇敬。这话有着小孩般自然的简单素朴，却蕴含着人类曾经渴求希望的全部智慧以及担心怀疑过的全部悲伤。

回到一年前，即苏西 7 岁的时候，好几次她母亲都对她说：

"苏西，够了，你不该为这些小事而哭泣。"

这又让她开始了思考。有次她弄坏了一个玩具，对她而言这简直就是世界末日，她为此伤心欲绝；由于雷雨闪电而取消的野餐；幼儿间里温顺友好的老鼠被猫抓住杀死——这事显得有些古怪。而无法解释的是，这类悲剧却算不上是大事。这是为什么？何种程度才算悲剧？有标准吗？应该有区分事情轻重大小的方法，而划分的标准又是什么？她将这个问题认真研究了很久。两三天之后她才得出了最后的答案——但她依然困惑——这让她感到失败。最终她选择放弃，跑去找她母亲寻求帮助。

“妈妈,什么叫‘小事’?”

乍一看,这像是个简单问题。但真想要回答这个问题时,却出乎意料的困难。这些困难不断增加,还总是带来新的问题,不得不停止徒劳的解释。苏西想举例来帮她作出解释,当时她母亲正准备去镇中心,其中的任务之一就是买一块苏西渴望已久的玩具手表。

“妈妈,如果你忘了给我买手表,这算是件小事吗?” 327

她并非真正担心那块手表,因为她知道母亲是不会忘记这事的。她真正期望的是母亲的回答能够解开自己的困惑,让自己困惑的小脑袋重归宁静。

但她的希望还是落空了——因为不幸的标准并没有外在的客观标准,只有亲历者才能作出相应的评判。失去皇冠对国王来说是件大事,但对小孩而言却不值一提;对小孩来说失去玩具是件大事,但在国王眼里,这事根本不值得伤心。只有基于上面的假设才能得到最后的结论,于是苏西获准能够用自己的标准衡量不幸的大小。

这里我要插一两件苏西 17 岁时候的事情。那时她写了一出希腊式的戏剧,她、克莱拉、玛格丽特·华纳和其他年轻同伴在哈特福德的家中做了演出,整屋子的友人都被他们的表演迷住了。查尔斯·达德利·华纳和他兄弟乔治当时都在场,他们是我们的近邻,也是我们好友。他们对这出戏剧赞赏有加,第二天早上乔治·华纳还过来和苏西做了一次长谈。他得到了如下的结论:

“她是我认识的最有趣的人,无论男女。”切尼女士是她父亲布什内尔牧师自传的作者,她曾作出过如下评价:

“有次在和苏西交谈后,我曾这样记录道:‘她完全了解生命的意义所在,她对此的理解已臻于完美,无论是她的直觉,还是思考与分析水平都已经和我 60 年来所积累的水平不相上下了。’”

还有另一位女士的评价,她说的是苏西最后几天的情况:

“在那些天里,她好像就在空中漫步,像是在回应占据她内心的高兴与激情。”

现在让我回到之前的叙述上来。就像我之前指出的那样,苏西在很小的时候就开始自己摸索思考问题了。这并非后天教育的结果,这是她与生俱来的能力。对于所有问题,她都会耐心地回顾所有细节,最后得到正确公正、符合逻辑的结论。在慕尼黑,当时她只有 6 岁,她总是反复梦见凶残的灰熊,她一次次被梦境吓到哭醒。于是她开始要求自己分析梦境,为什么会做梦?做梦的目的是什么?梦境又从何而来?或是说它的心理根源又在何处。经过缜密坦白的思索,她最终得到了答案,认为自己在梦境中的角色并不公平,总是扮演受伤害的那一方,她的原话是“自己从来不吃熊,每次都是被熊吃”。

苏西总能将内心活动与实际行动很好地联系起来——即使这么做可能让她

有所牺牲。那年她6岁,她妹妹克莱拉4岁,这两个淘气包很喜欢相互争吵。我们用尽各种惩罚手段,想破坏这一传统——但都失败了。然后我们又试着用奖励改变她们的行为,只要一天不吵架,她们就能得到糖果,孩子们相互作证——全凭自己自觉。有一次苏西得到了糖果,然后犹豫了一下,又还了回去,说自己不该得
328 到这次的奖励。但克莱拉却依旧拿着她的那一份——于是,矛盾出现了:一人说有过争吵,而另一人则说没有。而比较可信的那一方站在了肯定的那一方,可以证明确实发生过争吵,于是两人都没资格获得糖果。克莱拉也没有辩解——但苏西替她做了,我们放过了克莱拉。苏西说:"我不清楚她是怎么想的,但我却感到有些愧疚。"

这样的回答很中肯,也值得令人尊敬,也是6岁小孩能够说出的最为精确的分析了。现在已经没法再指责克莱拉了,除非让她再站回来重新说一遍自己的理由。但这么做并不公平,因为我们已经接受了她之前的理由,当时我们并没有提出异议。我们已经细查过了这个疑点——她也从中受益被认为没有过错了,这么做也很公正,无论如何当时她已经吃掉糖果了。

当我想到苏西时,总会想起玛乔丽·弗莱明。世上只有一个玛乔丽·弗莱明,不会再出现第二个。至于我会从苏西联想到玛乔丽主要是因为约翰·布朗医生,这个是高尚灵魂——是他让伟大的玛乔丽免于被人遗忘——他也是苏西幼年时的好朋友——她的崇拜者,愿意做她的奴仆。

1873年,当苏西14岁时,伦敦的新式生活让我们身心俱疲(连续6周每天出门参加各式午餐、下午茶和晚餐),为休息与宁静我们跑去了爱丁堡。我们随身并没有带任何介绍信,我们躲在乔治街上的维奇家庭旅馆内,准备享受自己的舒适生活。但幸运的是,这事并未发生。克莱门斯女士到后立马需要医生的照顾,于是我走到拉特兰街23号,想看看《赖布和他的朋友们》的作者是否还做着自己医生的老本行。事实证明他还在。之后6周,我们每天与他相见,或是在他家,或是在我们的旅馆。

1906年2月5日,星期一

继续叙述约翰·布朗医生的事情——苏西·克莱门斯童年往事——拼写错误等事

他的脸阳光而富有自信——是我见过的最为俊俏的脸庞,负责、温和、仁慈——胸怀世界的圣人般和善的神情,爱心的光亮平静地照亮着他的内心。每个苏格兰人都爱戴约翰医生,我想在地势较低的南方(指英格兰)他也同样受到欢

迎。这是因为数年之后，虚弱的身体迫使约翰不得不放弃医疗事业，而出版商道格拉斯和其他朋友们筹集了几千美元的基金，让约翰和他老姑娘妹妹能够依靠基金的收入过活。筹集基金的过程相当迅速，而且南方100英里之外的人还未来得及捐款就已经迅速筹满了。没做任何的公开呼吁，报纸上也从未提过这件事情。道格拉斯和其他朋友们只是通过私人信件相互联系。他们受到许多来自伦敦或是其他地方的来信，抱怨说都没他们捐款的机会。这是世所罕见的抱怨——相当 329
不寻常，我觉得值得一提。

约翰医生很喜欢动物，尤其是小狗。巨著《赖布和他的朋友们》用词悲情而不失优美，读过它的人都知道约翰的这个喜好。他死后，他儿子曾写过一篇怀念他的短文，供他朋友私下间阅读，其中有一小段文章就提到了约翰医生和动物们间的友情。这故事是由一位爱丁堡的女士提供的，当她12岁时，约翰医生经常会用自己的马车接送她去学校。她说有一天他们一起平静地聊着天，突然间他打住话头，将头热切地探出马车的车窗外——然后又探了回来，脸上充满失望。那女孩问道，“那是谁？是你认识的人吗？”他回答道，“不，是条没见过的小狗。”

他给苏西起了两个绰号——“童媳”和“大城市（希腊语）”。这个伟大的希腊头衔是为了纪念她棕色的大眼睛。很多时候苏西都和医生一起玩耍，每天他都会放下身段，和苏西玩扮“熊”游戏。我现在已经记不得到底是谁当熊了，我想应该是苏西吧。客厅屋角边放着沙发，后面是通向苏西隔间的房门，她总是躺在沙发上等着后面出现医生的身影——有时等急了还会站起来，在她站起来后，你才能看到她头顶的金发。根据规则，她是隐形的，只能当作没看见她的头发。我想应该是苏西当的熊，我记得有两三次她从沙发上突然冒出来，吓了约翰一大跳，虽然这没法改变他已经知道“熊”从那里向他靠近的事实。

令人难以置信的是，约翰医生竟也想学说讲古怪的趣事。这种事情简直和他温和平静的天性格格不入，但无论如何，我教了他一则故事，然后他加紧练习了两三天——但最终还是没有成功。那场景令人印象深刻。他在爱丁堡的所有熟人和小狗要是走进来看到他的表演都会震惊得瘫倒在地。这故事我在台上讲过无数遍了，我也一直对它钟爱有加，每次都能让听众开怀大笑，讲的是一个口吃病愈的故事——解决的方法是在每个他由于气短而没法说出的词语中间吹声口哨。这样他讲的话就混杂着口吃和口哨声——一般听众这时就会无法抑制地大笑起来。约翰医生学会了按样画瓢，但却始终没法传神地表达出来。他总是一副非常严肃而诚恳的面孔，即使到最后抖包袱的时候也是如此——我必须引用他的话语，否则读者肯定没法理解。原话如下：

“医生告诉我说，当我口－呼（口哨声）－口－呼－口－呼－吃的时候，我必须吹口哨，于是我照做了，然后我就完全治－呼－治－呼－治愈了！”

330 医生始终没法掌握如何抖包袱。他总是一脸严肃装着结巴，然后吹口哨、结巴、吹口哨，到最后结束时，气氛庄严得就像是法官在宣判死刑一样。

他是这世界上最可爱的人——除了他姐姐以外，他俩几乎一模一样。在6周的时间里，我们搭着马车和他一起出诊。他总是随身带着一篮葡萄，而我们则带着书。自始至终每天的出行计划都没有任何改变——每次走下马车，拜访病人时都会附带上一句："我进去后这里就少了个人，你们请随意。"

苏西有小孩所具有的热情，在学会收放自如之前，她也没少懊悔或是流泪，而自那之后，她就变得不一样了，她变得更加勇敢和健康。这让她拾起了尊严，不再因为虚荣，而是真心实意举止得当。回望早已过去的时光，她的童年生活给我们带来了很多快乐，因此偏好喜欢这段日子也是情有可原的事情，至于其中的一些小气恼就让它被人遗忘吧。

1880年夏天时苏西8岁，我们一家住在夸里农场，那农场建在距离纽约州埃尔米拉3英里远的一座山头上，那时候，那里是我们常去避暑之地。当时已经临近割草季节，这对苏西和克莱拉来说是件大事，她们时刻期盼着那一刻的到来，她们已获准搭乘四轮马车从家前往山顶的干草收割地。对她们的年龄和身体而言，这是项危险的权利，她们今年才第一次获许参加，她们兴奋地无以复加。她们谈论的话题全部都是关于这次崭新的冒险。但重要日子的那天早上，苏西却遭遇了不幸。她头脑发热用铲子或是棍棒一类的东西打了克莱拉。无论如何，在幼儿间里作出这样的举动都是十分过分的行为。按规矩，苏西到她母亲面前当面认错，然后决定惩罚的方式和程度。容易理解的是，惩罚需要达到合理的目的与作用——需要提醒和警告受罚者不要再次犯下同一错误——小孩和大人一样，都懂得如何选择印象深刻有效的处罚。苏西和她母亲讨论了各种处罚方式，但都略显不足。这次的错误不比寻常，需要留下无法忘怀的深刻记忆，这个警告必须深植在心，让人终生不忘。其中提到的一个处罚方式就是剥夺乘坐干草车的权利，很明显就能看出这对苏西的打击之大。最后，她母亲总结列举了所有的处罚方式，然后问道，

"苏西，你想接受哪种处罚呢？"

苏西细细考虑了一会儿便临阵退缩了，她反问道，

"你的看法呢，妈妈？"

"苏西，我还是想让你自己选择。你还是自己做决定吧。"

331 这让苏西很纠结，反复思考权衡……所有认识她的人都能预测出她最后的决定……

"好吧，妈妈，我会选择不去乘坐干草车，其他事情不会让我始终记住这个教训，但如果我没法乘坐干草车的话，我就会牢记的。"

在这个世界上，真正严厉、令人印象深刻的惩罚总会落在无辜者的头上。打克莱拉的人并非是我，但即使过去了 26 年，记起可怜的苏西没能乘上干草车依然令我心如刀绞。

苏西生来就对动物十分仁慈，对它们的不幸遭遇也充满同情。这让她有次在一个老故事里发现了新的含义，当时她只有 6 岁——或许是他们太呆板了，前几代人都没有注意到过这一点。她母亲曾给她讲过约瑟被他的哥哥们贩卖为奴的感人故事，约瑟的衣服上还有被杀小孩的血迹，还有其他一些故事。母亲所想强调的是哥哥们的凶残、对无助弟弟的残忍以及违背兄长责任的行为，母亲想让孩子学会记住宽以待人。而她的目的也显然达到了，苏西的双眼饱含热泪，她已被深深的感动。她感叹道，

"可怜的小孩。"

小孩常会赤裸裸地表现出对长辈特权与不同的嫉妒，而这种态度经常被视作一种恭维，反而受人欢迎，但有时这种嫉妒也会出现在受益者认为不该出现的地方。苏西 7 岁时，有次她屏气凝神地注视着一个装饰着小球的客人，那位女士很享受这种获得瞩目的感觉，认为这是一种无声温和的赞美，她感到十分高兴。拜访结束，她最终站起身来，衣着完美，就像是荣耀的所罗门国王，她充满自信与期待，等着接受苏西对她的赞美，称赞她闪耀得晃眼。苏西略带妒忌地叹息道，

"真希望自己的眼睛和嘴巴能撒谎！"

还有苏西 7 岁半的时候，有次她做了件坏事，当时有同伴在场，把责任和批评都归咎在她身上。后来当她和她母亲独处时，她又按照自己的习惯对这事做了小小的纠正，她的辩护在我看来（或是彭斯的影子看来）都会觉得做得相当富有哲理：

"妈妈，你知道我没法旁观自己，所以我也不清楚当时的情况。"

在周围的朋友或访客主要都是文化人（律师、法官、作家、教授和神父）的家庭环境中，小孩在很小的时候就能积累大量的词汇。他们自然也会使用这些听到的词语，而他们自然也不会对这些词挑挑拣拣，他们也自然会童言无忌地说出任何他们学来的语句，而不管这话是否恰当，是否可以说出口。结果就是，他们会连珠带炮地讲出许多有趣滑稽的小词，中间又会插上几个沉重的大词，似乎都能震动大地与窗户。有时，小孩会理解错偶尔使用的某个词语的意思，使句子词不达意——但这种情况要比一般人想象中发生的要少。确切来讲，这种事情不同寻常 332
地极少发生。作为一个小孩，苏西很幸运能有很大的词汇量，她也能对其中的许多词语运用自如。她犯的错误也没有比别人更多，有次，她以为若发生某件趣事（但最终并没有发生），她会因此笑破肚皮。但她显然依然确信自己的状态，因为她说的是。

“如果真发生的话，我会因高兴而变身(心醉)。”

更早时，当她只是个5岁的小女孩时，她告诉一个只在教堂里见过一面的访客说，他们那次见面是在克莱拉“被钉十字架”(受洗)的日子。

在她6岁住在海德堡时，她注意到了城堡酒店的花园……

我的天哪，这是多么不相关的两件事情啊！我需要先插叙一段内容，我昨天参加镇上的午宴，那时我提醒女主人说她并没有将左右客人引荐给我认识。她说自己清楚这一点——但有位女士要求让我自己猜出她的身份，说我在超过25年前曾和她有过一面之缘，而那位女士很想知道我需要多久时间才能回忆起她是谁。在场的其他人都加入了这场游戏之中，他们都想看我是否能够成功回忆起来。而在我看来，这事已经过去这么久了，自己完全没可能记起这位女士的身份了，但在午宴快要结束时，大家突然开始讨论世界上最舒适的酒店在哪里。人们提及了许多欧美的酒店，最后有人提醒说那位女士还没给出自己的答案，人们询问她认为最好的酒店名。而她立马表达了自己的观点，认为世上最舒适满意的酒店是“海德堡的‘斯劳胥’”。

我马上接话道，“这么多年之后，非常高兴能够再次见到您，琼斯夫人——但那时候你还叫斯密斯女士吧。我没有记错吧？”

“是的”，她回答道，“您没记错。”

我就知道是这样。多年以前在海德堡的时候，许多善良的人们都暗中向帮助年轻的斯密斯女士掌握“城堡酒店”的习惯发音，但每次她轻声随意地提到“城堡酒店”时，都会念成“斯劳胥”，没有人能够纠正她。我非常清楚这就是当时老史密斯家的女儿，世上不会再有第二个人会像她这样二十多年来一直坚持着这个错误的发音。

正如我刚才所说的那样，自己插入了一段内容——现在重新继续，苏西6岁时在海德堡，她注意到城堡酒店的花园到处爬着蜗牛。某天她发现桌上多了一道新菜，询问后得知是蜗牛做的食材，她感到敬畏和震惊，问道：

“妈妈，是野生的吗？”

她的思考细致周到——这无疑是后天培养的，没人能够生来具有这种能力。某大热天，当时她还是个小孩，就在哈特福德的家中，她母亲好几次借走了她手中的扇子(日本制，价值5美分)，给自己扇风，然后道了谢又还给她。苏西知道如果她母亲无需从她手中拿过扇子的话，她就会一直给自己扇风了。她也知道自己母
333 亲是不会这样做的。因此必须好言相劝，苏西设计好了自己的说辞。她从自己放钱的盒子里取出5美分，让帕特里克跑到(1.5英里外的)镇中心买把日本团扇回家。帕特里克也照做了——这件急事就这样周到巧妙地解决了，她母亲也能舒服地扇扇子了。她发挥了小孩的智慧，并没有为省下花费而直接从楼上取来一把其

他样式的昂贵扇子，而是考虑到她母亲希望的只是一把日本式的团扇——恰到好处，但也点到为止，没有浪费其他不必要的思考。

当还是个小孩时，她就能出口成章，非常清楚地表达自己的观点。有一次，大概是9岁或是10岁时，那是她妹妹简还是个婴儿，她走到她母亲的房间，告诉说简在幼儿间哭个不停，问她是否要打电话找个看护过来。她母亲问她道：

"她哭得厉害吗？"——意思是问哭得难看生气吗？

"那倒没有，妈妈，那是种寂寞厌烦的哭声。"

回忆这些小事对我来说是种乐趣，其中能反映出她许多的少女情怀。有一次，她虽无愧于心，但却也难辞其咎。那是在她11岁的时候，她母亲正准备着圣诞采购，而苏西获得允许，能够查看送给帕特里克孩子们的礼物。其中有送给吉米的漂亮雪橇，上面还画着一只雄鹿；还有金色大写的"鹿"字。苏西看到这个雪橇后非常开心兴奋，然后又恢复了沉默和平静——但雪橇仍是其中最好的礼物。她母亲很吃惊，失望地问道：

"怎么了，苏西，什么东西让你不高兴了？你还好吧？"

苏西有些犹豫，很明显她并不想说出自己的真实想法。

但在催促之下，她还是吞吞吐吐地说了出来：

"妈妈，一切都好，这东西贵是贵了点——但又何必提这茬呢？"

看到她母亲并未理解，她犹豫地指向了"鹿"字。她内心没犯什么错，只是记错了单词的拼写，这两样东西都是她母亲传给她的。

正确拼写是与生俱来的能力。后天的训练始终没法弥补先天的缺陷，我就总是能够拼对单词，我妻子和她姐妹、克莱恩夫人就很不擅长，当克莱拉还是个小孩时，她母亲出了几天远门，而克莱拉每天都会写封信给她。她母亲回来后夸奖克莱拉的来信。她接着又说道："但里面一封信有个单词你拼错了。"

克莱拉下意识无礼地回答道，"是吗，妈妈，你怎么会知道的？"

这事已经过去超过25年了。这几天克莱恩夫人在我们纽约的家里暂住，她现在已白发苍苍，但仍和过去在夸里农场时一样，神采奕奕，笑容甜美，她就是我们其他人崇拜的偶像。但她糟糕的拼写水平依旧没变，她对写信一直很热衷，经常写信。而且她要求自己笔下的每个单词都必须拼写正确，否则她就成天高兴不起来。昨天，她问我"新泽西"该如何拼写，从她的神情中我可以看出，当时她已经后悔自己过去怎么问过别人这个问题。她和她姐妹克莱门斯夫人的神奇之处在于，她们根本不需要字典或是拼写课本的帮助，这简直难以置信。我订婚那年 334
（1869年），当时我正外出做巡回演讲，每天都会收到来信，为我带来前线的消息——我指的是两位拼字学家关于拼写的友善"内战"。其中谈到的一个词是剪刀，她们好像从未向字典求证过，她们想找个更可靠的人或事物来做评判。她们一共写出了剪刀(scissors)的7种拼写组合,随便找个活人,无论有没有受过教育,肯定没有第三个人完成过这一壮举。我已经记不起她们是如何要求我从这7中拼写中找出正确的拼法了,这事也非我所能及。即使她们写了14种拼法,其中也没有真正正确的那一种。我只记得其中的1种拼法了,其他6种都早已忘记,拼法是“sicisiors”。这样的拼法对发明者而言看上去已经很合理,足以以假乱真了,而我也差点认同了这种拼法。克莱恩夫人至今带着这本小本子,里面有大约30页她自己写的笔记,字很大,都是她在写信时每天要用到的那些词语——这些词连阿猫阿狗都不需提醒就能直接拼写正确,但每次写这些词语时,克莱恩夫人依旧不敢冒险,仍要每天先查一下自己的字典确认后才放心。

37年前我订婚那时,有天晚上,许多年轻人在朗顿的玩着一种叫“威力巴”的拼字游戏,在当时这游戏相当新潮且流行。先挑选一个单词,然后每人将这个单词大大地抄在一张纸头的顶端,然后手拿铅笔,随时准备发令后开始比赛。玩家需要在2分钟的时间里,用挑出单词中的各个字母作为首字母进行组词。但所用的字母必须是跳出单词中本身含有的字母,而且每个字母的使用次数不能超过所选词中同一字母的数量。我还记得我们第一次玩这个游戏时的场景,所选的单词是加利福尼亚(California)。比赛开始后,笔能挥多快,所有人的字就写得有多快——写下的单词有谷物(corn)、汽车(car)、圆锥体(cone)等,之所以写拼这些较短的单词是因为节约时间。2分钟过后,开始算分,谁写的单词最多,谁就是赢家。最好的成绩能有30个,甚至五六十个单词。但克莱恩夫人却不让别人计算她拼出来的单词。她坦率说自己没法获得优胜。但当劝说不成后,我们依旧不依不饶,用蛮力抢下她的纸头计算分数,她只写出了一个单词,小牛(calf),而且被她拼成了“caff”。即使就这么1个单词她还是犯规了——她添加了一个挑出词中没有的字母放在了里面(California中只有一个f)。

1906年2月6日,星期二

“王子与乞丐”的演出——玩猜字谜游戏等

335 当苏西12岁半时,在中断了很长的一段时间之后,我又一次站上了舞台,和乔治·W.坎伯一起在全国做了4个月的巡回演讲。11月初的某个晚上,我们在纽约的奇克林音乐厅办了场朗读会,在我回家时,外面浓雾弥漫,还下着雨,我听到有两个人在暗处交流着,大意是:“格兰特将军真的决定写他的自传了。”这话当时就让我听得很高兴,但如果能让我看清当时说话者的话,或许我会更高兴。然而,这个故事相当波折,现在没空聊这些。

对苏西和所有美国人来说，格兰特将军是最伟大的英雄，她也总想亲眼目睹他的风采。我有次带她去看他，但不提也罢，这事以后再谈。

我之后会再回头讲这事的。

在巡回朗读会间歇时，我曾从西海岸回过一次哈特福德，到家时正是傍晚吃晚饭的时候。我本希望能和家人在图书间，壁炉里燃着胡桃木，过上一段舒适愉快的时间，但却被叫去立即穿过广场赶往 150 码外的华纳家。这让我非常失望，我尝试推辞却没成功。我甚至想不明白为什么不能待在条件这么好的自己家里，而要把珍贵的时间浪费在拜访朋友上。这其中藏着某些秘密，但我却看不出来。于是我艰难地穿过雪地，发现华纳家的客厅里坐满了人。前排还为我空着一个位置，在我前面有块布，突然那布动了起来，原来是穿着演出服的小女孩——玛格丽特·华纳，她穿着汤姆·坎迪的破烂衣服，而苏西·克莱门斯则站在截断的扶手外，穿着王子式的绸缎衣服。接着是王子与乞丐首次见面时善意与友好的举动，这是个大大的惊喜，让我很感动。他们继续演着下面的剧情，这是我一生中最为享受的一个晚上。这个可爱的惊喜是我妻子安排的。她编改了书中的场景，然后让 6 个到 8 个小孩分饰角色排练，还亲自设计提供演出服。

后来，我也为自己增加了个角色（迈尔斯·亨顿），凯特和乔治也参演了，之前我可能没有提到过乔治。他是个黑人——深受孩子们的爱戴，是个了不起的人物。那时他已经在我家待了好几年了。他出生在马里兰，是个奴隶，刚成年时因解放宣言而重获自由。他在内战期间一直是德文斯将军的贴身仆从，之后来到北方，靠打零工过了 8 年到 10 年。之前，我们和他并不认识，有次他来到我们家擦窗户——然后就一直干了 18 年。克莱门斯夫人通过长相就能了解佣人的为人——事实上，她或者其他任何人都能通过他的推荐了解更多。

“王子与乞丐”在我家又上演了好几次，由于空间有限，每次都能坐下 84 位观众，演出让我们很开心。相比于英美公众舞台上的表演，我们的剧目还有几处优势，我们能让王子和乞丐同时登台，而在公众舞台上却经常需要由一人分饰两角——这样做虽然经济却背离原著，不得不删去小说中最精彩动人的部分情节。我们在加冕礼的场景里还附加一些活泼有趣的情节，如果王子和乞丐不能同时上 336
台的话，这根本没法做到。克莱拉演的是青年时的简·格蕾女王，她演得相当传神。特威切尔最小的孩子也演了个听差，他现在已经是个受人尊敬的严肃牧师了，他当时个子非常小，后排的观众不用观剧镜根本看不到他，但他依旧很成功地拖延了简·格蕾乘坐火车的发车时间。简当时才 3 岁出头，因此没有分到角色，但她每天会自己扮演所有角色，将整部剧独自上演一遍。就单人剧而言，她演得不算差；事实上，已经相当出色了——非常具有娱乐性。她表演得相当认真，而她所说的英语也只有她自己才能把握。

我们家和邻居家的小孩演的都非常出色,自然流畅而富有情感。他们是怎么做到的?这是因为他们从婴儿开始就接受训练了。他们从小在我们家长大,也就是说,就玩看手势猜字谜的游戏,我们从不做任何准备。首先挑出一个单词,然后分音节悄声告诉各组小演员们,然后我们就退到堆满各种为晚上演出准备的道具服的大厅后面去了。3 分钟里让部分小演员穿好衣服,每个分遣队都需前往图书室,表演他们的音节部分,然后退出,让他们的父母尽量猜测他们表演的音节。有时候,他们也能够猜出来。

现在的成名演员和剧作家威尔·吉列过去也在我们的猜字谜游戏中获益良多。猜字谜游戏是苏西和克莱拉这些家伙们小时候自己发明的,这给我和她们的母亲带来了许多的快乐。她们有个非常突出的优点——只有最聪明的人才猜得出她们的答案。晦涩是猜字谜游戏的一大特征。这些小孩有次把这方面的特征发挥到了极致。她们走进屋,表演了第一个音节,其中多次提示性地讲到了单词“红”。之后她们退出房间——再次进来还继续着门外就开始了争吵,其中多次提到诸如“公平、不公平、公正、不公正”之类的词语,一直提个没完;但我们注意到其中最主要的还是单词“公平”——于是将“公平”和“红”放在一起,讨论孩子们再出现时可能是副什么打扮。我们已经知道了“公平”和“红”这两个单词。她们很快就再次出现了,开始表演非常流行的晨间拜访场景,在表演中其中一人问了另一人很多问题,内容都是关于一位被刻意隐去姓名女士的,她们总是将那人代称为“她”,即使语法并不正确她们也照样这么说。小孩们又退出房间,我们回忆了一遍她们的表演,至此为止,我们能猜出 3 个音节,即“红”(red)、“公平”(just)和“她”(her),但也就只有这些了。这些音节似乎没法组成一个完整的单词。孩子们再次走进房间,弯下腰开始讨论并争吵了起来,说出了她们想要让我们猜的单词——注册(register—“red-just-her”)!除了我之外,这个家里的人都不擅长拼写。

在表演“王子与乞丐”那段时间前后——尤其是自那之后,苏西和她的近邻——玛格丽特·华纳经常会写一些悲剧,并在教室里演出,小简会帮她们守着门,不让任何人进来。主角经常是两位女王,期间她们会有争吵——可能的话,还有史可查,但即使历史上没有的话,也会编造出她们之间的争吵。简总能分到一个角色,也是唯一的一个角色。她会坐在 1 英尺高的小桌前,然后起草一份让两
337 位女王签署的处决命令书。在那段时间里,她们乐此不疲地演着伊丽莎白和玛丽·斯图亚特——也将能拿到的克莱门斯夫人的礼服都给穿破了——对这些君主而言,最能满足她们的事情无过于地上拖着四五英尺上的礼服。我和克莱门斯夫人不止一次偷看过她们的表演,这么做很小人——但我想当时我们对此并不十分介意,能够看到两位女王神灵活现得大踏步走来走去,并用三四个音节的凶恶词

语相互指责；而对简能心平气和地看完而感到有趣。每天熟悉面对死亡与屠杀让她对犯罪变得冷漠，而无论是何种折磨形式，都不能让她心跳加快分毫。有时候，如果处决命令书间隔太久的话，她甚至会趴在自己的小桌上打瞌睡。无辜的睡眠场景与血腥惨烈的悲剧形成了一幅有趣的画面对比。

2周到3周之前，我和非凡的萨拉有过一次座谈——就是那个著名的、难以接近的萨拉——我讲英语，而她讲的是法语，我们俩都无偿自行翻译理解，如果她足够仔细的话，能从我的眼中看到强烈而又深邃的兴趣，当我在注视她时，我从中看到了多年前的另一个萨拉·本哈特——苏西·克莱门斯。苏西曾看过本哈特的一次表演。自那之后，她总会充满激情地模仿她所扮演的悲剧女主角，她也演得相当不错。

1906年2月7日，星期三

苏西·克莱门斯给她父亲写的传记——克莱门斯对其的批评意见

苏西13岁的时候是个身材修长的小女孩，身后棕色辫子上的发饰叮当作响，她或许是家里最辛勤的蜜蜂了，她除了要学习多门功课，做体育锻炼和玩耍之外，她出于兴趣，还自发秘密地添加了额外的一项工作——为我写传记。她每天晚上都会在卧室写作，而把成果也藏了起来。过了一小段时间，让她母亲给发现了，并偷出来给我看，看后我对苏西说自己对她的作品很高兴也很自豪。我记得自己当时非常开心，我之前也曾有过高兴的事情，但没有一件可以与之相比；在我眼中，这是最为珍贵的东西，而它的地位也至今未变。我从任何地方都得不到赞美表扬或称颂，所以无论当时还是现在，那些文章对我而言弥足珍贵。经过了这么多年，我现在读起这些文章，依旧像是国王寄给我的信件一样，还能体会到当时的惊喜之情——同时还多了份悲伤，我再也摸不到那只执笔热心写下这些潦草字迹的手了——在这些把我捧成高贵之人的文章面前，我感受到的是每一个卑微者都会感受到的感觉。

昨天在翻阅自己一些几年前的陈旧笔记时，无意间翻到了那些传记的文章片段。有明确的证据表明，过去为了那些自传，在早餐或是晚餐时，自己还特意装模作样地表演给苏西看。事实上，我也清楚地记得自己做过这些事情——我也记得 338
苏西也发现了这一点。我记得有次早餐时，自己在餐桌前用夸张的语调讲了些很睿智的话。稍后，苏西私下对她母亲说，爸爸是为了传记才这么做的。

我不会更改苏西描写我的任何语句，而是直接摘录原文，这都是她纯真童心记下的简单精致的文字。文章自身散发着一种优雅与魅力，完全突破了已知的所有文学规律的局限，但它仍算得上是值得称赞的文学作品。我应该在这里附上短小传记的全文——不漏一词一句。

里面的拼写经常令人绝望，但这是苏西亲笔所写，因此应该得到保留。我喜欢这些错字，也不愿随意作出更改。对我而言，它们就是一笔宝藏，更正只会使文章掺入杂质，而并非得到净化，这会毁了这些文章，这会使文章失去原来的飘逸与灵活，而让它变得正式僵硬。再夸张的错误也不会使我震惊。这都是苏西的拼写，她也已经尽力了——对我来说没有比这更欣慰的事情了。

她学说话很轻松，学历史很轻松，学音乐也很轻松，所有东西她都能既全又快又轻松地学会——但拼写除外。学了一阵之后，连她自己都发现了这一点。但她这方面的挫折并未带给我太多难过——尽管拼写向来是自己的强项，但我也从未太在意过。60 年前，当我还在读书时，我们那里有两块奖牌：一块是给拼写冠军的，而另一块则是奖励为人友善者的。奖牌很薄，很光滑，像个银盘，大约有 1 美元的硬币般大小。有枚奖牌上刻有流畅手写的意大利文“拼写能手”，另一枚上则刻着“为人友善”。得奖者用线将奖牌挂在脖子上——而他们也是全校妒忌的对象。所有人都愿意戴上一个礼拜的奖牌，但只有我和约翰·罗巴兹获得了这个殊荣。约翰·罗巴兹永远是一副和蔼可亲的面容，也许我可以用恶魔般、令人生气的和蔼可亲来形容。这就是我们看到他表情时的感觉，于是他就获得了“为人友善”奖牌。而我则一直戴着另一块奖牌。“一直”一词略有夸张。也有几次我们丢过奖牌。那也是因为我们觉得一直戴下去太单调了，我们需要有所改变——因此有几次我们互换了奖牌。约翰·罗巴兹对自己能看上去像个拼写能手而感到满意——虽然事实并非如此。而让自己变得友善也让我感到满意。然而这些改变显然无法持续太长时间——同学或是别人都会发现这一改变，而他们一旦发现就会立即报告学校。然后老师会立即收回我俩的奖牌——而我们也总能在周五晚上之前拿回来。如果我们在周一早上就丢了奖牌，那在周五下午老师来检查一周统计时，约翰的友善排名总会名列第一，而周五下午的集会也总以“拼写比赛”作为结尾。丢人的是，开场时我一般会排在自己小组的末尾，而但比赛结束时，则每次都能够击败两组中的所有人，让奖牌戴在自己的脖子上。有次我也拼错过一个单词，那时已经临近比赛结束，于是我丢掉了那块奖牌。我将 2 月(February)中的第一个“r”给漏了——但这是为了取悦当时自己喜欢的一个女孩。那时候自己甚至愿意在比赛中开天窗来取悦她。

339 正如我上文所说的那样，自己对拼写能力并不在意。我现在仍是这样认为的，在拼写字典取得统治地位之前，通过拼写，人们能够在无意间显示自己的本性，同时也能增加他们想要表达的信息量，因此拼写字典的产生对我们来说也未必是件好事。

苏西从1885年开始写传记，当时我已过知命之年。她开头是这样写的：

> 我们是幸福的一家人，家里有爸爸、妈妈、简、克莱拉和我。而我想写的是自己的爸爸，我很清楚自己要写的内容，他是个个性鲜明的人物。

这里稍微插两句——之后我会继续回到苏西的传记内容。

在模仿这方面，人始终要比猴子高出一筹。一般人都缺乏自己的真知灼见。人们对通过学习和沉思后创造自己的观点并不感兴趣，而只想知道他邻居的观点，然后鹦鹉学舌。二十多年前，我看到一本书的最新书评观点与此书最初的书评观点如出一辙，最初书评中的肯定或是责难都在最新书评中得到了继承重复，根本没有添加新内容。因此，我曾不止一次总确保首先将自己的书稿寄给豪威尔斯看，当时他是大西洋月刊的主编，这样能让他在准备评论时不受外界其他人的影响。我知道他会对书发出真心实意的评价——我也知道他会发现比缺点更多的优点，我清楚自己的书的质量就是如此。在豪威尔斯的评论发表以前，我绝不会允许发行商复印出版，而书也一直能安全过关。在美国没有任何一个作者有勇气敢对豪威尔斯都没认可的图书说三道四——而美国也没有任何一个作者有气魄地对书发表勇敢的原创观点，并对此负责。

我相信文学、音乐和戏剧评论这一行是所有行业中最丢脸的一项工作，它也毫无真正价值可言——至少没有太大价值。当我和查尔斯·达德利·华纳准备出版《镀金年代》时，每日画报的主编让我预先给他一本，他以信誉担保说在大西洋月刊发表书评之前他绝不会在自己的报纸上抢先发表自己的书评。但这个言而无信的人3天后就在自己的报纸上发表了该书的书评。我也没法抱怨，毕竟他只是以自己的信誉作为担保，我本该让他保证些更实在的东西的。我认为他的评论并没有将关注重点放在该书的优缺点上，而是集中在我对公众的道德态度上。其中指责我利用自己的名声欺骗了公众，说华纳写了该书中的一半内容，而该书却仅以我的名义发行出版；批评说如果不是加了我的名字，就不会售出这么多本了，因此我的行为等于是欺骗了大众。每日画报在任何方面都算不上是张主流报纸，它有些自己的特色，它是世界上每日发行的第一张也是唯一一张插图报纸，但除此之外毫无特色可言，编辑粗糙廉价，他对书本或是其他艺术品的评价都无足 340
轻重。所有人都了解这一点，但美国所有批评家的言论却一个接一个地抄袭每日画报的批评观点，而只做些言辞上的修改，异口同声地指责我不诚实的行为。即使是中西部最为重要的大报——芝加哥论坛报——也没有发表任何独创的观点，只是沿袭了每日画报这样的小报的观点，指责我的不诚实行为。

不说也罢。上帝让我们必须接受批评，无论是传教士、国会议员还是幽默作家都必须接受这一点。同时，这么做也像是在批评我自己。但这也不算什么，从坏处想，批评也比犯罪要好，而我并非没有犯过罪。

我大费周章说了这么多只是想表明：第一篇批评我的文章犯下了愚蠢而不可饶恕的错误，将我形容成了一个非常可耻的人物。而这一描述在全国各张报纸上相互流传，在之后的25年中经久不衰。令我感到奇怪的是，竟然没有一个批评家能够正视我，有勇气写篇章击碎这个谣言。1864年时曾在太平洋沿岸流传过一个谣言，认为P. V. 纳斯比就是我的化名，当时他也正在当地演讲。而25年过去了，人们还需要依靠对纳斯比的描写文字来想象我的肖像。我和纳斯比很熟，他是个好人，但毫无恶意地说，这世上我还没碰到过超过3个人的长相丑到能和纳斯比相提并论。那些谣言让我很伤心，直至今天，我依旧感到伤心。我自认形象一直不错，任何一个批评家都能看到这一点，这也给我的家庭带来了长时间的困扰——包括苏西——这些谣言年复一年，不知疲倦地犯着错误，而这些全都是空穴来风。即使一个批评家想对我表达特别的友善或赞美，但也只敢评论我的穿着。他从不敢越这个古老雷池半步，当他说完我的穿着之后，赞美也就结束了，他只敢冒险赞美这些东西，然后他又会重提纳斯比。

昨天我在一本自己陈旧的备忘录里找到一份剪报。上面标注了39年之前的时间，纸张与墨水均已泛黄，仍记得当年将其剪下保存时的苦涩悲伤的心情。我要贴出这段新闻，原文如下：

> 费城报通讯记者在记叙斯凯勒·科尔法克斯的招待会时提到华盛顿的通讯记者时说："知名幽默作家马克·吐温当时也在场，他像头名副其实的雄狮。马克是个单身汉，品位正常，从雪白的衬衫中能看到他与华盛顿洗衣妇间的无尽争吵；马克的英勇事迹早有定论，而之前从未看到他如此整洁过。他的淡紫色手套可能是从某位土耳其女眷那里偷来的，大小适中，相当精致；但更有可能的是——其他解释都比这更有可能。他身上有着与不朽的纳斯比相似的特征，但纳斯比有着棕色的头发，而吐温则是柔软金黄类似琥珀的发色。"

现在让我们回到苏西写的传记，看看没有偏见的观点。

341 摘自苏西的传记

很多人都形容过爸爸的外表，但都相当荒谬。他有着漂亮的灰色头发，不太密也不太长，刚刚正好；有着令他增色不少的高鼻梁；还有蓝色的眼眸和一小撮髭须。他的头型和侧脸都相当漂亮。他身材也非常

> 棒——简言之,他非常漂亮。他所有的特征都相当完美,只有牙齿还不够突出。他肤色白皙,也没有留胡子。他人很好,也非常幽默。他有点脾气,但这是我们家人的通病。他是我见过的最可爱的人,比我希望看到的人物还要好——哦,他还总是心不在焉。他讲的故事总能逗人开心。我和克莱拉曾坐在他椅子的扶手上,听他讲述有关墙上画背后的故事。

我还能栩栩如生地回忆起当时讲故事的情景,这两个小家伙是非常挑剔难缠的听众。

1906 年 2 月 8 日,星期四

继续讲述苏西·克莱门斯的传记——小孩们的传奇作家——匙状车道的事故——防盗报警器充分完成了它的使命

在哈特福德家里图书室里书架的一边有一个壁炉——事实上壁炉两边都放着书架,而在书架和壁炉上则放着各式各样的装饰品。在其中一端挂着一幅带框的油画,上面画着一只猫头,而在另一端则挂着一幅真实尺寸的年轻漂亮女子的头像画——我们将其取名艾梅琳,因为她俩长得很像——是幅印象派的水彩画。在两幅画作之间,有大概 12 件或 15 件曾经提到过的小古董,还有一幅以利户·维德的油画作品“年轻的美杜莎”。孩子们经常会央求我即兴编传奇故事给他们听,不给我任何酝酿准备的时间,而且在传奇故事里必须包括所有小古董和这 3 幅画作。我必须以那只猫开头,艾梅琳结尾;我必须一口气讲完,中间不能休息;小古董装饰品的排序也必须完全正确,不得作出更改。

只要这些小古董存在一天,我就过不了一天安宁的休息日。在它们的生活里,根本就没有休息日,也没有宁静的需要,它们只知道有一尘不变的暴力与杀戮。随着时间的流逝,这些古董和画作慢慢变旧,这是因为它们在传奇小说中经历了太多纷乱的冒险。

给孩子们编传奇小说是件苦差,即使刚开始时也是如此。她们会让我用一幅杂志里的插画做材料编故事,并且用胖乎乎的小手挡住页面上的其他地方,以防我从中偷取灵感。需要新鲜出炉的新故事,必须完全原创。有时候孩子们只简单地给我一两个或是十几个人物,然后要求我用这些匮乏的材料马上编出丰富多彩的作案场景。如果她们听到新鲜的行当,或是不熟悉的动物,或是任何类似的事 342
物,那我在下次的传奇小说中也必须再用到这些东西。有次,克莱拉要求我用水

管工和“bawgunstrictor”临时编个故事,我也不得不照做了。知道故事中讲到蟒蛇后,她才第一次认识了这种动物——后来她也就越发喜欢这动物了。

摘自苏西的传记

爸爸最喜欢的游戏是桌球,当感到累了想放松下的时候,他会打上一整晚的桌球,这似乎能让他的大脑得到休息。他烟瘾很重,几乎抽个不停。他完全像个作家般思考,但却理解不了某些最简单的事情。我们家的防盗报警器经常出错,而每次爸爸都不得不把红桃木房间里的警报都关闭,因为即使红桃木房间的窗户紧闭,防盗报警器也总会报警。后来,他还认为报警器可以正常工作,想再试试看;于是他打开防盗报警器,然后走下楼去开窗;结果铃声大作,他以为如果正常的话就不应该报警的。爸爸一脸沮丧地走上楼对妈妈说,“李维,红桃木房间还是不能正常工作。我刚才打开窗试过了。”

“这又是为什么啊,青年人?”妈妈回答道,“如果你打开窗,为什么不应该报警?”

“这就是我开窗的目的,我刚才走下楼就是想看是否会报警!”

妈妈尝试向父亲解释,如果他想走向去看窗户关着时是否报警的话,就不应该开窗——但这毫无作用,爸爸还是没能理解,并且对妈妈想让他理解这件不可能的事情而感到不耐烦。

这是位直白诚实的传记作者,她没有对我进行任何修饰遮掩。苏西很久之前就发现的这些难题与困惑至今占据着我的大脑。我讨厌复杂的事物,它们会羞辱我,而这种感觉会进一步发展成愤怒。我只能阅读最寻常普通的合同——最多只能包括甲方、乙方和丙方——再多我控制不住自己的脾气了。阿希克罗夫特每天都会来,可怜兮兮地想让我理解我们和亨利 · 巴特斯、哈罗德 · 惠勒以及窃贼们之间的诉讼问题,但每天都不得不被迫放弃。看他垂下真诚动人的双眼,向我问道,“现在,你该懂了吧?”的时候,我总觉他很可怜。

而每次我都不得不回答他,“没有啊,阿希克罗夫特。我也想理解这些事情,但总做不到。还是叫猫过来吧。”

就在苏西提到的那天,我还碰到了另一件困惑的事情。F. G. 惠特莫尔是我的经纪人,我搭乘他的四轮马车出城回家。我们通过供马车出入的门廊,朝着马厩驶去。这是条单行道,样子就像把汤匙,而手柄端就是连接着大门和马厩旁的
343 圆形大花圃。在接近花圃处,道路便分岔环绕在花圃两边,形成环状,我将它比作是汤匙的头部。当我们接近环路时,我看到惠特莫尔向左打弯(我坐在右侧,靠近

房子的那一边),准备绕上左边汤匙般的环路。我说道:

“惠特莫尔,别朝左边打弯,应该向右转。这样我才能在门边上停车下来。”

他回答道:“这根本不可能,这和我如何绕花圃完全没有联系。”

我骂他是个笨蛋,但他坚持己见,我说道,“你就继续驾驶吧,到时候我们就知道了。”

他就继续驾着马车,而我停下来的位置也正如他所说的完全一样。我还是没法相信,至今依旧如此。

我对他说,“惠特莫尔,这次是你运气好,下次你就做不到了。”

他回答说可以,然后又在路上兜了一圈回来,我果然还在刚才的地方。这个古怪的结果让我目瞪口呆,浑身无力,但这还是没法让我相信。我不相信他能再次成功,但他却做到了。他说他可以这样做一整天,每次都能到达这个位置。那时候我已经控制不住自己的情绪了,我让他马上离开回家,申请住进精神病院,账单全由我来付,接下来一周我都不愿意再见到他。

一怒之下我跑上楼把这事讲给李维听,希望能得到她的同情,并对惠特莫尔同仇敌忾,但当我在讲这个故事时,她却只是笑得咯咯作响,她有着和苏西一样的脑袋:她们从不惧怕谜一样复杂的事情。她和苏西都擅长分析,我曾试着说明自己和她们不同。我把这个马车的事情讲过好多遍,每次都希望这次的结果会有所不同,有人会支持我的看法,但这从未发生过。我也从来没能流畅讲完过这个故事,每次讲到一半时都要停下来思考一遍,回忆一下道路的汤匙柄、汤匙头、四轮马车和马匹以及我在马车中的位置;但我回忆完这些事情,然后就没法再思考下去了;我没法弄明白自己到门口时怎么会停在右边。苏西的判断是正确的,我的理解力很差。

苏西提到的防盗警报器有着粗枝大叶的性格,令人捉摸不定。它时不时就会出错,而且它也有充足的机会,从地窖到顶楼屋子里所有的窗户和大门都和它相连。然而,如果它出错的话,也只会打搅到我们一小会儿,我们能迅速地找到误报的症结,那是毛骨悚然的铃声自娱自乐的嗡嗡声。我们会关闭报警器,从纽约叫来电工——那时候哈特福德镇上还没有电工。当他修好后我们才会重新开启报警器,也再次恢复对它的信心。它只有一次真正发挥过作用,这个昂贵的东西在其余时候则显得累赘无用。只有那么一次它尽到了自己全部的责任,严肃认真,值得称赞。在3月的某个漆黑沉闷的早晨,它发出了警报,我知道这次并非误报,于是迅速赶了过去。通往浴室的大门在我床侧的一边。我走进浴室,打开灯,检 344
查了报警器,然后把关闭了警报——报警只涉及大门——停止了这次的喧闹声。我回到床上,克莱门斯夫人开始问我:

“哪里的警报声?”

“地窖的大门。”

“你猜会是窃贼吗?”

“嗯”,我回答说,“肯定是。难道你还以为是周日学校的校监吗?”

“不是,那你认为他想要什么东西呢?”

“我猜他要的是珠宝,但他对房子的地形并不熟悉,于是就意味放在地窖里了。我可不想让自己不熟悉的窃贼感到失望,他也没伤害到我,但他如果有一般人的智商、懂得提问的话,我会告诉他我们只把蔬菜和煤炭放在下面。但他也有可能熟悉地形,他就是想要蔬菜和煤炭。基本上,我想他要的是蔬菜。”

“你不准备下去看一下吗?”

“不,我又帮不了他,让他自己挑选吧,我也不知道那些东西放在哪里。”

然后她说道,“但如果他上楼来到一楼呢?”

“那也没事,当他打开那扇门的时候我们就会立即知道了,他会触发警报的。”

说话间那恼人的嗡嗡声就又响作一团。我说道:

“我就说他会来的,我了解窃贼们的所有手法,他们做事很有条理。”

我走去浴室查看自己的预计是否正确,也的确得到了验证。我关闭了饭厅的报警声,然后又回到了床上。我妻子说道:“你猜他现在又想做什么?”

我回答说:“我想他已经拿到了自己想要的全部蔬菜了,现在正准备为他的妻子和孩子们找餐巾环和其他杂七杂八的东西。他们窃贼都有家室,也一直会想到他们,他们会为自己拿一些生活必需品,然后再加些送给家人的纪念品。在拿这些东西的时候,他也不会忘了我们:拿走这些特别东西也表示了他对我们,同时也是我们对他的纪念之情。我们不会再拿回这些东西,而对此的记忆则一直会留在我们心中。”

“你现在准备下楼看他拿了些什么东西了吗?”

“不”,我回答说,“我现在并不比刚才更感兴趣。这些窃贼都是老手,他们知道自己要的东西,我帮不了他们。我想他想要的是陶器和小古董之类的东西。如果他熟悉房子的话,他也会知道这就是他能在饭厅里所能找到的所有东西了。”

她带着强烈兴趣的口吻问道,“那他如果来到这里了呢?”

我回答说,“那也没事。我们就会看到他了。”

“那时我们该做什么?”

“从窗口爬出去。”

她仍有些嘴硬,“好吧,这就是我们装盗贼报警器的目的?”

345 “亲爱的,你都看见了,到现在为止他都很有用,而我也会向你解释如果他上楼来的话,这东西会如何继续发挥自己的作用。”

但事情就到此结束了,他没用触发更多的警报,之后我说道:

“我想,他失望了。他带着蔬菜和小古董就走了,我想他并不满意。”

我们继续睡觉,早上7:45我就风风火火地出门了,自己要赶8:29出发去纽约的火车。我发现一楼灯火通明,全部开着。我的新外套不见了,我的旧伞也不见了,还有我的新漆皮鞋,还没穿过就已经丢了。屋后通往树林的大窗户依旧开得笔直。我从那里一路循着窃贼下山小路穿过树林,要找到他走过的路径一点都不困难,一路上都有他掉落了银制餐巾环作为记号,还有我的伞和他不喜欢的各种其他东西,于是我满载而归,并向我妻子证明这个窃贼相当失望。从他没有上楼来抓我们时,我就怀疑他已经失望了。

至于那天在纽约发生的事情,我会另找时间讲的。

摘自苏西的传记

我们喜欢爸爸独特的走路方式,似乎只有他一人适合用这种方式走路,在两顿饭之间思考的时候,他会在屋子里踱来踱去。

那时有位远方亲戚跑来看我们。她原打算过来住了一周时间的,但我们再怎么努力都没法让她开心,我们也不清楚这是为什么,然后她在第二天一早就拔锚起航离开了。我们做了很多种猜测,但还是解不开这个谜题。最后我们终于找到了问题的症结所在,是我沉重的来回踱步声让她觉得我并不欢迎她的到来。

读者可能已经猜到了,“青年人”是我妻子给我取得昵称。稍显讽刺,但也充满柔情。我的内心和身体机能都比我的真实年龄年轻得多。

摘自苏西的传记

爸爸特别喜欢动物,尤其是猫,我们曾有过一只可爱的灰色小猫,名字叫“懒鬼”(爸爸也总穿灰色的衣服,好让其和自己的头发和眼睛一个色调),他会将小猫架在自己肩膀上,那场景相当可爱!灰色的小猫看到爸爸的灰色外套和头发就会犯困。他为我们家养的小猫取得名字都非常有趣,“迷路小猫”、“阿布纳”、“杂色猫”、“小女人”、“懒鬼”、“布法罗·比尔”、“滑腻帆布”、“克里夫兰”、“酸土豆泥”、“瘟疫”和“饥荒”。

当孩子们还小的时候,我们养过一只乌黑的母猫,名字叫“撒旦”,撒旦育有一只小黑猫,名字叫“罪恶”。要让孩子们理解这些名字是件困难的事情。小克莱拉有天跑过来,黑色的眼眸里充满着愤怒,说道:

“爸爸,撒旦应该受到惩罚,她跑进了温室,而且一直待在里面不出来,她的小猫在楼下哭叫。”

346 摘自苏西的传记

> 爸爸说话很难听，但我觉得当他刚和妈妈结婚时应该还没变成这样。有位熟人总喜欢打断别人讲话，爸爸跟妈妈说他认为自己应该对那位女士的丈夫说，“我很高兴上帝说‘要有光’时，苏西·华纳并不在场”。

就像我之前说过的那样。她是个坦诚的历史学家，她不会掩盖任何人的缺点，但也会同样坦诚地对待一个人的优点。她所引用的话我的确说过——即使过去了这么久，我依旧半信半疑地相信如果苏西·华纳在场的话，造物主说“要有光”的时候她也会打断她的话，而我们就得不到光明了。

摘自苏西的传记

> 爸爸有天说，“我是天生就是个中立派”（爸爸知道我在为他写传记，他因此特地说了这话）。他根本不喜欢去教堂，我也从不清楚其中的缘由。而就在刚才，他告诉我们说自己没法忍受别人唠叨个不停，但却可以自言自语说上几个小时也不感到疲倦，当然他把这话放在了自己的笑话里，但我毫不怀疑这就是他的真心话。

1906 年 2 月 9 日，星期五

浴室里的“咒骂”——苏西讲“王子与乞丐”——母亲和孩子们帮我编辑图书——有关祖先的事情

苏西对我说话难听的评价让我困扰，我必须再说下这事。在我结婚的前 10 年里，我在家能都保证谨言慎行，忍无可忍的时候我才会跑去很远的地方发泄一下。妻子的敬重与认可在我看来要比其他所有人的都要更加珍贵。我害怕有一天她会发现自己只是一个压抑着真心话的伪君子。在那 10 年中，我非常小心，毫
347 不怀疑自己掩饰得很好。因此，虽然有罪，但我仍像无罪者那样感到高兴，但最终一次意外暴露了我。有天早上我走进浴室，没注意留了道 2 英尺或 3 英尺的门缝，这是我第一次忘记关紧房门的预防措施。我知道这么做非常必要，因为对我而言剃须一直是种折磨，在过程中免不了咒骂几句。而这次则没有防护措施，我也没丝毫戒备。那次剃刀没有格外为难我，当时我也只是用不恰当的话语喃喃自语了几句，也有其他噪声或声响——咆哮或吼叫。然后我穿上衬衫，那衬衫是我自己特制的。

它们背后开口，上面还有纽扣——如果有的话。而那次，衬衫上的纽扣没有了。我的怒气瞬间暴涨了许多，而我的咒骂也随之增加，无论声响还是激烈程度都是如此。但我并不担心，因为浴室的门很厚实，而我以为它已经紧紧关住了。我冲到窗前，把衬衫扔了出去，它掉在了楼下的灌木丛中，如果前去教堂的人们愿意的话，他们能在路上多欣赏下这件衬衫，在路人和衬衫之间只有大概50英尺的距离。很远的地方就能听到我当时的咆哮声，我穿上了另一件衬衫，而那件还是没有纽扣。我的语言对这个突发事件作出了很好的回应，那衬衫又被我扔出了窗外。我非常的愤怒，几乎失去理智，第三件衬衫我连检查都懒得检查，就发狂般地直接套在了身上。但这衬衫还是没有纽扣，和它的同伴一样，它也被我扔下了窗。之后，我直起身来，鼓起勇气，像骑兵突击般忘记这一切。在遭受了如此莫大的侮辱的同时，眼睛发现了那扇半开的房门，我瞬间瘫倒在地。

我在浴室里花了很长时间，我还花了很多不必要的时间想让自己找出当时情况下最好补救措施。我希望克莱门斯夫人当时还在熟睡，但我清楚事实并非如此。我也知道没法从窗口逃走，那里太窄了，只能扔下衬衫。最后我决定装作什么事情都没有发生，勇敢地从卧室穿过。一开始，我还算顺利。我避免直视她所在的方向，那么做很不安全。事情发生后，你就很难再装出一副无事发生的表情，而走着走着，我心虚的表演就一点点暴露了我自己。我原准备走向离我妻子最远的左手边的房门。自房子建成之后，这扇门还未打开过，但当时就像是我的救命稻草一样。床就是我现在躺在上面，每天早上在上面平静口述过去的这张床。这床历史悠久，雕刻精美，有着威尼斯式的黑色床架——最为舒适的床架，大得足以容下一整家人，弯曲的床柱、床头板和床尾板上都刻满了天使，能够让人睡觉时得到安宁，做个好梦。我不得不在屋子中间停下来，我没有勇气再走下去了。我相信自己正受到谴责目光的注视——就是那些雕刻出来天使也用不友好的目光注视着我。大家都知道那种相信别人正在背后紧紧盯着你的感觉，你不得不转过头去——就这样情不自禁就发生了。我转过头，床还在现在的这个位置，只是头尾掉转了一下。如果它当时就这样放的话，高高的床头板就能挡住我了。但当时床尾板却并不够高，没法挡住视线。我就暴露在那里了，没有一丁点的保护，我情不自禁地转过头——这么多年后，我至今还能清晰地记得当时的情景。

我看到了白色枕头上的黑脸——年轻而又漂亮，亲切的眼神中饱含着我之前从未见到过的一种神情，燃烧闪耀着愤怒。我觉得自己快崩溃了，觉得自己在那样的谴责目光之下都快蒸发消失了。我就像热锅上的蚂蚁一般在那里静静地站了一分钟，我该说，那是一段非常、非常长的时间。之后，我妻子开口说话了，重复了我在浴室里的最后一句话。一字不差，但语气温和、生硬、幼稚、不够老练，也不够滑稽，语气很弱，和这强烈的措辞很不般配。我一生中从未听过如此不搭调的 348

话语，一点都不协调，就像是这些强烈的措辞配上了微弱的音乐。我尝试不笑出声来，毕竟自己是个需要宽恕慈悲的罪人，我开始时成功地止住了自己的大笑——直到她严肃地说“就是这些，你知道听到这些话的感觉了吧”。

然后我就抑制不住地大笑起来，房间里充斥着我的笑声，到处都能听到它们发出的声响。我回答说，“哦，李维，这听上去就像是上帝宽恕我的声音，我不会再这么做了！”

然后她自己也忍不住笑了，我们都笑到抽搐，直到身心俱疲后才停了下来。

孩子们在吃早饭时——克莱拉6岁，苏西8岁——母亲告诫她们不能使用粗话，之所以告诫是不想让孩子们起疑——告诫她们不能使用粗话。而两个小孩则异口同声地回答道，“为什么呢？妈妈，爸爸不是一直说吗？”

我感到震惊，我以为自己很好地将这个秘密藏在了自己的心里，应该从没人怀疑过它们的存在。于是我问道：

“小捣蛋鬼们，你们是怎么知道的？”

“哦”，他们回答道，“你在客厅里和乔治谈话时，我们就经常能听到这些。”

摘自苏西的传记

爸爸最近写的一本书叫做《王子与乞丐》，这无疑是他写过最出色的一本作品，有些人想让他保持原来的风格，有些人还写信给他，“我很喜欢《哈克贝利·费恩历险记》，我非常乐意见到你回到原来的这种风格。”这让我有些不开心，有点困惑（troble）（苏西对“trouble”一词的拼写很不确信，她本以把“u”放在了正确的位置上，但考虑之后，还是删去了）。至少理解爸爸的人这么少，我是说真正了解他的人，他们以为马克·吐温是个幽默作家，对所有事情都只会开玩笑；还认为他“有一头几乎不需理发师修剪的红棕色头发，高挺的鼻梁，粗短的髭须，苦大仇深的面孔，鬓毛似的乌鸦腿”，如此等等。人们印象中的爸爸就是这个模样的，我曾想让爸爸写一本能够展现自己同情心的作品，而《王子与乞丐》则部分达到了这个目的。书中充满了吸引人的可爱观点，文字也非常好！简直完美。我认为书中最动人的一幕是乞丐骑着高头大马，各家贵族“按照次序依次”尾随其后，然后他看到母亲时的场景！她跑到他身边，只见他手心向外举起手来，一个国王护卫就把他母亲给粗鲁推开了，乞丐受到了自己良心的谴责，为当她被推离自己身边时，自己所说的“我不认识那个女人”而感到羞愧。他的伟大形象被击得粉碎，骄傲也随之成灰。这短短的一幕相当精彩感人，爸爸的描写相当到位。我从没见过像爸爸这样情感丰富的人；《王子与乞丐》中充满了动人的情节，而且多数地方也藏着幽默感。在激动人心的加冕礼情节处，就在小国王重新拿回自己的王冠后，爸爸又加进了“皇帝印章”的情节，乞丐说他用印章“来给坚果去壳”。这情节真有趣！爸爸写的东西里几乎都包含一丝幽默，这是他的一贯风格。

孩子们总是陪母亲一起帮我编辑手稿。她会坐在农场的门廊上大声朗读，手 349
里拿着铅笔，而小孩们则会警觉而怀疑地注视着她，因为她们坚信如果她对某段文章特别满意的话，她就会偷偷删除。她们的怀疑是有充分基础的。如果文章能让她们感到满意，那其中的内容就几乎不需要删改了，但在她们母亲的手里却免不了改得面目全非。我自己很喜欢看到孩子们的抗议举动，我也经常滥用自己编辑的无知自信。我经常故意恰到好处混入坏人角色的话语，这符合孩子们的审美要求，然后就等着冷酷的铅笔删去这些句子。出于同情，我也经常会支持孩子们的请求，讲出一大串的道理，将自己装成很真诚的样子。她们会被我欺骗，她们的母亲也是。那样就变成了3:1，非常不公平，但非常欢快，我没法抵御这件事的诱惑。我偶尔会获得胜利，那就再开心不过了。然后我自己会在私底下删去这些内容。它们的目的已经达到了，它让我们三人感到非常高兴，而从书中删去本就是它们原来的宿命。

摘自苏西的传记

爸爸出生在密西西比。他的母亲是生于肯塔基的克莱门斯奶奶（简·兰普顿·克莱门斯）。而克莱门斯爷爷则来自弗吉尼亚的富裕家庭。

毫无疑问，这是我告诉苏西的。我也不清楚这是为什么，因为我出生后从来没有对哪样伟大的事情印象深刻过。这种漠不关心的态度并非来自我的母亲，她对祖先的事情一直非常感兴趣。她说自己一脉的历史都可以追溯到英格兰达勒姆地区的兰布顿家族——这个家族在撒克逊时期就在那里拥有广阔土地了。我并不十分确信，但觉得兰布顿一家已经有八九百年没有贵族头衔了，后来就在75年之前，他们家里出了位伟人，然后一跃成为贵族。我母亲认识所有弗吉尼亚的克莱门斯族人，也喜欢把他们的夸大事迹讲给我听，但她已经去世很久了，我已经记不清任何故事细节了，它们都已经变得模糊不堪了。

美国参议院里有位叫杰雷·克莱门斯的参议员，在参议院内他有着很好的名声——无论他为国家服务了4年还是40年，这一名声终会随风散去。在他死后，没人还记得杰雷·克莱门斯曾做过参议员，但他因为另一件事情而被人铭记了许多年。他和老约翰·布朗笔下的怀斯州长决斗，并开枪击中过后者的腿之后，但我并不非常清楚这件事，也可能是怀斯州长射中了他的腿，但我认为这并不重要。我想真正重要的事情是他们其中有人被射中腿了。如果他们两人同时被射中腿的话，那这事会变的更崇高一点，更有历史价值一些，也更人满意一些——但对我来说回忆这些历史毫无用处，我从来没办法从历史角度进行思考。随他去吧。无论情况如何，我都感到高兴，这就是我对自己同姓者所有的热情了。我还忘记提及克莱门斯家的先祖了——这可比第一位克莱门斯的来历要久远得多，他就是亚当。

350 1906年2月12日，星期一

苏西的传记——汤姆·索亚玩的把戏——打破糖罐——和汤姆·纳什在密西西比河上滑冰。

摘自苏西的传记

> 克拉拉和我都认为，《汤姆·索亚历险记》里关于鞭子的那一段，是爸爸和奶奶玩的把戏。“把鞭子递给我”，鞭子在空中晃悠，情况万分危急。“嘿，瞧你身后是什么，姨妈！”老太太以为有危险，急忙撩起裙子转过身去。汤姆拔腿就跑，翻过高高的篱笆，转眼消失得无影无踪。

关于这一点，苏西和克拉拉说得很对。

苏西说道：

> 我们都知道，爸爸总是逃学。他为了不去学校，竟然随时准备装死！

这些真相揭露得多么透彻，不过说得很公正。要是我在别人眼里也像苏西眼里那样容易看透，那我这一生中，真是白费了不少力气。

> 奶奶没办法叫爸爸去上学，就让他到印刷所去学手艺。他去了，慢慢学到了足够的知识，和那些小时候刻苦学习的人一样能干。

值得一提的是，苏西称赞我的时候没有过分吹捧，而是作出了合理的判断，保持了传记的冷静态度。还有一点值得注意，她对我的赞美和批评公正而合理，这是她作为传记作者的可贵之处。

我妈妈为我操了不少心,不过我看她心甘情愿。比小我两岁的弟弟亨利根本不用她操心,依我看,要不是我的个性恰恰跟他相反,让她宽慰解闷,亨利那种忠厚老实、百依百顺的脾气,肯定是她的负担。我是一剂补药,对她很有益处。我以前从来没这么想过,现在我才明白这一点。我从来没看见亨利对我和别人干过坏事——可是他经常做好事,让我吃了很大的苦头。他的责任就是报告我的所作所为,每当我需要坦白而忘了说的时候,他就忠心耿耿地履行这个职责。他是《汤姆·索亚历险记》里的希德,不过希德可不是亨利,亨利要比希德善良可爱得多。

正是亨利提醒我妈妈注意,她为了不让我去游泳而缝在衣领上的线已经变了颜色。要不是亨利多嘴,我妈妈根本不会发现,这么显眼的证据竟然逃过了她锐利的眼睛,等她明白过来的时候气得厉害。可能就是因为这个细节加重了对我的惩罚。这是人之常情,我们总是找借口,把自己的短处怪到别人头上——不过没
关系,我也报复了亨利,这算是对我受了委屈的补偿。我常常报复他——有时候 351
我还没做什么事,就先报复了。等到机会来了,遇见难以抗拒的诱惑,我就提前预支。这个做法可不是我从妈妈身上学来的,可能是我自己发明的。不过,她有时候还是影响到了这条原则。

如果说打破糖罐的这件事发生在《汤姆·索亚历险记》里——我不记得写了没有——那就是个十足的例子。亨利从来没有偷过糖。他是光明正大地从罐子里拿的,妈妈知道,就算她不在旁边盯着,亨利也不会拿糖吃,可是她对我放心不下。倒不见得是怀疑我,她分明知道我会这么干。有一天,她不在的时候,亨利从她珍贵的老式英国糖罐里拿了糖——这罐子是传家宝——他竟然把糖罐打碎了。这是我头一次有机会告发他,心里有说不出的高兴。我跟他说,我要告他的状,可是他无动于衷。等到妈妈走进来,看见地上的罐子摔得粉碎,有一刻说不出话来。我故意沉默下去,心里猜测这样更有效果。我等着她问,“这是谁干的?”——到那时我再把真相说出来。可是我盘算错了。她沉默过后什么也没有问,直接拿针箍敲了我的脑袋,我觉得一直痛到脚后跟。我因为受委屈发了脾气,本指望她为错怪了人而觉得难过。我期待她能说点后悔、同情的话。我告诉她,这不是我干的,是亨利闯的祸,可这也没带来什么翻天覆地的变化。她不动声色地说。“没关系,有什么要紧的。你总会做些我不知道的事情,这是你自作自受;就算你没闯祸,也要干些什么我听不到的事,这是你应得的。”

屋子外面有一架楼梯,通向二楼的后面。有一天,亨利被派去干活,他提了一只马口铁桶走在路上。我知道他要爬这个楼梯,我就走上前在里面锁上门,然后下楼来到花园里。园子里刚犁过地,到处是乌黑结实的泥土块。我捡了不少土块,埋伏在那里。我等着他上了楼梯,走到平台上逃不掉了。然后,我拿起土块朝他砸过去,他用铁桶左扑右挡,可是无济于事,因为我是个神枪手。土块砸到了挡

雨板上，引得妈妈出来看究竟发生了什么事，我跟她解释说，我在跟亨利逗着玩。两个人立刻追了上来，不过我知道怎么翻过高高的栅栏，一溜烟儿逃跑了。过了一两个钟头，我壮起胆子回来，看见周围没有人，以为这件事就算完了，但是根本没完，亨利埋伏在那里等着我。这次的准头倒是不同寻常，他用石头砸中了我的脑袋，肿起来一个大包，像马特洪峰那么高。我脑袋上顶着包去找妈妈，寻求她的同情，可是她并不为之动容。似乎她觉得，要是我吃的苦头够多的话，到头来我就能变个样儿。所以这件事只会有教育意义，以前，我对这种事看得太严重了。

我现在才知道，不应该给猫吃止痛药。我如今不会再干这种事了，但是在《汤姆・索亚历险记》的时代，彼得在药效影响下的表现，给我带来了莫大的满足，如
352 果说动作能像语言一样有力，那么他像我一样对药很感兴趣。佩维先生对黑人很有见识，充满好奇，他想拿这药做样本，我就随他去了。在他看来，这玩意是地狱之火做成的。

那是1849年闹霍乱的时候。密西西比河流域的老百姓吓得魂飞魄散，能跑的人都跑掉了，有很多人是在逃亡的途中吓死的，受惊吓死的有三个，得霍乱死的才有一个。那些不能跑的人忙着吃预防霍乱的药，我妈妈给我选了佩里・戴维斯的止痛药。她倒是没有为自己操什么心，根本没有服用这种预防的药。不过她要我答应，每天服用一汤匙的止痛药。起初，我打算恪守承诺，不过当时我还不知道止痛药的滋味，等我头一回尝了才清楚。她没有留神亨利的药瓶，因为她信得过亨利。可是她在我的药瓶上做了记号，每天在标签上用铅笔标出来，检查我是不是喝了那一汤匙的药。地板上没有铺地毯，上面裂着口子，我就把止痛药喂给了裂缝，效果好极了，下面没有害霍乱。

有一次，我正在给裂缝喂药，来了一只友好的猫，摇着尾巴要吃止痛药——我给他吃了——接着他歇斯底里地发作起来，把满屋子的家具都撞遍了，最后从打开的窗户里冲出去，把花盆也带了下去，正在这个时候我妈妈进来了，透过眼镜一看，吓得目瞪口呆，她说道，“彼得到底是怎么回事啊？”

我不记得我是怎么解释的，如果我在那本书里写了，那也许写得并不对。

每当我闹得不成体统的时候，我妈妈嫌当场的惩罚还不够，就会等到星期天清算，让我在星期天晚上去教堂——这算是一种惩罚，我有时候还能勉强接受，不过通常来说，我是能躲就躲，这倒是符合我的脾气。她从来不相信我去过教堂，总要考问我一番：让我说说讲道的内容。这倒也不难，费不了什么工夫。我用不着去教堂听布道，自己挑一段就行了。这一招很灵验，直到有一次，我说的经文和去过教堂的邻居说的经文对不上，后来我妈妈又用了别的法子，如今我想不起来是什么办法了。

那个时候，男人和孩子在冬天穿的是长披风。黑色的披风里衬着耀眼夺目的苏格兰格子呢。有一年冬天晚上，我动身去教堂，清算我这一星期的罪过，我把披风藏在门后面，跑出去和其他孩子玩耍，一直等到礼拜结束，然后再回家去。可是，我在黑暗里穿反了披风，一进门就把披风扔到旁边，照例站着接受盘问。我回答得很顺利，一直说到教堂里的温度。

我妈妈说，“这么冷的晚上，肯定不可能穿得暖暖和和的。”

我没听出话外音，傻头傻脑地解释，我在教堂里一直穿着披风。她问道，我从教堂回家的时候，是不是也一直这么穿。我不明白这话的意思，回答说的确如此。她追问道，“你在教堂里把红色苏格兰格子呢穿在外面，亮得刺眼，不引人注意吗？”

当然，这种话再说下去只会沉闷无聊，没有什么益处，我就闭口不言，只好自 353
食其果。

那是1894年左右的事情，汤姆·纳什跟我同岁，是邮政局长的儿子。有一天晚上，我和他到密西西比河冰封的河面上去滑冰，大概是擅自跑去的。我不明白我们为什么非要在晚上去滑冰，除非是自作主张，要是没有人反对，晚上溜出去滑冰也没有什么乐趣。到了半夜时分，我们已经沿着伊利诺伊州的河岸滑出去了半英里，突然听到家那边和我们之间的河面上，传来吱吱嘎嘎、劈啪作响的可怕声音，我们知道情况不妙——河面开化了。我们开始往家赶，吓得胆战心惊。借着云层中洒下的月光，我们尽可能分辨出冰面和河水，一路跑得飞快。我们不时停下来，等看到坚实的冰块再下脚，看到水面再停下来，惶恐不安地等着一大块浮冰漂过来，才能趟过去。我们总共走了一个钟头——路上免不了担惊受怕。不过，我们终于到了离河岸很近的地方。我们在那儿等着，又到了要趟过去的地方。我们周围的冰块顺流而下、横冲直撞，在岸边堆积成山，情况越来越危险，没有一点儿缓和的迹象。我们越来越不耐烦，急于走到坚固的岸上，于是拔腿就跑，从一块冰面跳到另一块冰面。汤姆打错了算盘，失足滑倒了。他浑身都湿透了，不过离岸边已经很近，只要游两下就能靠岸——他的脚踩到了坚硬的河底，连滚带爬地上了岸。稍后我赶到了岸上，结果安然无恙。我们全身大汗淋漓，汤姆的不慎落水给他带来了灾难。他卧床不起，得了一连串的毛病。最后感染了猩红热，他从此耳朵全聋了。当然，有一两年的时间他都说不出话来，不过几年后，他开始学着讲话，说得不怎么样——人们总是听不清他要说些什么。当他自以为压低了嗓门说悄悄话的时候，你在伊利诺伊州都能听到他的喊叫。

4年前的1902年，密苏里大学邀请我去接受法学名誉医生学位。我借这个机会在汉尼拔待了一个星期——这里如今是座城市，而在我小时候是个村镇。自从汤姆·纳什和我经历过那次冒险后，已经过去了53年。当我来到火车站准备离开汉尼拔的时候,那里围着一群人,我看到汤姆·纳什穿过空地朝我走过来,我一眼就认出他来,马上迎了上去。他已经老了,满头白发,但是还能在他身上看见那个15岁少年的身影。他走到我面前,双手围成喇叭状,在我耳边叫嚷,朝着那些人点头致意,悄悄地说……嗓门大得像号角……

“你还是那副该死的傻样子,萨姆!”

摘自苏西的传记

爸爸20岁左右的时候,到密西西比河上当了领航员。就在他启程前,克莱门斯奶奶让他拿着《圣经》发誓绝不酗酒、绝不骂人,他回答说“好吧,妈妈,我答应你”,他遵守了7年的承诺,后来奶奶解除了对他的约束。

354 受这一评价的影响,我眼前浮现出曾被遗忘的花园的景象!

1906年2月13日,星期二

苏西的传记——少年禁酒会——克莱门斯先生和兰登小姐的首次会面——兰登小姐体弱多病——牛顿医生

我现在还能轻而易举地想起这些事。我大约15岁的时候,在汉尼拔参加了一段时间的少年节制会,这个组织在1850年遍及全美国,长达整整1年的时间——也许还要更长些。身为会员,我们必须保证在入会期间不吸烟,我的意思是说,这个组织的存在一方面是为了恪守承诺,另一方面是为了红色美利奴绶带,不过红色绶带是主要的。男孩子们踊跃加入,只是为了披上绶带,承诺倒是无关紧要。实际上,发誓和绶带比起来显得无足轻重,完全可以忽略不计。这个组织管理薄弱,是临时机构,因为没有那么多假日来开展活动。到了5月1日,我们可以和主日学校一起披着红色绶带招摇过市,到了7月4日就和主日学校、独立消防队和民兵团一起游行。可是,仅靠每年挂两次绶带招摇一番,根本不足以维持青少年的道德观念。作为普通一兵,我不能越出队伍一步,不过我是“地位显赫的内阁秘书和皇家近卫军哨兵”,有权编写口令,可以在绶带上佩戴玫瑰花蕾。在这种情形下,我依然坚定不移地为两次游行增光添彩,参加了5月1日和7月4日的庆典。然后我直截了当地申请退会,头也不回地离开了队伍。

我有整整3个月没吸烟,受烟瘾折磨的滋味简直没法形容。我从9岁就开始抽烟——头两年只是偷偷摸摸地抽,后来就公开吞云吐雾——也就是说,在我父亲去世后。出门还不到三十步远,我就抽起烟来,心里快活极了。我不知道这是什么牌子的雪茄,也许不是上等货,要不然先前吸烟的人不会这么快就扔掉。可是我觉得这是卷得最好的雪茄烟。前头吸烟的人要是3个月没有抽过一口烟,可能也会这么想。我毫不羞愧地抽着这个烟头,如今我要是这么做,肯定会觉得难为情,因为我比过去文雅多了,不过我和原来一样,还是会抽一口。我了解我自己,也了解人类,对此知道得一清二楚。

在那个年代,本地雪茄的价钱很便宜,人们要是能买得起别的东西,也就吸得起雪茄。加思先生有一家大烟草厂,在村里开了一家小铺子,销售自己的产品。他有一个牌子的雪茄,就连穷光蛋都买得起。他把这种货色放了很多年,外表看起来光鲜漂亮,里头已经腐朽霉烂,要是掰成两截,就会化成一股烟飞走了。这个牌子便宜得要命,因此很受欢迎。加思先生还有其他便宜牌子的烟,有些质量糟透了,不过这个牌子比那些更胜一筹,从名字上就能看得出来,叫作“加思的劣等 355
货”,我们经常用旧报纸来换这个牌子的烟。

村子里还有一家小店,对身无分文的孩子来说,条件非常优惠。经营这家店的是个孤苦伶仃、愁眉苦脸的小个子驼背,我们只要从村子里的水泵给他提一桶水,不管他要不要水,我们就能得到一些雪茄。有一天,我们发现他在椅子上睡着了——这是他的习惯——我们就耐着性子等他醒过来,这是我们的习惯。不过这一次他睡得太久了,我们的耐心终于耗尽了,打算把他弄醒——可是他死了,当时惊慌失措的情形,我到现在还记得。

我在青年和中年时代,常常打算改过自新,简直是自讨苦吃。不过我对自己改邪归正的努力倒是从来没有后悔过,因为不论遭多长时间的罪,恢复嗜好后心旷神怡的感觉,足以补偿我为此作出的牺牲。不过,我肯定已经把这些体会写进了《赤道环游记》。再过些时候,我会找找看。现在,我暂且放下这个话题,回到苏西对我的描述上来:

摘自苏西的传记

爸爸在密西西比河上当了一段时间的领航员,我的伯父奥利安·克莱门斯被任命为内华达州的秘书,爸爸和他一起去了内华达,当了他的秘书。不久以后,爸爸对加利福尼亚州的矿山产生了兴趣;后来他为一家报纸写报道,去了好几家报社。然后他去了三明治群岛,后来他回到美国,他的朋友们邀请他去演讲,他就去演讲了。后来他乘坐“贵格城”号轮船出国,在船上认识了查理舅舅,就是纽约埃尔迈拉的查尔斯·杰维斯·兰登先生。爸爸和查理舅舅很快成了朋友,等到他们旅行回来,兰登外公,就是查理舅舅的父亲,要查理舅舅邀请克莱门斯先生到纽约

> 的圣尼古拉斯酒店和他们共进晚餐。爸爸欣然接受了邀请,前往尼古拉斯酒店和外公共进晚餐,他在那里第一次见到了妈妈(奥莉薇亚·刘易斯·兰登)。但是他们直到第二年八月才再次见面,因为爸爸去了加利福尼亚,在那里写下了《傻子出国记》。

我要指出,苏西写错了第二次见面的日期。我们第一次见面是在 1867 年 12 月 27 日,第二次是在 5 天后,贝瑞太太的家里。兰登小姐在那里帮助贝瑞太太招待新年宾客。我在上午 10 点到了她家里,向大家致以新年的问候。我在拜访名单上列出了 34 户人家,贝瑞太太是第一家。我在此后的 13 个小时里继续挨家挨户地拜年,直到下一年才拜访了其他 33 家。

摘自苏西的传记

> 妈妈是纽约埃尔迈拉的杰维斯·兰登先生(我不知道,这是不是外公中间的名字)和奥莉薇亚·刘易斯·兰登太太的女儿。她有一个弟弟和一个姐姐——查理舅舅(查尔斯·杰维斯·兰登)和苏西姨妈(苏珊·兰登·克兰)。妈妈对外公的敬爱胜过世上的所有人。外公是她的偶像,她也是外公的宠儿,我想妈妈对外公的爱肯定和我对妈妈的爱很
> 356 相似。外公是个很了不起的人,我们都怀着尊敬热爱的心情怀念他。妈妈小时候体弱多病,很长一段时间都放弃了学业。

她 16 岁的时候体弱多病,不幸在冰上摔了跤,导致半身瘫痪,从此这一生都没有再强壮起来。她摔伤之后,有两年都卧床不起,除了仰卧之外,没办法用别的姿势躺着。当时所有的名医都被一个个请到埃尔迈拉来,但是没什么用处。那几年,牛顿医生的名字在新旧世界远近闻名,两边的民众都把他看作江湖郎中。他在美国四处游荡,气派尊贵得像个先知,和杂耍艺人没什么两样。他来到的前几个星期,墙壁上就贴满大幅的彩色海报,还挂着他令人敬畏的画像。

有一天,兰登家的亲戚安德鲁·兰登来到家里,他说:“你们什么人都找过了,现在找找牛顿医生吧,就是那个江湖郎中。他到了城里,住在拉斯本大厦,给有钱人看病漫天要价,给穷人看病分文不收。我亲眼看见他在杰克·布朗的头顶上挥了挥手,拿走了他的手杖,就跟没病似的打发他去干活了。我亲眼看见他治好了几个腿脚不便的人。他们也许是雇来摆样子的冒牌货,不是真有病。不过杰克倒是真的,把牛顿请来吧。”

牛顿果然来了,他看到这位姑娘躺在那里,头顶上的天花板吊着一具牵引装置,已经挂了好久,但是没有用过。这个装置挂在那里,是希望通过运动帮她隔一阵坐起来,休息一会儿,但结果还是无济于事。每次要帮她坐起来,总是弄得恶心

呕吐、筋疲力尽，只好就此作罢。牛顿用手摸了摸她的头顶，然后伸出手臂扶着她的肩膀说："现在我们要坐起来，我的孩子。"

全家人惊慌失色，打算拦住他，可是他镇定自如，把她扶了起来。她坐了几分钟，没有恶心呕吐也没感到不适。然后牛顿说，今天就到此为止，第二天上午他会再来，他的确来了。他用手摸了摸她的头顶，说道："现在我们要走几步，我的孩子。"他扶着奥莉薇亚下了床，扶着她走了几步路，然后他说："我的医术只能到此为止。她的病还没有治好，大概永远治不好了。她将来走不了太远的路，不过每天锻炼的话，她还能走一两百码，她这一辈子就只能这样了。"

他收的费用是1500美元，毫无疑问，这次治疗起码要值10万美元。从她18岁到56岁，她总能一口气走上几百码，有几次，我看见她走了1/4英里路，并不怎么疲惫。

在都柏林、伦敦和其他城市，牛顿都备受抨击。在欧洲和美国，他也经常遭到围攻，但是深表感激的兰登家和克莱门斯家从来不凑热闹。多年以后，我曾经见过牛顿，问他的秘诀是什么，他说他也不知道，不过他认为可能是他身上发出了细微的电流治好了病人。

1906年2月14日，星期三 357

一场意外延长了克莱门斯先生对兰登家的拜访

摘自苏西的传记

不久爸爸回到了东部，爸爸和妈妈结婚了。

听起来轻松顺利、毫无阻碍，可根本不是这么一回事。实际的情形没有这么一帆风顺。求婚的次数倒是不少，我求了三四次婚，都遭到了拒绝。我四处奔波做巡回演讲，还是设法经常到埃尔迈拉来，重新发动进攻。有一次，我从查理·兰登那里弄来了邀请，到这里来待上一周。这一周过得很愉快，不过终归要结束了，我想不出什么法子把邀请延长几天。我盘算的计划看起来骗不了人，连我自己也骗不了，一个人连自己都骗不了，要骗得了别人更是难上加难。不过在一个最意想不到的时刻，好运气从天而降。这在过去几百年里屡见不鲜，现在却很罕见——这是上天的安排。

我准备动身去纽约，一辆双座敞篷马车停在大门外，我的行李已经放好了，车夫巴尼拿着马鞭坐在前座。那是晚上八九点钟，天已经黑了。我在门廊向全家人告别，查理和我一起走出来，坐上了马车。我们坐在车夫后面的座位上，靠近马车后部，这个座位是临时为我们安排的，没有固定结实，这一点——对我来说真是天大的运气，对克莱门斯家没出生的孩子也是一样——我们都没注意到。查理正吸着烟，巴尼扬起鞭子抽了马一下，马突然纵身一跃，查理和我就从马车后面甩了出去。在黑暗的夜色里，他那支雪茄烟头的红光在空中划了一道弧线，我看得清清楚楚。在朦胧昏暗的景象中，这是我唯一能看见的东西。我恰好撞到了头顶，直挺挺地站了一会儿，就倒在地上不省人事。对一个从来没有排练过这个情节的人来说，昏迷得真是恰到好处。下面是鹅卵石铺的排水沟，正在修理中。我的脑袋磕在4块鹅卵石拼接的沟槽里，沟里填了一半新鲜沙子，恰好形成了缓冲。我的脑袋没有碰到一块石头，身上没有淤青，甚至没有碰撞，我的身体倒没什么大碍。查理摔得很惨，可是他很担心我，根本没有留意自己的伤势。全家人都跑了过来，西奥多·克兰冲在最前面，手里拿着一小瓶白兰地。他把酒灌进我嘴里，呛得我直咳嗽，不过我依然昏迷不醒，没有一点好转的迹象，我自有办法对付。别人在我周围低声说着同情的话，真是动听极了。我一生中有六七次最幸福的时刻，这是其中的一次，没有什么事情来破坏气氛——美中不足的是我安然无恙。我怕这事
358 迟早会败露，让我在这待不下去。我的身体沉得要命，巴尼、兰登先生、西奥多和查理一起用力，才把我抬进屋里去，好歹是抬进去了。我进了屋子，意识到这就是胜利——我进来了。我可以安安稳稳地受到照顾，没完没了地待下去，无论如何也要待一段时间，这是上天的安排。他们把我扶到客厅的扶手椅上，派人去请家庭医生。可怜的老家伙，实在不该把他从床上揪起来，可这是正经事，再说我已经昏迷不醒，没办法反对。克兰太太——这可爱的人儿，3天前刚到这家里来，她头发灰白，容貌美丽，向来富有同情心——克兰太太拿了一瓶类似于液体燃烧剂的东西，专治跌打损伤。可是我知道自己用不着，免不了嘲讽一番。她把药水倒在我的头上，用手揉开，又涂又抹，火辣辣的药水顺着我的脊梁骨往下淌，一点一点地流下去，让人有起了森林大火的感觉，不过我挺满意。等她揉累了，她的丈夫西奥多劝她休息一下，让莉薇按摩一会儿，这真让人高兴。要不是为了这个，我本来应该马上恢复元气。不过在莉薇的按摩下——要是继续揉下去的话——我可能到今天还昏迷不醒。这种按摩太美妙了，让人满心欢喜、安逸舒适、心醉神迷，抚平了佩里·戴维斯止痛药可恶的替代品火烧火燎的感觉。

然后，那位老家庭医生来了，手法娴熟高明地诊断了一番——也就是说，他开始到处找跌打损伤和淤青肿块，后来宣称什么也没发现。他说我只要上床睡一觉，忘了这次意外，到早上就会好起来——事实可不是这样。我到了早上也没有好起来，我压根不打算好起来，我离好起来还差得远呢。不过我说自己只是需要休息，不必再麻烦这位医生了。

由于这次意外，我整整多待了3天，这可帮了大忙。我的求婚计划向前推进

了好几步，等到下一次来拜访的时候，事情已经大功告成，我们订了婚，可是有个条件，就是必须要征得她父母的同意。

在私下交谈时，兰登先生提醒我一件事，这件事我早就注意到了——大家对我几乎一无所知，除了查理以外，周围的人都不知道我的来历，他的年纪太轻，看人还不可靠，我是从大陆另一端来的，只有那边的人才能证明我的人品，假如我能找得到的话——他要我提供担保人。我给了他几个人的名字，他说道，我们谈的事情暂时到此为止，我可以走了，他会给那些人写信，等收到了答复以后再说。

没过多久，回信就来了，兰登先生派人去请我，我们又私下谈了一次话，我给他推荐了6位声名显赫的人物，其中有两位教士（都是旧金山人），他本人给一位银行财务主管写了信，此人早年曾经担任埃尔迈拉主日学校的学监，和兰登先生很熟悉，结果不容乐观。所有人都对我的缺点直言不讳。他们不仅提起我来很不赞成，还多管闲事，热心地过了头。有一位教士名叫斯特宾斯，还有主日学校从前的学监（但愿我能记得他的名字），两人在不利的证言里添油加醋，声称我将来会爬进酒鬼的坟墓。这不过是个常见的长期预言，没有时间的限制，也没有说要等多久。我一直等到了现在，爬进坟墓的事似乎还遥遥无期。

读完了这些信，我们有好一阵子没说话，气氛忧伤而肃穆，我没什么话可说。359
兰登先生显然也是一样。最后，他抬起英俊的面容，用那双清澈坦诚的眼睛盯着我说，“这都是些什么人？你在这世上就没有一个朋友吗？”

我说道，“看来没有。”

然后他开口说，“我来做你的朋友，这姑娘嫁给你，我比他们更了解你”。就这样出人意料地、幸福地决定了我的命运。后来，听到我用深情仰慕、充满热情的口吻提到乔·古德曼，他就问我古德曼在哪儿。我告诉他，古德曼就在太平洋西岸。他开口说，“那么看起来他是你的朋友了，是不是？”我答道，“他当然是我的朋友了，是我最好的朋友。”

他问我，“那么你当初究竟怎么想的？你为什么没跟我提到过他？”

我说道，“因为他会像别人一样直截了当地撒谎。别人只会说我的恶习，古德曼只会说我的美德。当然，你想要毫无偏见的证明。我知道，你从古德曼那里得不到。我相信你从别人那里能得到，可能你已经得到了。不过，当然不像我期望的那样夸奖一番。”

我们订婚的日子是1869年2月4日。订婚戒指很普通，金子的分量挺重，里面镌刻着订婚的日期。一年后，我把戒指从她手上取下来，准备当作结婚戒指，在里面添上了结婚日期，刻着1870年——1870年2月2日，此后这个戒指再也没有一刻离开过她的手指。

1年零8个月以前，在意大利，死神让她甜美的面容恢复了逝去的青春，她躺在那里,容貌姣好、美丽动人,看起来就像少女的模样,和1904年做新娘时一模一样,人家想从她手上把戒指摘下来,留给孩子们。可是我阻止了这样亵渎的行为,戒指跟她一起长眠地下了。

在我们订婚之初,我收到了第一本书《傻子出国记》的校样,她和我一起校对,她还编辑书稿,从这一天开始,她是我忠实贤明、不辞辛劳的编辑,直到她去世前的三四个月——这段时间超过1/3个世纪。

1906年2月15日,星期四

苏西的传记——兰登先生去世——兰登·克莱门斯出生——巴黎的滑稽地图

摘自苏西的传记

爸爸和妈妈订婚的时候,给妈妈写了很多美丽动人的情书,可是妈妈说我年纪太小,还不能看这些信;我就问爸爸该怎么办,因为没有他的
360 情书,我不知道怎么写他的传记,爸爸说我可以写下妈妈对那些信的看法,效果也是一样的。所以我就照爸爸的话做了,妈妈说她觉得那些信是世上最可爱的情书,她还说霍桑写给霍桑太太的情书都远不如这些情书。妈妈和爸爸打算先去布法罗,外公答应给他们找一个体面的公寓。可是外公在不久后告诉妈妈,他已经为他们买了一座漂亮的房子,雇了个年轻的车夫,名叫帕特里克·麦卡利尔,还买了一匹马,一切都准备好了,只等他们到布法罗来住;不过他想对"小伙子"保密,这是外公对爸爸的昵称。多么令人惊喜!外公和爸爸妈妈一起来到了布法罗。等他们乘坐马车来到这座房子的时候,爸爸说,谁要是住这样的公寓,房东肯定要一大笔租金。等他知道了这个秘密,爸爸感到喜出望外。这个故事妈妈跟我讲过很多次,我追问她,当外公告诉爸爸这座可爱的房子就是他的家的时候,他说了些什么,妈妈回答说,爸爸觉得不好意思,高兴得不知道说什么好。爸爸和妈妈结婚后6个月左右,外公就去世了;这对妈妈来说是个可怕的打击,爸爸对苏西姨妈说,他觉得莉薇再也不会露出笑容了,她的心都碎了。妈妈最悲痛的事情莫过于亲爱的外公去世,除了爸爸去世能和这件事相提并论。在外公病重期间,妈妈一直照顾他,直到他临终前,妈妈也没有放弃希望。

当然,什么也比不上女性的忍耐力那么令人惊奇、不可思议。大约在6月1

日,我和克莱门斯太太回到埃尔迈拉去帮助照料兰登先生。在这两个月里,克莱门斯太太、她姐姐(苏珊·克兰)和我不分昼夜地看护兰登先生,直到他去世为止。这两个月里天气闷热,简直让人窒息。我都做些什么呢?我要从午夜到凌晨4点守护在他旁边——将近4个钟头。还要在中午照料病人,大概只有3个钟头。每天24个钟头里,她们两姐妹要轮流看护17个钟头,两个人都宽容大度,坚持照看父亲,哄着对方去休息。她们总是争先恐后地分担彼此的工作——除了我当值的时候。

我每天晚上睡得很早,打算一觉睡到午夜,打起精神去照料病人,可我总是办不到。在那4个钟头里,我一边看护,一边犯困,只觉得睡意朦胧、痛苦不堪。我似乎还能看到自己坐在床边,在闷热寂静的深夜里,没精打采地扇着扇子,瞧着病人那张苍白憔悴的脸;我想起了自己打盹的情形,头昏沉沉地想睡觉,等到手里的扇子一动也不动了,才会猛然间醒过来,吓得惊慌不安;我还记得自己想方设法地保持清醒,简直是备受折磨;我记得时间过得格外慢,座钟的指针看起来似乎静止在那儿,纹丝不动。在漫长的守夜期间,我实在没什么事可做,只能轻轻地摇着扇子——轻柔单调的节奏更是让我昏昏欲睡。他得的病是胃癌,没有治愈的办法也没有对症的药物。只有慢慢走向死亡。病人偶尔能喝些香槟酒,除此以外再没有 361
别的补药,我到现在还记得。

每天早上,天还没有亮,就有一只我不认识的鸟儿在窗下的灌木丛鸣叫,声音凄楚而单调,总要持续一个钟头,让人感到厌烦。这只小鸟没有同伴,孤独地啁啾啼鸣,一刻也不肯停歇,似乎成了我养的鸟儿。在我的经历中,很少有比这只小鸟的哀鸣更令我恼火的事情。在沉闷无聊的气氛中,我开始早早盼望黎明的到来;我等待着天空破晓,仿佛是被孤零零抛在海上荒岛的流浪汉,遥望远处的天际线,等待着船只的救援。每当清晨的第一缕阳光从百叶窗外洒进来,我仿佛觉得自己像流落荒岛的人,远远瞧见搜寻船只模糊的轮廓出现在天边。

我身体健康、强壮有力,可是作为男人,我有着所有男人的通病——缺乏耐心。然而这些年轻的女士既不健康也不强壮,我看护的时候,却从来没有瞧见她们昏昏欲睡,无精打采;我在前面提到过,每天24个小时,她们两个轮流看护17个钟头,这简直不可思议!让我觉得既惊奇又敬佩,也为自己的不称职感到惭愧。当然,医生建议做女儿的请专业护士来看护病人,可是她们不肯听。只要提到这件事,她们就觉得难过,于是就此搁下,再也不提了。

尽管克莱门斯太太这一生身体都很虚弱,可她的精神从来不衰弱。她这一生精神都很好,像身体强壮的人那样精力旺盛。我们的孩子小时候生病,她整夜整夜地照看她们,就像看护她的父亲那样。我见过她端坐着,抱着生病的孩子放在膝盖上,整夜摇来晃去哄着,从来没有抱怨,也不曾休息片刻。可是我过不了10

分钟就要打瞌睡。我要做的不过是往炉火里添木柴,每隔十来分钟加一次,每次还要人家把我叫醒,因为我不是提前睡着了,就是加完了木柴开始打盹。

的确,没什么能比得上女性的忍耐力。甚至在军队里,无论是露营还是行军,女人干的活能把士兵们累趴下。1861 年夏天,我和哥哥穿越美洲大陆前往西部,我依然记得,当时我很羡慕那些坐着公共马车驶过平原的妇女,她们笔直地坐着谈笑风生,一辆接着一辆马车过去,她们丝毫没有流露出疲倦,也没有伤心流泪。那个年代,横跨大陆的马车到站是卡森城的头等大事。镇子上的人经常跑出来看热闹。从马车上爬下来的男人往往浑身抽筋,路也走不成;他们的身体筋疲力尽,精神萎靡不振,神经受尽折磨,眼看就要暴跳如雷;可是走下来的女人面带微笑,看起来丝毫也不疲倦。

> 摘自苏西的传记
>
> 外公去世后,妈妈和爸爸回到了布法罗,过了几个月,亲爱的小兰登就出生了。妈妈给他取名兰登,随外公的姓。他是个漂亮可爱的小男孩,可是身体非常娇弱。他有一双漂亮的蓝眼睛,不过妈妈一直没法用
> 362 言语来形容这种蓝色,所以我只能在想象中看到这双眼睛。他虚弱的身体总是让妈妈很担心,他这么乖巧可爱,肯定也让妈妈很操心,这些我都知道。

小兰登是个早产儿。当时有位客人来我们家拜访,临走的时候想让克莱门斯太太陪她去车站,我拒绝了。可是在克莱门斯太太看来,她的愿望和法律一般神圣,这位客人浪费了不少宝贵的时间,帕特里克只好快马加鞭,把她准时送到了车站。那个年代,布法罗的街道还不像后来那样平整,马路上铺着大块的鹅卵石,自从哥伦布时代以来从没有整修过。通往车站的路程,就像在狂风暴雨中横渡英吉利海峡。结果是克莱门斯太太早产了,不久生了重病。我相信只有一位医生能够治她的病,那就是神圣庄严的格里森太太,她住在埃尔迈拉,两年前以高龄辞世,过去半个多世纪来,她在镇上被奉若神明。我派人去请这位医生,她就来了。她对病人的护理非常周到,没想到过了一星期,她就说要回埃尔迈拉去,因为她要出急诊。我敢肯定,只要她再留下来 3 天,莉薇就会完全脱离危险,可是格里森太太急着出诊看病,不肯留下来。我只好请了位私人警察守在门口,告诉他没有我的同意,谁也不许出去。在这种情形下,可怜的格里森太太别无选择,只好留了下来。她并没有为这件事记恨我,上次我见到她的时候,她已经满头银发,还是那么温言软语,看起来和蔼可亲,风韵犹存,那是 3 年前的事情了。

克莱门斯太太的身体还没有完全康复,她从前的同学爱玛 · 奈伊小姐从南卡

罗来纳州赶来看望我们,不久得了伤寒症。我们只好请了护士——当时专业的护士,那是上个世纪的事情了——可是护士照看病人的时候,我们不得不在旁边瞧着,因为通常来说,她们干起活来总是昏昏欲睡。我在白天监督她们,克莱门斯太太在晚上看护。她趁着服药的间隙休息,不过她总是能在吃药的时候醒过来,走进病房把护士叫醒,看着护士给病人喂药。克莱门斯太太的睡眠不断受到干扰,耽误了身体的康复。奈伊小姐的病情越来越重。在她临终前的两三天里,克莱门斯太太几乎衣不解带,一直站在旁边守护着她。在我漫长的一生中,这两三天是最黑暗、最沮丧、最痛苦的时期。

结果,我的情绪变得起伏不定、喜怒无常,时而忧郁沮丧,时而暴跳如雷,时而幽默风趣,造就了我这一生的古怪性情。就在我满脑子奇思妙想的时候,我来到报社,把木质的大写字母"M"颠倒过来,镌刻了一幅笔法粗糙、稀奇古怪的巴黎地图,刊登在报纸上,还加了好些荒唐可笑的描述,附上了虚构的溢美之词,添上了格兰特将军和其他名人的签名。当时到处都在谈论普法战争,所以这幅地图显得颇有价值——如果真有价值的话。这幅地图流传到了柏林,当地的美国学生看得津津有味。他们夹着地图走进宽敞的啤酒馆,围坐在啤酒桌旁,用英语热情激昂地谈论,言语间充满敬佩之情,吸引了在场德国士兵的注意,这就是他们的目的。等目的达到了,他们就把地图留在桌上起身离去,躲在不远处等着看热闹。这出 363
好戏要不了多久就会上演,德国士兵会朝地图扑过去,用德语争论不休,为此大发雷霆,或是出言辩护,或是破口大骂,或是斥责绘制地图的人,让学生们看得心满意足。士兵们总是为地图的作者争执起来,有人认为他愚昧无知,不过是出于好意,其他人则认为他是个彻头彻尾的大傻瓜。

1906 年 2 月 16 日,星期五

苏西的传记提到小兰登——从布法罗搬到哈特福德——克莱门斯先生讲述他从肯尼先生手里买下了布法罗快报——评价杰伊·古尔德、麦考尔和洛克菲勒

摘自苏西的传记

兰登还是个婴儿的时候,经常用小手玩铅笔,这是他最喜欢的玩具,我相信他手里很少有不拿铅笔的时候。每当他躺在苏西姨妈怀里,想要妈妈抱的时候,他就会朝妈妈伸出小手,总是手背朝上,而不是手心朝上。在兰登1岁零5个月的时候,我出生了,我那时候总是哭个没完,肯定让妈妈操了不少心。小兰登出生没多久,爸爸和妈妈就搬到哈特福德

> 居住。他们在布法罗的房子里,总是想起亲爱的外公,所以他们在外公去世后不久搬到了哈特福德。
>
> 小兰登出生后不久,妈妈的一个朋友(爱玛·奈伊)来看望她,她在探望妈妈的时候,得了伤寒症,最后烧得神志昏迷,很难照料,妈妈只好派人去请她在埃尔迈拉的朋友,来帮忙照顾她。克拉拉姨妈来了(克拉拉·L.斯伯丁小姐),她不是我们的亲戚,不过我们都叫她克拉拉姨妈,因为她是妈妈的好朋友。她来了以后,帮妈妈照看爱玛·奈伊,尽管得到了精心的照料,她的病情还是越来越糟,最后去世了。

苏西说得不错。在布法罗的一年半里,我们的生活充满了恐惧和不幸,我们变得焦躁不安,希望换个环境,要么在朋友欢聚的地方,要么在无亲无故的所在。按照可怕规矩的苛刻条件、服丧哀悼的这一年,无论多么迫切的需要,守孝的人都不能出去交际,也不能和朋友们来往,我们待在家里闭门不出,与世隔绝,不去外面做客,也没有人登门拜访。只有一个例外——也是唯一的例外,诗人、报纸编辑大卫·格雷是我们的密友,通过他的介绍,我们认识了约翰·海,大卫·格雷有位年轻的妻子,还有个年幼的孩子。格雷家和克莱门斯家经常相互拜访,这成了克莱门斯家隐居于世的心灵慰藉。

我再也受不了这种坐牢似的日子,克莱门斯太太卖掉了房子,我出售了报社1/3的股权,我们搬到了哈特福德居住。如果说我现在有点商业头脑,那是艰难
364 的经历和高昂的代价换来的,不过在那个时候,我没有一点商业头脑。当初我从肯尼先生(我想他的名字叫金尼)那里收购了这家报纸的股权,按照他开的价格——大约是25,000美元。后来我才发现,我收购这家报纸的真正价值是美联社的优先供稿权。依我看,我们当时没有充分利用供稿权的优势。我还记得,每天晚上美联社都会按照平常的速度给我们提供5000字的稿件,我们谈妥的价格是500美元。因此优先供稿权价值15,000美元,这个价格很容易找到销路。我把报纸的全部股份——包括独立资产——卖了15,000美元。肯尼(如果他叫这个名字的话)为自己的足智多谋暗暗窃喜,他当初把这笔资产以25,000美元的价格卖给我,实际上连这笔钱的3/4都不值,他掩饰不住心里的喜悦,谈起这件事来口无遮拦,为此满心欢喜。我本来可以告诉他,他把自己的聪明才智当成了下贱愚蠢的玩意儿。如果说这是一场胜利,如果说这是心理上的伟大胜利,那也不是因为他聪明机灵,而是我犯了糊涂,这个功劳要记在我的头上。他是个性格活泼的小伙子,怀着雄心壮志,还有几分自命不凡,后来径直去了纽约,来到华尔街,带着满脑子肮脏龌龊、野心勃勃的梦想——梦想着一夜暴富,梦想倘若要变成现实,还要依靠追梦人的聪明机智和其他人的愚蠢糊涂。

杰伊·古尔德颠覆了美国的商业道德观。他把商业道德观摧毁殆尽，从此再也没有复苏，甚至过了一个世纪都没有恢复原状。杰伊·古尔德是这个国家有史以来最可怕的灾难。在他出现之前，人们已经产生了金钱的欲望，而他教会了人们堕落下流，崇拜金钱。在他出现之前，人们尊敬富有的人，而现在这份尊敬掺杂了对聚敛金钱的个人和行业的崇敬，而且杰伊·古尔德让全美国把金钱和富人视为神灵，不管这些钱是怎么赚来的。在我的青年时代，我们那个地方从来不崇拜金钱和有钱人。在我们那个地方，没有一个富人被指控用卑鄙的手段来赚钱。

杰伊·古尔德的信条对我们这个时代产生了巨大的影响。他的名言就是，"赚钱，赚得快，赚得多，赚得钱财滚滚来。你要当个老实人，就用不老实的手段去赚钱。"

这句话听起来放之四海皆准。今天，这则信条的虔诚信徒有麦克柯迪、麦考尔、海德、亚历山大，还有其他的强盗头目，他们最近被剥夺了纽约各大保险公司里的显赫职位。昨天有报道称，麦考尔总裁已经病入膏肓，过去两三个月的几篇报道表明，其他人也死到临头。人们本来以为，他们生命垂危的原因是悔恨惭愧，因为这些强盗坑蒙拐骗，害了两三百万名投保人和他们的家庭，还有那些孤儿寡妇——可是大家惊讶地发现，这些家伙并不是良心发现才感到后悔，他们落到贫病交加的下场，不过是因为真相大白于天下。

昨天早上，我在报纸上看到，约翰·A. 麦考尔已经把葬礼抛在脑后，他竟然坐了起来，让人大吃一惊的是，他还在为了国家的利益宣扬他那套道德观。他心 365
里很清楚，一个家财豪富的有钱人，不管是身体健康也好，垂死挣扎也罢，无论说些什么，都能通过报纸从大陆的一端传播到另一端，让每一个看得懂报纸的人热切期待。麦考尔坐了起来，对他的儿子说教一番，表面上是对儿子的训诫，实际上是给全国民众的教诲。这个人看起来态度诚恳，我相信他是个老实人，可他的道德观早已堕落败坏。他觉得自己是位高尚圣洁的君子，以为自己的良好形象得到了美国人民的认可。20 年来，他备受推崇是因为他拥有财富金钱，尤其是他那套捞钱的卑鄙手段。他习惯了奉承吹捧，乐于沉醉其中，宁愿蒙受谎言的欺骗，还以为自己是个心地善良、伟大高尚的人，是年轻一代效仿的榜样楷模。

约翰·D. 洛克菲勒显然是个老实人。即使撒旦在主日学校满口胡言乱语，也比不上约翰·D. 洛克菲勒在克利夫兰主日学校的表现那样滑稽可笑。约翰·D. 洛克菲勒的举止稀奇古怪，简直到了登峰造极的地步，他怎么能不逗人发笑呢——他本来就是个滑稽鬼。我很了解洛克菲勒先生，我知道他是个老实人。

我也相信小约翰·洛克菲勒是个老实人。他每逢周日就在圣经课上胡说八道，显然步了他父亲的后尘。他站得笔直，讲解起《圣经》来，那份儿庄重自信的气派真叫人羡慕，只有傻子才会这么灵感四射，充满自信——他讲起话来坦率直白，善良真诚。我认识他，我敢肯定他是个老实人。

麦考尔的确是洛克菲勒的忠实信徒。麦考尔摆出一副悲伤严肃的面孔，其实他心情愉快，对自己很满意，似乎他的名誉没有玷污，他的过去清白无罪。听听他是怎么说的，下面是他的布道。

1906 年 2 月 16 日

干活，干活，麦考尔说
在抽最后一支雪茄时跟他的儿子说

《纽约时报》特刊

2 月 15 日，莱克伍德——约翰·A. 麦考尔今天感到身体有所好转，他和儿子约翰·C. 麦考尔做了一番长谈，约翰·A. 麦考尔讲述了他职业生涯中的许多事情。

他对自己的儿子说："约翰，我这一生做过许多遗憾的事，但是从来没有做过感到羞愧的事情。"

"我要告诉那些想成功的年轻人，他们必须接受现实，然后努力奋斗——不断奋斗！"

麦考尔先生认为，指引人类前进的力量就是意志力，他举了下面这个例子：

"很久以前，约翰，我和你妈妈坐在一起聊天。我在抽雪茄烟，我很喜欢雪茄，也喜欢安安静静地抽烟。她却不赞成我吸烟。她说道：'约翰，你为什么不把雪茄烟丢掉呢？'我照做了。"

她接着说："约翰，我希望你再也不要抽烟了。"

"我扔掉了最后一根雪茄烟，我决定从此刻起戒烟，我的确戒掉了。这是 35 年前的事情了。"

366 麦考尔先生给他的儿子讲了很多经商生涯的故事，他的心情看起来比以往更愉快。这种情形一方面是因为他今天收到了很多电报，祝贺他昨天发表声明，重申他和安德鲁·汉米尔顿的友谊依旧。

小麦考尔先生今天晚上说，"父亲收到了朋友们寄来的许多电报，这些电报来自美国的四面八方，称赞他关于汉密尔顿法官的声明。这些发电报的朋友希望他身体健康，早日康复。这让他觉得很高兴。"

麦考尔先生今天凌晨 3 点钟病情恶化，但是情况并不危急，此后他的身体有所好转，并不需要派人去请医生。

他只能喝牛奶和清汤来补充营养，现在无法进食固体食物，因此他的体重迅速减轻。

今天凌晨5点钟，范德普尔医生和查理·L.林德利在麦考尔家进行了商议，然后告知麦考尔太太和他的女儿达尔文·P.金斯利太太，麦考尔先生的身体状况良好，目前没有危险。

约翰·C.麦考尔今晚发表了声明："麦考尔先生度过了非常愉快的一天，感觉良好。"

下面就是千篇一律的说辞，日复一日，圣主贤君和上流人士度过了非常愉快的一天，感觉良好——让平民百姓颇感兴趣，为此欢呼雀跃，心情宽慰，没有人说得清楚这是为什么。

如今，杰伊·古尔德的儿子和女儿跻身于上流社会，成为纽约的贵族阶层。十一二年前，杰伊·古尔德的女儿嫁给了一个有贵族头衔的法国人，他是个没脑子的恶棍，素来喧嚷吵闹，嗜赌成性，颇有绅士派头，她同意偿还丈夫的赌债，金额大概有100万美元。不过她只答应偿还旧债，对于日后的新债概不负责。新债如今也变成了旧债，数额巨大。现在，她向法院提出诉讼，要和卑鄙的丈夫离婚，世人都对她寄予同情关心，这是她应得的。

肯尼去了华尔街，变成了另一个杰伊·古尔德，欺负善良无辜的人。后来他消失得无影无踪，几个月前，我在百老汇遇见了一个衣衫褴褛、灰头土脸的流浪汉，这个流浪汉问我借25美分。我想，他是为了买几杯酒喝。他看上去疲惫不堪，好像要喝点酒打起精神，他就是肯尼。他的机灵劲儿消失得无影无踪，他看起来老态龙钟，无精打采，似乎是抗争了很久，最终接受了失败的下场。

兰登先生的品格和天性造就了他与众不同的优点。我认为他的身上有伟大之处——具有非凡的才能——如果他把钓鱼线抛在宽阔的河面上，而不是狭小浑浊的池塘里，就能体现出这一点。有一次，他花了5分钟的时间，讲述"他差点当上美国的铁路大亨"。

1906年2月20日，星期二 367

威尔克斯海军少将——在檀香山结识蒲安臣

玛丽·威尔克斯太太去世

意大利，佛罗伦萨，2月19日——美国海军少将威尔克斯的遗孀，玛丽·威尔克斯太太去世，享年85岁。

这则讣告让我意识到，我已经度过了多么漫长的岁月，我人生道路上的迷雾悄然消散，让我回顾人生的起点——那些看起来遥不可及的回忆。

当年我还是个10岁的孩子，住在密西西比河边的村子里，那是个偏僻荒凉的村庄，如今却四通八达，人们当时总是提到探险家威尔克斯的名字，就像现在说起罗斯福总统一样。这幅场景多么喧嚣热闹，这种荣耀多么奇妙！如今却消失殆尽，寂然无声。这份荣耀从此黯然失色，尘封在历史中。威尔克斯发现了新大陆，成为另一个哥伦布。这片新大陆到处是冰天雪地，然而，那里不仅是冰雪世界——在后来的岁月里，我们再次揭开了南极的面纱，重新对这里产生了兴趣。威尔克斯用另一种方式创造了奇迹，他乘坐轮船环游世界，亲眼见到地球最遥远的角落。这座梦境之岛的名字和土地曾经是虚幻的传说，而不是活生生的现实。然而，现在每个人都可以出发去旅行，在夏天探访南极，没有人会忘记这里的盛名。

两年前，我最后一次在佛罗伦萨见到威尔克斯夫人。她派人请我去做客，这种事情听起来像是小说里的章节，根本不可能成为现实，我看着她温柔和蔼的面孔，想起了早已遗忘的荣耀。我们谈的都是家常琐事，可是我的思绪不禁飘向别处。我想象着狂风暴雪、冰川浓雾、神秘莫测的南极大陆，还有这位德高望重的女士年轻的丈夫。我们没谈什么要紧的话，也没发生什么非同寻常的事情，然而这次拜访却给我留下了前所未有的深刻印象。

最近收到一封令人高兴的信，让我再次陷入了过去的回忆。

新泽西，韦斯特菲尔德，诺尔伍德

1906年2月17日

敬爱的克莱门斯先生：

我想要告诉您，我非常感谢您写的那篇关于我祖父蒲安臣的文章，那是很久以前(1870年或1871年)的事了。

我最近在翻看有趣的家族档案和信件，今年冬天这些文件才到我手里，您的来信给我留下了无比深刻的印象，我已经读了很多遍。我在剪贴本里发现了这篇文章，显然是从报纸上剪下来的，上面还有您的签名。

368 这篇文章比任何文字都更清晰地描述了我祖父的品格和成就……

在人们的讲述中，家族传统日益流失。小孩子们对奇闻轶事毫无耐心，等到他们长大成人，能够理解这些传统的价值，却产生了新兴趣，结交了新朋友，然而讲述过往的岁月充满乐趣——除非把文字保存下来，不然对孩子们来说，忘记父辈的良好品行，该是多么大的损失。

您也许很高兴知道，过了这么多年，您写下的“他是个伟人，是个非常伟大的人”的那些话，让珍视他名誉的亲人感到多么宽慰。

您说过，“蒲安臣先生的短暂人生只有47年，读起来就像童话一样，总是充满了成功、惊奇和欢乐，每段新鲜的插曲都让听到的人受益匪浅”。这些话说得多么真实，让人们充满兴趣，尽管悲伤主宰了他的命运。然而，我要感谢您说了下面这段话：“他是真正的男子汉，公正无私，慷慨大度，无论是行为举止还是天性品格，他都具有高贵的风度——头脑聪明、心胸开阔、思想深刻。他是个伟人，是个非常伟大的人。他天性高贵威严，待人友善忠诚，无论面对什么处境，都能勇敢奋战。”我感谢您写了这些话，让我深深地感动，我要把这篇文章读给我的孩子们听。

您和他一样声名显赫，我真诚地祝愿您能永远享有盛誉，这一点毋庸置疑，您对我祖父的评价非常公正，对您的家人和朋友来说，他可贵的名誉永远也不会因为那些不喜欢他的人而磨灭。

希望有一天能见到您。

您真诚的
简·伯林盖姆·贝蒂
（罗伯特·切特伍德·贝蒂太太）

这帮我回忆起40年前第一次遇见蒲安臣的情景，他是个公正仁慈、充满魅力的人，是杰出的公民和卓越的外交官。他当时乘船前往中国担任美国驻华公使，中途在檀香山停留，我有幸每天和他见面，多日来往频繁。他相貌英俊、气派威严、风度高贵、举止优雅，具有完美的男子气概，看起来赏心悦目。他对世界局势和国际事务有广阔的看法，他的谈吐庄重大方，颇有雄辩的口才。他从来不谈平庸的话题，因为他的想法不拘一格。他心地善良，是个最值得敬爱的人。他并不是斤斤计较的政客，而是宽容慷慨的政治家。他不仅为自己的国家服务，还为中国政府效劳，尽力保持平衡。他的行为公正而仁慈，做起事来干脆利落，怀着高尚善良的动机。

他的眼睛明亮深邃，清澈灵动，在安静的时候眼神朦胧，闪闪发光，仿佛洋溢着爱人的劝诫，在发脾气的时候，他会圆睁双眼，充满愤怒。毫无疑问，国会里的恶棍波特（我想是这个名字）在有生之年见识过他勃然大怒的样子。波特到处横行霸道，侮辱挑衅，威胁恐吓，算得上华盛顿的头号人物。可是当他向这位刚从西部来的年轻众议员发起挑战时，最终遭到了迅速猛烈的反击。蒲安臣选择用猎刀 369

贴身搏斗，波特只得道歉，不再恃强凌弱，遭到了全国民众的嘲笑，人们的笑声不绝于耳。

蒲安臣先生到檀香山的时候，我已经在房间里待了好几周——晚上躺在床上，白天坐在藤条椅上，这把椅子坐久了会下陷，形状像个篮子；房间里还有一把椅子，不过我更喜欢这一把，因为我得了马鞍疮。

当时我在三明治群岛为《萨克拉门托联合报》写通讯，已经逗留了五六个月，恰好"大黄蜂号"的幸存者抵达了檀香山，他们在大海上漂流了 43 天，食品只够 10 天吃的，最后瘦得皮包骨头，我必须为报纸写篇采访报道。蒲安臣先生用担架把我抬到医院，在几个小时的时间里，他向骨瘦如柴的幸存者发问，我忙着在笔记本上记录。我花了整夜的时间，写出了"大黄蜂号"遇难的报道，现在暂且不提这件事。我在其他的书里已经讲过了。

有一天，蒲安臣先生说了几句话勉励我，这些话我永远也无法忘记，40 年来谨记于心。他说道：

"不要和低级庸俗的人在一起，要找才智超群和品格出众的人做朋友，永远向上。"

蒲安臣先生的儿子也在岛上，他当了许多年《斯克里布纳月刊》的编辑，即将达到人生的巅峰，接近时代的前沿；当年他还是个 19 岁的英俊少年，活泼好动，精力旺盛，过着开心快乐的生活。他到处参加舞会，每天晚上跳方丹戈舞和草裙舞——他的舞伴肤色各异，有棕色、半黑半白和白色——他整夜都跳个不停，到了第二天下午依然精神饱满。有一天他和我开了个玩笑，后来我在旧金山演讲的时候经常提到，这个笑话在报纸上周游了全世界。他说道："有人要强迫你走一里路，就陪他走吧，吐温。"

起初听上去，这个笑话格外逗人发笑，妙趣横生，可是讲了几百万次之后，我不禁觉得空洞无趣——从来没有像爱德华这样风趣迷人的小伙子讲过，而是那些愚蠢透顶的家伙，总要迫不及待地说出来，不免让人生气，他们还以为自己是头一个讲这笑话的。这个笑话最终失去了光彩和趣味，对我来说就像个衣衫褴褛、令人讨厌的流浪汉，最好躺在医院里病入膏肓，少亲无友，孤苦伶仃。

1906 年 2 月 21 日，星期三

兰登先生差点成为铁路大亨——马克·吐温和出版商布利斯的来往

我已经抛开了苏西的传记。我记得，我在前面说过，苏西的外祖父兰登差点

交了好运——也许是遭了厄运——当上了不起的铁路大亨。我对这件事很感兴趣,原因不止一个。当时我和出版商在商量第二本书《艰苦岁月》的合同,我和岳 370
父谈话的时候,偶然了解到这件事的详情。我告诉他,哈特福德的出版商当天下午要到家里来拜访,讨论合同的问题,我要在合同上签字。我说,除了印刷的成本,我还想要一半的利润。他问我,这个安排是否对双方都公平,无论是考虑到合算的生意还是良好的道德,这份合同都不能让任何一方占便宜。我说,我的条件对双方都很公平。兰登先生听了以后默不作声,沉思了一会儿,用悲伤的语气说道:

“如果你和出版商拟好了合同,你们双方都觉得合适,那就别犹豫不决,把合同签了——今天就签,千万别等到明天。”

我这才知道,他讲的这个道理没让我花一分钱,而他为此付出了高昂的代价。他是在20年前明白了这个道理,大概是在纽约的阿斯特酒店,他和十几个精明能干的生意人聚集一堂,打算获得一条铁路的权益,如果开发适当、经营得法,这将是一笔巨大的财富,这就是利哈伊山谷铁路。要想达成这笔交易,需要协调各方的利益冲突。整整一下午,这些商人在酒店的私人会客厅里争论不休。他们吃了晚饭,然后坐下来继续讨论,一直忙到凌晨两点。最后他们大获成功,兴高采烈地握手言欢,拟定了合同准备签字。就在开始签字的时候,有个人坐在桌字旁边,手里拿着笔,悬在这份决定命运的文件上,旁边突然有人说,“哎,我们要累死了。这简直是受折磨,再等下去也没有用。每件事情都办妥了,我们明天早上再签吧。”大家欣然同意,这支笔就此搁在一旁。

兰登先生说,“那天晚上因为推迟了签合同,我们多睡了5分钟或10分钟,但是让我们每个人付出了几百万美元,这就是高昂的代价。如果我们按照当时的条件签字,每个人只要花100万美元,我们本应该熬夜签字,因为我们当中没有一个人完全履行了义务。这份合同再也没有签署。我们用10分钟的睡眠和英格兰银行做了交易——不过是打了个盹,睡了无足轻重的一觉,却让我们从此吃尽了苦头。等你今天下午拟定了合同,就赶紧签了吧。”

我听从了他的建议。那是35年前的事情了,但是从此以后我还是吃尽了苦头。我和哈特福德美国出版公司的经理小以利沙·布利斯打交道,他算得上是美国佬里的顶尖人物。我会在后面的章节里讲到这段插曲。他身材高挑,骨瘦如柴,面色蜡黄,牙齿掉光了,脑袋光秃秃的,长着一双老鼠眼,是个十足的骗子无赖。我告诉他我的条件,他觉得条件有点高。我拿出收到的信件给他看,有好几家信誉良好的公司愿意提供同样的条件。我还给他看了一封信,美国最好的出版公司愿意在成本之外支付给我3/4的利润。我又拿出一封信,另一家远远胜过他的大公司,愿意给我全部的利润,表示只要能在这本书里做个广告,他们就感到心满意足。我说我不在乎这些条件，我更愿意留在这家帮我取得成功的公司，但是我坚持要一半的利润。

371 布利斯当时说，总的来看，我的要求很公正——非常公正合理，尽管有人认为，是他的公司在我身无分文、寂寂无名的时候发现了我，可以说是他们培养了我，这些功劳应该在合同里得到考虑，有所体现。这让我想起了我和他的谈话，那是在《傻子出国记》出版后 9 个月，当时他热情地感谢我挽救了出版公司的命运——在谈话中，他提到我的书出版的时候，公司已经发不出股息了，可是过了 9 个月，公司已经发了 3 次 20% 的股息，清偿了全部债务，股价高达 200 美元，按照这个镀了金子的价格也买不到。我忘记说了——当时我还不知道——我从每本书里得到 5% 的版税，只占公司利润的 1/50，公司每付给我 1 美元，就能赚到 4 美元。

布利斯说，他要回旅馆去，按照协商的条件拟定合同。他把合同带来了，上面压根没有提一半的利润，而是写的版税——7.5% 的版税。我说，这不是我们谈妥的条件。他说，字面上不是这个意思，但实际上这些条件对我来说，要比一半的利润更有利，因为这样算的话，销量达到 10 万本，我的收益就比一半的利润略多一些，只有销量超过 20 万本，公司才能获得更多的利润。

我问他跟我说的是不是实话。他说他讲的就是实话。我问他，他能不能举起手来赌咒发誓，保证他说的千真万确。他说他能做到。我请他伸出手来，他马上伸手发誓。

他出版了那本书和下一本，给我 7.5% 的版税，他出版的另两本书按照 10% 的版税付钱。1879 年年底，我从欧洲回来，带回了一本书的手稿——那就是《国外漫游》——我当时心存疑虑，怀疑这么多年里，这个恶棍一直在欺骗我，我说这次他必须在合同里写上“除成本之外一半的利润”的字样，不然的话，我就要到别处去出版，我已经烦透了版税条件，觉得自己受骗上当。

他欣然接受了这个条件，第二天到我家里来，带了这份合同。我看到合同上没有提到美国出版公司，只有小以利沙·布利斯的名字，显然我是和他一个人签的合同。我向他指出来，他承认了，这帮卑鄙无耻的小人，忘恩负义的东西；如果不是因为他，我早就离开了这家公司；尽管有人觉得我对他们缺乏感激之情，但是我知道得一清二楚，我是这家公司唯一的摇钱树，赖以为生的衣食父母。他说公司威胁要减少他的薪水，他想离开公司自己创业，他再也不想和这些吝啬鬼同流合污了。

我听了这个想法觉得很高兴，因为我自己也厌恶那些家伙，打心眼里愿意摆脱他们。所以我们签了合同。

这个流氓后来告诉我，他把合同拿到董事会面前晃了晃说，“我打算把合同卖给你们,除了印书的成本,我要3/4的利润。我的薪水要跟现在一样,我儿子的薪水也不能变。条件摆在这儿了,要么接受,要么放手。” 372

这些也许真有其事。如果是真的,那么不用怀疑,在60年的人生里,布利斯只有一次没有红口白牙地撒谎骗人。在我的记忆里,我从来没听见他说过真话。他是个令人厌恶的恶棍,为了赚钱,他会摆出真诚待人的模样,故意装得充满热情。论起卑鄙的手段和摆摊的本事,他算是个精明能干的厉害角色。可是超过这个水准,他的聪明才智就不够用了;他的脑子稀里糊涂,说起话来口齿不清,总是咯咯傻笑。我相信,布利斯这辈子从来没干过好事,但凡有机会他就要干坏事。我见过几个卑鄙无耻的家伙,可是他们都比不上这个不要脸的猴崽子。

布利斯早已离我而去,进了坟墓,一两个月后,《傻子出国记》的第一份账目如期公布。当然,这份账目揭露了事情的真相。我终于明白了这些诈骗版税的手段,自从我签下《艰苦岁月》7.5%版税的合同那天起,布利斯就一直在剥削我的钱财。在哈特福德牛顿·凯斯先生的家里,董事会公布了这份账目,作为这份合同的当事人,我也在场。

我谴责布利斯的行为,指责董事会知道诈骗的内情,是知情不报的从犯。但是他们矢口否认。

现在我会作出明智的选择,我这一生中至少做过一次明智的事。但是,我当时却干了傻事,说明老习惯很难改变。我本来可以和美国出版公司继续周旋,把利润一点点挤出来。我本来应该获得5/6的利润,一直获益到今天。这家公司应该承担着一切,我可以拿回我应得的收益。可是我糊里糊涂地头脑发热,和他们断绝了关系,把《王子与贫儿》交给了詹姆斯·R.奥斯古德,他是这个世界上最可爱的人,也是最不称职的出版商。我从这本书里获得了17,000千美元,不过他认为下次可以做得好些。所以我把《密西西比河上的旧时光》交给了他,而且表示我愿意承担他出版的费用,销售的费用扣除了版税后支付给他。等到他制作完铅版,把第一版印刷装订成册,我已经为这些玩意儿花了56,000美元,我不停地签支票,感到越来越不满。奥斯古德又搞砸了,亲爱的老伙计。我想这本书的收益只有30,000美元。也许实际的金额还要更多,不过这是很久以前的事了,我只能凭借自己的印象回忆。

我又做了一次超出我能力范围的冒险。我把查尔斯·L.韦伯斯特带到了纽约,他是我的姻亲,我让这个小伙子当了管事和经理,准备自己出版《哈克贝利·费恩历险记》。这是本小册子,本来我没指望有什么收益——可是出版了3个月后,韦伯斯特却交给我财务账目和54,500美元的支票。这使我相信,作为出版商,我还不算失败透顶。

373

1906年2月22日,星期四

苏西提到外公兰登——马克·吐温讲述阿特沃特的故事——回忆大卫·格雷先生,最近在宴会上偶遇小大卫·格雷

说到苏西对外公的评价,我已经离题太远了,不过没有关系。在这本自传里,我想到哪儿就说到哪儿,等我想好了再回到正题。言归正传,我们来看看苏西是怎么说外公的。

摘自 苏西的传记

我提到过,妈妈和爸爸总是想起外公,不能在布法罗的房子里住下去。妈妈收到了苏西姨妈的一封信,她讲了许多关于外公的事情,信里说得很清楚,所有认识外公的人都热爱他、尊敬他,妈妈让我把那封信里关于外公的段落抄下来,妈妈觉得这封信放在这里再合适不过了。

夸里农场

1885年4月16日

亲爱的莉薇,你看到今天格兰特将军的报道,难道没有想起父亲吗?你记得吗?父亲指定史密斯法官和其他人担任遗嘱执行人,他们走出房间时,父亲笑着说,“先生们,我要活下来等你们入土为安”。他的神情多么快活。他当时的精力远远不如格兰特将军,但是他有同样无畏的勇气和病魔作斗争。自始至终,格兰特将军身上太多的事情都让我想起父亲,想起他的安静忍耐。当然,他们两人的灵魂深处有明显相似的地方。日复一日地看着将军病情的报道,我的脑海里清晰地浮现出1870年夏天的那段日子。那段时光看起来多么遥远,不论是年纪还是阅历,我当时和现在比起来似乎还是个孩子。从那时起,我迎来了最幸福也是最艰难的日子,我知道你的生活也是一样。过去的岁月犹如梦境。我想这一切都是因为我们没有他们身上的强大力量,要重新适应才能走下去。亲爱的莉薇,除了我们以外,父亲对这么多人都有潜移默化的影响,他对别人的影响程度不同、种类各异,这种力量有多么伟大!

上次聚会的那天晚上,我觉得很感动,阿特沃特先生在父亲的遗像前肃立良久,转过身对我说,“我们再也见不到他这样的人了”,他的声

音颤抖哽咽——已经过去了15年，他在商界的朋友还能这样说。一个星期前，有位陌生人提到他无私奉献的习惯如此可贵，他早就听说过父亲的慷慨大度……

我对阿特沃特先生记得很清楚。他的模样和作派没有一点城里人的架势，他是个中年人，一辈子都生活在这个国家。他有着农民的外表，迈着农民的步伐，穿着农民的衣裳，留着农民的山羊胡子，这种模样在我小的时候很普遍，可是如今在西部的城镇和东部的城市里已经绝迹了。显然，他是个真诚善良的好人，他是兰登先生不起眼的帮手，在他手底下工作了很多年。他的工作非常普通。要是兰登先生的锯木厂需要简单粗略的检查，就会派阿特沃特去照看。要是兰登先生的木材筏子在顺流而下或逆流而上时出了麻烦，也会派他去应付。阿特沃特经常去兰 374
登先生的煤矿办事，他负责视察兰登先生在宾夕法尼亚煤矿油田的业务，然后回来汇报。阿特沃特先生总是很忙，四处奔波，态度谦虚，笃信宗教，说起话来不合文法，除非他谈完了正事，绞尽脑汁也想不出用他自己的话该怎么说。他很能干——也就是说，如果时间充裕的话，他会很能干；不过，他总是拖拖拉拉，不管和谁讲话，他都会聊到自己的事情，有的时候期限到了，他的差事还没有办完。兰登先生从来没有解雇过阿特沃特，尽管小查理·兰登对此颇有微词。小查理受不了阿特沃特，因为他办事拖沓、令人恼火，自己还觉得心满意足。不过我喜欢阿特沃特。阿特沃特对我来说可是个宝贝。每次他出差回来，中午坐在桌子旁边，向全家人讲述他的见闻，把细节说得妙趣横生，他讲的故事从来不会违背逻辑、空洞无趣，让我听得津津有味。兰登先生表现平静，充满耐心，我很欣赏这一点；全家人却垂头丧气，心情低沉；小查理的眼睛里闪烁着仇恨的光芒，心里像火山爆发一样，我尽管看不到他的心里，却知道他的心思。

我提到阿特沃特只是因为我喜欢他。关于阿特沃特，我没有什么重要的事要说——实际上，我只想讲一件事。就连这件事我本来也不想提——但我不能不说，这件事情在很多年里给我带来了快乐的记忆。犹如一道转瞬即逝的光芒，照亮了莉薇温柔平静的天性。尽管她会有强烈的感受，说出激烈的言辞，但是只有熟悉她的人，了解她的心情，才能从她的话里听出毁谤的意思。有很多次，小查理打算在莉薇的心里种下对阿特沃特仇恨的种子，但是她天性真诚，像父亲一样意志坚定，查理的努力落空了。有很多次，他当着莉薇的面指责阿特沃特，本以为莉薇会说出难听话来，这是他盼望已久的事，最后他终于如愿以偿——因为“耐心等待总会有个好结果”。

当时我不在家，可是查理等不及我回来。他心里太高兴，太着急。趁着大获全胜的新鲜劲儿，欢乐的热情还没有冷却，他心满意足地坐下来给我写了封信。查理告诉我，他在莉薇面前说了件令人恼火的事，然后问她，“现在你怎么看”，她说,“该死的阿特沃特”。

查理知道用不着对我解释,他觉得我会完全明白。他知道,我会明白他不是引用莉薇的原话,而是自己的解释;他知道,我明白他的解释很贴切,很完美,无论是从字面、意思和力度,完全能够代替莉薇说的那句话。我知道,莉薇其实说的是,“我不赞同阿特沃特”。

他解释得很正确。在她的语言里,“不赞同”就和别人说的“该死”一样刻薄尖酸、狠毒伤人。

一两天前,我提到我们在布法罗居住的短暂时光,让人感到悲伤痛苦,当时没
375 有朋友来拜访,除了年轻的大卫·格雷还有他的妻子和儿子,这仿佛是很久以前的事情了。昨天晚上我到诺曼·哈普古德在城里的宫殿,参加盛大的宴会,席间有人把一位身材高挑的先生介绍给我认识——他相貌英俊,机灵聪慧,鼻子上架着金色的夹鼻眼镜,穿着剪裁得体的晚礼服,衬托着宽阔的肩膀,脚上套着玫瑰花装饰的皮鞋。他走路的步伐、鞠躬的姿势和讲话的声调都具备英国绅士的风范,我以为他是位伯爵。我说没听清他的名字,请教他的尊姓大名,他回答道,“我叫大卫·格雷”。这句话听了让我震惊,他的父亲仿佛就站在我的面前,36 年前我在布法罗认识了他。这个朦胧的幻影,让我想起了和大卫·格雷在布法罗啤酒厂里度过的欢乐时光。当时我面前的这个大卫·格雷还躺在摇篮里,约翰·海觉得他是个可爱麻烦的小东西。在接下来的一个钟头里,这次相遇让我仿佛回到布法罗,在餐桌上,我很难和旁边的客人说得上话。我不禁浮想联翩:“他为什么而生?他父亲为什么而生?我为什么而生?所有人为什么而生?”

他的父亲是位诗人,却注定要在最不合适的职业里消磨自己的人生——做一名政治日报的编辑。他是歌声婉转的夜莺,却生活在猴子、鹦鹉和土狼杂居的动物园里,他的人生虚度了。他 5 岁的时候从苏格兰来到美国,骨子里具有长老会教徒的气质,性情忧郁、毫不妥协、并不可爱。在 33 岁时,我和他做了朋友,他身上的长老会气质已经消失得无影无踪,成了性格直率的理性主义者,公开宣称自己是无神论者。几年后,我在哈特福德听到了他中暑的消息;不久之后,有消息说他的脑子受了损伤,这就是中暑的结果;又过了一段时间,我从拜访过他的内德·豪斯那里听说,他再也不能写政治评论和诗歌了,过着隐秘的生活,每天给年轻人教圣经课,对别的事情毫无兴趣。他没有信仰的时期过去了,早期长老会教徒的气质取而代之。

这是千真万确的事情。有一次我给他发电报,约他在火车站见面。他如约前来,我和他谈了几分钟——那是我最后一次见到他。我从他深邃的眼睛里看到了从前美好的光彩,他还是那个我认识的大卫——情操伟大,心地善良,性格完美无缺,是个深受爱戴的人。

不久后,他在午夜的铁路事故中受了伤,我当时思考的问题和我现在想的一

样，在晚宴上欢声笑语的迷雾中，我不禁想道，“他为什么而生？人生有什么意义？”人的生命不过是单调无聊的重复——人生的价值在哪里？苏西小时候问过这个问题，当时没有人能回答得出来，现在也没有人答得出。

1870 年 8 月 6 日兰登先生去世的时候，我突然发现，自己选择了一个对我来说全新的角色——生意人。

1906 年 2 月 23 日，星期五

马克·吐温讲述自己如何成为生意人——他哥哥奥利安的传记

在一年到一年半前，兰登先生遭受了严重的损失，这要怪塔尔梅奇·布朗先生，他是兰登家的姻亲。那个年代，木板路面还很流行，布朗负责铺设田纳西州孟菲斯的道路。他作为兰登先生的代理人承包了这个工程。如果管理完善的话，这份合同可以带来丰厚的利润，可是布朗的管理不善给工程造成了巨大的损失。兰 376
登先生在世的时候，这笔损失无关紧要，对生意也没什么影响；但是失去了兰登先生的聪明才智、良好信誉和高贵品格，那就是另一回事了。他经营无烟煤买卖，生意遍及全国各地，甚至远到芝加哥，他在很多城市都有重要的分号。他的代理人欠了他大笔债务，因此他也欠了煤矿巨大的债务。兰登先生死后，留下三个年轻人打理生意——小查理·兰登、西奥多·克兰和斯利先生。不久前，兰登先生才提拔他们当了公司的合伙人，但是没有人认识他们。生意场上都知道兰登先生的显赫名声，而这三个年轻人还是无名之辈，没有一点分量。斯利后来变成了精明能干的商人，能言善辩的谈判好手，可在那个时候，他的才能还不为人知。兰登先生栽培了他，他完全可以胜任一家小公司的领导人。西奥多·克兰在他的岗位上很称职——事务主管和下属员工的管理者，再没有人比他更适合这个位置了，但是他的才能仅限于此。他心地善良，为人正直，诚实可靠，令人尊敬，可是他既没有雄心壮志，也不想出人头地；他生性腼腆，不适合担任重要的职务，肩负重大的责任。

小查理只有 21 岁，并不比实际年龄成熟多少——也就是说，他还是个孩子。他的母亲从小对他娇生惯养，不让他应付那些令人头疼的事情，比如说责任、学习、工作、义务等。通常来说，他只有想去学校的时候才去上学，可他想上学的时候并不多，因为他的奢望被当成了热忱。如果他有个头疼脑热，也不必在家里学习，他经常头疼——这种事情在意料之中。只要他的身体情况允许，有强烈的愿望，他就可以随心所欲地玩耍，他的愿望总是很强烈，因为这全靠他自己来判断。

没有人要他读书,他也从来不读书。这么养育孩子的结果可想而知,可是他从来不为此抱怨。他的母亲是他最大的敌人,对他溺爱太深才导致如此,她满腔的深情厚爱从来没有冷却,这是最可悲的事情。查理的头脑异常聪明,想象力丰富,本来应该卓有成就;但是因为他母亲的放纵娇惯,却一事无成,荒废了人生,除了做生意,他也一无是处。

查理糟糕的教养,让他狂妄自负、盛气凌人、蛮横霸道。比起兰登先生管理公司的时候,斯利和西奥多要背负更沉重的负担。兰登先生除了经营生意什么也不管,而斯利和西奥多既要打理生意,还要和查理打交道。查理是公司里最难对付
377 的角色,他想出不少主意,打乱了斯利先生最有希望的计划和协议,让人感到苦恼,这些工作不得不重新做一遍。

不过,现在要回头讲讲,我怎么突然变成了生意人——做生意完全不是我的本行。有一份声明仔细评估了兰登先生的身家,显示这笔资产价值 80 万美元,糟糕的是,这笔钱只是公司所欠的债务。欠款的账单合起来有 30 万美元——也许有 40 万美元,这些钱都要支付;一半的债务在 1 个月内到期,另一半过两个月到期。兰登先生活着的时候,这些欠债不算什么麻烦,他会到城里和纽约的银行,轻而易举地借到资金,但是这些年轻人办不到。他们立刻弄来了 15 万美元的现金,这是全部的钱,是兰登先生的人寿保险,这笔钱来得很及时,但是还不够——远远不够,离应付的债务还差得多——实际上只差 5 万美元,但是上哪去弄这 5 万美元,这还是个难题。他们写信给伊萨卡的亨利 · W. 塞奇先生,他是兰登先生亲密的老朋友,也是他从前的生意伙伴,请他到埃尔迈拉来给他们出些主意,提供帮助。他回信说,他会来的。后来,让我感到惊讶的是,这些年轻人竟然派我去和他商议,这就像让我计算月食一样不可思议。我不知道从何说起,也不知道该说些什么。可是,他们把资产负债表拿到家里,和我坐在图书室里,慢慢解释给我听,解释来解释去,我总算有个清楚的概念,知道要和塞奇先生说什么。

等到塞奇先生来的时候,我和他去图书室查看资产负债表,公司的人在其他房间等着,吓得浑身发抖。我向塞奇先生解释了这种情形,我再次被闪电击中了——也就是说,我再次感到大吃一惊。他长着形状端正的嘴唇,结实有力的下巴,是那种做起事来全神贯注、闭口不言的人,别人说话的时候,他会一直默不作声。当时,我在长篇大论解释的时候,如果他能流露出一丝表情,我会感到很欣慰,至少这表明我给他留下了印象,不管是讨人喜欢还是令人讨厌的印象。可是自始至终,他都让我心里七上八下,我看不出他的想法有什么波动,不过最后他直截了当地作出了决定,这是他的个性,他说道,

“克莱门斯先生,从我多年来交往的人来看,你还颇有经商的头脑。你真的是作家吗?你本来应该是个生意人。”

我知道,他说的不是客套话,所以我没有否认。他接着说,

"我会给你们这些小伙子开张5万美元的支票,为期3个月,把支票交给银行,有了这笔钱,你们就不需要筹集资金了。如果支票需要延期,告诉阿诺特先生就行。这件事就这么办。好好干下去,别担心。依我看,到了3个月结束的时候,这张支票还会回到我这儿来,你们不会从里面取一块钱。"

他说的果然不错。老阿诺特先生是位苏格兰银行家,是个非常富有、做事谨慎
的人,也是兰登先生多年的朋友,凭借丰富的经营智慧,监督着这些年轻人,提供了
宝贵的意见,过了3个月,他们终于站稳了脚,受到越来越多的关注,这张支票回到 378
了塞奇先生手中,我们的确不需要从里面取一块钱,这是一笔小钱,分量不重,数目
不大,但是产生了巨大的影响,具有强大的威力,这都要归功于开支票的那个人。

塞奇家和特威切尔家来往密切。一两年后,塞奇先生到哈特福德来拜访乔,他前脚刚走,特威切尔就冲到我们家来,急着告诉我一件事,这件事让他感到惊讶,他相信也会让我大吃一惊。他说道,

"你瞧,马克,塞奇先生是美国最优秀的商人,他说你具有非凡的经商才能。"

我还是没有否认。我没有那种迷信的想法,非要澄清什么事实。这满足了我长期以来的愿望。我们总是希望,能够以我们不具备的才能而远近闻名,而不是以我们原有的本事而为人所知。

这些事情发生在1870年,已经过去了35年,1年前在这座房子里,查理坐在床边,漫不经心地说起,如果说他一生中有过最自豪的时刻,那就是他向塞奇先生解释完资产平衡表,听到他称赞说,"你瞧,小伙子,我见过那么多人,你有着最出色的商业头脑"。

我还是没有说什么。说了有什么用呢?毫无疑问,我的伟大成就已经在查理的脑子里埋藏了好多年,无论是质疑还是劝告,我都不能把他的记忆抹去,只有炸药才能把它炸得灰飞烟灭。

我不知道,人们是不是都有这样的经历——我们也许很羡慕别人的成就,免不了经常提起来,不知不觉地,我们的心里不再怀疑,索性把这份功劳抢过来,算在自己头上。我知道其中的一个例子,在别的房间里,你会找到一本厚重的手稿,那是我哥哥奥利安的自传,他比我大10岁。20年前,他听了我的建议,写了这本传记,从爱荷华州的基奥卡克寄到我在哈特福德的家里。我敦促他把平生记忆深刻的事情写下来,不但要写他引以为豪的事情,还要写下他感到羞愧的事。我说过,我没料到他会这么做,如果别人能写这样的东西,可能早就写了。实际上,从来没有人做过这样的事情,这就证明了谁也做不到。本韦努托·切利尼讲过很多故事,其他人也许会感到惭愧,但实际上他讲的故事是很好的证据,证明他并不感到羞愧;同样地,卢梭和他的忏悔也是如此。

我劝奥利安说实话，把真相全部讲出来。我说过，他没办法讲出真相——也就是说，对于那些不光彩的事情，他没办法撒谎，真相总是从谎言中流露出来，他无计可施——一本自传只有两样东西：一样是绝对的谎言；另一样是绝对的真相。自传作者写下谎言，读者却能找出真相——也就是说，读者靠洞察力就能够看破真相。在这本自传里，我哥哥改动了情节，把我两岁半发生的事情安在了他自己身上。我想，他经常听我说起这件事，渐渐地，他自己讲起这个故事，说了没几次，
379 就变成了他的故事，而不是我的经历。我想也许我已经在前面提到过这件事，不过我要再说一下。

我们全家坐着马车，从密苏里州佛罗里达的小村庄，搬到 30 英里外密西西比河畔的汉尼拔，他们没有清点孩子的人数，我被留在了后面。我当时两岁半，一个人在厨房玩耍。我忙着用粮食堆一个小小的金字塔，这些粮食都是从桶里流出来的，因为老鼠在上面咬破了一个洞。我玩着玩着，注意到只有我自己一个人，周围静悄悄的，我的心里充满了莫名的恐惧。我在屋子里跑来跑去，发现家里空荡荡的，一片寂静——寂静得可怕，悄无声息，大家都走了，只剩下我一个人，太阳渐渐地落下去。我的伯父骑着马回来把我接走了。全家人正在若无其事赶路，不知道过了多久，才有人发现这个可怕的疏忽。

我哥哥在他的自传里讲了这件事，说得好像是他的亲身经历，如果他停下来想一会儿，会感到大吃一惊，这是个蹒跚学步的两岁半儿童的惊人奇遇，但是他把这件事变成了自己的经历，这个故事不会造就一个英雄，因为把十二岁半的少年落在后面，这种故事不会有什么英雄豪侠、毛骨悚然的成分。我哥哥没有注意到这种矛盾；看起来不可思议的是，他竟然作为自己的遭遇写下来，没有考虑当时的环境——他当然没有考虑，在他的传记里，这段故事是一个十二岁半孩子印象深刻的奇遇。

1906 年 2 月 26 日，星期一

苏西和爸爸妈妈来到纽约——克拉拉姨妈到埃弗雷特酒店拜访他们——克拉拉姨妈骑马摔伤——德国的街车发生事故——克拉拉姨妈在哈特福德的家里生病了——克莱门斯先生带苏西去见格兰特将军——克莱门斯先生讲述他和格兰特将军的对话——克莱门斯先生在纽约参加首次朗诵会——在波士顿举行朗诵会——朗费罗先生的纪念碑——华盛顿朗诵会

摘自苏西的传记

5 月 1 日，爸爸安排去瓦萨学院朗读的事情，我陪他去了。我们要

> 途经纽约，妈妈就和我们一起到纽约，她要在那儿待两天，买点东西。我们是周二下午两点半动身的，六点一刻左右到纽约。爸爸直接从车站去见格兰特将军，我和妈妈到埃弗雷特酒店，克拉拉姨妈来我们的房间共进晚餐。

这就是前面提到好几次的克拉拉姨妈。她是我妻子早年的好友和同学，两人 380
年纪相仿，克拉拉大概比莉薇小两三岁——无论是心理、道德、精神还是其他方面，克拉拉都要高人一等，是位讨人喜欢的女士。

有人相信世上没有运气这回事——无论是好运还是噩运——他们尽可以这么想，我觉得他们真该碰碰运气。然而，这不过是一厢情愿的看法，什么也挡不住运气。在所有的事情上，克拉拉·斯伯丁和普通人的运气没什么两样，除了一件事：她在马上的运气糟透了。坏运气就像疾病一样跟着她，她经常从马背上摔下来，不是四轮马车拉着她拼命狂奔，就是坐着马拉街车横冲直撞。这种情形免不了有人受伤，那个人必定是她。有一次在德国，我们全家人从旅馆（我想是在沃尔姆斯）动身去火车站。交通工具是一辆挺长的街车，拉车的是 4 匹高头大马。街车的座位上坐满了人，车上总共有 24 位乘客，可能还要多一两个。我和克拉拉·斯伯丁开玩笑说："我觉得你最好走到车站去。你总不会害这群无辜的人丢了性命吧。"我们的车行驶了 1/4 英里，眼看就要走到没有栏杆的石桥上，几匹马突然乱了阵脚，四处狂奔。我们看见车外长长的缰绳拖在地上，有个年轻的农夫在后面追赶，打算勒住飞奔的马儿。说来也巧，等他拦住 4 匹马的时候，街车恰好行驶到了桥上，24 个人的性命全保住了。没有人打算给他报酬，不过我建议我们的朋友和旅伴——美国驻德国某城市的领事——应该下去奖励这个小伙子，领事带着特有的热情表示："你们别管了，交给我吧。他的勇敢行为应该得到回报。"

他跳下车安排妥当，我们继续坐车前行。后来我问他给那农民多少钱，我也好出一半。他告诉了我金额，我如数照付。从那天起到现在，已经过去 28 年了，尽管我经历了经济窘迫的岁月，却从来没有为这笔花费感到后悔，这笔钱只有 23 美分。

克拉拉·斯伯丁，现在是约翰·斯坦奇菲尔德太太，她有个儿子上大学四年级，有个女儿进了德国的大学。她如今住在纽约，昨天我到霍夫曼大厦拜访了她，情况和我想的一样：她病得厉害，不想见到任何医生和护士。这场病的起因要追溯到 30 年前，她骑马出了事故，摔断了掌骨和脚踝。断裂的骨头接错了位置，后来她走起路来总是有点瘸。几个月前，她的脚掌和脚踝痛起来，叫她难以忍受，于是决定必须到纽约来看病，把骨头掰断重新复位。我到私人医院看望她的时候，手术已经做了 3 个星期了，诊断表明这次手术很成功，结果是大错特错。她来到纽约 1 个月后，也就是 6 个星期前，又完成了一次接骨手术。1 个星期前我去看她,她已经能够拄着拐杖,在房间里慢慢走路了,她高兴极了,坚信自己再也不会有麻烦了。不过现在看来,这糟糕的外科手术必须再做一次,可是她经不起手术的折腾了。病痛消耗了她的体力,我听说,过去3天来,她不肯让医生和护士来看她。

381 摘自苏西的传记

晚饭后,我们和克拉拉姨妈准备去剧院,本来指望爸爸尽早回来带我们去的。可是我们吃完了晚饭,他还没有回来,妈妈不知所措,越来越担心,不过最后我们决定自己去。我们穿戴整齐下楼去,可是刚走到一半,就看见爸爸上楼来了,手里捧着一大束玫瑰花。他解释了回来晚的原因,他的表停了,没有注意到时间,以为还有1个小时呢。这束玫瑰花是弗雷德·格兰特上校送给妈妈的。我们去剧院看了"阿多尼斯"(字迹难以辨认),表演得很精彩。我们在十一点半回到家,然后就睡觉了。星期三早上,我们起得很晚,九点半才开始吃早饭。吃完早饭,妈妈去买东西,爸爸带着我去拜访他的经纪人,谈生意上的事。爸爸和他的经纪人查理·韦伯斯特谈完以后,我们又去见了爸爸的朋友庞德少校,他和我们去看了赛狗会。我们和庞德少校一起看了狗,看到这么多小狗在一起,真是高兴极了;看了狗以后,爸爸想去拜访格兰特将军,我就和他一起去了,那是1885年4月29日。爸爸上楼走进格兰特将军的房间,带着我见了将军,能够走进格兰特将军的房间,见到将军和格兰特上校,我觉得很荣幸,心里高兴极了,因为格兰特将军一直是我最想见的人。爸爸和格兰特将军在一起聊了很久,爸爸把谈话和拜访格兰特将军的情况写了下来,让我放在这本传记里。

苏西把我的叙述插入了下面这一段:

1885年4月29日

我带着苏西拜访了格兰特将军。将军的气色和精神比几个月前好多了。今天早上他开始尝试写书——这也许是他一个月来第一次做事。今天上午他第一次试着口述,进行得很顺利,让他喜出望外。他总是说自己做不了口述,可我说过,将军以讲话条理清楚而著称,口述不过是把连贯的事实说出来,他最有资格进行口述,而且准备充分,这一点千真万确。今天上午,他向速记员口述了两个钟头,说话毫不迟疑,措辞没有重复,手稿完成后无须修改。这两个小时里,他讲述了阿波马托克斯停战的经过——这是至关重要的大事，少了这个情节，他的书就会黯然失色。因此，我提前请了一位速记员，看能不能让他写点什么，至少写上几句关于阿波马托克斯的话。* 可那个时候他的身体还没好转，没办法讲话。我很清楚，世上关于阿波马托克斯的描述有一百种，没有一种是完全正确的。因此我焦虑万分，想让他把背后的真相说出来。他的嗓子没什么大碍，他的声音比平常更清晰有力。他很乐意在有生之年讲完阿波马托克斯的经历——了却他的一桩心事——他像从前一样侃侃而谈。他很
高兴地接待了苏西，然后开始谈第二天要口述的内容，他大体上说，除了 382
别的事情以外，他还希望彻底地解决一个问题，这件事已经传得沸沸扬扬，报纸上争相转载。这个问题就是，“谁最早提出向大海进军的战略？究竟是格兰特将军，还是谢尔曼的想法？”我已经记不清，到底是我还是别人（急于弄清这个重要问题的事实真相）向他提出这个问题。可是我记得他的回答，我将永远铭记在心。格兰特将军说道：

“谢尔曼向大海进军的主张不是我们提出的，而是敌人想出来的。”

他继续说下去，有很多计划当然是敌人首先想出来的，不过北军的将领对此功不可没；敌人在执行那些计划的同时，暴露了其他的行动，而北军将领看到后加以利用。在这种情况下，谢尔曼经过深思熟虑制定了一个计划，他打算切断南方仅存的两条铁路线，结束这个地区的战斗。但是胡德将军没有采取人们意料之中的军事行动。恰恰相反，他长途奔袭到查塔努加。这为谢尔曼向大海进军让出了道路，他派部分军队保卫查塔努加地区，坚守已经占领的阵地，然后率领其余部队轻而易举地横扫佐治亚。他既然发现了这个机会，如果不抓住机遇，他也就不配当将军。

（格兰特将军说）他写信告诉了我，“他的计划，我命令他继续前进。我的参谋们反对这次行动”（我想将军是说，参谋们劝他阻止谢尔曼的行动。将军回忆道，他的参谋长甚至没有经过将军的同意就去了华盛顿，引起了政府的关注，让官员们感到惊慌失措，发电报给格兰特将军，要他阻止谢尔曼的行动）。

格兰特将军说道：“出于对联邦政府的尊重，我给谢尔曼发电报，让他暂停24小时；然后考虑到已经给予政府足够的尊重，我再次致电，要他继续前进。”

我没打算引用将军的原话，只是转述了他谈话的大意。他那番简短

* 我是他的出版商，当时我正准备出版他的《个人回忆录》。S. L. C

的谈话，给我留下了深刻的印象，向大海进军的战略最初来自敌人。因为将军精辟的谈话方式——用简短有力的句子表达了诸多内容(这是我的描述，附上“马克·吐温”的签名)。

回到苏西的自传

爸爸和格兰特将军谈完话后，我们回到了旅馆，妈妈还在旅馆里，爸爸告诉妈妈他拜访格兰特将军的情形。妈妈和我度过了一个安静美好的下午。

这两个真诚的朋友总是一有机会把自己关在房间里，度过一段苏西所谓的“悠闲时光”。从苏西的孩提时代到生命的尽头，她和妈妈都是亲密好友，也是知心朋友，她们两人满怀热情地爱护着对方。苏西的思想单纯，是个有趣的伙伴。她的头脑聪明，心地和妈妈一样善良。无论如何，苏西从来没有兴趣，也不乐意抛开最弥足珍贵的东西——和她妈妈在一起。苏西是在夜里死的，这是人生中最幸
383 福的时光，最快乐的年纪——她只有 24 岁。24 岁的女孩子过着最美好的生活——人生犹如幸福的梦境，过了这样的年纪，她就会面对危机，肩负责任，经历关怀和悲伤，迎来不可避免的悲剧。为了她妈妈的缘故，我如果能做到的话，宁愿让她死而复生，可是为了我自己的缘故，我不会这么做。

摘自苏西的传记

爸爸去向公众朗读作品了，那个星期四下午，除了爸爸以外，还有很多作家在那里朗诵；我本来想去听爸爸读书，可是爸爸说他要在瓦萨学院朗读的内容和他在纽约读的一样，所以我就和妈妈留在旅馆里。

我想，我是头一次参加这种可怕的新发明——人们称为作家朗诵会。下午两点钟，这场女巫狂欢节在一家剧场里拉开了序幕。名单上有 9 位演讲人，凭借朗读的经验，我相信我是唯一能够胜任的人。我按照过去学的乘法表算了一下，9 乘 10 等于 90，这样算起来，每个朗诵者平均只有 10 分钟的时间。台上还有位主持人，他大概不熟悉这行——我早料到会这么糟糕。这位主持人想必是糊里糊涂，信口开河，喜欢自说自话。他要介绍 9 个人，还要加上他自己的开场白——你瞧，我不想自寻烦恼地算下去，我觉得麻烦就在眼前。我原先要求在名单上排第 6 位。可是等到大幕徐徐拉开，我看到周围坐了不少游吟诗人，于是决定改变计划。我原以为，要求排在第 6 位朗读，足够为我赢得谦虚的名声，可是谦虚过了头，什么好处也捞不到；我已经实现了愿望，现在可以从容地离开，这样更有好处。

于是我请求提前到第3位，我的祈祷应验了。

这场朗诵会在两点一刻开始，上台的共有10个人（要是算上主持人的话），我在名单上排第3位，过了三点一刻才轮到我上场。我的朗诵时间只有10分钟，我原先选的稿子，要读上12分钟，我花了整整一个钟头，才在不影响内容的前提下减少了两分钟。我顺利地读完了10分钟，然后回到座位上，瞧着观众们受苦遭罪。我看了一两个钟头的好戏，不久后我天性里残酷的一面消失殆尽，与生俱来的仁慈心肠又占了上风。到了五点半，剧院里1/3的人已经呼呼大睡，还有1/3的人半死不活，剩下1/3的人已经一命呜呼。我起身退场，回到了住所。

接下来的几年里，作家朗诵会继续流行。每隔一段时间，我们就在波士顿、纽约、费城、巴尔的摩和华盛顿举行朗诵会，让人们备受折磨。我发现，既不可能让组织朗诵会的人明白道理，也不可能让朗读的作家知道是怎么回事。有一次我到波士顿去参加这种热闹场面，这次是为了朗费罗先生的纪念碑筹集资金，这种狂欢活动到处兴风作浪，豪威尔斯也是其中的一员，我从来没有教过他排练，让他看着钟表计时，把文章缩短到合适的长度，他似乎从来都没学过。从各个方面来说， 384
他都聪明绝顶，可是每次让他挑选一篇文章，在狂欢宴会上朗读，他的聪明才智就消失得无影无踪。朗费罗协会筹款的前一天晚上，我到了他在剑桥的家里，我让他把选好的文章给我看看。无论如何，他拿给我看了——我真希望自己永远不要知道真相，这篇文章足足有7000字。我让他盯着钟面计算时间，我开始读这段文章。这个实验表明，我花了70分钟才读完了这段故事，我说，“你听好了，这还没有留出停顿的时间，让观众鼓掌欢呼——考虑到这个缘故，再花上12分钟也读不完。”

他明明有时间找一段足够短的文章，可他总是说，他选不出一篇长度够短、内容够好的文章——也就是说，他根本找不到一段能在观众面前朗读的故事。

我说，“那没关系，短的总比长的好——因为观众受得了篇幅短小的蹩脚文章，却受不了长篇累牍的精彩故事。”

我们终于把这件事安排妥当，让他把时间减少到15分钟左右。不过他、霍姆斯医生、奥德里奇和我读的故事都很短，那个年头大多数的作家被人们看得比敌人还可怕——足足有16个人。我记得，那次朗诵会有16个人。不是华盛顿举行的那场朗诵会，就是1988年的那场。的确，这次我们面对着无法抗拒的观众，势不可挡的热情，这场朗诵会是下午在环球剧院举行的，人们挤得水泄不通，里面的空气很糟糕，压根就喘不上气来。我看见剧院里挤满了人，嘴巴不停地张张合合，就像是上气不接下气的鱼儿。

风度优雅、能言善辩的演讲家诺顿医生拉开了序幕，发表了言辞优美的演讲，不过他足足讲了20分钟。其中有10分钟的时间都用来介绍奥利弗·温德尔·

霍姆斯医生，可是他用不着别人介绍，就像银河一样广为人知。然后霍姆斯医生背诵了——只有他能背得出——“最后一片叶子”，大家一齐站了起来，感到欣喜若狂，充满了崇敬之情。全场观众热切地欢呼，像暴风雨一样猛烈，医生应观众的要求又读了一首诗；暴风雨还没有停歇，医生读了第三首诗——尽管这次的暴风雨不再猛烈，像前面那样狂风怒号。霍姆斯感到有点不知所措，读了一首又一首诗，直到全场鸦雀无声，他才谢幕下场。他真是波士顿最可爱的人，可悲的是，他本来不该受这份罪。

很久以前，我就约定第三个出场。这场朗诵会在两点钟开始，我要在四点钟坐火车回哈特福德。我需要在 15 分钟内赶到火车站，朗读文章的时间只有 10 分钟。我果然用 10 分钟读完了文章，然后立刻动身，结果差点没有赶上火车。后来我才听说，第 8 位朗读者登上舞台后，把炮火对准了剧院，大家吓得拔腿就跑，四散逃离，就在这个时候，外面围得水泄不通，人们只好放弃了逃跑，等着听六七位作家的朗诵。

385 1888 年春天，华盛顿的朗诵会来了许多读者。通常来说，他们会挤得人山人海。托马斯·尼尔森·佩奇足足读了 40 分钟，他从此再也没有出现在名单中间，我们在九点半如约来到白宫。克利夫兰总统及夫人都出席了宴会，他们必须在十点半离场——在我们的白宫招待会后，总统还要参加其他安排好的官方活动。克利夫兰总统没有参加作家朗诵会的经验，因此我们的白宫招待会足足拖到十一点半，要是他像其他政治家一样，了解作家朗诵会的内幕，他肯定会知道，不等到第二天吃早饭的时候，我们是不会结束的。

就在那次去华盛顿参加招待会的时候，莉薇让我为拜访美国总统官邸做好准备，她总是替我考虑得很周到。不过，不是现在——那是上次的事情，这次她陪我一起去，可以亲自照顾我。

1906 年 3 月 5 日，星期一

克莱门斯太太提醒克莱门斯先生出席克利夫兰总统的白宫招待会——1893 年克莱门斯家在巴黎住的房子——维维亚尼别墅的大厅——里弗代尔住宅的餐厅——如何数落克莱门斯先生——吉尔德先生来信祝贺克利夫兰 69 岁生日——曼森

我总是心不在焉。我生来就粗心大意，时常违反微不足道的礼节规矩，自己还浑然不知，我本应该为这些坍台丢脸的事感到惭愧，结果恰恰相反，因为我根本

不知道发生了什么事。可是莉薇心里明白,不免觉得羞愧懊恼,可怜的姑娘,这本来不是她的错,也不该遭这种罪。她总是说,我是她见过最麻烦的家伙,她对我的言行举止非常在意。看见我做起事来粗心大意,遭受别人的批评,让她感到很苦恼,所以她总是保持警惕,免得我犯下前面提到的过错。

前面提到过,我要从哈特福德动身去华盛顿,她说:“我写了一张条子,放在你礼服背心的口袋里。等你穿上礼服去白宫参加作家招待会的时候,你会把手插在背心口袋里,这是你的习惯,就能摸到那张纸条。仔细读一遍,按我说的做。我不能陪你一起去,所以这张小纸条就代表了我的警告。如果我现在提醒你,你会在几分钟内忘得一干二净。”

那是克利夫兰总统的第一个任期,我从来没有见过他的夫人,她年轻漂亮、性情温和、有同情心、风度迷人。我穿戴整齐去出席白宫宴会,果然看到了那张小纸条,我早把这件事忘了。条子上的嘱咐郑重其事,就像写条子的人一样,把我逗得
哈哈大笑。莉薇温文尔雅的文笔,时常让我笑得合不拢嘴,而幽默大师最精彩的 386
笑话也对我不管用,我可不是轻易就会发笑的人。

我们到达白宫后,我和总统握手致意,总统刚开口要说什么,我就打断了他的话,说道,

“总统阁下,我失陪一下,马上就回来;不过现在我有件重要的事要办,必须立刻就办。”

我走向年轻貌美、优雅迷人的克利夫兰夫人,递给她一张我的名片,我在名片的背后写着“他没有”——请她在这句话下面签上名字。

她问道,“他没有?他没有做什么呢?”

我回答道,“哦,别放在心上,我们现在不用讨论这个。事情很紧急,麻烦你签上名字好吗?”(我递给她一支钢笔)

她说道,“怎么?我不能这么签名啊。上面说的是谁——他究竟没有做什么?”

我答道,“你瞧,时间正在不停地流逝。你能不能签上名字,免得我这么遭罪?这样好了,等你签完了我就告诉你。”

她看起来迷惑不解,不过她犹豫了片刻,下意识地提起笔说道,

“我会写的,我还要承担风险。不过等我写好了,你必须告诉我怎么回事,万一里面有什么不法的勾当,你还没走出白宫就会遭到逮捕。”

说完这番话,她签上了名字,我把克莱门斯太太的纸条递给她,这句话简洁明白、直截了当。上面写道,“不许穿着你的胶鞋去白宫”。她看了之后惊声尖叫,应我的要求,她找来一个信差,我们立刻把这张名片寄给了哈特福德的克莱门斯太太。

1893年到1894年间，我们待在巴黎，起先住在里沃利街的布莱顿酒店，后来搬到大学街一座富丽堂皇的宅邸，就在塞纳河左岸，我们的运气真不错，这要归功于另一个人的坏运气，那个人就是艺术家波默罗伊。他的家人生了病，需要到里维埃拉去疗养。他每年为这栋房子付3600美元的房租，却只收我们2600美元。这是一座可爱的房子，宽敞明亮、精巧雅致、家具考究，装饰得金碧辉煌，房间没有经过特别的建筑设计，看起来赏心悦目，处处充满惊喜。在房子里走着走着就会迷路，发现你从没来过的角落和房间，看到你从未见过的景致。修建这座房子的是位法国艺术家，他亲自摆放了家具，点缀了装饰。书房非常舒适，我们把这里当作客厅、起居室、舞厅——几乎在这里做一切事情。我们在书房里怎么也待不够，奇怪的是，这房子本来不该这么舒适，因为足足有40英尺长、40英尺高、30英尺宽，房子中间是个大壁炉，另一头是音乐室。不过从前我们就发现，在合适的条件下，宽敞和舒适也可以巧妙地结合在一起。一两年前，我们住在佛罗伦萨城外3英里的维维亚尼别墅。这栋别墅的大厅有40平方英尺见方，40英尺高，起初我们
387 受不了这里。我们把大厅叫作猛犸洞、室内溜冰场、大撒哈拉沙漠，给它起了各种各样的名字，表达我们的轻蔑。我们从别墅的一头走到另一头，免不了要穿过大厅，可我们总是径直穿过去，从来不逗留——可是没过多久，不知道是怎么回事，从白天到晚上，我们都愿意待在这个空荡荡的地方，比起别墅里其他的房间更喜欢这里。

四五年前，我们在哈德逊河岸边租了一座房子，就在里弗代尔，我们在房子外面绕了一圈，从一个房间看到另一个房间，越来越怀疑自己是不是真的要住到这座房子里。不过，最后我们走进了客厅，这里有60英尺长，30英尺宽，还有两个壁炉，我们就这样安顿了下来。

不过我扯远了。我要讲的是另外一件事——也就是说，在巴黎的漂亮房子里，克莱门斯太太每周要举行一两次小型晚宴，不用说，我的缺点在这种场合会暴露得淋漓尽致。每次都无一例外，只要客人们一走出门，我就知道我又搞砸了。克莱门斯太太跟我解释过各种各样的事情，我本来应该做好，却都没有做到，她总是说，

“我告诉过你多少回了，可你还是犯同样的错误，就跟我从来没说过一样。”

孩子们总是熬夜等着，兴致勃勃地偷听这番谈话。什么也比不上看着我受折磨，更能让她们兴高采烈、乐不可支、心满意足。我们上楼梯的时候，总会能听见衣服窸窸窣窣的声音，就知道孩子们又在偷听。她们给这番训诫起了名字，把这叫作“数落爸爸”。从习惯、教养和长期的经验来看，她们都是温顺听话的小鬼，却在这个方面调皮捣乱。每当我挨数落的时候，她们总是不守规矩，待在后面偷听。

终于我灵机一动，我从来没有这么机灵，简直叫人吃惊。我开口说道：

“莉薇，你知道，在宴会结束数落我，并不是明智的做法。这一年来，每次宴会结束后你都会数落我，可是如果下次宴会前你只字不提，我还是会做错事，因为我早把这些规矩忘到脑后了。我认为最好趁着客人没来，你就赶紧数落我，然后我就能记在脑子里，事情就好办多了。”

她觉得这个办法不错，是个挺好的主意。然后我们开始设计一套暗号，好让她在晚宴上提醒我，暗号会清楚地表明，我现在究竟犯了什么错，这样我就能及时改正。显而易见，孩子们最宝贵的乐趣到头了，就要消失在她们的生活中。我原先以为是这样，可是我想错了。这些不可救药的小鬼放了一架屏风，这样在用餐的时候，她们就可以躲在屏风后面，偷听我们的暗号，以便自娱自乐。这套暗号很简单，不过颇有成效。如果克莱门斯太太恰巧很忙，在和她旁边的宾客聊天，无暇顾及我的举动，屏风后面就会传来声音低沉的暗示，她们是这样说的：

“蓝牌，妈妈”、“红牌，妈妈”、“绿牌，妈妈”——这样我就受到两三重的监督。妈妈没有注意到的地方，孩子们就会替她留心。

我说过，这些暗号非常简单，但是卓有成效。每当屏风后面传来暗示，莉薇就 388
会低头瞧着桌子，丝毫不露声色，用充满好奇的声音说，“你把梳妆台上的蓝牌怎么了？”

这句话够清楚了，我知道到底是怎么回事——我和右边的女士谈得热火朝天，却没有留心左边的太太。蓝牌的意思是，“先放过右边的女士，把枪口对准左边那位”，这样我就会马上和左边的太太滔滔不绝地讲起话来。等不了多久，下一个暗号就来了，这次是克莱门斯太太提醒我，她漫不经心地提到红牌，这就是说，“你难道打算整个晚上坐在这儿，什么话也不说吗？赶紧清醒过来，聊聊天。”我就会立刻清醒过来，投入到餐桌上的谈话中。我们设计了很多张牌，颜色各有不同，每种颜色代表不同的意思，提醒我犯了这样那样的错误，这套暗号的用处非同凡响。效果简直棒极了。就像巴克·范肖的暴乱那样，还没有人来得及动手，就把暴乱解决了。宴会上的错误消失得无影无踪，我总是能成功地摆脱麻烦，称得上大获全胜，这些赞美之词应该归功于我，是我想出这套方法的。

这让我回忆起很多年前，克利夫兰夫人在白宫签名的那天晚上。后来发生了很多事情。克利夫兰家迎来了新生儿，这就是大女儿露丝，尽管我从来没有见过她，但是在她小时候和她有过书信往来，她长到了鲜花盛开的年纪，是个可爱纯真的少女，然后黯然凋零。

今天我收到了这封信，让我想起克利夫兰家和过去，还有那个和我通信的小朋友。

纽约联合广场,《世纪杂志》编辑部

1906 年 3 月 3 日

亲爱的克莱门斯先生:

总编芬利和我正在收集朋友们写给前总统克利夫兰的信,来庆祝他的 69 岁生日。

如果您对这个计划感兴趣,请把写好的祝贺信寄到上面这个地址,我会把这封信和其他信件一起寄到南方,他将在本月 18 号准时收到所有的信件。

您真诚的

理查德·沃森·吉尔德

Mr. Samuel L. Clemens.

当时小露丝大概有一岁或一岁半,我最尊敬的老朋友梅森还是美国驻法兰克福总领事。1867 年到 1869 年,我在美国认识了他,1878 年我和他及他的家人在法兰克福度过了一段愉快的时光。他是个称职能干的官员,工作勤奋,认真尽责。实际上,在美国的驻外领事中,他有卓越出众的才能,可以说声名显赫,在那个年
389 代,我们的领事工作大多——我可以说几乎全部——掌握在那些愚昧粗俗、失职无能的人手中,这些人不过是美国政界的走狗,他们受到关照,被派到领事馆任职,靠着花费政府的资金过活,而不是被打发到救济院,那里的费用更低廉,更能体现爱国心。1878 年,梅森在法兰克福当了几年总领事——我记得是 4 年。他在马赛有不错的表现,他在那里当了 13 年的领事,取得了英雄般的功绩。当时马赛爆发流行性霍乱,梅森成为唯一坚守岗位的外国人,观察着事态的发展。在那段时间里,他不仅代表了自己的国家,还代表其他的基督教国家,替代了他们的工作,干得很不错,受到他们真心诚意的赞扬。梅森的卓越表现使他免于在共和党人执政期间离职,不过现在是民主党人占据了总统宝座。克利夫兰先生还没有当上总统——他没有正式就职——不久后,他收到了一千多位民主党人的申请,这些政治可靠的人要求代替梅森的位置。梅森给我写了封信,问我能不能做些什么,帮他保留这个职位。

1906年3月6日,星期二

克莱门斯先生让露丝宝宝为梅森先生求情,他保住了职位——克莱门斯先生给前总统克利夫兰的信——克利夫兰在布法罗当治安官——铁路公司——克莱门斯和凯布尔到奥尔巴尼的州政府拜访克利夫兰州长——克莱门斯先生坐在电铃上,叫来了16个办事员——圣马克的莱昂

我很想保住他的职位,可我最初想不出什么办法来帮助他,因为我是个中立派。我们这些中立派是个小团体,不属于任何政党,在两大党派中寻找最合适的人选——这就是我们的想法——在纽约有六万多选票支持克利夫兰先生,推选他为总统。我们的原则很高尚,很明确。我们不是个党派,也没有候选人,我们并非别有用心。我们的选票要投给我们认为合适的人选,因为我们没有任何义务。按照我们的原则,我们不能谋求官职,也不能接受官职。投票的时候,我们有责任支持最出色的人,不管他是哪个党派。我们没有别的信条,投票支持最佳人选——这个信条就足够了。

在这种情形下,我感到困惑,不知道怎样去帮助梅森,同时还要保持绝对中立的态度,这是个微妙的处境。当时我的脑子里乱成一团,突然想到一个绝妙的主意,这个主意清楚明了,也就是说,既然中立派的职责是支持最合适的人担任公职,如果最合适的人选已经担任了这个职位,那么身为中立派,必须尽力保住他的职位。我的想法很简单。对于中立派来说,直接去见总统可能不太合适,不过我可以间接告诉他,方法要巧妙,因为如果是那样的话,他会出于礼节去考虑这个请求,而且没有人能够证明他听说过这件事。

的确,这样做简单明了。我可以把这件事告诉躺在摇篮里的露丝,然后等待 390
结果。我给小姑娘写了封信,告诉了她我前面提到的中立派原则以及这些原则对我的限制。我解释说,要我代表梅森先生去和她的父亲提出请求不太合适,不过我详细告诉了她梅森先生崇高可敬的表现,建议她自己来解决这个问题,做一件爱国的事,我说得很巧妙,大胆地提出了我的看法。我提醒她绝不要忘记,她的父亲不只是美国总统,还是国民和公仆;我请求她不要用命令的口气出来,而是字斟句酌,用婉转动听的措辞提出请求——这样做没有别的意思,只是让他感到满意,觉得自己有独立的想法,可以随意处置这件事。我请求她施加压力,施加很大的压力,提议让梅森保住职位,这将是这个国家的福音。为了详细说明这件事,要保持冷静,考虑得很周到。

过了不久，我收到了总统的来信，他亲自写了回信，签了自己的名字，表示露丝转达了请求，感谢我让他为国家挽留了梅森这样历经考验的出色公仆，还感谢我让他了解了梅森的具体表现，在任何人看来，这件事不再存有疑虑，梅森是个称职的官员，应该保留他的职务。

克利夫兰总统的第二个任期开始后，有人想方设法要取代梅森的职位，梅森再次给我写了信。他原本没有指望我会成功，因为那些打算篡夺他职位的人组织有序、态度坚决、势不可挡，不过他希望我再试一次，看看我能做些什么。我的态度没有动摇，在我看来，他并不知道，克利夫兰总统和他本人都不会受到影响。我了解克利夫兰总统的为人，他在任何情况下都会恪守自己的职责，就像坚不可摧的直布罗陀海峡，即使整个大西洋的政客发动攻击，也只是自讨苦吃。

我又给露丝·克利夫兰写了信。梅森依然保住了他的职位，我想没有露丝的说情，他也会一直干下去。此后，其他人登上了总统宝座，不过梅森的卓越表现保护着他，许多有权有势的人企图撤换他，可是都失败了。他还是受到各方称赞，职务不断晋升。他从法兰克福总领事升任柏林总领事，成为美国驻德国最高级别的领事。1 年前，他再次升职，当上了驻巴黎总领事，现在仍然担任原职。

小姑娘露丝却在不久后离开了人世，再也不能让这个世界变得更加美好，护佑她父母所在的国度。然而，当她还是个婴儿的时候，就为自己的国家尽心效劳，像我说过的那样，这份功绩应该记录下来，值得铭记。

根据吉尔德来信（抄录在昨天的口述中）中的提议，我给前总统克利夫兰写了下面这封信：

尊敬的先生：

您的爱国情操为您赢得了半数国民的敬意和半数民众的敌意。作为身处高位的公民，您的品格像华盛顿总统一样高尚。这个评价毫无异议，不容置疑。在这种情形下，双方必须进行投票表决，一方的选票和另
391 一方的选票一样宝贵。在投票表决中，公众人物更看重不利于他的评价；但是这些评价如同沙子，历史将会大浪淘沙。但是对您的好评如同坚固的岩石，将永远屹立不倒。

S. L. 克莱门斯

1906 年 3 月 18 日

19 世纪 70 年代以前，克利夫兰先生在布法罗一家实力雄厚、生意兴隆的律师事务所里工作，后来他当选了市长。当时，有一家有钱有势的铁路公司通过市

政府颁布法令，打算占用市里的某块土地，这里居住着穷人、孤苦无助的人、无足轻重的人，他们要把这些人全部赶走。克利夫兰先生否决了这条法令。那家律师事务所的其他人感到愤愤不平，也为此担惊受怕，对他们来说，克利夫兰这么做将连累他们的生意。他们去拜访克利夫兰，恳求他重新考虑，他断然拒绝了。他们再三恳求，他依然不肯答应。他说，他所担任的公职让他不能坦然地推卸责任，因此他必须尽忠职守，这些平民百姓陷入了绝望的处境，他有责任站在他们的立场，做他们的朋友，因为他们少亲无友；如果他的行为给律师事务所带来了麻烦，那么他觉得很抱歉，不过他别无选择；他的职责很清楚，就是坚守自己的立场。他们暗示，这样做会让克利夫兰失去在事务所里的职位。他回答说，他不希望给合伙人造成损失，他们尽可以把他从事务所除名，他不会感到遗憾。

在 1870 年到 1871 年的那段时间里，我们住在布法罗，克利夫兰先生是当地的治安官，不过我和他没有交往，也从来没有见过他。实际上，我从来没有意识到他这个人的存在。14 年后，他成了纽约州的头号人物，当时我已经不住在纽约州了。他当上了州长，即将登上美国总统的宝座。在那个时候，我和乔治·W. 凯布尔一起在公路上奔波。在 4 个月里，我们到处开朗诵会，朗读作品里的段落折磨公众——后来，我们来到奥尔巴尼朗读赚钱，我说，“咱们该去拜访州长表示敬意。”

凯布尔和我来到庄严宏伟的州议会大厦，说明我们的来意。有人把我们领进州长的办公室，我第一次见到了克利夫兰先生。我们三个人站在一起聊天，我生来就是个懒骨头，把桌角当作椅子，舒舒服服地坐下来。接着，州长开口说，

“克莱门斯先生，很久以前，我和你在布法罗做了好几个月的邻居，在那几个月里，你摆脱了从前低微的身份，突然间崭露头角，获得了显赫的名声——而我是个无名之辈，你从来没有注意到我，也没有和我打过交道。但是现在我成了大人物，你改变了作风，来到这里和我握手，表现得亲切和蔼。你怎么解释这种行为呢？”

“你瞧，州长大人，这再简单不过了。在布法罗的时候，你只是个治安官。我在交际场上很有声望。我不可能和治安官有什么联系。可你现在是州长了，将来还要当总统。这真是天差地别，你值得我来拜访。”

这件宽敞的房间里大概有 16 扇门，突然从每扇门里出来一个年轻人，16 个 392
人排成一列，向前齐步走，毕恭毕敬地站在州长面前，有那么一会儿工夫，谁也不说话。然后州长说，

“先生们，你们可以下去了。我没有叫你们来，克莱门斯先生不巧坐在了电铃上。”

这张桌子的角上有 16 个电铃按钮，说来也不凑巧，我的屁股正好坐在这排按

钮上面，我就是这么把16个办事员叫出来了。

这让我想起一件事——去年我们在那个无与伦比的地方度过了夏天，这里景色优美，风光旖旎，地球上再也找不到这样可爱的美景——那就是新罕布什尔山区——我们附近的邻居是阿尔伯特·塞耶，这家人是颇有天赋的艺术家，他也是我的老朋友。他们住在山下密林旁的空地，离我们有1/4英里或半英里，每隔几天，这家人就会邀请几位聪明可爱的年轻人来做客，比如说，年轻诗人宾纳，他是《麦克卢尔杂志》的编辑，还有盖伊·福克纳，也是这家杂志的员工。我从来没有见过他们，不过因为他们和我是同行，很想来拜访我。他们花了一两天时间来讨论登门拜访的礼节，终于打定了主意。他们和我的秘书莱昂小姐很熟悉。最后，有个人说，"哦，没什么要紧的，我们去见见这些狮子吧。"另一个人说，"可是我们怎么知道，那头老狮子在不在家呢？"对方回答说，"行了，不管怎么样，我们都得去看看圣马克的莱昂。"

1906年3月7日，星期三

苏西的传记——约翰·海事件——他把法语小说借给了一位姑娘——苏西和爸爸送克莱门斯夫人上火车，然后参观布鲁克林大桥——去瓦萨的路上谈论德国人的渎神行为——克莱门斯先生说到甜美可爱、亵渎神灵的德国保姆——在瓦萨学院受到冷遇——苏西的话——朗诵会——克莱门斯先生对女孩子的看法——今天下午他向巴纳德学院的女生发表了讲话

摘自苏西的传记

> 第二天，妈妈要坐4点钟的火车回哈特福德。那天早上，我们起得很早，去维也纳面包房吃了早饭。我们从那儿去一家德语书店，为克拉拉的生日买了几本德语书。

天哪，我不禁浮想联翩，尘封发霉的记忆从坟墓里跳了出来，变得鲜活生动起来！提到买外国书的事，我的眼前闪过一道雪亮的光芒，让我想起了很久以前的事情；我仿佛看见纽约长长的大街，这幅情景逼真得可怕，我看见约翰·海沿着街道走过来，神情阴郁，满脸懊恼。那天早上我在街上散步，远远看到了海的身影，于是我问他惹了什么麻烦。他抬起没精打采的眼睛，看着我说道：

393 "我算是无药可救了。我犯下的错简直冤枉透顶，人家说什么也不会原谅我，她们永远也不会相信——哦，糟糕透了，要我说，她们永远也不肯相信我是清白无辜的。实际上，她们会明白，我纯属无心之举，因为大家都是通情达理的人，可是这又怎么样呢？我再也没有脸见她们了——她们大概也不会见我。”

海是个年轻的单身汉，当时在《纽约论坛报》当编辑。那是 1869 年，他说了下面这番话：

我昨天早上从城里到办公室去，路过这里，进了一家我熟悉的书店，问他们有没有从欧洲来的新书。人家递给我一本法国小说，包着平常的黄色封面。我拿了书就走，连标题都没有看一眼，反正这本书是读来消遣的。我接着朝办公室走去，心神恍惚地闲逛，还没走出 50 码，就听见有人叫我的名字。我停下一看，有辆私家马车靠在路边，我和车上的人握了握手，马车上坐着两位可爱的女士，母亲带着年轻的女儿，正要坐轮船去巴黎。那位母亲开口说：

“我瞧见你手里拿了本书，看样子是本法国小说，是不是？”

我说：“正是。”

她说道：“我能不能借来看看，我的女儿想在路上练习法语。”

“当然了，我把书借给了她，我们就此别过。10 分钟以前，我又路过那家书店，心血来潮想起了昨天的事，我走进去拿了一本同样的书。你瞧，就是这本。刚翻开第一页，我就知道了后面的情节，这就足够了。这是一本语言最下流的法国小说，总之下流透顶。把这本书给娼妓看我都觉得丢脸，可是我的天啊，我竟然没羞没臊地把书给了那个单纯可爱的姑娘，听我一句话，没看过的书千万别借出去。”

摘自苏西的传记

我和妈妈去买东西，爸爸去见格兰特将军。我们买完东西后回到酒店，一进门就看到桌上放着一瓶娇艳欲滴的红玫瑰。妈妈很喜欢花儿，不禁嚷了出来，“瞧，这是谁送来的。”我们看到花里插了一张卡片，上面是爸爸的笔迹，“Liebes Geshchenk on die Mamma”（我敢说，是苏西拼错了，我敢肯定自己从来没有写过 Geshchenk）“送给妈妈爱的礼物”。妈妈兴高采烈，爸爸回来后把车票交给妈妈，他去见庞德少校，我和妈妈坐下来吃午饭。吃完午饭，我们花了好长时间收拾行李，到了 3 点钟，我们把妈妈送到火车上。我们上了火车，待了 5 分钟，然后和妈妈告别，火车启动朝着哈特福德开去。尽管我已经 13 岁了，可这是我第一次没有妈妈陪在身边离开家。爸爸和我坐车回到酒店，先去接庞德少校，然后去
参观布鲁克林大桥，我们坐汽车穿过大桥来到布鲁克林，然后从布鲁克 394
林步行回到纽约。我们欣赏着沿途的美丽风景，在炽热阳光的照射下，大桥仿佛在移动。我们过得非常愉快，但是回到酒店后感到很累。

第二天早上，我们起得很早，吃了早饭后坐早班火车去波基普西。

我们在前往波基普西的旅途中过得非常愉快,看到了哈德逊河的壮丽景色,河面上笼罩着朦胧的薄雾。我们到达波基普西时,雨下得很大。我其实有点失望,因为我很想看到瓦萨大学校舍的模样,下雨就看不成了。从火车站到瓦萨学院坐了很长时间的车,我和爸爸对德国人亵渎神灵的行为讨论了好长时间,为此大笑一场。爸爸尤其感兴趣的是那句话,"O heilige maria Mutter Jesus!(哦,耶稣圣母玛利亚!)"吉恩有个德国保姆,这句话就是她的口头禅,有一段时间,吉恩动不动就嚷嚷:"哦!上帝!"妈妈发觉以后非常震惊,立即制止了她。

我清楚地记得那个漂亮的德国小姑娘,她是个天真可爱的女孩,身段小巧丰满,面孔鲜红粉嫩;这个心底单纯的小女佣尽管亵渎神明,却丝毫没有恶意,只是随口抱怨。她不过是个孩子,还不满15岁。她从德国来到这里,一句英语也不懂。她满口赌咒发誓,我听起来觉得很称心,从来没有想过要纠正她。为了我自己的缘故,我不打算提醒她。当然,我尽力不让她被人发现。我告诉她,不要在孩子们面前说这些亵渎神灵的话,叮嘱她记得,克莱门斯太太对日常虔诚的祷告怀有成见。对于孩子们来说,小女佣的口头禅听起来很自然,恰如其分,因为她们听惯了德国人这么说,没觉得有什么恶意。让我遗憾的是,我已经忘了那些生动活泼的句子。我一直把这些话当作财富,珍藏在我的记忆里。不过我现在还记得一句,因为这句话我听了好多遍。这个小姑娘生活中最头疼的事情,就是给孩子们梳头发。她拿着梳子又是拽又是拉,嘴里嘟嘟囔囔地赌神发咒。等到终于给三个孩子梳完了头发,她已经气得火冒三丈,大声地对天赌咒:"Gott sei Dank ich bin schon fertig mit'm Gott verdammtes Haar!"(我实在没有胆量把这句话翻译出来)

摘自苏西的传记

我们终于到了瓦萨学院,学院看起来景色优美,大楼和校园都很漂亮。我们来到前门,打了门铃。一位年轻的姑娘走到门口,问我们要找谁。显然,我们是不速之客。爸爸告诉她我们要找谁,她把我们带到了客厅。我们等啊等,没有人来,再等等,还是没人来,一个人也没出现。看起来有点尴尬,爸爸嚷道,"哦,这算怎么回事!"终于我们听到走廊远处传来的脚步声,C小姐(她邀请的爸爸)走了进来。她非常热情地欢迎爸爸,他们聊了一会儿。过了不久,女校长也来了,她很好相处,和蔼可亲。她把我们带到我们住的房间里,说等饭菜准备好了会派人来请我们。我们进了房间,有半个钟头都无事可做,只好瞧着雨水啪嗒啪嗒打
395 在窗玻璃上。最后有人来叫我们去吃饭,我自己下楼去,因为爸爸从来

不吃午饭。我和女校长一起吃饭，看到那么多女孩子成群结队走进餐厅，真是有趣极了。吃完饭我和姑娘们参观了校园，爸爸待在房间里抽烟。到了晚餐时间，爸爸下楼和我们一起吃晚饭，我们的晚餐非常丰盛。晚饭后，女孩子回到房间里去换晚礼服。爸爸也回房间去了，我跟着女校长走了。客人们终于来了，可是爸爸留在房间里等人去请他。爸爸在小教堂里读书，我生平第一次听到他在公众面前读书。他走上讲台的时候，我记得坐在后面的人嚷道，"哦，他好奇怪啊！他多有趣啊！"我觉得爸爸很有趣，不过我不觉他有多奇怪。他读了"困境"和"金手臂"，这是他小时候在南方听到的鬼故事。爸爸从前给我讲过"金手臂"，这故事把我吓了一跳，我再也不想听到。不过我这次下定决心，做好准备别被吓坏了，可是爸爸还是把这个故事讲得很生动，整间屋子的人吓得跳了起来，就像一个人似的。另一个故事也很有趣，那天晚上我心里有说不出的高兴。爸爸朗读完之后，我们下楼去餐厅吃点心，大家又是唱歌又是跳舞。然后客人们都散了，我和爸爸也回去睡觉。第二天早上，我们起得很早，搭乘早班火车回哈特福德，下午两点半到了哈特福德。我们很高兴回到家。

她对这段糟糕的经历多么宽容！这是一种可亲可爱的天性，是最宝贵的品格，能够抹去屈辱不快的回忆，寻找令人愉快的经历。苏西的这种品格是从妈妈那里继承的优点，这是我生来就欠缺的个性，就算活到70岁，我也没有这种天性。我不是以作家的身份去瓦萨学院的，只是去做客——以访客的身份免费朗读。克拉拉姨妈(现在是约翰·巴里·斯坦奇菲尔德太太)是瓦萨学院的毕业生，为了满足她的心愿，我和苏西才踏上了旅程。邀请我的是苏西提到的那位女士和瓦萨学院的院长——一个讨厌的老学究，也许早就在地下和祖先团聚了，但愿他们看得上他，但愿他们很高兴和他作伴。我觉得，在另一个世界的尽头，没有他我也照样过得挺好。

我们在倾盆大雨中到了学院，在苏西的描写中，对我们受到的冷遇流露出了一丝不满。我们坐在客厅里等了半个钟头，苏西一直穿着湿淋淋的衣服；然后她被带到一个没有生火的房间，坐在那里等着，前面她已经写过了。很遗憾，我不记得那位院长的名字，他一直没有露面，直到我走上鲜花簇拥的讲台。他才追上我，领我走上了讲台，准备把我介绍给学生们。我对他说：

"我来了这么久你都没有出现在我旁边，要是你能从讲台上下去的话，我在接下来的时间里会觉得更愉快。"

我再也没有见过他，我想起他就觉得厌烦。当然，我的愤怒之情没有波及到

 学生们身上，我和她们亲切交谈，度过了一段难忘的美好时光。我想她们也过得很愉快，就像苏西说的那样，她们的回答就像一个人似的。

姑娘们都很可爱迷人，我就算再活70年，也不会改变我的想法。今天下午我对巴纳德学院（哥伦比亚大学的女子学院）的学生讲了话，我度过了一段非常美好的时光，就像21年前在瓦萨学院一样。

1906年3月8日，星期四

巴纳德学院演讲——汤克雷船长的哥哥来信——克莱门斯先生回信说哈克贝利·费恩的原型是汤姆·布兰肯希普——汤姆的父亲是本镇酒鬼——汤姆的性格——印第安·乔之死——深夜风暴——汉尼拔的道森学校——安迪·富卡了不起的才能

结果就是这样。我度过了一段充满深情的欢乐时光，泰勒小姐和两位可爱迷人的姑娘，陪我从家里——第九街和第五大道的街角——来到学院，经过中央公园和河滨大道，她们一路上对我关怀备至，让我感到受宠若惊，正好符合我对泰勒小姐和劳德教授太太提的条件——条件就是我在途中要得到关怀和赞美。巴纳德学院的院长是年轻貌美的拉塞尔小姐。我发现教务长希尔小姐是我很多年前的旧识，那时她还是史密斯学院的三年级学生。我们三个一起坐在舞台上，台下和走廊里挤满了青春美丽、博学多才的姑娘——这幅场景看起来真是赏心悦目。

我把手表放在桌子上，开始讲话，花了一个钟头的时间。我发表了关于道德观的演讲，讲得很真诚、很恳切，甚至有点伤感，把这些道德观反复灌输给姑娘们，告诫她们——还讲了生动的事例——说的事例要比道德观更多——我从来不知道，这么严肃的事情也会说得热闹非凡。

接下来是招待会。我和每个人都握手致意，对我的演讲感到得意洋洋，向她们吐露了我的心声。她们都表示将记住我的教训，从此以后过上更美好的生活。

30年来，我每年通常会收到十几封陌生人寄来的信，信中说这些人或他们的父亲在我的孩提时代和青年时代就认识我。可是，这些信差不多每次都令人失望。我不认识这些人，也从来没听说过他们的父亲。他们提到的名字我更是闻所未闻，他们提醒我的那些往事我也从没有经历过，说明这些陌生人把我错当成了别人。不过今天早上我收到了一封信，让我神清气爽，信上有我童年时熟悉的名字。来信附上一份剪报，这份剪报已经在报纸上转载了四五个星期，寄信人想知道，他的弟弟汤克雷上尉是不是哈克贝利·费恩的原型。

哈克贝利·费恩死了

马克·吐温著名人物的原型在爱达荷州走完平静人生

时报特稿

爱达荷州华莱士,2月2日独家报道——A.O.汤克雷上尉是马克·吐温笔下著名人物的原型,以“哈克贝利·费恩”形象而闻名于世,他于今天早上因心脏病发作在默里的家中去世。

汤克雷上尉生于密苏里州汉尼拔,享年65岁。汤克雷年轻时在密西西比河和密苏里河的汽船上工作,和塞缪尔·朗赫恩·克莱门斯交往甚密,这位日后以“马克·吐温”闻名的作家把汤克雷作为笔下哈克贝利·费恩的原型。1884年,汤克雷来到默里,此后过着平静的生活。

我回信说,哈克贝利·费恩是汤姆·布兰肯希普。既然寄信人熟悉40年代的汉尼拔,他一定会很容易想起来汤姆·布兰肯希普。汤姆的父亲曾是本镇的酒鬼,这在当年可是个清楚明确、大家公认的称号。他继承了盖恩斯“将军”的头衔,有一段时间是镇上唯一的现任酒鬼;不过后来吉米·费恩表现得很能干,和他争夺这个位置,我们于是有了两个本镇酒鬼,给村子里添了不少麻烦,就像14世纪的基督教国家一样,同时存在两个教皇。

在《哈克贝利·费恩历险记》里,我是分毫不差地照着汤姆·布兰肯希普的形象刻画的。他天性愚笨、不爱梳洗,总是吃不饱,可是他的心肠跟别的孩子一样好。他过得逍遥自在,是村子里唯一放荡不羁的人——无论是小孩,还是大人——他的生活平静安宁、幸福快乐,大家都羡慕他。我们喜欢他,乐意和他交往。虽然父母不准我们理睬他,反而让我们越发愿意和他接近,不高兴和别的小孩一起玩。4年前,我听说他在蒙大拿州一个偏僻的乡村里当了治安官,是位品行良好的公民,很受人尊敬。

吉米·费恩在任期内并不特立独行;他既不过分讲究,也不吹毛求疵;他宽容大度,很讲民主——在废弃的制革厂里和猪睡在一起。我父亲想让他走正道,可是行不通。我父亲可不是改革的行家,他身上的改革精神时有时无。这种精神偶尔振奋一回,总要有好长一段时间偃旗息鼓。有一次他劝印第安·乔改邪归正,结果还是没用。他失败了,倒让我们这些孩子很高兴。因为在我们看来,印第安·乔喝醉酒的样子有趣得很,很讨我们的欢心,不过印第安·乔清醒的时候,看起来阴沉沉凄惨惨的。我们提心吊胆地看着我父亲拿印第安·乔做实验,幸好没有什么效果,我们就放下心来,印第安·乔喝醉的次数比以前更多了,真是有趣极了。

在《汤姆·索亚历险记》里,我让印第安·乔活活饿死在山洞里,这样做不过是出于浪漫主义文学的需要。我不记得他究竟是死在山洞里还是山洞外面,可是我记得听到他死讯的那个悲惨时刻——也就是说,在一个夏天的晚上,我正要睡
398 觉的时候,突然狂风大作,雷电交加,大雨倾盆,大街小巷成了一条条河流,这种情形让我决定改过自新,重新做人。我还记得那副可怕的场景,电闪雷鸣,狂风怒号,瓢泼大雨噼里啪啦地打在窗板上。按照我受的教诲,我完全理解狂风暴雨意味着什么——撒旦降临把印第安·乔带走了。我对此没有丝毫的怀疑。地狱里需要印第安·乔这样的人,这是理所当然的事情,撒旦要是不那么气势汹汹地来捉他,那我才觉得稀奇古怪、莫名其妙呢。一道道雪亮的闪电掠过夜空,我吓得缩成一团,不由心惊胆战,在忽明忽暗的夜色里,我滔滔不绝地哀叹自己错失良机,祈求上天再给我一次机会,那份儿热情、感受和真诚绝不是我的本性。

可是到了第二天早上,我发现这不过是一场虚惊,于是又恢复了老样子,等着下一次警告再说。

有句俗话说,“历史总会重演”。一两个星期以前,我的侄女婿爱德华·卢米斯带着他的妻子,也就是我的侄女(茱莉亚·兰登)前来拜访,和我们共进晚餐。他是特拉华－拉克万纳西部铁路公司的副总裁。他因工作之便经常到纽约州的埃尔迈拉来,在求婚的时候来得更频繁,后来结识了许多本地人。吃晚饭的时候,他提到了一件事,突然让我回想起六十多年前的情景,我在卧室度过的那个暴风雨之夜,想到那天晚上我的行为多么值得称赞,在此期间的道德瑕疵多么沉闷无趣。他说起巴克利先生,可能是埃尔迈拉圣公会教堂的司事,巴克利多年来勤勉能干,负责管理教堂的一切世俗事务,所有的教众都把他看作精神支柱、上天福音和无价之宝。可是他有两个毛病——不算是大缺点,不过放在他深厚的宗教背景下来看格外要命:他酗酒贪杯;骂起人来比司闸员都凶。大家发起了一场运动,劝巴克利改邪归正,此前和他的同仁商量了这件事,那人是另一座圣公会教堂的司事,和巴克利的毛病简直一模一样,让他的教众深表遗憾,两个人决定改过自新——不是一蹴而就,而是循序渐进。他们发誓赌咒不再喝酒,等待着戒酒的成果。过了 9 天,结果令人很满意,两个人得到了大家的盛赞和祝贺。到了新年前夜,他们走到镇子外一英里半的地方,恰好迈出纽约州的边界。那天晚上,在旅馆的酒吧间里,他们过得很惬意——不过最后到了村民们举杯庆贺的时刻,他们的麻烦来了。那是个寒冷的夜晚,大家举杯畅饮,轮番敬酒,滚热的棕榈酒对两个刚戒酒的人充满了诱惑。最后,巴克利的朋友开口说,

“巴克利,你有没有想过,我们已经到了教区外面?”

第一次戒酒就这样结束了。后来他们开始第二次戒酒。过了一段时间,这次戒酒很有成效,他们赢得了热烈的称赞。我现在讲的这件事让我想起 60 年前的情形,我在前面提到过。

有一天早上，我的侄女婿卢米斯在街上碰见巴克利，对他说，“为了改过自新，你花了不少工夫。你头一次戒酒失败了，不过我想你第二次的运气会好些。”

巴克利说，“是啊，现在看起来，第二次戒酒很顺利，我们挺有希望的。” 399

卢米斯说，“巴克利，当然了，你像别人一样都会遇到麻烦，不过从来不流露出来。我没见过你不高兴的时候。你总是高高兴兴的，难道你每天都觉得快活吗？”

他答道，“才不是，哪儿的事，我怎么会每天都快活呢，不过——你瞧，等到了晚上，我在半夜醒过来，四周昏天黑地的，外头刮着狂风暴雨，似乎要天崩地裂，灾难降临，我浑身冰冷，又湿又黏；到了这个时候，我才知道我的罪恶有多么深重，我心里顿时明白过来，觉得痛苦不堪，吓得心惊胆战！——哎，这些罪行都没法形容，这些可怕的事吓得我魂不附体，从床上滚下来，跪在地上没完没了地祈祷，发誓如果再有一次机会，我一定做个好人。不过到了早上，阳光和暖宜人，小鸟放声歌唱，这个世界多美好——让上帝见鬼去吧！”

我要引用一段汤克雷先生信里的话，他是这样写的：

你一定猜不出我是谁。告诉你吧，我小时候住在密苏里州的汉尼拔，咱们一起在道森先生的学校里读书，同学中还有萨姆、威尔·布朗、安迪·富科和其他人，名字我记不清了。那时我在学校里年龄最小，大家都叫我小亚力克·汤克雷。

我不记得亚力克·汤克雷了，不过那几个人我记得很清楚，就像对本镇的酒鬼一样了如指掌。道森的校舍我还记得一清二楚。如果要我描述一番的话，我宁愿省点力气，借用《汤姆·索亚历险记》里的描写。我还记得夏天从敞开的窗外传来远处卡迪夫山上儿童乐园嘈杂喧闹的声音，让人昏昏欲睡，相比之下，教室里嗡嗡嘤嘤的读书声显得沉闷无聊。我记得安迪·富卡，年龄最大的学生，已经是25岁的男子汉。我记得年纪最小的学生南妮·奥斯利，不过是个7岁的孩子。我记得乔治·罗巴兹，18岁还是20岁，是唯一学习拉丁文的学生。我还记得25个男女同学中的其他人，有些记得很清楚，有些却很模糊。道森先生给我留下了清晰的印象。我还记得他的儿子西奥多，他好得不得了；实际上，他好得异乎寻常，好得过了头，好得让人生气，好得令人作呕——他还长着一双鼓眼睛——我要是能下手的话早把他淹死了。在学校里，我们都是平等相处，据我所知，我们谁也没有妒忌心，除了阿奇·富卡的事——他是另一个富卡的弟弟。夏天的时候，我们都是赤脚走路。阿奇·富卡和我差不多大——10岁或11岁。在冬天，我们还受得了他，因为他穿着鞋子，他那了不起的天赋我们看不到，也就眼不见心不烦。可是到了夏天，他让我们吃尽了苦头。我们都妒忌他，因为他能把大脚趾往回弯，然后砰地一声弹出去，30米开外都能听见打响指的声音。学校里没一个孩子能玩得了这一手。说到特异功能，谁也不是他的对手，除了西奥多·埃迪，他的耳朵 400
能像马耳朵那样呼扇。可是他也不算真正的对手，因为没人能听见他呼扇耳朵的声音,阿奇·富卡还是占了上风。

道森学校的故事还没说完,我会在下一章里接着讲。

1906年3月9日,星期五

马克·吐温讲述道森学校的同学——乔治·罗巴兹和玛丽·莫斯——约翰·罗巴兹远行——约翰·加思和海伦·克切维尔——克切维尔先生的女黑奴和学徒把马克·吐温从贝尔河救了出来——梅雷迪斯在内战中当上游击队长——威尔和萨姆·鲍恩是密西西比河上的领航员——感染黄热病死去

我讲的是六十多年前的事情。我还记得几个同学的名字,偶尔瞥上一眼,还能看到他们的面容,影影绰绰浮现在我面前——只有一瞬间依稀可辨,然后就消失得无影无踪。我仿佛看见了乔治·罗巴兹,那个学拉丁语的学生——身材瘦削、脸色苍白、勤勉好学,总是低头看书,表情全神贯注,一头顺直乌黑的头发垂在下颌边上,就像是两扇窗帘。我还记得他把头一扬,一缕头发就甩到了脑后——表面上是为了甩头发,实际上是要露一手。在那个年代,男孩子能有这么柔顺的头发,一扭头就能甩到脑后,是件了不起的大事。我们大家都羡慕乔治·罗巴兹。因为没有谁的头发能像他那样表演一番——也许除了威尔·鲍恩和约翰·罗巴兹的黄色卷发。我有一头乱七八糟、又短又密的卷发,我弟弟亨利也是一样。我们使出浑身解数,想把卷发捋直,随意甩动,可是无济于事。有的时候,我们把脑袋浸在水里,又是梳又是刷,好容易让头发紧紧地贴着后脑勺,暂时垂直平顺,让我们心满意足;可是只要一甩,就又会变成卷发,我们愉快的心情顿时烟消云散。

乔治从各方面来说都是个不错的小伙子。他和玛丽·莫斯是青梅竹马的恋人,从小就发誓忠贞不渝。不料现在来了莱克南先生,在这里定居下来。他很快就在小镇上取得了举足轻重的地位,而且稳固了地位。他是个名声显赫的律师,受过教育,颇有修养;他这人严肃庄重,甚至可以说不苟言笑。他的谈吐和举止都显示出威严的气派。莱克南先生是位上了年纪的单身汉——按照那个时代的标准,他的年纪已经不小了。他是个平步青云的人物,受到当地各界人士的敬畏,也是交际场上的红人。他爱上了年轻貌美的玛丽·莫斯,向她求婚,赢得了她的芳心。人们都说,玛丽答应嫁给他是为了讨父母的高兴,不是自己心甘情愿,他们结婚了。人们又信誓旦旦地说,莱克南亲自教导她,要让她学出个名堂,好让她配得上他自己的身份。这些事情也许是千真万确,也许是捕风捉影,不过听起来很有趣,在这样一个小村子里,有趣才是最要紧的。没过多久,乔治就远走他乡,去了一个遥远的地方,后来死在那里——大家都说他是心碎而死,这倒可能是真的,他 401 确实应该伤心,他要走得再远些,才能找到一个像玛丽·莫斯这样的姑娘。

这出悲剧已经是很久以前的事了!现在只有满头白发的人才知道这段往事。莱克南早已过世多年,不过玛丽还健在,虽说已经儿孙满堂,却风韵犹存。4 年前,我前往密苏里州接受密苏里大学的法学名誉医生学位,在那里见到了她和她出嫁的女儿。

约翰·罗巴兹是乔治的弟弟,这个小家伙有一头柔软的金色头发,垂过脸颊披在肩上,可以潇洒地向后甩。他 12 岁的时候,正好赶上 1849 年的淘金热潮,就跟着父亲穿过平原去了西部。我还记得当时马队动身向西进发的情景。我们都去看热闹,心里羡慕极了。我仿佛还能看见那个小家伙骄傲地骑在高头大马上缓步前行,长长的卷发在身后飘拂。两年以后,我们又都瞪大了眼睛,羡慕地看着他满载而归,这份荣耀简直不可思议——因为他出去旅行过了!我们这些人从来没有到过离家 40 英里远的地方,可是他却跨越了美洲大陆。他到过金矿,那是我们想象中的仙境,而且还有更神奇的事,他还坐过轮船——在真正的海洋上乘风破浪,行驶过三大洋:他经过太平洋,穿过合恩角的冰山,经过暴风雪和凛冽的寒风,绕过海角,转头向北行驶,借着信风前行,经过酷热难耐的赤道海域——他那棕色的脸庞就是这段经历的见证。如果要拿什么跟他交换周游四方的权利,我们就是把灵魂卖给撒旦也心甘情愿。

4 年前,我在去密苏里州的途中见到了他。他已经老了——虽说不像我这么苍老——生活的重担都压在他身上。他说,他 12 岁的外孙女读过我的书,想要见见我,那是个悲惨的场景,因为她已经卧床不起,将不久于人世。约翰知道她很快就要死去,12 岁——她的外祖父就是在这个年龄骑上骏马,踏上伟大的旅程,一头金发在身后飘扬。我仿佛在她身上看到了那个男孩的影子。好像他从遥远的过去回到了我的面前,还是青春年少的模样。她得的是心脏病,几天后结束了短暂的一生。

另一位男同学是约翰·加思,女同学中最美的是海伦·克切维尔。他们两人长大后结了婚。加思成了富裕的银行家,身份显赫的公民;几年前,这位富有荣耀的银行家去世了。说到这么多男女同学,死亡正是我不得不提到的事情。他的遗孀依然在世,膝下儿孙满堂。我们做同学的时候,她穿着灯笼裤,我还打着赤脚,我去密苏里州的那次,顺便探访了约翰的墓地。

早在我 9 岁的时候,海伦的父亲克切维尔先生雇了个学徒,还有个女黑奴,她身上有不少优点。然而不论是对那好心的学徒,还是善良的女黑奴,我都没有多少好感,也没有多少慈悲,因为他们救过我的命。有一天,我在圆木上玩耍,本以

为这根木头是绑在木筏上的——没想到圆木松脱出去,让我掉进了贝尔河。我在
水里上下起伏,挣扎了两下,眼看就要沉进河中没命了,只剩下手指露出水面,那
个女奴一把抓住我,把我救上了岸。过了不到一周,我又掉进了河里,那个学徒恰
402 好路过,真是来得不巧,他扑通一声跳进河里,潜入水中,在河底到处摸索,终于找
到我,把我拖了出来,排出我肚子里的水,又一次救了我的命。从获救之后到我学
会游泳前,我又溺水了7次,1次是在贝尔河,6次是在密西西比河。我不知道那
些救我的人姓甚名谁,他们竟然敢违抗神圣的天意,后来我把这些不同寻常的遭
遇讲给哈特福德的牧师伯顿医生听,他怎么也不肯相信,第二年他在冰上滑了一
跤,扭伤了脚踝。

另一个同学叫约翰·梅雷迪思,是个性格温和、心地善良的男孩。他长大后,南北战争爆发,他当上了南方军队的游击队长,我听说他在门罗县乡间袭击北军的家眷——那些人曾经是他父亲的朋友和熟人——他变得残酷无情,烧杀劫掠,嗜血成性。我求学时那个性情温和的同学竟然变成这样,简直令人难以置信,可这是千真万确的事情,因为罗伯斯庇尔小时候也是这样。约翰已经死了好多年了。

另一个同学是威尔·鲍恩,还有比他小两岁的弟弟萨姆。南北战争爆发前,他们两人是圣路易斯到新奥尔良航线的领航员。萨姆年轻的时候有一段奇特的经历,他爱上了一个16岁的姑娘,是一位富有的德国酿酒商的独生女。他想和那位姑娘结婚,不过两个人都认为她父亲会反对,还会把萨姆拒之门外。其实老先生不会这么做,但他俩并不知道这一点,老人密切关注着他们,心底并没有恶意。这对举止轻率的年轻人偷偷地同居了,不久后老人去世了。人们打开他的遗嘱后发现,他把自己全部的财产留给了萨缪尔·A.鲍恩夫人。两个可怜的家伙又犯了错误。他们匆匆忙忙地赶到卡龙德莱特的德国人居住区,找了一位德裔法官来给他们主持婚礼,还把结婚日期提前了几个月。老啤酒商有几个侄子侄女、表兄表妹,还有好些亲戚朋友,他们追查到这件事,揭穿了骗局,把财产弄走了。这样一来,萨姆手里一无所有,只留下妻子陪在他身边,他全靠当领航员的钱来养活她。几年后,萨姆和另一位领航员驾船从新奥尔良北上,不久后有几名乘客和船员得了黄热病。两位领航员都传染上了,没有人代替他们的位置。这艘船只好在82号岛的滩头靠岸,等待救援。死神很快夺去了他们的生命——尸体就埋葬在那里,除非河水把坟墓冲毁,把尸骨卷进滚滚波涛,这种事也许早就发生了。

1906 年 3 月 12 日，星期一 403

克莱门斯先生评论杀害 300 个摩洛人的罪行——男女老少——菲律宾霍洛岛附近的火山口——伍德将军率领的军队——用这场战役和我们军队历史的细节作比较——报纸对声明的态度——总统的贺电

现在，我先把 60 年前的同学放在一边，回头再讲他们的故事。我对他们很感兴趣，不会永远把他们抛在脑后；同样让我感兴趣的，还有今天发生的事情，我对这件事的兴趣更浓厚。上个星期五，这件事引起了轩然大波，我们在菲律宾的军队指挥官给华盛顿的政府发回了官方电报，事情大致是这样的：

摩洛人是皮肤黝黑的野蛮人，他们的部落在离霍洛没多远的死火山口修建了工事，他们是敌对分子，对我们怀着很深的敌意，因为在过去 8 年里，我们千方百计地要剥夺他们的自由，他们在这个地方的存在是一种威胁。我们的指挥官伦纳德·伍德将军下令侦查敌情。结果发现了 600 个摩洛人，包括妇女和儿童，他们所在的火山口位于山峰的顶部，海拔有 220 英尺，基督徒的军队和火炮很难打到那里。于是伍德将军下令发动突袭，他亲自上阵，看着军队执行命令。沿着蜿蜒崎岖的小路，我们的军队爬到高高的山顶，还带了几门大炮。这种大炮不知道是什么型号，不过把大炮调整到向上倾斜的角度，可以打到 300 英尺远的地方。军队到达了火山口，战斗打响了。我们的士兵有 540 人，他们得到了增援，包括我们花钱在当地雇的警察——警察的人数没有提及——还有海军部队，他们的人数也没有提及。很显然，交战的双方人数相当——在火山口上面，我们有 600 名士兵；在火山口下面，有 600 个男人、女人和小孩。这个火山口有 50 英尺深。

伍德将军的命令是“杀死或抓获这 600 人”。

战斗打响了——这是按照官方的说法——我们的军队向火山口开火，用的是火力强劲的大炮和小巧精密的致命武器——野蛮人猛烈地还击，用的可能是碎石瓦砾——不过这都是我的猜测，因为海底电报里根本没有提到这些野蛮人使用的武器。在这以前，摩洛人用过刀剑和棍棒，即使他们手里有步枪，也没有什么用处。

官方电报称，在一天半的时间里，双方的战斗非常激烈，最终美国军队大获全胜。这场战役圆满结束建立在一个基础上：600 个摩洛人无一生还。这场辉煌的胜利建立在另一个基础上：我们的 600 名英雄只有 15 人牺牲了生命。

伍德将军亲自指挥，目睹了战斗。他的命令本来是，“杀死或抓获这些野蛮人”。显然，我们的士兵认为，这个“或”字让他们可以根据自己的嗜好，有权杀死 404

或者抓获敌人，在我们驻扎菲律宾的军队中，士兵 8 年来的嗜好毫无变化——那就是对基督徒的屠杀。

官方电报对这种“英雄主义”和军队的“英勇表现”赞扬得恰如其分，毫不吝惜溢美之词；他们为牺牲的 15 位战士感到深切悲痛，详细描述了 32 位伤员的伤情，连受伤的部位都描写得细致入微，做了如实的记载，为日后的美国历史学家考虑得非常周到。电报中提到，有个士兵的肘部被炮弹擦伤，还提到了这个士兵的名字；另一个士兵的鼻子被子弹擦破了，电报里也提到了他的名字，每个字只要花 1 美元 50 美分。

第二天的新闻证实了前一天的电报，再次提到了 15 位阵亡的士兵和 32 位伤员的名字，不厌其烦地描述他们的伤势，用动听的形容词为他们增光添彩。

让我们看看军事史上的两三个细节。在南北战争的一场伟大战役中，双方有 10% 的参战士兵阵亡受伤。在滑铁卢战役中，双方的参战人数达到 40 万人，在 5 个小时的战斗中，有 5 万人阵亡受伤，剩下 35 万人历经艰险却安然无恙。8 年前，那场叫作古巴战争的乏味喜剧上演了，我们召集了 250 万名士兵参战。我们打了一系列漂亮仗，等到战争结束的时候，在 250 万人当中，只有 268 个人在战场上阵亡受伤，而在医院和营地中被鲁莽军医治死的人是这个数字的 14 倍。我们压根没有消灭西班牙人——离这个目标还远着呢。在每次战斗中，我们平均只有 2% 的敌人在战场上死亡受伤。

把这些事例和摩洛火山口巨大的伤亡数字做个对比吧！双方都有 600 人参战，我们有 15 个人阵亡，32 个人受伤——把鼻子和肘部的伤都算上。敌人有 600 人——包括妇女和儿童——我们消灭了所有的敌人，没有留下一个活着的婴儿在死去母亲的身边哭闹不休。这就是美国的基督教士兵有史以来最伟大的胜利，称得上是无与伦比的战绩！

那么，他们究竟是怎么获胜的？星期五早上，在这个居住着 401.3 万人口的城市里，各家报纸用骇人听闻的标题刊登了这个令人震惊的消息。可是没有一家报纸的社论专栏提到这件事，星期五的晚报上再次发表了这则新闻，这些报纸的社论仍然对我们的伟大成就保持沉默。第二天的晨报补充了伤亡人数和细节，依然没有一家报纸的社论提到此事。当天（星期六）的晚报上刊登了这些数字，但是评论对此不置一词。在星期五和星期六的晨报和晚报上，在读者来信专栏中，
405 人们对这场“战斗”只字未提。通常来说，这些专栏都洋溢着公民的热情；无论是重大事件还是琐碎小事，无论是满口称赞还是严厉谴责，无论是欢乐开心还是满腔愤慨，读者来信专栏都不会落下一件事。但是，我在前面提到过，在这两天里，读者来信专栏像编辑们一样悄无声息。我所能找到的，在 8000 万美国公民中，只有一个人有权在这个重大的时刻发表公开演讲——他就是美利坚合众国总统。

在星期五那天，他像其他人一样故意默不作声。但是到了星期六，他意识到自己的责任要求他说些什么，他拿起钢笔，履行了职责。如果我了解罗斯福总统——我肯定我了解——我就会知道，比起他亲笔写下或亲口说出的任何一份声明，这番话给他带来了更多的痛苦和耻辱。如果我处在他的位置上，我所担负的职务也会迫使我说出他那样的话。这就是通常的惯例，陈旧的传统，他必须恪守惯例，忠于传统，这件事没有办法补救。下面就是他说的话：

华盛顿，3月10日

伍德，马尼拉：

我向你和你的属下表示祝贺，你们取得了辉煌的战绩，捍卫了美国国旗的荣誉。

（签名）西奥多·罗斯福

他的这番话只是约定俗成的说法。没有一个字是他的肺腑之言。他知道得很清楚，这些人站在居高临下的安全地形，用一天半的时间，把600个孤苦无助、手无寸铁的人像老鼠一样赶进陷阱，把他们屠杀殆尽，这算不上辉煌的战绩——即使以雇佣兵为代表的美国基督教，用圣经和金科玉律而不是子弹来射杀他们，也算不上是辉煌的功绩。他知道得很清楚，这些身着制服的刽子手没有捍卫美国国旗的荣誉，而是做了他们8年来一直在菲律宾做的事情——也就是说，他们玷污了美国国旗的荣誉。

第二天是星期天——也就是昨天——电报给我们带来了新消息——这条新闻更令人感到震惊——为国旗赢得了更多的荣誉。第一条醒目的大字标题向我们嚷出了这个消息："妇女在摩洛人屠杀中惨遭杀害。"

"屠杀"这个词用得好极了，当然，说到这种情形，我在大字典里再也找不到比这更适合的字眼了。

下一个标题是："在火山口的暴徒中发现儿童，全部死亡。"

他们不过是赤身裸体的野蛮人，可是当"儿童"这个字眼映入眼帘时，不免让人动了怜悯之心，我们的面前出现了天真无辜、孤苦无助的完美化身；这个永恒响亮的词语，让肤色、信仰和国籍都不复存在，他们只不过是孩子——仅仅是孩子。如果他们受到惊吓，失声哭泣，处境艰难，我们自然就会生出恻隐之心，我们仿佛看到了这幅场景。我们看到了弱小的身躯；我们看到了惊恐的面孔；我们看到了孩子的泪水；我们看到了伸向母亲祈求的小手，但是我们没有看到口中谈论的这些孩子；我们看到了熟悉和怜爱的小家伙。

406 下一个标题闪耀着美国和基督教的荣耀光辉，仿佛是天上光芒四射的太阳："死亡人数高达900人。"

我从来没有如此热情洋溢，为美国国旗感到骄傲自豪！

下一个标题解释了我们英勇的士兵占据了安全的地形，标题是这样写的："在达霍山顶的激烈战斗中无法分辨男女。"

在这个陷阱的谷底，那些赤身裸体的野蛮人离得那么远，我们的士兵分辨不出女人的乳房和男人的胸膛，看不清蹒跚学步的幼童和6英尺高的黑人大汉。毫无疑问，对于任何基督教国家的士兵来说，这是他们有史以来打得最不危险的战争。

下一个标题是这样写的："战斗持续4日。"

我们的士兵在那里待了4天，而不是一天半。这场战斗如同一次愉快漫长的野餐，他们终日无所事事，只是舒舒服服地坐着，一边朝下面的人开火射击，一边想象着如何写信回家，赢得家人的羡慕，为自己增光添彩。这些野蛮人为了他们的自由也战斗了4天，可是这段时间让他们感到悲哀难过。每天他们都亲眼看到225个同胞惨遭杀害，在晚上为此痛苦哀悼——毫无疑问，即使知道在此期间他们杀死了4个敌人，给士兵的手肘和鼻子添了几道伤痕，我也不能感到宽慰安心。

最后一个标题如下："约翰逊中尉英勇作战，遭到炮弹袭击。"

从一开始，海底电报里就充斥着约翰逊中尉的名字。他的伤势让这些电报光芒四射，犹如火焰在烧焦的黑色纸片上留下的蜿蜒痕迹。不禁让人想起几年前威廉·吉尔特演的喜剧，"约翰逊太多了"。显然，约翰逊是我们这边唯一受伤的人，他的伤势和广告一样有价值。自从汉普蒂·邓普蒂从墙上摔下受伤以来，这件事情比任何惊天动地的大事都更轰动。官方电报不知道哪件事情更值得崇敬，究竟是约翰逊惹人同情的伤势，还是900个杀人凶手。这种欣喜若狂的情绪从地球另一端的美军司令部传到了白宫，每个字只要花1美元50美分，让总统的内心感到喜出望外。现在看来，这道不朽的伤痕，抵得上罗斯福中校率莽骑兵攻打圣胡安山的战斗——或平息战火的滑铁卢战役——现在的这位伦纳德·伍德将军当时担任骑兵团的上校，他回到后方取药才错过了战斗。对于那些在两军作战中血腥拼杀的人，总统怀着一副热心肠，他随即发电报询问受伤的英雄，"你现在怎么样？"得到的回电是，"很好，谢谢"。这份电报作为历史资料将流传后世，永垂不朽。

约翰逊的肩膀是被金属击伤的。这块金属是炮弹的碎片——也就是说，炮弹爆炸造成的伤口，导致约翰逊从火山口上方跌落。那些在火山谷底的人们可没有
407 大炮，因此是我们自己的大炮把约翰逊从火山口炸飞的。这个历史记录证明，我们只有一名军官受伤，打伤他的还是我们自己人，而不是敌人。这样看来，如果我

们让士兵离自己的武器远些，我们会取得历史上最出色的战绩，连一点伤都没有。

1906年3月14日，星期三

继续讲述摩洛人屠杀——为乔治·哈维举行午宴——客人对摩洛战役的看法——伍德将军发电报解释并道歉——受伤的人怎么样了——罗斯福总统为卓越成就感到高兴——他提拔了伍德少将——麦金莱为抓获阿吉纳尔多感到高兴

这种不祥的沉默依然在持续。在读者来信专栏中，只能看到一丁点儿——很少一丁点儿——愤怒的火花射向总统，因为他把这场屠杀叫作"辉煌的战绩"，称赞这些刽子手"捍卫了美国国旗的荣誉"，不过在各家报纸的社论专栏上，很难看到关于这些战绩的评论。

我希望这种沉默持续下去。沉默不语和慷慨陈词一样雄辩有力，拥有破坏力，切实有效。当一个人在喧哗混乱中沉睡时，他会安然自若地睡下去；可如果喧闹的声音消失殆尽，这种平静会让他猛然惊醒。如今沉默的情形持续了5天。毫无疑问，这种沉默将警醒这个昏昏欲睡的国家。当然，这个国家会为此感到震惊。5天的沉默之后，发生了一件令人惊奇的事情，自从日报创立以来，从来没有出过这种事。

昨天，大家举行了午宴为乔治·哈维送行，祝他一路顺风，他今天就要远赴欧洲度假，人们谈论的都是这次辉煌的战绩；大家对于这件事没有什么话好说，无论是总统、伍德少将还是受伤的约翰逊，都认为赞美的语句和恰当的评论将写入我们的史册。哈维说，他相信这段插曲让人们感到震惊和耻辱，将蚕食这个国家的内心，在里面越陷越深，流脓溃烂，产生恶果。他认为，这件事将毁掉共和党和罗斯福总统的前途，我觉得这个预言不会成为现实，因为承诺了宝贵、理想、美好和有价值的东西的预言永远也不会实现。这种预言就像以正义为借口的战争——实在少得可怜，没有任何指望。

前天，心情愉快的伍德将军发来了光荣的电报。电报里充满自豪之情，详细描述了残酷的肉搏战，伍德医生似乎没有想到，他自己露出了破绽，按照字面的意思——如果的确发生过残酷的肉搏战，必须有900个人徒手格斗，如果战斗异常残酷，那么在最后一个男人、女人和儿童惨遭杀害前，摩洛人杀死的人肯定远远超过15个。

真是好极了，昨天下午又发来了一封新电报——含糊其辞地暗示，伍德医生 408
准备降低嗓门，准备道歉，作出解释。他宣称，他对这场战斗负有完全的责任，这表明他意识到，眼下的沉默暗藏着对某人的谴责。他表示，“在战斗中没有肆意屠杀妇女和儿童，尽管很多妇女儿童遭到杀害，那是因为摩洛人在肉搏战中把她们当作盾牌。”

这个解释聊胜于无，事实上，的确聊胜于无。如果当时双方贴身格斗，必定是在4天的屠杀结束时，当时只有1个土著人还活着。我们有600人投入战斗，只有15个人丧生，这600个人为什么要杀死剩下的男人——也许是妇女和儿童？

伍德医生会发现，解释情况并不是他擅长的事情。他会发现，对他这样精神抖擞、发号施令的人来说，杀害900个手无寸铁的野人，要比解释为什么要进行残忍的屠杀更容易。其次，他根本没有意识到自己突如其来的幽默感，这表明他应该在发电报前修改一遍。

“许多摩洛人装死，杀害救治伤员的美国医生。”

我们似乎看到了这个奇异的场景，医生四处巡视，打算救治受伤的野蛮人——为什么呢？这些野蛮人已经遭到屠杀。军队的目的很简单，就是把他们全部杀死，不留一个活口。那么为一个惨遭杀害的人缓解痛苦，又有什么用呢？这封电报把屠杀叫作“战役”，这算是什么打仗的套路？屠杀和战争没有一点相似之处。在战场上，5个伤员可以当场杀死1个人。当这场所谓的战役结束后，战场上绝不会躺着200个受伤的野蛮人。他们如今怎么样了？没有一个人活下来！

这个推理似乎很简单。我们杀死了这些可怜的人，清理了4天来的成果，圆满完成了战斗。

总统为伍德将军的辉煌战绩感到兴高采烈，这让人想到前任总统的满心欢喜。1901年，芬斯顿上校潜伏到山里，找到了流亡爱国者阿吉纳尔多，使出某些手段抓获了他，也就是说，他伪造文件，撒谎骗人，换上敌人的制服隐藏身份，假扮成阿吉纳尔多的朋友，和阿吉纳尔多的军官热情握手，打消他们的怀疑，最后开枪把他们击毙——当海底电报把这个“辉煌的战绩”传到白宫的时候，新闻界宣称，逆来顺受、没精打采、懦弱无能的麦金莱总统无法抑制自己的喜悦心情，为了表达这种感激之情，他召开了一次舞会。麦金莱总统还用另一种方式表达了他的崇敬之情，他立即把这位管着100个名声清白的退伍老兵的中校提升为正规军的准将，授予他准将的荣誉军服，玷污了陆军制服、美国国旗、这个国家和他本人。

409 伍德是个军医，在西部待过几年，那里到处是充满敌意的印第安人。罗斯福认识他，对他十分赏识。在臭名昭著的古巴—西班牙战争中，罗斯福原本可以当骑兵团的上校，却接受了中校军衔，动用影响力为伍德谋取了更高的职位。战争结束后，伍德当了古巴总督，后来落得声名狼藉的下场。在罗斯福总统的提携下，这位医生在军队里不断晋升——手底下管的都是比他强的人——最后罗斯福想提拔他当正规军的少将（在他和总司令之间只有5位少将），知道参议院不会同意伍德在这个重要职位上的提名,于是使了卑劣的手段,完成了他的任命。他本来可以在国会开会的间隙亲自任命伍德的职位,这样做光明正大。可是没有这样的机会,他就找了个机会。国会的特别会议在中午结束,特别会议的小木槌刚落下,就立即召开例会。罗斯福宣称,按照秒表计算,确定休息时间只有1/20秒,在这段时间内国会没有开会。借助这种阴谋诡计,他把这个名誉扫地的医生塞给了军队和国家,参议院实在没办法拒绝。

1906年3月15日

1906年3月5日,星期一克莱门斯先生在美琪剧院向基督教青年会发表讲话——莱昂小姐在门口见到一个小伙子——帕克里克的葬礼——哈特福德俱乐部的午宴——克莱门斯先生见到11位老朋友——他们讲了很多故事,麦克奈特牧师在新泽西主持葬礼——特威切尔在“卡纳瓦”号游艇上讲到理查德·克罗克的父亲——玛丽安的故事——阵亡将士纪念日,少校暴跳如雷,特威切尔的祈祷被打断

警察推搡等待马克·吐温的观众

美琪剧院场面混乱,激怒基督教青年会成员

没有打开大门

克莱门斯先生给出对待市政当局的建议,提及绅士之道

昨天下午,西城基督教青年会的成员准备进入美琪剧院听马克·吐温的演讲,当时场面和足球比赛非常相似。尽管没有人受伤,但是警察在几分钟内多次推搡观众,有位警察穿过拥挤不堪的人群,造成危险事 410
故。

剧院本应于下午3点打开大门,当时门口约有300人,大多为井然有序的年轻人,还有少数老年人,但是西四十七街警察局的戴利警官拒绝他们入场,坚持等到增援警察赶到。警察在20分钟后到达剧院,人群越来越拥挤。场面非常混乱,警察排成一行拦住人群,此时情况并不危险,只是显得滑稽可笑。

观众聚集在大厅正门前,基督教青年会的代表数次走出人群,请求警官打开大门。

警官回答说,“如果我开门的话,就要把我的手下都带走,很多人会拥挤受伤致死。我知道怎么应对拥挤的人群。”

然后他继续应对拥挤的人群。他打算让警察排成一列长队，正对哥伦布转盘广场西南侧，把观众赶到大厅侧门，而不是他们正对的大门。他先派一位骑警穿过人群，这些警察听从了命令，对井然有序的观众进行驱赶推搡。

戴利警官接下来打开了侧门。大家一哄而上，不过警官命令他们退后，再次关上大门。人们感到不知所措。然后基督教青年会把他们负责的侧门打开了一半。人群通过这个狭窄的小门挤进剧院。另一半的玻璃门被挤成了碎片，人们纷纷向前涌去。有几个人的衣服挤破了，但是在拥挤的情况下，他们呼吁大家保持冷静。如果没有这些混乱因素的影响，完全可以避免发生严重的事故，最后只有500人进入了剧院。

警方负有责任

在大会开始前，基督教青年会会长、教士查尔斯·P. 法尼亚尼医生表示，“本会对刚才发生的事情不负任何责任（鼓掌）。这件事情完全是警察的责任（嘘声）。我们想早点打开门，但是我们的警察大人接手了这件事，用他们自己的方法来解决（嘘声）。你可能长期以来习惯了被警察粗暴地对待，我不明白你为什么不在乎（有个声音说，‘你说得对’）。总有一天，你会自己来处理事情，决心让警察做公民的仆人。”

大会结束时，西区基督教青年会的干事长查尔斯·F. 波利森表示，他本来打算提交决议，谴责警察的行为，但是决定最好还是不要这么做。

人们介绍马克·吐温即使“遭到殴打他的演讲也值得听”，下面响起了雷鸣般的掌声，足足持续了1分钟。

他说道，“我感谢你们对我的认可，我听到了关于公民权的演讲。你们抱怨警察的行为，但是你们建立了警察队伍，你们对他们负有责任。警察必须反映你们的想法，你们才是他们的主人。先想到这一点再去谴责他们。”

411 “公民权是这片土地上最重要的东西，公民能够改变政治氛围，就像我们在费城为自己争取公民权那样。现在贪污受贿的行为比过去更少。我将要到费城去，但是如今没有革命的机会了。”

“拉塞尔医生讲到了安排。我曾经为自己安排了12个小时，做了我本来永远不会做的事情。当他们命令你‘快点’的时候，请记得这不是列车员对你人格的侮辱，而是铁路公司总裁对你的侮辱，这体现了美国的公民权。如果这种侮辱冒犯了你的父母，那也是无所不能的总裁大人的意思，他本来可以阻止这种行为。”

马克·吐温得到了包厢

我曾经为自己做过安排。我和出版商、速记员一起从芝加哥启程——我出门的时候总是带着保镖——已经在火车上订了一节包厢。因为包厢里很方便,能让我有个吸烟的地方。等我们抵达了车站,列车员告诉我们,他很抱歉,我们的那节车厢没有挂上。我说,“你要按照合同在这列火车上安排个包厢。我并不着急。我可以在这儿待上1个星期,花的是铁路的费用。要是花我自己的钱,不过多一点罢了。”

“然后列车员叫来了一位大人物,两个人商量了一番,他把几个和蔼温顺的旅客带出了包厢,说了几句搪塞的假话,把这个包厢给了我。到了11点钟,列车员进到包厢来看我,他亲切客气,非常兴奋。他告诉我,他认识我的岳父——在那个年头,认识我的岳父比认识我更受人尊敬。然后他要起了手段。他表示很抱歉,这节车厢只行驶到哈里斯堡。他们给哈里斯堡、匹兹堡和旧金山发了电报,找不到另一节车厢。他低声下气求我原谅他。”可是我回答说:

“那你最好把这节车厢买下来。”

我已经把这件事忘了,过了一段时间,宾夕法尼亚的汤姆森先生听说我还要到芝加哥去,就发来了电报:

“把我的私人车厢派过去,不能让克莱门斯坐普通车厢旅行,他花的钱太多了。”

昨天下午,我在美琪剧院向西区基督教青年会讲了话。观众们都是基督教青年会的成员,至少都是基督教青年会的男士,不过我要了几个包厢,请我的男女朋友坐在里面。当时门外出了乱子,我很担心我的朋友们进不来。莱昂小姐自告奋勇出去,看看能不能找到他们,把他们从人群中带过来。她是个小巧玲珑的姑娘,不过干这种事,身材不够高大也许是她的长处,而不是短处。她奋力挤进了汹涌的人群中,走到了外面,找到了我的朋友们,还经历了一场奇遇。当时警察关上了剧院的门,告诉大家里面已经坐满了,谁也不许进去,有个人面孔涨得通红,显得非常激动,他穿过人群来到门前,眼看就要挤进去了,可是警察关上了大门,把他拦在了外面。他和莱昂小姐成了人们关注的焦点——莱昂小姐是因为在一群男人当中孤立无援,他是因为在大庭广众面前丢了脸,我们都乐意看见这种事,即使我们是西部基督教青年会的成员,应该假装看不见。这个人居高临下地瞧着莱昂小姐——他的心情开始变得沮丧——我要说的是,他开始变得沮丧,他脸上带着
伤感的表情,他的言语充满哀伤。他开始朝着莱昂小姐说话,然后面向人群说完 412
了这句话。他说道,“7年以来,我在西区基督教青年会里面有着良好的声誉,工作尽职尽责,从来没有得到任何回报”。他停顿了片刻,痛心地看了一眼紧闭的大

门,饱含深情地说道,“这就是我该死的运气。”

我想,对于莱昂小姐来说,这件事破坏了我的演讲。这次演讲很不错——当然比起报纸上的报道要好得多——尽管受到她的赞扬,但是我认为,没有什么言语像她在外面听到的那句话那样中肯,听她转达了外面那个小伙子的慷慨陈词,让我觉得很高兴,我想她知道这一点。

我要在此插入报纸上的这篇报道,因为里面提到了帕特里克。

绅士的定义

马克·吐温走上讲台,讲述了那个留下10万美元的人,表达了他对于绅士的定义。他否认他曾经给绅士下过定义,可如果要下定义的话,他认为绅士应该具备圣经上提到的仁慈、忠诚和正义,就像他在会上讲到的那样。他拿出了威廉·迪恩·豪威尔斯的信,然后说道:

“他写这封信的时候只有69岁,不过我知道他会活得更久,他说过‘我生来惧怕死亡,而不是衰老’。你瞧,我说到哪儿去了。日渐衰老多么可怕。你会渐渐失去才能和想象力,变得让人讨厌。人们总是让你觉得自己不是个麻烦,可是我知道,我的确是个麻烦。”

“然后他说道,没有哪段人生像80岁那样令人愉快。这是千真万确的事情。我刚刚度过了80岁,我的确感到很愉快,‘如果老人没有这么荒谬可笑’——他怎么不说说自己呢?他说道,‘但是老人都荒谬可笑,面目丑陋’,我从来没看见一封信里出了这么多错。面目丑陋!我这辈子从来没有难看过。40年前,我可没有这么英俊。每过3个月我才换一面镜子,可是现在我两天就要打破一块。”

“豪威尔斯先生说,‘你在哈特福德埋葬了可怜的老帕特里克,我想他的年纪很大了’。不对,他的年纪并不大。帕特里克是在36年前来到我们家的——他是个活泼机灵的爱尔兰小伙子。他有着优雅的风度和美丽的灵魂,他是世界上最诚实的人。他为我们当了25年的马车夫,如果我能详细地描述一位绅士的模样,那我要说的一定是帕特里克。”

按照我自己的要求,我和老花匠一起当了他的抬棺人。很久以前,他为我和新娘赶过车;孩子们小的时候,他也为她们赶过车。他对孩子们来说就是一切,对我们家里人来说,他和荣誉、诚实和爱心是同一回事。

他60岁了,比我小10岁。豪威尔斯说他的年纪很老,他其实并不老,他直到最后都保持着高尚优雅的风度。帕特里克是位绅士,我要把这几句诗献给他:

我会对人谦恭有礼，对朋友忠实，

对上帝真诚；在我走过的路上留下芳香。

在葬礼上，我见到了帕特里克的家人。我已经很多年没有见过他们了，孩子们都已经长大成人，我上次看见他们的时候，还都是小孩子。我现在还记得上次见到他们的情景，这些小家伙和我们的孩子还有邻居家的孩子，在我们家的圣诞 413
树下一起庆祝圣诞前夜，当时帕特里克从烟囱里下来，扮作圣诞老人的模样，他扮演的这个角色得到了大人小孩的喜爱。

约翰，我们过去的花匠，和我一起当了抬棺人，还有爱尔兰马车夫和工人——他们都是帕特里克的老朋友，教堂里坐满了一半的人。

那天晚上，我在特威切尔家过了夜，第二天中午，我在哈特福德俱乐部的午宴上，见到了11位老朋友——查理·克拉克，"哈特福德新闻"的编辑；最高法院的哈默斯利法官；切尼上校；萨姆邓纳姆；特威切尔；牧师派克医生；查尔斯·E.珀金斯；阿奇·威尔奇。让人想起了很多美好的回忆，掺杂着对亲爱的老朋友的哀悼，这些人的名字早已刻在了他们的墓碑上。

牧师麦克奈特医生就是其中的一个，他是个和蔼可亲的人。当年说起冒险闯荡，他称得上是特威切尔的对手。他曾经在纽约任过圣职，有位丧偶的鳏夫来请他到新泽西的城镇，为他的妻子主持葬礼。麦克奈特同意了，不过说如果耽误了时间，他会感到很不安，因为他必须在特定的时间回到纽约，主持他本教堂的葬礼。他去了那个新泽西的小镇，家人朋友在客厅里齐聚一堂，他站在棺木后面，在庄严的沉默中举起手来，他说道，

"让我们祈祷吧。"

这时有人拉了他的衣服后摆，他低下头想弄明白是怎么回事。那个鳏夫低声细语地说，

"还没好呢，还没好呢——等一会儿。"

麦克奈特等了一会儿。想到时间一点一点过去，他要赶不上火车，来不及主持另一场葬礼，于是他又站起来，举起手来说，"让我们祈祷吧。"

又有人拉了他的衣服后摆，他低下头去听到了同一句话，"还没好呢，还没好呢——等一会儿。"

他只好等下去，越发感到不安，他第三次站起身，举起手来，结果衣服又被拉了一下。这次他低下头去听到了解释，有个低沉的声音说：

"等一会吧。她不在棺材里。她的胃还在药剂师那儿。"

有几件事可以表明，特威切尔的情感和举止都宽容大度，在这个方面，我也能举几个例子。三四年前，托马斯·利普顿爵士来参加美洲杯帆船赛，我应邀到罗

杰斯先生的“卡纳瓦”号游艇上，与罗杰斯和几个俗人看比赛。罗杰斯很喜欢特威切尔，也想邀请他前往，不过他担心特威切尔在这些势利鬼当中会觉得不舒服。我说不会有那样的事，我知道特威切尔在南北战争中担任军队的随军牧师，他肯定熟悉三教九流的人，所以罗杰斯先生告诉我——心中充满疑虑——会邀请他，而且他会竭尽所能，让那些世俗之徒收敛自己的俗气，对特威切尔表现出应有的尊重。

早上8点，我和特威切尔到了码头，游艇已经在那里等我们了。其他人都上了船，这艘游艇已经收起锚链，准备起航。我和特威切尔上了船，来到上层甲板的客厅。客厅的门敞开着，我们走近客厅，听到里面传来欢闹的笑声和说话声，我听得出来，这些世俗之徒正在享受美好的世俗时光。可是当特威切尔出现在门口的时候，这些欢声笑语却戛然而止，仿佛是按下了电钮的开关，那些势利鬼的欢乐面孔上顿时流露出庄重严肃的神情。我们听见这些人说的最后一个字，就是理查德·克罗克的名字，他是坦慕尼协会的领袖，满嘴都是废话，算得上是纽约的头号强盗。特威切尔和大家握手，开口说道，

414 我听见你们提到了理查德·克罗克，我很了解他的父亲。在南北战争中，他是我们军队里赶牲口的队长——在希克斯旅——他是个好人，人们都想认识这样的好人。他身上总是沾满了泥巴，当然了，这没有什么关系。穿着沾满泥浆衣服的人也是个完整的人，他受过教育，受过很高的教育。他也读过很多书，他是个研究希腊语的学者，不是个浅薄的学者，而是货真价实的学者；他总是大声朗读希腊语的圣经，他手里没有圣经的时候，就凭借记忆背诵，他背得很流利，总是精力旺盛。现在我有时候仿佛还能看到，他在星期天早上起来，坐在我们营地的树下，和我们的士兵坐在一起，听我布道。我忍不住要对他介绍我自己——我忍不住要对他说一番话，我说的是，

“克罗克先生，我想告诉你，看到你过来坐在士兵当中，听我讲话，我感到多么高兴。因为我知道，这样做一定让你要花不少时间，我想表达对你的崇敬之情，一个人能够抛开宗教偏见，拥有宽容的内心多么难得，你就体现了这一点。”他的脸涨得通红，竭力辩解说，

“特威切尔先生，你把我当成该死的天主教徒了吗？”

罗杰斯先生对我说，“这样我就放心了，没什么可担忧的。”

特威切尔心胸宽广，悲天悯人，他有着无与伦比的仁慈善良和慷慨大度，无论男女老少，在陷入困境时都会向他寻求安慰和帮助。他就是这种人，多年前——很多年以前——有个稀里糊涂的年轻人曾经得到过特威切尔的祝福，他打算和特威切尔私下谈谈——这是一次非常隐秘的谈话——他说道，

“特威切尔先生，我希望你能帮我提点建议。这件事对我来说非常重要，压在

我的心底，我想做个明智的决定。事情是这样的：我到百慕大群岛去度假，这是我第一次去那里，我遇见了一位妩媚迷人的姑娘，她是岛上的本地人，我坠入了爱河，特威切尔先生。我爱上了她，深情地爱上了她！你瞧，我没法形容这种感受，特威切尔先生，我实在形容不出来，我从来没有过这种感受，让我神魂颠倒、满怀热情。等我回来的时候，我发现自己谁也想不起来，只记得这个姑娘。我想给她写信，可是有点担心。我很害怕这样做太大胆。我也许应该听人劝告——可是我身不由己，我必须写信——我实在忍不住，所以我就给她写了信。我给她的信尽量写得很谨慎——可我还是觉得自己太大胆——太厚颜无耻——她不会喜欢我 415
的。哎，有的时候我觉得她会给我回信，可是心里又凉了半截，我会说——'不会了，我再也听不到她的消息了——她生气了。'可是，特威切尔先生，这封信终于寄来了。我抑制不住自己的兴奋之情。我想给她写封回信，可是我也许会搞砸了——我可能会搞砸的——我想听听你的建议。告诉我，我这样做是不是在冒险。这就是她写来的信，特威切尔先生。她是这样写的——她写道，'你在信中说，你希望有一半的时间能看到我。你想要什么样的方式来随时看到我呢？'特威切尔先生，你觉得这是什么意思？你觉得这封信怎么样？她是不是没有生我的气？你觉得，这封信表示她有点喜欢我吗？特威切尔先生，你是不是这么想的？你会这么说吗？"

特威切尔说道，"好吧，我觉得不是太乐观。我不想过早地表态。我不想让你满怀希望，到头来灰心失望，不过总的来说——总的来说——勇敢在这种情形下是件好事。有的时候勇气——无畏的勇气——会促成那些胆小怯懦办不成的事情。我想你应该给她写信——当然要慎重——不过给她写信吧。"

"哦，特威切尔先生，你不知道你说的话让我多么高兴。我会立即给她写信的。我会当心的。我会非常慎重——小心谨慎。"

特威切尔读完了这封信，看得出这个姑娘在勾引小伙子，打算略施手段俘获他的心，让他神魂颠倒，可他还是打发那个小伙子写了这封字斟句酌的信。

过了不久，他拿来了姑娘的第二封信，说道，

"特威切尔先生，你能读读这封信吗？现在就看吧。你觉得这封信怎么样？她是不是有点喜欢我呢？我希望你能这么说，特威切尔先生。你瞧啊，她是这么写的。她说道——'你可以送给我一枚戒指'——我的确送了一枚戒指，特威切尔先生！我敢说这是个大胆的举动——可是，我实在忍不住——我做了一件勇敢的事情——就像她说的那样：'你可以送给我一枚戒指。可是我的父亲要到新英格兰去度假，他要带我一起去。如果你把戒指送到家里可能会丢了。我们要在哈特福德待一两天；等到那时候，你把戒指套在我手上会不会更好呢？'"

"特威切尔先生，你对这件事是怎么想的？你觉得怎么样？她喜欢我吗？她

喜欢我吗?”

特威切尔说道,“好吧,我不了解这种事。我不能把话说得太冷酷。我也不能说得太热情,因为我也许会想错。不过我觉得——总的来看她是喜欢你的——我想她喜欢……”

“哦,特威切尔先生,听见你这么说正合我的心意!特威切尔先生,要是我能说些什么表达我的感激之情——好了,你知道我的心情——你也说过……”

特威切尔说道,“先等一下——不要对我的话产生误解。你不知道这是件重要的事情吗?这是两个人的终身大事。你要知道,一时的心血来潮会让人充满激情。他当时以为这是爱情,以为是永恒不变的爱情——这就是真爱。不久后,他
416 会发现,这不过是短暂的激情——也许他会作出人生的承诺,希望自己摆脱这种困境。现在我们来说清楚。如果你打算求婚,如果你的行为理智谨慎——但是我不能肯定,可是我觉得,如果你的行为理智谨慎,你就能请求那个姑娘嫁给你。”

“哦,特威切尔先生,我说不出来……”

“好了,别管你要说什么。我要说的是:先弄清楚我们的想法。如果这是真爱,那就去爱吧!如果这只是心血来潮,那就赶紧放下,为了你们两个人好。现在告诉我,这是真爱吗?如果是的话,你怎么知道的?你用什么方法来证明,这是真诚持久、永恒不变的爱情呢?”

“特威切尔先生,我告诉你吧。你得自己来判断。特威切尔先生,从我小时候躺在摇篮里起,我一直睡得离我妈妈很近,两个房间的门都开着,因为我会做可怕的噩梦,等到噩梦降临的时候,我妈妈就会从床上跑过来,安慰我,让我平静下来。特威切尔先生,我从小时候起,每次做噩梦都会大声喊叫‘妈妈、妈妈、妈妈’,现在我喊的却是‘玛丽安、玛丽安、玛丽安。’”

于是他们结婚了,搬到西部去居住,我们再也没有听到这对恋人的浪漫故事。

大概 15 年到 20 年前,那天虽然是 5 月 30 日阵亡将士纪念日,天气却已经很热,就像是 7 月 4 日。那天轮到特威切尔演讲,在哈特福德最大的教堂里,他向南北战争的老兵发表了 1 个小时的演讲,教堂里哀悼的人们饱受酷热的折磨。然后他们走出教堂,加入了其他老兵前进的行列,他们是从别的教堂出来的,他们排着队伍前进,路上扬起滚滚尘土,到墓地献上旗帜和鲜花——每个军人的坟墓前都放了一面小旗和一小篮鲜花。人们不断重复着这个仪式,每个人都呼吸着尘埃,因为空气里实在没有别的东西;大家都汗流浃背,感到疲惫不堪,希望早点结束。最后只剩下了一篮鲜花,有一座坟墓没有祭扫。有位小个子少校向来脾气急躁,他的耐心已经耗尽了,大声嚷道,

“亨利 · 琼斯下士,C 连,康涅狄格州第十四步兵团。”

没有人回答。大家看起来都不知道这位下士埋在什么地方。

少校把嗓门提高了一两度,

"亨利·琼斯下士,C连,康涅狄格州第十四步兵团!没有人知道这个家伙埋在哪儿吗?"

没有人回答。一次、两次、三次,他又喊了一次,嗓门越来越高……

"亨利·琼斯下士!C连!康涅狄格州第十四步兵团!究竟有没有知道这个家伙埋在哪儿?"

还是没有人回答,然后他抓起这个花篮摔在地上,对特威切尔说,"仪式结束了,继续进行。"

大家都围在特威切尔身边脱帽致敬,偶尔有人打个喷嚏,打破了这种庄严的沉默,因为大家都淹没在滚滚尘土中。特威切尔停顿了一下,开始做感人的祈祷, 417
由于形势所迫,这段祈祷很短。祈祷做到一半,他停了下来。鼓手以为他说完了,咚咚地敲起鼓来,小个子少校顿时咆哮如雷,"别敲鼓了!"特威切尔接着祈祷。他就要说出最后一个字的时候,有人踩在狗身上,这条狗发出痛苦的叫声,前面的人都听得一清二楚。少校大声说道,

"这条该死的狗!"

特威切尔说道,"阿门。"

他用这句话结束了祈祷,不过在这个时候听起来,似乎把少校也包括在内,因此他感到荣幸之至,对他表示了感谢。

1906年3月16日,星期五

60年前的同学——玛丽米勒,马克·吐温第一个心上人——爱上了阿尔蒂米萨·布里格斯——还有玛丽·莱西——吉米·麦克丹尼尔,第一个听马克·吐温讲幽默故事的人——主日学校的教师里奇蒙先生拥有汤姆·索亚岩洞,岩洞被碾成了水泥——年轻英俊的军官希克曼——鲁埃尔·格里德利和一袋面粉——犹太男孩被叫作二十二——乔治·巴特勒,本·巴特勒将军的侄子——马克·吐温和威尔·鲍恩躺在床上,感染了麻疹,差点死掉

我们还要讲到60年前的同学。我想起了玛丽·米勒,她并不是我第一个心上人,不过是第一个让我心碎的人。我爱上她的时候,她18岁,我只有9岁,可她压根瞧不上我,让我体会到这个世界的冷酷。以前我从来不知道冷酷是什么滋味,我觉得自己跟成年人一样痛苦。不过我并没有难过太久。我还记得,我很快

就爱上了阿尔蒂米萨·布里格斯,她比玛丽·米勒大1岁。当我向她吐露热情的时候,她没有嘲弄我,也没有取笑我。她心地善良,性情温和。不过她的态度很坚决,说她不想受到孩子们的纠缠。

还有玛丽·莱西,她也是我的同学。不过她因为年龄偏大离开了我们班。她生性狂野,做事果断,独来独往。玛丽·莱西很难管教,人们认为她不可救药。可是大家都想错了。她结了婚,马上就安定下来,成了十足的贤妻良母,像镇上其他主妇一样受人尊重。4年前,她还健在,已经结婚50年了。

吉米·麦克丹尼尔是另一个同学,他的年龄和我相仿,他父亲开了家糖果店,让他成了镇子上最受羡慕的小家伙——仅次于汤姆·布兰肯希普(哈克·费恩)——尽管我们从来没见过他吃糖,可是我们还是觉得糖果是他的家常便饭。他假装从来都不吃糖,一副满不在乎的样子,因为没有人禁止他吃糖——店里到处都是糖果,他想吃多少就吃多少。可是有旁证显示,他只是在众人面前表示看
418 不起糖果,借此炫耀一番,因为全镇数他的牙齿最坏。我还记得,他是第一个听我讲幽默故事的人,那是吉姆·沃尔夫和猫的故事,我是在那段难忘的插曲发生后,第二天早上讲给他听的。他剩下的几颗牙都快笑掉了。我从来没有这么骄傲快活过,后来再也没有这么骄傲快活过。4年以前,我到那里去的时候见到了他。他在一家卷雪茄的铺子里做事,穿的围裙一直拖到膝盖,胡子几乎有围裙一半长,可我还是不费吹灰之力认出了他。他已经结婚45年了,有许多儿女、孙子和重孙子,人人都说,他的子孙数以千计,然而,我在这个快乐的小老头身上,依然看到了我们年少单纯的时候,我给他讲猫咪故事的那个小孩的影子。

阿尔蒂米萨·布里格斯拒绝我以后没多久就结婚了,她嫁给了石匠里奇蒙,他原先是我在卫理公会主日学校里的老师,他有个特点最让我羡慕,有一回,他手里的锤子砸到了大拇指,结果从此指甲永远都是歪歪扭扭,活像鹦鹉嘴那样又弯又尖。现在我不觉得这是什么装饰品,不过当时让我很着迷,觉得兴趣盎然,因为这在镇上是独一无二的。他是个心地善良、体贴周到的主日学校老师,富有耐心,有同情心,所以深受我们这帮小家伙的欢迎。主日学校里有那种细长的蓝色厚书签,每张书签上印着《圣约》上的一首诗,你能背得出两首诗,就能得到1张蓝色书签。背得出5首诗,就能得到3张蓝色书签,然后你就拿着这些书签到书柜那里借书,每周能借1本书。有两三年的光景,我时常受到里奇蒙先生的关照,他从来没有训斥过我。每逢星期天,我总是背诵同样的5首诗,他一直对我的表现很满意。他从来没有注意到,每个星期天听到的都是那5个愚蠢的童女的诗句,我总是能拿到书签去借书。这些书枯燥无味,因为整个书柜里没有一本讲坏孩子的书。净是些好孩子和好姑娘,乏味得无聊,不过聊胜于无,我很高兴能有书看,但是并不大喜欢。

20年前,里奇蒙先生拥有了离镇子3英里山上的汤姆·索亚岩洞,把那里变成了旅游胜地。但是现在那个岩洞已经成为历史。1849年,淘金者涌入我们的汉尼拔小镇,许多成年人染上了淘金热,我觉得孩子们也没能幸免。夏天的星期六,我们经常趁船主不在,借了小艇顺流而下,行驶到3英里外的空洞穴(密苏里人称山谷为空洞穴),我们在那里立桩为界,假装挖金子,起初每天挣半美元,后来增加了两三倍,到头来发了大财,因为我们的想象力越来越丰富。真是没有远见的傻孩子啊!我们这样做只是嬉闹玩耍,从来没有起过疑心。谁曾想到这个空洞穴和附近的小山都藏着黄金呢!可是我们当真不知道,我们把金子当作尘土,让秘密的宝藏安静地埋在地下,在贫穷困苦中成长,在世界各地奔波,为了生计而奋斗——这都是因为我们没有预言的天赋。在我们看来,这个地方到处都是尘土岩石,可是只要把岩石碾碎,经过科学的加工,就能生产出金子;也就是说,整个地区都是水泥矿,如今这里出产最优质的波特兰水泥,每天的产量有5000桶,还有个 419
价值200万美元的工厂。

几个月前,我收到了当地发来的一封电报,上面说汤姆·索亚的岩洞正在被碾成水泥——问我想对公众说些什么?我没有什么话好说。我确实很遗憾,我们失去了水泥矿,不过现在说起来已经没有什么意义,总之这件事让人感到痛心。汤姆索亚的岩洞足足有7英里——也就是说,那条隐藏岩洞通道的高耸山脉,从密西西比河岸到萨沃顿有7英里远。

有一段时间,鲁埃尔·格里德利在我们学校读书。他的年龄大一些,也许有二十二三岁了。后来墨西哥战争爆发,他加入了志愿军。我们镇上成立了一个步兵连,希克曼先生担任队长,他高大威武,身材挺拔,相貌英俊,很有运动员的风范,他的腰间佩着军刀,灰色的长裤上镶着黄色饰条。每当联队穿着漂亮的军服,在小镇的大街上走来走去——这种演练每天总要有好几次——只要学校不上课,所有的男孩子都会跟着看热闹。我至今还记得连队前进的情景,还能感受到当时观看演练的激动心情;但是,十二三岁的男孩子上不了战场,在我有幸卷入另一场战争以前,那种想要杀死素未谋面的敌人的愿望已经烟消云散了。

我见过上了年纪、风度翩翩的希克曼。他似乎是我见过年纪最大的人——许多年以前,我亲眼看着他训练一帮战士去英勇杀敌,现在和当年那个英俊的年轻军官相比,既令人震惊,又让人伤感。希克曼已经死了——这是老话了。就像苏西说的那样:“这究竟是为什么啊?”

鲁埃尔·格里德利去打仗了,我们有十五六年没有听到他的音信。有一天在卡森城,我在人行道上和一位编辑吵了起来——他体格健壮,比我更适合打仗——我听到一个声音说,“狠狠地揍他,萨姆,我给你撑腰。”那是鲁埃尔·格里德利,他说,他能认出我来并不是凭借我的容貌,而是凭借我慢吞吞的说话方式。

那个时候，他搬到了里斯河矿区，不久后在采矿场的竞选打赌中输了，按照打赌的规定，他必须买一袋50磅重的自发面粉，扛着面粉穿过镇子，后面跟着乐队，然后交给打赌的赢家。当然，整个矿场的人都来了，人山人海，热闹非凡。打赌的赢家把这袋面粉送去拍卖，捐给美国卫生基金会。买主为了捐给基金会，再把这袋面粉卖出去。人们越来越兴奋，为了捐款给基金会，这袋面粉一而再、再而三地辗转卖出。这个消息通过电报传到了弗吉尼亚城，激起了人们的满腔热情，大家纷纷给鲁埃尔·格里德利拍电报，请他把这袋面粉带到弗吉尼亚城来拍卖。他应邀前来，带了一辆敞篷四轮马车，还有一支铜管乐队。这袋面粉在金山再三转手，然后在傍晚时分到了弗吉尼亚城，拍卖了出去，一而再、再而三地转手卖出，为卫生基金会净赚了两三万美元。格里德利带着这袋面粉穿过加利福尼亚，在各个城镇拍卖。他在萨克拉门托和旧金山都卖了大价钱；他带着面粉去了东部，在纽约和其他城市拍卖过，后来又到了规模宏大的圣路易斯世界博览会上继续拍卖；最
420 后做成小蛋糕，每块蛋糕卖1美元。总的说来，这袋面粉最初只值10美元，最后大概净赚了20万美元，捐给了美国卫生基金会。鲁埃尔·格里德利死了好多年了——这也是老话了。

正是在那所学校里，我生平第一次见到犹太人。我花了很长时间才摆脱了恐惧的心理。据我猜想，犹太人都穿着颜色沉闷、样式古老的衣服，上面蛛网密布。在我的想象中，他们会把我带回埃及，待在古代的法老和所有阴影笼罩的名人中间。这些男孩子都姓莱文，我们给人家取了外号，这是国会选区里有史以来最风趣幽默的俏皮话。我们把这些男孩子叫作“二十二”，这是个老掉牙的笑话，等到这个笑话俗不可耐的时候，我们还会这么说，免不了要解释一番，好让人家都听明白，“两个莱文——二十二”。

我还记得其他男孩子的名字。埃文·埃尔斯——不过没关系，他已经死了；还有乔治·巴特勒，我记得他7岁的时候系了一根蓝色皮带，带着黄铜皮带扣，为了这个缘故，男孩子们对他又嫉恨又羡慕。乔治是本巴特勒将军的侄子，在南北战争中表现英勇，参加过李斯堡之役和其他几场战役，他很早以前就死了。

威尔·鲍恩（早就死了）、埃德·史蒂文斯（早就死了），还有约翰·布里格斯都是我特别好的朋友。约翰如今还活着。

1845年，我10岁的时候，麻疹在镇上传染开来，孩子们的死亡人数非常惊人。每天几乎都会举行葬礼，镇上做母亲的都吓得惊慌失措。我妈妈感到心惊胆战，她为帕梅拉、亨利和我担惊受怕，费尽心思地防止我们接触这种传染病。不过回想起来，我觉得她的判断有误。在我看来，要是对我放手不管会好得多。我已经记不清，当时我到底害不害怕麻疹，但是我清楚地记得，长期生活在死亡的威胁下提心吊胆，我真是腻烦透了。我记得自己厌倦了这种情形，巴望着事情有个了结，

不管是死还是活，总之越快越好，这种焦虑的心情让我日夜不得安宁。我一点也高兴不起来，我打定主意不再担惊受怕，索性做个了断。

威尔·鲍恩得了麻疹，病情很严重，我想不妨到他那儿去，好传染上这种病。我从前门进了房子，悄悄溜过房间和客厅，小心地东张西望，生怕被人发现，终于来到二楼后面威尔的卧室，神不知鬼不觉地溜了进去，不过我的胜利只是到此为止。不过一会儿工夫，他妈妈就当场逮住了我，把我从房子里揪出来，狠狠地训斥了我一顿，然后把我赶走了。她吓得一句话都说不出来，脸色变得煞白。我觉得下次要干得好一些，于是开始行动。我在房子后面的小路上转来转去，透过栅栏的缝隙往里张望，等到确定形势有利后，我才从后院溜进去，从后面上楼进了房间，躺在威尔·鲍恩的床上，谁也没有发觉。我不知道在床上躺了多久，只记得和威尔·鲍恩作伴没什么意思，因为他病得厉害，根本没注意到我在旁边。我听见他妈妈走进房间，就把脑袋蒙了起来，但是这根本不管用。当时正值盛夏时节，我 421
们盖了一条薄被单，谁都能看得出下面躺着两个人。没过多久，鲍恩夫人就把我从床上拽了起来，亲自把我押送回家，紧紧揪住我的衣领不肯松手，直到把我交到妈妈手里才放开，少不了要把我这种孩子数落一番。

这就是得了麻疹的下场，把我带到了死亡之门的阴影，害得我对一切事情都不再有兴趣，而且让我失去了所有的乐趣——那是一种安宁平静、甜蜜可爱、陶醉迷人的感觉。我这一生中再也没有体会过垂死之际的感受。实际上，我真的快要死了。有人已经说过这种话，通知全家人围在床边，向我告别，他们都嚎啕大哭，我却无动于衷。我只是有点朦朦胧胧的感觉，因为我成了大家宣泄情感的中心，让我感到欣慰和得意。

坎宁安医生断定，他已经对我无计可施，于是把炽热的灰烬撒在我身上。他把热灰撒到我的胸口，撒在我的手腕上，撒在我的膝盖上，结果让他大吃一惊——也让我深感遗憾——他把我带回到这个世界，我竟然活了过来。

1906 年 3 月 20 日，星期二

小约翰·D. 洛克菲勒在主日学校的讲话——马克·吐温作为荣誉会员被邀请在圣经课上讲话——他写信拒绝——他接受格兰特将军的邀请，4 月 10 日在卡内基厅演讲，为罗伯特·富尔顿纪念协会筹款——他写信接受

这些天来，小约翰·D. 洛克菲勒的圣经班成了美国人经久不衰的乐趣。每个星期天，小洛克菲勒都会给学生们讲解《圣经》。等到第二天，各家报纸和美联

社会把他讲解的内容传播到整个美洲大陆，让所有人都笑话一番。大家忍不住开怀大笑，可这些天真呆板的人们从来不知道，他们嘲笑的正是自己，不过事情就是这样。

小洛克菲勒大约35岁，外表平凡朴素，为人真挚诚恳，是个心地善良的普通人，缺少个性，毫无见地。如果他靠的是自己的精神价值，而不是他父亲的财产，他对《圣经》的讲解可能会悄无声息，不会传到公众的耳朵里。然而他的父亲是世界上最富有的人，这让他儿子的神学理论格外引人关注，至关重要。人们相信，老洛克菲勒的身家足有10亿美元，可他是按照255美元的财产交的税。他是个虔诚的基督徒，没受过什么教育，却在俄亥俄州的克利夫兰当了很多年主日学校的校长。多年以来，他在主日学校讲述自己的经历，解释他如何发财致富；在这些年里，主日学校的学生兴高采烈地听他讲话，把对他和造物主的崇拜割裂开来——两者的地位并不平等。他在主日学校的讲话通过电报传到全国各地，大家热切期待着他的演讲，就像期待他儿子对《圣经》的讲解一样。

422 我前面说过，所有人都在嘲笑小洛克菲勒对《圣经》的讲解。大家肯定知道，这些讲解和每个星期天我们从牧师那里听到的讲道分毫不差，他们的前辈几百年来都听着这样的解释，没有一点思想的变化——如果说里面还有思想的话。小约翰讲解的方法是普通牧师的套路，他把暗淡无光的事实演绎成金光灿烂的幻想，这和几百年来牧师们做的一模一样。他引用的各种论据已经被各个时代的神学家磨得千疮百孔，剩下零落的碎片才落到他手上。他所有的推理像牧师们陈旧推理一样，重复着几百年前呆板乏味的神职人员的陈词滥调。小约翰没有亲自研究过教义；他从来没有探究过教义真正的价值；他从来没有特意查看过教义，只是为了让教义符合他从老师那里学来的二手观念。他的讲话缺乏新意和价值，和其他神学家没有什么两样，上至罗马教皇，下至他本人。小约翰对约瑟的个性和行为作出了意义深远的笨拙解释，遭到了举国上下的嘲笑，大家总能听到，教士用同样笨拙的方法来讲解约瑟的个性与行为，他们应该想到，他们嘲笑小约翰的时候，其实也是在嘲笑自己。他们应该想到，小约翰用不着粉饰约瑟。他手里拿着陈旧的刷子和石灰水，几个世纪以来，这些东西让约瑟的形象变得稀奇古怪。

我认识小约翰很多年了，我很喜欢他，我一直觉得他最合适的位置就是在神坛上。我敢肯定，他思想的火焰会在那里绽放光芒——不过我猜想，他必定会遵从命运的安排，继承他父亲的事业，主宰庞大的标准石油公司。3年前，他最可笑的救赎思想暴露了他的想法——真实的想法、内心的想法——有个年轻人为财富所累，想拯救自己，基督告诫他找到便利的方法，"去卖掉你所有的财产，赠给穷人。"小约翰是这样解释的：

"有什么东西挡在你和救赎之间，就不惜任何代价清除这个障碍。如果是金钱，就捐出去，送给穷人；如果是财富，就卖掉所有的财产，赠给穷人；如果是打仗立功的雄心，就退出军队；如果是对某个人、某样东西、某种追求的迷恋，那就远离它，全心全意地实现你的救赎。”

这个推论平淡无奇，小约翰父亲的数百万美元和他自己的财产只是他们生活中的一段插曲，无论如何，也不是他们追求救赎的障碍。因此基督的告诫在他身上并不管用。有家报纸派记者去采访纽约的六七位神职人员，询问他们对这件事的看法，结果是这样的：所有的神职人员都同意小洛克菲勒的看法，只有一个人例外。我不知道没有这些教士，我们应该做什么，我们最好省得见太阳——或者是月亮。

3年前，我和小约翰去了他的圣经班，谈论了这件事——不是神学问题，这样实在不得体，我宁愿把得体的话留给正义。现在不管走到哪儿，到处都在谈论圣经班荣誉会员的资格，而我就是个荣誉会员。几天前，有位圣经班的官方人士给我写了封信，后天晚上他们的教堂要举行5年一次的荣誉大会，希望我到场发表演说。如果我不能去的话，能否请我写封信送去读给大家听？ 423

我的活动已经安排满了，所以我写信深表歉意，就是下面这封信：

1906年3月14日

爱德华·M.富特会长

亲爱的朋友和会员：

实际上，我很想参加洛克菲勒先生圣经班里荣誉会员的聚会（我有幸是其中的一员），但是我必须慎重，不敢贸然前往，这是为了约瑟的缘故。人们可能会提起约瑟的话题，我必然会惹来麻烦，因为洛克菲勒先生和我对约瑟的看法并不一致。8年前，我曾经劳心费力、筋疲力尽地讲解过约瑟，那篇文章以《创世纪》的第47章为依据，发表在《北美评论》上，后来收录在我的《作品集》第22卷中；此后我的注意力转向了其他问题，在我的印象中，我已经把约瑟解释清楚，不再对任何人谈起他的话题。最近，我在报纸上读到洛克菲勒先生对于约瑟的看法，感到吃惊和难过，凭借我的判断——我完全没有意识到，我已经放下了约瑟——打算再提起他。

洛克菲勒先生说的每句话都表明，他并不熟悉约瑟。因此我很容易看得出，他从来没有读过我的文章。他的确没读过，因为他在报纸上对约瑟的看法和我的看法不同。如果他读过这篇文章，他就不会这样做了。他认为约瑟是玛丽的小羊羔，这种说法并不对，他其实是——你可以看看这篇文章，然后就会明白他是什么人。

多年以来,约瑟都是个棘手难办的问题。对每个人都是如此,但是除我例外。因为我根据记载的事实研究过他,其他神学家并没有这样做。出于责任感的压力,他们只是粉饰事实。他们把某些事实拽出来,把某些事实塞进去,然后他们就描绘出了自己的幻想。他们拼凑出了约瑟的报表,按照这种方法,一家不可靠的银行可以拼凑出一张报表来欺骗银行检查员。他们可以轻而易举地隐瞒债务,把虚构的资产塞进报表。我说的难道不是事实吗?上上个星期天,学识渊博、称职能干的西尔弗曼医生在《纽约时报》上就是这么说的:

可是这些农民、种田人和牧羊人,他们都要靠土地的收成来生活,在饥荒中受灾严重。为了不让人们饿死,约瑟让百姓从乡村迁到城市,从埃及这边迁到埃及那边(《创世纪》47:21),然后养活他们。只要他们有钱,约瑟就用粮食去换钱,可是他们的钱用尽了,约瑟就拿粮食去换了他们的牛、马、羊和驴子,甚至是他们的土地,作为抵押来换取粮食。政府来喂养他们的牛马,不然这些牲畜就要死了。

后来土地还给从前的主人,他们得到种子来种地,他们得到了需要的牛、马、羊,只要他们收了牲畜和粮食,把1/5的收成交给政府。

约瑟的整个计划很有政治家的风度,也有慈善家的风范。这个计划对法老和大臣很有吸引力,约瑟被任命为埃及的总督,一点也不奇怪。约瑟成功地打败了所有的骗子和投机家,他们多年来在饥荒的季节剥削穷人,穷人不是活活饿死,就是乞讨流浪。约瑟得到了穷人的土地和牲
424 畜,然后把这些东西还给他们。他只用公平的市价卖给穷人粮食。如果约瑟不把粮食储存起来,人们就会失去他们的财产,整个国家就会陷入困境,成千上万人会死去,就像从前饥荒的季节那样。

这就是西尔弗曼医生的银行报表——下面是圣经的原文,斜体字的部分是我改的:

饥荒甚大,全地都绝了粮,甚至埃及地和迦南地的人因那饥荒的缘故都饿昏了。

约瑟收聚了埃及地和迦南地所有的银子,就是众人籴粮的银子,约瑟就把那银子带到法老的宫里。

埃及地和迦南地的银子都花尽了,埃及众人都来见约瑟,说,我们的银子都用尽了,求你给我们粮食,我们为什么应该死在你面前呢?

约瑟说,若是银子用尽了,可以把你们的牲畜给我,我就因为你们的

牲畜给你们粮食。

于是他们把牲畜赶到约瑟那里，约瑟就拿粮食换了他们的牛，羊，驴，马。那一年因换他们一切的牲畜，就用粮食养活他们。

那一年过去，第二年他们又来见约瑟，说，我们不瞒我主，我们的银子都花尽了，牲畜也都归了我主。我们在我主眼前，除了我们的身体和田地之外，一无所剩。

你何忍见我们人死地荒呢。求你用粮食买我们和我们的地，我们和我们的地就要给法老效力。又求你给我们种子，使我们得以存活，不至死亡，地土也不至荒凉。

于是，约瑟为法老买了埃及所有的地，埃及人因被饥荒所迫，各都卖了自己的田地。那地就都归了法老。

至于百姓，约瑟叫他们，从埃及这边直到埃及那边，都各归各城。

唯有祭司的地，约瑟没有买，因为祭司有从法老所得的常俸。他们吃法老所给的常俸，所以他们不卖自己的地。

约瑟对百姓说，我今日为法老买了你们和你们的地，看哪，这里有种子给你们，你们可以种地。

后来打粮食的时候，你们要把1/5纳给法老，4/5可以归你们作为地里的种子，也作为你们和你们家里孩童的食物。

他们说，你救了我们的性命。但愿我们在我主眼前蒙恩，我们就做法老的仆人。

于是约瑟为埃及地定下常例，直到今日，法老必得1/5，唯独祭司的地不归法老。

我没有在这段经文里找到“抵押”的字样。在我看来，抵押是全新的资产——对约瑟而言。抵押也是最可观有益的资产——如果有人能找到权威的依据。不过我找不到，我没有发现，约瑟向那些穷苦的农民 425
提供贷款，用他们的土地和牲畜作为抵押，我看到他拿走了土地，一亩地也没有留下，他得到了牲畜，一头牛也没剩下。我并不觉得约瑟是用“公平的市价卖给穷人粮食”。恰恰相反，我觉得他剥夺了农民手里最后一分钱，抢走了他们最后一亩地，拿走了他们最后一头牲畜，然后买下了全国的百姓和自由，用“公平的市价”换了粮食和奴隶。可想而知，对于一个拥有至高无上财产的人来说，这称得上是“公平的市价”，无论是黄金、珠宝、钞票、国债，随便什么价格都好——没有这笔财产，他的生命就毫无价值——还有他的自由也是如此。

教士把约瑟的行为粉饰得冠冕堂皇，这就是我要为他说的话。政治也是如此。他们还没有忘了这一点。

我要向你表示真诚的感谢,可是我恐怕无法到场,我不能贸然前往,因为我生性敏感,富有人情味,充满同情心,如果小洛克菲勒先生——我想他很有可能——再次粉饰约瑟的形象,我会转身离去。我谨向你致以最美好的祝愿。

马克·吐温

圣经班的荣誉会员

我把这封信私下寄给了小约翰本人,让他随意处置,如果在教堂里读这封信不合适,就请他放在一边。他的确把信放下不提——表示他尽管研究神学,依然不失标准石油公司总裁的风范。然后他请我参加荣誉会员的大会,说我可以随意挑选话题,畅所欲言地谈论。他提出了一个话题,他早在去圣经班前就亲自讲解过,那是几个月前的事情了——撒谎。这个话题很适合我,我在报纸上读过他的演讲,发现他像其他教士一样。他根本不知道撒谎的价值所在;像其他教士一样,他以为,世界上总有些人,在某些时候不会撒谎;他的想法和其他教士一样,然而我在一本书里谈论过这件事,现在就不用再说第二次。

我们达成一致,小约翰会在后天晚上到家里来拜访,请我去他的教堂,我可以畅所欲言地谈论撒谎的问题,如果我乐意的话,还可以讲些新鲜有趣的话题来代替,在这样的气氛下,一个人还是应该讲些新鲜的话题。

不过,最终我也没有去。我正在和每年一次的支气管炎作斗争,医生不准我去。我感到很遗憾,因为我对撒谎的了解,比世界上所有的前辈都要多。我相信,我是唯一对这个话题保持清醒的人。我对撒谎很熟悉,已经熟悉了70年。我说的第一句话就是谎话,因为我说有别针扎到了我,其实根本没有这回事。从此我就对这门艺术很感兴趣。我不断地进行训练,有时撒谎为了消遣开心,通常是为了获得利益。直到今天,我还不知道什么时候该相信自己,什么时候该考虑这件事。

我为自己得了支气管炎感到抱歉,因为这意味着我要在床上待6个星期——
426 过去16年来我每年都要病这么久。我感到很遗憾,因为我想恢复健康,在4月10日晚上出现在卡内基厅,永远告别演讲台。我不打算为了钱而演讲,我想我再也不会让观众付钱听演讲了。我要继续讲下去,不过只是为了乐趣,而不是为了金钱,我已经通过演讲赚了很多钱。

我第一次在观众面前亮相是在40年前的旧金山。如果我能在10日晚上到卡内基厅进行告别演说,我就会看见,我总是能看出这间屋里任何人都看不到的地方,我会看到两批观众——40年前旧金山的观众和这次出现在我面前的观众。

我会看到早前的观众和现在的观众毫无相同之处，当我见到卡内基厅的观众时，我就能看出这一点。我对自己许愿，希望能在卡内基厅度过一个愉快的夜晚，我希望支气管炎离我而去，让我享受这一刻。

我正在为告别表演沉思冥想的时候，弗雷德·格兰特将军派人送给我 1000 美元，请我发表演说，为罗伯特·富尔顿纪念协会筹款，他是这个协会的会长，而我是副会长。这件事很重要，我立刻答应了，而且说我会立即写几封电报和信件，要弗雷德·格兰特寄给我，在上面签上他的名字，我会回复几封电报和邮件，在上面签上我的名字，我们用这种方式进行宣传，这样我就能让公众了解事实，我现在要为了报酬做最后一次演讲。我立刻写了信，格兰特将军同意了这个方法，我把信附在这里。

绝密

[通信]

电报

纽约总督岛东区司令部

纽约，马克·吐温先生：

作为协会的副会长，你是否考虑在卡内基厅发表演讲为罗伯特·富尔顿纪念协会筹款？报酬为 1000 美元。

弗雷德·D. 格兰特

罗伯特·富尔顿纪念协会会长

回电

纽约总督岛东区司令部

弗雷德·D. 格兰特将军：

我非常高兴能够发表演讲，不过我请你保证留下那 1000 美元，作为我给纪念基金的捐款。

克莱门斯

信

亲爱的克莱门斯先生：协会对你表示十分感谢，我们同意你提出的条件。不过你为什么要全部捐出来呢？为什么不捐出一部分钱——你怎么能分文不取地做这项工作？

你真诚的，

弗雷德·D. 格兰特

纽约总督岛东区司令部

弗雷德·D. 格兰特将军：

427 亲爱的将军：因为我有很多年都不为报酬做演讲了，我不会恢复这个习惯，心里也不会感到不舒服。我喜欢听自己的演讲，因为我能从中获得许多教益和道德教诲，如果我为此收取报酬，就会失去这种乐趣。就按这个条件办吧。

将军，如果你同意的话，我希望借此机会永远退出这个舞台。

你真诚的，

S.L.克莱门斯

亲爱的克莱门斯先生：

我当然同意。不过作为你的老朋友，请允许我说一句，不要这么做。你为什么要这么做？——你的年纪并不大。

你真诚的，

弗雷德·D.格兰特

亲爱的将军：

我的意思是退出有偿演讲的舞台，我不会退出无偿演讲的舞台，直到我离开人世为止，我将出于礼貌保持沉默，不再打扰别人。

我要讲些什么呢？我的想法是这样的：向观众介绍罗伯特·富尔顿其人……先跟我说说——这究竟是他的真名还是化名？不过没关系，这事不重要——我会对付过去，大家准以为我全都知道，只是不巧忘掉了。你能帮我打听一下，他是不是独立宣言的签署者吗？究竟是哪位？如果出了什么岔子的话，别管它，我会对付过去的。他和保罗·琼斯认识吗？你要不要问问贺拉斯·波特？问问他是否把这两个人带回了家。如果他们有联系的话，这事肯定会非常有趣。不过没关系，不用麻烦波特了，我自己可以帮他们联系。我是这么看的，他们都是历史名人——第一流的名人。

好了，这就是我的想法，我在前面说过，先讲一些富尔顿的事迹，让观众产生兴趣，然后凭借记忆说些我书里引用的事例，让他们冷静下来——你要是不说一句话，大厅的人会以为他们从来没有听说过这些事，因为人们没有读过你的书，他们只是嘴上说读过，为了不让你难堪。接下来，再讲一些富尔顿的事迹，让观众兴奋起来，然后再举几个事例，让他们冷静下来。这样周而复始，一晚上就过去了。你要是小心谨慎，不想讲那些事例，那就别讲了，他们不会注意到的，我会让他们回家的时候对富尔顿了如指掌，就像我一样。你用不着担心，我很了解观众，你说什么他们都相信，除非你讲的是真话。

你真诚的，

S. L. 克莱门斯

又及:在所有的信件上标上“绝密”,不然大家不会看的。MT

亲爱的克莱门斯先生: 428

请问您的演讲要多长时间?我问这个问题,是方便我们为您安排马车。

您真诚的,
休·戈登·布朗
秘书

亲爱的米勒先生:

我现在还说不准。我有个习惯,只要把观众吓得魂不附体,我就不再讲了。有时候要1个钟头15分钟,有时候只要1个钟头。

你真诚的,
S. L. 克莱门斯

切记:我的报酬是两个免费包厢。不要上等包厢——把上等包厢卖了吧,请你帮我找个六座包厢即可。

S. L. C.

我希望弗雷德·格兰特穿着制服在舞台上亮相,这是对协会里官方人士的考验,还有其他达官贵人——我们所有能请到的知名人士。另外给阿尔伯特·比奇洛·潘恩先生留个座位,他如果到前面坐在我身边会更好。

S. L. C.

绝密

卡内基厅

(日期)

马克·吐温先生
将举行盛大的告别演说
收入全部捐赠给罗伯特·富尔顿纪念基金

票价:$

购票地点:

包厢将在 (日期)进行拍卖

演讲前有管弦乐表演

时间:8点40分,幕间休息10分钟

429

1906 年 3 月 21 日,星期三

乔克·布朗的信——没找到约翰·布朗医生的信——特威切尔先生和他的妻子哈莫尼在苏格兰的奇遇——特威切尔先生描述军事处决——演员俱乐部成立的信——管理不善导致克莱门斯先生被赶出俱乐部——他现在是荣誉会员

当然,心理电报这种东西总是会悄无声息地发挥作用——也许经常在发挥作用,只是我们不知道它对我们心灵的影响。几周前,我讲述了爱丁堡的约翰·布朗医生的故事,在那 6 周里,我们和他的关系非常融洽,他和我们的女儿苏西相处愉快,他在我的脑海中只停留了一段时间——也许有 1 年时间——不过从那以后我时常想起他,嘴里总是提到他的名字,笔下经常写到他。大概两周以前,我打算写一篇关于他和玛乔丽·弗莱明的文章,他是第一个为玛乔丽·弗莱明写传记的人,昨天我才开始写这篇文章。今天,我就收到了他的儿子乔克的来信,我已经有很多年没有听到他的消息了,他正在收集他父亲的书信用于出版。这件事自然会让我经常想起他,我想他是用电报让他的想法横跨大西洋送到我手里。我猜想,我们能够通过心理电报,知道别人脑子里的想法——不仅是那些我们认识的人,在大多数情形下,还有陌生人脑子里的想法,相隔千里的陌生人——中国人、印度人和各种各样遥远的陌生人,我们根本不懂他们的语言,但是能够轻而易举地读懂他们的思想。

爱丁堡格林希尔

1906 年 3 月 8 日

亲爱的克莱门斯先生:

我希望您还记得我,我是约翰·布朗医生的儿子乔克。在我父亲去世的时候,我把父亲所有的信件给了 J. T. 布朗医生,他是我的堂叔和终生的挚友,他打算写下父亲的生平。他写了本回忆录,在 1901 年他去世后出版了,不过他没有用到这些信件,这本书里只有他自己写的评论。如果您想看的话,我会给您送一本。1902 年,我拿回了这些信,发现其中有您和克莱门斯太太的信。我现在有很多父亲在 1830 年到 1882 年间写的信,打算出版一本书信集,让公众了解他的为人。我想他们会了解的。E. T. 麦克拉伦小姐会做些必要的注解。我现在给您写信就是想知道,您那里有没有我父亲的信件,能否借给我看看以便使用。我把您

> 和克莱门斯太太的来信收录进去，我要用的信有15张打印稿。尽管在克莱门斯太太去世的时候，我没有给您写信，可是我从报纸上看到这个消息后感到非常遗憾，我现在读着这些书信，仿佛看到她的身影出现在我面前，像我当初见到她那样温柔可亲。我衷心希望您能让我采用她的信件，这些信里有最美妙的文字。我也希望您能让我用您的……
>
> 您最真诚的
>
> 约翰·布朗

我们到处寻找约翰医生的来信，但是没有找到。我真弄不明白这件事，应该 430
有很多封信，一封也没有丢，因为克莱门斯太太非常敬爱约翰医生，在她的眼里，这些信件非常宝贵，她一直保存着信件，小心地看管着。在我们去欧洲的10年里，很多信件和纪念品都四散丢失了，不过我想，约翰医生的信不该遭到这样的厄运，我们还会找找看。

想到乔克，我回想起33年前的爱丁堡，想到爱丁堡，我便想到乔·特威切尔牧师的奇遇。1/4个世纪前，特威切尔和他的妻子哈莫尼第一次去欧洲，在爱丁堡逗留了一两天。他们是司各特的崇拜者，花了一两天时间走遍爱丁堡的大街小巷，寻找和这位北方魔术师有联系的物品和地方。第二天晚上临近午夜，他们才步行赶回住处，那天阴雨连绵，等他们走到乔治街的时候，街上只有他们两个。此时下起了瓢泼大雨，他们只好躲到深深的门廊里避雨，在漆黑的夜色里，两人谈起了这天的收获，觉得心满意足。然后乔说道：

"这一天真辛苦，累得筋疲力尽，不过咱们也有收获。爱丁堡只有一个和司各特有关的地方，我们没有看到——不止一个。我是说，外国人能够看到的东西，有一个地方我们没参观，可是也去不了——有个人收藏了很多司各特的遗物和纪念品，不过我不知道在哪儿。我不认识去那里的路。真希望我们能去一趟，不过眼下不行了。咱们打消这个念头吧，要是能看一眼那些藏品，该是多么了不起的事情啊，哈莫尼。"

黑暗中传来一个声音说，"上楼来，我给你们看看藏品。"

说话的人就是那位拥有藏品的先生，他信守了承诺。他带乔和哈莫尼上了楼，请他们吃了东西，恢复了精神；他们欣赏藏品的时候，这位先生在旁边侃侃而谈，详细讲解。等他们离开的时候，已经是凌晨两点了，他们觉得这是旅程中最美好的时光。

不管发生什么事，乔都会恰巧遇上——除了有一次例外。他不知道什么缘故耽误了，不然就会在匹兹堡被炸得粉身碎骨，当时匹兹堡的矿山在南北战争中发生了爆炸，火焰腾空而起。

有一天我在哈特福德的时候,他向我讲述了另一件机缘巧合的事情。我认为,每当发生有趣的事情时,上天总是在眷顾他。那是在南北战争后枪毙逃兵的场景。我们在历史书上都读过这样的事,眼前会浮现出同样的景象——蒙上眼睛的逃兵跪在地上,耷拉着脑袋;神情严肃机警的士兵站成一排,朝着他们举起了步枪;一位不苟言笑的军官发出干脆利索的口令,“预备,瞄准,放!”火光和硝烟散去后,犯人倒在地上死去,一排士兵扛上步枪,挥动手臂,直挺挺地齐步走,腿脚僵硬地离开刑场,处决就这样结束了。

乔描述的场景却大不相同,我想,他说的是真正的枪决——平常的枪决。在他描述的场景中,这些逃兵要求站着,而不是跪在地上;他们可能没有蒙上眼睛,
431 而是眼睁睁地看着向他们开枪的士兵。这些人的要求得到了批准。他们站得笔直,保持着军人的风度;他们面不改色,毫不退缩;他们的眼神坚定有力。不过在场的人不会把这些事情说出来,有位将军坐在他的马上吓得脸色发白——白得像死人一样。开枪的士兵脸色苍白,吓得浑身哆嗦,瞄准时手里的枪瑟瑟发抖。行刑队的军官发号施令时变了声调,声音微弱无力,根本谈不上干脆利索。等这些士兵执行完了枪决,他们既没有昂首挺胸地齐步走,也没有腿脚僵硬地离开,大家都吓得遍体发抖。

对我来说,这个场景值得赞扬,因为这是最真实的描写,任何人都可以知道军队枪决的场面。

我们没有找到布朗医生的信,却找到了一封意想不到的信。显然,这封信标志着演员俱乐部的建立,因此对我有重要的价值。

戴利剧院

奥古斯丁·戴利经理办公室

纽约,1888年1月2日

奥古斯丁·戴利先生很高兴能邀请克莱门斯先生以及布斯先生、巴雷特先生和帕尔默先生,于1月6日下个星期五共进午餐(中午1点钟,德尔莫尼克餐厅),讨论新建俱乐部事宜,想必此事能让您感兴趣。

R. S. V. P.

我记得,所有的创始人都出席了那次午宴——其中有布斯、巴雷特、帕尔默、谢尔曼将军、比斯法姆、奥德里奇等人。我不记得其他人的名字了,我记得,劳伦斯·哈顿在他的一本书里提到过,俱乐部的名字——演员俱乐部——是在午餐前选好的,得到了大家的同意,不过我觉得这种说法并不正确。我还记得,在午餐的时候,大家提出了几个名字,经过讨论都放弃了;最后托马斯·贝利·奥德里奇建

议用这个简单的名字，演员俱乐部，我们没有立即接受这个欢快的名字。不过，讨论的时间非常短暂。反对的人被打得落花流水，退出了阵地，不记名投票对这个名字表示赞同。

3 年前，我失去了对俱乐部的兴趣——事出有因——不过最近我又重新产生了兴趣，让我感到心满意足。布斯先生留下了一份慷慨的遗产——可是只留给了两个人，另一个人没有多大的功劳，他就是麦戈尼格尔，是布斯一个呆头呆脑的老亲戚，还要靠他养活。作为秘书长，他始终像暴君一样管理着俱乐部和理事会，直到三四个月前从主管的位子上退了下来。从一开始，我就让我在哈特福德的代理人——惠特莫尔先生帮我支付会费和开销。他负责打理我的各项事务，我对这些事不感兴趣。1891 年，我们去欧洲的时候，在秘书长办公室留了一张纸条，表示仍由惠特莫尔先生负责支付我的会费。1 年过去了，什么事都没有发生。然后我在欧洲收到了催交会费的账单，我把这张账单寄给麦戈尼格尔，提醒他我留了纸条，一切都没有改变。在接下来的几年里，我在欧洲收到账单后，惠特莫尔也收到了账单，我又寄了回去，重复了前面那番话，可是每过两年，我就会再次收到账单；我每次都寄回去，重复同样的话；有两次寄来的账单里夹杂着秘书长无礼的来信； 432
然后我用亵渎神灵的话回复了。我们终于在 1901 年回到了美国。有 1 年的时间，我都没有收到账单。后来，我们住到了里弗代尔，立即收到了催缴会费的账单。我感到烦透了，就把账单扔进了垃圾桶；过了 10 天，账单又来了，里面夹杂着含糊的威胁，我又扔进了垃圾桶；又过了 10 天，账单又来了，这次包含着赤裸裸的威胁。信里疾言厉色地说，如果在 1 周内不付钱的话，就要把我从俱乐部里赶出去，把我叫作拖欠债务的流氓。这封信和前面几封一样，都进了垃圾桶。到了指定的那一天，我被赶出了俱乐部，被称为流氓——我对这个结果很满意，因为我受够了麦戈尼格尔的骚扰。

罗伯特・里德、大卫・门罗和俱乐部里的其他好友感到大吃一惊，纷纷和我联系，想知道这件蹊跷事的来龙去脉。我向他们做了解释，他们希望我对管理层说明情况，要求他们重新考虑驱逐我的行为，可是我拒绝了这个提议。因此事情到此为止，直到几个月前，麦戈尼格尔从暴君的位子上退下来。小伙子们认为，现在我回到俱乐部应该是顺理成章的事情，不过我可不这么想。我不再是俱乐部的会员了。没有其他会员投票同意，我就无法成为会员，而我不会做这样的事。管理层把我赶走，只是因为会计认为我拖欠会费，他们都不知道我是否收到了账单和威胁，因为他们都是靠信件联络。他们没有允许我为自己辩护。他们的账簿显示，我从来没有欠过会费，付钱很及时。他们可能认为，我不是突然变成流氓的，如果他们问我，我也许要解释其中的情形。理事会的办事流程和原先没有什么两样——蛮横武断、傲慢无礼、愚昧无知。从一开始，这个理事会最合适的去处就是傻子收容院。我不能去投票，因为照我看来，不论是从法律上和情理上，我都没有脱离俱乐部。然而，当上天处置了麦戈尼格尔，各方找到了一种公平体面的方法，可以轻而易举地跨越鸿沟。我成了荣誉会员，我很高兴回到老地方重温旧梦。

1906年3月22日，星期四

苏西的传记——小兰登得病夭折——苏西讲述爸爸在英格兰认识的有趣的人——约翰·布朗医生、查尔斯·金斯利、亨利·M.斯坦利、托马斯·哈代爵士、亨利·欧文、罗伯特·布朗宁、查尔斯·迪尔克爵士、查尔斯·里德、威廉·布莱克、霍顿勋爵、弗兰克·巴克兰、汤姆休斯、安东尼·特罗洛普、汤姆·胡德、麦克唐纳医生和哈里森·安斯沃斯——克莱门斯先生讲述见到刘易斯·卡罗尔的情形——霍顿勋爵家的午宴——克莱门斯先生和太太写给布朗医生的信——克莱门斯先生感到遗憾，没有让克莱门斯太太见到布朗医生

433 摘自苏西的传记

我在描述妈妈的早年生活时，停下来讲我们的瓦萨之旅，是因为我怕以后忘记了，现在接着说前面的故事。爱玛·奈伊小姐去世后，爸爸和妈妈带着小兰登搬到了埃尔迈拉过夏天。在埃尔迈拉的时候，小兰登开始生病，不过我想妈妈也不知道他究竟生了什么病。

孩子的病全怪我自己，他妈妈把孩子托给我照看，我带着他坐四轮敞篷马车出去兜风，马车走了很长时间。那是个阴森寒冷的早晨，不过他好端端地裹在毛皮衣服里，要是细心的人来照料，他根本不会出什么差错。可是我没过多久就陷入了沉思，把自己的职责忘得一干二净。皮衣服掉了下来，他的腿露在了外面。后来车夫看到了，我赶紧把他重新裹好，但是太迟了。孩子几乎冻僵了。我抱着他急忙赶回家。我被自己的过错吓坏了，害怕他会有什么三长两短。我一直为那天早上的疏忽感到羞愧，总是尽量不去想这件事。我怀疑自己当初是否有勇气承认错误，要我看，很有可能我到现在也没有认过错。

摘自苏西的传记

最后爸爸回到了哈特福德，小兰登当时病得很重，可是妈妈决定带他一起回去，认为旅行会对他有好处。不过他们抵达哈特福德后，他已

> 经病入膏肓，被确诊为白喉。妈妈和爸爸返回哈特福德1周后，小兰登夭折了。他被埋葬在外公的墓地旁，就在纽约州的埃尔迈拉（苏西也安葬在那里——S. L. C.）。从那以后，妈妈就生病了，病得很厉害，差点死掉，可是经过精心的照料，她终于康复了。几个月后，妈妈和爸爸（当时苏西只有十四五个月——S. L. C.）去了欧洲，在苏格兰和英格兰住了一段时间，在苏格兰，妈妈和爸爸认识了约翰·布朗医生，《拉布和他的朋友们》的作者，还结识了查尔斯·金斯利先生、亨利·莫顿·斯坦利先生、托马斯·哈代爵士，他是哈代舰长的孙子，纳尔逊将军在甲板上临终之际，曾对哈代舰长说，“吻我，哈代”，还有亨利·欧文先生、罗伯特·布朗宁、查尔斯·迪尔克爵士、查尔斯·里德先生、威廉·布莱克先生、霍顿勋爵、弗兰克·巴克兰、汤姆·休斯先生、安东尼·特罗洛普和汤姆·胡德，他是诗人的儿子——妈妈和爸爸与麦克唐纳医生和家人来往密切，爸爸还认识了哈里森·安斯沃斯。

我还清楚地记得这些人，除了最后一位。我已经不记得安斯沃斯了。我算了一下，苏西提到了14个人，他们都去世了，只有查尔斯·迪尔克爵士和汤姆·休斯先生还健在。

我们见到了很多有趣的人，其中就有刘易斯·卡罗尔，永恒的《爱丽丝》的作者——不过他看起来很有意思，除了“雷姆斯大叔”，他是我见过最安静腼腆的成年人。出席宴会的麦克唐纳医生和其他几个人谈笑风生，滔滔不绝地讲了几个钟头，可是卡罗尔始终静静地坐着，偶尔答上一两句话。他的回答很简短，我甚至不记得他到底说过什么。

在斯莫利家的宴会上，我们见到了赫伯特·斯宾塞。在霍顿男爵家的盛大午 434
宴上，我们见到了亚瑟·赫尔普斯爵士，他当时在全世界享有盛名，可是现在已经被人遗忘了。坐在餐桌那头的埃尔科勋爵热情洋溢，他兴致勃勃地谈起戈德尔明。他的嗓音低沉，圆润浑厚，轰鸣作响，可我还是在断断续续的声音里，清楚地听到了戈德尔明这个地名，他的重音总是放在每句话的末尾，听起来就像发誓赌咒，每次都让我吓一跳。在午宴当中，霍顿勋爵夫人突然站起来，郑重其事地对着左右两边的宾客说，“我还有个约会，失陪了”，然后没说什么客套话就出去赴约了。这套礼节要是在美国免不了叫人疑心，霍顿勋爵讲了不少有趣的故事，可他是用法语讲的，我一个字也没听懂。

我要把一两天前收到的约翰·布朗的几封信附在这里，我们昨天才把这些信抄录下来。

1976 年 6 月 22 日

亲爱的布朗医生：

我真高兴能看到你那熟悉的笔迹，希望下次不要隔这么久才收到你的来信。但愿你能和我们一起待一段时间，这样会对你的身体有好处，你和你的家人都会受到热情的款待。

我们如今住在山上的农场，两年前克拉拉就是在这里出生的，我姐姐也到这儿来过夏天。孩子们长胖了，身体很健康，每天喂两次小鸡和鸭子，对农场的环境充满强烈的好奇心。前不久，菲尔茨先生和妻子来我们家做客，你要知道我们提到你有多么亲切。我们真诚地希望你的身体能康复，尽可能让我们知道你的好消息。向你的姐姐和儿子致以亲切的问候。

你深情的朋友，

莉薇 · L. 克莱门斯

（1875 年）

亲爱的布朗医生：

我们十分挂念你，再次看到你熟悉的笔迹真令人高兴，不过信里的内容让我们感到很难过。自从上次你来看我们后，我们一直在谈这件事。你的身体好些了吗？你还不能来看我们吗？我们会竭尽所能，让你感到舒适快乐，你在美国有这么多仰慕者，他们一定很高兴欢迎你的到来。你能到美国来吗？你的儿子能不能陪你来？也许换个环境，会让你过上健康的新生活。

我们的孩子们都很健康快乐，但愿你能看到她们。苏西对妹妹非常爱护。克莱门斯先生现在忙着写一本新书。他最近出了一本随笔集，过几天就要寄给你；大部分随笔都是旧的，不过有些文章是新写的。

哦，布朗医生，你怎么能说自己的人生虚度呢？你写的文章多么有益处，凭我的经验来说，大家每次见面和你聊天都会从中获益。每次想起你，我都会觉得亲切。对别人产生这样影响的人生难道是虚度了吗？
435 我觉得你让这个世界变得更美好可爱。你问我，克拉拉是不是像你的苏西那样“脾气古怪，若有所思，喜爱发号施令”。我们觉得她的脾气更古怪，也许更喜爱发号施令，但是不像“你的苏西”那样若有所思。我们在爱丁堡的保姆已经走了，去照顾她得了肺痨的姐姐。我们现在的保姆是个温柔娴静的德国姑娘。我得给克莱门斯先生留些地方。来看看我们怎么样，请代我向你的姐姐和儿子问好。

你深情的

莉薇 · L. 克莱门斯

亲爱的医生，你和儿子乔克一定要来这里！我们会热情地欢迎你们！此外，你要忘掉那些忧虑和烦恼。忘掉痛苦才不会有痛苦；忘掉忧虑才能摆脱忧虑；出国来和我们做伴吧。试试这个方法！

充满敬爱的

塞缪尔·L. 克莱门斯

又及：莉薇，你没有在我的信上签名，别忘了。S. L. C.

又又及：我希望你别在意克莱门斯先生的话，他总是把什么都写在信上。莉薇·L. 克莱门斯

1882 年 6 月 1 日，哈特福德

亲爱的布朗先生，

我在离家 3000 英里的地方，在新奥尔良的餐桌上看到晨报，得知了这个令人难过的消息。今天早上在美国，无论路途远近，无论贫穷富贵，无论身份高低，人们都在深切哀悼你可敬的父亲，因为他的作品让他远近闻名，受到全国民众的爱戴。克莱门斯太太和我失去了一位好友，我们为这位可亲可敬的人感到悲伤。上次我们离开英国后，克莱门斯太太一直为没去看望他感到遗憾，我们常常打算再度横跨大西洋，只为了在他有生之年，能够和他握手言欢，看到他亲切善良的眼睛。

我们非常感谢你寄来爱丁堡的报纸。我和妻子向你和你的姑妈致以深情的问候，表达我们深切诚挚的同情。

你忠实的

塞缪尔·L. 克莱门斯

我们的苏西还是叫"米加罗比斯"，这是他给苏西起的名字。

你能否给我们一张你父亲的照片？我们只有一张合影，没有他自己的照片。

这都是我的错，让她再也没能见到布朗医生。我对这个温柔耐心、宽容大度的人犯了多少错！我总是告诉她，如果她先去世，我将在余生中为她留下自责的眼泪。她总是回答说，如果我先离开人世，因为这些眼泪的缘故，她永远不会责备自己对我的爱不够深沉持久。我们再次谈到这个话题，谈了有一千次，谈论死亡之夜降临到她身上的情形——尽管我们对此毫不怀疑。

在上面的那封信里，我说，"上次我们离开英国后，克莱门斯太太一直为没去 436
看望他感到遗憾"。我觉得，他看了这封信会认为，是我太太没有看望他就离开了英国。其实不是那样的，她催促过我，她祈求过我，她央求我带她去爱丁堡看看约

翰医生——不过我当时的情绪变化无常,没有答应去。我没有答应,是因为我还得继续雇佣这个向导,直到我们回到利物浦。在我看来,我已经忍受了他很久。我想立刻坐船离开,彻底摆脱他。我这种想法有多么幼稚啊!多么粗暴——我怎么能剥夺了我妻子珍贵持久的快乐,只因为这给我带来了少许不便。我知道我是个卑鄙的人。幸运的是,我的这种本性不是经常暴露出来,我怀疑,除了我的妻子外,家里其他人是否猜疑我有这个缺点。我想,运气好的时候,这种个性从来没有暴露过,可是像我前面说的那样——运气并不总是眷顾我,我这种糟糕的个性不可能不让人知道,知道的只有两个人——克莱门斯太太,她受到了折磨,还有我,每次想到让她留下了眼泪,我就备受折磨。

1906 年 3 月 23 日,星期五

克莱门斯先生收到了几封奇怪的来信——邮政部长凯伊管理着我们低效的邮政系统——回忆哈里特 · 比奇 · 斯托夫人——查理 · 斯托牧师小儿子的故事

很多年以前,克莱门斯太太抱着好奇的心情收到了几封来信,上面写着稀奇古怪的地址,这些寄给我的信来自天涯海角的陌生人。有一个信封是约翰 · 布朗医生的杰作,这是我们在 1874 年 8 月或 9 月离开欧洲后,他给我写的第一封信。显然,约翰医生是在凭借记忆来猜测我们的地址,因为他在信封上面涂得乱七八糟。地址是这样写的:

美国波士顿附近,纽约州哈特福德

S. L. 克莱门斯(马克 · 吐温)太太收

当时,这件事简直是不可思议,也就是说,在纽约邮政局里,没有一个白拿薪水的傻瓜会把这封信立即送给收件人,投递到该去的城镇,实际上,他们把这封信寄到了一个不起眼的小村庄,这个村庄在偌大的纽约州里偏僻荒凉——究竟为什么呢?难道就因为这个从来没听说过的小村庄也叫作哈特福德。这封信从那个小村庄回到了纽约邮政局。信上写了无辜的建议,"试试康涅狄格州的哈特福
437 德",尽管这个小村庄的邮政局长非常清楚,这就是那个寄信人要找的哈特福德。然后纽约邮政局打开了信封,找到约翰医生的地址,外面套上一个新信封,寄回了爱丁堡。约翰医生从出版商孟席斯那里知道了我们的地址,又把这封信寄给了我。他把旧信封附在里面——那个经历奇遇的信封——就像发怒的天使那样,对我们的邮政系统表示不满。我想在他一生里,这是他最愤怒生气的时候。他说道,在大英帝国,人们为邮政部门感到自豪,无论信封上史密斯、琼斯、罗宾逊的地

址多么模糊不清、残缺不全，邮政局都能找到这个人，然而——接下来他猛烈抨击我们的邮政系统，指责我们的邮局只要有办法，就不打算把信寄到目的地。

在那个年代，约翰医生对我们邮政部门的批评说得很对。但是这段时间并不长久，我记得凯伊当上了邮政部长。他刚上任就做了许多大刀阔斧的改革，他颁布了严格的规定，给这个国家的通信造成了巨大的破坏。这跟他没有什么关系——他完全没有理智——我们当中有几百万人很少写信；他们对邮政法一无所知，他们会写错信封的地址，这是政府的问题，政府必须竭尽所能为他们服务，把这些无辜人士的信件寄到目的地，而不是把道路堵死。凯伊突然颁布的法令引起了轩然大波——其中有一条规定是信件必须寄到信封上写的地方，不准再尽力寻找收信人。他们肯定找不到收信人。如果他不住在信封上写的地址，这封信就要回到寄件人那里。就拿约翰医生的信来说，邮政局可以自行决定——尽管没有那么随心所欲，这封信必须寄到哈特福德，这个哈特福德必须在波士顿附近，也必须在纽约州内。结果信件寄到了离波士顿很远的哈特福德，但是符合了在纽约州内的条件——这可没有办法了。

凯伊又公布了一条规定，信件地址不能只写费城、芝加哥、旧金山、波士顿或者纽约，不管怎么样都得加上州名，不然这封信就要送到死信处。你也不能写"纽约州纽约"，必须在纽约后面加上"市"，不然这封信也要送到死信处。

这条规定颁布的头30天里，共有160万吨信件从纽约邮政局送到了死信处。死信处放不下这么多信，于是都堆到了大楼外面。在大楼外面，这座城市也没有容纳信件的地方，于是他们用信件在城市周围筑成了城墙；要是他们在南北战争的时候这么干，我们根本不会有这么多麻烦，担心南方军队打到华盛顿来。他们根本爬不到城墙上面，也打不到城墙底下，更别想把城墙炸开攻进城来。凯伊先生没多久就恢复了理智。

后来，我收到了一封信，外面套着一个新信封。这封信是波西米亚还是加利西亚的一个乡村牧师寄来的，上面大胆地写着：

某地 438

马克·吐温收

这封信走过了几个欧洲国家，在漫长的旅途中受到热情对待，得到各种帮助，这才到了我手里；信封周围盖着麻麻烦烦的邮戳，两面都盖满了——总共有19个。其中有一个是纽约的邮戳，邮递员的热情在纽约戛然而止——这里离我的家只有三个半小时的路程，这封信已经被打开了，他们查明了这位牧师的地址，把信寄还给他，就像约翰·布朗医生的遭遇一样。

在克莱门斯太太收到的古怪信封中，有一封来自澳大利亚的信件，上面是这样写的：

上帝知道在哪儿

马克·吐温收

这个信封在报纸上登了出来,这封信在旅途中周游各地,跋山涉水,毫无疑问,这让我想起了另一个古怪的信封,这是远方一个陌生人写来的——这就是上面写的地址:

某地(试试撒旦 Satan)

马克·吐温收

撒旦没有辜负这位陌生人的信任,他谦恭有礼地把信送到了地方。

今天早上的邮件里有一封新奇的信,这封信来自法国——是一个英国姑娘寄来的——上面写着:

美国华盛顿白宫

罗斯福总统转交马克·吐温收

这封信没有耽搁,不过直接盖上了华盛顿昨天的邮戳。

在很多年以前克莱门斯太太保存的日记里,我找到几处提到哈里特·比奇·斯托夫人的地方,她是我们在哈特福德的邻居,两家中间没有篱笆。在那个时候,遇到晴好的天气,她就把我们的土地当作她自己的土地。她已经年老体衰,是个可怜的人。她每天四处漫游,旁边有个身强体壮的爱尔兰女人照顾她。在我们的邻居家里,每逢晴朗的天气,大门总是敞开着。斯托太太随心所欲地进到他们家
439 里,她总是穿着拖鞋,轻手轻脚地走路,充满动物的本能,她总是能吓人一跳,而她很喜欢这么干。她会在沉思冥想的人面前捣鬼,发出印第安人的呐喊声,让人家吓得魂不附体。她也有安静温和的时候,有时我们能听到客厅里传来优美的音乐,发现她在钢琴旁边,充满深情地唱着古老忧伤的歌曲。

她的丈夫斯托老教授,是个风度优雅的人。他身材高大,表情严肃,总是戴着宽边礼帽;他留着长长的白胡子,一直垂到胸前;他的鼻子因为得病变大了,就像一朵花菜。我们的小苏西第一次见到他,是在我们家旁边的街上,苏西顿时睁大了眼睛对她妈妈说,"圣诞老人竟然溜出来了!"

这让我想起查理·斯托牧师的小儿子——他当时是个 7 岁的小孩。有天早上,我在查理母亲的家里见到他,他给我讲了个小故事。他曾经去过芝加哥,参加公理会神职人员大会,他带着小儿子一起去了。在旅途中,他时不时地提醒这个小家伙,他必须在芝加哥表现得规规矩矩。他说道,"我们要到一位牧师家里做客,那里还有其他的客人——牧师们和他们的太太——你可要当心,要让人家从你的举止和谈话中看出来,你来自一个信仰虔诚的家庭。可千万要当心这件事。"这番叮嘱收效颇丰,他们在芝加哥牧师家里第一次吃早饭的时候,他听见他的小

儿子用温和恭敬的语气和对面的太太说，

“看在上帝的份上，您能把黄油递给我吗？”

1906年3月26日，星期一

再谈约翰的圣经班——克莱门斯先生对几篇剪报的评论——告诉豪威尔斯先生写自传的计划——讲述关于企图自杀的女孩的报道——对比偏僻村镇和大城市的报纸——谈到马什上尉和迪克·海厄姆——希格比来信，先驱报给希格比的信

小洛克菲勒谈财富

你不可有别的神，雄心壮志却无妨

昨天，小约翰·D.洛克菲勒向圣经班的成员道歉，因为他占用了周日的全部时间，他承诺不会再这样做，除非他的话题经过讨论才会切实有用。

他说道，“我们经过普遍的讨论会更有益，大家可以对此事畅所欲言。”

然后洛克菲勒先生提出了一个问题，打算让会员们进行讨论。他以十诫为例，把十诫分为两部分，前5条诫律是人对上帝应尽的义务，后5条诫律是人对邻人应尽的义务，他说道：

“我们习惯于遵从大多数的诫律，但就文字而论毫无益处。让我们 440
拿第一诫和第四诫来说。先来看看第一条诫律，除了我以外，你不可有别的神。大多数人首先会想到快乐，如今普遍的情形是，我们首先想到的是身外之物。来到城里的陌生人会说纽约的上帝就是财富之神。我们先想到快乐或财富，然后才想到上帝，因此我们违背了第一条诫律。”

“我并不是说，我们不应该为雄心壮志而感慨，沉浸于纯真的欢乐，而我要说的是，如果我们把上帝排在这些东西的后面，我们就不会对他产生应有的崇敬。”

“当那位富裕的年轻人被告知要把所有的财产赠给穷人，基督意识到，他首先想到的是财富，其次才是上帝，违背了第一条诫律。”

“至于第四条诫律，让我们来探寻什么是纪念安息日的正确方式。我们违反第四诫中制定的规矩，有多么正当的理由呢？”

有些人谈到了遵守安息日，洛克菲勒先生说：

“这个问题应该引发普遍的讨论，这样才有益处。我在星期天打高尔夫球、骑自行车、去乡间散步是正当的吗？这是我们希望知道的问题。我们在此追求真理，让我们在这个星期里仔细地思考这个问题，到下个星期天来发表见解，到时候我们会得出公正的结论。"

你瞧，小约翰·洛克菲勒昨天又提到了神学理论。我没有参加上个星期四晚上圣经班荣誉会员的聚会，因为我生病了，我表示衷心地抱歉。我不得不给小洛克菲勒打电话，告诉他不必来接我了。不过，也许我去不了是件好事，因为我会讲到撒谎的问题，这对圣经班来说真实得令人毛骨悚然。任何接近真相或真理的东西都会给这个圣经班带来伤害，我想，他们听到一点儿清楚明白的真相，就会像炸弹那样造成可怕的灾难。

街车婴儿指南

老先生提问，小姑娘回答，妈妈说"闭嘴"

星期六下午，有位慈眉善目的老先生坐上了开往百老汇的拥挤街车。在他前面的角落里，坐着一个瘦弱的小妇人，怀里抱着一个婴儿。她旁边还坐着一个孩子，是个5岁大的小女孩，她似乎被这位老先生和蔼的面容吸引住了，凝神注视着他，一双明亮的眼睛瞪得很大。老先生朝她笑起来，对她说：

"哎呀，这个婴儿真可爱！这就是我要找的小孩，我要把她带走了。"

小姑娘立即嚷道，"不许带走。她是我妹妹。""怎么！你要把她送给我吗?""不！我才不给你呢。"

他的声音里带着一丝渴望，坚持说，"可是我家里没有小孩儿啊。"

小姑娘充满自信地回答，"那就写信给上帝，他会给你送个孩子的。"

441 这位老先生哈哈大笑，其他的乘客也笑起来，可是做母亲的显然听出了亵渎上帝的意味。

她说道，"蒂莉，闭嘴，老实点！"

这篇文章是我从今天早上的《纽约时报》上剪下来的。文章写得很优美，很吸引人；带着轻松优雅的风格，令人感到羡慕——这份轻松优雅是情感和同情的产物，也是实际练习的结果。新闻记者能够写出这样优美的文章，时常让我感到惊讶。我在40年前当过新闻记者，连续当了3年——可是我记得，我和同行们从来没有塑造这样出色的文学典范。这篇文章即使过了300年也和现在一样优美感人。

我希望，等到我死后出版的这本自传将成为日后所有自传的典范，我还希望，等到几百年后还有人阅读和称赞这本自传，称赞其形式和写法——这种形式和写法无论是过去还是现在，都是和作者面对面的交流，不断激发出新的兴趣，碰撞出闪耀的火花。此外，我的这本自传不会选取我生活中那些浮华的片段，而是仅仅讲述普通人生活中的平凡经历，这种讲述必然不会引起普通人的兴趣，因为都是他们自己生活中熟悉的故事，他能在书中看到自己的人生跃然纸上。这本普通寻常的自传作者，特意选取了他在职业生涯中和名人交往的场合，而他对那些无名之辈的交往同样妙趣横生，对他的读者来说，这些段落比他和名人的来往更丰富多彩。

豪威尔斯昨天下午来了，我告诉他打算写这本自传，看起来这是个毫无条理的计划——只是看起来杂乱无章，实际并非如此。这是个深思熟虑的计划，这个计划的法则就是，我将讲述那些令我感兴趣的事情，然后丢在一边，再讲下一件我感兴趣的事情，直到讲完为止。这个计划没有确定的方向，也不会沿着任何方向走下去。这个计划很完整，可以随心所欲——不知道从哪儿开头，没有特定的方向，只要我活着就永远讲不完，因为如果我每天让速记员记 2 个小时，这些事情会记上 200 年，我还说不完 1/10 这辈子有趣的事情。我告诉豪威尔斯，我的这本自传不用费吹灰之力，就能流传几千年，还会以崭新的面貌度过余下的岁月。

他说，他相信这一点，问我是否打算为此建个图书馆。

我说，这就是我的打算，而且只要我活得够长，一座城市都放不下这些书，可能需要一个国家才能放得下，到那时候也许再没有洛克菲勒家的人了，除了分期付款以外，谁也买不起一整套书。

豪威尔斯鼓掌喝彩，满口称赞，表示支持，他这样做很明智。如果他有不同的看法，我会把他从窗口扔出去。我喜欢批评，但是一定要依照我的意思。

前天，报纸上刊登了另一篇文学作品，我打算把它剪下来附在这里，以便在几 442
百年后，人们能够带着哀伤的喜悦读到这篇文章，可是我转眼就忘了这回事，把报纸扔掉了。这则报道篇幅简短，但是叙述完整，有个 16 岁的姑娘受穷挨饿，在寒冬里（严格来说，已经是春天了）穿着一件单衣服，这个衣衫褴褛的姑娘被警察带到了治安官面前，指控她企图自杀。法官问她，为什么要做这种事，她用低沉的声音哽咽着讲给法官听，她的生活是个负担，再也忍受不下去了；她在一家血汗工厂里做工，每天工作 16 个小时；她赚来的微薄薪水都要养活家人；她的父母从来不给她衣服穿，也不让她吃饱；自从她记事以来，一直穿着同一件破衣服；她羡慕自己贫穷的同伴，因为她们还能花一个便士给自己买些小玩意儿；她不记得，自己什么时候花过一个便士。法庭、警官和其他在场的人都为她留下了眼泪——足以证明她讲述的悲惨身世多么令人信服。实际上，我看了这篇报道也为此感动，充分证明这位记者用自己的笔传达了心中的情感，他干得很不错。

在这个国家的偏僻地方，密西西比河两岸的村镇里，周报依然和60年前我小时候一样稀奇古怪。在大都市里的日报上，我们每天都能看到，某某陆军中将和某某准将有什么消息，范德比尔特家族有什么动向，约翰·D.洛克菲勒躲在纽约州外什么地方，免得他被拉到法庭上就标准石油公司的指控作证。这些了不起的日报，让我们了解到卡内基先生的言谈举止，告诉我们昨天罗斯福总统讲了什么话，他今天还要讲些什么。报纸告诉我们，罗斯福家族的子女有什么见解，就像欧洲报纸每天引述王室贵胄的话一样——我们注意到，罗斯福家的子女颇有贵族的气派，他们说的话空洞无聊，压根不值得一提。在两个月的时间里，这些了不起的日报充斥着爱丽丝小姐的消息，无论是每天、每小时还是每分钟，都忠实地记录了她的谈话，她未婚夫的谈话，他们将要说些什么，做些什么，到头来承蒙上帝开恩，他们终于结婚了，可以从此退场，清静下来。

过去60年来，偏僻村落的报纸上也有王室专栏，登载着当地名流的言谈举止。当年报纸上写的东西和现在一个样，无非是镇上数一数二的杂货商有什么动向，买了一只新股票，卖冰激凌的小贩有亲戚到访，史密斯小姐和琼斯全家待了一个星期，诸如此类。这些消息就像我前面提到的美国达官贵人的言谈举止，让村民们产生了浓厚的兴趣。这样看来，人性全都一样：我们愿意了解大人物的所作所为，因为我们羡慕这些人。村子里的大人物能引来普通人的羡慕，就像美国总统让普通国民羡慕那样。无论是大城市还是小村庄，只要是引人注目的卓越人
443 士，就会让我们产生兴趣，赢得我们的崇敬。只要我们肯留心注意，生活中根本没有琐碎无趣的东西。在村子里，这些人称得上举足轻重，似乎是对国家至关重要的卓越人士。

斯旺戈家

摘自肯塔基州《黑兹尔格林先驱报》

比尔·斯旺戈医生再度行医。

罗德·斯旺戈姑妈周日拜访约瑟夫·卡特伦及夫人。

夏伊洛·斯旺戈太太参加周六梅敦举行的拍卖会。

W. W. 斯旺戈准备把一群健壮的牛赶到斯特灵山集市。

上周，詹姆斯·墨菲买下了W. W. 斯旺戈的10头牛。

蒙哥马利县的约翰·斯旺戈太太上周拜访了夏伊洛·斯旺戈及全家。

瓦莱里娅著名的火鸡商人沃什·斯旺戈的妻子莎拉·艾伦·斯旺戈太太周六和周日到本·墨菲太太家中做客。

这篇报道描写了肯塔基州的斯旺戈家最近的所作所为，写得真实可靠，实事求是。我们一眼就能看出，在肯塔基州黑兹尔格林的村民心里，斯旺戈家族多么令人羡慕和崇敬。在这段文章中，把"斯旺戈"这个姓氏换成范德比尔特，下一行换成洛克菲勒，下一行换成总统先生；下一行换成纽约市长；下一行换成爱丽丝的新婚丈夫；再把夏伊洛·斯旺戈太太换成爱丽丝·罗斯福·朗沃斯夫人，这就全齐了，这就是王室专栏，各种情节一应俱全，还有高贵庄严的气派。

> E. L. 马什上尉在爱荷华州德梅因去世
>
> 一周前，2月23日星期五，E. L. 马什上尉因长期患病在爱荷华州德梅因去世，享年64岁。他在1842年出生于纽约州汤普金斯县恩菲尔德，此后搬到埃尔迈拉与父母一起生活，在1857年离开埃尔迈拉，到爱荷华州定居，他在那里度过了余生，期间曾短暂到南方和西部居住。他曾经在德梅因加入爱荷华州第二步兵团D连，被推选为连队的上尉。他在战争期间勇敢无畏、战功卓著。南北战争结束后，马什上尉来到新奥尔良，在那里度过了重建岁月，然后到了纽约，做了几年的铺路生意。1877年，他回到德梅因，此后在当地居住了30年，他经营房地产业务大获成功。1873年，他结了婚，死后留下妻子和两个孩子。马什上尉是爱荷华州忠诚骑士团的成员，他曾经担任爱荷华州该组织的高级副指挥官。他也是G. A. R. 和公理教会的成员。马什上尉的父母是谢泼德·马什先生和太太，马什太太是本城已故的杰维斯·兰登太太的孪生姐妹。马什上尉也是埃尔迈拉的查尔斯·兰登将军的至亲好友。

这篇报道是从爱荷华州德梅因的一家报纸上剪下来的，今天早上我才收到。 444
埃德·马什是我妻子的表亲，我对他记得很清楚。36年前他来参加过我们的婚礼，是个容貌英俊的小伙子。我对他颇感兴趣，不仅因为他是新娘的亲戚，还因为他在爱荷华州第二步兵团服役时，迪克·海厄姆就在他的连队里，开战前5年，迪克只有17岁，是个心地善良、头脑简单的小伙子，在爱荷华州基奥卡克我哥哥的小印刷所里当学徒。他有一把老式毛瑟枪，经常得意地背着枪，在印刷所里走来走去，他说他宁愿去参军也不愿干别的。我们都嘲笑他是个女扮男装的姑娘，要是在战场上遇见敌人，他准保扔下枪就跑。

不过我们的预言并不准确。几年后，林肯总统招募了志愿兵，迪克加入了爱荷华州第二步兵团，就在那个时候，我丢掉了在密西西比河上当领航员的工作，准备在密苏里州的罗尔斯县加入南方军队。爱荷华州第二步兵团南下到圣路易斯附近，在那里安营扎寨。无论如何，这个步兵团名誉扫地——如果我记得不错的话，他们接受的惩罚是再也不能高举自己的军旗，直到在战斗中有英勇的表现，才能赢得这种殊荣。1862 年 2 月，格兰特将军命令军队攻打田纳西州的多纳尔森堡，第二步兵团请求率先冲锋，得到了批准。迪克当时是个列兵，他和埃德·马什的连队向山上进发，穿过砍倒的树木和其他障碍物，冲到了敌人的前沿阵地，有一颗子弹打穿了迪克的前额，他倒下了——用男子汉的气概洗刷了五六年前嘲笑他的预言，第二步兵团的其他战士胜利攻克了多纳尔森堡，让战旗高高飘扬，永远不再蒙羞受辱。

埃德·马什的姐姐也出席了我们的婚礼。她和弟弟对彼此充满关爱崇敬，这种感情持续了有 1 年。在我们结婚的时候，做姐姐的嫁给了一个名叫塔尔梅奇·布朗的骗人精。他头脑聪明却放浪形骸，总是喝得烂醉如泥。他通过聪明才智赚了不少钱，死后不久公布了遗嘱，指明要埃德·马什当遗嘱执行人。这笔财产价值一百多万美元，但是弄得乱七八糟。埃德·马什和其他一两位执行人忠实地履行了他们的责任，没有任何报酬。他们花了好几年的时间来处理财产事宜，不过终于办完了。此后有几年光景，大家都相安无事。可是大概在 1 年前，已故的塔尔梅奇·布朗的几个亲戚，劝说他的未亡人起诉埃德·马什和其他遗嘱执行人，控告他们管理不善，窃取了一大笔财产，肆意挥霍。这件事让姐弟两人从此断绝了有生以来亲密的关系。这次诉讼也伤透了埃德·马什的心，因为他向来受人尊敬，从来没有受过这样的猜疑。他气得病倒在床上，这起案子提交到法院审理。马什没有对他姐姐说一句责怪的话，他说谁也不该怪，要怪也只能怪布朗家的人，他们摧毁了他的意志。这起案子在法庭开审，法官说了很多愤慨激昂的话，布朗家的人起身准备退出法庭，但是法官命令他们等着，听完他说的话。他用威严的
445 口气把他们骂得狗血喷头，斥责他们是骗子流氓，勒令他们滚出去。这个振奋人心的消息传到马什那里已经太晚了，没办法挽救他的性命。他的身体没有康复。过去两个月里，他逐渐失去了元气，他的生命终于走到了尽头。

今天早上，我收到了一封信，是我过去找银矿的老朋友卡尔文·H. 希格比寄来的，我有 44 年没有见过他，也没听到过他的音信。我写的《艰苦岁月》的一章里出现过希格比的形象，这本书讲述了在奥罗拉的大西方矿，我们发现了矿藏丰富的隐矿脉，当时我们把这个地区叫作艾丝美拉达，我们没有按照矿产法的要求，在探明矿藏的 10 天内进行作业，来获得这笔巨额财富的永久所有权，他动身去寻找神秘的胶泥矿脉，结果一无所获；我走了 9 英里，渡过沃尔克河去照顾约翰·奈伊船长，船长得了间歇性风湿病或蹒跚病之类的病；有一天晚上，卡尔和我回到艾丝美拉达，发现来晚了一步，我们的财富被开矿者重新瓜分了。

我把这封信附在这里，既然在我和希格比进坟墓前，这封信都不会重见天日，我就在此照抄他的标点符号和拼写，因为依我看，这也是他人品的一部分。他为人诚实可靠，他的头脑非常简单、直爽坦荡，他的拼写和标点符号也像他这人一样简单诚实。他没有为此道歉，也用不着道歉。这些都清楚地说明，他没有受过教育，也清楚地说明，他并没有装作受过教育。

1906年3月15日

加利福尼亚州普卢默斯县格林维尔

纽约州纽约市

塞缪尔·L.克莱门斯

亲爱的朋友：

有两三伙人老是找我，要我把60年代初咱们在内华达的交情写下来，我决定说干就干，把脑子里记的事情都写下来，我已经写了好几年了。我拿不准的是，你到内华达奥罗拉的日期，还有你到内华达以后，第一次穿越内华达山脉到加利福尼亚的日子，你到沃尔克河边去照顾病人，咱们的矿被人强占去的确切日期，别以为我要抢你的风头，我只是举几个例子，我看了你的文章和书，里面都没有提到这些事。我准备把文章给你寄去，好让你看看有什么地方不妥当，要是有的话，只管删掉，把你认为合适的写进去……

几年前，我家里遭了火灾，所有的旧材料都烧掉了，所以我才要问你上面那些日期，我病了有两三年，说起来也赚不到什么钱，手头越来越拮据。我得承认，主要是为了赚点钱，我才试着写点儿什么……我希望你能直截了当地提出意见，指出文章的优点，你对这些事有什么高见，文章有什么出版的价值。我给《先驱报》写过信，问他们要不要这类文章，现在把回信的抄件附上。

希望能尽快收到你的回信，致以崇高的敬意。

此致

C.H.希格比

［抄件］ 446

1906年3月6日，纽约

加利福尼亚州格林维尔

C.H.希格比

亲爱的先生：

你若能寄来对马克·吐温和你经历的介绍,我将深感欣慰,如果内容妙趣横生,如我所料,《先驱报》愿支付优厚报酬,当然,审阅稿件前,我还不能确定具体的金额。如蒙惠予稿件,且经克莱门斯先生审定,我将不胜荣幸,并尽快依据稿件的价值给予你相应报酬。如你对应付稿酬的具体金额有所考虑,请及时告知我。

你真诚的

乔·R.迈纳

纽约《先驱报》

周日版主编

我给希格比写了信,要他让我来接手这个文艺买卖。他铲起沙子来比我强——下一章会提到——不过论起盘剥出版商的本领,我要比他高明得多。

1906年3月27日,星期二

希格比的拼写——马克·吐温为希格比在先锋矿找工作——1863年,马克·吐温到弗吉尼亚城当了《企业报》的记者——马克·吐温为失业者找工作的计划帮一位年轻的圣路易斯记者取得成功——他在外甥塞缪尔·莫菲特身上实施了这个计划

我让希格比帮着把《先驱报》编辑的拼写改得和他的写法一致。他改得不错,大方随意,毫无偏见。依我看,他的修改让原稿增色不少,因为六十多年来我对正确拼写很反感,原因就是我小的时候什么事情都做不好,只会按照书本拼写。这不过是一种可怜卑微的荣誉,我从小就不以此为荣。依我看,拼写正确的能力只是一种天赋,而不是才能。才能至少还有一点体面,因为那是靠自己努力得来的成果。这是挣来的工资,只靠上天恩惠不靠自己努力就能做好的事情,那就只能归功于上天——这种事情也许值得骄傲和满足,但是会让你赤身裸体,身无分文。

我帮失业者找工作的那个伟大计划从没有落空,希格比是头一个从中受益的人。44年来,我时常把这个计划付诸实施。据我所知,这个计划一直很成功,我能创造出这个计划,并且根据我对人性的看法,对人性作出准确的估计,我为此感到很自豪。

447 希格比和我住在山脚下棉花工人的棚屋里,这个棚屋非常狭窄,只能容下我们俩和炉子——实在是个糟糕透顶的住处,从早上8点到晚上8点,屋子里的温度有时候竟然相差50度。在半英里外的山梁下,我们有一处银矿开采区,是与鲍勃·豪兰和霍雷肖·菲利普合伙经营的,我们每天早上带着午饭到山上去,待上一整天,在竖井里挖掘开采,点火爆破,从希望到绝望,再从绝望到希望,毫无疑问,我们慢慢地把资金都花光了。最后,等到我们的钱包瘪了,还是什么也没挖到,我们觉得必须另找一个谋生的门路。我在附近的石英厂找了个差事,用长柄铁锹筛矿砂。我讨厌长柄铁锹,我怎么也学不会用铁锹扬沙,我使出了浑身解数,矿砂还是洒不到筛子上,反而弄得我满头都是沙子,顺着我的背掉到衣服里。这是我干过最讨厌的工作,可是每周能赚10美元,还管饭——吃得不错,不光有熏肉、豆子、咖啡、面包和蜂蜜,我们一周里每天还能吃到炖苹果干,仿佛天天都是星期天。不过这种荣华富贵的生活、粗犷奢侈的生活,终于过到了头,这有两个充分的理由。就我来说,我实在受不了辛苦的劳动,就公司那方面来说,他们觉得,实在没必要雇我把沙子洒在自个儿背上。所以,正当我准备辞职不干的时候,我也被解雇了。

要是希格比来干这个活,肯定会干得顺顺当当,人人都满意,因为他那副高大魁梧的身材一定能胜任。他肌肉发达,像巨人那样健壮有力。他抄起长柄铁锨来,就像皇帝那样气派,他干起活来很有耐心、从容不迫,能够一口气干上12个钟头,既不会心跳加速,也不会累得直喘气。当时他还没有找到活干,有点灰心丧气。他闷闷不乐地说,“我要是能在先锋矿找个活儿该多好!”

我说,“你想在先锋矿找个什么样的活儿?”

他答道,“嗯,当工人,人家一天能赚5块钱呢。”

我说,“你要是想干这个,我来给你安排。”

希格比大吃一惊,说道,“你是说,你认识矿上的工头,能给我找个工作,可你怎么从来没说过?”

我回答说,“哪的话,我可不认识工头。”

他问道,“那你认识谁啊?你怎么帮我找个工作?”

我说,“你瞧,这简单得很。只要你按我说的做,别自作主张,你就能在天黑前找到工作。”

他急忙说,“我听你的话,你叫我干什么都行。”

我说,“那好吧,你到矿上去,说你想当个工人;说你闲得发慌,你不习惯过游手好闲的生活,受不了这个;还说你就是想干点活儿提提神,什么报酬都不要。”

他问道,“什么报酬都不要?”

我说,“对啊——什么报酬都不要?”

“压根不要工资?”

“不要,压根不要工资。”

448 “连吃饭也不要?”

“不要,连吃饭也不要。你是去白干活。让人家都明白这一点——你是心甘情愿地白干活。等他们看见你这副魁梧的身材,工头肯定觉得自己中了头彩。你就找到工作了。”

希格比气冲冲地嚷道,“是啊,这工作见了鬼了。”

我说,“你刚才还说你要干活,现在就埋怨开了。你说过要听我的话,你这人一向说话算数。现在就去吧,准能找到工作。”

希格比说他会照办。

我迫不及待地想知道后来的情形——比我催他去找工作的时候还要着急。我希望装出一副自信的样子,看起来对自己的计划充满信心,可其实呢,我心里很着急。不过我相信自己熟知人性,像希格比这样的壮汉愿意不要钱白干活,人家肯定不会随随便便地把他赶走。漫长的时间一点点过去,他还是没回来。我的心情越来越好,越来越有信心。到了黄昏的时候,他终于回来了,我满心欢喜地了解到,我那套发明真是妙不可言,竟然大获成功。

他说,工头起先大为惊异,不知道他这么说究竟是什么意思,不过他很快就回过神来,显然很高兴能收留希格比,给他一个渴望提提神的机会。

希格比问道,“这样究竟要干多久?”

我说,“条件就是你得待在那儿,该干什么干什么,跟你赚了普通的工钱一个样。你别说什么抱怨的话,也别提要工资或者管伙食。就这样干上1、2、3、4、5、6天,要看那个工头的脾气。有些工头几天下来就沉不住气了。有些工头能撑到1个星期。要是能撑过两个星期还不感到难为情,不发工资给你,这种人很难找到;就算那个工头能撑上两个星期,在这种情形下,你也不会在那里待上两个星期。因为人们会到处说,这个矿场有个最能干的工人,那么喜欢干活,竟然乐意白干活不要钱。你会激起大家的好奇心,人家会从别的工厂跑来看你。你可以收门票赚一笔钱,不过你不要这么干。你要保持你的本色。等到别家工厂的工头看到你这副好身板,瞧见你抵得上两个普通工人,他们会给你半个工人的钱。你千万别答应,把这事报告给你的工头,给他一个机会,让他提出同样的建议。要是他不开口,你就随心所欲,答应别人的请求。希格比,不出3个星期,你就会当上矿场或工厂的工头,赚到最高的工资。”

结果正是如此——从此以后,我过着轻松安逸的生活,什么活也不用干,因为我不必按自己开的药方去做。只要希格比有个工作,我就用不着找活儿干。这样一个小家庭里,一个人干活就够了——这样一来,后来许多个星期里,我成了悠闲自得的绅士,看看书,读读报,每天炖苹果干当午饭,仿佛天天过星期天,这一辈子
449 我也不指望更好的前程了。希格比慷慨地支持我,从来没有怨言,从来没有提醒

我出去找个不拿工资、养活自己的工作。

那是1862年的事。我在1862年年底和希格比分手了——也可能是在1863年年初——来到了弗吉尼亚城，因为我应邀来到这里，接替威廉·H. 怀特的工作，当上了《企业报》的独家记者，为期3个月，当时怀特穿过平原去衣阿华州探亲。这些事情我在《艰苦岁月》里全都写过了。

此后的44年里，我再也没有见过希格比。

1870年，我结婚后不久，收到了圣路易斯一个年轻人的来信，他可能是我的远房亲戚——我不记得是什么亲戚了——不过他在信里说，自己怀着雄心壮志，渴望当一名记者，问我能不能为他写封推荐信，寄给圣路易斯的几家报纸，设法帮他找一份记者的工作。这是我平生头一次有机会尝试那个伟大的新计划。我给他写了信，说我会帮他在圣路易斯的一家报社找个差事；他可以选一家想去的报社，不过他必须答应听我的话，照我说的去做。他回信说，会满腔热情地按照信里说的办。他的信中充满感激之情——感激得未免早了些。他问我下一步该怎么办，我回了信。我告诉他，他用不着拿我或别的什么人写的推荐信。他必须自己去选好的那家报社，说他无所事事、闲得发慌，想干点活儿——他只想要份工作，渴望有份工作——说他不在乎工资，不要什么报酬，但是能养活自己——他宁愿不要工资白干活，不管什么样的工作都行，只要他们有活儿让他干。他会打扫编辑办公室，灌满墨水台和胶水瓶，他会跑腿打杂，但凡是能干的活儿，他都能派上用场。

我认为，我的计划不是对每个人都管用——有些人对不要钱白干活嗤之以鼻，觉得这么做是自轻自贱；还有不少人以为我是个傻子，竟然提出这种建议；还有许多人没胆量下决心地实施这个计划，尝试一下。我感兴趣的是，写信的这个家伙究竟是什么样的人，当然了，我得等上一段时间才能知道。我告诉他，他不能要什么报酬；他永远不能掉进圈套，犯这种错误；迟早有一天，别的报社会提出给他支付工钱，等到这时候，他就可以直接去找老板，给他一个机会，让他提出同样的建议，在这种情形下，他必须留在这儿——他绝不能提前要工资，必须等到有人雇佣他，如果他能证明自己有价值，总会有人来雇他的。

这个计划再次奏效了。这个年轻人找了一家报社，头几天他只是打扫房间，做些不起眼的活儿，一句话也不说。不久后，职员们开始注意到他。他们觉得可以打发他做不少事情，帮自己省时省力，还不用花一分钱；人们发现他聪明机灵，甘愿卖力气，就开始让他干更多的活儿。然后，他壮着胆子照我说的话去做，我告诉过他，这事别匆忙，先要保证他受到欢迎，于是他遵命照办。等他在报社和家里 450
之间奔忙，出去跑腿办事的时候，他总是瞪大双眼，观察一切对本地新闻专栏有用的事情，然后写下来，先检查一遍，删掉形容词，再检查一遍，删掉没用的内容，最后把枝枝蔓蔓都去掉，提炼成简单的事实，然后把这篇文章放在本地新闻编辑的桌子上。他有好几次都干得很成功，看见自己写的材料登在了报纸上。后来负责本地新闻的编辑缺人手的时候，免不了要打发他去干活。他干得尽心尽力，结果也不错。这种机会也越来越多。这样一来，他认识了各家报社的所有记者，和他们交了朋友，其中有个人告诉他，如今有个空缺的职位，他可以弄到这份差事，还能拿到报酬。他回答说，必须先和自己的老板谈谈这件事，他不折不扣地照我的话去做，把这件事告诉了老板，意料之中的事情发生了。这家报社保证，他会得到和其他报社一样多的报酬——只要他留在那儿。

这个年轻人每年给我写两三次信，报告我那个计划令人鼓舞的新消息。其他报社经常提出给他更高的报酬，他就把这个消息报告给自己的老板；他所在的报社每次都会给他加薪，让他留在那里。最后，他得到了老板从来没有开出的高薪。他在南方城市一家很有影响力的报社当主编，这笔报酬是每年 300 美元，是当年最高的工资。他在这个职位上干了 3 年，后来我就再也没有听到他的音信。

大约在 1886 年，我的外甥塞缪尔·E. 莫菲特，还是个二十几岁的小伙子，丢掉了他继承来的财产，必须自己找一条谋生的出路。从几方面来说，他是个与众不同的年轻人，他小时候得了神经疾病，没办法正常上学，他没有接受学校教育——不过这对他来说也没多大害处，因为他有惊人的记忆力和强烈的求知欲。在他 12 岁的时候，他通过读写掌握了各种各样丰富的知识，我还记得有一次，他的表现让我大为反感。他到我家里来作客，我当时正在设计一个拼图游戏，找出古往今来的历史事件。我为这个游戏花了很大的工夫，称得上绞尽脑汁，因为我的脑子里根本记不住这些事件。我不得不煞费苦心，从书里把它们挖掘出来。这个孩子看了我的工作，发现我对历史的描述并不准确，这个游戏也没有什么价值。然后他坐了下来，开始凭借记忆来构思整个游戏。在我看来，他的表现很出色，让我大为光火。

我前面是不是说过，他在二十几岁的时候从旧金山给我写信，说他想当个记者，让我给旧金山的报纸编辑寄去几封推荐信？我写了回信，要他不折不扣地按我的那套老办法做。我没给他写推荐信，也不准他用别人的推荐信。他完全遵命照办，去了威廉·R. 赫斯特旗下的《旧金山考察家报》工作。他按照我的计划，在那里打扫编辑室，干些普通的苦差事。过了没多久，他当上了编辑，拿到了丰厚的薪水；两三年后，他的薪水涨到一个很高的数字；又过了一两年，他递了辞职信——因为当时他结婚了，住到了奥克兰或附近的郊区，不愿意披星戴月地在报社和家之间来回奔波。后来，他留在了奥克兰，在家里写社论，然后寄到报社，依然拿着一大笔薪水。不久后，他来到纽约到赫斯特在纽约的报社任职，等他最后辞职的时候，他已经在赫斯特手下干了 16 年，从来没有休息过一天。

然后，他当上了《纽约世界报》的主笔，可以住在城外，把稿子送到城里。他 451
的工资是每年8000美元。几年后，《科利尔周刊》提供给他一个轻松的差事，这个工作特别合他的心意，因为主要涉及古往今来的历史事件——这正是他喜欢的领域。薪水大概是1万美元，他来征求我的意见，我劝他接受，他照办了。普利策先生发现他要离开《纽约世界报》，不希望让主编放他走，可这并不是主编的责任。他收到辞职信的时候才知道莫菲特要离开。普利策提供给莫菲特20年的合同，这个期限可以保证，即使普利策去世，也不会危及他的工作，这份合同还有个特别的条件，莫菲特可以指定自己的薪水。当然，莫菲特留在了《科利尔周刊》，他和《科利尔周刊》签订的协议让双方都很满意。

1906年3月28日，星期三

奥利安·克莱门斯的个性——他在梅雷迪思医生家的遭遇——凌晨3点拜访一位小姐——马克·吐温父亲当选县法官后去世——查尔斯·L.韦伯斯特的管理不善导致破产，马克·吐温收入微薄

我哥哥的经历就是个显而易见的例子，不久后我要讲到这一点。不过既然现在提到他，我的兴趣不免集中在他的个性上——我暂且把其他事放在一边，讲讲他的特点。他的个性真是古怪透顶，像他这样的人，我70年来从没有见过第二个。

1825年，奥利昂·克莱门斯生于田纳西州芬特雷斯县的詹姆斯敦。他是家里的长子，比我大10岁。在他和我之间是姐姐玛格丽特，1837年10岁的时候，死在密苏里州的佛罗里达，我就是在那里出生的；还有帕梅拉，就是塞缪尔·E.莫菲特的妈妈，1年前，她在纽约近郊去世，享年75岁，她这一辈子都是多病之身，什么病都得过，什么药都吃过，什么治病的法子也都用过，接二连三地得病、吃药、看医生，她对人充满热情，尤其喜欢新鲜玩意。她的个性毫无缺陷，性情和善、温柔可亲。我还有个弟弟本杰明，1843年就死了，当时只有十一二岁。

奥利安的童年是在詹姆斯敦的小木屋里度过的，就在田纳西东部的丘陵
间——人们就是这么叫的，当地人烟稀少，这些原住民对外面的世界一无所知，像 452
四周林子里出没的野兽一样毫无知觉。全家人先是搬到密苏里州的佛罗里达，后来又到汉尼拔，当时奥利安已经十二岁半了。等到十五六岁时，他就被送到圣路易斯，在那里学印刷技术。他有一个特点，就是热情洋溢，每天早上一睁眼就满腔热忱，为了这样那样的事情忙得团团转，整天累得筋疲力尽，到了晚上热情才逐渐熄灭，到了第二天早上，还没等穿好衣服，他又为了另一件新鲜事而热血沸腾。在

他的一生中，每年365天，他都是这样轰轰烈烈地度过的——直到有一天早上，他坐在桌边去世了，手里还拿着一支笔，匆匆记录了这一天的熊熊火焰，准备欣赏烈火浓烟的美景，直到晚上烟消云散，他享年72岁。我差点忘了他的另一个特点，这一点非常显著。那就是他的忧郁伤感、意气消沉、悲观绝望，忧郁和热情每天形影不离。这样一来，他的一天就分成两半——不是一分为二，而是交相辉映——从日出到午夜，一会儿是阳光灿烂，一会儿是乌云密布。我觉得，他每天都是世界上最乐观光明、充满希望的人，同时也是世界上最悲惨可怜的人。

奥利安在圣路易当学徒的时候，认识了爱德华·贝茨，他后来进入了林肯总统的第一任内阁。贝茨是个非常好的人，品行高尚、为人正直，是位声名显赫的律师。贝茨耐心地听奥利安讲述每一项新计划，和他一起讨论，用论证和不可抗拒的逻辑打消他的念头——起初是这样的。可是几个星期后，贝茨发现没必要费这么大的工夫，他可以把新计划放在一边，当天晚上就会自生自灭。奥利安认为他应该当个律师，贝茨先生就鼓励他，他学了差不多一个星期的法律，然后把法律搁到一边，去忙别的新玩意了。他想当个演说家，贝茨先生就给他上课。贝茨先生一边踱来踱去，一边高声朗读英文书，一边迅速地把英文译成法文，他建议奥利安也这样练习；可是奥利安不认得法文，开始埋头学习，热情高涨地学了两三天，然后就抛在一边。

在圣路易斯当学徒的时候，奥利安先后参加了不少教会组织，还在教会开办的主日学校教过书——每次他一改变宗教信仰，就要换一家主日学校，他的政治观点也游离不定——今天是辉格党，下星期成了民主党，再下个星期他又从政治市场上弄回个新鲜花样。我不妨说，在他一生的漫长历程中，他总是不断改变宗教信仰，享受着环境变化的乐趣。我还要说，他的真诚坦荡是毋庸置疑的，他的真实坦率是无可争辩的，拿金钱和生意来说，他的诚实可靠是毫无疑问的。尽管他总是突发奇想、反复无常，但他的原则是高尚的，始终是高尚的，丝毫不可动摇。他是世上最奇特的混合体，在他身上融合了人类的特质。像他这样的人，生来就是凭借冲动而不是深思熟虑办事的，这就是奥利安的作风。不论做什么事，他总是充满信心、满腔热情，自以为非常得意——而且不论做的什么事，好的也罢，坏的也罢，不好不坏的也罢，24小时还没有过去，他就深感懊悔，每次都如此。悲观主义者是天生的，不是后天养成的；乐观主义者是天生的，也不是后天养成的；不
453 过依我看，他是我所见过的唯一一个悲观主义和乐观主义特质不相上下的人。除了基本的原则，他就像流水一样变化无常。一句话能让他垂头丧气，另一句话又能叫他高兴得飘飘然。稍加责备会让他伤心痛苦，些许称赞又会叫他像天使一样开心。对于这些不同寻常的事情，很难用感性或某种心理现象来加以解释，你无论怎么说都能说得通。

他还有个显而易见的特点,正是我前面提到那些个性的根源——那就是渴望人家的认可。他很希望得到人家的承认,像少女般急切地获得大家的赞同,不加区分,为了获得观点不同的人的赞成,他通常随时准备放弃自己的见解、主张和信念。我要说的是,他一直都恪守自己的基本原则。他从来没有为了取悦别人而放弃这些原则。尽管生长在黑奴与奴隶主当中,他从童年到暮年一直都是废奴主义者。他一贯真诚坦率、诚实可靠、品格高尚。不过在无足轻重的事情上——都是无关紧要的小事,如宗教、政治之类——只要有人表示反对,他的信念就会土崩瓦解。

他总是在做梦,他生来就是个梦想家,这个特点经常让他惹上麻烦。他二十三四岁的时候,当了印刷工人,有一次突然异想天开,决定事先不通知我们,就回到汉尼拔,好让全家又惊又喜。如果他提前打个招呼,就会知道我们已经搬家了,我们过去住的房子,现在是那位脾气暴躁、嗓音低沉的老水手,我们的家庭医生梅雷迪思医生住着。奥利安从前的房间,如今是梅雷迪思医生的妹妹,两位老小姐的卧室。奥利安坐船到达汉尼拔时,已是深更半夜,他照例匆匆忙忙地赶路,怀着满腔罗曼蒂克的想法,提前沉浸在惊喜中;他总是事先酝酿情绪,这是他生来的脾气。他从来都等不及事情发生,就浮想联翩,提前陶醉在自己的梦境里——结果有的时候,实际的情形并不像他想象的那么美好,梦想和现实会事与愿违,因此让他尝到了苦头。

他到家后,绕到后门,把靴子脱下来,轻手轻脚地走上楼梯,进了两位老小姐的卧室,没有惊醒睡着的人。他在黑暗里脱了衣服,躺到床上,紧挨着一个人。他吃了一惊,但是也不在意——心想是我们的弟弟本。当时正值冬天,床上温暖舒适,和所谓的本挤在一起更是惬意——他呼呼地睡着了,对自己的成功感到心满意足,一想到明天早上的情景,忍不住做起了美梦。不过有些事情没等到天亮就发生了,而且就在眼前。那位老小姐挤得难受,在床上辗转反侧,半梦半醒之间,嘟嘟囔囔地埋怨有人挤着她。这声音让奥利安浑身瘫软,他动也不敢动,大气也不敢出,老太太左右一摸,碰到了奥利安新蓄的胡子,尖叫起来,"天哪,是个男人!"奥利安猛然吓醒了,匆忙跳下床,在黑暗中摸索他的衣服。两个老太太尖声喊叫,奥利安来不及找到全部的衣服。于是他把手里的衣服往身上一套,闪电般 454
地奔到楼梯口,向下跑去,这时他又吓得浑身瘫软,因为他看见楼下有一支蜡烛闪着微弱的昏黄色光芒上了楼梯,他猜想是梅雷迪思医生举着蜡烛,定睛一看果然是他。医生没有穿什么衣服,这倒无关紧要,他对付这种事早有准备,因为他手里握着屠刀。奥利安朝他高声大喊,医生听出了他的声音,这才使他免遭杀身之祸。接着,医生用海员深沉的男低音——我小时候很羡慕他的嗓子——向奥利安解释此地发生的变化,告诉他到哪里去找克莱门斯家,最后他劝奥利安,下次再干这种冒险事的话,要事先打听清楚,这样的忠告实在没有必要,奥利安这一辈子都不会重蹈覆辙了。

12 月里的一个寒夜里,奥利安熬夜读书到凌晨 3 点,没有看一眼挂钟,就出门去拜访一位小姐。他到人家门口砰砰地敲门,可是没有人来开门,他给弄糊涂了。别人要是遇到这种情形,准会以为这是人家的某种暗示,然后就会明白过来,知趣地回家去。不过奥利安可不明白,还是不停地敲门,那位小姐的父亲终于穿着睡袍出现在门口。他手里拿着蜡烛,身上除了睡袍什么也没穿,一脸不耐烦的表情,从头到脚都流露出怠慢的神气,差点遮住身上的睡袍。可是奥利安并没注意到他闷闷不乐的神情,径直走了进去。这位老先生请他进了客厅,把蜡烛放在桌子上,然后站在一旁。奥利安一边说些天气之类的平常话,一边坐下来,一坐下来他就说个不停、无所不谈,老先生恶狠狠地盯着他,等着开口的机会,满腹怨气、处心积虑地等着。奥利安没有向小姐问好,这样做不合规矩。大家都清楚,小伙子上门来是拜访这家的小姐,而不是她的父亲。奥利安终于站起身来,说了几句话,表示小姐可能太忙,那他下次再来拜访。老先生的机会总算来了,他热情地说,"哎呀,我的天!你不留下来吃早饭吗?"

1847 年,正当我们开始时来运转,过了几年贫困潦倒的生活,就要过上舒心日子的时候,我父亲去世了,灾难降临了。那几年的贫困是一个名叫艾拉·斯托特的家伙的卑鄙行径造成的,我父亲借给了他几千美元——当时在这一带来说是一笔巨款。那时我父亲刚被选为县法官。这次好运不仅给家里带来了富足,满足了我们的愿望,而且他是那么受人尊敬——在全县都备受尊重,深得人心——大家都认为,只要他活着,就能终身拥有这个体面威严的职位。2 月底,他去了巴尔米拉,也就是县政府的所在地宣誓就职。回家的路上,他骑马走了 12 英里,一场雨夹雪把他淋得浑身湿透,到家的时候几乎冻僵了,他接着得了胸膜炎,3 月 24 日去世了。

我们刚到手的富贵荣华就这样给夺走了,全家再次陷入了贫苦交加的困境,世事总是这样不尽如人意。

455 由于查尔斯·L. 韦伯斯特的失职无能和管理不善,我破产了,此前 7 年里詹姆斯·W. 佩奇* 弄走了我 17 万美元,我们只有远赴欧洲,靠剩下的收入生活,这笔收入非常微薄。在后来的十一二年里,我们每年只有 12,000 美元的收入,从来没有超过每年 2 万美元。我敢肯定,直到 1900 年 10 月,我们从欧洲回到美国的前两年,这笔钱也没有超过 12,000 美元。我们的经济大有改善,可是对克莱门斯太太来说,已经来得太迟了。在漫长的岁月里,她精打细算,没有一句抱怨,如今

* 他发明了结构精巧、令人惊叹的排版机。目前只有 1 台,保存在康奈尔大学,当作古董收藏起来,事情就是这样。

我们的运气刚刚好转，却为时已晚。她染上了重病，在22个月后去世了，就在意大利的佛罗伦萨，那天是1904年6月5日。

我前面说过，克莱门斯家再次身无分文。奥利安来接济我们。

1906年3月29日，星期四

克莱门斯先生给阿门特当学徒——威廉二世宴会的土豆风波——亚历山大·坎贝尔牧师的布道文——朝亨利头上砸西瓜——奥利安买了一家报纸，经营失败——奥利安来到衣阿华州马斯卡廷结了婚——马克·吐温独自出外见世面——来到圣路易、纽约、费城、华盛顿——回到马斯卡廷为奥利安工作——捡到50美元钞票——想到亚马逊河探险，收集古柯叶——求贺拉斯·比克斯比培养他当领航员——奥利安当上内华达领地州务卿，两人前往内华达

不过我记错了。我爸爸死后，奥利安有两三年都没到汉尼拔来。他留在了圣路易斯，在那里当了印刷工人，靠工资过活。他用工资养活我妈妈和比我小两岁的弟弟亨利。我姐姐帕梅拉给学生上钢琴课，分担家里的开销。我们就这样熬过来了，不过日子过得很艰难。我不算是家里的负担，因为父亲一死我就退了学，到《汉尼拔信使报》的报馆当了印刷学徒工，报纸的编辑、老板阿门特先生给我一般学徒的待遇——供吃饭穿衣，但是不发钱。衣服是一年两套，其中一套连影子都没见过，至于另一套衣服，只要阿门特先生的旧衣服还能凑合穿，就绝不会去买。我的个子只有阿门特的一半，穿着他的衬衫很不舒服，就像住在马戏团帐篷里似的，我得把他的裤子提到耳朵边才行。

报馆里还有两个学徒，一个叫威尔斯·麦考密克，十七八岁年纪，身材魁梧。他穿阿门特先生的衣服很合身，就像蜡烛模子和蜡烛一样严丝合缝——也就是 456
说，他把衣服撑得紧绷绷的，尤其是在夏天。他轻率莽撞、滑稽可笑、令人羡慕，他无所谓原则可言，是个讨人喜欢的伙伴。起初，我们三个学徒在厨房里跟老厨娘和他的女儿一起吃饭，那是个年轻貌美、光彩照人、举止端庄的混血姑娘。威尔斯为了自己高兴——他才不会劳心费力地讨别人高兴——没完没了、肆无忌惮地跟混血姑娘调情，让这姑娘饱受折磨，害得老妈妈担惊受怕。她总是说，“你瞧，威尔斯少爷，威尔斯少爷，你能不能放规矩些？”老妈妈这么纵容，威尔斯自然更加殷勤，得寸进尺。叫拉尔夫和我看得不亦乐乎，说句实话，老妈妈的抱怨不过是托词。她明白得很，依照蓄奴社会的规矩，威尔斯只要愿意，就有权追求这姑娘。可是姑娘遭受的折磨却是千真万确的，她生性优雅，把威尔斯的放肆调情当作了一片真心。

厨房餐桌上食品的花样少得可怜,无论如何也不够我们吃饱的。因此,我们这些学徒得自己想法子活下去——也就是说,我们几乎每天晚上都从刚发现的秘密通道里爬进地下室,弄些土豆、洋葱之类的东西,拿到印刷间去,我们就睡在印刷间的地铺上,把食物放在炉子上煮,美美地吃上一顿。威尔斯有烧土豆的秘方,味道好极了,是他自己想出来的。自从认识他以来,像他那样做土豆的,我只见过一次。那是在1901年年底,德国皇帝威廉二世请我去参加私人宴会。土豆端上餐桌的时候,让我大吃一惊,稀里糊涂地犯了不可饶恕的错误,过了一会儿神志才清醒过来——换句话说,我没有等旁边皇帝陛下先开口,就兴高采烈地对土豆恭维了一番。依我看,他尽量不动声色,似乎既不吃惊也不生气,其实他分明又气又恼,在场的六七位达官贵人也是如此。他们吓得目瞪口呆,但是大家都闭上嘴一声不响。全场有半分钟都鸦雀无声,当然了,要不是皇帝陛下打破了僵局,大家会一直沉默到现在,谁也不敢开口说话。当时是晚上6点钟,到了将近午夜时分,冷冰冰的气氛才完全消融,可以说是被波涛汹涌的啤酒冲刷解冻的。

我前面说过,阿门特先生本来就节俭,手头又吝啬。过了不久,我们这些学徒从地下室荣升到底楼,可以坐在家里的餐桌上,和工人帕特·麦克默里一起吃饭,阿门特先生还没忘了节俭之道。阿门特太太刚当了新娘子。她等了大半辈子,不久前才有幸坐上这个位子,按照美国人的看法,她干起活来得心应手,因为她不肯把糖罐托付给我们,亲自为我们的咖啡加糖。她只是走过场装样子,并不是真的打算让咖啡变甜。她看起来在每个杯子里都放了满满一勺红糖,不过据威尔斯说,这都是骗人的伎俩。他说,阿门特太太先把勺子放在咖啡里浸一下,好让糖粘 457 上去,然后让勺子底朝上把糖从罐子里舀出来,看起来是满满一勺糖,其实勺子上的糖只有薄薄一层。依我看这是千真万确,可是这套本领掌握起来并不容易,我想事情并非如此,恐怕是威尔斯撒的谎。

我说过,威尔斯轻率莽撞,他的确如此。这个家伙总是随心所欲,有一股百折不挠的活泼劲儿,充满青春活力,依我看,这个大男孩为了自己5分钟的快活,什么事情都干得出来。谁也不知道他下一回要闯什么祸。他性格中光彩照人的特点就是无拘无束、狂放不羁,让人非常羡慕。对他来说,生活中没有什么正经事,也没什么值得他敬畏的事情。

当时有个广泛传播的新教派叫坎贝尔派,有一次,坎贝尔派著名的创始人从肯塔基来到我们的村子,引起了巨大的轰动。农民带着全家老少从几英里外坐着马车,长途跋涉来到村子里,为了看一眼声名显赫的亚历山大·坎贝尔,听听他的布道。当坎贝尔要在教堂里布道时,很多人大失所望,因为没有一座教堂能容纳下所有的人;为了让大家都听到,他就在广场上露天讲道,这是我生平头一次意识到，要是把这个星球上所有的人聚集起来，简直多如牛毛。

他布了一次道，为了这个场合还特意写了布道文。所有坎贝尔派的教徒都希望能印出来，好让他们保存，反复阅读，牢记在心。因此他们募捐了 16 美元，这在当时算是一大笔钱，阿门特先生为了这笔钱，承印了 500 份布道文，还加上黄色的封面。这本十二开的小册子足有 16 页，在我们报馆里是件大事。在我们看来，这就是一本书，我们顿时有了图书出版商的尊贵气派，而且，报馆里从来没有收到 16 美元这样一大笔现金。不管是买报纸还是登广告，人们从来不付现金，他们付的是布料、糖、咖啡、胡桃木、橡木、白萝卜、南瓜、洋葱和西瓜——付现金是很罕见的，要是有人付现钱，我们还以为他有什么毛病呢。

我们把这本巨著按照页数排版——8 页排成一版——在印刷指南的帮助下，我们把印版安到装版台上，印版的模样看似不平实则准确。我们在周四印了一版，然后再排后面的 8 页，排成一版后印了份校样。威尔斯刚看到校样就惊呆了，他遇到了麻烦。这个麻烦来得真不巧，因为那天恰好是星期六，眼看要到中午了，星期六下午我们放假，大家想出去钓鱼。就在这时候，威尔斯遇到了麻烦，他指给我们看，究竟出了什么岔子。在字句紧密的一页上，他漏排了一两个词，前面两三页都没有一行空白。这究竟该怎么办？难道为了把漏掉的两个词塞进去，就得重排所有的版面？显然没有别的办法。这么做要花上一个钟头，还得把校对稿送给牧师看，我们必须等着牧师审完校对稿，要是他发现什么错处，我们还得改正。这样一来，我们要花上半个下午的时间才能脱身。后来威尔斯突发奇想，漏字的一行恰巧有耶稣基督(Jesus Christ)的名字，威尔斯改成了缩写 J. C. 。这样一来，漏 458
排的词倒是加进去了，可在这句庄严肃穆的话里头，99% 的庄重感已经荡然无存。我们把校样送出去等着，并不打算久等。在那种情形下，我们本来打算在校样送回来以前出去钓鱼，可是动作不够快。不多一会儿，著名的亚历山大 · 坎贝尔就出现在房间的另一头，这房间足足有 60 英尺长，他严肃的表情让整个房间都笼罩上一层阴影。他大步走到我们这一头，话说得简洁明了，但是语气严厉、直截了当。他训了威尔斯一顿，开口说道，“只要你还活着，就不能缩写救世主的名字，要全都写出来。”为了强调这一点，他再三告诫我们，然后才走开。

那个年代，当地人骂起人来自有一套渎神的粗话，总把救世主的名字挂在嘴边，威尔斯不可救药的脑子灵机一动，想到了这一招。他总算有个机会找点乐子，这要比钓鱼和游泳的乐趣有价值得多。于是他接下了这个费时费力、令人厌倦、沉闷枯燥的任务，重新排了三页校样，以便改进自己此前的作品，顺便按照那位伟大布道者的训诫，深思熟虑地修改了一番。他把得罪人的 J. C. 改成了“耶稣基督啊”(Jesus H. Christ)。威尔斯知道这样做要惹大麻烦，事实也果真如此。不过他可不是那种怕麻烦的人，他只管照着自己的规矩来。我不记得他受到了什么惩罚,不过他那种人才不在乎呢,反正他已经尝到了甜头。

在《信使报》当学徒的第一年,我干了一件这55年来一直非常后悔的傻事。那是在一个夏日的午后,正是男孩子去河边游泳、嬉戏玩耍的大好时光,可是我却当了囚犯。别人全都放假出去了,就我一个人待着,伤心极了。我犯了过错,招来了这样的惩罚。我的假期没有了,还得孤零零地度过整整一个下午。我自己待在三楼的印刷间里。不过我还有个慰藉,是半个长长的大西瓜,看上去水灵灵的,红红的瓜瓤,已经熟透了。我用小刀把瓜瓤挖出来,全都吃到了肚子里——把我撑得够呛,西瓜汁差点从耳朵里冒出来。我吃得只剩下半个西瓜皮,大得足够当个摇篮。我不想浪费掉,可又想不出什么高招来取乐。我坐在窗口,看着三层楼下面大街上的人行道,忽然想到要把西瓜皮砸到什么人的头上。我怀疑这样做是否妥当,还有些忐忑不安,因为这一砸我倒是兴高采烈,人家可要愁眉苦脸了。不过我还是决定试一下,我朝着窗外张望,看有什么合适的人走过来,总要挑个妥当的人——可是半天也没来一个。每次走过来的人,无论是男是女,都不适合,我只好忍着没砸。最后总算看见合适的人来了,那是我的弟弟亨利。他是这一带最乖的孩子。他从来不伤害人,从来不得罪人,好得让人火冒三丈。他的优点多得数不胜数——可是还没有多到让他安然无恙的地步。我迫不及待地看着他越走越近,他慢悠悠地踱着步,做着惬意的夏日美梦,丝毫不怀疑上帝会保佑他。要是他知
459 道我在这里埋伏着,可能会少一点迷信的心思。他越走越近,身子也越缩越短。等他走到我正下方的时候,我从上面往下看,只能瞧见他的鼻子和前后摆动的双脚。

这时我拿起西瓜皮,估算了一下距离,把空的那头朝下扔下去。我的准头真是没话说,我撒手的时候,他还离这儿有6步远,看着西瓜皮朝着目标落下去,让我乐坏了。他要是走了7步,或是走了5步,那我就扔不准了。可是他恰好走了6步,那块西瓜皮就不偏不倚地扣在他的头顶上,让他摔了个狗啃泥,下巴磕到地上。西瓜皮顿时破成了几块,像水花一样四处乱飞,砸烂了三楼的窗玻璃,溅得到处都是。人家不得不动用了撑房子的千斤顶,才把他从地上拽起来。我想下楼去,对他的不幸表示安慰,可是这样做太不稳妥。他准会猜出我就是罪魁祸首,我预料到他会怀疑我,不过接下来两三天,他压根没有提到这次遭遇——我同时也在观察他,以防万一——不过我这一回可是上了当,当真以为他没怀疑我,我想错了。他只是在等待万无一失的机会。果然,他瞅准机会朝我头上扔了一块鹅卵石,我的脑袋顿时起了个大包,只好同时戴两顶帽子。我顶着这个罪证给妈妈看,因为我一直想让亨利给妈妈添点麻烦,可是从来没有如愿以偿。要是她看见我头上鼓得厉害的包,我想这次肯定十拿九稳,我给她看了大包,可是她说这算不了什么。她不用细问当时的情形,就知道我是罪有应得,我最好还是接受这个宝贵的

教训，也好吃一堑长一智。

大约在1849年或1850年，奥利安离开了圣路易斯的印刷所，来到汉尼拔买了一家周报，叫作《汉尼拔新闻报》，连同工厂和招牌，总共花了500美元现金。他从一个农民那里借的现钱，利息是10%，那个人叫约翰逊，住在镇子外5英里的地方。然后，奥利安把订报费从2美元减少到1美元，广告费也按照同样的比率降了下来，这样一来，毫无疑问只会有一个结果——也就是说，这个买卖一分钱也赚不到了。他把我从《信使报》报馆里要出来，雇我到他那里去干活，每周三块五的薪水，这笔工钱可不少，不过奥利安一向慷慨大方，对别人毫不吝惜，对自己锱铢必较。他在我身上并没有花什么钱，只要我和他在一起，他就拿不出一分钱来给我。到了第一年的年底，他发现必须精打细算，报馆的房租不贵，可还是不够便宜。不管是什么价钱，他都付不出房租，所以把印刷厂搬到了我们住的地方，让我们的住处拥挤不堪。他凑合着把那家报纸办了4年，不过我现在记不清他是怎么办到的。每年年底，他总是想方设法、节衣缩食，凑够给约翰逊先生的50美元利息，依我看，在他当这家报馆的老板期间，除了墨水和新闻纸，这50块钱是他唯一收支的现金。这家报纸彻底垮了，从一开头就注定要垮台。

最后他把报馆盘给了约翰逊先生，去了衣阿华州的马斯卡廷，在那里买了一家周报的少量股份。要靠这点财产还结不了婚——不过这不要紧。奥利安遇到
了一位妩媚迷人的姑娘，她住在伊利诺伊州的昆西，在基奥卡克以南几英里处，两 460
人订婚了。奥利安总是在和姑娘们谈恋爱，不过因为这样那样的原因，他从来没有和人家订婚。如今，他除了穷困潦倒什么也没有，还和基奥卡克的一个姑娘坠入了爱河——至少他以为自己是爱那姑娘的，要我看，是那姑娘让他这么痴心妄想的。他马上想到，自己已经订过婚了，这让他进退两难。他不知道是应该和基奥卡克的姑娘结婚，还是和昆西的姑娘结婚，要么和两个姑娘都结婚，人人都皆大欢喜。不过，基奥卡克的那位姑娘很快替他解决了这个难题，她很有手段，吩咐奥利安给昆西的姑娘写信，解除婚约，他遵命照办。接着他娶了基奥卡克的姑娘，两个人开始为了谋生而奋斗，结果这场斗争相当艰难，前途不容乐观。

在马斯卡廷谋生显然是不可能的，所以奥利安和新婚妻子到基奥卡克去住，因为她想离自己的亲戚近一些。奥利安买下了印刷所的零碎设备——当然是借钱买的——接着把印刷的价钱压低，低到连学徒都养活不起的地步，这个买卖就这样勉强维持下去。

我没有和家人一起搬到马斯卡廷，就在搬家之前（我记得是1853年），有一天晚上我溜走了，跑到了圣路易斯。有一阵我在《新闻晚报》的排字车间干活，后来开始到处旅行，看看大千世界。这个大千世界就是纽约，那里正在举行小型的世界博览会。当时纽约世界博览会刚开幕，就是后来克洛顿蓄水池的所在地，如今

正在修建气势恢宏的公共图书馆——就在第五大道和第四十二街之间。我到达纽约时,口袋里只有两三块零钱,还有一张藏在外套衬里里面的10美元纸币。我在克里夫街约翰·A.格雷和格林的店里干活,工资低得可怜,住在杜安街一间破旧不堪的工人宿舍。这家店付工钱时,发的是贬值的钞票,可是按票面价值付钱,我赚的钱只够付清饭钱和房租。过了不久,我来到费城,在《费城询问报》和《公共记事报》干了3个月的活。最后,我匆匆忙忙到华盛顿去了一趟,到处观光游览。1854年,我回到密西西比河谷,在吸烟车厢里直挺挺地坐了两三天的火车,到达圣路易斯的时候,我已经筋疲力尽了。我登上开往马斯卡廷的轮船,立刻倒头就睡,连衣服都没有脱,整整躺了36个小时才醒。

我在基奥卡克的这间小印刷所里干了两年,没有得到一分钱的工资,因为奥利安什么钱都拿不出来——可是迪克·海厄姆和我过得很开心。我不知道迪克得到了什么好处,也许是空头支票吧。

1856年到1857年的深冬——我记得是1856年——有一天午前,我沿着基奥卡克的大街走着。天气很冷——冷冷清清的街上几乎见不到一个人。小雪花漫天飞舞,飘落在地面和人行道上,盘旋在半空中,舞动出优美的姿态,不过叫人看得冷飕飕的。寒风吹起一张纸片,从我身边飘过,最后落在一栋房子的墙角。这张纸片的模样引起了我的注意,我捡起来一看,原来是一张50美元的钞票,我平生头一回看见50美元的纸币,也是头一回捡到这么大面额的钞票。我在报纸上
461 登了广告,此后几天担惊受怕、惶恐不安,为此付出的代价足足超过1000美元,只怕失主看了广告,来把我这笔钱领了去。整整4天过去了,还是没有人来认领,我再也受不了这份儿折磨。我觉得,以后4天绝不可能这么安然无恙地过去,我必须带着这笔钱脱离陷阱。于是我买了一张去辛辛那提的车票,到那里去了。我在莱特森公司的印刷所工作了几个月。我曾经读过赫恩登中尉在亚马逊河探险的记载,被他关于古柯的描写迷住了。我决定到亚马逊河的源头去,收集古柯叶来贩卖,以此发财致富。我满腔雄心壮志,坐上"保罗·琼斯"号轮船前往新奥尔良,船上有位领航员名叫贺拉斯·比克斯比。我和他慢慢熟悉起来,过了不久,在他白天值班的时候,我开始替他掌舵。等我到了新奥尔良,就打听开往帕拉的船只,结果根本没有一艘船开往那里,也许在本世纪内都不会有船去。离开辛辛那提前,我没有把这些细节打听清楚,结果造成这种局面。我去不了亚马逊河了。我在新奥尔良无亲无故,身上也没有钱。于是我找到贺拉斯·比克斯比,求他把我培训成领航员。他答应了,要我先付100美元的现金。于是我在回圣路易斯的途中替他掌舵,从我的姐夫那里借了这笔钱,谈妥了交易,我是几年前才有这位姐夫的。他叫威廉·安德森·莫菲特,是弗吉尼亚的商人,在各方面来说都是个好人,他娶了我的姐姐帕梅拉,我前面提到的塞缪尔·莫菲特就是他们的儿子。不

到18个月，我就成了称职的领航员，我一直干这个差事，直到南北战争爆发，密西西比河的航运完全中断。

这个时候，奥利安还在基奥卡克苦苦经营他的小印刷所，两口子住在她妻子的家里——表面上是寄宿，可是奥利安付不起食宿费。他的印刷所几乎赚不到什么钱，他也几乎没有什么事情可做。他的脑子里从来不明白这个道理，无利可图的活计只会越做越差，根本就是一文不值，顾客只好去找活干得好的人家，即使价钱贵一些也无所谓。他有大把的时间，于是重新捡起了布莱克斯通。他还挂了律师的招牌，向公众提供服务。在那些日子里，他没有接到一个案子，甚至没有一个当事人上门，尽管他很乐意免费承办法律业务，也好动笔写写字，他总是这么慷慨大方。

不久，他搬到了一个叫亚历山大的小村庄，离河边有两三英里远，他在那里挂了招牌，可还是没有人上门。他在那段时间搁浅了，日子过得很艰难。不过当时我开始当领航员，每个月赚250美元，从此我开始接济他，直到1861年，他的老朋友爱德华·贝茨，林肯总统的第一任内阁成员，帮他谋到了内华达领地的州务卿职位，我和奥利安搭乘公共马车，经由陆路前往内华达，车费是我付的，这笔钱相当可观，我还带着攒下的钱——我记得是800美元——全是银币，沉甸甸的真是累赘。我们还有一样累赘，那就是一部《英语大字典》，足足有1000磅重，车费高得吓人，因为公共马车公司对超重的行李按盎司收费。这本字典超重的花费够我 462
们全家人用好一阵子——这也不是一本好字典——没有一个时髦的词儿——净是诺亚·韦伯斯特小时候用的陈腐不堪的字眼。

1906年3月30日，星期五

克莱门斯先生会见柴科夫斯基，克莱门斯先生对俄国革命的看法——克莱门斯先生主持大会为盲人争取权益——他第一次见到海伦·凯勒——克莱门斯先生在大会上读了海伦·凯勒的信

我暂且把奥利安放在一边不去多谈，日后再提起他的事情。比起我在奥利安家的奇遇和45年前的情形，我对今天的事情更感兴趣。

3天前，有位邻居带着著名的俄国革命家柴可夫斯基来拜访我。他头发花白，年事已高——就外表来说——可实际上他的内心就像维苏威火山，这座活火山涌动着炽热的岩浆。他对俄国革命的最终胜利和眼前的胜利充满信心，相信这个残忍的独裁政权终将灭亡，他让我对他充满希望和信心。他来到美国，打算在这片辽阔的土地上得到高尚的同情，这里生活着8000万幸福热情的自由民众。

但是我必须说实话，给他的热情泼冷水。我告诉他，我自己的看法没有错——麦金莱、罗斯福和杰伊·古尔德的百万富翁门徒——这个人在短暂的人生里摧毁了美国的商业道德，死后留下了臭名昭著的道德观——完全改变了我们的人民，把一个充满高尚情操、可敬理想的国家变成了截然相反的模样；我们的人民如今没有值得奋斗的理想；我们引以为豪的基督教——更不必说多么虚无缥缈——如今只是一个虚假伪善的空壳；我们丢掉了以往对被压迫民族为生存和自由而斗争的同情心；如果我们抱着无动于衷的冷漠态度，那就无疑等于暗地嘲笑他们，这种嘲笑只会体现出这些报纸和这个国家对此事的看法；自称为美国人代表的人士不会来参加他的大会，即使他们把自己叫作美国人；他的听众将是遭受苦难的外国人，他们还没来得及成为美国人，他们胸膛里跳动的心脏还没有变成石头；这些听众将来自穷苦的阶层，而不是有钱的富人；他们会慷慨解囊，但是他们只能拿出微薄的积蓄，这笔钱的数目并不大。我说过，我们夸夸其谈、奢侈豪阔的总统在1年前产生了这个念头，在世人面前标榜自己是新和平天使，担负了调停俄国和日本和解的任务，有幸达到了他卑鄙的目的，除了希曼医生和我发出了公众的抗议，全国民众没有一个人责难这个愚蠢的举动。当时我认为，最终的和平会无限期地推迟
463 俄国摆脱长久的枷锁，实现即将到来的解放——可能会推迟几百年。我当时确信，罗斯福给了俄国革命致命的打击，我到现在依然这么认为。

我要顺便说一句，我昨天晚上见到了希曼医生，这是我生平第一次见到他，发现他的看法依然和当时一样，认为这是臭名昭著的和平。

柴可夫斯基说，我的话让他感到大为沮丧，他希望我说错了。

我说我也希望如此。

他说，“那么，在两三个月以前，你们的国家作出了巨大的贡献，让俄国民众感到非常欣慰。你们立刻就筹集了200万美元——这是转眼之间的事——作出了这番贡献，这对于受苦受难的俄国来说，真是最崇高慷慨的贡献。这还不能改变你的看法吗？”

我答道，“不能，这并不能改变我的看法。这笔钱不是美国人捐的，而是来自犹太人，许多钱来自富裕的犹太人，可是大多数钱是东方的俄国和波兰犹太人捐的——也就是说，这些钱是贫苦的穷人捐的。犹太人天性宽厚仁慈。犹太人总是被苦难所打动，从而慷慨解囊。犹太人会参加你举行的大会。但是如果你看到美国人把钱塞进玻璃募捐箱，洋洋得意地展示。那么这笔钱只有50美分，他只是进来看看热闹，打算相信这件事。”

他请我参加昨天晚上的大会，可是我已经有别的安排，不能前往赴会。然后他请我写几句话，好在大会上朗读，我欣然答应了。

纽约时报

柴科夫斯基先生呼吁，为解放俄国提供武器

革命家发表演说，3000 位观众喝彩欢呼

他表示战争已经临近

马克·吐温撰文，希望沙皇和大公越来越少

“达瓦李希！”

俄国革命运动的创始人，尼古拉·柴科夫斯基昨天晚上在大中宫发表了讲话，受到同胞们的拥戴，有 3000 名观众起立致意，挥舞手中的帽子，热烈的欢呼长达 3 分钟。这句话的意思是“同志们！”这是革命者的口号。大会上洋溢着革命精神，热烈欢迎这位到访纽约的俄罗斯爱国者。

他希望投入战斗，带着武器投入战斗。昨天他对观众们讲了这样的话，得到了热烈的喝彩，大家承诺会竭尽所能来支持革命战争。

马克·吐温不能参加这次大会，因为他已经接受了另一个会议的邀请，但是他送去了一封信：

亲爱的柴可夫斯基先生：我收到你的邀请不胜荣幸，深表感谢，但是 464
恕我不能接受，因为星期四晚上我将主持一个会议，帮助我们的盲人找到有报酬的工作，他们如果有机会的话，很高兴能够自食其力。

我当然同情俄国革命。这是不言而喻的。我希望革命会成功，现在我要对你说的是，我从心底里相信革命会成功。虚假的承诺、谎言、背叛、屠刀统治着这个政府，在我看来，俄国已经受够了游手好闲的皇室和他们邪恶懒惰的亲戚。我们应该相信，这个民族已经觉醒，而且日益强大，将消灭目前的政体，在自己的土地上建立共和国。我们这些人，甚至是白发老人，也会看到沙皇和大公越来越少的美好一天，我相信到那时候，他们已经去了天堂。

你最真诚的，

马克·吐温

柴科夫斯基先生热烈呼吁人们提供援助，发动真正意义上的革命，推翻沙皇及其盟友。

我对柴科夫斯基说的其他安排，是在协会的第一次大会上担任主席，这个协会是 5 个月前成立的，旨在为成年盲人争取权益。约瑟夫·H. 乔特和我度过了愉快的时光，我离开时抱着这样的信念，这个出色的组织将繁荣壮大，获得丰硕的成果。我们对待成年盲人的态度，要像国会和几个立法机构的态度那样，他们忠

诚热忱地对待我们无法无天的铁路公司，我们腐烂发臭的牛肉托拉斯，我们烧杀劫掠的保险公司。总而言之，小心地照顾他们，让他们远离天意的伤害，保障他们的财产，增加他们的财富。纽约州有6万登记在册的盲人，有1000人下落不明，没有登记。纽约州还有三四百名盲童，本州对盲人的慈善事业仅限于此，准许他们接受教育，教会他们读写，给他们饭吃，给他们庇护，当然也让他们成了贫民，因为没有提供给他们赚钱谋生的门路。本州对待盲人的态度——这种态度被很多州立法机构仿效——臭名昭著。在盲人救济院外，成年的盲人过着艰难的生活。他只能靠慈善的同情生活，因为没有亲友能够养活他——有的时候，纽约州发了怜悯之心，伸出仁慈的双手，把他送到布莱克威尔岛上，塞到人数众多的小偷娼妓当中。

但是在马萨诸塞、宾夕法尼亚、其他两三个州，我们组建的这种协会已经成立了好几年，完全依靠私人的捐助，获得了可观的捐赠，完成了伟大的工作，他们的正式报道读起来就像童话那样美妙。这样看来，实现这些成就的人并不认为盲人不能像其他人一样学会工作。

465 海伦·凯勒昨晚本来要到场，可是她卧病在床，已经病了几个星期，她一直为了盲人和聋哑人的利益而奋斗。我不需要了解海伦·凯勒更多的详情，她可以和恺撒、亚历山大、拿破仑、荷马、莎士比亚及其他伟人并肩而立，从现在起一千年后，她也会像今天这样声名显赫。

我还记得第一次见到她的情景。她当时只有14岁。那是一个星期天的下午，在劳伦斯·霍顿的家里，有12位到15位男女宾客受邀来这里见她，亨利·罗杰斯和我都去了。大家都到齐了，等了一会儿。这个出色的孩子终于来了，陪在她身边的是那位同样出色的老师——沙利文小姐。小姑娘在断断续续的话语中，吐出快乐的字眼。当然，她什么都碰不到，什么都看不见，什么都听不见，却似乎对周围的人非常熟悉。她说，“哦，这里有书，这么多，真可爱啊！”

客人们一个接一个地进来，被人介绍给她。她和每个人握手致意，然后松开手，把手指轻轻放在苏利文小姐的嘴唇上，苏利文就告诉她这个人的名字。等说到难念的名字时，苏利文小姐不仅对着海伦的手指说话，还要在海伦的手上拼写——显然用的是速记法，手指的动作表明了这一点。

海伦坐在沙发上，豪威尔斯坐在她旁边，海伦把手指放在豪威尔斯的嘴唇上，他讲了一个挺长的故事，你可以看得出来，每一个细节都在她的脑海中闪现，点燃了炽热的火焰，让火光投射在她的脸上。我给她讲了个很长的故事，她总是出声打断，打断得恰到好处，她会咯咯地笑，会轻声嬉笑，也会放声大笑。然后，苏利文小姐把海伦的手放在自己嘴唇上，问了她一个问题，“克莱门斯先生以什么而著称？”海伦用嘶哑的声音回答道，“他的幽默感”。我谦虚地开口说，“还有他的智慧。”海伦立刻说了同样的话——“还有他的智慧。”我知道,这就是心理电报的作用,因为她根本听不到我说了什么话。

我们度过了非常愉快的几个钟头,有人问,过了这么长时间,海伦是否还记得和这些人握手的感觉,能否分辨出每个人的手和名字。苏利文小姐说,“哦,她记做这件事毫不费力。”于是大家排成一队,轮流和她握手,海伦高兴地和每个人握手,毫不犹豫地说出他的名字,直到她遇到了罗杰斯先生。她和罗杰斯握了手,然后停下来,脸上流露出若有所思的表情。她接着说,“我很高兴和您见面,可我从来没有见过您。”苏利文小姐提醒她记错了,她刚走进屋子,就有人介绍这位先生与她认识。可是海伦不为所动。她说不是,她以前从来没有见过这位先生。然后罗杰斯先生说,也许有件事可以解释这种困扰,因为他介绍给海伦的时候是戴着手套的,当然,这样就说得通了。

这件事不是发生在下午,因为我记错了。其实是发生在午前,大家陆陆续续来到餐厅,坐下用午餐。我必须提前离开,我从海伦身边走过的时候,轻轻地拍了她的头,然后就走了。苏利文小姐叫住了我,说道,“等一等,克莱门斯先生,海伦很苦恼,因为她没有认出你的手来。你能回来再拍拍她吗?”我转身回去,轻轻地 466
拍了她的头,她立刻说,“哦,这是克莱门斯先生的手。”

也许有人可以解释这个奇迹,不过我可办不到。她的头发难道能感觉到我手上的纹路?有些人肯定能回答这个问题,我答不出来。

我在前面说过,海伦病得卧床不起,可是她在两三天前写了一封信,要在大会上朗读,昨天下午3点左右,秘书长霍尔特小姐派信差送来了这封信。我很走运,她没有留下这封信,昨天晚上派人给我送到了讲台上,因为在这个时候,我还没有结束演讲。我没有停下来,直接在大家面前读了这封信,我想,甚至没人听出我的声音里有一丝颤动。不过,因为昨天下午我曾把这封信大声地读给莱昂小姐听,所以我知道难读的地方,也知道怎么对付过去。起先,我告诉在场的人,我收到了这封信,要在晚上的会议结束后读给他们听。等到大会接近尾声,乔特先生发表了讲话,我用几句话介绍了这封信。我说,如果我对文学有所了解的话,这就是一个伟大崇高的文学典范;这封信写得简单直率、朴实无华、感情真挚、谦逊有礼,文字优美,语言流畅,让人感动;自从圣女贞德出现以来,再也没有一个女孩子能说出这种话,这个永恒的17岁少女,独自一人,少亲无友,在500年前勇敢地面对她的法官——集中了法国的学者和知识分子——日复一日,周复一周地和他们战斗,她的回答出自伟大的心灵和没有受过教育的奇妙思想,只要每天的太阳照样落下,她总能击败对手,总能驰骋战场,成为战场的主宰。我说过,我相信这封信是一个年轻姑娘写的,她从18个月大的时候就完全失去了听力、声音和视力,她是这个世界上受过最丰富教育的女性,她会成为我们文学领域中的经典作家,将来依然如此。我要把这封信附在这里。

马萨诸塞州伦瑟姆,1906 年 3 月 27 日

亲爱的克莱门斯先生:

不能见到您以及那些齐心协力提高盲人地位的朋友们,我感到很失望。在纽约举行的会议将成为促进盲人权益的盛大集会,我对此长期寄予厚望:我很遗憾不能亲自到场,感受这次集聚了才能、智慧和慈善的大会给生活带来的启示。如果我写在手中的语句,像我亲口说出的那样,如果我能听到我们的新任大使对盲人的慷慨陈词,我该有多么高兴。我们从来不曾听到这样的呼声。然而,在您和乔特先生讲完话后,我还有个请求,尽管我是个女人,却也不能保持沉默,请您在会上朗读我的这封信,我知道您亲切的声音将为这些言辞增光添彩。

要想知道盲人需要什么,你就要想象什么都看不见的滋味,如果你能记得走完人生旅程,独自走向黑暗的情景,那么你就能生动地想象出这幅场景。要想知道失明意味着什么,那就是对于快乐的活动来说,无法行动自如。

467 要度过漫长的日子,人生要有多少时光。要经历幽闭、困惑、绝望,上帝的世界对你关上了大门。要无望地坐着,被剥夺了人生,而你的灵魂捆上了锁链,你的脚上加了镣铐,你的肩膀感到疼痛,因为他们不肯让你背上负担、劳动的负担。

看得见的人可以自信行事,自食其力。他可以分担这世上的工作,在矿山、采石场、工厂、账房,不必祈求别人的恩惠,抓住机会担负人的角色,接受劳动者的奖赏。突如其来的事故让他失去了视力。白日被遮蔽了。黑夜笼罩着整个世界。双脚曾经让他意志坚定地完成使命,充满自信地大步前进,如今却停了下来,不敢迈出一步。他不得不习惯懒惰闲散,就像疮疤吞噬着他的心灵,毁灭着美好的前景。回忆让他想到光明的过去。在生活的废墟中,他在悲惨的道路上摸索前行。你在大路上看到他的身影,蹒跚的脚步,伸出的双手,耐心地摸索着无尽的黑暗,不断叫卖着他的小玩意儿,拿出帽子问你要一个便士,这就是雄心壮志、无所不能的人。

因为我们知道,这些雄心壮志、杰出才能可以实现,我们正在为改善成年盲人的境况而奋斗。你不能让空洞的眼睛看见光明,但是你可以向在黑暗中前行的盲人伸出援助之手。他们只需要机遇,机遇就是黑暗中的火炬。他们不祈求仁慈,不要养老金,他们只要得到报酬就心满意足,

这是每个人的权利。

您在纽约的大会上为盲人发表了演讲，全世界都能听到纽约发出的声音。纽约真正要传递的信息不是繁忙的商业电报，而是你们在这种大会上的崇高言论。我们最近的期刊上充斥着令人沮丧的社会丑闻。吹毛求疵的评论指向公民社会的缺陷。我们已经听过了悲观主义者的论调。克莱门斯先生，您曾经告诉我，您是悲观主义者，但是伟大的人物通常会看错自己。您是一位乐观主义者，如果您不乐观的话，也不会主持这次大会。这就是对悲观主义的回答，宣告这座大都市的心灵和智慧都献给了人民的利益，在这座世界上最繁忙的城市里，再也听不到悲伤不幸的哭泣，而是得到仁慈慷慨的回答。我为纽约听到盲人事业的声音而感到高兴，明天，全世界将听到这种声音。

你真诚的，
海伦·凯勒

注　解 469

这些注释通过标注人物、地点和事件，解释文中引用的参考资料和文学典故，来对本书的自传文章和口述进行阐述和补充。此外，注释尽力指出马克·吐温的叙述与历史证据相互矛盾之处，让读者更充分地理解，由于时过境迁，他回忆起尘封已久的往事和经历，不免受到自身想象力的影响。有些注释与自传中其他段落的文字和脚注相互对照，请参阅“索引”来寻找前文提及的人物和事件。

本书的主要参考文献均标明页数和行数：比如，1.1 表示出自正文的第 1 页第 1 行。行数包括《马克·吐温自传》的正文在内，文章大标题除外；第一部分的“早期手稿和口述部分”的眉批不包括在内。大多数参考文献来源列出了作者姓名、日期、标题或缩写。马克·吐温家人撰写的作品以作者姓名的缩写字母标注：S. L. C.（马克·吐温）、O. L. C.（奥莉薇亚）、O. S. C.（苏西）和 C. C.（克拉拉）。引文中的所有缩写、作者和标题均在“参考文献”中列出。大多数引文标明了页数，不过有多个版本的引用文献会标明具体章节或对应部分，比如书目或目录。所有来自手写文件的引用文字已经和马克·吐温手稿（或影印本）逐字核对，为方便读者，文中也引用了出版物等更可靠的资料来源。每份珍贵文件和手稿的存放地点与最终收藏人都经过美国国会图书馆核实，在“参考文献”中有明确标示。

初稿与口述，1870～1905 年

【田纳西土地】（手稿现存于 CU－MARK，写于 1870 年）

61.1－3　那么一大片土地……我的父亲一次就买下了 75,000 英亩土地］

约翰·马歇尔·克莱门斯大概在一次交易中买下了 40,000 英亩土地，不过他从 1826 年到 1841 年间连续购买了不计其数的小块土地。1857 年，在他去世后 10 年，克莱门斯家依然拥有 24 块土地，面积不详。1858 年，奥利安对土地进行了测量，大约有 30,000 英亩，远远少于马克·吐温估计的 75,000 英亩。

61.1 我的父亲］ 470

如需了解马克·吐温直系亲属的详情，参见附录“家人传记”。

62.28－29　1834年的金融危机爆发了，我父亲的财富毁了]

安德鲁·杰克逊(Andrew Jackson)总统抽走了美利坚合众国第二银行的资金，引发了1834年的经济危机。许多州立银行无法满足客户的贷款需要，导致大量企业倒闭。属于辉格党(反对杰克逊领导的民主党)的约翰·克莱门斯也受到了这场经济危机的不利影响(Wecter 1952,36－37)。

62.38－39　他成为县法官的候选人，确定参加选举]

约翰·马歇尔·克莱门斯去世前不久，宣称有意担任公职，不过是巡回法庭书记员的职位，而不是“县法官”(*Inds*,309－311;AD,1906年3月28日，马克·吐温记错了他父亲竞选的职位)。

62.41－63.1　给艾拉担保……钻了新破产法的空子]

马克·吐温在手稿里写出了艾拉·斯托特(Ira Stout)的全名，然后删去了他的姓氏。1839年年末，约翰·马歇尔·克莱门斯和地产投机商艾拉·斯托特有生意往来。他从艾拉·斯托特那里高价买下了汉尼拔的土地，在1843年低价卖出，来偿还债务。约翰·马歇尔·克莱门斯为艾拉·斯托特的债务作担保的这笔交易尚未得到证实。1897年，马克·吐温在《1840－1843的村民》中提到了艾拉·斯托特的背信弃义，在1906年3月28日的自传口述中再次提及(*Inds*,104,310,349－350)。1841年推行的联邦破产法首次允许债务人免于支付债务，仅提供给债权人很少的补偿或没有补偿。两年后，该破产法遭到废除。

63.10－11　我父亲去世后……暂时整顿家业]

1847年3月，约翰·马歇尔·克莱门斯去世，当时克莱门斯家和格兰特医生家同住在希尔街和大街交叉口的一座房子里。全家人在此居住了几个月后，搬到了临时公寓，这一点尚未证实。最终，他们回到了父亲在1843年年末到1844年年初修建的房子“童年小屋”，这所位于希尔大街206号的故居保留至今(Wecter 1952,102,113,121;AD,1906年12月2日)。

63.11－12　我的哥哥买下了一家毫无价值的周报]

19世纪50年代中期，奥利安创办了《汉尼拔西部联合报》，一年内买下了《汉尼拔日报》，1851年出版了首张《汉尼拔西部联合日报》。他当上了两家报纸的主编，雇佣两个弟弟当排字工人，直到1853年9月为止，当时他卖掉了报纸，搬到爱荷华州的马斯卡廷居住(1853年8月24日，致母亲的信，LI,1－2;Inds,311)。

63.14－16　不过我们大失所望……决定要么全部卖掉，要么全都不卖]

人们对这笔交易一无所知。1850年，位于纽约的田纳西土地管理局的阿诺德·巴法姆(Arnold Buffum)建议，土地价格应为每英亩10美分，但是没有人采纳这样的价格(巴法姆的信件没有保存下来，*MTBus*,17)。马克·吐温宣称，后来
471 有两次他谈成了土地交易，都被奥利安拒绝了。1865年，有个买主同意以20万美

元的价格买下这片土地，用来安置欧洲移民，种植葡萄，酿造葡萄酒；“滴酒不沾”的奥利安表示拒绝（AD，1906 年 4 月 5 日；1865 年 12 月 13 日，致奥利安和玛丽·莫莉·克莱门斯的信，L1，326 – 327）。1869 年，杰维斯·兰顿打算以 3 万美元的现金和股票买下这块地，奥利安再次反对，表示担心马克·吐温会遭到未来岳父的欺骗（1869 年 11 月 9 日，致玛丽·莫莉·克莱门斯的信，L3，388 – 89）。奥利安的顾虑激怒了马克·吐温，他要回了属于自己的土地，到 1870 年，他表示很想处理掉“这块烦人的土地”（1870 年 9 月 4 日，致奥利安的信，L4，193）。此后，奥利安承担了这块地的全部费用。多年以后，要么是自己谈判，要么是通过中介机构，奥利安卖了这块地，包括 1 万英亩的大片土地和不到 300 英亩的零星地块。这块地一部分换成了现金，具体数额不详，一部分换成了其他地产。那个无耻的买家没有支付全款。最终，他卖地所得的钱勉强够交土地税。在 1878 年写给妹妹和母亲的信中，奥利安表示抱歉：“听说你们为此痛苦不堪，我真是追悔莫及。我这才意识到，自己贱卖了田纳西的土地，其中还有你们的钱”（1878 年 11 月 2 日，奥利安致帕梅拉和母亲的信，CU – MARK；1880 年 11 月 4 日，OC 致 S. L. C，CU – MARK；Wecter 1952，31 – 32，278 n. 9；下列文件由芭芭拉·施密特提供：*Fentress County Deeds* 1820 – 48，Vol. A：161，236，244，288，293，335；*Fentress County Land Grants*，Book T：46；美国国家档案和文件管理局 1907 – 9，1907 年 5 月 15 日公告）。

密苏里州佛罗里达的早年生活（手稿现存于 NNAL，写于 1877 年）

64.20　我的姨夫约翰·夸尔斯]

约翰·亚当·夸尔斯（John Adams Quarles）（1802 ~ 1876 年）娶了玛莎·安·兰普顿（Martha Ann Lampton），养育了 10 个孩子。玛莎·安·兰普顿是马克·吐温母亲最小的妹妹。19 世纪 30 年代中期，约翰·亚当·夸尔斯住在密苏里州佛罗里达镇，他是当地富裕的商人和农场主。1839 年，克莱门斯家搬到汉尼拔后，马克·吐温经常去夸尔斯的农场过暑假，从 7 岁一直到十一二岁为止（*Inds*，342）。这段对于农庄生活的回忆参见《我的自传》节选。

64.21　零头印花布]

大概每码印花布是按零头卖的（12. 5 美分）（Ramsay and Emberson 1963，21）。

65.18　我父亲拥有自己的奴隶]

在 1833 年左右，约翰·马歇尔·克莱门斯从田纳西州的罗利·查普曼那里买了一个黑人，这是他唯一有所记载的奴隶。克莱门斯家还有位女佣，名叫詹妮，在 1925 年左右，她被人送给了马克·吐温的父母。马克·吐温回忆道，她是当时我们家里唯一的奴隶(Inds,327;买卖记录,芬特雷斯县契约文件,Vol. A:233)。克莱门斯家对奴隶的态度在《简 · 兰普顿 · 克莱门斯》(Inds,82 - 92)中有详细的描写。

65.20 粗笨的斯多格皮鞋]

这种皮鞋粗糙笨重,名字起源于宾夕法尼亚州的康那斯多格。

472 **格兰特口述**(打字稿现存于 CU - MARK,口述于 1885 年)

芝加哥内战联邦退伍军人协会节

67 芝加哥内战联邦退伍军人协会节]

更准确地说,是"田纳西退伍军人协会第十三届年度聚会"。内战联邦退伍军人协会(G. A. R.)是联邦退伍军人的友好组织,在芝加哥举行了长达 1 周的活动,马克 · 吐温解释道,田纳西退伍军人为了庆祝格兰特将军归来举办了这次聚会,因为田纳西方面军是他指挥的第一军。

67.2 - 3 我第一次见到格兰特将军,是在 1866 年秋天或春天,那是在华盛顿的招待会上]

马克 · 吐温记错了招待会的日期,参见注释 67.2 - 3。尤里西斯 · 辛普森 · 格兰特(Ulysses S. Grant)(1822 ~ 1885 年)毕业于西点军校,在墨西哥战争中战功突出,表现出非同寻常的勇气和指挥才能。1854 年,他辞去军职,回家务农,当了商人,过着清贫的生活。南北战争爆发后,他被征召入伍,后来晋升为将军。格兰特在维克斯堡战役和查塔努加战役中大获全胜,林肯总统任命他为联邦军总司令,1866 年,他获得陆军上将军衔,相当于四星上将,此前只有乔治 · 华盛顿获此殊荣。从 1869 年到 1877 年,格兰特连任两届美国总统,他对内阁政府的腐败风气无能为力,不过此事与他并无牵连。在下面的口述中,马克 · 吐温描述了格兰特的晚年生活,1880 年格兰特第三次竞选总统失败,他窘迫的经济状况,《格兰特将军回忆录》的撰写和出版以及他临终所患的疾病。

67.2 - 3 谢里登将军]

菲利普 · 亨利 · 谢里登(Philip H. Sheridan)(1831 ~ 1888 年),卓越的军事战略家,联邦军最令人敬佩的将领,他像格兰特将军一样,毕业于西点军校。南北战争结束后,他驻守在新奥尔良,打败了盘踞在墨西哥的小股法国军队,此后指挥了军队对大平原印第安人的作战。1888 年,他被授予陆军上将军衔,但不久后离世。此后,马克 · 吐温的查尔斯 · 韦伯斯特出版公司出版了《谢里登将军回忆录》。

67.6 - 13 我第二次见到格兰特将军……我有点难为情——你呢?]

搭乘"贵格城"号轮船归国后不久,在 1867 年到 1868 年的冬天,马克 · 吐温有段时间担任了内华达州共和党参议员威廉·莫里斯·斯图尔特(1827～1909年)的私人秘书。他在旅途中为旧金山《上加州日报》写了50篇文章,为《纽约论坛报》写了12篇文章,为《纽约先驱报》写了1篇,其中多半是他第一本书《傻子出国记》的内容,该书在1869年出版(L2:1867年6月7日和1867年8月9日,致JLC和家人,59 n.5,78－79;1867年11月22日和1867年11月24日,致Young,109 n.2,113－14;1867年12月2日和1868年6月23日,致Bliss,119－20,232 n.1)。马克·吐温不可能在1866年见到格兰特将军,因为他直到1867年年初才从旧金山来到东部。1867年12月,马克·吐温在笔记中写道:"我见到了格兰特将军,感到非常高兴,他表示不胜荣幸"(*N&J*1,491)。这段话暗示这并不是实际的见面,而是想象中的会见,类似于12月6日马克·吐温写下的手稿,名为《采访 473
格兰特将军》(S.L.C 1867t)。马克·吐温可能在此暗示,他在1868年1月中旬参加了华盛顿举行的招待会,在写给《上加州日报》的报道中,他表示自己和格兰特将军握手致意,提到"谢里登将军也在场"(S.L.C 1868a)。几天后,他写信给家人,说他"昨晚前往格兰特将军府上拜访。举行晚宴时,格兰特将军恰好外出,但是格兰特夫人表示周日晚上他会在家。我一定要见到他,因为他对《上加州日报》的报道和旧金山的演讲很有益"(1868年1月20日,致S.L.C和PAM,CU－MARK)。马克·吐温可能没有完成《上加州日报》的采访,但是到格兰特将军府上拜访,暗示着他在招待会上经人介绍,正式认识了格兰特将军。让马克·吐温感到难为情的第二次会面,其实是在1870年年中,当时他在华盛顿短暂游览,会见了斯图尔特参议员。马克·吐温见到格兰特时,他正处于第一任总统任期内,马克·吐温在写给妻子的信中提到,那是7月8日(1870年7月6日和1870年7月8日,致OLC,L4,164－67)。马克·吐温把两人首次会面的年份记错成1866年,实际上是1868年,可能考虑到时间的推算,他误以为第二次会面的日期是1869年年末,实际上是1870年年中。到了1870年,"贵格城"号环游之旅已经不再是新闻,《傻子出国记》给马克·吐温带来了更多"玩世不恭的坏名声"。

67.17－19　后来,到了1879年……田纳西方面军]

1877年至1879年,格兰特游历了欧洲和亚洲各国,随行的有格兰特夫人、儿子杰西、亚当·巴多(Adam Badeau)、约翰·拉塞尔·扬(John Russell Young),在此期间他受到外国政要和各国首脑的盛情款待。1879年11月13日在芝加哥举行的欢迎宴会也在为期4天的庆祝活动日程中(详情请参考Jean Edward Smith 2001,606－13)。

68.1　芝加哥市长卡特·哈里森]

卡特·亨利·哈里森(Carter Henry Harrison)(1825～1893年),从1879年到1887年任芝加哥市长,1893年再次出任市长,直到10月遭到暗杀。他和马克·

吐温的友情没有其他档案记载。

68.4－5　我倒是不难为情——你呢?]

参见自传口述中1906年8月27日关于和格兰特将军会面的描写。

68.10　谢尔曼将军]

威廉·特库姆塞·谢尔曼(William Tecumseh Sherman)(1820～1891年),1840年毕业于西点军校后在军队服役,参加了墨西哥战争。1853年,他辞去军职,当上了银行家。南北战争爆发后,谢尔曼被任命为上校;1863年维克斯堡战役获胜后,他晋升为陆军准将。他因“向大海进军”而闻名于世,横扫佐治亚州,从此南部邦联分崩离析,加速了内战的结束。1869年,他升任五星上将,接替格兰特担任联邦军队总司令,参与了印第安战争,1884年退役。1875年,谢尔曼出版了回忆录,获得高度赞扬。

68.17　维拉斯上校要致祝酒词]

威廉·维拉斯(William F. Vilas)(1840～1908年),来自威斯康星州麦迪逊,1860年取得律师资格。南北战争期间,他被任命为陆军中校,先后担任过美国邮政总长(1885～1888年),内政部长(1888～1889年)和威斯康星州参议员(1891～1897年)。他的祝酒词是“致我们的三军统帅,格兰特将军”(“田纳西军人宴会”,《纽约时报》1879年11月15日)。

474 69.15－17　英格索尔要对“志愿军”致祝酒词]

罗伯特·G.英格索尔(Robert G. Ingersoll)(1833～1899年),是一位律师。内战期间,他创建并指挥伊利诺伊州第十一骑兵团,参加过夏伊洛战役和柯林斯战役,1863年被南部邦联俘虏。战后他担任了伊利诺伊州总检察长。英格索尔以宗教和奴隶制的激进看法而著称,是位才华横溢、深受欢迎的演说家,推崇人道主义和不可知论,因而经常成为人们批评的对象。在宴会上,他的祝酒词是《联邦军队的志愿军》(“田纳西军人宴会”,《纽约时报》1879年11月15日)。后来,马克·吐温在给妻子奥莉薇亚的信中写道:

> 我听到了四段永远难以忘怀的演讲。一段是埃默里·斯托尔斯的致辞,一段是维拉斯中校的演说(哦,简直是太棒了),一段是洛根将军的致辞(非常激动人心),还有一段是鲍勃·英格索尔的演讲,我差点忘了他的名字,他真是个非同寻常的家伙——哦,世上从来没有人能把英语说得这么美妙。我发誓,他相貌英俊,仪表堂堂地站在台子上,周围有500人为他欢呼喝彩,他口若悬河,妙语连珠!天啊,人类的语言多么奇妙,犹如音乐大师演奏的乐曲!这些演讲写下来也许毫无光彩,可是从他们的口中说出来却光芒四射,人们的欢呼声多么热烈(1879年11月

14 日，致奥莉薇亚的信，*Letters* 1876 – 1880）！

他给威廉·迪恩·豪威尔斯的信中写道：

> 鲍勃·英格索尔的演讲被校对员改得全无生气，可他的慷慨陈词将回响在我的记忆里，这是我听到过最精彩绝伦的演说。我总能想起那天晚上他站在宴会桌前面的情景，大厅里灯烛辉煌，四处悬挂着旗帜，周围有 700 人为他狂热欢呼，他真是有史以来最英俊潇洒的人。"他们是为了孩子的母亲而战斗"——这些话就像书上的名言一样，上帝保佑，他说这话的时候带着慈悲天使的口气，你真应该看看大厅里欢声雷动的场面（1879 年 11 月 17 日，致豪威尔斯的信，*Letters* 1876 – 1880）。

回到哈特福德后，马克·吐温写信给英格索尔，想要一份他的演讲稿（1879 年 12 月 9 日，致英格索尔的信，Letters 1876 ~ 1880 年）。英格索尔寄来的演讲稿经过马克·吐温的核对，现存于马克·吐温档案馆。他在写给豪威尔斯的信中引用了下面这段演讲：

> 比希腊人还要勇敢，比罗马人还要崇高，合众国的将士们，爱国精神像空气一样四处弥漫，为了奋起反抗的人民而战斗，为了崇高的劳动者而战斗，为了怀抱孩子的母亲而战斗，傲慢自大不会给辛苦忍耐的脊背留下伤痕，我们的国家不应该成为自相残杀的九头怪物，而是一个独立自由的伟大国度（1879 年 11 月 13 日星期四，"芝加哥帕尔默酒店的盛大宴会"，CU – MARK）。

69.29　天啊！他没有被落下！］

这句俗语在马克·吐温听来很新鲜(68.13)。这句话原来是指没有赶上轮船或火车，到了 19 世纪 70 年代末，通常是指"失败"。马克·吐温在 1882 年的笔记中关于英格索尔的段落中记下了这种说法（N&J2，373，507；比如说，"律师是怎么 475
被落下的"，Puck3［1878 – 4 – 24］：4）。

70.13　儿童不过是人类之父］

引用了英国诗人威廉·华兹华斯（William Wordsworth）的诗《虹》，略加改动。

70.15 – 16　他们看到将军笑得前仰后合，他们也倍感兴奋，随着笑了起来］

马克·吐温在写给豪威尔斯的信里描述了这个场景：

格兰特将军在宴会上正襟危坐，就像一尊铸铁雕像，14 篇演讲让其他人听得激动不已，他却毫不动容，等到我最后一个讲话的时候，也是第 15 个，他的时刻终于到了！我的讲话激发了他的活力，他坐在那儿足有 15 分钟，像最平凡的普通人那样开怀大笑，流下眼泪。上帝保佑，我早就估量过这个难以征服的胜利者，我对自己的讲话充满信心，因为我知道能把他逗乐。他告诉过我，自己那天和 15,000 人握了手，最后没感到一丝疲惫劳累，可我却让他笑得全身散了架（1879 年 11 月 17 日，致豪威尔斯的信，*Letters* 1876 – 1880）。

"婴儿"的全文请参考 Budd 1992a，727 – 29。

与 W. D. 豪威尔斯共同拜访格兰特将军

70.18　1881 年]

应该是 1882 年，参见注释 70.19 – 37。

70.19　豪威尔斯]

威廉·迪恩·豪威尔斯（William Dean Howells）（1837 ~ 1920 年），出生于俄亥俄州的马丁斯费里，来自一个政治观点激进、宗教信仰虔诚的大家庭。他的父亲是印刷工人，他跟随父亲当了学徒，后来成为一名记者。他表示自己缺乏学校教育，在父亲的图书室里博览群书，自学了西班牙语、德语、法语和意大利语（1871 年 7 月 2 日，豪威尔斯致约翰·哈特的信，Howells 1979，375）。豪威尔斯支持林肯参加 1860 年的总统大选，因此被任命为美国驻威尼斯领事（1861 年）。1865 年他卸任回国，成为著名记者，搬到马萨诸塞州的剑桥，先后担任《大西洋月刊》的助理编辑（1866 ~ 1871 年）和编辑（1871 ~ 1881 年）。1881 年，他从报界退休，专心写作。他的好友包括亨利·亚当斯（Henry Adams）、威廉·詹姆斯（William James）、亨利·詹姆斯（Henry James）、小奥利弗·温德尔·霍姆斯（Oliver Wendell Holmes, Jr）。他和马克·吐温的友情，可以追溯到 1869 年他对《傻子出国记》的评论（Howells 1869）。豪威尔斯借助自己在美国文学界的重要地位，帮助马克·吐温在文学方面取得了成功；豪威尔斯是马克·吐温的好友，也是他的编辑、校对和顾问。在文学方面，豪威尔斯拥护理想主义并亲身实践。他著有多本出色的小说，包括《塞拉斯·拉帕姆的发迹》（1885 年）、《新财富的危害》（1890 年）；他还写了《我认识的马克·吐温》（1910 年）来纪念这位作家。

70.19 – 37　他的老父亲几年后辞职]

豪威尔斯的父亲威廉·库珀·豪威尔斯（William Cooper Howells）（1807 ~ 1894 年），1878 年被任命为美国驻多伦多领事，此后任魁北克领事达 4 年。1882 年 1 月末，豪威尔斯知道父亲可能失去这个职位，3 月 2 日他写信给父亲，提到"自己计划和马克·吐温共度周末，他是格兰特将军的好朋友，我有可能见到将军”(1882 年3 月 2 日,豪威尔斯致威廉·库珀·豪威尔斯的信,Howells 1980,10－11)。3 月 10 日,马克·吐温和豪威尔斯在纽约拜访了格兰特将军。在《我认识的马克·吐温》中,豪威尔斯表示,格兰特将军“非常单纯质朴、热情诚恳,我和他一见如故,他的声音柔和圆润,带着俄亥俄河流域的口音,就像我那在汽船上工作的叔叔,他是我小时候崇拜的英雄。当我提到来意时,他只是说,哦,不会吧,他会写信给国务卿”(Howells 1910,71)。格兰特将军立即给国务卿弗雷德里克·西奥多·富里林胡森(Frederick Theodore Frelinghuysen)(1817～1885 年)去信,富里林胡森次日在回信中写道,“请告诉克莱门斯先生,我们无意更换驻多伦多领事”(1882 年3 月 11 日,富里林胡森致格兰特将军的信,CU－MARK)。格兰特将军把这封信转寄给马克·吐温,3 月 14 日,马克·吐温写信给豪威尔斯,“这件事解决了,我认为至少暂时解决了。你瞧,将军是个雷厉风行的人”(MH－H,in MTHL,1:394)。1883 年6 月,老豪威尔斯辞去领事职位(1874 年6 月21 日,致豪威尔斯的信,L6,166 n.2;Howells 1979,61,196;Howells 1980,10－11,14,58－59)。 476

71.7－8　他威严端坐]

1885 年8 月9 日,豪威尔斯在新罕布什尔州伯利恒写信给马克·吐温:“我们昨天在这里参加了格兰特将军的葬礼,人们唱着歌曲,盛赞他那本伟大的回忆录,我一直在回想,当初我们在纽约和将军共进午餐、品尝猪肉豆子的情景,我多么想让他们知道,他比赞美诗里歌唱的还要高尚。就像但丁写的那样,威严端坐”(CU－MARK,MTHL,2:536)。不到1 个月后,9 月 10 日,马克·吐温在他的口述打字稿中加上了这段话,用括号标明“熏肉豆子”和豪威尔斯引用但丁的话。然而,这句话不是出自但丁笔下,而是意大利戏剧家、诗人维托里奥·阿尔菲耶里(Vittorio Alfieri,1749～1803)的诗句:“锡耶纳,威严矗立在高山上”。豪威尔斯的引文出自布里吉特的《锡耶纳新指南》(他的著作《托斯卡纳城市》中的文章),此处没有标明文献来源(Brigidi 1885,11;Howells 1886,126－139)。多年以后,豪威尔斯回忆道,“烤豆子和咖啡的味道就像火车上的饭菜,不过和格兰特将军一起品尝烤豆子和咖啡,犹如坐在尤利乌斯·恺撒、亚历山大大帝和普鲁塔克笔下的伟大人物旁边”(Howells 1910,72)。

71.9－18　西点军校的“斯奎鲍勃”德比]

豪威尔斯回忆道:

> 格兰特将军和两位文人来往密切,只要他提到文学,常常会说到这个人,完全不像平常那样沉默寡言。他时常提到的约翰·菲尼克斯是太平洋沿岸最受欢迎的幽默作家,他的真名叫作乔治·德比,两人曾经是

西点军校的同学(Howells 1910,72)。

乔治·霍雷肖·德比(1823～1861 年),美国陆军测绘工程兵团上尉,最初以笔名发表了一系列幽默随笔,在太平洋海岸远近闻名。这些随笔收录在《菲尼克斯随笔趣谈》(1856 年)和死后出版的《斯奎鲍勃文集》(1865 年)中(1886 年 12 月 15 日,致母亲和家人的信,ZJ,374 n.2)。

477 71.27－29 巴多将军的战史……约翰·拉塞尔·扬的记述]

亚当·巴多(1831～1895 年),1864 年成为格兰特将军的秘书,1869 年从军中退役时获得陆军准将军衔,两人是亲密的朋友。格兰特就任总统后,任命巴多为美国驻伦敦领事,他从 1870 年任职到 1881 年,期间曾经离职陪同格兰特将军进行长达 5 个月的环球之旅。在 1868 年到 1881 年间,巴多出版了三卷《尤利西斯·格兰特将军战史》(Badeau 1868－81;N&J3,107 n.137;1873 年 6 月 15 日,致巴多的信,L5,382 n.1)。

约翰·拉塞尔·扬(1840～1899 年),著名新闻记者,曾在多家报社供职,从 1866 年到 1869 年担任《纽约论坛报》总编辑。1872 年,他成为《纽约先驱报》的海外通讯记者。他受邀加入格兰特将军的环球之旅,把这段旅程记入了《与格兰特将军环球旅行》(1879)。1882 年,切斯特·艾伦·阿瑟总统任命他为美国驻华公使(通过格兰特将军的推荐)。他调解了美国、中国和法国之间的诸多分歧,1885 年回到欧洲为《纽约先驱报》工作(1869 年 5 月 14 日,致奥莉薇亚的信,L3,230 n.6;1873 年 6 月 18 日,致约翰·拉塞尔·扬的信,L5,383 n.1)。

71.34－35　最好的出版计划——征订计划]

在图书发行前,出版商通过挨家挨户推销的代理商提前售书,主要是在乡村地区,代理商会拿出样书和插图的宣传页,来劝告人们下订单。订购图书要比在书店里出售的成本高,却是确保高额利润的最佳方法,这是马克·吐温从亲身经历中获得的经验,他在 1869 年和美国出版公司开始了合作。

71.36－37　美国出版公司……他们欺骗了我长达 10 年]

在 1872 年年初,《艰苦岁月》出版后不久,马克·吐温开始怀疑他的出版商——美国出版公司的以利沙·布利斯(Elisha P. Bliss)以虚报印刷费用来欺骗他。然而,布利斯的解释让他打消了疑虑,继续和这家公司合作,在 1880 年出版了《傻子出国记》(see RI1993,877－80;AD,21 Feb 1906,note at 370.32－33)。尽管布利斯在 1880 年去世后,马克·吐温考虑过控告这家公司,不过依然公正地对待接替父亲事业的弗朗西斯·布利斯(Francis Bliss)(1881 年 10 月 26 日,致韦伯斯特,NPV,in MTBus,173－74;1881 年 12 月 28 日,致奥斯古德公司,1881 年 12 月 31 日,致奥斯古德,MH－H,mMTLP,147－49;1882 年 10 月,致埃利奥特,

CU－MARK;1882 年 10 月 6 日,致韦伯斯特,NPV,in MTBus,203－4)。到 1883 年年中,他向作家乔治·华盛顿·凯布尔推荐了这家公司:

> 如果你想找一家哈特福德的出版社出书,我会建议你找我以前的出版商,位于阿瑟莱姆街 284 号的美国出版公司。这家公司曾经骗了我大笔的钱财,不过他们善于推销图书,此外,我想他们早已改过自新。我认识那里的一个小贼,他现在下了地狱(1883 年 6 月 4 日,致凯布尔,LNT)。

格兰特和中国人

72.6　容闳,已故中国驻华盛顿公使]

容闳(1828～1912 年),出生于中国广东香山县的农民家庭,入读教会学校,学习英文读写。1847 年,他跟随老师前往美国留学,1854 年毕业于耶鲁大学。 478
1876 年,容闳被任命为中国驻华盛顿公使,和中国驻美公使陈兰彬前往美国,容闳赴美前请辞公使职位,同意担任驻美副使(1878～1881 年)。马克·吐温通过两人共同的密友约瑟夫·特威切尔牧师结识了容闳(Yung 1909,1,3,7,13,19－21,27,41,173,180－90,197－200;《纽约时报》1878 年 9 月 29 日,"中国公使";1881 年 9 月 2 日,"中国的退步";1875 年 2 月 21 日,致斯普拉格与其他人,L6,393 n.3)。

72.7－9　李鸿章……力主中国修建军用铁路]

李鸿章(1823～1901 年),1870 年至 1801 年任直隶总督,马克·吐温认为,李鸿章是一位雄心勃勃的政治家,推动军队现代化,主张修建铁路。1881 年年初,马克·吐温首次为铁路工程拜访格兰特将军。在 1881 年 3 月 25 日至 28 日的日记中,特威切尔牧师描述了当时的情形:

> 容闳从华盛顿归来,带来了巨大的商机。中国政府很快就会修建铁路,他希望美国抢在英国和其他国家前面,提供人员和资金,来完成这项工程……于是,他来拜访马克·吐温,听从他的建议,请求他的帮助。马克·吐温立即写信给格兰特将军。很快收到了回信,格兰特将军即将启程去墨西哥,不过他肯定会在路上给李鸿章去信,推荐容闳的想法(Twichell 1874－1916)。

无论是马克·吐温的信件还是格兰特将军的回信都未保存于世。4 月 1 日,格兰特将军在去往墨西哥的路上给马克·吐温来信,附上他写给李鸿章的信件:

如果你把这封信拿给容闳看，他表示认可的话，再寄给李鸿章总督，我将深表感谢。

我很遗憾在收到你的信后没有立即阅读。无论我的行程如何计划，本来可以为你和朋友安排一次会面。

在当天的第二封信里，格兰特将军补充道："等我回到纽约后，我将非常高兴见到你和容闳，欢迎你们携朋友前来讨论这个问题。"4 月 22 日，马克·吐温回信感谢格兰特将军："您给总督大人的信写得非常及时，在关键时刻坚定了他的信心。"马克·吐温日后回忆，3 年后的 1884 年年初，他和容闳拜访了格兰特将军，他还记得格兰特将军在冰上滑倒了，这正是 1883 年 12 月发生的事（Badeau 1887，416）。

72.8　恭亲王]

恭亲王（1833～1898 年），时任军机处大臣。19 世纪 60 年代和 70 年代，恭亲王是中国最卓越的政治家，他推动现代化改革，力求与西方各国合作。马克·吐温曾经在报纸上读到一篇虚假报道，声称恭亲王在遭到皇帝免职后自杀身亡，实际上他只是退出了公众的视线（1884 年 5 月 2 日，《芝加哥论坛报》，"恭亲王"）。

72.33－34　大约在 1879 年或 1880 年，中国学生收到了清政府召回的命令]

479 容闳毕生致力于推动中国学生在美国接受教育。经过他多方努力，1872 年，清政府成立幼童出洋肄业局，派遣一百多名幼童前往哈特福德接受教育，准备让他们回国后担任官职。容闳被任命为出洋肄业局副委员，陈兰彬被任命为委员。1876 年，吴嘉善被任命为出洋肄业局委员，吴嘉善和陈兰彬思想守旧，唯恐幼童留美学习对中国传统文化造成威胁。据容闳所说，吴嘉善"恶意歪曲，刻意诽谤"，奏请清政府裁撤幼童，经李鸿章同意，清政府在 1880 年年底废除留学计划（Yung 1909，200－210）。

73.2－3　王大人并非改革派，是中国驻美公使]

尽管马克·吐温记错了驻美公使陈兰彬的名字，却清楚地指出，正是他导致了幼童出洋肄业局的裁撤（Yung 1909，203）。

73.13　特威切尔牧师]

约瑟夫·特威切尔牧师（1838～1918 年），是个皮匠的儿子，出生于康涅狄格州。1859 年，他从耶鲁大学毕业，因内战爆发，他中断了协和神学院的学业，成为纽约州志愿军的随军牧师。1865 年，他在神学院完成了学业，成为康涅狄格州哈特福德避难山公理会教堂的牧师，他在那里度过了自己的职业生涯。同年，他娶了茱莉亚·哈莫尼·库什曼（1843～1910 年），两人养育了 9 个孩子。1868 年，他和马克·吐温成为好友,马克·吐温搬到哈特福德附近他居住的努克农场后,两人友情日渐深厚。特威切尔牧师宣扬"强身派基督教",更关注社会进步,而不是宗教信条,他视野开阔,成为马克·吐温的良师益友;他也是《傻子出国记》里哈瑞斯的原型。特威切尔牧师是马克·吐温最亲密的朋友,主持了他的婚礼和葬礼。

73.13 - 22　我立即到纽约求见格兰特将军]

特威切尔牧师和容闳交往密切,强烈支持他的事业,请求马克·吐温争取格兰特将军的支持。1880 年 12 月 21 日,两人在纽约拜访了格兰特将军。马克·吐温在寄给豪厄尔斯的信中写道,"特威切尔还没有正式开始宣讲,格兰特将军立刻就明白了,这位老人说道:'我会给总督大人写一封信——单独写一封——向他阐明充分的理由'"(1880 年 12 月 24 日,致豪威尔斯的信,*Letters* 1876 - 1880)。

73.31 - 33　格兰特将军的信]

1881 年 3 月,马克·吐温写信给格兰特将军,感谢他的帮助,宣布"哈特福德的出洋肄业局得以保留。3 天前,总督大人发来了电报,撤回了中国学生回国的命令"(1881 年 3 月 1 日,致格兰特将军的信,OKeU)。

73.36 - 37　推翻了清政府的决定]

最终,格兰特将军和众人为保留出洋肄业局作出的努力化为泡影。1881 年 7 月,出洋肄业局遭到裁撤,留美幼童回到中国(《纽约时报》1881 年 7 月 16 日,"中国出洋肄业局",1881 年 9 月 2 日,"中国的退步")。

格哈特 480

74.1　埃尔迈拉的农场]

从 1871 年到 1889 年,克莱门斯家都在纽约埃尔迈拉的夸里农场度过夏天,这是奥莉薇亚的妹妹苏珊和妹夫西奥多·克兰的住所。苏西、克拉拉和简都出生在这里。1869 年,杰维斯·兰顿买下了这座农场,送给了女儿苏珊。农场的名字来自一座废弃的采石场,此地位于城郊,可以从山岗上俯瞰希芒河。1874 年,苏珊在房子后面的山上建了一座八角屋,当作马克·吐温的书房。他在这里写下了《汤姆·索亚历险记》(1876 年)、《傻子出国记》(1880 年)、《王子与乞丐》(1881 年)、《密西西比河上的生活》(1883 年)、《哈克贝利·费恩历险记》(1885 年)、《误闯亚瑟王宫》(1889 年)(1871 年 3 月 17 日,致布利斯,L4,366 - 67 n. 3;Cotton 1985,59)。

74.2 - 7　格哈特到头来一事无成]

1881 年 2 月,马克·吐温结识了自学成才的年轻雕塑家卡尔·格哈特(Karl Gerhardt)(1853 ~ 1940 年),他是哈特福德一家刀具厂的首席技师。格哈特的妻子约瑟芬(昵称海蒂)拜访了马克·吐温,劝说他来参观自己丈夫的工作间。格哈特的才华给马克·吐温留下了深刻的印象,他征求了几位艺术家的意见来证实自己的判断,包括画家詹姆斯·威尔斯·钱普尼(James Wells Champney)(1843 ~ 1903 年),雕塑家约翰·昆西·亚当斯·沃德(John Quincy Adams Ward)(1830 ~ 1910 年)和奥古斯塔斯·圣·高登斯(Augustus Saint - Gaudens)(AD,16 Jan 1906,284.7 - 8)。马克·吐温借给格哈特 3000 美元,让他到法国巴黎高等美术学院学习,沃德和其他艺术家认为,这笔款项足以让格哈特和他的妻子维持 5 年的生活。不到 4 年的时间,格哈特就花光了积蓄,在 1884 年夏天回到了美国,把他的妻子和幼女奥莉薇亚(以奥莉薇亚·克莱门斯的名字来命名,此时他的小儿子劳伦斯还没有出生)留在了巴黎。他没有创作出任何作品,只雕刻了一尊马克·吐温的半身像,还创作了一座石膏模型,拍了照片作为《哈克贝利·费恩历险记》的插图。在 19 世纪 80 年代末,格哈特得到了许多雕塑纪念像的重要工作,但是到 19 世纪末他的作品越来越少。在 19 世纪 90 年代中期,他和建筑家沃尔特·桑福德(Walter Sanford)有过合作,曾经受雇于一家自行车制造商。海蒂在 1897 年离开人世后,他搬到新奥尔良居住,过着默默无闻的生活,创作了一些雕塑,当过酒保,做过零工,直到 1940 年去世(1881 年 2 月 21,致豪威尔斯[lst],NN - BGC,1884 年 8 月 1 日,致豪威尔斯,MH - H,in MTHL,1:350 - 55,2:497 - 98;1881 年 3 月 6 日,《纽约时报》,"艺术语录,"8;致格哈特的信,1882 年 9 月 30 日和 10 月 1 日,1883 年 3 月 26 日,CLjC;1883 年 6 月 14 日至 625 日,CU - MARK;1883 年 8 月 1 日,CtHMTH;HF2003,xxvii,374;AskART 2008e;Schmidt 2009c)。

74.12 - 13　这次演讲……是这笔款项 4 倍的价钱]

理查德·D. 哈伯德(Richard D. Hubbard)(1818 ~ 1884 年),毕业于耶鲁大学,是一名律师,从 1877 年到 1879 年任康涅狄格州州长。1883 年 3 月 28 日,他在哈特福德的州议会发表演说,提议雕刻一座内森·黑尔(Nathan Hale)的塑像,安放在议会大楼外面。这段演讲遭到了马克·吐温的嘲讽:

> 一个多世纪以前,内森·黑尔被处以死刑,在鲜血淋漓的祭坛上献
> 481 出了生命……他独自在牢狱中度过黑夜,等待着黎明来临,结束自己的生命——的确,他置身于黑暗的阴影里,在曙光里化身为一粒尘埃,度过漫长的黑夜,摆脱地狱的力量,得到上帝的喜爱——我敢肯定——他成为了上帝谦卑的仆人;在前景尚不明朗的时候,他已经预见到自己的祖国即将独立("康涅狄格州英雄间谍",1883 年 3 月 29 日,《哈特福德新闻》,1)。

74.14－21　委员会里包括科伊特、巴纳德、沃勒]

罗伯特·科伊特(Robert Coit)(1830～1904 年),从 1881 年起担任新伦敦北方铁路公司总裁,从 1880 年到 1883 年任康涅狄格州参议员(1904 年 6 月 20 日,《哈特福德新闻》,罗伯特·科伊特去世;*Biographical Review* 1898,276－77)。亨利·巴纳德(Henry Barnard)(1811～1900 年),教育学家、编辑,毕生致力于公立学校改革,担任过多个政府公职。然而,他没有履行自己的义务,以管理失职而远近闻名。他取代 1884 年 2 月去世的哈伯德被任命为委员会成员。托马斯·M. 沃勒(Thomas M. Waller)(1840～1924 年)曾是名律师,1867 年进入政界,先后担任康涅狄格州立法委员、州政府秘书长、新伦敦市市长,从 1883 年到 1885 年任州长。

74.23－24　领薪水的艺术家……柯尔特太太的私人教堂]

"领薪水的艺术家"的确切身份无法得到证实。詹姆斯·G. 帕特森(James G. Batterson)(1823～1901 年)是哈特福德的知名商人,旅行者保险公司的创始人,新英格兰花岗岩公司总裁,这家公司专门生产花岗岩、大理石和青铜材质的艺术纪念品。雕塑家埃奥奇·S. 伍兹(Eonch S. Woods)在哈特福德拥有一间工作室,是好牧人教堂的司事。1866 年,塞缪尔·柯尔特(Samuel Colt)的遗孀伊莉莎白·杰维斯·柯尔特(Elizabeth Jarvis Colt)(1826～1905 年)为了纪念已故的丈夫和幼年夭折的 3 个孩子,建造了这座美国新教圣公会教堂(Geer 1886,42,207,245,297,521),伍兹雕刻了一座黑尔的塑像,刻画"他站着准备套上绞索、没戴帽子、双手被绑的形象"(1883 年 7 月 12 日,《哈特福德新闻》,"雕塑家创作的内森·黑尔雕像",2)。

74.31　威廉·C. 普莱姆]

在《傻子出国记》的第 46 章和第 48 章里,马克·吐温讽刺了作家威廉·C. 普莱姆(William C. Prime)(1825～1905 年)的理想主义游记《圣地的露营生活》,戏称他是"煤烟灰",在 1908 年把他叫作"哗众取宠的虔诚教徒"(AD,1908 年 10 月 31 日)。不过在 1885 年年末和 1886 年年初,马克·吐温和普莱姆就《麦克莱伦自传》的版权展开协商,普莱姆代表乔治·布林顿·麦克莱伦(George B. McClellan)将军的遗孀对该书进行了编辑。1887 年,韦伯斯特出版公司发行了这本书(1886 年 1 月 31 日,致普莱姆,DLC;N&J3,218)。

74.31　查尔斯·达德利·华纳]

查尔斯·达德利·华纳(Charles Dudley Warner)(1829～1900 年),散文家、旅行作家、《哈特福德新闻》的编辑,哈特福德努克农场附近的重要人物。他和马克·吐温合著了《镀金时代》,这部讽刺小说揭露了南北战争后美国社会的物质主义和政治腐败内幕。在华纳结识哈格特的时候,马克·吐温对哈格特的职业产生了兴趣(1872 年 12 月 20 日至 22 日,致特威切尔,LS,259 – 60;1881 年 2 月 21 日,致豪威尔斯[1st],NN – BGC,in MTHL,1:350 – 55;1884 年 4 月 5 日,致哈格特,CtHMTH)。

75.26　前景似乎遥不可及]

482 到了 12 月,由科伊特、巴纳德和州长亨利·哈里森(Henry B. Harrison)组成的委员会终于把合同交给了格哈特。雕刻家华纳(Olin L. Warner)曾经在巴黎学习,受到格哈特的老师弗朗索瓦·茹弗鲁瓦(Francois Jouffroy)的指导,他劝说委员会相信格哈特的草稿比伍兹提交的全尺寸模型更出色。1 年后,格哈特那座"大于实际尺寸、伸出双臂、毅然挺立"的黏土雕塑获得了认可,最终浇筑成青铜雕像。马克·吐温和格哈特参加了 1887 年 6 月的揭幕仪式,约瑟夫·特威切尔牧师进行了祈祷,查尔斯·达德利·华纳(委员会新成员)发表了致辞(《哈特福德新闻》:1885 年 12 月 22 日,"内森·黑尔雕像",2;1886 年 12 月 22 日,1;1887 年 6 月 15 日,"内森·黑尔雕像揭幕",5;1887 年 6 月 15 日,"内森·黑尔雕像",1)。

格兰特将军的回忆录

75.28　格兰特将军的回忆录]

请参阅《自传口述》中 1906 年 2 月 6 日、5 月 28 日、29 日、31 日、6 月 1 日和 2 日的章节,马克·吐温回忆了本章里讲述的往事。参见 N&J3,122 – 25,回顾了《格兰特将军回忆录》出版的始末(1885 ~ 1886 年)。

75.30 – 31　在加菲尔德竞选总统期间……共和党]

在 1880 年 6 月举行的共和党大会上,格兰特将军原本可以作为总统候选人来竞选第三任总统。然而他对于提名总统候选人并不积极,不过表示愿意合作。尽管经过 36 次投票选举,许多支持者拥护格兰特将军,不过最终是詹姆斯·艾伯拉姆·加菲尔德(James A. Garfield)获得了提名。格兰特将军承诺对他全力支持,接受了加菲尔德的邀请,参与他的竞选活动(Jean Edward Smith 2001,614 – 17)。加菲尔德击败了民主党候选人温菲尔德·汉考克(Winfield Hancock),1881 年 7 月,他在就职仅 6 个月后遭到暗杀,副总统切斯特·艾伦·阿瑟接替他登上总统宝座。

76.1　格兰特的长子弗雷德·格兰特上校]

1848 年,尤里西斯·辛普森·格兰特娶了密苏里州农民的女儿茱莉亚·登特(Julia Dent)(1826 ~ 1902 年):弗雷德里克·登特·格兰特(1850 ~ 1912 年)是他们的长子,其次是小尤里西斯·辛普森·格兰特(1852 ~ 1929 年)、艾伦·雷恩肖(1855 ~ 1922 年)和小杰西·鲁特·格兰特(1858 ~ 1934 年)。弗雷德里克少年时跟随父亲参加了南北战争,在军队中表现出众。1871 年从西点军校毕业后,他加入了骑兵部队,此后担任过几位将军的副官,获得陆军中校军衔。在 1877 年至 1879 年,他和父母进行了环球旅行。在美西战争期间,他重新开始了军旅生涯,晋升为陆军少将。小尤里西斯・辛普森・格兰特(昵称巴克),毕业于哈佛大学和哥伦比亚大学法学院,是一位股票经纪人。他的公司倒闭后,接受了他的岳父——前参议员杰罗姆・查菲(Jerome B. Chaffee)的帮助(参见注释 83.30)。杰西・格兰特就读于康奈尔大学,不过曾休学陪伴父母进行环球之旅,后来在哥伦比亚大学法学院学习了 1 年(McFeely 1981,22,489 – 90,521)。

76.5 – 8　将军离开了白宫]

没有证据表明格兰特在卸任总统后负债累累。1877 年 3 月,格兰特离开白宫,他在环球之旅中花了 8.5 万美元(来自于投资的盈利)。他们返回美国后,格 483
兰特家依然有 10 万美元的投资,每年收入不低于 6000 美元。这笔收入无法维持他们的生活水平(只够支付他们住在第五大道酒店客房的费用)。格兰特家在费城拥有一座 1865 年获得的宅邸,在华盛顿购置了四五处房产(Julia Dent Grant 1975,161,322)。1869 年,格兰特辞去军职,放弃了 1866 年 7 月根据国会法案授予他的陆军上将军衔,因此不再被列入退役军人名单,他也没有资格依靠公职领取退休金,直到 1958 年,美国前总统才能获得政府津贴(Badeau 1887,316,418;Jean Edward Smith 2001,419 – 20,607 – 8;Stephanie Smith 2006)。

76.15 – 20　在介绍将军的时候,我提到了爵位和报酬……他感到非常满意]

1880 年 10 月 16 日,马克・吐温陪伴格兰特家从波士顿来到哈特福德,在布什内尔公园下午举行的聚会介绍了将军。他发表的演讲如下:

> 威灵顿赢得了滑铁卢战役——这场战役和你的几十场胜利不相上下——唯利是图的英格兰用金钱和荣耀报答了他的功绩!他被授予公爵爵位,获得了 400 万英镑的财富。如果换作是别的国家,你为祖国作出的贡献和承受的苦难,会让你得到浮华名利的回报(大笑)。不过,谢天谢地,这个面积广袤、富裕强大的共和国拥有高雅的风度,永远不会让你有失身份(再度大笑)。你的国家爱护你的名誉,你的国家为你感到自豪,你的国家对你表示感激(鼓掌喝彩)。过去的几周以及几个月里,这个国家的喝彩声震耳欲聋,永不停止,你捍卫的旗帜将永远飘扬(高声喝彩)。
>
> 从今以后,你的祖国巍然矗立,用各种方式来表达对你无限的爱护、自豪和感激(哄然大笑)(格兰特将军在哈特福德的招待会,《哈特福德新闻》,1880 年 10 月 18 日,1)。

马克·吐温给豪威尔斯送去了演讲词的新闻剪报，旁边写道“格兰特将军笑得前仰后合”（1880年10月19日，致豪威尔斯，*Letters* 1876－1880）。格兰特认为，美国人民已经给予他“比真金白银更宝贵的东西。这些财富比不上我的同胞对我的尊敬和善意”（1880年10月18日，《哈特福德新闻》，格兰特将军在哈特福德的招待会，1）。

76.22－25　这些富有的公民……其他人的卑鄙行为]

在1880年年末，《纽约时报》的乔治·琼斯（George Jones）和其他朋友筹集了25万美元的信托基金，帮助格兰特将军摆脱经济困境，这笔钱用于投资铁路债券，每年能保证他有1.5万美元的收入（Goldhurst 1975，12－13，21）。

76.26－30　格兰特与沃德，股票经纪人……公司业务]

1880年年中，格兰特与沃德公司成立了，负责人是小尤里西斯·辛普森·格兰特和费迪南德·沃德（Ferdinand Ward）。沃德出身于牧师家庭，在纽约的杰纳西奥长大。1875年，沃德来到纽约，成了农产品交易所（New York Produce Exchange）的职员。沃德通过交易所成员的投机行为积累了财富，在国民航海银
484 行任职的岳父去世后，沃德继承了他的财产（1884年5月7日，《纽约时报》，“震惊华尔街”，5）。19世纪80年代初，沃德已经拥有价值75万美元的资产，在金融界被称为“小拿破仑”。格兰特和沃德各自在公司投资10万美元。1880年11月，格兰特将军和国民航海银行总裁詹姆斯·D. 菲什（James D. Fish）分别追加投资10万美元，成为特别合伙人。格兰特家投入了现金，其他两位合伙人则以证券形式进行投资。弗雷德里克·格兰特和杰西·格兰特也向公司投入了一笔数额较少的资金（McFeely 1981，489－90；Jean Edward Smith 2001，619；《纽约时报》："菲什－格兰特书信”，1884年5月28日，5；“格兰特与沃德公司广告”，1881年12月8日，7；Goldhurst 1975，13－14）。

76.37－38　5月5日……一文不名]

1884年5月6日，这家公司宣告倒闭，同时导致了国民航海银行的破产。在几年里，投资者获得了高得离谱的利润，每年领取多达40%的红利。格兰特将军和他的儿子把所有财产都交到了沃德手里，相信自己成了百万富翁。沃德的计划是引诱投资者购买债券，用他们的投资从国民航海银行获得数倍的贷款，然后用借来的资金向其他投资者支付高额红利。等到沃德无力支付贷款时，这个骗局就暴露无遗。他在银行抵押的债券无法弥补这笔损失，因而导致银行破产。格兰特和沃德的公司预计负债高达1700万美元，实际资产仅有6.7万美元左右（Goldhurst 1975，13－19；Jean Edward Smith 2001，619－21；McFeely 1981，490；《纽约时报》："震惊华尔街”，1884年5月1日，1；“沃德的奇特方法”，1884年5月13日，1；“格兰特和沃德的债务”，1884年7月8日，8；“费迪南德·沃德遭到

控告”,1885 年 6 月 15 日,8)。

76.42 – 77.7 沃德没有放过任何一个和格兰特家族有联系的人]

纽约的这座房子是从朋友们筹集的 10 万美元中拨款购买的,属于格兰特夫人。格兰特家族把手头的抵押贷款和资产(约合 5.2 万美元)交给了沃德,沃德谎称这笔钱投资了债券。6.5 万美元多半来自出售费城房屋的收入(Badeau 1887,420;Julia Dent Grant 1975,161,323 – 24)。据巴多回忆:

> 格兰特全完了:一个儿子是这家公司的合伙人,背负着债务;另一个儿子是公司的代理人,因 50 万美元而破产;5 月 3 日,格兰特的小儿子把自己的全部积蓄存入父亲和哥哥的银行,大约有 8 万美元,不料这家银行在 5 月 6 日停止兑付;他的女儿在这家公司有 1.2 万美元的投资;格兰特的姐姐投资了 5000 美元,另一个姐姐投资了 2.5 万美元;他的侄子投资了几千美元,这是他当职员的积蓄;格兰特的一位好友敬佩格兰特的名望,听从了他的建议,投入了大量资金(Badeau 1887,421)。

从某种意义上说,格兰特并没有失去自己最初的投资,因为格兰特和他的儿子每月从公司领取 3000 美元,用于日常开支。从 1880 年年末到 1884 年年初,他们领取的金额相当于初期投资的价值,此外还得到了合理的收益。然而,格兰特将军的确失去了潜在的财富:他相信撤股不会影响到他的资本,因为他的财富已经达到 100 万美元左右。此外,他还要为公司的债务负责(格兰特夫人最终从《格兰特将军回忆录》中获益 19 万美元,偿还了这些债务)。最后,他向威廉 · H. 范 485
德比尔特(William H. Vanderbilt)借了 15 万美元,以避免灾难的发生,他相信沃德会很快把这笔钱还回来。为了偿还债务,格兰特把所有的资产抵押给了范德比尔特,包括他的房产契约(后来范德比尔特把这些房产归还给格兰特夫人,免除了债务,格兰特家族予以拒绝)。格兰特夫人名下拥有独立的房产,她卖掉了华盛顿的两座房子来筹集资金,从格兰特家的亲友那里获得额外资金来支付生活费用(Goldhurst 1975,3 – 5,13,22 – 25,250;“格兰特将军的证词”,《纽约论坛报》,28 Mar 1885,1;Badeau 1887,419 – 420,423,432 – 433)。

77.9 – 13 法案恢复了格兰特将军……阿瑟总统反对《菲茨 · 约翰 · 波特法案》]

菲茨 · 约翰 · 波特少将(1822 ~ 1901 年),1863 年 1 月,军事法庭判决他在南北战争第二次布尔朗战役中犯有违抗军令罪。很多人相信波特是清白的,指控他的罪名并不成立,他们认为军事命令的情报来源失实,从而导致军队遭受袭击。1879 年,调查委员会免除了波特的罪名,1880 年年初,他的支持者发起了一场长期运动,要求通过立法机构和行政命令,来恢复他的军衔,列入退役军人名单。1880年年末,国会提出法案授权总统恢复格兰特的军衔。接下来的几年里,国会讨论了一系列关于两位将军的“平反”法案。最终波特法案在参众两院通过,1884年7月阿瑟总统对此予以否决,宣称该法案违反宪法,因为国会没有权利以特定人名来命名一项法案。格兰特与沃德公司在1884年5月破产,与此同时,国会提出恢复格兰特军衔的第二项法案。阿瑟总统不希望违背他此前在波特法案中的立场,请求国会不经过总统批准向格兰特发放退休金,格兰特愤慨地拒绝了这种施舍(Badeau 1887,432)。1885年1月,国会最终同意了一项法案,授权总统把前将领列入军队退役名单,同时授予相应军衔和全额薪酬。波特法案和格兰特法案均在参议院获得通过,但是在众议院搁浅,一方面是因为有些议员想通过投反对票来报复阿瑟总统。最后,在1885年3月4日中午,国会无限期休会不到半个小时,该法案终于获得通过。此时已经接近11点45分,“看门人站在椅子上,把参议院时钟的指针向后拨了6分钟,人们对于这种消磨时间的做法爆发出阵阵笑声”。等到时针走到校正后的11点53分,这项法案立刻签署,得到全体议员一致通过,批准总统对格兰特将军的委任。格兰特听到这个消息的时候,马克・吐温就在旁边,他给妻子发电报说:“中午我们在格兰特将军身边,他收到了一封电报,表示今天上午国会终于通过法案,重新授予他上将军衔,恢复他的津贴。这件事对他的影响如同死而复生”(“格兰特将军退役”,《纽约时报》,1885年5月5日,1;1885年5月4日,致奥莉薇亚,CU-MARK)。不幸的是,人们的这些努力从本质上来说只为他恢复了名誉。不到5个月后,格兰特将军离开人世,他的遗孀没有得到他每年1.36万美元的薪金。不过,在1885年12月,国会授予格兰特夫人每年5000美元的养老金。直到1886年7月,波特的问题才得到解决,根据国会特别法案,他恢复了从前的军衔,每年得到3375美元的养老金(《纽约时报》:“菲
486 茨・约翰・波特恢复名誉”,1879年3月29日,2;“菲茨・约翰・波特案”,1880年12月14日,1;“波特澄清无罪”,1882年1月3日,5;“波特最后的希望破灭”,1882年4月16日,1;“依然寻求宽恕”,1884年1月1日,1;“菲茨・约翰・波特法案遭到否决”,1884年7月4日,1;“为了格兰特将军的利益”,1884年5月8日,1;“格兰特夫人养老金获准通过”,1885年12月27日,1;“陆军和海军新闻”,1886年7月7日,3;*Annual Cyclopaedia* 1883,236-48;*Annual Cyclopaedia* 1884,207-8;*Annual Cyclopaedia* 1885,203-4,225-27;Badeau 1887,340-41,432,443;Jean Edward Smith 2001,624-25;《洛杉矶时报》:“退役军人名单”,1893年10月22日,9;“时事要闻”,1885年5月22日,2;“格兰特夫人能否得到养老金?”《尤蒂卡观察家报》,现存于CU-MARK)。

77.27－31　我读了一个晚上，他即将写第四篇文章]

1884 年至 1885 年冬天，马克·吐温和作家乔治·华盛顿·凯布尔进行演讲旅行。11 月 18 日和 19 日，奥莉薇亚出席了在纽约奇克林厅举办的演讲活动。1885 年 2 月到 1886 年 2 月间，《世纪杂志》刊登了格兰特将军的四篇战争文章（《夏伊洛战役》、《维克斯堡围城》、《查塔努加战役》和《荒原战役之准备》）。这些文章都是“南北战争战役和将领”的系列文章，出自几十位作者之手，包括南北双方作战的将领，从 1884 年 11 月到 1887 年 10 月刊登在杂志上，最后收录成 4 卷著作（Ulysses S. Grant 1885a，1885b，1885c；1886；Johnson and Bud 1887－88）。

77　脚注 1985 年 8 月……吉尔德本人]

理查德·沃森·吉尔德（Richard Watson Gilder）（1844～1909 年），美国诗人，从 1881 年《世纪杂志》创刊以来担任编辑，直到去世为止（Johnson 1923，88－96）。这条脚注是马克·吐温在 1885 年 8 月添加的评论。

79.21－22　查尔斯·韦伯斯特出版公司，1/10 的版税]

查尔斯·卢瑟·韦伯斯特（1851～1891 年），来自纽约的弗里多尼亚，是一位测量员兼土木工程师，1875 年，他娶了马克·吐温姐姐帕梅拉的女儿安妮·莫菲特（Annie Moffett）。1881 年，马克·吐温聘请韦伯斯特当了总经理，让他负责生意往来和私人事务。1884 年，马克·吐温成立了自己的出版公司，交给韦伯斯特来管理，每年给他 2500 美元的薪水，加上 1/3 的利润（从 1885 年开始），相当于每年 2 万美元，此外还有 1/10 的版税（两份合同分别签订于 1884 年 4 月 10 日和 1885 年 3 月 20 日，NPV），查尔斯·韦伯斯特出版公司出版了马克·吐温的所有作品，包括《哈克贝利·费恩历险记》（1885 年）和《汤姆·索亚历险记》（1894 年）。1888 年，马克·吐温劝说韦伯斯特退休，显然是因为他的健康问题；韦伯斯特回到弗里多尼亚后去世，年仅 39 岁。这家出版公司几年后出现亏损，在 1894 年 4 月 18 日宣布破产（“马克·吐温的公司破产，”《纽约时报》，1894 年 4 月 9 日，9）。

80.22　乔治·威廉·柴尔兹]

乔治·威廉·柴尔兹（George W. Childs）（1829～1894 年），从 1864 年起担任费城《公共记事报》的编辑和出版商，直到去世为止。他是位受人尊敬和爱戴的商人、慈善家，也是格兰特将军的好友（N&J3，100 n. 111）。

80.30－31　克拉伦斯·苏华德的公司]

克拉伦斯·A. 苏华德（Clarence A. Seward）（1828～1897 年），1867 年创立了苏华德－达科斯塔－格斯里公司，成为了纽约享有盛誉的律师事务所。

80.35　合同拟好了，放在了我手里]

马克·吐温代表韦伯斯特公司和格兰特将军进行协商。1885 年 2 月 27 日， 487

格兰特同意该公司出版他的书，他从中得到70%的净利润。我们并不确定这笔钱是否完全支付给了格兰特夫人，但是韦伯斯特公司的记录显示，截止到1887年10月1日，格兰特夫人收到的款项总计39.7万美元（弗雷德·格兰特致查尔斯·卢瑟·韦伯斯特，1887年7月22日，CU－MARK；“现金报表 | 1887年10月1日 |查尔斯－韦伯斯特出版公司”，CU－MARK；N&J3，94－97，142，312－13，316 n.47）。马克·吐温估计，格兰特夫人收到的利润约为42万美元到45万美元之间，韦伯斯特公司的利润至少有18万美元。按照目前的汇率换算，这些钱分别约合800万美元和340万美元。1908年，弗雷德·格兰特宣称这笔钱的数额更高，估计销售本书所得的首笔版税有53.4万美元（“弗雷德里克·登特·格兰特将军回忆父亲生平”，《华盛顿邮报》，1908年5月3日，SM4，8）。1885年7月6日，马克·吐温向《波士顿先驱报》的编辑去信，回应该报驻纽约记者6月20日发表的通讯。马克·吐温在信中反驳了他向格兰特将军开价的说法：

> 你们宣称“没有任何正规出版商喜欢竞争”。我为格兰特将军著作开出的价格，是世纪出版公司出价的两倍，事实仅此而已。我建议格兰特将军，把我开出的价格拿给世纪出版公司和其他出版商看，选择一家开价接近、条件最优厚的公司。他的确这样做了，把我的出价给了好几家“正规出版商”，世纪出版公司也名列其中，有两家公司的报价超过我的价格。但是没有一家公司发行订阅书籍的能力比我更强，一家也没有，实际上，格兰特将军的律师对我很满意，这就是我得到这本书的原因（手稿现存于CU－MARK）。

80.39 罗斯维尔·史密斯的描述]

罗斯维尔·史密斯（Roswell Smith）（1829～1892年），《世纪杂志》的出版商，于1870年创办了这本杂志，当时叫作《斯克里布纳月刊》。1881年，这本杂志正式更名，与斯克里布纳公司脱离了关系，史密斯依然担任该杂志的出版商（Mott 1957，457，467）。

82.7－8 伦敦年鉴的出版商给了小汤姆·莫尔]

身材矮小的爱尔兰作家托马斯·莫尔（Thomas Moore）（1779～1852年）用“托马斯·利特尔”的笔名出版了第一本诗集。那本伦敦年鉴所指不详。

82.30 道格拉斯医生]

约翰·H. 道格拉斯（John H. Douglas）是纽约著名的咽喉科医生，1884年10月，他诊断出格兰特将军患上了咽喉癌（“面临死亡”，《纽约时报》，1885年3月1日，2）。

83.9　麦格雷戈山]

1885年6月16日，格兰特家到纽约州萨拉托加斯普林斯附近的避暑胜地麦格雷戈山度假，住在他们的朋友金融家约瑟夫·W.德雷克塞尔(Joseph W. Drexel)的乡间别墅里。格兰特将军和家人、道格拉斯医生一起住在那里，一直到7月23日他离开人世(《纽约时报》:"麦格雷戈山休假"，1885年6月17日，1；"英雄安息"，1885年7月24日，1)。

83.11－12　国民航海银行的那个家伙被判了10年]

1885年6月，国民航海银行前总裁詹姆斯·D.菲什被判刑10年，进入奥本州立监狱服刑("通向奥本监狱之路"，《纽约时报》，1885年6月28日，7)

83.22 伊利铁路公司总裁] 488

休·H.朱伊特(Hugh J. Jewett)(1817～1898年)，从1874年到1884年担任伊利铁路公司总裁，帮助这家公司摆脱了无力偿还债务的困境。国民航海银行破产的时候，他是最大的债权人("国民航海银行倒闭"，《纽约时报》，1884年5月14日，1)

83.30　前参议员查菲]

1880年，小尤里西斯·辛普森·格兰特娶了前参议员杰罗姆·查菲的女儿范妮·约瑟芬·查菲(Fannie Josephine Chaffee)。查菲依靠开发矿山、土地投机和科罗拉多州的银行而致富，1876年至1879年担任科罗拉多州首届参议员。查菲本人就是沃德的受害者，他把债券交给沃德作为贷款抵押，损失了50万美元(McFeely 1981，489；"参议员查菲的债券"，《纽约时报》，1884年12月28日，12)。

85.24　我和巴多将军谈了话]

巴多回忆道，这次谈话充满了智慧的光芒，当时他们前去探望生命垂危的格兰特将军：

> 这个访客是格兰特将军的好友和仰慕者，他和我谈到了人类最强烈的情感，在英雄弥留之际，人们迸发出的同情和热爱。这让我想到了林肯，他多年来饱受指责和中伤，却在一夜之间成为了烈士，能够和华盛顿并肩而立。他带着伏尔泰的简洁风格说道，"的确，人们总是想建立一种新的宗教，好让他们都钉上十字架"(Badeau 1887，590)。

86.11　我要谈点别的，稍后再回到正题]

阿尔伯特·比奇洛·潘恩在《马克·吐温自传》中收录了这篇"谈点别的"的文章，题为《格哈特和格兰特将军塑像》；他把这篇文章放在了《格兰特将军回忆录》的正文中(93.41 - 42;MTA,1:57 - 68)。然而,打字稿与正文中的参考和日期表明,马克・吐温的这篇文章正如现在的版本所示,是单独列出的(详情参见 Textual Commentary,MTPO)。

86.12　我和乔治・华盛顿・凯布尔启程,举行公开演讲]

乔治・华盛顿・凯布尔(1844 ~ 1925 年),新奥尔良人,以描写克里奥尔人生活的小说而闻名。1881 年,他和马克・吐温成了朋友,从 1884 年 11 月到 1885 年 2 月,他们参加了演讲旅行。两人被盛赞为"天才双子星",他们的演讲之旅遍及美国东部、中西部和加拿大的六十多个城市。马克・吐温朗读即将出版的《哈克贝利・费恩历险记》(1885 年 2 月)和其他作品,凯布尔解读自己的基本著作,演唱克里奥尔人的歌曲(Cardwell 1953,1 - 3,12;HF2003,578)。

86.18　总统大选]

格罗弗・克利夫兰(Grover Cleveland),民主党人,在 1884 年总统大选中击败了共和党候选人詹姆斯・布莱恩(James G. Blaine)。

87.7 - 11　约翰・昆西・亚当斯・沃德……不是真正的艺术家]

1884 年 4 月 5 日,格哈特从巴黎回来前,马克・吐温在寄给他的信中写道,"我建议你现在给雕塑家奥古斯都・圣・高登斯和约翰・昆西・亚当斯・沃德写
489 信,询问他们在纽约的工作室是否能给你提供职位和薪金。如果他们愿意聘用你,这是必然的事情;那么你的生计就有了着落;这样肯定比一个人毫无资本去创业要强得多"(CtHMTH)。5 月 27 日,格哈特在回信中表示他宁愿独立创作,恳求马克・吐温"不要让我给别人打下手,这会毁了我"(CU - MARK)。

88.8 - 9　我们到了将军家里……来探望这家人]

1885 年 3 月 20 日,马克・吐温在笔记本上记述了这次拜访的详情。

88.16　杰西・格兰特的妻子]

1880 年,伊莉莎白・查普曼・格兰特(Elizabeth Chapman Grant)(爱称莉齐)在旧金山和杰西结婚(McFeely 1981,484)。

89.5　弗雷德・格兰特太太]

1874 年,艾达・奥诺雷(Ida Honoré)嫁给了弗雷德・格兰特(Goldhurst 1975,117)。

90.20　哈里森,将军的黑人男仆]

多年以来,哈里森・蒂勒尔(Harrison Tyrrell)一直是格兰特将军的忠实仆人(McFeely 1981,519)。在 1885 年 9 月 11 日写给亨利・沃德・比彻的信中,马克・吐温提到了哈里森对格兰特将军的忠心:

> 你还记得那个黑人男佣哈里森吗?全家人都讨厌他,可是这有什么

用处,将军总是站在他这边,不会让他遭到斥责;说到他的过错和缺点,将军总有一成不变的说辞,“我们要对他那个种族的缺点负责,把我们的错误强加在他身上并不公平,别管他了”;于是大家就不再管他了(CU-MARK,in MTL,2:460-61)。

90.29 格兰特将军最好的一尊塑像]

这尊塑像的图片参考 Schmidt 2009d。

91.17-18 全世界听说他的名字后]

在这段描述格兰特将军塑像的文章末尾,马克·吐温在页面的底边写着“迪普的演讲”,来提醒自己。然而,直到1906年6月1日发表《自传口述》为止,他也没有描述过昌西·M.迪普(1834~1928年)在宴会上为格兰特发表的演讲,迪普是声名显赫的律师和几家铁路公司的老板。马克·吐温提到,这是“我听到能干的迪普做过最精彩的演讲,也是最短的一次演讲”。

92.3-4 我们继续起草合同]

1885年4月15日,韦伯斯特给马克·吐温写信,提到他刚和世纪出版公司签了合同,约定格兰特将军在《世纪杂志》上发表的文章,即第二篇、第三篇和第四篇的版权归查尔斯·韦伯斯特出版公司所有。至于格兰特将军的回忆录,韦伯斯特同意“在12月1日后出版第一卷,在次年3月1日后出版第二卷(CU-MARK)”。

92.32 史密斯的原话]

现存的马克·吐温笔记本上没有这段话,不过他提到:

签署了合同后不久,罗斯维尔·史密斯先生对我说,“我很高兴有人鼓起勇气来出版格兰特将军的自传,我总是小心翼翼,不愿冒这样的风险。”这是个公道合理的报价,本书可能发行2.5万本,但是我没有打算卖出2.5万本,而是准备卖出3万本。我们之中可能有人算错了,但我相信自己是对的。 490

93.7-8 《纽约世界报》和波士顿的一家报纸(我猜是《波士顿先驱报》)]

马克·吐温在打字稿的末尾附加了4篇文章,收录在正文之内,于1985年3月9日刊登在《纽约世界报》上(参见注释95.24-96.27)。《波士顿先驱报》的那篇文章不知所踪,但是他收录了3月9日《斯普林菲尔德共和报》的另一篇文章(参见注释94.36-95.21)和《波士顿先驱报》驻纽约记者的报道大体相同。

93.9-11 我占了便宜,从他们手里抢走了这本书]

至于潘恩在《马克·吐温自传》里对格兰特将军商谈出书的描述,多年以后,《世纪杂志》的副主编罗伯特·安德伍德·约翰逊这样写道,“他的说法并不能令人满意。这本书里的罗斯维尔·史密斯先生对待作者小气吝啬,实际上,整件事完全掌握在格兰特将军手里,他对此负有责任:”

> 说到克莱门斯先生首次的报价,和我们开出的价格相差无几:根据净收益计算的版税高一些,根据毛收益计算的版税略低一些。克莱门斯先生后来提出的报价中,预付现金占了很大的份额,提高了利润的比率,保证了特定数额的销量。我们要是早知道自己能够应付这种局面就好了。但是我们处在不利的地位,马克·吐温时常到第六十六街的格兰特家中拜访,他知道我们提出的条件,我们却不知道他的底线。

然而,罗斯维尔·史密斯的动机无可指责,毫无疑问,从9月他应邀前往长岛到次年2月签署合同的5个月里,这位富有想象力、大胆勇敢、足智多谋的出版商并没有得到这本书,从商业角度来看,这是他成功职业生涯中的特例。他在这笔生意上出现的疏忽埋没了同事们的努力,然而面对充满魅力、精明能干、见多识广的对手,罗斯维尔·史密斯的确处于下风。这个结果给世纪公司的年轻员工蒙上了阴影,他们从来没有想过,这本书能够达到马克·吐温创造的销量;当时,战争系列文章大获成功,让世纪公司在战史方面获得了公众的认可。我们认为别人很难抢走我们的生意(Johnson 1923,218 – 19)。

到1884年10月底,史密斯依然相信格兰特会把这本书交给世纪公司出版。在1884年9月9日写给吉尔德的信中,他认为:

> 关于图书征订业务,格兰特心里一清二楚,他很厌恶这种常用的推销方式。格兰特曾经说过,他不同意为每本售价12美元的书付给可恶的推销员6美元,他们连这些钱的一半都不值。格兰特和我们的想法不
> 491 谋而合,编辑优质的图书,印刷精美的版本,卖出合理的价格,获得良好的声誉,确保支付给代理人公道的佣金(Rosamond Gilder 1916,123 – 24)。

约翰逊后来从弗雷德·格兰特那里了解到,“他父亲作出的决定,多半受到马克·吐温的影响,马克·吐温让他相信,自己的公司在征订图书业务上颇为成功,而世纪出版公司在这方面毫无优势”(Johnson 1923,218)。

93.14 – 16　波士顿报纸的描述……吉尔德先生的妹妹]

珍妮特·L. 吉尔德(Jeannette L. Gilder)(1849 ~ 1916年),《波士顿周六晚报》驻纽约的记者(并不像马克·吐温暗示的那样是《波士顿先驱报》),她的笔名是“布伦瑞克”。1885年3月9日的《斯普林菲尔德共和报》验证了马克·吐温的

口述(参见注释 95.13 – 21)。尽管没有哥哥理查德·沃森·吉尔德那么出名,珍妮特·吉尔德依然在文学生涯中获得了成功。1881 年,她和弟弟约瑟夫·B. 吉尔德(Joseph B. Gilder)创办了文学杂志《评论家》,两人共同编辑杂志直到 1906 年。她在多家报纸和杂志上发表过作品,出版过几部文学选集。

94.14 – 16　波士顿的新电灯公司……繁华的场景]

在 1883 年春天,《哈特福德新闻》连载了多篇文章,报道 1 年前成立的波士顿美国电气照明公司的迅速发展。根据报道,美国电气照明公司在新英格兰地区成功建立了子公司,有望支付给股东"巨额股息"(《哈特福德新闻》,1883 年 2 月 20 日,3)。

94.22　对他的儿子撒了谎]

参见注释 95.3 – 4.

94.34 – 35　诽谤的方式]

马克·吐温的口述到此为止。雷德帕斯添加了两段评论。第一段这样写道,"随后提到了邓肯的诽谤罪",查尔斯·C. 邓肯(Charles C. Duncan)是"贵格城"号轮船的前任船长,1867 年组织了圣地游览,他在 1883 年控告《纽约时报》诽谤。邓肯控告的是《纽约时报》6 月 10 日刊登的一篇文章,报道中称马克·吐温谴责他在担任纽约航运监督期间滥用公共基金。马克·吐温宣称《纽约时报》记者歪曲了他的本意。1884 年 3 月,邓肯赢得诉讼,但是只获得了 12 美分的赔偿金。1885 年的口述并不包括这部分(N&J3,18 n.34;"马克·吐温情绪激动",《纽约时报》,1883 年 6 月 10 日,1;参阅 N&J2,35 n.26)。第二段评论如下:"看到报纸上登了两页关于格兰特自传与世纪公司和马克·吐温的声明"。这些声明就是现存于打字稿中的 4 份剪报,附在马克·吐温口述文本的最后。

94.36 – 38　格兰特将军、马克·吐温和世纪公司……《波士顿先驱报》记者]

这篇文章的第一段出自 1885 年 3 月 9 日的《斯普林菲尔德共和报》,报道了 3 月 7 日或 8 日《波士顿先驱报》刊登的消息;《波士顿先驱报》没有保存影印件。

95.3 – 4　韦伯斯特公司……他的儿子杰西]

杰西·格兰特和弗雷德·格兰特对成为韦伯斯特公司的合伙人很感兴趣,马 492
克·吐温和韦伯斯特并不赞同这个提议。在 1885 年 7 月 21 日寄给爱德华·H. 豪斯的信中,马克·吐温第一次提到了这个想法:"格兰特将军的两个儿子都不会成为合伙人。我们谈过这件事,但是从来没有认真考虑过。弗雷德上校也说起过,可是听起来并不当真"(ViU)。1885 年 12 月 20 日,马克·吐温在寄给韦伯斯特的信中提到了这个计划。当时,合伙关系成为企业谈判的重要因素,以确保格兰特文章的版权交给他的妻子,双方从来没有订立这样的协议(NPV,in MTBus,

347)。关于格兰特家族合伙的商谈持续到1886年初春,他的两个儿子最终没有进入公司(8 Feb 1886 to Webster, NPV, inMTBus, 353 - 54; Webster to SLC, 10 Feb 1886 and 20 Mar 1886, CU - MARK; N&J3, 218, 220, 222)。

95.10 - 21　布伦瑞克……出版了这本书]

1885年3月7日,珍妮特·L.吉尔德的专栏"纽约闲谈"开始报道格兰特的病情,发表在《波士顿周六晚报》上。《斯普林菲尔德共和报》引用了她对格兰特自传的评价,省略了两段对征订图书和《世纪杂志》上战争文章的描述。

96.28　《纽约世界报》]

1885年3月9日的《纽约世界报》。

97.30　《纽约论坛报》]

1885年3月10日的《纽约论坛报》。

97.38　将军和林肯遇刺的联系]

1865年4月14日,林肯总统与夫人邀请格兰特将军和夫人去福特剧院观看歌剧,当天晚上约翰·威尔克斯·布斯(Jogh wilkes Booth)刺杀了总统。格兰特夫妇并没有前往剧院,而是去探望在新泽西上学的女儿。布斯的同谋计划刺杀的两个人不在剧院:国务卿威廉·西沃德(William Seward)(他受了伤,但是死里逃生)和副总统安德鲁·约翰逊(他没有受到袭击)。根据推测,格兰特很可能是另一个受害者。

98.20 - 39　亚当·巴多将军的工作]

格兰特本人撰写了自传的大部分手稿,不过有时候会向儿子弗雷德或速记员诺布尔·E.道森口述。巴多负责编辑工作,如果这本书的收益低于2万美元,他分文不取,如果收益超过2万美元,他能得到5000美元,如果收益达到3万美元,他能得到多于5000美元。说格兰特没有亲自写作纯属诽谤,这种说法的根据是,"乔治·P·伊里将军曾经在墨西哥效力于格兰特将军,他在不经意间向华盛顿的一位专栏作家提到,格兰特将军并不善于写作"(Goldhurst 1975, 118, 153, 193 - 94)。马克·吐温在《纽约世界报》上看到这篇文章后大为震怒,考虑提起诉讼。1885年4月30日,他在寄给弗雷德·格兰特的信中写道:

> 今天早上将军的文章是揭露《纽约世界报》弥天大谎的证据。应当立刻告他们诽谤罪;赔偿金不应低于25万或30万美元;不接受《纽约世界报》的道歉,面对任何数目的现金都不能妥协。应当以将军的名义进行诉讼,费用从这本书的总账户支取(NPV, in MTBus, 319)。

到5月3日,他重新考虑后给韦伯斯特写了信:

我经过仔细的观察，没有看到任何一家报纸提起《纽约世界报》的谎言。谣言很有可能已经平息下去，不会造成什么损失。我想亚历山大和格林已经决定控告这家报纸诽谤罪，它们还不足以传播谎言，这样做可能是浪费精力和金钱（你也告诉我没有听到这件事的消息）。如果则会就是它们的结论，如果谎言没有四处流传，毫无疑问这是个明智的裁定。我承认，对格兰特将军而言，控告《纽约世界报》等于为这家无耻小报做了一次价值不菲的广告（NPV，in MTBus，323）。

对于《纽约世界报》的报道，巴多要求和格兰特达成新的薪酬协议：每月领取1000美元，直到本书完成，外加利润的10%。经过一番书信交锋，巴多取消了这个计划。他和格兰特再也没有见面（Goldhurst 1975，194－200，251）。格兰特将军逝世后，巴多威胁说要控告格兰特夫人，索取他应得的报酬。1888年，这场争执最终解决，巴多当时接受了1万美元的报酬（按照合同规定），同意称这本回忆录“完全由格兰特将军所作，他仅仅是对本书提出建议、修订和校对”（“巴多将军诉讼终结”，《纽约时报》，1888年10月31日，8）。

98.44 《纽约世界报》]

1885年5月6日的《纽约世界报》。

牧师纽曼医生

99.2 节选自我的笔记]

这篇文章几乎逐字节选自马克·吐温的笔记（参见N&J3，117－18）。

约翰·菲利普·纽曼（John Philip Newman）（1826～1899年），1849年被任命为卫理公会主教。从1869年至1874年，他担任美国参议院牧师，在此期间成为茱莉亚·格兰特的密友，被格兰特总统任命为美国驻亚洲总领事（Goldhurst 1975，187－88）。

99.14 前州长斯坦福]

利兰·斯坦福（Leland Stanford）（1824～1893年）学习过法律。1852年，他前往西部，和几个兄弟做起了生意，1861年到1863年任加利福尼亚州州长。1869年中央太平洋铁路公司建成横跨美国大陆的铁路，作为该公司的合伙人，斯坦福成为百万富翁。1884年3月，他的独子小利兰·斯坦福在意大利旅行时不幸病逝。他的遗体被运回美国，安葬在帕洛阿尔托修建的家族墓地里，这座墓地像东方宫殿一样富丽堂皇。12月30日，斯坦福在旧金山的主恩堂为儿子举行了追悼仪式，单是鲜花装饰就花了2万美元。纽曼牧师发表了悼词，这是“西半球有史以来最夸大其词的哀悼”，他把“小斯坦福和世上的所有伟人相提并论，似乎是厌倦了为他的形象找到合适的典范,纽曼大胆地宣称他就是耶稣基督的化身”(“加利福尼亚为之惊讶”,《芝加哥论坛报》,1885 年 1 月 2 日,3)。

99.33 - 34　我曾经……再次走出]

纽曼的讲话刊登于 1885 年 4 月 16 日的《纽约时报》,无疑也发表在其他报纸上(“A Day of Hopefulness”,4)。

494 **机器轶事**(手稿现存于 CU - MARK,写于 1890 年和 1893 ~ 1894 年)

101.4 - 7　10 年或 11 年前,德怀特 · 布埃尔]

德怀特 · H. 布埃尔(Dwight H. Buell)在哈特福德的大街上拥有一家店铺,是法纳姆排版机公司的经理。他想让马克 · 吐温投资詹姆斯 · W. 佩奇和法纳姆公司合作发明的自动排版机,佩奇在哈特福德的塞缪尔 · 柯尔特军火工厂的车间里制造了样机。1881 年秋天,马克 · 吐温购买了法纳姆公司的股票(Geer 1882, 341,455;1881 年 10 月 18 日和 25 日,致韦伯斯特,NPV,in MTBus,171 - 73)。

101.21 - 22　每小时排 3000em……4 个排字工人的工作]

排字工人从字盘里拣出金属活字和空格——字盘是个分成几格的木制托盘——按照相反的顺序码放在排字盘里。接下来把排字盘转移到活版盘上,在上面固定好活字后印刷校样。“待拆活字版”是已经固定使用过的版样,需要手工拆下活字放回字盘里备用。“em”是排版的长度单位,相当于一个活字,根据字体的规格而有所变化。每行的 em 乘以行数决定印刷材料的页数(Paskp 1894,145; Stewart 1912,21,61,85)。1890 年 9 月,写下这篇文章后不久,马克 · 吐温宣称,佩奇的自动排版机每小时能够排 8000em,比手工排字的效率要快上 10 倍(1890 年 9 月 11 日,1890 年 9 月 27 日,至琼斯,CU - MARK;打印稿收录在 9 月 11 日的信件中,“节能机器”,马克 · 吐温评注,影印件现存于 CU - MARK)。

101.23　威廉 · 哈默斯利]

威廉 · 哈默斯利(1838 ~ 1920 年),律师,从 1868 年到 1888 年任哈特福德县的联邦检察官。1886 年,他被推选为康涅狄格州议会的众议员,从 1893 年到 1894 年任高等法院法官。作为法纳姆公司的总裁,他也是自动排版机最早的投资者(Connecticut State Library 2006;N&J3,141 n. 50)。

102.1 - 2　我签下了自己的名字,另付了 3000 美元]

1882 年年中,马克 · 吐温在笔记中写到,他拥有法纳姆公司的两百股股票,价值 5000 美元(N&J2,491)。

102.9　哈默斯利给韦伯斯特写了一封信,附在后面]

马克 · 吐温没有把信件附在这篇文章后面,我们没有找到哈默斯利给韦伯斯特的来信。

102.10　詹姆斯 · W. 佩奇]

19世纪70年代初,佩奇在纽约州的罗彻斯特发明了一种自动排版机,在1874年取得了专利。不过,这种新机器不具备活字排版和拆版的机械原理。1877年,佩奇来到哈特福德,进入了法纳姆公司,这家公司正为自己生产的排字机研制拆版功能,这种重型机器能够整行排字。佩奇开始设计一种能够自动排版和拆版的新机器。到1882年,他制造出了机械模型,公司耗资近9万美元。法纳姆公司撤回了资金,马克 · 吐温同意为此寻找别的投资者(Lee 1987;"致法纳姆排版机 495
公司股东的通告",1891年1月26日,CU – MARK;N&J3,36 n.69)。

102.34 – 35　运用无比宝贵的电能]

马克 · 吐温可能是指佩奇的另一项发明,打字电报机。1885年,马克 · 吐温花了几个月的时间宣传这项发明(N&J3,170,181 n.12)。

102.38　电力的辉煌创造]

1887年夏天,佩奇完善了自动排版机所用的发电机,认为这种革命性的电磁发电机可能获得丰厚的利润。马克 · 吐温支持他的实验,在8月16日签了合同,保证继续向佩奇提供资金。马克 · 吐温获得了这项发明的一半股权,同意在佩奇成功后归还给他(N&J3,338 n.111;1887年8月16日,"詹姆斯 · W. 佩奇的电磁发电机协议",CU – MARK)。

103.7　他能够进行交流电测试,获得成功]

在1888年11月1日的笔记中,马克 · 吐温写到,尼古拉 · 特斯拉(Nikola Tesla)近来获得了交流发电机的专利:

> 我刚刚看到发电机的草图和说明,特斯拉先生近来获得了此项专利,转售给了西屋公司,这将使全世界的电力行业发生革命性的转变。这是电话问世以来最有价值的发明。图纸和说明显示,这台机器的每个细节和佩奇4年前发明的机器一模一样。

特斯拉"尝试了我们用过的各种方法,图纸和说明足以证实;他还尝试了我们讨论过的方案——交流发电。这种方案解决了困难,取得了成功"(N&J3,431)。

103.20 – 21　另一笔财产,1890年8月12日]

这份合同规定,佩奇将保证马克 · 吐温拥有这项发明的权利、所有权与利益、国内外的专利和因此而获得的利益以及这台机器最终销售或租用总收入的1/4。为使协议生效,马克 · 吐温在6个月内付给了佩奇25万美元。显然马克 · 吐温分到的钱将来自外国的专利税。1893年4月,他在芝加哥见到了佩奇,经过记述如下:

佩奇今晚来拜访。我质问他这样对待我,是否感到良心不安。他表示体谅我说这种话。他说道,当初我丢下他和机器时,他伤透了心,本来
496 可以找到最好的出路。他当时已经获得了欧洲的专利,打算让我从每台机器中获得数额不菲的专利税。要不是他现在和康涅狄格公司签了合同,这对我来说真是大方慷慨。我们分手的时候已经成了要好的朋友(Notebook 33,TS pp. 8 - 9,CU - MARK;N&J3,576 n. 4;"马克·吐温与詹姆斯·W. 佩奇合同副本——1890 年 8 月 12 日,"CU - MARK)。

103.38 - 39　合同将在附录中出现]

他和佩奇的所有合同都没有出现在附录里。

104.6　普拉特·惠特尼公司]

普拉特·惠特尼公司是 1869 年在哈特福德合并的一家机械工具制造商,主要生产样机(Geer 1882,254,459)。

104.16 - 17　琼斯失去了对这件事的兴趣]

约翰·P. 琼斯(John P. Jones)(1829 ~ 1912 年),英格兰人,淘金潮初期来到加利福尼亚,1867 年在内华达定居。他成了黄金岭克朗角矿山的主管和合伙人,这里有丰富的银矿脉,让他变得非常富有:到 1874 年,他每个月的收入已经达到 50 万美元(1875 年 3 月 29 日和 4 月 1 日,致 Wright,L6,439 n. 5)。从 1873 年到 1903 年,他担任内华达州参议员。1887 年年初,马克·吐温试图劝说琼斯来投资自动排版机,持续了数年之久。1890 年 7 月,琼斯在操作间隙参观了这台机器,象征性地投资了 5000 美元。9 月初,马克·吐温起草了合同,琼斯同意尽力筹集 95 万美元资金,"成立一家公司"来买下马克·吐温的股权,承诺到 1891 年 2 月付给佩奇 25 万美元。然而琼斯从来没有签署过这份协议;2 月 11 日,他在信中写到,自己无法找到感兴趣的投资者。实际上,他已经和梅根塔勒的两位大股东有过接触,这家公司正是佩奇主要的竞争对手(Jones to SLC,1891 年 2 月 11 日,CU - MARK;参考注释 106.23 - 24)。马克·吐温写了回信,最终没有寄出:"整整一年的时间,你都在我耳边重复着承诺这个词,最终我的希望破灭了。这简直让我目瞪口呆,难以置信"(14 - 28 Feb 1891 to Jones,CU - MARK;N&J3,278 - 79 n. 183,565 n. 261,572 - 73,576 - 77 n. 6;8 Sept 1890 [with enclosed contract] and 11 Sept 1890 to Jones,CU - MARK;22 Feb 1891 to Goodman,NN - BGC)。

104.27　1885 年年末]

这几句话是马克·吐温本文第二部分的开头,出现在另一叠稿纸上,写于第一部分完成几年后,可能是在 1893 年年末或 1894 年年初,此时马克·吐温在纽约和亨利罗杰斯共同协商与佩奇签署一份新的合同(参考注释 106.23 - 24)。

105.1－6　这份合同……3 万美元,6% 的利息]

1886 年 2 月 6 日签订的合同规定,马克・吐温将支付给佩奇高达 3 万美元的费用,外加每年 7000 美元的薪水,威廉・哈默斯利将提供专业指导,此时机器已经趋于完善。样机实验成功后,马克・吐温和威廉・哈默斯利会为此筹集生产资金。他们将成立一家公司,马克・吐温占 45% 的股份。如果他们在 3 年内没有筹得必要的资金,将有权收回此前的投资,从可能产生的利润中返还。与此同时,按照合同的规定,佩奇保留用这笔款项收购公司的权利("Agreement", CU－MARK)。

105.17　富兰克林・格雷・惠特莫尔]

富兰克林・格雷・惠特莫尔(Franklin Gray Whitmore)(1846～1926 年),地产经纪商,是马克・吐温在哈特福德公司的代理人,1886 年在普拉特・惠特尼公司监督自动排版机的制造(Burpee 1928,3:952;N&J3,189 n.27)。

105.27　达成并签署了专利授权契约]

按照 1889 年 9 月 26 日契约的规定,马克・吐温付给佩奇 10 万美元(这笔钱 497
大概已经提前支付了),获得最终出售每台机器 500 美元的专利税。马克・吐温打算卖掉自己的股份,以 1000 美元的价格出售 500 美元版权税 5% 的股权("Deed" in CU－MARK;N&J3,518 n.119)。

105.33－38　第 2 份合同……第 3 份合同(可能指 5 月份的合同)……6 月份的合同]

1889 年 12 月起草的合同(第 2 份),提议成立一家公司,让马克・吐温占 45% 的股份(相当于他当时持有自动排版机的权益),这份合同没有生效。5 月和 6 月签署的合同没有保存下来(N&J3,576 n.5,579 n.23;contract of 14 Dec 1889 in CU－MARK)。

106.11－13　我签署了合同……可是还有 6 个月]

这份合同是在 1890 年 8 月签署的(参考注释 103.20－21)。

106.20　查理・戴维斯拿起笔来,写下了我说的话]

查理・E. 戴维斯(Charles E. Davis)是普拉特・惠特尼公司的工程师,负责监督自动排版机的生产制造。1893 年 4 月,马克・吐温来到芝加哥,检查这台机器的进度,接受了戴维斯的拜访,戴维斯说他"依然拿着佩奇交给他的文件来安慰我,不管发生什么,他都会和我分享这台机器的成果"(Notebook 33, TS, p. 9, CU－MARK;N&J3,246 n.71)。

106.23－24　我开出了支票,代替最初承诺的 3 万美元]

据马克・吐温的估计,他的总投资高达 17 万美元,相当于今天的三百多万美元(SLC 1899a;AD,28 Mar 1906)。1891 年 2 月末,他终于停止了对这台机器的投资,没有筹集所需的25万美元来买下佩奇的全部专利。马克·吐温把他的股份换成了以后销售机器的专利税,希望最后能够挽回大部分的损失。第二年,佩奇和芝加哥的韦伯斯特制造公司(负责人汤纳·K.韦伯斯特)签署合同,生产一种新机器,同时把普拉特·惠特尼公司的样机拆卸开,运到芝加哥。这项发明吸引了许多投资者,其中包括1892年成立康涅狄格公司的几位纽约经纪人,他们买了韦伯斯特制造公司的股份。1893年,标准石油公司总裁亨利·赫特尔斯顿·罗杰斯(他负责管理马克·吐温的财务)成立了佩奇排版机制造公司,后来被雷吉乌斯制造公司所取代,这家公司和佩奇进行协商,解决众多投资者索赔的资金,保证了马克·吐温的权益。这台重新组装的机器大有希望,《芝加哥先驱报》在1894年进行了试验。据描述,这台机器尽管修理缓慢,但是性能表现良好,相比同一个排版车间里的23台莱诺铸排机,可以印刷更多精美绝伦的校样(Legros and Grant 1916,381)。不过到1890年为止,奥特马尔·默根特勒发明的更加简单实用的莱诺铸排机已经占领了市场。马克·吐温的希望最终破灭。佩奇的专利代理人把自动排版机称为"智慧的奇迹"和"所有时代中最伟大的成就",但是这种机器过于不切实际,无法取得商业成功:机器共有18,000个零件,不可能大批
498 量生产,结构太过复杂,用不了多久就要修理(Legros and Grant 1916,381,391)。罗杰斯曾经劝说莱诺公司买下佩奇的各项专利,减少可能出现的竞争。1917年,佩奇在贫困中死去(1891年2月25日,致OC,CU－MARK;HHR,12－20,25－26,148 n.2;Lee 1987,59－60;N&J3,546 n.190;1894年11月11日和11月28日,致罗杰斯、萨尔姆,1895年1月2日,致罗杰斯,CU－MARK,HHR,94－95,98－100,115;Scientific American 1901)。

106.25－29　沃德告诉我……诺斯先生……达到200万美元前得到专利税]

亨利·S.沃德(Henry S. Ward),纽约经纪人,通过康涅狄格公司持有自动排版机的股权。查尔斯·R.诺斯是普拉特·惠特尼公司的机械师;佩奇同意从每台机器的400美元到500美元中每月支付给诺斯200美元的薪水,直到他领取200万美元为止(HHR,12,31－34;Notebook 33,TS p.8,CU－MARK)。

106.31　我看见他掉进了陷阱]

这句话暗指马克·吐温亲眼所见的一件事,他认识的人曾经掉进了陷阱(Fischer 1983,47－48 n.85;N&J3,132,135－36,234,356)。

旅行杂记·一(手稿现存于CU－MARK,写于1897年)

马克·吐温笔下的"trunnions"是指妓女,trunnion的本意是轴。

110　伦敦图示]

这幅图表阐明了马克·吐温的看法,伦敦是"拼凑在一起的50个小村庄"

(108.40 – 41)。这幅图来自于伦敦的一家报纸,马克·吐温剪了下来,对此略加改动。不知道什么原因,马克·吐温把位于伦敦东区的弓街划到了伦敦西区,放在汉诺威广场旁边(真是荒唐可笑)。

112.19　利物浦]

马克·吐温和奥斯古德在利物浦的时间没有得到考证。马克·吐温大概是指 1872 年 9 月 10 日,当时他们坐着敞篷马车驶向沃里克郡,不过提到金斯曼俱乐部表明日期更晚(1872 年 9 月 11 日,致奥莉薇亚,L5,155;参考注释 113.10)。

112.20　詹姆斯·R. 奥斯古德]

詹姆斯·雷普利·奥斯古德曾经是马克·吐温的出版商,1855 年进入波士顿的蒂克纳·菲尔兹出版公司担任职员,此后成为公司合伙人。1870 年菲尔茨退休后,公司改名为詹姆斯·R. 奥斯古德公司。奥斯古德公司历经挫折,因经营不善而停业在 1880 年重新成立,出版了威廉·迪恩·豪威尔斯、乔治·华盛顿·凯布尔和沃尔特惠特曼等人的著作。奥斯古德出版过马克·吐温的三本书:《王子与乞丐》(1881 年)、《被偷走的白象》(1882 年)、《密西西比河上的生活》(1883 年)。这几本书的销量令马克·吐温感到失望,但是他对奥斯古德的好感并没有减少。奥斯古德在伦敦度过了晚年(Edgar 1986,341 – 47;奥斯古德作为马克·吐温出版商的详情,参考 AD,1906 年 2 月 16 日,注释 372.25 – 27)。

113.10　伦敦的金斯曼俱乐部]

金斯曼俱乐部吸引了众多艺术家和演员,1882 年 4 月创立于纽约。这是个不拘礼节的社交场所,戏剧评论家劳伦斯·赫顿是俱乐部的创始人,他曾经写道,“这里不交会费,不给小费,没有房子,没有章程,不定细则,没人监督,可以说一无 499
所有,只有真挚友情和美好时光。”1883 年 3 月,赫顿邀请马克·吐温参加第二次会议,当时奥斯古德身为商人而不是艺术家,也热情洋溢地加入了金斯顿俱乐部。伦敦的金斯曼俱乐部成立于 1883 年。大西洋两岸的俱乐部都有马克·吐温的好友和同行,包括豪威尔斯、华纳、特威切尔牧师、托马斯·贝利·奥尔德里奇、弗朗西斯·戴维斯·米勒、布兰德·马修斯、理查德·沃森·吉尔德(Hutton 1909,325 – 29;Matthews 1917,232 – 33)。

115.29　即将迎来女王即位 60 周年]

1896 年 9 月 23 日,维多利亚女王在日记中写道:“到今天为止,我在位的时间已经超过任何一位英国君主。”她要求庆祝仪式推迟到“钻石大庆”,即 1897 年大英帝国举行的女王在位 60 周年庆典(Harlow and Carter 1999,392;参考注释 126.9 第二段)。

116.15　威尔士亲王响亮的名字]

阿尔伯特·爱德华在 1901 年继位,即日后的爱德华七世。

116.36　乔治·穆勒和他的孤儿院]

乔治·弗雷德里克·穆勒(1805 ~ 1898 年),来自普鲁士的福音派传教士,1832 年在布里斯托尔定居,创立了阿什利道恩孤儿院。许多孤儿在这里居住和接受教育,穆勒诠释了“上帝必定替我们预备”的含义——孤儿院从来没有募集过捐款。

维也纳随笔四篇(手稿现存于 CU - MARK,写于 1898 年)

美妙的德语

118.1　2 月 3 日,维也纳,演讲……昨天晚上]

2 月 1 日,马克·吐温在维也纳举行了演讲,他在笔记中写道:“1898 年 2 月 1 日,星期二。在维也纳为公共慈善组织举行演讲。台下有数排观众,每位收费 4 美元。不过,大厅里依然挤不下买了票的观众”(Notebook 40, TS p. 8, CU - MARK)。这场演讲受到第二天维也纳《新自由报》的好评(马克·吐温,1898 年 2 月 2 日)。

评重复表达和语法

119.22　5 月 6 日＊　＊　＊]

这串星号是马克·吐温作的标记,表示他省略了几段文字(参考《编辑实践指南》的“特殊标记”段落,L6,703 - 4)。

119.29 - 30　格莱斯顿先生]

英国政治家威廉·尤尔特·格莱斯顿(1809 ~ 1898 年),曾经 4 次出任英国首相。

120.29 - 30　在科尼利厄斯·里恩案以前没有死亡病例……特别法]

科尼利厄斯·里恩(Cornelius Lean)是伦敦火柴制造商布莱恩特·梅公司的雇员,1898 年 4 月末死于颌骨坏死,显然是接触白磷所致。调查里恩和其他人死
500 因的结果显示,该公司在 1891 年到 1895 年间违反特别法,这项法律规定必须报告所有死亡病例(Satre 1982,8 - 9,19 - 24)。

一群佣人

120.33　6 月 4 日,卡尔滕洛伊盖本]

1898 年,克莱门斯全家在卡尔滕洛伊盖本度过了夏天,从 5 月末逗留到 10 月中旬,住在温泉村尽头一座配有家具的别墅里,克莱门斯太太和简在这里接受治

疗。从这里乘火车到维也纳有 30 分钟到 45 分钟的车程。这座别墅周围风景优美,后花园紧邻茂密的松树林,四周环绕着郁郁葱葱的山岭(1898 年 5 月 13 日,致 Rogers,Salm,HHR,345 – 46;Notebook 40,TS p. 48,CU – MARK)。

121.21　呼啸山庄]

我们并不清楚,马克・吐温为什么会用艾米丽・勃朗特的经典小说《呼啸山庄》来称呼这个唠唠叨叨的老女佣,他可能想到了书中的叙述者,女仆艾伦・迪恩。据一位学者回忆,这个女佣的名字听起来像个绰号(Dolmetsch 1992,220;Dolmetsch provides no evidence to support his assertion)。

122.10　仁慈的 Frau]

德语"太太"。

122.29　Heilige Mutter Gottes!]

天主圣母!

122.31　Zu befehl]

"听您的吩咐"——表示强烈赞同。

123.36　Ruhig!]

安静!

123.40　dienstman]

*dienstman*n 的英语写法,指搬行李工人或杂役(Hawthorne 1876,290 – 93)。

维也纳游行

124.17　公使大人]

沙勒迈恩・托尔(Charlemagne Tower),从 1897 年到 1899 年担任美国驻维也纳公使,是马克・吐温的熟人(AD,22 Aug 1907)。

125.27　鲁道夫皇帝]

此处指鲁道夫一世(1218 ~ 1891 年),哈布斯堡王朝的创始人,奥地利的统治者,德意志国王;或是奥地利大公鲁道夫二世(1552 ~ 1612 年),一位受过良好教育、头脑聪慧的统治者,患有精神疾病。

126.9　安德列亚斯・霍费尔]

安德列亚斯・霍费尔(1767 ~ 1810 年),原是阿尔卑斯山的旅店店主,1809 年领导了反对拿破仑的起义。霍费尔战败被俘,遭到枪决,被看作是奥地利的民族英雄。

126.11　督政府]

法国督政府,由 5 人组成,从 1795 年到 1799 年执掌法国政权。督政府执政期间,临近法国大革命的末期,拿破仑打败了奥地利及其盟国。

126.19　1896 年的印度]

1896 年 3 月,马克 · 吐温在印度斋普尔看到了宗教游行,他在《赤道环游记》(1897 年)的第 60 章中描述道:“若论起色彩斑斓、美丽新奇、异国风情、不断变换的趣味和魅力,这是我见过最满意的游行场景”。

501 126.19　女王的庆典游行]

1897 年,为庆祝维多利亚女王即位 60 周年的钻石大庆,英国举行了众多活动,包括 6 月 22 日圣保罗大教堂的庆典游行。女王返回白金汉宫前,教堂举行了感恩节的简短弥撒。女王后来在日记中写道,“我想,没有人见过我经历的欢呼喝彩,6 英里的街道上欢声雷动。”马克 · 吐温用电报发了 3 篇描述庆典的报道,发表在报业大亨赫斯特旗下的几家报纸上(Hibbert 2001,457 – 59;SLC 1897d,1897e,1897f)。

初登文坛(手稿现存于 CtY – BR,写于 1898 年;世纪杂志,1899 年 11 月[SLC 1899d])

127.2 – 3　我在东部的报纸上发表了一篇文章(小说《吉姆 · 斯迈里和他的跳蛙》)]

1865 年 11 月 18 日,纽约《星期六邮报》发表了马克 · 吐温的小说《吉姆 · 斯迈里和他的跳蛙》。马克 · 吐温当时住在旧金山,不久这部小说就备受称赞,在东部的报纸上广为转载。1867 年年初,他把这部小说收入第一本书《卡拉维拉斯郡著名的跳蛙和其他随笔》中,当年 5 月出版 (ET&S2,262 – 72;1866 年 1 月 20 日,致 JLC 和 PAM,LI,327 – 28,330 n. 3)。

128.5　我选择了《哈珀月刊》]

《哈珀月刊》创刊于 1850 年,因连载狄更斯和萨克雷等著名英国作家的小说而享有盛誉,后来发表美国本土的小说、游记、时评和诗歌。截止到 1866 年,《哈珀月刊》已经成为非常成功的杂志,是反映美国文学作品和民众形象的重要刊物(Mott 1938,383 – 405)。

128.5 – 12　我署上了“马克 · 吐温”的笔名……他们给印成了迈克 · 斯万还是麦克 · 斯万]

1863 年 2 月初,克莱门斯开始在内华达领地使用“马克 · 吐温”的笔名,随着小说《吉姆 · 斯迈里和他的跳蛙》的出版和转载,这个笔名获得了广泛的认可(1863 年 2 月 16 日,致 JLC 和 PAM,LI,245 – 46 n. 1)。然而,《哈珀月刊》(SLC 1866c)1886 年 12 月发表的短篇小说《海上泛舟四十三日》,就像其他作者一样没有署名。直到 1867 年 5 月,第 34 期杂志的目录(包括 12 月份的杂志)才列出作者,把马克 · 吐温的文章署名为迈克 · 斯万。

128.15　1866 年 5 月 3 日,“大黄蜂号”快轮在航行中起火]

1866 年 1 月 15 日,“大黄蜂号”轮船从纽约起航,驶向旧金山。轮船行驶到赤道附近的太平洋时起火,沉入海底,此地据南美海岸线约有 150 英里(MTH,102)。

128.20 – 21　船长约西亚 · 米切尔是新英格兰人,身上流着纯正的航海血统]

约西亚 · 安吉尔 · 米切尔(Josiah Angier Mitchell)(1812? ~1876 年),来自缅因州自由港,是家族中首个以航海为职业的人,童年时前往哈瓦那疗养,在海上度过了愉快的旅途(MTH,107 – 8 n.5)。

128.22 – 24　我当时在三明治群岛为每周专栏写通讯]

《萨克拉门托联合报》的老板是詹姆斯 · 安东尼、保罗 · 莫里尔和亨利 · H. 拉尔金,他们派马克 · 吐温去三明治群岛写通讯报道。1866 年 3 月 7 日,他乘坐“阿加科斯”号轮船离开旧金山,11 天后抵达檀香山。马克 · 吐温为《萨克拉门托 502
联合报》工作的详情尚不可知。他告诉母亲和姐姐,他会在岛上待 1 个月,为报纸写二三十篇通讯;事实上,他在岛上逗留了 4 个月,写了 25 篇报道,刊登在《萨克拉门托联合报》的每日专栏和每周专栏上(RI1993,706 – 7;1866 年 3 月 5 日,致 JLC 和 PAM,LI,333 – 34;MTH,93,256)。

128.28 – 29　我整天卧病在床]

马克 · 吐温水土不服,患了马鞍疮(在《傻子出国记》也有提及)。

128.30 – 32　蒲安臣阁下也在岛上……为美国效力]

蒲安臣是美国共和党的创始人,1855 年到 1861 年间担任马萨诸塞州的共和党众议员。1861 年,他担任美国驻华公使,1867 年卸任,致力于改进中国和西方各国的外交关系。1866 年 6 月,蒲安臣在美国休假后返回中国,途中逗留三明治群岛。1870 年,蒲安臣去世,马克 · 吐温称赞他“是伟大的世界公民,没有自私自利地为他的国家谋取利益”(SLC 1870a;1866 年 6 月 21 日,致 JLC 和 PAM,LI,345 – 46 n.5;参考 AD,1906 年 2 月 20 日)。

129.3 – 4　我那篇完整的报道传到纽约报界。经手的正是卡什先生]

马克 · 吐温在 6 月 22 日为《萨克拉门托联合报》写的通讯中提到了“大黄蜂”号的幸存者,此时他们刚登陆还没有抵达檀香山。他采访了幸存者,主要是船上的三副约翰 · 托马斯,在 6 月 25 日写了那篇完整的报道。这篇报道被“弥尔顿巴杰尔”号轮船带到旧金山,刊登在 1866 年 7 月 19 日《萨克拉门托联合日报》的头版上,标题是《“大黄蜂号”快轮海上起火》。没有找到这篇报道在纽约各家报纸转载、由卡什先生转手的记录(SLC 1866b;SLC 1866c;MTH,109 – 10;1866 年 6 月 27 日,致 JLC 和 PAM,LI,348 n.1)。

129.17　两个星期以后,大部分人都乘船去了旧金山……我和他们坐了同一艘船]

1866 年 6 月 15 日,“大黄蜂”号轮船的小艇抵达三明治群岛,一个多月后,在 7 月 19 日,马克·吐温和幸存者们乘坐“斯梅尔诺伊特”快轮从檀香山起航(MTH,107 n.5;1866 年 7 月 19 日,致 Damon,ZJ,349 n.2)。

129.20－22　塞缪尔·弗格森……亨利·弗格森……他已经是位教授了]

塞缪尔·弗格森(1837～1866 年)和亨利·弗格森(1848～1917 年)的父亲是新英格兰商人,两人在康涅狄格州的斯坦福长大。亨利进入哈特福特三一学院学习,1868 年毕业,接受圣职,成为圣公会牧师。从 1883 年到 1906 年,他在三一学院担任历史学和政治学教授。19 世纪 80 年代,尽管马克·吐温和亨利·弗格森同住在哈特福德,两人却毫无往来,直到 1899 年马克·吐温发表了《初登文坛》才有所联系(《哈特福德报》:“三一学院毕业生去世”,1866 年 10 月 4 日,8;亨利·弗格森教授在家中离世,1917 年 3 月 31 日,9)。马克·吐温在采用弗格森的日记方面遇到了麻烦。1889 年 10 月初,在这篇文章发表不久前,马克·吐温在给吉尔德的信中写道,“你能否写信给亨利·弗格森教授,请求转载一两篇塞缪尔·弗格森的日记?”(1899 年 10 月,致吉尔德,TxU－Hu)。亨利·弗格森教授对此予以
503 回绝。文章发表后,亨利·弗格森写信给马克·吐温,反对使用这些日记,马克·吐温同意在即将出版的文集《败坏了哈德莱堡的人》(SLC 1900b)中删掉这些段落。弗格森的态度有所缓和,请求再版时隐去船员的真实姓名,不透露他本人的身份,把他哥哥塞缪尔的病称为“肺炎”而不是“肺结核”(弗格森给马克·吐温的信,1899 年 11 月 10 日,CtY－BR,1899 年 12 月 8 日,CU－MARK;1899 年 11 月 20 日和 12 月 21 日,致弗格森,CtY－BR)。马克·吐温欣然同意,对哗变、骚乱和相互蚕食的段落轻描淡写。他把这篇文章的修订版收入了《败坏哈德莱堡的人》和后来出版的《初登文坛,其他随笔和小说》(SLC 1903a)。

129.39　传来救火的喊声……这艘船剩下的时间屈指可数]

“大黄蜂”号轮船搭载着高度易燃的货物:包括 2400 桶煤油和 6200 箱蜡烛(《纽约时报》,大黄蜂号轮船失火,1866 年 8 月 22 日,2)。

130.5　波蒂奇人]

安东尼奥·波塞内(米切尔船长记下的名字)来自佛得角群岛,这里从 15 世纪起就是葡萄牙的殖民地(《纽约时报》,大黄蜂号轮船失火,1866 年 8 月 22 日,2)。

130.16　装病]

装病退缩,和 sogering 或 sodgering 的发音相同。

130.21－22　鲍迪奇的《航海指南》……《航海历》]

1802 年,航海家纳撒尼尔·鲍迪奇首次发表了航海手册《新美洲航海指南》。1852 年以来,《美国天文及航海历》由美国海军天文台出版。

130.26 40 加仑的水桶]

船上的饮用水通常储藏在水桶里,这种木桶开有小洞,“水桶”指酒鬼喝醉了后传播流言蜚语。

130.29 - 31 船长和两位乘客记了日记……我有机会抄录下来]

三人的日记现存于世,而马克·吐温在“斯梅尔诺伊特”快轮上抄录的日记没有保留下来(Mitchell 1866, Henry Ferguson 1866, Samuel Ferguson 1866)。尽管1866 年的《哈珀月刊》引用的日记全篇经过修改、删节和渲染,但是马克·吐温没有添加虚构的情节。

131.26 雷维拉吉哥多]

太平洋上的列岛,在加利福尼亚半岛尖端西南 300 英里处。

132.6 - 7 狂风巨浪]

海上波涛汹涌。

132.14 克利珀顿岩礁]

克利珀顿岩礁坐落于环状珊瑚岛上,大约距离阿卡普尔科西南 700 英里。

132.25 - 26 太阳给了他警告:“双眼直视太阳,地平线交叉成十字”]

塞缪尔·弗格森更清晰的日记解释了这句话:“烈日灼人,给了我警告,双眼中出现了罕见的重影,似真似幻。双眼直视太阳,地平线交叉成十字”(Samuel Ferguson 1866, 1866 年 5 月 9 日)。

132.42 - 133.1 船长的讲话非常严厉……记在我的旧笔记里] 504

在他的手稿中,马克·吐温起初引述了船长的讲话,然后删去了这段:“你们应该为自己感到羞愧,在这些艰难危险、惩戒处罚的日子里,你们对于上帝的无限慈爱毫不感激。”这段话没有出现在马克·吐温现存的笔记中,至少在当时的笔记里没有发现。

133.2 三副住进了檀香山的医院]

三副约翰·托马斯(John S. Thomas)是马克·吐温主要的消息来源,马克·吐温在《萨克拉门托联合报》的报道中称,“他是个聪明过人,冷静镇定的小伙子,在这段非同寻常的旅程记录了准确无误的航海日志”(N&J1, 100 - 102; SLC 1866c)。

133.11 - 12 大副是位出色的海员,无所不能]

大副塞缪尔·F. 哈迪(Samuel F. Hardy)来自马萨诸塞州的查塔姆,对“大黄蜂号”轮船失火负有责任。然而,马克·吐温在本文中对他多加赞誉(SLC 1866c;《纽约时报》,大黄蜂号轮船失火,1866 年 8 月 22 日,2; Mitchell 1866)。

136.10 - 11 考克斯……写日记的人可能再也不会见到陆地了]

参见注释 140.4 - 5。

137.22　我写了一篇文章……敦促人们暂时节制饮食]

"节食疗法",通俗地说就是"忍饥挨饿",是 19 世纪的医疗特色。从 19 世纪 80 年代起,马克·吐温充满自信地推崇人们用节食疗法来治疗"常见病"。他在此提到的文章,就是在 1898 年 8 月的《时尚》杂志上发表的《饮食疗法》(SLC 1898b,433;Ober 2003 ,207 – 10)。

138.4　一位流落在外的公爵,丹麦人]

马克·吐温从塞缪尔·弗格森的日记里获得了这个信息,并在 1866 年《哈珀月刊》发表的文章上写道:"其中有名乘客可能是位公爵,因为政治纠纷而从丹麦流亡出境。"小艇上只有一个丹麦人,在塞缪尔·弗格森的日记里,他的名字叫作卡尔·海因里希·卡特曼,生于奥古斯腾堡(Samuel Ferguson 1866,12 月 30 日)。奥古斯腾堡亲王宣称有权获得丹麦石勒苏益格—荷尔斯泰因的公爵领地,引发了欧洲贵族的冲突,这件事在 19 世纪 60 年代得到了广泛的报道。

138.38 – 139.2　我们驶向的岛屿在鲍迪奇航海指南上有所记载……终于航行到了这里]

尽管鲍迪奇的航海指南标明,群岛位于北纬 16 度到 17 度、西经 133 度到 136 度,但这座岛屿并不存在。6 月 7 日,大黄蜂号轮船的幸存者放弃了搜寻,此时他们已经位于这组坐标的西边(Bowditch 1854,375)。

139.5　每人只剩下 10 份水]

6 月 2 日,米切尔船长清点食品时,实际上每人还有 10 粒葡萄干;马克·吐温误读了原文,增添了别的含义。

140.4 – 5　考克斯回来了……两名年轻乘客可能已经死了]

此处提到詹姆斯·考克斯时省略了一些细节,描述含糊不清。我们知道,考克斯回来挽救了船长和乘客们的生命,但是船员们已经决定不会杀人(140.26)。
505 1866 年马克·吐温在《哈珀杂志》上发表的文章指出,这些人实际上准备动手,考克斯的告诫和警觉阻止了他们。

> 有些水手打算观望时机,等到船长疲惫不堪地睡着了,就杀了他和乘客们。他们害怕弗格森的手枪和船长手里的斧子,制定了许多计划夺取武器。他们告诉考克斯……如果他走漏了风声就杀了他。考克斯不肯同流合污,他们威胁要干掉他;此后,日复一日,夜复一夜,考克斯不敢入眠,对他们抱有戒备之心,担心自己性命不保。船长和乘客们依然手拿武器,保持警惕,不过谈笑风生,丝毫没有流露出他们知道船员策划阴谋的迹象(SLC 1866d,113)。

水手弗雷德里克·克拉夫（Frederick Clough）（昵称弗雷德）涉及了暴乱和自相残食的可怕谈话，在1900年发表的文章中，他对这些事有截然不同的回忆："我们当时差点要抓住最后的机会，我的意思是用抽签决定牺牲我们中间的一个人，让其他的人活下来说出真相。对于这个拿生死做赌注的协议，我们都毫不犹豫地同意了"（Irvine 1900，575）。在6月5日的日记中，米切尔船长简单地写道："得知有人密谋要杀死我"（Mitchell 1866）。据马克·吐温抄录日记时写的笔记称，"几天来，船长察觉到不断酝酿的杀气，有人心烦意乱，有人愧疚心虚，他沉着警惕，不眠不休，手里紧紧握着自己的斧头"（N&JI，173）。

140.27－28　上帝啊，从瘟疫、鼠疫、饥荒、战争杀戮、猝死中拯救我们]

亨利在此处引用了《公祷书》中的祷文。

141.17　soup-and-bouille]

马克·吐温在发给《萨克拉门托联合报》的原稿中解释了这个词：

> 三副在讲述中经常说到这个词，我觉得烦透了，弄不明白里面深奥的含义，后来我求他解释清楚，黑暗恐怖的"soup-and-bully"到底是什么意思。在公使的帮助下，他终于让我明白，这是一道叫作"肉汤"的法国菜，像保存肉那样放在罐子里，在这个美国水手的印象里，这个词可以用来称呼所有密封在锡罐里的东西，为了表示不在乎他那个阶层的惯例，他觉得把发音改成"soup-and-bully"比较合适（SLC 1866c）。

144.8－10　公鸡……恪尽职守，当场死去]

这段叙述和马克·吐温在1866年为《萨克拉门托联合报》写的报道相悖，他在报道中写到，公鸡被带到大副的船上，在海上漂流了18天，它的命运尚未可知。在大船上的弗雷德里克·克拉夫回忆到，当时公鸡打了最后一次鸣就死了，被扔进了海里（SLC 1866c；Irvine 1900，576）。

144.19　如果我记得不错的话，我们到达旧金山后不久，塞缪尔·弗格森突 506
然离世]

1866年10月1日，塞缪尔·弗格森在旧金山病逝（《哈特福德报》，"三一学院毕业生去世"，1866年10月4日，8）。

贺拉斯·格里利（手稿现存于CU－MARK，写于1898～1899年）

145.1　格里利先生]

霍勒斯·格里利（1811～1872年），生长于新罕布什尔州和佛蒙特州。他在14岁时离开学校，帮助父亲经营农场，打零工，15岁时成为印刷所的学徒。此后几年，他崭露头角，当上了记者，为纽约的多家报纸和期刊撰写文章。1841年，他创立了《纽约论坛报》，担任主编一职，直到他去世为止。他的报纸在全国具有广泛的影响力，他抨击奴隶制，反对贫困，为美国黑人、妇女和劳工阶层的权利而斗争。他曾涉足政坛，在1872年的总统大选中败给格兰特将军，选举结束后不久离开人世。

演讲时代（手稿现存于CU-MARK，写于1898~1899年）

146.1-5 我对派彻列姆·维苏威·纳斯比（洛克）记得很清楚…每周加以鞭策]

大卫·罗斯·洛克（1833~1888年）早年辍学，成为印刷所学徒，此后为多家报纸工作。美国内战爆发时，洛克是俄亥俄州《比塞勒斯日报》的编辑。1年后，他发表了第一部讽刺作品，其中的派彻列姆·维苏威·纳斯比是个天真无知、顽固不化、粗野笨拙的家伙，推动自由事业，却处处与此作对。纳斯比书信风靡一时，洛克获得了托雷多《刀锋报》老板的青睐，1865年受聘担任编辑。洛克后来成为该报合伙人，继续撰写纳斯比书信，去世前不久才停笔，这些书信成为周刊的重要特色（L3:1869年1月20日和21日，致OLL，56 u.1；1869年3月10日，致OLL和Langdon，160 n.5；Austin 1965，11-12；Marchman 1957）。

146.5-7 他的书信到处被转载]

洛克的讣告这样写道：

> 这些政治讽刺诗立即受到了人们的喜爱，报纸到处转载，演讲词纷纷引用，联邦军队在篝火旁大声朗读，对北方的公众舆论产生了巨大的影响力，有力地抨击了战争。南北战争即将结束时，国务卿鲍特韦尔在纽约库珀联合学院的演讲中直言，联邦军队的胜利归功于三个方面：陆军、海军和纳斯比书信，这些信件让林肯总统感到其乐无穷，他一直把这些信放在书桌抽屉里，闲暇时细细读来（"大卫·罗斯·洛克去世"，《华盛顿邮报》，1888年2月16日，4）。

乔治·休厄尔·鲍特韦尔（1818~1905年），1869年至1873年任美国国务卿。

146.9-12 州长比科纳和裴多菲这样的政治领袖要聪明……他是一支军队——而且配有重炮]

507 洛克向马克·吐温讲述过这段趣事，讣告中也有所描述，没有理由对此产生怀疑。不过在1861年11月5日，纳斯比的确接受了州长威廉·丹尼森签署的委任状,在俄亥俄州志愿步兵团里担任中尉,州长要求他在15天内招募一支30人的连队。11月16日的《比赛洛斯日报》刊登了洛克的告别词,宣称他在招募连队。最终,洛克找了别人接替了他的军职(Marchman 1957;John M. Harrison 1969,64-66;"大卫·罗斯·洛克去世",《华盛顿邮报》,1888年2月16日,4)。特奥多尔·克尔纳(1791-1813)和桑德尔·裴多菲(1823~1849年)都是在战争中牺牲的爱国主义诗人:克尔纳在拿破仑战争期间死于普鲁士,裴多菲在匈牙利反抗奥地利的斗争中牺牲。

146.14-15　我第一次看见他……战争结束后的三四年]

1869年3月9日,马克·吐温在哈特福德听了洛克的演讲(1869年3月10日,致OLL和Langdon,L3,158,159-60 n.1)。

147.20-21　蓄奴势力和北方为蓄奴辩护的人展开猛攻]

洛克以纳斯比的口气来讲《诅咒迦南》(没有那些他在书里写的奇特方言),显然纳斯比的观点和他本人毫不相同。他的真实看法没有写进讽刺诗,他认为美国黑人应当在经济和政治方面得到完全平等的地位(John M. Harrison 1969,192-96)。在写给旧金山《上加州日报》的信中,马克·吐温称这次演讲"不加掩饰地讲述了黑人的生涯,从大洪水时代一直说到现在":

> 比如说,美国宪法宣称所有人生来平等,现行的各州宪法里却添上白人这个词,与此同时,有人推荐修改《圣经》的内容,使其更符合人们的观念,耶稣说:"让白人孩子到我这里来、不要禁止他们"(SLC 1869b)。

147.39-41　1866年我开始演讲……加上了东部的巡回演讲]

1866年10月2日,马克·吐温在旧金山进行了第一次演讲,讲述他在三明治群岛的见闻。他对于这段经历和此后旅行的描述,详见《傻子出国记》的注释。1867年3月和4月,他在圣路易斯和密西西比州其他的城市讲述了同样的话题,5月在纽约和布鲁克林讲了三次。1868年1月,他在华盛顿发表了"冰封真相"的演讲,描述了他搭乘贵格城号轮船的旅行,此后回到西部(最后一次),4月14日和15日,他在旧金山发表了关于1866年之旅的演讲。后来他在加利福尼亚和内华达的几座城市进行演说,7月2日在旧金山做了最后一次演讲。1868年至1869年的演讲季节,从11月17日到3月20日,马克·吐温在中西部和东部做了"美国佬出国记"的巡回演讲(贵格城号游览记)(L1:1866年8月25日,致鲍恩,361-62;1866年10月29日,致霍兰德,362 n.1;1866年11月2日,致母亲和家人,366-67 nn.3,4;L2:1867年3月19日,致韦伯,19 n.2;1867年5月1日,致哈特,40－44;1868年1月8日,致母亲和帕梅拉,147 n.7;1868年4月2日~14日,致费尔班克斯,208;1868年4月14日,致威廉姆斯,209－10 n.2;1868年5月1日和5日,致费尔班克斯,213 n.4;1868年7月5日,致比利斯,233 n.1;L3:1869年1月12日,致费尔班克斯,453－57;"1868－1870年演讲日程",481－83)。

508 148.8 雷德帕斯的办事处]

在1906年10月11日的自传口述中,马克·吐温谈到了詹姆斯·雷德帕斯(1833~1891年),认为他"品行正直、待人坦诚、亲切善良、勇敢无畏"。雷德帕斯是作家、记者、废奴主义者和社会改革家,他在1868年和乔治·L.福尔合作,创立了波士顿吕克昂办事处(此后改名为雷德帕斯吕克昂办事处)。这个办事处负责承办演讲者、朗读者和音乐家的巡回表演,安排订票,在大大小小的城市里和当地的委员会协调费用。演讲者支付自己的旅费,外加10%的佣金(详情参考《拉尔夫·基勒》中对雷德帕斯办事处的介绍)。雷德帕斯安排了马克·吐温在1869年至1970年做了关于"三明治群岛的野蛮人"的巡回演讲以及1871年至1872年有关《艰苦岁月》的演讲(放弃了此前的"回忆我有幸见过的名人"和"幽默家阿蒂默斯·沃德")。在1870年到1871年的演讲季节里,马克·吐温没有进行巡回演讲(Eubank 1969,91－115,119－20;L3:1869年4月20日,致雷德帕斯,199 n.1;1869年5月10日,致雷德帕斯,214－16,217－18 n.8;1869年10月30日和31日,11月1日,致奥莉薇亚,383－84 n.9;"1868－1870演讲日程",483－86;L4:1871年10月24日,致雷德帕斯,478;1871年12月8日,致雷德帕斯和福尔,511;"1871－1872演讲日程",557－63)。

148.15－16 德·科尔多瓦,是个幽默家]

拉斐尔·J.德·科尔多瓦(Raphael J. De Cordova)(1822~1901年)原本是个商人,1857年,经济危机迫使他转行写作和演讲。他在《纽约晚间快报》工作了一段时间,为《纽约时报》撰文,不过作为幽默作家和演说家才闻名于世。在1871年到1872年,雷德帕斯办事处安排他做了8次演讲,直到1878年还在讲台上露过面("讣告名单",纽约时报,1901年3月5日,9;Annual Cyclopaedia 1901,419;Lyceum 1871,17－18)。

148.21 我们在走廊前几排就座——纳斯比、比林斯和我]

乔什·比林斯(亨利·惠勒·肖,1818~1885年),以在幽默散文和杂记中表达朴素哲学而闻名。《乔什·比林斯的农民年鉴》是他的第三本书,也是10本喜剧年鉴的第一本,1869年10月出版,在3个月内售出了9万本。1869年11月,马克·吐温、比林斯和纳斯比在波士顿进行巡回演讲时曾合影留念。10月27日,比林斯在波士顿音乐厅做了深受欢迎的演讲"牛奶和自然史",11月9日纳斯比在此登台,第二天晚上马克·吐温发表了演讲。11月中旬,德科尔多瓦在特雷蒙特寺开了四场朗读会，三个人可能是在 11 月 8 日或 12 日听说他的（“演讲路线”，《波士顿邮报》，1869 年 11 月 6 日，3；L3：1869 年 11 月 9 日，致帕梅拉，386 – 87，389 n. 4；1869 年 11 月 15 日和 16 日，致奥莉薇亚，397 n. 3；1869 年 11 月 24 日和 25 日，致奥莉薇亚，406，408 n. 10）。

148. 25 – 27　狄更斯式的排场，高高的架子，头顶上打着一排灯光］

1867 年 12 月 31 日，马克·吐温陪同奥莉薇亚·兰顿和她的家人，在纽约参加了狄更斯的朗诵会（1868 年 1 月 8 日，致母亲和帕梅拉. Z – 2，146 n. 3）。他向《上加州日报》的读者描述了当时的场景：

狄更斯先生站在桌子旁，桌子上放着他的著作，还有一个酒杯，一个精美的玻璃瓶，一小束鲜花。他后面竖立着巨大的红色背板——我想是共鸣板——头顶上 509
悬挂着一块长板子，安装了反射灯，灯光照着台下的绅士们，仿照画廊里烘托名画的效果。这就是狄更斯的排场，营造的环境。（SLC 1868c）

148. 40 – 41　不过全场依然冷冰冰地、寂静无声，好不奇怪地盯着他］

《斯普林菲尔德共和报》驻波士顿的记者赞同马克·吐温对德科尔多瓦的看法，但是不同意他对听众反应的评价：“德科尔多瓦先生站在这些演讲者中，就像最糟糕的周刊画报放在报纸中一样。他既没有才智，也没有幽默感。不过他的听众看起来非常高兴，没有对他空洞的语言感到乏味”（William S. Robinson 1869）。

149. 13 – 14　海耶斯医生对北极地区还很新奇的时候］

艾萨克·I. 海耶斯（1832 ~ 1881 年），医生、探险家，1853 年至 1855 年陪伴以利沙·肯特·凯恩远赴北极探险。在 1860 年至 1861 年和 1869 年，他独自率领了两次北极探险。1869 年至 1878 年，雷德帕斯办事处安排他发表了演讲（1858 年 3 月 9 日，致奥利安和帕梅拉，LI，78 n. 6；Eubank 1969，295 – 306）。

拉尔夫·吉勒（手稿现存于 CU – MARK，写于 1898 ~ 1899 年）

150. 1 – 2　早年在旧金山，大约是 1865 年，当时我是新闻记者］

1864 年 6 月，马克·吐温从内华达领地的弗吉尼亚城来到旧金山，成为旧金山《晨报》的本地记者（前一年他开始为《晨报》写通讯）。这份“可怕的苦工”包括法庭和戏剧新闻，加上发掘其他新闻，10 月他被建议辞去工作（参考 AD，1906 年 6 月 13 日；CofC，16 – 24；1863 年 5 月 18 日，致母亲和帕梅拉，LI，254 n. 7）。

150. 2 – 4　布雷特·哈特……《黄金时代》］

作为 19 世纪 60 年代旧金山最重要的文学周刊，《黄金时代》为许多西部作家的文学实践提供了平台。从 1860 年到 1866 年，约瑟夫·E. 劳伦斯担任《黄金时代》主编，以和蔼可亲和慷慨大方而闻名。他在杂志上连载言情小说、诗歌、地方新闻、随笔杂记，也刊登优秀的文学作品，旨在同时满足城市和乡村的读者。1863

年年末和1864年年初,马克·吐温在《黄金时代》发表了几篇文章,但是此后转投新报纸,更高调的《加利福尼亚人》(LI:1863年8月19日,致母亲和帕梅拉,265－66;1864年9月25日,致母亲和帕梅拉,312,314 n.5)。布雷特·哈特(1836～1902年),1860年开始在《黄金时代》当排字工人,不久开始发表诗歌和散文随笔。1864年5月,《加利福尼亚人》出版,哈特成为主要撰稿人,在秋天当上了杂志主编,向马克·吐温约稿(马克·吐温在1907年6月13日、14日、18日和1907年2月4日的自传口述中详细地谈到了哈特)。1867年年初,安布罗斯·比尔斯(Ambrose Bierce)(1842～? 1914)到达了旧金山,当时马克·吐温已经去了东海岸。两人应该是在1868年4月或7月见面,此时马克·吐温最后一次来
510 到旧金山。1867年9月,比尔斯的第一篇文章发表在《加利福尼亚人》上,刊登在《黄金时代》的第一篇文章发表于1868年7月。1866年,劳伦斯读到普兰特斯·马福德(Prentice Mulford)(1834－91)在《索诺拉联合报》发表的诗歌和幽默故事后,邀请他为《黄金时代》撰稿。诗人斯托达德的介绍参考《我的自传》第9章的注释161.27－30(1867年5月1日,致Harte,L2,40 n.1;Walker 1969,119－32,142－45,190－91;Bierce 1868;Joshi and Schultz 1999,75－76;Davidson 1988,23;L6:1874年4月8日,致查特－温达斯出版社,102 n.1;1875年2月1日,致斯托达德,364,366 n.4;Hart 1987,46－47,191,208,337－38)。

150.5　奥尔德里奇]

参考《罗伯特·路易斯·史蒂文森和托马斯·贝利·奥尔德里奇》。

150.5　约翰·奥莱利]

约翰·波伊尔·奥莱利(1844～1890年),爱尔兰诗人、编辑和爱国主义者。1868年,他因参与芬尼亚运动的武装起义而获罪,被流放到澳大利亚,第二年逃亡到美国。他主编著名刊物《波士顿舵手》多年,在杂志上提倡爱尔兰自治,是一位深受欢迎的演讲者。

150.5　詹姆斯·T.菲尔兹]

詹姆斯·托马斯·菲尔兹(James Thomas Fields)(1817～1881年),在25岁时成为威廉·蒂克纳出版公司的合作人,1854年成为蒂克纳·菲尔兹出版公司的负责人。从1861年至1871年,他主编了《大西洋月刊》,由蒂克纳·菲尔兹出版公司出版,他还是一位诗人,出版了几本回忆录(Winship 1995,17－18)。

150.10－11　爱默生……朗费罗]

拉尔夫·瓦尔多·爱默生(Ralph Waldo Emerson)(1803～1882年),约翰·格林里夫·惠蒂埃(John Greenleaf Whittier)(1807～1892年),奥利弗·温德尔·霍姆斯(Oliver Wendell Holmes)(1809～1894年),詹姆斯·拉塞尔·洛威尔(James Russell Lowell)(1819～1891年)和亨利·华兹沃斯·朗费罗(Henry

Wadsworth Longfellow)(1807 ~ 1882)都在詹姆斯·托马斯·菲尔兹的公司出版过作品,最初为蒂克纳·菲尔兹公司,1868 后改名后为菲尔兹·奥斯古德出版公司(Austin 1953,16,38)。

150.17 – 23　他可能从来没有过家……在《大西洋月刊》发表他的旅程见闻]

拉尔夫·奥姆斯特德·基勒(Ralph Olmstead Keeler)(1840 ~ 1873 年)出生于俄亥俄州,年仅 8 岁时成为孤儿,被送到布法罗的叔叔家,然而他离家出走,开始了流浪生活,起先在湖泊轮船和火车上做工,后来在黑人滑稽说唱团里表演。在自己赚钱读完 4 年大学后,他远赴德国留学,在那里为几家报纸写通讯。1863 年左右,他来到旧金山,靠教书和演讲来维持生活,同时为《黄金时代》写幽默专栏和小说(1871 年 11 月 1 日,致奥莉薇亚,L4,485 – 86 n. 3;Walker 1939,138 – 42)。他在《大西洋月刊》上发表的文章《黑人说唱团里的三年》(1869 年 7 月)和《181 美元环游欧洲》(1870 年 7 月),收录在《流浪历险记》里,由菲尔兹·奥斯古德出版公司发行(Keeler 1869b,Keeler 1870a,Keeler 1870b)。

150.23 – 24　《格洛弗森和他安静的同伴》……为此找到出版商]

基勒的小说以旧金山为背景,是个平凡无趣的故事,穿插了浪漫爱情、灾难不幸、疾病痛苦和滑稽笑料。豪威尔斯在回忆基勒时,想起曾经审核他在《大西洋月刊》上发表稿件的往事。当时豪威尔斯拒绝了这篇稿子,1869 年基勒自费出版了这本书(Howells 1900,276)。1874 年,马克·吐温诙谐地向豪威尔斯说,预计这本经典小说将会翻译成世界上的所有语言,得到各国名流的欣赏(1874 年 11 月 511
20 日,致豪威尔斯 [1st],L6,291,参阅 AD,1908 年 9 月 12 日;Keeler 1869a;Walker 1969,141 – 42)。

151.3 – 7　他经常我和一起外出……"演讲季节"]

1871 年 11 月,马克·吐温在基勒的陪伴下进行演讲,此次巡回演讲从 1871 年 10 月中旬持续到 1872 年 2 月末。10 月 31 日到 11 月 7 日,马克·吐温在波士顿做了两次演讲,到附近的城镇演讲了几次(L4:1871 年 11 月 1 日,致奥莉薇亚,484,485 – 86 n. 3;"1871 – 72 演讲日程",557 – 60)。

151.7 – 8　波士顿学校街上的雷德帕斯办事处]

参考"演讲时代"的注释 148.8。办事处最初设立在布罗姆菲尔德街 29 号,1871 年搬到布罗姆菲尔德街 30 号,从未迁到学校街(Eubank 1969,105)。

151.12 – 14　亨利·沃德·比彻……英国天文学家……爱尔兰演说家帕森斯]

1869 年到 1873 年,雷德帕斯的演讲者名单包括了以下各位知名人士:亨利·沃德·比彻(1813 ~ 1887 年),布鲁克林区普利茅斯教堂的著名牧师;安娜·狄金森(1842～1932年),女权运动的倡导者;约翰·B.高夫(1817～1886年),戒酒运动提倡者;温德尔·菲利普斯(1811～1884年),社会改革家;约翰H.文森特(1832～1920年),宗教教育家;威廉·帕森斯,文学和历史学演说家。派彻列姆·V.纳斯比(大卫·罗斯·洛克),乔什·比林斯(亨利·惠勒·肖)和艾萨克·I.海耶斯,也是雷德帕斯的客户,参考《演讲时代》的注释146.1－5、148.21和149.13－14。霍勒斯·格里利是巡回演讲中最受欢迎的演说家,他并不在雷德帕斯常见的名单上,但是雷德帕斯为他安排了一些大城市的演讲场次。马克·吐温显然忘记了那位英国天文学家的名字,在手稿里留下了空白。他可能是理查德·安东尼·普罗克托(Richard A. Proctor)(1837～1888年),著名作家、天文学家,1873至1874年在美国做了首次巡回演讲,多年后才出现在雷德帕斯的名单上(Lyceum 1871,29－34;Eubank 1969,241,295－301;《芝加哥论坛报》:"白手起家的人",1871年9月21日,4;"普罗克托教授的演讲",1874年2月26日;Pond 1900,178－79,347)。

路易斯·阿加西斯 Louis Agassiz (1807～1873年),哈佛大学瑞士裔博物学家,他和儿子亚历山大(1835～1910年)在巡回演讲中表现活跃。1875年,马克·吐温在纽波特听过亚历山大·阿加西斯的演讲,但是他不在雷德帕斯的演讲名单上(1875年7月29日,致雷德帕斯,L6,521－22)。

凯特·菲尔德(1838～1896年),1859年开始了自己的记者生涯,在意大利为几家美国报纸写通讯。她在《纽约论坛报》的第一份工作是1866年为意大利女演员阿德莱德·里斯托里(Adelaide Ristori)的美国之旅撰写系列文章,此后负责报道查尔斯·狄更斯在美国举行的第二次(也是最后一次)朗读会。她的报道收录进《查尔斯·狄更斯朗读会速写》(Field 1868)。1869年,她做了首次演讲,朗读了自己的散文"吕克昂学园中的女性",此后的大部分时间都在讲台上度过。尝试表演失败后,1890年她创办了《凯特·菲尔德华盛顿报》,担任报纸的主要撰稿人。1895年,她远赴夏威夷疗养,因患肺炎在当地去世(Scharnhorst 2004,159－61;"凯特·菲尔德小姐演讲吕克昂学园中的女性",《纽约时报》,1869年5月4日,5;Field 1996,xxii－xxv,xxviii,xxix－xxx;1871年1月30日,致雷德帕斯,323－24 n.3)。

512 152.3－7 奥丽芙·洛根的名声……她丈夫,薪水微薄的小记者]

奥丽芙·洛根(1839～1909年),父母是喜剧演员和剧作家,她曾经是成功的女演员,在1868年告别舞台。她出版过几本书,其中最为成功的是描述喜剧生涯的《台前幕后》。从1869年到1871年的两个演讲季度,她通过雷德帕斯的安排,作了"激情"、"奢华之城巴黎"和"少女"等推动女权运动的演讲。1871年12月,离婚后的洛根嫁给了第二任丈夫威廉·沃特·赛克斯(William Wirt Sikes)

(1836～1883 年)。赛克斯是纽约州几家报社的记者,为《哈珀月刊》和《青年伙伴》等期刊写稿。赛克斯和妻子一样,在 1869 年到 1871 年间参加了雷德帕斯的演讲,发表了"大城市的奇特危险"和"纽约夜幕"等演说,抨击罪恶和犯罪的丑恶现象。1876 年,他被任命为美国驻威尔士加的夫的总领事,此后撰写了有关威尔士历史和民间传说的作品(Lyceum 1870,9,15;1870 年 1 月 18 日,致奥莉薇亚,L4,9 n.3;Olive Logan 1870;参阅 AD,1906 年 4 月 11 日)。

153.8－9　在第一个季度以后,我总是自我介绍——当然还是老一套的介绍词]

在 1869 年至 1870 年的冬天,马克·吐温开始介绍自己,当时他在东部进行第二次巡回演讲(第一次巡回演讲是由雷德帕斯安排的)。12 月 8 日,他在华盛顿宣布,他对自己的了解要胜过其他任何人,认为自己最有资格来介绍。他对通常的介绍形式做了研究,终于精通了这套说辞("马克·吐温的抨击",《华盛顿记事报》,1869 年 12 月 9 日,4)。几天后,在康涅狄格州的梅里登,他的开场白成为这个季节里自我介绍的范本,措辞略有改动:

> 我很高兴向各位介绍塞缪尔·克莱门斯先生,又名马克·吐温,这位先生品德高尚、诚实可靠、举止得体、天性谦逊(掌声四起,观众觉得蹊跷,猜测他就是演讲者)。我要心平气和地告诉大家,此人就是在下。我请求各位原谅我打破了演讲的惯例,向大家作自我介绍,这种情形在所难免,因为介绍我的那位先生不知道我的真名,我就免去了他的麻烦("马克·吐温演讲",《梅里登共和党人》,1869 年 12 月 13 日,2)。

153.21－26　我在加利福尼亚州学到的介绍方法……我不明白这是为什么]

10 月中旬,马克·吐温开始 1871～1872 年的巡回演讲,他使用的介绍方式和 1869～1870 年相同(参考注释 153.8－9)。然而到了 12 月 1 日,他换了一套方法。1866 年 10 月 24 日,他在加利福尼亚州的矿城做了演讲("我的演讲路线",《奥斯维戈商业广告时报》,1871 年 12 月 2 日,4;"马克·吐温,"《伊斯顿快报》,1871 年 11 月 24 日;1866 年 8 月 25 日,致鲍恩,LI,362;参考 MTB,1:295)。

154.27－31　奥萨瓦托米·布朗的一个兄弟……1859 年的悲剧,《大西洋月刊》]

激进的废奴主义者约翰·布朗曾在堪萨斯州奥萨沃托米附近和蓄奴派军队 513
展开激战,因此获得了这个绰号。基勒在位于伊利湖普特因贝伊的俄亥俄农场采访了布朗的两个儿子。1859 年,小儿子欧文和父亲一起进攻弗吉尼亚州哈珀渡口的军火库,遭到惨败。布朗身负重伤被俘,以叛国罪被处以绞刑,欧文侥幸逃脱，他向基勒详细地讲述了行动当晚和次日自己的经历。基勒以笔名在1874年3月的《大西洋月刊》上发表了长篇报道（Keeler 1874）。

154.35－41 《纽约论坛报》派基勒去了古巴……这就是那里的情形］

1868年，古巴爆发了反对西班牙殖民统治的独立战争，史称“十年战争”，起义军最终失败。尽管美国政府在这场战争中保持中立，美国人民却普遍对起义军表示同情。1873年10月，西班牙俘获了向起义军运送武器的弗吉尼厄斯号轮船，处死了50名船员，其中许多都是美国人。11月末，基勒作为《纽约论坛报》的记者远赴古巴，在此后几周里发回了数篇关于这场危机的通讯。12月中旬，他动身回国，不料在古巴海域的一艘轮船上失踪。尽管他生死不明，但是人们认为弗吉尼厄斯号引发了反美情绪，导致他遭到暗杀。在1874年3月出版的《大西洋月刊》上，豪威尔斯称赞了基勒的壮举，猜测西班牙官员发现发现了他的美国记者，把他杀害后丢入海中（Halstead 1897，41，49；Howells 1874a，366）。

选自《我的自传》第九章（手稿现存于CU－MARK，写于1900年；1902年由简·克莱门斯打印；TS3［节选］）

155－5 我的姐姐］

1849年9月13日，帕梅拉年满23岁，参见附录“家人传记”。

155.13 黑孩子桑迪］

桑迪原来的“主人回到了这个国家”，可是他被租给了克莱门斯家干活（“简·兰普顿·克莱门斯”，Inds，89；参考我的自传［节选］）。

157.7－8 我称她为玛丽·威尔逊］

玛丽的真名叫作萨拉·H. 罗巴德（1836～1918年），她和哥哥乔治、约翰都是马克·吐温在汉尼拔的同学，她和马克·吐温的姐姐帕梅拉一起学习过钢琴（参见AD，1906年3月8日，注释399.28－29；1906年3月9日，注释401.7－16）。马克·吐温在1902年的笔记中回忆起她：“萨拉·罗巴德容貌美丽。现在见到她，回想起她年轻的时候，时光已经过去了50年”（Notebook 45，TS p.21，CU－MARK）。她嫁给了一位领航员、船长巴顿·斯通·鲍恩，他的弟弟威廉·鲍恩是马克·吐温童年时代的好友（Inds，304－5，345）。

157.12－13 那是1896年，我因为旅行演讲到了那里］

1896年2月，马克·吐温进行环球演讲之旅到了加尔各答（参考“Something about Doctors”，注释190.10－12.）。

157.16－17 另一个玛丽的孙女］

玛丽的丈夫巴顿·鲍恩死后，她在1868年嫁给了H. H. 哈利牧师。我们不能确定她这个孙女的姓名（Inds，345；Robards Family Genealogy 2009，part 14：65）。

157.36－37　喝醉的流浪汉——《汤姆·索亚历险记》和《哈克贝利·费恩历险记》里提到过——在村子的牢房里给活活烧死了] 514

两本书里都没有写到这件事,不过《汤姆·索亚历险记》的第23章有所暗示,当时汤姆和哈克贝利去给牢里的莫夫·波特送火柴,《密西西比河上的生活》的第56章描写了这个流浪汉死去的场景,马克·吐温此后受到了良心的折磨。

158.5　可怜的老斯玛尔在大街上中弹倒下]

1845年,威廉·佩里·奥斯利杀死了萨姆·斯玛尔。斯玛尔拥有一家养牛场,平常是个温和安静的人,喝醉了就发疯骂人。他指责奥斯利偷了他朋友的2000美元,没完没了地羞辱他,威胁要他的命,让奥斯利感到非常生气。富商奥斯利当着许多人的面,在汉尼拔的大街上枪杀了斯玛尔,不过被宣判无罪。在《1840年至1843年的村民》中,马克·吐温写到,审判后"奥斯利的同伴欢呼喝彩,午夜时分把他从帕尔米拉接走。不过阴云笼罩在他的身上,不久他就搬走了"(Inds,101,339－40,348)。马克·吐温在《哈克贝利·费恩历险记》的第21章里再现了这一幕,其中舍伯恩上校开枪杀死了老鲍格(参见HF'2003,436)。在1900年1月11日的信中,马克·吐温回忆道,"我永远不会忘了鲍格,因为我看见他死的,一本家族《圣经》摊开放在他的胸口上"(1900年1月11日,致Goodrich－Freer,ViU)。

158.15－16　黑奴被活活打死……我看见他死的]

在《简·兰普顿·克莱门斯》(1890年)中,马克·吐温回忆道:

我们的镇上的人并不是硬心肠,我是说和其他国家同样大小的镇子没有什么两样;就我的经验来说,硬心肠的人在任何地方都很少见。我还记得,曾经有个白人因为琐碎的小事杀死了一个黑人,大家看起来对此无动于衷,把他看成一个奴隶,他们对奴隶的主人深表同情,他被剥夺了宝贵的财产,那个无赖汉并不能赔偿他的损失(Inds,89)。

158.16－18　年轻的加利福尼亚州移民被刺了一刀……我看见血从他胸中涌出来]

1897年,马克·吐温写道,"所有的移民都在那里。有一个被刺死了,我在父亲的办公室里看见了他的尸体"(Autobiographical Fragment #160,CU－MARK)。尸体被抬到了治安法官约翰·马歇尔·克莱门斯的办公室;马克·吐温看到了这一幕,因为当时他躲在那里免受逃课的惩罚。他在演讲和作品里不断回忆起这段残酷可怕的经历。比如,《傻子出国记》的第18章:"我把手捂在眼睛上,一直等到我坚持不下去,然后我看见了一个人惨白的脸孔,嘴角耷拉着,眼睛直愣愣地瞪着,他已经死了"(Inds,101,284)。

158.18　年轻的海德兄弟和他们年迈无辜的叔叔]

理查德·海德(迪克)和他的弟弟埃德都是恶棍,马克·吐温在《1840年至 515

1843 年的村民》里写道，“他们顽固不化、游手好闲”。海德兄弟俩——也许是理查德和他的弟弟亨利——是《海尔法·霍奇基斯》里斯托弗兄弟的原型(Inds,96,327)。

158.22 - 25　年轻的加利福尼亚州移民喝醉了……清白无辜的女儿]

马克·吐温回忆的这件事发生在 1850 年，内容和汉尼拔《密苏里信使报》的报道略有不同，当时马克·吐温在这家报社当学徒：

周五深夜，来自伊利诺伊州的外乡人凯莱布·H. 林德利遭到枪击，开枪的是寡妇威尔，住在霍利迪山上的住宅。晚上 11 点钟，林德利伙同他人来到威尔女士门前，要求进去在此过夜。遭到拒绝后，他们威胁说如果要求得不到满足，就要强行闯入。这位女士警告他们离开，声称如果他们继续骚扰，就要开枪射击。林德利厚颜无耻，走上前去跟她说“朝脑袋打”。她随即开火，林德利被两发子弹打穿，身中有多处弹孔，当场倒地。

这位可怜的寡妇养育了几个孩子，没有遭到犯罪指控(1850 年 5 月 20 日，Wecter 1952,159 - 60)。在《汤姆·索亚历险记》的第 29 章和第 30 章里，哈克无意间听到，印第安·乔威胁说要让道格拉斯寡妇毁容，于是他请求威尔斯曼和他两个健壮的儿子帮助挫败这起阴谋，道格拉斯就住在卡迪夫山(霍利迪山的化名)。

158.26 - 27　伙伴，大概是约翰·布里格斯]

参见 1906 年 3 月 16 日的《自传口述》，注释 420.17 - 18。

159.26 - 28　我在别处描写了当时我经历的愤怒悔恨]

我们没有在 1900 年的版本中找到这段描述。在 1906 年 3 月 8 日的《自传口述》里，马克·吐温再次描写了当时的悔恨。

159.30　吉姆·沃尔夫]

吉姆·沃尔夫(大约生于 1833 年)是印刷所的学徒，19 世纪 50 年代初住在克莱门斯家，当时他和马克·吐温在奥利安的《萨克拉门托西部联合报》(创立于 1950 年)工作。沃尔夫天性腼腆害羞，马克·吐温觉得很有趣，在第一部作品《勇敢的消防员》里，他幽默地描写了沃尔夫对办公室大火的迟缓反应，1851 年 1 月，这篇文章刊登在了奥利安的报纸上(SLC 1851)。沃尔夫也是《国外漫游》第 23 章里的乡巴佬尼哥底母·道奇的原型。

161.9 - 10　我得到了不少钱……《吉姆·沃尔夫和汤姆猫》]

1864 年，在阿蒂默斯·沃德的敦促下，马克·吐温把他的第一篇小说《内华达见闻》寄给了纽约《星期日信使报》，这篇文章写于 2 月 7 日，此前两人在弗吉尼亚城结识，在 1863 年 12 月度过了尽相庆贺的一段时间。1867 年 7 月 14 日，马克·吐温发表了《吉姆·沃尔夫和汤姆猫》，这是他在《星期日信使报》刊登的第 9

篇小说(SLC 1864a,1864b,1867b,1867c,1867d,1867f,1867g,18.67;,1867k)。

161.13－17 《吉姆·沃尔夫和汤姆猫》发表在田纳西的一家报纸上……他的名字我记不住了]

我们没有找到这张田纳西的报纸。不过在1885年,A. H. 华纳把这篇文章的 516
打印稿寄给了马克·吐温,他的资料来源尚不清楚。尽管马克·吐温的原稿中包含了少量方言,但是这篇文章进一步改头换面。比如,把 Our winder looked out onto the roof(我们的葡萄藤盘绕到了屋顶)改成了 Wal our winder looked out onter the ruff。马克·吐温可能是在19世纪60年代末看到这份打印稿,剽窃者的身份并不确定(A. H. 华纳致马克·吐温,1885年7月22日,《吉姆·沃尔夫和汤姆猫》,DV 275,CU－MARK)。

161.24－27 1873年,我在伦敦演讲……乔治·杜比,演讲经纪人]

这里指1873年12月,乔治·杜比(1900年去世)是一位经验丰富的演艺经纪人,他在1872年劝说首次到访英国的马克·吐温进行演讲,结果没有如愿。1年后,马克·吐温带着妻子和襁褓中的女儿苏西回到伦敦,10月份,杜比为他在伦敦安排了5天的演讲,在利物浦安排了1天的演讲。此时,奥莉薇亚思乡心切,马克·吐温陪同全家回国,不久后只身返回英国,杜比为他安排了第二轮演讲,从1873年12月1日到20日在伦敦,1874年1月8日到10日在利物浦(L5:1872年9月15日,致奥莉薇亚,159－60;1873年9月29日,致麦克唐纳,446－47;1873年9月19日,致斯托达德,456－58;1873年11月22日,致李,481;1873年12月30日,致 Fitzgibbon,539,541 n.4)。

161.27－30 查尔斯·沃伦·斯托达德(1843～1909年),1861年开始用笔名在旧金山《黄金时代》上发表诗歌。1865年年末,他在旧金山和马克·吐温成为好友。1867年,在诗人布勒特·哈特的帮助下,斯托达德出版了第一部作品《诗集》。4月份,马克·吐温从纽约给他写信:“我看好你这本书,因为我知道关于诗歌的一切,我知道你能写出真正的好文章。你的书会取得成功,一定会成功,有什么人敢反对的话,我一定会干掉他”(1867年4月23日,致斯托达德,L2,30－31 n.1)。这本诗集获得了评论家的高度赞扬,却没有受到普通人的好评。斯托达德生来就是长老会信徒,却在这一年成为了天主教徒,他在《痛苦心灵终获慰藉》(1885年)里描写了这段经历。他最成功的作品是几篇游记,收录在《南海牧歌》里,在1873年出版。1873年10月中旬,作为《旧金山记事报》的外派记者,他远赴英格兰旅行,12月份,马克·吐温请他当自己的秘书和同伴。此后10年,斯托达德环游欧洲、中东和夏威夷,为《旧金山记事报》和多家报纸撰写旅行专栏。1885年至1886年,他在圣母大学教授文学,1889年到1902年,他来到华盛顿的美国天主教大学任教(1873年11月14日,致奥莉薇亚,LS,476－78;L6:1874

年 1 月 9 日,致摩尔,16 n. 1;1874 年 1 月 12 日,致芬莱,19 – 20 n. 1;James 1911;Austen 1991,4,58,65 – 69,82,88,100,103 – 14)。

161.31　指控蒂奇伯恩作伪证]

1866 年,一个澳大利亚的屠夫宣称自己是罗杰·查尔斯·蒂奇伯恩(生于 1929 年),罗杰是蒂奇伯恩从男爵及财产的继承人,1854 年在海上遇难。这个自称是罗杰的人得到了蒂奇伯恩母亲和其他人的承认,但是蒂奇伯恩夫人死后,他在爵位继承案中落败,被人指控作伪证。这场审判从 1873 年 4 月持续到 1874 年
517 2 月,列出的证据包括伪造文书、使用化名、谋杀、精神错乱和蛊惑公众。陪审团最终认定,此人是来自沃平的阿瑟·奥尔顿。他被宣告有罪,判处 14 年徒刑,他在牢里待了 10 年。此人的真实身份依然是个谜:现代历史学家道格拉斯·伍德鲁夫支持他的要求。马克·吐温对这个人颇感兴趣,要"斯托达德把审判报道剪贴下来,打算日后写一篇妙趣横生的随笔"。1897 年,在《赤道环游记》的第 15 章里,马克·吐温用两页来描述该案,不过这个剪贴本没有用在其他文学作品中,现存于马克·吐温档案馆(1873 年 10 月 19 日,致斯托达德,LS,456 – 57;Scrapbooks 13 – 18,CU – MARK)。

162.6　杜比当过查尔斯·狄更斯的经纪人]

1866 年到 1869 年间,杜比陪伴狄更斯在英国和美国进行演讲旅行。狄更斯认为他是和蔼可亲的同伴,能干的经理人,两人成为了朋友(1872 年 9 月 15 日,致奥莉薇亚,LS,160 n. 1;参阅 Dolby 1885)。

162.18 – 19　婴儿得了蝇蛆病]

许多动物都会得蝇蛆病,通常是感染或蝇类幼虫导致。只有一类蝇虫能感染人类,这种叫作皮肤蝇蛆的幼虫会在皮下产卵。

162.32　汤姆的年鉴]

1872 年,马克·吐温在英国之行中见到了幽默作家、插图画家汤姆·胡德(1835 ~ 1874 年),胡德是伦敦一家杂志的编辑。胡德听了马克·吐温讲的故事,鼓励他写下来,发表在 1873 年的《汤姆·胡德漫画年鉴》上,标题是"我如何在决斗中幸免于难"(SLC 1872a;1872 年 9 月 11 日,致奥莉薇亚,L5,155,157 n. 10)。

163.19 – 20　他卖给汤姆·胡德年鉴……他没有署上我的名字]

马克·吐温那篇被剽窃的《吉姆·沃尔夫和汤姆猫》,改名为《美国佬故事》,署名 G. R. 沃德利,刊登在 1874 年的《汤姆·胡德漫画年鉴》上(SLC 1876;Hood 1873,78 – 79)。乔治·沃德利(1845 –)生于波士顿,在 1881 年的人口统计中,他的职业是记者(British Census 1881,f. 129,p. 23;参考 N&J2,147)。他可能是在《阿蒂默斯·沃德笑话集》里看到了这篇文章,这本书署名马克·吐温和其他幽默作家,是 1872 年约翰·卡姆登·霍顿未经授权在伦敦出版的一本故事集。斯

托达德也写到过这件事：

有个美国人在兰厄姆和演讲厅里遇见了我们。他的遭遇令人同情，外国公司换了经理，把他辞退了，年轻美貌的妻子就要死去，在异国他乡身无分文，他是个天生的绅士，举止优雅，教养良好，不会做工——善良的马克会借给他几英镑，让他等待国内的消息吗？马克的确这么做了，这个可怜的人宣称两人是多年的好友，从前在一起打过很多场台球，马克免不了要帮他。可是1周后，这个来历不明的人就消失了，我们看到马克早期的一份手稿刊登在《伦敦趣事》杂志上，写着那个可怜虫的名字；不过，我们及时地发现了其他两三份稿件，免得它们遭遇同样的命运。与人合作并不总是令人愉快，足以证明这个家伙是历史上最大的骗子（Charles Warren Stoddard 1903，72 – 73）。

我的自传节选：遭遇不幸的手稿野史（手稿和打字稿写于1900年，现存于 518
CU – MARK）

164.2 – 10　一个熟人曾经提议……全英国最胜任的人]

1431年，圣女贞德以异端罪被判决火刑，20年后，法庭重新审判后宣布她清白无罪；19世纪40年代，法国考古学家和历史学家朱尔·基什拉首次借鉴官方审判记录的原始手稿，出版了5卷本著作。这部作品包括几本选集，他把中世纪的法语和拉丁语文件翻译成现代法语（Quicherat 1841 – 49）。马克·吐温在此提到的熟人是道格拉斯·T. 默里，他是个富有的律师，业余的历史爱好者。1899年，默里请马克·吐温为《圣女贞德》的英文版写前言，这本书是首次出版。马克·吐温误以为，他提到的是“许多年前出版的译本”。显然，当时有两位译者翻译了不同语言的版本（参考注释164.11 – 12）。马克·吐温是完成这项工作的必然人选。1896年，马克·吐温出版了《圣女贞德传》，为这本历史小说做了广泛的研究。马克·吐温用《圣女贞德传》向最喜爱的历史人物致敬，曾经把这本书称为自己最好的作品，他的家人也有同样的看法。1902年，默里出版了他的著作（没有采用马克·吐温的稿件），自己撰写了序、前言和注释。我们不能肯定他是那位“胜任的”译者（MTB，3：1033 – 34；Murray 1902；Sayre 1932）。

164.11 – 12　他请我为这本书写前言，我很高兴地写完了，虚荣心得到了满足]

1899年9月3日，马克·吐温在给亨利·罗杰斯的信中写道：“圣女贞德的官方审判记录（《圣女贞德的获罪和特赦》）终于全部翻译成了英语，有人请我写前言，经过长期艰苦的创作，我刚刚完成这篇文章。我帮助他们修改了稿件，我和两位译者的名字将会并列出现在扉页上。我想，这本书肯定值得一读、妙趣横生”（Salm，in HHR，409 – 10）。

165.20－32　前言……你可以让我改回来]

马克·吐温最初请默里进行修改。1899 年 9 月，他写道，“我把前言寄给你，请你为我做两件事——删除谬误，改正语法（我觉得语法讨厌透了）”（1899 年 9 月 3 日，至默里，CU－MARK）。1900 年 1 月，马克·吐温审核了前言的打字稿，默里对文稿提出了建议，附在信中寄了回来，“我校正了几处文字，增添了其他内容”（1900 年 1 月 31 日，致默里，CU－MARK）。不过，默里继续对第一版打字稿进行编辑，做了诸多修改，出了一份清样；此后他接着修订第二版打字稿。正当马克·吐温取消这个计划时，他收到了第三版打字稿，包括默里对第二版的修改（三份稿件现存于 CU－MARK）。

166.21－22　听坟墓里的声音]

表示严肃的斥责、诚挚的劝诫，出自以撒华滋的赞美诗《葬礼沉思》：“听！坟墓里传来的悲鸣；我侧耳倾听这哭声；活着的人啊，看看这情景，你不久也要安息与此。”

519 166.23　我要给他写封信，可我相信并不是怀着同样的心情]

马克·吐温给默里写了三封信，表达对他修改稿件感到惊讶。显然，他没有打算寄出去其中一封信，附在这份初稿的最后一段，没有标明日期。1900 年 8 月 27 日，他写了另外两封信，其中有一封寄了出去。第一封信的内容如下：

说到你想提高我的英语水平，我并没有感到不快，因为相信你是出于好意，只是不知道有别的办法。你没有接受过文学训练，欠缺文学感觉，缺乏文学判断，没有文学天赋，对语法和词意的知识还很欠缺，这些问题该受责备，但不是你的错（CU－MARK）。

他寄出去的第二封信写得更为克制：

我恐怕你没有很好地理解我的意思。按照历来已久的规矩——由于经验不足，你对此并不熟悉——那就是，作者的手稿并不允许任何编辑的随意修改。照此来说，要么接受稿件，要么拒绝发表，没有折中的办法。对稿件的任何改动，即使是改变了字眼，也是件麻烦事，作者和编辑再不会有文学上的来往。你可以说，这篇前言并不符合你的要求，但是你没有权利动笔把稿件改得让你满意。

因此，即使你现在希望采用我的手稿，未经改动的原稿，我也不会同意。当然，不论以任何形式，我都不会同意。

我很乐意在方便的时候收回原稿，不过无须匆忙。你什么时候寄回来问题不大，如果你有这篇文章的副本，无论是修改过还是没有修改过的，请你予以销毁，免得让稿件落到粗心人手里，不慎印刷出版。实际上，我不会允许发生这种事情。

我说得这么斩钉截铁，因为我从你的信里看得出，尽管我告诫过你，但是你依然打算在书里引用这篇前言。鉴于这种情况，你不能以任何形式出版这篇前言，无论是修改过的还是原稿(CU - MARK)。

8 月 30 日,默里很快回了信,答应归还“所有的稿件,包括原稿在内;你可以放心,我不会用你手稿中的一个字”(CU - MARK)。

167.1 修改过的前言]

关于他的手稿,马克·吐温写道,“此处插入修改过的前言”。为了表现出默里对前言的修改,马克·吐温在原始手稿的清样上标出默里在两份手稿上做的记号。在马克·吐温对默里修改稿件的标注大部分是准确的,尽管个别地方有所不同,不过也许不是故意的。这份修改稿显示,文章中是用斜线删掉单个字母,用直线删掉多个字母,用脱字符表示插入文字(关于转录系统的完整解释,名为“纯文本”,请参考《编辑实践指南》,L6,709 - 14)。

179.34 - 36 你的备注……和她的个性格格不入]

默里的备注没有出现在马克·吐温那篇前言现存的任何一份打印稿上。这 520
些备注可能是写在现已丢失的副本上,或者从现存的打印稿上删除了:默里的多处铅笔字迹都被莫名其妙地擦去,不过依然隐约可见。

书信回忆(手稿现存于 CU - MARK,写于 1903 年)

181.3 尊敬的先生:我写了一本书]

这封信作者的署名为“希拉里·特伦特”,他在附言中告诉马克·吐温,他的书《克莱格霍恩先生的女儿》会“通过奥格尔维出版公司寄给你”。马克·吐温在摘录信件时略去了署名和附言。在 1903 年的这本小说,特伦特以家庭闹剧来抨击威斯敏斯特信条,这正是美国长老会的教义,尤其是颇具争议的“婴儿诅咒学说”(参考注释 185.15 - 16)。出版公司的广告宣传,特伦特是位“著名的作家,用笔名掩盖自己的真实身份”(“克莱格霍恩先生的女儿”,《纽约太阳报》,1903 年 5 月 26 日,7),但是档案记录和本身的证据表明,作者是 R. M. 曼利,这位籍籍无名的作家对威斯敏斯特信条感到深恶痛绝(Manley 1903;Manley 1897;曼利致马克·吐温的信,1903 年 4 月 29 日和 5 月 4 日,CU - MARK)。

185.15 - 16 修订了信条……信条的第 3 章和第 10 章]

马克·吐温的兴趣和报纸剪报之间的联系是长老会教义,这正是特伦特作品的主题(参考注释 181.3)。19 世纪末,美国长老会开始修订《威斯敏斯特信条》。人们的讨论集中在第 3 章,第 3 节写道,“有些人要得到永生,其余的人注定要永远死亡”;第 10 章的第 3 节和第 4 节写道,“那蒙拣选的婴孩重生得救,而未蒙拣选者不能得救”。从历史上来看,第 10 章被解释成诅咒,不仅针对基督教婴孩,而且针对非基督教徒(可能是源于马克·吐温对于俄国屠杀犹太人剪报的推论)。1902 年,在这篇文章发表之前,基督教长老会通过了一项声明,对这些引起争议的章节进行了解释,附加在 1903 年的信条上(Macpherson 1881,48,85 - 86;Briggs

1890,21－22,98－130;“长老会声明修订信条”,《纽约时报》,1902 年 5 月 23 日,5)。

186.27　威斯敏斯特要理问答]

马克·吐温可能在早年的宗教教育中非常熟悉这部《威斯敏斯特要理问答》(参考 Fulton 2006,140－55)。

医生二三事(手稿现存于 CU－MARK,写于 1903 年)

188.19－20　梅雷迪思医生……汉尼巴尔的村庄]

休·梅雷迪思医生(1806～1864 年)生于宾夕法尼亚,是马克·吐温的父亲在密苏里州佛罗里达和汉尼拔的好友和商业伙伴。他们曾经就这两个城镇的改进规划进行合作。休·梅雷迪思医生加入了 1849 年的淘金热,不过在 1851 年年
521 初从加州返回。1851 年到 1852 年的冬天,有好几周的时间奥利安去料理克莱门斯家在田纳西州的土地,梅雷迪思负责编辑奥利安的《汉尼拔日报》(Inds,335;Wecter 1－952,55;参考 AD,1906 年 3 月 28 日)。

188.21－22　我说过,自己包装药]

参考“我的自传节选”,写于 1897～1898 年(215.3－6)。

189.1　他的儿子查理]

查理·梅雷迪思生于 1833 年,是梅雷迪思医生 5 个孩子中的长子。他和父亲一起前往加利福尼亚的金矿,后来第二次远赴西部(Inds,335)。

189.21－22　我们家的老医生,塔夫特医生……忽略了他的继任者]

辛辛纳图斯·A. 塔夫特医生(1822～1884 年),1846 年开始在哈特福德行医,采用顺势疗法,在 1871 年克莱门斯家搬来后成为他们家的医生。塔夫特医生深受病人的爱戴,在他死后,马克·吐温称赞他“有优雅高贵的风度,坚定有力的心脏,充满对人类的同情心”(1884 年 7 月 18 日,致《哈特福德新闻》编辑,CtHMTH;1871 年 2 月 17 日,致母亲和家人,L4,333 n.3)。塔夫特继任者的身份无法得到证实,此后几年,克莱门斯家没有找到满意的医生(1888 年 4 月 19 日,致 Langdon,CtHMTH)。

189.25　塞隆·威尔斯]

塞隆·A. 威尔斯生于 1842 年,1873 年在宾夕法尼亚大学获得医学学位,随即到埃尔迈拉行医。据《希芒县历史》记载,他“有出色的文学素养,是位颇有声望的作家,写过多种题材”(Towner 1892,“个人参考”,133;L4:马克·吐温和奥利安致兰顿的信,1870 年 2 月 9 日,68 n.6;1871 年 2 月 22 日,致奥利安,335 n.2)。

189.37　我们的厨娘考德大婶,她从前是奴隶]

玛丽·安·考德大婶(1798～1888 年)是夸里农场的厨娘,这是克莱恩家在

埃尔迈拉附近的房子。在奴隶市场和家人分开13年后，她竟然奇迹般地见到了小儿子，这个孩子逃到了埃尔迈拉，当了联邦军队的士兵。在《一则真实的故事（逐字逐句记录我的所见所闻）》里，马克·吐温描写了这段感人的故事，发表在1874年11月份的《大西洋月刊》上（SLC 1874b；1874年9月2日，致豪威尔斯，L6，219 n.2）。

190.10–12 我每天晚上都做演讲，持续了23天……船停在温哥华]

1894年，佩恩自动排版机研制失败，查尔斯·韦伯斯特出版公司倒闭，为了弥补经济损失，1895年7月，马克·吐温开始环游世界，进行1年的演讲之旅，他的妻子奥莉薇亚和女儿克拉拉随同前往。他从克利夫兰启程，在美国和加拿大做了二十多次演讲，此后从温哥华前往澳大利亚、新西兰、锡兰、印度、毛里求斯和南非。1896年7月，他们回到英国，马克·吐温根据这次旅行的经历撰写了《赤道环游记》。

190.27–30 我们住在柏林……肺部充血]

1891～1892年冬天，克莱门斯家住在柏林。1月13日，马克·吐温做了演讲（日期没有得到进一步考证），在笔记本上写道，"做完演讲后，参加表姐杰内纳琳·冯·费尔森夫人的舞会；凌晨两点我们回到家里，我上床睡觉，从此病了三个星期，肺部充血，患上了流行性感冒"（Notebook 31，TS p.21，CU–MARK；参考AD，1906年3月29日，注释456.25–26）。

190.39–42 西德尼·史密斯……我付了一半的账单] 522

1896年2月1日，马克·吐温写信给史密斯医生，抱怨他的出诊费太贵：

> 你每次出诊要25个卢比，实在高得不可思议，我特地写信来询问此事。我和你在孟买的富有病人聊过天，发现他们每次看病只付10个卢比。
>
> 也许你能解释一下，哪些地方可能出了差错。我随信附上40卢比的支票，希望你尽快为多收的费用作出解释（CU–MARK）。

亨利·H.罗杰斯（1906年的打字稿现存于CU–MARK，来源于1904年马克·吐温的口述打字稿，现已遗失）

192.15–17 标准石油托拉斯……维持公司的运营和发展]

罗杰斯起先投资了一家小炼油厂，后来飞黄腾达，成为颇有权势的富商。1890年，他当上标准石油公司副总裁兼董事，投资拓展到天然气、铜、钢铁、银行和铁路等领域。尽管对待朋友慷慨大方、和蔼可亲，他却因冷酷无情的商业手腕获得了"地狱猎犬"的绰号（这样评价他未免苛刻得不近情理）（HHR，2–7）。

194.21 煤气诉讼案，罗杰斯先生索赔几百万美元]

这场诉讼案起源于1894年对波士顿煤气供应控制权的争夺。诉讼双方当事人是标准石油公司的罗杰斯和特拉华海湾州煤气公司的爱德华·阿迪克斯（参考注释196.40）。1896年，标准石油公司收购了波士顿的多家煤气公司，阿迪克斯退出了竞争。不过第二年，围绕多家公司的控制权和并购交易的股票价格引发了许多纠纷。1903年，原告海湾州煤气公司提起诉讼。被告包括马萨诸塞州煤气公司，这家成立于1902年的托拉斯当时控制着波士顿的煤气行业；基德尔·皮伯迪公司，经手股票交易的投资银行；亨利·赫特尔斯顿·罗杰斯。原告声称，1902年出售的部分股票被人为压低价格，欺骗了特拉华公司，迫使该公司“虚假违约”（“工业新闻”，《华尔街日报》，1903年6月17日，5）。其中有一笔引起争议的交易——1896年出售布鲁克林煤气公司，让罗杰斯获得了300万美元的利润，这笔钱本来应当归投资者所有。这场诉讼案到1907年才告终，此时罗杰斯同意归还300万美元利润的一半（HHR，76 n.1，306 n.3；《纽约时报》：“标准石油公司控制权”，1896年11月1日，6；“海湾州煤气公司退出竞争”，1898年1月21日，1；“煤气并购案裁决”，1903年12月13日，17；“罗杰斯成为波士顿煤气诉讼案被告”，1904年4月3日，FS2；《芝加哥论坛报》：“300万美元的煤气诉讼案”，1904年4月16日，6；“罗杰斯分享煤气交易利润”，1907年2月1日，2）。

194.42　以下是波士顿的报道]

下面的这篇报道描写了煤气诉讼案中罗杰斯作证的场景，发表在1904年3月27日的《波士顿周日邮报》上。罗杰斯的秘书凯瑟琳·哈里森给马克·吐温寄了一份剪报，在1904年4月12日的信中，马克·吐温写道：

523 我刚刚收到了这份波士顿的报道，感谢你的秘书为我寄来这篇文章：我最近了解了许多关于她的事情，她像斯芬克斯一样能干，是唯一一位能拿到1万美元薪水的女秘书。这篇报道描写得很细致，非常出色；你要等上一段时间，才会看到事情的好转。在这段活灵活现的描绘中，我看到了你的形象，听到了你的声音，就像我亲临现场一样；不禁让我联想到，作者因为篇幅所限没有写到的许多事情。

195.18　温莎先生]

罗伯特·温莎（1858～1930年），声名显赫的金融家，基德尔·皮伯迪投资银行的合伙人（“罗伯特·温莎去世”，《纽约时报》，1930年1月8日，25）。

195.18－19　和劳森先生著名的电话交谈]

托马斯·W.劳森（1857～1925年），美国富商、股票经纪人，积极操纵1895年的煤气公司收购案。19世纪90年代末，他是并购矿业资产建立联合铜业公司的主要发起人和股票承销商，为自己和罗杰斯、威廉洛克菲勒赚取了数百万美元，但是让许多投资者遭受经济损失。1902年，他参与了引发煤气诉讼案的交易。他证实，罗杰斯曾经给他100万美元，让他收回对新英格兰煤气和焦炭公司重组的反对，导致这家供应商债台高筑，被迫接受破产监管（参考注释197.14）。罗杰斯否认了这项指控,对 1902 年 3 月 8 日的电话交谈有不同的说法。劳森宣称,罗杰斯"背信弃义的无耻行径"断绝了两人的交情,1904 年 7 月,劳森开始在《人人杂志》上发表一系列文章,揭露金融界贪婪卑鄙的商业阴谋以及阿迪克斯、标准石油公司尤其是罗杰斯的内幕。1905 年,这些文章收录进《疯狂的金融:联合公司的罪行》一书(Lawson 1905,2 - 4,23 - 31,117,123,343 - 45;Adams 1903,270 - 71;"马萨诸塞州煤气公司审判",《华尔街日报》,1904 年 3 月 26 日,5;《纽约时报》:"罗杰斯否认付给劳森百万美元",1904 年 4 月 5 日,1;"糟糕的委托人罗杰斯",1904 年 4 月 14 日,5)。

195.23　谢尔曼先生]

谢尔曼 · L. 惠普尔(1862 ~ 1930 年),原告的代理人,毕业于耶鲁法学院,以擅长盘问证人而闻名("海湾州煤气公司听证会",《华盛顿邮报》,1903 年 10 月 3 日,1)。

196.22　莎士比亚说过,一个人可能会笑里藏奸]

"我的记事簿呢!我必须把它记下来。一个人可以尽管满面笑容,骨子里却是奸贼。"(《哈姆雷特》,第一幕,第 5 场)

196.40　阿迪克斯先生]

J. 爱德华 · 阿迪克斯(1841 ~ 1919 年)是雄心勃勃的金融家,他在 1884 年创办了海湾州煤气公司。通过煤气投资积累了财富后,他开始投机铜矿生意,参与劳森和罗杰斯推销联合铜业公司(参考注释 195.18 - 19)。1899 年开始,他用 17 年时间竞选美国参议员,尽管花费了 300 万美元,仍然竞选失败("波士顿金融家阿迪克斯逝世,享年 78 岁",《芝加哥论坛报》,1919 年 8 月 8 日,16)。

197.14　惠特尼先生]

亨利 · M. 惠特尼(1839 ~ 1923 年),波士顿工业巨头,主要负责开发波士顿地区的电车系统。1896 年年初,惠特尼进入煤气行业,成为廉价煤气的供应商,与标准石油公司和阿迪克斯展开竞争。1902 年,他管理的新英格兰煤气和 524
焦炭公司负债,被迫进行重组。1903 年,这家托拉斯购买海湾州公司的股权被指控人为压低价格,引发了这场诉讼(Adams 1903,259,266 - 67,270 - 72;Lawson 1905,134)。

197.14 - 16　其他人……游艇俱乐部会员]

1901 年,劳森为参加纽约游艇俱乐部的比赛订造了一艘游艇,这艘船却没有参赛资格,因为只有俱乐部会员能够参与比赛。有位游艇俱乐部会员表示,劳森此前申请了会员资格,但是遭到拒绝;劳森本人否认自己提交过申请("势利的俱乐部",《华盛顿邮报》,1901 年 3 月 9 日,6;"劳森先生将挑战游艇赛",《纽约时报》,1901 年 3 月 10 日,1)。

197.49　参议员艾利]

1903 年到 1907 年,詹姆斯·弗兰克·艾利(1857 ~ 1938 年)为内华达州的共和党参议员。

简的故事(手稿现存于 CU - MARK)

199 简]

简的生平在附录"家人传记"中有所描述。

马克·吐温自传

除非另有注释,《马克·吐温自传》的正文均以马克·吐温档案馆的打字稿为准:TS1,TS2,TS3 和 TS4。这些打字稿在参考文献、简介和正文注释中有详细介绍。

早期尝试

203.1-2　下面的章节……把我的生活写下来]

马克·吐温写下的这篇文章名为“早期尝试”,是1906年6月出版的《马克·吐温自传》的序言,当时他为这本书构思了最后的计划;他的手稿现存于马克·吐温档案馆。请参考前言中这项计划的讨论和手稿影印件(figures 2-3)。

我的自传[节选]

203　我的自传[节选]]

1897年到1898年的冬天,马克·吐温在维也纳写下了这部长篇回忆录,包括几段不连贯的章节;他的手稿现存于马克·吐温档案馆。根据手稿转录的44页打字稿现已遗失。1906年,马克·吐温修改了打字稿,此前他请约瑟芬·霍比转录了这份稿件(参考AD,1906年1月9日,注释250.19-21)。马克·吐温证实,这部手稿是他自传的第二章(参考首页的影印件)。手稿的开头引用了两节诗,来自爱德华·菲茨杰拉德翻译的《鲁拜集》,作者是莪默·伽亚谟:

我们犹如魔幻影,
绕着明灯匆忙行;
夜半深更团团转,
忽隐忽现影憧憧。
黑白棋子可怜虫,
昼夜棋盘忙不停;
东征西战杀敌寇,
收拾残棋入匣中。

校对稿显示,马克·吐温删去了上述章节和诗歌,因此从正文中略去这部分(参考正文评论)。1875年12月22日,马克·吐温开始喜欢菲茨杰拉德翻译的《鲁拜集》,他在《哈特福德新闻》的头版上读到了节选自《鲁拜集》的诗句。1907

年,他回忆道,“诗歌从来没有给我带来这么多快乐——没有任何诗歌能给我带来这么多快乐;这是我随身携带的唯一一本诗集;我收藏了还不到28年”(AD,1907年10月7日)。

203.8 克莱门斯家在新英格兰的分支]

526 前面关于“新英格兰分支”的章节没有保存下来,上文的内容目前并不清楚。在序言“早期尝试”中的草稿中,马克・吐温第一次提到,“(40岁以后)我多次打算把自己的生活写下来,这些章节包括我描写的片段。第一部分已经遗失”。他后来删去了第二句话。马克・吐温的祖先罗伯特・克莱门斯(1595~1658年)在1842年从英国移民到美国,定居在马萨诸塞州,在当地建立了黑弗里尔镇。罗伯特的曾孙伊齐基尔・克莱门斯(1696~1778年)可能是“另一个住在南方的兄弟”,他在1743年左右来到弗吉尼亚(不是马克・吐温所说的马里兰),但是没有永久定居,一直住到1765年左右。马克・吐温是伊齐基尔的儿子耶利米・克莱门斯(1732–1811)的曾孙(Lampton 1990,78–79;Bell 1984,4–8,13,24–25)。

203.10–18 他和要好的朋友费尔法克斯……美国伯爵……内华达的弗吉尼亚城]

马克・吐温弄错了费尔法克斯家的爵位。1627年,费尔法克斯家族获封男爵爵位(不是伯爵),并不是“最近的事”。第三代男爵托马斯・费尔法克斯(Thomas Fairfax)(1612~1671年)是第一代费尔法克斯男爵的孙子,在英国内战中当过议会军统帅,在和查理一世的军队作战中赢得了几场至关重要的战役。1650年,他向克伦威尔辞去军职,拒绝判决国王死刑。9年后,他帮助斯图亚特王朝复辟。在提到“另一个兄弟的好友”时,马克・吐温可能是指威廉・费尔法克斯,他移居到新英格兰地区,此后定居在弗吉尼亚,管理家族产业。马克・吐温的好友是查尔斯・斯诺登・费尔法克斯(1829~1869年),第十代男爵,威廉・费尔法克斯的玄孙。19世纪60年代初,马克・吐温大约是在旧金山结识了查尔斯。1853年到1854年,查尔斯在加利福尼亚州立法会任职,1856年当上了加利福尼亚州最高法院的书记员。他在加利福尼亚州马林县的费尔法克斯镇有大片地产,这个镇子是以他的名字命名的(Burke 1904,587–88;Ellis 1939,48–49;Gudde 1962,100)。

203.21–30 臭名昭著的危险人物……让这个无赖跑了]

这起争执发生在1859年加利福尼亚州的萨克拉门托。加利福尼亚州最高法院的书记员费尔法克斯就哈维・李对法院裁定官方记者的任命发生了争执。费尔法克斯打了哈维・李一耳光,李从手杖中抽出剑来刺伤了费尔法克斯的肺部。费尔法克斯随后拿出手枪威胁李,不过出于对他家人的怜悯没有开枪(Ellis 1939,49)。

203.32－33　他们当中有几个是海盗……德雷克和霍金斯也是这样的人］

弗朗西斯·德雷克爵士（1540～1596 年）和他的表兄约翰·霍金斯爵士（1532～1595 年）曾在伊莉莎白一世的庇护下袭击西班牙的船只。

204.1－4　后来有一个祖先……名叫克莱门特，判了查尔斯死刑］

这位远赴西班牙的祖先无可考证。克莱门斯家的另一位祖先大概是格里高利·克莱门斯（不是杰弗里·克莱门斯）（1594～1660 年），他是一位伦敦商人、议会议员。1649 年 1 月，他作为高等法院的成员审判了查理一世，签署了处死国王的命令。1660 年，查理二世登基即位，斯图亚特王朝复辟后，克莱门斯躲藏起来，但是被人发现，当年 10 月遭到处决。对克莱门斯家谱的详尽研究，没有发现这个家族和格里高利·克莱门斯的联系，据目前所知，马克·吐温的先祖为莱斯特郡的理查德·克莱门斯（1506－71）（Lampton 1990，78；Bell 1984，4－7）。

204.13－14　我并不反对杰弗里］

乔治·杰弗里（1645～1689 年）是英国司法大臣，此后担任大法官，1865 年蒙 527
默思公爵起兵反抗詹姆斯二世，乔治·杰弗里在“血腥审判”中对公爵的追随者处于酷刑，以“绞刑法官杰弗里”而闻名。1688 年，詹姆斯二世逃亡国外，杰弗里被关入伦敦塔，次年死于塔内。

204.25－26　威廉·沃尔特·费尔普斯是我们派驻皇帝那里的公使］

威廉·沃尔特·费尔普斯（1839～1894 年），毕业于耶鲁大学和哥伦比亚大学法学院，当过新泽西州的几任议员，在 1881 年到 1882 年担任美国驻奥匈帝国公使，1889 年 6 月，被任命为驻德国皇帝威廉二世宫廷的公使。费尔普斯为人和蔼可亲、热情好客，在柏林社交界深受欢迎。这次宴会无疑是在 1891 年冬天举行的，当时马克·吐温全家在柏林逗留。马克·吐温此前认识费尔普斯，不过两家人在此期间的交往更为密切（MTB，3；933）。

204.26－27　内阁部长 S. 伯爵……显赫的世家门第］

在马克·吐温从手稿中删去的段落中，S. 伯爵是“腓特烈皇后的总管泽肯多夫伯爵”。腓特烈皇后（1840～1901 年）是维多利亚女王的长女，德国皇帝腓特烈三世的遗孀，皇帝威廉二世的母亲。她的“王室总管”兼密友是戈茨·冯·泽肯多夫伯爵（1841～1910 年），伯爵是文学和艺术的爱好者（华盛顿邮报：“冯·泽肯多夫去世”，1910 年 3 月 3 日，9；“宫廷流言四起”，1910 年 3 月 4 日，1；Victoria 1913，300－301）。在删去的手稿章节中，马克·吐温进一步解释道，“这位贵族是泽肯多夫的后代，拜罗伊特伯爵夫人威廉敏娜在她的回忆录里塑造了他永恒不朽的形象。”此次提到的泽肯多夫是普鲁士国王腓特烈·威廉一世的大臣，马克·吐温拥有这位国王的女儿威廉敏娜公主（1709～1758 年）的两本回忆录，分别出版于 1877 年和 1887 年。1897 年，马克·吐温创作了一篇关于威廉敏娜的历史小说,此后放弃了这个写作计划[N&J3,295;Gribben 1980,2:771 - 73;SLC 1897c;参考 Wilhelmine 1877)。

205.18　弗吉尼亚的克莱门斯家族中,还有杰里(前面提到过)和谢拉德]

杰里迈亚·克莱门斯(1814 ~ 1865 年)是弗吉尼亚的伊齐基尔·克莱门斯的后代(参考注释 203.8),是马克·吐温的一位远房堂兄。杰里迈亚·克莱门斯当过律师、军官、报社编辑和作家,是亚拉巴马州立法机构的成员,此后成为该州的民主党参议员(1849 ~ 1853 年)。南北战争之初,他支持南部邦联,不过在 1864 年转而效忠北部联邦政府。谢拉德·克莱门斯(1820 ~ 1880 年)是伊齐基尔的另一个后代,曾经受过律师训练。他在 1852 年到 1853 年间是弗吉尼亚州的民主党众议员,1857 年到 1861 年再次当选。"詹姆斯·克莱门斯这一支"是伊齐基尔的儿子詹姆斯(1734 ~ 1795 年)的后代。马克·吐温认识詹姆斯的孙子小詹姆斯·克莱门斯(1791 ~ 1878 年),他是圣路易斯一位富有的医生(Lampton 1990,80;1866 年 6 月 21 日,致母亲和帕梅拉,LI,346 n. 6;"谢拉德·克莱门斯",《纽约时报》,1880 年 6 月 3 日,5;N6J1,36 n. 40;Bell 1984,31 - 36;参考 AD,1906 年 2 月 9 日)。

205.29 - 36　我是个叛徒……和这群猪猡一起]

马克·吐温暗示了他那段短暂的经历,在南北战争之初,他加入了密苏里州民兵团的马里恩骑兵连。尽管民兵团表面上效忠北部联邦(参考 Dempsey 2003,256 - 72),但是民兵们认为自己是为南部邦联而战:在《竞选失败的内幕》中,马
528 克·吐温讲述了这段经历,他宣称自己"当了叛徒"(SLC 1885b;1861 年 4 月 26 日,致奥利安,LI,121)。1868 年,马克·吐温成为共和党人,他在 1884 年的总统大选中脱离共和党成为"中立派",支持格罗弗·克利夫兰击败了詹姆斯·G. 布莱恩。1876 年的总统大选中,马克·吐温支持共和党候选人拉瑟福德·伯查德·海斯击败了民主党候选人塞缪尔·J. 蒂尔登。1876 年 9 月 30 日,哈特福德举行了共和党大会,马克·吐温发表演讲支持海斯,介绍了康涅狄格州参议员约瑟夫·R. 霍利("选战之前",《哈特福德晚邮报》,1876 年 10 月 2 日,2,Scrapbook 8:25 - 27,CU - MARK;1869 年 2 月 13 日和 14 日,致奥莉薇亚,L3,97 n. 5;参考 AD,1906 年 1 月 24 日,注释 317. 23 - 24)。目前仅存的谢拉德·克莱门斯给马克·吐温的信件写于 9 月 2 日,在这件事发生前几个星期,不过这封信表明,马克·吐温的描写没有夸大其词,谢拉德显然看到了报纸启事,他写道:

我很遗憾地看到,你竟然宣布支持拉瑟福德·伯查德·海斯这个混蛋。你和我都是格里高利·克莱门斯的后代,他作为弑君者判了查理一世死刑,砍了他的脑袋,吓破了他的胆子。我们有这个祖先倒是不错,他逃脱了被吊死的耻辱。可是我宁愿有这么一个祖宗,也不愿意支持海斯那个可怜的傻瓜,他代表着华尔街

的掮客、伦巴第的犹太佬、欧洲的印第安人,维护阶级立法,让少数人握有特权,不肯让民众平等纳税——这个脓包代表着债券所有人和官僚,给 15 万人提供便利,却和 4000 万民众作对。要是你有报纸贩子的一丁点脑子倒好了,要是你考虑到自己的文学声誉,你就应该收回这些想法,除非你想被人当作国外的政治傻子(谢拉德 · 克莱门斯致马克 · 吐温的信,1876 年 9 月 2 日,CU – MARK)。

205.41　1823 年嫁给了我父亲,那时她 23 岁,他 24 岁]

1899 年,马克 · 吐温为外甥塞缪尔 · 莫菲特写了自传注解,用于写传记散文,马克 · 吐温宣称他的父母"在肯塔基州的莱克星敦开始了婚姻生活,两人有一小块地产和 6 个继承来的奴隶。他们不久后迁到了田纳西州的詹姆斯敦"(SLC 1899a,2)。看到儿子的文章转述了这些话,帕梅拉 · 莫菲特表示反对:"很多人都知道,你的外祖母从来没在肯塔基州的布鲁格拉斯区住过。她生长在肯塔基州南部的哥伦比亚 – 阿代尔县,那里离布鲁格拉斯区还有很远。她从来没在莱克星敦生活过,我怀疑她根本没去过那个地方"(帕梅拉致莫菲特的信,1899 年 10 月 15 日,CU – MARK;Moffett 1899,523 – 24)。这篇文章在次年重新印刷时,文中的莱克星敦改成了哥伦比亚(SLC 1900a,314 – 33)。参考附录中的"家人传记"。

206.2 – 6　他们最早的几个孩子……也许还有别人]

马克 · 吐温有 6 个兄弟姐妹,其中 3 个在童年夭折。5 个孩子出生在田纳西州:奥利安、帕梅拉 · 安、汉尼拔(出生于 1828 年或 1829 年,3 个月后夭折)、玛格丽特(1830 ~ 1839 年)、本杰明(1832 ~ 1842 年)。亨利(1838 ~ 1858 年)出生于密苏里州(MTB,1:5 – 12;Wecter 1952,33 – 36;参阅 "马克 · 吐温家谱",LI,382 – 83,Inds,311 – 15)。

206.10 – 11　我的作品《镀金时代》]

在马克 · 吐温和查尔斯 · 杜德利 · 华纳合写的这部小说(SLC 1873 – 74) 529
里,田纳西州的村庄奥贝德斯敦就是以马克 · 吐温了解的詹姆斯敦为原型描写的。

206.11 – 12　我的父亲在詹姆斯敦附近留下一处良田,大约有 7.5 万英亩]

参见注释 208.37。

206.19 – 20　辛辛那提的尼古拉斯 · 朗沃斯……像他的卡托巴酒一样好]

尼古拉斯 · 朗沃斯(1782 ~ 1863 年),以"美国葡萄文化之父"而闻名,曾经学习过法律,不过他主要的兴趣在于园艺。他培育的卡托巴葡萄在俄亥俄州易于栽培,带动了辛辛那提地区的酿酒业。

206.25 – 26　詹姆斯 · 兰普顿,他就是《镀金时代》里塑造的塞勒斯上校]

塞勒斯上校是《镀金时代》里无可救药的投机商和空想家,以詹姆斯 · L. 兰普顿(1817 ~ 1887 年)为原型,他是简 · 兰普顿的堂弟。詹姆斯曾经学习过法律和医学,后来做过棉花和烟草生意。19 世纪 50 年代末,他住在圣路易斯,马克·吐温在密西西比河上当领航员的时候经常去拜访他(Inds,329)。

206.35 - 36　约翰·T. 雷蒙德的观众……吃萝卜的这场戏里笑得死去活来]

喜剧演员约翰·T. 雷蒙德(1836 ~ 1887 年),原名约翰·奥布赖恩,在《镀金时代》改编的戏剧《塞勒斯中校》里饰演马尔贝里·塞勒斯中校,获得了巨大的成功。1874 年 9 月 16 日,他在纽约的首演中亮相,余生经常饰演这个深受欢迎的角色。吃萝卜的这场戏取材于《镀金时代》的第 11 章(L6:1874 年 7 月 22 日,致豪威尔斯,195 n. 4;1875 年 1 月 11 日,致雷蒙德,346 n. 1;1875 年 8 月 24 日和 25 日,致雷蒙德,528 n. 2;"舞台笔记,"《纽约时报》,1887 年 2 月 7 日,4)。

207.12　弗兰克·梅奥]

大约在 1863 年到 1865 年间,马克·吐温在西海岸的旧金山认识了弗兰克·梅奥(1839 ~ 1896 年),梅奥当时是马奎尔歌剧院的男主角。19 世纪 60 年代中期,梅奥在波士顿和纽约的舞台上饰演经典角色和反面人物。他塑造的最著名的角色是大卫·克洛基,演出了两千多场。1894 年,马克·吐温邀请他主演《傻瓜威尔逊》,梅奥在 1895 年 4 月首次饰演了威尔逊。次年,他在参加西部巡演时去世。马克·吐温在给梅奥妻子的吊唁信中写道,"弗兰克·梅奥和我,我们的友谊已经有三十多年了,我最初对他的仰慕一直没有消退。他所有的老朋友都会说这样的话,足以见证他善良的心灵和优雅的个性"(1896 年 7 月 16 日,致梅奥,CU - MARK;1872 年 3 月 9 日 - 22 日,致梅奥,L5,61 - 62 n. 2)。

207.23 - 28　他的名字竟然是以实各·塞勒斯……我们把印版上的名字改为马尔贝里·塞勒斯]

最初的版本是以实各·塞勒斯,美国出版公司在此后的版本中把名字改为贝利亚·塞勒斯。在《镀金时代》的戏剧中,主角名字变成了马尔贝里·塞勒斯,一直使用到 1892 年出版的《美国》中(SLC 1874a,1892;1874 年 11 月 8 日,致沃特森,L5,274 n. 2)。

208.1 - 2　凯布尔和我在全国各地举行巡回朗诵会]

参考《格兰特将军回忆录二三事》的注释 86. 12. 。

208.6　他的儿子]

詹姆斯·兰普顿有一个儿子,名叫路易斯,生于 1855 年(Lampton 1990,141)。

530 208.31 章]

本文中有三处未标明次序的章节,这是其中的第一章,其他两章见注释 214. 31 和 218. 24。尽管马克·吐温没有注明章节次序,但他也没有删去这些段落,因此在正文中相应保留。

208.37　田纳西的土地就这样没了］

参考“田纳西土地”。奥利安的土地交易没有文件记载。在1881年写给奥利安和妻子莫莉的信中，帕梅拉表示，“我有个好消息要告诉你：查理·韦伯斯特已经卖掉了最后一亩田纳西土地。这件事不值得高兴吗？他在明尼苏达州圣保罗市把土地卖了大价钱，这块地去年还估价800美元到850美元，今年就值1050美元”(1881年5月20日，CU－MARK)。

209.24－33　我记得非常清楚……那个地方还有鬼］

马克·吐温的回忆并不完全准确：1839年11月，他的家人迁往汉尼拔，当时他快4岁了。潘恩表示，这件事发生在佛罗里达州的夸尔斯农庄，狄克逊·威克特认为马克·吐温当时已经七八岁了(MTB，1：24－25，30；Wecter 1952，52－53；参考AD，1906年2月23日)。马克·吐温的表妹和童年玩伴塔比瑟·夸尔斯·格林宁讲述的故事和他描述的情形非常接近。据塔比瑟回忆，全家人骑马走了，留下小萨姆在房子对面玩泥饼。

过了半个小时，我的外祖父沃顿·兰普顿骑着马过来，发现小萨姆忙着玩泥饼。他看到这种情形，就把孩子抱起来放在身前，掉头骑马回去，等他走了七八英里的路，才赶上这家人。他们正忙得不可开交，满腹心事地踏上漫长的旅途，为以后的日子做打算，哪还顾得上这个日后出名的“马克·吐温”。大家把这件事看作一场笑话，萨姆也不例外，然后大家继续赶路。

对于那些不熟悉克莱门斯家的人来说，这样的情形似乎有点夸张，可这是千真万确的事情(“马克·吐温的童年，”《纽约时报》，1899年11月11日，5)。

209.34－38　我的弟弟亨利……他这个年纪］

事实上，亨利在15个月大的时候烫到了脚，当时全家离开了佛罗里达州。1880年，简·克莱门斯回忆道：

照看亨利的是个黑孩子，两人在院子里玩耍。亨利已经长高了，能够提着茶壶盖偷看。这一次，他光着脚跳进了滚烫的炉灰里。我在椅子上放了个洗脸盆，用胳膊夹着亨利，把他的脚放到冷水里，他疼得直哆嗦，后来你爸爸从商店里回来，还有医生佩恩太太每天来看他，把蛋黄油敷在他的脚上(JLC致OC，1880年4月25日，CU－MARK)。

209.41　本韦努托·切利尼和火蜥蜴的故事］

传统的观念认为，火蜥蜴生活在火里。意大利艺术家本韦努托·切利尼(1500～1571年)在自传里回忆，在他5岁的时候，父亲看见壁炉的火焰里有一只火蜥蜴在跳动。他揪住儿子的耳朵，要他“记住在火焰里看到的蜥蜴是火蜥蜴，我们从来没听说过有人见过这种动物”(Cellini 1896，7－8；马克·吐温拥有的自传版本尚不清楚：参看Gribben 1980，1：134)。

531 209.42－210.1 海伦·凯勒经历的那件远近闻名、无可争辩的实例]

海伦·凯勒(1880～1968年)在19个月的时候因疾病而导致失明和失聪。安·苏利文教她学会了手语和布莱叶盲文,1904年,海伦·凯勒以优异的成绩毕业于拉德克里夫学院。凯勒是举世闻名的作家和社会活动家,不知疲倦地致力于盲人事业。1894年3月,马克·吐温见到了海伦·凯勒后,对她深表钦佩和崇敬,在《赤道环游记》的第61章称赞她是"古往今来的奇迹"。在自传《我的生活》中,凯勒描写了1909年到"暴风原野"拜访马克·吐温的感人情景。次年,马克·吐温在演讲中称海伦·凯勒"是圣女贞德以来世界上最了不起的女性"(Fatout 1976,642)。这个"无可争辩的实例"可能是指海伦在自传中对童年疾病的回忆,尤其是她母亲的悉心照料(参照AD,1906年3月30日和1906年11月20日;Keller 2003,16;Keller 1929,47－69)。

210.12－13 在《哈克贝利·费恩历险记》和《汤姆·索亚当侦探》里,我把农庄搬到阿肯色州去了]

夸尔斯农庄是《哈克贝利·费恩历险记》和《汤姆·索亚当侦探》里费尔普斯农庄的原型(SLC 1896c;Inds,.342)。

211.36－42 丹尼尔叔叔,一个中年黑奴……坐着热气球飘过撒哈拉沙漠]

1855年,夸尔斯让他忠实的老黑奴丹尼尔恢复了自由。丹尼尔就是《镀金时代》里的丹尼尔叔叔,他作为吉姆的原型出现在《哈克贝利·费恩历险记》、《汤姆·索亚出国记》(SLC 1894a)、《哈克·费恩和汤姆·索亚在印第安人中》(SLC 1884)和《汤姆索亚的密谋》(SLC 1897－? 1902)等作品中(Inds,316－17)。

212.32－34 我有一次把桑迪也写进去了;那是在《汤姆·索亚历险记》里……我不记得在书里把他写成什么名字]

桑迪出现在《汤姆·索亚历险记》的第1章和第2章,是个名叫吉姆的黑人孩子(Inds,346)。

213.20 鞘翅目]

蝙蝠属于翼手目,而不是鞘翅目(甲虫类)。

213.33－36 印第安·乔那个混血儿……我让他在山洞里活活饿死,不过是出于艺术需要;实际上没有发生过这回事]

印第安·乔在《汤姆·索亚历险记》的第33章死去。他的原型没有得到考证,有几位汉尼拔的居民认为,这是以印第安混血儿乔·道格拉斯为原型描写的,不过道格拉斯本人宣称,他在1862年才来到汉尼拔,年仅9岁,此前马克·吐温已经离开了这里。1902年,马克·吐温写道,"如果你说的那个人是印第安·乔……那么他必定有95岁了。60年前,这个让我产生灵感的印第安混血儿大概35岁"("汤姆·索亚在汉尼拔的角色",《圣路易斯邮讯报》,1902年6月2日,5;

“回忆往昔岁月”,《圣路易斯环球民主报》,1902 年 6 月 1 日,4;“马克 · 吐温重聚”,《纽约先驱报》,1902 年 6 月 15 日,section V:9;Wecter 1952,151,299 n. 30;Edgar White 1924,53)。

213.36 – 37　盖恩斯“将军”是我们镇上第一个酒鬼,比吉米 · 费恩还要早]

盖恩斯是《哈克贝利 · 费恩历险记》中哈克父亲的原型之一,在《密西西比河上的生活》第 3 章掌舵手的话里,马克 · 吐温借用了盖恩斯的口头禅,“嘿! 弯下你的脖子!”。盖恩斯还出现在《哈克 · 费恩和汤姆 · 索亚在印第安人中》的第 1 532
章和《汤姆索亚的密谋》的创作笔记(1870 年 2 月 20 日,致 Bowen,L4,50;HF2003,110,407 – 11;Inds,33 – 81,134 – 213,319 – 20;HH&T,383)。詹姆斯 · 费恩生于 1845 年,是哈克父亲的最初原型。在《密西西比河上的生活》的第 56 章,马克 · 吐温写道,“他死在鞣池里,这要归咎于发酒疯和自燃”。他在 1867 年 5 月 26 日写给旧金山《上加州日报》的信(SLC 1867h)和《国外漫游》的第 23 章中也提到了费恩(Inds,318 – 19;参考 AD,1906 年 3 月 8 日)。

214.3 – 4　这姑娘是圣路易斯一位医道高明、远近闻名的医生的女儿]

约瑟夫 · 纳什 · 麦克道尔(1805 ~ 1868 年)来自肯塔基州,是一位出色的解剖学家和教师,以怪癖行为而闻名。比如说,一伙武装暴徒因盗墓而袭击了他,他声称看到了自己母亲鬼魂头上的光环,帮助他脱离了险境。1840 年,他在圣路易斯创办了麦克道尔学院,这是密西西比河西岸的第一家医学院,他在学院里做了 20 年的外科实践。南北战争期间,他成为南部邦联的医生。19 世纪 40 年代,他买下汉尼拔附近的一个大洞穴(《汤姆 · 索亚历险记》第 29 章到第 33 章的麦克杜格尔洞穴的原型),把这里锁起来,安放他女儿的尸体,观察岩洞中的石灰岩是否会让尸体石化。在《密西西比河上的生活》的第 55 章,马克 · 吐温写道,麦克道尔把洞穴变成了他女儿的陵墓(Ober 2003,81 – 93;参考 AD,1906 年 3 月 16 日,注释 418.29 – 419.8)。

215.4 – 5　佛罗里达的医生,乔宁和梅雷迪思]

关于梅雷迪思的介绍,请参看《医生二三事》,注释 188.19 – 20。梅雷迪思医生在佛罗里达的行医搭档是托马斯 · 杰斐逊 · 乔宁,乔宁生于 1809 年,接生了早产的塞缪尔 · 克莱门斯(Wecter 1952,43)。

215.20 – 28　在毛里求斯……那里的人在 1896 年说给我听的]

1896 年 4 月,马克 · 吐温到达毛里求斯,进行环球演讲之旅。他在《Notebook 37》(TS p. 54,CU – MARK)里写下了治病术士的故事,不过《赤道环游记》中省略了这个段落,他在本书的第 62 章和第 63 章中描写了毛里求斯之旅。

215.31　厄特巴克太太]

这位“信神医生”名叫波莉 · 劳斯 · 厄特巴克(1792? ~1870 年)。据说她治疗过简·克莱门斯的神经痛和牙痛。她是《蒙哥马利上尉》中厄特巴克妈妈的原型,马克·吐温在这本书里引用了她古朴的话语(SLC 1866a)。他还在《艾迪太太的基督教科学派和圣经》中回忆过厄特巴克太太,尽管没有提及姓名(SLC 1899c;Portrait 1895,447;Ralls Census 1850,156;Ellsberry 1965b,1:35;Varble 1964,180－81)。

216.41　simblins]

一种表皮浅裂的南瓜属植物(Ramsay and Emberson 1963,207)。

217.25－27　雷木斯·哈里斯大叔的不朽故事……金手臂的鬼故事]

乔尔·钱德勒·哈里斯(1848～1908年),生于佐治亚州,作为记者开始了成功的职业生涯,因创作《雷木斯大叔讲故事》(1880年)而享誉文坛,这是一本以老黑奴的口吻讲述动物传说的故事集。大概是在1881年7月,马克·吐温写文章称赞这本书,此后对哈里斯有所了解,但是直到1882年才见到他本人,当时马克·吐温正
533 沿着密西西比河旅行,准备写作《密西西比河上的生活》(Julia Collier Harris 1918,167;N&J2,362 n.21,434,468 n.127,551 n.55;参考 Gribben 1980,1:295－96)。马克·吐温在1881年8月10日寄给哈里斯的信中写道,"雷木斯大叔刻画得最为巧妙,既有趣又可爱;雷木斯大叔和小男孩的故事真是优美动人的文学作品"。马克·吐温很喜欢讲"金手臂"的故事,在写给哈里斯的信中讲述了自己的故事:

当然了,我讲的故事是用黑人的土话,这是免不了的;不过我从来没写下来,因为我没办法写成你那种无与伦比的语气。你和凯布尔写的黑人和克里奥尔人的方言真是太棒了。

书里丢掉了两个重要的特色:萧瑟的哀号和呼啸的风声,这些声音很容易被人们模仿得惟妙惟肖;还有故事末尾令人惊叹的停顿、意味深长的沉默和渐渐低沉的话语(吸引孩子们的注意力,他们坐在那里目瞪口呆、屏住呼吸,手脚扭来扭去,突然嚷道,"你明白了"),我渐渐讲到激动人心的最后一幕,猛然停顿下来,沉默不语;最后大喊一声,把他们吓得浑身发抖。这个故事讲起来实在有趣。

丹尼尔大叔是我叔叔的奴隶,已经60岁了,他过去每天在厨房的炉火边(因为没有灯光)给我们这帮小孩子讲故事,这是每天晚上的最后一个故事。每到这个时候,我总能感觉到壁炉后面的木头里跳动着鬼火,传来两声窃笑。我们会围坐在大叔身边,听到熟悉的开场白就浑身哆嗦,当傍晚的黑影向我们袭来时,他会讲到故事的高潮,我们总是乱嚷乱叫,备受折磨。

当你提到这个故事时,你会想到它和《柏油娃娃》一样熟悉常见。用你常见的手法营造出的气氛,会在书里消失得无影无踪。

218.25　我的姨夫和两个大孩子……小儿子和我]

约翰·夸尔斯有两个大孩子:本杰明·L.夸尔斯(1826～1902年)和詹姆

斯·A. 夸尔斯(1827～1866 年)。“弗雷德”是小儿子威廉·弗雷德里克·夸尔斯(1833～1898 年),他比马克·吐温大两岁(Selby 1973,23)。

220.16　沙丁鱼]

手稿中提到了一则趣事的片段,显然,马克·吐温在遗失的打字稿中删去了这部分。开头是这样的,“不论你喜欢吃什么样的美味,只要吃多了就会永远讨厌。咸肉就是这样。拿我的一个老朋友来说,20 年前的夏天,他在阿迪朗达克吃了太多的咸肉,从此再也不喜欢吃了。”马克·吐温在 1906 年 10 月 10 日的《自传口述》里完整地讲述了这件事,他证实这位朋友就是约瑟夫·特威切尔牧师(参阅 N&J2,379 n.67)。

最新的尝试;最终(及正确)的方案;序言　来自坟墓的告白

220　最终尝试……从坟墓中]

这段分序言为三段,和“早期尝试”的序言一样,写于 1906 年年中。除了第二段外,其他两段都保留在手稿中。这篇文稿就是 1906 年的打字稿,经过马克·吐温的注解和修改。这几页文稿和简介中的部分相同(figures 5－12)。

佛罗伦萨口述 534

约翰·海

222.9　我拜访了约翰·海,他现在是国务卿]

经两人共同的朋友《布法罗快报》的大卫·格雷介绍,约翰·米尔顿·海(1838～1905 年)和马克·吐温大约在 1867 年第一次见面。海和马克·吐温一样成长于密西西比河流域的小镇,他来自伊利诺伊州的沃索,此地距离密苏里州的汉尼拔不到 60 英里,这种共同的背景加深了他们的友谊。1861 年,海从布朗大学毕业,进入伊利诺伊州司法界。不过他很快放弃律师职业,当上了亚伯拉罕·林肯(1861～1865 年)的私人秘书助理,住进了白宫,成为林肯的亲密伙伴。南北战争结束后,海被任命为美国驻巴黎公使,此后担任过驻维也纳公使(1867～1868 年)和驻马德里公使(1869～1870 年)。1870 年,他加入霍勒斯·格里利主编的《纽约论坛报》担任编辑,1872 年格里利去世后,海继续当新总编怀特·里德的助理。1875 年,他离开《纽约论坛报》,开始了文学生涯,写过诗歌、小说和林肯传记(参考注释 224.14－15)。不过,他作为外交官和政治家而闻名于世,先后担任过助理国务卿(1878～1881 年)、驻英国大使(1897～1898 年)和国务卿(1898～1905 年)(1870 年 12 月 31 日,致里德,Z,4,.292－93,n.3;1872 年 1 月 26 日,致雷德帕斯,L5,35 n.2;Thayer 1915,1:83,330-35)。

怀特·里德在纽约的家……里德主编的报纸,《纽约论坛报》]

怀特·里德(1837~1912年)出生于俄亥俄州,1868年加入《纽约论坛报》。该报的创始人、编辑霍勒斯·格里利去世后,怀特·里德成为老板兼主编,随即向马克·吐温约稿。1881年,里德结婚后与新娘去欧洲旅行6个月,海接替他的编辑职位,住在他纽约的家中。里德此后担任过驻法国大使(1889~1892年)和驻英国大使(1905~1912年)(1872年12月20-22日,致特威切尔,Z,5,263;Thayer 1915,1:405,451-55)。

222.27-28　他手头有一系列外交难题]

1898年,约翰·海接替前任国务卿,处理美国和加拿大就阿拉斯加州边界的争议,这一问题最终到1903年才得以解决。他参与了1898年《巴黎条约》的谈判,结束了美西战争。在义和团运动(1900年)期间,他采取行动要求清政府解救美国公民,同时提出了对华的“门户开放政策”。此后,他负责签署了多项条约,确定由美国来修建巴拿马运河,保证美国在运河区域的控制权(Thayer 1915,2:202-49)。

222.30-31　不比君主皇帝和他们的战舰军队更可怕]

马克·吐温暗示了1901~1903年的委内瑞拉危机,德国皇帝威廉二世派舰队封锁了委内瑞拉的多个港口,威胁要占领该国,违反了门罗主义的宗旨(Thayer 1915,2:284-90)。

223.3　海夫人]

1874年2月4日,约翰·海娶了克拉拉·斯通(1849~1915年),克拉拉的父
亲阿玛萨·斯通是俄亥俄州克利夫兰的富商、铁路大亨和慈善家。两人育有4个
535 子女,据海所说,他们的婚姻生活非常幸福。1905年,海去世前不久,他在日记中
写道,“我活到老年,拥有了年轻时从未想过的东西。我拥有许多幸福,家庭幸福
是其中最为重要的”(Thayer 1915,1:351,2:408)。

223.27-28　我承认自己已经42岁了,海40岁]

住在里德位于纽约的家中时,海42岁,而马克·吐温是45岁。马克·吐温可能是把他和海的几次谈话混在了一起,他们关于自传的谈论是在此前几年,1877年或1878年。

224.14-15　林肯先生的历史学家]

约翰·海和约翰·乔治·尼古拉(1832~1901年)共同撰写了几本关于林肯的著作。两人的合作开始于1860年,当时尼古拉是林肯的私人秘书,请海来担任自己的助理。在白宫共事期间,两人开始选择林肯传记的素材,1874年开始收集林肯儿子罗伯特的素材。1885年,他们和世纪出版公司签订了合同,以前所未有

的5万美元高价出售了连载传记的版权。从1886年到1890年,他们的传记刊登在《世纪杂志》上,此后收录为10卷的《亚伯拉罕·林肯历史传记》。在本书的评论中,威廉·迪恩·豪威尔斯写道,“我们有幸读到这本出色的林肯传记,这不仅是美国历史上最重要的文献,也是文学艺术最崇高的成就”(Howells 1891,479)。4年后的1894年,海和尼古拉出版了《亚伯拉罕·林肯全集》(Thayer 1915,2:16-18,49)。

有关《傻子出国记》的注释

225.3-5 内华达弗吉尼亚城的古德曼先生,10年前我曾经在他的报社里干过……我们在百老汇大街上走着]

1862年秋天,马克·吐温当上了弗吉尼亚城《企业报》的职员,报社老板约瑟夫·T.古德曼很快发现了他的才华,两人成为终身的挚友(参考AD,1906年1月9日,注释252.32-253.1)。上文提到两人的会面是在1869年12月末到1870年1月初,当时古德曼将远赴欧洲,途中在纽约逗留(LI:1862年9月9日,致克拉格特,241 n.5;1862年10月21日,致奥利安和玛丽,242 n.2;1869年12月18日和19日,致奥莉薇亚,L3,432 n.2)。在最初的口述稿中,马克·吐温加了一段话,“我在《艰苦生涯》这本书里有不少地方写到他——我也许写得夸张了些,我为此道歉”。等到修订后的打字稿在《北美评论》(NAR 12)上发表时,他删去了这段话。此处也相应略去,因他不必为软化态度而作出修改,以适应当代的读者。

225.17-19 一本蓝底烫金精装小开本的奥利弗·温德尔·霍姆斯医生诗集……把献词找了出来]

从1856年起,波士顿的蒂克纳·菲尔兹出版公司出版了一系列小开本图书,包括优秀的当代文学和古典文学作品,这套书用蓝底布面精装,书脊和书口烫金。著名作家、医生奥利弗·温德尔·霍姆斯医生的诗集在1862年首次出版,属于蓝底烫金系列丛书。马克·吐温引用的献词就是霍姆斯的《多调之歌》:“谨以本书 536
献给最宽容的读者,最诚挚的批评家,我深爱的母亲,她亲爱的儿子敬上”(Holmes 1862)。马克·吐温在《傻子出国记》里的献词是:“谨以本书献给我最有耐心的读者,最仁慈的批评家,我的老母亲,深情敬上”(SLC 1869a,iii;Winship 1995,122-23)。

225.29-31 牧师莱辛医生的信……6年前在三明治群岛]

1862年4月,富兰克林·S.莱辛牧师(1833? ~1868年)到达弗吉尼亚城,担任圣保罗圣公会教堂的牧师。由于身体欠佳,1866年2月他乘船远赴三明治群岛疗养。1866年5月到7月,马克·吐温也在岛上,为《萨克拉门托联合报》写旅游通讯,这些稿件后来成为他写作《艰苦岁月》第63章至第74章的依据(参考“初登文坛”,注释128.22－24)。莱辛的形象出现在《艰苦岁月》的第47章里,就是那个被斯考蒂·布里格斯的土话搞糊涂的本地牧师。1868年12月,莱辛在船难中丧生,马克·吐温想必是记错了莱辛信件的日期,这封信没有保留下来(1866年7月30日、8月6日、7日、10日和24日,致母亲和帕梅拉,LI,352,354 n.3;1868年12月19日和20日,致奥莉薇亚.Z2,333,337 n.2;RI1993,669)。

226.12－13　我写了封信给霍姆斯医生,把这件丢人的事和盘托出]

1869年,马克·吐温寄给霍姆斯一本《傻子出国记》,霍姆斯写了一封热情的回信表示感谢,这封回信已经遗失(1869年9月30日,致霍姆斯,L3,364－65,365－66 n.1)。

226.31－32　《上加州日报》的老板放弃了这些通讯的版权]

《傻子出国记》的序言如下:“在本书中,我采用了原为旧金山《上加州日报》撰写的通讯,该报业主放弃了版权,给了我必要的许可”(SLC 1869a)。在1868年2月和4月末到5月初,马克·吐温就他撰写的旅行通讯版权产生了争执,他在下文中详细地讲述了这件事(L2:1868年2月22日,致玛丽,198－99;1868年5月5日,致比利斯,215－16;1869年2月27日和28日,致费尔班克斯,L3,125 n.3)。

226.36－37　1866年年初,乔治·巴尼斯……《旧金山晨报》]

1864年6月到10月,马克·吐温担任《旧金山晨报》的记者。他的老板乔治·尤斯塔斯·巴尼斯是加拿大人,童年时来到纽约,在纽约论坛报当印刷工人,开始了自己的职业生涯。尽管巴尼斯承认马克·吐温具有“出众的天赋”,但他不久后发现,这位新员工并不适合沉闷平庸的职位,去报道剧院、法庭和其他的本地新闻。在《艰苦岁月》的第58章,马克·吐温写道,“我无视了我的责任,作为一家兴旺报纸的记者,几乎变得毫无用处。最后,有位股东把我拉到一边,我现在想起他的慈悲心肠还尊敬得很,他给了我一个辞职的机会,免得我被解雇,丢了面子”(RI 1993,404;CofC,11－25;参考 AD,1906年6月13日)。

226.41－227.1　几家剧院的老板托马斯·马奎尔……关于三明治岛的演讲]

托马斯·马奎尔(1820～1896年)原籍爱尔兰,几十年来是旧金山最知名的剧院经理。1849年,他来到加利福尼亚州,1950年开办了第一家剧院。19世纪
537 60年代,他拥有位于华盛顿街和蒙哥马利街交叉口的歌剧院以及马奎尔音乐剧院,这家富丽堂皇的剧院位于潘恩街和蒙哥马利街的交叉口,1866年10月2日,马克·吐温就是在这里举行了首次演讲。这篇演讲稿经过他的多次修改,在他近10年间的演讲保留节目中占据了重要的位置。他早期对于这段经历的叙述可以参考《艰苦岁月》的第78章(RI1993,532－36,741－43;Lloyd 1876,153－54)。

227.2－3　“门票1元;7点30开门,8点钟会有麻烦”]

这则广告刊登在旧金山《上加州日报》上,前排座位1美元,家庭座位50美分:“7点钟开门,8点钟开始有麻烦”(“马奎尔音乐剧院”,1866年10月2日,4),这句话很快变得众所周知。不到一年后,马克·吐温发现纽约市监狱的牢房墙上刻着这句话(SLC 1867i)。

227.7－9　我在加利福尼亚州的所有大城市和内华达做过演讲……挣了一大笔钱……周游世界]

1866年10月11日到11月10日,马克·吐温在加利福尼亚州北部和内华达领地西部做巡回演讲,同行的有他的朋友、经纪人丹尼斯·E.麦卡锡。11月16日,他再次来到旧金山做演讲,然后去了旧金山湾区的几个城市,12月10日在旧金山最后一次露面。据潘恩记述,马克·吐温第一次在旧金山演讲时赚的钱,支付个人费用后大约有400美元,不知道这笔钱是否够他环游世界。他打算远赴东方,然后环游世界,主要是因为美国驻华公使蒲安臣给马克·吐温发来了邀请,希望他在1867年年初到北京去,两人是1866年6月在三明治群岛相识的(参考《艰苦岁月》的第79章;RI 1993,537－42,743－45;MTB,1:294;1866年6月27日,致母亲和帕梅拉,LI,347－48;参考AD,1906年2月20日)。

227.9－12　《上加州日报》的老板……每篇通讯20美元]

对于马克·吐温的收入,请参考1867年4月15日他写给母亲和家人的信,L2,23－24 n.1。

227.13－14　“贵格城”号轮船的邓肯船长的计划书]

查尔斯·C.邓肯(1821～1898年)来自缅因州的巴斯,少年时出海谋生,年纪轻轻就当上了船长。1853年,他成为纽约的航运代理商,不过他的公司在1865年宣告破产。他希望能挽回损失,在1867年筹划前往欧洲和宗教圣地的远航,这次活动由布鲁克林普利茅斯教堂的牧师亨利·沃德·比彻的教区居民发起。邓肯租用了“贵格城”号轮船,对船体进行了全面的改造,以便给乘客提供舒适的居住环境。这份计划书描述了此次旅行的拟定日程(从6月初持续到10月末),船上设施,轮船靠岸指南,航海费用(1250美元现金)和每位乘客的预计花费(每天5美元黄金)。所有的乘客必须签署一份申请表获得批准(此次航程的详情参考L2:1867年4月15日,致母亲和家人,23－26 nn.1－4;“‘贵格城’号轮船远航计划书”,382－84)。

227.15－16　我写了50篇通讯……履行合同]

这是马克·吐温自己统计他撰写通讯的数目,实际出版的通讯数量请参考1867年9月1－2日,致母亲和家人,L2,89－90 n.1。

227脚注　麦克莱利希]　538

1852年,弗雷德里克·麦克莱利希(1828～1882年)从宾夕法尼亚州来到加利福尼亚州,在旧金山的两家报社《先驱报》和《记事报》工作。1854年,他当上了《上加州日报》的财经编辑,两年后成为报社老板(1867年3月2日,致旧金山《上加州日报》老板,L2,17 n.1)。

228.3－6　诺亚·布鲁克斯……能言善辩地称赞《上加州日报》]

诺亚·布鲁克斯(1830～1903年)在波士顿开始了自己的记者生涯,在南北战争期间成为《萨克拉门托联合报》驻华盛顿的记者。1868年或1866年,马克·吐温认识了布鲁克斯,当时布鲁克斯是《上加州日报》的总编。布鲁克斯在1871年回到东部,同时为《纽约论坛报》和《纽约时报》工作,他一生中写过游记、历史著作和个人回忆录(1873年3月7日,致里德,LS,313 n.2)。布鲁克斯以描写马克·吐温的生平故事而闻名,这篇名为《马克·吐温在加利福尼亚》的文章发表在1898年的《世纪》杂志上。不过,他对于此次争执的描述为马克·吐温做了辩解,而不是《上加州日报》:

> 就在那年夏天,马克·吐温还在东部的时候,他通过美联社给我们发来了一纸声明,宣布他准备出版刊登在《上加州日报》上的通讯。报社的老板看了大为恼火。他们认为这些通讯是自己的私有财产。难道他们没有出钱买下这些文章吗?这笔钱不是已经支付了作者写文章的费用了吗?尽管当时他们没想过,用马克·吐温从海外发回的通讯在旧金山出书,不过《上加州日报》的老板开始准备把这些文章印成一本平装廉价书。他们从加利福尼亚发出一份通告,作为对马克·吐温和他的出版商的答复。不知所措的作家匆忙赶回旧金山,调查他这些书信的版权。温和的忠告起了作用,报社老板放弃了在旧金山发行廉价书的计划,允许马克·吐温拿走他毫无争议的版权,这些信件收录在《傻子出国记》里,在1868年下半年出版(Brooks 1898,99)。

228.27－29　迪斯雷利所说的话……统计数字]

1895年7月27日,英国政治家、作家本杰明·迪斯雷利(1804～1881年)首次在《伦敦时报》上讲了这句话。尽管这段妙语早在1892年就已问世,但是不能确定出自迪斯雷利。关于这句名言的完整讨论请参阅 Shapiro 2006,208。

罗伯特·路易斯·斯蒂文森和托马斯·贝利·奥尔德利奇

228.30　路易斯·斯蒂文森]

1888年4月,马克·吐温见到了路易斯·斯蒂文森(1850～1894年)。患有肺病的斯蒂文森带着妻子和继子来到阿第伦达克山脉,在萨拉纳克湖的著名疗养胜地度过冬天。4月14日,他写信给马克·吐温,表示他打算从4月19~26日在纽约逗留,提议两人在纽约会面。马克·吐温很喜欢他的作品《金银岛》和《诱拐》,非常高兴能收到斯蒂文森的信,他在信上说已经读了4遍《哈克贝利·费恩历险记》,准备明天再读一遍(1888年4月13日,CU-MARK)。同年晚些时候,斯蒂文森开始环游太平洋,在南太平洋的众多岛屿上度过了余生(1888年4月15日和17日,致斯蒂文森,CLjC;Baetzhold 1970,203-6)。

229.6 我对他说,他对别人的评价是对的]

这里的“别人”可能在马克·吐温略去的那段文字里有所提及,他在此标注了一串星号。下文中另有一处省略,参见注释229.22。两处空白都出现在1904年的打字稿里(现已遗失),不过有可能是马克·吐温在1906年重新打印前修订的结果。

229.7 哈特是个好伙伴,说的话不多,但是很讨人喜欢]

参考“拉尔夫·吉勒”的注释150.2-4。1877年,马克·吐温和哈特合作的剧本《阿辛》宣告失败,两人的友谊不欢而散。在后来的口述中,马克·吐温解释到,哈特的个性毁了他的“聪明机智,他只知道讥笑和嘲讽,等到没有什么值得他嘲笑的时候,哈特就显示不出才华和活力来”(AD,1907年2月4日;N&J3,2)。

229.8 托马斯·贝利·奥尔德利奇]

奥尔德利奇(1836~1907年),深受欢迎的诗人、小说家,新英格兰文学界的重要人物,生长在新罕布什尔州的朴茨茅斯,出版过多本文学作品。1852年,由于经济拮据不能就读哈佛大学,他来到纽约城,在叔叔的公司当了职员。不久,他开始发表诗歌,当上了几本杂志的编辑。1861~1862年的南北战争期间,他成为《纽约论坛报》的战地记者。1865年,他和莉莉安·伍德曼结婚,搬到了波士顿,在1866年成为文学杂志《每周六》的编辑,直到1874年离职。1881年,他接替威廉·迪恩·豪威尔斯,当上了《大西洋月刊》的编辑,担任这一职位直到1890年。1871年11月,奥尔德利奇在当上记者后几个月认识了马克·吐温,两人结下了终生的友谊。马克·吐温称赞奥尔德利奇非常健谈,佩恩记下了他的原话:“如果把奥尔德利奇的言辞和我相比,他就像月亮的明亮面,我就像月亮的阴暗面”(MTB,2:642 n.1;1871年1月15日,致《每周六》主编,L4,304 n.1)。

229.28-31 《戴维斯演说选》……我已经记不得了]

我们没有找到戴维斯系列的作品。也许是斯蒂文森或马克·吐温记错了威廉·布里斯班·迪克(William Brisbane Dick)(1826~1901年)的名字,他是创立于1858年的出版公司的老板,这家公司创立于1858年。创立于1858年的公司出版了多本散文、诗集以及娱乐和励志方面的书籍,包括《迪克朗读集》、《美国桥牌手》、《迪克俏皮话》、《迪克爱尔兰方言》、《迪克格斗术》和《迪克女士书信写作》,出版日期都在1866年到1887年间。1867年,马克·吐温向这家出版公司提供了他在三明治群岛为《萨克拉门托联合报》写的通讯集(Cox 2000,85 - 86;N&JI,176 - 77 n.166)。

科沃多别墅

230.22　1月]

这篇文章的第一部分出现在简·克莱门斯1904年的打字稿中,经过马克·吐温的修订,现存于马克·吐温档案馆。这是现存的唯一一份简在佛罗伦萨的打字稿。

540 230.24　科沃多别墅]

医生建议奥莉薇亚到气候温和的地方疗养,1903年秋天,马克·吐温带着全家人搬进了托斯卡纳的这座别墅。除了马克·吐温、奥莉薇亚、克拉拉和简,同行的还有跟随他们多年的女佣凯蒂·利里和训练有素的护士玛格丽特·雪莉。10月24日,他们乘坐轮船从纽约起航,11月6日到达日内瓦。他们坐火车前往佛罗伦萨,11月9日住进了科沃多别墅。不久后,伊莎贝尔·范·莱昂来到了这里,她从1902年起就担任奥莉薇亚的秘书,不过也负责更多的事务;莱昂的母亲和她随行(MTB,3:1209;Notebook 46,TS p.28,CU - MARK;《哈特福德新闻》:"马克·吐温全家在日内瓦",1903年11月7日,15;"马克·吐温在佛罗伦萨",1903年11月9日,1;1903年11月1日,CU - MARK)。

230.30　符腾堡国王]

1814年,拿破仑帝国覆灭后,科沃多别墅成为拿破仑最小的弟弟热罗姆·波拿巴(1784~1860年)的住所。他曾经是威斯特法利亚国王,而不是符腾堡国王,他的妻子凯瑟琳公主(1754~1816年)是符腾堡首任国王腓特烈一世的女儿。

230.31　俄国皇室的千金]

玛利亚·尼古拉耶芙娜女大公(1819~1876年)是尼古拉一世的女儿,在1865年买下了这座别墅("美国伯爵夫人在意大利的家",《城市和乡村》,1907年9月,10 - 13)。

230.35　旅行指南上说这是科西莫一世建造的,建筑师是(　)]

打字稿在此处留下了一处空白,马克·吐温添上了括号,在文章中删去了建筑师的名字。马克·吐温的资料来源可能是《1903年意大利北部旅游指南》,书上说科沃多别墅是尼古拉·特利波罗(1500~1550年)为托斯卡纳大公科西莫·德·美第奇(1519~1574年),建造的。其他资料表明,别墅的建造日期要追溯到15世纪("美国伯爵夫人在意大利的家",《城市和乡村》,1907年9月,10 - 13)。

231.13 马斯里亚伯爵夫人]

马斯里亚伯爵夫人(1861~1953年)出生于费城,原名弗朗西斯·帕克斯顿,马克·吐温把她叫作“拥有这座别墅的美国泼妇”(1904年2月25~26日,致罗杰斯,Salm,HHR,557;美国国家档案和文件管理局1950~1954年)。弗朗西斯·帕克斯顿结过婚,在离婚后遇到了安尼巴莱·拉伊包迪·马斯里亚伯爵,在1891年左右嫁给了这位意大利外交官。除此以外,马克·吐温写过一篇没有发表的随笔,名为《马斯里亚伯爵夫人》(SLC 1904a),在书信和笔记中也提到过这位伯爵夫人。马克·吐温平生唯一一次在发表的文章中提到伯爵夫人,是在1905年的《版权保护》中(《哈特福德新闻》:“马克·吐温在佛罗伦萨”,1903年11月9日,1;“马克·吐温和伯爵夫人提起诉讼”,1904年8月22日,7;“美国伯爵夫人在意大利的家”,《城市和乡村》,1907年9月,10;SLC 1905b,2)。巧合的是,伊莎贝尔·范·莱昂和这位伯爵夫人有一面之缘。

> 大约15年前在费城的时候。我认识她,因为她母亲借宿在约翰·洛克伍德先生位于第二十大街和樱桃街交叉口的家里。做母亲的品行不端,做女儿的那时候还是巴尼·尚波太太,对待弗雷德·洛克伍德先生极为恶劣,把这家人的幸福全毁了。那天晚上,大家刚到那里,我就认出她来,她当然说从没见过我。我马上把她以前的事和盘托出,不过这
> 就够了,她还是那副样子,说自己要去巴黎过冬。她把马厩上面的公寓 541
> 装饰一新,还有从罗马来的管家,他们两个在那里同居,成了社交界的丑闻。她还是那副样子,顶着染过的头发,发出嘶哑难听的声音,眯着邪恶的眼睛,穿着肮脏的衣服,表现出糟糕的教养,打破了克莱门斯家的平静(Lyon 1903-6,36-38)。

233.23 农夫]

农民。

235.14 布莱克伍德]

布莱克伍德创办的《爱丁堡》杂志,是英国的一本文学月刊。

236.29-30 凡她见的,没有一样不是借着她造的]

借用《约翰福音》1:3 凡被造的,没有一样不是借着他造的。

238.34 前面提到的壮观景色]

马克·吐温删去了描述景色的段落,这原来是前面一段的结尾。这段文字描述了“精美的房间,从这里看去,远处是雄伟的高山、佛罗伦萨的深谷,衬托着眼前的美景”。

239.23－24　威拉德·费斯克教授……沃尔特·萨维奇·兰多的别墅]

威拉德·费斯克(1831～1904年)是研究北欧语言的学者,通过两人共同的朋友作家查尔斯·杜德利·华纳认识了马克·吐温全家。费斯克是经验丰富的旅行家,在1892年和1903年,他帮助马克·吐温家租用了佛罗伦萨的别墅。费斯克继承了大笔财产后,在1892年买下了一座曾经属于英国诗人、散文家沃尔特·萨维奇·兰多(1775～1864年)的别墅(Horatio S. White 1925,3,393－95;"犹如罗曼史",《哈特福德新闻》,1890年5月27日,3;参考AD,1906年4月10日)。

240.42－241.1　闪闪发光的白色小天使和德拉·罗比亚的名字联系在一起]

佛罗伦萨雕塑家卢卡·德拉·罗比亚(1400?～1482年)出生于一个艺术世家,擅长创作陶瓷艺术品,用以装饰墙壁和天花板。

241.9　艺术课,以免让这些画……完美]

马克·吐温在这里口述了下面这句话,"此处插入罗纳河之旅"。他显然是指名为"顺流而下"的手稿,这篇文章以虚构的形式描述了1891年9月他乘船沿罗纳河顺流而下的10天旅程。马克·吐温没有写完这篇文章,不过对本文进行了修订和删减,出现在《赤道环游记》的第55章里。1923年,佩恩出版了经过删节和修改的"沿罗纳河顺流而下"。马克·吐温也许并不想完成这篇文章,可能是借此来和旅伴讨论欣赏高雅艺术的资格(SLC 1891a;SLC 1923,129－68;Arthur L. Scott 1963)。

242.22　我们的老凯蒂]

1903年10月,女佣凯蒂·利里陪同克莱门斯全家从纽约乘船起航。当时她已经在克莱门斯家侍候了23年,正如马克·吐温所说的那样,她早就被看作家里人(Notebook 39,TS p.51,CU－MARK;参考AD,1906年2月1日)。

243.21　podere]

房产。

244.29　一位好朋友罗斯太太,她那座富丽堂皇的城堡距这里有12分钟的路程]

珍妮特·达芙·戈登·罗斯(1842～1927年)是一位从男爵的女儿,住在波
542 吉奥格拉多的别墅里,这是她和丈夫在1888年买下的。她的社交圈广泛,认识许多作家和艺术家,自己出版过几本书,包括家族传记、托斯卡纳生活随笔和自传散文集。她这样描述1892年见到马克·吐温时的情景:

> 5月份,我们住在菲耶索莱附近的朋友费斯克教授带来一位讨人喜

欢的客人,克莱门斯先生,也就是举世闻名的马克·吐温。我们和他见面的次数越多,就越喜欢这位心地善良、聪明机敏、风趣古怪的作家。他询问附近有没有一座别墅,我们在阳台上指给他看维维亚尼别墅的位置,就在狄赛德里奥和我们家之间。我答应帮他找佣人,到秋天把一切都安排妥当。

244.31　在维维亚尼别墅度过的一年]

克莱门斯家从1892年9月末到1893年3月末都住在这座别墅里。

244.35　我们途经佛罗伦萨时]

从此处到结尾的文字出自马克·吐温的手稿,现存于马克·吐温档案馆。

246.46　伟大的洛伦佐]

洛伦佐·德·美第奇(1449~1492年),被佛罗伦萨人称为"伟大的洛伦佐",从1469年到去世前是佛罗伦萨的实际统治者。

自传口述,1906年1月9日

250.19-21　你要根据大量素材……然后写一本传记]

马克·吐温的这番话是对阿尔伯特·比奇洛·潘恩(1861~1937年)说的,他计划编写马克·吐温的传记。潘恩生长在爱荷华州和伊利诺伊州,15岁就离开学校。他在20岁时来到圣路易斯,在这里当了摄影师,几年后搬到堪萨斯经营摄影用品生意。在《哈珀周刊》发表了一篇文章后,潘恩在1895年来到纽约,为杂志撰稿,同时出版儿童和成人图书。1899年,他当上了青年杂志《圣尼古拉斯》的编辑,在1804年出版了《托马斯·纳斯特:他的时代和图画》,这是他写的第一本传记。1812年,潘恩编写的《马克·吐温传记》出版,此后他出版了《马克·吐温书信集》(1917年)、《马克·吐温自传》(1924年)和《马克·吐温笔记》(1935年)。潘恩在他写的这本自传中解释到:

1906年1月,笔者结识了马克·吐温,为他编写传记。我在别的地方讲过这件事,此处略去不谈。马克·吐温同意我带来一位速记员,对她口述笔记,供我使用,但是他的灵感源源不断,表示他愿意用这种方法继续写下去,我可以按照自己的需要从中随意挑选素材。我们就这样开始工作,每周花上几天时间,每天上午口述两个小时,他对着两位精心挑选的听众侃侃而谈,回忆他四处漂泊的岁月,讲述和他有关的奇闻轶事、插曲和结局,他想到哪儿就说到哪儿(MTA,1:ix-x)。

在他的传记中,潘恩用了整整一章,讲述1906年1月3日他和马克·吐温在演员俱乐部宴会上的谈话以及3天后两人的安排(MTB,4:1257-66;AD,1906年1月10日)。马克·吐温的秘书伊莎贝尔·范·莱昂在1906年1月6日的日 543

记中提到了他们的讨论：

> 今天早上，阿尔伯特·比奇洛·潘恩来了，谈论他写克莱门斯先生传记的事情——克莱门斯先生同意用速记法记下他的讲话——我希望这能给他带来灵感。他把那台机器（哥伦比亚留声机）看成宝贝，对着留声机读了他在生日宴会上的演讲，还有几封信，然后就结束了。从圆筒里传出来的声音带着无限的悲凉，听到已经消失的声音多么叫人惊奇（Lyon 1906,6）。

做速记的是一位“精心挑选的听众”，速记员、打字员约瑟芬·霍比（1862～1950年），霍比曾经是玛丽·梅普斯·道奇的秘书，道奇女士从1872年到1905年去世为止，一直担任《圣尼古拉斯》杂志的编辑（“生日演讲稿”请参考AD,1906年1月12日；Lyon 1906,47,71－72；“马克·吐温助手去世”，《纽约时报》，1950年1月31日，21；参考前言）。

251.19－29　我想读……6年后价值1.6亿美元]

马克·吐温读的这篇文章没有在《纽约时报》上找到。不过，其他资料基本证实了马克·吐温的描述，1874～1875年间股价的暴涨令人惊叹（Lord 1883,309,314－15）。约翰·W.麦基（1831～1902年）出生于爱尔兰，童年时来到美国。1851年到1859年，他在加利福尼亚经营矿山，然后到内华达领地。1872年1月，他和来自爱尔兰的詹姆斯·费尔（1831～1894年）及其他两人成为合作伙伴（参考注释252.25），麦基获得了弗吉尼亚联合矿业公司的控股权，这家公司的股价在前一年跌到了2美元以下。1874年10月，弗吉尼亚联合矿业公司和邻近的加利福尼亚矿山发现了储藏丰富的银矿，这些矿藏的价值最后高达15亿美元（L6：1875年3月24日，致布利斯，425 n.2；1875年3月29日和4月4日，致怀特，439 nn.5,9）。

251.32－38　1862年，我来到弗吉尼亚城……每周40美元]

1862年4月，马克·吐温来到矿藏丰富的奥罗拉埃斯梅拉达银矿区，内华达领地和加利福尼亚都宣称这个矿区归自己所有。他在这里过着勉强糊口的生活，每天拿着锄头和铁铲勘探，同时用有限的资金投机矿山股份。4月，马克·吐温开始以“乔什”的笔名为弗吉尼亚城的《企业报》写通讯。到了7月末，署名“乔什”的通讯发挥了作用，他当上了新闻记者，暂时代替本市新闻的编辑威廉·怀特（1829～1898年），怀特以笔名“丹·德奎利”而远近闻名。截止到1862年9月末，马克·吐温没有在奥罗拉发现丰富的矿藏，回到了弗吉尼亚城，继续为《企业报》写报道。马克·吐温现存最早的文章发表在1862年10月1日的报纸上

(ET&S1,389－91)。他一直在《企业报》任职,在1864年5月末离开弗吉尼亚城到旧金山。他对奥罗拉和弗吉尼亚城的生动描写,参考当年的书信往来(1862年4月10日,致奥利安,1864年5月28日,致卡特勒,LI,184－301)和《艰苦岁月》的第35~37章、第40~49章和第54~55章。

251.41－42　每天排一个专栏的纳普瑞尔铅字] 544

纳普瑞尔是六点老式铅字,通常用在报纸上。

252.1－9　我见到了约翰麦基……]

麦基和马克·吐温初次见面的时间不得而知。据《内华达领地第二版人名地址录》显示,1863年,麦基住在C街,在弥尔顿银矿公司当主管。1897年接受采访时,马克·吐温回忆他们是在弗吉尼亚城认识的(Budd 1977,78)。

252.10－11　1864年我离开内华达,为了避免坐牢(我将在别的章节里解释)]

参考《自传口述》,1906年1月19日。

252.21　矿筒]

矿筒或矿柱都是矿体,通常是狭长形,顺着矿脉向下延伸(Raymond 1881,19,20)。

252.25　奥布莱恩,他是旧金山的银矿专家]

威廉·肖恩尼·奥布莱恩(1826~1878年)和麦基、费尔一样都是爱尔兰人,他在1849年来到旧金山,在这里拥有许多产业,包括烟草店、通讯社、船具店和酒吧,后来成为银矿股票经销商。他和旧金山的合伙人詹姆斯·克莱尔·弗拉德(1826~1889年)以及麦基和费尔以"富矿公司"而著称,他们联合控制了康斯托克矿脉(Oscar Lewis 1947,222－23;Hart 1987,358－59)。

252.30－31　约翰·P.琼斯……30年]

参考《机器轶事》注释104.16－17。

252.32－253.1　约瑟夫·T.古德曼……威廉……丹尼斯·麦卡锡和古德曼]

约瑟夫·古德曼(1838~1917年),1854年从纽约来到加利福尼亚,成为旧金山几家报纸的作家和编辑。他和麦卡锡(1840~1885年)曾经是同事,在两家报刊《镜报》和《黄金时代》当过排字工人,1861年3月,乔纳森·威廉(1876年去世)旗下的弗吉尼亚城《企业报》收购了这两家报刊。1865年,古德曼成为《企业报》的独资经营者;1874年2月,他卖掉这家报纸,获得了可观的利润,不过对方不是学徒期满的工人,而是企业出版公司(1862年10月21日,致奥利安和玛丽,Z,7,242 n.2;Angel 1881,317)。

253.20－22　当时富矿……旧金山]

1874 年 2 月，古德曼出售了《企业报》，这一年他至少有两次机会见到马克·吐温。1874 年 4 月回到旧金山后，他和第一任妻子艾伦（1837？～1893 年）前往欧洲的途中在东部停留；10 月两人回国，此时人们发现了储藏丰富的银矿。古德曼大概是在 4 月和马克·吐温见的面，不过也有可能是他缺少回到旧金山的现金，需要借一笔钱（L6：1874 年 4 月 23 日，致芬利，115－16 n.5；1875 年 3 月 29 日和 4 月 4 日，致怀特，439 n.8）。

253.27－254.4　丹尼斯……再也没有起色］

1865 年出售《企业报》的股份后，麦卡锡来到旧金山，他在股票市场投资失败，丧失了巨额利润。1874 年发现银矿的时候，他正担任《旧金山纪事报》主编，
545 通过投机又赚了一笔钱。他在 1 年内回到弗吉尼亚城，收购了《晚间纪事报》，这是内华达历史上发行最广泛的报纸。1881 年，古德曼告诉马克·吐温，麦卡锡酗酒成瘾、身患重病，他在 4 年后去世，显然是生活放荡所致（古德曼致马克·吐温，1881 年 12 月 11 日，CU－MARK；Angel 1881，326－27；"麦卡锡去世"，《弗吉尼亚城晚间纪事报》，1885 年 12 月 17 日，2）。

254.5－14　乔·古德曼……］

1877 年到 1880 年，古德曼是旧金山证券交易委员会的成员，后来他到旧金山东南的弗雷斯诺县当了农民，在当地种植葡萄。在 1881 年 3 月 9 日的信中，他告诉马克·吐温自己改行的情形：

> 我在旧金山破产了——身无分文。麦卡锡（《企业报》的股东）从我手里买了另一半股份，可是我没得到多少钱——弗吉尼亚城很快就会像巴尔贝克古城一样，成为荒凉的废墟——此外，我的身体糟透了，没办法做文字工作；我从麦卡锡那里借了 4000 美元，开始在这个地区种葡萄。我不知道情况怎么能会好转，我也不大在乎了。我们现在离旧金山大概有 200 英里，就在圣华金谷。四五年前，这里全是沙漠，不过他们挖了灌溉渠，开垦了土地，有些地方已经很肥沃了。我只有 130 英亩地，不过也够我种的：现在这是沙漠里最荒凉的地方。古德曼太太很想家，总是掉眼泪。可是，只要我活着，我就要把这一小片土地变成天堂。如果你和克莱门斯太太能来加利福尼亚的话，你要来看看这个美丽的南方乡村，我衷心地邀请你来看望我们。你要是有机会来的话，就能看到这里原始的沙漠景色，我能看得到的地方都是沙漠，不过迎接你的还有欢畅的泉水、好客的绿洲，为了让这幅图景更完美，我要请小鸟在这个寂寞的地方吟唱（CU－MARK）。

直到 1891 年，古德曼依然留在弗雷斯诺，后来他搬到加利福尼亚的阿拉米达（古德曼致阿尔弗雷德 · B. 奈，1905 年 11 月 6 日，CU – BANC；Joseph L. King 1910，59，339，344）。

254.16 – 23　在这次东部旅行前……1901 年左右出版]

在 1902 年 5 月 24 日的信中，古德曼告诉马克 · 吐温：

> 18 年前，我开始注意到毁灭的中美洲和尤卡坦的铭文，我轻率地认为自己可以破解这些文字。我研究了 7 年，没有一点成果，但是后来我成功地解开了这个谜团。1895 年，他们邀请我到伦敦，出版了我的研究成果。我从芝加哥给你发了电报，想在纽约和你见面，可是没有收到你的回音，我想你大概没有及时收到消息。此后我继续研究文字，直到我破解了所有的字符，现在已经出版成册。但凡关心我的人，都觉得这个追求浪费时间、金钱和精力。这件事情没有一点赚钱的指望。根本没有人会关心这项研究，唯一的报酬就是，我发现了任何人都找不到的东西，我的名字将会和破解玛雅文字联系在一起，就像商博良和埃及文字的关系一样。可是，20 年的辛苦工作换来的报酬实在少得可怜。我会送给你一本伦敦出版的书——
> 不是因为我觉得你会对此感兴趣，而是作为一种嗜好。我已经发现书里 546
> 有几个错误，不过大部分内容会经得住时间的考验（CU – MARK）。

1895 年，在著名考古学家阿尔弗雷德 · P. 莫兹利（1850 ~ 1931 年）的敦促下，古德曼来到伦敦。1897 年，古德曼发表了自己的研究成果，名为《古玛雅碑文》，莫兹利把这本书作为自己的多卷本著作《考古学》的附录。1898 年，古德曼出版了《玛雅文字体系：相信这种文字是密码的理由》，1905 年，他发表了一篇文章《玛雅日期》（Tozzer 1931，403，407 – 8；Goodman 1897；Goodman 1898；Goodman 1905；Maudslay and Goodman 1889 – 1902）。现代学者证明了古德曼的发现。迈克尔 · D. 科在《破解玛雅密码》中表示，古德曼"作出了真正持久的贡献，研究玛雅日期的学者依然在使用他的日历表，他的惊人成就说明了玛雅长历法和我们所用历法的关系"（Coe 1999，112，114）。让 · 弗朗索瓦 · 商博良（1790 ~ 1832 年），埃及古文物学之父，第一个破解埃及象形文字的人。

254.24　《纽约时报》的报道]

这篇文章目前下落不明。

254.24 – 29　找到了丰富的矿藏……如今已经枯竭了]

弗吉尼亚联合矿业公司、加利福尼亚和康斯托克矿脉的其他煤矿的总价值从 1875 年的 3.93 亿美元下跌到 1880 年的 700 万美元以下（Angel 1881，619 – 20）。

自传口述,1906 年 1 月 10 日

254.30－31　我要做几场演讲……过去两个月]

1905 年 11 月 10 日到 1906 年 4 月 11 日,马克·吐温至少发表了 25 次演讲,包括在华盛顿特区举行的宴会,罗斯福政府成员出席(11 月 25 日);马克·吐温本人的 70 岁生日宴会(12 月 5 日);俄国犹太人慈善活动(12 月 18 日);演员俱乐部为马克·吐温举行的宴会(1 月 3 日);在卡内基厅举行的塔斯基吉学院筹款会(1 月 22 日);华盛顿烧烤俱乐部的会议,西奥多·罗斯福总统出席(1 月 27 日);在众议院发表关于版权的讲话(1 月 29 日);纽约新闻俱乐部为纪念查尔斯·狄更斯举行的宴会(2 月 8 日);巴纳德学院招待会(3 月 7 日);纽约州促进盲人权益协会的会议(3 月 29 日);瓦萨学院学生互助社慈善活动(4 月 2 日);为俄国作家马克西姆·高尔基举行的宴会(4 月 11 日)(详细列表参考 Schmidt 2008a;演讲稿收录于 Fatout 1976;《纽约时报》:"乔特和马克·吐温为塔斯基吉学院筹款",1906 年 1 月 23 日,1;"总统度过欢乐时光",1906 年 1 月 28 日,4;"马克·吐温谈小洛克菲勒",1906 年 2 月 8 日,9;"瓦萨互助慈善活动的三出新剧",1906 年 4 月 3 日,9;"高尔基和马克·吐温为革命辩护",1906 年 4 月 12 日,4)。

255.18－19　我过去在演员俱乐部的朋友为我举行了宴会]

1906 年 1 月 3 日,大家在纽约格拉梅西公园 16 号的房子里为马克·吐温举
547 行了宴会,演员埃德温·布斯(1833～1893 年)把这里作为俱乐部的会址。布斯创办了演员俱乐部,让演员们"在这里和重要的作家、画家、雕刻家、建筑师、音乐家、编辑、出版商和艺术赞助商建立亲密友好的关系"(Lanier 1938,47)。马克·吐温是俱乐部的发起人,参加了 1888 年 1 月 6 日布斯在德尔莫尼克餐厅举行的创办午宴。沃尔特·奥伊特耳曾经是埃德温·布斯的男仆,长期担任演员俱乐部的管事,他回忆了 1906 年 1 月 3 日的宴会,"餐桌装饰和图案都是青蛙,象征着他的小说《跳蛙》"。奥伊特耳写到,这次宴会邀请了二十多位俱乐部成员,包括主持宴会的布兰德·马修斯(参考注释 255.24);约翰·H. 芬利(1863～1940 年),作家、前《哈珀周刊》编辑,纽约城市学院院长;丹尼尔·弗罗曼(参考注释 255.19－22);诗人、《世纪》杂志编辑理查德·沃森·吉尔德(参考《格兰特将军回忆录》);诗人、《世纪》杂志助理编辑罗伯特·安德伍德·约翰逊(1853～1937 年);弗朗西斯·D. 米勒(参考注释 255.28－29);大卫·A. 门罗,未能出席(参考 AD,1906 年 1 月 16 日,注释 284.7);阿尔伯特·比奇洛·潘恩;罗伯特·里德(参考 AD,1906 年 1 月 16 日,注释 284.7－8;Oettel 1943,53－54,94;N&J3,429 n. 73;Lanier 1938;"马克·吐温出席演员俱乐部宴会",《纽约时报》,1906 年 1 月 4 日,2)。

255.19－22　离开 3 年后,这都是愚蠢的理事会造成的……都是一回事]

最早的理事会成员包括埃德温·布斯；演员劳伦斯·巴雷特（1838～1891年）；商人威廉·比斯法姆（1909年去世）；奥古斯丁·戴利（1838～1899年），剧作家、制作人、剧院老板；约瑟夫·F.达利（1840～1916年），律师、法官；演员亨利·爱德华（1891年去世）；劳伦斯·赫顿（1843～1904年），戏剧评论家、传记作家、《哈珀杂志》文学编辑；演员约瑟夫·杰斐逊（1829～1905年）；剧院经理阿尔伯特·M.帕尔默（1838～1905年）。1903年马克·吐温退出俱乐部的时候，比斯法姆、约瑟夫·F.达利、杰斐逊和帕尔默依然是俱乐部的理事（关于马克·吐温被赶出俱乐部的详细描述，请参考AD，1906年3月21日）。俱乐部的其他理事包括作家查尔斯·E.卡里尔（1841～1920年）；演员约翰·德鲁（1853～1927年）；剧院经理、制作人丹尼尔·弗罗曼（1851～1940年）；演员、剧院经理弗兰克·W.桑格（1849～1904年）；演员弗朗西斯·威尔逊（1854～1935年）。卡里尔曾经寄给马克·吐温一封信，日期为1903年1月12日，表示由于拖欠会费把他赶出俱乐部。在这封信的上面，马克·吐温写道："赶我走！这可是傻子秘书长犯的错。"（CU-MARK）1904年11月10日，马克·吐温收到了请他回去的邀请，信上略微改动了卡罗琳娜·奥利芬特写给快乐王子查理的诗："你还会回来吗？你会更加受人喜爱。"（里德等人致马克·吐温，NNWH）11月11日，马克·吐温用黑边信纸写道，"这些可爱的诗句肯定让查理王子称心如意，如果他还有心的话，当然也让我很满意。我很高兴再次归来……我将在好几个月后才能和你见面，因为这封镶着黑边的信并不是敷衍了事，也不是约定俗成的规矩；这象征着逝去的人，她的回忆是我唯一珍惜的东西"（11 Nov 1904 to Reid and The Players，NNWH）。在1906年的日记里，莱昂写下了马克·吐温赴宴后得意洋洋回来的情景：

> 克莱门斯先生在午夜时回到家里，他刚参加完演员俱乐部的晚宴，成为俱乐部的荣誉会员。那些人会觉得这是个美好的夜晚，因为他离开得太久了。
>
> 午夜时分，他高高兴兴地站在楼梯口，外套领子上系着一只日本纸 548
> 蛙的后腿，我下楼迎接他的时候，他把这只青蛙拿给我看。他知道我会熬夜等着他平安回来（Lyon 1906，页码不详）。

255.24 布兰德·马修斯]

布兰德·马修斯（1852～1929年），著名作家、评论家，曾任哥伦比亚大学文学戏剧教授（1892～1924年）。1883年3月，他第一次见到马克·吐温，当时马克·吐温加入了金斯曼俱乐部，而马修斯正是这个俱乐部的创始会员（参考《旅行札记·一》，注释113.10）。在1887年和1888年，他们就国际版权的出版问题产生分歧,两人的交情受到了影响。1922 年,马修斯在《回忆马克·吐温》里描写了这段插曲和两人相识的其他细节(Matthews 1922;Matthews 1917,231,and N & J3,345 – 46,348,362 – 68,373)。

255.28 – 29　画家弗兰克·米勒]

弗朗西斯·D. 米勒(1846 ~ 1912 年)出生于马萨诸塞州。他在哈佛大学获得了文学学位,然后决定到安特卫普、维也纳和罗马学习艺术。他在俄土战争(1877 ~ 1878 年)期间担任了美术记者。米勒创作了很多描绘历史题材的肖像画和壁画,乘坐泰坦尼克号遇难。

255.33 – 36　雕塑……在圣·高登斯家里发表演讲]

有 3 个人没有参加俱乐部的晚宴,发来电报表示歉意,雕刻家奥古斯塔斯·圣·高登斯(参考 AD,1906 年 1 月 16 日,注释 284.7 – 8)就是其中之一;其他两人是大卫·门罗和作家托马斯·贝利·奥尔德利奇(参考罗伯特·路易斯·斯蒂文森和托马斯·贝利·奥尔德利奇)。在圣·高登斯家里发表即席演讲的人尚未得到考证("演员们欢迎马克·吐温",《纽约时报》,1906 年 1 月 4 日,7)。

256.5 – 6　我没带稿子就来了,其他家伙为我准备了不少的稿子]

其他人的演讲稿下落不明。马克·吐温讲了英语玛丽的风趣故事,这段讲话再版于《1906 年 1 月 3 日,演员俱乐部演讲》(Oettel 1943,54 – 57,参考附录)。在 1877 年 7 月 17 日写给住在埃尔迈拉的妻子的信中,马克·吐温第一次讲了这个故事,因为这件事就发生在他们哈特福德的家里。1897 年或 1898 年,他把这段插曲写成了一则小故事,名为"征服爱丽丝",不过在他生前没有出版。后来,他又把这个故事写进了 1907 年 4 月 10 日的自传口述(早期版本参考 SLC 1981,7 – 24,39 – 67)。与此相应,他把"跳蛙"的故事作为保留节目。

256.17 – 19　27 日我在华盛顿参加了宴会……美国总统和副总统]

1 月 27 日,烧烤俱乐部举行了气氛热烈的年度晚宴,这个享有盛誉的记者协会创立于 1885 年,"塞缪尔·朗赫恩·克莱门斯先生兴致勃勃,发表了近 20 分钟的演讲。他介绍说,自己曾经在密西西比河轮船上当水手,每次放下铅块来测量水深,都会喊出'水深两浔'"("巴拿马之夜",《华盛顿邮报》,1906 年 1 月 28 日,1,6)。烧烤俱乐部不准对演讲做报道,因此马克·吐温的演讲稿没有保留下来。西奥多·罗斯福总统、其他政府官员、多位国会议员和出席宴会的名人也发表了
549 演讲,但是副总统查尔斯·W. 费尔班克斯(1852 ~ 1918 年)没有讲话。

256.26　莫里斯事件]

参考马克·吐温下面的叙述和注释 258.34。

257.6 – 9　即使在昨天……在银行]

1905 年 9 月 6 日,纽约州立法委员会开始调查人寿保险业长期广泛存在的弊

端，包括高管薪水过高；非法政治献金，为选举活动提供资金（尤其是共和党总统候选人）和干涉立法；股票和债券的非法交易；保险业和银行千丝万缕的联系。根据纽约媒体的详细报道，这次调查起初集中在互惠基金人寿保险公司、纽约人寿保险公司和公平人寿保险公司。1906 年 2 月 22 日，委员会向纽约州立法机构递交报告，提出了 25 项改革法案，这些法案在 1906 年 4 月 27 日签署生效。受到牵连的高管包括理查德·A. 麦克柯迪和儿子罗伯特·H. 麦克柯迪，分别担任互惠基金人寿保险公司的总裁和外汇经理（从 1885 年到 1905 年，两人和老麦克柯迪的女婿共领取了 4,643,926 美元的薪酬和佣金）；约翰·A. 麦考尔和儿子约翰·C. 麦考尔，分别担任纽约人寿保险公司的总裁和秘书长；昌西·M. 迪普，纽约共和党参议员，多年来担任公平人寿保险公司的特别顾问，领取高额报酬，还是经理人委员会的成员；詹姆斯·W. 亚历山大、詹姆斯·H. 海德，分别担任公平人寿保险公司的总裁和第一副总裁。这些人的影响力远远超出三家保险公司。比如，据 1905 年 10 月的报道，海德是 45 家公司的董事，而迪普是 74 家公司的董事。此次调查至少断绝了他们的部分联系。截止到 1906 年 1 月 10 日，麦克柯迪父子、迪普、老麦考尔、亚历山大和海德都辞去或不再当选银行董事的职务（参考《纽约时报》多篇文章，1905 年 8 月 15 日至 1906 年 4 月 28 日）。在 1906 年 2 月 16 日的《自传口述》中，马克·吐温再次提到了这件事。

257.9－13　我们今天……标准石油公司……受到创伤]

标准石油公司及其子公司在纽约最高法院遭到密苏里州检察长赫伯特·S. 哈德利的起诉，他的持续诉讼得到了密苏里法院的支持，并且指责标准石油公司违背该州的《反垄断法》。1906 年 1 月 10 日，据《纽约时报》报道，在前一天纽约的诉讼案中，标准石油公司副总裁、马克·吐温的好友亨利·赫特尔斯顿·罗杰斯证词含糊、态度傲慢（《纽约时报》："亨利·赫特尔斯顿·罗杰斯被最高法院传唤"，1906 年 1 月 10 日，1；"赫伯特·S. 哈德利，来自密苏里州的检察官"，1906 年 1 月 14 日，SM4；参考"亨利·赫特尔斯顿·罗杰斯"）。

257.13－15　国会威胁要解散巴拿马运河委员会……近来增加了 1100 万美元]

1905 年 12 月中旬，美国国会追加了 1100 万美元资金，自从 1904 年的筹备工作以来，美国政府已经花费 5900 万美元，购买倒闭的法国巴拿马运河公司的股权和资产。然而，据 12 月 21 日的《纽约时报》报道，"这个委员会还没有决定修建什么样的运河。工程师和委员会成员都不知道，我们是否要再花费 1.5 亿美元还是 2 亿美元。没有人知道运河的造价究竟是多少。"1906 年 1 月 9 日，美国参议院就调查有关巴拿马运河的事宜进行投票。1906 年，运河才开始了实际建造工程。1914 年，巴拿马运河开通，总造价成本为 3.75 亿美元（《纽约时报》："运河花费，"1905 年 12 月 15 日，8；"塔夫脱同意为运河拨款 1100 万美元"，1905 年 12 月 13 日，4；"罗 550

斯福的插曲”,1905 年 12 月 21 日,8;“参议院就调查巴拿马运河投票”,1906 年 1 月 10 日,4;“总统的职责”1906 年 1 月 22 日,6;Panama Canal Authority 2008)。

257.16－17　法国教会和政府分离]

1905 年 12 月 7 日,一项分离法国教会和政府的法案正式生效,标志着“法国政府和梵蒂冈教廷长期的紧张关系达到了顶点”,这项法案废止了“1801 年教皇庇护七世和拿破仑签署的《教务专约》,条约规定教堂是法国政府的财产,教士由政府支付薪俸。”这个变化并未受到普遍的欢迎:法国发生了暴乱和抗议,“间接受到反对共和党的政党的煽动,在一定程度上受到罗马教会神父的指使”(《纽约时报》:“法国的国家教会宣告终结”,1905 年 12 月 7 日,8;“法国的宗教问题”,1906 年 2 月 4 日,6)。

257.17－18　我们面临威胁……摩洛哥问题]

1905 年年末,法国和德国就摩洛哥的政治控制和经济渗透发生冲突。1904 年,英国、西班牙和意大利签订协议,接受法国对摩洛哥的控制,尤其是警察控制权,德国没有加入该协议,对法国的特权表示反对(《纽约时报》:“阿尔赫西拉斯会议”,1906 年 1 月 6 日,8;“摩洛哥会议将出现冲突”,1906 年 1 月 7 日,3)。1906 年 3 月 31 日,在美国的斡旋下,各方通过外交途径化解了这场冲突,签署了新协议,解决了经济问题,在不损害法国霸权的情况下共同控制警察部队(“摩洛哥会议以协议告终”,《纽约时报》,1906 年 4 月 1 日,4)。

257.18－21　我们面对俄国失败的革命……3 个世纪]

1905 年 1 月 22 日,沙皇军队向圣彼得堡和平示威的人群开枪,导致 1000 多人死亡,俄国爆发革命,这天称为“血腥星期日”。各地民众奋起反抗俄国沙皇尼古拉二世(1868～1918 年)的暴行,革命在 9 月和 10 月达到高潮,全国举行了工人大罢工。尼古拉二世被迫签署《十月宣言》,同意选举国家杜马,给予民众演讲、新闻和集会的自由。然而,尼古拉二世很快推翻了改革措施,1905 年 12 月,俄国革命宣告失败,领导人纷纷遭到逮捕。

257.21－26　我们把中国看做神秘可怕的国度……那里的动荡局势]

1906 年 1 月,中国发生的骚乱让西方世界感到很困惑:“排外的情绪显然包含两个因素。一方面是对西方人的不信任和厌恶;另一方面是对清政府的不满。但是这并不意味着人们相互之间能体会到这种情绪”(“中国的前景”,《纽约时报》,1906 年 1 月 8 日,8)。令人担忧的是,“中国人民可能会发动起义,推翻清帝
551 国的政治体制。”因此,美国政府把两个步兵团和两个野战炮兵连派往菲律宾(自从 1898 年美西战争结束以来,美国一直控制着菲律宾),准备在紧急情况下派军“登陆中国,保护美国侨民和财产”(“美国准备应对中国战乱”,《纽约时报》,1906 年 1 月 7 日,1)。弗雷德里克·芬斯顿将军率领一个炮兵连,抓获了菲律宾起义

军领袖埃米利奥·阿吉纳尔多(参考 AD,1906 年 3 月 14 日)。尽管 1906 年的中国依然有新闻价值,但是没有爆发动乱,美国也没有派军队前往中国。

258.34　你知道了这些事实]

马克·吐温的叙述和 1906 年 1 月 5 日《纽约时报》的报道基本相符(“赫尔的妹妹被赶出白宫”,1)。1906 年 1 月 4 日,迈纳·莫里斯太太来到白宫,向西奥多·罗斯福总统求情,希望让她的丈夫官复原职,莫里斯医生原本在陆军医疗局工作,不料突然遭到解职。莫里斯太太宣称,这次解职是她的哥哥,爱荷华州共和党议员约翰·T. 赫尔从中挑唆,因为莫里斯太太就处理父亲的房产和他发生了争执。总统助理秘书本杰明·F. 巴恩斯下令把莫里斯太太拖出白宫,以扰乱治安的罪名把她关了起来,为了不让莫里斯太太立即保释,还指控她精神错乱。然而经过两次检查后,医生宣布莫里斯太太神志清醒,几个小时后她被释放,获准回到威拉德酒店的客房,因受伤、休克和神经衰弱接受了治疗。1 月 6 日的《纽约时报》报道,她“表现得平静温和、情绪镇定,字斟句酌地叙述了这件事”(莫里斯太太讲述白宫遭遇”,1)。莫里斯事件在不到 6 个月的时间里闹得满城风雨,国会的调查偏离了方向,人们不断呼吁总统承担责任,否定巴恩斯的做法,公开道歉,这些要求都遭到了拒绝。1906 年 4 月,罗斯福任命巴恩斯担任华盛顿邮政局长,表明了他对巴恩斯的信任。5 月,在参议院针对巴恩斯举行的听证会上,白宫指控对方使用虚假证词,质疑医生从来没有给莫里斯太太看过病,指责她的品行,怀疑她是否头脑清醒(参考《纽约时报》多篇文章,1906 年 1 ~ 6 月)。

259.3 - 6　莫里斯事件……总统的品行]

在这篇文章打字稿的空白处,潘恩写道,“从 1920 年起 50 年内不得发表”。然而,他在 1924 年出版的《马克·吐温自传》收录了这篇文章(MTA,1:288)。

259.13　正是罗斯福让巴恩斯围在他身边]

不只是马克·吐温看出,在巴恩斯行为的背后,隐藏着罗斯福的专横傲慢。比如,《哈特福德时报》谴责“白宫盛气凌人的新做派,和此前的作风大相径庭”(“哈特福德时报摘录”,《纽约时报》,1906 年 1 月 12 日,8)。

西奥多·罗斯福是当今所有人中最冲动的一个……他从一件事情扑向另一件,发出令人匪夷所思的派遣命令——然后一个跟头翻回上礼拜的老地方。接下来他会翻更多的跟头,没人能预见他会在哪里着陆。他的每个行动、每项言论都会与之前的行动或言论相矛盾。这就是他担任总统期间所发生的一切。

259.32 - 36　他从一件事扑向另一件……舆论]

1906 年 1 月 7 日,莱昂在日记中记录了马克·吐温对罗斯福的鲜活描写:“今天早上,克莱门斯先生提到罗斯福和他的目中无人,他说道,‘等他竖起耳朵、翘起尾巴的时候才了不起呢,他会像闪电快车一样开动,在自己扬起的灰尘里找不着 552

方向'"(Lyon 1906,7)。

260.2 这种让人热血沸腾的激情]

马克·吐温并不是一直都能忍受罗斯福的"看法、感受和信念"。1907 年,在体现罗斯福思想的一本书上,马克·吐温把书名从"公道政治"改为"陈词滥调",把出版商引言的标题从"前言"改为"冷漠出版商的呕吐物"(Roosevelt 1906,现存于 CU-MARK)。不过,他一直小心谨慎,免得受到公众的批评,在 1910 年 2 月写给女儿克拉拉的信中,他解释道:

> 很多年前,罗斯福让我闭上了嘴,我对他说了厌恶的话,他却很看重,欣然接受,以德报怨,我从此再也不能对他说一句恶毒的话,这种仁慈的行为让我走上正道,用神圣的手捂住我的嘴。我本来不应该这么做,我为这种行为感到羞愧,可是我忍不住,因为我就是那样的人,管不住自己(1906 年 2 月 21 日、22 日、23 日,致克拉拉,影印件现存于 CU-MARK)。

自传口述,1906 年 1 月 11 日

260 1906 年 1 月 11 日]

这段口述的第一页出现在前言里。

261.11-16 塞缪尔·朗赫恩·克莱门斯的地址……发表在《波士顿晚报》上,1877 年 12 月 18 日]

《波士顿晚报》对宴会的演讲的报道并没有这行标题("大西洋月刊晚宴",1,3),想必是这位身份不明的波士顿打字员从报纸上摘录文章的时候添上去的。这份打印稿的依据是马克·吐温自己的手稿。12 月 19 日,《波士顿环球报》报道,"周一晚间大西洋月刊的宴会上,记者给塞缪尔·朗赫恩·克莱门斯写了一张便条,问他要一份演讲稿。马克·吐温回复道:'好吧,要是你能在合适的段落加上喝彩的话,尤其是没人喝彩的地方'"("桌边闲谈",4)。第二天早上,几家报纸发表了这份手稿,其中一份可能是晚报发表打印稿的原版(参考正文评论,MTPO)。

261.18 主席先生……]

亨利·O. 霍顿(1823~1895 年),《大西洋月刊》的出版商、宴会的主持人,发表了开场白。他向大家介绍了杂志的编辑、马克·吐温的密友威廉·迪恩·豪威尔斯(参考《与 W. D. 豪威尔斯拜访格兰特将军》,注释 70.19)。然后豪威尔斯讲话,介绍了其他发言人("大西洋月刊晚宴",《波士顿晚报》,1877 年 12 月 18 日,1,3)。

261.21-24 我想起一件事……加利福尼亚]

1864 年 5 月,在弗吉尼亚城《企业报》当了 20 个月的本地记者和编辑后,马克·吐温赢得了毁誉参半的名声，离开内华达前往旧金山，在那里当上了《旧金山晨报》的本地记者，同时为文学周刊《加利福尼亚人》写稿。1864 年 12 月初，马 553
克·吐温接受了朋友史蒂夫·吉利斯的邀请，从旧金山来到图奥勒米县杰克艾斯山的小木屋，与他的哥哥詹姆斯·吉利斯和迪克·斯托克住在一起。史蒂夫近来因为打架被关了起来，马克·吐温为保释他签署了 500 美元的债券；史蒂夫决定回到弗吉尼亚城，免得遭到起诉，马克·吐温承担了这件事的责任。马克·吐温辞去了工作，为《加利福尼亚人》写了几篇文章，手头很拮据，就把霍尔诺克罗斯银矿公司之前的股份变现了。杰克艾斯山靠近卡拉韦拉斯县的天使营，他把这次旅程称为“视察南部矿山的流浪汉”。他和吉利斯、斯托克在一起待了 12 个星期，帮助他们找矿，听到了“跳蛙”和蓝樫鸟的故事。1865 年 2 月末，马克·吐温回到旧金山。他在旅行中做的笔记保存于马克·吐温档案馆（LI:28 May 1864 年 5 月 28 日，致库尔特，302－3；1864 年 10 月 18 日，致奥利安，317；1864 年 11 月 11 日，致奥利安；N&J1,63－82）。

262.1－4　穿过……灵魂］

出自霍姆斯的《带壳的鹦鹉螺》（1858 年）。

262.9－12　给我……海拔］

出自爱默生的《米特拉达悌》（1847 年）。

262.16－17　麦基凯维斯胜利归来了，你将听到那泼—普—基威］

出自朗费罗的《海华沙之歌》（1855 年）。诗句的排列并不连贯：第一句是第 2 章的开头；第二句是第 16 章的开头。

262.22－23　涌出血红的美酒！改日我要开怀畅饮］

出自霍姆斯的《红棕马》（1858 年）。

262.33　这里有原始森林］

出自朗费罗的《伊婉姬兰，阿卡迪亚的传说》（1847 年）。

262.35－36　那被围困的农民们曾经站在这儿，打响的枪声让全世界都听见］

出自爱默生的《康科德之歌》（1847 年）。

262.41－263.3　我越来越怀疑］

摘录并改编自爱默生的《梵天》（1857 年）。

263.8－9　我厌倦众星及其运行，这游戏已玩了太久］

改编自爱默生的《自然之歌》（1859 年）。

263.11－12　多谢，多谢你，我珍贵的朋友，谢谢你给我上了一课］

出自朗费罗的《乡村铁匠》（1841 年）。

263.13　责怪他没有押上另一张右王牌］

尤克牌戏里王牌花色的J是最大王牌,称为"右王牌",每副牌里只有一张。

263.15－16 上帝保佑他们……棕榈]

出自霍姆斯的《忠诚北方之声》(1861年)。

263.21 波多马克一片寂静]

南北战争时期著名的歌曲《今晚波多马克河畔多宁静》,埃塞尔·林恩·比尔斯(1827～1879年)作词,原名《哨兵》,首次发表在1861年的《哈珀周刊》。1863年,约翰·希尔·休伊特(1801～1890年)为这首诗谱了曲。

263.22 how-come-you-so]

喝醉。

263.23－24 《巴巴拉·弗里彻》……《比格罗诗稿》……《死亡观》]

实际上,《巴巴拉·弗里彻》的作者是约翰·格林利夫·惠蒂埃。《比格罗诗稿》(1846～1867年)出自詹姆士·拉塞尔·洛威尔笔下。《死亡观》(1817年发表,1821年修订)是威廉·卡伦·布莱恩特的诗作。洛威尔和布莱恩特都没有出席这次宴会。

554 263.27－28 在那边]

爱默生的《莫纳德诺克山》(1847年)。

263.31 《当约翰尼迈步回家时》]

南北战争时期著名的歌曲《当约翰尼迈步回家时》的歌词是乐队指挥、作曲家帕特里克·萨斯菲尔德·吉尔摩(1829～1892年)所写,他在1863年以"路易·朗贝"的化名发表了这首诗(Library of Congress 2008)。

263.36－39 伟人的生平启示我们,我们能够生活得高尚,而当告别人世的时候,留下脚印在沙上]

出自朗费罗的《人生礼赞》(1838年)。

264.9－19 张伯伦先生和太太]

1878年10月,马克·吐温在维也纳结识了奥古斯都·P.张伯伦和他的太太。张伯伦家和爱默生非常熟悉,他们可以保证马克·吐温在惠蒂埃晚宴上发表的演讲不会得罪这位可敬的诗人(see N&J2,220－21)。实际上,晚宴过后媒体上发表了一些负面的评论。比如,《波士顿晚报》表示,这次演讲"品味低俗,完全不合时宜"(1877年12月19日,4);《伍斯特电讯报》认为,"马克·吐温需要更好地把握分寸,这不是他第一次得罪人"(转载于《波士顿晚间旅行家报》,1877年12月26日,1)。然而,其他几家报纸给予了马克·吐温积极的评价。《波士顿广告报》指出,"演讲妙趣横生,朗费罗、爱默生和霍姆斯,这些被打趣的诗人也觉得好笑"("惠蒂埃生日宴会",1877年12月18日,1)。《波士顿环球报》报道,这次演讲让全场爆发出一阵阵笑声,爱默生先生似乎有些迷惑不解,但是朗费罗先生哈哈大笑,惠蒂埃先生看起来乐不可支("惠蒂埃的生日宴会",1877年12月18日,1)。《波士顿日报》观察到,马克·吐温的演讲"很快引得人们哄堂大笑"("惠蒂埃的生日宴会",1877年12月18日,页码不详)。《波士顿晚间旅行家报》指出,马克·吐温"别出心裁地模仿了朗费罗、爱默生和霍姆斯的一系列作品,引得满场的人捧腹大笑"("诗人的生日宴会",1877年12月18日,1)。

不过,1877年12月27日,马克·吐温感到深为懊悔,在豪威尔斯的鼓励下,他向霍姆斯、爱默生和朗费罗写了道歉信。12月29日,霍姆斯回信说,"看到你为此烦恼,我感到很不安,这对我来说是无关紧要的小事。你拿我的名字开玩笑,我绝不会为此生气,也没觉得受到伤害"(CU – MARK)。12月31日,艾伦·爱默生替她的父亲回了信,这封信没有寄给马克·吐温本人,而是寄给了奥莉薇亚,表示全家人尽管对马克·吐温的演讲"感到失望,但是不会给我们的心理造成阴影。宴会那天晚上,我父亲说他坐得太远,没有听清楚克莱门斯先生的演讲,第二天,我母亲把报道读给他听,逗得他哈哈大笑"(CU – MARK)。1878年1月6日,朗费罗写信给马克·吐温,表示"这件事微不足道。报社存心挑拨离间。宴会桌上的诙谐笑话是一回事,早晨报纸上的报道是另一回事"(CU – MARK)。1878年2月5日,马克·吐温从最初的尴尬中恢复平静,他在给"贵格城"号轮船上的导师玛丽·曼森·费尔班克斯的信中写道:

> 我在某些事情上很迟钝,大西洋月刊的这篇演讲也许品味低俗,可以说是最糟糕的事情。无论如何,要是这次演讲伤害了这些伟大诗人的
> 感情,我感到非常抱歉,我从来没有做过这种蠢事。但是没人相信我的 555
> 话,那篇演讲和我并不相宜,远远超出我平常的水平(Letters 1876 – 1880)。

(关于惠蒂埃宴会的演讲和后续报道,包括马克·吐温的道歉信及回信,请参考 Smith 1955;AD,1906年1月23日)。

264.38 – 39　我透过永恒的时间清楚地看到这些人]

出席宴会的有60位《大西洋月刊》的撰稿人和合伙人,惠蒂埃、爱默生、霍姆斯、朗费罗、霍顿和豪威尔斯都坐在桌子的上首。马克·吐温的好朋友詹姆斯·雷普利·奥斯古德坐在他旁边,另一边是他们共同的朋友,波士顿造纸商查尔斯·费尔柴尔德。作家查尔斯·杜德利·华纳和詹姆斯·哈蒙德·特朗布尔(AD,1906年1月12日,注释272.31 – 32)坐在别处。马克·吐温的其他熟人也在场,包括农业家、卫生工程师乔治·E. 华林(1833 ~ 1898年),牧师托马斯·W. 希金森(1823 ~ 1911年),诗人、小说家约翰·T. 特罗布里奇(1827 ~ 1916年)。

包括马克·吐温在内的许多宾客,也参加了1874年12月15日《大西洋月刊》为撰稿人举行的宴会(1874年12月14日,致豪威尔斯,L6,317–20)。

264.40–265.5　威利·温特……他喜欢背诵这些应景的诗]

威利·温特(1836~1917年),从1865年到1909年任《纽约论坛报》的戏剧评论撰稿人,写过几本演员传记。他没有参加惠蒂埃的生日宴会。马克·吐温回忆的场合是1879年12月3日《大西洋月刊》为奥利弗·温德尔·霍姆斯举行的早餐会。为了挽回他在1877年的糟糕表现,马克·吐温发表了广受欢迎的演讲,讲述他无意剽窃了霍姆斯《多调之歌》的献词,用在《傻子出国记》这本书里(参考《傻子出国记》,注释225.17–19)。温特后来出现在演讲人的名单上,朗读了他的十三行诗,《好心和霍姆斯》(“霍姆斯早餐会”,《波士顿广告报》,1879年12月4日,1):

真正的诗人、真挚的灵魂、真诚的人、真心的朋友!
啊,你那高贵的头颅,
已经两鬓斑白,
洒下暗夜的阴影!
和平指引他走向尽头,
愿上帝保佑!

266.9–10　豪威尔斯,坐在我旁边……不到一口气的工夫]

豪威尔斯坐在首桌,并不在马克·吐温旁边。不过,新闻报道没有证实,大家把马克·吐温的演讲看作一场灾难,可能是豪威尔斯的反应让马克·吐温有这种感觉。

266.12–13　假如本韦努托·切利尼的火蜥蜴……自传]

参考《我的自传节选》,注释209.41。

266.15–17　毕晓普……最脍炙人口的小说……《大西洋月刊》]

556 从1877年12月到1878年6月,威廉·亨利·毕晓普(1847~1928年)的小说《代特莫尔德罗曼史》在《大西洋月刊》上连载,在1879年出版成书(Bishop 1877–78;Bishop 1879)。

266.32–33　最后,他一屁股瘫在椅子上]

毕晓普的演讲没有排在马克·吐温后面。据新闻报道,几位演讲者的讲话都被打断了,包括诗人理查德·H. 斯托达德和作家查尔斯·杜德利·华纳。毕晓普最后一个讲话,此时是凌晨时分,惠蒂埃、爱默生、霍姆斯和朗费罗已经离开了(“惠蒂埃生日宴会”,《波士顿广告报》,1877年12月18日,1;《波士顿晚报》,“大西洋月刊宴会”,1877年12月18日,3)。毕晓普的演讲稿没有保存下来,只有《波士顿日报》注意到,他的讲话非常简洁得体(“惠蒂埃生日宴会”,1877年12

月 18 日,页码不详),《波士顿晚间旅行报》记载,他非常优雅地为演讲者的讲话收了尾("诗人的生日宴会",18 Dec 1877 年 12 月 18 日,1)。

266.34－35　这个宴会……结束了]

这个宴会没有像马克·吐温说的那样过早结束。根据大多数报纸报道,在毕晓普最后一个发表了令人满意的演讲后,还有一个人讲了话,随后庆祝活动在 12 月 18 日凌晨 1 点左右结束。

267.22－23　即使大屠杀也没有产生类似的效果,更不必说安东尼·伯恩斯的插曲了]

1770 年 3 月 5 日,发生了波士顿大屠杀,当时英国军队向骚乱的民众开枪射击,导致 5 位殖民地居民死亡。1854 年,黑奴安东尼·伯恩斯(1834～1862 年)从弗吉尼亚州的里士满逃到了波士顿。同年他遭到逮捕,按照 1850 年颁布的《逃亡奴隶法》被判有罪,引发了美国革命以来规模最大的民众抗议。在他被押回弗吉尼亚州后,波士顿的支持者为他赎回了自由,花钱送他上了欧柏林学院,他后来当上了浸礼会牧师。

267.27　新罕布什尔的山峰]

1906 年,马克·吐温到新罕布什尔州都柏林附近的厄普顿农场避暑,口述他的自传。

267.28－29　我会去……20 世纪俱乐部]

1894 年,20 世纪俱乐部创办于波士顿,1934 年起为了促进高尚的公共精神和良好的社会秩序,改名为 20 世纪协会。凡是年龄超过 21 岁的男女,"从事科学、艺术、宗教、政府、教育和社会服务;在商业、家庭生活和公民关系方面,对社区生活、州和国家作出过值得肯定的贡献",都可以申请成为会员。俱乐部活动主要在周六午餐会上举行。俱乐部最初只对男性开放,到 1895 年开始对女性开放……演讲者要面临激烈的质疑……演讲者包括报纸编辑、改革家、传教士、社会学家、教育家、作家、劳工领袖、经济学家和其他人士(Massachusetts Historical Society 2008)。

1905 年 11 月 4 日,马克·吐温出席了俱乐部的活动,发表了关于和平、传教士和政治家的讽刺演说(SLC 1905f)。目前还不知道他在去俱乐部以前是否对惠蒂埃宴会的演讲稿进行了修改。关于他对这次演讲的评价,参考《自传口述》,1906 年 1 月 23 日。

自传口述,1906 年 1 月 12 日 557

267　1906 年 1 月 12 日]

这段口述的第 1 页出现在前言里。

267.35　哈维上校]

乔治·布林顿·麦克莱伦·哈维(1864~1928年),先后在马萨诸塞州的《斯普林菲尔德共和报》和《芝加哥新闻报》当记者,后来在普利策的《纽约世界报》担任总编,当时他只有二十多岁。他依靠建造电气化铁路发了大财,1899年收购了著名杂志《北美评论》,当上了这家杂志的主编。第二年,哈维成为饱受债务困扰的哈珀兄弟出版公司的总裁,1901年他当上了《哈珀周刊》的主编。哈维和马克·吐温、罗杰斯进行协商,在1903年签订了合同,让哈珀兄弟出版公司获得了马克·吐温所有作品的独家出版权。1907年3月3日,哈维接受了《华盛顿邮报》的采访,他认为多亏了这份合同,马克·吐温成为美国报酬最丰厚的作家,合同保证为他的所有作品付稿费,无论这些作品是出版还是弃用("马克·吐温的独家出版商谈及幽默作家的报酬",A12)。哈维上校的头衔来自政坛而不是军队,他从1885年到1892年一直担任新泽西州长的侍从武官(HHR,513 n.2)。

268.15-16　总统和各位州长来给我过生日——30岁生日——那天正好是感恩节]

1789年,美国总统乔治·华盛顿宣布把11月26日定为全国正式的感恩节。此后,感恩节都由总统和州长来指定,但是日期并不规律,也不统一。1863年,总统亚伯拉罕·林肯宣布,全国感恩节为11月的最后一个星期四,到了1905年是第5个星期四,恰好是马克·吐温的生日。1939年,富兰克林罗斯福把感恩节的日期改为11月的第3个星期四,1941年国会通过法案,把感恩节确定为11月的第4个星期四。

268.23-24　几场邪恶残酷、不可宽恕的战争]

除了俄国革命(AD,1906年1月10日,注释257.18-21)以外,马克·吐温无疑是指日俄战争,也许还有也门、克里特岛、法属刚果和德属东非(坦桑尼亚)的战乱,这些战争都发生在1904年到1905年间。

268.24-25　利奥波德国王……在刚果烧杀劫掠]

利奥波德二世(1835~1909年),1865年成为比利时国王。1878~1884年间,在探险家亨利·莫顿·斯坦利的协助下,他掠夺了中非(现在的民主刚果共和国)广大领地的条约权,成立了刚果自由国,此后10年对这里进行了残忍无情的统治。他把刚果作为私有的商业帝国,残酷地剥削非洲人民,强迫他们到煤矿和橡胶公司劳动,这些地方的经营权都要经过他的许可。1905年,马克·吐温写下了讽刺小说《利奥波德国王的独白》,详细地揭露了这些残酷的行径(SLC 1905a)。

558　268.25　纽约的保险启示]

参考《自传口述》,1906年1月10日。

268.28　生日聚会……12 月 5 日]

为了庆祝马克·吐温的生日,大家在纽约的德尔莫尼克餐厅举办了豪华的宴会。他在下面这段文字里做了说明(此处附上生日宴会的特刊)。然而,这份资料没有收录在后来的打字稿里,现存的文本是转录的。这份特刊包括宾客照片、演讲稿和其他献词,共有 32 页,题为"马克·吐温生日纪念",刊登在 1905 年 12 月 23 日的《哈珀周刊》上(SLC 1905g)。在 1908 年 12 月 16 日的《自传口述》中,马克·吐温写道,"(如果我在自传前面的章节没有插入这段报道)我将在此附上宴会的详细描述"。这份特刊的影印件现存于 MTPO。

268.30　在演讲中,我隐瞒了很多事实]

马克·吐温的演讲稿收录于《附录》中。

269.1 - 6　当我 50 岁的时候……1891 年]

1869 年 1 月 18 日,哈特福德周一早间俱乐部举行了第一次会议。贺拉斯·布什内尔(1802 ~ 1876 年),1833 年到 1859 年先后担任哈特福德公理会教堂和公园公理会教堂的牧师,写有多本神学著作,也是这家俱乐部的发起人。1869 年 2 月,俱乐部修改了章程,把会员确定为 20 人。在马克·吐温的回忆中,这些作家没有按照字母顺序来排列名字。1873 年,马克·吐温成为俱乐部会员,到 1910 年去世前,他一直在会员名录上,尽管 1891 年 6 月克莱门斯全家离开了哈特福德,他不再参加俱乐部的会议。牧师弗朗西斯·古德温(1839 ~ 1923 年),建筑师、新教圣公会教士,曾在哈特福德的几家教堂任职,在 1877 年加入俱乐部。马克·吐温在《梦想》中回忆了那天晚上古德温家中的议题,这次会议举行于 1884 年 1 月 21 日,他时年 49 岁。在场的大部分人都是创始会员;如下所述,有 5 人是后来加入俱乐部的。和马克·吐温一样,他们直到去世都是俱乐部会员(Howell Cheney 1954;弗朗西斯·古德温,Hartford Residents1974)。

269.14 - 16　太太们……不允许参与讨论]

"按照早期的规则,主人的太太可以邀请两三位密友坐在她旁边……女主人很少参与谈话……会员们有种优越感,认为俱乐部的听众应该只限于男士"(Howell Cheney 1954,6)。

269.24 - 26　约翰·皮尔庞特·摩根的雪茄……道奇先生家里的宴会]

约翰·皮尔庞特·摩根(1837 ~ 1913 年),美国著名银行家、金融家、艺术品收藏家。威廉·E. 道奇(1832 ~ 1903 年)和父亲老道奇(1805 ~ 83 年)同名,费尔普斯 - 道奇公司的合伙人,这家公司生产铜和其他金属产品,道奇像父亲一样,热衷于参与众多慈善活动和宗教活动。

269.34　乔治,我们的黑人管家]

乔治·格里芬,参考《自传口述》,1906 年 2 月 6 日。

559 269.38 惠灵长九]

19 世纪 20 年代起,西弗吉尼亚州的惠灵成为雪茄的制造中心,主要生产廉价雪茄。至少到 1830 年,"Long nine"都用来指廉价雪茄(Ohio County Public Library 2008;Mathews 1951,2:1000)。

270.1　当我在……50 年代末]

1857 年 2 月 16 日,马克 · 吐温首次登上"保罗琼斯"号,这艘轮船当时从辛辛那提开往新奥尔良,领航员是贺拉斯 · 比克斯比。马克 · 吐温回到圣路易斯,正式当了比克斯比的学徒和舵手,3 月 15 号来到"克罗斯曼上校"号轮船。1859 年 4 月 9 日,马克 · 吐温得到执照后继续当领航员,直到 1861 年 5 月中旬南北战争爆发,密西西比河上的商业交通中断。他在《密西西比河上的生活》的第 4 章到第 21 章里回忆了这段经历(1856 年 8 月 5 日,致亨利,1861 年 4 月 26 日,致奥利安,LI,69 – 121;Branch 1992,2 – 3)。

270.12　牧师派克医生]

埃德温 · 庞德 · 派克(1836 ~ 1920 年),公理会教士,从 1860 年到 1912 年担任哈特福德第二基督教教堂的牧师,获得荣誉退休牧师称号。

270.15　牧师伯顿医生]

纳撒尼尔 · J. 伯顿(1824 ~ 1887 年),先后担任哈特福德第四公理会教堂(1857 ~ 1870 年)和公园公理会教堂(1870 ~ 1887 年)的牧师。

270.18　特威切尔牧师]

约瑟夫 · 霍普金斯 · 特威切尔,从 1865 年到 1912 年任康涅狄格州哈特福德避难山公理会教堂的牧师,马克 · 吐温最亲密的朋友(参考《格兰特和中国人》,注释 73.13)。

270.34 – 35　你可以从前门进来……踩灭他们的雪茄]

1897 ~ 1898 年,马克 · 吐温写下了《与撒旦的对话》,详细地描写了这个关于廉价雪茄烟的故事(see SLC 2009,42 – 44)。

271.6 – 8　已故的格林上校……现任总统]

雅各布 · L. 格林(1837 ~ 1905 年)在南北战争中表现英勇、忠心耿耿、战功卓越,晋升为荣誉中校。身为律师,他从 1871 年到 1878 年担任康涅狄格互惠保险公司的秘书,后来成为公司总裁。他在 1883 年加入了周一早间俱乐部(Heitman 1903,1:475)。

271.29 – 32　老哈默斯利,他的儿子威尔 · 哈默斯利……最高法院]

威廉 · 詹姆斯 · 哈默斯利(1808 ~ 1877 年),记者、图书出版商,曾经任哈特福德市长(1853 – 54,1862 – 64)。威廉 · 哈默斯利的介绍请参考《机器轶事》,注释 101.23(Trumbull 1886,1:117 – 18,385,612,620,624;"可敬的威廉 · 詹姆

斯·哈默斯利去世”,《哈特福德新闻》,1877 年 5 月 16 日,2)。

272.8－9　查尔斯·E. 珀金斯]

1882 年以前的 10 年间,查尔斯·E. 珀金斯(1832～1917 年)是马克·吐温在哈特福德的律师。他在 1871 年加入了俱乐部(1869 年 8 月 12 日,至布利斯,L3,294 n.4;1872 年 5 月 8 日,致珀金斯,LS,84 n.1)。

272.29　韦瑟斯菲尔德监狱]

康涅狄格州韦瑟斯菲尔德州立监狱始建于 1827 年,一直使用到 1963 年(Connecticut State Library 2008b)。

272.31－32　詹姆斯·哈蒙德·特朗布尔,美国学识最渊博的人]

哈特福德历史学家詹姆斯·哈蒙德·特朗布尔(1821～1897 年),为《镀金时代》写了多语种的章节标题。 560

272.36－37　亨利·C. 罗宾逊州长]

亨利·罗宾逊(1832～1900 年),检察官、企业高管,从 1872 年到 1874 年任哈特福德市长。尽管两次被共和党提名康涅狄格州州长(1876 年和 1878 年),他却没有担任过这一职务(Burpee 1928,3:41;Connecticut State Library 2008a)。

272.39－40　AC 邓汉姆……资本家]

奥斯丁·科尼利厄斯·邓汉姆(1833～1917 年),羊毛商人、投资家、公司创始人,1882 年起担任哈特福德电灯公司总裁,1870 年加入周一早间俱乐部(1874 年 10 月 3 日,致豪威尔斯,L6,248 n.3;Connecticut Light and Power 2008)。

自传口述,1906 年 1 月 13 日

273.3－5　富兰克林……西点人……墨西哥战争……南北战争的时候,麦克莱伦是总司令]

威廉·比尔·富兰克林将军(1823～1903 年),1843 年以全班第一的成绩从西点军校毕业,进入美国军队测绘工程兵团服役,参加了墨西哥战争(1846～1848 年)。南北战争期间,他曾在乔治·B. 麦克莱伦将军麾下效力,此后转战各地。尽管战绩辉煌,他却背负了联邦军队在弗雷德里克斯堡战役中失败的责任,这一点显然有失公允,他默默无闻地度过了此后的军旅生涯。1866 年,他从军队退役,当上了哈特福德柯尔特专利武器制造公司的副总裁,担任这一职位到 1888 年。1871 年,他加入了哈特福德星期一早晨俱乐部(“富兰克林去世”,《哈特福德新闻》,1803 年 3 月 9 日,13)。

273.11－12　约翰逊是三一学院的成员……俱乐部里最出色的会员]

查尔斯·弗雷德里克·约翰逊(1836～1931 年),文学历史学家、评论家、诗人,从 1865 年到 1870 年任美国海军学院数学教授,从 1883 年到去世前任哈特福德三一学院的英国文学荣誉教授。1886 年,他加入了哈特福德星期一早晨俱乐部("查尔斯·弗雷德里克·约翰逊教授去世",《纽约时报》,1931 年 1 月 10 日,11)。

273.38　没办法不谈自己的本行]

三句话不离本行。

274.14－22　1858 年,我当了舵手……我不想让我妈妈知道那个梦]

在《密西西比河上的生活》的第 18 章到第 25 章,马克·吐温回忆了他和 19 岁的弟弟亨利在"宾夕法尼亚"号轮船上工作的情形。1857 年 11 月,他开始在威廉布朗船长手下临时帮忙。1858 年 6 月 13 日,"宾夕法尼亚"号四个锅炉中的三个发生爆炸,轮船沉没,导致 150 名乘客和船员死亡,包括亨利和布朗船长(参考注释 275.20－21)。文中提到的约翰·S. 克兰费尔特船长(1810～1885 年)和霍勒斯·比克斯比(1826～1912 年),在马克·吐温当领航员学徒的时候带过他(关于马克·吐温对宾夕法尼亚号轮船事故和亨利遇难的纪实,参考 1858 年 6 月 15 日和 6 月 21 日给莫菲特的信,L1,80－86;Branch 1985)。在口述自传的时候,马
561 克·吐温没有在书里或别处讲述他那个有关亨利的梦;后来他把这篇文章发表在 1907 年 4 月的《北美评论》(NAR 16)上,作为"自传节选"的一部分。马克·吐温的外甥女安妮·莫菲特在她儿子 1946 年出版的回忆录里写道,简·克莱门斯其实知道那场梦。

> 常常谈到这场梦。他在动身前告诉过他们梦里的情景,可是家里人对此不以为然,还打趣他看得过于认真。
>
> 家里人讲的这个故事和萨姆舅舅说的不太一样。他们说,他是在白天做的梦,包括亨利在内,全家人都待在我母亲的房间里,萨姆舅舅在隔壁睡觉。他走进来告诉大家他梦里的情景。我的外祖母叫他回去睡觉,再把这个梦做上两三遍,不过我想这个故事经过了她的润色(MTBus,37)。

274.32　我的姐夫莫菲特先生]

威廉·安德森·莫菲特是圣路易斯的商人,在 1851 年娶了马克·吐温的大姐帕梅拉·安(1853 年 8 月 24 日,致妈妈,LI,2;参考附录"家族传记")。

275.20－21　我打了一架……让我在新奥尔良上岸]

在《密西西比河上的生活》的第 19 章里,马克·吐温回忆他和布朗打了一架。为了不让布朗把"一块十磅重的煤"砸在亨利身上,他"搬起一条挺沉的板凳,把布朗狠揍了一顿,将他打倒在地"。这件事发生在 1858 年 6 月 3 日。尽管克兰费

尔特船长很同情马克·吐温,却没办法换掉布朗,布朗不肯再带马克·吐温,让他在新奥尔良上了岸(L1:1857 年 6 月 1 日,致泰勒,75;1858 年 6 月 18 日,致玛丽·莫莉·克莱门斯,82 n.2)。

275-28　飓风甲板(顶层甲板)……轮机房]

飓风甲板通常指第三层甲板。这个称呼是因为顶层甲板上时常有微风吹过,在温暖宜人的夜晚,这里是不错的观景平台。甲板有轮船上最大的信号铃。轮机房位于轮子上面("Glossary of Steamboat Terms"2008;密西西比河上轮船的图样,参考 HF2003,405)。

275.33-34　我在《密西西比河上的旧时光》里讲过了]

在《密西西比河上的生活》的第 20 章里,马克·吐温写道,亨利在爆炸后落入河中,他回到火光冲天的船上帮助其他人脱险,后来因受伤晕了过去。但是在这篇写于 1858 年 6 月末或 7 月初的文章里,马克·吐温没有提到这段英雄事迹(再次发表在 Branch 1985,36)。马克·吐温在别处也把《密西西比河上生涯》称为《密西西比河旧时光》,这是《大西洋月刊》发表的系列文章,转载了第 4 章到第 17 章,组成了这本书的核心(SLC 1875a;1858 年 6 月 18 日,致玛丽·莫莉·克莱门斯,LI,84 n.7)。

276.3-4　佩顿医生……很快产生了致命的效果。我想他是在黎明前后死去的]

在 1876 年的信中,马克·吐温这样回忆托马斯·F. 佩顿:"他是个多么了不起的人!只要看到他的面容,听到他的声音,病痛就会消失"(1876 年 10 月 25 日,收信人身份不详,Letters 1876-1880)。亨利在 1858 年 6 月 21 日去世,马克·吐温认为吗啡的过量使用直接导致了他的死亡,这一点没有得到证实。

自传口述,1906 年 1 月 15 日 562

277.37　他的女儿,伍德太太]

茱莉亚·柯蒂斯·特威切尔出生于 1869 年,1892 年嫁给了纽约律师霍华德·奥格登·伍德(1866~1940 年)("特威切尔",Hartford Residents 1974;《纽约时报》:"伍德-特威切尔联姻",1892 年 4 月 27 日,5;"慈善家霍华德·奥格登·伍德去世,享年 74 岁",1940 年 6 月 17 日,15)。

277.41-278.11　詹姆斯·古德温的家里……他父亲的石墙大宅]

詹姆斯·古德温(1803~1878 年)拥有一家游船公司,后来成为哈特福德和纽黑文铁路公司的董事,创立了康涅狄格州互惠人寿保险公司,担任该公司董事长,这家位于哈特福德的公司是美国最大的保险企业,截止到 1875 年拥有 4000 多万美元的资产。他的儿子为他设计并建造了位于哈特福德伍德兰德街的房子,这是城里面积最大的私人宅邸,是一座气派宏伟的建筑(1874 to OLC L6,176－77 n.4)。

279.7　莫里斯墙纸]

这种是英国作家、艺术家威廉·莫里斯(1834～1896 年)亲自设计的墙纸,由他的公司生产。

279.24　莫里斯夫人的病情突然恶化]

马克·吐温在前一段提到了威廉·莫里斯,显然让他想起了毫不相干的莫里斯夫人,于是他在口述自传的打字稿里插入了《纽约时报》1906 年 1 月 11 日的报道。这篇文章提到了威廉·霍华德·塔夫脱(1857～1930 年),时任战争部长;约翰·莫里斯·谢泼德(1875～1941 年),德克萨斯州民主党议员;查尔斯·亨利·格罗夫纳(1875～1941 年),联邦退役军人、俄亥俄州共和党议员;赛里诺·以利沙·佩恩(1843～1914 年),众议院筹款委员会主席,位高权重的共和党议员;马林·埃德加·奥姆斯特德(1847～1913 年),宾夕法尼亚州共和党议员,议会程序的权威人士。

280.13　菲律宾关税法案]

国会议员赛里诺·以利沙·佩恩提出这项法案,建议给予进入美国市场的菲律宾蔗糖关税优惠,税率为现行关税的 1/4,为期 3 年,以便在菲律宾和美国之间建立自由贸易。美国国内的蔗糖业表示强烈反对,1906 年 1 月 16 日,这项法案在众议院获得通过,但是在 3 月 2 日遭到了参议院委员会的反对。1906 年,这项法案重新开始讨论,1907 年经修改后通过(参考《纽约时报》多篇报道,1906 年 1 月 3 日至 1907 年 12 月 27 日)。

281.36－37　贵格城号轮船远航……《傻子出国记》]

参考《芝加哥内战联邦退伍军人协会节》注释 67.6－13。

281.39－41　我开始……约翰·斯温顿]

威廉·斯温顿(1833～1892 年)是记者、社会改革家约翰·斯温顿(1829～1901 年)的弟弟,南北战争期间《纽约时报》记者,曾经颇受争议。他后来到加利福尼亚大学伯克利分校任英语教授(1869～1874 年),著有战争史与地理、语法和文学教科书。1867～1868 年冬天,马克·吐温在华盛顿和斯温顿同住过一段时
563 间,他当时为内华达州共和党参议员威廉·莫里斯·斯图尔特工作,同时为《纽约论坛报》、《纽约先驱报》、旧金山《上加州日报》、弗吉尼亚城《企业报》和《芝加哥共和报》撰写报道。两人有可能共同成立了新闻记者联合组织,但是没有找到确凿证据(1867 年 12 月 4 日,致扬,L2,125－26 n.1)。

282.12－13　为《纽约论坛报》写了 6 篇文章……回来]

马克·吐温为《纽约论坛报》写的 6 篇贵格城号通讯包括:《地中海游记》,发

表于1867年7月30日;《地中海游记》,发表于9月6日;《美国人拜见俄罗斯沙皇》,发表于9月19日;《美国佬在东方》,发表于10月25日;《巴勒斯坦的美国殖民地》,发表于11月2日;《圣地游记,巴勒斯坦的第一天》,发表于11月9日。刊登在《纽约先驱报》上那篇轻松活泼的报道是指《贵格城轮船漫游记》,这篇文章对朝圣者和他们的活动冷嘲热讽,发表在1867年11月20日的报纸上,当此前贵格城号旅行已经结束,马克·吐温刚刚写下这篇文章几个小时(SLC 18671,1867m,1867n,1867o,1867p,1867r,1867s;L2:1867年11月20日,致母亲和家人[1st],104;1867年11月20日,致母亲和家人,399-406)。

282.14-15　我时常为杂志写稿,赚上25美元]

只有1868年冬天发表的一篇文章得到了证实:《华盛顿将军的黑人男仆》,刊登在1868年2月的《银河》杂志上(SLC 1868b)。《银河》为此支付的稿酬尚不可知。

282.15-18　我和莱利……我还会再提到他]

约翰·亨利·莱利(1830?~1872年),旧金山新闻记者,19世纪60年代初和马克·吐温结识。1865年年末,他来到华盛顿,当上了旧金山《上加州日报》的通讯记者,也为其他报纸撰稿,担任众议院矿山矿产委员会的书记员。1870年,马克·吐温为莱利制订了计划,让他探访南非新发掘的钻石矿,为马克·吐温即将动笔的书收集素材。得到马克·吐温的资助后,莱利踏上了旅程,回来后把旅行笔记交给了马克·吐温,不过马克·吐温推迟了写作计划,后来完全放弃了这个计划,1892年莱利因患癌症去世(详情请参考L4,1870年12月2日,致布利斯,1870年12月2日,致莱利,256-66,Z-5)。马克·吐温在1870年11月《银河》杂志上发表的文章《新闻记者莱利》中刻画了莱利的形象,并且把他作为《艰苦岁月》第59章里商人布吕歇尔的原型(SLC 1870e;RI 1993,702)。不过,马克·吐温在《自传口述》里没有再提到莱利。

282.19-24　我有个机会……《有关大宗牛肉合同事件》]

这里提到的文章是《已故乔治·费希尔事件的始末》,发表在1871年1月的《银河》杂志上。马克·吐温记错成《有关大宗牛肉合同事件》,这篇文章描写了1861年没有付款的军队供应合同,刊登在1870年5月的《银河》杂志上。他把这两篇文章都收录在1875年出版的《马克·吐温新旧见闻杂记》里(SLC 1871b,1870b,1875c)。

282.25-26　斯波福德……国会图书馆长]

安斯沃斯·兰德·斯波福德(1825~1908年),曾任《辛辛那提商业报》助理编辑,在1861年成为国会图书馆长助理,1864年担任图书馆长。他1897年,再次 564
担任助理直到去世。马克·吐温第一次在华盛顿见到斯波福德,大概是1867~

1868 年冬天。马克·吐温和斯波福德就版权问题有多次书信往来(参考 L4,L5,and L6)。

282.29　图克关于价格的著作]

托马斯·图克的《从 1793 年到 1837 年美国货币流通状况下的价格史;过去两个世纪的谷物贸易概述》(Tooke 1838 – 57)。

自传口述,1906 年 1 月 16 日

283.13 – 14　等你 11 点来]

这是马克·吐温对速记员约瑟芬·霍比说的。

283.36 – 284.1　我是不是说到约翰·马隆……结识我]

关于约翰·马隆的介绍,参考注释 286.38 – 39。沃尔尼·斯特里默(1850 ~ 1915 年),从 1905 年 12 月起担任桥牌俱乐部的图书馆长,他曾经是埃德温·布斯剧团的演员,也是纽约著名书店布伦塔诺的文学顾问,出版过几本文学选集,包括《怀疑与信任之声》(Streamer 1897),马克·吐温在 1902 年 2 月和 1905 年 12 月得到过这本书。两本书都是礼物,第二本可能是斯特里默本人送的。马克·吐温还有他写的《以友谊之名》(Gribben 1980,2:673 – 74;"沃尔尼·斯特里默去世,"《纽约时报》,1915 年 4 月 15 日,13)。

284.5　有时候我希望谈谈这件事]

他的确谈到了这件事,参考《自传口述》,1906 年 1 月 10 日,注释 255.19 – 22。

284.7　大卫·门罗……《北美评论》的编辑]

大卫·门罗(1844 ~ 1910 年)出生于苏格兰,进入爱丁堡大学就读。他在青年时代来到美国,在哈珀兄弟出版公司文艺部工作。1889 年,他成为《北美评论》杂志的经理,7 年后当上了编辑。乔治·哈维在 1899 年收购了《北美评论》后,门罗当上了他的副主编。此外,门罗还是希腊语专家,曾经参与编写《希腊语—英语对照版新约全书》和其他著作("大卫·门罗去世",《纽约时报》,1910 年 3 月 10 日,9)。

284.7 – 8　艺术家罗伯特·里德;雕刻家圣·高登斯]

罗伯特·里德(1862 ~ 1929 年),美国印象派画家和壁画家,出生于马萨诸塞州,就读于波士顿美术博物馆学院,先后在纽约和巴黎完成学业。奥古斯塔斯·圣·高登斯(1848 ~ 1907 年),出生于都柏林,却在纽约长大。他曾在库珀联合学院学习美术,此后就读于巴黎巴黎美术学院,师从朗索瓦·茹弗鲁瓦,然后到罗马求学。他最初以名人的公众雕像而闻名于世。

284.31　约翰·麦卡洛]

约翰·麦卡洛(1832 ~ 1885 年)14 岁时从爱尔兰来到美国。他定居在费城,自学阅读和写作,研究戏剧,24 岁首次登台表演。1861 年,他加入了著名演员、剧作家埃德温·弗雷斯特(1806～1872 年)的巡回演出剧团。后来,他到旧金山当了一段时间的剧院经理和演员,在美国各地巡回演出,成为当时最受欢迎的知名演员。 565

285.18－19　纽约城市学院校长]

这里指约翰·H. 芬利,参考《自传口述》,1906 年 1 月 10 日,注释 255.18－19。

285.36　2 月 6 日那天,他准备了另一场晚宴]

这次晚宴的信息尚未得到考证。

286.27　格里尔大主教]

大卫·赫梅尔·格里尔(1844～1919 年),纽约圣巴塞缪斯大教堂的主教和教区长,1904 年任纽约教区助理主教。

286.31　霍克斯医生]

福布斯·罗伯特·霍克斯(1865～1940 年),著名的外科医生,1901 年到 1905 年任纽约医学研究院临床外科教授。

286.38－39　约翰·马隆……离开这种生活]

约翰·马隆和马克·吐温都是俱乐部的发起人。伊莎贝尔·范·莱昂在日记中写道:

"1 月 16 日,约翰·马隆去世了——克莱门斯先生让我打电话给俱乐部的沃尔尼·斯特里默,告诉他们如果抬棺的人手不够,他愿意算一个。昨天克莱门斯先生还和特威切尔先生谈到约翰·马隆,今天他就死了。"(Lyon 1906,16)特威切尔从 1 月 16 日的《纽约时报》上剪下了马隆的讣告。把讣告插入这段口述时,马克·吐温更正了《纽约时报》"约翰·马隆享年 78 岁"的说法,不过他确切的年龄仍不得而知。《纽约论坛报》的讣告显示,"马隆享年 56 岁,虽然许多人认为他的年纪更大"("演员马隆中风去世",1906 年 1 月 16 日,7)。1 月 18 日,马隆的葬礼在位于西 16 街的圣弗朗西斯泽维尔教堂举行,马克·吐温实际上是抬棺者之一("演员约翰·马隆的葬礼",《纽约时报》,1906 年 1 月 19 日,11;Lanier 1938,358)。

287.1－5　我对自己说]

1893 年左右,马克·吐温草拟了《过期杂志》的发行说明。他写道,这个构思来源于他在华盛顿当新闻记者的时候,那是在 1867 年到 1868 年(SLC 1893,1;AD,1906 年 1 月 17 日)。

自传口述,1906 年 1 月 17 日

287.7－11　我打算找个出版商……3 年前做了最后的努力]

1893 年 11 月,马克 · 吐温筹备了《过期杂志》的发行说明,首次打算出版这本杂志(SLC 1893)。他希望得到《时尚》杂志编辑约翰 · 布里斯本 · 沃克的支持,但是未能如愿以偿。马克 · 吐温本来以为他的外甥塞缪尔 · 莫菲特可以当这本杂志的编辑。关于 1903 年他让出版商对杂志感兴趣的详情仍不得而知(Notebook 33,TS pp. 37,38,39a,CU – MARK)。

287.26 – 32　特威切尔和我穿过大街……当时我就在那儿]

1906 年 1 月 15 日晚上,马克 · 吐温和特威切尔去看望住在第五大道 23 号的丹尼尔 · 埃德加 · 希克斯(1823 ~ 1914 年),马克 · 吐温当时住在第五大道 21 号,位于第九街的拐角处。希克斯当过律师,曾经担任纽约民主党议员(1857 ~
566 1861 年,1893 ~ 1895 年),也是颇有争议的外交官和南北战争将领。1859 年 2 月 27 日,他在白宫旁的宾夕法尼亚大街开枪打死了弗朗西斯 · 斯科特 · 基的儿子,因为年轻的菲利普 · 基和他妻子有暧昧关系。陪审团裁定他暂时性精神失常,希克斯获准无罪释放,公众普遍认为他的行为无可非议。这是美国历史上被告第一次以暂时性精神失常为自己做辩护。开枪射击的那天,马克 · 吐温乘坐"埃里克 · 斯科特"号轮船抵达圣路易斯("航行日志",LI,388;Twichell 1874 – 1916,2:117 – 18;《纽约时报》:"可怕的悲剧",1859 年 2 月 28 日,1;"希克斯悲剧",1859 年 4 月 27 日,1;"希克斯无罪释放",1859 年 4 月 28 日,4;"希克斯将军去世;遗孀守护在旁",1914 年 5 月 4 日,1)。

287.34　南北战争中,特威切尔是希克斯军队中的牧师]

从 1861 年到 1864 年,特威切尔担任随军牧师,他所在的团属于希克斯率领的爱克赛西奥旅,这支军队参与了几场重要的战斗(Twichell 2006,1,4)。

288.5 – 6　已故的比尔 · 奈……瓦格纳的音乐听起来要好得多]

记者埃德加 · 威尔森 · 比尔 · 奈(1850 ~ 1896 年)是很受欢迎的幽默大师和演讲家。这句话常常被误认为是马克 · 吐温说的。

288.12 – 26　希克斯在葛底斯堡丢了一条腿……特威切尔引用了这篇演讲稿]

1863 年 7 月,联邦军队在葛底斯堡血战三昼夜,首次赢得胜利。在 7 月 5 日寄给姐姐莎拉 · 简的信中,特威切尔讲述了战斗的经过,后来他和马克 · 吐温在哈特福德森林中散步时,经常讲起希克斯负伤的情景:

> 日落之前,希金斯将军受伤的不幸消息传开来。他凭借自己的勇气、镇定和能力,成为这一天的精神领袖,避免了可怕的失败。所有人都觉得他的负伤如同灾难降临。我看到他躺在野战医院里,看护陪着他,医生把他扶起来,截肢的时候用了氯仿。他的左腿炸得粉碎,就在膝盖

> 下面——位置很低,不可能保住膝盖。他的态度和言语都体现出高贵的品质。他说,"我要是死的话,就让我死在战场上吧","上帝保佑我们崇高的使命""在这样的战争中,个人不算什么"、"我相信上帝",这就是他留下的话。他被人抬走了,不过我们听说他恢复得不错(Twichell 2006,2,249)。

约瑟夫·奥黑根(1826~1878年)是耶稣会信徒、天主教神父,他和特威切尔都在希克斯的爱克赛西奥旅服役,两人在战后依然是亲密好友(1875年2月1日,致斯托达德,L6,367 n.6)。

288.39-42　费尔柴尔德将军在那里……逐渐熟悉了他和他的家人]

1863年7月1日,卢修斯·费尔柴尔德(1831~1896年)在葛底斯堡战役中失去了左臂。几个月后,他以陆军准将的军衔从联邦军队中退役。他曾经三次连任威斯康星州州长(1866~1872年),后来进入外交部门。1878年到1880年,他担任美国驻巴黎总领事。1879年2月末到7月初,克莱门斯家住在巴黎,他们和费尔柴尔德将军及夫人关系友好,全家人周游欧洲的经历成为《海外漫游》的基础(N&J2,48,287,315-16)。

289.4　诺伊斯将军……在战争中失去了一条腿] 567

1861年,爱德华·福兰斯比·诺伊斯(1832~1890年)中断了律师生涯,加入联邦军队,此后晋升为陆军准将。1864年7月4日,他在战斗中负伤,导致左腿截肢。战争结束后,先后担任过法官、俄亥俄州州长(1871~1873年)和美国驻法国公使(1878~1881年)。

自传口述,1906年1月18日

292.3-4　蒂尔曼参议员……直言不讳地批评总统]

1906年1月17日,民主党参议员本杰明·瑞安·蒂尔曼(1847~1918年)在参议院猛烈抨击了总统西奥多·罗斯福("蒂尔曼猛烈抨击罗斯福",《纽约时报》,1906年1月18日,1)。

292.10　把莫里斯太太从白宫赶出去的事件]

关于莫里斯太太遭驱逐和罗斯福对此漠不关心的态度,请参考1906年1月10日和1月15日的《自传口述》。马克·吐温大概是看到了《纽约时报》的报道,报纸上刊登了蒂尔曼的演讲稿,报道称,"当蒂尔曼讲述莫里斯太太的遭遇时,站在参议院走廊里的女士失声痛哭。蒂尔曼本人也留下了眼泪,声音哽咽,为荣誉和真相而大声呼吁。参议院鸦雀无声,听众们屏住呼吸,倾听着蒂尔曼慷慨激昂的演讲"("蒂尔曼猛烈抨击罗斯福",《纽约时报》,1906年1月18日,1)。

292.18　我已经安排了别的计划，引起公众的关注］

这个计划尚未得到证实。

292.29　他的远房堂弟杀死了一个编辑］

1903年1月15日，本杰明·蒂尔曼的侄子（不是他的远房堂弟）詹姆斯·H.蒂尔曼（1869～1911年），任期将满的南卡罗来纳州副州长，在哥伦比亚市的大街上开枪击中哥伦比亚《国家报》的编辑纳西索·简·冈萨雷斯（1858～1903年）。冈萨雷斯在4天后死去。1902年，詹姆斯·蒂尔曼竞选州长失败，当时冈萨雷斯是蒂尔曼的政敌，让他吃尽了苦头，冈萨雷斯在《国家报》上多次辱骂蒂尔曼，说他是撒谎胚子和酒鬼。尽管本杰明·蒂尔曼当时和侄子关系不好，把他看作政治对手，可还是对他表示了支持。1903年10月15日，陪审团裁定詹姆斯·蒂尔曼无罪释放，他宣称自己对冈萨雷斯的攻击事出有因，是出于自卫考虑（《纽约时报》的多篇文章，1903年1月16日至10月30日；Monk 2003）。

292.38－293.2　他还记得参议院……西部地区职业拳击手的称赞和钦佩］

蒂尔曼提到，罗斯福“给职业拳击手菲茨西蒙斯写了一封信，表示同情……让公众了解莫里斯太太当时遭受的粗暴对待”（“蒂尔曼猛烈抨击罗斯福”，《纽约时报》，1906年1月18日，1）。1905年12月末，就在莫里斯事件发生后几天，报纸上刊登了这封写给菲茨西蒙斯的信。据报道称，这封信只是简单地致以新年问候，没有对菲茨西蒙斯表示同情，他于12月20日在旧金山丢掉了世界轻量级冠军（《纽约时报》：“奥布莱恩大战十三回合获胜”，1905年12月21日，7；“罗斯福致信菲茨西蒙斯”，1905年12月31日，5）。

568 293.12　今天早上，我们埋葬了演员约翰·马隆这个老好人］

参考《自传口述》，1906年1月16日。

293.15－30　奥地利皇后的葬礼……我感到欣喜若狂］

1898年9月10日，马克·吐温和家人当时还住在奥地利，奥地利皇后伊丽莎白·阿玛莉亚·欧叶妮（生于1837年）在日内瓦遭到暗杀，凶手是精神错乱的意大利无政府主义者卢伊吉·卢切尼，他并没有民族主义动机。1898年9月17日，奥地利举行了国葬，这场盛况空前的葬礼是欧洲皇室历史上场面最壮观的悼念场景（Dolmetsch 1992，81）。马克·吐温把这个场景写进了《难忘的暗杀》，于1917年首次发表（SLC 1917，167－81）。

294.6－7　在弗吉尼亚城……加利福尼亚州的边界］

参考《自传口述》，1906年1月9日，注释251.32－38。

自传口述，1906年1月19日

294.21－22　作为编辑……当了两年］

参考《自传口述》,1906 年 1 月 9 日。

294.28　同事中有普朗科特,还有达格特]

乔·R. 普朗科特是纽约本地人,1852 年到了加利福尼亚,1860 年来到内华达领地,住在弗吉尼亚城,在这里当了矿主,为《企业报》写社论。罗林·M. 达格特(1831～1901 年)也来自纽约,在旧金山当过记者,创办了周刊《黄金时代》(1852 年)和日报《晚镜报》(1860 年)。1862 年,他来到弗吉尼亚城,成为煤矿股票券商的合伙人,当了《企业报》的业余记者。1864 年,他成为这家报纸的编辑,1874 年接替古德曼当了总编。此后,他先后担任过内华达共和党议员(1879～1881 年)和美国驻夏威夷公使(1882～1885 年)(Marsh, Clemens, and Bowman 1972, 467 n. 27; Wright 1893; 1864 年 9 月 17 日,致怀特, LI, 310－11 n. 3)。

294.29－33　只有古德曼……汤姆·菲奇……朝他射了一颗子弹]

托马斯·菲奇(1838～1923 年),生长在纽约城,先后当过密尔沃基和加利福尼亚的报纸编辑、律师和议员,1863 年来到弗吉尼亚城,担任《弗吉尼亚城联合报》的编辑。他和古德曼决斗的详情不得而知。1863 年 8 月 1 日,弗吉尼亚城警方阻止了两人的首次决斗,马克·吐温对于此事的报道发表于 8 月 2 日的《企业报》以及 8 月 2 日和 6 日的旧金山《晨报》。1863 年 9 月 28 日,两位编辑为了避免受到内华达领地法律的指控,在加利福尼亚顺利地举行了决斗(参考注释 298.12－13)。菲奇的右小腿受伤,不过并无大碍,他凭借能言善辩的才能,先后当过内华达瓦肖县的地方检察官(1865～1866 年)和内华达的共和党众议员(1869～1871 年)。马克·吐温对这场决斗的报道可能刊登在 1863 年 9 月 29 日的《企业报》(ET&SI, 262－66; LI: 1864 年 5 月 26 日,致奥利安, 300 n. 3; 1864 年 11 月 11 日,致奥利安, 319 n. 4)。

294.38－295.2　他在沃尔克手下当过少校……中美洲的战斗]

威廉·沃尔克(1824～1860 年)当过医生、律师和记者,1855 年他率领一支志愿军进行远征,帮助尼加拉瓜的革命阵营。1856 年,沃尔克建立的政府得到了美 569
国政府的承认,他本人就任总统职位。1857 年,执政不到 1 年的沃尔克被中美洲国家联军打败,被迫离开尼加拉瓜。他打算重返尼加拉瓜,不料计划失败,1860 年他在洪都拉斯被执行枪决。

295.5－15　我很熟悉吉利斯一家……史蒂夫、乔治和吉姆,都是年轻小伙子]

史蒂芬·E. 吉利斯(1838～1918 年)是马克·吐温在内华达的密友。1862 年马克·吐温进入《企业报》时,吉利斯担任《企业报》的领班,是个训练有素的排字工人。吉利斯后来留在弗吉尼亚城,当了《企业报》的编辑,然后到《弗吉尼亚城记事报》工作,直到 1894 年。此后他搬到加利福尼亚的杰克艾斯山,与哥哥詹姆斯(1830～1907 年)和弟弟威廉(1840～1929 年)住在一起,他的两个兄弟都是矿主,也是马克·吐温的好友。1865 年 2 月,马克·吐温到杰克艾斯山和天使营看望吉姆和比利·威尔斯,在那里第一次听到了跳蛙的故事,促使他写下了这篇著名的小说(参考 AD,1906 年 1 月 11 日,注释 261.21－24)。1864 年年底和 1865 年,马克·吐温到旧金山,住在史蒂夫和比利·吉利斯以及他们的父亲安格斯(1800～1870 年)的家里。在跟随威廉·沃尔克战斗中死去的兄弟是菲利普·H.吉利斯(1834～1856 年)。据 1924 年比利·吉利斯编写的家谱记载,他们没有叫乔治的兄弟(LI:1864 年 5 月 21 日,致莱尔德,291－92 n.3;1864 年 9 月 25 日,致妈妈和帕梅拉,313－14 n.3;1864 年 9 月 28 日,致奥利安和玛丽,316 n.3;1864 年 11 月 11 日,致奥利安,320－22;1870 年 1 月 26 日,致吉利斯,Z,4,35－39;N&J1,63－90;威廉·吉利斯致 H.A.威廉,1924 年 5 月 31 日,影印件现存于 CU－MARK;吉姆·吉利斯的详细介绍请参考 AD,1907 年 5 月 26 日)。

295.20　鲍勃·豪兰]

1861 年,马克·吐温在内华达领地的卡尔森城认识了鲍勃·穆尔·豪兰(1838～1890 年),他是土生土长的纽约人。豪兰是煤矿监工,在奥罗拉有一家煤矿和铸造厂,同时担任警察局长的职务。1864 年,他被任命为卡尔森城监狱的典狱长,1883 年当上了加利福尼亚州副警察局长。在《艰苦岁月》的第 21 章里,豪兰曾经露过一面,这个人物名叫鲍勃·H.狂风大作的时候,他从沉睡中跳了起来,碰翻了放蜘蛛的隔板,立刻大叫道,“快跑,伙计们,毒蜘蛛跑出来了”。马克·吐温和豪兰一直是很好的朋友,保持着书信往来,直到霍兰去世(RI1993,145;1861 年 10 月 29 日,致菲利普,LI,142 n.2)。

296.7－18　古德曼去旧金山……他真正做过的事情]

1864 年 3 月 18 日写于弗吉尼亚城的信中,马克·吐温告诉姐姐,他正担任《企业报》编辑的职位,因为“乔·古德曼去三明治群岛了”(1864 年 3 月 18 日,致帕梅拉,LI,275)。在《艰苦岁月》的第 55 章里,他描写自己代替古德曼编辑职位的情形,但是没有提到关于莎士比亚的社论:

古德曼先生要离开一星期,把主编的职位留给我。这可把我害惨了。第一天,我在上午写了一篇社论。第二天,我找不到选题,拖到下午。第三天,我一直拖到晚上,然后从《美国百科全书》里抄了一篇社
570 论,这本书是全美国编辑最忠实的朋友。第四天,我一直鬼混到半夜,又一头栽进了百科全书。第五天,我绞尽脑汁,熬到半夜,让报社等着,写了几篇恶毒的人身攻击文章,针对六个不同的人。第六天,我痛苦地折腾到后半夜,结果什么也没写。没有社论的报纸就这样印出来了。第七

天，我不干了。到了第八天，古德曼先生回来了，发现有6个人等着和他决斗——我的人身攻击导致的恶果(RI 1993,377－78)。

实际上，古德曼在1864年8月回到了弗吉尼亚城，那是在莎士比亚诞辰纪念日之前。没有证据表明有人等着和他决斗(1864年3月18日，致帕梅拉，M 280 n.15)。

296.21－297.9　这主题就是莱尔德先生……莱尔德接受了]

詹姆斯·L.莱尔德和马克·吐温之间的争执发生在1864年5月，而不是马克·吐温暂时担任《企业报》编辑的3月到4月。事情的起因是《弗吉尼亚城联合报》和《企业报》的专栏相互抨击，《企业报》的专栏由马克·吐温执笔，涉及内华达领地为美国卫生委员会筹措的资金，这个委员会主要资助老弱病残的联邦士兵(马克·吐温向莱尔德发起挑战的详情，请参考1864年5月20日，致玛丽的信，和1864年5月28日，致卡特勒的信，LI,287－301)。

298.12－13　我们每人得在监狱里待两年……最新颁布的法律]

这部法律不是在1864年5月最新颁布的，而是1861年11月26日通过的《犯罪刑罚法案》。根据该法案规定，决斗双方将被判处2年到10年的监禁(1864年5月26日，致奥利安，L1,300 n.2)。

298.13　诺斯法官]

1862年到1864年，约翰·W.诺斯(1815～1890年)担任内华达领地最高法院的助理法官(LI:1862年1月29日、30日、31日，致玛丽，145－46 n.2;1862年4月13日，致奥利安，189 n,12)。

298.22－36　他就是卡特勒先生……立刻离开到卡尔森去了]

威廉·K.卡特勒的妻子艾伦就是卡尔森城委员会的会长，负责为美国卫生委员会筹集资金，马克·吐温在《企业报》发表的部分报道触怒了卡特勒，他曾写信给马克·吐温表示抗议。1864年5月28日，马克·吐温做了回复，要卡特勒向他发出决斗的挑战书。这件事是否是卡特勒的责任，如果他发出了挑战，马克·吐温现在的说法有多少准确性，目前仍不得而知。目前所知的是，马克·吐温本人在1864年5月29日突然离开了内华达领地(LI:1864年5月23日，致卡特勒，296－97;1864年5月25日，致奥利安和玛丽，297－99;1864年5月26日，致奥利安，299－301;1864年5月28日，致卡特勒，301－3)。

299.1－6－　1878年……我想这是准确可信的]

1878年11月21日，两位法国政治家，共和党人莱昂·甘必大(1838～1882年)和波拿巴主义者马利·弗朗索瓦·奥斯卡·巴蒂·德·富尔图(1836～1897年)举行了决斗，两人向对方开枪射击，但是双方都没有受伤。1880年，马克·吐

温在《国外漫游》的第8章《法国人决斗》里讽刺了两人的交锋，“自己和甘必大先
571 生交情长久，所以用法国人的名字做了他决斗的助手，这就是为什么此后所有的报纸上都报道，甘必大先生的助手显然是个法国人”(《纽约时报》:“海外要闻”，1878年11月22日，1；“海外新闻”，1878年11月23日，1；“交锋的一天”，1878年12月7日，1；Child 1887，521－24)。

299.9－11　意大利大使尼古拉……卡瓦洛蒂先生在这方面的遭遇]

康斯坦丁诺·尼古拉(1828～1907年)担任过多个外交职位，从1885年到1904年任意大利驻维也纳大使。菲利斯·卡罗·厄玛努埃尔·卡瓦洛蒂(1842～1898年)是意大利政治家、作家和记者，因决斗身亡而闻名于世(参考注释302.14和302.30－33)。

299.12－13　没有写完的章节]

他这篇没有写完的手稿共有16页，被转录成了打字稿，题为“决斗”，写于1898年3月8日的维也纳，1923年，佩恩在欧洲和其他地区发表了这篇文章(SLC 1898a)。

299.39－42　几个月以前……巴德尼伯爵……这个国家禁止决斗]

奥地利首相卡西米尔·菲利克斯·巴德尼(1846～1909年)出生于加利西亚，1897年9月25日，他和德国民族领袖卡尔·赫尔曼·沃尔夫(1862～1941年)进行了决斗，因为沃尔夫辱骂巴德尼是“波兰猪”。巴德尼的右手腕在决斗中受了轻伤。尽管决斗是非法的，教会认为这是不可饶恕的大罪，但是两人没有遭到起诉，也没有被逐出教会(《纽约时报》:“巴德尼首相受伤”，1897年9月26日，5；“巴德尼和沃尔夫决斗”，1897年9月27日，5；“巴德尼伯爵未受惩罚”，1897年9月28日，7；Dolmetsch 1992，67)。

300.41－42　unter sehr schweren Bedingungen]

在非常严峻的情况下。

302.3－12　亨利上校和皮卡尔上校的决斗……决斗结束了]

法国陆军上校乔治·皮卡尔(1854～1914年)和休伯特—约瑟夫·亨利(1846～1898年)是德雷福斯事件的主要当事人，这桩长期引发争议的丑闻起源于1894年，犹太裔军官阿尔弗雷德·德雷福斯上尉(1859～1935年)成为军队和新闻界反犹浪潮的受害者，被控告犯有叛国罪，把秘密情报泄漏给德国。皮卡尔上校发现德雷福斯无罪的证据，为他进行辩护，官方却警告他隐匿这些证据。1898年2月，左拉因写文章支持德雷福斯遭到审判，皮卡尔上校在法庭上为左拉作证，而亨利作出了不利于左拉的证词。在作证期间，亨利声称皮卡尔撒谎，导致两人在1898年3月5日进行了决斗。亨利后来承认捏造了不利于德雷福斯的证据，在1898年8月31日自杀身亡。皮卡尔由于为德雷福斯辩护，被逐出军队，

1906 年最高法院宣布德雷福斯无罪后,皮卡尔官复原职。阿瑟·朗克(1831~1908 年)是法国政治家、小说家,写有历史和政治著作(“皮卡尔上校决斗获胜”,《纽约时报》,1898 年 3 月 6 日,7)。

302.14　前天意大利致命的决斗]

马克·吐温是指 1868 年 3 月 6 日,菲利斯·卡瓦洛蒂在罗马和对手决斗时不幸身亡,对方是他在政界和新闻界的对手。关于这是他第 32 次还是第 33 次决斗,外界有不同的说法(“罗马决斗致人死命”,《纽约时报》,7 Mar 1898,1)。

302.19　我没有打扰他]

马克·吐温这篇描写决斗的手稿到此结束,这段口述的第一版打字稿并没有补充段落。但是手稿最后一页上的小孔表明,这篇文章原先和剪报钉在一起:修 572
订版打字稿的第二段下面有这样一句话:“此处插入有关卡瓦洛蒂决斗的德国文章。”马克·吐温读完第二版打字稿后,删去了这段说明,写了下面这段话,注明 1907 年 5 月 13 日。后来添上的这段说明可能包括马克·吐温对这篇出处不详的德国文章的改编。

302.30-33　他拿着剑……死神瞬间降临]

据《纽约时报》报道,决斗开始后,卡瓦洛蒂有力地攻击他的对手:

> 头两回合没有分出胜负,但是在第三回合,卡瓦洛蒂先生的咽喉遭到了致命一击。起先人们以为他只是受了轻伤,不过马上发觉他用手捂住了嘴,伤势非常严重。等他把手拿开时,伤口已经鲜血直流,他一个字也说不出来了……卡瓦洛蒂先生只活了十分钟,没有留下任何话(“罗马决斗致人死命”,1898 年 3 月 7 日,1)。

自传口述,1906 年 1 月 23 日

302.37-38　布克·华盛顿的塔斯基吉师范学院]

布克·华盛顿(1856~1915 年)是出生于弗吉尼亚州的黑奴,自己学会了读书写字。他曾就读汉普顿学院,留校当了老师。1881 年,他担任了亚拉巴马州塔斯基吉师范工业学院的院长,是主张美国黑人接受教育、取得进步的杰出人士。他提倡“隔离但平等”的种族政策,确保白人和黑人都拥护这所学院和他的宏伟目标,同时暗中支持激进运动,为美国黑人争取完全的公民权。

303.2-10　乔特先生主持……在伦敦乔特先生的家里举行 7 月 4 日的招待会]

约瑟夫·霍奇斯·乔特(1832~1917 年)是知名律师、外交官,从 1899 年到 1905 年任美国驻英国公使。马克·吐温在 1876 年认识了乔特,两人多次共同发表演讲。马克·吐温初次见到华盛顿,是在 1899 年独立日乔特举行的招待会上,当时有150多位宾客到场。前一天,乔特介绍了华盛顿在伦敦埃塞克斯厅做的演讲“美国有色人种的现状和前景”(“美国的有色人种”,《伦敦时报》,1899年7月4日,13;《纽约时报》:“祖先的时代”,1876年12月23日,1;“海外独立日”,1899年7月5日,7)。

303.29　乔特和马克·吐温为塔斯基吉致辞]

马克·吐温在口述中说道,“此处插入1月22日卡内基大厅的会议新闻剪报。本书的编辑可以采用其中的段落,或是弃之不用”。霍比转录了整篇文章,在此全文刊登。在1906年4月3日的《自传口述》里,他再次写道,在打字稿中“插入卡内基大厅的演讲”。

303.40　罗伯特·C.奥格登]

罗伯特·奥格登(1836~1913年)是商人、慈善家,也是塔斯基吉学院和汉普顿学院的理事。

573 304.3-4　去年11月,当时地方检察官杰罗姆……挤满了卡内基大厅]

威廉·特拉弗斯·杰罗姆(1859~1934年),纽约县地方检察官,反对坦慕尼协会的腐败老板。1905年10月18日和11月1日,他在卡内基大厅举行了集会;11月1日的集会上,约瑟夫·霍奇斯·乔特向公众介绍了他(《纽约时报》:“杰罗姆今晚举行大型集会”,1905年10月18日,5;“向老板举起鞭子,乔特吹响号角”,1905年11月5日,1)。

304.11　逃避征税的有钱人]

根据纽约当时的税法,涉及个人财产征税评估的人,可以发誓称他没有这么多财产,来逃避征税。

304.22　威廉·杰·席费林]

威廉·杰·席费林(1866~1955年)是著名商人、民权改革家,也是塔斯基吉学院的理事(“威廉·杰·席费林去世”,《纽约时报》,1955年5月1日,88)。

304.26-27　战争部长塔夫脱、哈佛大学校长艾略特、盖洛威大主教、安德鲁·卡内基]

威廉·霍华德·塔夫脱(1834~1926年)从1904年起任战争部长,此后登上总统宝座(1909~1913年);查尔斯·威廉·艾略特(1834~1926年),曾任哈佛大学校长(1869~1909年),1896年颁发给华盛顿荣名誉文学硕士学位;查尔斯·B.盖洛威(1849~1909年)是密西西比州南部圣公会教堂的大主教;安德鲁·卡内基(1835~1919年)出生于苏格兰,是美国著名实业家和慈善家(“盖洛威大主教去世”,《纽约时报》,1909年5月13日,7)。

305.6-8　我在书里读到过……墨菲先生,南方教育委员会的秘书长…已经减少了一半]

埃德加·加德纳·墨菲(1869~1913年)是圣公会教士、业余天文学家,从1903年到1908年担任南方教育委员会的常务秘书长。乔特指的是《南方现在的问题》,墨菲在这本书里宣称"南方各州达到投票年龄的黑人男性文盲已经从1870年的88%减少到1900年的52%"(Murphy 1904,165;Bailey 2009)。

307.37 帕克赫斯特医生]

查尔斯·亨利·帕克赫斯特(1842~1933年)是纽约长老会教士,他在布道时抨击坦慕尼协会掌控的政府包庇犯罪和恶习。大陪审团裁定他的指控没有充足的证据,然而帕克赫斯特接受了挑战,亲自聘请私人侦探,调查纽约的黑社会,收集了足够的证据,推动了莱克索委员会的调查,导致1894年坦慕尼政府下台。

308.8-9 历史学家约翰·费斯克,我很了解他,也很敬爱他]

历史学家约翰·费斯克(1842~1901年)出版过多部关于革命理论的著作,是受人欢迎的吕克昂巡回演讲者。他住在马萨诸塞州的剑桥,马克·吐温是通过豪威尔斯认识他的(MTHL,1:36-37,181 n.5)。

308.12-15 他的妻子……小儿子]

1864年,费斯克娶了艾比·M.布鲁克斯,两人育有6个孩子("讣告",《纽约时报》,1925年1月13日,19)。

308.29 亨利·克莱·特朗布尔]

亨利·克莱·特朗布尔(1830~1903年)是詹姆斯·哈蒙德·特朗布尔的兄弟,哈特福德的公理教会牧师、作家。

308.39 小托马斯·迪克逊]

小托马斯·迪克逊(1864~1946年)生于北卡罗来纳州,定居于纽约,是演 574
员、律师、政治家和浸礼会牧师,后来成为颇受欢迎的作家,引发了诸多争议。在塔斯基吉学院举行慈善活动的时候,他出版了最新的小说《同族人》(1905年),讲述三K党如何把南方从"黑人统治"中解救出来;D.W.格里菲斯的电影《一个国家的诞生》(1915年)正是改编自这本书。

310.12 兰登家,就是和我联姻的家族]

参考《自传口述》,1906年2月1日,注释321.25-27。

310.20-22 参考……华盛顿,后天]

1906年1月27日,马克·吐温在橄榄球俱乐部的会议上发表了演讲。邀请总统和其他政府来参加当天的年度讽刺烧烤会,是这家俱乐部的传统。1906年他们打趣的对象是巴拿马运河,罗斯福总统、战争部长塔夫脱和哈维上校都在受邀宾客之列。的确,马克·吐温考虑过重复他在惠蒂尔晚宴上的讲话;此前他在波士顿二十世纪俱乐部发表过这篇演讲("巴拿马之夜",《华盛顿邮报》,1906年1月28日,1,6)。

310.37－38　查尔斯·斯托牧师，哈莉特·比彻·斯托的儿子]

查尔斯·爱德华·斯托（1850～1934年），公理会牧师，是哈莉特·比彻·斯托（1811～1896年）7个孩子中的幼子，哈莉特住在努克农场，著有《汤姆叔叔的小屋》和其他作品，她的丈夫加尔文·艾里斯·斯托（1802～1886年）是退休的神学教授（1872年1月10日和11日，致奥利安，LS，20 n.4；“作家之子查尔斯·斯托牧师主持仪式”，《洛杉矶时报》，1934年7月26日，6；“努克农场家谱”，1974，5，28－29）。

310　脚注5月25日……我从前对他的仰慕。马克·吐温]

在惠蒂尔家晚宴的座位表上，马克·吐温写道：“1907年，惠蒂尔先生的70岁生日晚宴——多么可怕的灾难！请参考我的自传，SLC”（CU－MARK）。鉴于他在现存口述中对这段演讲的称赞和1906年1月11日的自传口述，马克·吐温笔下“多么可怕的灾难”可能是讽刺夸张的说法。

311.3－4　牧师伯顿医生的遗物……你在他葬礼上的讲话]

参考《自传口述》，1906年1月12日。伯顿的遗物是指他死后出版的演讲集，书的序言是特威切尔和帕克发表的葬礼演说（Burton 1888，27）。

312.21　人的品格]

马克·吐温在此点评，“此处插入旧手稿”。他这篇文章写于1884年或1885年，在1906年1月修订了手稿，交给霍比打印。这篇文章首次发表在佩恩编辑的自传中（MTA，2：7－13；WIM，60－64，586）。

312.26－27　造物主＊＊＊]

马克·吐温在这里删去了手稿中的段落，用星号表明有所省略。删去的段落录入了Textual Commentary，现存于MTPO。

313.32－35　一个独立的单身汉……养育他的同胞]

在手稿中，马克·吐温在“同胞”下面用铅笔写了“H. L. 古德温”，然后用墨水笔删掉了。亨利·莱维特·古德温（1821～1899年），长期居住在东哈特福德，
575 一直参与公共事务。在几年的时间里，他抗议过哈特福德运输系统和纽约、纽黑文和哈特福德铁路公司的违规行为（WIM，537；“亨利·莱维特·古德温去世”，《哈特福德新闻》，1899年3月17日，1）。

313.35－36　埃塞莱姆街十字路口]

位于哈特福德。

313.42　格伦迪太太]

格伦迪太太是个虚构的人物，代表拘泥礼法的英国人，出自英国剧作家托马斯·莫顿的喜剧《快快耕田》（1798）。

314.15－18　哈特福德教士……我的亲戚]

马克·吐温可能是指马修·布朗·里德尔(1836～1916年),他从1871年到1887年任哈特福德神学院教授。他对1881年美国出版的《新约全书》修订本作出了很大贡献,在当地远近闻名,他一直和詹姆斯·G.布莱恩有来往(JVIM,537;"马修·布朗·里德尔牧师去世,享年80岁",《哈特福德新闻》,1916年9月2日,18)。

314.22－23　熙德、大无畏、加拉哈德和无暇的巴亚尔骑士]

这些道德楷模出自传奇故事、文学作品和历史记载。熙德,原名罗德里格·迪亚兹·德·维瓦尔(1043～1099年),中世纪传奇中的西班牙英雄;大无畏出自英国小说家班扬的《天路历程》第二部(1678年);加拉哈德是亚瑟王的圆桌骑士,纯良的品行让他找到了圣杯;无暇的巴亚尔骑士是法国名将,原名皮埃尔·特里尔(1475～1524年)。

314.35　传教士赞同为了良知的缘故,宁愿担挨饿的风险]

马克·吐温在1906年1月24日和1906年2月1日的《自传口述》中就此进行了阐述。

314.38－315.1　比彻先生被指控犯罪……支持他等到了结局]

1872年,纽约布鲁克林区普利茅斯教堂的牧师亨利·沃德·比彻被指控犯有通奸罪,对方是他的教徒伊丽莎白·蒂尔顿。1874年8月,比彻被教会理事会宣布无罪,这个裁定得到了教徒们的强烈支持。同月,西奥多·蒂尔顿控告比彻破坏他的婚姻家庭,1875年,陪审团无法就审判达成一致意见,此案被驳回(1874年7月29日,致特威切尔,n.2,L6,202－3;Applegate 2006,440－42)。

314　布莱恩]

詹姆斯·G.布莱恩(1830～1893年),1884年共和党总统候选人,因其担任国会议员期间的拨款而备受指责,受到共和党内的抨击。马克·吐温加入了共和党的一个阵营(中立派),反对布莱恩,承诺投票给格罗弗·克利夫兰或是其他候选人来表示抗议。他们发表了反对布莱恩的公开信"致康涅狄格州共和党选民",上面有一百多名康涅狄格州共和党人的签名,其中包括马克·吐温和特威切尔("康涅狄格州独立派",《纽约时报》,1884年4月13日,1;N&J3,77－78 n.39;参考AD,1906年1月24日)。

314　哈蒙德·特朗布尔]

参考《自传口述》,1906年1月12日,注释272.31－32。

315.1－2　可是谁能成为他的朋友……为了良知而投票]

1884年,曾经是坚定的共和党人的比彻宣布,他不会投票给布莱恩,而是支持克利夫兰的竞选活动,尽管克利夫兰有个私生子。比彻对克利夫兰表示支持,可能是因为他和克利夫兰同病相怜,此举让他饱受公众嘲笑和个人威胁(《芝加 576

哥论坛报》:“选举记事”,1884 年 9 月 30 日,2;“比彻支持克利夫兰”,1884 年 10 月 20 日,7;Beecher and Scoville 1888,576 - 81;Applegate 2006,462 - 64)。

315.2　让编辑来负责]

马克·吐温显然指的是作家查尔斯·杜德利·华纳,他是《哈特福德新闻》的编辑和合伙人(参考 AD,1906 年 1 月 24 日,注释 317.35 - 40)。

自传口述,1906 年 1 月 24 日

315.14　这篇旧文章]

这里指“人的品格”(AD,1906 年 1 月 23 日)。

315.23 - 24　威廉·兰道夫·赫斯特的父亲,黄色新闻的祖父]

乔治·赫斯特(1820 ~ 1891 年)出生于密苏里州富兰克林县的农民家庭。他在淘金热期间来到西部,到 19 世纪 60 年代已经拥有几家银矿和铜矿,他以此起家打造了一个巨大的矿业帝国。1866 年,加利福尼亚州参议员约翰·米勒去世,他接替了米勒的席位,任期结束后当选为参议员。1880 年,他收购了《旧金山考察家报》,主要宣传他的政治理念和雄心壮志;他的儿子威廉·兰道夫·赫斯特(1863 ~ 1951 年)以这家报纸为基础开拓了报业帝国,赫斯特旗下的报纸经常发表危言耸听和不负责任的评论。关于马克·吐温称其为“黄色新闻”的详情,请参考 Budd 1981。

316.13 - 14　萨姆·邓纳姆……爱德华·M. 邦斯]

塞缪尔·G. 邓纳姆(生于 1849 年)是奥斯丁·邓纳姆的兄弟,布莱恩提名总统候选人期间,他是哈特福德的木材商人,后来当了哈特福德电灯公司的副总裁和安泰人寿保险公司的董事(Dunham 1907,38 - 39;Geer 1882,65)。像内德·邦斯一样,他经常到马克·吐温家里打台球。爱德华·M. 邦斯(1841 ~ 1898 年)出身于哈特福德的显赫家族,多年来担任菲尼克斯国民银行的财务主管和康涅狄格互惠人寿保险公司的董事(N&J2,382 n. 76,426 n. 229;“爱德华·M. 邦斯去世”,《哈特福德新闻》,1898 年 11 月 22 日,5)。邦斯是克莱门斯家的密友;在他英年早逝后,马克·吐温先写到,“内德是孩子们最亲近的朋友,胜过其他没有血缘关系的人”(1898 年 12 月 2 日,致邦斯,CtHMTH)。

316.17　乔治]

乔治·格里芬。

317.23 - 24　霍利将军,报纸的主编…他在国会的职位]

约瑟夫·拉塞尔·霍利(1826 ~ 1905 年)是《哈特福德新闻》的编辑和合伙人,还是律师、反对奴隶制的斗士、康涅狄格州共和党的创始人、南北战争将领(退役时为陆军中将),在 1866 年担任过康涅狄格州州长职位。在布莱恩获得总统提名期间,霍利是美国参议员(1869 年 2 月 13 日和 14 日,致奥莉薇亚,L3,97 n.5)。

317.33　查尔斯·霍普金斯·克拉克的编辑生涯]

查尔斯·霍普金斯·克拉克(1848～1926 年)1871 年从耶鲁大学毕业,开始担任编辑,在 1900 年当上了主编(1875 年 4 月 29 日,致霍兰,L6,471 n.2)。

317.35－40　查尔斯·杜德利·华纳……选举日] 577

马克·吐温记错了:华纳既没有遵从《哈特福德新闻》的政党路线,也没有辞去编辑的职位。在 1884 年的信中,马克·吐温斥责华纳和其他人保留自己的意见:"即使我没有比别人更讨厌布莱恩;霍利朝着布莱恩咆哮的时候,华纳和克拉克却在报纸上为他承认错误"(1884 年 8 月 31 日,致豪威尔斯,NN－BGC,MTHL,2:500－503;Kenneth R. Andrews 1950,115)。

317.41　和学识渊博的美国人交谈]

可能是指马修·布朗·里德尔(参考 AD,1906 年 1 月 23 日,314.15－18 和注释)。

318.3－4　詹姆斯·G.巴特森……旅行保险公司]

詹姆斯·G.巴特森(1823～1901 年)是新英格兰花岗岩工厂的总裁,业余埃及文物专家("詹姆斯·G.巴特森",《纽约时报》,1901 年 9 月 19 日,7)。

318.23－24　在那段时间,投票是公开的]

在 19 世纪 90 年代,无记名投票才开始在美国实行。在 1884 年的康涅狄格州,选民的投票会被看到,他可以把选票折叠起来,不让别人轻易看到,但是社会压力和政治压力让人很少采用这种做法(Lynde Harrison 1890)。

318.37－319.1　特威切尔给自己惹了最大的麻烦……他投票支持克利夫兰]

马克·吐温对特威切尔投票及其后果的描述并不准确。首先,特威切尔被误认为投票支持克利夫兰;其实,他没有任何理由支持民主党人,投票支持的是禁酒党的总统候选人。此外,尽管特威切尔的投票的确使人不满,如他所述,"让我的朋友和教徒感到不快",但是没有证据表明他曾经要辞去牧师的职务(Kenneth R. Andrews 1950,115－16;Strong 1966,87－88;Courtney 2008,216－20)。

自传口述,1906 年 2 月 1 日

319.22－23　哈伯德先生……《哈特福德新闻》的经理和股东]

斯蒂芬·A.哈伯德(1827～1890 年),1867 年起担任《哈特福德新闻》的股东和总编(McNulty 1964,91;"讣告",《哈特福德新闻》,1890 年 1 月 13 日,1)。

320.4－6　40 周年……几周前]

1905 年 12 月 13 日,特威切尔庆祝自己担任避难山公理会教堂的牧师 40 周年（"特威切尔牧师受圣职四十周年"，《哈特福德新闻》，1905 年 12 月 14 日，12）。

320.32 – 34　我第一次见到她，是她的象牙雕像……当年 12 月］

奥莉薇亚的弟弟查尔斯·兰顿当时是 17 岁的少年，他被父母送去参加"贵格城号"轮船远航，代替传统的欧洲大旅行。旅行即将结束时，查尔斯和马克·吐温建立了友谊，把奥莉薇亚的雕像拿给他看，那是在 1867 年 9 月 5 日或 6 日，轮船行驶到伊兹密尔湾的时候（1867 年 6 月 8 日，致麦库姆，L2，63 – 64）。关于首次见到奥莉薇亚的日期，马克·吐温的《自传口述》存在质疑的空间。1906 年 2 月 13 日的口述表明，他们是在 1867 年 12 月 27 日经人介绍认识，5 天后再次见面；这里显然忽略了 12 月 31 日那次著名的会面，当时马克·吐温陪同兰登全家到斯坦威音乐厅，听狄更斯的朗读会（参考自传口述，1907 年 10 月 12 日）。马克·吐温可
578 能并不是在 12 月 27 日见到奥莉薇亚（L2：1868 年 1 月 8 日，致母亲和帕梅拉，145 – 46 n. 3；"贵格城号轮船航程"，394 – 95；"狄更斯朗读会"，《纽约时报》，1867 年 12 月 31 日，4；参考《傻子出国记》注释 227. 13 – 14）。

321.7 – 8　在我们 9 年贫困负债的日子里］

1898 年，马克·吐温完全还清了债务，在 1895 年到 1896 年，马克·吐温进行了环球演讲旅行，根据这段经历写下了《赤道环游记》（参考《医生二三事》的注释 190. 10 – 12）。

321.18　我在上面一章说过］

参考《自传口述》，1906 年 1 月 13 日。

321.25 – 27　她父亲在纽约埃尔迈拉的家里……兰登全家］

杰维斯·兰登（1809 ~ 1870 年），出生于纽约州，1832 年和奥莉薇亚·刘易斯结婚，1845 年两人迁居到埃尔迈拉。兰登从木材生意起家，1855 年开始涉足煤炭交易，成为富有的商人。他的经营领域非常广泛，包括宾夕法尼亚州和新斯科舍的矿山，运送煤炭的巨大铁路和航运网，直通纽约州西部、芝加哥和中西部。杰维斯·兰登是激进的废奴主义者，曾经担任地下铁路的领导人，帮助他的朋友弗雷德里克·道格拉斯摆脱奴隶身份。1870 年，杰维斯·兰登因患胃癌去世，留下高达数百万美元的遗产。奥莉薇亚继承的遗产在克莱门斯家的生活中起到了重要的作用。奥莉薇亚的弟弟查尔斯·杰维斯·兰登（1849 ~ 1916 年）继承了父亲的事业，管理家族的煤炭生意；他还负责投资姐姐继承的产业。1880 年，查尔斯被阿隆佐·B. 康奈尔州长任命为警察总监，多年来他一直担任埃尔迈拉的警察局长。（1868 年 8 月 24 日和 25 日，致母亲和家人，L2，244 n. 3；"深切悼念"，《埃尔迈拉周六晚报》，1870 年 8 月 13 日，5；Towner 1892，615）。

321.28 – 29　我要成为《布法罗快报》的编辑，这家报社的股东］

1869 年 8 月，在杰维斯·兰登的资助下，马克·吐温买下了《布法罗快报》

1/3的股份,同时开始担任该报的助理编辑(MTB,1:385–89;1869年8月14日,致布利斯,L3,296 n.2)。

321.30　一位朋友]

约翰·斯利是兰登旗下煤炭公司的负责人,参与了马克·吐温所说的计谋。1869年12月,斯利写信给马克·吐温说,"不管什么样的公寓都很糟糕",不过他在一座体面的公寓里安排了房间,希望这对新人到来时提前通知,他会在公寓和他们见面(斯利致马克·吐温的信,1869年12月27日,CU–MARK;1869年2月27日,致奥莉薇亚,1869年11月24日和25日,致奥莉薇亚,L3,119 n.4,406 n.1)。

321.37–38　特拉华大街,安排好了一位厨师]

马克·吐温在布法罗的新家位于特拉华大街472号。厨师和管家是艾伦·怀特,从前是兰登家里的佣人(1870年2月6日,致鲍恩,L4,54–55 n.5)。

322.3　这场喜剧高高兴兴地收场了]

对于马克·吐温的婚礼和布法罗惊喜的其他描述,请参考1870年1月28日至31日马克·吐温写给特威切尔的信,L4,42–49。

322.27 帕特里克的女儿南希]　579

安·南希·麦卡利尔生于1883年,和简的年龄相近(Hartford Census 1900,8B;Hartford Census 1910,7B)。

322.31–42　帕特里克·麦卡利尔,我们家忠实可靠的朋友……服务了36年]

帕特里克·麦卡利尔(1844? ~1906年)生于爱尔兰蒂龙郡,16岁时来到美国。他娶了纽约州埃尔迈拉的玛丽·里根,养育了9个孩子,其中一个在幼年夭折("马克·吐温的马车夫",《哈特福德新闻》,1906年2月26日,6;Hartford Census 1910,7B)。麦卡利尔和克莱门斯家从布法罗搬到哈特福德,继续为他们工作,其间从未中断,一直到1891年。1905年,他曾经暂时回到马克·吐温在新罕布什尔州都柏林的家中。在1905年5月20日写给女儿克拉拉的信里,马克·吐温描述了他再次见到帕特里克的喜悦:

> 帕特里克来了!他来我们家的时候,你妈妈还是年轻姑娘,我还是小伙子!我看到他高兴极了,他看起来多么适合周围的风景!还是那个帕特里克,衣着整齐、身材匀称、模样机灵,什么事情都会做,走起路来一步并作两步,头上没有一根白头发,一点也显不出老态,他的声音还是像从前那样动听!他为我们效力了22年,依然年轻精神(MoHM)。

323.13－14　他们失去了一个孩子……哈特福德一家日报的助理编辑]

麦卡利尔的一个儿子爱德华·麦卡利尔是水管工,他在1905年去世,年仅30岁,目前还不清楚他是否有个在报社工作的儿子("坠落身亡",《哈特福德新闻》,1905年1月30日,5)。

自传口述,1906年2月2日

324.32　她的姨夫和姨妈,西奥多·克兰先生和太太]

苏珊·兰登·克兰(1836～1924年)原名苏珊·迪恩,四岁时成了孤儿,被兰登家收养。尽管她比奥莉薇亚年长10岁,但两人毕生关系亲密。1858年,苏珊嫁给了西奥多·克兰(1831～1889年),西奥多后来成为兰登家族煤炭生意的合伙人。克兰夫妇住在埃尔迈拉附近的夸里农场。苏西临终时在场的是舅舅查尔斯·兰登,而不是克兰先生,他已经在几年前去世了(1896年8月19日,致奥莉薇亚[1st],CU－MARK,LLMT,321－22;Notebook 39,TS p.55,CU－MARK)。

325.15－25　在她的一本书里,我发现了这些诗句……轻声说道"我安息了"]

马克·吐温日后发现(参考1907年1月22日的自传口述),这首诗不是出自苏西的笔下,而是加拿大诗人威廉·威尔弗雷德·坎贝尔(1860?～1918年)写的。诗的名字叫作"爱",1891年10月首次发表在《世纪》杂志上,苏西很可能是在杂志上读到了这首诗(Campbell 1891)。

326.13－21　女家庭教师富特小姐教过她……上帝和天堂,或者什么更好的东西]

从1880年起,莉莉·吉尔特·富特(1860～1932年)到哈特福德担任苏西和克拉拉的女家庭教师,她"当时刚从剑桥大学纽纳姆学院毕业,阅世很深、游历广泛、思想进步,还是哈里特·富特·霍利的侄女,1880年10月,霍利太太和哈特福
580 德的其他4位女士创办了康涅狄格州印第安协会,这个组织旨在维护女性原住民的权益"(Salsbury 1965,426;Driscoll 2005,8)。马克·吐温不断从女儿们和家庭教师那里学习知识。1884年,他点评了理查德·欧文·道奇的著作《我们的印第安人:在西部红人中度过的30年》(Dodge 1883),"印第安人的坏上帝是我们上帝的孪生兄弟;他们的好上帝要强于人类创造的上帝。"他还表示,"我们那位毫无逻辑的上帝是全能的,可实际上他无能为力;印第安人的伟大神灵并不是全能的,可是他能为印第安人造福,还分文不取。我们总是让我们的上帝安慰祈祷者,即使我们从来不相信他,印第安人的上帝更为崇高善良"(HH&T,90;引述自Driscoll 2005,5)。

326.22－23　我写下了这段悲哀的祈祷……孩子们说的话]

1881年,马克·吐温在《苏西和贝尔·克莱门斯的童年趣事》中记下了这段

对话：

苏西(9岁)探寻人生意义的深处，思考了这个结果。与此同时，女家庭教师给她讲了美国印第安人的故事。有一天，妈妈受到良心的谴责，对她说：

“苏西，我最近很忙，晚上没有听到你做祈祷。今晚我们开始祈祷吧，好不好?”

苏西犹豫了一会儿，定了定神，然后开口说道：

“妈妈，我不再像以前那样祈祷了，不是同样的方式。你大概不赞成我现在祈祷的方式。”

“苏西，讲给我听听。”

“嗯，妈妈，我不知道怎么让你明白；可是你瞧，印第安人相信他们是对的，他们有很多神灵；现在我们知道他们是错的。慢慢地，也会证明我们是错的。因此，我现在只是祈祷，但愿有一个上帝和一个天堂，或者什么更好的东西。”

这其中蕴含的哲学意味，连六十多岁的老人也要感到自惭形秽。

327.11–13　她写了一个剧本，我们在哈特福德家中的朋友们]

苏西的剧本名叫《爱的追求》，1889年感恩节前夜在哈特福德家中的客厅里上演，后来又演过两次。演员包括苏西、克拉拉、简和玛格丽特·黛西·华纳(1872~1931年)，她是乔治·华纳和莉莉·华纳的女儿(1889年12月3日，致巴克斯，NN–BGC)。马克·吐温在《纪念苏西》中详细地描述了这个场景：

苏西17岁的时候，模仿希腊台词写了一个很有趣的剧本，里面有歌曲、音乐和几支舞蹈。剧中有5个角色：音乐女神、艺术女神、文学女神、丘比特和牧童。苏西饰演音乐女神，玛格丽特·华纳演文学女神，克拉拉演艺术女神，范尼弗里斯演牧童，我们的简当时年纪还很小，她演丘比特。苏西真是美极了。我看着她拉开幕布站在那里，年轻活泼、容光焕发，衣服上缀满了粉色玫瑰花(SLC 1896–1906，42–43)。

327.14　乔治]

乔治·H.华纳(1833~1919年)，在美国移民公司工作，负责帮助外国移民。他的妻子莉莉(1835~1915年)原名伊丽莎白·吉尔特(1872年3月1日，致奥利安，LS，56)。

581 327.19 我记得是切尼太太,是她父亲传记的作者]

1880 年,布什内尔·切尼出版了《贺拉斯·布什内尔传记和书信集》。

327.31　在慕尼黑]

1878 ~ 1879 年,克莱门斯全家赴欧洲旅行,包括塞缪尔、奥莉薇亚、苏西、克拉拉和他们的朋友克拉拉·斯伯丁、保姆罗西娜·海,他们游览了德国、瑞士、意大利、法国、比利时、荷兰和英国。1878 年 11 月到 1879 年 2 月,克莱门斯全家住在慕尼黑。这次欧洲之行为马克·吐温提供了写作《傻子出国记》的素材(N&J2,3,41 - 43,48)。

327.36　她"从来不吃人,而总是被吃掉"]

马克·吐温在他的手稿《苏西和贝尔·克莱门斯的童年趣事》里记下了苏西说的话,苏西的原话是这样的:"可是妈妈,问题在于我不是那只熊,而是那个人。"(SLC 1876 - 85,31)

327.38　她 6 岁,她妹妹克拉拉 4 岁的时候]

在《苏西和贝尔·克莱门斯的童年趣事》里,马克·吐温记录了这件事发生在 1880 年 12 月 7 日,当时苏西 8 岁,克拉拉 6 岁(SLC 1876 - 85,86)。

328.12　玛乔丽·弗莱明]

1803 年,玛乔丽·弗莱明出生于苏格兰法夫的柯科迪,8 岁时因患脊膜性脑膜炎夭折,身后留下了篇幅短小但思想早熟的手稿:包括书信、日记和诗歌。1858 年,亨利·布洛海姆·法尔涅出版了《帕特·弗莱明:50 年前的儿童传记》,收录了她的部分作品。爱丁堡的约翰·布朗医生 (1810 ~ 1882 年)是一位作家,以写作《拉布和他的朋友们》(1858 年)而闻名,1863 年,他受到法尔涅这本书的启发,发表了一篇散文,描写了玛乔丽和沃尔特·司各特爵士不为人知的深厚友谊。布朗的这篇散文经常被书籍转载。1873 年,克莱门斯家和布朗医生成了朋友,医生给了奥莉薇亚一篇散文。在杂志上刊登的文章《神童玛乔丽·弗莱明》里,马克·吐温表达了对这位死后成名的文学天才的好感(SLC 1909d)。除了和布朗医生的关系外,苏西让马克·吐温想到弗莱明,可能是因为她们有共同之处:两人都有早熟的文学天赋,都是死于脑膜炎,马克·吐温参与出版了苏西少年时代的作品(Fleming 1935,xiii - xxii;Farnie 1858;奥莉薇亚和塞缪尔给兰登的信,1873 年 8 月 2 日和 8 月 6 日,L5,428 - 29 n. 2;John Brown 1863a,1863b;Gribben 1980,1:87)。

328.16　1872 年,我们到了爱丁堡]

1873 年 5 月,克莱门斯全家带着克拉拉·斯伯丁、马克·吐温的秘书塞缪尔·汤普森和苏西的保姆内莉抵达了伦敦,预计在英国待到 10 月份。马克·吐温在当地声名显赫,社交活动繁忙,全家没有多少时间去观光游览、休闲娱乐,收集写作的素材。7 月 6 日,马克·吐温在给玛丽·曼森·费尔班克斯的信中写道:“我们只见识到了英国的社交生活,实际上,我们根本没有机会去观赏伦敦的名胜,把这些写成一本书”;他对华纳抱怨道,“我们总是在赴宴,什么都没做”。为了摆脱烦恼,他们决定游览苏格兰,到爱丁堡去(L5:1873 年 5 月 12 日,致雷德帕斯,364;奥莉薇亚和塞缪尔给兰登的信,1873 年 5 月 17 日,366 – 67;1873 年 7 月 6 日,致费尔班克斯,402;1873 年 7 月 10 日,致华纳,411)。

自传口述,1906 年 2 月 5 日 582

328.30 – 33　出版商道格拉斯先生和他的老处女妹妹]

布朗医生患上了抑郁症。1876 年 2 月 28 日,乔治・巴克利写信告诉马克・吐温,因为工作过度紧张,布朗的健康完全垮掉了,以至于他的朋友们越来越怀疑,布朗医生是否还能够正常行医(CU – MARK)。在巴克利和爱丁堡出版商大卫・道格拉斯的带领下,这些朋友们开始为他筹集资金。在他们为布朗秘密筹款的过程中,马克・吐温举行了公开朗读会。在 5 月 5 日的信中,巴克利表示,他已经收到了马克・吐温寄来的 40 英镑,加上这笔钱,他筹集到了 7000 英镑,此时布朗已经宣布退休。就在同一年,布朗医生“因卓越的文学成就”,领取了一笔皇家养老金(CU – MARK)。从 1866 年布朗医生的女儿出嫁后,他的妹妹伊莎贝拉・克兰斯顿・布朗(1812 ~ 1888 年)开始为他操持家务(1876 年 3 月 17 日,致雷德帕斯,n. 2,Letters 1876 – 1880;奥莉薇亚和塞缪尔给兰登的信,1873 年 8 月 2 日和 6 日,LS,427,429 n. 3)。

329.11 – 12　“那是谁? 你认识的人吗?”他说道,“不,一条我不认识的狗”]

这段插曲出自伊丽莎白 T. 麦克拉伦的回忆录《约翰・布朗医生和妹妹伊莎贝拉的小传》。1889 年,布朗医生同父异母的兄弟亚历克斯出版了这本小书。奥莉薇亚收藏的那本书有签名,注明日期为 1890 年,收藏在马克・吐温档案馆(McLaren 1889,14)。

329.14　棕色的大眼睛]

在自传口述的第一版打字稿中,苏西的眼睛是“蓝色的”,显然,马克・吐温在第二版打字稿中修改成了“棕色”(他的字迹难以辨认)。他抱怨道,自己从来记不住别人眼睛的颜色,即使是那些关系密切的人。有一次——他回忆那是 1886 年——他发现自己根本不知道 3 个女儿眼睛的颜色(参考自传口述,1906 年 11 月 8 日)。

329.30　这段趣闻……在讲台上讲过几百次]

在 1871 ~ 1874 年的演讲中,马克・吐温经常讲这个“口哨的故事”,在其他时候也讲过;在戏剧《镀金时代》的第 4 幕里,他让塞勒斯上校讲了这个故事。他常常把这个故事安在阿蒂默斯・沃德身上(SLC 1874a;1875 年 11 月 10 日,致西维尔,L6,590－91)。

331.12　约瑟夫被他的兄弟卖给人家]

出自《圣经·创世纪》第37章。

331.21－27　有一次苏西……歪牙齿、戴眼镜]

马克·吐温在《苏西和贝尔·克莱门斯的童年趣事》里记录了这段趣闻,这位“客人”其实是奥莉薇亚,苏西的原话是“但愿我也能长歪牙齿,戴眼镜,像妈妈那样”(SLC 1876－85,37)。

331.31　彭斯的在天之灵也会这样想]

参考罗伯特·彭斯的诗《致虱子,在教堂里看到女士帽子上的虱子有感》(Burns 1969,157):

哦,但愿上天给我们一种本领,
能像别人那样把自己看清!
那就会免去许多蠢事情……

583 332.9－22　城堡花园……海德堡的城堡]

这座城堡俯瞰着海德堡古城,在18世纪遭到废弃,依然风景如画,旁边的城堡花园是公共娱乐场所,苏西就是在这里见到了“野生的”蜗牛。位于城堡上方山顶的城堡酒店,正是这段趣闻发生的地方,酒店直接通往城堡花园;从1878年5月到7月末,克莱门斯家一直住在这里。马克·吐温在这里写下了《傻子出国记》的第2章、第4章和附录B(Baedeker 1880,226－29;N&J2,79 n.74)。

334.11　Sicisiors]

奥莉薇亚在1869年1月17日写给马克·吐温的信中拼写了这个词,他回复道,“剪刀不是sicisiors,你的拼写真是有趣”(L3,45)。奥莉薇亚的信件没有保存下来。马克·吐温在这里关于拼写的看法,尤其是苏珊·克兰的拼写,是出自1875年拼字比赛前他用过的素材(“马克·吐温的拼字比赛演讲”,L6,659－63)。

自传口述,1906年2月6日

334.36－37　我再次站上讲台……和乔治·华盛顿·凯布尔一起]

1874年到1884年,马克·吐温没有做巡回演讲,只是举行了几次朗读会(Fatout 1976,651－56)。从1884年11月到1885年12月,他和乔治·华盛顿·凯布尔一起进行巡回演讲。

335.3　格兰特将军实际上打算写他的自传]

参考《格兰特将军回忆录二三事》。

335.8－9　我带着苏西去见他……我不久后将回到那里]

参考1906年2月26日的《自传口述》。

335.18 - 21　幕布立刻拉开……苏西·克莱门斯,穿着王子的绸缎衣服]

1885 年 3 月 14 日,马克·吐温和凯布尔的巡回演讲结束后,克莱门斯家举行了《王子与乞丐》的首演。关于苏西对这出戏和排练的描述,请参考口述自传,1906 年 8 月 8 日(14 Mar 1885 to Pond,NN - BGC)。

335.28 - 32　乔治……出生起就是奴隶,在马里兰州……德文斯将军在战争期间的贴身男仆]

1875 年,乔治·格里芬(1849 ~ 1897 年)开始担任克莱门斯家的管家,一直到 1891 年全家前往欧洲。他出生在弗吉尼亚州,而不是马里兰州;在南北战争期间,他是查尔斯·德文斯将军(1820 ~ 1891 年)的仆人。据马克·吐温回忆,在离开克莱门斯家后,乔治搬到纽约城居住,在纽约联合俱乐部当侍者,还做私人银行的生意(1875 年 11 月 4 日,致豪威尔斯,L6,583 n. 5;Grace King 1932,86;SLC 1906a,21 - 23)。

336.3　特威切尔的小儿子,现在成了严肃持重、令人尊敬的牧师]

约瑟夫·胡克·特威切尔(1883 ~ 1961 年)是约瑟夫和哈莫尼·特威切尔的小儿子,家中的第 8 个孩子,他在 1906 年毕业于耶鲁大学,4 年后在哈特福德神学院获得了神学学士学位(Hartford Seminary Record 1910,222;Courtney 2008,224,261 - 62)。他是特威切尔家里唯一当上牧师的孩子,马克·吐温大概是拿他小时候的事开玩笑。

336.18　威尔·吉尔特,现在是举世闻名的演员和戏剧家] 584

威廉·胡克·吉尔特(1853 ~ 1937 年)是莉莉·华纳的弟弟,1873 年毕业于哈特福德公立中学,此后他到圣路易斯和新奥尔良学习表演,在剧团里演一些小角色。1875 年,在马克·吐温的推荐和资助下,吉尔特在戏剧《镀金时代》的巡回表演中获得了一个角色,开始了成功的长期职业生涯,成为演员和戏剧家。他尤其擅长饰演夏洛克·福尔摩斯(奥莉薇亚和塞缪尔给兰登的信,1875 年 3 月 14 日,L6,413 - 14 n. 8)。

337.12　神圣的萨拉]

萨拉·本哈特(1844 ~ 1923 年)的艺名叫罗西娜·伯纳德,是当时最著名的女演员。1893 年,苏西在佛罗伦萨看了她的两出名剧,《阿德琳娜·勒库弗勒》和《托斯卡》。在这段口述之前,马克·吐温评论道,本哈特的表演有益于俄国犹太人(苏西给克拉拉的信,1893 年 1 月 24 日,打印稿,现存于 CU - MARK;"马克·吐温论本哈特的表演",《纽约时报》,1905 年 12 月 19 日,9)。

自传口述,1906 年 2 月 7 日

337.20 - 24　苏西 13 岁的时候……开始为我写传记]

1885年4月初,马克·吐温在笔记本中写道,"苏西13岁的时候(1885年),开始为我写传记,这完全是她自己的想法,我为此感到骄傲和高兴"(N&J3,112;Introduction,p.9)。她的这本传记一直写到1886年7月。

338.8　我将出版完整的传记]

马克·吐温最终采用了苏西传记的大部分素材,而不是全部。

338.10　拼写经常叫她为难,可这是苏西的拼写,原样保留了下来]

苏西的手稿和霍比的打字稿表明,这份手稿是口述给霍比的——马克·吐温大声朗读苏西的手稿,让霍比按照原稿的写法,把许多词拼错(参考口述自传,1906年2月2日,MTPO)。有的是,苏西拼对的词在打字稿中写错了,反之亦然。马克·吐温有时也会根据上下文修改她的文章。

338.30　约翰·罗巴兹]

参考《自传口述》,1906年3月9日,注释401.7-16。

339.17-18　我提前把书的手稿给了豪威尔斯先生,当时他是《大西洋月刊》的编辑]

威廉·迪恩·豪威尔斯担任过《大西洋月刊》的助理编辑(?～1871年)和编辑(1871～1881年)。在此期间,他在这本杂志上刊登过《傻子出国记》(1869年)、《艰苦岁月》(1872年)、《马克·吐温新旧见闻杂记》(1875年)、《汤姆·索亚历险记》(1876年)和《国外漫游》(1880年)的书评。在这几本书里,他只读过《汤姆·索亚历险记》和《国外漫游》的手稿;不过,他还读过马克·吐温多部作品的手稿,在其他杂志上发表了评论(Budd 1999,71-73,105-6,151-52,157-58,186-88,215,292-95,407)。

339.28-340.5　《镀金时代》……《芝加哥论坛报》……卑微的《每日画报》的观点,说什么不老实等]

585 马克·吐温错误地断言,是《纽约每日画报》抢在《大西洋月刊》前面,刊登了《镀金时代》的书评。《大西洋月刊》从来没有发表过《镀金时代》的书评,因为豪威尔斯觉得他并不会推荐这本书,他只是说这本书"还可以"(Howells 1874b,374;Howells 1979,46)。而在1年前,《每日画报》的编辑大卫·克罗利,让马克·吐温为这本即将出版的小说做了广告。《每日画报》复制了马克·吐温的信件,节选如下:

> 我认为,这是我笔下最令人惊叹的小说。夜复一夜,我爱不释手地读了又读,忍不住留下了眼泪。我将在秋天出版这本书,另附上多幅插图。你能否考虑为这本书做个广告?如果可以的话,不管这个人是你的朋友还是个孤儿,你要为此收多少钱?(1873年4月17日,致克罗利,L5,341-44;see"照片和手稿摹本,1872-73",L5,668-71)。

《每日画报》简单地评论了《镀金时代》，称这本书中的“多篇随笔毫不相干，是一本沉闷无聊的失败之作”。不过，应该是《芝加哥论坛报》最初指责马克·吐温“进行欺诈，蓄意欺骗，滥用民众的信任”。这些指责归咎于作者蹩脚作品的销量，而不是利用马克·吐温的名字来出售华纳的作品（“文学评论，”《纽约每日画报》，1873 年 12 月 23 日，351；“马克·吐温－华纳的小说”，《芝加哥论坛报》，1874 年 2 月 1 日，9）。

340.28－31　我找到了这份剪报……日期是 39 年前的……我不妨抄录如下]

这份剪报没有保存下来，不过《费城新闻报》记者的身份得到了核实，她叫作艾米丽·埃德森·布里格斯（1830～1910 年），笔名为“奥莉薇亚”。这段话出自她在 1868 年 3 月 2 日写的专栏文章（Briggs 1906，45－47），引述了 1868 年年初记者们在华盛顿对马克·吐温的报道——《芝加哥共和报》、旧金山《上加州日报》、弗吉尼亚城《企业报》。

自传口述，1906 年 2 月 8 日

341.19－20　埃米琳……一幅印象派水彩画]

这幅画是意大利肖像画家达尼埃勒·兰佐尼（1843～1889 年）的作品。1878 年，马克·吐温在米兰买下这幅画，作为生日礼物送给奥莉薇亚。画中少女的昵称“埃米琳”可能和《哈克贝利·费恩历险记》第 17 章埃米琳·格兰杰福特的画作有关。

341.22　伊莱休·维德的油画《年轻的美杜莎》]

1867 年起，美国画家伊莱休·维德（1836～1923 年）一直住在罗马。1878 年 11 月 9 日，马克·吐温在参观了维德的画室后买下了《年轻的美杜莎》。如果这幅画和维德同一主题的作品相似，那么画中描绘了“面容安详的女子披着卷发，有许多小蛇盘旋在她的前额上”（Soria 1964，603－4；N&J2，244－45，n. 60）。

342.11　我们的防盗警报器]

1877 年，克莱门斯家在哈特福德的住宅安装了在报纸上称作“杰罗姆防盗警报器”的装置。1880 年，纽约的纽曼公司为这座房子安装了电动防盗系统，并且提供了多次服务。房子的门窗都装了磁接触开关，连接到电路上；防盗系统开启后，人们打开门窗会切断电路，让警报器响起来。系统的中心控制装置称为“报警 586
器”，提醒门窗已经被打开；报警器还有几个开关，用以切断房子里全部或局部的电路以及一个自动控制的闹钟。马克·吐温和警报器的斗争，促使他在 1882 年写下了《麦克威廉姆斯家和防盗警报器》（1877 年 7 月 17 日，致奥莉薇亚，Letters 1876－1880；“防盗警报器”，《哈特福德新闻》，1878 年 3 月 12 日，2；纽曼给马克·吐温的信，1880 年 5 月 18 日，CU－MARK；1883 年 2 月 22 日，致韦伯斯特，NPV；Houston 1898，11，22；SLC 1882b）。

342.31　阿什克罗夫特]

拉尔夫·W.阿什克罗夫特(1875～1947年),生于英国柴郡,1905年担任美国普拉斯门公司的秘书和财务主管,当时马克·吐温考虑以投资管理不善对这家公司提起诉讼,阿什克罗夫特给马克·吐温留下了深刻的印象。1907年6月,马克·吐温把他阿什克罗夫特带到英国,请他担任自己的商业顾问。在阿什克罗夫特的建议下,马克·吐温注册了"马克·吐温"商标,接下来成立了马克·吐温公司(1908年)。1909年,阿什克罗夫特和马克·吐温的秘书伊莎贝尔·范·莱昂结婚。有一段时间,阿什克罗夫特和莱昂负责管理马克·吐温的商业事务,但是在1909年4月,两人被马克·吐温解雇。马克·吐温后来写了篇幅冗长、充满谴责的《阿什克罗夫特－莱昂手稿》(SLC 1909b),书中描述了两人的失职。阿什克罗夫特此后在多家加拿大公司担任广告总监,他和莱昂在1826年离婚(HHR,735－36;Ashcroft 1904;阿什克罗夫特给莱昂的信,1906年3月1日,CU－MARK;"罗杰斯回复马克·吐温事宜的备忘录"CU－MARK;"商业领袖,马克·吐温的好友和助手",《多伦多环球邮报》,1947年1月9日,7;Lystra 2004,265)。

342.33　亨利·巴特斯、哈罗德·惠勒和其他普拉斯门公司的小偷]

1897～1899年,马克·吐温住在维也纳的时候,奶粉加工厂普拉斯门公司首次进入了维也纳市场。马克·吐温认为这种产品是万能良药,无论是奥莉薇亚的病还是全球饥荒都能医治。在1909年写的《阿什克罗夫特－莱昂手稿》中,他回忆了自己和普拉斯门公司的纠葛,起源于他投资了这家公司在英国的分支机构:

> 1900年5月,我们让这家企业出现起色,有了发展前景。有些美国人想为美国争取权益,毕竟这家美国公司是在纽约创立的。来自加利福尼亚州的亨利·A.巴特斯就是公司的创始人和董事,他骗走了我1.25万美元,还帮他的下属怀特骗走了我7000多美元。
>
> 两个董事——巴特斯和另一个人——接着套取公司的现金资本。到了1905年,他们已经把这家公司榨干吃净,公司最终破产倒闭(SLC 1909b,8－9)。

马克·吐温的律师约翰·B.斯坦奇菲尔德讲述了他这起案子的详情:

> 克莱门斯先生继续向这家公司投资2.5万美元,认为他自己购买了公司的股票,可以得到每股股票的股息,这就是巴特斯告诉他的安排。
>
> 巴特斯当时是这家美国公司的代理人,他把克莱门斯先生的资金计入自己的个人账户,把自己的250股股票转让给克莱门斯先生(斯坦奇

菲尔德给马克·吐温的信,1905 年 3 月 4 日,CU – MARK)。

亨利·A. 巴特斯(1830 ~ 1908 年)是旧金山的一位资本家,他的下属霍华德·怀特和哈罗德·惠勒先后负责管理美国普拉斯门公司。1905 年年初,马克·吐温威胁要以重大盗窃罪起诉巴特斯。他在 1907 年 8 月 30 日和 1908 年 10 月 31 日的《自传口述》中回忆了普拉斯门案失败的始末(1900 年 4 月 8 ~ 9 日,致罗杰斯、萨姆,HHR,438 – 42;Ober 2003,169 – 72;“铁路大亨宣告死亡”,《洛杉矶时报》,1908 年 10 月 27 日,15;Ashcroft 1904;1909 年 3 月 11 日和 14 日,致克拉拉,手稿保存于 CU – MARK)。 587

343.28 – 29　我不明白,我们到门口的时候,我怎么会停在右边的]

马克·吐温对于哈特福德住所的勺子形车道感到迷惑不解,1892 年他在笔记本里画了车道的草图,终于解决了这个问题。无论马车怎么兜圈子,坐在马车夫右边的乘客最终都会停在房子的右边(Notebook 31,TS p. 37,CU – MARK)。

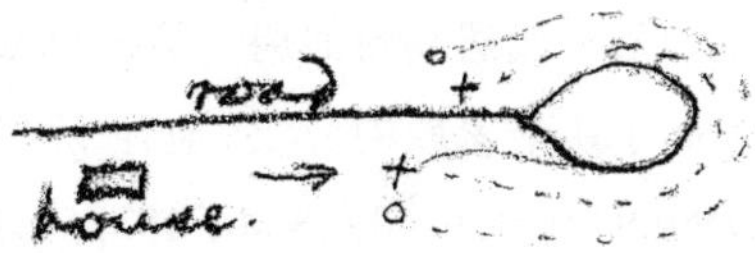

345.9　绿荫]

马克·吐温用这个词来形容房子四周的走廊,ombra 在意大利语里的意思是“树荫”。

346.9　苏西·华纳]

苏西·华纳(1838? ~1921 年),查尔斯·杜德利·华纳的妻子,她是位很有才华的画家,奥莉薇亚的密友。苏西·克莱门斯的自传手稿在苏西·华纳的名字处留下了空白。马克·吐温在口述时填补了空白,但是当他准备把这篇文章发表在《北美评论》上时,他在“你夫人”的前面加上了化名“塔比莎·威尔逊”(1869 年 11 月 24 日和 25 日,致奥莉薇亚,L5,407 n. 3;NAR4)。

自传口述,1906 年 2 月 9 日

349.18 – 23　他的妈妈是克莱门斯奶奶……最早移居弗吉尼亚的家族……总是对家族世系有强烈的兴趣]

在马克·吐温的一生中,“最早移居弗吉尼亚的家族”通常用来描述那些宣称自己是殖民地早期移民的后裔。1912 年,发现了现存最早移居弗吉尼亚的家庭名单。显然,苏西读到了《芝加哥太平洋》对她祖母的采访,这篇文章发表在 1885 年 3 月或 4 月,被广泛地转载。最后一段是这样写的:

克莱门斯太太在结婚前是简·兰普顿小姐,出生于肯塔基州。克莱门斯先生是最早移居弗吉尼亚的家族，他们没有积累财产，父亲死的时候全家一无所有，按照马克·吐温的话说，“只有一肚子的骄傲和旧世家的好名声”，假如是这样，至少这也是一笔丰厚的遗产（“马克·吐温的童年——采访著名幽默作家的母亲”，《纽约世界报》，1885 年 4 月 12 日，19，转载自《芝加哥太平洋》）。

349.23 – 26　达勒姆的兰布顿……]

兰布顿家族的宅邸位于英格兰的达勒姆郡，这座建筑可以追溯到诺尔曼征服的时代（1066 年）。约翰·乔治·兰布顿（1792 ~ 1840 年）在 1833 年当上了第一
588 代达勒姆伯爵，他的孙子也叫约翰·乔治·兰布顿（1855 ~ 1928 年），在 1879 年成为第三代达勒姆伯爵。简·克莱门斯的祖父威廉·兰布顿（1724 ~ 1790 年）的确属于这个家族的旁支，他在 1740 年移民到了弗吉尼亚（Burke 1904，528 – 29；Debrett 1980，p. 409；Selby 1973，112；Keith 1914，3 – 4，7）。

349.29 – 33　杰里……在决斗中击中了约翰·布朗的怀斯州长的腿]

马克·吐温记错了两位决斗者的身份：不是杰里迈亚，而是谢拉德·克莱门斯和詹宁斯·怀斯进行了决斗，他是亨利·亚历山大·怀斯的儿子，亨利·亚历山大·怀斯从 1856 年到 1860 年任弗吉尼亚州州长，当时废奴主义者约翰·布朗非常活跃。谢拉德·克莱门斯的右腿受了重伤，怀斯没有受伤（参考我的自传（节选），注释 205.18；1866 年 6 月 21 日，致母亲和帕米拉，LI，346 n. 6；“怀斯和克莱门斯的决斗”，《纽约时报》，1858 年 9 月 24 日，2）。

自传口述，1906 年 2 月 12 日

350.4　和奶奶玩的把戏，关于鞭子那一段]

这段插曲发生在《汤姆·索亚历险记》的第 1 章。

350.15 – 17　奶奶没办法叫爸爸去上学……和那些小时候刻苦学习的人一样能干]

苏西在 1885 年 4 月简·克莱门斯的采访中发现了这段话。她几乎逐字逐句地引用了下面这段文章的最后一句话。

萨姆的父亲去世了，这件事发生的时候，他只有 11 岁，我当时觉得这是个合适的机会，可以给这个孩子留下不可磨灭的印象，让他有所改变，所以我拉着他的手，把他带到放棺材的房间，他父亲就躺在那里，我和萨姆站在棺材两边，我对他说，当着父亲的面向他提几个要求，我知道他一旦说出话来，就不会反悔。萨姆从来没有撒过谎。他抬起泪汪汪的

眼睛看着我,哭嚷道:“哦,妈妈,你要我做什么,我都会去做的,除了去上学;我做不来!”这正是我要提的要求。就这样,我们冷静地谈了一会,我决定让他去印刷所学手艺,因为我不能让他到处乱跑。他去了,慢慢学到了足够的知识,和那些小时候刻苦学习的人一样能干。(“马克·吐温的童年——采访著名幽默作家的母亲”,《纽约世界报》,1885 年 4 月 12 日,19,转载自《芝加哥太平洋》)。

350.30 – 31　正是亨利……线已经变了颜色]

参见《汤姆·索亚历险记》第 1 章。

351.5　如果说打破糖罐的这件事发生在《汤姆·索亚历险记》里]

参见《汤姆·索亚历险记》第 3 章。

351.39　给猫吃止痛药]

参见《汤姆·索亚历险记》第 12 章。1840 年,佩里·戴维斯发明了止痛药,大获成功。药品的标签上说明,内服治疗“发冷、痉挛、腹痛”,外用治疗“咽喉肿痛、跌打扭伤、冻疮”。这种药的主要成分是酒精,添加了樟脑和辣椒粉(Ober 2003,54 – 60)。

351.42 – 352.1　佩维先生的黑人]

杰西·H. 佩维是汉尼拔一家酒馆的老板,1850 年他携全家搬到了圣路易斯(Inds,340)。

352.3 – 6　1849 年闹霍乱的时候……佩里·戴维斯的止痛药]　589

马克·吐温小时候,密西西比河谷长期流行霍乱,1849 年 2 月,新奥尔良出现了霍乱,很快沿着密西西比河向北蔓延。汉尼拔因病死伤无数,引发了恐慌情绪,人们担忧爆发像圣路易斯那样的流行病,纷纷服用止痛药来预防霍乱(Holcombe 1884,297 – 98;Wecter 1952,213 – 14;Ober 2003,45 – 54)。

352.19 – 20　我不记得我是怎么解释的……也许并不正确]

汤姆是这样解释的:

> “我的小祖宗,你干吗要这样对待那只可怜的猫,他又不会说话?”
>
> “我是可怜它才给他吃药的,他又没有什么姨妈。”
>
> “你说什么,他没有姨妈!你这傻瓜,那和这事有什么关系?”
>
> “关系大着呢。他要是有姨妈,肯定不会考虑他的感受,给他灌药烧坏五脏六腑不可!”

353.3　汤姆·纳什和我同岁]

马克·吐温的同学汤姆·S. 纳什是艾伯纳·O. 纳什(1804? ~1859 年)和第二

任妻子生的儿子。在1897年出版的《1840~1843年的村民》中,马克·吐温提到,纳什当了房屋油漆工。艾伯纳·纳什曾经开过零售店,是汉尼拔理事会的负责人;尽管他的母亲是爱尔兰人,拥有家传的珠宝,自称是贵族阶层,不过他在1844年宣布破产,在1849年接受了薪水微薄的邮政局长职位(Inds,96,337-38)。

353.23　最后感染了猩红热,他从此耳朵全聋了]

在《神秘的陌生人》现存的第2版《圣彼得堡杂记》的笔记中,马克·吐温写道,"汤姆·纳什的母亲收留了一个弃儿,感染了猩红热,结果她的孩子中有3个死了,两个聋了"(MSM,416;参考 Inds,96)。

353.28-294　4年前……接受法学名誉医生学位]

1902年5月初到6月末,马克·吐温前往密苏里州旅行,在6月4日接受了哥伦比亚的密苏里大学颁发的法学名誉医生学位。他在圣路易斯和汉尼拔停留了几天,最后一次参观他童年和青年时代的景致(《纽约时报》:"马克·吐温接受学位",1902年6月5日,2;"马克·吐温探访早年生活的场景",1902年6月8日,28;Notebook 45,TS pp. 14-17,CU-MARK)。

353.38-40　爸爸20岁左右的时候……他说,"好吧,妈妈,我答应你"]

这段话也出自对简·克莱门斯的采访:

> 他20岁左右的时候,到密西西比河上当了领航员。我那时不再管他了,因为我一直认为航运是个糟糕的行当,他肯定会遇到坏同伴。我要求他拿着《圣经》发誓绝不酗酒、绝不骂人,他回答说"好吧,妈妈,我答应你"。他握着我的手,拿着《圣经》跟着我重复了誓言,我相信他遵守了承诺("马克·吐温的童年——采访著名幽默作家的母亲",《纽约世界报》,1885年4月12日,19,转载自《芝加哥太平洋》)。

590 **自传口述,1906年2月13日**

354.5-6　参加了一段时间的少年禁酒会]

少年禁酒会在1846年创立于宾夕法尼亚州的日尔曼敦,是附属于禁酒之子的青少年组织。加入者要承诺不喝酒、不吸烟。汉尼拔的分部成立于1850年,马克·吐温是最早加入的会员,他的签名在"入会章程"的手稿中排在第一位。他的朋友汤姆·纳什和弟弟亨利也是会员。根据马克·吐温自己的记述,他在1850年7月初退出了协会。他的名字依然出现在1850年11月25日的会员名单上,可能是拖欠会费的会员。他把加入少年禁酒会的经历写进了《汤姆·索亚历险记》的第22章,而且在《傻瓜自传》的第4章描写了禁酒会议的滑稽仪式(SLC 1877b;Eddy 1887,340;SLC 1867h;Wecter 1952,152-54;少年禁酒会[1850];

S&B,149 - 53)。

354.32　加思先生]

参考《自传口述》,1906 年 3 月 9 日,注释 401.30 - 34。

355.2　我们经常用旧报纸来换]

邮政局允许报纸发行商不限数量地寄送报纸副本,可以享受免费邮寄。这种安排承担了早期的通讯业务,新闻报道被挑选出来在全国传阅。报社阅读文章后,从副本上剪贴下来,然后把报纸扔掉(Kielbowicz 1989,141 - 61)。

355.13 - 14　不过,我肯定已经把这些体会写进了《赤道环游记》]

参考《赤道环游记》第 1 章。

355.17 - 22　爸爸当了领航员……去了内华达,当了他的秘书…"贵格城"号轮船]

参考《自传口述》,1906 年 1 月 12 日,注释 270.1,1906 年 3 月 29 日,《傻子出国记》札记。

355.30 - 32　第一次见面……5 天后]

参考《自传口述》,1906 年 2 月 1 日,注释 320.32 - 34。

356.3 - 4　她体弱多病……从此这一生都没有再强壮起来]

奥莉薇亚的病情一直备受争议。她得病的时间比马克·吐温的描述更早,痊愈的时间更晚。在 14 岁的时候(1860 年),她的"身体已经非常虚弱",接受了医生的治疗后,她在埃尔迈拉水疗中心住了一段时间。由于没有好转的迹象,她被送到华盛顿的疗养院,然后来到纽约城的瑞典运动医疗研究所,那里主要治疗运动障碍(肌肉运动)。她在这里待了两年后回到埃尔迈拉的家中。牛顿医生的来访(注释 356.7 - 8)是在 1864 年 11 月 30 日。牛顿医生的私人秘书回忆了奥莉薇亚的病情和在此期间的治疗,他写道:

> 有个人住在纽约的埃尔迈拉,牛顿医生曾经到那里给兰登小姐看病,把她治好了,她后来嫁给了著名的作家马克·吐温。牛顿医生发现她患有脊柱病,她有 4 年时间都不能在床上坐起来,她几乎就像死了一样。医生用了特别的疗法,扶着她穿过房间,几天后治疗就结束了(Newton 1879,294)。

不过,兰登家族的书信和文件表明,尽管经过牛顿的治疗,奥莉薇亚的身体依 591
然欠佳。在 1865 年 6 月 3 日,她接受了牛顿的第二次治疗,此后 1 年仍然不能行走。1866 年,奥莉薇亚再次住进了运动医疗研究所,病情大为好转;尽管她恢复了行走能力,但是正如马克·吐温所言,她的身体依然衰弱(Skandera - Trombley

1994,83－85,90,92－94)。

356.7－8　牛顿医生]

詹姆斯·罗杰斯·牛顿(1810～1883年)是一位商人,来自罗德岛的纽波特,在美国和英国公开行医,治好了很多人。科学界和宗教团体都不认可他。他没有接受过医学教育,把自己神奇的力量归结为"磁力"、"控制精神"和"天父降临在我身上"。他常用的治疗方法是"抚头顶祝福礼",不过也有一些不同寻常的疗法:有位病人得了肺结核,牛顿告诉他,"去捉一只公鸡,扭断脑袋,在背上切开,把温热的鸡肉放在你的胸口"(Newton 1879,206－71,112－13,38;"牧师巴克利医生和牛顿医生",1883,519;Ober2003,129－34)。马克·吐温和牛顿的会面没有留下独立的文件记载。

356.11　安德鲁·兰登]

安德鲁·兰登(1835～1919年)是奥莉薇亚的堂兄。

356.22－27　牛顿用手摸了摸她的头顶……"现在我们要走几步,我的孩子"]

佩恩可能是为了增加更多传统基督教色彩,在下面的打字稿中修改了这段文章,

> 牛顿用手摸了摸她的头顶;打开了窗户——长期关着的黑暗窗户——做了简短而热忱的祷告,然后伸出手臂扶着她的肩膀说:"现在我们要坐起来了,我的孩子。"
>
> 全家人惊慌失色,打算拦住他,可是他镇定自若,把她扶了起来。她坐了几分钟,没有恶心呕吐,也没感到不适。然后牛顿说,今天就到此为止,第二天上午他会再来,他的确来了。他用手摸了摸她的头顶,说道:"现在我们要走几步,我的孩子。"

潘恩在页边空白处做了解释,写着"他只来过一次"(TS1,309－10)。历史记录显示,潘恩弄错了。

自传口述,1906年2月14日

357.5－8　我求了三四次婚……待上1周]

1868年秋天,马克·吐温在进行巡回演讲的同时追求奥莉薇亚。9月初,奥莉薇亚拒绝了马克·吐温的求婚,此后她又拒绝了两次,到11月底接受了求婚。马克·吐温提到访问计划延长了3天略有夸大(357.8,358.23):马克·吐温于9月29日告辞,奥莉薇亚在当天的信中写道,他本来计划待1天,由于这次意外多待了1天(L2:1868年9月7日和8日,致奥莉薇亚,247－49;1868年11月28日,致特威切尔,293－94;奥莉薇亚致胡克,1868年9月29日,CtHSD)。

357.15　双座敞篷马车]

一种敞篷轻便马车,车内有几个座位,拉车的通常是两匹马(Whitney and Smith 1889－91,2:1526－27)。

358.33－38 我给他推荐了6位声名显赫的人物……斯特宾斯] 592

1868年11月末,马克·吐温向兰登推荐的人里只有两位知名人士,都是教士。教士霍拉肖·斯特宾斯(1821～1902年)是第一基督教教堂的牧师,他在回信中写道(引用马克·吐温的话):"克莱门斯是个骗子,粗浅鄙陋——毫无疑问,此人很有才华,不过微不足道,他可能会滥用才能——此人毫无前途、一事无成——请记住,先生,他是个骗子。"这段话的主旨就是这样,我不记得原话是怎么说的(1869年8月25日,致斯托达德,MTPO)。另一位教士是查尔斯·沃兹沃思(1814～1882年),霍华德长老会教堂的牧师。兰登亲自写信给从前在旧金山当过银行财务主管的詹姆斯·S.哈钦森,请他去调查马克·吐温的名声。哈钦森拜访了詹姆斯·罗伯特,查尔斯·沃兹沃思的执事,汇报了他的评价:"我宁愿把我的女儿埋了,也不愿她嫁给这种家伙。"(Hutchinson 1910)12月29日,在这些令人恼火的预言寄到埃尔迈拉前,马克·吐温向兰登家提供了另外10个担保人的名字(L2:1868年6月17日,致费尔班克斯,229 n.2;1868年12月29日,致兰登,358－59,360－61 n.2)。

359.8－13　乔·古德曼……你为什么没跟我提到过他?]

实际上,马克·吐温向兰登提到过古德曼和其他知名的朋友,不过是在他意识到首次提到的6个人可能出现什么结果后,此前1个月他向兰登介绍了这些人(1868年12月29日,致兰登,L2,358)。

自传口述,1906年2月15日

360.3　霍桑的情书……远不如]

在苏西写传记的时候,朱利安·霍桑出版了他父母的传记,书里收录了这些情书。马克·吐温的情书发表于《马克·吐温书信集第3卷》(Hawthorne 1885;参考"情书",L3,473－80)。

362.3－10　他是个早产儿……接着就生了重病]

这位客人显然是玛丽·曼森·费尔班克斯,1870年10月末,她来拜访克莱门斯家,然后匆忙离去赶往车站。1870年11月7日,兰登出生,早产了1个月。3个月后,1871年2月初,奥莉薇亚患上了伤寒(L4:1870年11月5日,致奥利安,222 n.5;1871年2月17日,致母亲和家人,332 n.1;兰登的夭折参考AD,1906年3月22日)。

362.11　埃尔迈拉的格里森太太]

克莱门斯家派人去请雷切尔·布鲁克斯·格林森医生(1820~1905年),她是埃尔迈拉水疗中心的医生和创办人,兰登家族的成员经常到这个疗养胜地来(1871年2月22日,致奥利安,L4,335 n.2)。

362.21-28　克莱门斯太太的身体还没有完全康复,爱玛·奈伊小姐]

马克·吐温颠倒了这些事情的顺序。从南卡罗来纳州的艾肯到底特律的路上,爱玛·奈伊(1846~1870年)一直和克莱门斯家待在一起;她在克莱门斯家得
593 了伤寒症,几乎有一个月都卧床不起,在1870年9月29日去世。奈伊死后不久,奥莉薇亚病倒了(L4:1870年8月31日,致帕梅拉,186 n.3;马克·吐温和奥莉薇亚致费尔班克斯,1870年9月2日,,189 n.2;1870年9月7日,致沃尔科特,191;1870年10月9日,致雷德帕斯,206 n.1)。

362.35-36　笔法粗糙、稀奇古怪的巴黎地图,刊登在报纸上]

1870年秋天,报纸上经常刊登普法战争的报道。9月初,德国军队开始向巴黎进军,许多美国报纸刊登了标有巴黎要塞的地图。马克·吐温那副古怪透顶的地图发表于1870年9月1日的《布法罗快报》(SLC 1870d)。马克·吐温在地图上的题字是:“斯波福德先生,我能否请你保留这幅艺术品,收藏在国会图书馆珍贵的地理资料中。”(1870年10月10日,致斯波福德,L4 207)

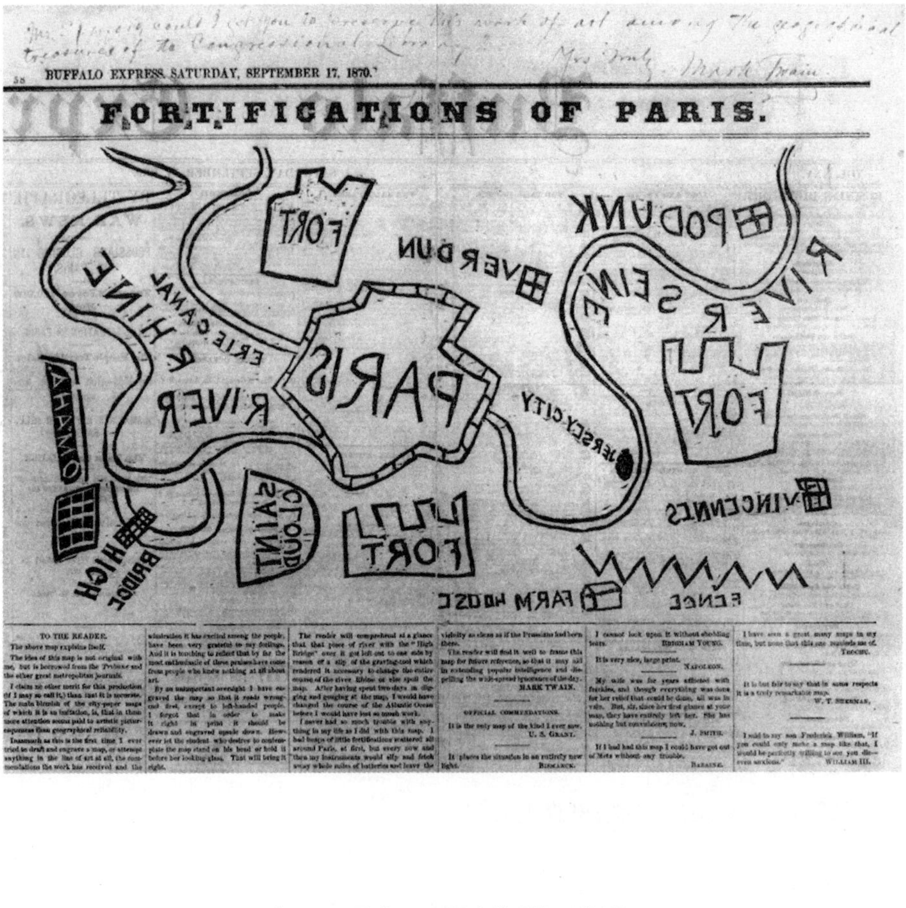

自传口述,1906 年 2 月 16 日

363.14　苏西姨妈]

苏珊 · 克兰太太。

363.19　亲爱的外公]

杰维斯 · 兰登。

363.20 – 21　(爱玛 · 奈伊)……伤寒症]

参考《自传口述》,1906 年 2 月 15 日,362.21 – 28 及注释。

363.23 – 25　(克拉拉 · L. 斯伯丁小姐)……妈妈的好朋友]

克拉拉 · L. 斯伯丁(1849 ~ 1935 年)的父亲是纽约埃尔迈拉富有的木材商人,1886 年,她嫁给了约翰 · 巴里 · 斯坦奇菲尔德(1869 年 3 月 9 日和 31 日,致 594
克兰,182 n.6)。她还出现在 1906 年 2 月 26 日的《自传口述》里。

363.32 – 33　大卫 · 格雷……报纸编辑]

大卫 · 格雷(1836 ~ 1888 年)出生于爱丁堡,1849 年来到美国。1856 年在布法罗定居,他当过秘书、图书管理员和簿记员,后来成为了一名记者。1869 年马克 · 吐温搬到布法罗的时候,格雷刚娶了玛莎 · 格思里,担任《信使报》的编辑,是马克 · 吐温《布法罗快报》的竞争对手。格雷此后升职为《信使报》总编,但是在 1882 年因健康不佳而离职;1888 年,他在火车事故中受伤身亡(马克 · 吐温和奥莉薇亚致兰登家,1870 年 3 月 27 日,L4,102 n.9)。马克 · 吐温还在 1906 年 2 月 22 日的《自传口述》中提到他。

364.2 – 9　从肯尼先生那里收购了这家报纸的股权]

马克 · 吐温不是从肯尼先生那里收购了《布法罗快报》的股权,而是 1869 年 8 月从托马斯 · A. 肯尼特(1843 ~ 1911 年)手里购买的,并且在 1871 年 3 月再次出售(股权收购和出售的详情,请参考 1869 年 8 月 12 日给布利斯的信,1871 年 3 月 3 日给莱利的信,338 – 39,n.3)。马克 · 吐温后来在口述中回忆了肯尼特,依然把他称为肯尼先生,参考注释 366.29 – 32。

364.19　杰伊 · 古尔德颠覆了美国的商业道德观]

杰伊 · 古尔德(1836 ~ 1892 年)是不择手段的金融家和铁路投机商,他的名字成了冷酷贪婪的代名词。作为伊利铁路公司的董事,他联合詹姆斯 · 费斯克(1834 ~ 1872 年)掠夺了这家公司的控制权,他在 1869 年企图垄断黄金市场,引发了“黑色星期五”的恐慌局面,让许多投资者倾家荡产。在此后的 20 年里,古尔德控制了几家大铁路公司和西部联合电报公司,从 1879 年到 1883 年,他拥有《纽约世界报》。他去世时资产高达 7200 万美元。马克 · 吐温对古尔德的态度并无特别之处:古尔德早年遭受抨击,被认为危害了美利坚合众国。丹尼尔 · 比尔德在为《误闯亚瑟王宫》画插图的时候,把古尔德作为奴隶监工的原型,受到了马克·吐温热情的支持(“杰伊·古尔德的遗嘱公布,”《纽约时报》,1892 年 12 月 13 日,10;Budd 1962,44,84,114,204;CY,17,405,567)。

364.32 – 34　麦克柯迪,麦考尔……纽约的保险公司]

参考《自传口述》,1906 年 1 月 10 日,注释 257.6 – 9。

364.34 – 36　麦考尔总裁已经病入膏肓……其他人也死到临头]

马克·吐温可能是指《纽约时报》的几篇报道:1906 年 2 月 15 日,《临终的麦考尔为汉密尔顿辩护》;1905 年 11 月 30 日,《麦克柯迪辞去互惠基金人寿保险公司职务》;1906 年 1 月 1 日,《约翰·A. 麦考尔辞去纽约人寿保险公司总裁职务》(这篇报道称詹姆斯·W. 亚历山大的身体垮了)。

365.11 – 17　约翰·D. 洛克菲勒……]

参考《自传口述》,1906 年 3 月 20 日,马克·吐温最后提到了洛克菲勒家族和主日学校。

366.29 – 32　肯尼去了华尔街……问我借 25 美分]

肯尼特有一段时间在华尔街当过股票经纪人,后来重返新闻界,编辑过多份杂志。后来他穷困潦倒,死在布朗克斯区的诊所里(1869 年 8 月 12 日,致布利斯,
595 L3,294 n.2;《纽约时报》:“编辑肯尼特去世,”1911 年 6 月 30 日,9;“圣约瑟夫医院”,1895 年 5 月 26 日,17)。

自传口述,1906 年 2 月 20 日

367.11 – 12　探险家威尔克斯的名字]

查尔斯·威尔克斯(1798 ~ 1877 年),1838 年到 1842 年担任美国探险队的船长,这是美国赞助的第一次国际航海活动。探险队的任务是勘探太平洋、南极地区和北美西海岸。1840 年年初,威尔克斯率领 6 艘轮船组成的船队启程,其中有两艘船沿南极漫长的海岸线航行。几个世纪以来,人们就南极圈内是否有大片陆地存在争议。英国和法国探险家在美国探险前已经观察到陆地,但是对于马克·吐温和许多美国人来说,民族主义情绪让威尔克斯成了南极的发现者。威尔克斯后来从海军退役,获得海军少将军衔(“南极的发现者”1840,210,214 – 19)。

367.15 – 16　在后来的岁月里,我们再次揭开了南极的面纱,人们重新对这里产生了兴趣]

沉寂了几十年后,南极地区在 1897 年迎来了探险活动的“英雄时代”,人类的新目标是到达南极极点。1901 ~ 1904 年,英国人罗伯特·F. 斯科特率领的探险队到达了其他探险家从未涉足的南极内陆;同一年,德国、瑞典、苏格兰和法国分别组织了南极探险活动。1911 年,挪威探险队的罗尔德·阿蒙森到达南极极点。

367.21　我最后一次在佛罗伦萨见到威尔克斯夫人]

威尔克斯夫人原名玛丽·H. 林奇,最初嫁给威廉·康普顿·博尔顿,博尔顿曾担任美国海军准将,1849 年去世。1854 年,她嫁给了威尔克斯,威尔克斯的第一任妻子在 1848 年去世,两人有一个孩子。马克·吐温在笔记本中记载,他拜访威尔克斯太太是在 1904 年 4 月 4 日(Notebook 47,TS p. 8,CU－MARK)。

1870 年 2 月,马克·吐温在《布法罗快报》上发表了文章,称赞蒲安臣的生平(SLC 1870a;参考"初登文坛",注释 128.30－32)。

368.43－369.3　国会里的恶棍波特(我想是这个名字)]

马克·吐温记错了普雷斯顿·S. 布鲁克斯(1819～1857 年)的名字,他在北方有"恶棍"布鲁克斯的名声。布鲁克斯是来自南卡罗来纳州的众议员,1856 年,他闯入参议院大厅,殴打了参议员查尔斯·萨姆纳,以报复萨姆纳对南方各州和他亲戚的侮辱。蒲安臣当时任马萨诸塞州众议员,在众议院发表演讲谴责了布鲁克斯的残暴行径。布鲁克斯随即发起挑战,要和他决斗;蒲安臣欣然接受,指定在尼亚加拉大瀑布的加拿大边界用步枪决斗。布鲁克斯无法安全穿越北方各州,对这件事不再追究(Nicolay and Hay 1890,2:47－55;布鲁克斯事件;布鲁克斯和蒲安臣的争执,《纽约时报》,1856 年 7 月 25 日,2)。

369.14　我在其他的书里已经讲过了]

马克·吐温指的是《初登文坛》,这篇文章写于 1898 年,收录在本卷的手稿和 596
口述中。

369.19　蒲安臣先生的儿子,现在是《斯克里布纳月刊》的编辑]

爱德华·L. 伯林盖姆(1848～1922 年)放弃哈佛大学的学业,作为父亲的秘书前往中国。他后来在海德尔堡获得了医生学位。1871 年,他来到《纽约论坛报》任职,成为约翰·海的终生好友。1872 年到 1879 年,他当上了《美国百科全书》的编辑,1879 年,他开始在查尔斯·斯克里布纳父子出版公司工作,从 1887 年起担任《斯克里布纳月刊》的编辑。1914 年,爱德华辞职后,当上了这家出版社的总编顾问("编辑爱德华·伯林盖姆去世,享年 74 岁",《纽约时报》,1922 年 11 月 17 日,16)。

369.25－26　"有人要强迫你走一里路,就陪他走吧,吐温"]

出自马太福音 5:41:"有人要强迫你走一里路,就陪他走两里"(And whosoever shall compel thee to go a mile,go with him twain)。

自传口述,1906 年 2 月 21 日

370.32－33　小布利斯……后面的章节]

小以利沙·布利斯(1821～1880 年)出生于马萨诸塞州。他做过纺织生意,成为哈特福德美国出版公司的秘书,然后当上该公司总裁。在他任期内,这家公司出版了马克·吐温的主要作品,包括《傻子出国记》和《海外漫游》(1880 年)。“后面的章节”是指 1906 年 3 月 23 日的《自传口述》(1867 年 12 月 2 日,致布利斯,L2,120 n.1;Hill 1964,15)。

370.34 – 40　我告诉他我的条件……我拿出收到的信件]

马克·吐温现存的书信没有证实,其他公司向他提供了一半的利润。1870 年 7 月中旬,布利斯到埃尔迈拉拜访了马克·吐温,讨论《艰苦岁月》出版的合同条款,马克·吐温宣称,有一家未透露姓名的出版社愿意支付 10% 的利润(1870 年 8 月 2 日,致布利斯,L4,179 – 80;see RI 1993,806 – 8)。

371.13　合同……上面没有提一本的利润]

参考《与 W. D. 豪威尔斯拜访格兰特将军》,注释 71.36 – 37。

371.22 – 23　他出版了那本书……另两本书按照 10%]

马克·吐温对版税条款的描述正确无误,出版的顺序。他说的“那本书和下一本”是指《艰苦岁月》(1872 年)和《马克·吐温新旧见闻杂记》(1875c),“另两本书”是指《镀金时代》(1873 ~ 1874 年,他和查尔斯·杜德利·华纳共享 10% 版税)和《汤姆·索亚历险记》(1876 年,10% 版税)(RI 1993,806 – 8;ET&S1,435 – 36;“美国出版公司《镀金时代》合同”,LS,635 – 36;版税声明收录于 Scrapbook 10:77,CU – MARK)。

371.35 – 372.2　他想离开公司自己创业……我们签订了合同]

1879 年,小以利沙·布利斯没有打算离开美国出版公司,而是以利沙的儿子
597 弗朗西斯(弗兰克)·布利斯(1843 ~ 1915 年),这家公司的会计,辞去了职务,创办了自己的出版社(布利斯致马克·吐温,13 Feb 1879 年 2 月 13 日,CU – MARK)。1878 年远赴欧洲前,马克·吐温和弗兰克签了合同——以利沙并不知道——出版一本游记(名为《国外漫游》,出版于 1880 年),获得 10% 的版税。弗兰克同意记录详细的成本开支,以便计算毛利润,如果在第一年年末,毛利润的一半超过当年约定版税的金额,马克·吐温将获得超出部分的版税(合同日期为 1878 年 3 月 8 日,现存于 CU – MARK)。然而,弗兰克布利斯的公司没有发展壮大,等到这本书出版的时候,马克·吐温同意把合同转移给美国出版公司。1 年后,马克·吐温表示,“因为发行量可观,以利沙·布利斯要求把公司一半的利润分给他!他们兴高采烈地答应了。因为这挽救了公司的命运,带来了希望,偿还了债务”(1880 年 10 月 24 日,致 OC,Letters 1876 – 1880;Hill 1964,127 – 3;参考 AD,1906 年 5 月 23 日)。

372.16 – 17　牛顿·凯斯]

凯斯是他们在哈特福德的邻居,拥有一家印刷出版公司——凯斯 – 洛克伍

德－布雷纳德出版公司，他也是美国出版公司的董事（N&J3，203 n. 67，456 n. 161）。

372.25－27　詹姆斯·R.奥斯古德……］

1872年，詹姆斯·R.奥斯古德第一次向马克·吐温约稿，但是他没有答应，因为此前和美国出版公司签订了合同。同样，奥斯古德也不能出版《马克·吐温新旧见闻杂记》，只好出版了小册子《最近狂欢节上的罪行纪实》（SLC 1877a）。马克·吐温迫切需要借助奥斯古德公司的声望，于是在1881年出版了《王子与乞丐》，然而这本书是征订出版，奥斯古德完全不熟悉这套方法。第二年，奥斯古德出版了《被偷走的白象》。他和马克·吐温曾经沿着密西西比河顺流而下，1883年出版了这次旅行的游记《密西西比河上的生活》（1872年3月31日，致奥斯古德，L5，72－73 nn. 2－3；ET&S1，619－20；P&P，9－11）。

372.29－30　我已经为这些玩意儿花了56，000美元］

1883年12月21日，马克·吐温在给奥斯古德的信中写道，"《王子与乞丐》和《密西西比河上的生活》是我有史以来最失败的书。第一本书的失败可以理解——可是说到第二本书，我却很难平静下来。我为这本书花了5万美元——也就是说，销售额达到8万美元，我才有3万美元的收益"（21 Dec 1883 to Osgood，MH－H，in MTLP，164）。根据奥斯古德公司1884年3月中旬的账目，这本书的铅版、纸张、装订成本达到39，458.78美元。在此期间，马克·吐温为奥斯古德公司驻纽约分公司支付了租金。他所说的56，000美元可能包括这些费用（1884年3月10日，致韦伯斯特，CU－MARK；SLC notes on handwritten sheet of printing costs（or Life on the Mississippi，NPV）。

372.38　54，500美元的支票］

马克·吐温回忆的数字并不符合《哈克贝利·费恩历险记》的高额销量。出版不到3个月，这本书已经卖出了5.1万本，每本定价2.75美元到5.50美元不等（韦伯斯特致莫菲特，1885年5月6日，CU－MARK；HF2003，660－61）。

自传口述，1906年2月22日 598

373.9－10　苏西姨妈］

苏珊·克兰。

373.15　今天格兰特将军的报道］

新闻界经常发表格兰特将军抗争癌症的报道。1885年4月16日，《纽约时报》报道，"将军安详地与家人交谈，他的声音洪亮，脸上显示出康复的迹象，走起路来步伐和过去几个月一样坚定，家人不再为他担心"（"充满希望的一天"，1885年4月16日，4）。

373.16　史密斯法官]

H. 博德曼·史密斯是埃尔迈拉的史密斯·罗伯森·法塞特律师事务所的律师,他是遗嘱的见证人,而不是执行人。他可能在后来成了法官。遗嘱执行人包括马克·吐温、西奥多·克兰、查尔斯·杰维斯·兰登、约翰·斯利和兰登的遗孀奥莉薇亚·刘易斯·兰登(Boyd and Boyd 1872,195;"杰维斯·兰登的临终遗嘱",影印件现存于 CU – MARK)。

373.28　阿特沃特先生]

德怀特·阿特沃特(1822 ~ 1890 年),出生于纽约州伊萨卡附近的乡村。他在纽约和宾夕法尼亚州经营木材生意,此后在埃尔迈拉定居。晚年他在埃尔迈拉开了一家鞋厂("德怀特·阿特沃特去世",《埃尔迈拉广告报》,1890 年 1 月 2 日,版面不详)。

375.2　诺曼·哈普古德在城里的宫殿]

诺曼·哈普古德(1868 ~ 1937 年),作家、记者,1903 年起担任《科利尔周刊》的编辑。他的房子位于派克大街和七十三街交叉口。

375.7　他回答道,"我叫大卫·格雷"]

大卫·格雷(1870 ~ 1968 年),1892 年毕业于哈佛大学,为布法罗的几家报纸写过文章,1899 年获得律师资格。第一次世界大战中,他参加了美国远征军,荣获法国英勇十字勋章。从 1940 年到 1947 年,他担任美国驻爱尔兰大使("前大使大卫·格雷去世,享年 97 岁",《纽约时报》,1968 年 4 月 13 日,25)。

375.23　内德·豪斯]

爱德华·H. 豪斯(1836 ~ 1901 年)在 1867 年 1 月见到马克·吐温,时任《纽约论坛报》记者。1870 年,他远赴日本,在东京大学教授英语,同时任《纽约论坛报》通讯员。1874 年,他作为《纽约先驱报》驻日本的通讯员,更随日军征台战役的军队到台湾,把采访报道收集成册,名为《征台记事》,1875 年在东京出版。豪斯创办了《东京时报》,这是一家日本政府资助的英语周报。1880 年,他回到美国,相继出版了游记《日本插曲》(House 1881)和插图小说《米三藤:日本之子》(House 1888)(1871 年 5 月 3 日,致布利斯,L4,389 n. 1;1872 年 1 月 20 日,致奥莉薇亚,LS,30 n. 2;L6:1875 年 4 月 10 日,致布利斯,445 n. 1;1875 年 11 月 10 日,致西弗,591 – 92 n. 1)。1889 ~ 1890 年,豪斯和马克·吐温为《王子与乞丐》的戏剧改编发生争执。这本小说由艾比·塞奇·理查森改编成舞台剧,而豪斯声称马克·吐温在 1886 年授予他对这本书的戏剧改编权,提交禁令阻止该剧上演。这次争吵导致豪斯和马克·吐温此后形同陌路,豪斯在日本度过了余生(1870 年 6 月 9 日,致布利斯,L4,149 – 50 n. 3;N&J3,542 – 43 n. 183)。

375.31　铁路事故]

这场事故发生在1888年3月16日清晨,纽约州宾厄姆顿附近的特拉华－拉克万纳西部铁路。格雷在事故中头部受伤,两天后去世(《纽约时报》:“雪地翻 599
车”,1888年3月17日,5;“编辑格雷去世”,1888年3月19日,1)。

自传口述,1906年2月23日

376.4－7　塔尔梅奇·布朗先生,他是兰登家的姻亲]

塔尔梅奇·布朗(1891),来自爱荷华州的德梅因,律师、房地产开发商、道路承包商,他娶了奥莉薇亚的表姐安娜·马什。1869年,兰登向孟菲斯市提起诉讼,称该市欠他50万美元。布朗去世后,马克·吐温保存了德梅因报纸上的3份讣告剪报,上面称赞他慷慨仁慈,具有生意才能,对家人关怀忠诚,宗教信仰虔诚。在当时的笔记本中,马克·吐温引述了这些赞美之词,怀疑自己的负面看法是否合适(N&J3,635;L4:1870年1月27日,致特威切尔,43;1870年7月6日,致奥莉薇亚,165 n.1;参考AD,26 Mar 1906)。

377.14　伊萨卡的亨利·W.塞奇先生]

亨利·塞奇(1814～1897年)是成就非凡的商人,拥有多家木材企业,是美国最大的地主。他是康奈尔大学慷慨的捐助者,建设并捐赠了多家图书馆、教堂和学校。他的儿子迪安·塞奇是马克·吐温的好友(L6:1875年3月28日,致塞奇,431 n.1;1875年4月22日,致塞奇,453 n.5)。

377.37　阿诺特先生]

约翰·阿诺特(1793～1873年),1801年和全家人从苏格兰来到美国。他在埃尔迈拉经商,拥有一家铸造厂,后来担任过希芒运河银行的财务主管,1852年当上了行长(Peirce and Hurd 1879,284;Boyd and Boyd 1872,41)。

378.25－27　厚重的手稿,那是我哥哥奥利安的自传]

在1880年2月26日的信中,马克·吐温提到,奥利安有两次打算撰写忠实可靠的回忆录。奥利安感显然很兴奋,没有为撰写《懦夫自传》和《失败者回忆录》(马克·吐温写的题目)的想法感到生气,开始了创作,到1880年6月,马克·吐温向豪威尔斯提供了《大西洋月刊》的出版校样。豪威尔斯没有接受,他表示:“这本书引起我的同情,读完了之后我感到很枯燥。可是作者坦露了心声,让人倍感震惊”(Howells to SLC,14 June 1880,CU－MARK,in MTHL,1:315)。1880年1月18日,奥利安把2523页的成稿寄给了他弟弟,名为《奇人自传》,但是没有看到这本书出版成册。马克·吐温宣称,奥利安的手稿在别的房间里;在1906年4月6日的《口述自传》里,他说部分手稿在早些时候已经销毁了。1907年7月11日,潘恩在纽约的中央火车站遗失了这份手稿。马克·吐温死后,潘恩对这部自传的命运作出了前后矛盾的叙述,宣称手稿存放在地下室,或者已经遗失,或者应

马克·吐温的要求销毁;然而,潘恩在《马克·吐温自传》中写道:奥利安的自传
600 只有几张零散的手稿,现存于马克·吐温档案馆,还有几封奥利安注解的书信(Letters 1876 – 1880:26 Feb 1880 to OC,9 June 1880 to Howells;OC to SLC:29 Feb and 1 Mar 1880,18 Jan 1882,19 Jan 1882,CU – MARK;MTB,1:24,44,85,2:674 – 77;MS fragments in DV 391,CU – MARK;Orion's note on 6 Feb 1861 to OC and MEC,NPV;Schmidt 2008b)。

378.32 – 34　本韦努托·切利尼讲过很多故事……卢梭和他的忏悔]

马克·吐温认为本韦努托·切利尼的传记是最有趣的书(N&J2,229),他在书信和笔记中都提到过这本传记,本书的内容也出现在《哈克贝利·费恩历险记》的第35章和《误闯亚瑟王宫》的第17章中。在1880年2月26日的信中,他告诉奥利安,"卢梭承认自己手淫、盗窃、撒谎、可耻的背叛"(Letters 1876 – 1880;Introduction,p.6)。

379.1 – 13　我想也许我已经提过这件事]

参考《我的自传节选》。在奥利安的描述中,是他而不是塞缪尔被忘在后面,他的说法没那么有趣,当时他14岁(1839~1840年),他被丢弃的时间很短:"马车走了几英尺,发现我没在,回来让我上了车。"

自传口述,1906年2月26日

380.9 – 20　有一次在德国……我们的朋友和旅伴——美国驻德国某城市的领事]

这件事发生在1878年7月的沃尔姆斯。这位"朋友和旅伴"可能是美国驻曼海姆领事爱德华·M.史密斯(N&J2,46,125 n.22,248 n.68)。

380.28 – 29　克拉拉·斯伯丁……有个儿子上大学四年级,有个女儿考进了德国的大学]

小约翰·巴里·斯坦奇菲尔德(1889~1946年)和爱丽丝·斯伯丁·斯坦奇菲尔德(1887~1941年),她后来嫁给了阿瑟·M.莱特。

381.9 – 10　《阿多尼斯》(字迹难以辨认)]

这出喜剧明星亨利迪克西主演的滑稽音乐剧在百老汇创下票房记录,从1884年到1886年上演过六百多场(《纽约时报》:"娱乐新闻",1884年9月5日,4;"迪克西伟大的一天",1886年1月8日,1)。马克·吐温用括号里的词代替了"伙计们",原文是"我们去剧院看了《阿多尼斯》,伙计们表演得很精彩"(OSC 1885 – 86,17),苏西的意思可能是这出戏表演得很精彩。

381.14　庞德少校]

詹姆斯·B.庞德(1838~1903年)出生于纽约州阿雷格尼县。他先是在印刷

所当学徒,后来成为记者,为几家报纸撰稿。在南北战争期间,他加入了威斯康星第三骑兵团,在战争末期晋升为陆军少校。他加入了詹姆斯·雷德帕斯在波士顿的吕克昂办事处,在1875年从雷德帕斯手里买下了办事处的股份。庞德在1879年开办了自己的办事处。他筹备了1884~1885年马克·吐温和乔治·华盛顿·凯布尔的巡回演讲,安排了马克·吐温1895~1896年的环球演讲。此后几年,庞德为其他巡回演讲提供了高额的报酬,都被马克·吐温拒绝了(1897年9月13日,致罗杰斯,1898年11月6日~7日,致罗杰斯,1900年7月21日,致罗杰斯,萨姆,HHR,300,374,448)。

381 脚注 我是他的出版商] 601

参考《格兰特将军的回忆录二三事》。

382.14-18 胡德将军……谢尔曼]

约翰·B.胡德(1831~1879年)毕业于西点军校,在联邦军队中服役,直到1861年4月退出军队加入南部邦联。1862年10月,他晋升为少将。格兰特在他的个人回忆录里讲述了谢尔曼向大海进军的情况(Grant 1885-86,2:374-76)。

383.10-11 可怕的新发明——人们称为作家朗诵会]

马克·吐温讲的这件事发生在1885年4月29日,这是在麦迪逊广场剧院举行的第二次朗诵会,为了给美国版权协会筹款。马克·吐温朗读了《海外漫游》的第25章"艰难的处境",其他朗读者还有豪威尔斯和亨利·沃德·比彻。尽管马克·吐温说朗读会很可怕,但这种新形式是他自己想出来的。据《华盛顿邮报》报道,"去年冬天,凯布尔-吐温朗读会开创了新的娱乐形式。演讲快要过时了……但是对作家而言,朗读自己的作品是很有吸引力的新想法"("纽约新闻",3 May 1885,5)。5月1日,马克·吐温在瓦萨学院发表了演讲(N&J3,112,140-41 n.48;"倾听作家",《纽约时报》,30 Apr 1885,5;"作家朗诵会",Life 5 [30 Apr 1885]:248;"作家朗诵会",The Critic,2 May 1885,210)。

383.37-38 朗费罗先生的纪念碑]

朗费罗纪念协会成立于1882年,为了给已故诗人朗费罗的纪念碑筹集资金。1887年3月31日,为了给该协会筹资,在波士顿博物馆举行了作家朗读会(Longfellow Memorial Association 1882;"波士顿的作家朗读会",The Critic,1887年4月9日,177;MTHL,2:589-90 n.1)。

384.15 我们终于把这件事安排妥当,让他把时间减少到15分钟左右]

豪威尔斯读了选自《新婚旅行》的段落(Howells 1872;MTHL,2:589-90 n.1)。

384.18 我记得,这次有16个人]

在波士顿的朗诵会上,只有9位朗诵者("朗费罗纪念基金作家朗诵会",

printed program,CLjC）。

384.18－20　不是华盛顿举行的那场朗诵会，就是1988年的那场］

马克·吐温弄混了两场朗诵会：一场朗诵会是1887年在波士顿，另一场是1888年3月在华盛顿公理会教堂（不是环球剧院），参考注释385.1－3。

384.24　风度优雅、能言善辩的演讲家诺顿医生］

作家、改革家查尔斯·艾略特·诺顿（1827～1908年）主持了1887年波士顿的朗诵会。据豪威尔斯回忆，他介绍马克·吐温的时候说道，他成了幽默风趣的牺牲品，达尔文每天晚上都要读他的书，为了睡个好觉（Howells 1910,51）。

384.27－33　霍姆斯医生背诵了……《最后一片叶子》］

根据当时的记录，霍姆斯仅朗读了《带壳的鹦鹉螺》（1858年）和《多萝西Q》（1871年）。霍姆斯（"The Authors' Readings in Boston," The Critic,9 Apr 1887,
602 177）。霍姆斯"完全把握了诗歌的灵魂，充满生命的激情，结束时光芒四射，让他的听众感到欣喜若狂"（"波士顿作家朗诵会，"The Critic,1887年4月9日,177）。

384.35－38　第三个出场］

马克·吐温是第一个出场的，他朗读了《学做英国人》的章节，这篇文章刊登在1887年4月的《世纪杂志》上（SLC 1887）。

385.1－3　华盛顿的朗诵会……托马斯·尼尔森·佩奇］

1888年3月17日和19日，马克·吐温在公理会教堂参加了两场为美国版权协会筹款的朗诵会。他原来没有打算出席第一场朗诵会，可是由于意外情况，他代替了因暴风雪来迟的查尔斯·杜德利·华纳，朗读了《我如何在决斗中幸免于难》（"作家朗诵会"，《华盛顿邮报》，1888年3月18日，5；SLC 1872a）。他在此讲述的是第二场朗诵会，共有10位演讲人；他朗读了《接受一次采访》（SLC 1875b）。托马斯·尼尔森·佩奇（1853～1922年）以同情和美化战争前的南方而著称，他读了《弗吉尼亚黑人的奇怪对话》中的两段文章。后来，这些作家和宾客在白宫的蓝厅参加了盛大的招待会和晚宴（《华盛顿邮报》："本地新闻"，1888年3月20日，3；"社交新闻"，1888年3月20日，4）。

385.11－13　我想，就在这次去华盛顿参加招待会的时候］

参考1906年3月5日的《自传口述》。

自传口述，1906年3月5日

385.28－30　白宫参加作家招待会］

1906年2月26日的自传口述提到了白宫招待会。1888年3月17日，马克·吐温参加了首次朗诵会，奥莉薇亚没有到场，他单独去白宫参加了茶会。3月19日，奥莉薇亚来到华盛顿，参加了第二次朗诵会，陪他一起出席此后的招待会

(1888 年 3 月 16 日,致奥莉薇亚,CU - MARK, in LLMT,249 - 51; Rosamond Gilder 1916,195 - 96)。

385.35 - 36　克利夫兰总统的第一个任期,我从来没有见过他太太……]

克利夫兰当过两任总统,分别是 1885 ~ 1889 年和 1893 ~ 1897 年。1886 年 6 月 2 日,他在白宫和弗朗西斯福尔瑟姆(1864 ~ 1947 年)结婚。弗朗西斯容貌美丽、举止活泼、头脑聪慧,她主张女性接受教育,每周六为劳工阶层的妇女和穷人举行招待会。马克·吐温回忆的这段趣事发生在 1888 年 3 月 17 日,他在华盛顿举行朗诵会后的茶会上。

386.8 - 9　我请她在这段话下面签上名字]

这张卡片现存于马克·吐温档案馆。

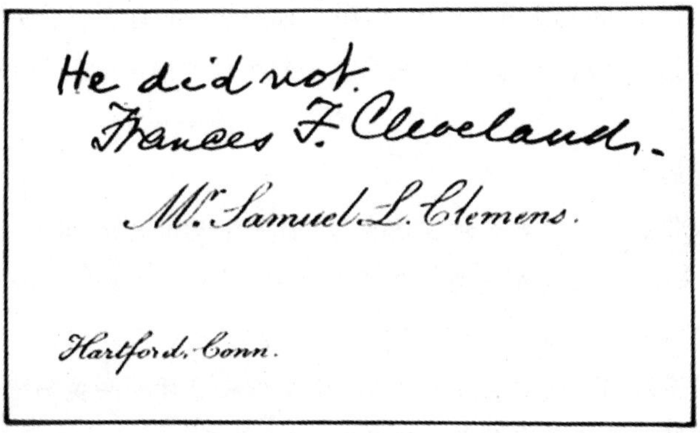

386.25 - 27　1893 ~ 1894 年间,我们住在巴黎] 603

1893 年 11 月到 1894 年 6 月,克莱门斯全家住在布莱顿酒店,然后他们动身前往法国各地旅游,这年秋天回到巴黎。11 月中旬,他们再次入住布莱顿酒店,然后搬到大学街 169 号,在这里一直住到 1895 年 4 月末。

386.28　艺术家波默罗伊]

1885 年,英国雕刻家弗雷德里克·威廉·波默罗伊(1856 ~ 1924 年)荣获伦敦皇家艺术学院的金质奖章和留学奖学金,此后到巴黎和意大利深造。他参加了新雕塑运动,刻画的人物形象取材于神话传说和文学作品。他和马克·吐温的关系不为人知。

386.42 - 387　猛犸洞]

猛犸洞是肯塔基州的一处洞穴,19 世纪 90 年代,人们认为这个洞穴有 170 英里长,目前探出的长度大约是这个距离的两倍(Baedeker 1893,318; National Park Service 2008)。

387.6　四五年前,租了一座房子,就在里弗代尔]

1901 年 7 月初,克莱门斯全家住进了纽约州里弗代尔威廉·H. 阿普尔顿的庄园,在10月1日租下了这里。马克·吐温说过,“这里是美利坚共和国最赏心悦目的庄园,风景最优美的地区”(1903年6月30日,致帕金斯,NRivd2;Stein 2001,Bl;1901年7月9日,致罗杰斯,CU-MARK,in HHR,465;Wave Hill 2008)。

388.13　巴克·范肖的暴乱]

在《艰难时代》的第47章,斯科蒂·布里格斯讲述,还没有人来得及动拳头,巴克·范肖就结束了一场选举暴乱(RI 1993,314)。

388.17-20　克利夫兰家……黯然凋零]

露丝·克利夫兰(露丝宝宝,1891~1904年)12岁时患白喉不幸夭折,她是克利夫兰五个儿女中的长女,后面有妹妹埃丝特(1893~1980年)和玛丽恩(1895~1977年),弟弟理查德(1897~1974年)和弗朗西斯(1903~1995年)(“露丝·克利夫兰夭折”,《纽约时报》,8 Jan 1904,7)。1892年11月3日,马克·吐温给她写了封信,当时她年仅一岁,是在父亲第二个总统任期前出生的(DLC):

> 亲爱的克利夫兰小姐:
>
> 如果你能为爸爸读这封信该多好,如果你太忙的话,请你的妈妈替你读,将来有一天,我愿意为你做些什么——很乐意为你效劳。在这4年过完之前,我要到白宫去看你。我要国会扩大些面积,因为你将来可能会用很多房间。我要为你写本书,让你用来磨牙——我知道,这本书很难啃得动。我还要穿上我的胶鞋,不过没关系——我知道该怎么处理这双鞋……
>
> 没有一届政府比你的爸爸妈妈的上一届政府更值得赞扬——不过这届政府不会这样,现在你已经准备好了。
>
> 向你致以问候!
>
> 你充满深情的
>
> S.L.克莱门斯

604　388.29-30　请把写好的祝贺信寄到上面这个地址]

第二天,马克·吐温回复了吉尔德的来信。第二封信参考1906年3月6日的《自传口述》,吉尔德把这封信寄到佛罗里达州斯图尔特的克利夫兰手中。在1886年克利夫兰总统结婚前,吉尔德首次在白宫见到了他,但是他们的友谊始于1887年(Richard Watson Gilder 1910,7;Rosamond Gilder 1916,142;Lynch 1932,533)。

388.36-39　我最尊敬的老朋友梅森……1878年在法兰克福]

1867~1868年,马克·吐温在克利夫兰认识了弗兰克·H.梅森(1840~1916

年)，以及他的妻子詹妮·V. 伯查德·梅森(1844? ~1916 年)和儿子迪安·梅森(1867 ~)。从 1866 年到 1880 年，梅森先后担任过《克利夫兰领导者报》的记者、主笔和总编，此后被任命为美国驻瑞士巴塞尔领事。马克·吐温必定记错了他和梅森度过愉快的时光，因为 1878 年两家人都没有在法兰克福逗留。不过在 1892 年夏天，克莱门斯家和梅森家都在巴德瑙海姆参加了社交活动：1905 年，梅森写道，他们全家"把你放在我们心中温暖的角落里"，他回忆道，"我们当时在凯瑟霍夫酒店，你和克莱门斯太太、孩子们恰好住在楼下的套房里，度过了一个快乐的夏天"(梅森致麦科特，30 July 1905 年 7 月 30 日，CU - MARK；"弗兰克·H. 梅森夫人去世"，《华盛顿邮报》，1916 年 11 月 26 日，2)。

389.1　愚昧粗俗、失职无能的人……政界走狗]

政界走狗，也叫作选区政客的走卒，因为他们跟在政治领袖身后亦步亦趋，有时为了日后的利益作出毫无道德原则的事情。

389.4 - 5　1878 年，梅森在法兰克福当了几年总领事……他在马赛有不错的表现]

1884 年年初，梅森被任命为美国驻马赛领事，几个月后马赛爆发流行性霍乱，最后疫情蔓延，民众争相逃出城市。在接下来的 1 年里，梅森详细地记录了这种疾病的起源、治疗和社会影响(斑疹伤寒症和伤寒症的爆发事疫情更加复杂)，采取措施预防疾病的蔓延，因此而声名显赫。截至 1885 年 8 月末，他宣布，1884 年的霍乱流行已经平息，但是这座城市散发着臭气，死亡率依然高得惊人。从 1889 年到 1905 年，梅森担任美国驻柏林总领事，然后赴巴黎任职(《华盛顿邮报》："马赛爆发霍乱"，8 Sept 1885，4；"弗兰克·H. 梅森上校去世"，25 June 1916，ES11；《纽约时报》："法国流行霍乱"，4 July 1884，1；"疫病的起源"，1 Aug 1884，3；Department of State 1911)。

389.10 - 15　梅森的卓越表现]

梅森的信件没有保存下来。马克·吐温写给他的回信，参阅 1906 年 3 月 6 日的《自传口述》。

自传口述，1906 年 3 月 6 日

390.2 - 12　我给小姑娘写了封信]

马克·吐温在写给露丝·克利夫兰的第二封信中为梅森求情，这封信写于 605
1893 年 1 月或 2 月初，在克利夫兰开始第二个总统任期前：

> 我亲爱的露丝：
>
> 我属于中立派，我们最神圣的规矩不准我谋求官职，也不能推荐别

人任职，可是给你写封亲切的信应该没什么妨碍，我要告诉你，你父亲如果撤去一位领事的职务，将会引发轩然大波，他是我认识的最好的领事（我认识很多的领事），只是因为他是个共和党人，而民主党人想代替他的职位……

我不能给总统先生写信，不过下次你和他提到这些事情的时候，希望你能告诉他梅森上校的处境，我认为政府不应该这样对待尽职尽责的官员（1893 年 1 月 1 日 –2 月 15 日，致露丝·克利夫兰，MTB，2:864）。

390.14　我收到了总统的来信］

大概是在 1893 年 3 月 4 日的就职典礼后，马克·吐温收到了一个小信封，里面是克利夫兰总统的亲笔回信：

露丝·克利夫兰小姐已收到吐温先生前日来信，她冒昧地把这封信转呈总统先生参阅，总统希望她告知吐温先生，感谢他的来信，表示无意更换梅森上校驻法兰克福领事之职。总统还希望克利夫兰小姐转告，吐温先生如了解其他类似事宜，希望在他方便的时候尽早写信告知，总统将不胜感谢（克利夫兰致马克·吐温，MTB，2:864）。

梅森担任美国驻法兰克福总领事直到 1898 年。

390.19 – 27　克利夫兰总统的第二个任期……梅森再次给我写了信］

梅森请求马克·吐温帮助的第二封信已经遗失。但是在 1893 年 2 月 25 日，马克·吐温写了回信，承诺在“寄给克利夫兰总统的信中代为询问”（IaDmE）。他写的第三封信目前下落不明。

390.39 – 391.5　尊敬的先生……1906 年 3 月 18 日］

这封信的原稿写于 3 月 18 日，为了庆祝克利夫兰的生日而写，现存于美国国会图书馆的克利夫兰档案馆。不过，口述中的这封信是霍比从马克·吐温的副本中转录而成（现存于 NN – BGC），略去了原稿中的抬头（第五大道）、日期、称呼（1906 年 3 月 6 日，前总统格罗弗·克利夫兰）和结尾敬语（致以最深情的敬意）。

391.6 – 20　克利夫兰先生……他不会感到遗憾］

马克·吐温讲述的这件事尚未得到考证。不过有一次，克利夫兰拒绝了纽约中央铁路公司的邀请，而他在布法罗的律师合伙人威尔逊·S. 比斯尔（1847 ~ 1903 年）却想答应。大概在 1880 年，纽约中央铁路公司的总裁昌西·M. 迪普打算聘请这家律师事务所作纽约州西部的法律总顾问。克利夫兰宣称，“如果他们接受了邀请，就要听从铁路公司的摆布，为他们谋取利益，做很多事情——获得土地、为索赔官司辩护，代表铁路公司和这座城市做交易，当然还要和纽约西部其他的城镇打交道”（Tugwell 1968，47；Depew 1922，124 – 25，227）。1882 年克利夫兰 606
当上布法罗市长后，成了众所周知的“否决市长”，因为他拒绝签署市政法案和中标合同，这些法案和合同的最终目的是让一群腐败政客、公司和承包商用政府的钱中饱私囊（Tugwell 1968，53 – 61；Lynch 1932，74，85 – 95）。

391.20　在 1870 年到 1871 年的那段时间里，克利夫兰先生是当地的治安官]

从 1871 年到 1872 年，克利夫兰担任纽约州伊利县的治安官，布法罗是该县政府所在地。

392.6 – 8　这张桌子的角上有 16 个电铃按钮]

当时马克·吐温和凯布尔正在进行 1884 ~ 1885 年的巡回演讲，他在写给妻子的信中讲了这件事：

> 火车上，1984 年 12 月 3 日
>
> 我们中午到了奥尔巴尼，有位官员见到我们，说克利夫兰州长表现出强烈的愿望，打算召见我，很想和我结识。因此我们听了这位先生的话，在他的陪同下，坐着两辆四轮马车来到州议会大厦，我们和当选总统做了简短的交谈，聊得很愉快。他很容易就记起了我，他从前经常在布法罗见到我，不过我不记得他了，当然，我没有说出来。他要在晚上举行宴会和选民见面，表示很遗憾，他必须做演讲；我说，如果他把我安排在讲台上，我可以替他主持宴会；不过他说这不是单方面的安排，因为听众会感到很失望。然后我坐在了 4 个电铃上（农场里的猫经常这么干），叫来了 4 个听差，可是没有人要他们做什么（CU – MARK）。

392.11 – 18　阿尔伯特·塞耶……我的秘书莱昂小姐]

马克·吐温的邻居是艺术家阿尔伯特·汉德森·塞耶（1850 ~ 1924 年）、妻子艾米莉亚·比奇·塞耶（1850 ~ 1924 年），他和第一任妻子生的三个孩子，玛丽（1876 ~　），杰拉德（1883 ~ 1939 年）和格拉迪斯（1886 ~ 1945 年）。艾米莉亚·比奇·塞耶又名爱玛，是马克·吐温 1867 年乘坐贵格城号轮船的旅伴和好友。威特·宾纳（1881 ~ 1968 年）后来成了著名的诗人，1902 年他从哈佛大学毕业，当上了麦克卢尔的编辑，这家公司出版了专门揭发名人丑闻的《麦克卢尔杂志》。巴里·福克纳（1881 ~ 1966 年）是一位艺术家，宾纳在哈佛大学的同学，也是阿尔伯特·汉德森·塞耶的学生和表亲（马克·吐温记错了他的名字）。1905 年 5 月 3 日，他们经过伊莎贝尔·莱昂的介绍，在纽约城的切齐纳餐厅结识（1867 年 2 月

2 日至 7 日,致麦库姆. M 15;Ask ART 2008a,2008b,2008c,2008d;Patricia Thayer Muno,personal communication,30 July 2008;Lyon 1905,108 - 9,123,276)。

自传口述,1906 年 3 月 7 日

392　1906 年 3 月 7 日,星期三]

这段口述的第 1 页出现在序言中(图片 16)。

392.29　第二天]

苏西所指的是 1885 年 4 月 30 日早上,马克·吐温在前一天参加了纽约的作家朗读会(参考 AD,1906 年 2 月 26 日,注释 383.10 - 11)。

393.34 - 35　Liebes Geshchenk……苏西拼错了]

607 正确的拼写应该是"Liebes Geschenk an die Mama",意思是"送给妈妈爱的礼物"。

393.43　去参观布鲁克林大桥]

经过 14 年的建设,1883 年 4 月 24 日布鲁克林大桥落成通车,此时大桥已经向公众开放了近两年时间。

394.12　O heilige maria Mutter Jesus!]

哦,耶稣圣母玛利亚!

394.15 - 18　漂亮的德国小姑娘……一句英语也不懂]

1883 年 8 月 16 日,简的德国保姆来到克莱门斯家工作,因为保姆罗西娜·海当天动身去准备自己的婚礼。马克·吐温在给母亲的信中写道,"我们很喜欢新来的小姑娘,她讲一口流利清晰的德语,像英语一样易懂"(1883 年 8 月 16 日,致母亲,CU - MARK)。

394.30　Gott sei Dank ich bin schon fertig mit'm Gott verdammtes Haar!]

谢天谢地! 我总算梳完这该死的头发了!

394.41　女校长]

在 1875 ~ 1877 年和 1881 ~ 1891 年,阿比·F. 古德塞尔是瓦萨学院的女校长,负责协助院长指导教师,管理学生。她的其他职责包括对学生进行监护,安排住宿,监督公共和社会事务(Vassar College 2008a)。

395.12　他读了《困境》和《金手臂》]

《困境》选自《海外漫游》的第 25 章,《金手臂的女人》被马克·吐温称为鬼故事,1884 ~ 1885 年马克·吐温和乔治·华盛顿·凯布尔进行"天才双子星"的演讲旅行,这两篇都是马克·吐温当时经常讲的故事(N&J3,69;参考《我的自传节选》,注释 217.25 - 27)。

395.29 - 42　学院院长……我想起他就觉得厌烦]

塞缪尔·L. 考德威尔(1820~1889 年)是浸信会牧师,从 1878 年起担任瓦萨学院院长。1885 年 4 月 3 日,考德威尔给马克·吐温写信,感谢他愿意到瓦萨学院发表演讲,邀请马克·吐温和奥莉薇亚在 1885 年 4 月 9 日来访,向他保证学院为他和苏西准备了足够的客房,“我敢肯定,女校长会让你的女儿感到宾至如归”(CU-MARK)。马克·吐温随即接受了邀请(1885 年 4 月 11 日,致考德威尔,NPV)。

自传口述,1906 年 3 月 8 日

396.13-19　泰勒小姐……劳德教授太太……拉塞尔小姐……希尔小姐]

泰勒小姐可能是四年级的弗吉尼亚·泰勒,当时她参加了巴纳德学院学生会的高年级辩论赛,本科生演出英国剧作家谢里丹的戏剧《批评家》,她在剧中扮演莱斯特伯爵。劳德太太是哲学教授赫伯特·劳德的妻子。伊莎贝拉·K. 拉塞尔又名贝拉,四年级学生,是巴纳德学院的学生会长。劳拉·德雷克·吉尔(1860~1926 年)从 1901 年起担任巴纳德学院教务长。1881 年,她在史密斯学院获得数学学士学位,在 1885 年获得硕士学位。她曾经中断教学生涯,到莱比锡大学、日 608
内瓦和巴黎大学进修。1898 年美西战争爆发后,她加入了红十字会,管理一家古巴的红十字会医院。战争结束后,她负责古巴孤儿福利协会,帮助组建学校[《巴纳德学报》:“院系变革”,4 [1902 年 3 月 24 日]:3;Belle K. Russell,“巴纳德学生会”,10 [1906 年 1 月 15 日]:1;“本科生表演戏剧”,10 [1906 年 3 月 21 日]:1;“劳拉·德雷克·吉尔医生”,30 [1926 年 2 月 12 日]:4;Barnard College 2008a,2008b;“劳拉·德雷克·吉尔医生”,《纽约时报》,1926 年 2 月 5 日,19)。

396.22-25　我发表了关于道德观的演讲]

《巴纳德学报》刊登了马克·吐温的讲话:

> 他说他没有什么好讲的,不过他要举几个恰当的例子。他认为,“混乱的记忆”就是个不错的话题,尽管他可以轻松地谈谈道德观。不过最好教给人们道德观,而不是实践道德;最好给予别人道德,而不是自己亲身实验。谈起他的第一个例子,克莱门斯先生说道,他曾经得到一个西瓜——密苏里州的西瓜,个头大,汁水甜。大多数人都说是他偷的。可是“偷”这个字眼对他来说太重了,他是个好孩子,算得上是镇上最好的孩子。他说,他是从杂货铺的马车上扒下来的,因为“扒”这个字听起来像是拔牙,更能准确地表达他拿西瓜的情形。可是这个西瓜绿油油的,看到这个西瓜,马克·吐温开始反省自己。他有责任把西瓜拿走,告诫杂货铺的老板不要卖掉西瓜。克莱门斯先生说,道德就是对自己的罪行

深感懊悔，让美德占了上风。

马克·吐温举了另一个精彩的例子，他说他的家人曾经对钓鱼存在偏见，除非经过允许，请求允许其实是错误的判断（“马克·吐温在伯纳德学院”，《伯纳德学报》10［1906年3月14日］：2）。

这篇演讲的全文刊登在《纽约世界报》上（“巴纳德学院女生对马克·吐温说，我们需要你，因为我们爱你，”1906年3月11日，Ml；再版 Fatout 1976，495－502）。

397.1　哈克贝利·费恩死了］

这篇文章刊登在1906年2月3日的《洛杉矶时报》上，霍比转录的原始剪报下落不明。

397.13　我回信说，哈克贝利·费恩是汤姆·布兰肯希普］

1906年3月8日，马克·吐温给亚历山大（亚力克）·坎贝尔·汤克雷（1837～1933年）写了回信，已故的艾迪生·奥万多·汤克雷（1842～1906年）是他的同父异母弟弟（1906年3月8日，致汤克雷，photocopy in CU－MARK）。信是这样写的：

亲爱的汤克雷先生：

我看得出来，你很了解我童年时代的汉尼拔，你提到的那些名字证实了这一点。这个地方在我的经历当中显得不同寻常。我总是收到陌生人的来信，说他们是我从前的老朋友，可是大多数情况下，这些陌生人都把我当成了别人，信中提到的名字和事情我一点都不熟悉。

哈克贝利·费恩是汤姆·布兰肯希普。你可能还记得，汤姆是个好
609 孩子，尽管他的环境不怎么样。在我看来，亨利·比贝和约翰·里根加起来也比不上他，他们可是当时的时髦少年。

你真诚的，

S. L. 克莱门斯

亚历山大（出生于伊利诺伊州的罗斯维尔）和艾迪生（出生于爱达荷州的麦迪逊堡）是约翰·古德森·汤克雷的儿子，汤克雷在19世纪40年代搬到汉尼拔，在码头旁边开了弗吉尼亚旅馆和酒吧。1860年，亚历山大在汉尼拔成为轮船运输代理人，1912年后搬到洛杉矶，改行当了广告牌画家。艾迪生曾担任“基韦斯特”号轮船的船长，此后也来到西部。1880年的人口普查中，他是蒙大拿州雷德布拉夫的农场工人，1884年，他搬到爱达荷州默里居住。他在这里被称为“汤克

船长”,虽然经常喝酒,但是他很受爱戴,靠打零工和别人施舍度日(Brainard [n.d.];Sellers 1972;詹姆斯·R. 汤克雷,私人信件,2008 年 12 月 17 日和 20 日;.Marion Census 1850,307;Fotheringham 1859,57)。

397.14 – 15　汤姆的父亲一度是本镇的酒鬼]

汤姆·布兰肯希普(1831 ~ ?)的父母是伍德森·布兰肯希普和玛哈拉·布兰肯希普,他们有 8 个孩子。伍德森·布兰肯希普在 1850 年的人口普查中登记为南卡罗来纳州农民(Marion Census 1850,308,309)。

397.20 – 26　在《哈克贝利·费恩历险记》里,我是分毫不差地照着汤姆·布兰肯希普的形象刻画的]

汤姆·布兰肯希普可能比马克·吐温大 4 岁,马克·吐温在多部作品中对哈克贝利·费恩的描写都反映了汤姆的个性。比如,在《汤姆·索亚历险记》的第 6 章,哈克是“村里的坏孩子,本镇酒鬼的儿子。全镇所有的母亲都对他深恶痛绝、十分畏惧,因为他游手好闲,无法无天,举止粗俗,没有教养——加上所有的孩子都羡慕他”(SLC 1982,xvii,47)。听到这一章后,马克·吐温的姐姐帕梅拉说道,“怎么,这是汤姆·布兰肯希普啊!”(MTBus,265)。1899 年,布兰肯希普的姐姐表示这对她的家庭没有多大影响,她承认哈克就是汤姆或另一个弟弟:“当时萨姆总是和我的兄弟一起玩耍,我认为哈克是汤姆或本;可是这已经不重要了,因为他们两个都死了”(Fielder 1899,10)。哈克贝利·费恩出现在《哈克贝利·费恩历险记》、《汤姆·索亚出国记》(SLC 1894a)、《汤姆·索亚当侦探》和几部没有完成的作品里,包括《哈克·费恩和汤姆·索亚在印第安人中》(SLC 1884)、《汤姆·索亚的密谋》(SLC 1897 ~ ? 1902)、《校舍山》(SLC 1898c)和《哈克贝利·费恩历险记》的零星手稿(Inds,260 – 61,302 – 3;参考马克·吐温 1895 年的手稿简介,HF2003,619)。

397.26 – 27　4 年前,我听说他在蒙大拿州一个偏僻的乡村里当了治安官,是位品行良好的公民,很受人尊敬]

布兰肯希普留在了汉尼拔,因盗窃食品多次被捕(《汉尼拔信使报》,1861 年 4 月 21 日,“重操旧业”,1861 年 6 月 4 日,再版于 Lorch 1940,352)。没有证据表明他去了蒙大拿。1889 年,马克·吐温听说他感染霍乱去世,1902 年回到汉尼拔 610
时证实了这一点(Wetzel 1985,33;“他回来了”,《汉尼拔日报》剪报,附在库茨致马克·吐温的信中,1889 年 4 月 18 日,CU – MARK;Fielder 1899,10;“再见马克·吐温”,《汉尼拔信使邮报》,1902 年 6 月 3 日,1)。

398.12 – 15　我的侄女婿,爱德华·卢米斯……来得更频繁]

1902 年,爱德华·尤金·卢米斯(1864 ~ 1937 年)娶了查尔斯·兰登的大女儿茱莉亚·奥莉薇亚·兰登(1871 ~ 1948 年)。19 世纪 80 年代初,卢米斯从尤蒂卡商学院毕业后,先后在丹佛和纽约的铁路公司工作,1894 年当上伊利铁路公司的主管,负责监督烟煤和木材业务。1899 年 6 月,他当上了特拉华 - 拉克万纳西部铁路公司的经理,管理无烟煤产业。他对该公司的无烟煤矿进行了革新,1902 年他被选为副总裁、理事会成员和铁路子公司的董事和经理。

398.20　巴克利先生]

身份尚未查明。

399.17 - 18　道森先生的学校]

约翰 D. 道森(大约生于 1812 年)是苏格兰人,有 14 年的教学经验,1847 年 4 月,他宣布在汉尼拔第三大街开办了一所学校,“招收品德良好的男女学生,年龄在 12 岁以下”。他在此执教到 1849 年,然后前往加利福尼亚,成了图奥勒米县的矿主。道森先生的学校是马克 · 吐温上的最后一所学校。《汤姆 · 索亚历险记》里的多宾斯就是以道森为原型塑造的(Wecter 1952,132 - 34;Inds,317)。

399.18　萨姆、威尔 · 布朗]

参考《自传口述》,1906 年 3 月 9 日,注释 402.16 - 33。

399.18　安迪 · 富卡]

安德森 · 富卡(1829? ~1897 年)家中有 6 个孩子,父亲纳撒尼尔 · 富卡是烟草商人,1845 年汉尼拔合并后担任镇议员。19 世纪 60 年代,安德森在马车行工作,后来当了烟草零售商,拥有一艘商船(Marion Census 1860,122 - 23;Fotheringham 1859,26,33;Ellsberry 1965a,5;Holcombe 1884,900;MTBus,83)。

399.22 - 23　道森的校舍我还记得一清二楚]

在《汤姆 · 索亚历险记》的第 6 章、第 7 章和第 21 章,马克 · 吐温描述了道森先生的学校,他未完成的手稿《校舍山》里也有提及,书中的苏格兰校长就是按照道森的形象描写的(Inds,317)。

399.25　卡迪夫山]

马克 · 吐温对卡迪夫山的回忆,参考《我的自传节选》。

399.27 - 28　南妮 · 奥斯利,还是个 7 岁的孩子]

安娜 · B. 奥斯利(生于 1840 年),家里有 6 个孩子,父亲威廉 · 佩里 · 奥斯利,母亲阿尔米拉 · 罗伯特 · 奥斯利。安娜和她的姐姐伊丽莎白(生于 1839 年)在道森学校上学,和马克 · 吐温是同学。南妮后来嫁给了威廉 · 约翰逊,养育了 6 个孩子。正是威廉 · 佩里 · 奥斯利在汉尼拔大街上开枪杀死了萨姆 · 斯玛尔(参考《我的自传节选》,注释 158. 5;Marion Census 1850,323;Marion Census 1860,121;Owsley 1890,28,29,133)。

399.28 - 29　乔治 · 罗巴兹,18 岁或是 20 岁,是唯一学习拉丁文的学生]

611 乔治 · C. 罗巴兹(1833 ~ 1879 年)是家里 6 个孩子中的老大,母亲阿曼达 ·

卡彭特·罗巴兹(1808～1865年),父亲阿奇博尔德·S.罗巴兹(1787～1862年)上尉曾经是肯塔基州的庄园主和奴隶主(Marion Census 1860,133;Holcombe 1884,992;Robards Family Genealogy 2009,14:65)。后来,乔治的小弟弟约翰·罗巴兹把这家人的姓氏改为了罗巴兹(1906年3月9日)。

399.34　除了阿奇·富卡的事——他是另一个富卡的弟弟]

阿奇博尔德·富卡(生于1833年),安德森的弟弟,卷烟工人,曾经和马克·吐温在马里昂骑兵营服役。《男孩手稿》中的阿奇·汤普森就是以他为原型塑造的(Marion Census 1860,122－23;Fotheringham 1859,26;Elisberry 1965a,5;Inds,268,319)。

399.40－400.1　西奥多·埃迪]

西奥多·埃迪(生于1836年)是家里5个孩子的老大,母亲玛莎·J.埃迪(生于1818年),父亲威廉·埃迪(生于1804年)是个木匠、建筑商,在1845年成为汉尼拔的第一位镇议员(Marion Census 1850,323;Holcombe 1884,900)。

自传口述,1906年3月9日

400.20　我有一头乱七八糟、又短又密的卷发,我弟弟亨利也是一样]

参考亨利八九岁时的照片。

400.26－27　乔治和玛丽·莫斯是青梅竹马的恋人,从小就发誓忠贞不渝。可是现在来了莱克南先生]

玛丽·莫斯生于1832年,家里有6个孩子,她的父母是拉塞尔·W.莫斯(生于1810年)和玛丽·莫斯(生于1816年),拉塞尔和威廉·克莱门斯在码头上开了一家猪肉和牛肉罐头厂,号称是美国第二大罐头厂。在人们的记忆中,玛丽是“汉尼拔的美人”,她经常到克莱门斯家里做客。罗伯特·F.莱克南(1820～1883年)来自弗吉尼亚,他当上律师后不久,在1845年搬到了汉尼拔。19世纪40年代末,莱克南协助创办了汉尼拔和圣路易铁路公司,担任这家公司的律师,后来成为首席律师。1850年,他的第一任妻子莉齐·埃尔斯在结婚不到1年后去世。1854年,莱克南娶了玛丽·莫斯。从1861年到1866年,他们住在谢尔比县莱克南的农场里,后来搬回汉尼拔。1876年,莱克南当选为州参议员,1882年当选为州众议员。莱克南夫妇共养育了6个孩子(Inds,328－29,336;Holcombe 1884,608－10;Brashear 1935)。在1897年写的《1840～1843年的村民》里,马克·吐温讲述了他们不幸的婚姻:

玛丽当时只有十六七岁,是个美丽可爱的姑娘。她本来想嫁给乔治·罗巴兹。不料来了莱克南律师,做父母更看重这个平步青云的陌生人,因为律师的门第总要比生意人高。他们让玛丽和罗伯特·莱克南订了婚,玛丽花了1年的时间用功学习，好配得上他的体面身份；后来莱克南娶了玛丽，把这个温顺伤心、年轻貌美的姑娘关了起来，继续严厉地教导她。两年后，莱克南准备带着玛丽进入交际场，炫耀卖弄一番，没想到她宁愿隐居于世，沉浸在哀愁中，请求让自己留在家里。莱克南强迫她——还不如说是，勒令她出门。她只好听命。她的第一次亮相也成了最后一次。玛丽坐的雪橇翻了，不幸摔断了腿，弄得满身伤痛。她病好了之后身体虚弱，此后永远只能待在家里，养育孩子。她身边没有一个人陪伴，连做姑娘时候的朋友也见不到(Inds,94)。

612 400.38 – 401.1　没过多久，乔治就远走他乡，去了一个遥远的地方，后来死在那里——大家都说他是心碎而死]

在《1840 – 1843 年的村民》中，马克·吐温写道，乔治求婚失败后，"感到心灰意冷，于是离开家去闯荡世界，人们再也没有听到他的音信。过了很久以后，有人说在南美洲(利马)和其他偏远的地方见过乔治。显然，他的离家出走没有给家人带来什么苦恼。但是人们都知道，玛丽·莫斯为此深感懊悔"(Inds,93,344 – 45)。实际上，1960 年，乔治·罗巴兹还住在汉尼拔务农为生，南北战争期间当上了南方军队的上尉。19 世纪 70 年代，他在汉尼拔经营房地产和保险业务，1876 年被选为县估税员(Robards Family Genealogy2009,part 14:65)。

401.4 – 6　玛丽还健在……密苏里大学]

关于马克·吐温接受的荣誉学位，请参考 1906 年 2 月 12 日的《自传口述》。1902 年到达汉尼拔后，马克·吐温给妻子写信，介绍从圣路易斯到汉尼拔的情形(他在汉尼拔停了几天，然后前往密苏里州的哥伦比亚接受学位)："在火车上，有位太太和我搭话，要我说出她的名字。我说我肯定记得起来。不过我要她先报上自己的姓名，我才能告诉她我猜得准不准。她是莱克南先生的遗孀，我从小孩子的时候就认得她。我们谈了 3 个钟头"(1902 年 5 月 31 日，致奥莉薇亚，CU – MARK,LLMT,337;Holcombe 1884,610;Hagood and Hagood 1985,46;. Boone. Census 1900,212;"再见了，汉尼拔，"《圣路易斯环球民主党报》,1902 年 6 月 3 日,2)。

401.7 – 16　约翰·罗巴兹……他还坐过轮船]

1849 年，约翰·路易斯·罗巴兹(1838 ~ 1925 年)跟随父亲阿奇博尔德前往加利福尼亚的马里波萨，同行的有 50 个人，他的父亲出钱为队伍"置办了充足的车辆、装备和货物等"(Holcombe 1884,991)。他们寄给当地报纸的信件，让汉尼拔的居民了解到罗巴兹队伍的行踪，1849 年 7 月，他们到达新墨西哥，在陶斯山勘探矿脉，但是只找到"少量的黄金"，然后继续西进("大移民"，《汉尼拔信使报》,1849 年 8 月 23 日，版面不详)。约翰·罗巴兹回忆道，"大约有 1200 个凶狠的印第安人包围了营地，要求这些迁徙的异乡人投降。如果不是我父亲的出色表现，整个队伍都会遭到杀害”(Holcombe 1884,992)。其他奇遇包括在圣芭芭拉跳墨西哥方丹戈舞,没有孩子的主人出 1000 美元的银币,要向他的父亲买下约翰。到了 1850 年年中,当地的一家报纸报道,“罗巴兹队长到达斯托克顿,其他队员离他而去,”1851 年 1 月初,另一家报纸报道,罗巴兹队长和他的儿子乘坐怀俄明号轮船回到汉尼拔(“加利福尼亚来信”,《汉尼拔信使报》,1850 年 6 月 27 日,版面不详;“加利福尼亚归来”,《汉尼拔西部联合报》,1851 年 1 月 9 日,版面不详;RoBards 1909,71 – 74)。约翰 · 罗巴兹先后就读于密苏里大学和肯塔基州的托马斯 · 杰弗逊法学院,在 1861 年回到汉尼拔,当了律师,娶了萨拉 · 克伦普 · 赫尔姆(1842 ~ 1918 年),育有 7 个孩子,只有三个活到成年。1861 年,约翰 · 罗巴兹和马克 · 吐温及其他人组织了马里昂骑兵连,隶属密苏里州国民警卫队。在《竞选失败的内幕》中,马克 · 吐温以罗巴兹为原型塑造了人物,取名丹拉普(又名邓拉普),后来他为此感到很惭愧(SLC 1885b;19? Apr 1887 to Davis, ViU, in 613
Wecter 1952, 298 n. 13; Robards Family Genealogy 2009, part 14:65; Inds, 345 – 46)。

401.23 – 29　他 12 岁的外孙女……几天后结束了短暂的一生]

萨拉 · 艾伦 · 理查森(1890 ~ 1902 年)是约翰 · 罗巴兹的外孙女,玛丽 · L. 罗巴兹 · 理查森(生于 1864 年)和以利沙 · A. 理查森(生于 1860 年)的女儿,利沙 · 理查森来自肯塔基州的路易斯维尔(Jefferson Census 1900, 8A, 8B; Portrait 1895,144 – 45)。听到萨拉的死讯,马克 · 吐温写道,“我亲爱的老朋友,听到你送来的消息,我感到非常悲痛,难以用言语表达,我能够体会你的哀伤。请你多保重”(3 June 1902 年 6 月 3 日,致罗巴兹,MoHM ,MoCoJ)。

401.30 – 34　约翰 · 加思……海伦 · 克切维尔……约翰的墓地]

约翰 · H. 加思(1837 ~ 1899 年)是马克 · 吐温童年的好友,他是烟草粮食商约翰 · 加思(1784 ~ ? 1857 年)和妻子艾米丽 · 休斯顿 · 加思(生于 1844 年)的小儿子。他上了密苏里大学,然后回到汉尼拔经营家族烟草业务。1860 年,他娶了海伦 · 克切维尔(1838 ~ 1923 年),1862 年,他们搬到纽约居住,约翰和哥哥大卫 · J. 加思(1822 ~ 1912 年)在新成立的加思父子公司工作,这是一家全国烟草连锁企业。19 世纪 70 年代初,成为镇上身份显赫、家境富裕的居民(Portrait 1895,776 – 77;Inds,320)。海伦 · 克切维尔(1838 ~ 1923 年)是安娜 · M. 克切维尔和威廉 · V. 克切维尔的女儿,克切维尔先生是汉尼拔一家纺织品公司“平民商店”的经理(“平民商店”,《汉尼拔新闻》,1852 年 4 月 15 日,版面不详;Inds, 328)。1882 年 5 月,可马克 · 吐温来汉尼拔拜访老朋友,他住到了加思那座 600 英亩的庄园“伍德塞德”:“这段时光令人感动,我在约翰 · 加思和海伦宽敞舒适的家里过夜,这里离镇上 3 英里。他们从小就和我认识,后来成了同学”(1882 年

5 月 17 日,致奥莉薇亚,CU - MARK,in MTL,1:419)。约翰·加思患布赖特氏病去世,1902 年,马克·吐温回到汉尼拔,海伦和女儿带他到奥利维特山墓地探访了约翰的坟墓。在《校舍山》的创作笔记中,马克·吐温以约翰和海伦为原型塑造了两个人物,取名杰克·斯提尔森和范妮·布鲁斯特,但是在未完成的手稿中只有杰克·斯提尔森(1902 年 5 月 31 日,致奥莉薇亚,CU - MARK,LLMT,338;Hagood and Hagood 1985,29)。

401.36 - 402.2　克切维尔先生雇了个学徒,还有个女黑奴……又一次救了我的命]

这个学徒的确切身份无法得到证实。那个女黑奴救马克·吐温的时候,大约 44 岁,在 1850 年的人口普查表中,只有克切维尔的名字,说她是个黑白混血儿(Marion Census 1850 ["Slave Inhabitants"],615)。

402.2 - 4　1 次是在贝尔河,6 次是在密西西比河]

马克·吐温宣称他溺水了 9 次:"我小的时候,幸运地远近闻名。每年都有一两个孩子掉进密西西比河或贝尔河里,可是我每次都能被救起来,在我学会游泳之前,我溺水了 9 次,被人们看作猫的化身"(1895 年 1 月 2 日,致罗杰斯,CU - MARK,in HHR,115;参考 SLC 1899a)。

614 402.8 - 12　另一个同学叫约翰·梅雷迪思……烧杀劫掠,嗜血成性]

约翰·D. 梅雷迪思(1837 ~ 1870 年)家中有 5 个孩子,他是克莱门斯家的老朋友,休·梅雷迪思医生和妻子安娜·D. 梅雷迪思(生于 1813 年)的儿子(参考"医生二三事",注释 188.19 - 20)。1859 年,约翰在《汉尼拔信使报》当了印刷工人。尽管马克·吐温回忆道,约翰加入了南部邦联游击队,但是官方记录显示,休·梅雷迪思、约翰和弟弟亨利·H. 梅雷迪思(生于 1840 年)都在北方军队服役。1861 年到 1862 年,休·梅雷迪思在第二十一志愿步兵团担任上尉军医;1863 年到 1865 年,他在密苏里民兵部队第五十三团担任上尉,此后到密苏里临时民兵部队第二团服役,最后到第三十九志愿步兵团任职。亨利在 1861 年入伍,1864 年到密苏里民兵部队服役,在哥哥约翰手下任职(Marion Census 1850,326;Marion Census 1860, unknown page; Marion Census 1870, 690; Fotheringham 1859, 41; Marion Veterans Census 1890,1;Missouri Digital Heritage 2009b, reels s794, s817, s852,s863,s895;Inds,310,335;Wecter 1952,55)。

402.16 - 33　另一个同学是威尔·鲍恩,还有比他小两岁的弟弟萨姆……死神很快夺去了他们的生命]

威尔·鲍恩(1836 ~ 1893 年)和小塞缪尔·亚当斯·鲍恩(1838? ~ 1878 年)是塞缪尔·亚当斯·鲍恩和阿曼达·斯通·鲍恩(1802 ~ 1881 年)七个孩子中最小的两个儿子。威尔、萨姆和他们的哥哥巴特是密西西比河上的领航员,他们的航线和马克·吐温一样,从圣路易斯到新奥尔良。1858 年夏天,马克·吐温和萨姆在"约翰·H. 迪克尼"号上当领航员,1859 年到 1861 年,他和威尔在"钱伯斯"号和"阿朗佐小子"号上当领航员(Inds,303 –5)。在《密西西比河上的生活》的第 49 章,马克·吐温讲述了萨姆的婚姻,书里用的是化名,他是个"生性懒散的小伙子,挥霍无度,吵吵嚷嚷,心地善良,满不在乎的慷慨,眼看就要毁了自己的前途,一事无成。"在《1840 ~1843 年的村民》中,马克·吐温再次讲述了这个故事,他写道,萨姆"和富有面包商的女儿同居,告诉她的养父母两个人结了婚。"他还描述了萨姆的性格和病死的经过:"萨姆没什么本事,穷困潦倒。他对妻子不理不睬,她开始和另一个男人来往。萨姆酗酒成性,动不动就喝得大醉。他在一艘小船上得了黄热病,侵吞公款的秘书比尔克里本也在船上"(Inds,97)。威廉克里本生于 1878 年,在南北战争期间担任西部船员慈善协会的秘书和司库,私自挪用了协会的基金,他和威尔·鲍恩在"莫莉·摩尔"号轮船上当领航员,两人传染了黄热病死去。82 号岛位于密西西比州格林威尔和阿肯色州哥伦比亚之间。1882 年,马克·吐温重访密西西比河谷,他提到鲍恩就埋在阿肯色州的杰克逊角(又名帕克湾),就在 65 号岛的滩头。"河水冲垮了堤岸,鲍恩的尸骨卷进了河中。"1884 年,65 号岛彻底消失了(N&J2,527,561;Bragg 1977,105 –9,130;Clabaugh to SLC,19 July 1890,CU –MARK;Inds,328)。

自传口述,1906 年 3 月 12 日

403.12 –15　摩洛人是皮肤黝黑的野蛮人……对我们怀着很深的敌意,因为在过去 8 年里,我们千方百计地要剥夺他们的自由]

在 1898 年 12 月,在美西战争的马尼拉战役后,西班牙把菲律宾割让给了美 615
国。美国并没有让菲律宾人获得期望已久的独立,而是建立了军政府。菲律宾反抗西班牙的独立战争很快演变成了反对美国的独立战争,抵抗主要集中在塔加路北部。摩洛人涵盖苏禄人、萨马尔人等 13 个民族,彼此发生过冲突,但是都信奉伊斯兰教,主要居住在苏禄群岛的南部和棉兰老岛的南部,霍洛岛位于苏禄群岛(Bylcr 2005,1 –3)。1899 年,美国政府和苏禄苏丹签署了条约,承诺当地自治管理,以换取他们承认美国的主权,后来美国承认该条约是"权宜之计"。此后几年,美国试图对菲律宾南部进行社会和军事控制,导致和摩洛人爆发一系列战争,美国军队多次在战争中取得胜利,但是摩洛人并不屈服(Kho 2009,1 –5)。1904 年 3 月,罗斯福总统和战争部长塔夫脱决定废除条约,理由是"该条约为苏丹和他的酋长提供报酬,同时保留了一夫多妻制和奴隶制",这不过是"临时协定和行政协议"("美国废除摩洛人条约",《纽约时报》,1904 年 3 月 15 日,5)。尽管他们不久后恢复了苏丹和部落首领的报酬,战争却没有平息。在这次行动以前,摩洛人撤退到达霍火山旁边的堡垒（“军队采取行动”，《纽约论坛报》，1906 年 3 月 10 日，3；Bacevich 2006）。

403.15　我们的指挥官伦纳德·伍德将军]

伦纳德·伍德将军（1860～1927 年）于 1883 年在哈佛大学医学院获得医学学位，此后担任军医，在 1886 年参与了攻打杰罗尼莫的最后一次战役。他当过威廉·麦金莱总统的私人医生，成为威廉·麦金莱的海军部副部长西奥多·罗斯福的好友。1898 年，美西战争爆发后，他加入了第一志愿骑兵团——莽骑兵——担任罗斯福的副指挥官，率领士兵参加了圣胡安山战役。在战争的后期，他负责率领第二骑兵旅，从 1900 年到 1902 年，他担任古巴的总督，进行了多项改革，但是在当地引发争议。1902 年，他当上了菲律宾军队的指挥官，从 1903 年到 1906 年，在罗斯福总统任命他为少将后，他担任摩洛省省长。在试图推行改革、征收赋税未果后，他发动了镇压摩洛人的军事行动（Fort Leonard Wood 2009；Boston Medical Journal 1899，973）。伍德是当时颇有争议的人物，至今依然存在争论。有些当代史学家和现代历史学家认为他的职业生涯充满光彩，获得当之无愧的良好声誉，但是其他人持有不同意见，其中就包括马克·吐温，他亲眼见证伍德晋升高位，在 1903 年 12 月写下了讽刺散文，《医学医生伍德少将》，描述了他的个性和晋升为少将的阴谋诡计（SLC 1903e；参考 AD，1906 年 3 月 14 日，注释 409.1－17）。

403.28　伍德将军的命令是“杀死或抓获这 600 个人”]

据《纽约时报》报道，3 月 10 日，伍德指挥约瑟夫邓肯上校攻打火山口的摩洛
616 人，抓获或杀死他们。在多次要求他们投降后，军队执行了这道命令（“战斗第二天，美军阵亡 15 人，600 个摩洛人丧生”，1906 年 3 月 10 日，1）。

403.31－33　可能用的是碎石瓦砾……]

据《纽约时报》报道，这 600 个狂热的摩洛人“拿着步枪和刀剑，有本地火炮的支援”（“战斗第二天，美军阵亡 15 人，杀死 600 个摩洛人”，1906 年 3 月 10 日，1）。摩洛人的武器是波刃短剑；美军使用的是斯普林菲尔德步枪和野战炮（Bacevich 2006）。

404.5－11　官方电报……每个字只要花 1 美元 50 美分]

伍德的电报里提到了 32 个伤员中的 7 个人，包括考克斯沃恩·吉尔莫，他的肘部受了重伤（据《纽约环球商业广告报》报道），有 3 个人的大腿、右手和左眼分别受了轻伤（“战斗第二天，美军阵亡 15 人，600 个摩洛人丧生”，1906 年 3 月 9 日，1）。纽约各家报纸（包括《纽约先驱报》、《纽约环球商业广告报》、《纽约晚邮报》、《纽约太阳晚报》、《纽约时报》、《纽约论坛报》和《纽约世界报》）的报道中没有提到鼻子受伤的事情。

404.15－25　在南北战争的一场伟大战役中……滑铁卢……古巴战争]

马克·吐温可能想到了阿波马托克斯战役，在这场战役中南北双方参战人数达16.3万人，伤亡率为10%。据现代历史学家的考证，南北战争中多数大战役的伤亡率都要更高（Home of the American Civil War 2009；American Civil War 2009b；Fox 1889）。他预计1815年6月18日的滑铁卢战役的人数更多。根据估计，滑铁卢战役中双方参战人数为14.1万人，法国军队伤亡率为54%，联军伤亡率为33%。至于美西战争中的古巴战役，军队人数和伤亡数字也略有不同，不过马克·吐温的统计数据基本正确。当时美国军队的伤亡率更高，约为90%，因患黄热病、疟疾、痢疾和食物中毒死在医院的人数高于战斗伤亡人数（Veteran's Museum and Memorial Center 2009；Library of Congress 2009）。马克·吐温关于美西战争伤亡人数的统计数字来源不明，不过可以得知，患热带病死去的人多于在战斗中阵亡的人（Bollet 2005）。

404.32－41　星期五早上……令人震惊的消息]

3月9日星期五，伍德将军报告“双方军队激烈交火”的电报首次刊登在3家纽约报纸上，即《纽约晚邮报》、《纽约太阳晚报》、《纽约环球商业广告报》，第二天清晨，3月10日星期六，这篇报道转载于《纽约时报》、《纽约论坛报》、《纽约世界报》和其他报纸。只有两家报纸发表了社论，即《纽约晚邮报》和《纽约世界报》。《纽约晚邮报》写道，“国会毫无疑问应该对美军近来在菲律宾的战斗进行严厉质询……有什么军事上的借口要占领2100英尺高的山顶，攻打坚不可摧的要塞？难道不能让这些摩洛人忍饥挨饿，迫使他们投降吗？（“摩洛人大屠杀”，《纽约晚邮报》，1906年3月10日，4）。

405.13－17　华盛顿……西奥多·罗斯福]

罗斯福总统3月10日的贺电在3月11日被广泛转载，报纸上没有发表直接 617
的评论（“纽约时报特稿”，《纽约时报》，1；“总统祝贺伍德”，《纽约论坛报》，1；“总统就屠杀祝贺伍德”，《纽约世界报》，1）。

405.28　“妇女在摩洛人屠杀中惨遭杀害”]

这个标题和下文的几个标题都来自3月11日的《纽约先驱报》。

406.23　海底电报里充斥着约翰逊中尉的名字]

戈登·约翰斯顿（1874～1934年）中尉是南部邦联将领罗伯特·丹尼尔·约翰斯顿的儿子，约瑟夫·F.约翰斯顿的侄子，约瑟夫在1896年至1900年担任亚拉巴马州长。因为他和罗斯福的关系，各家报纸报道了他的伤情（多家报纸把他的名字误登为约翰逊，马克·吐温也用了这个名字）。3月10日，《纽约论坛报》刊登了两篇报道，标题是“约翰逊中尉曾效力莽骑兵”和“约翰逊中尉伤势不重”，《环球商业广告报》刊登了“摩洛战役英雄、普林斯顿毕业生约翰逊中尉，在进攻中身受重伤”。3月11日，《世界报》报道，他的伤势很严重，一块金属射穿了他的右肩。他表现英勇,在翻越火山口时被爆炸的炮弹炸了下去("据说 900 个摩洛人在火山口身亡",1)。3 月 12 日,《纽约时报》在文章标题中引用了罗斯福的电报和约翰斯顿的回电,"约翰斯顿在电报中回复罗斯福总统,表示他很好"(1906 年 3 月 12 日,6;Arlington National Cemetery 2009)。

406.25 – 26　几年前威廉 · 吉尔特的喜剧,《约翰逊太多了》]

威廉 · 吉尔特的喜剧根据莫里斯 · 奥多诺和阿尔伯特 · 维曾蒂尼创作的法国喜歌剧《托马森种植园》改编,1894 年 11 月 26 日在百老汇上演,直到 1895 年 6 月结束("戏剧周",《纽约时报》,1894 年 12 月 2 日,10;Broadway League 2009)。

自传口述,1906 年 3 月 14 日

407.13 – 14　在报纸的评论专栏上]

尽管在纽约的几家报纸上,最初对霍洛大屠杀的评论非常简短或没有报道,不过早在 3 月 10 日,《纽约世界报》就开始刊登每日社论和社论漫画,随着报界收到新消息,对于屠杀表示反对。3 月 10 日的社论总结道:"有许多美国人会感到遗憾,我们牺牲了十几位英勇的战士,我们的武器给这个民族带来了毁灭性的打击,他们从来不需要我们带去文明的祝福,只希望实现自治"(《纽约世界报》:"霍洛岛屠杀",1906 年 3 月 10 日,6;"霍洛岛的和平",1906 年 3 月 12 日,6;"士兵阵亡",1906 年 3 月 13 日,6;"霍洛岛大屠杀",1906 年 3 月 14 日,8)。《纽约论坛报》编辑认为,这些摩洛人"都是普通的暴徒强盗",不过他在 3 月 11 日表示道歉,承认"这个问题不应该提交美国法律裁决,而是应该考虑到全面的法律和摩洛人的和平。毫无疑问,这种裁决的方式非常残酷。在这件事中,最残酷的就是人性。"("霍洛岛的罪行",《纽约论坛报》,1906 年 3 月 11 日,6)。

618 3 月 12 日,《纽约时报》对伍德将军进行了批评,"他引发了这场争议。人们认为,他本来可以通过围攻让摩洛人忍饥挨饿,逼迫他们投降",不过没有评论罗斯福总统的贺电,"这场战斗完全不能称为达霍要塞战役,经常和 1891 年 1 月的伤膝河大屠杀相提并论,当时印第安人苏族的灵魂舞者遭到枪击,妇女、儿童和勇士惨遭杀害"("伍德未获称赞,官方认为他的政策导致摩洛妇女和儿童不必要的死亡",1906 年 3 月 12 日,6)。但是在同一天,《纽约时报》发表的社论为这场战斗做了辩护:"听到 600 名霍洛岛军民遭到屠杀的消息让人感到悲痛,过去 5 年来我们在当地建立了和平,让我们感到安慰的是,这些人就是对抗我们善意行为的反叛者,如果只有屠杀才能让他们恢复秩序,那么只能用特殊的手段来根除他们"("屠杀还是利用",1906 年 3 月 12 日,8)。3 月 13 日,《纽约时报》刊登了另一篇社论,为伍德将军辩护 ("对伍德将军吹毛求疵",1906 年 3 月 13 日,8;参考 "打败土著人",《纽约环球商业广告报》,1906 年 3 月 12 日,6,and "火山口战役",

《纽约太阳晚报》,1906 年 3 月 13 日,6)。

408.5－7　在战斗中没有肆意屠杀妇女和儿童]

马克·吐温引用了《纽约晚邮报》的文章“没有肆意屠杀”(13 Mar 1906,1)。

埃米利奥·阿吉纳尔多(1869～1964 年)是菲律宾独立革命领袖,最初反对西班牙的统治,后来反对美国。弗雷德里克·芬斯顿(1865～1917 年),绰号“拳击手”,作为“大胆冒险的军人”而闻名,作为志愿兵在古巴战争中参加了二十多场战役,曾经三次受重伤,遭到西班牙人俘虏,被判死刑,获得自由后逃脱,得了古巴热后活了下来。他此后加入堪萨斯志愿步兵团二十团,前往菲律宾作战,担任上校团长,遭到阿吉纳尔多手下的射击,游过格兰德河逃生,1899 年晋升为准将。1901 年 2 月,麦金莱总统考虑把他提拔到正规军,但是认为他的性格不适合获得更高的职位,只能在正规军里当个中尉(“芬斯顿将军的职业生涯”,《纽约时报》,1901 年 3 月 28 日,2)。尽管在那个时候,菲律宾独立革命基本上已经结束,主要是因为“军官们充满耐心、不屈不挠的长期斗争,他们的名字不为公众所了解,他们的品行也不为人知”,在 3 月末,芬斯顿通过欺骗的手段抓获了阿吉纳尔多。尽管麦金莱总统不愿意奖励芬斯顿,这样做将忽视其他军官的功劳,但是在 1901 年 3 月 30 日,他还是把芬斯顿晋升为正规军的准将(“总统的两难境地,奖励芬斯顿会忽略菲律宾其他军官的战功”,《纽约时报》,1901 年 3 月 30 日,2)。马克·吐温的讽刺文章《为芬斯顿将军辩护》发表在 1902 年 5 月的《北美评论》上,辛辣地
批评芬斯顿的“伪装欺骗、忘恩负义、背信弃义”(SLC 1902c,620,622)。马克· 619
吐温为埃德温·怀尔德曼的《阿吉纳尔多:菲律宾的雄心壮志》写了书评(SLC 1902a),这篇文章没有出版。

409.1－17　伍德是个军医]

马克·吐温在 1903 年的散文《医学医生伍德少将》中批评了伍德和罗斯福,他原来打算把这篇辛辣讽刺的文章发表在《北美评论》或《哈珀周刊》上,不过压了下来(1903 年 12 月 30 日,至 Duneka,MoSW):

> 我认为应该考虑到历史上总统的喜好和他的品格性情,我认为,伍德医生前程无量,他骗取奖章,沽名钓誉,暗自违抗命令,私下诽谤造谣,公然撒谎骗人,沉溺赌博,名誉扫地,毫无尊严,使出浑身解数谋求高位,最终如愿以偿地晋升为将军(SLC 1903e,TS p.3)。

1903 年 12 月 7 日,参议院有两个立法日,一个是到期会议,另一个是新会议,在会议间隙,罗斯福总统重新任命了伍德和其他 167 名官员,考虑对他们作出休会任命。3 月 18 日,伍德被参议院批准任命为少将(《纽约时报》:“特别会议 Is

Merged into Regular. President Roosevelt Decides for ‘Constructive Recess’”,1903年12月8日,1;“伍德提名得到参议院批准”,1904年3月19日,5)。

当参议院休会时,总统可以不经确认程序作出暂时委派,称为休会任命。

自传口述,1906年3月15日

409.18　1906年3月5日,星期一]

3月15日的自传口述中提到的这件事刊登在10天前的报纸上。

409.27　警察推搡等待马克·吐温的观众]

这篇文章刊登于3月5日的《纽约时报》,贴在口述自传的打字稿上。

410.29　教士查尔斯·P.法尼亚尼医生]

查尔斯·法尼亚尼(1854~1941年)拥有艺术、科学和法律学位。1882年,他被任命成为长老会牧师,1892年起,他在纽约协和神学院教授希伯来语,后来成为教《旧约》文学的助理教授(“法尼亚尼在法国占领区去世,享年86岁,”《纽约时报》,1941年1月7日,25)。

410.40–41　马克·吐温……雷鸣般的掌声]

马克·吐温的演讲题目是《回忆》,前面有几位演说家的节目很长,包括女低音歌唱家安娜·泰勒·琼斯,克莱克霍夫的弦乐队钢琴表演和圣经朗读,他不得不把讲话缩短了半个小时(参考AD,1906年4月3日;“基督教青年会回忆,”《纽约环球商业广告报》,1906年3月3日,15)。这篇演讲稿发表的题目叫作“Layman's Sermon”(MTS 1910,136–39;MTS 1923,281–83;Fatout 1976,492–95)。

411.4　拉塞尔医生讲到了安排]

观众就座后,警方驱散了外面的人群,教士霍华德H.拉塞尔医生(1855~1946年)是全国反聚会联盟的负责人。

620　他在讲台上谴责了警察的粗暴行径,认为他们用警棍殴打可敬的公民,驱赶他们,但当时人们根本动弹不得。

讲台上开始了愤慨的声讨,很多人表示决定谴责警察的行为。他们的话讲完了,马克·吐温表示反对,他开始谈论个人作为公民的责任。

他说道,“不要打算侵犯别人的权利,或是担负那些你本来不应担负的责任。但是如果别人打算践踏你的权利,那就要主张你的公民权。当你决定做什么的时候,就去做吧,不过我听到拉塞尔医生讲到关于警察的决议。我认为,不应当为了一个人的错而谴责所有的警察。”(“为见马克·吐温而战斗”,《纽约论坛报》,1906年3月5日,1;“听马克·吐温演说的观众拥挤受伤”,《纽约晨讯报》,1906 年 3 月 5 日,1)。

411.5 - 6　当他们说“快点”的时候,请记得这不是列车员对你人格的侮辱]

1892 年,《铁路公报》提到,“在曼哈顿高架铁路上,列车员命令人们‘快点’,这已经变成了口头禅,毫无疑问,他们知道把这句话重复上几千次很让人厌烦,但是只有不断催促才能让旅客向前走,保证准点开车。”(“快点”,《纽约时报》,1892 年 12 月 27 日,3)。

411.11 - 12　我和出版商、速记员一起从芝加哥启程]

这篇演讲稿显示,马克·吐温提到他从芝加哥启程去纽约,那位出版商是詹姆斯·R. 奥斯古德,速记员是罗斯维尔·H. 费尔普斯。1882 年,三个人一起旅行,马克·吐温为《密西西比河上的生活》收集素材(“万名观众参加马克·吐温大会”,《纽约先驱报》,1906 年 3 月 5 日,1)。

411.25　宾夕法尼亚的汤姆森先生]

1882 年到 1899 年间,弗兰克·汤姆森(1841 ~ 1899 年)先后担任宾夕法尼亚铁路公司第二副总裁、第一副总裁和总裁。

412.7 - 10　莱昂小姐]

伊莎贝拉·莱昂记录了那天晚上的感想,马克·吐温年轻的朋友也在场:

> 今天我们来到了美琪剧院,克莱门斯先生、妈妈和我……不过最重要的是“亲爱的宝宝”格特鲁德也要去那里。我们从舞台的后门进去,等了很久格特鲁德也没有去。克莱门斯先生看起来很失望,我感到担心忧虑,打算到人群中找这个孩子。外面都是基督教青年会的成员,我转身碰到了一个高大魁梧的年轻人,他打算进去,却被拒之门外,我听见他说,“我这该死的运气”……克莱门斯先生的讲话很精彩,充满勇气和力度,富有意义,幽默风趣。世上再也没有人能够融合这些特质,拥有这样神奇的个人魅力。他看起来从没意识到这些(Lyon 1906,63)。

412.16　威廉·迪恩·豪威尔斯的信]

豪威尔斯的信写于 1906 年 2 月 28 日(CSmH,in MTHL,2:801 - 2)。

412.39 - 40　马克·吐温模仿了克拉伦斯·乌尔姆(1858 - 1923)的诗《歌》 621
的最后一句,这首诗发表在 1906 年 3 月的《哈珀时尚杂志》上,后来被多次引用,经常不提及作者(Urmy 1906):

我不会再走这条路,
我会对人谦恭有礼。

对朋友忠实，对上帝真诚，

在我走过的路上留下芳香。

412.41－42　在葬礼上，我见到了帕特里克的家人]

2月28日，马克·吐温在哈特福德法明顿大道的圣约瑟夫教堂参加了帕特里克·麦卡利尔的葬礼，他和抬棺者一起进入并离开教堂。麦卡利尔留下4个孩子（生了9个孩子）——迈克尔、威廉、爱丽丝和安——他们和家人参加了葬礼（Twichell 1874－1916，1906年2月27日，7:126；《哈特福德新闻》："马克·吐温的马车夫"，1906年2月26日，6；"马克·吐温为仆人致辞"，1906年2月28日，3；Hartford Census：1880，117；1900，8B；1910，7B；参考AD，1906年2月1日，注释322.31－42）。

413.4　我们过去的花匠约翰]

在19世纪80年代，约翰奥尼尔（1848～？）在马克·吐温位于哈特福德的家中打理花园和温室，从1891年到1900年这家人在欧洲期间，他也留在这里（Hartford Census 1900，1A）。

413.6－9　在哈特福德俱乐部的午宴上，见到了11位老朋友]

1881年，马克·吐温加入了哈特福德俱乐部，这个俱乐部创立于1873年，旨在进行社交活动，促进艺术和文学的交流（Hartford Club 2009）。在离开纽约去参加葬礼前，马克·吐温要查尔斯·H.克拉克"邀请切尼、特威切尔和其他朋友，周四在哈特福德俱乐部举行午宴，费用由我来出（1906年2月26日，致克拉克，TxU）。除了克拉克，客人们还有威廉·哈默斯利法官，弗兰克·W.切尼上校，塞缪尔·G.邓纳姆，约瑟夫·H.特威切尔牧师，埃德温·庞德·派克牧师，查尔斯·E.珀金斯，牧师弗朗西斯·古德温医生，富兰克林·G.惠特莫尔，E.K.鲁特医生（"克莱门斯先生与好友共进午餐"，《哈特福德新闻》，1906年3月14日，4）。弗兰克·伍德布里奇·切尼（1832～1909年），在南北战争中当过陆军中校，在安提塔姆会战中负伤，是切尼兄弟丝绸公司的主管，担任康涅狄格州互惠人寿保险公司的董事长达30年，担任纽约－纽黑文－哈特福德铁路公司的董事达7年（Connecticut Biography 1917，277－80；"切尼上校去世"，《哈特福德新闻》，1909年6月5日，5）。阿奇博尔德·阿什利·威尔奇（1859～1935年），是多个社团组织的知名人士，在1906年担任凤凰城互惠人寿保险公司第二副总裁（Burpee 1928，3:1062－65）。爱德华·K.鲁特（1856～）是哈特福德的医生，查尔斯·克拉克的姻亲，任职于哈特福德卫生局和康涅狄格州卫生局，康涅狄格州互惠人寿保险公司的医疗顾问（"爱德华·K.鲁特医生"，《哈特福德新闻》，1899年10月24日，8；Hartford Census 1900，8B）。

413.12　牧师麦克奈特医生]

马克·吐温可能指的是埃尔迈拉圣公会三一教堂的乔治·H.麦克奈特(1830~?),1851年他在霍巴特学院获得文学硕士学位,1873年在汉米尔顿学院 622
获得神学医生学位。1870年10月,麦克奈特为奥莉薇亚的弟弟查尔斯·J.兰登和艾达·B.克拉克主持了婚礼仪式(Towner 1892,287-88;Chemung Census 1900,14B;1870年10月13日,致费尔班克斯,L4,208-9)。

413.33-35　托马斯·利普顿爵士……美洲杯]

1901年10月3日,马克·吐温、特威切尔与亨利·H.罗杰斯和他的客人到"卡纳瓦"号游艇上做客,这艘船从新泽西州的桑迪胡克起航,去观看美国游艇"哥伦比亚号"和托马斯·利普顿爵士的"三叶草"号的第二次比赛。托马斯·利普顿(1850~1931年)在1898年被维多利亚女王封为骑士,以连锁店、茶叶店和慈善事业而闻名。这是他在1899年到1930年间第二次挑战美洲杯(HHR,474;"托马斯爵士放弃希望",《纽约时报》,1901年10月4日,1;Twichell 1874-1916,1901年10月2日-3日,7:105-6)。

414.8-9　理查德·克罗克的名字,他是坦幕尼协会的领袖]

理查德·克罗克(1843~1922年),1884年起担任坦幕尼协会的领袖,曾经连续三次参与纽约市长选举活动。1901年9月,克罗克远赴海外10个月后回到美国,报界充斥着各种报道和猜测,认为他将影响即将举行的市长选举,《纽约时报》对两本刚出版的书进行了评论:阿尔弗雷德·亨利·刘易斯撰写的克罗克传记,古斯塔夫斯·迈尔斯的那本书包用两个章节描写了克罗克,抨击了坦幕尼协会腐败贪污的内幕。("坦幕尼协会",1901年9月7日,BR3;Alfred Henry Lewis 1901;Myers 1901;"理查德·克罗克遇见坦幕尼协会领袖",《纽约时报》,1901年9月15日,10)。

414.11-26　我很了解他的父亲]

克罗克家族原先是英国的新教徒,随克伦威尔远征过爱尔兰。特威切尔以为克罗克家是天主教徒,是考虑到他们的爱尔兰血统。理查德·克罗克的父亲,爱·库特·克罗克是长老会教徒,在1846年随家人移民到美国。他找到了一份铁匠的工作,当过兽医给马看病,在南北战争爆发后加入北方联邦军队(Alfred Henry Lewis 1901,5,13-14;Lothrop Stoddard 1931,2,260-61;参考AD,1906年1月17日,马克·吐温提到了希克斯将军,特威切尔和克罗克就在他的军队里服役)。

417.5　这条狗发出痛苦的叫声]

特威切尔在阵亡将士纪念日发表了演讲,被狗叫打断的这件事发生在19世纪70年代中期。在笔记本中,马克·吐温有几次回忆是在1878年,然后提到了这件事(他写道,乔特威切尔在阵亡将士纪念日的祈祷被狗叫声打断了,然后解释了狗狂吠的原因,“它逮住了一只耗子”),他把这段插曲写进了《哈克贝利·费恩历险记》的第 27 章,这本书出版的时候,一家哈特福德的报纸写道,“葬礼上‘它逮住了耗子’的故事,其实发生在这座城市,哈特福德有很多人都知道,他们都乐得开怀大笑(“新书出版”,《哈特福德晚邮报》,1885 年 2 月 17 日,3;HF2003,232 – 33,443;N&J2,58,343;N&J3,16,92)。

623 **自传口述,1906 年 3 月 16 日**

417.19 – 23　我想起了玛丽·米勒……我并没有难过太久]

马克·吐温的同学玛丽·米勒(1835? ~),是木材商人托马斯·S. 米勒(1807? ~1860 年)和玛丽·E. 米勒(1812? ~1849 年)的长女,经常和马克·吐温竞争拼写奖章。根据人口普查记录,她和马克·吐温年龄相仿。玛丽·米勒嫁给了马克·吐温的同窗好友约翰·B. 布里格斯(《汉尼拔信使报》,“讣告”,1849 年 8 月 30 日,版面未知;“寻访旧木材场”,1852 年 3 月 4 日,版面未知;Marion Census 1850,307;Marion Census 1870,447;“别了,马克·吐温”,《汉尼拔信使邮报》,1902 年 6 月 3 日,1)。

417.24 – 27　我很快就爱上了阿尔蒂米萨·布里格斯……受到孩子们的纠缠]

阿尔蒂米萨·布里格斯(1832 ~ 1910 年)是马克·吐温的同窗好友约翰·布里格斯的姐姐,家中有 8 个孩子,她排行老二,父母是威廉·布里格斯(1799? ~)和罗达·布里格斯(1811? ~)(Marion Census 1850,315 – 16;Marion Census 1860,145;阿尔蒂米萨·布里格斯死亡证明,Missouri Digital Heritage 2009a;Inds,306 – 7)。

417.28 – 32　还有玛丽·莱西,她也是我的同学……4 年前,她还健在,已经结婚 50 年了]

马克·吐温有可能把玛丽·莱西和另一个同学玛丽·纳什记错了。玛丽·伊丽莎白·莱西(1838? ~)是约翰·莱西(1808? ~1883 年)的女儿,约翰在 1850 年当上了猪肉批发商,养活一大家子人。1854 年 5 月 31 日,玛丽·莱西在汉尼拔和伦纳德·梅福德结婚,1860 年她已经生了两个孩子(Marion Census 1850,319;Marion Census 1860,149;“密苏里州婚姻登记,1805 – 2002”2009)。1898 年,马克·吐温在笔记本中拟定了大纲,打算把玛丽·莱西写进《神秘的陌生人》的初稿《校舍山》,故事发生在圣彼得堡的汉尼拔。故事是这样写的,“撒旦来到人间,发现他的儿子小撒旦遭到了玛丽·莱西的拒绝,这个姑娘把他迷得神魂颠倒,很后悔自己没有抓住机会,因为她发现地狱里的神圣家族没有受到火焰的干扰,但是为他们的客人而烦心。撒旦很高兴他的儿子没有娶一个身份低下的姑娘,他安排教皇亚历山大六世为他主持婚礼”(Notebook40,TSpp. 51 – 52,CU – MARK)。玛丽 · 纳什(1832? ~)是马克 · 吐温的朋友汤姆 · 纳什同父异母的姐姐。1851 年 1 月,她嫁给了福莱顿的约翰 · 哈伯德。1901 年,在马克 · 吐温去汉尼拔的前一年,他回信祝贺玛丽 · 纳什结婚 50 周年,“我还记得婚礼的场面,尽管已经过去了 50 年,我祝愿你和你的丈夫结婚 50 周年快乐”(1901 年 1 月 13 日,致哈伯德,MoHM)。他打算把玛丽 · 纳什作为两个角色的原型,但是最终没有采用:在《汤姆 · 索亚的密谋》的创作笔记中,马克 · 吐温把她刻画成性格狂野的姑娘,名叫玛丽 · 本顿;在《校舍山》的创作笔记中,马克 · 吐温把她塑造成“坏女孩玛丽 · 纳什”,叫作路易莎 · 罗宾斯。马克 · 吐温可能根据玛丽 · 纳什的形象,塑造了《海尔法 · 霍奇基斯》里的女主角蕾切尔 · 霍奇基斯(Inds,214 – 59,287 – 88,134 – 213,337;HH&T,383;MSM,431)。

417.33 – 34　吉米 · 麦克丹尼尔是另一个同学……他的父亲开了家糖果店]

詹姆斯 · W. 麦克丹尼尔(1833 ~ 1911 年)是威廉 · 麦克丹尼尔(1811? ~)的儿子,威廉在汉尼拔开了一家糖果杂货店,这家店的广告上写着,“本糖果店经 624
营各类优质糖果、坚果、葡萄干、大枣、无花果、香橼、无花果酱、蜜饯等”(“糖果新品”,《汉尼拔信使报》,1852 年 10 月 7 日,版面未知)。吉米在 15 岁当了书商,还不到 20 岁就成了烟草商,30 岁时在他父亲的店里当售货员,后来成为罐头商和霍姆斯 – 戴金烟草公司的经理(Fotheringham 1859,40;Honeyman 1866,37;Hallock 1877,100;Stone,Davidson,and Mcintosh 1885,118,150;Marion Census 1850,310;詹姆斯 · W. 麦克丹尼尔死亡证明,Missouri Digital Heritage 2009a)。

418.2　吉姆 · 沃尔夫和猫]

参考“选自我的自传节选”。

418.5　4 年以前,我到那里去的时候见到了他]

> 1902 年,汉尼拔报纸报道,马克 · 吐温坐车经过大街,认出了老糖果商詹姆斯 · W. 麦克丹尼尔,跟他说,“你好啊,吉米,真高兴见到你。让我瞧瞧你的脑袋,你的头发都到哪儿去了?”克莱门斯先生和麦克丹尼尔先生曾经是老朋友,尽管有 40 年没有见过面,他们却一眼就认出了对方。

418.11 – 12　阿尔蒂米萨 · 布里格斯……嫁给了石匠里奇蒙……我在卫理公会主日学校里的老师]

1853 年 3 月,阿尔蒂米萨 · 布里格斯嫁给了当地的砖瓦匠威廉 · J. 马什(1815? ~),而不是石匠乔舒亚 · 里奇蒙(1816? ~)。1849 年 1 月,里奇蒙和安吉丽娜·马蒂尔达·库克(1829? ～)结了婚;他早年在汉尼拔卫理公会的旧锡船教堂主日学校教过马克·吐温,这座教堂位于公共广场(Marion Census 1860,145;Fotheringham 1859,39;Ellsberry 1965b,1:10;Wecter 1952,183,305 n. 15;Inds,95,344;"结婚公告,"《汉尼拔密苏里信使报》,1849 年 1 月 18 日,版面不详)。

418.24　5 个愚蠢的童女]

《马太福音》25:1－13:天国好比 10 个童女,拿着灯,出去迎接新郎。其中有 5 个是愚拙的,5 个是聪明的。

418.29－30　20 年前,里奇蒙先生拥有了汤姆·索亚岩洞……把那里变成了旅游胜地]

在《汤姆·索亚历险记》中,马克·吐温把这个石灰岩洞称为"麦克杜格尔岩洞",在他童年的时候,这里叫作"西蒙斯岩洞",因为是西蒙斯兄弟发现了洞穴,后来人们在这里找到了矿物质,又称为"硝石洞"(人们认为硝酸钾是从蝙蝠粪里提取的),最后叫作"麦克杜格尔岩洞"(参考《我的自传节选》,注释 214.3－4;Sweets 1986b,1－2)。1876 年,《汤姆·索亚历险记》出版后,这里开始叫作马克·吐温岩洞或汤姆·索亚岩洞。1886 年岩洞正式对公众开放,乔舒亚·里奇蒙成为了岩洞的所有人之一。埃文·T. 卡梅伦从 1886 年开始担任导游,后来当上了经理,他修建了"固定的旅游线路,穿过岩洞的迷宫通道,在入口处建造了售票处,购买了灯笼让游客提着照明,雇佣了导游,做了广告来宣传马克·吐温岩洞"(Weaver 2008,15－16,97)。马克·吐温岩洞现在的入口是在山腰间开凿出来的,进入洞穴更方便舒适,因为原来的洞口位于陡峭的山上(乔治·沃利致约翰·洛克伍德,2005 年 9 月 21 日,影印件现存于 CU－MARK)。

625 418.42－419.4　这里出产最优质的波特兰水泥]

1901 年 8 月,阿特拉斯波特兰水泥公司开始在空洞穴建设"美国最大的波特兰水泥厂,这也是密西西比河以西第一座水泥厂",有许多洞口通往这个岩洞(Sweets 1986a,3)。马克·吐温收到的电报下落不明。

419.9－11　鲁埃尔·格里德利在我们学校读书……后来墨西哥战争爆发,他加入了志愿军]

鲁埃尔·柯尔特·格里德利(1829～1870 年)在道森学校读书时,是十七八岁,1847 年 5 月 5 日,他 18 岁的时候,在密苏里州的新伦敦加入了密苏里志愿军第三团,此后几个月在军中服役,1848 年 10 月 28 日光荣退役(Missouri Digital Heritage 2009b,reel s912)。

419.11－21　我们镇上成立了一个步兵连,希克曼先生担任连长……希克曼已经死了——这是老话了]

菲兰德·A. 希克曼(1824～?)生于弗吉尼亚州。他和格里德利不同,没有加入密苏里州志愿军。1847 年 3 月 5 日,他加入了步兵连当了中尉,4 月 9 日,他被编入第十四团,10 月 22 日晋升为上尉。1848 年 5 月 11 日,他娶了萨拉 M. 布里廷厄姆(1828～1889 年),7 月 25 日从步兵连光荣退伍(Marion Census 1850,309;Heitman 1903,1:528;Robarts 1887,30)。加利福尼亚州发现近况后,希克曼和两个亲戚前往西部,他在 19 世纪 50 年代返回汉尼拔,开了一家商店,出售炉灶五金。19 世纪 70 年代,他成为密苏里州立法机构的代表。1882 年,马克·吐温最后一次在汉尼拔见到他:“希克曼少尉来拜访我,1846 年那个年轻英俊、制服笔挺的志愿兵,已经是个身材臃肿的 65 岁老人,他的优雅仪态已经不复存在”(1882 年 5 月 17 日,致奥莉薇亚,CU－MARK,MTL,1:429)。3 年后希克曼去世了(“移民”,剪报现存于 Meltzer 1960,15;Fotheringham 1859,30;Honeyman 1866,26;Hallock 1877,79,178;Stone,Davidson,and Mcintosh 1885,115)。

419.21－22　就像苏西说的那样:“这究竟是为什么啊?”]

参考《自传口述》1906 年 2 月 2 日。

419.23－420.3　鲁埃尔·格里德利去打仗了]

1848 年从志愿军中退伍后,格里德利回到汉尼拔当上了木匠,他想成为密西西比河上的领航员,于是跟着巴特·S. 鲍恩船长学领航,但是没有如愿,因为船长发现他“总是胡闹,根本不用功”(“河上新闻”,《辛辛那提商业报》,1865 年 2 月 13 日,4)。1850 年 9 月,他娶了苏珊娜·L. 施耐德(1832?～),1852 年前往加利福尼亚州,在奥罗维尔经营邮政快递业务;两年后他的妻子也来与他会合。1863 年,他前往内华达的里斯河地区,在采矿场开了一家商店,名叫格里德利－霍巴特－雅各布斯,这个采矿场就是后来的奥斯丁镇。格里德利告诉马克·吐温,“他是个地地道道的北方人,但是同情南方”,他打赌民主党候选人会当选市长,输给了支持共和党候选人的 H. S. 赫里克医生。格里德利同意输给赫里克一袋 50 磅的面粉,“他要把面粉扛在肩上,走上一又四分之一英里路,后面跟着铜管乐队,演奏《约翰·布朗之歌》。”如果格里德利赢了,赫里克就要扛着面粉,演奏南方的歌 626
曲(1864 年 5 月 17 日,致母亲和帕梅拉,L1,282,285－86 n. 11)。经过 1 年的转手卖出,这袋面粉被带到了全国各地,1865 年夏天,格里德利带着他的面粉和收入来到了圣路易斯博览会,西部卫生委员会在博览会上筹措资金,来救济伤残的联邦军人(L1,284 n. 3)。格里德利发现在密苏里州,多次转卖同一件物品是非法的,但是可以把面粉烤制成蛋糕来出售。但是格里德利不肯这么做,他觉得这袋面粉是从西部来的,应该回到西部去。这次旅行不欢而散,格里德利踏上了回家的路(Elizabeth H. Smith 1965,16)。他筹集的款项数目并不确切。在 1872 年,马克·吐温预计有 15 万美元,其他人预计在 4 万美元到 27.5 万美元之间。1865 年

7月,格里德利回到家中,他濒临破产,身体完全垮了(Tinkham 1921,66)。1870年11月24日,他在加利福尼亚的天堂城去世,马克·吐温在写给《纽约论坛报》的信中赞扬了他的事迹(1870年12月11日,L4,270 – 71;RI1993,294 – 98,660 – 64;Marion Census 1850,310;"密苏里婚姻登记,1805 – 2002"2009;Butte Census 1860,574;Elizabeth H. Smith 1965,11 – 13)。

420.4 – 11　我生平第一次见到犹太人……"两个莱文——二十二"]

19世纪40年代,莱文家曾经在汉尼拔住过一段时间。在1897年构思小说《新哈克费恩》的笔记中,马克·吐温描写了镇上的居民对待这些犹太男孩的态度 Notebook 41,TS pp. 59 – 60,CU – MARK;淹死的男孩名叫克林特·利弗林):

> 莱文家的男孩——这是搬到镇上的第一个犹太家庭,给我们留下了可怕的印象——是活生生的犹太人,他们属于逝去的时代,神秘莫测,行踪诡秘。镇上的每个孩子都吓得浑身发抖,低声细语地讨论他们,免不了提心吊胆。有人说道,"该把他们钉死在十字架上吗?"
>
> 人们相信,怀特·利弗林淹死就是他父母的报应,因为他的曾祖母保护了11个遭到追逐打砸的男孩。
>
> 早在11个犹太男孩出现前,大家就对犹太人深表厌恶,这要归咎于那个记得不少诗歌的德国小伙子。人们早做好了充分的准备,没想到犹太人的到来还是令人出乎意料,就像前面提到的那样。
>
> 这些孩子不是11个,而是9个。
>
> 汤姆站在他们那边,还为此打过架。

420.12 – 13　埃文·埃尔斯——不过没关系,他已经死了]

埃文·埃尔斯(1837 ~ ?)是马克·吐温的同学,也是汉尼拔邮政局长和旅店老板托马斯 J. 埃尔斯(b. 1816年?)的小儿子,托马斯在1836年创办了布雷迪旅店,这是一座两层的原木房子,楼上住满了寄宿者,楼下是猪圈,无论是楼上楼下、客厅、卧室、床铺甚至是犄角旮旯都有跳蚤(Holcombe 1884,202,8. 96)。在1897年的笔记中,马克·吐温计划把埃文·埃尔斯和他的哥哥塔布曼(1829 ~ ?)作为《新哈克·费恩历险记》中的角色(Notebook 41,p. 61,CU – MARK)。

420.13 – 16　乔治·巴特勒……本·巴特勒将军的侄子……他很早以前就死了]

627 马克·吐温的同学乔治·H. 巴特勒(1839?　~1886年)是安德鲁·约翰逊·巴特勒(1815 ~ 1864年)的儿子,安德鲁的弟弟本杰明·富兰克林·巴特勒(1818 ~ 1893年)少将的侄子,巴特勒将军在南北战争备受争议,他当过马萨诸塞州议员和州长,以战争中的残酷暴行和激进的政治观点而著称。乔治·巴特勒在加利福尼亚当过工程师,1861 年 5 月,他加入了联邦军队第十步兵团,在 1861 年 10 月 21 日弗吉尼亚州劳登县的李斯堡之役中担任中尉。这场惨烈的战斗以南方军队获胜而告终,当时北军打算渡过波托马克河,占领弗吉尼亚州的李斯堡,不料遭到南军的反击,许多士兵从陡峭的岩壁上掉入河中,遭受了严重的伤亡损失。巴特勒将军从 1862 年年底开始担任军需官,直到 1863 年 6 月从军队退役[Marion Census 1850,313;NNDB 2009;American Civil War 2009a;Missouri Digital Heritage 2009b,box 13;Heitman 1903,1:269;Sonoma Census 1860,649)。

420.17　威尔·鲍恩(早就死了)]

1893 年 5 月 19 日,威尔·鲍恩在前往德克萨斯韦科出差的途中,因心脏病发作去世(Hornberger 1941,8),参考《自传口述》,1906 年 3 月 9 日。

420.17　埃德·史蒂文斯(早就死了)]

埃德蒙·C. 史蒂文斯(1834 ~ ?)是马克·吐温的同窗好友,在 16 岁的时候跟随他的父亲,镇上的钟表匠托马斯·B·史蒂文斯(1791 ~ ?)学习制作钟表。埃德蒙小时候带领全班的孩子反抗严厉的老师纽科姆小姐,还在假日山顶上往下滚大石头。他在马克·吐温服役的马里昂骑兵连里当过少尉,在《一场失败的战斗》中,马克·吐温形容他"身材修长、相貌英俊、风度优雅、衣着整洁;他非常聪明,受过教育,很喜欢开玩笑。他的生活中仿佛没有什么严肃的事情,只要有他在,我们的军事行动就像假日一样轻松"(SLC 1885b,194)。1901 年,马克·吐温在寄给史蒂文斯哥哥的信中写道:"我和他是热忱要好的朋友。他总是那么幽默风趣,心情愉快,无忧无虑,他总是妙语连珠、,放声欢笑,没完没了地开玩笑,他是忧伤世界里友善的光芒,他本来不应该死得那么早"(1901 年 8 月 28 日,致史蒂文斯,CU - MARK)。在《1840 - 1843 年的村民》中,马克·吐温回忆了他的形象,打算《汤姆·索亚的密谋》把他塑造成"吉米·斯蒂尔",在《校舍山》中把他当作钟表匠埃德·桑德斯的原型(Inds,96,134 - 213,214 - 59,349;HH&T,383 - .MSM,432)。

420.17 - 18　约翰·布里格斯还活着]

1902 年,马克·吐温提到了约翰·B. 布里格斯(1837 ~ 1907 年),讲述了两人童年时期的趣事,"我们曾经像兄弟一样",并且在笔记中写道,"准备按照约翰·布里格斯的形象塑造一个人物。他心地善良、真诚勇敢,洗劫了果园,捣毁了马厩,偷走了小船"("难忘的童年伙伴",《汉尼拔晚间信使邮报》,1935 年 3 月 6 日,5C;Notebook 45,TS p. 13,CU - MARK)。1850 年,布里格斯和马库特加入了少年禁酒会,1860 年,他们加入了马里昂骑兵连。马克·吐温在 1902 年回忆道,"我和布里格斯在连队撤退时跑得最快"(Love 1902,5)。布里格斯后来进过烟草工厂,当了农民。在《汤姆·索亚历险记》里,马克·吐温根据三个男孩塑造了汤姆·索亚的形象,其中就有约翰·布里格斯,也许还有本·罗杰斯。在1902年创
628 作《新哈克·费恩历险记》的笔记中,马克·吐温打算描写布里格斯童年的故事,当时布里格斯的父亲把一个小黑奴卖到密西西比河下游,因为他相信这个黑奴打了约翰,实际上是约翰打了那个孩子,"他觉得这件事很丢人,所以没有吐露实情(SLC 1902b;SLC 1982,270;Inds,134 - 213,307;HH&T,383)。参考注释417.19 - 23和417.24 - 27以及1908年5月8日的《自传口述》。

420.19 - 421.12　1845年,我10岁的时候,麻疹在镇上传染开来]

19世纪40年代,致命的麻疹病传染开来,当时称为黑麻疹或毒麻疹。1844年春天,马克·吐温9岁的时候,危及生命的麻疹蔓延到汉尼拔,镇上近40人死亡,1天内死了7个人,全都是感染了麻疹(Holcombe 1884,900)。潘恩写道,"克莱门斯先生晚年没有想起这种疾病流行的具体时期。他带着惯常的冷漠回忆了几个年份,因为他的文章急需写明日期"(MTB,1:29)。在《我生活的转折点》中,马克·吐温讲述了母亲把他送去印刷所当学徒的原因:"我要说实话,我走上文学道路是因为我在12岁的时候得过麻疹"(SLC 1910,118 - 19)。

421.13　坎宁安医生]

确切身份无法得到证实。

自传口述,1906年3月20日

421.22 - 38　小约翰·D.洛克菲勒的圣经班]

约翰·戴维森·洛克菲勒(1839 ~ 1937年),标准石油公司总裁,被公认为当时的世界首富,1901年其个人资产约为9亿美元。1872年到1905年,他在克利夫兰欧几里得大街的浸信会教堂担任主日学校的校长。他的儿子小约翰·戴维森·洛克菲勒(1874 ~ 1960年),毕业于布朗大学,成为父亲的生意伙伴,最终接管了洛克菲勒的慈善事业。他曾在纽约第五大道浸信会教堂的主日学校讲解《圣经》。马克·吐温通过好友标准石油公司副总裁亨利·H.罗杰斯认识了洛克菲勒父子。当时洛克菲勒父子的圣经班经常被新闻界报道,遭到了诸多反对和嘲讽(《芝加哥论坛报》:"教堂和教士",1893年10月29日,12;小洛克菲勒教圣经课,1901年2月10日,36;《纽约时报》:"洛克菲勒教导学生",1903年10月12日,1;"洛克菲勒先生的故事",1903年6月15日,1;读者来信,1906年2月8日,1906年2月9日和1906年2月13日)。

422.17　小约翰用不着粉饰约瑟夫]

参考注释423.11 - 16。

422.22 - 25　3年前……去卖掉你所有的财产,赠给穷人]

这句话在三卷《福音书》中的版本略有不同:《马太福音》19:21,《马可福音》10:21,《路加福音》Luke 18:22。洛克菲勒在1903年1月11日的圣经课上引用了这句话,他认为耶稣的教义并不是字面的意思(“洛克菲勒将保留财富”,《华盛顿时报》,1903年1月12日,3)。

422.38　3年前,我和小约翰去了他的圣经课]

马克·吐温回忆了1902年1月28日洛克菲勒圣经班每月的例会。《纽约时报》报道: 629

> 马克·吐温在课堂上告诉大家,如何接近声名显赫的人,比如说皇帝。在9点20分,他突然停了下来,告诉这些年轻人,他要走了。
>
> 他说道,“我现在是个农夫。不算是个好农夫,不过是个普通的农夫。所以我现在得走了,每天早上要早起,照顾我的庄稼。我不知道庄稼会长成什么样,可是从现在的情形来看,上面都是冰凌”(“洛克菲勒先生的圣经班”,1902年1月29日,9)。

在诙谐幽默的讲话结束前,马克·吐温朗读了他的《两个小故事》,包括《带信息给局长的人》和《扫烟囱的小伙子如何让皇帝听到他的话》,出版在1901年11月的《世纪杂志》上(SLC 1901;“马克·吐温在圣经班”,《纽约太阳报》,1902年1月29日,2,Schmidt 2008a)。

422.41－423.4　几天以前,有位圣经班的官方人士]

爱德华·M.富特(1866?～1945年)医生,是纽约第五大道浸信会教堂娱乐委员会的会长,他在3月9日写信,邀请马克·吐温在3月22日的圣经班上就某些问题讲几句话,或是写封信代替(CU－MARK)。伊莎·贝拉莱昂在信下面记录了他的回复,“我不敢和他们待在一起,我想保持坚定的态度。”下面那封写给富特的信摘录于马克·吐温档案馆的手稿,目前不得而知,这封信是否寄给富特,或者像马克·吐温说的那样“私下寄给小约翰本人”(“退休医生爱德华·富特医生去世,享年79岁”,《纽约时报》,1945年2月19日,19)。

423.11－16　8年前……我讲解过约瑟]

在《关于犹太人》中,马克·吐温总结了《创世纪》的第47章,对于约瑟的解释如下:

> 我们都若有所思地——或者是毫无想法地——读过这个悲惨的故事,埃及遭受了多年的饥荒,约瑟如何利用这个机会,垄断了市场,给穷人土地,让人们自由——这种垄断让他得到了所有的钱财,一分钱也没

> 留下;他得到了所有的牲畜,一头牛也没剩下;他得到了所有的土地,一亩地也没剩下;然后他得到了整个国家,用粮食换了男女老少,直到他们变成奴隶;这种垄断拿走了一切,什么都没剩下;这种垄断让人震惊,同它相比,历史上规模最大的垄断也不过是儿戏,因为这种垄断买卖了上千万蒲式耳的粮食,获得了上千万美元的利润,这场可怕灾难的影响时至今日还没有从埃及完全消失,远远超过3000年前的影响力。

这篇文章实际发表在1899年9月的《哈珀新月刊》(SLC 1899b,530)。1899年年初,美国出版公司和哈珀兄弟出版公司分别出版了马克·吐温多个版本的作品集。“关于犹太人”收录在《如何讲故事及其他随笔》的22卷(SLC 1900a,250-75;HHR,540;see BAL,2:3458,and Johnson 1935,150-53)。

630 423.16-21　最近,我在报纸上读到洛克菲勒先生]

在1906年2月4日、18日和25日,洛克菲勒在圣经班讨论了约瑟。他把约瑟称为“崇高的年轻人和年轻商人的杰出典范”,认为他垄断了粮食市场,提供给百姓交易产品的市场,让他们做佃农而不是奴隶,让他们有自己的粮食,使他们免受饥荒的影响。百姓似乎很高兴,因为我们没有听到责备的话。他没有失去百姓的信任,而是得到他们的感谢。按照这个时代的习惯,我相信他的行为值得称赞(《纽约时报》:“小洛克菲勒说,拒绝一切诱惑”,1906年2月5日,9;“小洛克菲勒说,信念必不可少”,1906年2月19日,4;“小洛克菲勒再次称赞约瑟”,1906年2月26日,9)。

423.30-31　上上个星期天,学识渊博、称职能干的西尔弗曼医生在《纽约时报》上就是这么说的]

约瑟夫·西尔弗曼(1860~1930年)是纽约第五大道和第四十三街以马内利会堂的大拉比。为了提供西尔弗曼讲话的文本和下面的圣经段落,马克·吐温把1906年3月4日《纽约时报》的剪报贴在了他的手稿上(“小洛克菲勒和约瑟的粮食垄断’”,SM2)。

424.8　下面是圣经的原文]

《创世纪》47:13-26。

425.29　我在一本书里提到过这件事]

马克·吐温指的是《谈撒谎艺术的没落》(SLC 1880b),1880年4月5日,他在哈特福德周一早间俱乐部读了这篇文章,收录于两年后出版的《被偷走的白象》(SLC 1882a;Howell Cheney 1954,35)。

425.35-36　我没有去……医生不准我去]

3月20日,马克·吐温给洛克菲勒写了信(伊莎贝拉·莱昂执笔):

> 我感到很抱歉,不能在周四晚上见到各位荣誉会员。我并没有生病——只是有些不适,医生要我在房间里多待上三四天。我表示抗议,他回答说,“年轻人可以冒这样的风险,但是美国文学的常青树却不能冒险。”你觉得这句傻里傻气的话算是赞美吗?如果是这样,我总能在话里找到医生的称赞——都在账单上。应该有条法律来惩治这种贪污的情形(NN - BGC)。

马克·吐温也在电话中表示了遗憾(参考 AD, Mar 1906 年 3 月 26 日,440.24)。

426.5　我第一次在观众面前亮相是在 40 年前的旧金山]

参考《傻子出国记》注释 226.41 - 227.1。

426.13 - 15　弗雷德格兰特将军……罗伯特·富尔顿纪念协会]

罗伯特·富尔顿纪念协会成立于 1906 年 1 月,弗雷德里克·D. 格兰特(尤里西斯·辛普森·格兰特的儿子)和马克·吐温是协会的发起人,这个协会打算在纽约树立一块纪念碑,以纪念第一艘蒸汽机轮船的设计者罗伯特·富尔顿。格兰特同意担任协会的会长,马克·吐温是执行总务委员会的成员,当了第一任副会长。他也为纪念基金捐了 1000 美元。尽管罗伯特·富尔顿纪念协会打算在第 631
114 街到第 116 街的河滨大道建立规模庞大的纪念建筑,包括坟墓、船码头和展览厅,但是这个计划没有实现。马克·吐温原计划在 4 月 10 日演说,但是拖延到了 4 月 19 日(《纽约时报》:“富尔顿纪念碑”,1906 年 1 月 18 日,8,1906 年 2 月 18 日,20;“选出富尔顿水门设计稿”,1910 年 4 月 10 日,6;“纽约的罗伯特·富尔顿纪念碑造价 300 万美元”,1910 年 5 月 22 日,SM5;米勒致马克·吐温的信,1906 年 3 月 28 日,CU - MARK)。

426.20 - 21　我立刻写了信]

马克·吐温与格兰特将军和罗伯特·富尔顿纪念协会的秘书休·戈登·布朗的书信往来,其实被用作宣传活动。比如说,1906 年 4 月 15 日的《纽约时报》选登了这些信件(“马克·吐温讲述如何对待观众”,9)。4 月 19 日,在协会的筹款活动中,马克·吐温发表了幽默风趣的演讲,他把电报和气球的发明归功于富尔顿,然后岔开话题,讲了他的几段故事。然后他谈到了严肃的话题,请求大家为 4 月 18 日的旧金山大地震提供慈善援助(“马克·吐温请求救援危城”,《纽约时报》,1906 年 4 月 20 日,11;演讲正文请参考 Fatout 1976,515 - 18)。

427.29 - 30　保罗·琼斯……贺拉斯·波特]

约翰·保罗·琼斯(1747 ~ 1792 年),美国海军英雄;贺拉斯·波特(1837 ~ 1921 年),美国海军准将,国会荣誉勋章获得者,曾任美国驻法国大使(1897 ~

1905 年)

427.32　第一流的名人]

在手稿中,马克・吐温删去了下面这段话:"我从巴纳德学院的学生那里听说了富尔顿先生的很多事情——主要是新生说的。她们把知道的一切全都告诉我。你喜欢新生吗?——我是说,这样的新生。我很喜欢她们。"3 月 7 日,马克・吐温在巴纳德学院发表了演说(参考 AD,1906 年 3 月 8 日)。

自传口述,1906 年 3 月 21 日

429.6　心理电报]

马克・吐温用这个词描述人们的心灵沟通,他可能是在 1875 年开始对此感兴趣的,当时他把这种现象归结于"催眠作用"(1875 年 3 月 29 日和 4 月 4 日,致怀特,L6,434)。他在《哈珀月刊》上发表的两篇文章探究了这种现象:1891 年的《心理电报》和 1895 年 9 月的《再谈心理电报》(SLC 1891b;SLC 1895)。

429.7-8　几周前,我讲述了约翰・布朗医生]

参考 1906 年 2 月 2 日和 5 日的自传口述。

429.12-13　关于他和玛乔丽・弗莱明的文章]

《神童玛乔丽・弗莱明》刊登在 1909 年 12 月的《时尚芭莎杂志》(SLC 1909d)上。

429.14　他的儿子乔克]

约翰・布朗(1846~?)昵称乔克,马克・吐温于 1873 年在苏格兰认识了他(1873 年 9 月 22 日和 25 日,致布朗,LS,441 n.4;John Brown 1907,60)。

632 429.22-25 格林希尔……亲爱的克莱门斯先生]

霍比转录了布朗来信的原稿,收录了自传口述的打字稿,现存于马克・吐温档案馆。

429.27-29　J. T. 布朗医生]

约翰・泰勒・布朗(1811~1901 年),是一名苏格兰报纸编辑,约翰・布朗医生的堂弟,为他写了传记。他为《英国国家人物传记大辞典》撰写了约翰・布朗医生的词条,著有《约翰・布朗医生:传记和评论》,出版于 1903 年(John Taylor Brown 1903)。

429.35-36　我把您和克莱门斯太太的来信收录进去]

布朗有 6 封马克・吐温和奥莉薇亚克莱门斯的来信,写于 1874 年到 1882 年,收录在《约翰・布朗医生书信集》中,出版于 1907 年(John Brown 1907,351,353-54,357-58,360-61)。伊丽莎白・T. 麦克拉伦为本书写了评传和注解。她著有《约翰・布朗医生和妹妹伊莎贝拉传记》,出版于 1889 年,约翰・布朗把这两本书寄给了克莱门斯家(McLaren 1889;布朗致 SLC,1889 年12 月28 日和1890 年1 月25 日,CU – MARK;Gribben 1980,1:444)。

429.39　您的]

马克·吐温略去了布朗来信的其他内容,里面提到他和他的表妹麦凯太太以及他们的两个孩子,一个 12 岁,另一个 14 岁,信里还附有他们的照片(布朗致马克·吐温,1906 年 3 月 8 日,CU – MARK)。

430.4 – 6　在我们去欧洲的 10 年里]

1891 年 6 月,由于马克·吐温投资佩奇自动排版机失败,克莱门斯家难以维持在哈特福德的住宅,同时奥莉薇亚·克莱门斯需要治疗心肌劳损,克莱门斯家于是离开美国,在欧洲漂泊了 9 年(N&J3,574)。约翰·布朗医生的信最后找到了。其中有 17 封信写于 1873 年到 1879 年,现存于马克·吐温档案馆。

430.9　他的妻子哈莫尼]

1865 年,特威切尔娶了茱莉亚·哈莫尼·库什曼(1843 ~ 1910 年)(1868 年 10 月 18 日,致奥莉薇亚,L2,269 n.2)。

430.12　北方的魔术师]

1814 年,沃尔特·司各特(1771 ~ 1832 年)爵士创作了《威弗利》,此后以化名出版了一系列深受欢迎的小说,他被称为"北方的魔术师"和"伟大的魔术师"。直到 1827 年,司各特才承认自己是这些小说的作者。

430.29 – 30　在匹兹堡……南北战争]

弗吉尼亚州的匹兹堡是南方通往里士满的要塞,尤里西斯·辛普森·格兰特将军率领的军队围攻了这座城市,1864 年 7 月 30 日,在南部邦联军队的炮兵阵地下面,有个大型矿山发生了爆炸。1864 年 6 月到 7 月,特威切尔在北方军队里当随军牧师,驻扎在匹兹堡附近,在爆炸发生前 3 个星期他结束了服役(Twichell 2006,306 – 9)。

430.40 – 431.7　乔描述的场景却大不相同]

在 1863 年 6 月 14 日和 16 日写给继母简·沃克利·特威切尔的信中,特威切尔描述了这次处决逃兵的情形,他这样写道:

> 他们让他坐在棺材上,把他的手臂绑在后面,用手帕蒙住他的眼睛,把他的衬衣前襟撩起来露出胸膛……一声令下,士兵们举起 6 支步枪,瞄准了他——距离大概有 10 步远。又是一声命令打破了可怕的悬念。 633
> 他微微向前倾,随着一阵抽搐,他的身体倒在了棺材上。然后军士和一个人走上前去,有 5 颗子弹打进了他的胸膛,只有一颗射穿了他的脑袋。这是军队处决的惯例——出于仁慈的考虑。他们把尸体放进了棺

材——普通的松木棺材。处决就这样结束了……寂静无声的刑场顿时变得热闹喧嚣。军官发号施令，士兵们列队前进，好像什么也没有发生过一样（CtY - BR，in Twichell 2006，239，241 - 42）。

431.12 - 28　戴利剧院]

这份口述稿抄录了戴利来信的原件，现存于马克·吐温档案馆。1888 年，位于百老汇大道和第 30 街的戴利剧院是纽约知名的剧院，拥有知名演员组成的常驻剧团，上演精心制作的莎士比亚名剧和当时流行的戏剧（"娱乐新闻"，《纽约时报》，1888 年 1 月 8 日，3，7）。在《图书馆与劳伦斯·哈顿谈话》中，这本书出版于 1905 年，此后多次再版，哈顿是这样描述演员俱乐部的起名过程的：

布斯为了自己的职业，想做几件实际持久的事情；1886 年夏天在"奥奈达"号游艇上，大家讨论了各种计划。其中包括这艘漂亮游艇的主人 E. C. 本尼迪克特先生，马斯·贝利·奥尔德里奇先生，劳伦斯·巴雷特，威廉·比斯法姆先生，布斯和我。当时提出为演员建立一个俱乐部。奥尔德里奇先生很高兴，灵机一动想出了这个名字，"演员俱乐部"，逐渐规划了这个俱乐部的章程（Hutton 1909，86 - 87）。

这段对于奥尔德里奇取名字的描述，证实这件事发生在"奥奈达"号游艇上，不过时间实在 1887 年 7 月 27 日（Lanier 1938，18 - 19）。马克·吐温在回复戴利邀请他参加 1888 年 1 月 6 日俱乐部午宴的信中写道，"太好了！我会去的"（1888 年 1 月 3 日，致戴利，打印稿现存于 MH - H）。对于演员俱乐部的其他介绍请参考 1906 年 1 月 10 日的自传口述和注释。

431.31 - 34　麦戈尼格尔……从主管的位子上退下来]

约翰·亨利·麦戈尼格尔（1830 ~ 1919 年），是埃德温·布斯多年的好友和经理人，也是布斯妻子的姻亲。从 1906 年到 1919 年，他担任演员俱乐部的主管，也是俱乐部的成员，但是从来没有当过秘书长。麦戈尼格尔在 1891 年 2 月 16 日给马克·吐温写了信，在 1891 年 5 月 8 日给富兰克林·惠特莫尔写了信，这两封信都是为了催缴拖欠的会费，现存于马克·吐温档案馆。马克·吐温在口述中描写，他们就此发生了争执（"约翰·亨利·麦戈尼格尔去世，享年 89 岁"，《纽约时报》，1919 年 12 月 23 日，9；Winter 1893，47 n. 1；Lanier 1938，358，376）。

432.10 - 11　罗伯特·里德]

1903 年 1 月 19 日，在被赶出俱乐部一周后，罗伯特·里德给马克·吐温的信中写道，"不要为了这个该死的一无所知的经理和看门狗背弃我们，我们需要

你——请你宽恕并忘记这件事吧！”（CU－MARK）

自传口述,1906 年 3 月 22 日 634

433.2　我们的瓦萨之旅］

参考《自传口述》,1906 年 3 月 7 日。

433.3－4　爱玛·奈伊小姐去世后］

参考《自传口述》,1906 年 2 月 15 日,362.21－28 和注释。

433.19－21　被确诊为白喉……就在纽约州的埃尔迈拉］

兰登·克莱门斯是个早产儿,身体虚弱,发育缓慢。1872 年 6 月 2 日,19 个月大的兰登因患白喉在哈特福德夭折。在哈特福德举行葬礼后,小兰登被埋葬在埃尔迈拉林地陵墓的兰登家族墓地,奥莉薇亚的父亲杰维斯·兰登的坟墓旁边。马克·吐温不止一次地承认过错误,1911 年,奥莉薇亚的姐姐苏珊·克兰回忆道,“克莱门斯先生总是错怪自己”（L5:克兰致潘恩,1911 年 5 月 25 日,影印件现存于 CU－MARK,1872 年 5 月 26 日,致布利斯,99－101;1872 年 2 月 13 日,致费尔班克斯,44;1872 年 4 月 22 日,致华纳,79;15 May 1872 年 5 月 15 日,致奥利安和玛丽,86）。

433.21－23　可是经过精心的照料,她终于康复了］

奥莉薇亚希望在埃尔迈拉陪伴在小兰登的遗体旁,但是因为她身体欠佳,不能离开年幼的苏西,于是留在了哈特福德。马克·吐温留下了照顾她,把小兰登的遗体托付给苏珊和西奥多·克兰（莉莉·华纳致乔治·华纳,1872 年 6 月 3 日和 5 日,CU－MARK,1872 年 5 月 26 日,致布利斯,L5,98）。

433.27－35　查尔斯·金斯利先生……他们都去世了,只有查尔斯·迪尔克爵士和汤姆·休斯先生还健在］

查尔斯·金斯利（1819～1875 年）,威斯敏斯特大教堂牧师、剑桥大学历史学教授、小说家、诗人、散文家;亨利·莫顿·斯坦利（1841～1904 年）,记者与探险家,马克·吐温在 1867 年在圣路易斯和他结识;托马斯·达弗斯·哈代（1804～1878 年）爵士,英国公共档案局副主管,他不是托马斯·马斯特曼·哈代（1769～1839 年）爵士的孙子,1805 年 10 月,托马斯·马斯特曼·哈代亲眼目睹了纳尔逊在特拉法加海战中阵亡;演员亨利·欧文爵士（1838～1905 年）;诗人罗伯特·布朗宁（1812～1889 年）;查尔斯·温特沃斯·迪尔克（1843～1911 年）爵士,英国国会自由派议员,拥有一本文学和艺术评论周刊《雅典娜神殿》;小说家、戏剧家查尔斯·里德（1814～1884 年）;记者、小说家威廉·布莱克（1841～1898 年）;理查德·蒙克顿·米尔恩斯（1809～1885 年）,第一代霍顿男爵,政治家、诗人、作家,济慈的编辑;弗朗西斯·特里维廉·巴克兰（1826～1880 年）,医生,自然历史学家和养鱼家；小说家安东尼·特罗洛普(1815～1882 年)；汤姆·胡德(1835～1874 年)，诗人、记者、文选学家，他是诗人和幽默作家托马斯·胡德的儿子；诗人、小说家、儿童作家乔治·麦克唐纳(1824～1905 年)和妻子路易莎有 11 个孩子；记者、历史小说家威廉·哈里森·安斯沃斯。马克·吐温没有提到，小说家、传记作家、记者和英国国会议员，以《汤姆布朗求学记》(1857)而闻名的托马斯·休斯(1822～1896 年)也去世了。这篇文章的节选刊登在 1906 年 11 月 16 日的《北美评论》上，托马斯·休斯的名字从这句话中删去了，据推测不是马克·吐温删掉的(NAR 6,970)，可能是奥莉薇亚根据 1873 年远赴英国的游记对苏西的文章进行了润色。克莱门斯家和这些名人来往的细节，可以参考 1872～1873 年马克·吐温的书信集(L5，passim)。

635 433.36－38 我们见到了……刘易斯·卡罗尔，永恒的"爱丽丝"的作者……除了"雷姆斯大叔"]

刘易斯·卡罗尔(查尔斯·勒特威奇·道奇森，1832～1898 年)到乔治·麦克唐纳和路易莎·麦克唐纳家里做客，是在 1879 年 7 月 26 日星期六，而不是 1873 年。卡罗尔在当天的日记中写道："我很高兴地见到克莱门斯先生(马克·吐温)。"麦克唐纳家表演了戏剧，1873 年 7 月 16 日，克莱门斯家来拜访的时候，他们也演了戏(Dodgson 1993－2007，194－95；1873 年 7 月 11 日，致史密斯，LS，414)。马克·吐温很熟悉乔尔·钱德勒·哈里斯从 1880 年开始创作的"雷姆斯大叔"系列故事(参考《我的自传节选》，注释 217.25－27)。

434.1 在斯莫利家的宴会上，我们见到了赫伯特·斯宾塞]

1867 年到 1895 年，乔治·沃什伯恩·斯莫利(1833～1916 年)负责《纽约论坛报》的欧洲通讯，同时担任该报驻伦敦记者。1895 年到 1905 年，他担任伦敦《泰晤士报》驻美国记者。1873 年 7 月 2 日，哲学家赫伯特·斯宾塞(1820～1903 年)和克莱门斯家都出席了斯莫利家的宴会(LS：1873 年 6 月 11 日，致米勒，377－78 n.2；1873 年 7 月 1 日和 2 日，致米勒，395－96 n.1)。

434.2－3 我们见到了亚瑟·赫尔普斯爵士……现在已经被人遗忘了]

亚瑟·赫尔普斯(1813～1875 年)爵士是枢密院院长，维多利亚女王的私人顾问，当时深受欢迎的作家，著有多本小说、历史和传记作品。

434.3－4 埃尔科勋爵]

弗朗西斯·威姆斯·查特里斯·道格拉斯(1818～1914 年)，第八代威姆斯伯爵，第六代马奇男爵，埃尔科勋爵，曾任英国国会议员、财政大臣。戈德尔明是萨里郡的一座古镇，据伦敦西南 30 英里。

434.7 霍顿勋爵夫人]

1851 年，安娜贝拉·亨格福德·克鲁(1814～1874 年)嫁给了理查德·蒙克顿·米尔恩斯(霍顿勋爵)。

434.12－13　我要把约翰·布朗的几封信附在这里]

马克·吐温附在文中的3封信都被乔克·布朗收录在他父亲的书信集里(John Brown 1907,354,357－58,360－61)。这段口述正文出自布朗从苏格兰寄来的信件。

434.14　1876年6月22日]

这封1876年寄给布朗医生的信是克莱门斯夫妇写的,在这段口述中,马克·吐温引用了奥莉薇亚写的部分,下面是他写的段落(全文参考马克·吐温和奥莉薇亚给布朗的信,1876年6月22日,Letters 1876－1880)。

434.20－21　农场……我姐姐也到这儿来过夏天]

埃尔迈拉附近的夸里农场。

434.23－24　菲尔茨先生……我们提到你有多么亲切]

1876年4月27日到29日,作家、波士顿退休出版商詹姆斯·T. 菲尔茨和妻子安妮到哈特福德的克莱门斯家做客。1876年,菲尔茨和马克·吐温参加了为约翰布朗医生筹集退休金的活动(参考1876年3月17日,致雷德帕斯,n. 2,Letters 1876－1880,前言,p. 7)。安妮·亚当斯·菲尔茨(1834～1915年),诗人、传记作家和社会改革家,以热情好客而闻名。她波士顿的家中招待过许多文学家,在日记中记下了这些著名作家的趣闻轶事,有些章节发表在《主妇回忆录》中(Howe 1922)。

434.25　你的姐姐] 636

伊莎贝拉·克兰斯顿·布朗(参考1906年2月5日的《自传口述》,注释328.30－33)。

434.29　(1875年)]

这封信没有注明日期,霍比转录口述时,只写了"18",据推断日期是1875年10月25～28日(根据信的内容和布朗的回信来推断,参考马克·吐温和奥莉薇亚给布朗的信,1875年10月25－28,L6,570－72)。

434.39－41　克莱门斯先生现在忙着写一本新书……有些文章是新写的]

这本新书可能是指1875年秋天马克·吐温正在构思或创作的作品,书名不详(see 4 Nov. 1875年11月4日,致豪威尔斯,L6,585 n. 9)。这本随笔集就是《马克·吐温新旧见闻杂记》(1875c),1876年12月6日,马克·吐温要他的出版商把这本书寄给布朗医生(1876年1月11日,致布利斯,Letters 1876－1880)。

435.3－5　我们在爱丁堡的保姆……温柔娴静的德国姑娘]

分别指艾伦·伯明翰(内莉)和罗西娜·海("劳特利奇出版社《镀金时代》合约",LS,641 n. 4;马克·吐温和奥莉薇亚给布朗的信,1874年9月4日,L6,226 n. 8)。

435.20－21　我在离家3000英里的地方]

1882年5月11日，布朗医生去世，当时马克·吐温正在新奥尔良，为《密西西比河上的生活》收集素材。

435－35　我们的苏西还是叫“米加罗比斯”，这是他给苏西起的名字]

1873年，布朗医生给苏西起了这个昵称，马克·吐温后来解释说，“她的大眼睛让布朗想起了这个响亮的希腊词”(SLC 1876－85,3)。

435.36－37　我们只有一张合影]

436.6－8　回到利物浦]

1878～1879年，克莱门斯全家在欧洲逗留，马克·吐温可能混淆了两名向导。从1878年8月初到10月1日，德国人乔治·布尔克陪同克莱门斯家在德国、瑞士和意大利旅游，因为不称职被解雇了。从1879年7月8日起，波兰人约瑟夫·维里为克莱门斯家当向导，周游法国、比利时和荷兰，大概在英国短暂停留，全家人在7月20日到达伦敦，对约瑟夫感到非常满意。克莱门斯家达到利物浦，两天后坐上了回美国的船(N&J2,48,52n.16,121 n.17,197－98 n.71,210－11,327 n.67)。

自传口述,1906年3月23日

436.25－30　约翰医生是在凭借记忆来猜测我们的地址]

1874年年初，布朗寄给马克·吐温的两封信被退回苏格兰，上面写着“无人认领”。由于对邮局颇有怨言，马克·吐温在1874年6月14日写信给《波士顿广告报》的编辑，这封信上面写着“纽约州波士顿”。在信中，马克·吐温也提到了另一封信，上面写着“纽约州，波士顿附近哈特福德”，这封来自英国的信及时地寄到了他手里(1874年6月16日，致《波士顿广告报》编辑，L6,162－63)。

637 437.3 出版商孟席斯]

约翰·孟席斯(1808～1879年)，爱丁堡出版商、书商和报刊经销商，他的公司是爱丁堡主要的书籍杂志报纸销售商。这家公司直到今日仍在营业，尽管公司业务更加多样化，但是收入主要来自报纸和杂志销售(Clan Menzies 2009;' John Menzies pic 2009)。

437.12　我记得凯伊当上了邮政部长]

约翰·布朗寄信的时候，美国邮政部长是约翰·A. J. 克雷斯韦尔(1828～1891年)，他是共和党国会议员，在1863～1865年和1865～1867年担任马里兰州参议院，在1869年3月到1874年7月任邮政部长。他被外界认为工作很有成效，对邮政体系进行了全面改革，减少了投递成本，提高了国内外信件的邮寄速度和效率。戴维·麦克凯德利·凯伊(1824～1900年)，律师，南部邦联士兵，田纳西州民主党参议员(1875～1877年),从1877年3月到1880年7月任邮政部长。

437.19－31　凯伊突然公布了规定……死信处]

马克·吐温指的是1879年7月1日,邮政部长凯伊公布的《美国邮政法》,补充了他在当年9月和10月颁布的地址错误信件投递规定。邮政局长和邮政职员不能以自己的意志,改变信件投递去向,寄给其他人、其他邮政局和其他州。任何邮政局收到地址错误的信件,如果信上有寄信人的地址和姓名,还给寄信人,如果没有地址姓名,这封信就要送到死信处。信封地址要包括州和城市,如纽约州纽约市,地址中只有"纽约市"的信件要送到死信处。这些规定顿时遭到了指责和批评。马克·吐温加入了抗议者的行列,在1879年11月22日向《哈特福德新闻》写了一封信,在1879年12月8日又向该报写了两封信(Letters 1876－1880;Bissell and Kirby 1879,2,117;《纽约时报》:"首都笔记",1879年10月10日,2;"邮政局长收到命令",1879年10月12日,2;"邮政局……"1879年10月15日,4;"不完美的信件",1879年10月31日,3)。

438.11－12　马克·吐温,上帝知道他在哪儿]

据潘恩记述,1896年,马克·吐温住在伦敦的时候收到了这样一封信,信是演员俱乐部的布兰德·马修斯和弗朗西斯·威尔逊送来的(MTB,2:565－66)。马克·吐温的回信如下:

> 我偶然看到了你的信封,不禁呵呵大笑——这笑声真是无价之宝。有一件奇怪的事情,我收到了一封信,上面写着"上帝知道在哪儿",这封信表明,尽管我隐居于世,没有一个美国人知道我的地址,但上帝仍然知道我在什么地方,信上盖着"纽约邮政局—地址不详"的邮戳,表明上帝也没有办法。在这封信里,还有我在新西兰的朋友写来的信件,"美利坚合众国,克莱门斯(马克·吐温)太太收",再次说明上帝也找不到我——这次盖着旧金山邮局的"地址不详"邮戳(1896年11月24日,致演员俱乐部,《纽约论坛报》,1896年12月31日,6)。

438.20－30 这封信来自法国……华盛顿的邮戳]　638

这个信封现存于马克·吐温档案馆,曾经附在口述自传的打字稿里(就是下面这个信封)。

438.31－32　在日记中,克莱门斯太太……提到了哈里特·比彻·斯托夫人]

在 1877 年 10 月 21 日到 1902 年 6 月 19 日,奥莉薇亚零星地写过日记,其中有25 页手稿现存于马克·吐温档案馆。只有一篇提到了哈里特·比彻·斯托,那是 1885 年 6 月 7 日的日记,描写了斯托夫人在下午露面,手里拿着一束刚摘来的野花。她问我喜欢这些鲜花吗,我说当然喜欢。她把这束花递给我,衷心地希望我能收下。她说每次看到野花都忍不住要摘下来,等她回家的时候,女儿们会嚷道,“妈妈,你怎么又把花拿回来了,家里都放满了”,说的是她摘过的那些花。斯托太太非常温柔可亲(OLC 1877－1902)。

439.11　查理·斯托牧师的小儿子]

查尔斯·爱德华·斯托的儿子是作家、编辑莱曼·比彻·斯托(1880～1963年)(“哈特福德居民;查尔斯·爱德华·斯托”1974;“莱曼·比彻·斯托去世”,《纽约时报》,1963 年 9 月 26 日,35)。

自传口述,1906 年 3 月 26 日

439.27　小洛克菲勒]

马克·吐温从 1906 年 3 月 26 日的《纽约时报》剪下了这篇文章,贴在他的口述打字稿中。

440.22－23 我没有参加上个星期四晚上圣经班荣誉会员的聚会] 639

参考《自传口述》,1906 年 3 月 20 日。

440.29　街车婴儿指南]

马克·吐温从 1906 年 3 月 26 日的《纽约时报》剪下了这篇文章,贴在他的口述打字稿中。

442.1－16　前天]

这篇报道的出处不详。这件事发生在 1906 年 3 月 23 日上午,详尽的报道证实确有此事——不是马克·吐温提到的报道——而是刊登于当天《纽约太阳晚报》(“绝望的姑娘,”6)的报道,第二天的《纽约先驱报》(“衣衫褴褛,服毒自杀”,5)和《纽约论坛报》(“城市简讯”,10)分别刊登了简短的报道。

442.20　范德比尔特家族有什么动向]

就像马克·吐温说的那样,金融家、铁路大亨康内留斯·范德比尔特(1794～1877 年)及其子孙后人的活动和娱乐经常出现在新闻和社会专栏上。

442.21－22　约翰·D. 洛克菲勒]

1906 年 3 月,洛克菲勒隐居他在新泽西莱克伍德的乡间别墅,避免纽约州传唤他,在标准石油公司的调查中作证。当时,为了回应那些打听洛克菲勒行踪的人,他的家庭医生表示,“洛克菲勒先生在火星上,你知道,那个星球靠近木星。他在火星上打高尔夫球,有人可能会听到他推杆的声音,有个高尔夫球还落到了木星上”(《纽约时报》:多篇文章,1906 年 3 月 9 日至 25 日,“洛克菲勒在火星”,1906 年 3 月 11 日,1)。

442.23　卡内基先生的言谈举止]

马克·吐温的朋友安德鲁·卡内基当时因慈善事业多见诸报端,尤其是因为他创办了简化拼写委员会,这个委员会的委员包括马克·吐温和致力于拼写改革的人士(《纽约时报》:多篇报道,1906 年 3 月 12 日至 26 日;马克·吐温对于卡内基和简化拼写的讨论参考 AD,1907 年 12 月 10 日)。

442.30－31　他们终于结婚了]

爱丽丝·李·罗斯福(1884～1980 年),在西奥多·罗斯福的 6 个孩子中排行老大,在 1906 年 2 月 17 日嫁给了尼古拉·朗沃斯(1869～1931 年),他曾担任俄亥俄州的共和党众议员(1903～1913 年,1915～1931 年),两人在白宫举行了盛大的婚礼(“爱丽丝·罗斯福·朗沃斯去世”,《纽约时报》,1980 年 2 月 21 日,1)。

443.4　斯旺戈家]

马克·吐温从 1906 年 3 月 26 日的《纽约时报》上剪下了这篇文章,贴在了他的口述打字稿中。

443.22　马什上尉]

马克·吐温在口述打字稿中贴的这份剪报出处不详,报道的内容表明这是来自埃尔迈拉的一家报纸(而不是像文中说的那样摘自德梅因的一家报纸)。这份报纸可能是马克·吐温的内弟查尔斯·兰登,或者是兰登家族的其他人送来的。

640 443.41　查尔斯·兰登将军]

兰登拥有这个头衔,是因为他在 1880 年被纽约州州长任命为警察总监(Towner 1892,615)。

444.4 – 7　他在爱荷华州第二步兵团服役时,迪克·海厄姆就在他的连队里]

1861 年 5 月 4 日,马什入伍,在爱荷华州第二志愿步兵团的 D 连担任下士,迪克·海厄姆(1839 ~ 1862 年)是 A 连的二等兵。马什很快晋升为上尉,在 1864 年 5 月 24 日退伍(Guy E. Logan 2009;Youngquist 2001)。在 1856 年,海厄姆曾经在荷华州基奥卡克的本·富兰克林图书印刷所当学徒,奥利安克莱门斯从 1855 年 6 月到 1857 年 6 月经营着这家印刷所。塞缪尔·克莱门斯和亨利·克莱门斯都在此为奥利安工作过(L1:1855 年 5 月 3 日,致《马斯卡廷三周刊》,58 – 59;1856 年 6 月 10 日,致母亲和帕梅拉,63,65 n. 3;1856 年 8 月 5 日,致亨利,67,69 n. 13;1858 年 3 月 9 日致奥利安和玛丽,79 n. 11;1862 年 4 月 2 日,至母亲,184 n. 6)。

444.14 – 24　第二志愿步兵团]

爱荷华州第二志愿步兵团在攻打多纳尔森堡的战役中起到了重要作用,这是该兵团第一次参加大会战,率先攻打下阵地,为此获得了“勇敢无畏”的名声和“先头部队”的荣誉(Guy E;Logan 2009)。这支部队此前遭到了行政命令的斥责,因为他们没有阻拦强盗偷窃圣路易斯麦克道尔学院的人体标本,这座学院曾经被当作监狱。1862 年 2 月 16 日,海厄姆在多纳尔森堡阵亡。从卡尔森城寄来的信中得知了他的死讯后,马克·吐温回忆了在基奥卡克的本·富兰克林图书印刷所里,大家对他背枪演练的嘲弄(1862 年 4 月 2 日,致母亲,ZJ,181 – 82;Ingersoll 1866,36 – 37)。

445.4 – 13　我过去找银矿的老朋友卡尔文·H. 希格比……约翰·奈伊船长……我们的财富被开矿者重新瓜分了]

卡尔文·H. 希格比(1831? ~ 1914 年)是马克·吐温 1862 年在奥罗拉的同伴。他不仅出现在《艰苦岁月》的第 37 章到第 42 章里,“发现了隐矿脉,寻找神秘的惠特曼胶泥矿脉”,还是本书献词中提到的“诚实可靠的人、和蔼可亲的同伴和坚定不移的朋友”(RI 1993,637)。约翰·奈伊是内华达领地州长詹姆斯·W. 奈伊的兄弟,1861 年到 1862 年马克·吐温认识了他,当时约翰在内华达经营矿山、木材和铁路生意,后来在旧金山当了多年的地产代理商。他出现在《艰苦岁月》

的第 35 章和第 41 章里，马克·吐温照顾了他 9 天，因为他得了间歇性风湿病（RI 1993，644）。

445.20　加利福尼亚州普卢默斯县格林维尔］

希格比和迈纳的信都是抄录希格比的原始信件，现存于马克·吐温档案馆。

446.16－17　乔·R. 迈纳，周日版主编］

乔·R. 迈纳（1862～1918 年）担任过几家报社的记者和编辑，从 1902 年到 1908 年任《纽约先驱报》周日版主编。

446.18　我给希格比写了信］

马克·吐温口述并寄出了这封信（CU－MARK），内容如下：

第五大道 21 号 641

1906 年 3 月 26 日

纽约

亲爱的希格比：

我是在 1862 年的仲夏来到奥罗拉的，我记得，我渡过沃尔克河去照顾约翰·奈伊船长是在 1862 年 10 月底。我第一次穿越内华达山脉到加利福尼亚的时间，应该是 1864 年年中。

请把你的手稿寄给我，我会竭尽所能来评估稿件的价值，得出一个结论。然后我会向《纽约先驱报》询问报酬的价钱，要是他觉得你的文章符合他的设想，我会请他到家里来和我谈谈。如果他不想要这篇文章——不过这是后话。你能不能把你的故事写下来，风格不妨简单直率，就像你平常讲话的口气一样，我想这对文章的价值会有帮助。

我很高兴收到你的来信，老朋友，我非常乐意在这件事情上为你效劳。

你真诚的

S.L. 克莱门斯

马克·吐温照顾约翰·奈伊的时间是在 1862 年 6 月末，1863 年 5 月，他第一次离开内华达到加利福尼亚去，在旧金山逗留了 2 个月，一年后再次回到旧金山（see L1；1862 年 7 月 9 日，致奥利安，224，226 n. 1；1863 年 4 月 11 日和 12 日，致母亲和帕米拉，250 n. 7；1863 年 5 月 18 日，致母亲和帕梅拉，到 1863 年 6 月 20 日，致奥利安和玛丽，252－59；1864 年 5 月 28 日，致卡特勒，302－3）。马克·吐温在 1906 年 8 月 10 日的《自传口述》中继续讲述希格比的文学抱负。

自传口述,1906 年 3 月 27 日

447.4 - 5　我们有一处银矿开采区,是与鲍勃·豪兰和霍雷肖·菲利普合伙经营的]

关于鲍勃·豪兰的介绍,参考《自传口述》1906 年 1 月 19 日,注释 295.20。大约在 1861 年 8 月,马克·吐温在卡尔森城认识了菲利普。不久后,他们合作在艾丝美拉达矿区经营几个开采区。这些开采区包括霍雷肖和德比岩层,霍兰也是这里的合伙人。1862 年春天,马克·吐温和菲利普住在艾丝美拉达矿区的奥罗拉(LI:1861 年 10 月 29 日,致菲利普,140 - 43;1862 年 2 月 8 日和 9 日,致母亲和帕梅拉,156,161 n.2;1862 年 4 月 13 日,致奥利安,186;1862 年 5 月 11 日和 12 日,致奥利安,207;1862 年 7 月 30 日,致奥利安,232 - 33 n.2)。

447.9　我在附近的石英厂找了个差事]

马克·吐温在《艰苦岁月》的第 36 章描述了他在石英厂的这段经历。

447.25　先锋矿]

先锋矿建立于 1861 年 6 月,是奥罗拉地区的第一家矿山(1862 年 4 月 13 日,致奥利安,L1,188 n.8)。

449.3 - 7　我在 1862 年年底和希格比分手了……这些事情我在《艰苦岁月》里全都写过了]

1862 年 9 月末,马克·吐温到达弗吉尼亚城,到《企业报》就职(AD,1906 年 1 月 9 日,注释 251.32 - 38)。在《艰苦岁月》的第 42 ~ 49 章、第 51 ~ 52 章、第 54 ~ 55 章里,马克·吐温讲述了这段经历。

642 450.13 - 19　这个年轻人每年给我写两三次信]

威廉·詹姆斯·兰普顿(1851? ~ 1917 年)是马克·吐温的远房表弟,为圣路易斯的一家生铁经销商当簿记员,1875 年 5 月 20 日,他给马克·吐温写了一封信,介绍了自己的情况,请求马克·吐温帮他找一份记者的工作。马克·吐温现存的回复,只有兰普顿信封上的一句话:"告诉他去当个不要报酬的学徒,等到他能拿工资的时候再说。"然而,事实和自传口述中的描述恰恰相反,兰普顿没有听从马克·吐温的建议,而是在 1877 年进入了新闻界,用他父亲的钱创办了自己的报社。1882 年 2 月,他当上了肯塔基州《路易维尔信使日报》的本地新闻编辑。现在看来,他不可能每年给马克·吐温写两三次信。现存的只有两封兰普顿的来信,日期分别为 1876 年 6 月 26 日和 1882 年 2 月 18 日,两封信都没有报告马克·吐温的就业计划令人鼓舞的消息,也没有满怀热情地接受建议(1875 年 5 月 22 日,致兰普顿,*L6*,484 - 85)。马克·吐温写给兰普顿的信只有一封保存下来。这封信写于 1901 年 3 月,信中挖苦了兰普顿的爱国诗歌《准备好了》。

450.20－21　我的外甥塞缪尔·E. 莫菲特……丢掉了他继承来的财产]

塞缪尔·E. 莫菲特(1860～1908 年)从他的父亲，圣路易斯商人威廉·莫菲特(1816～1865 年)那里继承了遗产，包括股票和美国储蓄债券在内，总共价值 8000 美元，还有密苏里州的一块荒地 1/3 的权益(“1870 年塞缪尔·E. 莫菲特的地产由帕梅拉莫菲特作为监护人代管”，1881 年 11 月 23 日，CU－MARK)。他的母亲是马克·吐温的姐姐帕梅拉，帕梅拉一直管理着这些遗产，直到 1881 年 11 月，莫菲特年满 21 岁，她才把财产和多年来的收支明细账簿转交给莫菲特。1882 年 8 月，莫菲特拿出部分遗产，在加利福尼亚州的金斯堡买了一个农场，就在弗雷斯诺县附近，他打算在这里种植小麦、水果，饲养家畜。然而不到 3 年的光景，莫菲特竟然要卖掉这个农场！1886 年 1 月，他没有找到买主，打算出租农场，最终无果。他最后如何处置这个农场，目前不得而知，但是他显然无法收回自己的投资。1886 年 4 月，他准备把圣地亚哥的一个农场以 3000 美元的价格卖出(《帕梅拉·莫菲特－塞缪尔·E. 莫菲特通信集，1881－86》，1881 年 11 月 23 日，1885 年 6 月 15 日，1886 年 4 月 25 日；古德曼致莫菲特的信，1886 年 1 月 14 日，1886 年 1 月 23 日，1886 年 1 月 31 日，现存于 CU－MARK)。

450.22－23　他小时候得了神经疾病，没办法正常上学]

莫菲特患有病因不明的失调症和眼部疾病，无法上学读书，19 世纪 70 年代，他的病情让克莱门斯家和莫菲特家感到非常烦恼(L4:1871 年 2 月 17 日，致母亲和家人，332－33；1871 年 6 月 11 日，致母亲，403；1871 年 6 月 21 日，致奥利安和玛丽，411；玛丽和马克·吐温，致母亲和帕梅拉，1872 年 11 月 26 日，LS，230，232 n.6；1874 年 8 月 28 日，致贝尔纳普，L6，212)。在 1908 年 8 月 16 日的《自传口述》中，马克·吐温讨论了莫菲特的病情和他为此作出的努力。

450.23　他没有接受学校教育]

莫菲特最终接受了正常的教育。1881 年和 1882 年，他在加利福尼亚大学伯克利分校读书，后来在哥伦比亚大学完成本科教育。1801 年，他在哥伦比亚大学 643
获得文学硕士学位，1907 年获得医生学位(“编辑莫菲特去世”，《纽约时报》，1908 年 8 月 2 日，1；“塞缪尔·莫菲特”，《科利尔周刊》，1908－8－15(41)：23；“简历”，Moffett 1907，125－26)。

450.31　凭借记忆来构思整个游戏]

1908 年 8 月 16 日的《自传口述》中，马克·吐温写道，这件事发生在 1870 年，当时莫菲特年仅 10 岁。这款历史游戏成为马克·吐温 1883 年春天设计的游戏的雏形，该游戏在 1883 年 7 月基本成型。后来，奥利安·克莱门斯和查尔斯·L. 韦伯斯特帮助他研究了历史事件，设计了游戏板。1885 年 8 月，马克·吐温获得了游戏的专利权，但是直到 1891 年才投放市场，名为“马克·吐温记忆拼图”，他最终没有获得成功(N&J3,19－20 n.37)。

450.33－35　他从旧金山给我写信……我写了回信]

这封来信没有保存下来。

450.41　他结婚了]

1887年4月13日,莫菲特娶了来自加利福尼亚州圣何塞的玛丽·艾米丽·曼茨(“克莱门斯家和兰登家的家谱”,L6,613;“Samuel E. Moffett”1908)。

451.15－16　莫菲特留在了《科利尔周刊》]

1908年8月1日,莫菲特在海中游泳时,因中风去世。《科利尔周刊》在献词中介绍了莫菲特的职业生涯:

> 莫菲特先生早年曾在加利福尼亚州经营农场。不过在他在报界度过了风华正茂的岁月。1885年,他担任旧金山《晚邮报》的总主笔。1891年,他来到华盛顿,当了两年《旧金山考察家报》的通讯记者。4年后,他成为这家报纸的主笔。19世纪90年代末,他成为《纽约新闻报》的主笔。1902年,约翰·布里斯本·沃尔克成为《时尚》杂志的老板,莫菲特先生当上了这家杂志的主编。两年后,他成为《纽约世界报》的主笔,在这里得到了普利策先生的赏识。他在《科利尔周刊》的工作始于1905年1月14日。他执笔了当代历史的每周评论,题目为“世界在做什么”(“塞缪尔·莫菲特”,《科利尔周刊》,1908－8－15(41):23)。

自传口述,1906年3月28日

451.27－36　奥利昂·克莱门斯生于詹姆斯敦……]

参考附录《家族传记》和《我的自传节选》,注释206.2－6。

452.17－18　爱德华·贝茨,他后来进入了林肯总统的第一任内阁]

1861年3月到1864年11月,爱德华·贝茨(1793～1869年)担任林肯政府的第一任司法部长。贝茨在进入内阁后不久,推荐奥利安当上了内华达领地的州务卿(1861年2月6日,致奥利安和玛丽,LI,114 n.9;RI 1993,574,贝茨写给威廉苏华德的推荐信,1861年3月12日)。

644 453.22－23　梅雷迪思医生]

参考《自传口述》,1906年3月9日,注释402.8－12。

454.32　名叫艾拉·斯托特的家伙的卑鄙行径]

参考《田纳西土地》,注释62.41－63.1。

454.33－38　我父亲刚被选为县法官……宣誓就职]

关于约翰·马歇尔·克莱门斯的职位,这里记述得并不准确,请参考《家族传记》。

455.1－2　我破产了……查尔斯·L. 韦伯斯特]

1894 年,查尔斯·L. 韦伯斯特出版公司倒闭,导致马克·吐温宣告破产。马克·吐温指责韦伯斯特是公司倒闭的罪魁祸首,这样说并不公平,因为韦伯斯特在 1888 年辞去经理职位,公司此后才走上了下坡路。参考《格兰特将军的回忆录二三事》的注释 79.21－22,1906 年 6 月 2 日和 8 月 6 日的《自传口述》和 N&J3。

455.10－11　就在意大利的佛罗伦萨,那天是 1904 年 6 月 5 日]

参考《科沃多别墅》,马克·吐温描写了全家人在佛罗伦萨居住的情景。

455　他发明了结构精巧、令人惊叹的排版机……保存在康奈尔大学]

参考《机器轶事》,佩奇造了两台排版机。1887 年的那台机器保存于哈特福德的马克·吐温故居博物馆。1894 年的那台现存于康奈尔大学,是在第二次世界大战期间作为非废金属捐赠的(Rasmussen 2007,2:828)。

自传口述,1906 年 3 月 27 日

455.22－23　奥利安当了印刷工人,靠工资过活]

1842 年到 1850 年年中,奥利安一直住在圣路易斯,在托马斯·瓦特·尤斯蒂克印刷所里当排字工人,此后回到汉尼拔(Inds,311,351)。参考注释 459.22－23。

455.25　我姐姐帕梅拉给学生上钢琴课,来分担家里的开销]

潘恩写道,帕梅拉·克莱门斯"有丰富的钢琴和吉他知识,她到 50 英里外门罗县的巴黎镇给学生上音乐课,除了吃饭穿衣,收入都用来补贴家用"(MTB,L75－76)。

455.27－28　《汉尼拔信使报》的报馆……报纸的编辑、老板阿门特先生]

1847 年,马克·吐温到《汉尼拔信使报》,给报纸老板、编辑亨利·拉·科西特当学徒,然后大概在 1848 年 5 月,给约瑟夫·P. 阿门特(1824～1879 年)当了学徒,阿门特把《密苏里信使报》从帕尔迈拉搬到汉尼拔。马克·吐温依然半工半读,直到 1849 年退学(1861 年 2 月 6 日,致奥利安和玛丽,L1,113－14 n.5;Gregory 1976,1)。

455.34－456.2　报馆里还有两个学徒,一个叫威尔斯·麦考密克……是个讨人喜欢的伙伴]

1850 年,威尔斯·麦考密克离开了汉尼拔,1885 年到伊利诺伊州昆西定居,马克·吐温举行巡回演讲时曾经到昆西看望过他。直到 1888 年,马克·吐温还和麦考密克保持着联系,在经济上资助他。麦考密克是《44 号——神秘的陌生人》里英俊迷人的印刷工人多恩吉瓦达姆的原型。除了麦考密克,报馆里还有两个学徒:威廉·T. 里格(参考注释 459.40－41)和迪克·鲁特,两人都来自密苏里 645

州帕尔迈拉附近。1907 年 12 月,马克·吐温回忆了他的 3 个伙伴(1907 年 12 月 3 日,致鲍威尔,MoHM;Inds,331)。

456.9　拉尔夫]

身份尚未查明。

456.25－26　他尽量不动声色,似乎既不吃惊也不生气]

这件事发生在 1892 年 2 月 20 日的维也纳,举行宴会的是马克·吐温的远房堂妹爱丽丝·克莱门斯·冯·沃森(1850～1912 年),她的丈夫马克西米利安(1833～1893 年)是德意志帝国参谋部的军官。尽管马克·吐温记错了人,不过德国皇帝、普鲁士国王威廉二世(1859～1941 年)依然对他大加称赞。在 1906 年 12 月 6 日和 1907 年 2 月 10 日的《自传口述》里,马克·吐温写道,威廉二世称赞了《国外漫游》,表示《密西西比河旧时光》(《密西西比河上的生活》)是他读过最精彩、最有价值的一本书(Notebook 31,TS pp. 21,31,CU－MARK;Selby 1973,75,146;马克西米利安·冯·沃森的传记现存于 CU－MARK)。

456.35　帕特·麦克默里]

1885 年,马克·吐温回忆道,T. 帕特·麦克默里(死于 1886 年)"是个花花公子,头上戴着高高的大礼帽,帽檐几乎压在鼻尖上;黑里透红的脸孔,油腻腻的头发,底下打着发卷,一直垂到肩头;红色的山羊胡子,走起路来装腔作势、自命不凡——这是我见过的最令人惊讶的走法——这种走路的样子可能在别的地方已经绝迹了,只有在我们的南方和过去的时候才有"(1885 年 1 月 23 日,致奥莉薇亚,CU－MARK,LLMT,232－33)。麦克默里后来成为商人,他可能是《尤利乌斯·恺撒》里的主人公,马克·吐温在 19 世纪 50 年代中期写了这份手稿,但是没有完成(SLC 1855－56;Inds,334－35)。

456.36－37　阿门特太太刚当了新娘子……等了大半辈子]

1850 年,阿门特的妻子萨拉只有 19 岁,马克·吐温可能是指他母亲,50 岁的朱迪斯·阿门特(Gregory 1976,2)。

457.10－11　广泛流行的新教派叫坎贝尔派]

19 世纪初,宗教领袖托马斯·坎贝尔(1763～1854 年)和儿子亚历山大(1788～1866 年)在美国创立了基督门徒会,也称为坎贝尔派。这个教派主张以信仰为基础,对圣经进行解释。马克·吐温的父亲约翰·马歇尔·克莱门斯尽管从来不是教会成员,却是坎贝尔派的支持者。马克·吐温的姐姐帕梅拉在十几岁时加入了坎贝尔派(Inds,288)。

459.22－23　大约在 1849 年或 1850 年]

19 世纪 50 年代中期,奥利安回到汉尼拔,创办了周报《汉尼拔西部联合报》。1 年内,奥利安收购了《汉尼拔新闻报》,1851 年 9 月 4 日,首次出版了合并后的

《汉尼拔新闻暨西部联合报》,6 个月后改名为《汉尼拔新闻报》(Inds,311)。

459.40 - 41　最后他把报馆盘给了约翰逊先生,在那里买了一家周报的少量股份]

1853 年 9 月 22 日,奥利安把《汉尼拔新闻报》卖给了威廉 · T. 里格,他从前和是塞缪尔 · 克莱门斯一起在《汉尼拔信使报》当过学徒。里格当时是《汉尼拔辉格信使报》的老板。奥利安带着弟弟亨利和母亲一起来到衣阿华州的马斯卡廷,在那里买下了《马斯卡廷新闻报》的股份。1853 年 9 月 30 日,他在马斯卡廷出版了第一期报纸(Inds,311,331;LI:1853 年 9 月 3 日,致帕梅拉,15 n. 5;1853 年 10 月 8 日,致帕梅拉,18 n. 3)。

460. 8 - 9　接着他娶了基奥卡克的姑娘,两个人开始了人生道路上的斗争] 646

1854 年 12 月 19 日,奥利安娶了玛丽 · 莫莉 · 斯托茨(1834 ~ 1904 年)。关于奥利安的奋斗失败和人生沉浮,马克 · 吐温在后来的口述中有所提及,参考 Inds,311 - 13。

1855 年 6 月,卖掉了《马斯卡廷新闻报》的股份后,奥利安买下了衣阿华州基奥卡克的本 · 富兰克林图书印刷所(1855 年 3 月 5 日,《马斯卡廷三周新闻报》,Ll,58)。

460. 16 - 29　有一天晚上我溜走了,跑到了圣路易斯]

1853 年 6 月,马克 · 吐温离开汉尼拔,先后到圣路易斯、纽约和费城当了排字工人,还参观了华盛顿特区。1854 年春天,他回到圣路易斯几天,然后来到马斯卡廷,在奥利安的报馆工作了几个月,1854 年 8 月再次在圣路易斯找到了工作(关于这一时期的描述,参考 1853 年 8 月 24 日马克 · 吐温写给母亲的信,到 1855 年 2 月 16 日给《马斯卡廷三周新闻报》编辑的信,Ll,1 - 46)。

460. 31　我在基奥卡克的这间小印刷所里干了两年]

从 1855 年 6 月中旬到 1856 年 10 月,除了几次外出,马克 · 吐温一直在基奥卡克,作为奥利安的助理,在本 · 富兰克林图书印刷所工作(参考 1855 年 3 月 5 日,致《马斯卡廷三周新闻报》编辑,到 1856 年 8 月 5 日,给亨利的信,Ll,58 - 69)。

460. 35　1856 年到 1857 年的深冬]

从马克 · 吐温 1856 年 10 月(不是深冬)温离开基奥卡克到 1857 年 4 月开始在轮船上当领航员学徒,这段经历的细节较少,并且和现在的描述有所不同。这个时期的详细介绍请参考 L1(1856 年 8 月 5 日,致亨利,69 - 71)。

461. 5 - 6　莱特森公司的印刷所]

1856 年 10 月末到 1857 年 2 月 16 日,马克 · 吐温在辛辛那提的著名印刷所莱特森公司工作,然后登上"保罗 · 琼斯"号轮船离开了辛辛那提(Branch 1992,2)。

461.6 – 7　我读了赫恩登中尉考察亚马逊河的报告]

威廉·刘易斯·赫恩登著有《亚马逊河流域考察记,海军部报告指南》(Herndon and Gibbon 1853 – 54)。1910 年,马克·吐温在《我人生的转折点》中回忆道,赫恩登"讲述了令人惊叹的故事,具有神奇力量的古柯叶让他渴望征服亚马逊河,开拓了全世界的古柯贸易"(SLC 1910)。

461.10　船上有位领航员名叫贺拉斯·比克斯比]

贺拉斯·比克斯比(1826 ~ 1912 年)是密西西比河流域最出色的领航员,后来当了船长。

461.16 – 17　他答应了,要我先付 100 美元的现金]

1910 年马克·吐温去世后,比克斯比回忆道,他告诉马克·吐温,"我会把他培养成称职的领航员,要他付 500 美元。"这笔学费要价过高,马克·吐温最后只付了 300 美元到 400 美元,包括他先前给的 100 美元(L1:1856 年 8 月 5 日,致亨利,70 – 71;1861 年 10 月 25 日,致帕梅拉和母亲,134 – 35 n.5)。

647 461.21 – 22　我就成了称职的领航员……南北战争]

1859 年 4 月 9 日,马克·吐温经过两年的学徒,拿到了领航员执照。1861 年 5 月初,在南北战争爆发三周后,他身为领航员做了最后一次航行。关于他在密西西比河上生活的细节,参考 1856 年 8 月 5 日给亨利的信到 1861 年 4 月 26 日给奥利安的信以及《密西西比河上的生活》的第 6 章到第 21 章(1883 年)。

461.29　布莱克斯通]

威廉·布莱克斯通(1723 ~ 1780 年)爵士,著有《英格兰法律释义》,详尽地阐述了英国法律,对英美法学教育和研究有至关重要的影响(Blackstone 1765 – 69)。

461.38 – 39　我和奥利安搭乘公共马车,经由陆路前往内华达,车费是我付的]

1861 年 7 月 18 日,克莱门斯兄弟离开圣路易斯,这是他们前往内华达领地的第一站,两人此行的车费是 400 美元(1861 年 4 月 26 日,致奥利安,L1,121 – 22)。马克·吐温在《艰苦岁月》的前 20 章描写了这段旅程(RI 1993,574 – 612)。

462.4　诺亚·韦伯斯特]

韦伯斯特(1758 ~ 1843 年),教育家、编辑、词典编纂家,1828 年出版了里程碑式的《美国英语词典》。

自传口述,1906 年 3 月 30 日

462.12　有位邻居带来了著名的俄国革命家柴可夫斯基]

尼古拉·瓦西里耶维奇·柴可夫斯基(1850 ~ 1926 年),俄国社会革命党的创始人和领袖，他到纽约请求武器援助来发动俄国革命（“俄国人寻求武器援助”，《纽约时报》，1906年3月21日，4）。这位邻居是夏洛特·特勒（1876～1953年），她是住在附近的作家、社会学家。特勒后来讲述了柴科夫斯基到纽约的情景：

> 他感到很沮丧，因为他不知道如何找到马克·吐温，马克·吐温当时是大会的主席，尽管我也不认识马克·吐温本人，不过我知道该做些什么。我去了第五大道21号，向克莱门斯先生的秘书提出了请求。她请我在下午5点钟带柴可夫斯基来拜访（Teller 1925，5）

马克·吐温和特勒成为朋友，把她当做自己的门徒。两人的友谊后来出现了问题，当时有流言说，特勒想找个有钱的丈夫，打算嫁给马克·吐温（see Schmidt 2009a）。

462.19　麦金莱]

威廉·麦金莱（1843～1901年）是美国第25任总统，1896年当选，1900年连任，但是在1901年9月遭到暗杀，他的副总统西奥多·罗斯福继任。他在任内发动美西战争（1898年），使美国控制了古巴和菲律宾。

462.33－36　我们夸夸其谈、奢侈豪阔的总统……新和平天使]

1904年2月到1905年9月，为了控制中国东北和朝鲜，日本和俄国爆发了日 648
俄战争。1905年3月20日，在这段口述的一年前，交战双方选择西奥多·罗斯福作为调停人。罗斯福努力斡旋，最终在9月5日，日俄双方代表在新罕布什尔州签署了《朴次茅斯和约》。罗斯福的调停获得国内外的热烈赞扬，包括红衣主教詹姆斯·吉本斯（1834～1921年）的称赞，吉本斯是美国职位最高的天主教教士，他把罗斯福成为“世界和平的天使”。这场战争导致俄国在几次主要战役中失利，太平洋舰队几乎全军覆没，被迫承认朝鲜独立，把在中国东北的特权转让给日本，日本从而成为东亚实力最强大的国家（《纽约时报》：1905年3月31日至9月7日多篇报道，“罗斯福可能调停东亚战争结束”，1905年3月31日，1，“罗斯福是和平天使”，1905年6月18日，2）。

462.36－37　没有一个人……除了希曼医生和我发出了公众的抗议]

外科医生路易斯·希曼（1851～1932年），深受尊敬的陆军少校，军事医疗专家，在日俄战争期间，他曾经在中国东北地区度过了6个月，1905年8月30日，他宣称罗斯福斡旋的和平会对日本人和各国民众有不利影响，等到15年后，俄国就会恢复元气，可以再发动一次战争，这场战争会持续下去，除非俄国人完全从太平洋海岸撤离（“和平是错误的想法”，《纽约时报》，1905年8月31日，3）。在1905

年8月29日给《波士顿环球报》的信中，马克·吐温发出了自己的公众抗议：

俄国走在通往解放的道路上，摆脱了。我希望等到俄国完全解放后才会最终和平。我认为，这是一场神圣高尚的战争，没有任何一场战场的使命比它更崇高；毫无疑问，这种使命正在打破俄罗斯牢固的枷锁，是时候打破枷锁了。

我认为，沙皇将收回他被迫施舍的仁慈，带着高昂的兴致，满怀喜悦地重拾中世纪的野蛮行动。我认为，俄国解放曾经拥有最后的机会，现在已经丢掉了这种机会。

我认为，和平换来的回报和作出的牺牲远远不成比例。再打一场战争，就能废除压迫未来上千万俄国民众的枷锁，我希望这场战争能够胜利。

我希望我的话是错的，我真诚地希望这种和平是政治史上最显著的灾难（SLC 1905d）。

463.2　罗斯福给了俄国革命致命的打击]

马克·吐温认为，罗斯福的和平调停让沙皇政府得以集中力量，镇压俄国国内得到广泛认同的政治改革。实际上，在1905年日俄战争结束后，俄国政府就开始对平民进行残酷镇压（AD，1906年1月10日，注释257.18－21），在1906年的前三个月再次向人群开枪（《纽约时报》："俄国受到猜疑"，1905年6月13日，2；"高尔基没有来"，1905年7月6日，2；"约翰·毕格罗谴责朴茨茅斯和约"，1905年12月3日，SM4；"罗斯福和俄国"，1906年2月13日，6，多篇文章，1906年1月1日至3月30日）。

649　463.4　昨天晚上我见到了希曼医生]

大概是在纽约州盲人权益促进会的大会上（参考注释464.17－19）。

463.9－10　两三个月前……你们筹集了200万美元]

1905年12月初，据说在18天的时间里，美国犹太人筹集了100万美元，救助在俄国遭到屠杀的犹太人，加上德国和英国的捐款总计24.75亿美元。马克·吐温在12月18日到卡西诺剧院发表了演说，帮助筹款募捐，到场的有多位著名演员，包括莎拉·伯恩哈特，报道是这样介绍的：

马克·吐温在女演员伯恩哈特后出场，讲到了优美的法语，他总是觉得自己仿佛能听懂这种语言。

他接着说到，"伯恩哈特夫人非常年轻，她和我是世上最年轻的两个人。"

这位幽默作家讲述了几年前伯恩哈特夫人在哈特福德演出的故事，他说有3位老太太决定不去看这位伟大女演员的演出，而是把钱送给几位贫穷的朋友。

克莱门斯先生冷冷地说，“这些穷苦人充满感激地收下钱，拿去买了伯恩哈特的戏票”（“伯恩哈特演出后马克·吐温发表讲话”，《纽约时报》，1905年12月19日，9）。

截止到12月末，美国和欧洲的犹太人和非犹太人共筹集到300多万美元（《纽约时报》：“基金超过100万美元，还有更多捐款”，1905年12月3日，8；“筹资100万美元救援犹太人”，1905年12月5日，6；“为俄国犹太人捐助93.5万美元”，1905年12月7日，6；“娱乐新闻”，1905年12月18日，14；“救援基金超过300万美元”，1905年12月29日，2）。

463.23　柴科夫斯基先生呼吁，为解放俄国提供武器]

马克·吐温从1906年3月30日的《纽约时报》剪下了这篇文章，贴在他的口述打字稿中。

464.17-19　约瑟夫·H.乔特和我度过了愉快的时光]

马克·吐温主持了纽约州盲人权益促进会的大会，这次会议于1906年3月29日在华尔道夫酒店举行。马克·吐温本人举了自己暂时性失明的例子，讲述了他在一间黑暗的德国酒店里找袜子的故事，这段插曲最早出现在《海外漫游》的第13章（演讲稿参考 Fatout 1976，506-11）。乔特是慈善事业的领袖，幽默风趣地请求大家向该协会捐赠（“吐温和乔特谈盲人大会”，《纽约时报》，1906年3月30日，9；参考 AD，1906年1月23日，注释303.2-10）。

464.34-35　布莱克威尔岛]

这座小岛位于纽约东河，以罗伯特·布莱克威尔（死于1717年）的名字命名，他曾经是这座岛屿的所有者，岛上建有一座关押男女犯人的监狱，一所收容酒鬼和疯子的感化院，一座收治纽约市穷人的公立救济院以及美国第一所精神病院。1921年，这座小岛改名为福利岛，1973年为了纪念富兰克林·D.罗斯福，更名为罗斯福岛。不久后这座小岛成了居民区（Moses King 1893，496-500；N YC10044 650
2009；Roosevelt Island Historical Society 2009）。

465.6-7　在劳伦斯·霍顿的家里……亨利·罗杰斯和我都去了]

在1929年，凯勒在自传《中流：我的后半生》的一章中描写了她和马克·吐温长期的友谊，回忆在1984年的一个星期天，她在霍顿家中见到马克·吐温的情形，当时她只有14岁，马克·吐温“充满活力，阴影还没有笼罩在他身上”。

那天下午，几位名人都来了，其中就有克莱门斯先生。我跟他握手的那一刻，我就知道他是我的朋友。他讲述的风趣故事让我开怀大笑，感到十分开心。我已经忘了很多事情，不过我永远不会忘记他的温和可亲。

凯勒也写道，她很喜欢亨利·H. 罗杰斯，她是在那天第一次见到罗杰斯先生，后来两人经常见面，罗杰斯还资助她去读大学(Keller 1929,47-48,71,288-89)。

465.9　苏利文小姐]

安妮·苏利文(1866~1936年)患有弱视，在1887年当上了凯勒的老师。她用感受事物的方式来教育凯勒，取得了重大进步。两个人成为终生的朋友，即使在1905年苏利文嫁给教师兼文学评论家约翰·梅西后，她们依然共同致力于为盲人争取权益。

466.7　霍尔特小姐]

威妮弗蕾德·T. 霍尔特(1870~1945年)，雕刻家，纽约州盲人权益促进会的主要创始人。1906年年初，她成为该协会的财务主管和秘书长，直到1920年依然担任秘书长职务。她著有多部盲文作品和论文，致力于美国的盲人教育和康复事业(霍尔特致SLC,1906年1月24日,CU-MARK)。

466.26　马萨诸塞州伦瑟姆，1906年3月27日]

这份口述自传抄录于凯勒签名的信件原稿，现在收藏于马克·吐温档案馆。后来，她把这封信收录于《走出黑暗》(Keller 1913,208-12)。

附　录

马克·吐温(塞缪尔·朗赫恩·克莱门斯)年表

1835 年 11 月 30 日	塞缪尔·朗赫恩·克莱门斯出生于密苏里州的佛罗里达,父亲约翰·马歇尔·克莱门斯,母亲简·兰普顿·克莱门斯,他是家中的第 6 个孩子,在 6 个兄弟姐妹中,只有奥利安、帕梅拉和亨利长大成人(详情请参阅"家人传记")。
1839 ~ 1840 年	全家迁往密苏里州的汉尼拔,此地位于密西西比河西岸,塞缪尔在 1840 年进入西部公立小学读书。
1842 ~ 1847 年	塞缪尔每年夏天到密苏里州镇佛罗里达附近姨夫约翰·夸尔斯的农庄里做客。
1847 年 3 月 24 日	父亲不幸病故,他辍学后在亨利·拉·科西特的《汉尼拔报》当报童、排字工人。
1848 年	给汉尼拔《密苏里信使报》的主编和老板约瑟夫·P. 阿门特当学徒,和他住在一起,为阿门特工作到 1950 年年底。
1851 年 1 月	加入奥利安主办的《汉尼拔西部联合报》,不久在该报发表《勇敢的消防员》,这是他最早公开刊登的作品。
1853 ~ 1857 年	在奥利昂的报社工作 3 年后,于 1853 年 6 月离开汉尼拔。先后在圣路易斯、纽约、费城、马斯卡廷、基奥卡克和辛辛那提等地当排字工人。
1857 年	2 月 16 日乘坐"保罗·琼斯"号轮船离开辛辛那提,船上的领航员贺拉斯·E. 比克斯比同意把他培养成密西西比河的领航员。
1858 年	亨利·克莱门斯因"宾夕法尼亚"号轮船发生爆炸受伤,最终不治身亡。
1859 年	他在 4 月 9 日正式获得从"圣路易斯到新奥尔良"的领航员执照。截至 1861 年,已经为数十条轮船担任过领航员。
1861 年	他成为共济会会员(1869 年退会)。内战爆发前一直从事领航工作,此后参加了同情南部邦联的汉尼拔民兵团。两周后

辞职离开,跟随奥利安前往内华达领地,奥利安被任命为内华达领地的州务卿,任职到 1864 年。他为奥利安工作,后来开始寻找银矿。

1862 年　他在洪堡和埃斯梅拉达矿区勘探银矿。以“乔什”的笔名为弗吉尼亚城的《企业报》提供通讯报道,10 月成为本市新闻的记者。

1863 ~ 1864 年　1863 年 2 月 3 日,他首次采用“马克 · 吐温”的笔名。为《企业报》写报道的同时,他成为旧金山《晨报》驻内华达的记
652 者。为了避免因决斗遭到起诉,1864 年 6 月 1 日前往旧金山,在旧金山《晨报》当了 4 个月的本地记者,同时为《加利福尼亚人》和《黄金时代》供稿。1864 年 12 月初,他来到加利福尼亚州图奥勒米县的杰克艾斯山。

1865 年　他探访加利福尼亚州卡拉韦拉斯县的淘金城“天使营”,回到旧金山后开始为《企业报》写日常通讯,继续为《加利福尼亚人》供稿。1865 年 11 月 18 日,纽约《星期六邮报》发表了小说《吉姆 · 斯迈里和他的跳蛙》。

1866 年　他前往三明治岛(夏威夷岛的旧称)为《萨克拉门托联合报》写通讯,在岛上创作了 25 篇文章,10 月回到旧金山,首次发表演讲。

1867 年　他的第一本书《卡拉维拉斯郡著名的跳蛙和其他随笔》在 5 月出版,搭乘“贵格城”号轮船游览欧洲各国和宗教圣地。1867 年 12 月 27 日在纽约认识奥莉薇亚 · 兰登,担任内华达州参议员威廉 · 莫里斯 · 斯图尔特的私人秘书。

1868 年　在东部和中西部各州举行巡回演讲,向奥莉薇亚求婚,11 月获得她的同意。

1869 年　《傻子出国记》出版,获得杰维斯 · 兰登的资助,买下《布法罗快报》1/3 的股份。

1870 年　2 月 2 日和奥莉薇亚结婚,两人定居在岳父杰维斯 · 兰登在布法罗购置的住宅。11 月 7 日,儿子兰登提前诞生。

1871 年　卖掉《布法罗快报》的股份和房产,搬到康涅狄格州哈特福德居住。全家此后在哈特福德居住了 20 年,每年夏天到埃尔迈拉镇的夸里农场度假。

1872 年　3 月 19 日女儿奥莉薇亚 · 苏珊 · 克莱门斯出生,爱称苏西,儿子兰登于 6 月 2 日夭折。《艰苦岁月》在伦敦(英国方面

获得了版权)和哈特福德同时出版。秋天赴伦敦演讲。

1873 年　携全家远赴英格兰和苏格兰,游历 5 个月。因奥莉薇亚怀孕,陪同全家回国,11 月只身返回英国。他与查尔斯 · 杜德利 · 华纳合著的《镀金时代》在伦敦和哈特福德出版。

1874 年　1 月返回美国,6 月 8 日,女儿克拉拉 · 兰登 · 克莱门斯出生,全家迁往哈特福德的新居。

1875 年　《马克 · 吐温新旧见闻杂记》出版。

1876 年　《汤姆 · 索亚历险记》出版。

1878 ~ 1879 年　全家赴欧洲旅行。

1880 年　《国外漫游》出版,7 月 26 日,女儿简 · 兰登 · 克莱门斯出生,爱称简。

1881 年　开始投资佩奇自动排版机,《王子与乞丐》出版。

1882 年　重访密西西比,为《密西西比河上的生活》收集素材。

1883 年　《密西西比河上的生活》出版。

1884 ~ 1885 年　创立查尔斯 · 韦伯斯特出版公司,公司的主管查尔斯 · L. 653
韦伯斯特是他的外甥女婿。1884 年 11 月到 1885 年 2 月,和小说家乔治 · 华盛顿 · 凯布尔一起进行巡回演讲。《哈克贝利 · 费恩历险记》于 1884 年在伦敦出版,1885 年在纽约出版,1885 年公司出版了《尤利西斯 · 格兰特将军回忆录》。

1889 年　《误闯亚瑟王宫》出版。

1891 ~ 1894 年　游历法国、瑞士、德国和意大利,时常因公务返回美国。标准石油公司副总裁亨利 · 赫特尔斯顿 · 罗杰斯挺身而出,保全了克莱门斯的财产。1894 年韦伯斯特公司宣告破产,克莱门斯听从了罗杰斯的忠告,放弃佩奇自动排版机的生产。连载《傻瓜威尔逊的悲剧》,1894 年出版。

1895 年　8 月开始环游世界进行演讲,以筹集资金来偿还欠款,奥莉薇亚和克拉拉随同前往;他远赴太平洋海岸,此后抵达澳大利亚和新西兰。

1896 年　先后在印度、锡兰和南非进行演讲,《圣女贞德传》出版。8 月 18 日,苏西因患脑膜炎在哈特福德离世。简被诊断患有癫痫,独自逗留伦敦。

1897 年　《赤道环游记》在伦敦和哈特福德出版,先后在瑞士的韦吉斯小镇和维也纳居住。

1898 年　完全清偿债务,居住在维也纳和卡尔滕洛伊盖本附近。

1899 ~ 1901 年　居住在伦敦,到欧洲温泉胜地疗养。1900 年 10 月,全家返回美国,起先住在纽约西十四大街 14 号,后来搬到布朗克斯区的里弗代尔。1901 年 2 月,《致坐在黑暗中的人》出版。

1902 年　马克 · 吐温最后一次来到汉尼拔和圣路易斯。奥莉薇亚的身体每况愈下。聘请伊莎贝尔 · 范 · 莱昂担任奥莉薇亚的秘书,她在不久后成为克莱门斯的秘书。

1903 年　全家前往佛罗伦萨,租住科沃多农庄。哈珀兄弟出版公司买下了马克 · 吐温所有作品的独家版权。

1904 年　开始向伊莎贝尔 · 里昂口述自传,简打印自传手稿。6 月 2 日,奥莉薇亚因患心脏病逝世。全家返回美国,马克 · 吐温租住在纽约第五大道 21 号的宅邸里。

1905 年　马克 · 吐温和简一起到新罕布什尔州的都柏林度过夏天,写作《战争祈祷文》。

1906 年　1 月开始口述自传,在 1906 年 7 月的《北美评论》发表了部分章节。委托约翰 · 米德 · 豪威尔斯在康涅狄格州的雷丁建造房屋,匿名发表《什么叫做人?》。

1907 年　《基督教科学》出版。聘请拉尔夫 · W. 阿什克罗夫特担任秘书,远赴英格兰,接受牛津大学的荣誉医生学位。

1908 年　迁入雷丁的新居,这座宅邸起先称为"傻子庄园",后来名叫"暴风原野"。

1909 年　解雇了伊莎贝尔 · 莱昂和阿什克罗夫特。简回到家中和父亲同住,10 月 6 日,克拉拉嫁给了著名钢琴家奥西普 · 加布里洛维奇。12 月 24 日,简死于心脏衰竭。

654 1910 年　在百慕大群岛患上严重的心绞痛,4 月 12 日,和佩恩一同回到纽约。4 月 21 日,在家中离开人世。

如需了解更多细节,请参阅《马克 · 吐温:小说、随笔、演讲和散文集,1852 ~ 1890》(Budd 1992a,949 – 97)。

家族传记

下面的传记仅介绍马克 · 吐温的直系亲属,包括他的父母、兄弟姐妹、妻子和孩子。其他亲友的介绍,包括奥莉薇亚 · 克莱门斯的家人可以通过索引查阅。

约翰 · 马歇尔 · 克莱门斯(1798 ~ 1847 年),马克 · 吐温的父亲,出生于弗吉尼亚州。早年他和母亲、兄弟姐妹来到肯塔基州,在此地学习法律,1822 年获得律师执照。1823 年,他和简·兰普顿结婚。1827 年,克莱门斯家来到田纳西州的詹姆斯敦,他开了一间商店,最终当上了县法院的书记员。1835 年,他带领全家搬到密苏里州,在佛罗里达镇定居下来,马克·吐温就出生在这里。两年后,他被任命为门罗县法院的法官,成为受人尊敬的"法官大人",马克·吐温小时候误以为这是个位高权重的职业。1839 年,他带领全家迁到了汉尼拔镇,在大街上开了一家商店,大概在 1844 年被推选为治安法官。他生前是巡回法庭的书记员候选人,不过在选举前几个月不幸离世。他被公认为当地最杰出的公民,为人谨慎坦诚,不过在家中少言寡语、暴躁易怒。当代研究指出约翰·克莱门斯的神经遭受重创,过量使用药物,可能患有慢性疾病。1847 年,他因患肺炎突然去世,抛下全家人陷入经济拮据的困境。父亲去世时,马克·吐温年仅 11 岁;他日后写道,"我对他的了解寥寥无几"(Inds,309 – 11;4 Sept 1883 to Holcombe,明尼苏达州历史协会)。

简·兰普顿·克莱门斯(1803 ~ 1890 年),马克·吐温的母亲,出生于肯塔基州亚代尔县。她嫁给不苟言笑的约翰·马歇尔·克莱门斯并不是出于爱情:后来她曾向家人坦白,她结婚只是为了伤害另一个追求者。她养育了 7 个孩子,到 1947 年丈夫去世时,只有 4 个孩子(奥利安、帕梅拉、塞缪尔和亨利)活了下来。失去丈夫的简离开了密苏里州的汉尼拔镇,在 1853 年到 1870 年间,先后搬到爱荷华州的马斯卡廷、基奥卡克和密苏里州的圣路易,最初住在儿子奥利安家里,后来住到女儿帕梅拉·莫菲特家里。1870 年,马克·吐温结婚后,定居在纽约州的布法罗,简在附近的弗里多尼亚安了家,和孀居的帕梅拉共同生活。1882 年,她搬到爱荷华州的基奥卡克,在奥利安家里度过余生。她死后葬在汉尼拔的奥利维特山墓地,陪伴着长眠于此的丈夫和儿子亨利。简在汉尼拔的牧师表示,"她是一位性格阳光的女性,充满活力、和蔼可亲、受人喜爱。"她是《汤姆·索亚历险记》、《哈克贝利·费恩历险记》和其他作品中波莉姨妈的原型。1890 年她去世后,马克·吐温写了一篇感人的文章《简·兰普顿·克莱门斯》献给母亲。

奥利安·克莱门斯(1825 ~ 1897 年),马克·吐温的大哥,出生于田纳西州的 655
盖恩斯伯勒。克莱门斯全家迁往密苏里州的汉尼拔镇后,他当上了印刷所的学徒。1850 年,他创办了《汉尼拔西部联合报》,次年成为《汉尼拔新闻报》的老板,雇佣两个弟弟塞缪尔和亨利当排字工人。1853 年,塞缪尔离家游历后不久,奥利安带着母亲和亨利搬到了爱荷华州的马斯卡廷。他在这里娶了玛丽·莫莉·斯托茨(1834 ~ 1904 年),1855 年生了女儿詹妮。1860 年,奥利安帮助林肯参加总统大选,承蒙朋友的关照,当上了 1861 年新成立的内华达领地的秘书长。1862 年,莫莉和詹妮追随他来到了内华达;1864 年,詹妮因患斑疹伤害夭折。同年,内华达领地成为内华达州,奥利安没有获得与原职相称的新职位。此后 20 年间,他为了谋生辛苦操劳,先后当过校对员、发明家、养鸡场场主、律师、演说家和作家。从19世纪70年代中期到1897年去世,奥利安一直依靠幽默风趣、愤世嫉俗的马克·吐温资助,他认为“哥哥为人坦诚正直、值得尊敬,一直拥有梦想,他天生就是个追求梦想的人。”

帕梅拉·A.克莱门斯·莫菲特(1827～1904年),爱称“帕梅利亚”和“梅拉”,马克·吐温的大姐。她出生于田纳西州的詹姆斯敦,在克莱门斯家搬到汉尼拔镇后,她进入伊丽莎白·霍尔办的学校读书,1840年11月受到老师的赞扬,称赞她“举止风度温柔可亲,具备各项才学”。帕梅拉擅长弹奏钢琴和吉他,在19世纪40年代教音乐来补贴家用。1851年9月,她嫁给了商人威廉·安德森·莫菲特(1816～1865年),前往圣路易斯定居。两人的儿女分别叫作安妮(1852～1950年)和塞缪尔(1860～1908年)。从1870年起,帕梅拉一直在纽约州的弗里多尼亚生活。马克·吐温表示,帕梅拉“毕生默默无闻”,她可能是《汤姆·索亚历险记》、《哈克贝利·费恩历险记》和其他作品中汤姆的表妹玛丽的原型。

奥莉薇亚·路易斯·兰登·克莱门斯(1845～1904年),家人称她为“莉薇”,出生于纽约的埃尔迈拉镇,是富商、矿业巨头杰维斯·兰登(1809～1870年)和奥莉薇亚·刘易斯·兰登(1810～1890年)的女儿。兰登家族笃信宗教,是改革派和废奴主义者。从19世纪50年代到60年代,莉薇在家中接受教育,先后进入瑟斯顿女子学院和埃尔迈拉女子学院。她身体孱弱,从1860年到1864年瘫痪在床。马克·吐温在1906年写道,“她一辈子再也没有强壮起来。”1867年12月,马克·吐温经人介绍,见到了羞涩腼腆、外表端庄的莉薇;他很快展开了热烈持久的追求,多半通过书信表达爱意。1870年2月,两人结了婚,住在纽约的布法罗,住所是莉薇的父亲购置的;11月,长子兰登·克莱门斯在此降生。1871年,全家搬到康涅狄格州哈特福德,租住了附近的努克农场,很快就融入了周围文学家和
656 知识分子的社交生活。他们买下了土地,建造了独具风格的新居,从1874年到1891年一直居住在此。1872年,小兰顿不幸夭折,两人此后生了3个女儿:1872年,奥莉薇亚·苏珊(苏西)出生;1874年,克拉拉出生;1880年,简(简)出生。克拉拉日后回忆道,“母亲慷慨无私,性格温柔,充分了解丈夫的学识和人格;她为家中的大小事务操劳,包括招待各方来客,教我们姐妹学习法语和德语,连续几个小时为我们高声朗读。”在她充满敬意的丈夫看来,莉薇始终像少女那样天真可爱,“是我最忠实贤明、不辞劳苦的编辑”。1891年6月,全家的花费与日俱增,马克·吐温的投资花光了自己和莉薇的积蓄,他们封存了哈特福德的住宅,开源节流,远赴欧洲旅行;奥莉薇亚先后居住在临时住所、酒店套房和租屋里。1894年4月,马克·吐温被迫宣告破产,全家的财务状况捉襟见肘,奥莉薇亚成为他的优先债权人,他把所有作品的版权转让给奥莉薇亚。1895年至1896年,奥莉薇亚和克

拉拉陪伴马克·吐温开始环游世界进行演讲。1896年，女儿苏西死于脑膜炎，奥莉薇亚受到打击，从此身体每况愈下。1904年，奥莉薇亚因患心脏病逝世。

奥莉薇亚·苏珊·克莱门斯(1872～1896年)，爱称苏西，马克·吐温的大女儿。她从母亲那里接受了早期教育，从1880年开始，女家庭教师给她讲了几年课。她不久就在写作、戏剧和音乐方面展现出才能。13岁时，苏西开始偷偷地写马克·吐温的传记，他在日后把传记中的许多章节收录到自传中，这部传记生动了描绘了美好的家庭生活。1873年，苏西跟随父母远赴英格兰，从1878年到1879年长期居住海外。1890年秋天，她离开家去宾夕法尼亚州的布林茅尔女子学院上学，不过只读了一个学期。1891年6月，克莱门斯家封存了哈特福德的住宅，包括苏西在内，全家人节衣缩食，远赴欧洲旅行，直到1895年中旬。苏西在日内瓦和柏林进了学校，学习语言和声乐，但是她日渐感到紧张不安、神经忧虑，为此向父母抱怨，父母设法让她接受"精神疗法"和水疗法等治疗。欧洲之行后，在1895年到1896年，奥莉薇亚和克拉拉陪伴马克·吐温进行环球演讲，苏西没有跟随前往；她和妹妹简留在纽约的埃尔迈拉镇，住在姨妈苏珊·克兰的家里。1896年8月，苏西住在哈特福德童年时代的家里，突然发烧病倒，后来证实得了脑膜炎。她的母亲和妹妹立即登上轮船回国，以便照看苏西，两人横渡大西洋时，苏西已经病逝。马克·吐温在书中写道："这简直是灭顶之灾。"

克拉拉·兰登·克莱门斯(1874～1962年)，爱称"贝儿"，马克·吐温的二女儿，出生于康涅狄格州的哈特福德，主要在家中接受母亲和女家庭教师的教育。1891年到1895年，克莱门斯全家远赴欧洲旅行，克拉拉获得了比姐妹们更多的独立空间，独自前往都柏林学习音乐。1895年到1896年，马克·吐温和莉薇进行环球之旅，克拉拉是唯一陪伴他们的女儿。1896年，她的姐姐苏西不幸离世，妹妹简患上了癫痫症，克拉拉回忆道，"有很长一段时间，家里再也没有笑声了"。1897 657
年，全家人来到维也纳。克拉拉渴望成为一名钢琴师，师从西奥多·莱谢蒂茨基，通过老师结识了俄国钢琴家奥西普·加布里洛维奇(1878～1936年)。1898年，克拉拉转行做了歌唱演员，从中找到更多乐趣。1904年母亲去世后，克拉拉身体衰弱，在1905年和1906年间，时常离开家去疗养。她在经济上依靠父亲，但是在家里度过的时间越来越少，她四处旅行，举行独唱音乐会。克拉拉日渐怀疑，秘书伊莎贝尔·范·莱昂和拉尔夫·阿什克罗夫特操控马克·吐温和他的钱财，在1909年劝父亲辞退了两人。1909年，克拉拉嫁给了加布里洛维奇，他们的女儿尼娜·加布里洛维奇(1910～1966年)是马克·吐温的最后一位直系后裔。从1904年到1910年，克拉拉相继失去了母亲、妹妹简和父亲；到35岁时，她成为马克·吐温遗产的唯一继承人，此后以信托形式持有这笔财产，直到逝世她都未对财产处理。在此后的岁月里，她利用自己的影响力来维持父亲的公众形象。1936年，奥西普·加布里洛维奇去世;1944 年,克拉拉嫁给了俄国指挥家雅克·萨莫苏德(1894 ~ 1966 年)。1931 年,她出版了回忆录《我的父亲马克·吐温》。1962 年,克拉拉把马克·吐温的私人文件捐献给加利福尼亚大学伯克利分校,现收藏于该校的班克罗夫特图书馆,保存于马克·吐温档案馆中。

简·克莱门斯(简·兰登·克莱门斯)(1880 ~ 1909 年),马克·吐温的小女儿,以祖母简的名字命名,不过通常被称为简。简和姐姐们一样,主要在家里接受教育。1896 年,她进入纽约埃尔迈拉镇的学校读书,不幸患上了严重的癫痫症。医生给她服用了镇静剂,此后几年里,忧心忡忡的父母竭力防止她的病情发作,1899 年夏天他们远赴瑞典,以便让简接受名医乔纳森·谢尔格伦的治疗。1904 年母亲去世后,她的身体状况日益恶化,克莱门斯家四处漂泊,使得简没有机会锻炼自理能力。1899 年年末,她开始自学打字,以便打印父亲的手稿。她喜爱骑马和其他户外运动,爱护动物,支持人权事业。1906 年 10 月,简被送到纽约卡托纳的疗养院,她在那里一直待到 1909 年 4 月,在康涅狄格州雷丁的住宅“暴风原野”和父亲重逢。此后的几个月里,简和父亲过着亲密幸福的生活,接替了伊莎贝尔·莱昂的秘书工作。1909 年 12 月 24 日,简洗澡时癫痫发作,死于心力衰竭。几天后,马克·吐温写下了伤感悲痛的《我自传的最后一章》来纪念她。

1905 年 12 月 5 日,马克·吐温在七十岁生日宴会的讲话

马克·吐温在七十岁生日宴会上的讲话刊登在 1905 年 12 月 23 日的《哈珀周刊》上,题为“马克·吐温七十岁生日宴会纪念特刊”,全文根据马克·吐温提供手稿整理而成。然而,我们没有找到手稿,也没有确定杂志文本的来源。

威廉·迪恩·豪威尔斯介绍了马克·吐温,他说道:

> 克莱门斯先生对我的影响,就是让我像诗人一样欣喜若狂(笑声)。我知道这种事并不寻常。大多数人都会在诗歌里写到他,我敢说,今天晚上会有很多篇散文提起他;不过对于我来,当我想到他的时候,我会把这首诗送给他。

豪威尔斯读了他写的“致马克·吐温的十四行诗”,把这位美国幽默家称为“巨人”,说他给人们带来了快乐和自由,他还宣称,“马克·吐温造就了我”。豪威尔斯的祝词是这样的,“我不会说,‘哦,国王,愿你长生不老,’我会说,‘哦,国王,你愿活多久就活多久!’”

你瞧,这个笑话要是我说的,准保是我最逗人的笑话,语言也很优美。我从来没达到过这个水平。不过我很喜欢这个笑话,我要把它记下来——等到必要的时

候拿出来用(笑声)。

我已经过了很多个生日。说到第一个生日,我还记得很清楚(笑声),每次想起来,我总是火冒三丈(笑声):一切都那么粗糙、丑陋、原始。根本不像现在这样(笑声)。没有准备一样体面的东西,什么都没准备好(哈哈大笑)。你瞧,对于一个天生高贵、直觉敏感的人来说——竟然连蜡烛都不是白色的——什么都没准备好。我脑袋上没有头发(笑声),我嘴里没有牙齿(笑声),我身上连件衣服都没穿(笑声),就去赴头一个生日宴会了(哈哈大笑)。大家蜂拥而至,那是个小不丁点儿的村子——在密苏里州的偏远地区,村子非常小,只有一间村舍,那个地方没有发生过大事,所以大家都挺有兴致,他们全来了;人家把我从头看了个遍,瞧瞧我身上有什么新鲜的玩意儿。可是,村子里什么大事也没发生——至于我嘛——我就是那里唯一的大事(笑声),过了好几个月都是这样;尽管我不应该这么夸自己,不过在两年来的时间里,我是村子里真正轰动的头等大事(笑声)。你瞧,这些人来的时候充满了好奇心,这种好奇心很有乡下特色,这种直率也很有乡下特色,他们把我细细打量一番,说出了自己的看法。没人问过他们,要是有人夸过我一句,我也许不会介意,可是没有人夸我。他们的见解纯属偏见嫉妒,我直到今天还能感觉得到(笑声)。得了,我忍耐得够久了——你知道,我生下来就谦恭有礼(笑声),我忍耐到了极限。我忍了一个钟头,然后开始打滚。我向前爬去,打了个滚,翻过身来(笑声)。我很清楚自己的本事;我知道,我是整个镇子上唯一纯洁无瑕、天真单纯的人(笑声),我站了出来,说了这番话。他们一句话也说不出来,脸涨得通红,觉得很尴尬。你瞧,这就是我的第一个生日宴会(笑声)。我记得,这是生日宴会后发生的事情(全场大笑)。

从我1岁生日到现在,已经过去很久了。那是我的摇篮曲,这是我的告别之歌。我习惯了谢幕退场,我已经唱了好几次告别之歌。

今天是我的70岁生日,我不知道你是否想到这个问题,意识到70岁生日这 659
个词有多么至关重要。

70岁生日!等你到了这个人生的时刻,就会平添几分可敬的威严;你会把压抑了30年的沉默庄重抛到脑后,勇敢无畏、泰然自若地站在七级顶峰上向下观望,教诲他人——而不是受到指责。你可以告诉世人,你怎么到达顶峰。这就是他们要做的一切。你会不知疲倦地讲述,你靠着巧妙的手腕、淳厚的道德才攀登到了这座伟大的顶峰。你要解释路上的经历,讲述老年人欣喜若狂的细节。我一直想讲述我自己度过的漫长岁月,我终于拥有了这个权利。

我用通常的方式活到了70岁:我恪守的这套生活准则足以致他人于死地(笑声)。这听上去言过其实,可确实是长寿的一条普遍规则。我们观察喋喋不休的老年人的生活轨迹,会发现让他们青春永驻的生活习惯会让我们年老体衰;像乔特先生说的那样,让他们长久以来靠子孙财产度日的生活方式,会让我们提前退役。我在这里提出一条可靠的座右铭:我们走别人的路不能长寿。

我要向你们传授经验,把我的生活方式讲给那些打算自杀的人听,这套方法让我能够在70年的岁月里战胜了医生和刽子手(笑声)。有些细节听起来并不真实,不过这些事千真万确。我不是来骗人的,我是来传授经验的。

人们直到40岁才养成固定的习惯。然后人们变得头脑顽固,接下来思想僵化,就是这么开始的。我从40岁以后,就寝和起床时间就一直很有规律——这是一件很重要的事。我立了一条规矩:在没有人陪伴时上床;我还立下了一条规矩:在不得不起床时起床。这样就形成了一条不可动摇的没有规律的规律。这条规律让我延年益寿,却会伤害他人。

至于食物——这是另一件重要的事情——我坚持不吃那些并不适合我吃的东西,除非在我和食物的斗争中食物占了上风(笑声)。不过去年春天,过了午夜我就不再吃肉馅饼了;在那之前,我还不相信我已经吃饱了(笑声)。30年来,我总是在早上8点喝咖啡,吃面包;然后什么也不吃,到晚上7点半才吃晚饭。中间相隔11个小时。这方法对我很适合,很健康,因为我这辈子从来没有头疼过,可是头疼的人不能走这条路,舒舒服服地活到70岁,他们要这么做才傻呢。而我敦促你能这么做——我认为这就是智慧——如果你发现,走任何不舒服的道路,都活到70岁,那就别走了。等他们坐上卧铺车厢,混在令人作呕的烟鬼当中,带好你的东西,数清楚你的支票,在第一个车站下车,那就是你的墓地(笑声)。

我的另一条规矩是,每次吸烟从不超过一根雪茄。至于吸烟,我没有别的限制。我不知道,我是从什么时候开始吸烟的,我只记得那是在我父亲活着的时候,我开始偷偷地抽。1847年年初,他过世了,当时我只有11岁;在这以后,我就公开
660 地抽烟了。作为其他人的榜样,不是为了节制自己,我总是有条规矩,从来不在睡觉的时候抽烟,也从来不在醒着的时候戒烟(笑声)。这条规矩很不错。我是说,对我而言很不错,不过你们都知道,这个答案不能让那些想活到70岁的人满意。

我直到要睡觉的时候,才不在床上吸烟;我会在晚上醒过来,有时一次,有时两次,有时三次,我会抓住机会去抽烟;这个习惯已经很久了,对我来说很宝贵,我的感受和你一样,先生,你要是丢掉了好不容易弄来的道德——我是说主席职位——如果你弄到了手:我可没有指责谁(笑声)。我得承认,我有时候也戒过烟,每次戒几个月,可这不是原则问题,只是为了夸耀自己;为了把那些批评家驳得体无完肤,他们说我是习惯的奴隶,不能打破自身的束缚。

从我开始吸烟到现在,已经过去了60年了。我从来没有买过卷好的雪茄(笑声)。我发现这些雪茄太贵了,我买不起。我总是买便宜的雪茄——至少相当便宜。60年前,我买的雪茄每盒4美元,可是后来的品位提高了,现在我买的是7美

元一盒(笑声)。六七美元,我记得是7美元。的确,每盒7美元,连盒子的钱也算在里面(笑声)。我经常在家里开吸烟会,不过大家来的时候都发誓要戒烟。我不知道这究竟是怎么了?(笑声)

至于喝酒,我没有什么规矩。按照习惯,我喜爱在别人喝酒时作陪;不然我就滴酒不沾(笑声)。戒酒并没有对我有什么伤害,不过可能对你有伤害,因为你的情况不同(笑声)。

从我7岁的时候,我就很少吃药,现在吃的药更少。不过在7岁之前,我完全靠吃药过活(笑声)。并不是我需要吃药,因为我没觉得自己在吃药;这都是为了省钱;我父亲接管了一家药店,抵消欠他的债务,这样一来,我们服鱼肝油比吃早饭便宜得多(笑声)。我们有9桶鱼肝油,足够让我吃上7年。于是我就断奶了(笑声)。家里其他的人都在吃大黄、吐根这种东西,因为我还是个孩子,所以吃鱼肝油。我成为第一家标准石油托拉斯(笑声)。我垄断了鱼肝油。等到药店里的东西吃完了,我的身体也打下了底子,从这以后我再也不用吃药了。可是你也知道,普通的孩子要想在这个基础上活到70岁,简直是蠢透了。这件事情恰好遇上了我,只是巧合而已;再过上100年也不会有这种事(笑声)。

除了睡觉和休息外,我从来不锻炼,从来就没想过要锻炼,我讨厌锻炼。人疲劳的时候,锻炼没有一点好处;而我总是筋疲力尽(笑声)。不过,可以让别人走我的路,看看他究竟会变成什么模样。

我想重申这句座右铭:我们走别人的路不能长寿。我的习惯适合我的生活,可是会对你造成伤害。

我过着合乎道德的生活。在我来说,有不少可取之处,对其他人来说,也许并不适合。很少有人能成功:你得拥有很多的道德;你不能靠运气获得道德;你必须全部拿来,把道德放在你的匣子里。道德是一种获得——如同音乐,如同外国语,如同虔诚、扑克和瘫痪——没有人生来就拥有道德。我自己也没有,我生来贫穷。我一点道德都没有。

在座的各位,没有一个人比我那时候更贫穷(笑声)。的确,我就是这样起步 661
的——我有着远大的前程,口袋里没有一点道德,就连道德保险都没有(笑声)。我还记得我得到的第一条道德。我还能想起当时的景色、天气——我还记得看到的每一样东西。那是一条古老的道德,是个古老的二手货,年久失修,破烂不堪。可是如果你爱惜这样的东西,把她放在干燥的地方,送去游行展示,送到肖托夸夏季教育集会、世界博览会那样的地方,时常清洗消毒,过不久刷上一层崭新的白漆,你就会惊奇地看到,她会变得多么光亮,看起来多么可爱,至少不惹人讨厌。当我得到了这个发霉破烂的旧道德,她已经不再光鲜,因为她没有清洗;不过我下了一番工夫,每逢周日就擦拭她。在这样的呵护下,她涂上了一层蜡,威力和模样都变得令人难以置信，对我很有用处，成为我63年来的自豪和幸福；可是她勾搭上了保险公司的经理，变得消瘦憔悴，丧失了本性，看起来黯然失色，不再胜任这个行当（笑声）。她对我来说是个重大的损失，并不完全是损失。我把她卖给——哎，她那副可怜的骨架——我把她卖给了比利时的国王利奥波德；利奥波德国王把她卖给了我们的大都会博物馆，博物馆很高兴得到她，她身上一片破布也没剩下，已经长到了57英尺长，16英尺高，他们还以为是头雷龙呢（笑声）。好吧，她看起来就像头雷龙。人家以为，她过了19个地质年代才长成这副模样。

道德有难以估量的价值，因为每个人生来就带着小毛病，能够根除这些小毛病的东西就是道德。现在，你是个洁身自好的基督徒——我是说，你要做个洁身自好的基督徒（笑声），因为这世上只有一个。各位，我希望你们不要把我看成那种人。

人生70古来稀！

这是《圣经》限定的年龄。过了70岁，你就不再有应尽的义务，因为你艰难的生活已经结束。你是个服役期满的人，借用吉卜林的军事名言来说：你服满了兵役，无论成功与否，你都已经退伍了。你成为共和国的荣誉公民，你获得了解放，你不再服从命令，不再倾听冲锋的号角，而是听从熄灯号。你尽了很长时间的义务，如果你愿意可以拒绝——毫无偏见地拒绝——因为这些义务不再拥有法律的约束力。

那些从前的约定，在40年里让你感到痛苦不安，如今你可以永远抛开不管；在未踏进坟墓之前，你永远都不再需要这些。如果你害怕想到黑夜寒冬，离开盛大的宴会、辉煌的灯烛、动听的笑声，独自走过荒凉的街道，回到家中——这种孤寂凄凉将不复存在，在过去30年里，你的朋友沉沉睡去，你必须踮着脚尖走路，生怕打扰他们，可是现在要提醒你，你不需要轻手轻脚，你只需要回答，“非常荣幸收到你的邀请，我感到很高兴，因为你还记得我，不过我已经70岁了；70岁的年龄，可以舒舒服服地坐在壁炉旁边，抽抽烟斗，看看书，休息一下，希望你还有这份兴致，等你到了这个年纪，来到70号码头，心情舒畅地登上停泊的游艇，认定自己的目标，心满意足地朝着夕阳驶去。”

662 **演员俱乐部讲话，1906年1月3日**

1906年1月3日，马克·吐温在演员俱乐部的宴会上发表了讲话，这次宴会是为了庆祝他回到俱乐部，他讲了《征服爱丽丝》的故事（SLC 1981；see AD，10 Jan 1906，and the note at 256.5–6）。这篇文章来自演员俱乐部的管事沃尔特·奥伊特耳在1943年出版的书，名为《沃尔特关于演员俱乐部的随笔》（Oettel 1943，54–57）。奥伊特耳的这篇文章来源不明。文中提到马克·吐温慢吞吞地说话,表明有人在宴会上用速记法记下了演讲稿,也有可能是马克·吐温把自己的手稿给了奥伊特耳。

他慢吞吞地说道,“她是跟克莱门斯夫人从英国回来的。她在我们家做厨子,尽职尽责,获得了不错的口碑。她是个很有魅力的女人,已经 30 岁了,全家人都很喜欢她。”

“夏天有几个月,全家人都去了国外。我和几个仆人,包括英国姑娘玛丽,留在家里。那天夏天,我们翻修了房子,增加其他设施,安装了防盗警报器——信号器就安在我的卧室里。”

“这套系统安装完没有多久,到了夜里,警报器响了。警报连续响了 3 个晚上,但是没有找到小偷的踪迹。每次响起警报,信号器总会显示地下室的窗户被打开了。我决定下楼去看个究竟。我披上睡袍,穿上拖鞋,悄悄地下了楼。等我走近地下室,发现玛丽有个同伴——是个高大魁梧的小伙子,大约有 25 岁。当然,我为自己的冒昧感到抱歉,回到了我的房间。第二天早上,我把玛丽叫来,温和地训诫了一番,然后给她一把地下室的钥匙,这样她那位夜间访客进来的时候,不会在我的卧室里引起骚乱。”

“几个月后,有天早上,玛丽痛哭流涕地来找我。她求我想个办法,告诉我她那位年轻的朋友,相貌英俊的瑞典小伙子,就要离开她了。她承认自己怀孕了,小伙子必须立刻和她结婚。他们彼此相爱,她也早就盼着成为他的妻子。我告诉她别发愁,我会尽力帮助她。她告诉我,那个小伙子当天夜里会来。”

“我嘱咐一群佣人做好准备,帮我摆脱这个麻烦。我给当警察局长的朋友打了电话,让他找个人跟踪这个年轻的罗密欧,准许他进到房子里,但是不许他离开。他还要派一位警官在晚上 10 点钟到我门口。此外,我请了一位牧师朋友在晚上到家里来。”

“我请这位警官待在图书室右边的房间里,告诉他如果我打了三次铃,他就走进来。那位牧师藏在我卧室旁边的小房间里(顺便说一句,那是整座房子里最热的地方)。我对我的朋友说,我准备举行盛大的婚宴,想让他来主持婚礼。我准备好了美酒佳肴来庆祝婚礼——胜利就在眼前。”

“那个小伙子来得很早,是来告别的。玛丽劝他来和我谈谈。他走进了我的 663
房间,带着一副满不在乎的表情。不过,我喜欢这个家伙。尽管他充满自信,不过他的容貌英俊开朗,让玛丽这样的女人无法抗拒。”

“首先,我问了他的姓名,他告诉了我。说到他对生活有什么打算,他表示,准备靠着自己的木匠手艺赚钱过日子。我告诉他,他亏欠了玛丽,应该立刻向她求婚。他说,他要好好想一想。”

我说道,“好了,你只有 5 分钟的时间来考虑。你只有两个选择,要么结婚,要么坐牢。”我把手表摘下来放在桌子上，然后又点了一支雪茄。

他说他要走了，不过明天会让我知道他的打算。我回答说，“还有1分钟。你走进这个房间的时候，我就把门锁上了，钥匙放在我的口袋里。你现在还有3分钟的时间考虑。同时，我得告诉你，你背着入室行窃的罪名，因为你每天晚上都闯到我家里来。犯了这种罪，处罚是坐5年牢。隔壁房间里有位警官，等着逮捕你。不过，我希望你和玛丽过得幸福。她很爱你，她就要做你孩子的母亲了。她在这里名声不错，我希望你别让她丢脸。你可以住在这座宅子里最好的房间，一直到全家人回来。玛丽会成为你的好妻子。隔壁的房间里有位牧师等着，一群佣人准备祝贺你们的婚礼，现在一切都准备妥当，只差举行婚礼了。我们可以尽情庆祝。”

“你瞧，这家伙找了好些借口，不过我都化解了。最后，他同意平平安安地结婚。我叫来了玛丽、一群佣人和牧师。玛丽在那天晚上当了新娘，警察站在她的身旁，举行完婚礼，我们度过了快乐的时光。”

“这对夫妇和我们一起生活了3个月，开始经营自己的家庭。第二年，我离开了哈特福德，直到两年后我才回到那座城市。我路过车站的时候，看见有个人赶了几匹生气勃勃的马。他似乎在盯着我瞧。突然，他赶着马在我旁边停了下来，说道，‘克莱门斯先生，你不认识我了？我是弗兰克，玛丽的丈夫。’我说很高兴见到他，向他打听玛丽和孩子的情况。”

“他说道，‘克莱门斯先生，这是你做过的最好的事——让我娶了玛丽。她是个好妻子。她攒了点钱，帮我做了生意。这是我的工具，如今我当了承包商和建筑商。你得来看看我们。说到我的孩子——根本就没有孩子，连个影儿都没见到。’”

此前出版目录

下面是本书的章节目录和出版概况。所有作品均标明缩写，例如*MTA*，SLC、日期和NAR(*北美评论*)及其他在参考文献中提到的缩写名称。标有“节选”的章
664 节表明，这篇文章仅以节选形式出版过，未收录全部内容。《马克·吐温自传》(*AMT*)的主编查尔斯·奈德在他的版本中重新调整了章节次序，合并了原文的内容，因此这个版本中所有的章节认定为节选。在本目录最后附有《北美评论》从1906年9月7日到1907年12月刊登的《我的自传》[节选]。除了我的自传[节选]是马克·吐温的原定标题外，其他方括号内的标题都是编辑添加，马克·吐温并没有为这些章节拟定标题。

文本注解 669

前言追溯了马克·吐温写作自传的历史轨迹,从 1870 年到 1905 年间他创作的初稿和口述稿到 1906 年年初开始的自传口述。前言也阐述了他对于《马克·吐温自传》的最终计划,主要依据对 1906 年的多份打印稿和手稿的分析。下面总结了原始文献的情况,阐述了确立本书校勘本的编辑原则。

原始文献

手稿和打印稿(1906 年前)

这些文本的原始文献收录于《初稿与口述》部分,包括作者的亲笔手稿,詹姆斯·雷德帕斯、简·克莱门斯和约瑟芬·霍比根据他的口述整理的一批打字稿。雷德帕斯用速记符号记录了马克·吐温的谈话,然后用全部大写字母的打字机整理成文稿。简·克莱门斯是打字新手,整理了伊莎贝尔·莱昂的普通笔记。霍比是技术熟练的速记员和打字员。她的打印稿最为准确,雷德帕斯和简的稿子准确度略低。这些手稿是作者意图最直接的记录,但是有时包含错误。下面讨论的编辑原则适用于各项工作,必要时进行调整,以符合特殊的文本历史,这些将在马克·吐温计划(MTPO)的正文评注中进行详细阐述。

TS1 (1906 ~ 1909 年)

1906 年,马克·吐温构思了自传的最终计划,有三份标注连续清晰页码的打字稿为该计划所用,TS1 是第一份,时间从 1906 年到 1909 年,现存于马克·吐温档案馆。TS1 由约瑟芬·霍比完成,包括从 1906 年 1 月 9 日到 1908 年 7 月 14 日的口述稿,内容远远超过其他手稿。此后,两位打字员玛丽·路易·霍登和威廉·埃德加·格鲁曼打印了其他几百页稿件,每份口述稿分别标有编号。TS1 和玛丽·路易·霍登和威廉·埃德加·格鲁曼用速记符号转录的打字稿成为马克·吐温口述稿的原始记录。这些打字稿加起只有约 170 篇口述,时间从 1906 670
年 8 月末到 1909 年。马克·吐温修订了 TS1 的大多数内容,发表在《北美评论》

上，他调整了措辞，以补充缺漏，删改了部分他认为“独立于该杂志风格”的内容。只有 TS1 中标注的日期接近打字员打印的日期。潘恩在 TS1 的大多数页面做了标记，作为他主编的 1924 年版自传的印刷原稿，他丢弃了部分没有收录的材料，这些内容现在已经遗失。

TS2 和 TS4（1906 年）

TS2（约瑟芬·霍比打印）和 TS4（打字员身份不详）的页码不同于 TS1 和其他稿件，因为两份打字稿开头的内容没有出现在 TS1（1906 年 1 月 9 日前的原始文献）中。TS2 和 TS4 共计 2500 页，始于 6 月中旬，两份打字稿提供了确凿的证据，证明马克·吐温决定把积攒的草稿和未完成的开头收录进最后的自传。TS2 和 TS4 的开头都是“我的自传［节选］”，但是删去了介绍自传的序言（最初尝试）。第二个序言分为三部分——“最后尝试”、“最后的计划”和“序言，来自坟墓的告白”——全部出现在 TS4 中，TS4 也收录了佛罗伦萨口述，但是在 TS2 中，包括序言打字稿以及第三篇和第四篇佛罗伦萨口述的 5 页内容已经遗失。两份打字稿转录了 1906 年 1 月 9 日以后的自传口述，TS2 的结尾是 8 月 7 日的口述，TS4 的结尾是 8 月 29 日的口述。两份打字稿均包括马克·吐温对 TS1 的修订。他修订了 TS2 的大部分内容，改动了字句，审查了内容，软化了态度，发表在《北美评论》上。他没有改动 TS4。TS1 是现存口述稿的底本，TS4 是副本，不影响校勘本的内容。如果 TS1 遗失，那么 TS2 和 TS4 必须对重新建立文本，因为两份打字稿都是 TS1 的副本，两份稿件没有包括对方缺失的权威文本。如果 TS2 和 TS4 没有不同之处，那么两份打印稿都能证实遗失的 TS1 文本。

TS3 和 NAR 节选（1906～1907 年）

霍比打印于 1906 年 8 月初到 1907 年 1 月末，TS3 总计不到 150 页。TS3 是在《北美评论》发表的 6 篇文章的印刷原稿，转录了“我的自传节选”、一篇佛罗伦萨口述（罗伯特·路易斯·史蒂文森和托马斯·贝利·奥德里奇）和截至 1906 年 5 月 31 日的自传口述节选。这份打字稿包括四部分，每部分均以第 1 页开头。其中三部分包括发表在《北美评论》的节选（NAR 2，NAR 3 和 NAR 16），另一部分包
671 括三段节选（NAR 4，NAR 5 和 NAR 6）。TS3 主要依据 TS1 打印，不包括 TS1 的修订版，包括杂志发表时的改动。

以下图表阐述了 1906～1909 年《自传口述》的 TS1、TS2、TS3、TS4 文本和 25 篇 NAR 文章的关系。序言“早期尝试”没有收录在 TS2（非全本）和 TS4（全本）中，但是两份打字稿都收录了“我的自传［节选］”和第二版的三部分序言（“最后
672 尝试”、“最后的计划”和“序言，来自坟墓的告白”）和 4 篇佛罗伦萨口述。TS3 是

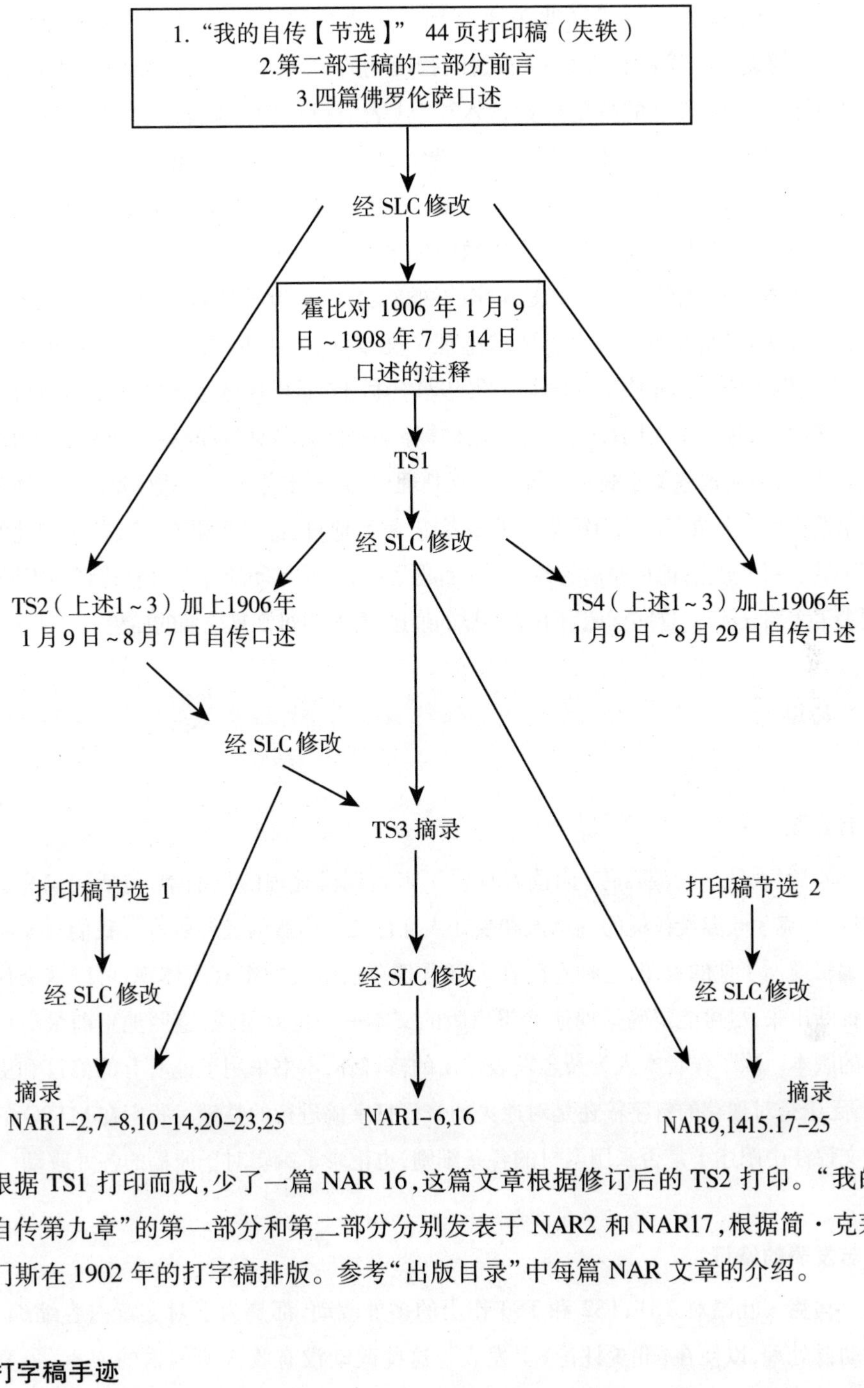

根据 TS1 打印而成，少了一篇 NAR 16，这篇文章根据修订后的 TS2 打印。“我的自传第九章”的第一部分和第二部分分别发表于 NAR2 和 NAR17，根据简·克莱门斯在 1902 年的打字稿排版。参考“出版目录”中每篇 NAR 文章的介绍。

打字稿手迹

在 TS1、TS2 和 TS3 中，通篇有双色墨水和黑色、蓝色、紫色、红色铅笔标注的修订、讹误和编辑要求。这些手迹不仅出自马克·吐温之手，还有后人所留：他的打字员，主要是霍比；他的秘书伊莎贝尔·范·莱昂；阿尔伯特·比奇洛·潘恩；

乔治·哈维和戴维·门罗;《北美评论》编辑;克拉拉·克莱门斯·加布里洛维奇;潘恩的文学继任者伯纳德·德沃托;德沃托的助理罗莎蒙德·哈特·查普曼。文本中标有删除段落的特定标记,“ABP”代表潘恩,“CG”代表克拉拉·克莱门斯·加布里洛维奇,克拉拉和潘恩负责选定她父亲的书稿用于出版。

潘恩随意地处理打字稿,直接标注改动之处,甚至把部分稿件寄给出版商,建立他的1924年版自传。潘恩和德沃托做的标记都存在问题。潘恩的笔迹难以和马克·吐温本人的笔迹区分,尤其是文字的细微变化和标点符号的改动。但是他显然重新标注了页数,按照他的出版要求整理了文本,或多或少增添了注解,纠正了错误,偶尔删去他不打算使用的段落。在1924年版上,潘恩用蓝色蜡笔在印刷原稿上标注了页码,排字工人用普通铅笔在校样标注了页码,多页打印材料上还有印刷油墨和小孔,表明这些文本被拿来排版。在整理《马克·吐温在欧洲》原稿时,德沃托还用铅笔在原稿上留言。他用铅笔写了编者按,献给他自己、罗莎蒙德·查普曼和他的打字员亨利·贝克;他在原稿的各个章节都题了字;他对打印的标点符号感到很不满,删去了大部分标点,这些标记留下了明显的痕迹,有时很难恢复原稿的面貌。

校勘本

作者意图

本版《马克·吐温自传》向读者提供了未经现代处理的校勘本,包括初稿和口述稿,马克·吐温授权他的继承人和受让人在他死后出版的最终版本。我们对文献的编辑遵循了他的意图,这种意图在大部分现存权威文件中有所体现,可以从文件
673 中推断出来,尽可能精确呈现他希望出版的文本——也就是说,遵照他生前最后修改的版本。除了作者本人为杂志发表作出的修订外,本书采用了他所有的修订和更正,无论是对现存的打字稿还是对遗失的修订打字稿进行的整理。我们在MTPO的正文评注中阐述了是否采用素材的各条细则,也记录了编辑对于原稿的各处改动。

杂志发表的修订

马克·吐温对TS1、TS2和TS3作出的多处改动,都是为了对文章内容缩编、改动或处理,以便在《北美评论》上发表。这些改动没有收入所编辑的文本,主要是因为马克·吐温是为了出版而临时修改内容,并不是作出永久性更改。其他改动的地方,如果是出于纯粹文学原因作出修改和订正,我们予以采用。在极个别情况下,两种改动混合在一起,我们在这种情况下会保持谨慎,重新整理未经审核的原始版本。

口述文本

这本自传是由口述记录整理而成，这类作品不仅有文本转换的常见问题，还有不忠实作者手稿的附加问题。在口述文本中，除非作者在口述中有特定的指示（“在那个词后面用分号”），标点符号、拼写、强调、分段和许多细节都无法得到体现——只能体现出作者讲话的感染力、态度和停顿以及语句的语法结构。认为作者打算用某种方式来拼写单词，这种说法毫无道理，因为他在口述文字时根本不可能想到特定的拼写形式。某些标点符号，如句号和问号，由于讲话人受到语法的限制，可能更接近他实际打算使用的标点符号，而他打算使用的逗号、分号、冒号、破折号等标点并没有清楚地体现出来。

当然，马克·吐温口述他的自传，并不是为了完成没有标点符号的文本。在公开演讲中，演讲者希望实现的形式是口头表达，与此不同的是，口述的目的是形成一份书面记录，在这种情况下，一份双倍行距的打印稿必须经过审核和改正，最终以书面形式出版。那么我们应该如何把口述稿中的拼写、标点符号和其他细节认定为速记员打印的结果，我们是否必须假定，这些细节没有经过作者的特定说明？马克·吐温对霍比的打印稿（TS1）进行了审核和改正，在一定程度上保证他能够发现纰漏，纠正错误，但是这样的保证程度有限，他审核打印稿细节的能力和意愿仅限于此。

口述作者和速记员合作才能形成文本，两个人的贡献不能简单地分开来看。举个简单的例子，霍比打印稿中记录的犹豫不决、重复叙述和自我纠正，必然是马克·吐温在节奏缓慢、深思熟虑的讲话中出现的问题。毫无疑问，在两个人默契的合作中，速记员会删去这些内容，不动声色地纠正错误，理顺语句。幸运的是，霍比就是这样的速记员，马克·吐温对两人的合作感到非常满意。霍比的速记笔记可能已经遗失，但是从最终的打印稿来看，她的记录非常准确。这些打印稿有双倍行距（以便在空白处修订和改正），字迹整齐清晰；她细心地删去了罕见的打印错误，进行了更正，偶尔在拼写没有把握的地方用铅笔标注问号。马克·吐温改动的地方很少（不同于修订版）。这些迹象表明，马克·吐温让霍比按照他的想法添加标点符号。口述进行20个月后，有位拜访马克·吐温的新闻记者报道，“他的口述节奏缓慢，尽可能使用分号，他尤其喜欢分号。速记员把准备发表的稿件递给他，他修改了很少几个地方。”在口述稿中很容易发现这些问题，举例说明，在未经训练的听众看来，使用句号更自然的地方，打字员使用了分号。这也证明了马克·吐温实际上在口述中阐明了标点符号和其他细节。在他去世后40年，秘书莱昂回忆道，“潘恩经常说，他口述的时候，总是慢慢地走来走去，嘴里说着‘句号’和‘分段’。”在1908年，霍比离开了马克·吐温，他只好雇佣了新的速记员玛丽·路易·霍登，他对细节的把握更加明显。1925年，霍登回忆说，马克·

吐温“自己添加标点符号,他的速记员从来连逗号都不准加。”

无论是马克·吐温明确说出了标点符号,向霍比提到了他的偏好,还是希望她了解自己的风格,都没有什么区别,在这些打印稿中,霍比的标点符号非常接近马克·吐温亲笔手稿的标点用法。我们知道,霍比了解马克·吐温对打印稿的更正,比如,“Twichell”和“Susy”的最终拼写完全正确。她在转录速记时,有时不免会打错不常用的单词:用“silver boring”替换“silver bearing”,“visited”替换“billeted”,“driveling”替换“drizzling”。但是作者和速记员显然非常了解对方。因此,霍比在TS1中的拼写、标点符号、分段等细节(主要是根据她的笔记转录)以及在后续打印稿中对细节的更正(无论是手写标记还是打印的)都获得了认
675 可。如果霍比在TS1没有分段,而在TS2中分段,那么我们就把她的改动看作是对原始打字稿的更正。另外,如果TS2中措辞的变化不是马克·吐温在TS1中作出的改动,我们就不接受这处改动,无论是编辑还是霍比的改动,除非这是必要的更正。显然,几份打字稿中大多数细微的措辞差异是疏忽造成的。

未完成的修订

因为马克·吐温从来没有准备把这些文本进行排版和出版,我们不可能完全依照他的要求。例如,在1906年2月20日的口述中,马克·吐温加了一句话:“此处附上我对‘大黄蜂’号船难的描述,这篇文章在1898年发表在《世纪杂志》上,在自传中作为独立章节——《初登文坛》。”如果采用了这段文字,那么最终的版本将自相矛盾,因为下面还有一句话,“现在暂且不提这件事”,这会让读者感到困惑不解,这段话完全偏离了正题。同样,在1906年1月12日的口述中,他写道,此次插入生日宴会的报道——《哈珀周刊》为了庆祝他的70岁生日出版的32页特刊。这本特刊篇幅很长,内容繁多,按照他的要求附在印刷版中不切实际。的确,这些要求是他本人的意愿而不是编辑的意图。在这种情况下,我们阐述了马克·吐温的意图,让读者直接参考相关的文本。以《初登文坛》为例,这篇文章的初稿和口述稿都收录在本书中。附上《哈珀周刊》的特刊并不切合实际,我们请读者参考MTPO的扫描版,网站收录的内容非常灵活,可以用于其他类似的例子,这些在正文评注中都有详细解释。通常来说,这些段落是作品必不可少的部分,不会打印成稿,作者也不会出版。另外,如果这些非正式措辞能够表达清楚(“我会让莱昂小姐去看看——不过我现在要继续讲述这个梦”),可以收录在编辑后的文本中,及时作者在修订版本的时候删除了这些段落。

事实错误

马克·吐温对于事实的错误陈述依然保留在文本中未加改动。例如,他记得

自己首次见到尤里西斯·辛普森·格兰特是在1866年(正确的年份是1868年),我们在注释中指出了这个错误,因为显然是他的回忆(而不是打字员的回忆)出 676
现了偏差。此外,在1906年3月28日的自传口述中,马克·吐温回忆了他的家人,说他的姐姐玛格丽特死于“1837年,年仅10岁”,其实她是在1839年夭折,终年9岁,他全家前往汉尼拔的时候,他的哥哥奥利安“已经12岁半了”,实际上他是14岁。在1906年3月8日的口述中,他记错了伯纳德学院教务长“希尔小姐”的名字,实际上她的姓氏是吉尔。在1906年3月12日的口述中,他按照《纽约时报》的报道,用“约翰逊”代替了“约翰斯通”。在这些情况下,我们遵循马克·吐温的文本,在注释中标出实际的错误。

另外,如果马克·吐温表示,他希望查清事实,作出正确的描述,我们也会对正文作出相应的修改。例如,在1906年3月5日的自传口述中,马克·吐温描述维维亚尼别墅的大厅有“40平方英尺见方,42英尺高”,但是在打印稿的页边写了一行小字,“究竟是42还是40?参考前文。”他在“科沃多别墅”中提到维维亚尼别墅,说是40英尺高,所以正文采用了这个数字。我们也修改了速记员和打字员造成的错误,因为他们没有得到马克·吐温的授意。例如,在1906年1月11日口述的TS2和TS4中(TS1遗失了),马克·吐温说他1888年住在威尼斯,实际上是1878年。这个错误绝不可能是他犯的,因为他在19世纪80年代没有到欧洲旅行。不过数字的偏差可能是打印错误,因此得到了更正。

形式错误:拼写、语法和标点符号

除了事实错误,在出版自传文本的情况下,马克·吐温还要求更正拼写错误,补充字词缺漏。我们认为这表明,马克·吐温不希望出版的作品中包含这些明显的错误:毫无疑问,他希望在印刷稿中用“monotonous”代替手稿中的“monotous,”“initiated”代替手稿中的“iniated”。他也不希望出现像“look her”和“either us”这样未加更正的短语,应该改成“look at her”和“either of us”。马克·吐温指出打印稿中的简单错误(比如“publsher”)和印刷稿的错误(《纽约时报》把“young”印成“yaung”)都得到了更正。人名的拼写错误也得到了更正,无论这个错误是马克·吐温还是速记员造成的(比如,用“Greeley”代替“Greely”)。

我们对于错误的更正非常谨慎,考虑到有充分的证据表明,马克·吐温反对别人对他的文章进行修改。对那些出于作者本意的错误(比如,方言土语的拼写),我们当然不会作出改动。有些口语特有的语法癖好也保持了原文的风貌。 677
马克·吐温本人对于用方言写作非常赞赏,“这种微妙的风格让谈话更生动,胜过笔下最形象的模仿”。因为这个原因,我们没有改变下面这些句子“现在,她向法院提出诉讼,要和卑鄙的丈夫离婚,世人都对她寄予同情关心,这是她应得的”以及“有一份声明仔细评估了兰登先生的身家，显示这笔资产价值 80 万美元，糟糕的是，这笔钱只是公司所欠的债务。”尽管也有证据表明，马克·吐温乐于让别人纠正他的语法（参考下面致蒂克诺的信），更正口语中的错误，如用“who”代替“whom”，不过我们依然保留了这些特色。

众所周知，马克·吐温希望他写的标点符号得到尊重，不希望任何人进行改动。他曾经给豪威尔斯写信说，“昨天霍尔先生写信说，出版社的校对员正在改动我的标点符号。我发电报告诉他，立刻打死校对员，不要给他祈祷的时间。”他雇来抄录手稿的多位打字员出于善意对内容有所改动，他也同样很警惕。在修订《误闯亚瑟王宫》第 25 章（骑士们请求在美国佬组建的军队里谋个职位）的打印稿时，马克·吐温加了这样一段话：“想想看，这个扶不起的软蛋竟然还一本正经地要谋官差，要谋天底下各种各样的官差！乖乖，一个打字员身上的怪脾气，你把老爱自告奋勇纠正别人的语法和标点符号这条撇开，在他身上就每一样找不出来。”

他反对别人“自告奋勇纠正语法和标点符号”，不过有时候这些话也不是那么绝对。在 1881 年 8 月中旬他给出版商本杰明·H. 蒂克纳写了信，当时蒂克纳正在监督《王子与乞丐》的排版工作，马克·吐温写道：

让印刷工人按照我写的标点符号——我对这件事情不能让步。我很感谢他们把我写的“sprang”改成“sprung”；还有我的语法错误，因为语法这门学问对你忠实的朋友来说太繁琐了；可是我希望我的标点符号得到尊重。当我还在报社当印刷工人的时候，就在 100 家印刷所学过这个；所以我掌握的各种标点符号比我其他的本领都要强，因此我很看重标点符号。

在 1897 年写给查特—温达斯出版社的信中，他抱怨了《国外漫游续》（《赤道环游记》的英国版）的校对：

> 我想象得出来，这个屎壳郎对我的标点很感兴趣——这根本不关他的事，也用不着他管闲事——他不但没有改正拼写错误，这才是他那个下流行当该做的，反而在单词下面加着重号，等于承认他根本不知道标点符号和他有什么相干！这个狗娘养的坏胚子！不过今天是安息日，我不该用这么粗俗的口气说话。

678 我们忠实地再现了马克·吐温手稿和打字稿中的标点符号，除了存在问题的地方——例如，在个别情况下，他删去了后引号或同位语从句的第二个逗号。作者对口述文本标点符号的影响要小于手稿，为了和马克·吐温手稿中的标点用法保持一致，我们进行了另外的更正。下面的例子说明了增添标点符号的三种情况：（1）“特威切尔先生，你把我当成该死的天主教徒了吗?”（加逗号）（2）“是的”,我说,“那是我的位置”(加第二个逗号)。(3)“我们说,J.,‘这件事做得很好’。”(分段前面加逗号)。

一致性

可以确定的是,在马克·吐温的职业生涯中,他始终避免在作品中用多种方式拼写、大写或缩写同一个词,在这个方面,他的手稿保持了惊人的一致性,强烈地体现了作者的这种意图。但是他也知道,他必须要求排字工人配合,才能在印刷版中体现和保持这种一致性。在1897年,他多次抱怨《国外漫游续》的校样,认为“这个校对员甚至没有保持一致。”在《马的故事》手稿第1页上,他直接告诉排字车间,请他们“忽略我对军衔的大写,按照他们的办法排版——这样能确保前后一致,这是最重要的原则。”

在这个层面上,保持一致性就意味着马克·吐温那些毫无意义、无意识的书写形式,可能引起误解的拼写错误,数字和缩写的表现形式,都会给出版文本带来不利影响。在一本书里,这些书写形式的变化被会当成错误,在正文的各个章节中予以纠正,除非马克·吐温引用了别人的说法。“初稿与口述”在35年的时间里由手写或打印而成,每份稿件本身保持一致;自传的最终文本全部保持一致。如果速记员对某个单词的拼写或大写保持一致,那么这种书写形式就会保留下来。然而,如果打印稿出现了不同的形式,那么我们会采用马克·吐温认同的书写形式。

经过对所有现存手稿的广泛检索,我们记录了125页文件,现存于马克·吐 679
温档案馆(共有1456个词条,从“acoming”到“zig - zag”都包括在内),这些文件列出了自传口述中词条的多种形式以及马克·吐温的打印稿手迹和其他几百份手稿中找到的书写形式。其结果是,这些细节的表现形式得到了统一,我们采用的形式完全体现了作者的意图,得到了文献证据的认可。

附录文件

在口述打字稿中,马克·吐温不仅经常附上他自己早期的手稿,还有新闻简报、收到的信件和其他文件。他自己附录的手稿按照前面所述的编辑原则来处理。在其他文本中,我们纠正了简单的错误(印刷和其他错误),但是没有为和拼写、大写取得一致而改变原文。如果我们看到霍比转录成打印稿的原始文件,我们会重新录入原稿。她的打字稿显示,马克·吐温希望这篇文章有什么样的细节和内容(换句话说,他告诉霍比删去那些段落)。当然,如果没有找到她转录的原始文件,我们只能依赖她的打字稿来改正错误。有些情况复杂的附录文件需要按照经验来进行整理。在这些情况下,我们需要在文本点评中阐述清楚改变原稿内容的理由。

H. E. S.

参考文献

下列对照表标明了本书中引用的缩写，提供了全面的文献目录，标注了引用文献的作者、日期、标题或缩写。马克·吐温家人撰写的作品以作者姓名缩写标注：SLC（马克·吐温）、OLC（奥莉薇亚）、OSC（苏西）和 CC（克拉拉）。

AD. 自传口述

奥尔顿·D. 亚当斯："新英格兰煤气和焦炭"，载《政治经济学杂志》1903 年第 3 (11)期。

伊丽莎白·凯莉·阿加西：《路易斯·阿加西：他的人生和信札》，霍顿·米夫林出版公司 1886 年版。

美国内战

2009a.《弗吉尼亚州，南北战争李斯堡之役》。

2009b."南北战争战术统计，指挥官和伤亡人数"，载 http://americancivilwar.com/cwstats. html，访问时间 2009 年 4 月 28 日。

AMT. 查尔斯·奈德：《马克·吐温自传》，哈珀兄弟出版公司 1959 年版。

Andrews、Gregg、格雷格·安德鲁斯：《都市尘埃：汤姆·索亚故土的水泥公司镇》，密苏里大学出版社 1996 年版。

肯尼斯·R. 安德鲁斯：《努克农场：马克·吐温在哈特福德的交际圈》，哈佛大学出版社 1950 年版。

迈伦·安吉尔，《内华达历史》，汤普森西部出版公司 1881 年版。索引参阅 Poulton 1966。

Annual Cyclopaedia 1883.《阿普尔顿 1883 年百科年鉴》23 卷，阿普尔顿出版公司 1884 年版。

Annual Cyclopaedia 1884.《阿普尔顿 1884 年百科年鉴》24 卷，阿普尔顿出版公司 1885 年版。

Annual Cyclopaedia 1885.《阿普尔顿 1885 年百科年鉴》25 卷，阿普尔顿出版公司 1886 年版。

Annual Cyclopaedia 1901.《阿普尔顿 1801 年百科年鉴》41 卷，阿普尔顿出版

公司 1902 年版。

“Antarctic Discoveries”，载《每月大事记》1840 年第 7(1)期。

黛比·阿普尔盖特:《美国名人丛书:亨利·沃德·比彻》，双日出版社 2006 年版。

Arlington National Cemetery. 阿灵顿国家公墓，戈登·约翰斯顿，http://arlingtoncemetery. net/gjohnstn. htm. 2009 – 5 – 27.

拉尔夫·W. 阿什克罗夫特:《拉尔夫·W. 阿什克罗夫特口述:美国职业生涯》，打印稿现存于 CU – MARK，1904。

AskART.

2008a.“巴里·福克纳”，载 http://www. askart. com/artist. aspx? artist = 21782. 访问时间 2008 – 7 – 30.

2008b.“爱玛·比奇·塞耶”，载 http://www. askart. com/AskART/artists/biography. aspx? artist = 80017. 访问时间 2008 年 7 月 30 日。

2008c.“杰拉尔德·汉德森·塞耶”，载 http://www. askart. com/AskART/artists/biography. aspx? artist = 19926. 访问时间 2008 年 7 月 29 日。

2008d.“格拉迪斯·塞耶·里森纳”，载 http://www. askart. com/AskART/artists/biography. aspx? artist = 86887. 访问时间 2008 年 7 月 30 日。

2008e.“卡尔·哈格特”，载 http://www. askart. com/AskART/artists/biography. aspxFartist = 116168. 访问时间 2008 年 8 月 28 日。

约翰·W. 克劳利:《温文尔雅的异教徒:查尔斯·沃伦·斯托达德的双重生活》，马萨诸塞大学出版社 1991 年版。

詹姆斯·C. 奥斯丁

1953.《大西洋月刊:写给编辑的信，1861 – 1870》，亨廷顿图书馆，1953。

1965. 西尔维娅·鲍曼，《派彻列姆·V. 纳斯比(大卫·罗斯·洛克)》，特怀恩出版社美国作家丛书，n. 89，特怀恩出版社 1965 年版。

安德鲁·J. 巴切维奇:“巴德达胡火山内幕:遗忘的屠杀和教训”，载《波士顿环球报》2006 年 3 月 12 日 C2 版。

亚当·巴多

1868 ~ 1881 年.《格兰特将军的战史，1861 年 4 月至 1865 年 4 月》3 卷，阿普尔顿出版公司。

1887.《和平中的格兰特》，斯克兰顿出版公司。

卡尔·贝德克尔出版社

1880.《旅行指南:从鹿特丹到康斯坦茨湖的莱茵河》(第七版修订版)，卡尔·贝德克尔出版社。

1893.《美国和墨西哥之旅》,卡尔·贝德克尔出版社。

1903.《意大利旅行指南》,第一章:意大利南部,卡尔·贝德克尔出版社。

G. 霍华德·G. 贝茨霍德:《马克·吐温和英国佬:英国情结》,印第安纳大学出版社 1970 年版。

休·C. 贝利:"埃德加·加德纳·墨菲",载亚拉巴马州百科全书,2009 http://www . encyclopediaofalabama. org/face/Article. jspFid = h - 1183. 访问时间 2009 年 9 月 4 日。

BAL. 雅各布·布兰克:《美国文学参考文献》9 卷,耶鲁大学出版社,1955 ~ 1991 年版。

伯纳德学院

2008a."伯纳德学院建校史,从麦迪逊到莫宁赛德",载 http://beatl. barnard. columbia. edu/barnard/timelines/bcl889. htm. 访问时间 2008 年 9 月 3 日。

2008b."伯纳德学院历任领导人",载 http://www. barnard. columbia. edu/president/search/ leaders. html. 访问时间 2008 年 9 月 3 日。

威廉·W. 比彻、塞缪尔·斯科维尔、亨利·沃德·比彻:《亨利·沃德·比彻牧师传记》,查尔斯·韦伯斯特出版公司 1888 年版。

埃塞尔·林恩·比尔斯:"哨兵",载《哈珀周刊》1861 年第 11 - 30(5)期。

雷蒙德·马丁·贝尔:《塞缪尔·克莱门斯的祖先,马克·吐温的祖父》,雷蒙德·马丁·贝尔公司 1984 年油印版。

安布罗斯·比尔斯:"内华达州的派尤特人",载《黄金时代》1868 年第 7 - 4(16)期。

《传记评论,康涅狄格州新伦敦县名人的生平》,大西洋各州传记评论系列,26 卷,传记评论出版公司 1898 年版。

威廉·亨利·毕晓普

1877 ~ 1878.《代特莫尔德罗曼史》,大西洋月刊,1877. 12(40):732 - 743,1878. 1 - 6(41):76 - 87,189 - 201,273 - 285,409 - 420,553 - 565,697 - 710.

1879.《代特莫尔德罗曼史》,霍顿·奥斯古德出版公司。

阿瑟·H. 比赛尔、托马斯·B. 科比:《1879 年 3 月 3 日国会法案批准通过美利坚合众国邮政法》,美国政府印刷局 1879 年版。

威廉·布莱克斯通:《英格兰法律释义》4 卷,克拉伦登出版社,1765 ~ 1769 年版。

阿尔弗雷德·杰伊·博莱:"美西战争的军事医学",载《生物学医学研究评述》2005 年第 48 期。

《1900 年美国第十二次人口普查登记表 Roll T623》,布恩县,1900 年,影印件现存于 CU – MARK。

H. E. 布思比:《偶像崇拜》,1920 年夏威夷年鉴,53 – 78。

“医学医生伦纳德·伍德少将”,载《波士顿医学杂志》1899 年第 4 期。

纳撒尼尔·鲍迪奇:《新美洲航海指南》,布朗特公司 1854 年版。

安德鲁·博伊德、哈里·博伊德:《埃尔迈拉和康宁名录:包括公民地址,政府、公立和私立学校的概况,1872 – 73》,安德鲁 – 哈里·博伊德出版公司 1872 年版。

马里昂·布拉格:《密西西比河下游历史名人和名胜》,密西西比河委员会,1977 年版。

温德尔·布雷纳德,影印件现存于 CU – MARK。

埃德加·马奎斯·布兰奇

《人们叫我幸运儿:马克·吐温与宾夕法尼亚》,俄亥俄州牛津:图书馆之友协会,迈阿密大学,1985 年版。

“比克斯比和卡罗尔:马克·吐温早年河上生涯的新发现”,载《马克·吐温期刊》1992 年第 2 期。

明尼·M. 布拉希尔:“马克·吐温的外甥女,姐姐帕梅拉的女儿对百年纪念怀有浓厚兴趣”,载《汉尼拔晚邮报》1935 年第 3 期。

查尔斯·A. 布里吉斯:《我们如何修订威斯敏斯特信条》,查尔斯·斯克里布纳父子出版公司 1890 年版。

艾米丽·埃德森·布里吉斯:《奥莉薇亚书信集:新闻通信录之华盛顿城四十年来的历史》,纽约尼尔出版公司 1906 年版。

E. A. 布里吉迪:《锡耶纳新导览》(第 2 版),托里尼公司 1885 年版。

《英格兰和威尔斯人口普查表,英格兰萨里郡基尤》,英国国家档案馆:公共档案局 1881 年版,影印件现存于 CU – MARK。

百老汇联盟,百老汇网络数据库

http://www.ibdb.com/production.phprid = 7246. 2009 – 5 – 4.

诺亚·布鲁克斯:“马克·吐温在加利福尼亚”,载《世纪杂志》1898 年第 11 期。

约翰·布鲁厄姆、约翰·埃尔金:《莲叶》,威廉·吉尔公司 1875 年版。

亚历山大·克罗斯比·布朗:《夏威夷之舟:1866 年从纽约起航驶往旧金山的大黄蜂号快轮纪实》,康奈尔海事出版社 1974 年版。

柯蒂斯·布朗:“马克·吐温谈话录”,载《布法罗快报》1899 年 7 月 30 日第 1 版。再版于 Scharnhorst 2006,340 – 45。

约翰·布朗

“帕特·弗莱明:50年前的儿童传记”,载《北英评论》1863年第11期。

《玛乔丽·弗莱明随笔,又名帕特·弗莱明:50年前的儿童传记》,埃德蒙顿-道格拉斯公司1963年版。

《约翰·布朗医生书信集》,约翰·布朗,D. W. 弗罗斯特编辑,伊丽莎白·T. 麦克拉伦作序,亚当-查尔斯·布莱克出版公司1907年版。

约翰·泰勒·布朗:《约翰·布朗医生:传记和评论》,附有W. B. 邓洛普的传记小品文,亚当-查尔斯·布莱克出版公司,1903年版。

路易斯·J. 巴德

《马克·吐温:社会哲学家》,印第安纳大学出版社1962年版。

“马克·吐温有关的报纸和杂志访问的名录,1874-1910”,载《美国现实主义文学》1977年冬(10)。

“对黄色新闻的好奇心:马克·吐温和纽约新闻界”,载《大众文化期刊》1981年秋(15)。

《马克·吐温:小说、随笔、演讲和散文集,1852-1890》,美国图书馆,美国文学经典,1992年版。

《马克·吐温小说、随笔、演讲、散文集,1891-1910.》,美国图书馆,美国文学经典,1992年版。

《马克·吐温:当代访谈》,剑桥大学出版社,1999年版。

伯纳德·伯克:《贵族、从男爵、枢密院、骑士宗谱纹章词典》,阿什沃思·伯克,第66版,哈里森父子出版社,1904年版。

詹姆斯·金斯利:《罗伯特·彭斯诗歌全集》,牛津大学出版社。

查尔斯·W. 伯比:《康涅狄格州哈特福德县历史,1633-1928》3卷,克拉克出版公司1928年版。

纳撒尼尔·J. 伯顿:《耶鲁讲道词及其他》,查尔斯·韦伯斯特出版公司1888年版。

《1860年美国第八次人口普查登记表》,Roll M653,尤特县,1860年,影印件现存于CU-MARK。

查尔斯·拜勒:“平定摩洛人:菲律宾南部的美国军政府,1899-1913”,载《军事评论》2005年第5期,http://findarticles. eom/p/articles/mi_mOPBZ/is_3_85/ai_n 14695890. 2009-4-20。

加利福尼亚州立图书馆,萨克拉门托。

少年节制会,密苏里州汉尼拔少年节制会章程,2页手稿,包括会员花名册,现存于MoHM。

威廉·威尔弗雷德·坎贝尔:“爱”,载《世纪杂志》1891年第10(42)期。

盖伊·A. 卡德维尔:《天才双子星》,密歇根州大学出版社 1953 年版。

美国凯斯西保留地大学:“欧几里得大街浸信会教堂,克利夫兰历史百科全书”,载 http://ech. cwru. edu/ech - cgi/article. plPid = EABC,访问时间 2008 年 3 月 15 日。

C. C. 克拉拉·兰登·克莱门斯:《我的爸爸马克·吐温》,哈珀兄弟出版公司 1931 年版。

本韦努托·切利尼、约翰·艾丁顿·西蒙兹翻译:《本韦努托·切利尼生平》,约翰尼莫出版社 1896 年版。

《1900 年美国第十二次人口普查登记表 Roll T623》,希芒县,1900 年版,影印件现存于 CU - MARK。

豪威尔·切尼:《周一早间俱乐部会员名录和会议纪要,1869 - 1954》,私人印刷,1954 年版。

玛丽·布什内尔·切尼:《贺拉斯·布什内尔传记和书信集》,哈珀兄弟出版公司 1880 年版。

西奥多·蔡尔德:“巴黎决斗”,载《哈珀新月刊》1887 年第 3(74)期。

孟席斯家族:“孟席斯家族”,载 http://www. menzies. org/history/menziesofinterest. htm。

克拉拉·兰顿·克莱门斯

奥莉薇亚·苏珊·克莱门斯

塞缪尔·朗赫恩·克莱门斯

加利福尼亚州拉乔拉,詹姆斯·S. 科普利图书馆。

迈克尔·D. 科:《破解玛雅密码》(修订版),托马斯哈德森出版公司 1999 年版。

埃德加·M. 布兰奇:《晨报的克莱门斯:马克·吐温在旧金山》,加利福尼亚大学出版社 1969 年版。

塞缪尔·哈特编纂:《康涅狄格州传记百科全书》,美国历史协会,1917 年版。

康涅狄格州电力公司:“哈特福德电灯公司”,载 http://www. cl - p. com/companyinfo/helcohistory. asp. 访问时间 2008 年 7 月 9 日。

康涅狄格州历史协会:“威廉·哈姆斯里”,载 http://www. chs. org/library/msscoll. htm. 访问时间 2005 年 3 月 8 日。

康涅狄格州立图书馆

“威廉·哈默斯利的讣告,康涅狄格州法官和检察官纪念名录,康涅狄格州报告 120:704 - 6”,载 http://www. cslib. org/memorials/ haniersleyw. htm. 访问时间 2006 年 10 月 9 日。

“亨利·C. 罗宾逊的讣告”，载 http://www.cslib.org/memorials/robinsonh.htm. 访问时间 2008 年 7 月 9 日。

“韦瑟斯菲尔德监狱档案”，载 http://www.cslib.org/wethers.asp. 访问时间 2008 年 6 月 27 日。

米歇尔·柯顿：《马克·吐温的埃尔迈拉，1870 - 1910》，希芒县历史协会，1985 年。

史蒂夫·考特尼：《约瑟夫·霍普金斯·特威切尔：马克·吐温好友的生平》，佐治亚大学出版社 2008 年版。

伦道夫·J. 考克斯：《廉价小说指南：文献资料》，格林伍德出版社 2000 年版。

詹姆斯·M. 考克斯：《马克·吐温：天生幽默》，普林斯顿大学出版社 1966 年版。

加利福尼亚州圣马力诺，亨利·爱德华·亨廷顿图书馆、艺术馆和植物园。

康涅狄格州哈特福德，马克·吐温故居博物馆。

康涅狄格州哈特福德，斯托纪念图书馆和历史基金会。

康涅狄格州米斯蒂克，米斯蒂克海港博物馆，G. W. 布伦特·怀特图书馆。

康涅狄格州纽黑文，耶鲁大学，拜内克古籍善本图书馆。

加利福尼亚大学伯克利分校，班克罗夫特图书馆，马克·吐温档案馆。

《误闯亚瑟王宫》，伯纳德·L. 斯坦因编辑，亨利·纳什·史密斯作序，马克·吐温档案馆，加利福尼亚大学出版社 1979 年版。

伊丽莎白·丹尼尔斯，“瓦萨历史，1871 - 1890”，瓦萨学院的历史，2008 年。

凯西·N. 戴维森、鲍比·艾伦·金贝尔、威廉·E. 格兰特：“安布罗斯·比尔斯”：《美国文学传记辞典，74 卷：1880 年前的短篇小说家》，盖尔研究公司 1988 年版。

N. E. 道森：“十年菲律宾人”，读者来信，载《华盛顿邮报》，1902 - 4 - 28，10.

约翰·德布雷特：《德布雷特英国贵族年鉴》，帕特里克·蒙塔古 - 史密斯主编，德布雷特氏贵族名鉴，1980 年。

特雷尔·登普西：《寻找吉姆：萨姆·克莱门斯时代的奴隶制》，密苏里大学出版社 2003 年版。

泰勒·丹尼特：《约翰·海：从诗歌到政治》，多德米德出版公司 1933 年版。

美国国务院：《美国国务院登记册》，美国政府印刷局 1911 年版。

昌西·迪普：《八十年回忆录》，查尔斯·斯克里布纳父子出版公司 1922 年版。

乔治·H. 德比（笔名约翰·菲尼克斯）

《菲尼克斯随笔趣谈》，阿普尔顿出版公司 1856 年版。

《斯奎鲍勃文集》,卡尔顿出版公司 1865 年版。

美国国会图书馆,华盛顿。

美国革命女儿会图书馆,华盛顿。

理查德·欧文·道奇:《我们的印第安人:在西部红人中度过的 30 年》,沃辛顿出版公司 1883 年版。

查尔斯·勒特威奇·道奇森(笔名刘易斯·卡罗尔):《刘易斯·卡罗尔日记:查尔斯·勒特威奇·道奇森的私人日记》,爱德华·韦克林注解,10 卷,赫里福德郡克利福德:刘易斯·卡罗尔学会,1993 ~ 2007 年。

乔治·杜比:《我认识的查尔斯·狄更斯:英美演讲之旅(1866 – 1870)》,费希尔昂温出版社 1987 年版。

卡尔·多尔梅奇:《名人传:马克·吐温在维也纳》,佐治亚大学出版社 1992 年版。

克里·德里斯科尔:《印第安人的上帝更崇高善良:马克·吐温和美洲原住民宗教》,打印稿现存于 CU – MARK。

伊萨克·沃森·邓纳姆:《邓纳姆家谱:邓纳姆家族在英国和美国的分支》,公告印刷,1907 年版。

理查德·埃迪:《酒史:历史酗酒记事》,全国禁酒协会出版社 1887 年版。

彼得·兹沃科斯基、詹姆斯·R. 奥斯古德公司(波士顿:1871 – 1878;1880 – 1885);霍顿奥斯古德公司(波士顿:1878 – 1880);蒂克纳公司(波士顿:1885 – 1889),《美国文学传记辞典,49 卷:美国文学出版社,1638 – 1899,第二部:N – Z》,底特律:盖尔研究公司,1986.

W. T. 爱丽丝:《回忆录:我在加利福尼亚州尤巴县的七十二年》,俄勒冈大学,1939 年版。

伊丽莎白·普拉瑟·埃尔斯伯里

《密苏里州马里昂县的记录,1853 – 1887》,206 邮箱,伊丽莎白·埃尔斯伯里油印。

《密苏里州罗尔斯县的遗嘱记录》,2 卷,206 邮箱,伊丽莎白·埃尔斯伯里油印。

埃德加·马奎斯·布兰奇、罗伯特 H. 赫斯特、哈里特·埃莉诺·史密斯:《早期小说和随笔,第一卷(1851 – 1864)》,马克·吐温档案馆,加利福尼亚大学出版社 1979 年版。

埃德加·马奎斯·布兰奇、罗伯特 H. 赫斯特、哈里特·埃莉诺·史密斯:《早期小说和随笔,第二卷(1864 – 1865)》,马克·吐温档案馆,加利福尼亚大学出版社 1981 年版。

马乔里·哈勒尔·尤班克:《1868 年到 1901 年的雷德帕斯吕克昂办事处》,医生论文,密歇根大学,1969 年。

亨利·布洛海姆·法尔涅:《帕特·弗莱明:50 年前的儿童传记》,爱丁堡,1858 年。

保罗·法图

《马克·吐温巡回演讲》,印第安纳大学出版社 1960 年版。

《马克·吐温讲话》,爱荷华大学出版社 1976 年版。

芬特雷斯县契约文件,1820 -48,《芬特雷斯县契约文件,卷 A - D,1820 年 11 月至 1848 年 10 月,Roll 7》,田纳西州州立图书档案馆,田纳西州纳什维尔。

芬特雷斯县土地转让档案,1841 -45,《山区土地转让档案,Roll 144》,田纳西州州立图书档案馆,田纳西州纳什维尔。

亨利·弗格森:《亨利·弗格森日记》,手稿现存于 CtY - BR,发表于 Ferguson and Ferguson 1924,Alexander Crosby Brown 1974。

亨利·弗格森:《亨利·弗格森日记,1866 年 1 月至 8 月》,哈特福德:凯斯·洛克伍德·布雷纳德公司私人印刷,1924 年版。

塞缪尔·弗格森:《塞缪尔·弗格森日记》,手稿现存于 CtMyMHi,发表于 Ferguson and Ferguson 1924,Alexander Crosby Brown 1974。

凯特·菲尔德:《查尔斯·狄更斯朗读会速写》,劳瑞出版公司 1868 年版。

卡洛琳·J. 莫斯:《凯特·菲尔德书信集》,南伊利诺伊大学出版社 1996 年版。

伊丽莎白·戴维斯·菲尔德:"马克·吐温的老朋友",载《哈珀周刊》1899 年第 12 -16(43)期。

维克多·费舍尔:《哈克贝利·费恩评论:哈克贝利·费恩历险记在美国的境遇,1885 -1897》,美国文学现实主义,1983 年春(16):1 -57.

马乔里·弗莱明:《马乔里·弗莱明全集:日记、书信和诗歌》,弗兰克·西奇威克主编,牛津大学出版社 1935 年版。

伦纳德伍德堡:"伦纳德·伍德少将",载 http://www. wood. army. mil/MGLeonardwood. htm. 访问时间 2009 年 4 月 17 日。

福瑟林厄姆:《汉尼拔城市名录,1859 -1860》,福瑟林厄姆出版公司 1859 年版。

威廉·F. 福克斯:《美国内战军队损失,1861 - 1865》,奥尔巴尼出版公司 1889 年版。第五章,"南北战争与对外战争伤亡人数对比",载 http://www. civilwarhome. com/foxs. htm. 访问时间 2009 年 4 月 27 日。

乔·B. 富尔顿

《根据马克·吐温的观点判断遗失的手稿:修复文本的编辑过程与版本》,美国文学现实主义,2005 年春(37):238 - 58.

《教士马克·吐温:滑稽的神学理论、形式和内容》,俄亥俄州立大学出版社 2006 年版。

罗伯特·L. 盖尔:《约翰·海》,特韦恩美国作家系列,西尔维娅·鲍曼主编,no. 296. 特怀恩出版社 1978 年版。

伊莱休·吉尔

《吉尔的哈特福德城市名录及图解;1882 年 7 月 1 日:城区新地图;新街道图;人名企业总目录》,伊莱休·吉尔,1882 年。

《吉尔的哈特福德城市名录;1886 年 7 月 1 日:哈特福德十五倍地图》,伊莱休·吉尔,1886 年。

佐治亚州亚特兰大,埃默里大学。

理查德·沃森·吉尔德:《格罗弗·克利夫兰:友谊的记录》,世纪出版公司 1910 年版。

罗莎蒙德·吉尔德:《理查德·沃森·吉尔德书信集》,霍顿·米夫林出版公司 1916 年版。

"轮船术语词典 2008 版",载 http://www. steamboats. org/history - education/glossary. html. 访问时间 2008 年 7 月 10 日。

理查德·戈德赫斯特:《百感交集:尤里西斯·辛普森·格兰特将军的悲哀与成功》,读者文摘出版社 1975 年版。

约瑟夫古德曼

《古玛雅碑文》,泰勒·弗朗西斯出版社 1897 年版。

《玛雅文字体系:相信这种文字是密码的理由》,泰勒·弗朗西斯出版社 1898 年版。

"玛雅日期",载《美国考古学家》1805 年第 10 - 12(7):642 - 47.

约翰·Y. 西蒙:《尤里西斯·格兰特夫人 - 茱莉亚·登特·格兰特的私人回忆录》,帕特南父子出版公司 1975 年版。

尤利西斯·辛普森·格兰特

"夏伊洛战役",载《世纪杂志》1885. 2(29):593 - 614.

"维克斯堡围城",载《世纪杂志》1885. 9(30):752 - 767.

"格兰特将军回忆录:查塔努加战役",载《世纪杂志》1885. 11(31):128 - 146.

《格兰特将军回忆录》,第 2 卷,查尔斯 - 韦伯斯特出版公司。

"格兰特将军回忆录:荒原战役之准备",载《世纪杂志》1886. 2(31)573 - 82.

拉尔夫·格雷戈里:“约瑟夫·P. 阿门特——萨姆·克莱门斯的报馆老板”,载《马克·吐温杂志》1976(18):1 –4.

艾伦·格里本:《马克·吐温图书馆重建工作》,第 2 卷,G. K. 霍尔出版公司1980 年版。

欧文·古德:《加利福尼亚地名志:现有地名的起源》,加利福尼亚大学出版社 1962 年版。

赫尔利·J. 哈古德、罗伯塔·哈古德:《密苏里州汉尼拔死亡名单,1880 –1910,摘自汉尼拔市档案;浸信会旧墓地及其他墓地丧葬列表》,油印件,1985 年。

W. S. 哈洛克:《哈洛克汉尼拔城市名录 1877 –78》,W. S. 哈洛克,1877 年。

穆拉特·霍尔斯特德:《古巴传奇:为自由而斗争》,维尔纳公司 1897 年版。

芭芭拉·哈洛、米亚·卡特:《帝国主义和东方主义:史料记录》,布莱克威尔出版社 1999 年版。

乔尔·钱德勒·哈里斯:《雷姆斯大叔的歌谣和故事》,阿普尔顿出版公司1880 年版。

茱莉亚·科里尔·哈里斯:《乔尔·钱德勒·哈里斯的生平和书信》,霍顿米夫林出版公司 1918 年版。

约翰·M. 哈里森:《纳斯比的作者,大卫·罗斯·洛克》,北卡罗来纳大学出版社 1969 年版。

林德·哈里森:“康涅狄格州无记名投票法”,载《新英格兰人和耶鲁评论》1890. 5(242):401 –9.

詹姆斯·D. 哈特:《加利福尼亚手册》(修订版),加利福尼亚大学出版社1987 年版。

哈特福德人口普查

《1880 年美国第十次人口普查登记表 Roll T9》,哈特福德县,影印件现存于CU – MARK。

《1900 年美国第十二次人口普查登记表 Roll T623》,哈特福德县,影印件现存于 CU – MARK。

《1910 年美国第十三次人口普查登记表 Roll T624》,哈特福德县,影印件现存于 CU – MARK。

哈特福德俱乐部:“哈特福德俱乐部:1873 年以来哈特福德的中心”,载http://www.hartfordclub.com/fw/main/Club – History – 19.html. 访问时间 2009年 5 月 14 日。

哈特福德居民录,1974 年,未出版打印稿,编者不详,现存于 CtHSD。

哈特福德神学院教师主编:《哈特福德神学院记录》,哈特福德神学院出版社

1910 年版。

乔治·哈维:“编辑日记”,载《北美评论》1906 - 9 - 7(183):433 - 48.

朱利安·霍桑

《撒克逊研究》,斯特拉恩出版公司 1876 年版。

《纳撒尼尔·霍桑和他的妻子:生平传记》,第 2 卷,詹姆斯·奥斯古德出版公司 1885 年版。

亨利·克莱门斯

弗朗西斯·B. 海特曼:《美国军队机构的历史名录和词典,1789 年 9 月 29 日 - 1903 年 3 月 2 日》,第 2 卷,美国政府印刷局,1903 年。

威廉·刘易斯·赫恩登、拉德纳·格里本,《亚马逊河流域考察记,海军部报告指南》,第 2 卷,罗伯特·阿姆斯特朗,1853 ~ 1854 年。

维克多·费舍尔、琳·萨拉莫、沃尔特·布莱尔:《哈克贝利·费恩历险记》,马克·吐温档案馆,加利福尼亚大学出版社 2003 年版。MTPO 在线阅读。

沃尔特·布莱尔:《马克·吐温的汉尼拔,哈克和汤姆》,马克·吐温档案馆,加利福尼亚大学出版社 1969 年版。

刘易斯·利瑞:《马克·吐温 - 亨利·赫特尔斯顿·罗杰斯书信集》,马克·吐温档案馆,加利福尼亚大学出版社 1969 年版。

克里斯多夫·希伯特:《维多利亚女王的个人历程》,德卡普出版社 2001 年版。

哈姆林·希尔:《马克·吐温和以利沙·布利斯》,密苏里大学出版社 1964 年版。

R. I. 霍尔库姆:《马里昂县历史》,E. F. 帕金斯公司 1884 年版(1979 年再版,汉尼拔:马里昂县历史协会)。

奥利弗·温德尔·霍姆斯:《奥利弗·温德尔·霍姆斯诗集》,蒂克纳·菲尔兹出版公司 1862 年版。

波士顿:美国南部战争之家,“鲜血的代价! 南北战争阵亡名单”,http://www.civilwarhome.com/casualties.htm. 2009 - 9 - 28

塞缪尔·H. 霍尼曼:《1866 年汉尼拔城市名录》,温切尔 - 艾伯特 - 马什出版公司 1866 年版。

汤姆·胡德

《汤姆·胡德 1873 年漫画年鉴》,达尔齐尔兄弟绘制 23 页插图,Published at the Fun Office,1872 年。

《汤姆·胡德 1874 年漫画年鉴》,达尔齐尔兄弟绘制 23 页插图。

西奥多·霍恩伯格:《马克·吐温致威尔鲍恩的信》,德克萨斯大学 1941 年版。

查尔斯·F.霍纳:《詹姆斯·雷德帕斯的生平和现代吕克昂的发展》,巴斯霍普金斯出版公司1926年版。

约翰纳斯·霍罗威茨:"维也纳闲谈",载《纽约时报》1898年4月3日第7版。

伊丽莎白·霍尔,1页手稿,帕梅拉·克莱门斯小姐的推荐证书,1840年11月27日,现存于CU-MARK,发表于MTB,1:39。

约翰·卡姆登·霍顿:《阿蒂默斯·沃德笑话集》,伦敦:约翰·卡姆登·霍顿,1872年,包括几篇错记在马克·吐温名下的文章。

爱德华·H.豪斯

《日本插曲》,霍顿奥斯古德出版公司。

《米三藤:日本之子》,贝尔福德克拉克出版公司。

埃德温·休斯顿:《电气专业名词词典》(第4版),约翰斯顿出版公司1898年版。

玛丽·路易斯·豪登:"秘书回忆暴风原野的马克·吐温",载《纽约先驱报》1925年12月13日第7版。

马克·安东尼·德沃尔夫·豪:《主妇回忆录,詹姆斯·T.菲尔茨太太日记》,大西洋月刊出版社1922年版。

威廉·迪恩·豪威尔斯

"评论和文学启事",载《大西洋月刊》1869.12(24):764-66.

《他们的新婚旅行》,霍顿奥斯古德出版公司1872年版。

"拉尔夫·吉勒",载《大西洋月刊》1874.3(33):366-367.

"文学时评",载《大西洋月刊》1874.3(33):368-376.

《塞拉斯·拉帕姆的发迹》,蒂克纳出版公司1885年版。

《托斯卡纳城市》,蒂克纳出版公司1886年版。

《新财富的危害》,哈珀兄弟出版公司。

"编辑研究",载《哈珀新月刊杂志》1891.2(82):478-83.

《文学界友人:回忆美国作家》,哈珀兄弟出版公司1900年版。

《我认识的马克·吐温:回忆和评论》,哈珀兄弟出版公司1910年版。

乔治·阿姆斯、克里斯多夫·K.罗曼、杰里·赫伦:《约瑟夫·霍普金斯·特威切尔书信选集,第2卷:1873-1881》,特怀恩出版社1979年版。

罗伯特·C.莱茨三世、理查德·H.巴林杰、克里斯多夫·K.罗曼:《约瑟夫·霍普金斯·特威切尔书信选集,第3卷:1882-1891》,特怀恩出版社1980年版。

查尔斯·德福雷斯特·霍克西:《纽约州市政》(新版),美国图书公司1910

年版。

约瑟夫·哈钦森:"对马克·吐温的两种看法",载《旧金山晨报》1910年4月26日第36版。

劳伦斯·赫顿:《在图书馆与劳伦斯·赫顿畅谈,伊莎贝拉·莫尔记述》,帕特南父子出版公司1909年版。

IaDmE. 俄亥俄州立教育协会,得梅因。

Inds. 达丽雅·艾蒙:《哈克和汤姆在印第安人中》,马克·吐温图书馆,加利福尼亚大学出版社1989年版。

勒顿·邓纳姆·英格索尔:《爱荷华和叛乱》,利平科特出版社1866年版。

印第安纳大学莉莉拉雷图书馆,布卢明顿。

利·H. 欧文:"大黄蜂号旅客的漫长航程",载《广阔世界杂志》1900.9(5):571-77.

乔治·沃顿·詹姆斯:"查尔斯·沃伦·斯托达德",载《国家杂志》1911.8(34):659-72.

琼·兰普顿·克莱门斯

《1900年美国第十二次人口普查登记表Roll T623》,杰斐逊县,影印件现存于CU-MARK。

简·兰普顿·克莱门斯

约翰·孟席斯2009

http://www.fundinguniverse.com/company-histories/John-Men zies-plc-Company-History.html. 2009-2-23

默尔·约翰逊:《马克·吐温作品参考书目》(第2版),修订增补版,哈珀兄弟出版公司1935年版。

罗伯特·U. 约翰逊:《追忆往昔》,利特尔·布朗出版公司1923年版。

罗伯特·U. 约翰逊、克劳夫·比尔:《南北战争战役和将领》,4卷,世纪出版公司,1887~1988年。

S. T. 乔希和大卫·E. 舒尔茨:《安布罗斯比尔斯:原始资料的注释参考》,格林伍德出版社1999年版。

拉尔夫·吉勒

《格洛弗森和他安静的同伴》,李-谢泼德出版公司1869年版。

"黑人说唱团里的三年",载《大西洋月刊》1869.7(24):7-86.

"181美元环游欧洲",载《大西洋月刊》1870.7(26):92-105.

《流浪历险记》,菲尔兹·奥斯古德出版公司1870年版。

"欧文·布朗逃离哈珀渡口",载《大西洋月刊》1874.3(33):342-65.

克莱顿·基思:《美国兰普顿家族杂记,1740 – 1914》,1914.

海伦·凯勒

《冲出黑暗:散文、书信和讲话集》,双日佩奇出版社 1913 年版。

《中流:我的后半生》,双日多兰出版公司 1929 年版。

罗杰·沙特克、多萝西·赫尔曼:《我的生活》,诺顿出版公司 2003 年版。

威尔斯·J. 凯利:《内华达领地名录》,瓦伦蒂诺出版公司 1863 年版。

马奇·高,2009,《贝茨条约》,http://www. philippineupdate. com/Bates. htm. 2009 – 4 – 20.

理查德·B. 齐尔波维茨:《新闻邮件:1700 – 1860 年代的新闻界、邮局和公共信息》,格林伍德出版社 1989 年版。

格雷斯·金:《南方妇女书信回忆录》,麦克米伦公司 1932 年版。

约瑟夫·L. 金:《旧金山证券交易委员会的历史》,约瑟夫·L. 金 1910 年版。

摩西·金:《纽约市手册:美国大都市的历史概要》(第 2 版),摩西·金 1893 年版。

利兰·克劳思:《有教养的马克·吐温》,佐治亚大学出版社 1999 年版。

*L*1. 埃德加·马奎斯·布兰奇、迈克尔·B. 弗兰克、肯尼斯·M. 桑德森:《马克·吐温书信集第一卷:1853 – 1866》,马克·吐温档案馆,加利福尼亚大学出版社 1988 年版。

*L*2. 哈里特·埃莉诺·史密斯、理查德·布奇、琳·萨拉莫:《马克·吐温书信集第二卷:1867 – 1868》,马克·吐温档案馆,加利福尼亚大学出版社 1990 年版。

*L*3. 维克托·费舍尔、迈克尔·B. 弗兰克、达丽雅·阿蒙:《马克·吐温书信集第三卷:1869》,马克·吐温档案馆,加利福尼亚大学出版社 1992 年版。

*L*4. 维克托·费舍尔、迈克尔·B. 弗兰克、琳·萨拉莫:《马克·吐温书信集第四卷:1870 – 1871》,马克·吐温档案馆,加利福尼亚大学出版社 1995 年版。

*L*5. 琳·萨拉莫、哈里特·埃莉诺·史密斯:《马克·吐温书信集第五卷:1872 – 1873》,马克·吐温档案馆,加利福尼亚大学出版社 1997 年版。

*L*6. 迈克尔·B. 弗兰克、哈里特·埃莉诺·史密斯:《马克·吐温书信集第六卷:1874 – 1875》,马克·吐温档案馆,加利福尼亚大学出版社 2002 年版。

维克托·费舍尔、迈克尔·B. 弗兰克、哈里特·埃莉诺·史密斯:《马克·吐温书信集 1876 – 1880》,加利福尼亚大学出版社 2007 年版(如需查找书信正文,请登录 http://www. mark twainproject. org)。

卢修斯·马里恩·兰普顿:《马克·吐温家谱》,戴尔蒙德出版公司 1990 年版。

亨利·怀沙姆·拉尼尔:《演员俱乐部:半个世纪的喜怒哀乐》,演员俱乐部

1938 年版。

托马斯 · W. 劳森:《疯狂的金融:联合公司的罪行》,李奇微 – 塞耶出版公司 1905 年版。

刘易斯 · 利里:《马克 · 吐温致玛丽的书信》,哥伦比亚大学出版社 1961 年版。

朱迪斯 · 雅罗斯 · 李:“剖析有趣的失败”,载《发明与技术》1987 年夏(3): 55 – 60.

吕西安 · 阿方斯 · 勒格罗、约翰 · 卡梅伦 · 格兰特:《印刷排版:生产技术和原理》,朗文出版公司 1916 年版。

阿尔弗雷德 · 亨利 · 刘易斯:《理查德 · 克罗克》,生活出版公司 1901 年版。

奥斯卡 · 刘易斯

《银王:内华达康斯托克矿脉所有人麦基、费尔、弗拉德和奥布莱恩的生平和时代》,刘易斯 · 奥斯本 1947 年版。

《弗吉尼亚城企业报的时代:回忆康斯托克五位著名的记者》,刘易斯 · 奥斯本 1971 年版。

国会图书馆

“当约翰尼迈步回家时”,载 http://lcweb2. loc. gov/diglib/ihas/loc. natlib. ihas. 200000024/default. html. 访问时间 2008 年 4 月 8 日。

“1898 年的世界:美西战争”,载 http://www. loc. gov/rr/hispanic/1898/intro. html. 访问时间 2009 年 4 月 29 日。

亚伯拉罕 · 林肯:《亚伯拉罕 · 林肯全集:演讲、书信、公文和杂钞》,约翰 · G. 尼古拉和约翰 · 海编辑,第 2 卷,世纪出版公司 1894 年版。

狄克逊 · 威克特:《马克 · 吐温的情书》,哈珀兄弟出版公司 1949 年版。

B. E. 劳埃德:《旧金山光影》,班克罗夫特出版公司 1876 年版。

盖伊 · E. 洛根:“历史随笔:爱荷华州第二志愿步兵团”,载《叛乱期间爱荷华军队花名册及档案》(第 1 卷),爱荷华内战项目, http://iagenweb. org/civilwar/books/logan/mil302. htm. 2009 – 3 – 17.

奥利维 · 洛根:《台前幕后》,帕米利出版公司 1870 年版。

朗费罗纪念协会:“朗费罗纪念协会”,载《文学世界》1882 – 5 – 20(13):160.

弗雷德 · W. 洛奇

“汤姆 · 布兰肯希普(哈克贝利 · 费恩)注释”,载《美国文学》1940. 11(12): 351 – 53.

《麻烦八点开始:马克 · 吐温的演讲之旅》,爱荷华州立大学出版社 1968 年版。

艾略特·洛德:《康斯托克矿山和采矿》,美国政府印刷局 1883 年版;大卫·迈里克作序,重印版,豪威尔 - 诺斯出版社 1959 年版。

罗伯茨·洛夫:"马克·吐温和同学之女坐车兜风",载《圣路易斯邮讯报》1902 年 6 月 2 日第 5 版。

吕克昂

《吕克昂:1870 - 1871 年演讲者、朗读者和音乐家的完整名单》,雷德帕斯·福尔出版公司 1870 年版。

《吕克昂杂志:波士顿吕克昂办事处主编,1871 - 1872 年度清单》,雷德帕斯·福尔出版公司 1871 年版。

《雷德帕斯吕克昂杂志,全国著名的演讲者、朗读者和音乐家唯一代理机构雷德帕斯吕克昂办事处年度出版物》,雷德帕斯吕克昂办事处,1883 年。

丹尼斯·蒂尔登·林奇:《格罗弗·克利夫兰:正直君子》,霍勒斯·利夫莱特出版公司 1932 年版。

V. 伊莎贝尔·范·莱昂

74 页日记,1903 年 11 月 7 日至 1906 年 1 月 14 日,现存于 CU - MARK。

《1905 年标准日记簿》,368 页手稿,现存于 CU - MARK。

《1906 年标准日记簿》,368 页手稿,CU - MARK。

《1907 年日记簿》,368 页手稿,CU - MARK。

凯伦·利斯特拉:《危险的隐私:马克·吐温晚年不为人知的故事》,加利福尼亚大学出版社 2004 年版。

约翰·麦克弗森:《威斯敏斯特信条》,克拉克出版公司 1881 年版。

R. M. 曼利

"野蛮先生的批评",载《纽约时报》1897 年 12 月 25 日第 6 版。

笔名希拉里·特伦特:《克莱格霍恩先生的女儿》,奥格尔维出版公司 1903 年版。

瓦特·P. 马克曼:"大卫·罗斯·洛克(派彻列姆·维苏威·纳斯比)",载《博物馆回声》1957. 5(3):35 - 38.

马里昂人口普查

《1850 年美国第七次人口普查登记表 Roll406,密苏里州:马里昂县、默瑟尔县、米勒县、密西西比县》,国家档案出版局,微缩本 no. 432,美国总务管理局,1860 年。

《1860 年美国第八次人口普查登记表 Roll 632,密苏里州:玛丽县、马里昂县》,国家档案出版局,微缩本 no. 653,美国总务管理局,1860 年。

《1870 年美国第九次人口普查登记表 RollM593,密苏里州:马里昂县》,影印件现存于 CU – MARK。

马里恩退伍士兵普查

“健在士兵、水兵、海军陆战队士兵及其遗孀名单”,《第十一次内战退伍士兵及其遗孀普查明细表》Roll 31,马里昂县,影印件现存于 CU – MARK。

安德鲁·J. 马什、塞缪尔·朗赫恩·克莱门斯、阿莫斯·鲍曼:《1863 年内华达领地制宪会议的报道》,威廉·C. 米勒,埃莉诺·布什内尔,拉塞尔·W. 麦克唐纳,安·罗林斯编辑,内华达州立法顾问局,1972 年。

马萨诸塞州历史协会:“20 世纪协会档案记录,1894 – 1964”,载 http://www.masshist.org/findingaids/doc.cfmFfa = fa0022. 访问时间 2008 年 4 月 9 日。

米特福德·M. 马修斯:《历史原则美语词典》,芝加哥大学出版社 1951 年版。

布兰德·马修斯

《往日时光:追忆纽约客》,查尔斯·斯克里布纳父子出版公司 1917 年版。

“回忆马克·吐温”,《反叛警钟及其他散文》,253 – 94,查尔斯·斯克里布纳父子出版公司 1922 年版。

阿尔弗雷德·P. 莫兹利、约瑟夫·T. 古德曼:《考古学》6 卷,波特迪洛出版公司,1899 ~ 1902 年版。

波士顿公立图书馆和马萨诸塞州东部地区公立图书馆系统,波士顿。

乔治·布林顿·麦克莱伦:《麦克莱伦自传》,威廉·C. 普莱姆编辑,查尔斯 – 韦伯斯特出版公司 1887 年版。

威廉·S. 麦克菲利:《格兰特传记》,诺顿出版公司 1981 年版。

伊丽莎白 T. 麦克拉伦:《约翰·布朗医生和妹妹伊莎贝拉传记》,大卫·道格拉斯出版公司 1889 年版。

约翰·巴德·麦克纳尔蒂:《历史传奇:哈特福德新闻传记》,皮科特出版社 1964 年版。

玛丽·E. 克莱门斯(莫莉)

米尔顿·梅尔策:《马克·吐温其人》,托马斯·克伦威尔出版公司 1960 年版。

马萨诸塞州费尔黑文,米利森特图书馆。

马萨诸塞州剑桥,哈佛大学霍顿图书馆。

波士顿,马萨诸塞州历史协会。

密苏里数字遗产

“密苏里州出生死亡登记档案数据库,1900 年前”,“密苏里州死亡证明1910 – 1958”,密苏里州档案局,载 http://www.sos.mo.gov/archives/resources/birthdeath. 访问时间 2009 年 3 月 4 日。

“士兵档案:1812 年战争——第一次世界大战”,密苏里州档案局,载 http://www. sos. mo. gov/archives/soldiers. 访问时间 2009 年 2 月 13 日。

“密苏里州婚姻登记档案,1805 – 2002”,2009,载 http://www. ancestry. com/search/locality/dbpage. aspx? tp = 2&p = 28. 访问时间 2009 年 3 月 5 日。

约西亚·安吉尔·米切尔

《1866 年大黄蜂号船长约西亚·安吉尔·米切尔日记》,手稿发表于 Mitchell 1927 和 Alexander Crosby Brown 1974,1866 年。

《大黄蜂号船长约西亚·安吉尔·米切尔日记,1866》,凯斯·洛克伍德·布雷纳德公司私人印刷,1927 年。

安阿伯,密歇根大学,密歇根州历史协会。

圣保罗,明尼苏达州历史协会。

密苏里州哥伦比亚,西部历史手稿收藏。

塞缪尔·E. 莫菲特

“马克·吐温:传记草稿”,载《麦克卢尔杂志》1899. 10(13):523 – 29. 修订后再版于 SLC 1900a,314 – 33。

“加拿大的美国化”,哥伦比亚大学医生论文,1907 年。

密苏里州汉尼拔,马克·吐温博物馆。

约翰蒙克:“仇恨导致 1903 年的‘世纪之罪’”,载 http://www. latinamericanstudies. org/gonzales/ng – murder. htm. 2008 年 9 月 18 日,再版于南卡罗来纳州哥伦比亚,2003 年 1 月 13 日。

密苏里州眺望角,欧扎克学校。

密苏里州圣路易斯,华盛顿大学。

弗兰克·卢瑟·莫特

《美国杂志史,1850 – 1865》,哈佛大学出版社 1938 年版。

《美国杂志史,1865 – 1885》,第 2 版(第 1 版印刷于 1938 年),哈佛大学贝拉纳普出版社 1857 年版。

手稿

MSM. 威廉·M. 吉布森编辑,马克·吐温《神秘的陌生人》手稿,马克·吐温档案馆,加利福尼亚大学出版社 1969 年版。

MTA. 阿尔伯特·比奇洛·潘恩:《马克·吐温自传》第 2 卷,哈珀兄弟出版公司 1924 年版。

MTB. 阿尔伯特·比奇洛·潘恩:《马克·吐温自传》第 2 卷,哈珀兄弟出版公司 1912 年版。

MTBus. 塞缪尔·查尔斯·韦伯斯特:《商人马克·吐温》,Little, Brown and

Co. 1940 年版。

MTE. 伯纳特・德沃托:《动荡中的马克・吐温》,哈珀兄弟出版公司 1940 年版。

MTEnt. 亨利・纳什・史密斯、弗雷德里克・安德森:《企业报的马克・吐温》,加利福尼亚大学出版社 1957 年版。

MTH. 沃尔特・弗朗西斯・费尔:《马克・吐温和夏威夷》,湖畔出版社 1947 年版。

MTHL. 亨利・纳什・史密斯、威廉・G. 吉布森、弗雷德里克・安德森:《马克・吐温 - 豪威尔斯书信集》第 2 卷,哈佛大学贝拉纳普出版社 1960 年版。

MTL. 阿尔伯特・比奇洛・潘恩:《马克・吐温书信集》第 2 卷,哈珀兄弟出版公司 1947 年版。

MTLP. 哈姆林・希尔:《马克・吐温致出版商的信,1867 - 1894》,马克・吐温档案馆,加利福尼亚大学出版社 1967 年版。

狄克逊・威克特:《马克・吐温致费尔班克斯太太的信》,亨廷顿图书馆 1949 年版。

阿尔伯特・比奇洛・潘恩:《马克・吐温笔记》,哈珀兄弟出版公司 1935 年版。

MTPO 马克・吐温项目网站,马克・吐温项目主编,加利福尼亚大学出版社,2007 年 11 月 1 日上线,网址 http://www. mark twainproject. org。

MTS 1910. 阿尔伯特・比奇洛・潘恩:《马克・吐温演讲集》,哈珀兄弟出版公司 1910 年版。

MTS 1923. 阿尔伯特・比奇洛・潘恩:《马克・吐温演讲集》,哈珀兄弟出版公司 1923 年版。

MTTB. 富兰克林・沃克:《马克・吐温与布朗之旅》,阿尔弗雷德 - 克诺夫出版社 1940 年版。

埃德加・加德纳・墨菲:《南方现在的问题》,麦克米伦出版公司 1904 年版。

古斯塔夫斯・迈尔斯:《坦慕尼协会的历史》,古斯塔夫斯・迈尔斯 1901 年版(第 2 版:伯尼 - 利夫莱特出版公司 1917 年版)。

N & J1. 弗雷德里克・安德森、迈克尔・B. 弗兰克、肯尼斯・M. 桑德森:《马克・吐温的笔记和日记第一卷(1855 - 1873)》,马克・吐温档案馆,加利福尼亚大学出版社 1975 年版。

N & J2. 弗雷德里克・安德森、琳・萨拉莫、伯纳德・斯坦因:《马克・吐温的笔记和日记第二卷(1877 - 1883)》,马克・吐温档案馆,加利福尼亚大学出版社 1975 年版。

N & J3. 罗伯特·帕克·布朗宁、迈克尔·B. 弗兰克、琳·萨拉莫:《马克·吐温的笔记和日记第三卷(1883 – 1891)》,马克·吐温档案馆,加利福尼亚大学出版社 1979 年版。

NAR 1. "马克·吐温自传节选第一卷",载《北美评论》1906 – 9 – 7(187):321 – 30. NAR 1 校样仅存于 ViU。

NAR 2. "马克·吐温自传节选第二卷",载《北美评论》1906 – 9 – 21(183):449 – 60. NAR 2 校样现存于 ViU。

NAR3. "马克·吐温自传节选第三卷",载《北美评论》1906 – 10 – 5(183):577 – 89. NAR 3 校样现存于 ViU。

NAR 4. "马克·吐温自传节选第四卷",载《北美评论》1906 – 10 – 19(183):705 – 16. NAR 4 校样现存于 ViU。

NAR 5. "马克·吐温自传节选第五卷",载《北美评论》1906 – 11 – 2(183):833 – 44. NAR 5 校样现存于 ViU。

NAR 6. "马克·吐温自传节选第六卷",载《北美评论》1906 – 11 – 16(183):961 – 70. NAR 6 校样现存于 ViU。

NAR 7. "马克·吐温自传节选第七卷",载《北美评论》1906 – 12 – 7(183):1089 – 95. NAR 7 校样现存于 ViU。

NAR 8. "马克·吐温自传节选第八卷",载《北美评论》1906 – 12 – 21(183):1217 – 24. NAR 8 校样现存于 ViU。

NAR 9. "马克·吐温自传节选第九卷",载《北美评论》1907 – 1 – 4(184):1 – 14. NAR 9 校样现存于 ViU。

NAR 10. "马克·吐温自传节选第十卷",载《北美评论》1907 – 1 – 18(184):113 – 19. NAR 10 校样现存于 ViU。

NAR 11. "马克·吐温自传节选第十一卷",载《北美评论》1907 – 2 – 1(184):225 – 32. NAR 11 校样现存于 ViU。

NAR 12. "马克·吐温自传节选第十二卷",载《北美评论》1907 – 2 – 15(184):337 – 46. NAR 12 校样现存于 ViU。

NAR 13. "马克·吐温自传节选第十三卷",载《北美评论》1907 – 3 – 1(184):449 – 63. NAR 13 校样现存于 ViU。

NAR 14. "马克·吐温自传节选第十四卷",载《北美评论》1907 – 3 – 15(184):561 – 71. NAR 14 校样现存于 ViU。

NAR 15. "马克·吐温自传节选第十五卷",载《北美评论》1907 – 4 – 5(184):673 – 82. NAR 15 校样现存于 ViU。

NAR 16. "马克·吐温自传节选第十六卷",载《北美评论》1907 – 4 – 19

(184):785－93。

NAR 17.“马克·吐温自传节选第十七卷”,载《北美评论》1907－5－3(185):1－12. NAR 17 校样现存于 ViU。

NAR 18.“马克·吐温自传节选第十八卷”,载《北美评论》1907－5－17(185):113－22。

NAR 19.“马克·吐温自传节选第十九卷”,载《北美评论》1907－6－7(185):241－51. NAR 19 校样现存于 ViU。

NAR 20.“马克·吐温自传节选第二十卷”,载《北美评论》1907－7－5(185):465－74。

NAR 21.“马克·吐温自传节选第二十一卷”,载《北美评论》1907－8－2(185):689－98. NAR 21 校样现存于 ViU。

NAR 22.“马克·吐温自传节选第二十二卷”,载《北美评论》1907.9(186):8－21。

NAR 23.“马克·吐温自传节选第二十三卷”,载《北美评论》1907.9(186):161－73。

NAR 24.“马克·吐温自传节选第二十四卷”,载《北美评论》1907.11(186):327－36. NAR 24 校样现存于 ViU。

NAR 25.“马克·吐温自传节选第二十五卷”,载《北美评论》1907.12(186):481－94. NAR 25 校样现存于 ViU。

美国国家公园管理局:“猛犸洞国家公园常见问题”,美国内政部,载 http://www.nps.gov/maca/faqs.htm. 访问时间 2008 年 7 月 2 日。

A. E. 牛顿:《现代毕士大,又名治疗的天赋,医生 J. R. 牛顿医生的生活和工作》,牛顿出版公司 1879 年版。

纽约州伊萨卡,康奈尔大学。

约翰·G. 尼古拉、约翰·海:《亚伯拉罕·林肯:历史纪实》10 卷,世纪出版公司 1890 年版。

罗格斯新泽西州立大学,托马斯·A. 爱迪生项目。

纽约州莫尔登,比奇洛故居,波尔特尼·比奇洛图书馆。

纽约州纽约市,美国艺术与文学学院。

纽约州纽约市,纽约公共图书馆,阿尔伯特·A. 伯格和亨利·W. 伯格藏书。

纽约州纽约市,哥伦比亚大学。

“本杰明·富兰克林·巴特勒”,载 http://www.nndb.com/people/T71/000102862,访问时间 2009 年 4 月 2 日。

纽约州纽约市,皮尔庞特·摩根图书馆。

纽约州纽约市，沃尔特·汉普登纪念图书馆。

努克农场家谱，1974年，打印稿，现存于CtHSD。

纽约州波基普西，瓦萨学院。

纽约州布朗克斯，里弗代尔，波浪山庄公园。

“罗斯福岛：岛上历史年表”，载http://nycl0044.com/timeln/timeline.html.访问时间2009年5月13日。

帕特里克·欧伯：《马克·吐温和医学：任何仪式都治病》，密苏里大学出版社2003年版。

奥利安·克莱门斯

俄亥俄州代顿，代顿大学，罗斯奇图书馆。

沃尔特·奥伊特耳：《沃尔特关于演员俱乐部的随笔》，高登出版社私人出版1943年版。

俄亥俄县公立图书馆：“惠灵雪茄”，载http://wheeling.weirton.lib.wv.us/history/bus/stogie79.htm.访问时间2008年6月27日。

俄亥俄州肯特，肯特州立大学。

奥莉薇亚·兰顿·克莱门斯，25页日记，写于1887年至1902年，CU-MARK。

奥莉薇亚·路易斯·兰顿

奥莉薇亚·苏珊·克莱门斯

1885~1886年《苏西父亲的无名传记》，131页手稿，署名SLC，现存于ViU，发表于OSC 1985，83-225，部分收录于MTA第2卷，Saisbury 1965。

《爸爸：马克·吐温的私人传记》，查尔斯·奈德编辑，双日出版社1985年版。

哈里·布莱恩·奥斯利：《重建时代至今奥斯利家族在英国和美国的家谱》，105页打印稿，现存于DNDAR。

帕梅拉·安·莫菲特

巴拿马运河管理局，“常见问题解答：历史”，2008，载http://www.pancanal xom/eng/general/canal-faqs/index.html.访问时间2008年2月28日。

P&P.维克多·费舍尔、琳·萨拉莫、玛丽·简·琼斯：《王子与乞丐》，马克·吐温档案馆，加利福尼亚大学出版社1979年版。

韦斯利·华盛顿·帕斯科：《美国印刷出版词典》，霍华德·洛克伍德出版公司1894年版。（1967年重印版，盖尔研究公司）。

亨利·B.皮尔斯、汉米尔顿·赫德：《纽约州泰奥加县、希芒县、汤普金斯、斯凯勒县的历史》，埃弗茨·恩赛因公司1879年版。

詹姆斯·B.庞德：《天才的怪癖：演讲名人回忆录》，迪林厄姆出版公司1900

年版。

《密苏里州马里昂县、罗尔斯县、派克县及梅肯县、亚代尔县和刘易斯显得肖像传记档案》,欧文出版公司(1982 年修订版,奥利弗·霍华德,戈尔登·霍华德编辑,罗尔斯县图书公司)。

海伦·J. 波尔顿:《内华达历史索引》,内华达大学出版社 1966 年版。

威廉·C. 普莱姆:《圣地的露营生活》,哈珀兄弟出版公司 1857 年版。

朱尔·基什拉:《圣女贞德的获罪和特赦》,法国历史协会,1841 ~ 1849 年。

《1850 年美国第七次人口普查登记表 Roll 411》,罗尔斯县 73 区,1850 年,影印件现存于 CU – MARK。

罗伯特·拉姆塞、弗朗西斯·艾伯森:《马克·吐温词典》,罗塞尔出版公司 1963 年版。

肯特·R. 拉斯穆森:《马克·吐温生平和作品的文学典故》第 2 卷,资料档案 2007 年版。

R. W. 雷蒙德:《采矿冶金专业词典》,美国采矿工程师协会。

"教士巴克利医生和牛顿医生",载《病历档案》1883 – 11 – 10(24):519 – 20.

RI 1993. 哈里特·埃莉诺·史密斯、埃德加·马奎斯·布兰奇、琳·萨拉莫、罗伯特·帕克·布朗宁:《艰苦岁月》,马克·吐温档案馆,加利福尼亚大学出版社 1993 年版(本书替代 1972 年的版本)。

约翰·路易斯·罗巴兹:《穿越平原的十一岁少年,回忆密苏里州汉尼拔的约翰·路易斯·罗巴兹上校 1949 年前往加利福尼亚的奇妙旅程》,1909 年 11 月 6 日,报纸采访,发表于《罗巴兹家族的历史与家谱》,第 15 章,第 70 ~ 77 页。

载 http://dgmweb. uet/genealogy/7/Robards/Genealogies/RoBardsFamilyl910 – Ptl5 – JohnLewisRobards. htm. 访问时间 2009 年 2 月 2 日。

罗巴兹家谱,詹姆斯·哈维·罗巴兹:《罗巴兹家族的历史与家谱》,第 18 章,载 http://dgmweb. net/genealogy/7/Robards/Genealogies/RoBardsFamilyl910 – Pt01 – PrefaceEtc. htm. 访问时间 2009 年 2 月 2 日。

威廉·休·罗巴茨:《墨西哥战争老兵:1846 – 1848 年美国墨西哥战争士兵和志愿兵名录》,布伦塔诺书店 1887 年版。

弗雷斯特·G. 罗宾逊:《猫人:马克·吐温的小说生涯》,福特汉姆大学出版社 2007 年版。

威廉·S. 罗宾逊:《沃灵顿来信》,马萨诸塞州斯普林菲尔德共和党,1869 – 11 – 13,2.

西奥多·罗斯福:《公道政治》,艾伦代尔出版社 1906 年版。

罗斯福岛历史协会:"罗斯福岛的故事", 2009, 载 http://www.

correctionhiStor'y. orgAbbseveltisland. 访问时间 2009 年 5 月 13 日。

珍妮特·罗斯:《第四代:珍妮特·罗斯回忆录》,康斯特布尔出版公司 1912 年版。

布朗大学,约翰·海珍本特藏图书馆,彼得·A. 萨姆藏书。

伊迪丝·科尔盖特·索尔兹伯里编辑:《苏西和马克·吐温:家庭对话》,哈珀-罗出版公司 1965 年版。

S&B. 富兰克林·R. 罗杰斯:《马克·吐温的讽刺作品》,加利福尼亚大学出版社 1967 年版。

洛厄尔·萨特:"火柴女工罢工后续:19 世纪 90 年代的布莱恩特·梅公司",载《维多利亚时代研究》1982 年秋(26):7-31.

保罗·沙耶:"圣女贞德审判",载《哈佛法律评论》1932.6(45):1449-51.

加里·沙恩霍斯特

《凯特·菲尔德和纽约论坛报》,美国期刊:历史、评论和参考文献,14 (2): 159-78.

《马克·吐温:完全访谈录》,阿拉巴马大学出版社 2006 年版。

Schmidt, Barbara. 芭芭拉·施密特

"马克·吐温演讲年表",载 http://www. twainquotes. com/SpeechIndex. html. 访问时间 2008 年 10 月 24 日。

"奥利安·克莱门斯遗失的自传",载 http://www. twainquotes. com/oc. html. 访问时间 2008 年 7 月 10 日。

"马克·吐温的天使鱼成员和其他感兴趣的女性",载 http://www. twainquotes. com/angelfish/angelfish. html. 访问时间 2009 年 5 月 20 日。

"马克·吐温的插图自传",载 http://www. twainquotes. com/IllustratedAutobio. html. 访问时间 2009 年 9 月 21 日。

"马克·吐温和卡尔·格哈特",载 http://www. twainquotes. com/Gerhardt/gerhardt . html. 访问时间 2009 年 9 月 25 日。

"卡尔·格哈特的作品",载 http://www. twainquotes. com/Gerhardt/grantbustdetails . html. 访问时间 2009 年 9 月 27 日。

"马克·吐温,詹姆斯·W. 佩奇和佩奇排版机",载《科学美国人》1901-3-9(84):150.

阿瑟·L. 斯科特:《傻子出国记,马克·吐温传记作者修订版》,PMLA 1963. 6(78):230-37.

P. O. 塞尔比:《马克·吐温的亲戚》,东北密苏里州大学,密苏里图书馆,1973 年。

鲁斯·奥尔巴赫·塞勒斯:"汤克船长,爱达荷州默里的小丑王子",载《凯洛格晚报》1972 年 12 月 22 日,版面不详。

弗雷德·R. 夏皮罗:《耶鲁语录》,耶鲁大学出版社 2006 年版。

亨利·惠勒·肖(笔名乔什·比林斯):《乔什·比林斯的农民年鉴,公元 1870 年》,卡尔顿出版公司 1869 年版。

菲利普·亨利·谢里登:《谢里登将军回忆录》第 2 卷,查尔斯·韦伯斯特出版公司 1888 年版。

威廉·特库姆塞·谢尔曼:《谢尔曼将军回忆录》第 2 卷,阿普尔顿出版公司 1875 年版。

斯坎德拉·特朗布莉:《马克·吐温身边的女人》,宾夕法尼亚大学出版社 1994 年版。

塞缪尔·朗赫恩·克莱门斯

1851."勇敢的消防员",载《汉尼拔西部联合报》1851 年 1 月 3 日第 3 版。*ET&S*1 再版,62。

1855 – 56.《尤里乌斯·恺撒》,14 页手稿,NPV,发表于 *ET&S*1,110 – 117。

1864a."内华达见闻",写于 1 月 4 日,载《纽约星期日信使报》1864 年 2 月 7 日第 3 版, *MTEnt* 再版,121 – 26.

1864b."该诅咒的儿童",载《纽约星期日信使报》1864 年 2 月 21 日第 3 版。

1865."吉姆·斯迈里和他的跳蛙",载《纽约星期六邮报》1865 – 11 – 18(4):248 – 49,*ET&S*2 再版,282 – 88。

1866a."蒙哥马利上尉",载《旧金山黄金时代》1866 – 1 – 28(14):6.

1866b."檀香山美景 – 13",写于 6 月 22 日,载《萨克拉门托联合报》1866 年 7 月 3 日第 16 版,*MTH* 再版,328 – 34。

1866c."檀香山来信",写于 6 月 25 日,载《萨克拉门托联合报》1866 年 7 月 1 日第 3 版,*MTH* 再版,335 – 347。

1866d."海上泛舟四十三日",载《哈珀月刊》1866 – 12(34):104 – 13.

1867a. 约翰·保罗:《卡拉维拉斯郡著名的跳蛙和其他随笔》,C. H. Webb.

1867b."金牌赢家",载《纽约星期日信使报》1867 年 3 月 3 日第 3 版。

1867c."冰上讲话",载《纽约星期日信使报》1867 年 3 月 17 日第 3 版。

1867d."野蛮人",载《纽约星期日信使报》1867 – 3 – 24 日第 3 版。

1867e."马克·吐温注解",载《圣路易斯密苏里共和党报》1867 年 3 月 24 日第 1 版。

1867f."妇女选举权",载《纽约星期日信使报》1867 年 4 月 7 日第 3 版。

1867g."官方药品",载《纽约星期日信使报》1867 年 4 月 21 日第 3 版。

1867h."马克·吐温来信-14",写于4月16日,载《旧金山上加州日报》1867年5月26日第1版,*MTTB* 再版,141-48。

1867i."马克·吐温来信-18",写于5月18日,载《旧金山上加州日报》1867年6月23日第1版,*MTTB* 再版,180-91。

1867j."回忆阿蒂默斯·沃德",载《纽约星期日信使报》1867年7月3日第3版。

1867k."吉姆·沃尔夫和汤姆猫",载《纽约星期日信使报》1867年7月14日第3版,Budd 1992a 再版,235-37。

1867l."地中海游记",写于6月23日,载《纽约论坛报》1867年7月2日,*TIA* 再版,10-18。

1867m."地中海游记",载《纽约论坛报》1867年9月6日第2版,*TIA* 再版,72-74。

1867n."美国人拜见俄罗斯沙皇",写于8月26日,载《纽约论坛报》1867年9月19日第1版,TIA 再版,142-50。

1867o."美国佬在东方",写于8月31日,载《纽约论坛报》1867年10月25日第2版,*TIA* 再版,128-32。

1867p."巴勒斯坦的美国殖民地",写于10月2日,载《纽约论坛报》1867年11月2日第2版,*TIA* 再版,306-9。

1867q."圣地游记,马克·吐温来信-21",载《旧金山上加州日报》1867年11月3日第1版,*TIA* 再版,137-42。

1867r."圣地游记:巴勒斯坦首日见闻",载《纽约论坛报》1867年11月9日第1版,*TIA* 再版,209-13。

1867s."贵格城轮船漫游记",写于11月19日,载《纽约论坛报》1867年11月20日第7版,*TIA* 再版,313-19。

1867t."采访格兰特将军",12月6日写于华盛顿,NPV。

1868a."马克·吐温在华盛顿",写于1867年12月10日,载《上加州日报》1868年1月15日第1版。

1868b."华盛顿将军的黑人男仆",载《银河杂志》1868-2日第5版:154-56.

1868c."马克·吐温在华盛顿,上加州日报特别报道",写于1月11日,载《上加州日报》1868年2月5日第2版。

1868d."马克·吐温来信",写于1月31日,载《芝加哥共和报》1868年2月8日第2版。

1868e.《男孩手稿》,58页,写于10~11月,*CU-MARK*. 发表于 *Inds*,1-19。

1869a.《傻子出国记,又名新天路历程》,美国出版公司 1869 年版。

1869b.“马克·吐温来信”,写于 7 月,载《上加州日报》1869 年 7 月 25 日第 1 版。

1870a.“蒲安臣”,载《布法罗快报》1870 年 2 月 25 日,SLC 1923 再版,17 – 23。

1870b.“大宗牛肉合同的事实”,载《银河杂志》1870. 5(9),Budd 1992a 再版,367 – 373。

1870c.“已故的本杰明·富兰克林”,载《银河杂志》1870. 7(10):138 – 140.

1870d.“巴黎的城墙”,载《布法罗快报》1870 年 9 月 17 日第 2 版。

1870e.“善于说俏皮话的记者赖利”,载《银河杂志》1870. 11(10):726 – 727.

1871a.《马克·吐温的滑稽自传和初恋》,谢尔登出版公司 1871 年版。

1871b.“已故乔治·费希尔事件的始末”,载《银河杂志》1871. 1(11):152 – 155.

1871c.《自传》,豪华版,1871. 4 日第 4 版:52.

1872.《艰苦岁月》,美国出版公司 1872 年版。

1873 – 74. 查尔斯·杜德利·华纳合著:《镀金时代:今天的故事》,美国出版公司(最初标明 1873 年,此后注明为 1874 年)。

1874a.《塞勒斯上校:五幕剧》,国会图书馆,1874. 7,改编自《镀金时代》,现存于世的仅有三份手稿:一份在 DLC,两份在 CU – MARK。

1874b.“一则真实的故事(逐字记述我的亲耳所闻)”,载《大西洋月刊》1874 – 11(34),Budd 1992a 再版,578 – 82.

1875a.“密西西比旧时光”,载《大西洋月刊》1875. 1 – 6 (35):69 – 73,217 – 24,283 – 89,446 – 52,567 – 74,721 – 30;大西洋月刊,1875. 8(36)。

1875b.《接受一次采访》,Brougham and Elderk:25 – 32,Budd 1992a 再版,583 – 87。

1875c.《马克·吐温新旧见闻杂记》,美国出版公司。

1876.《汤姆·索亚历险记》,美国出版公司。

1876 – 85.《苏西和贝尔·克莱门斯的童年趣事》,111 页手稿,现存于 ViU。

1877a.《最近狂欢节上的罪行纪实》,詹姆斯·R. 奥斯古公司。

1877b.《傻瓜自传》,写于 1877 年 3 ~ 5 月,1880 年后有所修改,CU – MARK。

1880a.《国外漫游》,美国出版公司。

1880b.《谈撒谎艺术的没落》,于 4 月 5 日在哈特福德周一早间俱乐部发表,SLC 1882a,217 – 225. Budd 1992a 再版,824 – 29。

1880c.《莎士比亚的桑树》,写于 11 月 23 日,CtHMTH。

1881.《王子与乞丐:献给所有年轻人的故事》,詹姆斯·R.奥斯古公司。

1882a.《被偷走的白象》,詹姆斯·R.奥斯古公司。

1882b.“麦克威廉姆斯家和防盗警报器”,载《哈珀圣诞特刊》,1882.12:28-29. Budd 1992a 再版,837-43。

1883.《密西西比河上的生活》,詹姆斯·R.奥斯古公司。

1884.《哈克贝利·费恩和汤姆·索亚在印第安人中》,228页,于7月动笔,现存于MiD,部分手稿遗失,参考Inds,372-73,收录于HH&T,81-140,Inds,33-81。

《哈克贝利·费恩历险记》,查尔斯·韦伯斯特出版公司1885年版。

1885b.“竞选失败的内幕”,载《世纪杂志》1885.12(31):193-204.再版于Budd 1992b,863-82。

1887.“学做英国人”,载《世纪杂志》1887.4(33):932-36.

《误闯亚瑟王宫》,查尔斯·韦伯斯特出版公司1889年版。

1891a.《游荡的天真汉》,174页手稿,CU-MARK,出版于《罗纳河畔》,SLC 1923,129-68。

1891b.“心理电报”,载《哈珀新月刊》1891.12(84):95-104.

《美国原告》,查尔斯·韦伯斯特出版公司1892年版。

《过期杂志月刊》,5页手稿,NNPM。

《汤姆·索亚出国记》,查尔斯·韦伯斯特出版公司1894年版。

1894b.《傻瓜威尔逊的悲剧和特别双胞胎的喜剧》,美国出版公司。

“再谈心理电报”,载《哈珀新周刊》1895.9(91):521-24.

《圣女贞德传》,哈珀兄弟出版公司1896年版。

《汤姆·索亚出国记、汤姆·索亚当侦探和其他故事》,哈珀兄弟出版公司1896年版。

“汤姆·索亚当侦探”,载《哈珀月刊》1896.8-9(93):344-61,519-37.

1896~1906年《纪念苏西》,104页手稿,CU-MARK。

《赤道环游记:环球之旅》,美国出版公司1897年版。

《国外漫游续》,查托-温德斯出版社1897年版。

39页无名手稿,描写拜罗伊特伯爵夫人威廉敏娜公主,现存于CU-MARK。

“英国举行史上最盛大的皇室庆典”,载《旧金山观察家报》1897年6月20日第13版。再版于SLC 1923,193-206。

“庆典艺术”,载《旧金山观察家报》1897年6月20日,第13~14版。

“各国向维多利亚女王致敬”,载《旧金山观察家报》1897年6月23日第1、4版。再版于SLC 1923,206-10.

《1840－1843 年的村民》,43 页手稿,写于 1897 年 7 月－8 月,现存于 CU－MARK. 发表于 minds,93－108。

《汤姆·索亚的密谋》,241 页手稿,CU－MARK,出版于 HH&T,152－242,和 Inds,134－213。

《决斗》,16 页手稿,写于 1898 年 3 月 8 日,现存于 CU－MARK。

"饮食疗法",载《时尚杂志》1898. 8(25):425－33.

《校舍山》,139 页手稿,写于 1898 年 11 月－12 月,CU－MARK. 出版于 mMSM,175－220,Inds,214－59。

《塞缪尔·朗赫恩·克莱门斯》,14 页手稿,1899 年 3 月为塞缪尔·E. 莫菲特所写注解,用于自传初稿,NN－BGC。

"关于犹太人",载《哈珀新月刊》1899. 9(99):425－33

"艾迪太太的基督教科学派和圣经",载《时尚杂志》1899. 10(27):585－94.

"初登文坛",载《世纪杂志》1899. 11(59):76－88.

"我的第一个谎言及如何脱责",载《纽约世界报》1899 年 12 月 10 日,副刊 1～2版,再版于 Budd 1992b,439－46。

《如何讲故事及其他随笔》,马克·吐温作品集,精装本,22 卷,美国出版公司 1900 年版。

《败坏了哈德莱堡的人,其他小说和随笔》,哈珀兄弟出版公司 1900 年版。

"两个小故事",载《世纪杂志》1901. 11(63):24－32.

《阿吉纳尔多》,62 页手稿,21 页打印稿,现存于 CU－MARK,收录于《埃德温·怀尔德曼对阿吉纳尔多传记的评论》,Zwick 1992,86－108。

《哈克》,1 页手稿,大约写于 1902 年,现存于 CU－MARK。

"为芬斯顿将军辩护",载《北美评论》1902. 5(174):613－24. 再版于 Zwick 1992,119－32。

"基督教科学派",载《北美评论》1902. 12(175):756－68.

《初登文坛,其他随笔和小说》,美国出版公司 1903 年版。

"基督教科学派－2",载《北美评论》1903. 1(176):1－9.

"基督教科学派－3",载《北美评论》1903. 2(176):173－84.

"埃迪太太犯的错",载《北美评论》1903. 4(176):505－17.

《医学医生伍德少将》,10 页手稿,写于 1903 年 12 月 15 日,5 页打印稿,修订于 12 月 28 日,CU－MARK ,出版于 Zwick 1992,151－55。

《马斯里亚伯爵夫人》,36 页手稿,现存于 CU－MARK。

"圣女贞德",载《哈珀月刊》1904. 12(110):3－12.

《利奥波德国王的独白:他对刚果统治的辩护》,波士顿沃伦出版公司 1905

年版。

“有关版权：致版权登记机构的公开信”，载《北美评论》1905. 1(180)：1－8，再版于 Budd 1992b，627－34。

“我的自传未发表章节”，载《哈波斯周刊》1905－3－18(49)：391，再版于“使用打字机的先驱马克·吐温”，载《亚特兰大宪章报》1905 年 4 月 3 日第 6 版。

“马克·吐温认为，这是俄国解放最后的机会”，读者来信，写于 1905 年 8 月 29 日，载《波士顿环球报》1905 年 8 月 30 日第 4、11 版，又名《朴茨茅斯条约》。

“约翰·海和民谣”，载《哈珀周刊》1905－10－21(49)：1530.

“马克·吐温谈和平”，载《芝加哥论坛报》1905 年 11 月 5 日第 1 版，演讲稿全文详见 http://www. twainquotes. com/Peace. html。

“马克·吐温 70 岁生日：纪念特刊”，载《哈珀周刊》1905－12－23(49)：1883－1914，影印件现存于 MTPO。

《家人随笔》，65 页手稿，现存于 CLjC。

《什么叫做人？》，迪文尼出版社 1906 年版。

“马的故事”，载《哈珀月刊》1906. 8－9(113)：327－42，539－49.

“猎捕狡猾的火鸡”，载《哈珀月刊》1906. 12(114)：57－58.

《致汤普森教士》，17 页手稿，写于 1909 年 4 月 23 日，现存于 CU－MARK，部分收录于 MTB，1：482－83。

《阿什克罗夫特－莱昂手稿》，464 页手稿，写于 1909 年 5 月至 9 月，现存于 CU－MARK。

《亨利·赫特尔斯顿·罗杰斯》，20 页手稿，标有页码，写于 1909 年 8 月至 12 月，现存于 CU－MARK，收录于 MTA，1：256－65。

“神童玛乔丽·弗莱明”，载《时尚芭莎杂志》1909. 12(A3)：1182－83，1229.

《我的自传后记》，44 页手稿，写于 1909 年 12 月 24 日、25 日和 26 日，CU－MARK. 发表时题为“简之死”，载《哈珀月刊》1911. 1(122)：210－15。

“我人生的转折点”，载《时尚芭莎杂志》1910. 2(44)：118－19. 再版于 Budd 1992b，929－38 和 WIM，455－64。

《什么叫做人？》，哈珀兄弟出版公司 1917 年版。

“马克·吐温自传未发表章节 1”，载《哈珀月刊》1922. 2(144)：273－80.

“马克·吐温自传未发表章节 2”，载《哈珀月刊》1922. 3(144)：455－60.

“马克·吐温自传未发表章节”，载《哈珀月刊》1922. 8(145)：310－15.

《欧洲和别处》，布兰德·马修斯推荐，阿尔伯特·比奇洛·潘恩作序，哈珀兄弟出版公司 1923 年版。

《征服爱丽丝：包括写给奥莉薇亚的三封信；麦克威廉姆斯家和防盗警报器；

1907年4月10日的自传口述》,班克罗夫特图书馆之友,1981年。

《汤姆·索亚历险记》,约翰·C.格伯作序和注释,保罗·本德尔定稿,马克·吐温图书馆,加利福尼亚大学出版社1982年版。

《马克·吐温自传:摘自北美评论章节》,迈克尔·J.基斯基作序和注释,威斯康星大学出版社1990年版。

《我的自传节选》,阿瑟·米勒作序,迈克尔·J.基斯基编后记,牛津版马克·吐温、谢利·费舍尔·菲什金,牛津大学出版社1996年版。

《马克·吐温享受优越生活之道:人生指南》,琳·萨拉莫,维克托·费舍尔,迈克尔·B·弗兰克,加利福尼亚大学出版社2004年版。

罗伯特·赫斯特:《谁是马克·吐温?》,哈珀工作室2009年版。

伊丽莎白·H.史密斯:《鲁埃尔·柯尔特·格里德利》,天堂山脉的故事,1965.6(6):11－18.

亨利·纳什·史密斯

"克莱门斯的可怕错误",载《哈佛图书馆学报》1955年春(9):145－80.

《马克·吐温:作家之道》,哈佛大学贝拉纳普出版社1962年版。

琼·爱德华·史密斯:《格兰特》,西蒙·舒斯特公司2001年版。

斯蒂芬妮·史密斯:"美国前总统:联邦退休金和津贴",国会CRS报告,载http://www.senate.gov/reference/resources/pdf/98－249.pdf.访问时间2006年7月13日。

《1860年美国第八次人口普查登记表RollM65,加利福尼亚州:索诺玛县,索诺玛,1860》,影印件现存于CU－MARK。

瑞加娜·索里亚:"马克·吐温和维德的美杜莎",载《美国季刊》1964(16):602－6.

爱丁堡,苏格兰国家图书馆

伯纳德·L.斯坦因:"哈德逊河畔生活:马克·吐温的田园牧歌",里弗代尔出版社2001－10－25(52):A1,B1,B4.

A.A.斯图尔特:《印刷技术术语词典》,北部联盟印刷学院1912年版。

查尔斯·沃伦·斯托达德

《诗集》,罗曼出版公司1867年版。

《南海牧歌》,詹姆斯·奥斯古德出版公司1873年版。

《痛苦心灵终获慰藉》,约瑟夫·里昂出版公司1885年版。

《登台下场:散文随笔集》,洛思罗普出版公司1903年版。

洛思罗普·斯托达德,《曼哈顿的主人:理查德·克罗克的生平》,朗文格林出版社1931年版。

H. N. 斯通、D. M. 戴维森、W. R. 麦金托什:《斯通 - 戴维森的汉尼拔城市名录》,斯通 - 戴维森出版公司 1885 年版。

沃尔尼·斯特里默

《怀疑与信任之声》,布伦塔诺书店 1897 年版。

《以友谊之名》,布伦塔诺书店 1904 年版。

利亚·A. 斯特朗:《约瑟夫·霍普金斯·特威切尔:马克·吐温的好友和牧师》,佐治亚大学出版社 1966 年版。

亨利·H. 斯威茨三世

《奇妙洞穴暗藏商业价值》,室外画家,1986 年夏(6):3.

《富有历史意义的汉尼拔大洞穴》,室外画家,(6):1 - 2.

夏洛特·特勒:《塞缪尔·朗赫恩·克莱门斯致夏洛特·特勒》,私人印刷 1925 年版。

威廉·罗斯科·塞耶:《约翰·海的生平和书信》2 卷,霍顿·米夫林出版公司 1915 年版。

丹尼尔·莫利·麦基森:《傻子出国记旅程:马克·吐温在欧洲和圣地的原始报道》,俄克拉荷马大学出版社 1958 年版。

卡洛琳·蒂克纳:《作家掠影》,霍顿·米夫林出版公司 1922 年版。

乔治·H. 廷卡姆:《加利福尼亚州斯坦尼斯劳斯县历史》,历史资料出版公司 1921 年版。

托马斯·图克:《从 1793 年到 1837 年美国货币流通状况下的价格史;过去两个世纪的谷物贸易概述》6 卷,朗文 - 格林出版社,1838 ~ 1857 年。

奥斯本·汤纳(化名以实玛利):《本地风土人情:18 世纪末希芒县和希芒谷的历史》,曼森公司 1892 年版。

阿尔弗雷德·M. 托泽:"阿尔弗雷德·珀西瓦尔·莫兹利",载《美国考古学家》1931. 7 - 9(33):403 - 12.

詹姆斯·哈蒙德特·朗布尔:《康涅狄格州哈特福德县历史:1633 - 1884》,爱德华·奥斯古德出版公司 1868 年版。

打字稿

第一版打字稿,现存于 CU - MARK ,1906 ~ 1908 年约瑟芬·霍比根据马克·吐温口述的速记笔记整理,包括 1906 年 1 月 9 日到 1908 年 7 月 14 日的《自传口述》,经过马克·吐温修订。

第二版打字稿,现存于 CU - MARK,1906 年约瑟芬·霍比整理;包括《我的自传节选》,佛罗伦萨口述(约翰·海、《傻子出国记》注释、罗伯特·路易斯·史蒂文森和托马斯·贝利·奥德里奇、科沃多别墅)以及 1906 年 1 月 9 日到 1906

年8月7日的《自传口述》,包括TS1,经过马克·吐温修订。

第三版打字稿,现存于CU-MARK,1906~1907年约瑟芬·霍比根据修订后的TS1和TS2整理,收录了《北美评论》刊登的自传节选;包括1906年前撰写的4篇文章(均标注页码)和1906年1月至5月的《自传口述》,经过马克·吐温修订。

第四版打字稿,现存于CU-MARK,1906年整理,打字员身份不详;收录了TS2中1906年前的部分文章,1906年1月9日至1906年8月29日的《自传口述》,包括TS1,但是没有经过马克·吐温修订。

雷克斯福德·特威切尔:《格罗弗·克利夫兰》,麦克米伦出版公司1968年版。

约瑟夫·霍普金斯·特威切尔

《特威切尔日记:1874-1916》,手稿,约瑟夫·H.特威切尔收藏,现存于CtY-BR。

彼得·梅森特、史蒂夫·考特尼:《约瑟夫·霍普金斯·特威切尔南北战争书信集:随军牧师传记》,佐治亚大学出版社2006年版。

奥斯丁,德克萨斯大学

奥斯丁,德克萨斯大学,哈里兰森人文研究中心。

克拉伦斯·乌尔姆:"歌",载《哈珀时尚杂志》1906.3(40):124.

美国国家档案局

芬特雷斯县土地契约,布鲁诺·格恩特塔尔,民事案件No.967,美国田纳西州东部巡回法庭,东南部地区档案,佐治亚州莫罗。

"马斯里亚伯爵夫人,弗朗西斯·帕克斯顿"。

联邦一般档案部,记录组59,十进制文件,1950-54,265.113,4-1863,华盛顿特区美国国家档案局,1101信箱。

雷切尔·M.瓦布尔:《简·克莱门斯:马克·吐温母亲的生平》,双日出版社1864年版。

瓦萨学院

"女校长",载http://vcencyclopedia.vassar.edu/index.php/Lady_Principals.访问时间2008年8月29日。

"塞缪尔·L.考德威尔",载http://vcencyclopedia.vassar.cdu/index.php/Samuel_L._Caldwell.访问时间2008年8月28日。

"老兵博物馆和纪念中心,美西战争,1898",载http://veteranmuseum.org/spanish-american.html.访问时间2009年4月29日。

德国皇帝腓特烈三世的妻子维多利亚皇后:《腓特烈皇后回忆录》,詹姆斯尼斯比特出版公司1913年版。

夏洛茨维尔,弗吉尼亚大学。

富兰克林·沃克:《旧金山的文学前沿》(修订版),华盛顿大学出版社 1969 年版。

“波浪山的历史:1843 – 1903”,载 http://www.wavehill.org/about/ history.html – print = true. 访问时间 2008 年 6 月 18 日。

H. 德怀特·韦弗:《密苏里洞穴的历史和传奇》,密苏里大学出版社 2008 年版。

诺亚·韦伯斯特:《美国英语词典》2 卷,康沃斯出版公司 1828 年版。

狄克逊·威克特:《汉尼拔的萨姆·克莱门斯》,霍顿·米夫林出版公司、河滨出版社 1952 年版。

贝蒂·韦策尔:“蒙大拿的哈克贝利·费恩:马克·吐温最后的玩笑?”,载《蒙大拿杂志》1985.11 – 12:33 – 35.

埃德加·怀特:《古老的故乡小镇》,1924.5(12):51 – 53.

霍雷肖·怀特:《威拉德·费斯克》,牛津大学出版社 1925 年版。

威廉·德怀特·惠特尼、本杰明·E. 史密斯:《世纪词典:英语百科词典》,6 卷,世纪出版公司,1889 ~ 1891 年版。

埃德温·怀尔德曼:《阿吉纳尔多:菲律宾的雄心壮志》,洛思罗普出版公司 1901 年版。

拜罗伊特伯爵弗里德里希的妻子、伯爵夫人威廉敏娜:《普鲁士公主、拜罗伊特伯爵夫人、腓特烈大帝的姐姐弗里德里希·索菲亚·威廉敏娜回忆录》,霍顿·奥斯古德出版公司 1877 年版。马克·吐温藏本现存于 CU – MARK。

保罗·本德尔:《什么叫做人?及其他哲学作品》,马克·吐温著作,加利福尼亚大学出版社 1973 年版。

迈克尔·温希普:《十九世纪中期的文学出版业:蒂克纳·菲尔兹公司》,剑桥大学出版社 1995 年版。

威廉·温特:《埃德温·布斯的生平和艺术》,麦克米伦出版公司 1893 年版。

威廉·莱特(笔名丹·德奎利):“逝去的先驱者系列:回忆康斯托克”,载《旧金山观察家报》1893 年 1 月 22 日第 15 版;再版名为《企业报的故事》,Lewis 1971,5 – 10.

约翰·拉塞尔·扬:《与格兰特将军环球旅行:1877,1878,1879 年美国前总统格兰特将军周游欧洲、亚洲和非洲见闻》,美国新闻公司 1879 年版。

萨利·扬奎斯特:“爱荷华州李县,爱荷华州第二步兵团”,南北战争中的爱荷华项目,载 http://iagenweb.org/lce/military/cw2ndinfantry.htm. 访问时间 2009 年 3 月 19 日。

容闳:《西学东渐记》,亨利霍尔特出版公司 1909 年版。

吉姆·茨维克:《马克·吐温的讽刺武器:关于美菲战争的反帝国主义作品》,锡拉丘兹大学出版社 1992 年版。

索　　引

（页码为中文版边码）

Boldfaced page numbers indicate principal identifications or short biographies. Clemens's frequently mentioned works are listed in main entries; his other writings are listed only under "Clemens, Samuel Langhorne, WORKS." Place names are indexed only when they refer to locations that Clemens lived in, visited, or commented upon. Newspapers are listed by city, other periodicals by title. Entries for Clemens's family members, friends, and employees do not include references to their photographs, which may be found following page 204.

The Mark Twain Project is housed within the Mark Twain Papers of The Bancroft Library at the University of California, Berkeley. The Papers were given to the University by Mark Twain's only surviving daughter, Clara Clemens Samossoud, and form the core of the world's largest archive of primary materials by and about Mark Twain.

Since 1967 the Mark Twain Project has been producing volumes in the first comprehensive critical edition of everything Mark Twain wrote, as well as readers' editions of his most important texts. More than thirty – five volumes have been published, all by the University of California Press.

The Mark Twain Papers and *The Works of Mark Twain*

are the ongoing comprehensive editions for scholars.

Full list of volumes in the Papers at http://www.ucpress.edu/books/series/mtp.php

Full list of volumes in the Works at http://www.ucpress.edu/books/series/mtw.php

The Mark Twain Library

is the readers' edition that reprints texts and notes from the Papers

and Works volumes for the benefit of students and the general reader.

Full list of Library volumes at http://www.ucpress.edu/books/series/mtl.php

Mark Twain Project Online

is the electronic edition for the Mark Twain

Project. Autobiography of Mark Twain, Volume 1, is now published there. All volumes in the Papers and Works as well as the Library will eventually be made available at http://www. marktwainproject. org

Jumping Frogs: Undiscovered, Rediscovered, and Celebrated Writings of Mark Twain brings to readers neglected treasures by Mark Twain—stories, tall tales, novels, travelogues, plays, imaginative journalism, speeches, sketches, satires, burlesques, and much more. Full list of Jumping Frogs volumes at http://www. ucpress. edu/books/series/jf. php

Editorial work for all volumes in the Mark Twain Project's Papers, Works, and Library series has been supported by grants from the National Endowment for the Humanities, an independent federal agency, and by donations to The Bancroft Library, matched equally by the Endowment.

Designer: Sandy Drooker

Text: 10/14 Adobe Gar amond

Display: akzidenz grotesk

Compositor: Integr ated Composition Systems, Inc.

Printer and Binder: Thomson – Shore, Inc. __

图书在版编目(CIP)数据

马克·吐温自传.第1卷/(美)马克·吐温(Mark Twain)著;孟洁冰,申生译.—北京:法律出版社,2012.7

书名原文:The Autobiography of Mark Twain

ISBN 978-7-5118-3472-0

Ⅰ.①马… Ⅱ.①马…②孟…③申… Ⅲ.①马克·吐温(1835~1910)—自传 Ⅳ.①K837.125.6

中国版本图书馆CIP数据核字(2012)第080488号

马克·吐温自传(第1卷)

[美]马克·吐温 著
孟洁冰 申 生 译
施 铁 校

责任编辑 韩满春
装帧设计 清 杨

开本 787毫米×1092毫米 1/16
印张 49.5 **字数** 897千
版本 2012年10月第1版
印次 2012年10月第1次印刷
出版 法律出版社
编辑统筹 独立项目策划部
总发行 中国法律图书有限公司
经销 新华书店
印刷 北京中科印刷有限公司
责任印制 吕亚莉

法律出版社/北京市丰台区莲花池西里7号(100073)
电子邮件/info@lawpress.com.cn
网址/www.lawpress.com.cn
销售热线/010-63939792/9779
咨询电话/010-63939796

中国法律图书有限公司/北京市丰台区莲花池西里7号(100073)
全国各地中法图分、子公司电话:
第一法律书店/010-63939781/9782
西安分公司/029-85388843
重庆公司/023-65382816/2908
上海公司/021-62071010/1636
北京分公司/010-62534456
深圳公司/0755-83072995

书号:ISBN 978-7-5118-3472-0
定价:198.00元